国医大师传承录

·第四辑·

国家中医药管理局　组织编写

余艳红　于文明　主　编

秦怀金　　　副主编

全国百佳图书出版单位

中国中医药出版社

·北京·

图书在版编目（CIP）数据

国医大师传承录.第四辑/国家中医药管理局组织编写；余艳红，于文明主编.-- 北京：中国中医药出版社，2024.11

ISBN 978-7-5132-8536-0

Ⅰ.①国… Ⅱ.①国… ②余… ③于… Ⅲ.①中医师—列传—中国—现代②中医临床—经验—中国—现代 Ⅳ.① K826.2 ② R249.7

中国国家版本馆 CIP 数据核字 (2023) 第 214168 号

中国中医药出版社出版

北京经济技术开发区科创十三街 31 号院二区 8 号楼
邮政编码　100176
传真　010-64405721
山东临沂新华印刷物流集团有限责任公司印刷
各地新华书店经销

开本 787×1092　1/16　印张 57.25　彩插 1　字数 1100 千字
2024 年 11 月第 1 版　2024 年 11 月第 1 次印刷
书号　ISBN 978 - 7 - 5132 - 8536 - 0

定价　298.00 元
网址　www.cptcm.com

服务热线　010-64405510
购书热线　010-89535836
维权打假　010-64405753

微信服务号　zgzyycbs
微商城网址　https://kdt.im/LIdUGr
官方微博　http://e.weibo.com/cptcm
天猫旗舰店网址　https://zgzyycbs.tmall.com

如有印装质量问题请与本社出版部联系（010-64405510）
版权专有　侵权必究

专家指导委员会

丛书编写委员会

编写办公室

主　任　宋春生

副主任　李秀明　王秋华

成　员（按姓氏笔画排序）

于　潇　马　勤　马晓峰　王　爽　王　琳

王　琨　王利广　王秋华　毛心勇　孔令青

龙大锋　田少霞　包艳燕　吕　梁　朱　江

华中健　伊丽萦　邬宁茜　刘观涛　刘聪敏

农　艳　孙鲁森　李　昆　李艳玲　李梦缘

肖晓琳　肖培新　沈承玲　宋　佳　张　晨

张　燕　张双强　张伏震　张建美　尚　洁

罗海鹰　单宝枝　房润丞　赵　桐　耿雪岩

钱　月　徐　珊　高　欣　郭　瑶　彭立娉

程佳丽　鄢　洁

秘　书　王　爽

前　言

习近平总书记强调，中医药学包含着中华民族几千年的健康养生理念及其实践经验，是中华文明的瑰宝，凝聚着中国人民和中华民族的博大智慧。

中医药学是中华民族的原创医学，在几千年的发展进程中，兼容并蓄、创新开放，形成了独特的生命观、健康观、疾病观、防治观，实现了自然科学和人文科学的融合与统一。一部中医药学的发展史就是一部名医大家大师传承精华、守正创新的奋斗史。岐黄问答千古流芳奠中医之根基，医圣张仲景著《伤寒》而创辨证论治之法则，药王孙思邈集《千金方》显大医之精诚，李时珍二十七载写就皇皇巨著《本草纲目》，叶天士创卫气营血辨证论温病……每一座中医药发展的高峰，无不是各个时期的中医药人才在传承创新中铸就的。可以说，历代先贤大家的学术经验、医德医风是中医药学留给我们的宝贵财富的重要组成部分。

党中央、国务院历来高度重视中医药工作，新中国成立以来，特别是党的十八大以来，以习近平同志为核心的党中央把促进中医药传承、创新、发展作为新时代中国特色社会主义事业的重要内容和实现中华民族伟大复兴的大事之一，做出一系列战略部署，推动中医药事业取得历史性成就，发生全局性变化，引领中医药振兴发展迎来天时、地利、人和的大好时机。正是有习近平总书记关于中医药工作的重要论述的科学指引，有以习近平同志为核心的党中央的坚强领导，古老的中医药才在新时代焕发出更加旺盛的生机与活力。这些都凝聚着广大中医药工作者特别是老专家、老教授的心血与汗水。

自 2009 年以来，人力资源和社会保障部、卫生部和国家中医药管理局开展了"国医大师"评选表彰工作，至今已表彰了四届国医大师共 120 人。他们长期在中医药临床、科研、教学第一线辛勤工作，心系岐黄、服务人民，不少老先生、老专家耄耋之年仍坚守岗位、孜孜以求、启迪后学，树立了大医精诚、仁心仁术的楷模。

学习宣传国医大师的成长之路、先进事迹、学术思想和医德医风，就是要在全系统大力弘扬大医精诚，激励全系统广大中医药工作者要像国医大师那样坚守岐黄，像国医大师那样践行初心，共同谱写新时代中医药传承、创新、发展的新篇章。

2022年1月，国家中医药管理局启动了《国医大师传承录》编写工作。2022年3月17日，《国医大师传承录》专家论证会在北京召开，就编写方案、结构框架、组织方式等问题进行深入研讨。参会的专家代表等充分肯定了本丛书编撰的重要性、必要性和迫切性。会后，国家中医药管理局综合司向全国120位国医大师工作室发出组稿函。2022年11月至2023年2月，中国中医药出版社组织中医专家、出版专家对来稿进行了审读。2023年3月17日，召开了《国医大师传承录》编审专家会，与会专家进一步就书稿提出修改意见。该丛书的编写工作始终在国家中医药管理局的组织下推进，党组成员、副局长秦怀金多次组织进行研究，提出指导意见和工作要求。历时一年，该丛书终于即将付梓。

本丛书共分四辑，按照国医大师评选届次分册，每个分册按照姓氏笔画排序。分别从成长经历、成才经验、学术精华、临证遣方用药、大医情怀、师徒传承等方面，多维度、多视角展现120位国医大师为医为人之路，客观、真实、全面反映其学术成就、临证特色、文化学养、师徒授受等内容。翻开这套丛书，国医大师传承精华、守正创新的行动跃然纸上，医者仁心、悬壶济世的情怀令人感动，我们从中能感受到博采众长、兼容并蓄的胸怀，触摸到中医药人才成长的规律，汲取到矢志岐黄、接续奋斗的动力。

在本丛书编写过程中，各地中医药主管部门、120位国医大师及其工作室给予了大力支持与帮助，特别是在很多大师已经仙逝，现存文字内容有所缺失的情况下，抢救性地挖掘整理出部分未曾面世的珍贵资料。在此，向所有编写者致以衷心感谢和崇高敬意。医路漫漫，其修远兮。希望本丛书的出版，能够为后学有所启迪和指引。

丛书编委会
2023年6月

总目录

陈绍宏／557

林　毅／585

林天东／615

南　征／643

凃晋文／675

施　杞／709

姚希贤 / 741

翁维良 / 765

黄瑾明 / 793

韩明向 / 825

潘敏求 / 855

旺　堆 / 883

目 录

丁　樱

　　丁樱（1951—　），女，汉族，江苏南京人，中共党员，主任医师，博士研究生导师，首批全国名中医，中国中医科学院学部委员，享受国务院政府特殊津贴专家，全国卫生系统先进工作者，中国好医生，2023年全国最美医生，2022年感动中原人物，第四、六、七批全国老中医药专家学术经验继承工作指导老师。现任河南中医药大学儿科医学院院长、河南中医药大学第一附属医院儿科医院院长，兼任中国民族医药学会儿科分会会长、世界中医药学会联合会儿科分会副会长、中华中医药学会儿科分会名誉副主任委员、中华中医药学会儿童紫癜－肾病协同创新共同体主席等职。2022年被授予"国医大师"荣誉称号。

　　丁樱擅长中医药治疗儿科疑难病症，尤其对儿童肾脏风湿免疫性疾病有深入研究。针对儿童难治性肾病、狼疮性肾炎等肾脏疾病，采用"扶正祛邪，序贯辨治"的中医辨证治疗体系，能明显降低肾病复发率、减少药物副作用、提高缓解率；提出儿童紫癜性肾炎"热、瘀、虚"的病机特点，创立了中医阶梯治疗方案，经RCT研究验证了其临床疗效，研制了清热止血颗粒、肾必宁颗粒、梅连散等院内制剂。首倡雷公藤制剂中医儿科临床安全应用，率先提出儿童应用雷公藤多苷及雷公藤颗粒的临床使用方案及剂量，为证实其疗效及安全性提供了循证依据。她热心教育，设立"丁樱奖学金"，激励优秀学生，扶济贫困学子，为中医学传承育苗培才。

　　她在学科管理上率先推行中医儿科专业分化，将全院倒数第一的科室建设成全国综合实力排名第一的儿科医院，并创建全国首家中医儿科医学院，形成本硕博全覆盖育人体系，打造了一支老中青相结合的临床、科研创新人才团队，将科室建设成全国规模最大、服务能力最强、技术特色突出、人才梯队完备的国家中医区域专科诊疗中心、中西医结合儿童医院。主持科技部重大课题2项、国家自然科学基金项目2项，获省部级成果奖励17项；出版学术著作36部，发表核心期刊论文及SCI论文140篇；主持制定优势病种行业标准、指南9项。

一、学医之路

丁樱出身于医学世家，其祖父和两位伯父均从事中医，祖父曾为民国时期南京同仁堂总店掌柜。丁樱幼年时成绩优异，但因家庭及政治环境无缘大学，转入卫校。1968年毕业后，她先后在乡医院、县医院及化工部直属化肥厂职工医院从事全科临床工作5年余。在林县人民医院进修期间，适逢国家医疗队来县医院开展早期食管癌普查暨手术工作，有幸先后与国家医疗队（由北京协和医院、阜外医院的医生组成）、河南省医疗队的老一代诸多专家朝夕相处，一起工作，老专家们对医学事业的执着追求、严谨求实的学术作风对她产生了深远的影响。20世纪70年代，全国高考时，她成绩优异却因"白卷英雄"事件错失上大学的机会；第二年，被全院职工推选到河南中医学院（现河南中医药大学）中医系上学，求学期间常跟随石冠卿、赵清理、张磊、尚炽昌等著名教授参与下乡巡回医疗队，在为当地百姓看病的过程中，逐渐喜欢上了中医，并成为中医的虔诚信徒。毕业留校从事中医临床工作期间，丁樱曾经跟随国内著名中医、中西医儿科专家李晏龄、黄明志、苗培显、郑建民、高智铭、张子萍、范忠纯等老师学习数十年，他们严谨务实的工作作风给丁樱带来了深远的影响。"将升岱岳，非径奚为；欲诣扶桑，无舟莫适"，要获得解决实际问题的才干和本领，成为一个优秀的临床医生，需要正确的方法，即实践、思考和知识相结合。丁樱始终把实践放在第一位，始终工作在临床、教学第一线。临床工作确实十分辛苦，她退休前几乎未曾享受过大小假日。但正是这"一分耕耘，一分收获"的精神，使丁樱的诊疗思路愈发清晰，诊疗技术愈发完善。在病房里、门诊上，她常常站在患者的角度来思考，不仅考虑患者本身的疾病情况，还时常疏导患者及其家属内心的焦虑，更是站在经济实惠的角度，在保持疗效的情况下尽量让患者减少花费，后在黄明志主任等人力荐下接任儿科主任。她有幸拜识了国医大师王烈，还有张奇文、汪受传、俞景茂、马融等国内儿科知名大专家，这使得丁樱快速积累起了中医四诊合参、辨证论治的经验，诊治儿科疾病的临床经验，并逐步形成了自己独到的中医特色思维方式，重视经典、新见迭出的学术思想；还创新了独特的核心方药：清热止血颗粒、肾必宁颗粒、醒脑止遗方、梅连散等。

1999年，丁樱刚刚接任河南中医学院第一附属医院儿科主任的时候，全国中医儿科均处于低落期。有人对中医儿科存在的价值提出质疑，不少人转往其他专业。"挽狂澜于既倒，扶大厦之将倾"，在数不清多少个日日夜夜的挑灯苦思下，丁樱在专科专病建设、科研、人才培养等方面开始了"重新定位"，在广泛调研和认真论证的基础上，制订了新的规划方案，进行专业分化，益学益精，加快学习型组织的建设；西学中用，率先在中医儿科临床开展肾活检技术，推动如儿科胃肠镜、纤维支气管镜、血液净化、长程视频动态脑电图等不同专业技术的应用，以及儿科实验室、肾脏病理实验室等的建设。

人才是学科、专科建设的基础，没有高水平的专业人才，一切设想都将成为一句空谈。为了学科发展，在 2000 年前后儿科最艰苦的日子里，丁樱毅然将科里的几名学术骨干送到了北京进修学习。庆幸的是这些读博、进修的骨干全部归来，他们迅速成长并为儿科发展做出了重大贡献，同时也造就了日后儿科的跨越性发展。

2004 年，河南中医学院儿科成为全国第一个中医儿科医院（院中院）。丁樱的第一位硕士研究生任献青教授曾经不止一次慨叹过："跟在丁老师身边，我见证了儿科医学院从零到一的破局，从无到有的崛起。"从此，河南中医药大学第一附属医院的儿科走上了一条全新的发展之路，如今，正如朝阳般蓬勃发展，不断地为我国儿科医学的建设添砖加瓦。

2015 年，儿科医院被批准为河南省中西医结合儿童医院。2016 年，被河南省政府批准为河南省国家中医儿童区域医疗中心建设主体单位，国家中医药管理局首批全国中医儿科会诊中心；2018 年，成为国家中医药管理局中医儿科区域诊疗中心，并实现河南中医药大学中医儿科本科专业的全面招生。河南中医药大学第一附属医院儿科医院（暨河南省中西医结合儿童医院），分化为肾病、风湿免疫、呼吸、呼吸介入、心血管、神经康复、遗传代谢、内分泌、精神心理行为、消化感染、重症与新生儿、儿科保健、小儿外治、小儿外科等 21 个稳定的研究方向，成立了 9 个专业病区。2021 年，河南中医药大学成立儿科医学院，主体依托于河南中医药大学 4 所附属医院，其中以第一附属医院为主，即河南省中西医结合儿童医院，集医疗、教学、科研、学生管理为一体，现儿科医院门诊量 73 万人次 / 年，出院患者近 3 万人次 / 年。在丁樱和全院医生的共同努力下，儿科医学院成为国内高校享有盛名的儿科院校。

2016 年 2 月，丁樱被授予河南中医药大学终身教授和终身名誉主任的荣誉，同年又被评为国家教学名师，次年被评为国家首届名中医，2022 年被评为第四届国医大师，这些荣誉鞭策着丁樱不断地为我国儿童健康及教育事业继续做出贡献！

二、成才之道

丁樱认为，要成为一代名医，务必做到以下几点。

（一）重视中医经典

在中医学习中，把握中医经典著作是学好中医的关键，因为经典著作是中医学的源头，医家的阐述发明均离不开经典著作。丁樱常常告诫自己的学生，要精研中医经典。从研究文言文开始，再参阅各家注解，通过对经典著作的熟读与深入研究，并在实践中反复体验，甚至精研一生，最终得其精要，为临床工作奠定理论基础。

熟读经典是中医成才的必由之路，《黄帝内经》是中医理论的渊源，也是中医哲学智慧的源泉；张仲景的《伤寒杂病论》为中医辨证论治和理法方药诊疗的发展奠定了基础；吴瑭的《温病条辨》创立了三焦辨证；叶桂的《温热论》创立了卫气营血辨证；钱乙的《小儿药证直诀》创建了小儿五脏辨证体系；《小儿卫生总微论方》最早提出了烧灼法断脐预防脐风；万全的《幼科发挥》将小儿五脏辨证体系进一步发展完善。在丁樱的中医之路上，对这些中医经典著作的学习为她的学术研究和临床工作打下了坚实的理论基础。正所谓"大匠诲人，必以规矩，学者亦必以规矩……使学者有阶可升，至神明变化出乎规矩之外，而仍不离乎规矩之中"，"规矩"就是经典著作中的基础理论，只有掌握好经典著作才能"从心所欲不逾矩"。

丁樱将中医经典理论与临床相结合，形成了独特的思维方式：整体观、以人为本、中西结合，经纬交织、用药精湛、张弛有道。丁樱每在临证之时整体把握病情，以中医辨证为根，同时利用现代西医诊疗技术，优势互补；治疗首推经方，据方用药之时以经方为根，以人为本，常常是以小方治大病，简便验廉；熟谙药性，妙用药对，最大限度地利用药物的有效成分，如乌梅联合水牛角等；将中药与西药巧妙结合，提出了"序贯辨治"的独特见解，在临床上取得了显著的疗效。

（二）勤思考，重细节

学习中医，既要打好理论基础，更要注重临床实践。辨证论治为中医学的精髓及独到之处，"辨证"就是把四诊（望诊、闻诊、问诊、切诊）所收集的资料，症状和体征，通过分析、综合，辨清疾病的病因、性质、部位，以及邪正之间的关系，概括、判断为某种性质的证。"论治"，又称为"施治"，即根据辨证的结果，确定相应的治疗方法。中医的学习讲究的是悟性，"悟"则依靠于对人、对整体、对疾病、对病因病机等的思考，以及对于细微之处的观察。

（三）孜孜以求，广师求益

医学，需要有认真求学的态度。丁樱始终秉持着广师求益的态度和精神，对于知识的渴求是永不间断的。她多家拜师学习，中西医兼学，集多家学术流派之所长，融会贯通，最终形成了自己的学术思想和治病风格。在求学与教学的过程中，亦是严密谨慎、严格细致，要求自己的同时也影响着弟子们，不断在追求医学真理的大道上前行。

（四）力学不倦，不畏艰难

丁樱自幼学习成绩优异，学习知识常废寝忘食，不知疲倦。几十年来，她终以"勤能补拙"为信条，激励自己树立信心，拼搏上进。除"勤"以外，亦坚持"恒"，无论临床、家务如何繁忙，丁樱总是会挤出时间完成学习任务，不论是书本知识还是临床经验，逐渐积累，由少到多，由易到难，一点一滴，日积月累，聚涓滴而成江河。丁樱性格开朗，面对生活中的困难时积极乐观，无论遇到多大的苦难，她总是笑着说："别担心，饭还是要吃的，困难也总会过去的。"

（五）恪尽职守，尽心尽责

丁樱总是坚守在自己的岗位上，风雨无阻，无论患者数量多少，一定要看完才下班，不让患者跑空。疫情期间患者无法线下就诊，丁樱就利用"豫中一"云诊室平台为患者线上面诊，丁樱对工作的热爱与坚持为后学树立了榜样。

（六）关爱患者，无私奉献

"患者选择了我们，那我们就要对患者负责。"这是丁樱常说的，在患者就医的整个过程中，丁樱无论是问诊、开方、用药、下医嘱及吩咐注意事项等，总是亲力亲为，严谨仔细，以求达到更好的治疗效果。在对待疑难杂症时，丁樱抽丝剥茧地寻找病因，充分进行病情评估，制订治疗方案，并向患者及家属解释注意事项，对待患者更是知无不言，言无不尽。

（七）终身学习，持之以恒

丁樱认为，医生是一个需要终身学习的职业。随着现代医学的发展，人们对疾病逐渐有了更清晰的认识，传统中医亦迎来了新的发展，因此只有不断学习新的知识，不断扩充知识储备，紧跟时代的步伐，才能为患者出具更准确的诊疗方案。她坚持凡事预则立，不预则废，求学与工作的漫漫长路要选定目标、找准方法，夯实基础、肯吃亏、能吃苦，秉承着钉子精神、工匠精神，则终能达到自己的目标。

医学事业的传承不仅是知识的传承，更多的是思维理念的再塑和自我学习成长的完善。科学事业的漫漫求索路上，丁樱更赞同学习工作化、工作学习化，在人生的整个阶段都保持求知的热情和精力，只争朝夕地奋进，不被放纵的欲望、低级的趣味所羁绊，不断总结、前进，会做事、能做人，人生格局和事业才会不断提升。

三、学术之精

（一）整体观

整体观念是中医学理论体系的基本特点之一，认为世界一切事物都是相互关联、不可分割的。这一特点贯穿于中医生理、病理、诊法、辨证、治疗等理论体系之中。对于临床有重要的指导意义。丁樱在诊疗疾病时，常通过疾病的表现、舌质、脉象、患儿体质及病情的变化来了解和判断病情，并从脏腑之间的关系入手，着眼于调节整体功能的失调，采取综合治疗，而不仅仅局限于对局部病变的处理。

（二）以人为本

治病求本是中医学的重要治则，其核心是以人为本，要求临床实践既要寻求病症的本质，采取针对性的治疗，还要体现人文关怀。"以人为本"体现了丁樱在接待患者时始终把患者放在第一位。接诊某些抑郁或者神经官能症的患者时，她要首先对患者进行心理疏导和情志调节，做深入细致的思想工作，解除患者的恐惧紧张心理，再辨证处方，然后指导患者养成良好的饮食和生活习惯，劳逸结合，身心兼治，以求提高疗效。

（三）用药精湛，一张一弛皆有道

中药的配伍凝聚着深邃的哲学智慧，药物的四气五味不同、剂量组合配伍的不同，都有不同的效果，同时还要考虑组方之中的君臣佐使，考虑药物的道地性等。丁樱用药精湛，一张一弛皆有道。针对重疾难疴，丁樱用药胆大心细，用药量大，在患者病情控制后，又根据患者病情将药物用量快速减少。针对不同疾病的不同时期，丁樱都会严谨思考药物的作用与副作用，以制订更加精准的治疗方案。

辨证之后便是论治，在用药方面，丁樱也熟知各种中药的药性功效，用药很精准，如乌梅联合水牛角粉，藤类药物的运用，根据虚实、气血阴阳的不同来配伍用药，临床中往往能取得不错的疗效。此外，丁樱对雷公藤做了大量的实验研究，以了解其治疗儿童疾病的临床用量、机制及毒副作用。

（四）中西结合，经纬交织，优势互补

丁樱非常倡导进行雷公藤的研究，深入研究雷公藤的临床疗效还有作用机制，为雷公藤在儿科临床中的使用做出了突出贡献。她不断改进儿童肾病综合征的中西

医结合诊疗方案，对于不明原因的肾病综合征患者，丁樱常建议行肾脏穿刺术，根据其病理类型，制订相应的中西医联合用药方案。另外，丁樱在治疗肾病综合征患者使用足量激素和激素减量过程中，根据中医辨证的不同，选择不同的中药配伍以降低激素的毒副作用，再与西药联合起来，对症处理，充分将中西医结合的优势发挥出来。

（五）疑难杂症推崇有故无殒，中病即止

《素问·六元正纪大论》讲："有故无殒，亦无殒也……大积大聚，其可犯也，衰其大半而止。"也就是讲，临床用药时，虽药性峻猛，只要药证相符，临床就可应用，但须注意中病即止，因为药物会对人体造成伤害，在症状基本缓解的时候就需停用，切勿滥用。"用药之道，在于利大于弊则用之"，在"有故"的前提下做到"无殒"，最终实现"以毒攻毒，以平为期"。"有故无殒"虽异于常规，但却是建立在对事物本质清楚认识的基础上的一种有效的治疗策略。"以毒攻毒"是在"有故无殒"理论基础上衍生出来的更为具体化的手段和方法，其核心思想是药证相符、对证用药，强调"有是证，用是药"，即"有病则病受之，无病则体受之"。同时也要学会"审时度势"，掌握"适度"原则，遵循"衰其大半而止"的法度，药到即止，切勿过量及长时间用药。

丁樱认为，临证使用雷公藤等峻猛有毒之品时可遵循"有故无殒"的中医思想。雷公藤制剂作为一种具有完全民族自主知识产权的中成药，填补了中医药在免疫抑制剂类药物方面的空白。然而雷公藤制剂治疗窗口窄，毒副作用报道多，严重制约了其在儿科领域的应用研究和开发推广。讲到雷公藤，长期以来是"谈虎色变"，但毒性药物对患者有毒与否，除与药物本身毒性大小有关，更与疾病阴阳盛衰及机体状态密切相关。因此，临床用药更重要的是把握好对药物的"毒""效""证""量""时"关系的调控平衡，评价药物的利弊，最主要的是"有用、无用"，而不是单纯"有毒、无毒"的问题，只有在把握适应证的前提下评估雷公藤在治疗儿科疾病方面的应用才是有意义的。

（六）四辨一体，中西医结合精准治疗

整体辨治、治病求本、审病求因、辨证论治、三因制宜是中医基本的诊疗思想，把辨病、辨证、辨体、辨时四者有机结合，建立综合性的更为科学实用的诊疗模式，是实现这些治疗思想的最佳路径。丁樱在长期的临床工作中逐步形成的"辨病－辨证－辨体－辨时"四辨一体的诊疗模式，即辨病论治、辨证论治、辨体论治和辨时论治四者的综合应用，有助于对疾病本质的全面认识，有益于对疾病病机的精准把

握，有利于疾病治疗效果的提高。

辨病主要是对疾病进行诊断和鉴别诊断，从而明了疾病的病因病理机制，掌握贯穿于疾病始终的基本矛盾，把握疾病的预后与转归。辨证主要是将望、闻、问、切四诊所收集的资料，运用中医学理论进行分析、综合，辨清疾病的病机、病性、病位和病势，从而确定证候，为确立治则、治法和组方用药奠定基础。辨体是通过判断患者的体质类型，探明体质因素对疾病发生发展的影响，从而为疾病的辨证、治疗、康复和防止复发，"因人制宜"提供依据。辨时主要是根据不同季节和天气变化来判断气候因素在疾病发生发展中的作用，从而为临床"因时制宜"组方用药提供帮助。丁樱认为，辨病是论治的先导，辨证是论治的核心，辨体是论治的基调，辨时是论治的辅佐，四辨是一个有机的整体，相互之间密切联系，相辅相成。

中医、西医各有所长，也各有所短。西医方面，有肾脏病理分析、免疫学检查、实验室检查等检查技术，有激素、免疫抑制剂、细胞毒性药物等起效快、作用强但副作用较大的药物，疾病容易复发。中医方面，有整体论治、辨证论治等多种辨治方法，且用药组方灵活多样，疗效持久，疾病不易复发，但药物起效有时较慢。所以，在治疗疾病时要取中西医之长，优势互补，如西医辨病与中医辨证相结合，中医整体治疗和西医局部治疗相结合，西医治标与中医治本相结合，从而取得更好的疗效。

四、专病之治

丁樱擅长运用中医药治疗儿科疑难病症，尤其对儿童肾脏风湿免疫性疾病有深入研究。针对儿童难治性肾病、狼疮性肾炎等肾脏疾病，采用"扶正祛邪，序贯辨治"的中医辨证治疗体系，明显降低肾病复发率、减少药物副作用、提高缓解率；提出儿童紫癜性肾炎"热、瘀、虚"的病机特点，研制了清热止血颗粒、肾必宁颗粒、梅连散等院内制剂，创立了中医阶梯治疗方案，经 RCT 研究验证了其临床疗效；既善用经方，又巧融当代新知，践行"简、便、效、廉"的临诊原则，得到了患儿、家长及社会的广泛认可。兹介绍如下。

（一）小儿肾病综合征

肾病综合征（NS）是由于多种病因造成大量血浆蛋白从尿中丢失而出现的一种临床综合征，主要特点是大量蛋白尿、低白蛋白血症、高脂血症和不同程度的水肿。NS 可分为原发性、继发性和先天性三种类型，而原发性肾病综合征（PNS）约占小儿 NS 的 90%。口服糖皮质激素是 PNS 的一线治疗方法，80%～90% 的患儿运用激素初治可获得完全缓解，但有 76%～93% 的患儿复发，且其中 45%～50% 表现为频复发或激素依赖。长期的激素治疗可致患者出现肥胖、骨质疏松、高血压、糖尿病、生长抑制、白内障等，临床常联合免疫抑制剂来减少肾病的反复，然而免疫抑制剂又可能带来更多、更严重的副作用。

1. 病因病机

（1）本虚标实：本病病机本质为本虚标实，正气虚弱为本，邪实蕴郁为标。正虚是指气虚、阳虚、阴虚或气阴两虚，脏腑辨证表现为肺脾气虚、脾肾阳虚、肝肾阴虚等，此为病之本；邪实是指外感或水湿、湿热、瘀血及湿浊等病理产物，此为病之标。在本病不同阶段，标本虚实主次不一，在水肿期，多本虚标实兼夹；水肿消退后，则以本虚为主。本虚与标实之间是相互影响、相互作用的，若正虚于内，则易感外邪、水湿、湿热、瘀血及湿浊等邪实，可谓"因虚致实"；邪实反过来又可进一步耗伤脏腑功能，使正气更虚，从而表现出虚实寒热错杂、病情反复、迁延不愈的临床特点，此恶性循环在难治性肾病综合征中更为突出。

（2）阴阳失衡：因本病病因不同、患儿体质各异、病势轻重不等、病程阶段不一、对药物反应有别，阴阳失衡贯穿本病的发生发展过程中。阳虚为本病病情演变之本始，在初期或未用激素治疗之前多为脾阳虚或脾肾阳虚；阴阳相互依存、相互制约，患病日久，可致阳损及阴而见阴虚，或足量使用激素后，助阳生热，或湿热郁久，热盛伤阴出现肝肾阴虚；病情反复发作，迁延不愈，或长期应用皮质激素后，机体受损日久，则会出现气阴两虚、阴阳两虚之证；激素停用之后，其燥热之性减轻，又会出现脾肾阳虚之证。

（3）血水相依：瘀血是导致小儿肾病综合征发病、反复及迁延不愈的重要病理因素，既为本病的病理机制，又为病理产物。本虚感受外邪、水湿，化热致瘀，而成标实之瘀，即所谓"因虚致瘀"；标实瘀血反过来又进一步耗伤正气，使正气更虚，又成疾病之本，完成了"瘀"之标本转化，从而使瘀血表现出亦标亦本的特点，临床多表现为病情反复、迁延不愈。另外瘀血可致气滞，气滞不能行水，使水液布散障碍而见水肿，而水肿致络脉阻滞又可产生瘀血，正如《金匮要略》云："血不利则为水，水不利则病血。"可见，瘀血既是贯穿于病程始终的病理产物，为损伤人体正气的主要因素，同时又是进一步碍水阻气、使水肿形成、推动疾病发展的重要病理环节。

（4）风激水浊：风激水浊是尿浊的重要中医病机。肺为水之上源，主通调水道，若风邪夹寒或夹热袭于肌表，致肺气郁遏，失于宣降之职，上不能宣发敷布水津，下不能通调水道，致风遏水阻，风水相搏，内侵脏腑经络，外犯四肢肌肤，而发为水肿。因肺为五脏之华盖，外合皮毛，为水之上源，若六淫之邪外袭，首先犯肺；

风为百病之长，多首先由表犯肺，肺因风窒，水由风起，风激水浊，源不清则流不洁而致尿浊，责之于肺之实。

2. 辨证心得

（1）辨标本主次：本病辨证首先要区别本证与标证，肾病的本证以正虚为主，可根据病史、水肿情况及全身症状来区别。

本证：①肺脾气虚者多有反复感冒史，且多因外感而诱发水肿，以面目为甚，全身以自汗出、纳呆便溏、乏力为主要症状；②脾肾阳虚则以高度浮肿为主，常伴胸腔积液、腹水，全身以神疲畏寒、四肢不温等阳虚外寒症状为主；③肝肾阴虚则多见于素体阴虚，尤其长期足量用激素之后，其水肿较轻或不肿，以面色潮红、头晕、烦躁、舌红无苔为主症；④气阴两虚多见于病程较久或反复发作或长期、反复用激素后，水肿多较轻或无浮肿，其既有易外感之气虚证，又有口干咽燥、手足心热、舌红苔少之阴虚证。

标证：①外感以感受风邪为多，以发热、恶风、咳嗽、流涕、咽红咽痛等为主症。②水湿则以明显水肿或胸腔积液、腹水为特征；湿热壅滞于上焦多见皮肤疮毒；中焦湿热以口黏口苦、口干不欲饮、脘闷纳差、苔黄腻为特点；下焦湿热多见小便短赤、灼热涩痛不利等症。③血瘀除有面色晦暗、舌色紫暗有瘀点外，可结合血液流变学检测指标来判断。④湿浊则以恶心呕吐、身重困倦、精神萎靡为主要症状。

（2）明阴阳消长：肾病综合征患儿在使用激素的不同阶段会表现出不同的阴阳失衡证候。①未用或用激素早期（2周内），患儿蛋白尿及水肿比较明显，临床多表现为阳虚，症见全身浮肿，神疲乏力，面色㿠白，畏寒肢冷，腰膝酸软，小便短少不利，口淡不渴，舌质淡，苔白滑，脉沉无力。②使用足量激素2周以后或长期用激素阶段，患儿多为阴虚，症见五心烦热，面部痤疮，心烦躁扰，食欲亢进，口干舌燥，满月面容，舌质嫩红、少苔或无苔，脉细数。③激素巩固治疗期，"壮火食气"的副作用表现出来，导致气阴两虚，症见气短乏力，手足心热，自汗出，易感冒，腰膝酸软，大便稀溏，纳呆腹胀，舌质淡、有齿痕，脉沉细或细数。④激素维持治疗期，"少火生气"作用减少，又逐渐表现出气虚或阳虚证候，症见神疲倦怠，气短乏力，面色苍白，肢凉怕冷，纳呆便溏，舌淡胖，脉虚弱。

（3）从瘀辨证：肾瘀多端，临床明辨。①热邪致瘀：在本病发病初期或足量使用激素期，热邪入血，损伤脉络而致瘀，患儿多表现为浮肿，脸面部痤疮，满月脸，小便量少，大便干，舌红，舌质紫暗，苔黄，脉数。②阴虚迫血生瘀：中期或在长期服用激素过程中，阴虚生火，迫血妄行，溢于脉外而成瘀，患儿多表现为浮肿较轻，心烦易怒，口干咽燥，手足心热，或有面色潮红，痤疮，舌红苔少，舌下脉络青紫，脉细数等。③气虚致瘀：迁延不愈或激素减停过程中，阳气虚衰，无力推动血液运行，日久寒凝血滞而致血瘀，血瘀日久化水而为水肿，患儿多表现为水肿明显，下肢为甚，面白无华，神疲倦卧，小便短少不利，大便稀溏，苔白滑，舌下脉络青紫，脉沉细无力。

3. 临床经验特色

（1）标本兼顾：紧扣"本虚标实"之病机，以扶正培本为主，重在益气健脾补肾，调理阴阳，同时注意配合宣肺、利水、清热、化瘀、化湿降浊等祛邪之法以治其标。①患儿表虚不固，感受风热：一是注意保护患儿，防其再外感；二是感邪之后及时治之，以防化热入里。临证以银翘散加减，解在表之邪的同时，常加黄芩清上焦之热以防其入里，如咽红较甚，予以冬凌草、玄参清热利咽。②湿热之邪每易从下焦而入，多数患儿因体虚正气不足，无力抗邪而多无症状，仅见尿道口发红。对此，一是嘱患儿平素注意清洗外阴，防湿邪侵入；二是查体时要仔细方能及时发现病情。治疗则以清热利湿为法，方选八正散加减，最喜合用知母、黄柏清下焦之湿热，使热邪清、湿邪利，往往收效较好。标本兼顾，扶正祛邪，适时予以清热、利湿、活血化瘀等治疗，方能减少其反复，使正气复，腑脏和，而取得满意疗效。

（2）平衡阴阳：在疾病不同阶段始终坚持调整阴阳平衡。①早期水肿明显阶段，治以益气温阳为主，兼以养阴，临床多以真武汤和五皮饮加减。②中期尤其是用激素之后，以养阴清热、滋阴降火的中药为主，方以知柏地黄丸、二至丸加减，汗出多者可加煅牡蛎、五味子以敛汗滋阴。③巩固治疗期，常用温肾益气养阴药，如黄芪、地黄、太子参、五味子、枸杞子、女贞子等，治以益气养阴，主以生脉饮或六味地黄丸加减。④恢复期多以温补肾阳为主，兼以养阴，并酌加补气药，如黄芪、太子参等，常用的温阳药如菟丝子、肉苁蓉、淫羊藿、巴戟天等，其无燥热耗阴之弊，因小儿为稚阴稚阳之体，用药不可峻猛，宜选用药性平和之品，故较少用附子。常用养阴药有枸杞子、女贞子、地黄、太子参、五味子、知母等。以此，调整阴阳，恢复机体平衡。

（3）活血化瘀：瘀血贯穿本病始终，灵活运用凉血活血、养阴活血、益气活血、温阳活血四法。①发病初期或足量使用激素期，常用凉血活血法治疗，常在水牛角、牡丹皮、地黄、茜草、蒲黄等凉血活血药的基础上加金银花、连翘、野菊花、重楼等清热解毒之品，尤以水牛角配伍乌梅，两者相得益彰，疗效倍增。②中期或在长期服用激素过程中，用养阴活血法，常在丹参、三七、益母草、桃仁、红花等活血化瘀药的基础上加地黄、麦冬、女贞子、墨旱莲、知母、黄柏等滋阴清火。③在激素维持治疗阶段，治以益气活血，在川芎、郁金、丹参、三七等活血化瘀药的基础上加生黄芪、白术、党参等益气。④迁延不愈或激素减停过程中，治以温阳活血法，在丹参、三七、姜黄、当归、红花等活血化瘀药的基础上加桑寄生、肉苁蓉、巴戟天、菟丝子等温阳之品。

（4）清源洁流：①肾病尿浊之风邪夹寒者，治宜在原辨证基础上疏风散寒，清源洁流，方用自拟疏风散寒洁流方，方中麻黄、桂枝疏风散寒防风，浮萍助君药解表散寒，桂枝温阳利水，浮萍祛表之水邪，甘草调和诸药。②风邪夹热者治宜在原辨证基础上疏风清热，清源洁流，方用自拟疏风清热洁流方，方中金银花、连翘疏风清热解毒，冬凌草、芦根清热利咽，甘草调和诸药。③风邪夹毒者治宜在原辨证基础上疏风解毒，清源洁流，方用自拟疏风解毒洁流方，方中金银花、连翘疏风清热解毒，蒲公英、射干、黄芩清热解毒利咽，甘草调和诸药。

（5）扶正祛邪，序贯辨治：①在邪实兼正虚期，应用祛邪佐扶正法，治疗的原则为宣肺利水，清热解毒活血，佐以健脾。若皮水者，应宣肺利水（佐以健脾），用防己黄芪汤合五苓散加减；外感风寒者，辛温宣肺祛风，用麻黄汤加减；外感风热者，辛凉宣肺祛风，用银翘散加减；上焦湿热者，清热解毒，五味消毒饮加减；血瘀者，在利水基础上选益母草、泽兰等利水活血药为主。②正虚邪实期，应用扶正祛邪法，治疗原则为健脾温阳，解表散邪，化浊利湿，益气活血。若脾阳虚者，予以实脾饮加减；中焦湿热，清热解毒，化浊利湿，甘露消毒丹加减；血瘀者，在补脾阳气的基础上加血中气药川芎为主。③正虚兼邪实期，予以扶正佐祛邪法，治疗原则为健脾温肾，滋阴清热，养阴活血。若肾阳虚者，温肾阳，化气行水，以真武汤加减；肝肾阴虚者，滋阴补肾，平肝潜阳，知柏地黄丸加减；气阴两虚者，益气养阴，化湿清热，六味地黄丸加黄芪；下焦湿热者，清热利湿，以八正散加减；血瘀者，因主要由阴亏内热血枯所致，故在养阴清热基础上选当归、鸡血藤等养阴血活血药为主。

（6）激素－中药，序贯治疗：本病在应用激素情况下，呈现为阳虚水泛、阴虚火旺、气阴两虚和阳气虚弱的序贯演变规律，提倡以调整阴阳失衡为目的的激素－中药序贯疗法。①阳虚水泛证，治疗以肾病方加大腹皮、猪苓、薏苡仁、桂枝加减，以温阳益气，化瘀利水；②阴虚火旺证，治疗以肾病方减少黄芪用量加女贞子、黄柏、旱莲草、砂仁加减，以滋阴清热，温肾补气，且加砂仁理气和胃以防滋阴碍胃；③气阴两虚证治以肾病方加巴戟天加减，以益气固肾，气阴双补，其中黄芪、太子参、肉苁蓉用量宜加大，大量外源性激素对下丘脑－垂体－肾上腺皮质轴的抑制，使皮质醇分泌减少，此期肾阳虚最重，故重用补肾药如巴戟天、肉苁蓉等；④阳气虚弱证治以肾病方去地黄、知母，加巴戟天、白术、茯苓、砂仁，以益气温阳固肾，且临证见此期以脾肾阳虚为主，少有阴虚之象，故加用补脾之品，去滋阴之药。

4. 用药特点与核心方药

（1）肾必宁颗粒（冲剂）：肾必宁颗粒冲剂是丁樱团队根据中医理论，针对肾病的病因病理及证候，结合河南中医药大学第一附属医院儿科近30年治疗肾病的经验而研制的内服颗粒剂。方由黄芪、菟丝子、五味子、地黄、白花蛇舌草、甘草、水蛭组成。方中黄芪、五味子、菟丝子益气养阴、健脾补肾，以顾其本，为君；地黄辅助五味子以滋阴补肾，并可佐制黄芪、菟丝子温燥之性，具有养阴清热之功；菟丝子阴阳双补，在此有"阳中求阴""少火生气"之意；白花蛇舌草助地黄清热，且有解毒、利湿之效；水蛭活血化瘀；甘草调和诸药。综观全方，补气养阴并举，扶正与祛邪兼顾，诸药合用，共奏健脾固肾、益气养阴、清热活血化瘀之功。

临床研究发现，在气阴两虚肾病综合征与系膜增生性肾炎发生发展过程中，中医证型只要属于气阴两虚兼湿热血瘀者，用本方治疗，不仅可获满意的临床疗效，而且可改善系膜增生这一核心组织病理变化。肾必宁颗粒（冲剂）组方及制备工艺简单、药源充足，具备成本低廉、安全有效、适应证广等多种优势，且中药混悬颗粒剂型新颖，使用方便，易为患儿及家长所接受，对于中医中药在肾病领域内推广应用具有重要的科学及经济价值，并具有良好的市场前景。

（2）肾病序贯方：丁樱临证配合激素序贯治疗创立肾病序贯方，临床颇有疗效。

肾病序贯Ⅰ号方组成为生黄芪、太子参、菟丝子、桑寄生、大腹皮、猪苓、泽兰、茯苓、当归、丹参、桂枝、甘草。主治水肿脾肾阳虚证。方中诸药相伍，温中有散，利中有化，脾肾双补，血水共治，配伍严谨，共奏温阳利水之功。

肾病序贯Ⅱ号方组成为生黄芪、太子参、菟丝子、桑寄生、地黄、知母、黄柏、黄芩、女贞子、墨旱莲、当归、丹参、砂仁、甘草。主治水肿肺脾气虚证。方中诸药合用，表气得固，风邪得除，脾气健运，则水湿诸症自解，甘草和诸药，相得益彰。

肾病序贯Ⅲ号方组成为生黄芪、太子参、菟丝子、桑寄生、巴戟天、肉苁蓉、地黄、知母、当归、丹参、砂仁、甘草。主治水肿肝肾阴虚证。本方既可补肝肾之阴，又有清相火之力。

肾病序贯Ⅳ号方组成为生黄芪、太子参、菟丝子、桑寄生、白术、茯苓、巴戟天、肉苁蓉、当归、丹参、甘草。主治水肿气阴两虚证。配伍精当，谨守病机，调整阴阳，共奏气阴双补之效。

（3）妙用雷公藤：激素是目前临床用于肾病综合征治疗的关键药物，而近年来，国内外大量实验和临床研究证明，雷公藤和激素的作用机制有异同之处，除了具有多种免疫抑制和非特异性抗炎作用外，亦可显著减少或消除本病患儿的尿蛋白排泄。丁樱临证发现，部分对激素敏感的肾病综合征患儿单用雷公藤即能使症状完全缓解；对激素低敏感的病例或虽疗效好、副作用难耐受的免疫介导性肾病综合征，可通过应用小剂量激素加雷公藤多苷而得到缓解；对激素依赖者，加用雷公藤治疗，有助近 15 年来，丁樱一直致力于探讨在儿科如何正确掌握雷公藤多苷应用剂量、疗程的问题，目前结论为：对各种原发性、继发性肾病的轻度蛋白尿者，以常规剂量 1mg/（kg·d）进行 3 个月治疗；对原发性肾病中等或大量蛋白尿者，起始剂量多用 1.5mg/（kg·d），4～6 周，继改为 1mg/（kg·d），6～8 周，后或停药，或减至 0.6～0.8mg/（kg·d），维持 2～3 个月渐停药。

对于雷公藤不良反应的预防，丁樱提出自己的见解：第一，通过剂型改良或利用化学方法做到增效减毒；第二，用药过程中，应参考中药配伍以减毒，如加用黄精、当归、地黄可减少造血系统损害，加用菟丝子可保护性腺功能等；第三，用药开始，剂量不宜偏大，用药 1～2 周密切观察血常规及肝功能的变化，以后可根据病情每间隔 1～2 周复查；第四，用药过程中一旦出现不良反应，轻者减量或配合中药辨证治疗，重者则需尽快停药。

总之，丁樱认为以雷公藤为代表的中成药，因其确切的疗效使它在多种免疫性疾病中大显身手，是我国传统中草药中的一个瑰宝。

（二）过敏性紫癜

过敏性紫癜（Henoch-Schönlein purpura，HSP）又称为 IgA 血管炎（IgAV），是儿科最常见的免疫性系统性小血管炎，临床发病较急，以感受外邪或致病源后出现皮肤紫癜、关节肿痛、腹痛、便血及血尿、蛋白尿等肾脏损伤的症状为主要临床表现，属于中医学"血证"范畴，与历代医籍所论的"葡萄疫""肌衄""紫癜风"等病证有相似之处。其中在发病 2～8 周出现肾脏损害称为紫癜性肾炎。

1. 病因病机

（1）湿热伏邪为夙根：湿热之邪长夏为多，而过敏性紫癜的好发时间却为秋冬两季，二者并非矛盾，而是因为湿热作为一种伏邪潜藏于人体，感邪而不即发，形成疾病的"夙根"，故提出湿热伏邪是本病重要病因之一。

小儿稚阳稚阴，卫外不固，内守不足，易感受湿热，加上 HSP 患儿常具有特殊的过敏体质，正气亏虚，不耐邪扰，邪藏体内，待时而发。湿热、伏邪相合，潜伏于体内，为疾病的发生埋下隐患，形成本病的夙根。湿热伏邪又易与风热、瘀血等相兼夹，困阻日久，损及气阴，最终导致本病的反复与缠绵。

（2）风邪感伏：风邪是本病发病的重要诱因。①外感风邪：小儿素体正气亏虚，卫外不固，故易为风邪所侵，风邪伏于血分，灼伤血络，致血不循经，溢于脉外，积于皮下，则形成紫癜；②饮食动风：小儿纯阳之体，误用大温、大辛、发散之品，或进食鱼虾、海鲜、羊肉等腥膻发物，易从阳化热，食积之热合小儿肝旺之风，风热相扇，迫血妄行，发为紫癜；③血瘀生风：瘀血阻塞经络，经脉阻滞不通而致筋脉失润，故常见皮肤干燥瘙痒等症；④血虚生风：瘀血不去，新血不生，或长期使用糖皮质激素耗血伤津，致营血亏虚，筋脉失养，虚风内动，紫癜复发；⑤先天伏风：本病患儿禀赋特异，即过敏性体质，先天伏风内潜，若感外风，两者相合，血因风动，脉络不和，发为本病。

（3）络病学说：络脉是气血运行的通道，也是病邪传变的途径。小儿为稚阴稚阳之体，脏腑娇嫩，又寒温不知自调，故外感六淫、脏腑功能虚损、饮食起居失宜等均可伤及络脉，导致络脉功能障碍及结构损伤，血液不循常道，溢于脉外，则发为本病。

（4）明诱因，定内因，司外揣内：诱因主要为外感、饮食与体质等。风热毒邪浸淫腠理，深入营血，燔灼营阴；或素体阴虚，热伏血分，复感风邪，与血热相搏，壅盛成毒，致使脉络受损，血溢脉外。据小儿生理特点，禀赋不耐，腠理不固，易感风邪；"脾肾不足"，"毒"至消化道及肾可出现腹痛、血尿、蛋白尿等症状；风性善行而数变，窜至关节，可见关节肿痛。总之，外感风热、饮食不节、环境污染是发病的主要诱因，但禀赋不足、气阴两虚、血分伏热，则是发病的重要内因。瘀血常为病情发展或反复发作的继发因素。

2. 临床辨治方法

（1）辨虚实、辨急缓：依据本病病机特点分为急性期，即邪实阶段与迁延期，为正虚阶段。

急性期多为实热证，以风热伤络（发病前多有外感风热证候，继而出现皮肤紫癜，大小形态不一）、血热妄行（起病急骤，胃热炽盛，紫癜密集成片，色鲜红）为主要证型，常兼见湿热痹阻或热伤胃络。

迁延期多为虚证，以阴虚火旺（紫癜时发时止，色暗红）、气阴两虚（紫癜反复发作，隐约散在，色淡）为主要证型。

（2）辨脏腑传变辨证：初期在肺，风热邪毒与血分伏热相合，而致血热妄行，溢于脉外，发为紫癜；风为阳邪，阳盛则火动，火曰炎上，载血上行而见鼻衄、咽痛、乳蛾肿大等；阳盛则热，故见发热；肺失宣发肃降，则咳嗽甚或喘息等。

中期在胃，湿热与血分伏热相合，气机阻滞，湿热瘀血留滞胃络、关节，损伤血络，血溢肌腠，发为紫癜，皮疹多分布于下肢、关节或腹部，多伴有关节痛、腹痛、呕吐或便血。

后期在心肝，邪毒炽盛，易入心肝，心主血、肝藏血功能受损，致血行不循常道，外溢肌肤，发为紫癜。

末期在脾肾，久病耗伤气阴，致脾肾虚弱，脾不敛精，肾不固精，水谷精微外漏，可见尿血或尿浊。

总之，紫癜日久必伤正气。从脏腑看，初伤肺胃，后为肝脾，再而为心肝肾，五脏俱损。故疾病后期，祛邪之余，应注意辨证补虚，重视滋阴清热、凉血活血，重视心肝肾。

3. 临床经验特色

（1）虚实缓急分治：祛邪为要，扶正为本，活血化瘀贯穿始终。

邪实阶段采用疏风清热凉血之法，慎用补益，避免闭门留寇：风热伤络证治以疏风清热、凉血安络，常用银翘散加减；血热妄行证治以清热解毒、凉血止血，常用清瘟败毒散合犀角地黄汤加减。

正虚阶段采用益气养阴清热之法：阴虚火旺证治以滋阴清热、凉血宁络，常用知柏地黄丸加减；气不摄血证治以健脾益气、和营摄血，常用归脾汤加减。尤其强调，在气虚不明显时，切勿滥用黄芪等补气之品，以致紫癜反复。即使补阳或补气也应用平和之品，以防"壮火食气"，且也要注意"阴中求阳"之法。

全程兼以活血化瘀：在疾病各个阶段都可酌情加用活血化瘀之品，喜用丹参、当归、赤芍、鸡血藤等。

（2）祛邪安络：风热伤络证，治以疏风清热凉血、活血化瘀，以银翘散为底方加减。全方可使风邪散、痛痒止、血热清、络脉安。

血热妄行证，治以清热凉血、活血散瘀，常用犀角地黄汤加减。全方可清血分之热、解血分之毒、祛血肿之瘀，凉血兼以散瘀，使热清血止而无留瘀之弊，同时兼以养阴，而无耗血之虑，使邪去而络安。

尚有部分患儿紫癜此起彼伏，迁延不愈，其病机关键在于邪毒留络，瘀血阻滞，经络不通，治以活血化瘀、祛风通络，在辨证选方的基础上加用藤类药物理气活血，使气血得运，络脉条达，毒邪去而血络通。

（3）治风兼治血

治风：风热伤络证，治宜疏风清热，常用疏风消癜汤加减，临证中可依病情需要加入祛风凉血、祛风解毒、祛风止痒、活血通络之品；对于饮食动风者，多加川芎、浮萍、徐长卿、麦冬等以祛风止痒兼以养阴；对于瘀血生风者，多加水牛角、三七、益母草、泽兰等以活血化瘀；对于血虚生风者，临证多加当归、鸡血藤以补血活血，神曲、鸡内金以健胃消食；对于先天伏风者，予辨证论治，调理体质，清除伏邪，预防复发，根据体质和伏邪的不同采用针对性的干预治疗。

治血：临床注重祛风之时，亦不忘活血通络化瘀，常加用川芎、当归、牛膝等，另善用藤类药物，取其通经活络、养血活血之功，以合"治风先治血，血行风自灭"之旨。

（4）透热转气：过敏性紫癜血热妄行重证可见热入营血证候，治疗时在清营凉血的基础上配合透热转气。

宣通三焦以透热转气：上焦湿可清热解毒，宣肺化湿；中焦湿可温运脾阳，养津化湿；下焦湿可温肾养阴，淡渗利湿。通过开上、宣中、渗下，使气机宣畅，三焦通利，入营之热外透而病解。

养阴活血以透热转气：热灼津伤则血瘀，热去津足则血通，故用犀角地黄汤为主方以清营凉血、养阴活血，诸药配伍使热无依附，则可透转气分而解。

4. 用药特点与核心方药

（1）活用藤类：藤类药物缠绕蔓延，犹如网络，纵横交错，无所不至，如人之脉络，取象比类，为通络之佳品。

如风热伤络者，常用忍冬藤、青风藤、海风藤祛风清热，解毒通络；湿热痹阻者，常用忍冬藤、络石藤清热利湿，通络止痛；如有胃肠积热者，加大血藤、忍冬藤以清热解毒，活络止痛；日久耗伤气血，瘀阻血络者，以鸡血藤、首乌藤养血补血，活血通络。药理研究认为，多数藤类药物有类似非甾体抗炎药的直接抗炎作用及免疫抑制作用，为藤类药物在本病中的应用提供了依据。

（2）巧用雷公藤：雷公藤具有祛风除湿通络、活血消肿止痛之效，适当配伍可广泛应用于皮肤紫癜等"络脉性疾病"。①抑制肾小球系膜细胞、基底膜增生：发病早期应用，可降低 HSP 患儿尿血清白蛋白（ALB）和尿 N- 乙酰 -beta-D- 氨基葡萄糖苷酶（NAG）含量，减少尿蛋白产生，预防、延缓肾损害，临床雷公藤多苷常以 1.5mg/（kg·d）为常规使用剂量，疗程一般控制在 3 个月以内，疗效显著，且副作用较少发生。②调节细胞免疫，增加血管壁通透性：对于顽固性紫癜，反复发作，持久不消者，常加用小剂量［1mg/（kg·d）］雷公藤多苷片，疗程为 3～4 个月，同时静脉滴注钙剂，疗程 10～20 日，颇有良效。③显著抗炎作用：对于皮肤紫癜血管炎症反应较重者，及时加用雷公藤，可明显减少炎症因子释放，抑制机体炎症反应。

（3）善用药对

水牛角与乌梅：水牛角功擅清热凉血，入血分以治"瘀"，乌梅功擅收敛以防"溢"，合用可增强凉血活血之功，两者相得益彰。药理研究认为二者皆有抗过敏作用，合用可抑制免疫复合物沉积、减轻肾损害、改善肾血流量及其功能。且水牛角主要成分为角蛋白及碳酸钙等，而乌梅之酸可促进水牛角煎煮过程中钙的水解，增加角质成分利用率。对于紫癜量大、色红，证属血热妄行者，配合使用有良效。

鸡血藤与忍冬藤：鸡血藤有补血活血通络之功，忍冬藤有清热解毒、通络活血之效。药理研究认为忍冬藤可抗炎止痛，抑制体液免疫、抗过敏、抗变态反应，鸡血藤有抗血小板聚集、改善高凝状态之力。对于紫癜反复难愈者，配合使用，取其行气活血、通络搜邪之功，效验俱佳。

煅牡蛎与五味子：煅牡蛎有滋阴敛汗之效，五味子有生津收敛之功，合用可增强敛汗止汗作用。药理研究认为煅牡蛎主要含碳酸钙、磷酸钙等，五味子富含维生素C，可助钙吸收，增强血管壁弹性。对于气阴两虚或阴虚火旺而汗出较多者，常两者合用以敛汗，且对紫癜新出能起到一定的预防作用。

黄连与紫草：黄连清热燥湿、泻火解毒，紫草清热凉血、解毒生肌、活血透疹，又可增强黄连的清热之力。两者合用，共奏清热燥湿、泻火解毒之效。药理研究认为黄连能明显抑制幽门螺杆菌，紫草能降低毛细血管通透性，减轻组织水肿，缓解疼痛。两者合用可抑菌抗炎、缓解平滑肌痉挛、抑制血管收缩、减轻胃肠道症状，促进成纤维细胞增生，以利于创面修复，且能提高机体免疫，防治紫癜复发。临床以其清热解毒、活血化瘀之效，治疗幽门螺杆菌相关性腹型过敏性紫癜，取得了良好效果。

牡丹皮与紫草：牡丹皮活血而不动血，善清血分之热，消胃肠癥积；紫草透血中热毒，亦可补益中气、利大肠。药理研究认为两者均有杀菌抗炎、调节机体免疫之效，且牡丹皮可镇痛，紫草亦疗腹痛，合用可清热凉血、活血化瘀，对治疗本病有独到之处，对本病引起的关节痛、腹痛也具有较好疗效。

（4）创院内合剂：祛风消癜方为院内治疗紫癜风热伤络证的经验方，具有祛风消癜、清热止痒、化瘀通络之功，其组成为忍冬藤、荆芥、防风、海风藤、徐长卿、丹参、茜草、甘草。方中忍冬藤清热疏风通络，荆芥祛风解表、透疹止血，共为君药。防风祛风止痒，海风藤深入经络，祛除留滞之风邪，共为臣药。徐长卿祛风止痒，与藤类相配，使风邪得去，经络通达，气血畅行。丹参祛瘀生新、凉血活血，茜草凉血止血、化瘀通经，共为佐药。甘草泻火解毒，调和诸药，为使药。诸药相伍，使上焦风热得散，全身血络得通，紫癜得以消散。

凉血退紫方为本院治疗紫癜血热妄行证的经验方，具有凉血消癜、清热解毒、活血通络之功，其组成为生地黄、牡丹皮、白芍、紫草、忍冬藤、川芎、络石藤、炙甘草。生地黄清热凉血、滋阴生津，以复已失之阴血；牡丹皮清热凉血、活血化瘀，清营分、血分之热，共为君药。臣以咸寒之紫草，清热凉血，活血解毒，透疹消斑；苦寒之忍冬藤、络石藤共为臣药，清热凉血，祛风通络。反佐以性温之川芎，活血行气，祛风止痛。白芍为手足太阴引经药，与川芎相配以生血脉、贯营阴；甘草泻火解毒，调和诸药，共为使药。诸药相伍，共成清热凉血、活血消斑之剂。

（三）紫癜性肾炎

1. 病因病机

（1）热、虚、瘀三因

①发病初期，热毒为关键：《小儿卫生总微论方·血溢论》云："小儿诸溢血者，

由热乘于血气也。"外邪未解，入里化热，内伏血分，或素体有热，迫血妄行，或饮食劳倦，内生湿热，热扰血脉，溢于肌肤而发为皮肤紫癜、紫斑等；热及下焦，灼伤肾络，溢于脉外而见尿血；热扰肾关，伤及脾肾，失于固摄，精微下泄而见蛋白尿。

②发病中后期，虚证为主：因"斑疹易消，尿血难止"，血尿日久则会耗气伤阴津、阴血，出现气虚、阴虚或气阴两虚证。小儿阳常有余、阴常不足，阴亏者更易见虚火亢，灼伤络脉，络伤血溢，则可见紫癜或尿血。或病久脾肾亏虚，脾不统血，肾失固摄，血不循经而下行则为尿血；脾不敛精，肾不固精，精微外泄则发为尿浊。

③瘀血贯穿始终：本病无论初发或病情日久，皆有瘀。离经之血，溢于脉外，留而为瘀；或热入血脉，灼伤血络，血行不畅而致瘀阻；或久病耗气，气虚无力推动血液运行，致血行瘀阻；或素体易阴亏，阴虚则火旺，虚火灼络，血溢脉外、不循常道而成瘀；津血同源，病久津伤则血少，行而不畅亦可见瘀血。

"久病必致瘀，因瘀可致虚，因虚亦致瘀。"如外受毒热之邪，与血分伏热相合，损伤络脉，血溢脉外，留而为瘀；瘀血停滞，郁久可化热，作为新的致病因素又致疾病加重；瘀血留滞络脉，影响新血生成、运行，久则必耗伤正气而致虚。热、虚、瘀三者形成恶性循环，使本病迁延难愈，反复加重。

（2）久病入肾络：肾之络脉纤细缠绕，血流缓慢，各种体内外因素累及"肾络"，均可致肾络发生病变。

①肾络癥积：各种病因导致的热毒、水湿、血瘀、痰浊终可归巢于肾，久稽肾络，导致肾脏代谢、排泄功能的失常，形成微型癥积，即为"肾络癥积"，即西医所言新月体形成。病机在于感受外邪，久稽不去，伏藏肾络，形成"热毒"；风热、血热伤络，气血津液不寻常道，或病及脾肾，脾失健运，肾失气化，津液内停而成"水湿"；后期余热未清，毒邪未尽，内舍于血，"血受热则煎熬成块"，即成"瘀血"；有形之邪凝聚成痰，即所谓"痰浊"。

②肾络瘀阻：患儿所受毒热之邪，盘踞络中，致气血运行不畅，日久必致瘀血为患；津血被伤，血液黏稠不畅，可致络脉瘀阻；加之肾络纤细迂曲，盘根错杂，血行缓慢，更易产生瘀血变证。肾属血分，上述瘀血久稽于肾，损伤肾络，则见血尿；伤及肾气，固摄无权，精微物质不敷布常道而漏出肾外，则见蛋白尿。

2. 临床辨治方法

（1）虚实辨证：过敏性紫癜性肾炎（HSPN）患儿初期多辨证为风热夹瘀型或血热夹瘀型，突出实热之邪为患，辨病在表或在里；阴虚夹瘀证、气阴两虚夹瘀证体现后期多虚，注意区别气虚、阴虚。所有证型均兼夹血瘀。

但虚实无明显分界，临证应灵活加用本证与标证相结合的辨证分型方法，以求准确地进行证型诊断，确定治则，辨证施治。如在急性期或病情反复时，因有皮肤紫癜反复出现和风热表证的存在，易简单将其列为风热伤络型。但实际上，在皮肤紫癜与肾损害同时存在时，已是热邪伤及阳络和阴络，本证应为热伤血络，此热可为风热、风寒之邪入里化热、热毒，也可为里热炽盛，或为湿热熏蒸，而风热为标证。热伤血络之本证又可转化为肝肾阴虚和气阴两虚，甚至脾肾阳虚，标证也可在病变的不同时期有不同的变化，临证应细心辨别。

（2）宏观辨病、微观分级，中西结合辨治：中医辨病症了解患者病情、体质及所处的虚实夹杂的不同阶段，西医肾脏活检了解肾脏微观的病理级别，以分辨急性和慢性病变的程度，中西结合辨治往往能起到事半功倍的效果。对于急性病变如新月体形成、内皮细胞病变、不同程度的系膜病变，在治疗初期加强治疗方案，对本病的预后有积极意义。

HSPN属于儿科疑难病，如不及时有效治疗则会有一定比例的肾衰竭发生，临床上根据病情需要积极行肾活检术，有利于明确病情，及时施治。

3. 临床经验特色

（1）虚实分治：本病早期以邪实为主，常见为"风热"及"血热"，治以疏风清热、凉血；后期以正虚为主，常见为"阴虚""气虚"，治以养阴益气、补肾；而血瘀贯穿始终，治以活血化瘀、止血，此为关键。

①祛风清热以消癜：风为百病之长，热毒之邪可依附于风邪而侵袭人体。风热伤络是本病早期主要病理环节，故清热凉血之余应加以祛风药，风血同治，常以祛风清热、凉血安络为主要治疗法则。

②清热凉血祛热毒：小儿体属纯阳，感邪易化火、化热、成毒，深入血络，故治疗以清热凉血、通络止痛为原则。

③凉血化瘀以止血：或热伤肾络，或瘀阻脉中，血不循常道，或虚火灼伤肾络，均可致血尿，故血尿一症几乎贯穿本病始末。对于以血尿症状为主者，治以清热凉血、化瘀止血。

④滋阴清热慎益气：发病日久，或患儿血分有热，热邪伤阴，或素体阴虚，或病程迁延，反复发作，久病不愈伤及气阴，易出现阴虚火旺、气阴两虚之证，兼肾络瘀滞之标，治以滋阴清热、凉血祛瘀。

⑤化瘀通络贯始终：瘀血不去，留滞体内，可致反复出血，故需防出血留瘀之变。治疗用药时不能一味收涩止血，易闭门留寇，加重瘀血，而致血尿更甚，应寓止血于活血中，切忌止血留瘀。

（2）三焦别治：肾与三焦相通，三焦为肾行水化气，故肾病宜调和三焦。

上焦宜宣散，方以银翘散加减透邪外出；中焦宜疏通，若毒邪壅盛，阻滞气机，方以犀角地黄汤加减清热化湿，若脾虚兼邪实，方以参苓白术散加减健脾利湿；下焦宜补虚，若肾阴亏虚、内生火热，方以知柏地黄丸加减滋阴降火，若肾阳虚衰、失于温煦，方以右归丸加减温补肾阳。

（3）联合西医病理分级、中西医结合治疗：临床尿蛋白定量大于 50mg/（kg·d）、病程久、反复尿检异常、治疗效差、镜下血尿持久等，建议积极行肾活检以明确病情，根据肾脏病理结果和临床辨证分型，中西医施治并举，必要时加用激素或免疫抑制剂等。如临床表现为肾病综合征者、肾脏病理在三级以上者，常使用激素联合雷公藤多苷综合治疗；对于新月体比例高的患者，积极使用甲基泼尼松龙冲击治疗。在此期间运用中药辨证，能够缩短激素和免疫抑制剂用药疗程，降低其副作用。

（4）通经活络：《素问·调经论》提出了"病在血，调之络"的治疗大法，对于本病来说，肾络畅行，血不瘀滞，则可延缓其进展。

①活血通络：瘀血贯穿病程始终，故应重视活血化瘀通络，尤其在出血之时，不能一味止血，而应寓活血通络于止血之中，以免留瘀，致病情反复。活血化瘀、疏通络道，既可减少因气阴两虚、肾虚所致瘀阻络脉的形成，又可畅通经络，祛其瘀滞，不可忽视。

②补虚通络：补虚亦为通络之关键。因气为血之帅，气行则血行而不瘀滞；津血同源，津足则血不黏滞而畅行；滋补肾阴，则肾络得以濡养；补益肾阳，则肾络得以温通；肾气得充，则一身之气得以推动。

临证补虚时应联合活血，消补同施，使补而不留积，通而不耗气，涤除瘀邪，瘀去络通积消，脉络得以通畅，气血复归于调和。

（5）澄源截流，防患于未然：临床实践证明，积极有效地去除诱因，能明显减少复发，减轻肾损害。

①避免接触可能的过敏原：急性期慎食鱼、虾、蟹、蛋、奶及煎炸食物，或含有色素、香精、添加剂的小食品及其他可疑过敏的食物；贴身衣物要求纯棉制品；尽量避免接触油漆、化肥、农药等；停用可疑过敏药物。

②调理体质，防止复发：A.预防外感：本病发生和反复的因素多为外感，因此临证时要特别注重调理体质，预防外感，常常补肺与清热并用；若可疑感染诱发者，需积极清除感染灶。B.调节免疫：本病患儿多处于免疫紊乱，或亢进，或低下，临床应积极运用中药调理其体质，从而降低紫癜的复发率。

③冬藏养肾："肾应冬"，肾为冬季主时之脏，外邪入侵则肾先受之。侵袭机体之寒邪，或入里化热之热邪，循经侵入少阴肾经，损伤肾络，出现血尿、蛋白尿等。故应顺应肾之封藏之性，避免他邪干肾；发病后防止病邪传变的方法为解伤阳之外邪，清干肾之内邪，恢复肾潜阳封藏之性；病情缓解后防止复发的方法为养肾固卫，

兼顾他脏。

（6）固培消癥，扶正祛邪：儿童HSPN伴新月体病变，即"肾络癥积"时，应当及时固培消癥、祛邪扶正。"消癥"当清热活血通络、逐痰消癥散结；"固培"当顾护肾中阴阳。

①清热活血通络：其多是在肾阴虚的基础上，湿热致瘀、湿瘀交阻的结果，故采用养阴清热、化瘀止血治法，予以自拟清热止血方。

②逐痰消癥散结：湿浊之邪胶着缠绵，在整个肾脏疾病纤维化过程中起了重要作用。患儿常伴有脂质代谢异常、过氧化损害，属中医所谓的痰湿、湿浊，为"微观痰浊"，与毒、瘀积聚日久，便成有形之癥积，治疗时可予清半夏、茯苓、胆南星、陈皮、浙贝母等逐痰消癥散结。

③培元固本：《素问·评热病论》曰："邪之所凑，其气必虚。"邪毒瘀滞，迁延不愈，损伤正气，则久病必虚，出现肾气不足、肾阴肾阳亏虚的症状。故应兼顾补肾培元、调理肾气，以达到治病必求其本的目的，用药多选杜仲、生地黄、枸杞子等；另外，小儿脾常不足，治疗时需兼顾后天之本，所谓强后天以养先天，临证善用补脾益肾之品如女贞子、墨旱莲、党参、黄芪等。

4. 治疗肾型过敏性紫癜的用药特点与核心方药

（1）拟清热止血方：根据肾型过敏性紫癜邪热内扰、血分伏热、瘀血内阻的病机特点，创立清热凉血、化瘀止血的基本治法，自拟清热止血方（生地黄、当归、墨旱莲、黄芩、连翘、牡丹皮、大蓟、小蓟、茜草、甘草、女贞子、白及、仙鹤草）。方中生地黄滋阴清热、凉血止血，为君。牡丹皮清热散瘀、凉血解毒消斑，为臣。大蓟、小蓟凉血止血、散瘀解毒；三七、茜草化瘀止血；白及、仙鹤草收敛止血；当归活血养血；黄芩、连翘清热解毒；墨旱莲、女贞子滋补肝肾。以上共为佐药。甘草调和诸药。诸药配伍，共奏清热养阴、解毒化瘀、凉血止血之功。实验研究发现，清热止血方不仅能明显改善肾病模型大鼠血尿，减少24小时尿蛋白定量，还能改善肾脏病理，抑制系膜细胞和基质的增生。

临证时随证加减，灵活运用：若为风热夹瘀者，治以清热止血方加金银花、连翘、荆芥、防风疏风解表；若为血热夹瘀，方用清热止血方加水牛角、紫草以凉血止血，肉眼血尿时可加白茅根、大蓟、小蓟；阴虚夹瘀者，予清热止血方加知母、黄柏、黄精以滋阴凉血。由于患儿血分有热，热邪伤阴，或素体阴虚，易出现阴虚火旺之证，常在基础方中加入知母、黄柏、黄精以滋阴清热；气阴两虚夹瘀者，治以清热止血方加黄芪、太子参、女贞子、墨旱莲、黄精以益气养阴。部分患儿也会出现气虚，或者气阴两虚证，临证时可加用生黄芪、太子参，同时去赤芍。但对于临床气虚证不明显者，切勿滥用补气之品，补气易生热，致血尿加重或紫癜反复。

（2）藤类药物的运用经验:《本草便读》云:"凡藤蔓之属,皆可通经入络。"病久之邪,深入于络,肾络不通,非一般活血药物所能剔除,故有"络邪易入难出"之说。而藤类药物常能够深入络脉,畅通肾络,逐出滞留其间的病邪。

对于风热夹瘀证或血热夹瘀证,常在清热止血方基础上加海风藤、络石藤、忍冬藤,以祛风除湿、清热解毒通络,能祛外感之风热,又能搜逐络脉滞留之风湿热毒,而使表里内外邪去络通。

气虚及阴虚证候明显时,在清热止血方基础上加用黄芪、黄精、太子参及女贞子之类以益气养阴,同时加用藤类药物如鸡血藤、首乌藤(夜交藤)以养血活血、补虚通络,使气血调和,经络调畅。

瘀血贯穿疾病始终,临床上常用清热止血方联合藤类药物,如鸡血藤、夜交藤可养血化瘀通络;鸡矢藤、海风藤可气血双调,化瘀通络;忍冬藤、络石藤、穿山龙可化瘀清热,通络止痛。

（3）趋雷公藤之利,避雷公藤之弊:雷公藤苦、辛、寒,有大毒,其主要毒性成分又是其主要药效成分,正确理解雷公藤的这种保护和损伤的"双向作用",辨明其"量－效(毒)关系",以药物之"毒"去攻"人体之毒"的"以毒攻毒",趋其利,避其害,可为临床治疗带来莫大福音。

①临床疗效:对于紫癜反复发作或大量紫癜者,早期应用雷公藤多苷片可减少肾损害的发生;对于肾型过敏性紫癜轻中度蛋白尿伴或不伴血尿、组织病理改变在Ⅲ级以下者,单用雷公藤多苷片,即可取得良好疗效;对于病情较重、蛋白尿较重或血尿反复不消失者,则予以激素联合雷公藤多苷治疗,可明显改善病情,促进血尿、蛋白尿早日消失;组织病理改变为Ⅲ级以上者,配合相应的西医治疗也有满意效果。

②与清热止血方联合:依据HSPN热、虚、瘀的病机,中医治疗要着眼于"扶正祛邪"之基本治则,扶正与祛邪相辅相成,任何阶段都不能顾此失彼,雷公藤多苷片与清热止血方的联合应用,正是这一治则的完美体现。雷公藤多苷片作为一种免疫抑制剂,充分发挥免疫抑制和非特异性抗炎作用以降低蛋白尿;清热止血方集凉血止血、化瘀止血、收敛止血方药于一身,共收消血尿之效。两者合用既能缓解患儿肾损伤,消除HSPN血尿和蛋白尿,又能提高患儿机体对抗外邪的能力,达到标本兼治之效,且副作用少,临床疗效显著。

③增效减毒:在雷公藤使用过程中配合中药加减的运用,对提高其疗效和降低不良反应具有重要意义。如对于脾肾亏虚,肾不藏精、脾不摄精者,加用益母草、芡实等健脾补肾、活血调经,以恢复肾功能和消除蛋白尿;对于白细胞下降者,加用黄芪、黄精、女贞子等以益气、养阴生精;肝酶异常者,辨证加用生地黄、枸杞

子、白芍、山药、五味子等以滋阴养肝，并在方药中重用甘草以解毒、调和诸药；对于青春期患儿，加用菟丝子、桑寄生、女贞子、墨旱莲、山药、枸杞子等以滋阴补肾，以减少对生长发育等的影响。

五、方药之长

（一）核心方剂

丁樱工作室整理形成了肾病综合征、紫癜性肾炎、过敏性紫癜、免疫性血小板减少症的诊疗方案，并推广运用于临床，已研制安全有效的院内制剂——凉血退紫合剂、祛风消癜合剂、清热止血颗粒、肾必宁颗粒，主要用于辨证属于血热妄行型和风热伤络型过敏性紫癜、气阴两虚型的肾病和蛋白尿、阴虚火旺型血尿，服用方便，效果良好。介绍如下。

1. 凉血退紫合剂（院内制剂）

药物组成：生地黄、牡丹皮、白芍、紫草、忍冬藤、川芎、络石藤、炙甘草。

功效：凉血消癜，清热解毒，活血通络。

主治：过敏性紫癜（血热妄行型）。

理、法、方、药分析：小儿体属纯阳，六淫外袭，皆从火化，灼伤络脉，迫血妄行，血溢脉外，外渗肌肤而见皮肤紫癜，如《景岳全书·血证》曰："动者多由于火，火盛则逼血妄行。"可见热毒壅盛，灼伤脉络是病机关键，治疗当清热解毒、活血凉血。丁樱总结多年临床经验，研制凉血退紫合剂，方中生地黄清热凉血、滋阴生津，以复已失之阴血；牡丹皮清热凉血、活血化瘀，清营分、血分之热，共为君药。臣以咸寒之紫草，清热凉血、活血解毒、透疹消斑；苦寒之忍冬藤、络石藤与之共为臣药，清热凉血、祛风通络。反佐以性温之川芎，活血行气、祛风止痛。白芍为手足太阴引经药，与川芎相配以生血脉、贯营阴；甘草泻火解毒，调和诸药，共为使药。诸药相伍，共成清热凉血、活血消斑之剂。

2. 祛风消癜合剂（院内制剂）

药物组成：忍冬藤、荆芥、防风、海风藤、徐长卿、丹参、茜草、甘草。

功效：祛风消癜，清热止痒，化瘀通络。

主治：过敏性紫癜（风热伤络证）。

理、法、方、药分析：《外科正宗·葡萄疫》曰："葡萄疫，其患多生小儿，感受四时不正之气，郁于皮肤不散，结成大小青紫斑点，色若葡萄。"风热邪毒由口鼻而入，内伏血分，灼伤血络，血不循经，溢于脉外而见紫癜。"风热不散，作祟不断"，故早期应投放疏风散邪之品；"无毒不生斑、有斑必有瘀"，故适时加用凉血活瘀之品，拟祛风消癜合剂以彰显其意。方中忍冬藤清热疏风通络，荆芥祛风解表、透疹止血，共为君药。防风祛风止痒，海风藤深入经络，祛除留滞之风邪，共为臣药。徐长卿祛风止痒，与藤类相配，使风邪得去，经络通达，气血畅行；丹参祛瘀生新、凉血活血，茜草凉血止血、化瘀通经，共为佐药。甘草泻火解毒，调和诸药，为使药。诸药相伍，使上焦风热得散，全身血络得通，紫癜得以消散。

3. 清热止血颗粒（院内制剂）

药物组成：生地黄、牡丹皮、丹参、墨旱莲、赤芍、三七、小蓟、茜草、甘草。

功效：清热养阴，解毒化瘀，凉血止血。

主治：紫癜性肾炎（阴虚火旺型）。

理、法、方、药分析：石寿棠《医原·小儿论》云："小儿春令也……稚阴未长，则脏腑娇嫩，易于传变，易于伤阴。"小儿乃稚阴之体，且少阳及阳常有余学说中亦突出小儿阴津尚不足，小儿为纯阳之体，久病之后、温病后期或长期大量使用激素，阴液易亏，虚火易亢，灼伤血络，血溢脉外而瘀，循溺道而出，则发为尿血之证。治疗上应清其热，养其阴，化其瘀，凉其血。针对其病机研制了清热止血方。方中生地黄清热养阴、凉血止血为君；墨旱莲凉血止血、益阴补肾，牡丹皮、丹参清热凉血、活血散瘀，共为臣药；三七活血散瘀，止血而不留瘀，小蓟、茜草凉血止血、清热散瘀，赤芍清热凉血、活血散瘀，共为佐药；甘草清热解毒、益气补中、缓急止痛、调和诸药，为使药。九味药物相合，共奏清热养阴、活血化瘀、凉血止血之功。

4. 肾必宁颗粒（院内制剂）

药物组成：黄芪、菟丝子、五味子、生地黄、白花蛇舌草、甘草、水蛭。

功效：健脾固肾，益气养阴，清热活血化瘀。

主治：肾病综合征（气阴两虚型）。

理、法、方、药分析：NS病机为本虚标实，虚实错杂。其虚指脏腑本身之虚，尤以脾肾为主；其实是指因虚而致水湿、湿热、血瘀等邪实之证。故治疗以标本同治、扶正祛邪为原则，拟肾必宁颗粒，方中黄芪、五味子、菟丝子益气养阴、健脾补肾，以顾其本，为君。臣以苦寒之生地黄，以助五味子滋阴补肾，并可佐制黄芪、菟丝子温燥之性，具有养阴清热之功。菟丝子阴阳双补，有"阳中求阴"之意；白花蛇舌草助生地黄清热，且有解毒、利湿之效；水蛭活血化瘀，共为佐药。甘草调和诸药，为使药。综观全方，补气养阴并举，扶正与祛邪兼顾，诸药合用，共奏健脾固肾、益气养阴、清热活血化瘀之功，组方严谨。

5. 创升板方——治疗免疫性血小板减少性紫癜

自拟升板方：生地黄、玄参、麦冬、鸡血藤、当归、红花、炒桃仁、藕节、板蓝根、重楼、甘草。

方中生地黄甘苦性寒，清热凉血、滋阴止血，可解血分热毒，为君药；臣以玄参滋阴降火、解毒生津，麦冬养阴生津、清心泄热，两者寓泻于补，既可攻实，又可防虚，与君药共入于血分、阴分，养阴增液而清热凉血，且清热而不苦寒伤胃，养阴而不滋腻碍脾。当归味甘苦辛，性温，归肝、心、脾经，具有补血活血之力，《景岳全书》认为"当归，其味甘而重，故专能补血"；鸡血藤苦甘，性温，归肝、肾经，可补血、活血、通络，《本草纲目拾遗》认为其可"大补气血"，《饮片新参》谓其"去瘀血，生新血"，两者合用，既可补血以固其本，又能活血以祛其瘀。红花、桃仁活血祛瘀，藕节收敛止血，与当归、鸡血藤共为佐药，合用以达养血、止血而不留瘀之效。板蓝根、重楼清热解毒利咽，以防内外热毒相合为患，亦为佐药。甘草补中益气、调和诸药。全方合理配伍，共奏清热凉血养阴、养血活血化瘀之功，临床颇有疗效。

（二）活用药物

1. 鸡血藤

鸡血藤，苦、甘，温，归肝、肾经，具补血、活血、通络之功，可"流利经脉"，深入脉络，直达病所，祛除脉络伏邪，对于皮肤瘀斑瘀点等以"络脉"为主的疾病，可起到去瘀生新、活血通络化斑之效。现代药理研究表明，鸡血藤具有促进造血、抗炎，以及对细胞免疫的双向调节等作用，其有效提取物鸡血藤醇在升高血小板方面有一定的效果。

临床常佐以凉血止血、清热解毒之药味，加强鸡血藤养血止血、活血通络、止血不留瘀、化瘀不伤正及免疫抑制之功用，提高临床止血效果，降低毛细血管脆性和通透性，消除血小板抗体 PAIgG 的产生条件，从而减少血小板破坏。

2. 善用药对

中药可治疗疾病的原因在于，借其偏性以纠机体阴阳失衡状态，而通过药对配伍实现了相互增强疗效、制约减弱彼此毒性的目的。丁樱临证多年，形成了自己的配伍经验。

（1）水牛角与乌梅：水牛角功擅清热凉血，入血分以治"瘀"；乌梅功擅收敛以防"溢"，合用可增强凉血活血之功，两者相得益彰。药理研究认为水牛角主要成分为角蛋白及碳酸钙等，而乌梅之酸可促进其煎煮过程中钙的水解，增加角质成分利用率。二者皆有抗过敏作用，对于紫癜量大、色红，证属血热妄行者，配合使用，常有良效。

（2）煅牡蛎与五味子：煅牡蛎有滋阴敛汗之效，五味子有生津收敛之功，合用可增强敛汗止汗作用。药理研究认为煅牡蛎主要含碳酸钙、磷酸钙等，五味子富含维生素 C，可助钙吸收，增强血管壁弹性。对于气阴两虚或阴虚火旺而汗出较多者，常两者合用以敛汗，且对紫癜新出起到一定的预防作用。

（3）黄连与紫草：黄连清热燥湿，泻火解毒；紫草清热凉血，解毒生肌，活血透疹，又可增强黄连的清热之力。两者合用，共奏清热燥湿、泻火解毒之效。药理研究认为黄连能明显抑制幽门螺杆菌，紫草能降低毛细血管通透性，减轻组织水肿，缓解疼痛，两者合用，对于幽门螺杆菌相关性腹型过敏性紫癜有良好治疗效果。

（4）牡丹皮与紫草：牡丹皮活血而不动血，善清血分之热，消胃肠癥积；紫草透血中热毒，亦可补益中气、利大肠，合用可清热凉血、活血化瘀。药理研究认为两者均有杀菌抗炎、调节机体免疫之效，且牡丹皮可镇痛，紫草亦疗腹痛，对过敏性紫癜引起的关节痛、腹痛具有独特疗效。

（5）芡实与益母草：芡实益肾固精、健脾止泻、除湿止带，可有效减少蛋白尿漏出，是健脾补肾的绝佳首选。益母草活血调经、利水消肿、清热解毒，其活血功著，素有"血家圣药"之称。两者合用，在治疗小儿紫癜肾性蛋白尿方面疗效显著。

3. 活用藤类

《本草便读》云："凡藤蔓之属，皆可通经入络。"病久之邪，深入于络，非一般活血药物所能剔除，故有"络邪易入难出"之说。而藤类药物缠绕蔓延，犹如网络，纵横交错，能够深入络脉，无所不至，故为通络之佳品。

对于风热伤络者，常用忍冬藤、青风藤、海风藤等祛风、清热解毒、通络，既能祛外感之风热，又能搜逐络脉滞留之毒，而使表里内外邪去且络通；湿热痹阻者，常用忍冬藤、络石藤清热利湿、通络止痛；如有胃肠积热者，加大血藤、忍冬藤以清热解毒、活络止痛；日久耗伤气血，瘀阻血络者，以鸡血藤、首乌藤养血补血、活血通络，使气血调和，经络调畅。

六、读书之法

重视经典，原委详明

《黄帝内经》是中医理论的渊源，也是中医学说的学术源泉；张仲景的《伤寒杂病论》创立了六经辨证，为中医辨证论治和理法方药诊疗的发展奠定了基础；吴瑭的《温病条辨》创立了三焦辨证；叶桂的《温热论》创立了卫气营血辨证；钱乙的《小儿药证直诀》创建了小儿五脏辨证体系。

丁樱全面系统学习经典，从经典中不断总结，结合自己的临床经验，并对肾病及风湿免疫性疾病相关内容进行了系统性整理，潜心儿科疾病几十年，在领悟中勇于探索和善于发现，尤其对肾病及风湿免疫系统疾病的生理病理、诊断治疗有着自己的独特学术见解。

七、大医之情

（一）思想境界

1. 爱岗敬业，报效社会

正所谓生命所托，健康所系。如果把成为一名优秀的医生当做毕生的事业，而不仅仅是一个职业来追求，把医好每一名患者、做好每一台手术作为自己最大的梦想，就不会一味埋怨工作的辛劳，也不会仅仅为了养家糊口而消极、机械地对待自己的工作，更不会为了经济利益而忘记了一个医生的职业操守。丁樱有着强烈的社会责任感，时时刻刻将个人价值与社会价值相结合，在平凡而神圣的岗位上满腔热忱，把无私的爱奉献给整个社会，为人民健康和医学事业不断努力。

职业价值观指人生目标和人生态度在职业选择方面的具体表现，也就是一个人对职业的认识和态度，以及其对职业目标的追求和向往。一个人一旦爱岗敬业，就会全身心地投入到工作中去。因为这样的人把工作当成一种享受，这种内在的精神力量，才是鼓舞人们认真工作，也就是爱岗敬业的动力。在日常工作中，丁樱时刻保有积极的工作心态，努力爱岗敬业，积极对待自己的工作，总是从工作中得到乐趣，把自己变成工作的主人。

2. 精勤不倦，尽职尽责

丁樱说过：无论做什么事情都要"用心做事，尽职尽责"。对工作尽职尽责，就要具备"三心""二意"的素质。"三心"即信心、诚心和用心；"二意"即全局的意识、为对方着想的意识。用心做事，事情才有可能做成，不用心去做，事情一定不会成功。"用心做事，就是指用负责、务实的精神，去做好每一天中的每一件事；用心做事，就是指不放过工作中的每一个细节，并能主动地看透细节背后可能潜在的问题。"一个人最宝贵的是精神，一项事业最宝贵的也是精神。尽心尽力，尽职尽责，既是一种职业道德，也是一种精神状态，它既包含在我们最平常的点点滴滴的实践之中，也深刻地蕴含在我们人生的信仰和事业的追求之中。

3. 不畏艰难，百折不挠

在人生的道路上，从来都不是一帆风顺的，都会有各种各样的挫折与失败。但是山再高，登山难，只要一步一个台阶，一步一个脚印，便没有达不到的高峰！不怕挫败，迎难而上，这便是丁樱人生的真实写照。人生就如爬山，爬山必有难，难中必有苦，苦后必有甜。在苦难面前，唯有选择超越才能有所成就。面对困难，要迎难而上，没有人不经历苦难就顺利地成功，在成功面前是不能存在任何侥幸心理的。生命总是在经历苦难之后越来越好，意志总是在面对残酷之后更加坚强。

4. 廉洁清正，淡泊名利

丁樱常说："医学为生命所系，人命关天，作为一名医生，责任重大。"身为一名医者，其道德素养，价值观念尤为重要。丁樱自小在勤劳节俭、民风淳朴的环境下长大。父亲为一名优秀的人民教师，工作严谨，学识丰富；母亲是一名医生，还是那个年代的劳动模范，对人热情，工作认真。良好的家风熏陶和多年的艰苦锤炼，铸就了她自强不息的奋斗精神、吃苦耐劳的坚强意志、朴实节俭的生活作风，不求名利，一心只为解决患者的痛苦。所以，丁樱认为一名好的医生不仅要有医德，更要有良好品德。她淡泊名利，廉洁清正，树立了良好的社会责任感，在从事学校行政管理工作的同时，始终坚持医疗业务工作不动摇，治愈了许多疑难病症患者。

5. 孝顺父母，关爱家人

古人云：百善孝为先。孝敬父母是中国文化的传统美德，丁樱出身于书香门第，家教良好，在父母的倾心培育下，家中子女悉数成才。丁樱对父母总是心怀感恩，贴身照顾。丁樱在家庭中，也尽可能抽出时间陪伴及照顾家人，全力支持丈夫，倾心栽培子女。由家人及学生、患者，丁樱以她内在的博爱而无私默默地付出，惠及一方。

6. 孜孜以求，紧跟时代

终身学习是指社会每个成员为适应社会发展和实现个体发展的需要，贯穿于人一生的持续学习过程，即我们所常说的"活到老，学到老"或者"学无止境"，它具有终身性、全民性、广泛性等特点。终身学习启示我们树立终身教育思想，使其学会学习，更重要的是养成主动的、不断探索的、自我更新的、学以致用的和优化知识的良好习惯。对于一个医生来说尤为重要，丁樱常常告诫身边的人：在学习的过程中，难免会遇到各种挫折，不要气馁，不要退缩，虚心地向他人请教，在条件允许的情况下，还可以互相激励、共同发展，对于专业性的学习，更要精益求精，通过各种方法来强化自己的学习。只有终身学习，才能与时俱进，跟上社会的步伐，跟上世界的步伐。

7. 德艺双馨，治学严谨

"德不近佛者不可以为医，才不近仙者不可以为医"，丁樱一直把这句名言作为师训，鞭策着自己还有学医路上的学子们。作为一名医生，她的职责是救死扶伤；作为一名教育者，她的职责是培养人才，这双重的身份使得丁樱承负了更大的责任，因此也更加注重自身品德的修养与医术的精进。一个好的医生只有德艺双馨才更有能力救治他人，技艺的提高来自临床经验的积累和理论知识的学习，而对待患者的态度令人如沐春风才能最大限度地减少患者的痛苦，古语有"医者父母心"，让患者痛苦而来，微笑而归，一直是丁樱服务和工作的宗旨，丁樱总是说："患者来我这就诊，是信任我，把健康乃至生命交给了我，我一定要让他放心。"她不仅医术精湛，还有多项特质让慕名前来就诊的患者如沐春风，医患关系和睦，不少患儿家庭几代人都是她的忠实粉丝。

（1）处方简便廉验：方药是治疗起效的重要影响因素。丁樱处方时主要以"四辨一体"的诊疗模式来精确把握病机，正确的病机把握来源于详细的问诊。丁樱每次都针对病情开药、因需开药，不会因利益而为患者开一些贵药，努力减轻患者的经济负担。她也会跟患者说明哪些药既便宜，又有效，能减则减，让患者放心吃药。

（2）医嘱细致入微：开具处方后，丁樱通常还会交代相关医嘱，主要包含三个方面。第一个是日常调护方面，包含交代煎药方法、服药方法和时间、饮食禁忌等，丁樱还根据这些医嘱制作了一个紫癜、肾病家属须知。第二个方面，随着生活水平的不断提高，人们越来越注重养生，药食同源为大众所接受，紫癜餐和中药共同为患儿保驾护航。第三个方面，通过学生对患者的随访，获取患者的病情变化后，丁樱也会因人而制宜，给出不同的医嘱。

（3）态度耐心温和："有时是治愈，常常是帮助，总是去安慰。"医生对待患者的态度也是影响临床疗效的因素之一。丁樱平易近人，能使患者心生亲切。大部分患者在门诊上都会问丁樱关于自己病情的一些问题，丁樱从不会因为就诊患者多而对患者爱答不理，而是耐心解答，将专业知识转换成通俗易懂的白话去给患者解释清楚。问诊仔细、用药严谨，她还善于运用心理疏导。许多患者伴随有除身体不适之外的心理上的异常，身体不适产生心理异常，心理异常加重身体不适，两者互为因果，加重身心异常。丁樱不单用中药调理，还使用心理暗示法，看诊期间总是说鼓励患者的话，增强患者的信心，很多患者都是因为受到了丁樱的鼓励而慢慢放下了"心魔"，身心健康也因此得到大大改善。

（4）充分信任，依从性佳：丁樱是国医大师，是儿科大家，在肾病及风湿免疫性疾病方面更是有着独到的见解与诊疗方法，许多患者都是慕名而来，有亲人、朋友、同事互相介绍的，也有自行网上搜索就过来看病的。

医患信任是诊疗中的重要组成部分，提高患者信任度可以显著提升医疗质量。药物起作用不仅需要医生的努力，还需要患者的配合，其中最重要的就是依从性。这里的依从性指的是患者对于医嘱的执行程度，如坚持服药、及时复诊。患者的依从性与病情息息相关，严格执行医嘱有助于疗效的提高，而疗效又是医嘱执行程度的最关键影响因素。

在诊治疾病的过程中，治疗的效果不仅仅是医生、患者任一单方面起作用，两者的互动也是影响因素。医患互动关键无疑在于沟通，沟通主要体现在问诊过程。丁樱认为，良好的医患互动话语会提高患者的就诊满意度。所以让患者了解目前的疾病情况、需要怎么治疗，使患者全面了解疾病的信息，医患信任提高，互动友好，更可以提高疗效。

（二）文化修养

丁樱自幼兴趣广泛，有跳舞、游泳、打球等多项爱好。在那个知识匮乏的年代，她尽己所能涉猎多种优秀的国内外书籍。除中医传统经典外，她还学习了多种西医技能，在工作期间，内外妇儿各科均有涉猎；从西医转中医的过程，受多位名家影响，积极参加中医经典培训。毕业工作之初，她先后参加全国中医高校骨干教师培训班儿科专业师资班、中医经典提高班，系统学习了中医四大经典。在这个过程当中，深受中医文化的洗礼，感觉到中医经典的深奥，从此，她走上了一条中西医结合的道路。

1. 宗尚岐黄，探本溯源

丁樱常说，要学好中医，首先要学好中医四大经典，全面掌握中医经典理论；另外，要不断研究中医经典，用中医的思维方式去指导临床。

2. 效法仲景，学以致用

张仲景的《伤寒杂病论》迄今 1800 余年，被尊为"方书之祖"，其学术思想流传古今，远播海外，是学习中医的必读经典。张仲景创立了六经辨证诊疗模式和理法方药论治体系，成为中医学突出的临床特色之一。《伤寒杂病论》载方 314 首，为"群方之冠"。经方药简效宏，法度严谨，配伍精当，结构周密，实效性无与伦比，是后世中医方剂学发展的学术源泉。丁樱致力于对《伤寒杂病论》的学习和应用，积极运用其辨证思维和组方法则进行临床疾病诊疗。

3. 博采百家，兼容并蓄

"将升岱岳，非径奚为；欲诣扶桑，无舟莫适"，要获得解决实际问题的才干和本领，成为一个优秀的临床医生，需要正确的方法，即实践、思考和知识相结合。知识很重要，但知识不等于才能，知识只能在实践和思考中运用，并融会贯通，方可转化为才能。丁樱曾经与著名中医、中西医儿科专家李晏龄、黄明志、苗培显等老师朝夕相处数十年，在他（她）们的亲自指导下查房、出门诊、走上讲台并参与科研，他（她）们把精湛的技术、丰富的临床经验毫无保留地传授下去，使丁樱较快领略并掌握了辨证施治的基本思路与方法，积累了诊治儿科疾病的初步经验，为日后成为儿科学术骨干奠定了基础。

4. 发掘传承，古为今用

中原地大物博，历代名医辈出，诸多闻名于世的杰出医学人物组成了一支光耀夺目的医学群体。他们的思想广为流传，为儿童疾病相关学说增添了许多新内容。丁樱长期学习、工作在临床，不但熟练掌握临床知识，同时还不断地阅读、继承传统中医经典，古为今用，形成了有自身特色的临床诊治思维。

八、养生之智

（一）工作忙碌充实，主张"以忙养老"

很多人到了退休的年纪，早已开启了在家颐养天年的日子，但古稀之年的丁樱依旧坚持着每周5天全日制的工作，周末会出差或者线上参加国内学术会议。由于疑难杂病会诊需要花费较多时间和精力，普通门诊患者人数又较多，再加上时不时有临时加号的患者，错过午饭饭点对丁樱来说是常有的事，她常常是到了下午两三点钟才能吃上午饭。饭后会小憩一会儿，零碎时间则会忙着处理儿科日常管理、改书稿或者其他事情。

丁樱心态好，有事业心更有正能量。她在工作中对自己要求很严格，每天的时间都排得很满，正是工作带来的充实感和成就感，让她很少有情绪内耗，努力奋进，只争朝夕，无暇感慨人生易老。

（二）作息张弛有度，不纠结个中细节

在丁樱看来，她从不认为自己有什么特殊的养生秘诀。她常常说自己是"以忙养老"，工作生活化，生活工作化，总是以最饱满的状态投入到工作中。她的"睡眠

观"跟一般人不同。由于平时要在很多场合做讲座，出席很多学术活动，为了能够保持良好的精神状态，她时常会喝咖啡提神。有时白天喝咖啡会影响晚上的睡眠，但她的休息时间又有限，所以会随身备一些安眠药来帮助睡眠。丁樱认为，对于像她这样工作强度高、时间紧张的人来说，喝咖啡和吃安眠药这两种帮助提神和辅助睡眠的方式，适当使用并没有对身体产生什么危害，不必过于纠结个中细节，毕竟失眠和工作状态不佳所带来的作息节律颠倒危害更大。

（三）饮食追求天然，有讲究也能将就

丁樱祖籍为江苏南京，四五岁的年纪便随父母迁居河南，因此南方和北方的生活方式在她身上有所融合。丁樱在家中的饮食相对清淡，且注重营养均衡，每天会尽可能尝试多种不同的饮食，保证肉类和蛋白质的摄入，同时也非常注意摄入纤维素多的果蔬，促进胃肠蠕动，保证每日排便通畅。家庭早餐虽都是一些家常饭菜，如稀饭、小菜、馒头、玉米等，但搭配得十分精致合理，保证在每天的清晨都能摄入较全面的营养，这也是丁樱每天工作都能够精力充沛的一个秘诀。

虽然工作期间并不能像在家吃饭那样比较规律、搭配合理，但丁樱并不挑剔。值得一提的是，丁樱在饮食上比较追求天然，她很少吃包装食品，所有带食品添加剂或者转基因的食物尽可能避免，比如盒装牛奶和配有食品防腐剂的水果等。

（四）生活顺其自然，好品位无须奢侈

在生活中，丁樱是一个非常朴素但又很用心的人。如非参加大型活动，丁樱平时很少化妆。平常护肤用得最多是普通的甘油。对有香味的化妆品则尽可能不用，总体上追求天然。

丁樱心态阳光，工作和生活都喜欢和年轻人相处。生活顺其自然，精致又节俭，常保年轻心态。

九、传道之术

（一）人才培养方法

1.注重师德，关爱学生

丁樱作为一名中医教育学家，无论是初登讲台还是任职河南中医药大学教授后，都始终坚持在教育工作的一线，培养出了一代又一代的优秀人才，学生遍布全国各

个地方，她总开玩笑说"铁打的老师，流水的学生"。丁樱也将她的所学所得写入了她出版的书籍中。教学上，她总是毫无保留地将知识传授给学生；临床中，她常组织疑难病例讨论、教学门诊等活动，以提高临床医生的辨证论治能力。除了学习，丁樱也时常关心学生们的日常生活，和学生们一起吃饭。教学相长更是丁樱教授所推崇的，在指导学生进步的同时，也对许多疑难杂症有了新的思考。

2. 笃学好古，建树育人

丁樱从事医学教育事业50余年，编写专著30余部，发表学术论文300余篇。河南中医药大学儿科在她的带领下进行系统性改革，从一个濒临解散的科室，发展成为国家重点专科，国家中医药管理局重点学科、重点专科、六大区域诊疗中心之一，河南省中西医结合儿童医院、河南中医药大学儿科医学院，直至跨进了全国一流儿科医学院系的行列，成为全国第一个中医儿科医院暨儿科医学院。

她特别注重医教相结合，坚信严师出高徒。在临床上一方面为学生们传授着临床专业理论知识，一方面把自己的治疗经验和思路教给学生。学习上，丁樱对于学生的要求十分严格，不但重视学生们对于经典的学习，同时还十分注重学生们在临床上的动手实践能力，为社会培养了一批又一批优秀的人才。

3. 培养中医思维

丁樱十分注重培养学生的中医思维，重视中医的辨证论治，在临床实践中，采用多种教学方式，从辨病到辨证再到具体的治则方药，一步步引领学生掌握临床诊治疾病的能力。

4. 因材施教，循循善诱

"因材施教，循循善诱"是丁樱作为教师的教育理念，她会亲切地为学生指引方向，根据每个学生能力的不同，分配给学生们最能发挥自己长处的工作，同时老师还会循循善诱地为学生们纠错改正，潜移默化地引导学生进步成长。

丁樱对待每位患者都是一丝不苟的，详细询问患者的主诉、现病史、既往史、有无过敏史等，每份患者的病历都要求备份保存下来，并建立起了儿科庞大的数据库中心。即使现在有了电脑，丁樱依旧会要求学生们手写病历，因为她觉得，这样不仅能够提升学生们四诊合参的熟练度，更是对学生们综合能力的一种提高。

作为研究生导师，丁樱不仅注重给学生们传授知识，更重视把知识的传播、能力的培养、创新思维的启迪与道德情操的陶冶有机结合在一起；还要求学生们走进临床，面对面地接触患者，把书本上的内容和临床证型表现结合在一起。在工作中，丁樱常以对学生严厉著称，强调在科研及临床工作中严谨求实的学风，经常检查学生的病历和实验记录，对发现的错误从不放过。

但在生活中，丁樱常常给学生们以力所能及的帮助。个别研究生家境困难，她会毫不犹豫地出钱帮助他们。在河南中医药大学60年校庆之际，丁樱以个人名义向学校捐赠60万元，成立"丁樱奖学金"基金会，以勉励学子，支持儿科事业的发展。

（二）人才培养成果

丁樱作为河南中医药大学硕士、博士研究生导师，博士后导师，先后成为北京中医药大学、上海中医药大学博士研究生导师，河南中医药大学优秀研究生导师；培养中医儿科博士后3名，博士25名、硕士98名，学生遍布全国各地，半数以上为高校或医疗单位的学术骨干；部分学生已成为博士研究生导师、博士后导师、全国优秀中医临床人才、国家区域中医儿科诊疗中心负责人、中原名医、学术技术带头人等优秀人才。

同时作为第四批、第六批、第七批全国老中医药专家学术经验继承工作指导老师，被评为"第四批老中医药专家学术经验继承工作优秀指导老师"。

在成立全国名老中医工作室期间，培养师承学生包括全国第四批优秀中医临床人才、北京中医药大学"名医培育计划"培养对象、第六批全国老中医药专家学术经验继承项目培养对象及国家中组部第十五批西部之光访问学者等优秀人才30余名。2022年4月，成立国医大师工作室，培养第五批优秀中医临床人才，第六批、七批建立有全国名中医工作室室站培养学术传承人等优秀人才40余名。

近20年来，丁樱作为学科带头人，全身心进行学科建设，打造了一支402人的老中青相结合的学术团队。她在国内率先推行中医儿科专业分化，将全院倒数第一的科室建设成开放床位639张，年门诊量73万，年出院患者近3万的全国规模最大、服务能力最强、技术特色突出、人才梯队完备的国家中医区域诊疗中心、中西医结合儿童医院，在国内中医行业产生了重大影响。

丁樱学术传承谱

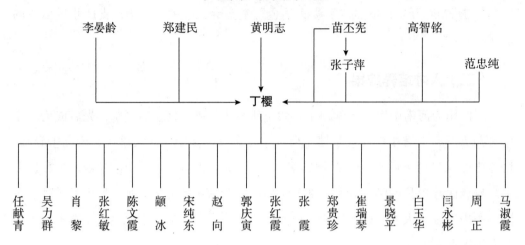

（高敏、张博整理）

（伊丽萦编辑）

王永钧

王永钧（1935—　），男，浙江杭州人，中共党员，主任中医师，博士研究生导师，享受国务院政府特殊津贴专家。兼任中华中医药学会肾病分会顾问，世界中医药学会联合会肾病专业委员会名誉会长。《中国中西医结合肾病杂志》第一届编委会副总编。首届全国名中医，第二、四、六、七批全国老中医药专家学术经验继承工作指导老师。获首届中华中医药传承特别贡献奖，中医药国际贡献奖（科技奖），中国中西医结合肾脏病贡献奖，中华中医药学会杰出成就奖荣誉及称号。2022年被授予国医大师称号。

王永钧将"审病—辨证—治病/证"的思维方式应用于临床，创新了"风湿致肾病"理论，建立肾脏病中医微观辨证体系，构建IgA肾病五型辨治方案，并创制尿毒净制剂、结肠灌洗液、复方积雪草系列方等多种制剂，极大地提高了临床疗效，救治病患无数。其有关"风湿"的因、机、证、治被中华中医药学会肾病分会纳入"原发性肾病综合征的诊断、辨证分型及疗效评定（试行方案）"；创立的以虚、瘀、风湿为主的IgA肾病辨治方案被纳入国家中医药管理局IgA肾病中医临床路径和中医诊疗方案向全国推广。发表论文300余篇，编撰专著8部，曾获国家科技进步一等奖1项（R3）、获浙江省科技进步奖一、二、三等奖等省部级奖项11项，国家发明专利2项。

一、学医之路

（一）因病求医，立志杏林

王永钧最初的职业是一名公务员，于中华人民共和国成立初期任职于杭州市江干区税务局，由于工作负责，不久便晋升为稽查股长，后又调任钱江大桥公安、交通、财税联合检查站站长，展现在他面前的是一片大好的前程。然而在工作一年后，病魔却伸向了这位风华正茂的年轻人，等待他的是漫长的生病和求医历程。当时王永钧患上的是肾病综合征，他遍访杭州各大医院的著名西医师，但都说"没特效药"，在西医束手无策的情况下，转而求诊于中医，但亦诸法罔效。辗转求医2年后，终于寻得一位名叫张乌狗的西湖老船工，在他祖传中药秘方的治疗下，王永钧的病情逐渐好转，这让他在喜悦之余，也萌发了对这些神奇的中草药的好奇心，他发自内心地产生了一种要认识和了解它们的渴望。有着被疾病痛苦折磨的经历，怀着对医生的感恩之情和对中医药的浓厚兴趣，抱着让更多患者脱离病痛的愿望，21岁的王永钧做出了一生不悔的选择——成为一名医生。

（二）以勤为径，潜心岐黄

立志学医的王永钧并无家学渊源，又年已及冠，学医之路可谓艰辛。但凭着对中医的信仰与热爱，王永钧笃志力行，以勤为径，先是自学中医著作，背诵《药性赋》《汤头歌诀》，研读《本草备要》《医方集解》《濒湖脉学》等。1954年正他式拜入杭城名医王显庭名下，从抄方、识药到熟记、揣摩，悟其道，明其理，在潜移默化中奠定了中医药基础。后又跟师徐步云、王金生、赵志超、俞尚德、张硕甫、谢麒祥等中医药名家，广泛学习各家之长。由于他有自学的基础，又勤于钻研，往往跟师不久便学有所得，深得几位老师的赞许。在王永钧的多位老师中，俞尚德是一位对他产生重要影响的老师。俞老时任杭州市第一医院（现杭州市第一人民医院）中医科主任，擅长消化系统疾病，他治学严谨，思维敏捷，汉学功底好，对中医经典理解颇深，且富有创新精神。早在20世纪50年代，俞老便与浙江医科大学药学系的教授合作，开展他临床经验用药的药效学研究。正是在俞老的启发及带领下，王永钧逐步踏上了中医现代化的道路。

1956年，杭州市首届"中医学习班"开始招生，王永钧以第一名的成绩被录取。在之后的一千多个日子里，每周六晚上上课，白天跟师学习，凌晨三四点还要参加煎煮中药的勤工俭学，王永钧过得非常辛苦，但能系统学习中医理论和经典著作，令他感受到更多的是汲取知识的喜悦和满足感。1959年王永钧仍以第一名的成绩从学习班毕业，成为学习班唯一一名享受本科生待遇的毕业生（当时中医还没有大学本科专业），并受命兼任杭州市第二、三、四届中医学习班的班主任及教师，主讲《中医基础理论》《内经》《伤寒论》《时病论》。其后，受俞老影响及时任杭州市第一医院院长李容的建议，王永钧在60年代初参加了浙江医科大学医疗系五年制（函授）学习，并以优异成绩毕业。王永钧就这样边学习边实践，衷中医，融西医，打下了扎实的医学基础。

二、成才之道

（一）勇于实践，彰中医药独特疗效

王永钧最初在杭州市第一医院从事中医内科临床工作。1961年，他与洪用森医师在杭州市第一医院创建浙江省第一个西医院里的中医病房。1963年他调任杭州市红十字会医院任中医科主任，并建立中西医结合病房。病房最初核定床位34张，后发展至63张，年出院患者1000余人次。同时，科室参与了急诊工作，凡有腹痛、出血及肾脏疾病的急诊患者均由中医（中西医结合）科医师首诊，这不仅使中医科医师的急救能力得到迅速提升，也打破了中医只能看慢性病的刻板印象。在医院领导的大力支持下，王永钧还在病房内安排了5张特殊床位，只允许用中药治疗，若要用西药则必须由院长亲自批准，而收治的病人通常都是西医药治疗收效甚微的危重病人。这是王永钧对中医经典病房的率先尝试，更是对危急重症领域发挥中医药急救作用的重要实践。

这种实践还体现在中医药治疗急腹症的临床研究中。王永钧率领团队以加减承气汤结合电针治疗胆管结石80例，排石57例（占71.3%），其中，排出结石>1cm的有25例，结石最大者达3.5cm×2.5cm，排出结石最多的一例达63粒。这些结石由科室同仁每天提前半小时轮流筛检患者的粪便得来，最终，做成一瓶瓶的结石标本陈列在科室，不仅直观有效地证明了中药非手术治疗可以排出大部分的胆道结石，也震惊了前来参观的国内外同行，彰显了中医药的神奇魅力。另外，王永钧还以加减大柴胡汤治疗急性胆管感染736例，临床缓解率达95.2%；用清热、理气、通腑的加减清胰汤治疗急性胰腺炎130例，治愈率达98%；以通里攻下法配合西药治疗急性重症胰腺炎19例，治愈16例，死亡2例，而当时的研究报告提示重症胰腺炎的死亡率高达25%～40%，此项研究成果曾在全国第一届急性胰腺炎学术研讨会上作大会发言。这些研究成果极大地发挥了中医药的独特优势，证实了中医药有确切的、可重复的临床疗效，也鼓舞了王永钧继续探索的决心。

后来，王永钧又成立了中草药组，开始研究中药制剂并观察临床疗效。王永钧带领小组研发出中草药院内制剂近20种，包括外敷、内服、肌注及静脉给药。从组方、制剂工艺、药效学及安全性试验研究，到供应全院临床各科使用，从而拓展了中草药在医院内的使用范围，为成功申报浙江省中西医结合医院奠定了基础。在此基础上，王永钧在全国率先研发了参附注射液，用于治疗阳虚厥逆的低排高阻型休克，经过17例临床病例观察，获显著疗效，但发现不同批号的附子因其有效成份含量不同而影响药效，乃求助于上海一家医药研究单位，为其开发参附/青附注射液并获国家中医药科技成果一等奖提供了宝贵而详细的第一手资料。

（二）融汇新知，探中西医治肾之路

1964年3月，王永钧遇到一例因腰扭伤服用单剂关木通66g后出现急性肾衰竭最终死亡的病例。为明确病因，他说服家属取得尸体肾进行了肾活检，肾病理报告提示急性中毒坏死性肾病。王永钧和同事写了"应用大剂量木通使肾衰竭致死1例"的报告，发表在1965年的医学专业期刊上，并作出"在没有明确关木通的中毒机制及其科属品种的关系之前，为保障人民健康，防止木通中毒的再度发生，建议国药店应凭医师处方出售木通，应用木通应控制在常用剂量以内，对原有肾脏功能较差的病例，更应谨慎使用"的呼吁。这是我国服用木通中毒的第二篇报道，也是国际上有肾病理证实的关木通肾损伤的第一篇报道。1991年，他又申请立项"木通肾毒性早期表现的实验研究"，为进一步证实马兜铃酸肾病的病理机制，提供了实验研究基础。而直至1993年比利时的"苗条丸事件"，国内外才相继开展了大量研究，并认识到木通发生肾毒性损害的主要成分是马兜铃酸，至此马兜铃酸肾病才逐渐引起国际上的重视。这种对科学问题的敏锐卓识，以及强烈的求知欲和咬定青山不放松的探索精神贯穿在王永钧的整个行医和研究生涯中。随着对研究中医药治疗肾病兴趣的日渐浓厚，王永钧开展了"肾康宁片治疗肾功能不全疗效的观察""原发性肾小球肾炎辨证论治规律的探讨"等研究，并由杭州市红十字会医院和杭州市中医院协作，完成了国家科技部"八五"攻关课题——"益肾宁治疗肾病激素撤退肾阳虚证的临床研究"，该项课题的科研论文曾被中国中西医结合杂志主办的论文评选活动评为全国优秀论文一等奖，其主要观点更是被多篇文章所引用。

1986年，王永钧调入杭州市中医院，从此，由博返约，专攻肾病，创建浙江省首个中医肾病专科，并高屋建瓴，创下多个国内中医院的第一：带领同事第一个开展肾穿刺活检术，为中医肾病微观辨证提供依据；第一个建立肾病实验研究室，为中医肾病临床和研究提供支撑；第一个开展中药皮肤、结肠、血液透析等系统透析疗法，多途径治疗慢性肾衰，提高了疗效。他创新性地提出"风湿致肾病"理论，建构中医微观辨证体系，推广 IgA 肾病五型辨治方案，研制有中医特色的复方雷公藤糖浆、清肾方、温肾方、肾络胶囊、复方积雪草方等系列方药，相关学术观点和临床经验对中医及中西医结合肾病学界产生重大影响。

在王永钧的带领下，杭州市中医院肾病科经历了从无到有、从小到大、从默默无闻到声名鹊起的蜕变。早在 1997 年，学科就成为首批浙江省医学重点学科，1999 年被国家中医药管理局批准为全国中医肾病医疗中心，后又相继成为国家中医药管理局重点学科和国家中医肾病重点专科协作组大组长单位、国家中医药管理局首批重点实验室、国家区域中医肾病诊疗中心（华东）等，更于 2019 年被杭州市卫生健康委员会批准成立杭州市肾脏病医院，成为首家中西医结合、内外科联合，未病先防、已病防变、瘥后防复的一体化肾脏疾病诊治中心和科学创新研究平台。

三、学术之精

王永钧熟读经典，立志杏林，并先后拜师 7 位杭城名医，加上天资聪颖，又勤于钻研，善衷中纳西，兼收并蓄。他从医 60 余年，守正创新，在实践的基础上形成了独特的学术思想与临证经验，尤其是在中医 / 中西医结合治疗肾病领域成效卓著。

（一）倡导"审病—辨证—治病 / 证"诊疗思维并成功运用于肾病临床

西医讲"病"，中医讲"证"，王永钧则主张"审病—辨证—治病 / 证"，并将这一临床思维方法成功运用于慢性肾脏病（CKD）的实践。对 CKD 而言，"审病辨证"，就是既要认识 CKD 全过程中的各种临床和病理表现，又要以中医认识和诊断疾病的思维方法去研究其症状、证候、病机、演变规律和预后。其意义在于：①可以排除非 CKD 症状对 CKD 辨证的干扰。因为在 CKD 病程中可能合并各种急、慢性疾病，出现各种肾外疾病的证候，如风热（上呼吸道感染）、湿热（肠道、泌尿道感染）等，若混淆列入 CKD 辨证，则会影响对 CKD 证候、病机及其演变规律的认识，故宜分别诊断，在论治上可参照中医传统对待合病与并病、痼疾与卒病的原则处理。②有利于认识病、证、症的本质：王永钧认为，传统中医，绝大多数的疾病以症状命名，症状虽是辨证的基本单元，但不能反映疾病总的发展规律。而国际统一的疾病名，是对具体特定的病因、病理及其发病、演变、转归整个病变过程的概括，一旦确定病名诊断，就可能深入理解疾病总的发展规律。这不仅是便于与国际接轨，更在于它能反映"发生生命现象异常自始至终的全过程"，而且这也符合《内经》"善言始者，必会于今，善言近者，必知其远"的"终始观"要求。因此，王永钧主张 CKD 的辨治当先"审病"（国际统一病名）以举纲，再收集证候的证据和主症，辨证以张目，并应深入了解西医学对疾病病因、发病机制、病理生理和疾病不同发展阶段的临床表现，包括相关的各种实验检查、诊断、治疗等的认识，并充分利用现代实验检查手段，拓展传统"四诊"的广度、深度和内涵，以利于认识病、证、症的本质，进而采取有效手段稳定、阻抑、逆转疾病的进展。

（二）拓展象思维，建立肾脏病中医微观辨证体系

象思维是中医药体系最重要的思维认知方式，中医运用象思维构建了藏象理论和辨证论治模式。"象，形象也，脏居于内，形见于外，故曰藏象。"在科学未臻十分发达的古代，中医传统对内在脏腑疾病的诊察和"证"的认识，往往通过对"象"的总结和提炼，察其外而知其内。但疾病的表现（病象）由内而外，由隐伏而至显现，往往需要一定时间。若借助现代仪器设备和技术则可直察其内在改变，显著缩短由内而外的进程，为及时诊治争取宝贵时间，进而明显提高中医药辨证论治水平。

基于"象"思维，王永钧及其团队早在 20 世纪 80 年代，就在中医领域率先开展肾穿刺术，直察肾组织的病理改变，为慢性肾脏病的肾虚、络瘀、风湿等证候提供微观辨证依据，结合血、尿检测及中医"四诊"，形成了慢性肾脏病中医微观辨证体系。王永钧认为肾组织中功能健全的肾单位减少和肾小球滤过屏障损伤是肾虚证的微观病理依据；若出现系膜细胞增生活跃和（或）毛细血管内皮细胞增生，足细胞肥大、脱落、融合，细胞性新月体形成，襻坏死及间质炎细胞浸润等活动性指标乃是风湿病邪侵扰肾络的表现；而细胞外基质积聚、球囊粘连、血管襻闭塞、肾瘢痕形成、局灶 / 节段肾小球硬化与间质纤维化等病理改变，正是"肾内微癥积"在不同时候形成的病象，系风湿之邪与痰瘀相互胶结，导致正常肾单位逐步减少，并"由体及用"，出现程度不等的肾功能减退和溺毒内留所致。有鉴于此，王永钧以"既病防变"的"治未病"思路，相继研制了复方积雪草 1 号和 2 号方，从多环节、多靶点防治慢性肾脏病的病情进展，并获批 2 项国家发明专利。

这种"象"思维的认知、运用和拓展，不仅提高了中医辨证的灵敏度、精准度，而且使慢性肾脏病的治疗时间窗提前，极大地提高了中医药的防治水平。

（三）创新"风湿致肾病"理论

王永钧认为，在慢性原发性肾小球疾病的慢性进展过程中，存在湿的致病因素，或湿的证型，这是人所熟知的，而对于风湿致病，尤其是没有水肿的肾病，多数医家则往往忽视其重要性。但早在《黄帝内经》《金匮要略》等中医古籍中就已有"肾风""风湿""风水"的记载，《诸病源候论》则进一步指出"风入于少阴则尿血"，

这些论述均指出了肾性水肿和尿血与风湿相关。而后世又提出"风能胜湿"的见解，风药治风自是药证相符，怎么风药又能治湿呢？王永钧认为，其实这是体内某一局部隐伏着未被觉察的风邪与湿邪相合导致的局部风湿证。

王永钧认为，风湿不仅是风湿痹病的主因，亦是原发性肾小球疾病（肾风病）的始作俑者和病情进展与加重的独立危险因素。当"开泄、善行、数变"的风邪和"凝滞、缠绵、难愈"的湿邪相合，不仅可干扰肾之藏精、主水、司开阖功能，而且会干预肾脏经络、气血的运行，积以时日，更可久闭成痹，这在《素问·痹论》探讨痹的形成时已有叙述："风寒湿三气杂至，合而为痹也……五脏皆有合，病久而不去者，内舍于其合也。……不与风寒湿气合，故不为痹也。"结合慢性肾脏病的各种临床表现及其发生发展与转归，王永钧认为风湿内扰于肾脏局部的病机演变是遵循下述规律进行的。

$$
风湿内扰于肾
\begin{cases}
\text{1. 干预肾的封藏职能——蛋白、红细胞等精微物质随尿下泄} \\
\text{2. 干预肾主水液、司开阖和泌别清浊职能——尿少、水肿、夜尿增多或浊毒内留} \\
\text{3. 干预肾络，以致气血运行受阻——久闭成痹，肾局部瘀血及微癥积形成}
\end{cases}
$$

三者互相影响，进而导致肾劳→肾体萎缩→逐步失去肾的各种气化功能→溺毒→影响肾外，以至全身。

根据长期临证经验及实践结果，王永钧提出慢性肾脏病风湿证候的辨证要点如下。

①泡沫尿：尿中有泡沫，尿检发现蛋白伴或不伴镜下红细胞尿，尿蛋白较多，定量 ≥ 1.0g/d，有时甚或伴有肉眼血尿。

②祛风湿药治疗有效。

③新近出现或加重的困乏、浮肿。

④新近出现血肌酐从原来稳定的水平发生变动、升高。

⑤肾病理检查有系膜细胞增生活跃和（或）毛细血管内皮细胞增生，足细胞肥大、脱落、融合，细胞性新月体形成，襻坏死及间质炎细胞浸润。

其中①②是确立证候的主症，在①②主症基础上出现③④往往提示风湿证候在扩大和进展，它们有力地支持了风湿内扰证的存在和加重，⑤是从病理学角度为中医辨证提供了重要的微观辨证内容。

上述辨证要点和演变规律反映出风湿内扰于肾不仅是致病因素，还是导致慢性原发性肾小球疾病和一些免疫介导性肾损害病情加重的危险因素，也充分体现了风性善行数变、湿性黏腻难清的特点。由于慢性肾病的风湿证候往往寓活动性病变于慢性过程之中，易被疏忽，难于防范，极易导致病情的进展，因此临床必须重视。

（四）构建 IgA 肾病辨治创新体系

IgA 肾病是最常见的原发性肾小球疾病，亦是导致终末期肾病的最主要病因之一。其临床表现及病理改变呈多样性，基本涵盖了所有原发性肾小球疾病的临床与病理现象，王永钧多年来对 IgA 肾病的因、机、证、治进行了全面系统的研究，从而建立起完整的 IgA 肾病辨证创新体系，形成了可操作的 IgAN 中医（中西医）辨治规范。

王永钧认为，IgA 肾病属中医"肾风病"范畴，是由风湿病邪为主的网络病因所导致。其辨证除传统"四诊"外，当拓展象思维，结合现代技术手段获得的尿象、血象、B 超象、肾病理象、血压等可测性客观信息，提炼出对"象"的新认知，充实为中医辨证的证据。结合临床实际，他和团队同仁通过调研 1148 例 IgA 肾病患者的中医证候，分析其症状（宏／微观）、证候及其演变规律，最终确立 IgA 肾病中医辨证创新方案的 5 个证型：肾虚证（肾气阴（血）两虚证）、瘀痹证（肾络瘀痹证）、风湿证（风湿内扰证）、肝风证（肝风内动证）、溺毒证（溺毒内留证）。该方案与临床、病理均有很好的相关性，且证候的主证有客观、量化指标，临床易操作、可重复，且简洁有效。

同时，王永钧组织开展了多项 IgA 肾病证治临床研究，包括两种辨证方案治疗 IgA 肾病的临床对比、中西医结合个体化联合序贯治疗中重型 IgA 肾病的疗效观察，及 50 例个体化治疗后重复肾穿刺病理资料对照等，均证实创新的辨证论治方案，能够减少蛋白尿与尿红细胞，减轻肾病理的活动性损害，改善和延缓肾功能减退的进程。与既往以虚为主的辨证方案比较，新方案 IgA 肾病 Lee's Ⅰ～Ⅱ级患者临床缓解率明显优于原辨证方案组（59% 和 20%）甚至新方案组中 Lee's ≥Ⅲ级患者的缓解率，亦优于以本虚为主的 Lee's Ⅰ～Ⅱ级的原方案组（45.2% 和 20%）。这体现了新方案的临床实用性、有效性，其研究成果曾获浙江省科技进步奖一、二等奖。而以虚、瘀、风湿为主的 IgA 肾病辨治方案被纳入国家中医药管理局肾风（IgA 肾病）中医临床路径和中医诊疗方案向全国百余家单位推广。

依托新方案立项的"十一五"国家科技支撑计划项目"慢性肾脏病中医临床证治优化方案的示范研究"结果亦提示，针对虚、瘀、风湿、湿热证候的中药组方具有不依赖于减少尿蛋白的肾保护作用，而中、西药组则既能更好地减少尿蛋白，又具肾保护作用，显示出中西医结合治疗的优势。该项研究成果相关论文发表在《世界中医药》《中华中医药学刊》和 *Journal of Ethnopharmacology* 上，并在美国肾脏病年会作大会交流。其后王永钧作为主要参研者之一，2016 年与陈香美院士联合申报的"IgA 肾病中西医结合证治规律与诊疗关键技术的创研及应用"项目获国家科技进步奖一等奖。

四、专病之治

王永钧初业中医内科，善治杂病，近四十年则专攻肾病，精于治疗各种肾系疾病，尤其对 IgA 肾病、肾病综合征（难治性肾病综合征）、慢性肾衰竭等进行了临床系统研究，疗效确切，活人无数，兹将辨治经验分述如下：

（一）IgA 肾病的辨治

IgA 肾病占我国原发性肾小球疾病的 35%～55%，其临床表现多种多样，主要表现为血尿，可伴有不同程度的蛋白尿、高血压和肾脏功能受损，大约 20～40% 的 IgA 肾病患者在诊断后 10～20 年进展至终末期肾病。王永钧根据其病因病机特点，认为 IgA 肾病当属于中医"肾风"范畴。肾风一词来源于《内经》，如《素问·奇病论》谓："有病庞然，如有水状，切其脉大紧，身无痛者，形不瘦，不能食，食少……病生在肾，名为肾风。"

1. 中医证治

（1）辨证论治

①肾虚证：病机是肾气亏乏，下元不固，封藏失职，精微下泄。

主症：微量泡沫尿（尿蛋白定量 <1.0g/24h）或兼有多形性红细胞尿，次症：腰酸乏力，气短懒言，易感冒，自汗 / 盗汗，夜尿增多，手足心热，目睛干涩，咽干咽燥。舌脉：脉细或细数，舌红或淡红，舌体胖或边有齿痕，苔薄。

治法：补益肾气，滋养肾阴（血）。

方药：参芪地黄汤 + 二至丸加减。常用药物：生黄芪、炒党参、女贞子、旱莲草、当归、杭白芍、干地黄、川芎、怀山药、金樱子、芡实。

②瘀痹证：病机是风邪入于少阴，使肾络伤，血外溢，进而离经之血，留瘀为患。

主症：持续性血尿（含镜下多形性红细胞尿）。次症：腰痛固定，病久（病程≥3 个月），舌下脉络瘀滞，皮肤瘀斑、瘀点，肢体麻木，肌肤甲错。舌脉：脉细或涩，舌质紫暗或有瘀点瘀斑。

治法：养血络，行瘀痹，消癥积。

方药：下瘀血汤加减。常用药物：丹参、积雪草、桃仁、制大黄、莪术、淡海藻。上药均有活血消癥作用，其中积雪草、桃仁、制大黄合用已被现代研究证实可以抑制肾纤维化。

③风湿证：病机是风湿内扰于肾，导致或加重原有的肾气亏乏，下元不固，使

肾关不固，精微随尿泄漏的病理损害更趋严重。

主症：尿多泡沫（尿蛋白定量 ≥ 1.0g/24h，或兼有多形性红细胞尿），或尿蛋白定量在 0.5～1.0g/24h 之间，但经补肾、固肾治疗后仍乏疗效。次症：水肿，腰困、重、痛，头身/肌肉/肢节酸楚，皮肤瘙痒，恶风。舌脉：脉细滑或弦，舌苔薄腻。

治法：祛风除湿。

主方：防己黄芪汤加减。

方药：可予原辨证处方中加入汉防己、徐长卿、火把花根、青风藤、鬼箭羽、老鹳草、穿山龙等。

④肝风证：病机是肾气阴两虚而尤以阴虚偏甚，致水不涵木，肝阴匮乏，肝阳虚亢，肝气横逆，肝风内动，并使肝的"疏泄"与风的"开泄"之性进一步加重肾失封藏的病理。

主症：头晕，脉弦（血压 >140/90mmHg 不少于 2 次在非同日静息状态下所测），伴泡沫尿。次症：头痛，视物模糊，甚则黑蒙，急躁易怒，震颤，搐搦。舌脉：脉弦细或弦数，舌红苔薄或腻。

治法：平肝息风。

方药：平肝熄风汤加减，常用药物：怀牛膝、白芍、汉防己、玄参、天冬、生麦芽、女贞子、旱莲草、生龙骨、生牡蛎，并予限盐（3g/d）。或仿张锡纯石膏阿司匹林汤意，按血压水平予平肝熄风汤合氯沙坦钾片等分吞。

⑤溺毒证：是 IgAN 各种证候反复发生、逐步进展的最终结果。病机变化往往已由肾体而及肾用，使肾的形态固缩，肾的气化功能进一步衰减和丧失，并致尿毒素（湿浊、痰瘀、溺毒）潴留体内，出现各种虚实兼夹，阴阳错乱的复杂现象。

主症：口气或呼气时有尿臭，肾功能重度下降 [GFR ≤ 29mL/（min·1.73m^2）]。次症：纳呆、泛恶，面色不华（贫血），畏寒怕冷，形神疲惫。舌脉：脉细弱，舌淡苔腻。

治法：温补脾肾，泄浊排毒。常用核桃壳制成口服的药用活性炭吸附浊毒，温脾汤（大黄、附子、人参、干姜等）温脾肾及各类大黄制剂泄浊毒为主。

除这 5 个证型外，因风热、湿热、热毒所致的感冒、湿热泻、湿热淋，以及皮肤疖肿疮疡等，亦会引发或加重 IgA 肾病的发展，使泡沫尿或/及血尿增多，王永钧认为此时必须根据标本缓急，先予祛除。对风热上扰证，他往往用金银花、连翘、黄芩、虎杖、白茅根、芦根、蝉蜕、薄荷、蒲公英、炒牛蒡子等，以疏散风热、清上治下；对下焦湿热，王永钧则常用黄柏、白头翁、白芍、丹参、川草薢、大蓟、小蓟、白茅根、白花蛇舌草等，以清化湿热，兼安血络；对热毒疖肿疮疡，他则喜用黄连解毒汤合五味消毒饮合方（金银花、野菊花、蒲公英、紫花地丁、紫背天葵、黄连、黄芩、黄柏、焦山栀）以清解热毒。

（2）辨证要点

①把握肾封藏失职的病机：尿中泡沫增多，尿检出现尿蛋白或／和尿血（包括镜下多形性红细胞尿），是肾气阴两虚的主要辨证依据。病机缘由肾气亏虚，封藏失职，使尿蛋白和红细胞等属于阴血范畴的精微物质随尿泄漏，导致气阴两伤。"气虚"与"阴伤"两者虽然存在着因果关系，但从临床诊察而言，"气虚"和"阴伤"多数是同时被发现的，有时，即使按传统辨证仅仅发现单纯的气虚或阴虚证，亦只要稍加时日，其隐伏的、相对应的阴虚或气虚证亦会随着病情的发展而逐步显现出来，这便是阴损及阳，或阳损及阴的结果。因此，IgA 肾病的基础证候是肾的气阴（血）两虚证。但若肾阴虚偏盛，致水不涵木，可出现乙癸同病，肝肾阴虚，甚至肝阳上亢，可予六味地黄丸或平肝熄风汤加减；若肾气虚偏盛者，则可因火不生土，使脾虚运弱，脾肾阳虚，致水湿、痰瘀、浊毒停蓄为患。宜伍用党参、苍术、山药、茯苓、薏苡仁、淫羊藿等健脾益肾之品。

②认识风湿内扰的重要性：风湿内扰是 IgA 肾病进展的独立危险因素。当尿中泡沫明显增多，尿蛋白定量大于 1.0g/d，或应用祛风胜湿中药获显著疗效，都是 IgAN 风湿内扰的证据。风湿相合，内扰于肾时，不仅加重"肾失封藏"的病机，使尿泡沫明显增多，尿蛋白及尿血加重，而且还使 IgAN 的病机发展，在湿的慢性化过程中，又增加了风的活动性因素，此时应及时祛风除湿，阻抑病情进展。

③重视肾活检提供的肾脏局部瘀血等微观辨证依据：肾病理发现的肾小球硬化／节段硬化，肾小球毛细血管襻闭塞、微血栓、肾小球球囊粘连、肾瘢痕形成等，多为久病后方出现的微观病理改变，尽管此时宏观的"四诊"可能无法提供显性瘀血证的辨证依据，但它们是肾脏的局部瘀血证，可作为 IgAN 肾络瘀痹的重要证据之一。此时中医辨证考虑久病入络，久闭成痹，治以活血消癥为法。

④注意辨析虚中夹实等复杂证候的组合：肾气阴两虚是 IgA 肾病的中心证候。肾络瘀痹及风湿内扰则是 IgA 肾病最常见、最重要，并与肾气阴两虚证在某一阶段长期并存的合并证候。而病程中尚则可出现水不涵木，肝阳虚动之肝风证，若疾病进展，则可出现病损由肾体而及肾用，肾之气化功能进一步减损，终致浊毒潴留，当及时平肝息风、泄浊排毒等治疗。五个证候在 IgA 肾病中可以单独出现，但多数情况往往呈现二联、三联的复杂证候，对病情而言，联合出现的证候愈多，往往提示治疗难度愈大，如出现虚、瘀、风湿三联征，往往重于虚、瘀或虚、风湿二联征，预后亦然。而当风湿证与肝风证并存时，更易加速疾病进展。

⑤注意区分合并证候：在疾病发展过程中可能合并风热上扰或下焦湿热等证候，这些合并证候可能对 IgA 肾病的病情产生一定影响，应及时疏风清热或清化湿热等，

但这些证候却并非 IgA 肾病本身的证候表现，不应由此干扰了疾病的辨治。

（二）原发性肾病综合征的辨治

原发性肾病综合征（pNS）以大量蛋白尿、低蛋白血症，或伴高脂血症及水肿为临床特征，王永钧根据《素问》"风论""奇病论""评热病论"等论述，结合长期临床治疗实践，认为肾病综合征（NS）系由风湿内扰于肾，使肾固有的主封藏、司开阖等职能失常所致。其病因、病机及证候，以风湿内扰证最为重要，且常伴有虚、瘀、热等表现。故辨证分为风湿气（阳）虚证、风湿阴虚证、风湿夹热证和风湿夹瘀证 4 型。

1. 中医证治

（1）辨证论治

①风湿气（阳）虚证：以大量蛋白尿伴或不伴镜下红细胞尿，以及神疲乏力、面浮肢肿或畏寒等气（阳）虚证候为主要表现，治宜祛风化湿、益气补肾，常用方药为雷公藤制剂加黄芪防己汤加减：生黄芪、炒党参、炒白术、猪苓、茯苓、淫羊藿、金樱子、芡实、汉防己、徐长卿、雷公藤多苷片（吞）等。阳虚肢冷者亦加桂枝、附子以助气化。小便短少者可加米仁、葶苈子、车前草以渗利水湿。

②风湿阴虚证：以大量蛋白尿伴或不伴镜下红细胞尿，以及手足心热、咽燥口干等阴虚证候为主要表现，治宜祛风化湿、养阴补肾，常用方药为雷公藤制剂加大补阴煎加减：生黄芪、干地黄、知母、阿胶珠、茯苓、怀山药、牡丹皮、丹参、杜仲、怀牛膝、女贞子、旱莲草、汉防己、徐长卿、雷公藤多苷片（吞）等。

③风湿夹热证：以大量蛋白尿伴或不伴镜下红细胞尿，以及烦热口渴、胸腹痞闷等湿热证候为主要表现，治宜祛风化湿清热，常用方药为雷公藤制剂加大黄泻心合四苓散加减：黄芩、黄连、黄柏、茯苓、猪苓、泽泻、虎杖、白花蛇舌草、白茅根、汉防己、徐长卿、雷公藤多苷片（吞）等。

④风湿夹瘀证：以大量蛋白尿伴或补不伴镜下红细胞尿，以及腰痛、皮肤瘀斑、舌下脉络瘀滞，或病久、凝血时间缩短、D-二聚体升高、肾毛细血管有微血栓样物质形成等血瘀证候为主要表现，宜祛风化湿、活血化瘀，常用方药为雷公藤制剂加桃红四物汤加减：当归、赤芍、白芍、干地黄、川芎、桃仁、红花、淡海藻、炒莪术、炒三棱、益母草、水蛭粉（研吞）、汉防己、徐长卿、雷公藤多苷片（吞）等。

上述各型不是分立而存，在疾病发展过程中往往互相夹杂，如风湿证基础上合并气（阳）虚夹瘀等，用药则需要随证加减。

（2）辨证要点：以上 4 证型，风湿证是肾病综合征最基本和最关键的证型，几乎贯穿于整个病程，因此当祛风胜湿药治疗肾病综合征开始起效时，若尿蛋白定量有所减少，此时切不可立即停用祛风胜湿药，而宜继续使用达 2 ～ 3 个月，使其有足够的疗程，方能巩固疗效。

湿热证多因复感外邪或因应用激素等引起的药源性症状所产生，所以并非本病的基本证候。肾虚证和瘀血证是肾病风湿证常见的合并证候，因此当患者出现大量泡沫尿，以风湿证为主要表现时，要结合辨证，宜配伍应用补气益肾、活血养血药物，尤其需加活血化瘀，甚至破血消癥之品。

同时要重视肾病综合征治疗过程中药物因素对证候演变的影响，做到分阶段中西医结合辨证论治，如经渗利药、温燥药或激素类药物治疗后，患者会发生证型的阴阳转化，要及时明察，调整中医药治则，从而达到增效减毒之功。

2. 中西医结合分阶段辨证论治

糖皮质激素（GC）是西医治疗原发性肾病综合征（NS）的首选药，但在 GC 治疗 NS 的过程中，机体会发生药源性阴阳转化规律，王永钧曾对 100 例肾病综合征患者进行过临床观察，发现在使用激素前，肾病综合征患者除大量泡沫尿外，多数有肾阳虚的表现，但在激素足量诱导阶段，药源性皮质醇的增多致患者由阳虚水泛的证候逐渐转为肾水不足、阴虚火旺证，表现为满月脸、痤疮、烘热、盗汗、多食易饥、情绪易激动、夜寐欠安等；而随着激素撤减过半量至激素维持治疗阶段，阴虚火旺证逐渐好转、消失，原先受到反馈抑制的下丘脑—垂体—肾上腺轴功能开始活跃，降低的血皮质醇开始逐步回升，但其中部分病例血皮质醇回升缓慢，水平仍低下，又可转化为肾阳虚证，表现出食欲减退、乏力、面色少华、神倦纳呆、腰酸、脉细弱等，此时有些患者可能出现病情反复。因此需要辨别证候的阴阳转化，给予分阶段的中药辨治，从而增效减毒。

王永钧在外源性皮质激素导致的阴虚火旺时，多加用滋肾养阴中药，如干地黄、女贞子、知母、地骨皮、生龟板、旱莲草；在激素撤减过半出现肾阳虚时，则酌情应用温补肾阳药，如党参、白术、淫羊藿、仙茅、补骨脂、巴戟肉等。王永钧曾在激素撤减至半量时加用温补肾阳的益肾宁方（仙茅、淫羊藿、熟地黄、补骨脂、附子）治疗 70 例肾病综合征患者，并与不加益肾宁方的 30 例进行分组对照观察，结果显示益肾宁组总缓解率为 68.57%，对照组总缓解率为 46.67%。显示在激素撤减至半量后加用温补肾阳的益肾宁方，能够明显提高缓解率。

（三）慢性肾衰竭的辨治

慢性肾衰竭（CRF）是指各种原发或继发性慢性肾脏病持续进展，肾功能渐进性地不可逆减退，最后出现以代谢废物潴留，水、电解质和酸碱平衡紊乱，肾脏内分泌功能障碍为主要表现的临床综合征。王永钧认为，慢性肾衰的病理基础是肾纤维化，其病理改变以肾小球硬化、肾间质纤维化、细胞外基质积聚为主，这些病理形态学特点，符合中医有关"癥积"的认识，即肾纤维化是发生在肾脏的微型癥积。而正虚邪郁，痰瘀互结是肾微癥积的病机本质。慢性肾功能衰竭的病机演变规律往往呈"肾风—肾虚—肾痹（肾络瘀痹）—肾微癥积（体）—肾劳（用）—溺毒"，因此本病正虚邪实的病机贯穿了疾病的始终，邪实伤正，因虚致实，且虚实二者互为因果，形成恶性循环，反复发作，逐渐加重。王永钧强调CRF要早诊断、早干预，认为CRF的早中期是治疗延缓肾功能进展的关键时间，要重视纠正肾衰可逆因素（包括肾外和肾内），避免肾毒性药物的应用，在病人允许的情况下（如全身情况好、肾脏尚无明显缩小等）争取肾活检，明确肾脏局部瘀血、风湿证候的程度，为应用祛风湿、行瘀痹中药，或抗炎与免疫抑制剂提供依据。

1. 中医证治

（1）辨证论治

①气阴两虚、肾络瘀痹证：可见久病、有泡沫尿（尿蛋白 <1.0g/d，伴或不伴镜下红细胞尿）；或肾病理见毛细血管襻闭塞、血管内血栓形成，肾小球局灶节段硬化等；或面色少华，倦怠乏力等。治宜益气养阴、活血祛瘀，常用药物有黄芪、淫羊藿、何首乌、女贞子、旱莲草、当归、川芎、桃仁、积雪草、制大黄等。

②肾虚血瘀、风湿内扰证：在前一证型基础上，或有泡沫尿增多（尿蛋白≥1.0g/d，伴或不伴镜下红细胞尿），或肉眼血尿；或有新近加重的困乏、眩晕等；或血压、血肌酐、尿蛋白等从原先稳定的水平出现变动、升高；或病理在慢性病变基础上出现肾脏固有细胞增生及间质炎细胞浸润等表现；或曾应用祛风胜湿中药治疗有效。治宜益肾活血、祛风化湿，常用药物有黄芪、淫羊藿、当归、地黄、川芎、白芍、桃仁、制大黄、落得打、汉防己、徐长卿、鬼箭羽等。

③肾虚血瘀、浊毒内留证：有面色萎黄、恶心呕吐、食少纳呆，或口有尿臭等；查血清肌酐、尿素值升高。治宜益肾活血泄浊，常用方药有黄芪、淫羊藿、当归、川芎、丹参、桃仁、落得打，并吞服尿毒净胶囊Ⅰ号、Ⅱ号等。

（2）辨证要点：王永钧认为，多数CRF病例呈气阴两虚证，并逐步发展成阴阳两虚；有的则从肾气虚进入肾阳虚，然后阳损及阴而致阴阳两虚。虽然有不同的发病和病机演变，但究其实质，CRF时机体已进入一种元阴元阳虚弱的状态，此时正气虚弱，无力卫外御邪，因而极易招致风湿、风寒、湿热等邪气的侵袭，产生各种并发病证；又因正虚气化不及，致水湿、瘀血、浊毒停蓄于内，这不仅可产生各种相应的症状和证候，而且能加速疾病进展，致"实愈实，虚愈虚"，是导致恶性循环的重要因素。因此"虚实夹杂"是CRF病机发展和证候演变的一大特征。辨析邪正虚实、标本缓急，是CRF辨证论治的关键。同时，要重视微观辨证，若发现肾病理的某些改变，如肾内微型癥积及风湿内扰的早期发现，这对尽早控制甚或逆转 CRF 的进展有重要意义。

（3）用药特点

①益肾消癥宜把握最佳治疗时机，即 CRF 的早期。

②益肾的根本是调整肾之阴阳气血。黄芪、仙灵脾、虫草（或人工虫草）；制首乌、女贞子、旱莲草；黄芪、首乌、金樱子或黄芪合四物汤加减。四组处方可加减组合运用以调整肾之阴阳气血。

③消癥散结必须痰瘀同治，大致下述方药可供借鉴：方有桂枝茯苓丸、下瘀血汤、大黄䗪虫丸、抵当汤（丸）、代抵当丸等；药有三棱、莪术、鳖甲、海藻、水蛭、虻虫等。

④慢性肾衰竭的早、中期治疗亦可组合运用三组小处方：

益气血、补肝肾方：生黄芪、当归、制首乌、女贞子、杜仲

益气血、清湿热方：生黄芪、当归、虎杖、黄柏、白花蛇舌草

益气血、行瘀浊方：生黄芪、当归、积雪草、桃仁、制大黄

三组处方，同中有异，其中黄芪、当归，即是李东垣《内外伤辨惑论》的当归补血汤，名为补血，但黄芪用量却五倍于当归，实取阳生阴长，气旺血生之义。近代研究发现黄芪、当归能在基因转录水平促进蛋白合成，调节脂质代谢，并减轻肾脏 TGF-β1 的表达，减少 ECM 沉积，且能通过抑制肾组织单核巨噬细胞的浸润，和系膜细胞、间质成纤维细胞的转型，减轻肾脏小管间质损伤，从而对肾功能起保护作用。制首乌、虎杖、制大黄三味中药，虽有补肝肾、清湿热、行瘀浊的不同功效，但其成分分析，均含有大黄素，现知大黄素除能泻下外，尚能调节机体蛋白质和脂质代谢，抑制肾小球系膜细胞和肾小管上皮细胞的增殖，减轻残存肾单位肥大，降低残存肾组织的氧耗量及代谢，故能延缓慢性肾衰竭的进程。大黄用法为使患者每天大便保持 1～2 次为宜，而不以泻下为治疗目的，否则可加重营养障碍。

2. 中医药多途径非创伤治疗

王永钧在辨证口服中药基础上，还常采用多途径中医药干预治疗，从多环节、多靶点治疗 CRF 的各类证候，并根据各用药途径的特点，专门制订各类特色方，在临床应用中取得了不错的疗效。

①尿毒净制剂（院内制剂）口服吸附泄浊：尿毒净Ⅰ号主要成分是由核桃壳制成的药用活性炭，系胃肠道吸附剂，具巨大的比表面积，口服后能在胃肠道迅速扩散，使分子量较小的肌酐、尿酸等进入其孔隙，不被机体吸收而排出体外。尿毒净Ⅱ号则是以大黄为主的制剂。两者常相须使用，可改善 CRF 患者症状，并对血尿素氮、血肌酐、血磷水平有一定的降低作用，缓解肾衰进展。

②复方积雪草胶囊：具有抗过氧化、抗肾纤维化作用，有利于延缓肾功能减退的进程。

③降磷散：主要成分为海螵蛸，该药传统作为治湿、制酸、止血、敛疮之品，亦用治血枯、经闭、癥瘕。由于其含有 80% ～ 85% 碳酸钙、6% ～ 7% 壳角质、10% ～ 15% 黏液质，因此可作为钙补充剂和磷络合剂以补钙、降磷，纠正电解质紊乱。

④中药灌肠及中药全结肠灌洗以降氮泄浊：结肠灌洗液的主要成分为大黄、牡蛎、生地榆、木香等，可通过中药结肠灌洗通腑降氮泄浊，对改善肾功能及肾性水肿有一定作用。

⑤露头热水药浴：药浴主要成分有土茯苓、木瓜、大黄等，具有一定的活血、祛风、消肿、排毒功效，临床对消除水肿，尤其是缓解尿毒症皮肤瘙痒症疗效佳。

五、方药之长

（一）常用方剂

1. 复方积雪草方

【组成】黄芪 15 ～ 30g，积雪草 15 ～ 30g，当归 10 ～ 20g，桃仁 10 ～ 20g，制大黄 3 ～ 10g。

【用法】水煎服 200mL，每日 1 剂。

【功效】益肾气，宁肾络，行瘀痹，消癥积。

【主治】肾风病，证属肾气血亏虚伴肾络瘀痹者。症见多形性红细胞尿或尿多泡沫、尿蛋白阳性，肾小球滤过率（GFR）下降，或肾病理检查示肾小球硬化或 / 及肾小管萎缩、肾间质纤维化 ≥ 25%，伴腰酸或痛，疲乏，夜尿增多，面浮肢肿，脉细涩，或细弦滑，舌质偏淡，可见瘀点者。

【方解】该方由李东垣的当归补血汤和《金匮要略》的下瘀血汤两张古方化裁而成，其中当归补血汤专注于补，专注于消的则有大黄、桃仁、积雪草，即《金匮要略》下瘀血汤加减，两方合用，可消补兼施，痰瘀同治。

【临床心得】此乃王永钧用治肾内微癥积常用方，尤其适用于肾气血亏虚伴肾络瘀痹者。方中当归补血汤为补气生血代表方剂，适用于劳倦内伤，血虚气弱，方中重用黄芪补气以资化源，当归养血和营，且黄芪用量倍于当归，含阳生阴长，气旺血生之意，以助气机之"开、阖、枢"。下瘀血汤原方来自《金匮要略》，其主要方药有大黄、桃仁、䗪虫，主治产后腹痛，瘀血阻滞等，其中䗪虫性味咸寒、有毒，久服对胃肠道影响较大，临床上较少应用，而积雪草在临床用治皮肤瘢痕疙瘩有良好的疗效，王永钧认为瘢痕疙瘩亦属癥积范畴，因此创新性地将下瘀血汤原方的䗪虫改成积雪草，以解毒消肿、活血化瘀，经研究表明积雪草具有调节免疫、抑制瘢痕增生、抗纤维化等作用。与桃仁、大黄相须使用，则可加强行瘀消癥之力。该方既有黄芪、当归的"补"，也有积雪草、桃仁、大黄的"消"，补消兼施，有助于肾络气血的调补及浊毒癥积的消散，组方严谨，经临床及实验研究证实，可有效延缓肾功能损害的进展。若兼血虚明显者，可合用四物汤，如有风湿内扰者，则常联用防己黄芪汤或雷公藤制剂加减。

附案：王永钧曾诊治一中年女性，因头晕乏力发现尿蛋白（+++），血肌酐139μmol/L，伴血压升高，肾病理提示 IgA 肾病（增生硬化型，其中 71.88% 肾小球球性及节段硬化，系膜基质中重度增多，肾小管萎缩及肾间质片状纤维化约 50%，伴多灶性炎细胞浸润），降压同时并迭进益肾固肾中药，但血肌酐进行性升高至168μmol/L，且仍有头晕，乏力腰酸，尿中泡沫增多，舌淡，苔薄，脉弦细涩。王永钧诊为肾风病，气虚血瘀、风湿内扰证，以益肾养血、行瘀消癥，兼祛风湿之法，予复方积雪草方加减（生黄芪 30g，当归 10g，积雪草 30g，桃仁 10g，制大黄 3g，干地黄 20g，杭白芍 10g，川芎 15g，山药 15g，金樱子 10g，水煎一剂，分 2 次服）；雷公藤多苷片，每次 10mg，1 日 3 次，饭后吞服，药后 1 个月，诸症若失，复查尿蛋白阴性，血肌酐 89μmol/L，中药改日服一次，雷公藤多苷片服 2 周停 2 周，6 个月后停服，共观察 7 年，尿常规正常，血肌酐一直维持在 93~123μmol/L 之间。

2. 加减防己黄芪汤

【组成】黄芪 30 ～ 60g，汉防己 10 ～ 20g，炒白术 10g，防风 10g，当归 10g，仙灵脾（淫羊藿）15g，茯苓 30g。

【用法】水煎服 200mL，每日 1 剂。

【功效】益气血，补脾肾，祛风湿。

【主治】肾风病早期，适用于慢性原发或继发性肾小球疾病，证属风湿内扰、脾肾两虚者。症见尿有泡沫，尿检有不同程度的蛋白，面浮肢肿，倦怠乏力，腰肢酸楚，自汗、易感冒，脘痞纳呆，舌淡胖、边有齿痕，苔薄白，脉细，亦有苔脉如常者。

【方解】该方以《金匮要略》防己黄芪汤去甘草，加防风、淫羊藿、茯苓、当归而成。方中除防己黄芪汤中主要药物黄芪、白术、汉防己外，还增加茯苓健脾渗湿、当归补血活血、淫羊藿温肾祛风湿。

【临床心得】此乃王永钧用治风湿扰肾之常用方，治疗肾风病证属风湿内扰、脾肾两虚者。方中仙灵脾又名淫羊藿，《本草新编》认为其"补命门而又不大热，胜于肉桂之功"，朱良春亦认为"仙灵脾温而不燥，为燮理阴阳之佳品"，故王永钧临床喜用其温补肾阳，祛风湿，而防风、防己相须合用，不仅内外风通治，而且可"治肾内之风湿"，其中，汉防己一味，兼可平肝风，且对肾微癥积亦有良好作用。诸药合用，可益气血、补脾肾、祛风湿。组方中去甘草，因古有"中满者，勿食甘"之言；历来医家亦有"甘草资满"之说。甘草不仅可碍湿助满，而且现代药理发现其具盐皮质激素样作用，久用可出现水钠潴留、高血压及低血钾，并可导致组织器官纤维化。在《中药大辞典》亦曾示甘草"禁用于肾脏病，高血压患者"。最新研究还发现，甘草的主要活性物质甘草酸，对肾脏的毒副作用包括类醛固酮综合征、低钾性横纹肌溶解症和急性肾功能衰竭。故王永钧在治疗肾病患者时鲜有用甘草者。

附案：王永钧曾诊治一50岁女性，有 IgA 肾病病史 3 年，曾予"火把花根片、糖皮质激素"治疗后尿检转阴，但 2 年后复查尿蛋白（++），且现自觉腰酸，易疲乏，不耐作劳，目窠上微肿，如新卧起之状，舌淡胖，边有齿痕，脉细弱。当时诊为肾风病，为脾肾亏虚，风湿内扰所致，王永钧治以健脾益肾、祛风除湿之法，予加减防己黄芪汤（处方：生黄芪 30g，汉防己 15g，炒党参 10g，炒白术 10g，怀山药 15g，淫羊藿 15g，防风 10g，茯苓 30g，杜仲 10g，桑寄生 30g，鬼箭羽 15g，豨莶草 15g，穿山龙 30g，薏苡仁 30g。14 剂，水煎服，日 1 剂）。2 周后二诊时自觉腰酸好转，浮肿渐消，但仍时感疲乏，复查尿蛋白（+），舌淡胖，脉细。前方去杜仲、桑寄生、防风、鬼箭羽，加当归 10g、金樱子 10g、仙鹤草 30g、红枣 7 枚。此方再予 14 剂，后复查尿检转阴，自觉无不适，守方调补 1 个月以固效。

3. 巴黄饮

【组成】生巴豆 0.1g，生大黄 30g。

【用法】生巴豆去壳及衣，装胶囊，另以生大黄 30g 煎汁（不宜久煎），吞服巴豆胶囊。

【功效】峻逐水毒。

【主治】关格、溺毒，适用于水湿溺毒壅塞三焦之危急重症。症见尿闭、尿少、恶心呕吐、喘促、烦躁、全身水肿、脉沉紧而正气不虚者，或虚实夹杂而大小便不利，但需峻泻治标者。

【方解】该方以破积逐水之巴豆配伍泻下攻积、行瘀利水之大黄，二药合用，寒热互制，去性存用，有斩关夺门、通腑泄浊之效。

【临床心得】王永钧常以此方治疗关格、溺毒，尤其是水湿溺毒壅塞三焦之危急重症，但本方为峻猛重剂，只宜急用，当中病即止，并应适时顾护正气。王永钧曾诊治一 62 岁男性，夙有肾风病史 5 年，后因手臂外伤，肌内注射破伤风抗毒素后出现头昏不适，继而尿少尿闭，伴恶心呕吐，烦躁，面色萎黄，气促，两肺有湿啰音，下肢水肿，存在急性肾损伤伴高钾血症。经糖皮质激素、东莨菪碱及大剂量呋塞米针等西药治疗 3 天无效，仍尿闭，且呕吐不止，伴腹胀、喘肿，两肺湿啰音增多，舌淡质胖，苔厚腻，口有尿臭，脉沉细数。查血肌酐由 702.78μmol/L 升至 954.72μmol/L，诊断为肾风病伴关格、溺毒，属水气凌心射肺急症（慢性肾炎，破伤风抗毒素过敏，急性肾衰竭，肺水肿，高钾血症）。王永钧仿"欲得南风，需开北牖"之法，治拟通腑泄浊法，通大便以利小便。以经验方巴黄饮加减：生巴豆 0.1g（去外壳及衣，装入胶囊），生大黄 30g（后下），淡附片 10g（先煎），以大黄、淡附片煎汁，吞服巴豆胶囊，并停激素等西药。患者服 1 剂后排出水样便共 4000mL，呕吐、喘肿、烦躁明显减轻，两肺湿啰音减少，高钾血症改善，但感乏力，脉转细滑，苔仍腻，予停巴黄饮，改以益脾肾、调气血、行瘀痹方：生黄芪、薏苡仁各 30g，红参 6g，淡附片 10g（先煎），水煎服。另吞参三七粉 3g，并加用泼尼松片 30mg，晨顿服。3 剂后患者精神持续改善，尿量逐日增加，中药守法为治。处方：生黄芪、薏苡仁各 30g，红参 3g，淡附片 6g（先煎），当归 6g，水煎服。另吞服参三七粉 3g。此肾风病伴发关格、溺毒重症，乃脏腑气化失常，浊邪壅塞三焦，正气不得升降而发为溺毒，下关上格所致，病势危殆。王永钧先以巴黄饮通腑泄浊、攻逐水湿以除危势，后以参附、芪附、芪米合方，并加用参三七、当归等中药养营血而行瘀痹，调治 25 天后，复查血肌酐 114.92μmol/L，出院。

（二）经典用药

王永钧临床用药，处方短小精炼，多则 9～12 味，少则 2～5 味，且每用一味新药，都会重温该药的四气五味、性能主治，查阅历代医家使用该药的临床经验，并了解近现代药理学家对此药物的研究结果，以保证用药的安全、有效、可控，且临床常拟小组方以加减使用。他最常用的中药组方有治水肿组方、补虚组方、行瘀消癥组方、祛风湿组方。

1. 治水肿组方

王永钧对肾病兼外感水肿者，如在急性肾炎初始阶段，中医辨证属风水证者，或慢性肾小球病伴发呼吸道等急性感染，致在原有证候的基础上兼夹外邪，使肺气失于宣降，不能通调水道，下输膀胱，发生水液潴留，溢于肌肤，发为水肿者，此时多数伴有畏寒、发热、咳嗽、气促，或有疮疡、痄腮、喉痹等。王永钧对其中以风寒为主者，用麻杏五皮饮，或麻附五皮饮；以风热为主者，用越婢汤或麻黄连翘赤小豆汤加减；以热毒为主者，用普济消毒饮出入。

治脾虚水肿，王永钧喜在严氏实脾饮或理中汤加附子汤基础上加减，多去甘草，重用苍术、茯苓健脾燥湿，配以少量附子以益火生土，其中苍术与附子的剂量配比以 3：1 较为适宜，他认为若附子剂量过大，就不是实脾而是温肾了。当水肿已消而脾虚未复时，可用单味生黄芪 30g 煎汁分服，或生黄芪研粉，每天 10g，3 次分服。

对于辨证属于肾虚水肿者，王永钧指出益肾是治疗的关键。《景岳全书》说："所谓气化者，即肾中之气也，即阴中之火也，阴中无阳，则气不能化，所以水道不通，溢而为肿。故凡治肿者必先治水，治水者必先治气。"王永钧认为温肾化气、利尿消肿的代表方剂首推济生肾气汤，主治腰膝酸软、畏寒、小便不利、口不渴、脉沉、舌淡的水肿，若寒甚而水肿明显的，可先给真武汤，壮肾阳以制阴寒，待寒水渐退，再予济生肾气汤。若肾失封藏，精微下泄，精血暗耗，则尿液排出后必可见大量泡沫，且历久难消，若配以尿液检查，可见有较多的尿蛋白，此时宜在益肾方中增入血肉有情之品以补精血，如龟甲胶、陈阿胶等，唯肾虚证病程多长，收效亦慢，必须坚持调理，始能"渐次康复"。但内有浊毒潴留者，不用龟甲胶、阿胶类药。

2. 补虚组方

虚证，尤其是肾虚，是肾脏病最常见的证候之一。有部分慢性肾脏病患者的主要（甚至是唯一的）临床表现就是尿中含有泡沫，王永钧认为这是中医谓之阴血的精微物质随尿泄漏，其病机即为肾气亏乏，封藏失职，下元不固。根据阴阳互根理论，王永钧在慢性肾病虚证的治疗上提倡固肾涩精、补益气阴（血），常用补益肾虚组方如下。

①黄芪、当归：黄芪功可补气升阳，利水消肿，生津养血，行滞通痹。张锡纯说："为补气之功最优，故推为补药之长，而名之曰耆也。"当归具有补血调经、活血止痛、润肠通便功效。《日华子本草》谓其"主治一切风，一切血，补一切劳，破恶血，养新血及主癥癖"，为补血之圣药。黄芪、当归合用，即李东垣《内外伤辨惑论》中的当归补血汤，有气血双补之功效，用于肾虚气血（阴）亏虚者。

②黄芪四物汤：即黄芪加四物汤（黄芪、当归、地黄、川芎、杭白芍）。四物汤是补血、养血的经典方剂，且组方中川芎更有"血中气药"之称，故本组方较黄芪、当归组方在补益气血上更胜一筹，尤其此方在益气养血之中具较好的活血作用，是其特点。

③黄芪二至汤：即黄芪加二至丸（黄芪、女贞子、旱莲草）。二至丸补益肝肾，滋阴止血，与黄芪相伍，则有补益肝肾气阴的效果，适用于辨证属肾虚气阴亏虚偏胜者。

④黄芪二仙汤：即黄芪加水陆二仙（黄芪、怀山药、金樱子、芡实）。山药健脾补肺、固肾益精；金樱子、芡实酸甘化阴、固肾涩精。三药与黄芪配伍，则肾气得补，精关自固。

⑤黄芪二二四汤：即黄芪合四物、二至、二仙（黄芪、当归、生地黄、川芎、

杭白芍、女贞子、旱莲草、金樱子、芡实、怀山药）。该方兼补肾的气血和气阴，且能固肾涩精，适用于肾气阴（血）两虚，封藏失职，精微下泄的慢性肾炎患者。

3. 行瘀消癥组方

对于瘀血证的治疗，王永钧指出必须先搞清与瘀血相关的证型，不能只认标而不识本，切忌"见血治血""见瘀化瘀"，要顾及瘀血的寒热虚实属性及部位，若以瘀血程度而言，可分活血、逐瘀、消癥三个层次进行治疗。其中行瘀消癥组方有以下几首。

（1）加减桃红四物汤：即桃仁、红花、当归、生地黄、川芎、杭白芍。该方以活血为主，多用于血瘀轻症，以调畅血行，通和络脉，有防治结合的内涵。加减药物可选用丹参、生蒲黄、五灵脂、扦扦活、虎杖、马鞭草、泽兰等。

（2）加减下瘀血汤：此由《金匮要略》之下瘀血汤去䗪虫加积雪草而组成（积雪草、桃仁、大黄）。该方以逐瘀为主，用以搜剔死血，使瘀无凝著，多用于血瘀重症，另可加减选用水蛭、地龙等。

（3）加减调荣汤：此方以调荣饮（当归、赤芍、川芎、莪术、大黄、延胡索、桑白皮、大腹皮、茯苓皮）为基础进行化裁，可选用积雪草、三棱、莪术、海藻、鳖甲等。由于久病，虚与瘀互存，故宜消补兼施，补虚消癥并行，用以软坚散积，行瘀消癥，多用于痰瘀互存，日积月累的久病患者。

4. 祛风湿组方

根据王永钧的"风湿致肾病"理论，病患若遇风湿之邪内扰于肾，因"开泄"之性的风邪与"缠绵难愈"的湿邪相合，加重了肾失封藏的病理损害程度，致泡沫尿明显增多，尿蛋白往往≥ 1.0g/24h，甚者尚可伴有肉眼血尿，或兼见水肿、腰困重、皮肤湿疹等表现，若仍沿用固肾涩精、补益气阴（血）方药，疗效自然显著削弱，此时宜祛风除湿主之。王永钧常用加减防己黄芪汤或防己茯苓汤为基础，并常加减如下方药。

①雷公藤制剂：药用雷公藤去二层皮的根心木质部分，成人剂量20mg/d，久煎2小时。目前其有效成分提取物雷公藤多苷片（TW）已广泛用于临床，常用剂量0.5～1.0mg/（kg·d），分3次口服，4周后根据尿蛋白改善情况逐渐减量，之后间断服药，注意观察肝功能、血常规、月经变化，如果出现异常，要及时减量或停药。

②白芍总苷胶囊（帕夫林）：白芍总苷胶囊为中药白芍的提取物。白芍可养血柔肝，《本经》又言其能"除血痹，利小便"。《玉楸药解》称其"善治厥阴木郁风动之病"，可知白芍亦有利于治疗内风。王永钧除用其入煎剂外，亦常用白芍总苷胶囊，但需注意部分病例在应用时有轻度腹泻、腹痛反应。所以开始用量宜小（0.6g/d，2次分服），待适应后，再逐步增大用量为宜。

③汉防己：汉防己不仅对风湿病邪有效，且对肝风（高血压）有优良作用，其主要药效成分——汉防己碱，不论口服或静脉给药，均有确切的降压作用，可见汉防己是一味内外风兼治的药物，而且能抗纤维化，亦即中医所谓的癥积。因此，汉防己一药三能，契合慢性肾脏病的病机，为王永钧临床最常用药物之一。

④按中医传统理论组方，以增强祛风湿药的药效。如根据"治风先治血，血行风自灭"的传统理论，以四物或黄芪四物汤养血＋祛风湿药物等。

以上组方与证候病机丝丝入扣，不仅有传统中医理、法、方、药理论的支撑，更有诸多现代药理学的研究证实其对慢性肾脏病有多层面、多环节、多靶点的治疗作用。如大黄，其有效成分能通过抑制肾小球代偿性肥大、高代谢和系膜细胞（MsC）的生长等途径，防治肾小球硬化；积雪草，其所含积雪草苷、羟基积雪草苷等，可抑制成纤维细胞增殖，防止粘连发生、缓解粘连形成，防治肾纤维化等。因此，根据王永钧总结并创新的慢性肾病证候理论，辨证选用以上组方，在临床上可收到良好的疗效。

六、读书之法

医学乃至精至微之事，唐代大医孙思邈早有训示，"唯用心精微者，始可与言于兹矣"，并要求"学者必须博极医源，精勤不倦"。王永钧自因病习医，读书治学未有一刻懈息，他认为学问学问，一半学，一半问，所以，看书不仅要"勤读"，更要"善思"，要学会提问、敢于质疑，但读书的顺序和方法也很有讲究。

（一）诵记"四小经典"

四大经典和各家学说不仅内容丰富，浩如烟海，而且博大精深，对初学者来说往往有一定难度，所以需要一些入门书帮助记诵和理解，以加快学习进度。王永钧一般主张可先背记《汤头歌诀》《药性赋》《医学三字经》《濒湖脉学》等"四小经典"，这类启蒙书籍相对通俗易懂，且多编成口诀，易于诵记，并可结合《本草备要》《医方集解》等加强理解。这样循序渐进，继而学习四大经典和各家学说，往往会有一种豁然开朗和融会贯通的感受。

（二）研读"四大经典"

中医传统所称的四大经典，是指《黄帝内经》《伤寒论》《金匮要略》《神农本草经》，后来亦有学者认为是《黄帝内经》《伤寒杂病论》《神农本草经》和《温病条辨》，这些都是中医理论的灵魂和骨架，是我们的中医临床的活水之源，但里面含有许多深奥的精义和实践的经验，必须经过刻苦钻研，下一番苦功夫去"心悟"，才能学有所得。因此，王永钧认为读经典首先要静下心来，勤于思维，才能举一反三。

"学经典"，重在"知其要"，如《素问·至真要大论》就有"知其要者，一言而终，不知其要，流散无穷"的明训。因此，学习《黄帝内经》可先读明代李中梓的《内经知要》，以及秦伯未根据李中梓《内经知要》所节选、编写和注解并在《中医杂志》逐期刊出的《内经知要浅析》，还有张恪编著的《内经名言三百句》，其中有的内容不仅要求会背诵，更应有深层次的理解，以期举一反三，应用自如。

读《伤寒论》和《金匮要略》，在于掌握和提高辨证论治的要领。如《伤寒论》分列六经，以80余味中药，制方113首，归纳为桂枝汤类等12组处方，分治51种证型及379种加减变化，《金匮要略》则归纳了当时除热病以外的常见病及部分疑难疾病。章次公先生还盛赞这两本书"含有哲学的内容、科学的证治方法"，不少证治方药，即便今时临床应用还是很能得心应手的。研读《伤寒论》和《金匮要略》，王永钧建议不仅可结合各家注释，加深理解，而且可参考《伤寒质难》，本书难得的是以科学论中医，并融会了西医知识来阐释《伤寒论》，是祝味菊先生对仲景学说的创新见解。

（三）博览各家学说

王永钧认为，随着时代、环境、社会的变迁，人的体质和疾病谱亦随之发生着各种变化，中医药学亦"与时偕行"，所以使得仅用四大经典难以应对纷繁复杂和多变的临床现象。这就必须泛读浏览历代的各家学说，如隋代巢元方的《诸病源候论》，唐代孙思邈的《备急千金要方》，王焘的《外台秘要》，金元时期刘、张、李、朱的四大家论著，明代除李时珍的《本草纲目》外，值得一读的还有张介宾的《景岳全书》，而以叶、薛、吴、王为代表的温病学说，以及清末和民国初期的多种中西医汇通医家著述，如《医学衷中参西录》《血证论》等，其中有不少新的观点、知识和技术，值得认真研读，以期达到博览群书和博采众长的境界。博览群书时，可先泛泛而读，快速翻检，精华之处或者自己感兴趣的内容，尤其是遇新理论、新观点时，则宜潜心精读，反复思索，甚至于无字处着眼，以提高发现问题和解决问题的能力。

（四）学、思、行合一

《中庸》有云"博学之，审问之，慎思之，明辩之、笃行之"，明确要求学思结合，知行统一。我们学习经典和各家学说的目的，不仅在于继承，在于"古为今用"，但最终归宿却是为了学术创新和提高临床疗效。王永钧认为，这需要学习时

"法古融新，有个自家在内"，读书、看病均应有独自见解，要在继承前人的基础上，有所创新。比如他在读《伤寒论》时发现四逆汤中的甘草剂量为二两，重于干姜、附子，且10条四逆汤证，8条提示在厥逆或厥冷的同时或之前，有大汗、吐、利的失水、伤津液等重要因素，因此认为，四逆汤中的甘草并非多数医家认为的佐使药，其显著的"救水增液"作用为姜附的"回阳救逆"奠定了转危为安的重要物质基础，在四逆汤方中具有"定乾坤、立两仪"的重要作用，并认为甘草的这一作用，在危重症时可结合现代补液手段互为补充。这是对经典的深刻理解与临床运用新体会。

另外，王永钧还建议应适当学习一些文、史、哲和训诂学知识，这不仅有利于建立科学的思维方法和系统的知识梳理，且能发现一些文化和生活实践中的中医药学知识，这些虽是不期而遇的吉光片羽，但也属实珍贵。如《西游记》中就曾记载了孙悟空以巴豆、大黄为主药治疗朱紫国国王的"宿食留饮"，这种经验就曾被王永钧用在关格重症的临床实践中。因此，这些散落在中华文学作品中的中医药学知识亦是我们可学习参考的。

如何读书做学问，每个人都有自己不同的路径，但总归是要勤于学、精于思、敏于行，要在中医学本源汲取营养，发皇古义，以创新说，更重要的是，要从经典中来，回临床中去，切实提高为病人服务的水平和能力。

七、大医之情

（一）思想境界

1. 仁心赤诚，始终把患者放在第一位

王永钧最初的职业是一名公务员，是一场疾病改变了他的命运，使他立志杏林，以治病救人为己任。从此，"做好人，为良医"成为王永钧最朴实的人生信仰。他以医为道，仁心为怀，赤诚对待患者，始终把患者放在第一位，且常躬身自省：如果我是患者，会希望遇见什么样的医生，得到怎样的治疗？因为有过因病四处求医的经历，王永钧对患者的痛苦更能感同身受。有时王永钧会碰到门诊患者因为带的钱不够而不能及时配药回家，那些家在外地的患者要再来一趟，多一笔路费，他便拿出自己的钱，帮患者补上；有时患者病了多年，对治疗没有信心，影响病情的稳定和康复，王永钧便耐心地加以鼓励，年轻的患者亲切地称呼他为"王爷爷"……正因为这种赤诚之心，王永钧的很多患者将其视为亲朋，有病愈后仍时常探望的，也有出国多年结婚生子时给他飘洋过海寄全家福的……王永钧常说，作为一个医生，是需要一点信仰的。它不是一门简单的职业，而是一项造福人类的事业。

2. 兼收并蓄，走中医现代化之路

中西医之辩由来已久。有些人认为，中医是国医，西医是洋医；或者认为，西医是新医，中医是旧医。但王永钧不赞成这两种称法："中医，西医，共同的敌人都是疾病。西为中用，古为今用，只要对病人好，就应该学习借鉴，融会贯通。"他常常说，良医没有门户之见，要以兼收并蓄、开放包容的心态看待中西医之间的差异和优势，两者并不矛盾，而是可以相互补充、相互借鉴。因此，"西医的手段不仅要用，而且要用得行云流水、炉火纯青。以促进中医的发展"。正是这种避浮论、求实效的务实作风和高瞻远瞩的现代视野使得王永钧一直坚定地走中医现代化之路，并于 20 世纪 80 年代便在全国中医院中率先建立肾病实验研究室，搭建中医药科研平台，为中医药创新发展提供坚实的基础。

3. 淡泊名利，传薪火以明志

不管是少时家贫国弱还是现下国富名盛，王永钧始终不改其志，一心扑在其信仰的医学事业上，淡泊名利，不为境遇的改变而变化。早在很多年前，就有不少医疗机构开出让人瞠目的高价想让王永钧去坐诊，但都被他拒绝了，他说，"如果高薪就能把我聘用，那是把我看轻了，一个人的价值比价格更重要。"为了科室和医院，这么多年，他坚持只在杭州市中医院出诊。

如今王永钧一心想的都是如何把时间尽量多的留给患者，并将一生的从医经验都传递给年轻一辈，让中医药学研究的薪火代代相传。为了这一理想，耄耋之年的他依然坚守在医院的临床和研究第一线，无私奉献，坚持每周四个半天的门诊、指导全院疑难危重病人的救治，悉心培养学术继承人。

他曾不止一次地说："一个人的能力是有限的，只有拥有一支优秀的团队才会有持久的生命力，才能救治更多的病人，造福社会。"在他的心血倾注培育下，铸就了杭州市中医院肾内科这个响亮的品牌，高屋建瓴引领科室一步步从无到有，到逐步建设成为国家临床重点专科、国家中医药管理局重点学科和专科、华东区域中医肾病诊疗中心，并在"十一五"期间成为全国 75 个中医肾病重点专科协作组大组长，牵头重大疑难攻关和诊疗规范的制定，推进了中医肾病学术的发展，2021 年更是获得中华中医药学会中医肾病学科影响力排名第一。如今团队一批批在病人中有良好口碑、在学术界有相当影响力的专科人才已脱颖而出，还有一批批年轻医生正在成长，成为中医肾病学术发展的中坚力量。

（二）文化修养

传统诗书礼仪文化与中医学文化一样，是中华民族的瑰宝，植根于博大精深的中华传统文化土壤。王永钧小时候住的房子是租的，房东是户"书香人家"，家里有

个书房堆满了整整一房间的书。怀着对知识的渴求，王永钧经常主动帮忙打扫书房，乘机去汲取包括四大名著、文史地理、小说杂家等各种类型的或有趣或有用的知识和养分。

所谓医家功夫在医外，医艺相通，章次公先生非常重视医生的文化积累，认为"为医者，仲景之书固不可不读，而于历代各家医集，晚近中外科技书籍，以及其他小说笔记之类，凡有关医道者，胥应浏览。识见广邃，而后临床辨证论治，自可左右逢源，得心应手"。而王永钧认为做一个合格的医生，还需重视"祝由"，学习些心理学、社会学、人学等知识；需有礼貌，懂忌讳，知道各地的风俗和病者的生活习惯，如起居、工作、喜恶、心情等，这样才能剖解病人的思想、感情，既治人之病，又医病之人，亦易于获得病人对医者的信任，使之接受和配合治疗。因此，王永钧身体力行，博览群书，各方涉猎，他的书架上不仅有医学相关的书籍、文献，也有唐诗宋词、《资治通鉴》，还有古龙、金庸的小说等，甚至有心理学的书籍。这使得他遣词成篇，文采斐然，而且书法字体工整，隽秀脱然。

王永钧的格局还体现在他"家国天下"的情怀，就像"大医精诚"更深远的含义不仅仅是自身的成就，更在于像王永钧那样鼓励和培养了一批"大医"，造福了更广大的患者。"侠之大者，为国为民"，他常说，每个家庭都要有好的家风，如果每个家庭都是根据党和国家的需求传承，那么国家肯定兴旺发达。所以只要努力继承，不断创新，开拓发展，中医药学作为中华文化的一个重要组成部分，一定会再创辉煌，为中华民族的伟大复兴和"中国梦"做出贡献。

八、养生之智

王永钧虽已年近九十，但仍精神矍铄，坚守在临床一线。他最主要的养生之法是坚持食有节、形贵动、欲宜寡，尤其要顺应自然。

（一）饮食需有节

《黄帝内经》早有明示，人类颐养天年需"法于阴阳，和于术数，食饮有节……"作为一名曾经的肾脏病患者，王永钧尤其重视食有节。他认为肾病在中医多属"风水、肾风、水肿"等范畴，而早在《内经》中就有提到"谷味咸，先走肾"之说，而在治疗水肿时，中医古籍中更常有"勿以盐食之""先禁酱盐等物""更须忌食盐"之诫，这些都说明风水及肾风的水肿应重视食盐的摄入量，以低盐饮食为宜。而即便是没有水肿的肾病患者，国内外很多研究亦证实高盐的摄入可促进肾病进展。而限盐不仅可以通过降低血压、减少蛋白尿等机制来保护肾脏，而且可以优化降压药的疗效。因此，王永钧主张饮食除"五谷为养，五果为助，五畜为宜，五菜为充，气味合而服之，以补精益气"，使机体获得全面的营养物质外，更要避免偏嗜及饱食，而肾病患者则应坚持低盐饮食。

除限盐外，王永钧也仅适量摄入蛋白质，并且几乎不吃牛肉，这对于肾病患者尤其重要。《古今录验》中曾明确提出"牛肉断不可食"，而著名医家张锡纯在《医学衷中参西录》中亦提出"患此症终身须忌牛肉，病愈数十年，食之可以复发"。国外也有报道，因为牛肉中蛋白质的非必需氨基酸增多，对肾血管的张力会带来影响，多吃可以引起肾小球高滤过、高灌注、高压力，反而增加蛋白尿的发生，使肾病加重。

另外，王永钧亦常少量饮绿茶。中医认为，茶叶上可清头目，中可消食滞，下可利小便，是天然的保健饮品。早在唐代，《本草拾遗》就记载："诸药为各病之药，茶为万病之药。"《本草纲目》谓其"气味甘苦，微寒无毒。主治瘘疮，利小便，去痰热，止渴，令人少肿，有力，悦志，下气消食……"而现代研究亦证实绿茶含茶多酚、维生素C、咖啡碱、茶氨酸等，适量饮茶对人体健康有益。

（二）形贵动，要适当锻炼

"动以养形，静以养神，形与神俱，形劳不倦"，适当的运动可通畅经脉，促进气血运行，增强心肺功能，利于胃肠对食物的吸收和消耗。王永钧最常推荐的运动是太极拳，因这项运动手脚同用，动静结合，还能提高人的专注性，特别适合患有慢病的老年人或不适宜剧烈运动的肾病患者。平时则可散步，加强腿部肌肉。俗云"人老腿先衰"，很多退行性疾病都从腿部开始，下肢肌肉力量、关节功能的下降也早于身体的其他部位。步行是对老年人来说较为安全和有效的锻炼方式，且可以带动全身骨骼肌肉，从而促进人体新陈代谢和血液循环。

除适当形动外，王永钧还主张要勤用脑，如司马迁所云"精神不用则废，用之则振，振则生，生则足"，大脑不用就会退化，功能亦随之降低，并且会直接影响全身各器官系统，加快人体的衰老。而学习、思考则是非常好的"脑运动"，因此，虽年已耄耋，但王永钧仍然坚持每天上班，每周保证四个半天门诊，并保持阅读文献的习惯，不断学习，以获新知，与时俱进。

（三）调情志，欲宜寡

中医早有七情致病之说，其中，《灵枢·口问》云："悲哀愁忧则心动，心动则五脏六腑皆摇。"可见，保持情绪稳定，及时调节情志的重要性。汉代董仲舒也曾指出："仁人之所以多寿者，外无贪而内清静，心平和而不失中正，取天地之美以养其身"。王永钧在青年时期曾罹患肾病综合征，辗转求医 2 年终获好转，这段遭受疾病折磨的经历使他在生活和工作中更具有坚定的信念、豁达的心态和积极乐观的人生态度，虽志不闲但实欲寡，生活简朴，淡泊名利，始终保持着"内清静""心平和"的状态，自然能身心健康，益寿延年。

九、传道之术

（一）人才培养方法

作为第二、四、六、七批全国老中医药专家学术经验继承工作指导老师，博士研究生导师，全国优秀中医临床人才指导老师，王永钧先后培养出多位优秀学生。他常说："年轻骨干是未来，医学事业、中医事业的发展都要靠他们！"因此，他始终将培养年轻人才放在很重要的位置，言传身教，无私奉献，严格要求。"长江后浪推前浪，青出于蓝而胜于蓝"，这始终是他培养人的信念和期望，他热切地希望学生能超越自我、超越老师，为中医及中西医肾病事业做出贡献。王永钧教导学生要有"勤思、知要、知常、知变"的治学思路，要把书看透、看活，从书中"无字"之处看出新意来。他引用清代顾仪卿《医中一得》中的话教导学生："凡读古人书，应先胸中有识见，引申触类，融会贯通，当悟于书之外，勿泥于书之中，方为善读书人。"他鼓励年轻人不仅要学习并继承前辈们丰富的临床经验和高超的诊疗技术，也要勇于提问、勇于质疑，要善于针对临证实践中碰到的问题进行深入科学的研究，勇于探索，勇于创新。

王永钧不仅甘当人梯，将自己积累多年的知识与经验毫无保留地传授给学生，而且早在 20 世纪 90 年代就高瞻远瞩，克服困难，将后备骨干选送到国内外知名医学院所学习研究，从而汇集各家经验和学识特长，大大提高了团队成员的临床水平，以及借鉴现代科学手段，研究、创新、发展中医学术的能力。

"在学术上严格要求，在生活上关注关心"是王永钧在"严师"之外，对学生给予的"慈父"般关怀。他总是千方百计，更是常常拿出自己的积蓄，为他们创造相对优良的学习和生活条件，使他们学业上少走弯路，事半功倍，心无旁骛，潜心研习。

（二）人才培养成果

经过多年的悉心培养，王永钧培养的弟子、学术经验继承人很多已经成为中医事业发展的骨干力量。其中 4 人入选全国老中医药专家学术经验继承工作指导老师；5 人入选浙江省名中医；12 人入选杭州市名中医；1 人入选全国百名女中医；1 人入选全国劳动模范，2 人荣获浙江省劳动模范、五一劳动奖章；3 人成为国家级学会副主任委员；3 人成为省级学会主任委员；4 人成为浙江省 151 高层次人才培养对象，8 人成为杭州市 131 人才培养对象；1 人获浙江省医师首届"仁心仁术奖"；等等。

　　王永钧名医工作室团队，经过三期十余年的建设，现阶段在室成员 18 人，其中高级职称 18 人，博士 8 人，硕士 7 人。工作室集医疗、护理、科研、管理四位一体，以"法古融今，创新发展"为宗旨，"用心护肾，造福患者"为己任，不断深入开展慢性肾脏病的临床和基础研究，开展了大量卓有成效的工作：全面收集整理了珍贵医案、教案、手稿、笔记、读书临证心得、论著、论文等原始资料，系统整理了王永钧学术思想形成与发展脉络，围绕王永钧名中医治肾学术思想及经验方，进行了理论挖掘和科学总结。出版《王永钧治肾经验集》《王永钧治肾医论医案与方药研究》等学术论著。孵化浙江省名老中医工作室 3 个，建设王永钧传承工作室分站 4 个。

　　工作室通过深耕厚挖、传承创新，不断提升学术水平，通过团队建设、对口支援持续提升社会服务能力，已成为具有重要学术地位的中医肾病优秀人才重要孵育平台和富有特色的中医文化传承示范平台。

王永钧学术传承谱

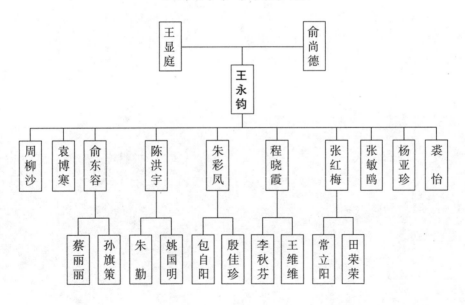

（杨亚珍、朱荣荣整理）

（张燕编辑）

王自立

王自立（1936—　），男，甘肃泾川人，中共党员，大学本科学历。全国名中医，甘肃省中医院首席主任医师，中国中医科学院博士研究生导师、甘肃中医药大学终身教授，《西部中医药》编辑委员会主任，享受国务院政府特殊津贴专家。第一、二、三、四、五、六批全国老中医药专家学术经验继承工作指导老师，第一批中医药传承博士后合作导师。现任甘肃中医药学会副会长、甘肃省医师协会副会长，甘肃中医药学会内科学会名誉主任委员、脾胃病学会名誉主任委员。2019年被授予"全国中医药杰出贡献奖"，2022年被授予"国医大师"荣誉称号。

王自立从事中医临床工作近70年，提出"运脾思想""柔肝思想""温阳思想""脾色环唇"等观点，形成了自己独特的学术思想。擅长诊治中医脾胃病、肝胆病、热病、血证等，创立了运脾汤及运脾系列方剂，发表《从衰老与肾的关系谈老当益肾》《补阳还五汤的临床应用》《泄泻》《清解活瘀汤治疗湿热病77例分析》《胃脘痛治疗十五法》《益肾汤治疗肾病综合征Ⅱ型48例》等论文，主编《中医胃肠病学》《中医痰病学》《生殖疾病的中医治疗》《古代中医急救医书全集》《中医急诊实用手册》5部著作。

一、学医之路

王自立出身于中医世家，其父王子隆系陇上名医。王自立自幼侍立案头，耳濡目染，对中医产生了浓厚的兴趣。

1952 年，王自立考入兰州卫生学校学习，1954 年 8 月毕业后分配至甘肃省中医门诊部（甘肃省中医院前身）。王自立踏实肯干，勤奋好学，工作之余，研读经典，虚心求教，学识水平脱颖而出。1958 年 8 月，王自立被调干至全国中医高等学府——北京中医学院（现北京中医药大学）学习，在北京中医学院 6 年中，打下了坚实的中医基础。1964 年 9 月毕业后，王自立主动要求回甘肃工作，支援家乡中医事业，继续在甘肃省中医院从事临床一线工作，并在甘肃省名老中医张汉祥、席梁丞、窦伯清等老师的言传身教下，积累了丰富的临床经验，诊疗水平得到进一步提高。1973 年，王自立拜甘肃名医席梁丞先生为师，系统学习席老的临床经验和学术思想。

二、成才之道

（一）家传授受

1936 年 9 月，王自立出生于甘肃省泾川县，其父王子隆系甘肃平凉、泾川一带知名的中医，年少时的王自立常在父亲诊病问疾之际立于案头，耳濡目染，倍受熏陶，幼承庭训，深知中医学乃仁人之术，故立志于杏林，在其父要求下习读《医学从众录》《医学三字经》《汤头歌诀》等书籍，时至今日很多内容仍能脱口而出。虽然王自立当时不能深谙其意，但童子功已经具备，为他后来从事中医工作奠定了扎实的基础。

（二）学院深造

1952 年 8 月，王自立考入了兰州卫生学校学习，1954 年 8 月毕业后，被分配到甘肃省中医门诊部（现甘肃省中医院前身）工作。置身于中医医疗机构后，王自立对中医学有了更进一步的了解，在工作之余，大量阅读中医书籍，虚心向前辈请教，学识和能力脱颖而出。1958 年 8 月，王自立被调干到全国中医高等学府——北京中医学院深造，在 6 年的大学期间，系统学习了中医基础理论和经典著作，经全国著名医家、中医老前辈秦伯未、任应秋、董建华、王绵之、刘志明等老师的精心培养，严格训练，中医基础理论功底日渐深厚，临床诊疗能力日益提高。

（三）师从名家

1964 年 9 月毕业后，王自立主动要求回甘肃工作，支援家乡的中医事业，在甘肃省名老中医张汉祥、席梁丞、窦伯清等老师的言传身教下进行临床实践，不断积累、丰富自己的临床经验。1973 年至 1978 年，王自立在甘肃名医席梁丞先生门下学习。席梁丞先生治学既注重经典著作的学习，又注重临床实践的验证，尝谓："千方容易得，一效实难求。"意即方不在多，有效则名；药不在贵，去病为灵；欲知效灵，实践最重。又谓："病证虽千变，理法遵《内经》。规矩有准绳，问世无闲停。胸中多疑虑，枕旁书常盈。"席老特别强调对"岐黄《内经》、长沙《伤寒论》"要深入学习研读，才能继承发扬中医学。王自立跟随席老临证、查房、会诊、抄方，在席老的指导下，结合临床病例研读中医经典，颇有醍醐灌顶之感。

（四）勤思善学

王自立集家传、学院教育、师承教育于一身，并在行医的过程中不断努力，积极探索和思考，发现许多疾病的发生、康复都与脾胃有关。脾胃既是后天之本，又是全身气机升降运动之枢纽，升则上输于心肺，降则下归于肝肾。一旦脾胃功能受损，运化失健，升降失常，枢机不利，清浊不分，相干于中，则变生百病；若脾胃一败，化源断绝，则诸药莫救。

脾与胃分而论之，脾病多虚，胃病多实，古人亦有"实则阳明，虚则太阴"之表述。王自立认为二者虽有虚实之分，但以脾虚为主导，因为脾升则胃降，脾虚则升降失常。自古治脾多用补法，方药如四君子汤、异功散、六君子汤等。

王自立认为治疗脾病既离不开一个"补"字，又不能单纯施补。若纯用滋补药品，多有滋腻碍脾、壅滞胀满之嫌，久用易致脾胃之气停滞不行，若由虚致实，兼见痰饮内停、气滞血瘀者，过用滋补则犯实实之戒。应该通过健脾促运、调气和胃之法，促进运化，使脾气得以舒展、气机得以调畅，从而避免滋补所致之壅滞。基于此，王自立提出"运脾"观点，治疗脾胃病"以运为补、以运为健"，通过运脾来达到补脾的目的，通过理气药物的应用，使脾恢复其正常运化功能。临证之时"健脾先运脾，运脾必调气"，已成为王自立治疗脾胃病的大法、通则。

王自立在多年的临床工作中积累了丰富经验，形成了自己独特的学术思想，除了"运脾思想"，还提出"柔肝思想"，认为"治肝先柔肝，柔肝必养肝"。肝之特性为体阴用阳，若内因七情暗耗，致机体阴血津液亏虚，则肝血亦虚，肝体失养，肝气失制，发为多种疾病。故治疗肝病不可一味疏泄、清解、攻伐，否则肝之阴津受伐而病势反增，应以养肝为第一要务。王自立提出"肝为刚脏，非柔润不和""治肝必柔肝，柔肝先养肝"的肝病治疗大法，以顾护肝之阴血为临证大要。阴阳二气，王自立尤重阳气，阳主阴从，阳气之重要，犹如太阳与地球的关系，不可或缺，是生命的根本和动力，故临证之时他主张时时顾护阳气，形成了"温阳思想"。其学术思想在临床应用的疗效显著，被列入"十五"国家科技攻关计划。"脾色环唇"特色辨证被列入"十二五"国家科技支撑计划。

三、学术之精

（一）运脾思想

李东垣谓："内伤脾胃，百病由生。"周慎斋云："诸病不愈，必寻到脾胃之中，方无一失。何以言之？脾胃一伤，四脏皆无生气，故疾病日久矣。万物从土而生，亦从土而归，补肾不若补脾，此之谓也。治病不愈，寻到脾胃而愈者甚多。"

脾为后天之本，统帅四脏，为人体气机之枢纽。脾胃的强弱决定着疾病的转归：调理脾胃，可使气血生化有源，人体水液代谢正常；可达到调治其他四脏病变的目的；可使人体气机升降功能正常。

调理脾胃气机是防病治病的根本。如何调理脾胃？王自立根据脾的生理功能及病机特点，提出了"以运为健，以运为补"的指导思想，临床应用时以"健脾先运脾，运脾必调气"为治疗原则，从动态调理脾胃观念出发，以健脾助运、调整升降为要，形成了独特的运脾思想。

1. 运脾的来源

"运脾"一词见于《本草崇原》："凡欲补脾，则用白术；凡欲运脾，则用苍术。欲补运相兼，则相兼而用。如补多运少，则白术多而苍术少；运多补少，则苍术多而白术少。"《本草崇原》虽言"运脾"，但未言明"运脾"之意，只是对白术与苍术的性味、功效、主治加以区别，如"二术性有和暴之殊，用有缓急之别""白术性和而不烈，苍术性燥而烈""白术味甘，苍术兼苦；白术止汗，苍术发汗"。

2. 运脾法的提出

当代医家江育仁教授认为小儿时期的体质特点为"脾常不足"，所以易患脾胃疾病。在治疗上偏补则壅碍气机，峻削则损脾伤正，因此，必须掌握病情的实质，时时维护脾气为主，方不致偾事。其提出以"运脾法"治疗小儿脾胃病，认为"脾健不在补，贵在运""欲健脾者，旨在运脾；欲使脾健，则不在补而贵在运也。"这里需要指出的是，江育仁教授以苍术作为主要的助运药，而王自立以枳壳作为主要的助运药。王自立的"运脾"是着眼于恢复、改善、加强脾胃的动力，通过理气药的应用来激发、推动脾胃功能的正常运转。根据药物之间比例的变化，有小运、中运、大运之分。

3. 运脾思想的理论基础

（1）脾的主要生理功能：主要分以下几个方面。

第一，脾主运化。"脾主运化"是指脾将饮食水谷消化成精微物质，并吸收转输到全身各脏腑的生理功能。脾的运化功能实际上包括"运"和"化"两个方面，但在临床之中我们多重视脾的消化吸收功能，即"脾胃为气血生化之源"，而忽略了脾的转输功能，即将消化吸收的营养物质转输至全身，营养四肢百骸，即"运"的功能。

运，对脾而言其意有二：其一指营养精微物质需要脾的转输才能达到全身，营养四肢百骸。此即《素问·经脉别论》所云："饮入于胃，游溢精气，上输于脾，脾气散精，上归于肺，通调水道，下输膀胱，水精四布，五经并行。"其二是指脾对水液的吸收、转输和布散作用。正如罗东逸云："夫人一身，制水者脾也。"

化，对脾而言也包括了两方面的含义：其一是指脾对饮食水谷的消化吸收，此即《灵枢·决气》所云："中焦受气取汁，变化而赤，是谓血。"其二指脾吸收精微，化生气血津液，如《景岳全书》云："血者，水谷之精也，源源而来，而实生化于脾。"

脾化而运，运而化，运化相合，生生不息，运行不止，化生气、血、津液，才能营养脏腑、经络、四肢百骸。

第二，脾统四脏。脾对人体而言不仅是气血生化之源，后天之本，还可以统率四脏。《素问·太阴阳明论》曰："脾不主时，何也？岐伯曰：脾者土也。治中央，常以四时长四脏，各十八日寄治，不得独主于时也。脾脏者常著胃土之精也。土者生万物而法天地，故上下至头足，不得主时也。"说明脾具有统领、调节其他四脏的功能。而清代名医沈金鳌在其著作《杂病源流犀烛》中明确提出"脾统四脏"，谓："盖脾统四脏，脾有病必波及之；四脏有病，亦必待养于脾，故脾气充，四脏皆赖煦育，脾气绝，四脏不能自生……凡治四脏者，安可不养脾哉？"脾为什么可统四脏，其一，脾为后天之本，营养四脏；其二，脾土居中，与戊土合称为中气，"中气者，阴阳升降之枢轴，所谓土也"，"中气如轴，四维如轮。轴运轮行，轮运轴灵"。脾气运行，肝肾则升，心肺则降，共同完成人体的生理过程。脾统四脏，离不开脾"运"功能。

第三，脾调气机。升降出入是机体吐故纳新运动，即进行物质能量的新陈代谢和转化。升降出入是人的生命活动的基本形式，《素问·六微旨大论》谓："出入废则神机化灭，升降息则气立孤危。故非出入，则无以生长壮老已；非升降，则无以生长化收藏。是以升降出入，无器不有。"脾胃居中，脾升胃降，是人体气机升降的枢纽。对于维持人体内阴阳、水火、脏腑之气的正常运转、升降交通、相济为用等有着重要作用，如黄元御所云："中气者，和济水火之机，升降金木之轴。"阴阳升降以土为枢，脏腑之气升降亦以土为枢。"枢纽者，转动之轴也。"脾之"运"显而易见。脾之"运"既有输布、转输之运，亦有运动、运转、运行之运。

（2）脾胃病的病机特点：脾失健运、升降失常乃脾胃病的病机关键。王自立通过多年的临床实践，发现脾胃病多以本虚为主，标实为辅，常由虚致实，虚实夹杂。如脾虚失运，胃失和降，浊气上逆，发为恶心、呕吐、呃逆、嗳气、反胃；脾失升清，合污而下，发为泄泻；运化失健，食滞胃脘，发为胃痞、纳呆；脾运失职，精微不输，迁延成疳；脾失健运，则胃难和降，升降失常，清浊相干，由虚致实，产生痰饮、湿阻、食积、气滞、血瘀等，形成虚实夹杂之证。故脾胃病以本虚为主，标实为辅，以脾失健运、升降失常为主要病机。

（3）脾胃病的治疗原则：脾胃为气血生化之源，补气血即补脾胃，已成为临床治疗守则，但王自立认为治疗脾胃病既离不开一个"补"字，又不能单纯施补而不顾其实，应该从动态的观念出发，以健脾助运、调整升降为要。治疗上若不顾其实，单用补法，纯用滋补药品，则会滋腻碍脾，使中焦壅滞胀满，久用易致脾胃之气停滞不行，变生他证；由虚致实，兼见痰饮内停、气滞血瘀者，过用滋补则犯实实之戒。虚而未实，过用苦寒败胃之品，会犯虚虚之戒，使脾胃功能受损，运化失健，升降失常，枢机不利，清浊不分，相干于中，变生百病。王自立认为治疗脾胃病应该从动态的观念出发，以健脾助运、调整升降为要，提出"以运为健、以运为补"的指导思想，遵循"健脾先运脾，运脾必调气"的治疗原则。

脾完成正常的生理功能离不开"运"，治疗脾胃病同样离不开"运"。通过健脾促运、调气和胃之剂，可以使脾气得以舒展、气机得以调和，完成脾的正常生理功能。换句话说，只有脾胃功能处于正常的运化状态，才能消化水谷、运化水湿、生化气血，为机体提供足够的营养物质，才能统领四脏，行枢纽之责；反之，若脾胃功能低下，处于停滞状态，则不能为机体提供必需的营养物质，不能完成升降功能，即使是调理机体的滋补药品，亦须借助正常的脾胃功能才能得以吸收利用，发挥作用。所以运脾的关键不在于直接补益脾胃，而在于通过调理气机，使脾"运"正常。

[总结]朱丹溪《格致余论》云："脾具坤静之德，而有乾健之运，故能使心肺之阳降，肾肝之阴升，而成天地交之泰，是为无病之人。"何谓坤静之德？语出《易传》之象传："地势坤，君子以厚德载物。"坤势柔顺，德厚无疆，乾天以行为德，坤地以受为德，坤弘光大，万物始彰，君子效之以虚怀厚道，是以为德。坤静之德，

在中医学中是指脾具有受物、化物的功能。何谓乾健之运？仍出自《易传》之象传："天行健，君子以自强不息。"天行健，指乾元为纯刚之象，故为健，天体之行昼夜不息，乾元施德，终始无尽，君子应法天行之健而蒸蒸日上，自强不息。乾健之运，在中医学中是指脾的输布、转枢功能如天体之行永不停息。脾具有静、动二性，静显而动隐，运脾以彰其动，动则化生气血、动则统领四脏、动则调畅气机。

（二）柔肝思想

自叶天士提出"肝为刚脏"的思想以来，后世医家多从"肝者，将军之官"的角度加以阐释，以将军之勇猛刚烈来解释肝之主升、主动的生理特性。肝虽然主升、主动，但升不能过，动不能甚，过则为病，甚则为害，为害则表现出刚、强、暴、急的病理特征。如《素问·生气通天论》所云："阳气者，大怒则形气绝，而血菀于上，使人薄厥。"只有肝血充足，才能以阴制阳，使肝阳不能亢而为害。如《医学衷中参西录》所云："肝恶燥喜润。燥则肝体板硬，而肝火肝气即妄动；润则肝体柔和，而肝火肝气长宁静。是以方书有以润药柔肝之法。"可见"刚"是肝的病理表现，"柔"才是肝的生理状态。王自立根据肝的生理功能、病机特点，提出了"治肝必柔肝，柔肝先养肝"的治疗原则，强调"养肝即是柔肝，柔肝便为疏肝"，临证之时，以顾护肝之阴血为首要，形成了独特的柔肝思想。

1. 肝的生理特点

（1）肝为刚脏："肝为刚脏"首见于叶天士《临证指南医案》："肝为刚脏，非柔润不能调和也。"又云："肝为风木之脏，因有相火内寄，体阴用阳，其性刚，主动主升。"何谓刚脏？对于刚脏的解释，多数学者引用《素问·灵兰秘典论》中的"肝者，将军之官"来解释。"肝为刚脏"，认为将军的刚强、剽悍之性，符合肝的刚强之性。以此作解，恐有断章取义之嫌。

综观《黄帝内经》中"将军之官"之述凡见有三：《素问·灵兰秘典论》中云："肝者，将军之官，谋虑出焉。"《素问·刺法论》中云："肝者，将军之官，谋虑出焉。"《素问·本病论》中云："肝为将军之官，谋虑出焉。"可见《黄帝内经》中言将军之官必言谋虑出焉，其意应主要在言为将之谋虑。百万军中取上将首级，如探囊取物者，有将军之勇，但如果有勇无谋，则一勇夫也，实难称之为将军。为将者当"运筹帷幄，决胜千里"，以少胜多，以弱胜强，以智取胜。可见欲以将军之勇猛来解释"肝为刚脏"于理不通，亦不符合《黄帝内经》中"将军之官"之原意。

那么"肝为刚脏"又当何解？第五版高等医药院校教材《中医基础理论》言："肝的疏泄功能反映了肝为刚脏，主升、主动的生理特点。"换句话说，为什么称"肝为刚脏"？因为它有主升、主动的生理特点，"肝为刚脏"是肝的生理特性。但有学者提出"肝为刚脏"既言生理，又言病理，既蕴肝主升、主动，阳刚之生理特性，更含风木之脏，内寄相火，刚猛躁急，易化火生风，亢阳难制的病理特质。

（2）肝为柔脏：任应秋老先生认为"肝为刚脏"的提法是错误的，肝应该是柔脏。如《中藏经》所云："肝者，与胆为表里，足厥阴、少阳是其经也。王于春，春乃万物之始生，其气嫩而软，虚而宽，故其脉弦。软不可发汗，弱则不可下。"肝在五行属木，而木曰曲直，"曲直"是能曲能直，能曲能直就是"柔"，所以，"柔是肝的本质"。而"肝阳上亢，肝火内动"是"刚"的表现，"刚"对肝来说是病理状态，就生理而言，肝为柔脏。

2. 肝的生理功能

王自立在治疗肝病时提出，恢复肝的生理功能，顺应肝的生理特性，是治疗肝病的根本落脚点。肝的生理功能包括主疏泄、主藏血。

（1）肝主疏泄：朱丹溪《格致余论·阳有余阴不足论》曰："司疏泄者，肝也。"疏，即疏通；泄，即发泄、升发。疏泄是肝的主要生理功能。肝的生理特点是主升、主动，这对人体气机的疏通、畅达、升发起着至关重要的作用。肝的疏泄功能正常，气机调畅，脏腑、器官等的功能活动也就正常。肝的疏泄功能尚具有调畅情志的作用，疏泄功能正常，则气机调畅，气血调和，心情愉悦。若疏泄功能异常则情志也会出现异常，如《灵枢·本神》所云："肝气虚则恐，实则怒。"血的运行依赖气的推动，气行则血行，气滞则血瘀，肝的疏泄功能异常，可致癥积、肿块。

（2）肝主藏血：《灵枢·本神》云："肝藏血。""肝藏血"是指肝具有贮藏血液和调节血量的生理功能。肝藏血是肝脏功能活动的物质基础，其功能正常与否取决于肝的疏泄功能是否正常，肝血充足方能制约肝气的升腾、相火的妄动，从而维护肝的疏泄功能，使之冲和条达而不致刚暴为害。肝得血养方柔，"柔"才是肝的生理状态。

3. 柔肝思想的提出

对于肝病的治疗，王自立根据肝脏的生理功能、病机特点提出了"治肝以柔"，在此思想指导下，治疗多种肝病或因肝病影响而致的他脏之病，疗效卓著，积累了丰富的经验，主要内容包括如下几点。

（1）顺应肝的生理特性是治疗肝病的根本落脚点：肝藏血，血属阴，故体为阴；肝性条达，主动主升，故其功用为阳，即体阴而用阳。肝喜条达而恶抑郁，与春季生发之气相应，古人喻之为春木之性，如春天的树木一样条达舒畅，充满生机。如叶天士所言："肝为风木之脏……赖肾水以涵之，血液以濡之，肺金清肃下降之令以平之，中宫敦阜之土气以培之，则刚劲之质得为柔和之体，遂其条达畅茂之性，何病之有？"木之性条达畅茂，肝之性升发舒畅，木赖水而生，肝得血以柔。为此，王自立强调：肝的病变虽多，但治疗当以养肝柔肝为要。

（2）以柔为养、顺达为主是治疗肝病的基础和关键：王自立常说："治肝之法甚多，唯柔肝之法最顺肝刚烈之性，不可填塞峻补过猛，亦不可疏肝活血、镇肝息风过峻"。治疗应以甘缓养血育阴之药以养肝体，使其顺达调畅，从而达到柔肝之目的。

（3）养肝血、滋肾水、柔肝体是柔肝的手段和途径

养肝血——肝藏血，又赖血的濡养，肝血充盈，肝体柔和，阴能涵阳，肝之疏泄正常则无病。临证之时，王自立常用归芍运脾汤以养血柔肝，其中当归、白芍养肝血，运脾汤健脾助运，使脾胃功能正常，气血生化有源，肝有所藏，以达柔肝之目的。

滋肾水——肝肾同源，肝藏血，肾藏精，精血相生，肾阴不足可致肝阴不足，阴不制阳而致肝阳亢盛，以五行来表述则为"水不涵木"。临证之时，王自立常用二至丸、杞菊地黄丸等"滋水涵木"。

柔肝体——酸甘化阴以柔，甘味药与酸味药配伍可以达到酸甘化阴的目的，《伤寒论》中的芍药甘草汤即为酸甘化阴、养血柔肝之剂。

［总结］肝之特性体阴而用阳，若七情内伤，阴血暗耗，可致肝血亏虚，肝体失养，疏泄失司，或阴虚不能制阳，使肝阳亢而为害，出现本虚标实之证。所以王自立提出治疗肝病不可一味疏泄、清解、攻伐，否则肝之阴血受损而病势反增，当以养肝为第一要务，由此提出"治肝必柔肝，柔肝先养肝"的肝病治疗大法，以顾护肝之阴血为临证首要，肝血得养，肝体得柔，则肝气自疏，此亦即"养肝即是柔肝，柔肝便为疏肝"之义。

（三）温阳思想

《素问·阴阳应象大论》曰："阴阳者，天地之道也，万物之纲纪，变化之父母，生杀之本始，神明之府也。"阴阳，是中国古代一对哲学范畴，是宇宙间的自然规律，是一切事物的纲领，事物变化的根源，事物生长和消亡的根本，是对自然界相互关联的某些事物和现象的概括。就人体而言，具有推动、温煦、兴奋等作用的物质和功能，统属于阳；具有凝聚、滋润、抑制等作用的物质和功能，统属于阴。阴阳虽然可以对事物的属性进行划分，但实际上二者可分不可离，"阳生阴长""阳杀阴藏""阳化气，阴成形"，对人体而言"人身之水火，即阴阳也，即气血也。无阳则阴无以生，无阴则阳无以化"。水火阴阳相反相成，二者缺一不可，但二者之间尚有从属关系——阳主阴从。

1.阴阳二气，阳主阴从

阴和阳不是绝对的对等，有主次之分，有从属关系，阳为主，阴从之。

第一，就自然界而言，一年四季，春生夏长，秋收冬藏，为阳气的释放与蓄藏

所产生。春季少阳之气始生而万物生，夏季阳热之气盛而万物繁茂，秋季阳气内敛而万物凋零，冬季阳气蓄藏而万物蛰伏。如董仲舒所云："物随阳而出入，数随阳而终始……阳者岁之主也，天下之昆虫，随阳而出入。天下之草木，随阳而生落。"

第二，就人体的抗病能力而言，与阳气的关系尤为密切，"凡阴阳之要，阳密乃固"。只有阳气固守于外，阴血才能坚守于内，阴阳之间以阳气的固守为主要方面，阳气虚不能固守于外，则机体易受外邪侵袭，疾病则由之而生。阳主动而阴主静，"阴阳平衡"是动态的，在这一动态平衡中，阳是推动变化的动力，阴则随阳而动，因而称为"阳主阴从"。

2. 阴阳二气，尤重阳气

"凡万物之生由乎阳，万物之死亦由乎阳，非阳能死万物，阳来则生，阳去则死。"阳气对人体的重要性，犹如天体与太阳的关系，不可或缺，如李中梓所言："天之运行，唯日为本，天无此日则昼夜不分，四时失序，晦冥幽暗，万物不彰矣。在于人者，亦唯此阳气为要。苟无阳气，孰分轻浊，孰布三焦，孰为呼吸，孰为运行，血何由生，气何由化。"阳气是生命的根本和动力，人之寿夭亦由阳气的盛衰所决定，阳气衰，则折其寿，如《素问·生气通天论》云："阳气者若天与日，失其所则折寿而不彰，故天运当以日光明。"

3. 阳气之中，肾阳为本

坎中一息真阳，乃人体安身立命之本。"夫人之所以奉生而不死者，唯赖此先天一点真气耳。"肾中之阳为诸阳之本，人之生长壮老已亦赖此肾中阳气，正如《素问·上古天真论》云："女子七岁，肾气盛，齿更发长。二七而天癸至，任脉通，太冲脉盛，月事以时下，故有子。三七，肾气平均，故真牙生而长极……七七，任脉虚，太冲脉衰少，天癸竭，地道不通，故形坏而无子也。丈夫八岁，肾气实，发长齿更。二八，肾气盛，天癸至，精气溢泻，阴阳和，故能有子。三八，肾气平均，筋骨劲强，故真牙生而长极……五八，肾气衰，发堕齿槁……七八，肝气衰，筋不能动，天癸竭，精少，肾气衰，形体皆极。八八，则齿发去。"

4. 阳气易损，损而难复

阳气对人体至关重要，但其特性却是难得而易失、易失而难复，饮食起居及服药不慎，则会损伤阳气，具体分述如下。

（1）起居不慎，损伤阳气：冬季寒气主令，若着衣过于单薄，则易受寒侵，日久必损阳气；夏季气候炎热，人们常常身处凉爽之地，或久置空调之下，倘若温度过低，则易导致肌表受寒，伤及卫阳。

（2）饮食不节，伤于脾胃：过食寒凉，使脾阳受损，日久波及肾，则出现脾肾阳虚。

（3）滥用苦寒，攻伐阳气：病有寒热虚实之分；有真热假寒、真寒假热之分；有身大热反欲近衣者，身大寒反不欲近衣者。临证之时不能但见发热即予清热解毒之剂治之，倘若阴证用凉药，则会雪上加霜，使阳气大伤，病情加重，甚则危及生命。

5. 治寒以热，温补阳气

阳气有推动、温煦、防御、固摄、营养、气化等功能。阳气不足，外则形寒肢冷，内则脘腹冷痛，甚则拘急疼痛。王自立对于阳虚之疾，多以伤寒之法，或从外治，或从内治，或内外并治，或助阳解表，或温中散寒，具体如下。

（1）温阳解表：阳气有防御卫外功能，故阳虚之人常易感受外邪。若表阳虚较轻者，唯汗出、恶风，以桂枝汤助阳固表，敛营止汗，无需饮粥覆被；若伴有发热者，以桂枝汤助阳解表，服药后饮热粥，覆被取微汗。若表阳虚较重者，卫表不固，玄府开而不合，汗漏不止，单纯以桂枝汤调和营卫，已不能使卫阳固密，必以桂枝加附子汤温阳固表。若少阴阳衰，兼有外感风寒，见发热、恶寒、无汗、手足不温、脉沉而无力者，常以麻黄附子细辛汤发汗温经。

（2）温补心阳：若心阳虚、心无所主之"心下悸，欲得按"，或汗出而心悸，舌淡、苔白者，以桂枝加龙骨牡蛎汤敛汗和营，镇潜固涩，动悸则止。

（3）温补脾阳：若中阳不振，寒湿中阻，而见腹胀、腹痛，喜温喜按，呕吐，自利，纳差，或多涎唾，以理中汤温中散寒，健脾益气；若四肢不温，下利清谷者，以附子理中汤补火燠土。

（4）温补肾阳：肾阳为一身阳气之本，能推动和激发脏腑经络的各种功能，温煦脏腑，促进气血津液的化生、运行输布。若肾阳不足，阴寒凝滞，阳气不能充养四肢关节，则骨节疼痛，或背恶寒，阳气已虚者，以附子汤扶阳抑阴；若肾阳虚衰，阴寒内盛，则可见脉沉细，但欲寐，恶寒，手足逆冷，下利清谷，小便清长，以四逆汤温补肾阳，回阳救逆。

（5）暖肝温胃：若寒凝肝脉，寒邪上逆，则见颠顶疼痛。肝经"夹胃属肝络胆，上贯膈"，故常见肝寒犯胃，胃气上逆之"食谷欲呕"，以吴茱萸汤暖肝温胃，降逆止呕。

6. 阳虚易辨，阴火难识

阳虚之证多不难识，而真寒假热、阴火外越之证尤当详辨。如郑钦安所言："乃市医一见虚火上冲等症，并不察其所以然之要，开口滋阴降火，自谓得其把握，独不思本原阴盛阳虚，今不扶其阳，而更滋其阴，实不啻雪地加霜，非医中之庸手乎？"

曾有一消化道出血患者，出血愈后1个月，红细胞已恢复正常，唯下午发热，体温不超过38.0℃，自服清开灵口服液，发热愈重，求治他医，予当归补血汤、补中益气汤治疗无效。患者来时面色略白，精神欠佳，虽为盛夏，仍着长袖外套。王自立询问患者："每天什么时候发热？"患者答："每天下午我在院子晒太阳时，微风吹过即感后背发凉，随之出现发热。"查其舌淡，脉六部皆沉。即予附子汤，三日后复诊，述服药两剂后，再未出现后背发凉，亦无发热。试想如果此案医者投以凉药，患者岂非万劫不复。

［总结］阴阳失调是人体基本病理变化之一，而其中以阳气受损和阳气失常为先导。造成阳气受损为病的因素是多方面的，风寒暑湿之邪、饮食不节及情志劳倦等均能损伤阳气而引起不同类型的病证。其中以寒邪伤阳为最，故曰："因于寒，欲如运枢，起居如惊，神气乃浮……四维相代，阳气乃竭。"然而，尽管阳气贵为至宝，但"亢则害，承乃制"，如果阳气过于亢盛，或运行失调，阻隔不通，亦可为邪为害，故《素问·阴阳应象大论》云："壮火之气衰，少火之气壮。壮火食气，气食少火。壮火散气，少火生气。"《素问·生气通天论》更进一步指出："阳气者，烦劳则张，精绝，辟积于夏，使人煎厥。"王自立临证之时虽然时时顾护阳气，但也不忘"阴平阳秘，精神乃治"。

（四）辨湿思想

湿为六气之一，正常情况下指环境潮湿、气候湿润、脾属湿土等，如《素问·阴阳应象大论》中说："中央生湿，湿生土，土生甘，甘生脾，脾生肉，肉生肺，脾主口。"此言环境潮湿。《素问·天元纪大论》说："天有五行御五位，以生寒暑燥湿风。"此言气候湿润。《素问·阴阳应象大论》中说："其在天为湿，在地为土，在体为肉，在脏为脾，在色为黄，在音为宫，在声为歌，在变动为哕，在窍为口，在味为甘，在志为思。"此言脾属湿土。湿虽为六气之一，但过则为害，湿气太过则成为六淫之一的湿邪，如《素问·生气通天论》中说："因于湿，首如裹，湿热不攘，大筋緛（软）短，小筋弛长，緛（软）短为拘，弛长为痿。"又说："秋伤于湿，上逆而咳，发为痿厥。"《素问·痹论》中说："风寒湿三气杂至，合而为痹也。其风气胜者为行痹，寒气胜者为痛痹，湿气胜者为着痹也。"以上三条经文均言致病之湿邪，即六淫之湿。本部分所要讨论的"湿"正是致病的六淫之一的湿邪。湿为阴邪，其性黏滞，难以速去，具有易感与隐匿性、滞中与逐上趋下性、黏滞重浊与广泛多变性、纳垢与秽浊黏腻性。湿的隐匿性往往使疾病发现较晚，湿的黏腻性又使疾病难于速去，临床治疗颇为棘手。

1. 湿之特性

（1）湿性重浊：重指沉重、重着之意，指感受湿邪，常可见头重如裹、身体困重、下肢沉重无力等症状。《素问·生气通天论》曰："因于湿，首如裹。"即指出了湿邪致病可出现头重如裹的特点。《素问·痹论》曰："风寒湿三气杂至，合而为痹也……湿气胜者为着痹也。"亦指出湿邪痹阻经络关节，可出现四肢困重、关节肿痛等症状。浊为秽浊之意，其秽浊之性表现为面垢多眵、大便黏滞、下痢黏液、小便浑浊、带下秽浊、湿疹浸淫流水、舌苔垢腻等。

（2）湿性黏滞：黏指黏腻之意，滞有停滞、阻滞之意。湿邪的性质黏腻停滞，主要表现在两个方面。其一是症状之黏滞。罹患湿病之后，排出物黏滞，如汗出而黏、大便黏滞不爽、湿疹浸淫流水、舌苔腻浊等。其二是指病程缠绵。湿邪为患，其来也渐，其去也缓，病程较长，反复发作，正如《医原》所说："湿为浊邪，以浊归浊，故传里者居多。药之邪退，迟一二日，复作复传，反复循环。"多种慢性疾病长期难愈，起伏缠绵，与湿邪黏滞之性密切相关。

（3）湿邪隐匿：是指湿邪致病常于不知不觉中起病，不易察觉。湿阻患者亦不知何时患病，而一旦被察觉或已湿邪久积。如《杂病源流犀烛》所云："其熏袭乎人，多有不觉，非若风寒暑热之暴伤，人便觉也。"

（4）湿邪弥漫：湿邪具有逐上、趋下、滞中之性，其为病无处不到，上可达脑窍，下可至二阴、胞宫和下肢，外可达肌表筋骨经络，内可到五脏六腑，如肝、胆、肺、肾、膀胱、大肠、小肠等。

2. 湿有内外之分

湿有内湿、外湿之分，六淫之湿致病者，称为外湿；机体脏腑功能失调，水湿停聚者，称为内湿。外湿多由气候潮湿，涉水淋雨，居处潮地，汗出沾衣而引起。内湿则由多食肥甘，过饮酒酪，湿浊内盛，或饥饱失常，损伤脾胃，脾失健运，水湿停聚，聚水成湿而引起。内外湿邪相互关联，外湿困脾，可致脾失健运；内湿停滞，又常易招致外湿侵袭。

（1）外湿：外湿伤人多与风、寒、暑、热相合为患，尤以风湿、寒湿为多。王自立常用的方剂有麻黄加术汤、桂枝附子汤、甘草附子汤等。王自立在运用麻黄加术汤、桂枝附子汤时，常根据患者的临床表现，分别称之为麻黄加术汤证、桂枝附子汤证。

麻黄加术汤证为风湿袭表——"湿家身烦痛，可与麻黄加术汤发其汗为宜，慎不可以火攻之。"风湿在表宜汗而解之，单用麻黄汤恐汗大出，风气去，湿气不除。于麻黄汤中加入白术，缓中而燥湿，微汗出，风湿俱去。何以微汗方可风湿俱去？因"风属阳邪，其性轻浮，湿属阴邪，其性凝滞。汗大出者，以发之太骤，则轻浮者易去，而凝滞者难驱，故不愈也。微微似欲汗出……有浸润透彻之义"。可使风湿俱去。

桂枝附子汤证为风湿在经——"伤寒八九日，风湿相搏，身体疼烦，不能自转侧，不呕不渴，脉浮虚而涩者，桂枝附子汤主之。"此证是风湿停于经脉肌肉，且寒湿较重者，宜桂枝汤去酸敛之芍药，而加温经散寒之附子。"此身痛而不能转侧，是风少而寒湿胜，必赖附子雄壮之力，以行痹气之着。然附子治在下焦，故必同桂枝，始能令在表之痹气散。"

二者均为湿邪侵袭肌表，麻黄加术汤证为风湿袭表，病位浅，病势轻，大汗病不除，微汗则愈；桂枝附子汤证虽言风湿相搏，实为寒湿较重，必加辛热助阳之附子方能痊愈，其病位在肌肉，病情较麻黄加术汤证重。王自立在临证运用时，见身烦痛、脉浮紧者以麻黄加术汤治之；见身烦痛、不能自转侧、脉浮弱而涩者以桂枝附子汤治之。

（2）外感夹湿：外感病中有风寒、风热兼有湿邪为患者，有风寒、风热袭表而素有湿浊停滞者，王自立将外感而兼有湿邪者称为外感夹湿证。外感夹湿，顾名思义，即为在感触风寒或风热表邪的同时兼夹湿浊为患，临床极为常见，轻则表现为发热、恶寒、咽红、苔白腻、脉濡，日久不愈，重者高热不退、恶心、呕逆，白细胞正常，抗生素治疗无效。此类患者多因脾胃虚弱，运化失健，水湿停聚，酿生痰浊，复感外邪，内外相合为患，治疗颇为棘手，单用解表或过用苦寒清热燥湿之剂易使湿邪从阴化寒，反之，过用辛燥祛湿之剂易使湿邪从阳化热，唯有以轻清宣散之剂使表邪外解，芳香和中之剂使湿从内化，内外分消，使湿去邪解而不伤正。临证之时，王自立常以验方清气饮子化裁而获效。基本方药组成为藿香、金银花、蝉蜕、紫苏、半夏、陈皮、茯苓、甘草。

（3）内湿：内湿为脏腑、三焦功能失调，水液的生成、输布、运行、排泄失常而形成的病理产物作为致病因素反作用于机体，其属于内生五邪之一，湿邪阻滞脏腑可出现多种疾病。湿性重浊黏滞，多阻遏气机，故其临床表现常可随湿邪阻滞部位的不同而各异。如湿邪留滞经脉之间，则症见头闷重如裹、肢体重着或屈伸不利，故《素问·至真要大论》曰："诸痉项强，皆属于湿。"湿犯上焦，则胸闷、咳嗽，治以二陈汤合三子养亲汤化裁；湿阻中焦，则脘腹胀满、食欲不振、口腻或口甜、舌苔厚腻，治以自拟方藿朴化浊汤化裁；湿滞下焦，则腹胀便溏、小便不利，治以五苓散化裁；水湿泛溢于皮肤肌腠，则发为水肿，故《素问·六元正纪大论》曰："湿胜则濡泄，甚则水闭胕肿。"治以越婢加术汤化裁。湿浊虽可阻滞于机体上、中、下三焦的任何部位，但以湿阻中焦脾胃为主，因此脾虚湿困常是必见之证。

3. 湿有寒热之别

湿邪为患，或从寒化，或从热化，若素来脾胃虚寒，或过用寒凉，则湿邪易于寒化，临床上表现出寒湿之象；若胃肠积热，或妄加温燥，则湿邪易于热化，临床上表现出湿热之象，具体如下。

（1）寒湿：《伤寒论》第273条云，"太阴之为病，腹满而吐，食不下，自利益甚，时腹自痛，若下之，必胸下结硬。"王自立将此条作为寒湿伤脾的纲领。其临床表现为一腹满，二自利。但自利尚需分辨太阴与少阴之不同。《伤寒论》第277条讲："自利不渴者，属太阴，以其脏有寒故也，当温之，宜服四逆辈。"《伤寒论》第282条讲："自利而渴者，属少阴也，虚故引水自救。"自利不渴，寒在中焦；自利而渴，寒在下焦。对于自利，见泻下清水，或大便稀薄，苔薄腻者，为脾虚湿盛，以加减六神汤化裁治之；若脘腹胀满、恶心、呕逆、苔厚腻者，为寒湿困脾重，王自立常以平陈汤化裁而获效。

（2）湿热：湿热之邪伤人更为广泛，可表现为湿热之邪停滞于上焦、中焦、下焦，或弥漫三焦，也可表现为湿滞阳明、湿滞肝胆、湿滞胃肠等。临床治疗中王自立尤重湿热之邪在下焦对人体的影响，提出"一源三歧"理论。

"一源"，即脾胃，因饮食不节或劳倦伤脾或思虑伤脾，导致脾失健运，酿生湿热；"三歧"即湿邪下注于下焦之大肠、胞宫、膀胱而出现三种不同的疾病。湿热之邪，生于中焦，阻滞于下，名曰湿热下注，阻滞于膀胱为淋；阻滞于大肠为痢；阻滞于胞宫为带。阻滞膀胱者，因上源不清，水道不利，湿热下注，阻滞膀胱为患，故为淋，所以治当清上达下，方用清利通淋汤化裁；阻滞大肠者，因肠道素有积滞，湿热与积滞相兼为患，所以痢疾不怕当头下，一下积滞，二下湿热，方用芍药汤化裁；阻滞胞宫者，因带脉不固，所以要固带脉、祛湿热，方用易黄汤化裁。

这里需要一提的是，古人认为湿与热合，如油入面，难解难分，且湿热为患，相互影响，伤人更甚，如《湿热病篇》所云："热得湿而愈炽，湿得热而愈横。"故湿与热宜分不宜合。

《素问·经脉别论》曰："饮入于胃，游溢精气，上输于脾，脾气散精，上归于肺，通调水道，下输膀胱，水精四布，五经并行，合于四时五脏阴阳，揆度以为常也。"可见中焦脾胃健运，自能消化饮食水谷，发挥其游溢精气、运化输布的正常生理功能，对人体正气的维护发挥了极其重要的作用。故中医学认为，脾胃为后天之本，气血化生之源，正所谓"正气存内，邪不可干。"王自立临证之时非常重视对脾胃功能的调理，认为"一源"属脾胃中焦，中焦"如沤"散精，脾为太阴湿土，喜燥恶湿，而临床上患者因过食肥甘、嗜烟好酒、恣食生冷，内伤脾胃，致使脾失健运；或喜静少动、素体肥胖、情志抑郁，致气机不利，津液输布障碍，聚而成湿，湿浊内生，黏滞困脾，使脾失健运，升降失常，枢机不利，清浊不分而变生百病，所谓"诸湿肿满，皆属于脾。"《尔雅·释宫》曰："二达谓之歧旁。""歧"，道旁出也。下焦"如渎"，渎，水沟、水渠也。大肠、女子胞、膀胱为下焦主要排泄糟粕的渠道，分属于"三歧"。中焦脾胃湿邪阻滞，因湿邪以其特有的易感性与隐匿性、滞中与逐上趋下性、黏滞重浊与广泛多变性、纳垢与秽浊黏腻性，困伤于脾，损脾而趋下，分别因与积滞搏结，下注下焦大肠；因带脉不固，流注女子胞；肺气不宣，湿邪趋下于膀胱，使其不能正常传输排泄而产生如下病证。①因饮食不节，损伤脾胃，胃肠积滞，湿热与积滞搏结，湿热下注大肠，形成因实致虚的痢疾病证。②脾胃素虚，运化失职，加肝气之郁，带脉不固，湿邪下注妇女胞宫引起因虚致实的带下病证。③中焦脾胃运化失职，肺气郁闭，上不清，下不达，湿邪蕴而化热，下注膀胱，形成虚实夹杂所致之淋证。

（五）"脾色环唇"——辨治脾虚证的独特方法

王自立经过数十年临床实践，在辨治脾虚证等方面总结、归纳出具有其特色的辨证方法。该方法通过望诊，即观察患者唇周颜色发黄的程度，并结合患者症状、体征、舌脉进行辨证诊断，即"脾色环唇"。

脾色环唇："脾色"即脾病之色（黄色），"环唇"即口周，黄色独现于口唇周围称为"脾色环唇"，临床常见于脾胃功能低下者。

1. 理论阐释

口唇与脾胃的关系最为密切，口为脾之官，脾开窍于口，其华在唇。如《素问·六节藏象论》说："脾胃……其华在唇四白。"《素问·五脏生成》说："脾之合肉也，其荣唇也。"《素问·金匮真言论》说："中央黄色，入通于脾，开窍于口。"《灵枢·阴阳清浊》云："胃之清气，上出于口。"这些条文均表明口唇与脾胃有直接的关系。《灵枢·经脉》有"胃足阳明之脉，起于鼻之交颊中，旁纳太阳之脉，下循鼻外，入上齿中，还出夹口，环唇"的描述，指出胃经分布与环唇的联系；《灵枢·经筋》中"足阳明之筋……上颈，上夹口"，描述了胃经在口周的分布，记载了口唇与足阳明胃经的密切关系。

《灵枢·五色》曰："青为肝，赤为心，白为肺，黄为脾，黑为肾。"即脾的正色为黄色。但黄色亦为脾病之色，主脾虚、湿证。多由脾虚机体失养，或湿邪内蕴，脾失运化所致。若黄色独现于唇周，多属脾胃气虚，气血不足。

脾开窍于口，其华在唇。其华在唇是说脾的精气健旺与否，可由口唇表现出来，即唇为脾之外候。因脾为气血生化之源，脾的运化功能健旺，则气血旺盛，口唇红润光泽；若脾气不健，气血不足，多见口周萎黄无华。因此王自立认为唇周属脾，唇周的变化既然首先反映脾的病变，而黄色亦是脾色所主，那么患者口唇周围独现黄色能从一定程度上反映患者的脾胃功能，可作为脾虚证的诊断指标之一。

观察"脾色"是否"环唇"，实际上运用了中医望诊中的色诊，这也是中医独特的诊断方法之一。面部色诊法早在《黄帝内经》中就已有记载。《黄帝内经》认为面部的色泽变化可反映脏腑疾病，可资确定病邪的性质和正气的强弱。望诊作为四诊之一，虽较其他三诊直观，却受到医生的经验和语言表达能力的限制，在临床中有诊断标准不一致的情况，从而影响了临床疗效的提高和经验的继承。但是，20世纪80年代以来，随着颜色光学理论的发展和测色仪器的更新，国内外已能用精密仪器测定物体颜色，为中医色诊学走向现代化提供了可能。

2. 基本操作方法与要求

"脾色环唇"辨治脾虚证方法包括辨证原则、辨证特点、基本操作步骤、具体辨证依据等，具体如下。

（1）**辨证原则**：依据四诊辨证，重视望诊与脉诊辨证。

（2）**辨证特点**：首望唇周颜色，再望舌体、舌质、舌苔，结合脉诊及是否兼见食少、腹胀等临床表现。

（3）**基本操作步骤**："脾色环唇"辨治脾虚证的方法主要包括六个步骤。

第一步：通过望诊，观察唇周颜色是否发黄，黄色是否独现于唇周。

第二步：通过舌诊，辨舌体、舌质、舌苔等情况。

第三步：结合脉诊，诊察脉之沉、细、缓、弱。

第四步：通过问诊，了解是否兼见食少、腹胀。

第五步：确定检测部位。依据"脾色环唇"理论，唇周及颧部 Lab 值具体提取方法如下：取被检测者唇周右侧地仓穴与水沟穴连线的中点为唇周第一个 Lab 值提取部位，左侧地仓穴与承浆穴连线的中点为唇周第二个 Lab 值提取部位，以体现环唇之意，之后再将两点连线向右上顺延至颧部，且与瞳子髎穴向下的垂直线的交叉点作为第三个 Lab 值提取部位，即以颧部作为对照部位进行测量，获得 L、a、b 各值。

第六步：实施测量。采用测量皮肤颜色的表色体系的均匀颜色空间体系的 Lab 方法，将所有的颜色用 L、a、b 3 个值表示，并用三维坐标来定义。L 为垂直轴，代表亮度，其值为 0（黑）～ 100（白），皮肤 L 值越大则肤色越白。a、b 是水平轴，a 值代表绿红轴上颜色的饱和度，负值表示绿色，正值表示红色，a 值越大则肤色越红；b 值代表蓝黄轴上颜色的饱和度，负值表示蓝色，正值表示黄色，b 值越大则肤色越黄。结合临床，设定脾色环唇患者唇周黄色程度与 b-a 值的关系：$1 \leqslant b\text{-}a \leqslant 7$ 为淡黄，$7 < b\text{-}a \leqslant 11$ 为萎黄，$11 < b\text{-}a \leqslant 24$ 为垢黄。

色诊图像的采集要求：被检测者当天面部不能外用护肤品，不能化妆，不能饮酒和做剧烈活动。

（4）**具体辨证依据**

①**主要依据**：黄色独现于唇周；舌质淡，舌体胖大、边有齿痕，苔薄白或薄腻；脉沉细、沉缓、细弱等。

②次要依据：食少，腹胀。

（5）注意事项："脾色环唇"辨治脾虚证时，对四诊的内容有权重之分。权重第一即为望诊，首先望唇周颜色，黄色独现于唇周才为"脾色环唇"；再望舌体、舌质、舌苔等情况。权重第二为切诊，脾虚证患者常见沉细、沉缓、细弱等脉。权重第三为问诊，主要内容包括症状特点、病史、病因、诱因等，其中食少、腹胀为主要的症状特点。权重第四为闻诊，主要闻声音之高低，口气之清浊。王自立强调，四诊虽以望、切为主，但应四诊合参。

（6）证候轻重分级：根据黄色独现于患者唇周的深浅程度（垢黄、萎黄、淡黄）、舌（舌质淡、舌体胖大、边有齿痕、苔薄白）、脉（沉细、沉缓、细弱）、食少、腹胀等症状是否兼见，将脾虚证分为轻、中、重三级。

轻度：唇周独现淡黄色（黄而明亮），舌质淡，苔薄白，脉沉细，食少。

中度：唇周独现萎黄色（黄而晦暗），舌质淡，舌体胖大，脉沉缓，腹胀。

重度：唇周独现垢黄色（黄而显黑），舌质淡，舌体胖大、边有齿痕，苔薄白或薄腻，脉细弱，食少，腹胀。

3. 临床应用

（1）适应人群：脾虚证患者。

（2）应用前提：掌握"脾色环唇"望诊特点。

（3）应用原则：以"脾色环唇"辨治脾虚证的方法为指导原则，结合其辨证特点、辨证步骤及辨证依据进行辨证。

（4）应用注意：辨证时应注意区分伪黄，即食物、药物等染色所致之唇周发黄；望唇周颜色时还受到患者肤色和光线的影响，一定是黄色独现于唇周，面色皆黄者不适用此方法辨证；诊室光线阴暗也会影响辨证；"脾色环唇"辨治脾虚证方法指导下的处方用药原则是王自立治疗脾虚证常用的处方用药原则，临证还需根据具体病证变通应用，尤其是枳壳的应用，建议从小量开始（10～15g）。

4. 特色优势

就脾虚证的诊断而言，既往的诊断标准相对复杂，如《中华人民共和国国家标准·中医临床诊疗术语（GB/T16751.2-1997）》中制定的脾虚证辨证标准：凡以食少、腹胀、大便溏薄、神疲、肢体倦怠、舌淡脉弱为常见症的证候即可诊断为脾虚证。

而王自立"脾色环唇"辨治脾虚证的方法更加直观和简便易行，其诊断标准为：凡以脾色环唇，舌淡胖或有齿痕，脉沉、缓、细弱，或兼见食少、腹胀为常见症的证候。

其优势有二：①通过望唇周独现的黄色及舌、脉即可诊断脾虚证，其辨证方法简单易行；②根据黄色独现于患者唇周的深浅程度（垢黄、萎黄、淡黄），结合舌（舌质淡、舌体胖大、边有齿痕、苔薄白）、脉（沉细、沉缓、细弱），以及食少、腹胀等症状是否兼见，将脾虚证分为轻、中、重三级。尤其是轻度脾虚证患者尚未出现腹胀、便溏、倦怠等典型脾虚证症状时即可早期诊断、早期治疗。

四、专病之治

"运脾思想"临床应用

脾为阴土，胃为阳土，脾喜燥恶湿，胃喜润恶燥。叶天士云："纳食主胃，运化主脾。脾宜升则健，胃宜降则和。"脾胃互为表里，气机升降相因，燥湿互济，化水谷为精微，共为气血生化之源，因此古人将脾胃称为"后天之本"。《黄帝内经》云："脾者，土也。""土者生万物而法天地。"脾病则"五脏不安"。脾胃健运，则气血、阴阳俱荣；脾胃衰，化源乏，则机体各部俱衰。正如元代李东垣所说："内伤脾胃，百病由生。"

王自立通过多年的临床实践，发现脾胃病多以本虚为主，标实为辅，常由虚致实，虚实夹杂。以升降失常为主要病机，以脾气不行为主要矛盾，兼见痰饮内停、气滞血瘀等。故王自立认为治疗脾胃病既离不开一个"补"字，又不能单纯施补而不顾其实，应该从动态的观点出发，以健脾助运、调整升降为要，临证之时不忘顾护脾胃，形成了独特的运脾思想。在总结前人经验的基础上，创立运脾汤一方补运同举，治疗脾虚失运证疗效显著。例案如下。

【案例1】口臭

患者，女，35岁，口臭3个月。患者自诉既往有结肠炎病史多年，现已治愈。近3个月来口臭明显，伴有口干口苦，纳差，夜寐欠佳，大便调。舌淡胖，苔薄白，脉沉细。

中医诊断：口臭。

辨证：脾虚失运。

治宜健脾助运，方用运脾汤加减。

处方：党参10g，白术15g，茯苓10g，佛手15g，枳壳20g，麦芽10g，山楂10g，甘草5g。7剂，每日1剂，水煎分服。

二诊：患者诉口臭除，口苦明显减轻，仍有口干，纳食增加，夜寐可，舌脉同前。上方麦芽调至15g。7剂，每日1剂，水煎分服。

三诊：患者诉晨起口苦，大便不成形，每日一行。上方白术减至10g，枳壳减至

10g，加干姜 5g，细辛 5g。继服 7 剂。

[按] 口中异味多由脾胃运化、腐熟功能异常所致，本案患者久病不愈，脾胃虚弱，运化失司，清气不升，浊气不降反逆，故口臭甚；脾胃运化失常，故纳差；舌淡胖、苔薄白、脉沉细均为脾胃虚弱之象。王自立以运脾汤运脾、健脾、补脾。方中党参、白术健脾益气以助运，茯苓健脾化湿，佛手理气而不伤阴，枳壳理气宽中，与佛手相合以运脾调气，麦芽健脾化湿和中，兼以疏肝理气，山楂健胃消食。诸药合用，既补气以助运，更调气以健运，使脾运复健，升降如常，则口臭可愈。

【案例 2】胃痞

患者，男，44 岁，胃脘胀闷不适半年。患者既往有慢性萎缩性胃炎病史，近半年出现胃脘胀闷不适，食后明显，大便干，夜寐差。舌质淡，舌体胖大，苔薄白，脉沉。

中医诊断：胃痞。

辨证：脾虚失运。

治宜健脾助运，方用运脾汤加减。

处方：党参 10g，白术 15g，茯苓 10g，佛手 10g，枳壳 15g，炒麦芽 10g，细辛 5g，仙鹤草 15g，甘草 10g。7 剂，每日 1 剂，水煎分服。

二诊：胃胀缓解，大便调，舌质淡，苔薄白。上方细辛加至 10g。7 剂，每日 1 剂，水煎分服。

三诊：胃胀未发作，大便调，舌质淡，苔薄白。上方党参加至 15g，白术加至 20g。7 剂，每日 1 剂，水煎分服，以巩固疗效。

[按] 王自立强调胃痞一病需分清虚实论治，尤须辨明脾虚与湿阻，二者的区别点在于舌苔。本案患者舌苔薄白，湿邪之象不显，病机关键为脾虚不运、气机不和、升降失常；故方以运脾汤运脾和胃、调整升降，则诸症自除，体现了以运为健、以运为补的运脾思想。

【案例 3】胃脘痛

患者，女，48 岁，胃脘疼痛 1 个月。患者既往有十二指肠球部溃疡病史，近 1 个月出现胃脘疼痛，夜间 12 点至凌晨 2 点明显，白天略轻，大便干，夜寐差，早醒。舌质淡，苔薄白，脉沉细。

中医诊断：胃脘痛。

辨证：脾虚气滞。

治宜运脾行气，方用香砂运脾汤加减。

处方：香附 15g，砂仁（后下）10g，党参 30g，白术 15g，佛手 10g，枳壳 10g，浙贝母 15g，细辛 10g，仙鹤草 30g，甘草 10g。7 剂，每日 1 剂，水煎分服。

二诊：患者诉胃痛缓解，大便调，手凉，早醒，舌质淡，苔薄白。上方加桂枝15g，附片5g。继服7剂。

三诊：患者诉胃痛未再发作，大便调，手凉改善，痰多，舌质淡，苔薄白。上方加半夏10g，麦芽15g。继服7剂。

[按] 胃痛辨证为脾虚证者，若兼有便秘，重用白术、枳壳可获良效。本案属脾虚不运之证，然初诊兼见气机阻滞，胃腑蕴热，肠腑不降之实，故先予运脾汤，重用白术、枳壳、浙贝母以补中、行气、清热。方中枳壳善能理气宽中，行气消胀，为调气运脾的关键药物，而白术亦为不可或缺之药，两药一补一消，相须为用。气行三焦则胃肠之气得降，郁热得清。继以运脾汤合香砂六君子汤而效。对脾虚便秘之较重者，初剂即用白术、枳壳至30～60g，取其中运之义。

【案例4】泄泻

患者，女，22岁，紧张后或腹泻或便秘3个月。患者3个月前出现紧张后腹泻或便秘，晨起感腹胀，几经诊治无效。刻下症见疲乏无力，纳差，口臭，形肥体胖。舌淡红，苔薄白，脉沉弦。

中医诊断：太阴病。

辨证：脾虚不运。

治宜运脾化湿，方用运脾汤加味。

处方：党参15g，白术15g，茯苓10g，佛手15g，枳壳10g，石菖蒲15g，麦芽20g，桂枝10g，干姜5g，仙鹤草30g，薏苡仁15g，甘草10g。7剂，每日1剂，水煎分服。

二诊：药后大便形状明显好转，纳食增；现口臭仍存，口干，胃胀，舌淡红，苔薄白；脉沉但有力。效不更法，上方党参加至20g，白术加至20g，薏苡仁加至30g，以加强健脾渗湿之功。7剂，每日1剂，水煎分服。

三诊：患者自诉服药后，大便每日一行，余症亦除。继服上方7剂，以巩固疗效。

[按] 脾易受肝、肾影响。《金匮要略》有云："见肝之病，知肝传脾，当先实脾。"恐伤肾，恐则气下。紧张应为恐之程度轻者，由于紧张而致气机乘乱，脾不能升清即为泻；或脾运失常，肠道失其推动之力为便秘。看似紧张为发病之因，实为脾胃虚弱。脾胃功能正常，不易为邪气侵，所谓正气内存，邪不可干；邪之所凑，其气必虚。王自立以治脾胃为大法，健脾以和胃，脾胃气血旺，不易受肝之邪，在运脾汤的基础上，加桂枝、干姜以温肾阳，达到脾肾双补、脾肾两治的目的。

【案例5】便秘

患者，男，70岁，便秘1个月。患者1个月前出现大便干结，3～4日一行，临厕努挣乏力，挣则汗出气短，便后疲乏。舌质淡嫩，苔薄，脉虚。

中医诊断：便秘。

辨证：脾虚不运。

治宜运脾益气，行气通便，方用运脾汤化裁。

处方：党参30g，白术30g，茯苓12g，佛手15g，麦芽15g，石菖蒲12g，枳壳15g，大黄（后下）2g，甘草6g。7剂，每日1剂，水煎分服。

二诊：服药3剂后，大便通，每日一行。上方加黄芪15g，肉苁蓉30g。7剂，每日1剂，水煎分服。

［按］大肠职司传送糟粕以排出体外，受脾统摄，脾胃虚弱，传送无力而发病，故临床上治疗便秘不可一味攻下，而要审证求因，辨明虚实。王自立遵"脾以升为健，胃以降为和"之旨，认为"脾以运为健，以运为补"，提出"健脾先运脾，运脾必调气"的脾胃病治疗大法，选用运脾汤加减化裁，巧用大黄以调和肠胃，和胃降逆而助脾运，二诊加肉苁蓉润肠通便。诸药合用，寓理气于补益之中、调气于健胃之间，脾胃健运，大便自通。

【案例6】不寐

患者，女，74岁，失眠3个月余。患者夜间辗转反侧，难以入眠，头昏乏力，心烦易怒，时有胃脘胀闷隐痛不适，食后尤甚，痞满，纳呆，便溏。舌淡胖、边有齿痕，苔白微腻，脉沉细，尺脉弱。

中医诊断：不寐。

辨证：脾胃虚弱，健运失司。

治宜健脾助运，调畅气机，方用运脾汤加减。

处方：党参15g，白术15g，茯苓15g，佛手10g，枳壳10g，石菖蒲15g，麦芽15g，薏苡仁15g，莪术15g，炙甘草10g，仙鹤草15g。7剂，每日1剂，水煎分服。

二诊：患者诉胃脘胀闷减轻，有饥饿感，苔微腻，夜寐有所改善，便不成形，上方薏苡仁加至30g，加干姜10g以健脾温中化湿，继服7剂，每日1剂，水煎分服。

三诊：患者诉胃脘部症状基本消失，食纳正常，夜晚可睡6小时以上，舌质淡，苔白，守方以继续调运脾胃。

［按］《素问·逆调论》曰："阳明者，胃脉也，胃者六腑之海，其气亦下行，阳明逆不得从其道，故不得卧也。《下经》曰：'胃不和则卧不安。此之谓也。'"李东垣云："内伤脾胃，百病由生。"《慎斋遗书》云："诸病不愈，必寻到脾胃之中，方无一失。何以言之？脾胃一伤，四脏皆无生气，故疾病日久矣。万物从土而生，亦从

土而归……治病不愈，寻到脾胃而愈者甚多。"王自立在四诊合参、辨证论治的基础上，非常重视脾胃功能的调理，认为胃气的强弱决定着疾病的转归，通过调理脾胃功能可以增强胃气，促进疾病向愈，并自创运脾汤以治疗脾胃虚弱、健运失司所致疾病，验之临床，诸多久治不愈的疑难杂症，经调理脾胃而获效。

五、方药之长

（一）核心方剂

王自立创立的治疗脾胃病的基本方剂——运脾汤，是其运脾思想的具体体现，也是治疗脾虚不运证的基本方，其组成如下：党参10g，白术10g，茯苓10g，佛手10g，枳壳10g，石菖蒲10g，炒麦芽15g，仙鹤草30g。

党参、白术、仙鹤草益气健脾以助运，其中党参健脾益气；白术既能燥湿实脾，又能缓脾生津；茯苓健脾渗湿；佛手气清香而不燥烈，性温和而不峻，既能舒畅脾胃滞气，又可疏理肝气以防木郁克土，且无耗气伤津之弊；枳壳善能理气宽中，行气消胀，与佛手合用则突出运脾调气之功；石菖蒲芳香醒脾，化湿和胃；炒麦芽健脾化湿和中，宽肠下气通便，消米面食积，兼能疏肝理气；仙鹤草又名脱力草，功能补脾益气，且补而不腻。与他药合用，既补气以助运，更调气以健运，使痰湿无由以生，则脾胃无由阻滞；又兼以肝脾共调，使脏腑调畅，则脾运复健，升降如常，诸症自除。

方中枳壳为调气运脾的关键药物，其用量依脾运失健的程度而有小运（10～15g）、中运（20～30g）、大运（35～60g）之别，而白术亦为必不可缺之药，依脾虚程度及便秘轻重决定药量，轻度者常用15～30g，中度者用至30～60g，重度者可用至60～120g。两药一补一消，相须为用。

（二）经典用药

王自立通过调整枳壳用量来调整运脾之力。枳壳性缓，具有理气宽中、消食化痰、散积消痞的作用，常用量为3～10g。现代医学研究表明，枳壳可使胃肠运动节律增强而有力，具有促进胃肠蠕动的作用，故而王自立确定枳壳为运脾的关键之品，并以枳壳用量之不同来调整运脾之力的不同。脾虚不运轻者，一般用量10～15g，起小运之效；脾虚不运重者，一般用量20～30g，取中运之力；脾虚不运重者，一般用量45～60g，收大运之功，临证可灵活掌握。

六、读书之法

对于古籍的选择，王自立推荐的医书有《伤寒论》《金匮要略》《景岳全书》《千金要方》《本草纲目》《温病条辨》《温热论》《医林改错》等；宜精读的有《伤寒论》《金匮要略》《黄帝内经》《类经》《温病条辨》《温热论》《医林改错》等；可粗读的有《千金要方》《本草纲目》《景岳全书》等。

四大经典是中医的立足之本，习中医者须熟读而习诵之，对其中的重要章节要能够背诵，力求做到临证之时能够自动浮现于脑海中或者脱口而出。

王自立认为，学习中医要有悟性，对经文要深刻理解，细心体会，举一反三。各种医学流派是对经方派的有益补充，习中医者均应广泛涉猎以弥补经方之不足。

学中医者应通过读古籍体会中医思维方式的独特性。比如与天地四季的取象比类，"合人形，以法四时五形而治""亢则害，承乃制"；与社会人事的取象比类，"十二脏之相使"。这是联想与实践的结合，这一思维在现实临床中处处可见。后世的"上焦如雾""中焦如沤""下焦如渎"就是一例。由仲景条文观之，许多汤证都有其关键症状。有的在于脉象，如"脉得诸芤动微紧，男子失精，女子梦交，桂枝加龙骨牡蛎汤主之"；有的在于二便，如"湿痹之候，小便不利，大便反快，但当利其小便"；有的在于痰声，如"咳而上气，喉中水鸡声，射干麻黄汤主之"。这些汤证并不是仅有一两个症状，但是这一两个症状是关键，每一条文都是一则病例，阅之如亲临现场，这是由证径直到方药的思路。当然这一思维习惯也不是读一两遍条文就能养成的，必须经历症→证→方的过程。

《黄帝内经》曾对学习中医学的方法作了精辟的阐述，即《素问·著至教论》中所谓之"诵、解、别、明、彰"。王自立认为这五者可以作为学习中医学所需要掌握的主要方法与要求。诵，一是诵读，二是背诵；解，即晓悟、理解之谓；别，即分开、区别之意；明，即在诵、解、别的基础上，明确其义理，谓之"明"；彰，是指能够通过诵、解、别而明了医学理论，用于临床医疗实践，取得显著的效果，并进一步有所阐发，此即谓之"彰"。

众所周知，学习的目的在于应用，中医学既有系统完整的理论，又是一门实践性很强的科学，如果脱离实际，崇尚空谈，则既不能于临床解除患者的疾苦，亦无助于中医理论的充实与发展。所以学习中医最忌纸上谈兵。正如前人所说——"熟读王叔和，不如临证多"。

七、大医之情

（一）思想境界

王自立常说："医者，当有仁心，见彼苦恼，若己有之；医者，当有仁术，圆机活法，药到病除；医者，不能追求名利，自诩疗效；医者，不能恃己所长，谋略财物。"

王自立的处方药简、价廉、效显，远近闻名，7剂药的价格往往低于60元的挂号费，以至于经常有患者质疑："现在哪有这么便宜的中药？这么便宜的药能治病吗？"

曾有一患者，因无明显诱因不寐1个月来诊，主要症状为入睡困难，烦躁易怒，入睡后常因胸闷憋气而醒，醒后自感腹部灼热似火烤，鼻孔干燥，时时以水润之，自觉憋气，吸氧不能改善，必须开窗，伸头于窗外，张口呼吸方能缓解，缓解后仅能卧床3～5分钟，旋即上述症状又复现，反复多次，痛苦之情，莫可名状。患者发病后曾在外院诊治，查肺功能、胸腹部CT无异常，生化全项提示血脂升高，心电图轻度异常。诊断为稳定性心绞痛，花费1.3万元，症状缓解不明显，仍每夜憋醒十余次，异常烦躁。患者家住六楼，家属恐有不测，遂求治于王自立。王自立辨证为太阳病虚烦证，治以栀子豉汤加白术、川芎、枳壳共5味药，每剂药3元。服药一剂症状即减，后调服几次而愈，患者此后对中医深信不疑。

另有一患者家住甘肃陇南，患病后不愿诊治，更不相信中医，在家人的反复劝说下前来就诊，就诊时心不在焉。王自立耐心诊查、四诊合参后，处汤药7剂，二诊时患者崇敬之情溢于言表，诉服药后症状大减，要把这两次的处方好好收藏，以备不时之需。

王自立就是这样默默地用中医的疗效，改变着患者对中医的认识，用中医中药为一批又一批的患者解除病痛，祖孙三代共同求诊者比比皆是，甚至尚在襁褓之中的第四代也屡见不鲜。中医就是靠一代代像王自立这样的中医人用疗效在患者心中生根发芽，历经万世而不衰。

王自立不仅医术高明，而且医德高尚，深受患者爱戴。他曾因身体不适而停诊一天，有一位患者次日就诊时见王自立仍显疲惫，看完病后站起来给王自立深深地鞠了一躬，说："感谢您带病给我们服务，您老好好保重身体。"王自立治病疗效好，就诊者络绎不绝，只要出诊，患者前一天已经开始排队，这让他深感不安，为了保证看病质量，同时又能满足广大患者的需要，王自立不得不一再增加出诊次数。虽然门诊患者很多，时间宝贵，但在接诊每一位患者时，王自立都非常耐心，认真解答疑问，并且还时常开导患者。有弟子曾经问他："您的时间这么宝贵，这样诊病多浪费时间？"可王自立告诫学生："有些病是用药来治的，而有些病是用心来治的。"

王自立常说："患者需要我，只要我的身体条件允许，我将一直工作下去。"

（二）文化修养

王自立受其祖父启蒙，自幼背诵《三字经》《千家诗》《幼学琼林》《朱子治家格言》等，时至今日，很多内容仍能脱口而出。年纪稍长，王自立对四书五经也有所涉猎，青少年时期的学习对王自立的世界观、人生观产生了深远的影响，中国文化的内涵也已根植于心中，为他以后从事中医工作奠定了坚实基础。

同时，王自立还对中国哲学有所涉猎，他认为儒、道二家是中国文化之根，也是中医之根。儒家之《易传》通过阴阳消长来探讨自然万物的变化规律；道家之《道德经》提出"反者道之动"，来探讨自然万物变化的规律。而中医学在这些学说影响下构建了基本理论，认为健康状态即为"阴平阳秘"，疾病的产生是因为阴阳失调，疾病的治疗在于平衡阴阳，诚如《素问·至真要大论》所云："谨察阴阳所在而调之，以平为期。"

对于道家与道教，王自立认为二者在基本观点上是有所区别的。道家是哲学，教导人们顺应自然，万物有生必有死。道教是宗教，教导人们逆于自然，"我命由我不由天"而追求长生之术，有征服自然的精神。但是二者皆可为中医所用，医学的目的就是治病救人，而这正是道教要做的事情，道家主张贵柔守雌，恬淡虚无，注重心情的愉悦、精神的宁静，以此来养神，正好符合道教追求长生不老的目的，也就是说用道家的观点，可以达到道教的目的。

八、养生之智

王自立在治病的同时，也非常注重饮食起居的调养、人与自然的和谐，主张天人合一，形与神俱，尤其对于近年来人们为了追求养生，进补成风的现象，王自立提出了慎补的观点，形成了自己特色鲜明的养生观。

中国五千多年的文化传承中形成了许多独具特色的文化形态，历史悠久的中医药学和饮食、茶道等一起构成了独具东方魅力的传统文化，而中医养生是中国传统文化的重要组成部分，是中医学的特色。《素问·上古天真论》中即指出人的寿命与后天的调养密切相关："其知道者，法于阴阳，和于术数，食饮有节，起居有常，不妄作劳，故能形与神俱，而尽终其天年，度百岁乃去。今时之人不然也，以酒为浆，以妄为常，醉以入房，以欲竭其精，以耗散其真，不知持满，不时御神，务快其心，逆于生乐，起居无节，故半百而衰也。"并且在本篇的最后一节指出，根据养生水平的不同，有真人、至人、圣人、贤人之分，其寿命也不同。现实生活中虽然没有如此细致的划分，但通过养生可以延长人的寿命，提高人的生活质量，确是不争的事实。

近年来随着我国社会经济的发展，人民生活水平不断提高，如何提高生活质量逐渐成为人们茶余饭后谈论的热点话题，养生和养生学越来越受到人们关注。王自立在养生保健方面有自己独特的观点，认为"进补"不是养生第一要素，而应注意饮食起居规律及情志的调畅，方能形与神俱，尽终其天年。具体阐述如下。

（一）天人合一

中医学认为人与天地万物有着统一的本原和属性，遵循着共同的物质运动规律。人与自然密不可分。具体说人与天地自然的关系主要表现在以下三个方面。

1. 依赖自然

《素问·六节藏象论》云："天食人以五气，地食人以五味。五气入鼻，藏于心肺，上使五色修明，音声能彰；五味入口，藏于肠胃，味有所藏，以养五气，气和而生，津液相成，神乃自生。"人禀天地之气而生，与自然界息息相通，自然界供给人类营养、水分、空气、阳光等，以满足人体新陈代谢的需要。

2. 感应自然

自然界的各种变化，不论是四时气候、昼夜晨昏，还是日月运行、地理环境，都会直接或间接地影响人体，使人体相应地出现各种不同的生理或病理反应。如《素问·八正神明论》所云："天温日明，则人血淖液而卫气浮，故血易泻，气易行；天寒日阴，则人血凝泣而卫气沉……是以因天时而调血气也。"又如《素问·脉要精微论》在描述人体脉象变化时所云："春日浮，如鱼之游在波；夏日在肤，泛泛乎万物有余；秋日下肤，蛰虫将去；冬日在骨，蛰虫周密，君子居室。"

3. 顺应自然

古人云："人能应四时者，天地为之父母；知万物者，谓之天子。"人如果能够认识自然的变化，顺应自然的变化，就会得到天地自然的养护。自然界有春生、夏长、秋收、冬藏，人的饮食起居也应该与之相应，如《素问·四气调神大论》所云："春三月，此谓发陈……春气之应，养生之道也，逆之则伤肝，夏为寒变，奉长者少。夏三月，此谓蕃秀……夏气之应，养长之道也，逆之则伤心，秋为痎疟，奉收者少，冬至重病。秋三月，此谓容平……秋气之应，养收之道也，逆之则伤肺，冬为飧泄，奉藏者少。冬三月，此谓闭藏……冬气之应，养藏之道也，逆之则伤肾，春为痿厥，奉生者少。"顺应自然就是顺应阴阳的变化，所以《素问·四气调神大论》云："阴阳四时者，万物之终始也，死生之本也。逆之则灾害生，从之则苛疾不起……从阴阳则生，逆之则死，从之则治，逆之则乱。"

生活中如何顺应季节而养生？以阳气为例，冬季天寒地冻，阳气闭藏，应该做到以下三点：第一，早卧晚起，必待日光。冬季天未破晓之时，寒气尚重，阳气需要闭藏；日出之后，阳气上升，才可以随之而动。第二，去寒就温。冬三月，水冰地坼，阳气闭藏，人亦应远离寒冷，顾护阳气，不可饮冷少衣，深居寒室，使阳气受损，折寿而不彰。第三，无泄皮肤，使气亟夺。冬季万物蛰伏，阳气内敛，得以蓄养，如若妄动使腠理开泄，汗出过多，阳气必损。人在适应自然的同时，也可以掌握自然变化的规律，由"法则天地""逆从阴阳"到"提挈天地，把握阴阳"，最终达到"寿敝天地，无有终时"。

（二）形与神俱

形，指形体。神，广义上指人体生命活动外在表现的总称；狭义上指精神、意识、思维活动。

神在中医学上有三种意思：第一，自然界事物运动变化的规律。如"阴阳不测谓之神"；第二，对人体生命现象的高度概括，如《灵枢·天年》所言："何者为神？岐伯曰：血气已和，荣卫已通，五脏已成，神气舍心，魂魄毕具，乃成为人。"第三，人体的精神、意识、思维活动。

我们这里所说的形与神俱的神，是狭义的神，即人的精神、意识、思维活动。

对于养生而言，不但要养其形，更要养其神，因为"精神之于形骸，犹国之有君也。神躁于中，而形丧于外，犹君昏于上，国乱于下也"。精神对人体的影响不可小觑，如嵇康所言："夫服药求汗，或有弗获；而愧情一集，涣然流离。终朝未餐，则嚣然思食；而曾子衔哀，七日不饥。夜分而坐，则低迷思寝；内怀殷忧，则达旦不瞑。"

（三）养神之道

1. 养神贵静

静是指内心宁静，无为而不争。王自立常说："天地之间，物各有主，苟非吾之所有，虽一毫而莫取。"此所谓之不争，不是想争而强抑不争，而是"知名位之伤德，故忽而不营"。王自立在诊病时常告诫患者要心胸宽阔，遇事不怒，想得开、放得下，始终保持心情的平和，对人与事，不斤斤计较，不过分追求自己达不到的目标，要知足常乐，能自我疏导，但是不能想发怒而强行压制，这样更不利于健康。

2. 以形养神

有形体才有生命，有生命才能产生精神活动，所以，形体是第一性的，精神是第二性的。形体健康，气血充足，才能使神有所养。如张景岳所云："形之肥瘦，营卫血气之盛衰，皆人神之所赖也。故欲养神者，不可不谨养其形。"

总之，养生要做到"形与神俱"，通过养形使气血充足，使神有所养，才能保证人体脏腑组织的正常功能活动，以及气血的正常运行。形与神二者既相互依附而不可分割，又相互影响。形病可以影响到神，如"肝气虚则恐，实则怒；心气虚则悲，实则笑不休"；神病亦可影响到形，喜、怒、忧、思、悲、恐、惊过度则致病，如"喜伤心、怒伤肝、忧伤肺、思伤脾、恐伤肾"。故保持精神愉悦，情志调畅，使脏腑功能协调，正气旺盛，则邪不易侵，正如《素问·上古天真论》所云："恬淡虚无，真气从之，精神内守，病安从来。"

（四）进补需慎

对于补品，王自立的观点是尽量少服用。王自立认为，最好的补品就是日常饮食，药物则应用来治疗疾病，再名贵的药物，如果人体不需要，服之也是有害无益。如徐灵胎所言："圣人之所以全民生也，五谷为养，五果为助，五畜为益，五菜为充，而毒药则以之攻邪。故虽甘草、人参，误用致害，皆毒药之类也。古人好服食者，必生奇疾，犹之好战胜者，必有奇殃。是故兵之设也以除暴，不得已而后兴；药之设也以攻疾，亦不得已而后用。"

对于饮食，王自立的观点是不要偏废，喜欢的食品可以多食用一些，不喜欢的食品可以少食用一些，但不能不食用。在饮食调养时，一定要注意食品的搭配调节，不可偏食一类食品，否则，日久会引发疾病。如《素问·五脏生成》所云："多食咸，则脉凝泣而变色；多食苦，则皮槁而毛拔；多食辛，则筋急而爪枯；多食酸，则肉胝胎而唇揭；多食甘，则骨痛而发落。"此外，王自立还认为，宜服应季食品，春温、夏热、秋燥、冬凉，人体亦随之相应，如果长时间进食反季节食品，就如我们治疗时使用了错误的药物，使"热者热之，寒者寒之"，日久也会诱发疾病。

对于年老体弱或大病初愈确实需要补养者，王自立认为可以根据患者的体质，予以适当调补，但不能过，过则为害。如《素问·至真要大论》所云："五味入胃，各归所喜，故酸先入肝，苦先入心，甘先入脾，辛先入肺，咸先入肾，久而增气，物化之常也，气增而久，夭之由也。"很多疾病是由于过度补养而生的，基于此，王自立提出了"慎补"的养生观。

对于养生而言，与其盲目进补，不如做到食饮有节。第一，进餐的量要有节制，不能饥饱无常，损伤脾胃，影响健康。如《灵枢·五味》云："谷不入，半日则气衰，一日则气少矣。"若进食不足，不能满足人体正常生命活动的需要，气血生化之源不足，不能保障人体的能量供应而出现营养缺乏，久之可致早衰。反之，"饮食自倍，肠胃乃伤"，饮食过量也会损害人体健康。第二，进餐的时间也一定要有规律，不能今日两餐、明日四餐，长久下去也会损伤脾胃，影响人体的健康，因此一日中饮食要定时、定量。

总之，王自立强调，最好的养生方法不是进食补品，而是注重平时的饮食起居及情志的调畅，做到天人合一以养形，恬淡虚无以养神，正所谓"形神兼养""守神全形""保形全神"。即《灵枢·本神》所言"故智者之养生也，必顺四时而适寒暑，和喜怒而安居处，节阴阳而调刚柔。如是，则僻邪不至，长生久视"之意也。

九、传道之术

（一）人才培养方法

王自立认为现行中医教材内科部分添加了西医的诊断及诊治内容，在讲述时应充分强调中医辨证施治的精髓，不能给学生造成中医病名与西医诊断生搬硬套的感觉。传统师承教育，应从背诵基础理论、经典篇章开始，从采药、认药及药材加工炮制入手，真正体会和认识药材的属性，经过一个阶段的学习，通过全面评价和临床实践，达到一定年限后方可独立行医。这种方式培养的人才虽然较现行院校教育培养的中医药从业人员基础扎实，无"医不识药、药不识医"之弊，但缺乏统一标准，容易造成人员专业能力良莠不齐的情况，且这种师承方式不利于大量中医药从业人员的培养。不过，师承教育在骨干人才培养方面的作用仍无可替代，为达到师承教育之目的，建议学徒全脱产跟师，并增加集中学习经典的时间。

作为一门实践性很强的科学，临床实践是中医学的命脉，因而一定要把理论与实践相结合，在基础理论指导下加强临床实践，在科学总结临床实践经验的过程中完善和丰富基础理论。中西医的发展有其各自不同的历史背景，中医源于中国古典哲学，以阴阳五行、脏腑经络、气血津液为基础，通过调理整体的阴阳平衡来达到治疗局部疾病的目的。故学习中医者，除应学习中医基础理论外，尚应掌握四大经典，了解中国古代哲学，并应多接触临床、早接触临床，通过实践验证所学，并以所学来指导实践。

（二）人才培养成果

通过师承指导、临床带教、学位培养，王自立共培养全国名中医 1 名，第四、五、六批全国老中医药专家学术经验继承工作指导老师 1 名，国家重点学科带头人 3 名，甘肃省名中医 10 名，省级师承指导老师 9 名，硕士、博士研究生导师 9 名，培养硕士、博士研究生 11 名，国家级师承教育继承人 11 名，全国中医优才带教学员 4 名，其他师承及再传弟子 70 余人，带教进修、实习医师累计 2000 余人。

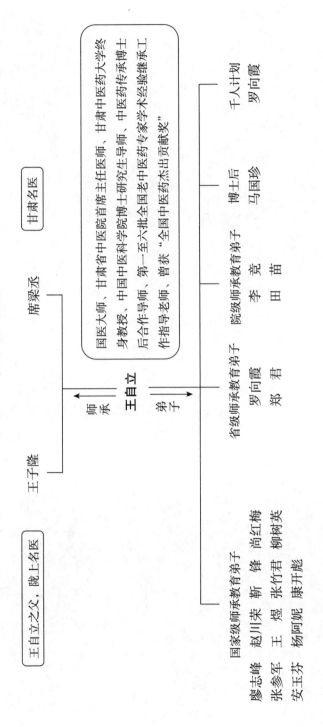

王自立学术传承谱

师承

王自立

弟子

王子隆 — 席梁丞

甘肃名医

国医大师、甘肃省中医院首席主任医师、甘肃中医药大学终身教授、中国中医科学院博士研究生导师、中医药传承博士后合作导师，第一至六批全国老中医药专家学术经验继承工作指导老师，曾获"全国中医药杰出贡献奖"

王自立之父，陇上名医

国家级师承教育弟子
廖志峰　靳　锋　尚红梅
张参军　王　煜　柳树英
安玉芬　杨阿妮　康开彪

省级师承教育弟子
罗向霞
郑　君

院级师承教育弟子
李　莞
田　苗

博士后
马国珍

千人计划
罗向霞

王自立

（王煜整理）
（马勤编辑）

王庆国

王庆国（1952—　），河北沧州人，中共党员，医学博士，北京中医药大学终身教授、主任医师、博士研究生导师，曾任北京中医药大学副校长，兼任国家药典委员会委员、国家药品监督管理局药品评审委员、国家中药品种保护审评委员会委员、国家自然科学基金委评审专家，中华中医药学会常务理事、中华中医药学会仲景学说分会名誉主任委员，世界中医药学会联合会经方专业委员会会长。全国老中医药专家学术经验继承工作指导老师，国家级重点学科（中医临床基础）带头人，"973计划"中医理论基础研究专项首席科学家。荣获首届全国名中医、国家"万人计划"教学名师等称号。享受国务院政府特殊津贴。2022年被授予"国医大师"荣誉称号。

王庆国学宗伤寒，兼及各家，提出"通平致和"的学术思想；创造性提出"三步－四维－六治－十六方略"诊疗范式；提出经方临床拓展应用的"五项原则"与"十大途径"；强调"少阳为表里之枢，脾胃为升降之枢，临床诊疗调枢为要"的论治纲领，以治疗肝胆病、脾胃病、风湿免疫病、心脑血管病、内分泌与代谢性疾病见长。王庆国既推崇经方，善用柴胡剂等类方，又精于创制新方，如百合泻心汤等。王庆国创新性地提出名优中药二次开发的十六字原则，即"部分替代，局部优化，质量可控，疗效提高"，示范性地进行了精制清开灵注射液研究，开展柴胡三降汤等新药研发。作为首席科学家主持"973计划"项目2项，"863计划"课题、科技部重大新药创制项目、国家自然科学基金课题10余项，荣获国家科技进步奖二等奖4项，发表学术论文600余篇，其中SCI收录91篇，出版学术著作30余部。

一、学医之路

王庆国祖居河北省青县王召庄，其三世祖曾任明万历朝太医院吏目，其后代有传承。他自幼深受外祖母的影响和熏陶，外祖母赵端琴出身于世代书香之家，具有深厚的传统文化功底。在外祖母的悉心教诲下，王庆国三岁学诗，十岁读经，为日后阅读中医古籍，辨章学术、考镜源流打下了良好基础。外祖母晚年中风，在中药和针灸的联合治疗下病情改善，但未能痊愈，使幼年时的王庆国萌生了学医念头。"文革"开始后，王庆国回乡躲避，开始研习医书，传承家学，步入医门。1969年，王庆国参加工作，经培训后在辽河油田钻井队担任卫生员，在临床工作中积累了一些西医、中草药和针灸知识，更坚定了他学习医学的信心。1972年，王庆国成为工农兵学员，求学于辽宁中医学院。在学校浓郁的学习氛围下，他认识到中医经典是临床的根基，唯有勤于思考，狠下苦功，夯实基础，方能在日后临床中纯熟运用。求学期间，王庆国埋头苦读，勤奋刻苦，成绩一直名列前茅，不管是理论课还是实践课，95%以上的课程都是满分。1975年大学毕业后，王庆国申请回到辽河油田职工医院，成为了一名中西医结合临床医生，由于工作出色，5年后即被任命为中医科负责人，并开设中医病房，有病床30余张。

1982年，王庆国考取北京中医学院研究生，拜于"伤寒泰斗"刘渡舟先生门下。刘老不仅是诲人不倦的良师，更是爱徒如子的长者，他对王庆国学业上朝督暮责，生活上关怀倍至，门诊带教更是毫无保留、倾囊相授。在恩师的悉心指导下，1988年王庆国顺利完成研究生学业，成为我国中医基础专业首批博士学位获得者。毕业后留校，在北京中医药大学从事教学、临床、科研工作至今。

二、成才之道

王庆国认为，要成为一代名医，务必做到以下几点。

（一）立志高远，仁心济世

人之成才，是成为于国家、于人民有用之人，因而，要成才必须立志。

高远，要将个人成才、国家利益与中医事业的发展紧密结合在一起，绝不能"竞逐荣势，企踵权膏，孜孜汲汲，唯名利是务"。几十年来，王庆国无论是在基层井队做卫生员，还是在高校从事领导工作，始终以党的利益与中医事业为重，他曾去贫困地区支教，去灾区抗洪救灾，去新疆、西藏科研援边。他立志做苍生大医，数十年坚持临床一线工作，为解除民众疾苦殚心竭虑，造福一方。

（二）熟读经典，固本强基

古今大凡成为著名医家者，无一不是在熟读经典、继承前人经验的基础上而成为一代宗师；无一不是在基础学习上下死功夫，才能行久致远。正可谓"万丈高楼，筑基必牢；参天大树，扎根必深"。王庆国年轻时，即在四小经典及其他基础知识的学习上付出了辛勤的努力，仅大学毕业之前所背之方剂即达800首以上。至今虽已逾七旬，仍能熟练背诵《脉诀》《药性赋》《伤寒心法要诀》《妇诊心法要诀》《内科心法要诀》等。另外，中医经典是继承与创新的源泉，更是成为中医名家的必读之书，王庆国不仅是伤寒大家，对于《金匮要略》《黄帝内经》《神农本草经》也下过多年功夫，对其中的理论内涵、学术体系均有深入思考与探索，并逐渐与自己的认识融会贯通，互相参合，融为一体。

（三）拜求名师，勤求博采

自1982年再次深造，拜入刘渡舟先生门下攻读硕士、博士研究生，王庆国在刘老身边学习工作20年，随师守诊抄方15年。由于导师悉心传授，自己努力研习，他得以掌握刘老毕生之经验，这为其成就苍生大医打下了坚实的基础。由于1982年北京中医学院仅有王庆国、高飞两个研究生，学校格外重视对他们的培养，从全国各地邀请任应秋、赵绍琴、王绵之、程士德、周笃文、钱超尘、王洪图、步玉如、时振声、方药中、李今庸、祝谌予等多位杏林名家，对王庆国、高飞二人进行高强度、高水平、长周期的培养。王庆国由此得以继承了多位名家的学术经验，培养了灵活多变的诊疗思路。

除此之外，他还虚心求教，博采众人之长。如1988—1989年，王庆国前往四川万县支援基层工作，在此期间，他多次拜访万县名医暨四川十大名医之龚去非、郑惠伯先生，虚心请教，潜心学习，所得临证心法至今仍有效地运用于临床实践。

他还对期刊与书本上介绍的各地名医经验多所留心，只要有特色，必仔细揣摩，并在临床上亲试亲验，观察总结，不断汲取他人之长，以完善自身。

（四）确定目标，持之以恒

王庆国认为，人生必须有明确的目标，而在人生成长的每一阶段，在学术研究的每一个领域，都必须经过认真思考，确立阶段或领域目标。目标一旦确立，绝不可随意变更，必须持之以恒，整合各种条件，为实现目标付出艰苦卓绝的努力，要有"咬定青山不放松，立根原在破岩中，千磨万击还坚劲，任尔东西南北风"的定力。而不断地转变目标，或缺乏实现目标的毅力与坚持，绝不可能成就栋梁之才。

（五）勤于临证，多诊识病

中医学虽有完善的理论体系与悠久的历史，但是仍然有着经验医学的特质。古人云"熟读王叔和，不如临证多"，"纸上得来终觉浅，绝知此事要躬行"，绝对是至理名言。王庆国常说："多诊识病，屡用达药。书本上的东西背得再熟再多，如果不经实践检验，不能在实践中反复研习成为自己的本领，也终究是知识而不是技能。"因此，他从医五十余年来，始终将临床放在工作的重要位置，即使工作再忙，也不离临床，并坚持白天诊病，晚上读书，知行合一，将理论与实践密切结合。他对于疾病病机的参悟，对于方剂、药性的理解，常常有异于常人，而这些不同的观点，往往成为其在临床、在科研上领先的源泉。

（六）深思明辨，勇于创新

中医需要发展，发展需要创新，故步自封，沿袭旧说，永远不是大医、明医所为。历史上每一位伟大的医家，都是由于创新了学术而为后世所称道。黄帝、岐伯如此，张仲景如此，金元四大家如此，温病学诸大家也如此。进入新时代，面临新的环境，中医更要在继承基础上创新。王庆国认为，"继承不能泥古不化，创新不能离宗叛道"。多年来，他在中医理论上"博学，审问，慎思，明辨，笃行"，努力使"六经之实质""《伤寒论》397法之内涵""肝主疏泄的历史源流"等很多难解的理论问题得以澄清。

在现代实验研究方面，他充分汲取现代科学技术与方法，为中医科研所用，主持包括"973计划"、"863计划"、国家自然科学基金重点项目在内的多项科研课题，取得了"肝主疏泄的现代生物学基础""半夏泻心汤等经方配伍科学内涵""病证结合动物模型三维评价方法的建立与应用"等科研成果，并四度荣获国家科技进步奖二等奖。

三、学术之精

王庆国提出"通平致和"的学术思想，"三步–四维–六治–十六方略"的诊疗范式；创新性地提出经方现代应用的"五项原则"和"十大途径"，对扩大经方临床运用颇有裨益；他强调"少阳为表里之枢，脾胃为升降之枢，临床诊疗调枢为要"，验之临床，效果确实。

1. "通平致和"的学术思想

王庆国深入挖掘仲景生命观、健康观、治疗观，提出"通平致和"是《伤寒杂病论》核心学术思想的观点。"和"是中国传统文化的精髓，也是中医学理论的精髓，中医学的基本出发点和理想目标都是使机体达到阴阳和谐的最高境界。"和"不能单纯地理解为静止与平衡，而是适合、恰到好处之意。此外，"和"与"调"常作为同义词而相提并论，它们既可以表示一种平衡和谐的状态，又可表示调节的动态过程。《伤寒杂病论》提到："阴阳自和者，必自愈。""若五脏元真通畅，人即安和。"这两句话就是对"通平致和"学术思想的阐释与引申。

"通平致和"思想包括以下内容：①"阴阳和合"是机体正常的生理状态；②阴阳和合的前提是五脏元真通畅，阴阳平秘；③生理上阴阳和合常态的取得，源于人体的自我调节能力；④阴阳失和是疾病的本质，而失和或由于失通，或由于失平，抑或由于既失通又失平，这些也是疾病发展演变的根本原因；⑤恢复阴阳和合是治疗的根本目的，在恢复阴阳和合的过程中，要充分关注不通、不平及通平关系的失调；⑥治疗疾病应时刻关注患者的自我调节能力，医生绝不可只知盲目使用治疗手段，忽视患者自我抗病愈病能力而越俎代庖。

2. "三步-四维-六治-十六方略"的诊疗范式

王庆国深入研习仲景先师的学术内涵，提出了"三步-四维-六治-十六方略"的诊疗范式。所谓三步，即"观其脉证，知犯何逆，随证治之"。"观其脉证"是搜集临床信息的过程，"知犯何逆"是辨识疾病及证候病位所在、病证属性、病势演变方向的过程，"随证治之"是根据辨证结果选取方剂，化裁加减，开具处方的过程。所谓四维，即病、证、症、势四个维度，无论是三步的哪一步，都要围绕这四个维度展开，缺失了哪一步都是不完善的。单纯的辨病不成，单纯的辨证也不完备，只有辨清了四维，才能达到仲景先师的辨证境界。六治，即治疗要有治则、治法、治方、治药、治量、治用六个层次，这六个层次有联系更有区别，单纯地选取一个方剂，不进行药味的加减，不进行药量的调整，不进行服药、用药的灵活化裁，均难以达到效如桴鼓的结果。十六方略，即仲景著作中所包涵的十六个辨证治疗原创性思维。其辨证的层次有八个，即"辨病求本，本在阴阳；病证结合，辨证析机；四诊合参，动态分析；去粗取精，去伪存真；同中见异，异中求同；以常衡变，知常达变；重视主症，区别对待；掌握规律，见微知著"。其论治的层次也有八个，即"治病求本，本于阴阳；祛邪扶正，分清主次；通调气血，表里内外；调理阴阳，以和为期；明确标本，分清缓急；正治反治，依证而行；随证治之，变化灵活；三因制宜，各有侧重"。掌握了仲景的辨证思维，才能登堂入室，一窥医圣学术内涵之璀璨。

3. 经方现代应用的"五项原则"和"十大途径"

王庆国总结现代经方研究的经验，提出了经方现代应用的"五项原则"与"十大途径"。所谓"五项原则"，是指熟谙经旨，打牢基础；紧扣病机，抓住关键；病证结合，适应需求；科学评价，有利交流；掌握规律，有的放矢。"十大途径"则是指方证结合，抓住主证；谨守病机，不拘症状；分部施方，参以病机；循经处方，病机为本；斟今酌古，灵活变通；厘定证候，重新认识；合用经方，师法仲景；合用时方，化裁更丰；明晰方元，变化无穷；但师其法，不泥其方。这对临床扩大经方运用颇有裨益。

4. 强调"少阳为表里之枢，脾胃为升降之枢，临床诊疗调枢为要"

《素问·六微旨大论》云："出入废则神机化灭，升降息则气立孤危。故非出入，则无以生长壮老已；非升降则无以生长化收藏，是以升降出入，无器不有。"充分说明了气机升降出入的重要性。王庆国在多年的临床中发现，人体气机的升降出入至关重要，气机的升降出入需要"枢机"的运转，而气机出入的枢机在少阳（包括胆腑、三焦及肝），升降的枢机在脾胃。治疗过程中，要时时关注少阳与脾胃枢机运转的状态，并使之调畅不滞。在临床实践中，王庆国以此为指导，治愈了很多复杂多变、迁延难治的病证，在患者中赢得了广泛的赞誉。

四、专病之治

（一）溃疡性结肠炎的辨治经验

溃疡性结肠炎（UC），是一种病因不明的慢性非特异性炎症性肠病，病变以溃疡为主，主要局限于直肠、结肠黏膜及黏膜下层，呈连续性、非节段性分布，以直肠和远端结肠受累多见，也可向近端扩展，甚至遍及整个结肠。临床主要表现为腹痛、腹泻、黏液脓血便、里急后重，部分患者有发热、贫血、体重减轻等全身表现，属于中医学"腹痛""泄泻""痢疾""肠风""脏毒"等病症范畴。王庆国认为，脾肾阳虚、湿热内盛、瘀血内阻是溃疡性结肠炎的主要病机。腹泻、腹痛、喜温喜按，因脾肾阳虚所致。黏液脓血便，因湿热蕴肠，化腐成脓所致。脾肾阳虚为本，湿热为标，正虚邪恋，以致脾胃升降失常，大肠传导失司，湿邪壅滞，与气血相搏，损伤肠络，化腐成脓。湿为阴邪，最伤阳气，阳气益虚，浊邪益甚，终至病程缠绵，反复发作。部分患者兼有肾阳虚，先天禀赋不足，肾阳不能温煦，引起脾虚；腹泻日久，脾阳亏虚也会伤及肾阳，出现恶寒肢冷等症状。王庆国认为，除了脾阳虚、湿热、瘀血以外，溃疡性结肠炎还与肝郁气滞、肝血不和关系密切，肝气不调，克伐脾土是其发病的重要因素。且本病与情志因素密切相关，生气或抑郁时容易诱发，均提示溃疡性结肠炎与肝气不调有关。

总之，本病的病位在大肠，涉及脾、肝、肾，基本病机是脾虚为本，湿热、瘀血为标，兼有肝气失调和肾阳亏虚。

根据本病的病机特点，王庆国创立了以温阳补脾、调肝和血、祛湿止泻为法的专病专治方。该方以柴胡桂枝干姜汤、痛泻要方和援绝神丹合方加减而成。

组成：柴胡 10g，黄芩 10g，桂枝 10g，干姜 10g，生牡蛎 30g，天花粉 20g，炙甘草 15g，当归 30g，白芍 30g，制附片 15，败酱草 30g，薏苡仁 30g。

其中，柴胡桂枝干姜汤在《伤寒论》中本用以治疗"汗而复下"引起的少阳病兼气化失常证。刘渡舟先生将本方的适用范围扩大到以肝热脾寒为主要病机的病症，诸如病毒性肝炎、肝硬化、胆囊炎、慢性肠炎等。王庆国用其治疗本病，取柴胡配黄芩和解少阳，桂枝配干姜温脾散寒。重用当归、白芍，则是借鉴陈士铎的援绝神丹之意，柔肝以护脾。援绝神丹在《石室秘录》中用治痢疾，以当归、白芍为君，陈氏言："此方妙在用白芍、当归至二两之多，则肝血有余，不去制克脾土，则脾气有生发之机，自然大肠有传导之化。"薏苡仁、附子、败酱草为薏苡附子败酱散方，其中薏苡仁泄热除湿，排脓利尿；败酱草清热解毒，破瘀排脓；附子辛温，扶阳散寒而行气血津液，故能散结消肿。三方相合，共奏清肝温脾、清利湿热、养血活血之功，切合本病肝郁脾虚的病机。刘河间言："调气则后重自除，行血则便脓自愈。"肝藏血、主疏泄，疏泄太过，导致肝阴亏虚、肝血不足，阴不制阳，也会出现肝气过旺，横克脾土。故在本病治疗中，不仅要重视调肝，还要注意疏肝气与养阴血的关系。

本病脾虚湿盛，升降失司，清阳不升，浊阴不降，导致腹泻反复发作。王庆国在用桂枝、干姜、党参、白术等温阳补脾药的基础上，还加入葛根、升麻、防风等升举清阳，使清升则浊降，且风能胜湿。李东垣最善用风药，在清升与浊降这一对矛盾中，认为升清是矛盾的主要方面，临床强调升发脾胃之气的重要性，创制了升阳益胃汤、升阳散火汤、补脾胃泻阴火升阳汤等名方，擅长用升麻、柴胡、葛根等升提之品，倡导"升清阳，降浊阴"。《医方集解》在痛泻要方的方后注中亦提及："久泻者，加炒升麻以升阳止泻。"王庆国在治疗溃疡性结肠炎的方药中加入升麻、防风等风药，起到很好的升阳胜湿止泻作用。

有些溃疡性结肠炎患者反复发作，病久伤及肾阳，阳虚寒凝，出现小腹冷痛、结节，治疗时需酌情加入益智仁、乌药、四神丸等温肾助阳、散寒止痛之品。王庆国借鉴近代名医陈鼎三先生的经验，对于脐中或下腹疼痛患者，在温补肾阳的基础上加入胡芦巴，效果明显。《本草纲目》谓胡芦巴"气味苦，大温，无毒"，"主治元脏虚冷气……治冷气疝瘕，寒湿脚气，益右肾，暖丹田"。脐中和小腹属于少阴肾经，溃疡性结肠炎患者脐中、小腹疼痛，证属肾阳亏虚、寒邪凝滞，加入胡芦巴能温阳散寒止痛。王庆国在扶助正气的同时，还注重祛除湿热毒邪，使邪去则正安。常用清热解毒药，如黄连、黄芩、败酱草、白头翁、凤尾草等。黄连清热燥湿止痢，黄芩与葛根、黄连相配即葛根芩连汤，黄芩与白芍相配则仿黄芩汤之意，在《伤寒论》中分别主治太阳协热下利、太少合病下利。败酱草入胃、大肠、肝经，性味辛苦凉，张仲景以其与附子、薏苡仁相配，即薏苡附子败酱散，主治肠痈。白头翁和凤尾草均有良好的清热解毒、利湿消肿作用，王庆国用其治疗湿热证，祛邪而不伤正。

另外，在治疗溃疡性结肠炎症见大便脓血时，王庆国强调应慎用收敛止血药。盖湿热蕴结，化腐成脓，损伤肠络，导致大便脓血，湿邪不去则脓血不净。故应清利湿热，而不可急于止血，以防闭门留寇。若出血量较多或便鲜血时，可酌情加入仙鹤草、藕节炭等。对于腹泻症状较重的患者，可在口服用药的同时配合灌肠治疗，药物多选用儿茶、白及、锡类散等，每收佳效。

（二）类风湿关节炎的辨治经验

类风湿关节炎（RA），是一种原因不明的、以关节及关节周围组织的非感染性炎症为主的慢性全身性疾病。其特征是持续反复、进行性的关节滑膜炎症、渗液、细胞增殖及血管翳形成，通常以对称性的手、腕、足等小关节病变为多见。可导致关节软骨及骨破坏，继而引起关节强直、畸形而丧失功能。本病呈慢性过程，临床表现多种多样，往往发作期与缓解期交替，致残率高。王庆国辨治本病的学术经验如下。

1. 病机阐释，精当详明

类风湿关节炎在中医古籍中并无相对应的病名，按其临床表现及病情发生发展过程，可归属于"痹证""历节""顽痹""白虎历节"等病证范畴。

痹证的发生多因正气不足，腠理不密，卫外不固，外感风、寒、湿、热之邪，致使肌肉、筋骨、关节、经络痹阻，气血运行不畅，不通则痛。自从《素问·痹论》提出"风寒湿三气杂至，合而为痹也。其风气胜者为行痹，寒气胜者为痛痹，湿气胜者为着痹"以来，历代医家论治痹证多从风、寒、湿三气入手。行痹治以散风为主，驱寒利湿为辅，方如防风汤；痛痹治以散寒为主，疏风燥湿为辅，方如乌头汤、蠲痹汤；着痹治以利湿为主，祛风散寒为辅，方如薏苡仁汤等。而王庆国认为，风寒湿三气成痹者固属常见，但湿热为患致痹者亦不少见。湿热痹之所以异于风、寒、湿三痹者，在于其内热盛之故，所以又称之为"热痹"。正如《金匮翼》所指出："热痹者，闭热于内也……脏腑经络，先有蓄热，而复遇风寒湿气客之，热为寒郁，气不得通，久之寒亦化热。"从临床实际来看，随着生活水平的提高，人多嗜食膏粱厚味，又喜服性热温补之品，而使素体阳盛热多，卒然感受风寒湿三气，则从阳化而为湿热；或素体阳气有余，感受外邪后易从热化；或因风寒湿三邪日久不去，留于关节经络之间，郁而化热；或外感热邪，与素体之内湿相并，皆可导致湿热合邪为患。湿热相因，客于关节经络之间，湿聚热蒸，蕴郁不散，久而久之，经脉气血运行受阻，郁滞而成湿热痹。临床多见肢体关节疼痛，痛处红肿灼热，筋脉拘急，活动不利，日轻夜重，常伴口干而渴，心烦，喜冷恶热，小便黄短，大便干结，或发热汗出，舌红苔黄腻，脉滑数或沉滑有力等。此时检查类风湿因子多为阳性，血沉明显增快，C反应蛋白阳性等。

治疗湿热痹证，王庆国主张以清热利湿、宣通经络为主要治法。盖湿热为患，若只清热则湿不退，只祛湿则热愈炽，唯有湿热两清，分消其热，才能湿祛热清毒解。在长期临床实践中，王庆国多选用加减木防己汤、白虎加桂枝汤、穿青海甲汤等治疗湿热痹证，收效显著。

2. 分型论治，辨证详实

类风湿关节炎在临床上大致分为活动期和缓解期。活动期多以急性发作或慢性活动复发等形式出现，缓解期即是稳定状态、相对静止阶段。活动期，多为风寒湿热之邪乘虚侵入人体，闭阻经络气血，以邪实为主。急性发作经过治疗后，可转入缓解期，病情相对稳定，或关节已变形，或不痛不肿，寒热不甚明显。此时多为病久入深，气血亏耗，肝肾虚损，筋骨失养，病位在里，以正虚为主，或正虚邪恋之证。临床中常见发作与缓解交替出现，病情日益加重，以致虚实互见，寒热错杂，给辨证用药带来困难。因此，王庆国强调当随证施治，将本病具体分为如下五型。

（1）湿热痹阻型：本型多见于类风湿关节炎急性活动期，临床症见肢体关节疼痛，痛处鲜红灼热，肿胀疼痛剧烈，筋脉拘急，活动不利，日轻夜重。常伴口干而渴，心烦，喜冷恶热，小便黄短，大便干结，或发热汗出，舌质红，苔黄腻，脉滑数或沉滑有力等。治宜清热利湿，宣通经络，王庆国多喜用加减木防己汤、白虎加桂枝汤、四妙散等加减。药用生石膏、知母、桂枝、生晒参、木防己、穿山龙、青风藤、海风藤、忍冬藤、黄柏、苍术、生薏苡仁、牛膝、地龙等。清热解毒，王庆国多选蒲公英、紫花地丁、金银花、连翘、石膏、知母、白花蛇舌草等；利湿消肿多选防己、薏苡仁、土茯苓、苍术等；凉血活血多选生地黄、牡丹皮、赤芍、紫草等。王庆国体会，临床治疗湿热痹证时，石膏必须生用而且剂量要大，一般在30g以上。一则加强其清热之功，若不重用石膏，则不足以清除热邪；二则还能监制桂枝辛温之性，以防其助热。同时湿热相因为患，纠缠不清，难以速去，辨证治疗时应抓住主要矛盾，守法守方，而不宜频繁换方。

（2）风寒湿痹型：本型多见于类风湿关节炎的慢性活动期，症见发热恶风、畏寒汗出，晨僵明显，肢体关节肌肉疼痛剧烈，甚至活动受限，如刀割针扎，遇冷加剧，得热稍解，痛处较为固定，关节不可屈伸，痛处不红不热，常有冷感。舌淡红，苔薄白，脉浮紧或沉紧。治宜散寒除湿，温通经脉。王庆国多用乌头汤、小活络丹、麻黄细辛附子汤等化裁。药用制草乌、制川乌、炙麻黄、制附片、细辛、乳香、没药、羌活、独活、防风、秦艽、威灵仙等。风寒湿痹证的治法，清代医家张璐曾有明述："行痹者，痛处行而不定，走注历节痛之类，当散风为主，御寒利气仍不可废，更须参以补血之剂，盖治风先治血，血行风自灭也；痛痹者，寒气凝结，阳气不行，故痛有定处，俗称痛风是也，当散寒为主，疏风燥湿仍不可缺，更须参以补火之剂，非大辛大温不能释其凝寒之害也；着痹者肢体重着不移，疼痛麻木是也，盖气虚则麻，血虚则木，治当利湿为主，祛风散寒亦不可缺，更须参以理脾补气之剂。"王庆国受张璐的学术影响，认为寒湿痹证乃寒凝血滞于阴络，营气不通所致，非大剂辛热活血则不为功，故川乌、草乌并用。二乌皆温经定痛之药，川乌力缓而效持久，草乌则效速而不耐久，今二者并用则效速而持久矣；二乌制用后去其毒而存其效用，相须相使，其效益彰。同时，王庆国还强调应从机体正气入手，扶正祛邪，两相兼顾，方为正治。

（3）寒热错杂型：本型多见于类风湿关节炎的慢性活动期，症见手足小关节肿胀变形，或关节局部扪之灼热，但自觉怕冷，遇寒加重；或关节扪之不热，但自觉发热；或关节冷痛喜温，但口干口苦，尿黄便秘，内热明显，症状表现多样，稍因外感寒湿或劳累即易复发。舌苔白或黄白相兼，舌质红，脉象弦数或弦缓。诚如何梦瑶所言："因其有寒热之邪夹杂于内，不得不用寒热夹杂之剂。"治宜寒热并用，通络止痛，王庆国多用桂枝芍药知母汤加减。药用桂枝、白芍、知母、制附片、炙麻黄、炒白术、羌活、防风等。王庆国体会，方中知母一味除了苦寒清解络中热邪，还能镇痛，配合白芍、甘草酸甘化阴，缓急止痛，独具卓功。

（4）痰瘀痹阻型：本型多见于类风湿关节炎的缓解期，症见病程较长，反复发作，肢体关节肿痛僵硬变形，活动明显受限，晨僵明显，肌肤紫黯，疼痛剧烈，停着不移，屈伸行动困难，或有皮下结节，或肢体顽麻，舌黯有瘀斑，舌下静脉怒张，脉弦细涩。痰浊瘀血既是机体在致病因素作用下产生的病理产物，又可作为致病因素作用于机体，加之在类风湿关节炎发病过程中由于脏腑功能失调，又会产生新的痰瘀病理产物，痰瘀既成，则胶着于骨骼，痹阻经络，郁久化毒，损害筋骨关节，导致关节肿大变形、肢体僵硬等症。因此痰瘀贯穿于类风湿关节炎整个发病过程，尤以中晚期表现得更为突出，正虚邪实，痰瘀痹阻经络是类风湿关节炎发病的重要病理机制。盖痰凝血瘀，络脉痹阻，痹证日顽，治宜活血化瘀、祛痰通络，王庆国多用身痛逐瘀汤、活络效灵丹、上中下通用痛风方等化裁。药用羌活、秦艽、制香附、牛膝、地龙、当归、川芎、丹参、桃仁、红花、乳香、没药、苍术、黄柏、黄芪等。痰盛者，尤见肢体关节肿痛，晨僵，四肢沉重，肌肤麻木，苔腻脉滑，常加半夏、茯苓、薏苡仁等化裁，以化痰通络除痹。若疼痛明显，经脉瘀滞者，王庆国喜用桃仁、红花、丹参、鸡血藤、乳香、没药等活血之品，加强通络逐瘀之功。

（5）肝肾亏损、气血不足型：本型多见于类风湿关节炎的中晚期，症见病程漫长，形体消瘦，关节变形，四肢肌肉瘦削。常伴腰酸膝软，气短乏力，眩晕耳鸣，心悸胸闷，面色无华，爪甲色淡，舌淡或胖，脉细弱。病至此期，患者多肝肾亏虚，营卫失和，气血不足，正虚邪实夹杂，诚如张景岳所言："风痹之证，大抵因虚者多，因寒者多。唯血气不充，故风寒得以入之；唯阴邪留滞，故经脉为之不利，此痛痹之大端也。"治宜补益肝肾、培补气血，兼以祛邪除痹。王庆国多用独活寄生汤、黄芪桂枝五物汤等化裁，药用独活、桑寄生、杜仲、川续断、牛膝、当归、川芎、芍药、熟地黄、党参、白术、山萸肉、巴戟天、淫羊藿（仙灵脾）、黄芪等。

3. 灵活施治，独具特色

（1）藤类散邪，疏络通滞：藤类缠绕蔓延，轻盈灵动，犹如网络，纵横交错，无所不至，其形如络脉。因此，根据取类比象原则，藤类药物有理气活血、疏经通络、祛风止痛之功效，善于通利关节而达四肢。王庆国临床喜用验方穿青海甲汤，本方由穿山龙、青风藤、海风藤、山甲珠（代）等组成。方中青风藤、海风藤祛络中之风，对游走性肢体疼痛效果较佳，为治疗关节不利、麻木拘挛之要药；穿山龙苦平，祛风胜湿，活血通络，热痹多用，可用治风湿痹痛、肌肤麻木、关节屈伸不利等；山甲珠性善走窜，功专行散，力至全身，内通脏腑，外透经络，直达病所，功善活血化瘀、搜风通络、破坚通闭，其力甚强，临床广泛用治风湿痹痛、关节强直、手足拘挛等。诸药合用，共奏祛风胜湿、通经活络之功。王庆国亦常配合使用其他藤类药物，譬如祛风通络用络石藤、丝瓜络；清热通络用忍冬藤、桑枝；补虚和血通络用鸡血藤等。

（2）虫类搜剔，祛痰活血：类风湿关节炎以疼痛为显著特征，或程度剧烈，或持久顽固，皆为风寒湿热痰瘀之邪留伏关节所致。叶天士云："久病入络""络瘀则痛。"关节长久肿痛，寒湿瘀血俱凝于经隧，王庆国主张搜剔经隧之瘀以止痛，而搜剔经隧之瘀非草木之品所能宣达，必借虫蚁之类奏其功。虫类能使浊去凝开，气通血和，经行络通，深伏之邪除，困滞之正复。虫蚁搜风剔络，治痹邪深入经隧，以逐邪外出，取效最捷。药如全蝎、蜈蚣、乌梢蛇、土鳖虫、地龙、僵蚕、露蜂房等。王庆国灵活辨证，在类风湿关节炎的治疗过程中，根据不同病证，选择药性和功效相似的虫类药，风寒湿痰瘀诸证候各取所宜。如风湿热痹证选用地龙、蜂房、僵蚕、蚕沙以清热通络祛风；风寒湿痹证选全蝎、蜈蚣、乌梢蛇以蠲痹通络止痛；瘀血阻络痹证则选土鳖虫、穿山甲（代）等以破血化瘀等。同时，王庆国认识到，本类药物毒副作用较大，必须时刻注意患者体质及脏腑功能情况。若体质素弱、妇女月经过多者尤当慎用，且虫类药物有耗血动血之弊，须谨防吐血、便血、尿血等。

（3）辨位用药，引经为治：根据痹痛出现之部位，循经辨证，指导用药，使药达病所，专药专攻，可明显提高本病的治疗效果。王庆国在长期临床实践中，既博采众家之长，又勇于探索，大胆创新，总结出许多引经药的用药体会。如痛在上肢，加片姜黄、葛根、桑枝；痛在下肢，加牛膝、防己、木瓜、独活等；颈椎关节疼痛，转动不灵时，重用葛根、白芍；腰痛加杜仲、续断、狗脊、菟丝子、山萸肉等。临床验之，屡用屡效。

（4）寒热并用，随证施治：类风湿关节炎病情发展过程中，虽有湿热痹阻、风寒湿痹的偏实证型，但更不乏寒热并见、虚实共存之复杂病候，临床症见关节局部扪之灼热，但自觉怕冷，遇寒加重，此时检查类风湿因子多为阳性，血沉明显增快，C反应蛋白阳性等；或关节扪之不热，但自觉发热；或关节冷痛喜温，但口干口苦，尿黄便秘，内热明显，症状表现多样。此时如果单用热药，则寒虽可温散，势必热势更为严重；如单用寒药，虽热证可清解，但寒证非但不除，反可更甚。王庆国遂立寒热同调法，寒热药物并用，并行不悖，相反相成，则散寒而顾及热势，清热也虑其寒候，可谓一举两得，取意妙哉。如王庆国临证喜用加减木防己汤、白虎加桂枝汤、桂枝芍药知母汤等，方中用生石膏、知母、木防己清热利湿，通络止痛；然恐寒凉太甚，有遏伤中阳之弊，不利于祛除湿热，故在大队清热药中反佐少许辛温的桂枝、麻黄、制川乌、制草乌等，则热性去而温通经络之用仍存，既可助全方清热化湿之功，又可防苦寒凝滞之弊，寓相反相成之深意。王庆国临证善用麻黄，盖痹证治法以祛邪通络为主，用药贵在宣通，麻黄用治痹证，以其辛散温通，祛风除湿，又温经散寒，兼通络宣痹，深合痹证气血痹阻不通之机，故适当配伍后可广泛用于治疗各型痹证。

五、方药之长

王庆国善用经方，知守善变，不落窠臼，发现并倡导"方元"理论，找到了理解与化裁经方的核心与关键。同时，他还提出了拓展经方临床运用的五项原则与十大途径。

所谓"五项原则"，是指熟谙经旨，打牢基础；紧扣病机，抓住关键；病证结合，适应需求；科学评价，有利交流；掌握规律，有的放矢。

"十大途径"，则是指方证结合，抓住主证；谨守病机，不拘症状；分部施方，参以病机；循经处方，病机为本；斟今酌古，灵活变通；厘定证候，重新认识；合用经方，师法仲景；合用时方，化裁更丰；明晰方元，变化无穷；但师其法，不泥其方。这些理论对于临床扩大经方运用颇有裨益。

王庆国虽喜用经方，却也不薄时方，善于古今接轨，经时结合，多方采撷，各取其长。除对经方的运用颇有心得之外，王庆国尤其对李东垣、傅青主、陈士铎、叶天士、张锡纯的学术经验和组方心得多所用心，临床收益良多。兹介绍如下。

（一）常用方剂

1. 柴胡桂枝汤——表里枢机、营卫阴阳、气血通治方

［组成］桂枝一两半（去皮），芍药一两半，黄芩一两半，人参一两半，甘草一两（炙），半夏二合半（洗），大枣六枚（擘），生姜一两半（切），柴胡四两。

［用法］上九味，以水七升，煮取三升，去滓，温服一升。本云人参汤，作如桂枝法，加半夏、柴胡、黄芩，复如柴胡法，今用人参，作半剂。

［功效］疏利少阳，外解太阳，调和营卫。

［主治］发热，微恶寒，肢节烦疼，微呕，心下支结；或心腹卒痛，胁下痞块，癫痫等。

［方解］发热，微恶寒，肢节烦疼，是太阳桂枝证；微呕，心下支结，则是少阳柴胡证。故柴胡桂枝汤为少阳病兼太阳表证而设。本方取小柴胡汤、桂枝汤各用半量，合方而成。桂枝汤调和营卫、解肌辛散，以治太阳之表；小柴胡汤和解少阳、宣展枢机，以治半表半里。本方乃太少表里双解之轻剂，故仲景于条文中叠用两"微"字，以示太少之证俱轻。本方较之小柴胡汤又兼外证，故合用桂枝汤组成柴胡桂枝汤，乃仲景合方法则的具体运用。

［临床心得］本方由小柴胡汤、桂枝汤合方而成。桂枝汤为仲景"群方之魁"，虽为辛温解表轻剂，以调和营卫为主，但其还有调和脾胃、调和气血、调和阴阳等诸多功效，因此举凡营卫、脾胃、气血、阴阳不和诸症，用桂枝汤加减治疗，均有良效。小柴胡汤则为"和剂之祖"，融祛邪扶正、木土同治于一体。全方寒温合用，攻补兼施，升降协同，内外并举，具有疏利三焦、宣通内外、调达上下、和畅气机的作用，确能体现和解大法之奥义。由此可知，柴胡桂枝汤乃是张仲景将其最善于运用的两方合方并用，故而功效全面，用途多样，尤其对一些疑似难明、症状繁杂、病机多变的复杂病症，用柴胡桂枝汤作为主方使用，不失为投石问路、开路先导之举。

王庆国对柴胡桂枝汤体会颇深，临床运用本方治疗多种病症均取得了相当好的

疗效。例如，常用本方加减治疗颈项背部与两侧肩部同时出现疼痛者，如颈椎病、肩周炎等。盖太阳经布于身后，少阳经络于身侧，用小柴胡汤疏利少阳经脉，加用桂枝汤疏利太阳经脉，太少两经之经气运行正常，则肩背疼痛自止。临床再加入葛根、羌活、独活、姜黄、红花、川芎等品加强活血止痛之功，不论新久疼痛，多能应手而愈。若是类风湿关节炎、风湿性关节炎引起的手足关节疼痛，当再加入藤类活血通络之品，如鸡血藤、络石藤、海风藤、青风藤，或者虫类搜剔之品，如土鳖虫、僵蚕、蛴螂、全蝎、蜈蚣等，效果更好。

本方既能调和营卫气血，又能和解表里、疏利肝胆，故临床治疗范围颇广，应用机会亦甚多。例如，王庆国常用本方去大枣，酌加鳖甲、牡蛎、土鳖虫、茜草等软坚化瘀药，治疗慢性肝炎、肝脾大及早期肝硬化等病症，多能取效，但并非十数剂所能已，因其药性平和，故可久服无妨。盖肝主疏泄，脾主运化，木疏土运与气机的条畅、水谷的输转关系密切。肝病日久，疏泄失常，木不疏土，脾先受病，运化有所不及，谷不为精便为湿，湿阻气机则生胀满。且肝之疏泄失常，肝不疏则血不畅，肝脏之血藏而少泄，血不泄便为瘀，瘀血凝滞肝络，络阻则滞水，从而形成肝脾不和、肝郁脾虚、气滞血瘀的病机特点。症见胁下胀痛，脘腹胀满，嗳气呃逆，纳呆食少，食后胀满，体倦乏力，或有恶心呕吐，大便稀溏，舌淡红、有瘀斑，苔白腻，脉弦而涩。治宜疏肝理脾，活血通络。方用加味柴胡桂枝汤。

组成：柴胡 10g，黄芩 10g，桂枝 10g，白芍 20g，法半夏 15g，党参 15g，炙甘草 15g，炙鳖甲 15g，生牡蛎 30g，土鳖虫 10g，茜草 15g。

本方是在柴胡桂枝汤基础上加活血通络、软坚消积之品而成。柴胡桂枝汤在《伤寒论》中主治外有太阳表证而见"肢节烦疼"，内有少阳气郁而见"心下支结"诸症，属太阳少阳双解之剂。盖少阳属半表半里，是表里传变的枢机，少阳为枢，不仅是表证传里的枢机，也是三阳病传入三阴的枢机。所以，少阳病多有兼见证，如少阳兼表的柴胡桂枝汤证即是。

本方为小柴胡汤与桂枝汤合方而成，以小柴胡汤和解少阳，以桂枝汤发表解肌。因太、少之证俱微，故各取原量之半，为内和少阳、外解太阳之法。由于本方兼治太阳和少阳两经之病，既能调和肝胆脾胃，又能调和营卫气血，所以临床应用颇为广泛，王庆国临床运用本方治疗多种内、妇、儿科病症，均取得了相当好的疗效。上述方药即是在柴胡桂枝汤的基础上加土鳖虫、茜草、鳖甲、牡蛎等活血通络、软坚散结之品。

本方还可治疗"肝气窜"的病证，此证多见于妇女。患者常自觉有一股气在胸胁脘腹甚至四肢游走窜行，气至之处则觉疼痛，医生检查多无器质性病变。辨证多属肝气郁结、气血不和，故俗名"肝气窜"。本方疏肝调气，兼通血脉，用之每可获效。对于风湿痹证而兼胸胁苦满、脉弦等肝气不疏证者，应用本方而效亦满意。

王庆国临床还常用本方与甘麦大枣汤、栀子豉汤、百合地黄汤、双夏汤等合方，加龙骨、牡蛎、珍珠母、生龙齿、琥珀粉等，治疗更年期综合征、癔症、抑郁症、焦虑症、失眠等，证属肝脾不和、营卫不协、气血失调、神魂不藏者，疗效甚佳。

王庆国还曾用柴胡桂枝汤、麻黄附子细辛汤、玉屏风散合方，重用麻黄15g，制附片15g，细辛10g，治疗一甘肃中年女士半身麻木十余年，伴有半身恶风、下肢不温等，证属肾阳虚，卫气不足，营卫不和。患者云：服药一月，病愈大半。效不更方，只略减麻、附、辛之量，另加地龙15g，续服三月余，病愈。

可见小柴胡汤与桂枝汤在《伤寒杂病论》中运用最广，仲景以汤名命名之汤证也只有柴胡证与桂枝证，此足见仲景对两方的重视程度。

小柴胡汤为和剂之祖，桂枝汤为群方之魁，小柴胡汤和解少阳枢机、调肝胆脾胃；桂枝汤调和营卫、解肌祛风，且能调脾胃而和营血。仲景将两方相合，不仅为后世创合方之典范，也极大地拓展了其应用范围，起到了一加一远大于二的效果。柴胡桂枝汤用于外感，可两解太阳少阳之邪；用于内伤杂症，则可以调肝胆、和脾胃，疏畅气机，和调营血。和解少阳，既可调表里之枢机，和解脾胃，又可调上下之枢机，肝胆脾胃同调，气血阴阳并治，故其治疗范围甚广，疗效显著。

2. 麻黄附子细辛汤——通阳、温阳、升阳第一方

[组成] 麻黄二两（去节），附子一枚（炮，去皮，破八片），细辛二两。

[用法] 上三味，以水一斗，先煮麻黄减二升，去上沫，内诸药，煮取三升，去滓，温服一升，日三服。

[功效] 助阳解表。

[主治] 素体阳虚，外感风寒表证。症见发热，恶寒甚剧，虽厚衣重被，其寒不解，神疲欲寐，头痛，无汗，手足逆冷，舌淡苔白，脉沉而无力或脉沉微。

[方解] 方中麻黄解表邪，附子温肾阳；细辛气味辛温雄烈，佐附子以温经，佐麻黄以解表。三味药合用，于温阳中促进解表，于解表中不伤阳气，为表里兼治之剂，主治太少两感证。

[临床心得] 王庆国指出：现代应用本方已不局限于太少两感证，凡阳虚寒凝之痛证、痹证、水肿、瘰疬、眼病、耳疾及心动过缓、病态窦房结综合征等，证属阳虚、阳陷、阳滞者，投以本方温阳、通阳、补阳、升阳等皆可获效。

例如，过敏性鼻炎秋冬易发，着凉易起，晨起、夜间加重，故肺寒为病机之本，其他诸如卫气虚、气血不足兼风热、郁热等不一而足，但温肺为第一要务，麻黄附子细辛汤为常用之方，余药据病情不同而量加之，即所谓"知其要者，一言而终，不知其要者，流散无穷"。

（1）解析方证，抓住关键：麻黄附子细辛汤见于《伤寒论》第301条："少阴病，始得之，反发热，脉沉者，麻黄附子细辛汤主之。"少阴病阳虚阴盛，其临床表现多为无热恶寒，本不应发热，今始病即见发热，故曰"反发热"。初得病则发热多见于太阳病，而太阳病其脉当浮，今脉不浮而沉，脉沉主里，属少阴里虚。脉证合参，本证当属少阴阳虚兼太阳表证。既兼表证，则除发热外，当还有无汗恶寒、头痛等症，仲景虽未言之，当为省文笔法。总之，本证属表里同病，亦称为"太少两感"证。既为表里同病，当视其表里轻重缓急之不同而确定先后表里治则。本条原文谓少阴病，并有脉沉，已属里阳虚之脉，然并无下利清谷、手足厥冷等症，说明里阳虚未甚，其"反发热"，当是表证所致。本证表里同病而里证未甚，治当表里同治、温经解表，麻黄附子细辛汤主之。

对于方中细辛的用量，古代医家有"细辛不过钱"之说，此种认识最早见于《本草纲目》引《本草别说》："细辛若单用末，不可过一钱。"《得配本草》也说："细辛，其性极辛烈。气血两虚者，但用一二分，亦能见效。多则三四分而止。如用至七八分以及一钱，真气散，虚气上壅，一时闷绝。"古人所谓细辛不过钱，一钱相当于现今3g左右，并且古人用细辛是将其研末入丸散，而现在多用其全草入药服用汤剂，则不必固守"不过钱"之束缚。王庆国认为：只要辨证准确，细辛可用至10～15g，加以适当煎煮及适量服用，并无毒副反应出现，且临床疗效颇佳。

（2）紧扣病机，扩大应用：麻黄附子细辛汤本为治疗太阳、少阴两感证，但王庆国认为，麻黄附子细辛汤的主要作用是温经通阳、散寒通痹，即温阳、通阳、升阳、补阳，临床应用并不局限于太少两感证，不必拘泥于有无发热恶寒之表证，举凡风寒身痛、暴哑咽痛、冷风头痛、风寒齿痛等诸多病证，使用本方均收卓效。

（3）合方加减，灵活化裁：仲景对于麻黄附子细辛汤的合方使用早有明训。《金匮要略》中的桂枝去芍药加麻黄细辛附子汤即为典型例证，为麻黄附子细辛汤与桂枝汤的化裁组合。临床上，王庆国善抓主证，顾及兼证，谨守病机，知守善变，喜用经方，不弃时方，古今接轨，合方并用，灵活多变，将麻黄细辛附子汤合方应用于多种复杂病症中，临床收效显著。

3.散偏汤——散偏止痛效果佳

［组成］白芍五钱，川芎一两，郁李仁、柴胡、甘草各一钱，白芥子三钱，香附二钱，白芷五分。

［用法］水煎服。

［功效］活血通络，祛风止痛。

［主治］突发偏头痛，时轻时重，时作时止，因情志不遂或遇劳而头痛加剧，伴有烦躁易急，舌苔薄白，脉弦细。证属虚实夹杂，气郁血虚，诸风上攻所致的偏正

头痛者，均可适用。

[方解]方中川芎祛风，活血止痛，尤其擅长治疗少阳两额、厥阴头顶痛，为君药；白芷辛香上行，走阳明经，助川芎止痛，为臣药；柴胡、白芍、甘草、香附子疏肝解郁，为佐药；白芥子消痰通络，郁李仁活血利水，为使药。

[临床心得]散偏汤重用川芎一两为主药，取其量大力宏，活血定痛。盖川芎性味辛温，味清气雄，辛香行散，温通血脉，疏达气血。用川芎为主药治疗头痛，古人论述较多，张元素曾誉川芎"上行头目，下行血海，能散肝经之风，治少阳、厥阴头痛及血虚头痛之圣药也"。白芍味苦酸，微寒，养血敛阴，柔肝止痛，平抑肝阳，可制约川芎之辛烈。白芍与甘草为伍，酸甘化阴，育阴缓急，加强镇痛之效。佐以香附行气解郁，使气血双调；白芥子疏气化痰以调和肝脾。用柴胡、白芷、荆芥穗之升清引药各行少阳、阳明二经，使辛窜之性直达病所；恐其辛香走散太烈，故佐以郁李仁、白芍之柔润；佐牛膝以通行血脉，引血下行，升降并用，调和气血。诸药合用，共奏祛瘀补虚、行气解郁、豁痰散结、活血止痛之功效。

王庆国认为，散偏汤方中川芎用至一两，量大力宏，取其味辛性温，活血止痛，为血中之气药。白芍养血敛阴，缓急止痛，配伍川芎用之，可防止其辛散太过之弊；柴胡、香附疏肝行气，引药上行直达至头面；白芥子引药深入，直达病所，兼有通窍祛痰之功；郁李仁、白芷上助川芎止痛，甘草调和诸药。综观本方，具有活血行气、通窍止痛、蠲痰利窍、疏散风邪之功，并随证加减，可取得良效。尤其对于久病或痛剧的患者，加入虫类药加强散瘀通络、行气止痛之功。本方不仅结构严谨，而且在药物的选择和剂量的比例方面都别具匠心。如君药川芎重用至30g，郁李仁作为止痛药，方中君药与臣药的剂量之比设计为20：1。王庆国临床常用本方治疗偏头痛、血管神经性头痛等，效如桴鼓。

具体运用时，王庆国强调应抓住以下三点。

（1）抓住血瘀气滞之核心病机：凡患者突发头痛，时轻时重，时作时止，因情志不遂或遇劳而头痛加剧，伴有烦躁易急，舌苔薄白，脉弦细，证属虚实夹杂、气郁血瘀、诸风上攻所致的偏正头痛者，均可适用。若病情虚实夹杂，属阴亏痰瘀与外感交错等复杂病情者，则视其证候，随症灵活用药，切病效优。

（2）主病主药，药重力雄：王庆国认为，中医不可泥古不化，而应与时俱进、推陈出新。一般常用方应灵活加减，但有些方药则必须原方照用，尤其关键药量不应轻易变更，散偏汤便是其中之一例，诚为经验之谈。散偏汤治疗偏头痛，其方重用川芎为君药，必须重用至30g以上方有奇效，原方剂量为清代时的一两。

（3）中病即止，慎勿过剂：头痛止后或补肝肾，或益气血，随其体质之偏以投剂而恢复气血阴阳之平衡，疗效方可巩固。陈士铎说："唯是一二剂之后，不可多用者，头痛既久，不独肝胆血虚，而五脏六腑之阴阳尽虚也。若单治胆肝以疏郁，未免消烁真阴，风虽出于骨髓之外，未必不因劳因感而风又入于骨髓之中。故以前方奏功之后，必须改用补气补血之剂，加八珍汤者治之，以为善后之策也。"

（二）活用药物

1. 白芍——通大便，利小便，养血柔肝，止痛止血有诸多效用

【临证心法】白芍为临床常用之品，除养血敛阴、柔肝止痛、平抑肝阳功效外，王庆国还常用于以下几个方面。

（1）利小便，去水气：白芍利小便、除水肿之功，今人很少用之，殊不知，此乃古人用白芍之一大功效。在《神农本草经》中即明确指出其"利小便"，《名医别录》中也云其可以"去水气，利膀胱"。在《伤寒杂病论》中，很多方剂用芍药也是取其利水之功，如桂枝去桂加茯苓白术汤，服后"小便利"则愈，其方义即是以芍药配茯苓、白术，共利膀胱之水邪，使水去阳通而病愈。另如真武汤，虽然方中芍药有养阴血、防术附之燥的作用，但配合茯苓、生姜以散水利水，也是其重要功效之一。

后世对芍药利小便之功理解最为深刻者当属民国时期的临床大家张锡纯。他在《医学衷中参西录》中明确指出其为"阴虚有热，小便不利之要药"。该书芍药条下共载7个病案，其中竟有4例小便不利用芍药治愈。而在其创立的诸多治淋浊的方子中，有很多是取白芍以利小便。

王庆国在临床上以之利小便，多用于阴血不足兼有小便不利之证。如肝硬化、风湿性心脏病、冠心病、心力衰竭，以及更年期综合征，阴虚内热型肾炎、肾病综合征、肾盂肾炎等，常配伍白茅根、泽泻、猪苓等同用。

（2）利肠道，通大便：《名医别录》云：白芍"利大小肠"，亦即通下大便，使大便排泄通畅之意。一方面，白芍确有通下大便之功；另一方面，白芍还有解除下利及痢疾时大便滞塞难下、里急后重之效。其通下大便之功，仲景时常用之。如在《伤寒论》中，大柴胡汤并无大黄，以致于宋臣林亿在校书时还举《金匮要略》及《千金》《外台》之大柴胡汤有大黄之例，特为补充。殊不知，白芍大量应用时，确有通下大便之效。对此仲景知之甚深，在"太阴篇"之桂枝加芍药汤、桂枝加大黄汤证之后，又明确交待"太阴为病，脉弱，其人续自便利，设当行大黄、芍药者，宜减之，以其人胃气弱，易动故也"。在此，仲景将芍药与大黄比类而论，云其可动胃气。读此条文，一方面可知芍药确有通下大便之效，另一方面推而广之，可知大柴胡汤乃一方两法，有大黄是大柴胡汤，没有大黄也是大柴胡汤，只不过其泻下作用较之有大黄者偏小而已。另据南阳医家所说，在仲景故里南阳，白芍有"小大黄"

之称，可见其泄下之效。

（3）和血脉，治久痢：自汉代至今，白芍一直是治痢的主药。其治痢，也是用其"通大小肠"之功。仲景之黄芩汤为治痢之祖方，方中芍药实有和血脉、止后重之效。后世刘河间《素问病机气宜保命集》之芍药汤，也是治痢疾的名方。方中芍药用量最重，也有深意。从其著名的"行血则便脓自愈，调气则后重自除"之语，以及用芍药名汤，足见芍药作为君药的重要意义。至于陈士铎《石室秘录》所载的援绝神丹也是治疗久痢之名方，方由当归、白芍配伍枳壳、槟榔片、甘草、滑石、莱菔子等组成，治红白痢疾，腹痛，里急后重，疗效称殊。王庆国临床常用其加减治疗溃疡性结肠炎，效果可靠。其中白芍、当归各重用至30g作为基础用量，对于减少便血甚为重要。

（4）养血平肝治头痛：白芍为养肝血之主药、要药，肝血充则肝阳不盛不亢，故凡肝血不足、肝阳上亢上冲所致的头痛头晕，白芍均用作主药。如《医醇賸义》之驯龙汤，即以白芍、当归补养肝血，用龙齿、真珠母、羚羊角（代）、钩藤等镇肝息风，对于血虚肝阳上亢动风之头痛头晕确有疗效。该方也是王庆国临证习用之效方。另外，刘渡舟先生曾对王庆国说："治血虚之头痛，必用白芍，且用量须达到一两（30～50g）以上，不可只知'头痛必定用川芎'之语。"并说"此乃尔师祖所传，今传之于汝，不可忽视"。后临床用之，果然不虚。

（5）养血柔筋治腹痛、腰痛：白芍为仲景治腹痛之专药、要药，如小建中汤、桂枝加芍药汤、桂枝加大黄汤、当归芍药散，以及仲景多个方后加减法中，每每可见腹痛加白芍者（理中丸例外）。王庆国在临床上对于腹痛患者，大多数均加白芍治之。属寒者可配干姜、桂枝、乌药；属热者可伍黄芩、栀子；血虚者合当归、熟地黄；气虚者配人参、黄芪，无不应手而效。曾治一肠系膜淋巴结炎证属虚寒腹痛之患儿，治疗一年余不效，后求治于王庆国，用桂枝加芍药汤合百合乌药汤，竟一周而痊。白芍治腰痛，症见腰背拘急，活动不利者，也是取其养血柔筋之功。王庆国重用白芍至30g以上，配伍甘草、杜仲、川续断，如腰骶寒凉而沉者，合肾着汤；如湿热内蕴者，配四妙丸；如有扭伤史者，则配复元活血汤，亦每有效验。

（6）缓挛急，止痉咳、呃逆、落枕：白芍养血柔筋，缓急止痛，配伍甘草之芍药甘草汤可治脚挛急，此方后世称之为去杖汤，治腰腿痛有效。利用其缓急之功，将该方用于各种横纹肌、平滑肌痉挛所致的躯体症状有效。如治痉挛性呛咳，多见于西医变异性哮喘、百日咳，症见成串样干咳，咳即不止，虽咳到面红耳赤而不解。王庆国常用旋覆花、白芍、甘草、桔梗、荆芥、蝉蜕、麻黄、杏仁等，组成加味旋覆花汤，治此病效如桴鼓。曾有一军队大医院之内科主任患此病两月余，多方治疗不效，不愿意用激素类药物喷吸，经朋友介绍求治于王庆国，用此方加生石膏50g，鱼腥草30g，3剂效，7剂咳止，半月而痊。

（7）顺血脉，逐恶血，止崩漏、咯血、呕血：白芍止血，前贤医家鲜有介绍，但《名医别录》中有"通顺血脉，缓中，散恶血，逐贼血"之介绍。而最先明确提出白芍有止血功效的当属罗芷园的《芷园医话》，说："中药中之白芍，其止血之效力乃神妙而不可思议。上述数例，于麦角及其他西药不能完全止血时，或再发更大吐血时，竟以白芍四钱至一两，佐以藕节一两、汉三七一钱、生地四钱至八钱等药，而完全止血，且止血后均经过数年或数十年亦未见再发。或根本不用西药，一遇吐血或咯血，即以白芍为主药与之，率皆一剂即有奇效。"罗氏用大量的实践及中西药相互比较，证明了白芍的止血作用，此作用后来为岳美中先生所称道。考白芍止血，其机理为何，至今不可知，现代药理实验也没有此类报道，王庆国认为可能是因为血崩、吐血等大出血之证，多因气血逆乱或恶血阻络，导致血道不顺，而血出于外。白芍则能顺血脉，逐恶血，使血行畅顺，血道通达，则血自归经而出血即止。需要说明的是，白芍止血，多用于大量出血的崩漏、呕血、咯血证等，用量须大，一般在30g以上，有时亦用至60～100g，伍用藕节、三七等止血之品，若能加炒荆芥穗一味以引血归经，其效更捷。

【用药眼目】

（1）用法用量：入汤剂，10～50g，据病情用之。

（2）应用注意：白芍性平和，无明显副作用，安全性很高，但因其性微寒，又有泻下之功，对于脾胃虚弱之人有时会导致腹泻，尤其大量使用时必须注意。《伤寒论》280条云："太阴病脉弱，其人续自便利，设当行大黄芍药者，宜减之，以其人胃气弱，易动故也。"《本草经疏》云："凡中寒腹痛，中寒作泄，腹中冷痛，肠胃中觉冷等证忌之。"如果必须应用本品时，可酌加干姜、炮附子。《得配本草》云："脾气虚寒，下痢纯血，禁用。"可资参考。

2. 石膏——清阳明气热之专药，非大剂不能取效

【临证心法】石膏，有生、熟二种，生者主要用于清泄热邪，熟者是指用火煅后形成的煅石膏，主要用于外科敛疮，二者功效迥异，不可混用。

（1）热病烦渴：本品辛甘性寒，辛能解肌、甘能缓热、寒能泄热，《本草新编》认为其"乃降火之神剂，泻热之圣药"，自古以来，本品就是治疗外感伤寒、温病等内热炽盛的必用之药。

其一，伤寒阳明热盛。从现存文献来看，张仲景的《伤寒杂病论》最早运用石膏，其主要功效就是治疗阳明热盛证。最能体现石膏核心功效的是《伤寒论》之白虎汤，原书主治"三阳合病"，症见"腹满身重，谵语遗尿，口不仁，面垢"，与同书第6条中所载"风温，脉阴阳俱浮、自汗出，身重，多眠睡，鼻息必鼾，语言难出"相类似，均属于外感热病中的高热昏迷状态。此方重用石膏至一斤（250g），配伍知母、炙甘草、粳米，以清解三阳经之无形热邪。后世多以该方治疗阳明热盛，高热烦渴，面色红赤，大汗出而热不退者。同书之白虎加人参汤则于方中加人参，治疗阳明热盛，大汗伤津，高热烦渴者。后世诸家以本品治疗伤寒热病之高热不退者，代不乏人，如《重订通俗伤寒论》以本品与大黄、玄明粉、知母等同用，名白虎承气汤，治疗阳明热病，高热神昏，烦热口渴，便燥尿赤者；再如《太平圣惠方》石膏散、《普济方》之青丸子都是以本品为主，治疗外感热病之高热。

其二，温病气分热炽。石膏在伤寒病中应用颇多，对于温病及温疫热病，同样是必用之品。其实，《伤寒论》之伤寒病，本就包括温病及温疫在内，只是名称不同，故后世有"阳明为成温之薮"的说法。因此，温病学家也将石膏广泛应用于温病、暑病、湿温、温疫等诸多热病见有高热烦渴者。他们在临床上不仅广泛应用白虎汤、白虎加人参汤，还以两方为基础创制了很多新方。如《温病条辨》的三石汤（合石膏、寒水石、滑石），治疗暑湿病湿热充斥三焦，邪在气分；《类证活人书》白虎加苍术汤，以白虎汤加苍术，治疗湿温病身热多汗，胸脘痞闷。再如《太平惠民和剂局方》紫雪丹、《重订通俗伤寒论》之柴胡白虎汤等，都是医家常用之方。

需要说明与强调的是，石膏用于治疗外感热病的热盛烦渴，不论伤寒或者温病，都必须重用之，张仲景用至一斤，余师愚、张锡纯也是大剂取效，因此必须加以重视。有些人认为石膏不溶于水，即使开大量也无用，或者认为本品性大寒，惧其过用伤阳，都是错误的。临床实践表明：本品不用大量很难起到解热作用。王庆国用石膏泄热，起手即是 50g，最大量曾用至 100g，常常应手而效；若用量小于 30g，则基本无效。

曾治一老年女性患者，年过九十，患甲型流感，高热，38 ～ 40℃，数日不退，大便不下，口干喜饮，舌苔老黄而褐、干燥而裂，经中西医治疗不效。王庆国辨证为少阳阳明合病，用大柴胡汤合白虎汤加减，用柴胡 24g，大黄 15g，生石膏 80g，3 剂同煎，1 剂分 3 次，1 小时服 1 次。服药 4 次后大便痛泻，泻下干粪数块，2 小时后汗出、热退，第 2 天未再发热，数日而平。九旬老人用此重剂，同人咋舌，但效如桴鼓，令人惊叹。王庆国曰：此有故无殒，石膏须量大方能起效之理。遂解惑。近年来，用大剂石膏为主治疗小儿流感、麻疹、乙脑、流脑等高热不退、大热烦渴的报道层出不穷，也再一次印证了石膏能清泄阳明、气分热邪的正确性与科学性。

其三，里热兼表。石膏配伍解表药物，还可用于里有蕴热而表邪不解者，《伤寒论》之大青龙汤就是杰出代表。其方将石膏与麻黄、桂枝、杏仁相伍，治疗外寒内热，无汗烦躁者。《医学衷中参西录》之清解汤，则以本品与薄荷、蝉蜕、甘草同用，治疗"温病头痛，肌肤壮热，背部恶寒"，可以说是大青龙汤的缩小版。再如柴

（2）斑疹出血：石膏善于清泄阳明气分之热，而且由于其辛甘透发之性，可以透发郁火，对于气营两燔，甚至热入血分，热盛动血之证，亦颇为适宜。如《温病条辨》之化斑汤，即是在白虎汤的基础上加用玄参、犀角（代）而成，治疗温病气营两燔，高热、口渴、发斑等。《疫疹一得》之清瘟败毒饮，则以大量石膏（180～240g）配伍生地黄、牡丹皮、栀子、玄参、犀角、黄连、连翘、芍药等，治疗温疫热毒，气血两燔，症见大热渴饮，头痛如劈，干呕狂躁，谵语神昏，视物错瞀，或发斑疹，或吐血、衄血，四肢或抽搐，舌绛唇焦者。《万病回春》之牛蒡芩连汤，则以本品与牛蒡子、大黄、黄芩、黄连、玄参、连翘等同用，治疗积热在上，症见头顶肿起或面肿，或从耳根上起之大头瘟毒。

本品不仅用于治疗外感热病之发斑，当今临床更多用其治疗红斑鳞屑性皮肤病，如红斑狼疮、银屑病、玫瑰糠疹、急性痘疮苔藓样糠疹、慢性苔藓样糠疹、扁平苔癣等，只要辨证属于血热炽盛、迫血妄行者，均可以本品配伍清热凉血药治之。

王庆国曾治一19岁女大学生，其人身高1.7米以上，但体重只有90斤左右，如林黛玉状。因学习压力过大及他事惊恐，出现暴发型银屑病，症见全身红斑片片，色紫红，痒甚。前来北京诊治，经中西医皮肤科治疗月余不效，转而求诊于王庆国。辨证为血分毒热，用化斑汤加减，药用生石膏80g、水牛角60g、生地黄40g为主，服药1周即效，半月后斑疹色减，1个月余红疹平复。方中药虽寒凉，但患者并未出现腹泻、身寒、痛经等症，由此可见患者血分毒热之盛，非大剂寒凉泻火、凉血解毒之品不为功。

（3）痰热咳喘：石膏性寒，入肺胃经，善清肺胃之热，因而对于痰热壅肺，肺失宣降之咳嗽喘息，效果良好。治疗痰热咳喘的代表方当属《伤寒论》之麻杏石甘汤。王庆国认为，对于肺有蕴热，肺气不宣所致咳嗽、喘息、哮证，没有任何一方的疗效可以与此方相媲美。王庆国对弟子、门人也每每强调此点，故而本派传人用此方治疗肺热咳喘取效者比比皆是。由于本方含有麻黄、石膏，有人畏麻黄如虎狼、畏石膏如蛇蝎，因此很多人治疗咳喘不是首先考虑本方，而是先想到止嗽散、桑菊饮之类，诚为可惜。自《伤寒论》以后，用此方加减治疗痰热咳喘者代不乏人，如《仁斋直指方》之五虎汤，即在麻杏石甘汤基础上加茶叶而成，治疗咳喘，痰多色黄。近代则以此方为主治疗麻疹肺炎兼心衰者，效果颇佳。用石膏配伍其他药物治疗痰热咳喘之方，还有很多。例如，《症因脉治》之石膏知母散，以石膏、知母为主药，配伍桑白皮、地骨皮等，治疗"暑热伤肺，咳嗽发热，烦渴咽干"。《医门法律》之清燥救肺汤，以石膏配伍桑叶、麦冬、杏仁、枇杷叶等，治疗"温燥伤肺，气逆而喘，干咳无痰"。《温病条辨》之宣白承气汤，用本品配伍大黄、杏仁、瓜蒌皮、治疗"阳明温病，下之不通，喘促不宁，痰涎壅滞，大便闭结，脉右寸实大"，证属肺气不降者。王庆国曾自创一首治疗哮喘的验方，由麻杏石甘汤加当归、半夏、苏子、陈皮、前胡、厚朴、旋覆花、蝉蜕、僵蚕、地龙、大黄而成，治疗各种类型哮喘证属肺热夹痰湿者，效佳。

（4）胃热呕逆：胃热炽盛，气机壅滞，胃气不降则发为呕吐，石膏可清阳明胃热，且质重沉降，故善治阳明胃热之呕逆。《伤寒论》载有竹叶石膏汤，首开石膏为主治疗胃热呕逆之先河。其方以石膏一斤，配伍半夏、麦冬、竹叶、人参、甘草等，治疗"伤寒解后，虚羸少气，气逆欲吐"。《金匮要略》竹皮大丸，则以本品与桂枝、甘草、白薇同用，治疗"产后虚热，心烦呕恶"。后世《圣济总录》之石膏竹茹饮，效法仲景，以本品与竹茹为主药，配伍白茅根、玄明粉、半夏、人参，治疗胃热呕吐。《备急千金要方》之止呕人参汤，则以本品配伍人参、芦根、黄芩。《医略六书》之竹茹石膏汤，以本品与姜半夏、陈皮、竹茹等同用，治疗小儿麻疹呕吐。据王庆国经验，上述清胃热止呕方中加入连翘，临床更增效力。

（5）头面热盛：足阳明胃经行于面，而火性炎上，外感风热或内热炽盛，循经上攻，壅滞于上，可致头晕头痛、咽喉肿痛、口舌生疮等。石膏善清阳明之热，《本草衍义补遗》认为其"上行至头"，故对于头面热郁所致诸证有效。

其一，用于阳热上壅之头痛。热壅于上，清窍堵塞，不通则痛。治疗热壅头痛，石膏为古代医家善用之品。如《圣济总录》神朱石膏丸，以本品与川芎、冰片同用，治疗多种原因引起的头痛；《仁斋直指方》之芎芷散，以本品与荆芥、白芷、川芎同用，治疗风邪上壅，头胀头痛；再如《太平惠民和剂局方》之太阳丹，以本品配伍乌头、白芷、甘草、川芎同用，治疗风痰上壅之头痛眩晕。王庆国在临床上对于热壅于上之头痛，多以本品与川芎、白芷、白芍、牛膝等相伍，效果满意。

其二，用于胃火牙痛。足阳明胃经夹口环唇，入上齿中，络齿龈，阳明郁火或阳明热盛循经上冲，可以导致牙痛龈肿。石膏善清阳明郁热，故为治疗风火牙痛之要药。如《景岳全书》二辛煎，即以本品配伍细辛，二味皆辛，俱能行散，一寒一热，互相配合，治疗"阳明胃火上炎，牙根口舌肿痛不可忍"。《外科证治全生集》则以本品配伍生地黄、防风、薄荷等，治疗"风火牙痛"。《医宗金鉴》清胃散（含石膏），治疗小儿热蕴于胃，牙龈肿如水泡，胀痛难忍者。王庆国用清胃散合二辛汤治疗实火及虚火牙痛，效果满意。

其三，用于口舌生疮。《小儿药证直诀》泻黄散，以本品与藿香、栀子、甘草、防风配伍，治疗小儿脾胃伏火，口疮口臭，肤热唇干之证。《医宗金鉴》清热泻脾散，以本品配伍黄连、黄芩、生地黄等，治疗小儿鹅口疮。

其四，用于火热咽痛。足阳明胃经过咽喉，胃热循经上攻，可以导致咽痛。石膏入阳明而性寒，故为治疗胃火上冲咽痛之要药。如《喉科秘诀》石膏汤，即以本品为主，辅以知母、玄参、天花粉、甘草，治疗"肺胃热盛，咽喉肿痛"。《外科正宗》凉膈散，以本品配伍栀子、天花粉、牛蒡子等，治疗"咽肿痰盛，膈间有火"者。本品配伍其他药味，尚可用于治疗咽喉疫病之患，如《疫喉浅论》竹茹石膏汤，以本品配伍竹茹，治疗"疫喉白腐"；《疫痧草》夺命饮，以本品与羚羊角、赤芍等同用，治疗"烂喉痧"。

其五，用于风热目痛、鼻疾。足阳明胃经行鼻旁目下，石膏有清透之功，故对于眼目及鼻疾属热者，也可建功。如《圣济总录》石决明散，用本品配伍石决明、菊花、黄连、甘草，治疗"目赤涩痛"；《奇效良方》二丁散，以本品配伍丁香、苦丁香、粟米、赤小豆，治疗鼻不闻味，或生息肉。朱仁康先生创凉血清肺饮，则以本品配伍生地黄、牡丹皮、黄芩等治疗酒渣鼻及痤疮，效佳。

（6）湿热内郁：石膏性寒，且味辛能散，故多用于治疗湿热内郁证。如《金匮要略》越婢汤，以本品与麻黄、生姜、甘草、大枣同用，治疗风水化热，遍身浮肿者；木防己汤则以本品配伍人参、防己、桂枝，治疗膈间支饮。后世《太平圣惠方》龙胆散，以本品配伍白茅根、木通、大黄等治疗湿热黄疸。《外台秘要》引《小品方》三物茵陈蒿汤，以本品与茵陈、栀子同用，亦治湿热黄疸。王庆国认为，当今临床用石膏为主治疗湿热痹证最为多见，即现代医学诊断为风湿性关节炎、类风湿关节炎、痛风，以及其他风湿免疫类疾病，如红斑狼疮、皮肌炎、Still病等。王庆国治疗此类病症，喜用恩师刘渡舟先生推荐的《温病条辨》之加减木防己汤，由木防己汤加入杏仁、滑石、通草、薏苡仁而成，原书用治暑湿痹。此方对于风湿类疾病辨证属湿热偏盛者，效果颇佳，尤其对于类风湿关节炎、皮肌炎、红斑狼疮等效果更佳，关键就是要重用石膏，用量须在50g以上方效。

记得20世纪80年代初王庆国随刘渡舟先生习医时，刘老有一次要去日本讲学2周，当时由王庆国代师守诊，大多数患者都可以维持疗效。但是有一位皮肌炎患者，刘老治疗时效果很好，患者无发热、肌肉疼痛，血沉不快，但是当王庆国代替刘老复诊调方时，患者自诉胃部不适，他马上考虑到是石膏的问题，遂将原方中的石膏由50g减至30g。不料1周后，患者病情反弹，又复发热、四肢肌肉疼痛，血沉增快。正好此时刘老回国，辨析患者病情后，刘老又将方中石膏加至50g，并加入忍冬藤30g，生地黄30g，很快患者的病情恢复稳定。刘老教导道：治疗此病，石膏用量切不可小。由是记忆极深。

（7）胃热消渴：当今社会，由于生活水平提高、饮食结构变化，糖尿病的发病率大幅攀升，目前国内糖尿病患者已达1.5亿之众，治疗糖尿病成为中西医共同面对的难题。石膏清热泻火、甘寒不峻，治疗郁热型糖尿病确有疗效。

《伤寒论》之白虎汤、白虎加人参汤，自古以来就是治疗消渴病的有效方剂，而《古今录验》之五蒸汤，以石膏配伍知母、生地黄、竹叶等，治疗肝肾阴虚，骨蒸劳热，口干而渴;《素问病机气宜保命集》之人参石膏汤，以石膏配伍人参、知母、甘草，治疗上消多饮;再如《辨证录》止消汤，以石膏配伍生地黄、玄参、知母，《景岳全书》玉女煎，以之配伍熟地黄、知母、牛膝、麦冬，均可治疗肾虚胃火，烦热消渴。

王庆国对于临床上最常见的气阴两虚型糖尿病患者，自拟一基本方（生石膏、知母、黄芪、人参、玄参、山萸肉、枸杞子、鬼箭羽、天花粉、川黄连等），随证加减化裁，疗效满意。

（8）外用敛疮：石膏生用的治疗范围甚广，煅用后也有妙用，但是王庆国主要用于外治，收湿敛疮，一概不用煅石膏内服治病。

其一，湿疮烫伤。《青囊秘传》石黄散，以本品与黄柏同用，治疗湿疹发痒。《中医外科学讲义》青黛散，以本品配伍青黛、滑石、黄柏，治疗一般湿疹，焮肿痒痛。《外科大成》青蛤散，以本品与轻粉、海蛤壳粉、青黛、黄柏同用，治疗黄水湿热等疮，王庆国曾在临床配伍应用过此方，疗效确实。《肘后备急方》单用本品捣烂外敷，治疗汤火烂疮;《梅师集验方》以此治疗"油火烫伤，痛不可忍"。现代临床报道，用煅石膏粉处理烧伤创面，能使创面很快结痂，减少分泌物渗出，防止感染，促进创面愈合。还有学者报道用大黄、煅石膏、滑石粉、海螵蛸研末外敷，治疗乳头乳晕湿疹，效佳。

其二，疮疡溃后不愈。《外科正宗》生肌散，以本品与赤石脂、龙胆草、血竭等同用，治疗"多骨疽，腐骨脱落，肉迟不收"。《医宗金鉴》九一丹，以本品与升丹按 9∶1 比例研末外用，治疗"疔疮溃破，拔疔根，搜脓清热生肌"。现代临床报道，以化腐生肌膏（红粉、雄黄、煅石膏等）涂敷治疗溃疡不愈 50 例，治愈率达 90%。

其三，酒渣鼻。以本品与生石灰等份研细，用时以酒调成糊状外敷，每日 1 次，一般连用 3 次，治疗 12 例，均愈。但皮肤有破损者忌用。

【用药眼目】

（1）关于石膏的药性：《神农本草经》记载石膏药性为"微寒"，《本草经集注》始谓其性"大寒"，且后世多遵之，尤其金代张元素谓石膏为"阳明经大寒之药，能寒胃，令人不食，非腹有极热者，不宜轻用"之说一出，对后世临床应用石膏影响极大，从而大大限制了其应用范围。但是，明代李时珍《本草纲目》传承《神农本草经》之旨，明确石膏药性为"微寒"，《药品化义》谓其连寒都达不到，称其"性凉"。近代名医张锡纯更是善用石膏，极有心得，也谓石膏"性凉"，并说"其寒凉之力远逊于黄连、龙胆草、知母、黄柏等药"。近代北京四大名医之一的孔伯华也认为，"谓石膏大寒之说，主要倡于唐、宋之后，沿袭成风"。"一般认为其性大寒，实则石膏之性是凉而微寒。凡内伤外感，病确属热，投无不宜，奈何今之医者不究其药性，误信为大寒而不敢用。尝因医家如此，故病家见方中用石膏，亦畏之如虎，如此谬误流传，习而不察之弊，乃余所大惑而不能解也。"综上所述，结合五十余年的临床经验，王庆国认为本品性凉，最多算作微寒，故而临床可以放胆用之，不必太过拘谨。

（2）关于石膏的用量：石膏性微寒，并非大寒，况且其质重，不易溶于水，有效成分不易煎出，故其用小量无效，必以大量方可。从张仲景动辄用半斤、一斤，后世余师愚、吴鞠通、张锡纯、孔伯华等医家大量用石膏的经验来看，王庆国认为，一般以 30～100g 为宜，病重者可更加之。另据现代临床报道，用生石膏 80～120g 为主治疗小儿高热，或以生石膏 50～150g 为主治疗急性痛风性关节炎，均取得较好疗效，而未见明显的副作用。

（3）关于石膏的煎法：石膏的主要成分为含水硫酸钙，本品不溶于水，但是石膏的药效不一定完全由硫酸钙决定，其中还含有其他微量元素，也可能参与其药效作用。石膏的煎法一直以先煎为主，但是从张仲景、张锡纯等大量用石膏的方剂来看，还有一点并未引起大家的注意。即在大量应用石膏时，一般都要加入含有淀粉的物质同煎。如张仲景配用粳米，张锡纯配伍山药。王庆国认为，这是增加其药效物质溶出度的关键。因此，在临床大量应用石膏时必须注意，或加粳米，或加山药，以便提高其药效。

（4）注意事项：本品毕竟性微寒，且临床用量偏大，因此对于脾胃虚寒、阴虚内热、阴盛格阳之真寒假热患者，当忌用或慎用。

3. 羌活——散寒解表，祛风湿，升阳气，引气血上行，疗头痛头重，兼治脱发

【临证心法】《雷公炮制药性解》云："羌活气清属阳，善行气分，舒而不敛，升而能沉，雄而兼散，可发表邪，故入手太阳小肠、足太阳膀胱以除游风，其功用与独活虽若不同，实互相表里。"对于羌活的特点言之甚精。《本草汇言》云："羌活苦辛之剂，功能条达肢体，通畅血脉，攻彻邪气，发散风寒风湿。故疡证以之能排脓托毒，发溃生肌；目证以之治羞明隐涩，肿痛难开；风证以之治痿、痉、癫痫，麻痹厥逆。盖其体轻而不重，气清而不浊，味辛而能散，性行而不止，故上行于头，下行于足，遍达肢体，以清气分之邪也。"对于羌活的主治特点与治疗病证总结甚为得当。

综合两家之说可知，羌活体轻、气清、辛散，善行于上，能通利全身气血，故有诸般作用。王庆国在临床上主要用其治疗以下几方面的病证。

（1）解风寒湿伤太阳之表：羌活入太阳经，有祛风寒除风湿之功，故对于太阳经感受风寒湿邪所致的外感诸证之治疗，为不可或缺之品。如《医级》羌活汤，以本品配独活、荆芥、防风、陈皮、甘草，治太阳风寒无汗。张元素之九味羌活汤，以本品配防风、苍术、细辛、川芎、生地黄、黄芩、甘草，用之解利伤寒，均有良效。另外，九味羌活汤对于鼻炎、鼻窦炎证属风湿为患且兼郁热者，也有良效。

（2）除身半以上之风湿：本品与独活辛温宣散，均能祛风湿，通痹止痛，作用相似。但是本品气味雄烈，透表发汗较独活力强，且理头顶之邪，横行肩膊手臂，偏治于上；而独活气香味薄，性质较缓，侧重下行，医腰、膝、足部疾病，偏治于下。当然如果上下皆病，则可二者合用。如《内外伤辨惑论》之羌活胜湿汤即以本品与独活并用，加入藁本、防风、甘草、蔓荆子，治风湿相搏，肩背疼不可回顾，脊痛项强，腰似折，项似拔者。另外，王庆国常以九味羌活汤为底方，治疗风湿痹证偏于上半身者，随气血虚损之不同，配伍黄芪、当归、姜黄、鸡血藤、豨莶草、老鹳草等，效果满意。对于不明原因的身体酸重疼痛，常在对证药中加入羌活、独活、白芷以消身痛，此得之于国医大师张志远先生，称其为身痛三味，临床疗效确实，往往应手而效。羌活还有一个重要的功效就是治疗脊背疼痛。《医宗金鉴》有歌诀曰："通气太阳肩背疼，羌独藁草蔓防芎，气滞加木陈香附，气虚升柴参芪同，血虚当归白芍药，血瘀姜黄五灵红，风加灵仙湿二术，研送白丸治痰凝。"此歌诀所载之方，实则即是羌活胜湿汤，《医宗金鉴》将其作为治疗肩背疼痛的基本方。刘渡舟先生善用此方，灵活加减，取效甚捷，故此汤也成为王庆国及"燕京刘氏伤寒学派"的经验用方之一。

（3）祛头痛、头重、头蒙：羌活治在上半身，有祛风除湿、宣通气血之效。《本草正义》云："羌、独二活，古皆不分……虽皆以疏导气血为用，通利机关，宣行脉络，其功若一。而羌活之气尤胜，则能直上顶颠，横行支臂，以行其搜风通痹之职。"故对于头痛之证，羌活乃常用之药。如《兰室秘藏》之选奇汤，用本品与防风、黄芩同用，为治疗眉棱骨痛及其他头痛之主方。如风寒所致的眉棱骨痛，可以配伍川乌、细辛，如《杂病源流犀烛》之羌乌散。本品如果配伍川芎、藁本、细辛、白芷，则止痛效果更佳。王庆国常以此作为头痛的对症方，再加入辨证的其他方药，如风热者，加黄芩、菊花；风寒者，加麻黄、桂枝；肝阳上亢者，加钩藤、白芍、珍珠母；血瘀者，加地龙、当归，治疗头痛未有不效者。

尤其需要强调的是，本品对于湿邪伤于人体之头痛发蒙、头重如裹有独到疗效，主要用其化湿通络之功。王庆国对于此症，常在辨证基础上加入羌活、独活、藁本、细辛、蔓荆子等，往往获效。

（4）引气血上行治脱发：本品有"疏导气血，通利机关，宣行脉络"之功，且能直上顶颠，故对于气血不足，不能升达于头的脱发证有奇效。王庆国早年得一治油风（斑秃）方，后用于治疗脂溢性脱发、干性脂溢性脱发及更年期血虚导致的脱发，均有效验。本方原出自《三因极一病证方论》，名为神应养真丹，本为治疗左瘫右痪，半身不遂，语言謇涩，肢体缓弱之症，后人用之治油风有佳效，遂成为治疗油风之专方。本方由当归、天麻、川芎、羌活、白芍、熟地黄、木瓜、菟丝子组成，王庆国常于方中加入升麻、制首乌、桑叶。本方养血活血，滋养肝肾，祛风通络，妙在用一味羌活引气血上行，达于颠顶。王庆国曾治一来自内蒙古的更年期综合征患者，主诉脱发严重，不及原来的二分之一，后开此方，半年后复诊，云服此方后效佳，形容头发如长草般生长，观其头发，确实较原先增长一半以上。其后用于类似脱发患者多例，大多数有效。

【用药眼目】

（1）用法用量：内服入汤剂，10～20g。

（2）应用注意：本品辛温苦燥，阴虚血燥者慎用，虚风、内风禁用。《本草经疏》谓："血虚头痛及遍身疼痛骨疼因而带寒热者，此属内证，误用反致作剧。"即血虚导致的头痛及血虚不能濡养导致的身疼痛且发寒热者，不能用此品，用之反使血虚更甚而加重其疼痛。

（3）独活与羌活的区别：羌活、独活，古时不分，实际上属两种不同的药物。二者虽然均有祛风除湿止痛的作用，但也有所区别。羌活气味雄烈，燥散性强，入膀胱经，兼入足少阴肾经，善发散表邪，病在上、在表者宜之；独活气味较淡，药性和缓，主入足少阴肾经，兼入足膀胱经，长于祛筋骨间之风湿，病邪在下在里者宜之。故前人有"独活治伏风""羌活治游风"之说，临床上二者常联合使用，则伏风、游风、在表及筋骨间之风湿一并扫除。

六、读书之法

王庆国毕生致力于《伤寒论》研究，对仲景学术有深刻的理解和思考。"刻求经旨，博采众长，传承创新"是其秉承的治学原则。在跟随恩师刘渡舟先生攻读硕士、博士期间，王庆国就曾遍阅历代伤寒注家著作，广泛探寻当代伤寒名家的学术特色，深入思考《伤寒论》的学派传承、六经实质、标本气化等核心问题，深入思考伤寒学科的研究现状和未来的发展方向，因而，他提出了卓有建树的学术观点，以及开展工作的具体实施路径，其学术成果在2001年出版的《伤寒论集解》一书中展露无遗，奠定了他在仲景学术、经方研究领域的引领地位。在《伤寒论》的治学方面，王庆国立论公允，平正通达，不偏执一家。他非常重视《伤寒论》的六经辨证，对六经的实质有独到见解，他认为，六经是经络、脏腑、气化的统一体。《伤寒论》主论外感风寒，兼论内伤杂病，因而，六经辨证不但用于外感疾病，而且广泛用于临床各科杂病。其早年发表在《北京中医药大学学报》的《〈伤寒论〉六经研究41说》一文，在本学科领域影响甚广。近年来，王庆国借鉴知识考古学、认知科学、逻辑学、心理学等研究方法，深入了解与认识汉代以来的中医学发展，及时更新补充了仲景学术的研究思路。他提出，六经辨证与八纲辨证、卫气营血辨证、三焦辨证、脏腑辨证等应该有机结合，互相补充。针对临床不同疾病的发展规律，各种辨证方法各有所长，亦有所短，因此应该相互结合，取长补短，才是正途。如此多角度研究《伤寒》，才可称为读《伤寒》之法。

七、大医之情

（一）思想境界

中国传统文化认为：孝悌是君子修身的根本，也是齐家、治国、平天下的基础。王庆国出身于书香世家，深受中国传统文化的影响。他的座右铭是：学一等人忠臣孝子，做两般事诊病读书。在外，为国为党，鞠躬尽瘁；在家，敬老孝亲，兄弟和睦。作为家中的长子，他对父母极尽孝敬之道，少时出必禀、归必告，及长离家工作，只要有空即回家探视，父母有病期间，常常通宵达旦地在床前照料。对于兄弟姐妹，他尽到长兄之责，提携关爱，互相扶持。总之，一家人团结和睦，母慈子孝，兄友弟恭，在家乡有口皆碑。兄弟姐妹六人均加入中国共产党，在不同的岗位上做出了不凡的成绩，晚辈中的子侄、孙女更是青出于蓝而胜于蓝，传承家风，光大家族，展示了蓬勃向上的精神力量。

人命至重，有贵千金。多年来，王庆国一直将医圣张仲景"上以疗君亲之疾，下以救贫贱之厄"的远大理想作为自己的不懈追求，精研医术，心怀仁爱，志存救济。他不辞辛劳，每周在北京中医药大学国医堂、东城中医院等出诊6个半天，年接诊患者9000余人次，他还经常受邀去外地出诊，为基层百姓服务，临床善用经方治疗脾胃病、肝胆病、风湿免疫类疾病，兼及妇科、儿科、皮科疾病等。王庆国处方精当，用药灵活，随机应变，疗效确实，赢得了患者的爱戴，造福了一方百姓。为了回馈社会，弘扬中医文化，王庆国经常在全国仲景学术年会、经方临床应用培训班上为同行剖析经意、释难解惑、传授经验。此外，他还受邀在多家电视台及新媒体平台上讲授中医科普知识，通俗易懂，深入浅出，风趣幽默，深受观众的好评。

（二）文化修养

中医学植根于博大精深的中华传统文化土壤，与传统文化有着密不可分的联系。如欲成为名医，不仅需要具备精深的专业理论，还应具有广博的人文知识，举凡文、史、哲、天文、地理、人事等，都应在涉猎之列。已故名医秦伯未曾说："初学于丁师（沪上名医丁甘仁）门下，丁老首先要求背诵《古文观止》中的220篇文章，每天一篇，天天如此。尤其《出师表》《桃花源记》《前赤壁赋》《后赤壁赋》等更要求背得滚瓜烂熟，一气呵成。当时觉得乏味，却不料古文程度与日俱增，从此博览群书亦觉易也。"秦老还说："专一地研讨医学可以掘出运河，而整个文学修养的提高则有助于酿成江海。"很明显，是"掘出运河"还是"酿成江海"，其差别就在于是否具有深厚的人文修养，其重要性自不待言。

王庆国就是一位学养很深的"大医"之才，他因对《伤寒论》的精深钻研而获"经方妙手"之誉。此外，他涉猎知识广泛，注重人文修养，多才多艺，诗词、书法、国学等均有造诣。书法学宗启功大师，字体工整，笔法遒劲，隽秀洒脱。王庆国曾说：学医者不仅要掌握医学专业知识，而且要"上知天文，下知地理，中晓人事""近取诸身，远取诸物""通神明之德""类万物之情"。这样就能把人放进社会、自然、精神的大系统之中，在"天人相应"的理性思维指导下，把握疾病的蛛丝马迹，做到分毫不差，药无虚发。

八、养生之智

"保持健康的体魄，为祖国工作七十年"，是王庆国一个伟大的人生目标。虽然年逾七旬，然桑榆更思进，无鞭自奋蹄，他每天只休息6个小时左右，却能保持旺盛的精力，充沛的体力，其秘诀有五，即：良好心态，清淡饮食，适当运动，适度导引，药物调补。其中，良好的心态最为重要，只有心境宽广，恬淡虚无，才能真气从之，精神内守，病安从来？而清淡饮食，对于防止现代多发的代谢性疾病最为紧要。适当运动，脑力劳动与体育锻炼交替进行，可以使肉体与精神交替休息，对于保持旺盛的精力必不可少。因此，他每天坚持健步走1000步以上；并坚持每周5次以上，每次1小时以上的乒乓球运动。适度导引，包括静功调息与动功拉伸两个方面，都有助于内脏功能与外在形体的调节。而作为中医，可以及时根据自己身体状况，服用少量调理之药，可以防患于未然，随时保证阴阳气血、五脏六腑处于最佳的状态。此外，他还认为：培养高雅的爱好对于舒缓情绪和压力非常重要。他喜欢戏曲、音乐，更有"五岳寻仙不辞远，一生好向名山游"的情怀。

九、传道之术

（一）人才培养方法

作为《伤寒论》的学科带头人，王庆国在读《伤寒》的基础上，经深入研究与广泛调研，明确了《伤寒论》"桥梁 – 提高 – 辨证思维培养"的课程定位。以"五个一流"为根本宗旨，以全面提高教学质量为核心目标，将伤寒论课程建设成为国内行业一流、具备示范作用和辐射能量的国家级精品课程。2013 年，他主讲的"伤寒论"成为教育部第一批国家级精品资源共享课，也是北京中医药大学首门国家级精品资源共享课，推动了高等学校优质课程教学资源通过现代信息技术手段的共建共享，扩大了《伤寒论》的学习范围，也为学生提供了更便捷的学习途径。

作为第五、六、七批全国老中医药专家学术经验继承工作指导老师，第四、五批北京市师承指导老师，北京市"双百工程"指导老师，王庆国先后培养学术继承人 14 人次，接收入室弟子 15 名。另外，作为全国优秀中医临床人才、全国中医临床特色技术传承骨干人才项目的指导老师，还在新疆、福建、河北、天津、辽宁、上海、广东等地收徒 30 余名。在师承带教过程中，王庆国严格要求弟子，帮助他们打好中医经典基本功，训练其临床辨治思维，指导其处方用药技巧，系统传授"燕京刘氏伤寒学派"的学术经验，使他们能够更好地传承中医学术，造福广大患者。

（二）人才培养成果

经过多年的悉心培养，王庆国培养的弟子、学术经验继承人大多数已经成为中医事业发展的骨干力量，其中 1 人当选国家中医药管理局"岐黄学者"，1 人当选"青年岐黄学者"，1 人入选"国家万人计划"，4 人入选"教育部新世纪优秀人才计划"，5 人入选"北京市科技新星"，3 人当选为中华中医药学会中青年创新人才。

此外，在深入研究中医学术流派发展壮大、传承消亡、构成要素与传承规律的基础上，王庆国带领团队申报并获批了北京市中医管理局薪火传承"3+3"工程——刘渡舟名家研究室、国家中医药管理局——燕京刘氏伤寒流派传承工作室、全国名中医王庆国传承工作室。

三个室站自获批建设以来开展了大量卓有成效的工作，成果显著。

1. 系统整理了本学派的形成与发展脉络，描绘清晰传承谱系。

2. 出版"燕京刘氏伤寒学派"论著丛书 30 余部，其中《刘渡舟伤寒论讲稿》《张仲景方证理论体系研究》荣获中华中医药学会学术著作奖。

3. 收集整理流派相关文献 257 部，传承实物 400 余件。

4. 系统梳理"燕京刘氏伤寒学派"十大学术观点，总结刘渡舟先生对经方、时方及自创经验方的运用规律，优势病种的治疗特色及辨治规律，浓缩理论精华，打造学术品牌。

5. 完善建立了包括师承管理、拜师仪式、学习交流、汇报检查等 10 余项制度，规范了室站运行模式。

目前，燕京刘氏伤寒流派传承工作室、刘渡舟名家研究室已经建设成为集学术传承、特色服务、人才培养、学术交流和文化展示为一体的五大平台，发挥了很好的宣传示范效应。经过10余年建设，"燕京刘氏伤寒学派"现已发展成为国内知名学术流派之一，门下弟子及再传弟子500余人，在全国占有重要的学术地位。

王庆国学术传承谱

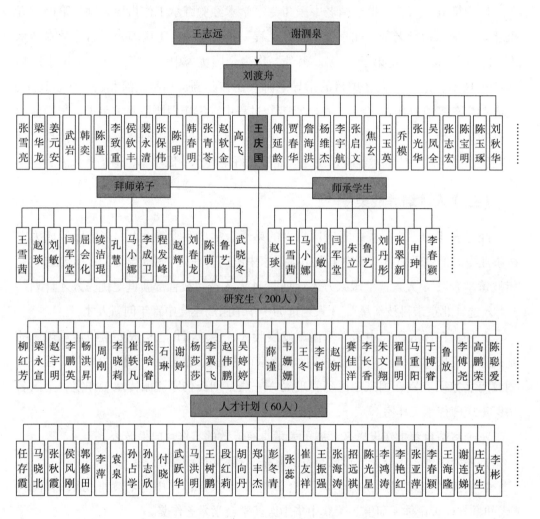

（闫军堂、李长香整理）

（王爽编辑）

王晞星

王晞星（1959—　　），汉族，山西稷山人，中共党员，山西省中医院主任医师，曾任山西中医药大学副校长、原山西省中医院院长、国家临床重点专科、国家中医药管理局重点学/专科学术带头人，国家中医药管理局中医肠疗重点研究室主任，国家中医临床研究基地负责人。中华中医药学会第六届理事会理事，中华中医药学会肿瘤分会第五届委员会常务委员，中国医院协会第三届常务理事。首届全国名中医，第四、五、六、七批全国老中医药专家学术经验继承工作指导教师，卫生部有突出贡献中青年专家，全国"五一"劳动奖章获得者。2022年被授予"国医大师"荣誉称号。

20世纪90年代初，王晞星率先在国内提出"从肝论治"胃肠功能性疾病的理念，研制的"胃逆康胶囊"获国家食品药品监督管理总局新药证书。他建立中医肠疗理论体系，创新中医肠疗技术，形成放射性直肠炎的中医诊疗专家共识。此外，他还创立"和法"治病理论体系，倡导应用"和法"治疗肿瘤及疑难重症。他精究方术，研制新药制剂10余种，主编学术专著5部，主持科研项目15项，获山西省科技进步奖一等奖2项、二等奖2项，国家中医药管理局科学技术进步奖三等奖1项，发明专利4项，以第一作者和通讯作者发表论文百余篇，获中药新药证书1项，临床批件2项，培养中医人才数百人。

一、学医之路

王晞星 1959 年出生在山西省运城市稷山县，幼时正好处于"文革"时代，高中毕业后，王晞星和他的祖辈们一样过上了务农的日子。

年仅 17 岁的王晞星不甘于一辈子困在黄土地上，正当他为命运苦恼之时，一个改变他命运的机会出现了。当时大队卫生所药剂科正需要一个调剂药物的人，而他上过学、会读书认字，所以就被派去做了一名司药。在村卫生所里，他跟着所长学习、抄方、采药、制药、巡诊，也渐渐成长为一名村里的赤脚医生，从此他对中医产生了浓厚兴趣，迷恋上了那些汤头歌诀。他规定自己每天要背会一个汤头歌诀，晚上温习医典，白天接诊时就所学理论进行验证，就这样他不仅掌握了中医学知识，还积累了大量临床经验。

1980 年，王晞星报考了山西医学院中医大学班，对这来之不易的学习机会，他非常珍惜，勤奋苦读，并立志要做一名铁杆中医。1985 年，王晞星作为优秀毕业生，被分配到了山西省中医研究所附属医院，即现在的山西省中医院，成为一名消化科的住院医师。从此，他踏上了拯危济厄的岐黄之路。在这里，王晞星跟随消化科主任萧汉玺学习。萧汉玺出身于中医名门世家，是著名的萧氏中医学术流派的第八代传人。萧老师德医双馨，对王晞星倾囊相授，影响深远，使王晞星日后也成为一名心系病患、药简效宏、对患者一视同仁、身心兼治的医者。36 岁时，他发现临床上癌症患者越来越多，通过中药治疗的患者生活质量很多都得到了明显的改善，他便下定决心要研究癌症，于是牵头创立了山西省第一个中医癌症专科，开创了"和"法治疗癌症的先河。

二、成才之道

王晞星认为，要成为一代名医，务必做到以下几点。

（一）夯实基础勤实践

从一名基层的赤脚医生到医学院的大学生，从一名默默无闻的医者到国医大师，他从未停止过学习。在大学班学习的日子里，王晞星勤奋刻苦，尽情汲取知识养分。那时的图书馆成为他的第二课堂，即使在周末也能看到他在那里一坐一天，饱览医书。王晞星精研中医经典、熟读各家学说，尤其是对《伤寒论》可谓学到了字里行间，所有阅读过的书籍的空白处都记满了心得体会。经过院校的系统学习和博学强记，夯实了他的中医理论基础。毕业实习时，收治了一位心衰患者，气短气紧，难以平卧，双下肢浮肿，王晞星详查四诊后，提出以心肺气虚论治，征得带教老师同意后，处以补肺汤加减化裁施治，疗效满意，得到了老师的肯定，受到了患者的好评。

工作后不久，王晞星即被单位派出进修学习，这段经历奠定了他西医的诊疗基本功和对病情的综合分析能力。他始终认为，中医学应当与时俱进，注重汲取现代医学所长，力求中西医学融会贯通。"千秋渺矣独留我，百战归来再读书"，1996年他又回到山西医科大学硕士研究生班，重新做一名学生，系统学习了现代医学新理论、新技术、新进展。经过不断的学习、思考和实践，王晞星丰富了学识和经验、巩固了临床工作的基础。毕业后，王晞星前往山西医科大学第二附属医院内科进修学习1年，夯实了西医诊疗基本功。

如今虽已退休，他仍坚持在临床一线，每周4次门诊从未缺席，每日保证研读经典2小时，反复诵读《黄帝内经》、张仲景《伤寒论》《金匮要略》、李东垣《脾胃论》、张锡纯《医学衷中参西录》等，并总结其中的重要处方、类方、合方，然后验证于临床，救治患者，并逐步形成针对各部位肿瘤及并发症、各种疑难重症的诊疗方案，搭建理论平台。

（二）博采众长擅思考

坚持深研经典的同时，他还探究学习现代名医的临床经验，如干祖望、朱良春、张琪、印会河、焦树德、邓铁涛等当代中医大家，对中医学辨证论治的博大精深和思维方法感悟甚多，对中医如何看病、如何看好病有一种豁然开朗的感觉，也因此受益终身。与此同时，他还利用一切可用的时间，跟随消化科主任萧汉玺出诊，1997年他被确定为第二批全国老中医药专家学术经验继承工作指导老师萧汉玺主任学术经验继承人。萧汉玺主任出身于中医世家，其父为三晋名宿萧通吾先生，萧老先生诊病首重脉诊，辨证偏重脏腑，治疗尤重调补脾肾、气血。萧主任秉承家学，擅长治疗内科疾病，对脾胃病的研究有很深的造诣，主张中西医结合，以微观辨证丰富中医的辨治内容；认为治疗脾胃病贵在健脾疏肝、调和升降及平调寒热虚实，重视情志疏导，以达到调理脏腑气血、治疗疾病的目的，在国内脾胃病学界有一定影响。王晞星系统地总结了萧汉玺主任的学术思想及临床经验，在全面继承的基础上大胆创新。20世纪90年代在全国最早提出从肝论治消化系统功能障碍性疾病的新理论，并被卫生部七年制教科书所收录。在老师萧汉玺主任经验方的基础上，将中医辨证与西医辨病及在内镜下微观辨证有机地结合在一起，吸收现代最新科研成果，开发研制新药胃逆康胶囊，取得国家中药三类新药证书，开辟了纯中药治疗胃动力疾病的新途径，填补了国内纯中药治疗胃动力疾病的空白，获国家中医药管理局科学技术进步奖。不懈的耕耘终究会有收获，王晞星获全国首届中医药传承高徒奖。

（三）迎难而上勇开拓

从踏上中医临床工作岗位的那一天起，王晞星便认定了这份职业就是这一生所要从事的事业，患者的需求就是他努力的方向。继续做消化科专家，很容易出成绩，但在消化科时，王晞星多次接触肿瘤患者，发现中医在治疗消化道肿瘤方面具有特别的优势，有好多肿瘤重症患者通过中药治疗后，不仅改善了生活质量，有的还延长了生命。另外，当时全国好多医院都是刚刚开始成立肿瘤科，而山西省中医研究所还没有肿瘤科，所以他毅然把自己的目标转向了中西医结合治疗肿瘤这个世界难题上来，决心为此奉献一己之力。2000年1月，在一片质疑、批驳和嘲讽声中，王晞星筹建了省内第一个中医肿瘤专科。正所谓，仁者不忧，智者不惑，勇者不惧。尽管科室新建，只有5个大夫、6个护士，但王晞星和他一手打造的新团队，在临床中实践、在实践中摸索、在摸索中总结，凭借不服输的性格，建新说、立新法、研新方，艰难创业，逐步走出一条以中医为特色、中西医结合治疗肿瘤的新路。经过20多年的建设，如今肿瘤科已发展为拥有4个病区、221张床位，应用放疗、介入、海扶刀、肠疗、心理治疗等多种疗法的中医肿瘤特色专科。目前王晞星建立的肿瘤专科是国家临床重点专科，国家中医药管理局重点专科/重点学科，国家中医临床研究基地（大肠癌），山西省中医、中西医结合学会肿瘤专业委员会的牵头单位，山西省科技创新重点团队，山西省中医、中西医结合肿瘤临床、教学、科研基地，连续三年入选艾力彼中国中医医院排行榜"最佳临床型专科"。王晞星作为负责人，为山西中医、中西医结合肿瘤学科发展树起了一面旗帜。

三、学术之精

传统的概念中"和法"仅能治疗轻症、缓症与慢性疾病，王晞星秉承《黄帝内经》"和合观"思想，将"和法"运用到恶性肿瘤的治疗中，拓展了"和法"的应用范围，并将"和法"之意引申为治法以外的思维、理念、目的、结果，丰富了"和法"的内涵，开辟了中医治疗肿瘤这一疑难重病的新途径，形成了较为系统的以"和法"治疗肿瘤的学术思想。临床擅用经方，创制新方，制定和解系列方12种，用于头颈、甲状腺、乳腺、肝胆胰等部位肿瘤；制定调和系列方30种，用于胃肠、妇科等肿瘤及疑难重症。

（一）治疗肿瘤，"和法"确当

肿瘤发病，诸般不和，且病机复杂。肿瘤的产生是由正气亏虚、寒温不适、饮食不节、情志失调、劳倦失度等因素，造成机体脏腑失衡、气血失常、升降失司、阴阳失和，致气滞血瘀，痰浊凝结，蕴积成毒，久而成积。消化系统肿瘤多见肝脾不调、肝胃不和、脾胃不和、寒热不调等；呼吸系统肿瘤多见气阴不和、肺脾不调等；泌尿生殖系统肿瘤多见阴阳失调；乳腺肿瘤及甲状腺肿瘤多见肝脾不调、肝气不调、痰气交阻、肝肾不和、营卫不和等；晚期肿瘤及放化疗后多见气血不和、脾胃不和、脾肾不调等，均突出表现为不和或不调的病机特点。同时，肿瘤病情险恶顽固，病症变化多端，纯攻、纯补均难以契合病机，唯有采用"和法"，从多个工作靶点和环节上发挥作用，兼顾正邪、调和各脏、寒热并用、补泻兼施、升降配合，等等，纠正肿瘤导致的功能性及器质性紊乱，才能使失衡的阴阳气血重新达到动态平衡，方可愈病。王晞星认为治疗肿瘤的关键是以阴平阳秘、机体和谐为本，采取补泻兼施、调和阴阳、调和寒热、调和肝脾等治疗方法，以达到内环境平衡，起到抗肿瘤的作用。王晞星认为在肿瘤的治疗中贯穿"和"的思维，还有一个更重要的意义，即首先考虑患肿瘤的"人"，其次才是肿瘤这个"病"。通盘考虑，适度治疗，正确处理好"人"与"肿瘤"的关系，才有可能使患者带瘤长期生存。以人为本，带瘤生存，实际上就是"和"的理念在肿瘤治疗中的最好体现。

（二）治疗原则，贯穿"和法"

1. 扶正祛邪，标本兼顾

恶性肿瘤最基本的病理特点是正虚邪实，虚实夹杂，以正气为本，邪气为标，故肿瘤的治疗离不开扶正、祛邪两个方面，扶正祛邪是肿瘤的基本治则。扶正应贯穿肿瘤治疗的始终，而祛邪则随肿瘤的不同时期及治疗阶段的特点而灵活应用。强调扶正以祛邪，攻不伤正，补不滞邪。治疗首先应顾及正气的盛衰，攻邪也必须考虑患者的正气恢复问题。肿瘤治疗的整个过程，无论早期还是晚期，均应时时注意顾护脾胃，治病留人。顾护了人体的正气之本，即抓住了疗效的根本所在。"和法"是扶正祛邪治则在肿瘤治疗领域的深化和延伸。

2. 病证合参，相得益彰

中医善于取现代医学之长，并与之和谐共进，治疗中注重中西并举、病证合参。在不违背中医辨证施治原则的前提下，根据不同肿瘤的发病部位和性质特点等特殊情况，有选择地应用某些经现代药理学实验研究证明具有抗肿瘤活性的中药，使遣方用药更具针对性，做到病有主药，药有专司，通过辨证整体调理、辨病局部治癌，可达事半功倍之效。

3. 内外合治，彰显优势

恶性肿瘤作为一种复杂险恶的顽疾，单靠内治一法，似难有重大突破。肿瘤是全身疾病在局部的体现，治疗肿瘤，应将局部辨证与整体辨证、宏观辨证与微观辨证有机地结合起来，充分利用各种给药方法，重视内外兼治，一方面运用内服药进行机体的综合调养，另一方面在此基础上配合中药外治法、非药物治疗等，采用多途径、多手段治疗肿瘤。

4. 中西合璧，综合治疗

肿瘤是全身性疾病的局部表现，发病因素复杂，临证所见多变，疾病转归特殊，单一治疗手段效果较差，所以，治疗肿瘤一定要走综合治疗的道路。早在《素问·异法方宜论》中就有"圣人杂合以治，各得其所宜"的记载，中医强调"杂合以治"，与现代医学"综合治疗"十分相似。这也是"和法"在肿瘤治疗中的具体体现。王晞星倡导突出中医优势、衷中参西的肿瘤综合治疗理念，中医药与手术、放疗、化疗结合，可纠正阴阳失衡，提高免疫功能，促进体质康复；减毒增效，改善生活质量；延缓肿瘤复发和转移，提高远期生存率。中医药治疗中晚期肿瘤的目的不是根治肿瘤，而是减轻症状，减少痛苦，在一定程度上改善生存质量，稳定病情，延长带瘤生存期。

四、专病之治

王晞星临床善于治疗脾胃病、肿瘤病及其并发症、疑难重症，疗效确切，医名远播，兹介绍如下。

（一）结肠癌肝转移

结肠癌是最为常见的消化道恶性肿瘤之一，据 2020 年全球癌症统计数据，我国结肠癌新发病例为 55.5 万，居恶性肿瘤第三位。随着我国人口老龄化日益严重、饮食结构脂肪成分增多，以及结肠癌普查工作的开展，结肠癌发病率和病死率均呈上升趋势。肝脏是晚期大肠癌常见的转移部位，有 20% ～ 25% 患者在初次确诊时已伴有肝转移；在原发灶根治切除术后，异时性肝转移发生率达 30% 左右，即在结直肠癌过程中约有 50% 的患者最终发生肝转移。早期结肠癌并无明显临床表现，故多数人发现时已处于中晚期。中晚期结肠癌常常伴有腹痛、腹泻、便血等症状，甚者伴有发热、贫血、体重减轻等全身症状。中医古籍中并无大肠癌肝转移的病名记载，据其证候特点可归属于肠澼邪毒流注肝脏之"癥瘕""积聚""脏毒"范畴。

1. 病机

王晞星认为结直肠癌肝转移基本病机为土虚不能养木。脾胃为后天之本，属土，可运化水谷精微物质布散于肝；肝属木，木受脾胃之土滋养。脾胃健运，气血生化有源，肝有血可藏，即土荣木盛；反之，脾胃失健，肝无所藏，肝失滋养使肝体虚而受损，进而土虚木萎；日久肝脾两虚，虚则易受毒邪侵犯，最终导致土竭木枯。此外，肝主疏泄，可协调脾升胃降，气机疏泄，肝气乘脾，肝木上伐脾土，致木郁土虚，脾胃虚弱，土不养木，周而复始，土木不能相互制约，邪毒自乘虚而入，正气不足与肿瘤进展互为因果，癌毒犯肝，土木不能相互制约，结肠癌迅速进展导致肝转移，属本虚标实之证。

2. 专病专方

王晞星以"和"为本，根据本病的病机特点，肝脾同治，以平为期，以补中益气汤为基础方加减化裁创立的补中调肝汤，屡获良效。

（1）组成：生黄芪30g，党参15g，炒白术15g，升麻6g，柴胡10g，当归10g，陈皮6g，炒白芍15g，枳实15g，夏枯草30g，蜈蚣2条，石见穿30g，甘草6g。

（2）方解：补中益气汤出自李东垣《内外伤辨惑论》，为治疗脾胃气虚、中气下陷及由气虚卫外不固、内伤发热所致诸证的名方。王晞星认为补中益气汤全方药物以入脾、肝经为主，能够起到补益中气、调和肝脾的作用，切合大肠癌肝转移的病机，实乃肝脾同治，不唯补脾之用。方中君药为黄芪，重用黄芪补气升提；党参、白术、甘草健脾补益，陈皮理气行滞；柴胡、当归、白芍入肝经，有疏肝郁、养肝血、和肝阴之意。柴胡、白芍合用枳实又有四逆散之意，可行气散结；柴胡、升麻益气升提，清肝热。《内外伤辨惑论·四时用药加减法》言："脾胃不足之证，须用升麻、柴胡苦平，味之薄者，阴中之阳，引脾胃中清气行于阳道及诸经，升发阴阳之气，以滋春气之和也。"依据五行理论，春对应肝脏，春气和即肝气和，补脾胃之气升清阳，能达到"春气和"，实乃肝脾同治。夏枯草、蜈蚣、石见穿等辨病应用，均归肝经，可引药入肝，清除癌毒，具有软坚散结、减毒消癥之效，在降低肿瘤标志物水平、稳定肝转移病灶方面疗效显著。

（3）加减：大肠癌肝转移主要为土木关系，土养木，木克土，为土木相互制约失衡所致，王晞星在治疗时以健脾补土药物贯穿始终，以补中调肝汤为基础方药，根据患者症状调整配伍用方，分期论治。大肠癌肝转移疾病初期，正气将伤，毒邪克伐脾胃导致脾胃升降失常，土刚不足，毒邪尚未及木。病处初期，以脾胃虚弱表现为主，可见乏力、低热、腹痛、腹泻、恶心、呕吐等症。治疗时应以扶土补虚为主，兼以顾护肝木，故用补中益气汤合六君子汤加减，健脾益气同时不忘化湿止泻。补中有运，正气足则奋起抗邪，此期应酌加祛邪之品，用药药味宜少、量宜轻，切不可量大而伤正。疾病进展，脾胃虽虚，但癌毒壅于脾胃，脾土表实里虚，脾土反侮肝木，此阶段病邪入里，土不荣木，土虚木萎，表现为神疲、口干、腹胀、眠差等。治疗注重补土荣木，和解表里，攻伐兼备，故用补中益气汤合半夏泻心汤加减，取其辛开苦降、甘温调补、扶正祛邪之意。此期应及时适量应用抗邪抑癌之品，防止疾病进展迅速，不可单纯补虚，防止留邪。疾病晚期，土木俱伤，制约关系失衡，土枯木萎，正气消耗日久见衰，癌毒攻及全身，土竭木枯，故治疗时大补土木，疏肝解毒并举。方用补中益气汤合逍遥散加减，以达到肝脾同调、疏肝养血之功。此期大量攻邪抗癌之品应慎用，在抗癌同时注重护肝，防止药物加重肝肾损伤，加重患者病情。

王晞星治疗结肠癌肝转移时根据疾病需要酌加解毒抗癌药物：浙贝母、山慈菇为王晞星常用抗癌药对，两药化痰软坚、解毒散结，对肿瘤起到了很好的抑制作用。郁金、片姜黄、延胡索、川楝子为治疗肝转移引起疼痛常用的活血止痛药物。疼痛明显则加入蜈蚣、土鳖虫、全蝎等虫类药物走络中之血分，以动物药使血无所凝。女贞子、旱莲草多用于化疗期间的骨髓抑制，一取二至丸平补解毒护肝之效，二取补肾养血之功。

（二）放射性直肠炎

放射性直肠炎（radiation proctitis，RP）是指一种盆腔恶性肿瘤接受放疗后引起的急、慢性并发症，患者多表现为腹泻、腹痛、脓便血、肛门里急后重等，病变严重者可造成直肠狭窄、溃疡、瘘管等。西医对于放射性直肠炎主要采取抗炎、抗菌、抗氧化等对症治疗方法，但存在易复发、不良反应大、不宜长期使用、临床疗效不理想等不足。针对放射性直肠炎，王晞星多从整体与局部辨证相结合、宏观与微观辨证相结合入手进行相关诊治，合理使用现代诊疗技术，结合中医望诊方法，使中医临床辨证更加客观化。中医辨证遵循传统与现代理化检查相结合的方法，临床疗效明显。根据其临床表现，可归属于中医学"肠澼""痢疾""泄泻""肠风""脏毒""便血""内痈"等范畴。

1. 病机

王晞星认为，放射线作为致病因子，属于火热毒邪。火为阳邪，其性炎上；火易生风动血，伤津耗气，易致肿疡。大肠主传导糟粕，以通为用，以降为顺。"大肠主津"，大肠在排泄粪便时可吸收少量水分以润滑肠道，促进排便。放射线损伤肠道，火热毒邪壅结肠内，肠内气血凝滞，传导功能失司，腑气闭塞不畅，则导致肛门里急后重，灼热坠痛；火热易动血，肠道脂膜受损，腐败化为脓血，则便下黏液脓血。因此，放射性直肠炎的病机总属热毒内盛，毒伤肠络，热壅肉腐。对于放射性直肠炎应整体与局部辨证结合，将患者的临床症状、体征与肠镜结果结合辨证论治，基于其病机特点，局部辨证以解毒、祛腐、生肌、凉血为主，以自拟肠瑞灌肠剂加减治疗。整体辨证属寒热错杂，以平调寒热、辛开苦降法治之，临床多以半夏泻心汤加减治疗。

2. 专病专方

外用予肠瑞灌肠剂。肠瑞灌肠剂是王晞星多年以来治疗放射性直肠炎的经验总结，其理论基础是王晞星应用现代诊疗技术肠镜直接观察到患者直肠溃烂出血，腐败流脓且经久不愈，由此指出此病病机为肠道损伤之后血败肉腐，腐肉不去而新肉不生，治法应为祛腐生肌、止血疗伤，应选用止血药、清热解毒药、生肌药合方，并加入通便药使残毒败血有路可出，最佳用药途径因需直达病所，故剂型用灌肠剂。

内服方药予半夏泻心汤加减：因放射性直肠炎是肿瘤与外来热邪互结而成，肿瘤耗竭人体正气，放射线这种特殊的"热邪"趁虚而入构成损伤，患者表现为乏力、腹泻等一派脾虚寒之象和便血、苔黄等一派肠实热之象，正如"一热一寒即可谓寒热错杂"，病机清晰，方药法从。

（1）组成

①肠瑞灌肠剂：地榆30g，大黄6g，仙鹤草30g，阿胶6g，白及30g，儿茶15g，三七6g。

②半夏泻心汤加减：半夏10g，黄连10g，黄芩10g，炮姜10g，党参10g，阿胶6g，地榆30g，槐花30g，刘寄奴30g，仙鹤草30g，蒲公英30g，土茯苓30g，炒薏苡仁30g，乌梅10g，五味子10g，生地炭10g，甘草6g。

（2）方解：肠瑞灌肠剂方中地榆清热解毒，收敛止泻止血，为治疗便血要药。三七散瘀止血，消肿止痛。儿茶敛疮生肌，收湿止血，止痛。三药合用，加强止血之功。白及、仙鹤草收敛止血，祛腐消肿生肌。阿胶补血止血。三药合用使瘀血祛而新血生，祛瘀不伤正。大黄清热泻火，凉血解毒止血，使邪有通路。诸药配伍，起到凉血止血、解毒敛疮之功。

半夏泻心汤加减方中半夏以降逆止呕，芩、连泻结热，炮姜易干姜增强止血之力，加地榆、蒲公英解毒止血，用参、草以健脾补虚，加用阿胶、地榆、槐花、刘寄奴、仙鹤草、生地炭收敛止血，合用土茯苓、炒薏苡仁清利湿热止泻，正合"肠腑多湿热"之意，并恢复肠道正常状态。乌梅、五味子酸收，涩肠止泻，全方辛开苦降，寒温并用，阴阳并调，恢复中焦升降。

（3）加减：王晞星认为，放射性直肠炎多咎于毒侵肠腑，热迫血络，津液灼煎，又因魄门通肠，故其常受肠毒之扰，《黄帝内经》言："魄门亦为五脏使，水谷不得久藏。"因此部分患者在肠邪之扰下，会出现肛门灼热，故酌加归于肝、大肠经之马齿苋、苦参清热解毒止泻。王晞星认为肿瘤患者多气血虚损，祛邪之时，若有肛门重坠者，治宜消补兼具，故常用益气补血之黄芪、升麻、当归、枳壳，其效均佳。黄芪、升麻补中益气，升阳固表，为气虚、中气下陷之要药。《日华子本草》云："当归治一切风，一切血，补一切劳，去恶血，养新血，及主癥癖。"血能生气、行气，枳壳宽中理气、行气导滞，故以当归、枳壳补血消滞，四药共奏补气养血以消重坠之功。泻时肠道蠕动增快，引起内脏感觉神经过度刺激，出现以脐周为主的内脏源性疼痛，故常用苦、辛、温之延胡索，《本草纲目》称其"能行血中气滞，气中血滞，专治一身上下诸痛"，以行气止痛；白芍味甘、苦、酸，性微寒，归肝、脾经，具有养血调经、敛阴止汗、柔肝止痛、平抑肝阳功效，《医学启源》谓白芍"安脾经，治腹痛，收胃气，止泻利，和血，固腠理，泻肝，补脾胃"。故延胡索、白芍两药合用，起和里缓急止痛之效。大肠主津，小肠主液，二者以降为顺，以通为用，处于实而不能满的状态。王晞星认为，久泻则肠津易伤，变生燥热、虚火上炎，应标本兼治，故泻甚时，使用性味酸涩平之诃子、乌梅涩肠止泻；用甘寒之麦冬，养阴润肺，益胃生津，玄参滋阴清热，生津散结，二者相须为用，仿效增液汤，取其滋阴润燥之功；若便血量多色鲜红者加地榆炭、槐花炭等凉血止血。临证适宜加减，效甚功佳。

王晞星认为，放射性直肠炎因放射线照射引起，并且肿瘤患者正气虚弱，御邪之力欠佳，故在全盆腔照射时，应避免射野过大，如出现严重腹泻需调整放疗计划，单纯盆腔外照射应将直肠剂量控制在50Gy以内；腔内治疗时，通过调整腔内治疗分割次数、单次剂量，增加治疗次数及改善后装施源器放置技术等，以降低放射性直肠炎发病率；一旦出现严重的放射性直肠炎表现，应立即停止放疗。

（4）成果：肠瑞灌肠剂相关研究成果先后获得山西省科技进步奖一等奖，山西省科技进步奖二等奖，国家发明专利1项，国家实用新型专利1项，2014年获得国家食品药品监督管理总局药物临床试验批件。团队前期研究证实，肠瑞灌肠剂具有抗炎、改善局部炎症微环境的效应；多中心临床试验观察表明，肠瑞灌肠剂肛滴保留灌肠可改善直肠黏膜损伤，促进溃疡愈合，明显减轻肠炎典型症状。基于以上研究，团队发布了《放射性直肠炎（肠澼）中医诊疗专家共识（2017版）》。进一步药效机制探索发现，肠瑞灌肠剂能够迅速缓解放射性直肠炎小鼠腹泻、便血等症状，显著改善光镜下病理变化及结构异常，并通过抑制 NF-κB、VEGF 和 IL-1β 等炎症因子表达，发挥抗炎、止血、减轻血管内皮细胞损伤的作用，从而促进肠黏膜修复。

五、方药之长

王晞星善用东垣、仲景之经方，并在临床中反复实践，寻求最佳配伍，结合肿瘤病及疑难病的复杂病机，古今接轨，擅变方合方，并研发新方，拓展临床适应证，疗效颇佳。兹介绍如下。

（一）常用方剂

1. 和解少阳——小柴胡汤

组成：柴胡半斤，黄芩三两，人参三两，半夏半斤（洗），甘草（炙）、生姜各三两（切），大枣十二枚（擘）。

用法：以水一斗二升，煮取六升，去滓，再煎，取三升，温服一升，日三服。

功效：和解少阳。

主治：①伤寒少阳证。往来寒热，胸胁苦满，嘿嘿不欲饮食，心烦喜呕，口苦，咽干，目眩，舌苔薄白，脉弦者。②妇人伤寒，热入血室，以及疟疾，黄疸与内伤杂病而见少阳证者。

方解：本方为和解少阳，治疗少阳经腑同病之主方。外感之邪，若治不得法，邪犯少阳，少阳为三阳经之枢，邪气徘徊于半表半里之间，外出与阳气相争则畏寒，内入则与阴争而发热，故而往来寒热，为少阳证典型之症。少阳经脉起于目锐眦，下耳后，入耳中，其支者，会缺盆，下胸中，贯膈循胁，络肝属胆，故邪在少阳，经气不利，少阳相火郁而为热，热邪上逆，伤津耗气，故见口苦、咽干、目眩、胸胁苦满之症。肝胆郁热不解，横逆犯胃，胃失和降，故见心中烦热、喜呕、嘿嘿不欲饮食。方中柴胡味苦微寒，量大为君药，和解少阳经热，清透少阳半表之邪从外而解；黄芩味苦寒，清少阳胆腑火郁，解半里之邪，二者相辅相成，一散一清，表里同治，经腑共调，共解半表半里之邪。半夏降逆止呕，生姜既助半夏和胃，又佐柴、芩祛邪；人参、甘草、大枣为甘补之品，有益气补脾、扶正祛邪之功，又可保元气、防邪内入，以及抑制柴、芩苦寒伤胃。诸药配伍，和解少阳之邪，兼以扶正，可使"上焦得通，津液得下，胃气内和，身濈然汗出而解"。

临床心得：小柴胡汤为"和法之祖方"，药味虽不多，但配合密切，诸药相辅相成，寒热并用，攻补兼施，既能疏利少阳枢机，又能调达气机升降，更使内外宣通，运行气血，是和解之良剂，故被称为"和剂之祖"。王晞星在多年临床实践中形成"和法"治疗肿瘤及疑难重症理论体系，创新"和法"应用。王晞星最常运用的和解方当属"和法"代表之小柴胡汤，尤其对一些症状繁杂、病机多变的疑难重症，以小柴胡汤为底方，辨证加减论治，总能取得良好的临床疗效。

王晞星临床运用本方治疗多系统疾病均取得较好的疗效。例如少阳证兼胃脘痛，症见胃脘胀满，时时作痛，牵引两胁，嗳气频作，食少纳呆，倦怠乏力，苔薄，脉沉弦无力，为肝胆郁滞，克制脾胃所致，以小柴胡汤合四君子汤，补虚益气，肝胃合治。用此方治疗溃疡病、慢性胃炎等出现上述症状者，常获卓效。

小柴胡汤不但和解少阳，而且具有较强的退热散邪作用。王晞星常以小柴胡汤为基础方，运用和解退热三法治疗各种发热，疗效明显，其所治热型大体有三：①往来寒热。"太阳中风，往来寒热……小柴胡汤主之。"证候表现为寒热交替而作，以小柴胡汤和解枢机，其热则除。②高热不退，若由外感引发，正如《伤寒论》曰："伤寒四五日，身热恶风，颈项强，胁下满，手足温而渴者，小柴胡汤主之。"此属三阳俱病，但邪热既不偏盛于表，也不偏盛于里，故用小柴胡汤和解少阳，使表里调和，身热亦清。临床常去党参，加生石膏、羌活相配，加强祛风清热、透解内热之效。若无表证之征象而见高热不退者，此为少阳、阳明合病，王晞星常使用柴白汤即小柴胡汤与白虎汤之合方，和解枢机兼清里热。高热顽固不退者加羚羊角。③虚热、肿瘤热等内伤发热。此阶段主要病机为正虚邪恋，遵循祛邪不伤正，扶正不助邪之原则，此种热型多热势不高，多于午后发热伴有咽干烦热等症，王晞星常以小柴胡汤为基础方，和解退热，调和枢机，加秦艽、青蒿清退虚热、除骨蒸潮热。

临床疾病复杂多样，涉及多系统、多脏腑，其病机更是兼夹多变，小柴胡汤作为和解之法的代表方剂，其实质是以疏气转枢为先，佐温清消补，兼通八法变化，因此便衍生出各柴胡类方及柴胡合方。王晞星常用大柴胡汤治疗胆道病、胰腺病、肠梗阻、肝炎等辨证为实热证者；以柴胡桂枝汤（小柴胡汤半量与桂枝汤半量合剂）治疗体虚外感、反复发热、肝胆病、脾胃病、肩背疼痛。柴胡加龙骨牡蛎汤治疗癫痫、神经官能症、抑郁焦虑症、梅尼埃综合征、失眠等均见良好效果。

柴苓汤首见于《仁斋直指方论》，是小柴胡汤与五苓散之合剂，常用于和解半表半里之邪及膀胱气化不利而致的蓄水之证，主治伤寒泄泻身热、伤风伤暑、阳明疟疾、痘疮等病证。王晞星临床常用本方治疗癌性胸腹水、乳腺癌术后上肢肿胀、宫颈癌术后下肢肿胀、肾病综合征、更年期内分泌失调颜面肿胀等多种病症，主要病机特点为津液代谢障碍致水液积聚，两方合用，可起和解少阳湿热、健脾渗湿、利水消肿的良好作用。柴平汤首见于《内经拾遗方论》，是小柴胡汤与平胃散之合方，主治痰湿复感外邪，湿痰阻于少阳，寒多热少之湿疟，症见一身尽重，手足沉重；湿困脾胃，症见脘腹胀痛，恶心呕吐兼见寒热往来，胁痛口苦。王晞星应用本方之辨证要点为少阳证见痞满及白腻苔。临床多用治胃食管反流、肠易激综合征，减轻化疗消化道反应、改善术后胃轻瘫等，疗效甚佳。

此外，在和解法为基本治疗原则的指导下，王晞星经过多年临床实践，首创诸多柴胡新用方，如和解通窍法之代表方柴胡通窍汤，由小柴胡汤加辛夷、白芷、皂角刺、白茅根、金荞麦等组成，主治鼻咽癌，若见鼻出血，酌加牡丹皮、白茅根、藕节凉血止血，鼻咽癌放疗后多见口燥咽干，加麦冬、五味子养阴增液。和解散结法之代表方柴胡散结汤，主要由小柴胡汤加三棱、莪术、皂角刺、蜈蚣、三叶青、浙贝母等组成，主治甲状腺癌、乳腺癌、淋巴瘤及甲状腺结节、乳腺结节等。和解止痛法之代表方柴胡止痛汤，全方由柴胡桂枝汤加浙贝母、片姜黄、延胡索组成，主治肺癌及肩背、胸胁、上肢疼痛。针对恶性肿瘤骨转移型疼痛者，王晞星常加骨碎补、制天南星；若瘀血征象明显者则加土鳖虫、桃仁。

小柴胡汤是东汉医家张仲景所著《伤寒杂病论》中的名方，一直为历代医家所推崇，不但治疗外感少阳病，也广泛应用于内科及其他疑难病，本方寒温并用，协调升降，疏利三焦，调达上下，宣通内外，和解枢机，故为和剂之祖，只要辨证准确，合理运用，有起沉疴、愈痼疾之效。

2. 调和胃肠升降虚实、寒热阴阳第一方——半夏泻心汤

组成：半夏半升，黄芩、干姜、人参、甘草各三两，黄连一两，大枣十二枚。

用法：上七味，以水一斗，煮取六升，去滓，再煎取三升。温服一升，日三服。临床应依据病情指导患者煎煮方法及每日服药次数。

功效：调和肠胃，协调升降，平衡阴阳，扶正祛邪。

主治：寒热错杂之痞证。症见心下痞，但满而不痛，或呕吐，肠鸣下利，舌苔腻而微黄。此处不痛是与结胸证作比较，实是痞证之微痛。

方解：半夏泻心汤源于《伤寒论》，原意是治疗小柴胡汤误下后损伤中阳，少阳邪热乘虚内陷所致的痞证，症状见心下满而不痛，呕恶，肠鸣下利，舌红苔腻。《神农本草经》记载半夏主伤寒寒热、心下坚、胸证。半夏辛、温，归脾、胃、肺经，有燥湿化痰、降逆止呕、消痞散结之功，是为君药。黄连苦寒，归心、脾、胃、肝胆、大肠经，有清热燥湿、泻火解毒之功；干姜辛热，归脾、胃、肾、心、肺经，具有温中散寒之功效；黄芩药性苦寒，归肺、胆、脾、大肠、小肠经，具有清热燥湿、泻火解毒之效，三药俱为臣药。其中半夏配伍黄连辛开苦降，清热燥湿，宽胸止呕；干姜配伍黄连一寒一热，寒温并施，辛开苦降，具有除寒积、清内热、开痞结、和脾胃的作用；黄连配伍黄芩，清热燥湿解毒之功加倍。人参、大枣甘温益气，以补脾气，为佐药，最后配伍甘草以调和诸药，是为使药。全方寒热并投，以调和阴阳，辛开苦降，以协调中焦气机升降，调和肠胃，除其寒热，甘温调补，扶正祛邪。

临床心得：半夏泻心汤由柴胡汤变证而来，具有寒热并调、协调中焦气机升降、恢复胃肠功能的作用，主治呕、痞、肠鸣、下利，为《伤寒论》中调和胃肠病第一方。仲景在《金匮要略》中记载小半夏汤，方中半夏配伍生姜以和胃止呕，半夏泻心汤干姜易生姜，入肺胃经，不仅可治疗伤寒误下后痰白清稀如饮，且配伍黄连，寒温并用，阴阳同调以治寒热错杂之心下痞满。何谓"痞满"，《伤寒论》中记载"但满而不痛者，此为痞"，王晞星指出，此处"不痛"是较之结胸证而言，痞证在疼痛程度上有差异，与结胸证"从心下至少腹硬满而痛不可近者"比较，痞证之痛微，临床不必拘泥于心下痞而不痛者，当在半夏泻心汤基础上酌加白芍，方可治疗疼痛。何谓"心下"，王晞星指出现代医学中口腔、食管、胃肠、肛门等消化系统均可属"心下"范畴。根据现代实验研究，半夏泻心汤有双向调节胃肠运动、抑制炎症反应、保护胃黏膜、抗癌、抗缺氧、调节免疫、镇痛、利胆、降血糖等作用。由此可知，半夏泻心汤应用广泛，尤其在胃肠消化系统疾病中发挥了重要作用，适用于寒热、虚实、阴阳不调之诸多病证。

王晞星指出，本方具有双向调节胃肠道运动功能、调节免疫功能、抗癌、保护胃肠黏膜等作用。故本方在治疗消化系统炎性疾病时疗效甚佳，例如：①治疗胃、十二指肠溃疡时，王晞星以本方为基础，见反酸者加海螵蛸、浙贝母；对疼痛明显者，加延胡索、五灵脂；见胃肠黏膜损伤，加蒲公英、白及；为防止溃疡复发，提高溃疡愈合质量，王晞星在方中酌加黄芪、莪术，以益气养血活血。②治疗慢性萎缩性胃炎及糜烂性胃炎，王晞星在本方基础上酌加蒲公英、白芍、海螵蛸以清热解毒，制酸止痛，保护胃黏膜；见疼痛明显者，加延胡索、五灵脂；见反酸烧心明显者，加吴茱萸、煅瓦楞子；见痞胀、痞满明显者，合四逆散、苍术、厚朴、陈皮以健脾理气，燥湿化痰；见不典型增生者，加浙贝母、山慈菇以化痰散结，清热解毒。③对于急性胃肠炎，加炒白芍、炒薏苡仁、苍术、藿香、葛根，以快速达到止痛消炎解毒的作用。④慢性肠炎，此病病程多迁延不愈，故常见脾胃虚弱，纳差便溏，王晞星指出此时应加强健脾药物的应用，如肉豆蔻、石榴皮（可逐步加量30g、60g、90g、120g），见肛门下坠，加当归、枳壳，此二药用量不宜过大，当归6g，枳壳10g即可。⑤放射性直肠炎，王晞星指出此病多存在慢性出血，故当内外合治，疗效甚佳，在本方基础上加炮姜、地榆、槐花、牡丹皮、蒲公英，联合外用肠瑞灌肠剂，以解毒清热、去腐生肌、凉血止血，治疗后肠镜下可见肠内溃烂消失，毛细血管充血减轻。⑥克罗恩病是一种自身免疫性疾病，目前缺乏有效的根治手段，且易迁延不愈，反复发作，预后不佳，王晞星在治疗本病时以本方为基础，根据病情酌加益气活血、清热利湿、散结之品，在治疗其临床症状的同时，从疾病本身出发，恢复胃肠功能，疗效显著。

消化系统发生炎性改变后多有慢性消化道出血，王晞星灵活应用本方，将炮姜易干姜，另外增加制酸及保护胃肠黏膜药物。王晞星根据出血部位进一步将之划分为上、下消化道出血，见上消化道出血，加海螵蛸、煅瓦楞子、白及、蒲公英；下消化道出血，加生地炭、五味子、地榆、槐花。

对于易复发的胃肠道息肉，王晞星指出本病属湿热偏盛，在本方基础上酌加浙贝母、山慈菇、莪术、蒲公英等清热化痰、祛湿散结之品。对于胃息肉，另加瓦楞子，因其咸，可软坚散结，亦可制酸，以抑制胃内酸性环境，另加白花蛇舌草以加强清热解毒之效；对于肠息肉，使肠道由过酸环境变为碱性环境，王晞星擅运用乌梅配伍黄连，酸苦相配，以调中止痢，乌梅配伍僵蚕，以软坚散结。由此可以看出，在半夏泻心汤基础上，灵活加减化裁，不仅可有效改善疾病症状，还使肠道由过酸环境变为碱性环境，以抑制息肉复发，达到较好的预后效果。

半夏泻心汤在治疗器质性病变上功效显著，对于胃肠功能性病变亦有良效，如功能性消化不良，本病病机多为中焦气机升降失常，寒热错杂，痰湿阻胃，王晞星灵活化裁，运用半夏泻心汤合四逆散方，加苍术、厚朴、陈皮、豆蔻，以调和气机、寒热、阴阳，兼疏肝理气、燥湿化痰，收效显著。

本方治疗消化系统恶性肿瘤亦有良效，如结直肠癌、口腔癌、胰腺癌、胆囊癌等。对于肠道肿瘤，王晞星强调清热利湿的作用，在本方基础上加土茯苓、薏苡仁、菝葜、野葡萄藤、苦参；直肠癌见便血时则将炮姜易干姜，另加生地炭、地榆、槐花，以加强止血作用，疼痛明显时酌加土鳖虫、蜈蚣、延胡索；当恶性肿瘤因分子靶向治疗引起腹泻症状，王晞星指出可用半夏泻心汤合参苓白术散治之，在调和肠胃寒热、阴阳的基础上，加强健脾利湿的作用，效果显著。

半夏泻心汤不仅在胃肠道疾病治疗方面应用广泛，还用以治疗免疫性血小板减少症，王晞星在此方基础上酌加滋养肝肾、养血补血药物，如熟地黄、山萸肉、女贞子、旱莲草，兼运用清热解毒之品以抑制过度免疫反应，升高血小板，如羊蹄根、石韦、冬凌草。

本方对于代谢性疾病，如糖尿病，亦有奇效。半夏泻心汤去甘草、大枣等含糖药物，酌加生地黄、熟地黄、苍术、葛根、生黄芪，以调和阴阳，益气生津，重用可降血糖之黄连，临床疗效明显。

3. 补气升阳，甘温除热——补中益气汤

组成：黄芪一钱，炙甘草五分，人参、当归、陈皮、升麻、柴胡、白术各三分。

用法：上药㕮咀，都作一服。用水 300mL，煎至 150mL，去滓，空腹时稍热服。

功效：补中益气，升阳举陷。

主治：

①脾胃气虚证：饮食减少，体倦肢软，少气懒言，面色萎黄，大便稀溏，舌淡脉虚。

②气虚下陷证：脱肛，子宫脱垂，久泻久痢，崩漏，气短乏力，舌淡，脉虚等。

③气虚发热证：身热自汗，渴喜热饮，气短乏力，舌淡，脉虚大无力。

方解：本证多由饮食劳倦，损伤脾胃气虚，清阳下陷所致。脾胃为营卫气血生化之源，若饮食失节，寒温不适，脾胃乃伤；脾胃既虚，则纳运损，故见饮食减少，少气懒言，大便稀溏；脾主升清，具升举内脏、防其下垂之功，脾气升则胃气降，

升降协调平衡，维持脏器位置恒定不移，脾虚则清阳不升，升举无力，中气下陷，故见脱肛、子宫脱垂、久泻久痢等；脾主统血，固摄阴血，脾气虚则固摄无权，血失统摄，故见女子崩漏；清阳陷于下焦，郁遏不达则"阴火"发热；脾气亏虚，则一身之气亦虚矣，气虚腠理不固，阴液外泄则自汗。

脾胃虚者，因饮食劳倦，心火亢盛，而乘其土位，其次肺气受邪，肺气先绝，故方中以甘微温、入脾肺经之黄芪为君，一以补中益气，以填元气，则懒言、气喘愈；二以补肺实卫以固表，护皮毛而闭腠理，不令自汗；三以升阳举陷。臣以人参大补元气，助黄芪益气，炙甘草之甘以泻心火而除烦；臣以苦甘温之白术以健脾，除胃中热。三者甘温补中，与黄芪相伍，使脾胃气旺，清阳上升，阴火潜藏。阴火伤其生发之气，荣血大亏，当归养血和营，协人参、黄芪补气养血；气乱于胸，清浊相干，用陈皮以调理气机，助阳气升，以复升降之序，使清浊之气各行其道，并可理气和胃，使诸药补而不滞，共为佐药。胃中清气在下，必加少量气轻而味薄之升麻、柴胡以引之，引黄芪、甘草甘温之气味上升，助君药以升提下陷之中气，引胃气上腾，复其本位，升浮以行生长之令矣，共为佐使。炙甘草调和诸药为使。诸药相合，可使脾胃健运，元气内充，气虚得补，气陷得举，清阳得升。

临床心得：补中益气汤为补气升阳、甘温除热之代表方。融补土生金、升阳举陷、清热散火于一体。全方补散并施，甘温补中，升举阳气，具健运脾胃、补气生血、补肝疏肝、益肝之体、助肝之用、内充元气、升举清阳、除胃中阴火之效。

①重补脾，和胃气：王晞星基于"脾胃为后天之本，后天养先天"的理论，临证时常从脾胃着手治之。他认为，元气充足与否，仰赖脾胃之气盛衰，脾胃气足，元气得充；脾胃气伤，元气不复，诸疾乃生；饮食失节，寒温不适，乃伤脾胃，病由此而生也。仓廪之官虚则五脏六腑、十二经、十五络、四肢百骸、九窍皆失营运之气，百病生焉。脾胃乃后天之本，气血生化之基，为出生后元气之根；脾胃虚则气血无以生，卫气不固，外邪侵袭，气血凝滞，脏腑经络失养，百病丛生。王晞星临证深谙补中益气汤配伍之妙，临证灵活多变且疗效颇显。

②抓病机，解难病：第一，重症肌无力，归属于中医"痿证"之范畴，"治痿独取阳明"，以补中益气汤强中焦阳明之气，且重用黄芪，宜从30g渐至120g；盖精血空无以濡养筋脉，加熟地黄、山萸肉补肾填精以荣筋脉；若见气短乏力者，加麦冬、五味子，取生脉饮益气复脉、养阴生津之义；若见纳差者，加辛散温通、气味芳香之砂仁化湿醒脾开胃，行气温中。第二，脏器下垂，盖中气亏虚，升举力弱矣，恰补中益气汤具升阳举陷、补中益气之功；阴阳抱成太极，左右各半，左升右降，阴阳升降不是独立的，而是互为因果，即"欲升先降，欲降先升"，则加枳实30g、枳壳30g下气消积，以复人体气机升降之常。第三，虚证便秘多责之气虚和精血虚，

气虚推动无力，精血虚则肠失濡润，传导之职受阻，糟粕久留肠道，则成便秘，治疗选补中益气汤补气以助推动力，加破气消积之枳实，配以行气消积之厚朴，降气除胀之莱菔子，三者助大便排出以治标；肉苁蓉功善温补肾精、暖腰润肠，牛膝补肾壮腰，善行于下，与枳实、升麻一起取济川煎之义以温肾益精，润肠通便；加生白芍养血益阴、生地黄清热养阴生津，其中，生白芍宜从30g渐增至60g，生地黄据便秘程度可调整剂量，从30g至100g。第四，新型冠状病毒无症状感染者，以及新冠肺炎症状体征好转后核酸不转阴者，其病机为气虚毒恋，王晞星依据中医"正气不足，而后邪气踞之""正虚之处，便是留邪之所"的理论基础，认为气虚正气不足以鼓邪外出，致毒邪留恋，因此，对于新型冠状病毒无症状感染者，及新冠肺炎症状体征好转后核酸不转阴患者，采用益气祛毒的治疗方法，以补中益气汤化裁，使毒去核酸快速转阴。方中生黄芪、党参益气补肺健脾为君；金银花、连翘、黄芩清肺热、祛邪毒，芦根清热生津，共为臣药；苍术、白蔻仁燥湿健脾，升麻、柴胡既助芪、参升提中气，又能解毒透邪，当归养血和营，协参、芪补气养血，陈皮理气和胃，使诸药补而不滞，麦冬养阴生津，共为佐药；甘草补脾益气，清热解毒，调和诸药，为使药，全方共奏益气补肺健脾、清热祛毒养阴功效。

③立新方，疗肿瘤：王晞星从事肿瘤病研究及临床20余年，在肿瘤治疗方面见解独到，尤其在消化道肿瘤的诊治过程中极力推荐补中益气汤加减。

第一，根据消化道肿瘤的发病规律，自拟补中调肝汤（黄芪、党参、白术、升麻、柴胡、当归、白芍、麦冬、五味子、陈皮、蜈蚣、石见穿、穿山甲、八月札、炙甘草）用于消化道肿瘤肝转移及恶性肿瘤并发症患者，以中气亏虚、肝脾不调、癌毒内结所致疲乏无力，少气懒言，自汗，腹胀或有肝区疼痛，面色苍白或萎黄，食欲不振，纳差，低热，便溏，舌质淡，苔薄白，脉沉细无力为见症，以补中调肝，消癥散结。如，一男性老年患者，2014年11月行结肠腺癌根治术，病理分期：$pT_3N_1M_0$，Ⅲ期，术后完成6周期辅助化疗，无病生存期23个月时发现肝转移，行6周期化疗后，于2017年3月开始规律口服以补中调肝汤为主加减的中药，定期复查，直至2020年11月10日末次就诊仍病情稳定，无进展生存期达44个月之久。

第二，肿瘤患者伴发癌性发热，王晞星认为多因机体阴阳失调、气血亏虚，脾胃运化失常，导致痰、瘀、湿、毒等病理产物积聚化热。其中，脾胃气虚为本，阴火上冲为标，遵"甘温除热"之治法，运用补益脾胃之气、升举清阳、清泻阴火之品，以达调和脏腑阴阳之功。选用补中调肝汤加柴胡20g、青蒿30g、秦艽30g。

第三，由奥沙利铂、卡培他滨等化疗药物引起的常见的剂量累积性皮肤不良反应，称之为化疗所致手足综合征，症见手/足的麻木，感觉迟钝，感觉异常，如针刺感、烧灼感，无痛性或疼痛性的红斑肿胀，干燥，脱屑，疼痛。王晞星认为，本虚是由于抗肿瘤药物损伤脾胃，耗伤气血，血虚不荣，致四末失养；标实是随着化疗周期逐渐增加及药物累积入络，经络涩滞不畅，血脉瘀阻，"不通则痛"。由此，立益气健脾、活血化痰通络之法。处方以补中益气汤加白芍、麦冬、五味子、陈皮、桂枝、川芎、蜈蚣、鸡血藤、甘草等。

第四，放化疗后中重度骨髓抑制是指化疗药物破坏了骨髓内细胞增殖成熟与外周血液中细胞衰老之间的平衡，导致外周白细胞、血小板的降低。王晞星以益气养血、调理脾肾之法治之。若白细胞减少，用黄芪、太子参、黄精、升麻、柴胡、当归、白芍、麦冬、五味子、陈皮、女贞子、墨旱莲、淫羊藿、甘草等；若血小板减少，上方再加阿胶 12g、熟地黄 30g、山萸肉 30g、羊蹄根 30g 等。

（二）活用药物

1. 黄芪——重剂起沉疴

黄芪具有补气升阳、固表止汗、利水消肿、生津养血、行滞通痹、托毒排脓、敛疮生肌的功效，王晞星常用大剂量黄芪治疗肿瘤相关并发症，现介绍如下。

（1）癌因性疲乏：在古代中医文献中，尚无与之相对应的中医病名记载。但纵观中医典籍，可以将其归纳在"虚劳"范畴中。伤于肺，则肺之宣降失常；伤于心，则血运不畅，心神失养；伤于脾，则气血生化乏源；伤于肝，则疏泄无度，阴血不藏；伤于肾，则精气泻，水不行。最终导致五脏六腑、气血阴阳俱虚竭，则出现癌因性疲乏。王晞星大量运用生黄芪 30 ～ 120g 补五脏之气，常以补中益气汤加减治疗。补中益气汤原方中，黄芪用量 18g，他经过长期的临床实践发现，对于癌因性疲乏的患者，若运用 18g 黄芪，临床效果并不理想，当黄芪的用量达到 30 ～ 120g，甚至更多，则有明显的疗效。

（2）癌性水肿：癌性水肿易见于气阳两虚，气化无力者，使水液无法输布于上或开腠理而输布于外，积聚于内出现水肿或小便不利。张锡纯《医学衷中参西录》明确提出："黄芪……小便不利而肿胀者，可用之以利小便。"后有多位近现代医家受《冷庐医话》的启发，用黄芪粥治疗水肿。由此可知，黄芪治疗癌性水肿，一方面补益正气，气行则水行；另一方面黄芪可利水消肿，给邪气出路。《金匮要略》中黄芪芍药桂枝苦酒汤，黄芪用到五两治疗风水；名医范文甫以生黄芪 120g 煮糯米成粥服之治产后虚肿，可见治疗癌性水肿需大剂量黄芪扶正祛水。王晞星常以之与炒白术、薏苡仁、泽泻、茯苓、车前子、防己、葶苈子配伍，畅开尿道，切不可投予甘遂、芫花、大戟之品，此类药过于峻猛，恐伤正气。临床中，黄芪剂量由 30g 逐渐增加，起始剂量切不可过于峻猛。经过长期临床观察，颇有良效。

（3）慢性癌性出血：慢性癌性出血多见于脾气不足，摄血无力者，血液溢出于脉管。王晞星认为气血为一阴一阳，相互依存，相互为用，气能生血，血能载气。故临床中慢性癌性出血，血虚和气虚并见。治疗当以温、补为主，止血其次。然气血为一阴一阳，相互依存，相互为用，气能生血，血能载气。故临床中慢性癌性出血，血虚和气虚并见。然有形之血不能速生，无行之气所当急固，故运用大剂量黄芪，气足则血自止，同时气可化生血液。众多医者认为黄芪性温，恐黄芪剂量大，过于温热，迫血妄行，其实不然。张锡纯治疗女子崩漏不止的安冲汤，黄芪用量18g，根据临床加减，甚至用量更大，颇见疗效；李东垣的《兰室秘藏·卷下·杂病门》记载当归补血汤加减化裁治疗血虚气弱出血不止者，方药为黄芪、当归、煅牡蛎、山萸肉、阿胶，方中黄芪用一两，合今约40g。故大剂量黄芪不会加重出血。

王晞星曾诊一女子，子宫内膜癌术后，月经淋漓不尽，可达15日，其人神疲乏力、面黄饥瘦、食少、眠差、脉沉细弱。王晞星给予归脾汤加减：炒白术10g，党参10g，生黄芪60g，当归10g，甘草6g，茯苓15g，远志10g，石菖蒲10g，生龙骨10g，龟甲6g，酸枣仁30g，木香10g，龙眼肉10g，白花蛇舌草30g，山慈菇15g。饮后功效不显，故将黄芪增到90g，每日1剂，连服2周，病情才逐步缓解，说明黄芪发挥了重要作用。

（4）皮肤溃疡：恶性肿瘤并发皮肤溃疡的病机多见于久病正虚，气血瘀滞，营卫不和，肌肤失养则演变为皮肤溃疡，加之外感贼邪导致营卫不和，肌肤失养，则演变为皮肤溃疡。另外化疗及靶向药物的副作用，在内损精耗血，在外伤其肌表。故王晞星认为肿瘤并发皮肤溃疡的主要病机并非湿热蕴结，在治疗上，不可重在清热祛湿解毒，应以补虚为主。王晞星治疗皮肤溃疡用黄芪取其能托疮生肌之效。溃疡久溃不愈，久不收口时，常配当归、白芍、茯苓、党参、炒薏苡仁等，以生肌收口；若瘙痒难耐者，常配小剂量乌梅、生地黄、牡丹皮、蝉蜕、僵蚕、刺蒺藜等。王晞星认为黄芪乃"疮家圣药"，可托毒生肌。黄芪补营卫之气，可走于肌表，治疗肿瘤伴发皮肤瘙痒，黄芪起始用量30g，逐渐增加。有研究表明大量黄芪可导致皮肤瘙痒，王晞星认为，此气血达于肌表的现象，并非黄芪之过。《先醒斋医学广笔记》中托里败毒散、溃后服药之方，其中黄芪用量可达到一两，约合37.3g；张锡纯《医学衷中参西录》的内托生肌散即以黄芪为君药，黄芪用量四两，约合120g。由此可知，大剂量黄芪治疗皮肤溃疡是可行的。

2. 百合——多药配伍挥奇效

百合具有滋肺阴、清肺热、清心安神的功效，现代药理学研究表明，百合所含秋水仙碱具有雌激素样作用，能抑制癌细胞的有丝分裂，阻止癌细胞的增殖。王晞星在多年临床工作中发现百合与多药配伍可发挥奇效，兹整理如下。

（1）百合配山慈菇祛痛风之湿热：痛风病变在筋骨关节，其急性发作期病机为湿热浊毒留滞于经脉，壅闭经络，形成痰核附于骨节，坚硬如石，故属于湿热痹阻证。治疗上应选用具有清热解毒作用的中药。山慈菇味甘、微辛，性寒凉，归肝、脾经，有清热解毒、软坚散结之功效，有研究表明它可迅速消除关节肿痛。百合虽为甘寒之品，但具有养阴之功，可防前者伤阴，两药合用，清热解毒燥湿之力强，且均有秋水仙碱样作用，还能共同抑制体内白细胞趋化、黏附和吞噬作用，从而减少尿酸结石的沉积，进一步减轻炎性疼痛，故可作为痛风急性期的基本药对。

王晞星曾诊一男子，其反复足大趾疼痛1年，现见足大趾部位疼痛、红肿，表皮发热，夜间加重，无法正常行走，患者体态偏胖，平素喜肉食，口干，大便不成形，日行7～8次。舌暗红胖，苔黄白，脉沉弦。尿酸（UA）762μmol/L，其肝肾功能无明显异常。西医诊断为痛风，中医诊断为痹症，证属湿热痹阻，治宜清热燥湿，消肿止痛，重用百合、山慈菇并配合四妙散化裁。药用百合30g，山慈菇30g，苍术15g，生薏苡仁18g，土茯苓30g，黄柏10g，延胡索30g，葛根30g，川芎10g，甘草6g。14剂，每剂煎2袋，每袋200mL，早晚分服；二诊时诉脚趾疼痛减轻，红肿尽消。

王晞星认为，此属痛风急性期，系脾虚水湿久蕴不化，郁久化热，湿热毒瘀闭阻经脉，流注关节，痛急且重，秉"急则治其标"原则，治疗以祛邪为主，重在清热解毒、燥湿止痛通络，少佐健脾药物以达奇效。

（2）百合配乌药止阴寒之腹痛：乌药，味辛行散，性温祛寒，归肺、脾、肾、膀胱经，有行气止痛、温肾散寒之功效。乌药气禀纯阳，与纯阴之品百合相伍，可化解养阴药滋腻之弊。故二者相伍，滋阴而不寒，补而不滞，于达阳之中而有和阴之妙。现代药理学研究证明，乌药有效化学成分复杂，含丰富的呋喃倍半萜及其内酯、挥发油、异喹啉生物碱等，具有抗炎、解痉、镇痛、抗病毒、抑菌、改善中枢神经系统功能等药理作用。将乌药与百合配合治疗病在下焦的腹痛有奇效，常见病如肠易激综合征、精索静脉曲张、痛经、疝气、结肠癌、膀胱癌术后等，症见腹部冷痛，得温则减，伴形寒肢冷，辨证属脾肾阳虚、寒凝气滞者。

王晞星曾医一中年女子，其结肠癌术后一年余。近1个月患者出现脘腹胀满，食欲不振，腹部喜暖，大便溏稀，小腹绞痛伴肠鸣，泻后则安，舌胖大、有齿痕，舌苔白，脉沉细。证属脾肾阳虚，重用百合、乌药并配合参苓白术散化裁。药用百合30g，乌药30g，生黄芪30g，党参10g，白术10g，茯苓15g，炒山药15g，炒薏苡仁18g，砂仁10g，陈皮10g，莲子10g，淫羊藿30g，补骨脂15g，肉豆蔻10g，甘草6g。14剂，每剂煎2袋，每袋200mL，早晚分服。二诊时诉腹痛减轻，大便仍不成形，故以上方继续服用14剂，诸症缓解。

王晞星认为，患者因结肠癌行手术治疗，则耗气伤津，再加之长期使用化疗药后，脾胃功能失司，进一步伤津损阳，故以参苓白术散加减补益肾阳的药物，再配合百合、乌药，可达健脾益肾止泻之效。

（3）百合配百部治阴虚之久嗽：百部，味甘、苦，微温，归肺经，能润肺止咳，杀虫灭虱。百部与百合配合具有甘润苦降之性，用以滋上、中二焦之阴，充分发挥滋阴润肺、止咳化痰之效。现代药理学表明，百部有效成分为生物碱，具有中枢性镇咳作用，并对结核杆菌有明显抑制作用；百合有效成分甾体皂苷可通过增加气管分泌及对抗组胺而起到祛痰和平喘作用，故二者相合具有化痰、止咳、平喘作用，且能促进并调节机体免疫功能。王晞星常用于治疗肺结核、慢性气管炎、小儿百日咳、肺癌晚期、放射性肺损伤等病，症见干咳少痰、痰中带血、久咳迁延不愈、咽干喑哑等，辨证为阴虚肺热者。

王晞星曾治一老年男性，其右肺低分化腺癌术后5个月，已做放化疗。近1个月患者见干咳，少痰，痰中夹血丝，乏力，口咽干燥，自觉手足心热，大便干结，舌红胖，有齿痕，少苔，脉细数。诊断为肺癌放疗后放射性肺炎，证属肺气阴亏虚，重用百合、百部并配合沙参麦冬汤化裁。药用百合30g，百部30g，枇杷叶10g，沙参18g，麦冬15g，瓜蒌15g，浙贝母30g，紫菀15g，款冬花15g，前胡10g，桔梗10g，蝉衣10g，僵蚕30g，芦根30g，冬瓜子30g，鱼腥草30g，甘草6g。20剂，每剂煎2袋，每袋200mL，早晚分服。二诊：上方服完后，诸症减轻，痰中无血，仍见咽干、便秘，原方加玄参15g、生地黄15g，继服14剂，诸症已除。后仍以沙参麦冬汤维持巩固疗效。

王晞星认为，肺癌的放射治疗可引起放射性的肺损伤，此属于中医热毒伤阴之范畴，热毒炽盛伤阴、阴津亏损则血燥、血脉不充，故以百合与百部相伍，并配合沙参麦冬汤，可起到清热解毒、养阴生津、和血疏利之效。

（4）百合配龙葵逐体内之水饮：龙葵性平，味辛苦微甘，有小毒。归肺、膀胱经。它通利"州都"，具有清解热毒、消肿散结、消炎利尿的功效。现代药理学研究表明，龙葵具有抗肿瘤、保肝、抗炎、解热镇痛、升高白细胞、抑菌作用。且复方龙葵注射液对小鼠肝癌（H_{22}）腹水型癌细胞增殖有明显抑制作用，抑制率达87.4%。王晞星常用百合配伍龙葵治疗肺癌、乳腺癌、肝癌、卵巢癌、胃癌等恶性肿瘤引起的胸腔积液、腹水。其发病机制是由于脾失运化，肺失通调水道，气机不畅，水湿邪毒内聚而成，属"本虚标实"之证。尤其是在肿瘤治疗中，采用手术、放疗、化疗等手段，均耗伤体内气血津液，而体内水饮的形成，更使得体内正常津液进一步损失，故在治疗时应滋阴与逐水并重。而龙葵利水消肿使邪有出路，百合养阴润肺使体内津液得复，二者相伍，祛邪不伤正，扶正不助邪，共奏奇效。

王晞星曾医一中年卵巢癌术后女性，7个月复发，腹膜后淋巴结多发转移。面色萎黄，小腹胀满，下肢微肿，腰困，咽干口燥，纳差，大便不畅，舌红少苔，脉弦细。证属肝肾阴虚，气阴两虚，宜重用百合、龙葵并配合滋水清肝饮加减治疗。药用百合30g，龙葵30g，熟地黄15g，山萸肉15g，当归10g，白芍15g，柴胡10g，苍术15g，土茯苓30g，女贞子30g，旱莲草30g，生薏苡仁18g，砂仁10g，蛇六谷15g（先煎1小时），车前子15g，二丑10g，甘草6g。14剂，每剂煎2袋，每袋200mL，早晚分服。

二诊：上方服完后，下肢浮肿消失，腰困好转，小腹仍感胀满，继服上方30剂，诸症已除。后仍以滋水清肝饮维持巩固疗效。

王晞星认为，卵巢癌晚期极易引起腹水，且患病日久，因脾失运化，肺失通调水道，气机不畅，水湿邪毒内聚，流于腹腔，水饮积结而成，故以百合与龙葵相伍，并配合滋水清肝饮，可起到养阴生津、泻水消肿之效。

3. 三棱、莪术合用——倍破血行气之力，行化积消食利水之功

三棱、莪术为临床常用药对，均为破血消癥药物。三棱，其性味辛、苦、平，莪术性味辛、苦、温，二者同归肝脾经，功可破血行气、消积止痛，其中莪术偏于破气，三棱偏于破血，二药合用，破血行气之力药半效倍，王晞星临床处方用药，常用于以下几个方面。

（1）消化不良——行消积消食助运之力：三棱、莪术破血行气之力峻，世人不敢轻用，更言其"性猛开破，脾胃虚弱者更不可用"，见消化不良而多选用健脾行气消导之品，殊不知现代人生活水平提高，生活工作压力加重，营养过剩、过食肥甘厚味、情志过极，多见实证或虚实夹杂。王晞星用三棱、莪术药对治疗消化不良，因"三棱、莪术其性平和，性非猛烈而建功甚速"，往往效如桴鼓。《本草求真》中论及莪术，曰："若虚人服之，最属可危，须得参、术补助为妙。"缪希雍在《神农本草经疏》中言："三棱……能泄真气，真气虚者勿用。"张锡纯在《医学衷中参西录》中言："三棱、莪术……既善破血，尤善调气……与参、术、芪诸药并用，大能开胃进食。"消瘰丸中其软坚之物，为牡蛎、海带等消痰散结之品，恐脾胃虚弱者久服有碍，而用黄芪、三棱、莪术以开胃健脾。《医学启源》之三棱"主饮食不消"，三棱、莪术均归脾经，两药合用治疗消化不良，可消饮食积滞。王晞星应用三棱、莪术药对治疗症见消化不良、胃脘痞塞等慢性萎缩性胃炎、胃癌术后胃轻瘫等疾病，取其行气消积之力，往往用量较小且配加健脾益气之药，一者合用补气行气，防过补脾气而致气机壅遏之痹，反使病情加重；二者顾护脾胃，防破气之力太过致腹泻、便溏等不良反应，选用黄芪30g顾护脾胃，炒白术15g而非生白术以防药峻所致腹泻。随脾喜燥恶湿之性，加入芳香醒脾药砂仁芳香化湿、行气宽中、健胃消食，随证加消食药如鸡内金、炒谷芽、炒麦芽等消食导滞，诸药辅三棱、莪术之效，缓二者性猛之性，取其用治病而疾愈。

（2）腹水——破血、行气、利水三功合下：三棱、莪术破血行气、消积止痛，作为常用药对，配伍牵牛子能行气利水，治疗腹水。临床中，造成腹水的病因很多，肝硬化后期、肝炎后期、腹腔内肿瘤、结核性腹膜炎等均可导致，归中医学"鼓胀"范围，属肝脏系统疾病，气滞则血瘀，血不利而为水，水阻则气滞，气、血、水互结并成恶性循环。医家见腹水，多用五苓散之辈，而牵牛子功可泻下通便、消痰涤饮、杀虫消积，峻下逐水之力强，但单用利水药物往往疗效不佳，盖气血水互结，水去而气滞血瘀未解。王好古言三棱"通肝经积血"，《本草通玄》之莪术"专走肝家，破积聚恶血"，三棱、莪术破血行气之力无出其右者，行气滞破瘀血，利水而下，腹水量多而行攻逐之法，三药合用于腹水肿胀，疗效明显但需中病而止，因本病病机为本虚标实，不可过伤正气。曾治一42岁女性患者，胃癌伴卵巢、腹膜、淋巴结转移，出现癌性腹水，移动性浊音阳性，腹部膨隆，初诊时腹围138cm，治以六君子汤加三棱、莪术、牵牛子等药物，规律服药，三诊后超声示少量腹水，效不更方，方药续用。

（3）良性肿瘤——功专消癥散痕，消坚之良能也：《医学衷中参西录·三棱、莪术解》谓，"三棱气味俱淡，微有辛意。莪术味微苦，气微香，亦微有辛意。性皆微温，为化瘀血之要药，以治男子痃癖，女子癥痕"。三棱、莪术为治良性肿瘤之专药、要药，例如《三因极一病证方论》中三棱煎以三棱、莪术配伍半夏、青皮、麦芽治疗妇人血癥、血痕，《医学衷中参西录》之理冲汤以三棱、莪术配伍黄芪、党参、白术、山药、知母等治疗妇女经闭不行，或产后恶露不尽，结为癥痕。王晞星用三棱、莪术治疗良性肿瘤如多囊卵巢综合征、子宫肌瘤、卵巢囊肿、肺结节、甲状腺结节、肝囊肿等病症，二药合用，消积之效峻猛，作用于病灶，"虽坚如铁石亦能徐徐消除，而猛烈开破之品不能建此奇功，此三棱、莪术独具之良能也"。辨证论治中，属热者，加黄芩、黄连清热解毒；气滞者因二药破气效速，或不加行气之品，或少伍轻灵气药陈皮；若证属痰湿阻滞，体型肥胖，加泽泻、半夏、竹茹化痰祛湿，每有验效。三棱、莪术"若治瘀血积久过坚硬者，原非数剂所能愈，必以补药佐之，方能久服无弊"，临床良性肿瘤疾病，一般病程周期较长，服药时间随之延长，他选方用药中以黄芪、党参、白术或四君子汤健脾补中气，消积而不伤正，往往3个月后癥减小而气血不伤，久服无隙以胜病。

（4）恶性肿瘤——倍散结抗癌之效，抑癌生长转移：三棱、莪术治疗恶性肿瘤，疗效明显。现代药理证实其有抗血管生成作用，发挥类似于血管抑制剂功效，可抑制肿瘤细胞增殖并可抗肿瘤细胞转移，广泛应用于治疗肿瘤疾病如胃癌、肝癌、肺癌、大肠癌等。脏腑功能失调、气血瘀滞，机体内外诸多因素相兼为病，气郁、痰

153

王晞星

湿、瘀血、浊毒相互搏结，久则积渐生变，蕴生癌毒而致病。溯本求源，其致病不离气血，气血为人体生化之基，《本草纲目》言"三棱能破气散结，故能治诸病，其功可近于香附而力峻"，张锡纯却认为"从来医者调气行血，习用香附，而不习用三棱、莪术。盖以其能破癥瘕，遂疑其过于猛烈。而不知能破癥瘕者，三棱、莪术之良能，非二药之性烈于香附也。……若论耗散气血，香附尤甚于三棱、莪术。若论消磨癥瘕，十倍香附亦不及三棱、莪术也。"王晞星使用三棱、莪术治疗肿瘤疾病，二者破血行气之力速，恶性肿瘤气滞重，血瘀甚，或用其十倍之行气化瘀之力，解毒抗癌，效佳。针对不同部位肿瘤，加减或有变化，三棱、莪术加浙贝母、苦参、当归治疗位属人体下部肿瘤如宫颈癌、肾癌等效验非凡，王晞星自研补中调肝汤，用以治疗消化道肿瘤肝转移，以本药对配伍蜈蚣、石见穿、八月札等抗癌解毒药物，能有效抑制病情进展，延长生存期。疼痛是恶性肿瘤疾病常见的并发症，不通则痛，气滞瘀阻，三棱、莪术药对止痛力强，配伍片姜黄、延胡索，次诊患者往往诉止痛效果明显。癌病日久，气血耗伤，中气不足，病属治疗后期，用药需顾护正气，养正辟邪共下，加炒谷麦芽、砂仁而使患者能食，黄芪、党参而使中焦健运，女贞子、旱莲草补肝肾而增强免疫力，与三棱、莪术共用，助患者带瘤生存。

六、读书之法

（一）启蒙书

王晞星高中毕业后，因为爱读书，被本地卫生所所长看中当了药剂员，平时在诊所抓药、打针、输液、抄方、制药，还兼记账、算账，闲时在药园里种红花、板蓝根、枸杞子，有时还要到山上采药。当时的他对中医近乎迷恋，随身总携带着《汤头歌诀》和《草药歌诀》两本书，只要有空就会拿出来背诵，抓药时遇到自己不熟悉的中药和处方就拿出来查阅记忆，每晚临睡前，还要把当日背过的再复习一遍，直到上大学后，这两本书也一直陪伴在他的枕边，真正成为他的启蒙书。他说《汤头歌诀》中选录中医常用方剂300余方，分为补益、发表、攻里、涌吐等20类，以七言歌诀的形式加以归纳和概括，并于每方简要注释，便于初学习诵，是一部流传较广的方剂学著作。

（二）读经典

《黄帝内经》《伤寒论》《金匮要略》这三部经典著作在王晞星整个学医及行医生涯中扮演了重要的角色，是他"和法"治疗肿瘤及疑难重症的学术理念建立的根基。

《黄帝内经》是中医学"和合"思想的源头，它秉承了《周易》、儒家道家的"和合"观念，用以阐释生命、疾病、治疗的原理，甚至病机变化。《伤寒论》创制了"和"的治法方剂，这些对王晞星的治疗理念都影响深远。

王晞星说读经典要有三个坚持，一是坚持在经典中找答案。他说：我们大部分同仁在学习中医时第一步一定是苦读经典，背诵条文，这固然没错，但是在临床中遇到问题就束手无策了，这时候要重读经典，在经典中寻求解决问题的办法，这时候在问题迎刃而解的同时也会对经典的条文有更准确和深刻的领悟。二是坚持反复翻阅经典。人都是有遗忘曲线的，在多年临床后，要记得时常重温经典，可能带着我们解决不了的问题，可能带着我们行之有效的经验，一定会有不一样的体会，这样反复，我们的临证水平会有大幅度的提高。三是坚持以经方为基础创新治疗方法。读经典、背条文，绝不仅仅是死读硬背，而是在学习条文的时候从症状、证候入手，掌握主症和次症，经典处方要了解其渊源，以及历代医家的发挥，要充分掌握名方的变方、类方、合方，了解其相关联之处，达到处方之间的融会贯通，疾病治疗的触类旁通，这样在诊疗中就会有质的飞跃，也会在提高诊疗精准度的同时提高诊疗速度。

王晞星在《黄帝内经》"和合观"的启发下，主张以"和法"治肿瘤。受到张仲景、成无己、张景岳等医家的影响，进一步升华了"和法"的概念，拓宽了"和法"的意义。他认为"和"是治法，是目的，更是一种理念。首先从治法来讲，上文讲到肿瘤病机为诸般不和，涉及脏腑、阴阳、气血、寒热、升降等失调，而随着疾病的不同和发展变化，病机各有不同，且变化多端，所以在治疗上要针对不同的"不和"采用不同的"和法"。以肺癌的治疗为例，他从《脾胃论》论述中焦气机找到灵感，认为肺肝循环是全身气机升降的关键，"升降失常、气血失和"为肺癌发生的主要病机，故"治积之法，理气为先"，认为《伤寒论》中柴胡剂为调畅肺肝气机之主方，从肺、肝经络循行和所属脏腑，大胆拓宽柴胡类方的运用，用于鼻咽癌、喉癌、淋巴瘤、甲状腺癌、乳腺癌、肺癌、胆囊癌、胰腺癌、肝癌及其并发症，如癌性胸腹水、水肿、癌痛、手足综合征、情绪障碍等。

王晞星在钻研处方时，都是从名方入手，比如和解剂处方，以小柴胡汤为例，从小柴胡汤组成、功效、煎煮法、拆方、或然证的研究，到大柴胡汤、柴胡芒硝汤、柴胡桂枝汤、柴桂干姜汤、柴胡加龙骨牡蛎汤等变方的应用，再到柴苓汤、柴平汤、柴陷汤、柴归汤、柴胡温胆汤等合方的证治，他都悉数研究，从中找到和解剂证治规律，并且研究出从"和解"入手治疗肺癌、鼻咽癌、喉癌、淋巴瘤、甲状腺癌、乳腺癌、胆囊癌、胰腺癌、肝癌、脑肿瘤、白血病及诸多肿瘤并发症的方法。

（三）重视西医临床书籍及指南的更新

临床肿瘤医师，尤其是肿瘤科的医师，在阅读中医经典的同时，要重视西医学的学习，《西医诊断学》《内科学》《生理学》《病理学》都要学习，尤其肿瘤学又是一个更新迭代比较迅速的学科，我们更要对指南及文献的更新进行及时的追踪，这样才能给患者提供更合理的治疗方案。在肿瘤的治疗上，中西医各有所长，完全可以优势互补。事实上，这20年来，我们中医肿瘤科走的路子，就是将传统中医疗法，如中药内服、外敷、熏洗、针灸等，与现代医学最新的诊疗技术，如手术、放疗、化疗等相结合，同时，也与现代医学精准治疗理念，如基因靶向治疗、免疫治疗等相融合，坚持中西医并举，改善患者生活质量，延长患者生命。我们科室有一句简单的口号，叫"西医不落后，中医要领先"。

七、大医之情

（一）思想境界

1. 仁心立德，匠心为医

王晞星热爱中医药事业，全心全意为人民群众健康服务，德艺双馨。专注于临证，门诊量年1.4万余，次均百余人，区域外患者比例逾六成，声名远播全国31省、亚欧美25国。他每周3次以上门诊，坚持早晨7点到院应诊，其间不移、不歇、不饮、不厕，每每需加号延时，直到最后一个患者都耐心细致地诊治；每逢老弱、危重、外地无号患者，多予以加班加号善对，对困难者不但不收诊费，还解囊相助，其崇高医德和极强的责任心，患者无不交口称赞，求治者咸感其德。

2. 心系大局，赤心抗疫

2020年新冠肺炎疫情发生后，已经退休的王晞星主动请缨重返一线，担任山西省中医院抗疫专家组组长。从踏上战场的那一刻，这位年过六旬、享誉全国的医者，就开启了"加速跑"的模式。他带着自己的团队夜以继日，深入晋中市传染病医院、太原市第四人民医院，以及平遥、太谷等新冠肺炎定点收治医院，行程3000余公里，参与临床会诊、讨论30余次。会诊结束回到医院后，他就把自己关进办公室里，再次认真分析病例，结合西医的诊断，查阅大量文献，制定中医治疗思路。并牵头制定了新冠肺炎预防、早、中、重、恢复期及核酸转阴期六大处方，并制成院内制剂，在全省及武汉受援医院使用。对危急重症特别是60岁以上及有基础病的患者，提出"一人一证、一证一方、一人一策"的治疗方案。国家督导组来医院视察工作，对王晞星带领的抗疫专家组工作给予了高度评价。获"感动山西"特别致敬奖，事迹被中央电视台、《中国中医药报》《山西日报》等媒体报道，山西博物院设立"中医瑰宝"单元展示王晞星为首的中医抗疫专家组工作成果。

（二）文化修养

王晞星自幼爱好书法，儿时伏在堂祖父案头观察其练字，祖父起、行、收、按、提等运笔的动作深深地刻在他的脑海中，数十年来寒来暑往，兴趣甚笃。诊疗余暇，他聊书法和谈医学一样滔滔不绝。他常说"书法使人宁静"。王晞星曾连续15年从事临床兼医院行政工作，事物琐碎且繁忙，会议不断，但仍每晚坚持练习书法，他说："通过练习书法磨炼了自己的性格，使我逐渐能够静下心来做事、做学问。与其说是练字，不如说是练人。"他说"练习书法和学习中医是相通的"，练书法和学中医，都要先打好基础，中医需要阅读经典、背中药、方剂及下临床，而书法则是一本楷帖，翻来覆去，当练上数年，二者也都是需要相应的悟性，悟性高，水到渠成，但勤学苦练是根本。中医学强调人身三宝精气神，精气充盈则人神采奕奕。书法也要求有精气神，精是字的骨力，气是章法的气势，神是整幅作品的神韵。

如今王晞星的字行云流水，挥毫之际融入自己的体悟，曾抄录《黄帝内经》《伤寒论》《脾胃论》等著作，并做读书笔记以反复体悟经典之美，兴致所致时使用毛笔开具处方。王晞星教导学生，中医的学习也如书法，中医治疗疾病，刚参加临床先是因循守法，中规中矩；继而发现常法治病效果不能应手，于是逐渐不囿陈法，随证加减；待至实践越久，体验日深，渐入圆机活法的佳境；最后发现常法非法，法无定法，这才达到辨证论治的最高境界。

八、传道之术

（一）人才培养方法

王晞星作为第二批全国老中医药专家学术经验继承工作指导老师的继承人，师承萧汉玺教授，于2007年被中华中医药学会授予"全国首届中医药传承高徒奖"。2002年任山西省中医院硕士研究生导师，2008年起任第四、五、六批全国老中医药专家学术经验继承工作指导老师，2009年任北京中医药大学博士研究生导师。

王晞星十分重视中医人才的培养与传承工作，言传身教，润物无声。先后培养博、硕士研究生 50 余人，名老中医药专家学术继承人 8 人，全国中医临床优秀人才师带徒 10 人，山西省优秀中医临床人才师带徒 10 人。他们继承了王晞星教授钻研中医、对患者认真负责的高尚医德，诚实守信、坚持不懈的科研态度，克服困难、开拓创新的工作精神，在工作中发挥模范带头作用，对老师的学术思想及理论进行拓展与创新，逐渐形成了自己的研究领域，组建了学术团队，在教学、临床及科研领域中发挥着骨干作用。

王晞星说："对于中医来说，人才最为重要，缺乏高质量的中医人才是制约中医发展的一个关键因素。我一个人一周出诊 5 个半天，就算每次出诊看 100 个患者，一周也只能看 500 个患者，但如果能培养 10 个接班人，就能看 5000 个患者。"国家给予了王晞星很多荣誉称号，这些荣誉是动力也是压力，让他深感肩上的责任特别是培养人才的责任重大。王晞星决定个人出资成立一个青年中医托举基金，先拿出 100 万元，并在以后每年再出资 20 万元，连续 5 年，共 200 万元资金，在山西省范围内资助优秀的青年中医，形成一个持续运作的基金，推动中医人才培养。

王晞星认为，要探索建立符合中医药特点的人才培养模式，特别是要按照中医自身规律来培养中医人才。中医具有鲜明的实践特征，有很多学生，一路读到博士，做实验、发文章的能力很强，但让他看病却没有底气，还需要到临床上"回炉再造"。尤其对于肿瘤治疗领域来说，临床实践非常重要，我们在人才培养中还是要更加注重解决实际问题的能力。从培养方式上，中医有着师承教育的传统，必须把院校教育和师承教育结合起来。王晞星从个人经历来看院校教育和师承教育，两者都让他获益良多，两者缺一不可。

（二）人才培养成果

王晞星在中医治疗脾胃病、肿瘤病及并发症的临床与基础研究领域，确定了稳定的研究方向，取得了一系列科研成果，并注重学术传承。继承人在其大量前期研究的基础上，不断深入挖掘，对王晞星教授的学术思想及理论主张进行拓展与创新，既传承发扬了其学术经验，又进一步形成了自己的研究方向。

继承人李廷荃，主任医师，硕士研究生导师，国家卫生健康突出贡献中青年专家，享受国务院政府特殊津贴，山西省学术技术带头人，山西名医。从事中医临床工作 30 余年，擅长脾胃病、周围血管病、胃肠肿瘤的治疗。继承王晞星"和法"学术思想，提出脾胃病宜"致中和"，重视脾升胃降，以"中为本，和为法"理论指导慢性萎缩性胃炎、难治性胃食管反流病的治疗。提出"松土灌溉"两步养肝法用于春季养生，即先通腑泻热、平肝抑阳，后滋水涵木。主持国家自然科学基金面上项目 1 项，省部级课题多项，出版专著 4 部，获国家级科技进步奖 1 项，省部级科技进步奖 2 项。

继承人李宜放，主任医师，硕士研究生导师，国家中医药管理局肿瘤病重点学科后备学科带头人。从事中医临床、科研、教学工作近 30 载，为王晞星第四批学术经验继承人。凝练了"和法"治疗恶性肿瘤的理论，认为肿瘤的发生发展源于不和，应用"和法"治则及其相关方药，协调、重建和恢复机体的脏腑功能及阴阳气血平衡，使机体达到"阴平阳秘"的和顺状态，是治疗晚期肿瘤的主要目的，"和"既是方法、手段，又是目的、结果。主持并完成科研项目 5 项，获山西省科技进步奖 5 项，在国家和省级核心医学刊物上发表论文 20 余篇，培养硕士研究生 10 名。

继承人郝淑兰，主任医师，硕士研究生导师，山西省学术技术带头人，主张"调和肝脾"论治肠癌肝转移，并开展多中心临床研究，结果提示补中调肝方能延长大肠癌肝转移患者无进展生存期，提高疾病控制率，改善中医证候，提高生活质量。主持及参与国家和省部级科研项目 10 余项，获山西省科技进步奖 3 项，发表学术论文 40 余篇，参编著作 4 部。

继承人高晋生，主任医师，硕士研究生导师，山西省学术技术带头人。从事中医药治疗多囊肾病、中医药抗肿瘤研究十余年，主持研究国家级、省市级自然科学基金项目多项，参与国家"十一五"重大新药创制专项课题研究。获批专利 3 项，获山西省科技进步奖三等奖。发表文章 10 余篇、SCI 文章 3 篇，参与撰写专著 2 部、译著 1 部。

王晞星学术传承谱

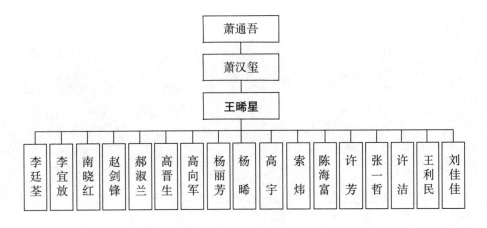

159

（高宇、刘然整理）

（马勤编辑）

王新陆

王新陆（1949—　），男，汉族，湖南湘潭人，中国农工民主党党员，山东中医药大学教授、博士研究生导师。曾任第十一届、十二届全国政协常委，山东省政协副主席，农工党山东省委主任委员，山东中医药大学校长，中华中医药学会第五届、第六届理事会副会长，世界中医药学会联合会中医特色诊疗研究专业委员会第二届理事会会长，山东中西医结合学会第三届理事会会长，科技部"973计划项目"中医理论专项第二届专家组成员，卫生部健康中国战略规划研究专家，国家中医药管理局中医药改革发展专家咨询委员会专家委员。2017年，被评为首届全国名中医。现任中国中医科学院学部委员，中华中医药学会首席健康科普专家。第五、七批全国老中医药专家学术经验继承工作指导老师，全国优秀中医临床人才研修项目指导老师。2022年被授予"国医大师"荣誉称号。

王新陆从医近50年来，勤于临证，精于思辨，长期从事中医学的理论研究和临床医疗工作，多次进修西医，临床所治病症涉及内、外、妇、儿多科，尤其擅长内科杂病的治疗，临床效果良好。先后出版《王新陆文集》《王新陆中医内科治疗经纬》《王新陆医论医案集》《血浊论》《徐国仟学术经验辑要》等学术著作40余部，发表《再论中医学的双重属性》《儒家致中和思想与中医稳态理论》《论"血浊"》等学术论文200余篇。多次应邀到世界各国和地区讲学，弘扬中医。曾接受中央电视台《东方之子》节目专访，凤凰卫视《文化大视野》访谈；并在中央电视台《百家讲坛》《读书》栏目中系统讲解中医。

王新陆30年前提出治疗现代疾病的血浊理论，已经逐步为业界认同。主持完成科研课题获省级以上奖励11项，获得国家发明专利1项，培养博士、硕士研究生29名，国家中医药管理局齐鲁内科时病流派主要传承人12名，指导全国优秀中医临床人才58名，全国老中医药专家学术经验继承人4名，全国中医药传承博士后1名。在2003年SARS、2008年甲流、2020—2022年新冠疫情等抗疫斗争中，均担任山东省疫情防控指挥部医疗救治中医药专家组组长，为维护山东人民的生命健康贡献中医智慧，为防治新冠肺炎等疫情开出了"山东处方"，贡献了山东力量。

一、学医之路

1969 年，年仅 20 岁的王新陆响应国家"上山下乡"的号召，从家乡湖南来到山东省烟台市牟平区高陵镇祝家疃村，成为一名知青。王新陆看到农村生活条件差，老乡们缺医少药，常常带病劳动，十分痛心。特别是生产队里有一位与王新陆同龄的小伙子，白天两人还一起在田间劳动，晚上小伙子却因先天性心脏病而突然离世。这件事深深触动了王新陆，也在他心中埋下一颗种子，让他认识到，原来疾病可以瞬间改变一个普通家庭的命运，一个好医生对人的生命有多么重要。

1973 年，王新陆考取山东中医学院，从此踏上学习中医的历程。在校期间，他虚心求教，手不释卷，获得了优异的成绩。本科毕业后，王新陆被分派到烟台市中医医院工作。在临床工作中，他感到确实能为一些患者解除病痛，但治病的疗效时有捉襟见肘，深切感受到孙思邈所言"读方三年，便谓天下无病可治，及治病三年，乃知天下无方可用"的意味，遂产生了继续深造学习的念头。

1978 年，国家开始招收首批硕士研究生，王新陆决心考研深造，最终顺利通过研究生入学考试，成为全国著名伤寒大家徐国仟教授的"首席"弟子。当时负责带教的还有另一位伤寒大家——李克绍教授，两位老师共同指导 4 名研究生。李克绍教授对四位同学的要求就是背诵《伤寒论》，398 条，一条也不能少。"那段时间，我们整天都拿着《伤寒论》，走路背、吃饭背，就连睡觉前也要默念几遍，我花了整整 3 个月才完全背下来。"王新陆回忆说。也正是这段经历，让他真正体悟到经典著作和中医思维的重要性，也成了他以后临证用方的源头活水。这前后，为求经解，王新陆还经常问道于山东中医药大学周凤梧、张珍玉、张志远等前辈，也曾程门立雪，到外地拜访任继学、邹云翔、王永炎等诸多名师，受益良多。诸位老师的谆谆教诲如甘甜玉露，使王新陆在学术上飞速成长，为日后成才打下了坚实的基础。

二、成才之道

王新陆做过知青、大夫，当过大学校长。几十年来，无论身在农村、医院还是高校，他始终坚守为人民群众解除疾患的初心，奋斗在医教研和管理一线，为新中国的繁荣富强贡献中医力量。王新陆认为，中医学需要继承发扬，必须把"继承创新，不离大宗"作为发展的理念，综观王新陆的从医之路，正是一条有传承、有疗效、有创新、有包容的"四有"之路。

（一）有传承

中医文化是中国传统文化的杰出代表之一，中医学是中国传统科学中沿用至今的富有中国文化特色的一支——医学科学，它具有系统的理论体系、独特的诊疗方法和显著的临床疗效等，在中华民族五千年的历史长河中，始终担负着促进人民健康的重要角色，是中华民族长期同疾病作斗争的智慧结晶，它为中华民族的繁衍昌盛发挥了主要的作用。中医学又是一门具有极强传承性的医学。几千年来，在师傅与徒弟口传心授的传承中，发展了中医的阴阳五行、气血津液、三因制宜、四诊合参、辨证论治等医学理论和治病方法。综观中医学的发生发展之路，正是一条注重传承的医学之路。

2019年10月，中共中央、国务院印发《关于促进中医药传承创新发展的意见》，意见指出："强化中医思维培养，改革中医药院校教育，调整优化学科专业结构，强化中医药专业主体地位，提高中医类专业经典课程比重，开展中医药经典能力等级考试，建立早跟师、早临床学习制度。"

中医药文化传承的关键是守住根脉。1998—2009年，王新陆担任山东中医药大学校长期间，谨记求学时各位恩师教诲，着重培养学生的中医思维，探索创办传统中医班。他认为，中医教育是发展中医事业的基础，而教育的关键在于人才和学术。中医事业能否振兴与发展，能否适应现代社会的需要，关键取决于中医学术的进步与中医人才素质的提高，归根结底就是人才培养。为此，王新陆不断学习、调研、深思，总结出中医人才的培养模式必须坚持多样化原则，主要培养学术型、临床型、传统型、中西医结合型、外向型、复合型、其他类型等七类人才。他带领全校积极筹划，在政府各级领导的大力支持下，于2006年把上述七类人才中紧缺的传统型人才培养方案付诸现实，开设了纯粹的中医传统本科专业，只教授中医课程，不把西医内容及英语和计算机作为必修课，并让这些学生从入学便跟师侍诊。王新陆称之为"中医基因班"，着力于培养一批在现代社会中有着深厚的中国传统文化积淀、真正意义上的中医，把中医事业的基因传承下来，用传统中医方法更好地服务于人类健康。

（二）有疗效

王新陆一直重视中医的临床疗效，他认为疗效是中医的生命力之所在。"记得在楼德、绣惠、埠村（注：山东地名）开门办学时，上午老师讲经络、穴位，下午就带我们挨家挨户出诊，给患者针灸、开药。大胆、好学、机灵的同学上午在老师授课时听了穴位定位与主治疾病，又在自己身上反复练习，下午就在老师指导下给患者进针治疗了，也是有板有眼的，很像那么回事了。记得好些患者还专门给学生们送过感谢信。"王新陆回忆大学时期的学习经历时说，"这种早实践、早临床、学以致用、急用先学、教中练、练中学的学习方法，让我们眼到心到、心到手到，为我们打下了扎实的中医基础。"

毕业后行医、学习，再行医、再学习，边行医、边学习。王新陆常常要求自己，不论身居什么样的岗位，作为一名医生，都不能脱离临床一线。从最初任烟台市中医医院院长、烟台市副市长，到任山东中医药大学校长，再到任山东省政协副主席，王新陆都定期到医院坐诊。因为他认为，中医的价值在临床，中医的活力在临床，中医的生命力也在临床，中医如果不看病，看病如果没有疗效，中医就没有存在的意义了，唯有常临床、勤学习，才能成为"苍生大医"。

王新陆指出，中医看病有一个特点，就是不能分科太细，不能跟着现代医学亦步亦趋。中医产生于深厚的农耕经济背景，讲的是天人合一、整体协调、阴阳互补、五行生克、恒动辨证，与工业经济的标准化、统一量化有很大的差别。所以在现在要学会弯道超车，学会用大数据来证明自己的全科医特质。

从医40余年，王新陆诊治患者30余万人次，所治病症涉及内、外、妇、儿多个专科，尤其擅长内科杂病的治疗，临床效果非常好。"手艺人在学习过程中有四重境界，即会、通、精、化。学会了，学通了，学精了，最后进入化境了，挥洒自如，出神入化。每想及此，就非常惭愧，本人才疏智薄，又不是非常有悟性，40多年了，仍在会、通之间徘徊，会未全会，通亦难通，只能老牛奋蹄，以勤补拙，不断努力才行。"王新陆常常这样告诫自己。

（三）有创新

王新陆认为，中医学需要继承发扬，必须把"继承创新，不离大宗"作为发展的理念。他回忆在烟台市中医医院担任院长时，曾邀请李克绍教授到烟台讲学。是夜，他和李老促膝长谈，谈及中医学的继承与发扬时，李老意味深长地说要"继承不离大宗"。继承是指基本理论、根本宗旨不变，认真发掘我们古老文化和传统医学的真精神所在，继承中医药核心理论的科学内涵和丰富的临床经验，保持和发展中医药的特色和优势。王新陆指出，创新是与时俱进，不断发展，提出新思路，探索新方法，开展新实践，争取新突破。具体而言，病名诊断、病机认识、辨证思想都要与时俱进，在适应现代社会发展的总趋势下给中医学以现代的诠释；宗者，本也，主旨之义，万变不离其宗，谓之大宗，不离大宗是不离中医之根本，保持鲜活的中医传承、中医脉络，中医的血缘不变。继承和发扬中医的关键是"吃透"，尤其是吃透中医学的精神和根本，这样才能使其真正走在社会发展前列。

　　王新陆在不断临床实践过程中，认识到用固有的思路不能够完全适应临床所需，于是渐渐地有了许多新的想法，经过反复临床验证，总结了一些规律，形成了新的学术思想。比如用于防治现代疾病的血浊理论。张元素说："运气不齐，古今异轨。"生活环境变了，疾病谱系变了，思维也不能守在原地。疾病谱系的变化是临床医学发展的原动力和火车头，它的改变决定了中医理论体系的改变与治疗方法的变革。金元时期出现的寒凉派、温补派、攻下派等诸多学派并存，百家争鸣，学说蜂起的现象，细究其原因，正是由于疾病谱系的改变，新的病种不断出现，古方今病已不相能。时至今日，由于医学的发展和生活水平的提高，自然界的风、寒、暑、湿、燥、火六淫致病渐退其次，而精神因素、环境污染、不良生活习惯等成为导致现代疾病的主要病因，这些致病因素均可作用于血，血液失其清纯状态，或丧失循行规律，均会影响其生理功能，扰乱脏腑气机，便成为很多疾病的发病基础，王新陆将其称为血浊。许多现代疾病，如代谢综合征、心脑血管病、糖尿病、肥胖症、高脂蛋白血症、痛风等，均有血浊的特征。王新陆创制化浊行血汤，化裁治疗此类疾病，疗效显著。不仅如此，王新陆治疗皮肤科疾病亦常从血浊辨证。曾有一位结节性痒疹患者，双侧手腕后有褐红皮疹伴剧烈瘙痒，以夜间及精神紧张时为甚，几经治疗未见明显效果，王新陆查其舌脉、症状后，认为辨证属血浊、肝郁，予以自创经验方化浊宁肤汤治疗，经治 6 周后患者皮疹及瘙痒消失，获得了较好的效果。血浊理论的提出，丰富了中医学对于血的生理、病理认识及辨治思路，丰富了中医学病因病机学说，为许多现代疾病的诊疗提供了新的思路和方法。同时，血浊理论的提出，使古代文献中抽象的"浊"有了具体而实在的意义，从而为临床治疗提供了更好的标尺，使现代科学与中医学之间具有了一个切实的结合点，促进了临床疗效的提高，为中医现代化提供了方向。

　　2020 年伊始，在新冠肺炎肆虐全国之际，王新陆临危受命，出任山东省疫情防控指挥部医疗救治中医药专家组组长，指出"现代抗疫，西医在治疗中可以有效地纠正湿毒疫病患者的电解质紊乱问题，从而开拓了我们在瘟疫治疗、抢救中使用人参、附子这一类益气、健脾、温阳药物的新领域，取得了新经验"，为保障山东省乃至全国人民的生命健康贡献着自己的中医智慧。

　　王新陆在临床用药方面也有自己的独到见解，他把中药现代药理研究成果引入传统组方原则之中，将其称之为"援药"。援，引也。援药，顾名思义，支援、支持之药也。许多中药对某些疾病有十分确切的现代药理作用，可直接作用于靶器官，对主病、主因、主症有针对性治疗作用，配伍到方中能起到迅速缓解病情或改善实验室检查指标的效果，成为方剂的重要组成部分，即君、臣、佐、使、援，构成了新的组方配伍方法。如荷叶、虎杖、山楂、何首乌、泽泻可以调整血脂；苦参、甘松、黄连抗心律失常；黄连、红曲、葛根降血糖等等。恰当使用援药，可直达病所，收到事半功倍的效果。

另外，王新陆还主张把"主神明"的功能归属于脑，指出这并不是异端邪说，而是正本清源，毕竟医圣张仲景也曾说过："头者，身之元首，人神所在。"明清时代对脑主精神、神志的认识就更为明确，李时珍在《本草纲目》中直接提出"脑为元神之府"论；王清任的《医林改错》更是以解剖观察和临床实践为依据，提出"灵性记忆在脑"的说法。可以看出，历代医家对"脑主神明"都有论述，而且随着时代的发展逐步深化。所以，王新陆认为，强化"脑主神明"是有源之水、有本之木，既没有脱离中医藏象理论的核心，也没有被西医改造，而是中医自身在发展，是"继承创新，不离大宗"。

（四）有包容

王新陆积极倡导中医革新和中西医结合，强调医学理论必须联系临床实际，认为中医学是在观察总结宏观变化的基础上发展起来的一门科学，具有自然科学和人文科学的双重属性，是不断向前发展的，可以借助现代科学技术，从中医的理论创新和标准化、规范化入手，进行中医改革。而中西医结合，正是促进中医学向前发展的一个好方式。王新陆同时也深刻地认识到，无论中医还是西医，目标是完全一致的，都是为了治病，都是为了救人，从这一点上来说，中医和西医一定要结合在一起，才能提高临床疗效，福祉归乎于苍生。尺有所短，寸有所长，中医和西医应当取长补短，互相补充。不管是中医，还是西医，如果完全抛弃了对方，都不是科学的态度。

王新陆硕士毕业后，回烟台市中医医院工作多年，在中医临证上积累了丰富的经验，同时积极学习并掌握了系统的西医学知识。他任职烟台市中医医院院长之时，要求医院里的中医医生具有同等级别综合性医院同年资西医医生的现代医学水平。他是这么要求别人的，自己更是身体力行。从医期间他曾赴武汉协和医院等多所著名西医医院进修、学习，西医学功底深厚。他以西医学知识丰富中医，在临证中更加得心应手。

王新陆认为，要正视中西医结合的临床需求，可以把双方的优势互补作为研究的切入点。

一是诊断优势互补。中医可以充分利用西医病因学诊断优势，检查和诊断疾病。例如肝炎、胆囊炎、脂肪肝、胰腺炎、胸腔积液、带状疱疹、肝癌、结肠炎等疾病均可出现胁痛，那么在诊断"胁痛"患者时，就应该利用现代检查手段，区别胁痛究竟由何因所为，这样不仅利于中医走向世界，而且可以帮助临床医师明辨预后，对指导治疗用药也颇多裨益；但如果遇到暂时不能明确诊断的疾病，就要充分运用中医对证候的认识。

二是治疗优势互补。这主要可分为如下几个方面：首先是阶段性合理用药，中医药可以利用辨证论治的优势，对某些疾病提前介入治疗，例如糖尿病、高血压等疾病的早期阶段，可以用中药补偏救弊，燮理阴阳，调整脏腑，以达到未病先防、有病早治的目的。其次是用中药来对抗某些西药的毒副反应，例如中药可以减轻激素的副反应、缩短撤减时间，减轻化疗药物的毒副反应，增强放化疗患者体质，提高生活质量等。再次是联合用药，中西药各有其作用环节和优势，可采取联合用药的方法，以达到增效的目的。

王新陆传承近代著名医家施今墨先生辨病与辨证相结合的学术思想，指出"中医只有症状学而没有疾病学"。针对此问题，他提出可以充分运用中医学辨证论治的优势，以现代医学疾病分类学为纲，总结现代医学各种疾病的证候规律和特点，这是中西医结合的一条值得探索的临床途径。其代表性著作《王新陆中医内科治疗经纬》正是按照西医对疾病的分类和命名进行表述的，这种方法既可保持和发扬中医特色，又可促进中医的规范化和中西医结合。沿此方向不断努力，逐步总结出现代医学中每一种疾病的证候规律特点，中西医之间的共同语言就会越来越多，中西医才能实现真正的融合。中医和西医都是以人体为研究对象的医学科学，只不过是认识疾病的角度、方法和对疾病本质的理解等存在较大区别，但二者的出发点和目的是相同的，研究客体也一致，因此，其互补性是必然的。整体和局部的结合肯定是一个完美的结果。换句话说，中西医结合不仅是可行的，而且其结合可以提高人类生存水平。

三、学术之精

王新陆注重经典，着眼现代，勤于临证，精于思辨，继承发扬先贤博采众长、革新中医之思想，秉承继承创新、不离大宗之宗旨，与时偕行，屡立新说。如王新陆认为中医学具有自然科学和人文科学的双重属性，中医学是不断发展的，可以借助现代科学技术，从中医的理论创新和规范化、标准化入手促进中医现代化和中西医结合的发展，因而提出"继承创新，中西并重"的学术思想；王新陆提出无症状性疾病的诊断与治疗是中医疾病治疗史上一个新的里程碑，标志着在疾病的治疗方面由显性疾病向隐性疾病转变，由疾病成熟期治疗向疾病早期治疗的转变，具有深远的意义，由之而创立"无证可辨、化浊为先"的学术思想；王新陆指出"时病"即"时代病"，也就是现代疾病，泛指由环境污染、精神因素、不良生活方式导致的疾病，《伤寒论》是第一部也是唯一一部将经学与经方有机结合的不朽巨著，我们当秉承发展、灵活运用，由之而提出"经方活用、论治时病"的学术思想；王新陆认为肝肾阴虚作为中风病发生的肇病之基，贯穿了本病的整个病程，并与本病的复发及病后脑髓功能的迁延难复等均有着密切关系，因此，应重视加强对肝肾阴亏的中医药干预研究，由之而提出"滋补肝肾、论治中风"的学术思想；王新陆认识到，随着中药现代药理研究的深入，大大丰富了我们对中药性能的了解，许多中药有非常确切的药理作用，配伍到处方中，能明显提高疗效，改善实验室检查指标，但又无法用传统的中药理论来解释，因此提出"援药"理论，创立"古药新理，活用援药"的学术思想。

（一）继承创新，中西并重

王新陆既秉承经典，传承张元素、李东垣、张锡纯、施今墨等医家治疗内科杂病的学术渊源和临证精华，又着眼当代，师古而不泥古，独立思考，大胆创新，指出："在现代科学背景下，中医基础理论的研究仍须重视中医的传统研究方法，立足于临床，根据疾病谱系的改变，遵循中医理论与固有的规律，运用中医的方法研究中医，推动中医学术的发展，实现理论的创新。"所以现代中医理论的发展应建立其主体性，这种发展的特点可见于以下几方面。

从发展的起点看，不受经验范围之限制，可启于中医经验未达之任何领域，可启于理论进一步发展的需要，也可启于解决理论在逻辑上不完善性之需要；从发展的目标看，不受解释经验之限制，而在于更深更广地把握医学有关事物的内在、本质规律，并在此基础上提出超出经验范围的预测，产生超出经验范围的应用技术。故研究主题也不限于"某某证（药、治法、经络等）的机理研究"，而多是"人体生理（病理、药理、遗传等）学研究"。在理论知识体系对于经验知识体系上，应着重"求异"，并发挥前者对后者的判别、改造功能。

基于以上认识，王新陆从整体观念出发，综合考虑了医学、现代科学和社会发展的现状，遵循辨证论治的原则，提出了对疾病防治具有现实意义的"血浊"理论，并广泛应用于临床，取得了良好的效果。

王新陆积极倡导中医革新和中西医结合，强调医学理论必须联系临床实际，认为中医学是在观察总结宏观变化的基础上发展起来的一门科学，具有自然科学和人文科学的双重属性，是不断向前发展的，可以借助现代的科学技术，从中医的理论创新和标准化、规范化入手，进行中医改革。而中西医结合，正是促进中医学向前发展的一个很好方式。

（二）无证可辨，化浊为先

无症状性疾病是指化验检查或特异性检查发现异常，能够确诊疾病，但患者无明显自觉症状或体征的一类疾病。

近年来，随着社会的发展，医学研究不断深入，诊疗手段日臻完善，人们的健康意识也逐渐增强，越来越多的无症状疾病得以明确诊断。如无症状脑梗死患者可能完全没有临床症状，只在头颅 CT 或 MRI 检查时意外发现；早期的高尿酸血症患者可以没有关节炎、痛风症等临床症状，而仅表现为血尿酸增高；无症状心肌缺血患者的心电图出现缺血性 ST-T 改变，但临床无心绞痛发作；肾病综合征患者除有尿蛋白、血脂等实验室指标异常外，无任何临床症状；临床所见的无症状性糖尿病、高血压病等，更是比比皆是。无症状疾病在临床中呈现一种逐渐增多的趋势，成为当前中医临床研究的重要课题之一。

无症状性疾病的诊断与治疗是疾病治疗史上一个新的里程碑，标志着在疾病的治疗方面由显性疾病向隐性疾病转变，由疾病成熟期治疗向疾病早期治疗的转变，具有深远的意义。

首先，促进病因学的发展。无症状疾病的诊断要求于疾病的早期必须做出明确诊断，因此，这就给病因学的研究提出了更高的要求。近年来，随着社会的变革和时代的前进，人们的生活水平和生存环境也在改变，人类的疾病谱发生了很大变化，心脑血管病、肿瘤、糖尿病、肝炎等心身疾病发病率明显增高，精神、心理、社会、环境、不良生活习惯引起的疾病越来越受到重视，现代疾病的病因随之而产生了改变，不良生活习惯、情绪改变、污染等成为现代疾病的主要病因，病因模式也发生了改变，因此，对这些病因的研究同样需要运用新的方法和思路。

其次，促进诊断技术的进步。无症状疾病的诊断要求诊断手段更先进、诊断方法更完善、诊断层次更精深，要求在疾病萌芽时期就能够做出明确的诊断。近代医学生物学、基因组学等的发展，为无症状疾病诊断开拓了新的领域，无论在深度和广度上都取得了前人无法比拟的进展。实验检测方法、微观医学、统计分析能力的进一步提高，使无症状疾病的诊断更加明确。同时，无症状疾病的诊断也要求在技术上吸收信息、体质判断、微观分析、影像学检查、病理、药理、生理、时空动态监测随访、环境医学分析、分子流行病学、临床病例分析、生物反馈、实验模型分析、人类基因生物芯片测序等新的方法，使其更加完善。

再次，开辟治疗学的新领域。无症状疾病诊断范围的不断扩大，使我们不断发现前人没有发现的疾病或疾病早期状态，如无症状糖尿病、无症状心肌缺血、高血脂、脂肪肝、无症状高血压、无症状慢性乙型肝炎、无症状蛋白尿、早期恶性肿瘤等。过去许多临床不能发现或不能诊断的疾病，现在已经能够早期诊断、早期发现，大大扩展了临床治疗范围。

基于以上认识，通过大量临床实践，王新陆提出了"血浊"理论，认为血浊是指血液受体内外各种致病因素影响，失却其清纯状态，或丧失其循行规律，影响其生理功能，因而扰乱脏腑气机的病理现象，充分借助现代科技手段的早期诊断，确立血浊的诊断标准和五大证候类型，并对应研制了清除血浊系列方，使中医治疗疾病的重心大大前移。

血浊理论的提出，为中医现代化提供了方向。理论表述的现代化是中医现代化的重要组成部分，但更重要的是要有临床效果，能治现代病才是中医现代化，从某种意义上讲，运用某种手段能较好干预和治疗现代疾病就是中医现代化。对于血浊理论进行研究有非常广阔的发展空间，是真正能够促进中医现代化的重要路径之一。现代科学的研究丰富了中医的诊疗手段，将各种现代检测手段应用于中医临床，延伸了中医传统望闻问切的"触角"，使古代文献中抽象的"浊"有了具体而实在的意义，从而为临床治疗提供了更好的标尺，使现代科学与中医具有了一个切实的结合点，促进了临床疗效的提高，实现了中医现代化。

同时，血浊理论的提出为中西医结合提供了可行路径，把宏观医学与微观医学有机结合，为中医科研提供了更广阔的思路与空间，为中西医理论结合提供了可能。血浊理论的提出符合中医的固有规律，为中医临床治疗许多现代疾病提供了思路，并且已经成为当代临床医生的共识，极具现实意义，必将提高诸多现代病的中医临床疗效。

（三）经方活用，论治时病

自古至今，与时病相关的概念大致有时行病、时疫病、时令病等。

"时行"一词首见于晋·王叔和的《伤寒例》，文中提出，"此非其时而有其气，是以一岁之中，长幼之病多相似者，此则时行之气也"。王氏以六淫作为外感病的病因，并分四时正气和时行之气为病两大类。所谓时行之气，即非其时而有其气，如春应暖而反大寒，夏应热而反大凉，秋应凉而反大热，冬应寒而反大温，这是与四时正气相对而言的反常的四时气候变化。时行病由时行之气所致，都系感而即发，概属新感范畴。至隋朝，巢元方的《诸病源候论·时气病诸侯》始见有关"时行病"的论述，提出"时气""时行病""时行伤寒"等名词。巢元方认为"时行之气"是一岁之中，四时之间，忽有非时之气，一气之至，其伤人也，长少虽殊，而病皆相似，故名"时气"或"时行之气"，也称"天行"，言此时通行此气而为病之意。感受此非时之气而发的病则称为"时行病"或"时气病"。指出时行之气具有较强的传染性，并提示时行病既不同于"冬伤于寒，春必病温"的温病，又不同于"冬时严寒，触冒伤寒"的伤寒，是感受时行乖戾之气而发生的流行性疾病。

时疫病，见于明·吴又可的《温疫论》。时疫即温疫。吴氏不认为时疫为时行之气所致，他说："病疫之由，昔以为非其时有其气……得非时之气，长幼之病相似以为疫。余论则不然。"在他看来，四时气候反常，亦是天地之常事，并非病疫之由。时疫所感受的乃是六淫之外，"天地别有一种戾气"。这样他通过对王氏观点的否定，从而亦就否定了"六淫"致疫的假说。"戾气"亦名"疫气"或"疠气"，因此气之来，无论老少强弱，触之即病，故时疫具有强烈的传染性，此说与巢氏所见相同。

晚清·雷丰的《时病论》提出了"时病"的概念并对其进行了专门论述。"时病者，乃感四时六气为病之证也，非时疫之时也。"正由于《时病论》专论时病，故"一切瘟疫概不载入"。但不排除寒疫、疫疟。原因是瘟疫为"天地之厉气"，寒疫、疫疟乃"反常之变气"。其所以名疫，不过因"众人之病相似"之故。所以，雷氏所论时病，应包括四时正气为病与非其时而有其气为病两大类，但以前者为主。且既有新感，也有伏气。雷丰的《时病论》专论时病，指四时感受六气为病，如春季的春温、风温、温毒、伤风等；夏季的泄泻、痢疾、中暑、暑温、热病、疰夏等；秋季的疟疾、湿温、秋燥等；冬季的伤寒、冬温等；以及四季均可见的外感风寒、风热等等，有较高的临床实效，近代医家颇多采用。现今人们所言时病，又称"时令病"，多尊雷丰之论，指一些季节性发生的疾病。

由此可见，时病的内涵是随时代而变迁的。究其原因，就是因为疾病谱系的改变。疾病谱系的改变可以说是临床医学发展的原动力，而中医学是经典的临床医学，中医学的生存和发展根植于临床疗效，临床疗效可以说是中医学的生命力之所在。《易·损》有云"与时偕行"；儒家经典《大学》中也提到，"苟日新，日日新，又日新"；总书记《在中国科学院第十七次院士大会、中国工程院第十二次院士大会上的讲话》中引用了此语，指出"创新精神是中华民族最鲜明的禀赋"。因此，赋予"时病"新的历史含义，就成为王新陆及其弟子重点研究和解决的问题之一。

在现代社会，由于医学的发展和生活水平的提高，自然界风、寒、暑、湿、燥、火六淫致病渐退其次，疠气致病也在很大程度上得到控制，现代致病因素已转向环境污染、精神因素、不良生活方式三大致病因素。病因的变迁，导致疾病谱系产生改变，因此，王新陆给"时病"赋予新的含义，即"时代病"，也就是现代疾病，泛指由环境污染、精神因素、不良生活方式导致的疾病。这些疾病病位主要在脑和血，病机主要是情志内伤及血浊不清，包括呼吸道感染、高血压、冠心病、糖尿病、肥胖症、高尿酸血症、血液病、各种肿瘤等，以及很多神经精神疾病。对新概念下的

"时病"，亦即"时代病"进行研究，有助于赋予中医学新的生命力，提高疗效。同时，对"时代病"进行广泛而深入的研究，厘清其病因、病机，规范其治法和方药，挖掘其疾病发展规律，有非常重要的现实意义。

《伤寒论》是目前第一部也是唯一一部将经学与经方有机结合的不朽巨著，当继承发展、灵活运用，因而王新陆提出"经方活用，论治时病"的思想。活用之法归纳有五。

（1）直接使用法：即辨方证，方以类从，证随方到，临床按证求方。

（2）原方出入加减法：或因原方不能尽表其意，或是病机虽似，但症多有出入，稍事加减，其效更佳。

（3）经方合用法：古方不能尽治其病，多个经方叠用以取效，如柴胡桂枝各半汤之意可现。

（4）经方与他方合用法：或致病因素复杂多变，或原方力量稍显不足，或病理产物难以消除，或病程缠绵不愈，运用此法，每收良效。

（5）经方与西药并用法：着眼中西医合用之现实，趋利避害，各取所长。

（四）滋补肝肾，论治中风

中风病基本病机以肝肾亏虚为本，以风、火、痰、瘀为标，长期以来，对于化痰活血等治标的中医治法方药研究众多，但对于中风急性期过后的肝肾亏虚证治疗则被忽视，亦缺乏相应的方药研究支持，影响了中风病恢复期及后遗症期的治疗效果。王新陆经过长期的临床实践，在确立肝肾亏虚为中风病恢复期及后遗症期基本病机的基础上，深入探讨中风病脑髓损伤背景下的肝肾亏虚调治特点，总结出阴阳双补、温运督脉、酌用血肉有情之品和风药三大规律，并据此成功研制复健片，同时开展深入系统的实验基础研究。

王新陆认为，肝肾阴亏是缺血性卒中的基本病机。从病因来讲，缺血性卒中病因虽多，如情志失调、环境污染、饮食失宜、久病劳损、年老体衰等，但每一种原因均能引起肝肾不足，阴阳失调。从病机来讲，缺血性卒中的发病机理可因人体禀赋不同、生活条件各异，其病理变化亦不尽相同，但归纳起来不外风、火、痰、气、血、虚六端，且此六者均可因肝肾阴亏而变生或加重，其结果导致阴亏更甚。不仅如此，肝肾阴亏还可由于多种病理因素的产生，导致脑脉痹阻、脑神功能失常而发为中风，引起诸症变生。另外，中风病急性期过后，标实渐伏，本虚之象渐现，一因中风日久，风火之邪劫伤阴液而使肝肾阴亏更甚；二是中风病治疗过程中，各种祛风化痰活血药多辛香温燥，易耗伤阴液，致使肝肾阴亏更为明显。肝肾阴亏又可影响血脉、脑髓的功能，使诸症迁延难愈，成为痼疾顽症。总之，肝肾阴虚作为中风病发生的肇病之基，贯穿了本病的整个病程，并与本病的复发及病后脑髓功能的迁延难复等均有着密切关系。

因此，对于缺血性卒中的治疗，根据"精不足者，补之以味"（《素问·阴阳应象大论》）、"损其肝者缓其中，损其肾者益其精"（《难经·十四难》）等原则，当以滋补肝肾为基本治法。选用自拟方"复健片"加减，药凡5味，由何首乌、桑寄生、草决明、海马、淫羊藿组成，寥寥数味，相辅成功。补肝肾、调气血、和阴阳，用于卒中之治疗，万全无弊，充分凸显本方靶向明确、阴阳并举、肝肾同补、峻缓适宜的配伍特色。

总之，补益肝肾不仅是缺血性卒中治本之法，而且有利于各种病理因素的祛除。滋补肝肾可使脑髓得养，肾精充足，则神机得复，智力、言语障碍可减轻；且肝肾精血充足则筋骨得以濡养，可使瘫肢运动功能改善，并使风、火、痰、气、血等病理产物消除，诸症渐减而提高患者的生活质量。

（五）古药新理，首创援药

几千年来，中医的临床处方用药一直遵循着《内经》所言的七方十剂原则，君、臣、佐、使已经成为组方的圭臬，这使我们在临床中有了严格的组方规范。但随着时代的发展，组方原则也在丰富和发展，特别是近年来随着中药现代药理研究的深入，大大丰富了我们对中药性能的了解，同时已经认识到许多中药有非常确切的药理作用，配伍到处方中，能明显提高疗效，改善实验室检查指标，但又无法用传统的中药理论来解释。为此王新陆提出援药的概念，以期丰富和规范组方原则。

援药，顾名思义，支援、支持之药也。《说文解字》讲："援，引也。"其意更为贴切。援药的定义应该是现代药理研究证实，可直接作用于靶器官，对主病、主因、主症有明确治疗作用的药物，这一类药物与君、臣、佐、使共同成为方剂的重要组成部分（即君、臣、佐、使、援），形成新的组方配伍方法。援药理论的提出，丰富了组方理论，恰当使用援药，可直达病所，收到事半功倍的效果。

临床可作为援药使用的药物很多，在《王新陆中医内科治疗经纬》《血浊论》两书中，王新陆对浩如烟海的现代药理研究文献进行了细致的梳理和反复的研究，并结合自身的临床应用体会，本着精练、实用的原则，从中筛选出适用于不同疾病的主要援药，以期对提高临床常见疾病的疗效有所裨益。需要指出的是，临证使用援药之时当注意其药理作用的确切性，切不可盲目堆砌。

四、专病之治

（一）血浊

血浊是指血液受体内外各种致病因素影响，失却其清纯状态，或丧失其循行规律，影响其生理功能，因而扰乱脏腑气机的病理现象。换言之，血液流变学异常、血液中滞留有害代谢产物及循行障碍等皆可称之为血浊。从其定义可以看出，血浊是一个全新的中医病理学概念，其病位在血。这里主要包括两层含义：一是血的构成物质发生了质或量的改变；二是血的正常循行状态发生了改变。

血浊是对血的运行与功能异常的高度概括，血浊不仅是各种现代疾病的重要病理基础，形成之后又能作为继发性致病因素，加重其病理变化，与现代疾病的发生、发展及预后有着极为密切的关系，清化血浊可以达到未病先防、既病防变的目的，具有非常重要的预防医学意义。明确血浊的辨证与治疗，有利于深入研究血浊证的本质，寻求治疗现代复杂病的新途径，从而提高临床防治效果。

1. 血浊的临床表现特点

血浊是一种病理状态，但又可以作为一种继发的病因导致诸多疾病的发生。而证是疾病发生发展过程中某一阶段或某一类型的病理概括，根据证的概念，我们可以把血浊导致的病理状态定义为"血浊证"。

浊有秽浊、污浊之意，所以血浊致病导致的临床征象有如下特点。

（1）头昏沉，首如裹：如《格致余论·生气通天论病因章句辩》曰："首为诸阳之会，其位高而气清，其体虚，故聪明得而系焉。浊气熏蒸，清道不通，沉重而不爽利，似乎有物以蒙冒之。"血浊致病，常导致头脑昏沉、头重如裹的症状。

（2）口气或呼气秽浊：如《太清调气经》曰："既有浊气，如何察知？凡夜睡皆缘口合，则五脏气塞壅，即在喉中，每至睡觉时大开口察量，即有荤秽之气，自不堪闻，因此察知，即知气浊恶也。"血浊致病，常出现口气秽浊、口臭、口中黏腻等症状。

（3）面色粗黄晦暗、油腻：血浊上蒸头面，可见面部皮肤油腻、粗黄晦暗、毛孔粗大、有痤疮等症状。

（4）舌苔黏腻：舌苔由胃气上蒸所生，若浊邪内蕴，随之上泛，导致舌苔黏腻。

（5）形体肥胖：水谷精微不化，沉积体内，是为血浊，易导致形体肥胖。

（6）分泌物或排泄物秽浊不清：血浊存于体内，可随大小便、汗液及其他分泌物排出体外，若浊邪内蕴，则大小便、汗液及其他分泌物秽浊不清，导致小便混浊、大便黏滞不爽、汗液黏腻等症状。

（7）相应化验指标异常：血浊的最初阶段，可能无明显症状或外在体征，如果血液化验指标异常，亦是血浊的重要征象。

此外，血浊影响到脏腑、组织、经络、官窍的功能，会出现相应的症状或体征。

2. 血浊的辨证分型

（1）基本证候

主症：形体肥胖，头脑昏沉，肢体怠惰，嗜卧少动，分泌物或排泄物秽浊不清（包括大便黏滞不爽、小便混浊、汗液垢浊等）；或伴有胸闷脘胀，恶心纳呆，皮肤油腻，面垢眵多。舌质暗，舌体胖，舌苔滑腻，脉滑或涩。

血的运行无处不到，浊亦随之上下内外，故人身各处，举凡脏腑经络、头面胸腹、四肢百骸均有出现血浊的可能。浊邪污血，水谷不化，沉积体内，故而形体肥胖。血浊易影响血液的化神功能，伤及脑窍，故而头脑昏沉。浊邪伤人，有沉重、附着的特点，故而血浊易导致肢体怠惰，嗜卧少动。浊有秽浊之意，故血浊为患，易出现分泌物或排泄物秽浊不清的特征，血浊在上，则面垢眵多；浊邪下注，则小便混浊；浊滞肌肤，则皮肤油腻，汗液垢浊。浊性黏滞，浊滞大肠，易导致大便黏滞不畅、口中黏腻、舌苔滑腻等症状；浊易阻气机，故而胸闷脘胀，恶心纳呆；气机失畅，影响血液运行，则舌质暗、脉涩；影响水液代谢，则舌体胖。浊为阴邪内盛，实邪壅盛脉中，故见滑脉，正如《素问·脉要精微论》云："滑者，阴气有余也。"

兼症：血浊可以广泛伤及脏腑功能，导致脏腑功能失调，病位不同，相应兼症亦有区别。血浊及脑，血不化神，则善忘呆钝，语謇肢瘫；血浊及心，血不养心，则心悸怔忡，胸闷胸痛；血浊及肺，宣降失司，则咳嗽气喘，胸闷咯血；血浊及肝，疏泄失职，则烦躁易怒，胀痛积瘕；血浊及脾，运化不能，则腹胀腹痛，纳呆便溏；血浊及肾，藏精不固，则阳痿遗泄，耳鸣头空；浊血久滞，搏结渐积，则致癥瘕癌肿。

（2）复合证候

气滞血浊：多由于情志不舒、忧郁悲伤、思虑过度等精神因素；或病理物质阻塞，阴寒凝滞；或脏气虚弱，运行乏力而致。除血浊证的基本表现外，兼见胸胁脘腹胀闷疼痛，或走窜疼痛，症状随情绪变化而增减，脉弦等。

热毒血浊：多由于热毒污血，或气滞化火，或津亏虚热，或痰湿生热而致。除血浊证的基本表现外，兼见口渴欲饮、烦躁不宁、面红目赤、尿黄便结、舌红苔黄、脉数等。

寒客血浊：多由于寒邪内侵，或阳虚生寒，或寒饮内停而致。除血浊证的基本表现外，兼见口淡不渴、肢冷蜷卧、面色淡白、尿清便溏、舌淡苔白、脉迟等。

痰湿血浊：多由于脏腑功能失调，气化不利，水液停聚；或外感湿邪，留滞体内；或火邪伤人，煎灼津液；或恣食肥甘，湿浊内生；或七情内伤，气郁水停而致。除血浊证的基本表现外，兼见肢体困重、胸脘痞闷、呕恶纳呆、头晕目眩、咳嗽痰多、舌苔腻、脉滑等。

正虚血浊：多由于机体阴阳、气血、津液、精髓等正气亏虚所致。除血浊证的基本表现外，兼见各种正气亏虚的表现。血虚可见面色苍白或萎黄无华，唇色淡白，头晕眼花，心悸失眠，手足麻木，月经量少或延期闭经，舌质淡，脉细无力；气虚可见少气懒言，语声低微，疲倦乏力，自汗，舌淡脉弱；阴虚可见潮热颧红，咽干唇燥，手足心热，尿赤便结，舌红少苔，脉细数无力；阳虚可见形寒肢冷，面色㿠白，口淡不渴，小便清长，大便溏稀，舌淡苔白，脉弱等症。

3. 血浊的治法方药——化浊行血汤

（1）该方是辨治血浊的基本方药：《灵枢·逆顺肥瘦》曰："血浊气涩，疾泻之，则经可通也。"可见，浊之在血脉，尤污物之在江河。欲去江河之污物者，必疏通河道；欲除血中之浊者，须采用清化通利之法，浊去则经脉通畅。因此，血浊证的基本治法是清化血浊。清，使之纯净、洁净之意，唯有清，才能使血液清纯，恢复其应有的功能状态；化，使其性质或状态改变之意，唯有化，才能使血液中的污浊之物、有害物质祛除。但考虑到血浊既成，不仅影响血液的清纯状态，亦必将影响血液的循行状态，导致血液循行迟滞等病理改变，故而拟方化浊行血汤针对血浊证的基本证候进行治疗。亦即在清化血浊的基础上，本着"先安未受邪之地"（叶天士《温热论》）的原则，适当选用行血之药以起到"见血之浊，当知血之滞，故先行其血"的目的。

（2）组方分析

组成：荷叶 15g，焦山楂 30g，决明子 30g，赤芍 15g，制水蛭 9g，酒大黄（酒军）6g，路路通 15g，虎杖 30g，菊苣 9g。

功效：清化血浊，行血畅血。

主治：血浊证。

用法：每日 1 剂，每剂煎 2 次，共滤出煎液 400mL，饭后半小时服用 200mL，早晚各 1 次。

方解：方中荷叶、决明子、焦山楂三药，其功均善清化浊邪而为君。荷叶味苦、涩而性平，入脾、胃经。能升阳利湿化浊，通利小便。清阳得升则浊阴自降，湿邪得利则血浊可清。决明子味甘、苦，性微寒，入肝、肾、大肠经，能清肝明目，通便祛浊。《药性论》曰："利五脏，除肝家热。"《医林纂要》谓之："泻邪浊。"两药合用，通利二便，前后分消，共奏化浊之功。焦山楂味酸、甘，性微温，入脾、胃、肝经，入血分而活血散瘀，化浊消积。既能化浊，又能行血。《本草纲目》谓之："化饮食，消肉积，癥瘕痰饮，痞满吞酸，滞血痛胀。"三药均为平和之品，化血浊，行血脉，而又无耗阴伤血之虞，共为君药。

制水蛭、酒大黄、赤芍三药为臣药。水蛭味咸、苦，性平，入肝经。咸入血走血，苦泄结，咸苦并行，故能助山楂行血通脉，又能破浊血恶血。其性亦缓，如《神农本草经百种录》认为："水蛭最善食人之血，而性又迟缓善入，迟缓则生血不伤，善入则坚积易破，借其力以攻积久之滞，自有力而无害也。"同时，《神农本草经》（简称《本经》）谓其"利水道"，又有利于泻浊邪。酒大黄味苦，性寒，入脾、胃、大肠、肝经。酒制大黄功善入血，泻下攻积，清热解毒，活血祛浊。《药品化义》谓之："气味重浊，直降下行，走而不守，有斩关夺门之功。"《本草纲目》云："大黄……泻脾胃血分之邪，而降其浊气。"赤芍味苦，性微寒，入肝经，功善清热凉血，散瘀止痛。《名医别录》谓其："通顺血脉。"《药性论》言其："治肺邪气……血气积聚，通宣脏腑拥气……强五脏，补肾气，治心腹坚胀，妇人血闭不通，消瘀血。"三药同用为臣药，共行化浊活血之功以助君药之效。

路路通、虎杖、菊苣三味为佐药。浊邪客于血脉，随脉道通行全身，十二经脉无处不到。因此，方中选用路路通"通行十二经穴"（《本草纲目拾遗》），通引君臣药直达病所，用以为佐助药，且路路通味苦，性平，本身即有利水除浊之功。虎杖味苦，性寒，入肝、胆经，功能活血化浊，清热利湿解毒。《名医别录》云："主通利月水，破留血癥结。"《药性论》谓之："治大热烦躁，止渴，利小便，压一切热毒。"尤善用于血浊郁而化热者。菊苣味微苦、咸，性凉，入脾、肝、膀胱经，功能清肝利胆，健胃消食，利尿消肿。《中华本草》介绍其功能主治是："主湿热黄疸，肾炎水肿，胃脘胀痛，食欲不振。"《新疆中草药手册》讲："清肝利胆。治黄疸型肝炎。以菊苣三钱，水煎服，并用适量煎水洗身。"以上三味，以通为用，利水泄热化浊，共助君臣而为佐药。

化浊行血汤九味药相伍，效专力宏，靶向明确，共收清化血浊、行血畅血之效。

（3）分型应用：血浊日久，可损伤人体正气，并能化生气滞、痰湿、寒凝、瘀血、热毒等，故可加扶正、理气、化痰、温阳、活血、解毒之品，以做到随证加减，灵活运用。

①气滞血浊：除血浊基本证候的表现外，可兼见胸胁脘腹胀闷疼痛，或走窜疼痛，症状随情绪变化而增减，脉弦等症。

其治法为行气化浊，在化浊行血的基础上加入既入血分又入气分的郁金和香附，以助行气散滞之功。方用行气化浊汤，该方由荷叶、焦山楂、决明子、赤芍、制水蛭、酒大黄、路路通、虎杖、郁金、香附组成。临床应用时还可根据不同部位、病因和病情，选择相应的药物适当加味以加强疗效。如气滞血浊所致头痛、风湿痹痛，可加用川芎；癫痫痰闭、黄疸胆石，可加大郁金用量；中风肢瘫、风湿痹痛，可加用天仙藤；胸痹胁痛、脘腹胀痛，可加用延胡索或甘松；胁痛腹痛、乳房胀痛，可加大香附用量或加用荔枝核；胸痹、痛经，可加用五灵脂；风湿痹痛，可加用姜黄；疮疡痈肿，可加用乳香、没药。

②痰湿血浊：除血浊基本证候的表现外，尚可见肢体困重、胸脘痞闷、呕恶纳呆、头晕目眩、咳嗽痰多、舌苔腻、脉滑等症。

其治法为祛痰化浊，在化浊行血的基础上加入化痰祛湿之厚朴、草果。方用祛痰化浊汤，该方由荷叶、焦山楂、决明子、赤芍、制水蛭、酒大黄、路路通、虎杖、厚朴、草果组成。临床应用时还可根据不同部位、病因和病情，选择相应的药物。如痰湿血浊所致的瘰疬痰核、肿瘤毒疮，可加用猫爪草；瘿瘤痰核、呕吐结胸，可加用半夏；瘿瘤痰饮、乳房肿块，可加用海藻；肢体麻木、关节肿痛，可加用白芥子；咽痛咳喘、肠燥便秘，可加用罗汉果；咽喉肿痛、疮疡肿毒，可加用黄药子；胸痹眩晕、肺虚咳喘，可加用银杏叶；咯血吐血、痈疽痔疮，可加用海浮石；脘腹冷痛、呕吐泄泻，可加大草果用量；脘腹胀满、痰饮喘咳、气滞便秘，可加大厚朴用量。

③寒客血浊：除血浊基本证候的表现外，尚可见口淡不渴、肢冷蜷卧、面色淡白、尿清便溏、舌淡苔白、脉迟等症。

其治法为散寒化浊，在化浊行血的基础上加入味辛而性温热，善走脏腑或入血分而温里祛寒的鸡血藤、泽兰、吴茱萸、炮姜，以行温里散寒之效。方用散寒化浊汤，该方由荷叶、焦山楂、决明子、制水蛭、路路通、鸡血藤、泽兰、吴茱萸、炮姜组成。临床应用时还可根据不同部位、病因和病情，选择相应的药物加味以加强疗效。如寒客血浊所致的风湿痹痛、肢体瘫痪、手足麻木，可加大鸡血藤用量；血瘀经闭、水肿腹水、痈肿疮毒，可加大泽兰用量；痛经出血、脘腹冷痛，可加大艾叶用量；胃寒呕吐、脾虚久泻，可加用灶心土；胃痛吐酸、脾肾虚泻，可加大吴茱萸用量；腹痛腹泻，可加大炮姜用量；腰膝冷痛、神疲阳痿、五更泄泻，可加用附子；少腹冷痛、寒疝痛经、脱疽溃烂，可加用肉桂；疝气疼痛、小腹癥瘕，可加用胡芦巴；口舌㖞斜、风痰头痛，可加用白附子。

④热毒血浊：除血浊基本证候的表现外，尚可见口渴欲饮、烦躁不宁、面红目赤、尿黄便结、舌红苔黄、脉数等症。

其治法为清热化浊，在化浊的基础上加入药性偏寒，而又偏入血分的玄参、紫草，以行清热之效。方用清热化浊汤，该方由荷叶、焦山楂、决明子、赤芍、制水蛭、酒大黄、路路通、虎杖、玄参、紫草组成。临床应用时还可根据不同部位、病因和病情，选择相应的药物加味以加强疗效。如热毒血浊所致的津伤咽痛、瘰疬痈肿，可加大玄参用量；肠燥便秘、内热消渴、骨蒸潮热，可加用生地黄；血滞经闭、痈肿疮毒，可加用牡丹皮；肝郁胁痛、痛经闭经，可加大赤芍用量；月经不调、血瘀心痛、心悸失眠，可加用丹参；疮疡湿疹，可加大紫草用量；湿疹疥癣、黄疸便血、小便不利，可加用苦参；痈疮肿瘤、热淋涩痛，可加用白花蛇舌草；癥瘕积聚、风疹皮癣、瘙痒痤疮，可加用凌霄花；淋浊带下、杨梅毒疮，可加用土茯苓。

⑤正虚血浊：除血浊基本证候的表现外，可兼见各种正气亏虚的表现。若气虚则可兼见少气懒言，语声低微，疲倦乏力，自汗，舌淡脉弱；若血虚则可兼见面色苍白或萎黄无华，唇色淡白，头晕眼花，心悸失眠，手足麻木，月经量少或延期闭经，舌质淡，脉细无力；若阴虚则可兼见潮热颧红，咽干唇燥，手足心热，尿赤便结，舌红少苔，脉细数无力；若阳虚则可兼见形寒肢冷，面色㿠白，口淡不渴，小便清长，大便稀溏，舌淡苔白，脉弱等症。

其治法为补虚化浊，在化浊行血的基础上加入绞股蓝和红景天，具有扶助正气、补益精微的作用。方用补虚化浊汤，该方由荷叶、焦山楂、赤芍、制水蛭、路路通、虎杖、绞股蓝、红景天组成。临床应用时还可根据不同脏腑病变部位、病因和病情，选择相应的药物加味以加强疗效。如正虚血浊所导致的肺虚咳嗽、脾虚纳呆、热毒肿瘤，可加大绞股蓝用量；脾虚带下、血虚血瘀、阴虚咳嗽，可加大红景天用量；神衰盗汗、劳嗽咯血，可加用冬虫夏草；阴虚肺燥、脾胃虚弱、肾精亏虚、内热消渴，可加用黄精；胸痹心痛、心悸怔忡、虚烦失眠，可加用紫丹参或炒酸枣仁；肝肾阴虚及早衰诸症，可加用枸杞子；血虚诸症，可加用熟地黄；阳痿遗尿、肾虚喘嗽、癥瘕积聚，可加用海马；阳痿遗精、腰膝酸痛、久咳虚喘、五更泄泻、夜尿频多，可加用补骨脂或益智仁；崩漏带下、虚性阴疽，可加用鹿角胶。

另外，在血浊证的临床治疗之时，还应该充分注意病证结合的原则，根据不同的疾病，配合适当的治疗方法，必要时可选择恰当的援药，以提高临床疗效。

（二）新冠肺炎

自 2020 年新冠肺炎疫情发生以来，王新陆担任山东省疫情防控指挥部医疗救治中医药专家组组长，与全省中医药工作者逆行而上，全程介入，精准研判，科学施治，取得了巨大的成绩，为维护山东人民的生命健康贡献中医智慧，为防治新冠肺炎疫情开出了"山东处方"，贡献了山东力量。现就王新陆辨证论治新冠肺炎经验阐述如下。

1. 病因病机

根据本病流行性及传染性特点，新冠肺炎当属中医疫病范围。《说文解字》曰：

"疫者，民皆病也。"《素问·刺法论》亦云："五疫之至，皆相染易，无问大小，病状相似。"病因为感受疫疠之气，是有别于六淫之外的一种特殊致病因素。病因并非一端，属吴又可《温疫论》"杂气"范围，具体疫气性质是湿毒，湿可化热，也可致瘀。后期既可伤阴，也可伤阳。

根据山东省卫生健康委员会（省中医药管理局）的中医药专家对此次疫情2020年初流行情况的分析，该病患者以发热、乏力、干咳为主要表现，少数患者伴有鼻塞、流涕、腹泻等症状，疾病初期出现倦怠乏力、胸闷、脘痞、舌体胖大及边有齿痕、苔白腻、脉濡等征象，可以判断"湿邪"为病变基础。湿邪多从口鼻而入，郁闭肺气；继则郁而化热，湿热交结，疫毒闭肺；甚则热入营血，乃至内闭外脱；病久耗气伤阴，出现肺脾气虚之证。

湿邪为阴邪，最易损伤脏腑阳气，阻滞脏腑气机，《临证指南医案》云："脾宜升则健，胃宜降则和。"内湿、外湿困遏脾阳，使脾气不运、脾阳不升，继而脏腑气机升降失常，出现"清气在下，则生飧泄，浊气在上，则生膜胀"，这与患者胸闷、脘痞、便溏、腹泻等症状相吻合。由于湿性重浊，留滞于脏腑经络，则机体易出现头重如裹、困重乏力、体倦不舒等症状。许多患者的症状以"湿重于热"或"湿热并重"为主，"湿邪"贯穿于整个病程。

湿困脾伤肺，本病以脾、肺两脏的症状较为明显，随着病情的发展亦可波及其他脏腑，甚至发展为危重症。《温热论》云："温邪上受，首先犯肺。"疫毒邪气夹杂寒邪或寒湿、风热之邪侵及人体，从口鼻息道而入，疾病初期卫受邪郁而肺卫失宣，其后因湿邪困脾，水湿内生，湿蕴日久，郁而化热。湿、热、毒之邪壅滞于肺胸部，使肺失宣发肃降，气机升降失常，影响肺的呼吸与宗气生成；机体气机不畅，进一步影响脾运，气不化水，使水湿不化，痰浊内生，阻滞于经络气血，津停气滞，影响气血的化生与运行；气滞则瘀血内生，水湿、疫毒、瘀血进一步加重病情，形成恶性循环。重型病例多在1周后出现呼吸困难，严重者快速进展为急性呼吸窘迫综合征、脓毒性休克、难以纠正的代谢性酸中毒和出凝血功能障碍。疾病后期，因病邪伤阴化燥，阴津耗伤，引起阴虚内热、阴津不足、元阴大伤等病理特征。

由此可见，本病主由脾之湿所生，病位在肺，始于肺卫，进而波及脾胃，侵犯大肠，影响其他脏腑气机。病因以湿邪为主，贯穿疾病的始终，湿与毒结合，病机以"湿、热、毒、瘀、虚"为主，湿毒并感，始以湿证为主，继则毒盛于肺，湿郁化热。病情发展，可因湿热毒致瘀，表现为湿毒互结、虚瘀夹杂等病理特征。

2. 分期论治

王新陆同山东省中医药专家组详细分析了山东省新冠肺炎的临床症状，结合山东地域和气候特点，制定了《山东省新型冠状病毒感染的肺炎中医药诊疗方案》，此方案主要针对成人患者。中医治疗分为医学观察期与临床治疗期两个方面，将以乏力伴肠胃不适为临床表现的患者划入医学观察期诊疗范围；临床治疗期分为初期（寒湿郁肺）、中期（疫毒闭肺）、重症期（内闭外脱）、恢复期（肺脾气虚）、疑似五个证型，根据不同的临床表现，分别给出了不同的中医诊疗方案。值得指出的是，在此次治疗过程中开展了中西医结合治疗，如联合抗病毒药物、抗菌药物和雾化吸入的治疗方式，以提高临床疗效。

（1）医学观察期

临床表现：乏力伴胃肠不适或伴发热。

病机特点：寒邪郁肺，湿滞肠胃。

病情分析：湿邪困脾，脾失纳运，胃失和降，中焦气机不利，气血生化乏源，对四肢肌肉的濡养较弱，湿邪困遏肌表，重着趋下，故见乏力和胃肠功能减退；卫阳因外邪被郁，阻滞肌表卫气的宣发，故见发热征象。

治则治法：化湿醒脾，散寒解表，宣肺理气。

推荐中成药：乏力伴胃肠不适者，用藿香正气胶囊（丸、水、口服液）；乏力伴发热者，用连花清瘟胶囊（颗粒）、疏风解毒胶囊（颗粒）、复方西羚解毒胶囊（片）、苦甘颗粒等。

（2）临床治疗期

①初期：寒湿郁肺证型

临床表现：恶寒发热或无热，干咳，咽干，倦怠乏力，胸闷，脘痞，或有纳呆、呕恶、便溏。舌体胖大、边有齿痕，舌质淡或淡红，苔白腻，脉濡。

病机特点：湿邪壅肺，肺胃失常。

病情分析："温邪上受，首先犯肺"，寒湿初犯肌表，卫阳被郁，肺失清肃，肺布津能力下降，证见恶寒发热或无热、干咳、咽干；湿邪困遏脾阳，"肺病湿则气不得化"，湿邪阻滞于心胸脾胃，影响心、肺、脾功能，故见胸闷、脘痞、纳呆、便溏；舌脉可见脾虚湿滞之征象。

治则治法：化湿健脾，散寒理肺，祛邪扶正。

推荐方药：达原饮加减。苍术 15g，陈皮 10g，厚朴 10g，藿香 10g，草果 6g，生麻黄 6g，羌活 10g，生姜 10g，槟榔 10g。

辨证加减：口咽干燥重者加知母 10g，白芍 10g。

②中期：疫毒闭肺证型

临床表现：身热不退或往来寒热，咳嗽痰少，或有黄痰，腹胀便秘，胸闷气促，咳嗽喘憋，动则气喘。舌质红，苔黄腻或黄燥，脉滑数。

病机特点：邪毒内郁，湿热壅盛。

病情分析：疫毒外邪进一步由表入里，湿热互结，肌表为湿热所困，可见身热不退，卫阳不得外达，郁而化热而寒热往来；热伤肺阴、肺津，咳嗽并有痰少、质黏；湿热阻滞中焦，湿困太阴脾土，脾失健运、胃失和降而见腹胀；肺与大肠相表里，肺热壅盛，下传于大肠，引起便秘；肺热亢盛，气逆而不降，故发胸闷气促、咳嗽喘憋；舌脉可见湿热壅滞之征象。

治则治法：解毒化湿，宣肺泄浊。

推荐方药：麻杏石甘汤加减。生、炙麻黄各 6g，杏仁 10g，生石膏 30g，瓜蒌 30g，生大黄 6g（后下），葶苈子 10g，桃仁 10g，草果 6g，槟榔 10g，苍术 10g。

辨证加减：肌肉酸痛者加羌活 10g；大便溏者去大黄、槟榔，瓜蒌减为 15g，加厚朴 10g；热毒重者加金银花 15g，连翘 15g，贯众 10g，桔梗 10g；乏力明显者加西洋参 6g 或太子参 10g。

推荐中成药：清瘟解毒丸、喜炎平注射剂、热毒宁注射剂、血必净注射剂。

③重症期：内闭外脱证型

临床表现：呼吸困难、动辄气喘或需要辅助通气，伴神昏、烦躁，汗出肢冷，舌质紫暗，苔厚腻或燥，脉浮大无根。

病机特点：邪盛至极，耗伤元气。

病情分析：邪热犯肺，邪毒盛极之时，大耗机体正气，引发肺气虚衰，无力主司呼吸，故见呼吸困难、动辄气喘；邪热内陷心包，清窍闭阻，心神无所归依，而见神昏、烦躁；元气大伤，肺脾气衰，化源欲绝，心窍为邪热所闭，气血不达四末，故见汗出肢冷；心主血属营，营血受病，故见瘀象；舌脉可见元气大虚之征象。

治则治法：回阳救逆，益气扶正，活血通络。

推荐方药如下。

内外闭脱者：参附汤加减。人参 15g，黑顺片 10g（先煎），山茱萸 15g。

气阴两脱者：人参 15g，麦冬 15g，生地黄 15g，水牛角 30g，山茱萸 10g，五味子 6g，玄参 10g，红景天 15g，石菖蒲 10g。

以上两方属阳闭者送服安宫牛黄丸，属阴闭者送服苏合香丸。

④恢复期：肺脾气虚证型

临床表现：气短、倦怠乏力、纳差呕恶、痞满，大便无力、便溏不爽，舌淡胖、苔白腻。

病机特点：余热未消，伤津耗液。

病情分析：温病后期，邪去热退，大耗阴津，元气大伤，正气未复，故见肺脾气阴两虚之征象。

治则治法：化湿理脾，滋阴润肺，补虚扶正。

推荐方药：六君子汤加减。法半夏 9g，陈皮 10g，党参 15g，炙黄芪 30g，茯苓 15g，藿香 10g，砂仁 6g（后下）。

辨证加减：口干舌燥者加玉竹15g，石斛15g，山药15g。

［另：疑似患者］

借鉴仝小林院士经验，推广专家组使用新冠肺炎疑似协定方。

治法：宣肺透邪，解毒通络，辟秽化浊，健脾除湿。

处方：生麻黄6g，生石膏15g，杏仁9g，羌活15g，葶苈子15g，贯众15g，地龙15g，徐长卿15g，藿香15g，佩兰9g，苍术15g，茯苓45g，生白术30g，焦三仙各9g，厚朴15g，焦槟榔9g，煨草果9g，生姜15g。

服法：日1剂，水煎服，日3次，早中晚各1次，饭前服用。

疫病变化莫测，瞬息万变，王新陆认为协定处方应灵活权变，正所谓："兵无常势，水无常形，能因敌变化而制胜者，谓之神。"王新陆指出，对于舌有紫气的患者，分析病因为湿毒蕴肺，可酌加桃仁6～15g以活血通肺络、止咳通腑。舌有紫气，乃血瘀气阻之像，血氧饱和度下降，故用桃仁、红景天改善肺循环；对于湿热之毒蕴肺阻络、伤津损阴之象明显的患者，可加入麦冬、玉竹等甘寒养阴药；高热患者可重用生石膏100～150g；肺部疾患勿忘通腑，大便干结者可通下清热，推荐使用升降散加减；便溏可加炒白扁豆15～30g；苍术、白术、草果、黄芩用于化湿、清热、解毒，剂量随症加减；患者纳呆、厌食，舌苔厚腻，或黄或白，甚者灰厚，可知湿浊困于脾，津液转输受阻，所以要注重辟秽醒脾，非草果、藿香不能；对于有伤津之象的患者，要注意电解质平衡，留得一分津液，便有一分生机；热重可加黄连，共同辟邪燥湿；对于咳嗽不重的患者，是病在肺中而不在气管，宣肺排痰不可忽视，用川贝母、瓜蒌、杏仁等，另有葶苈子既可泻肺，又能强心，临床可用至30g。以上方案经临床试用，均取得了较好的效果。

（3）预后调理方案：恢复期的患者多气血伤损、身体亏虚，见倦怠乏力、气短喘促，且脾胃功能衰弱，纳差呕恶、痞满便溏。

治宜益气健脾，滋养肺阴，清透余邪，通调血脉，调养气机。

建议处方：黄芪30g，党参24g，南沙参15g，山药30g，炒白术12g，茯苓15g，葶苈子10g，红景天15g，藿香10g，地龙10g，砂仁6g（后下），大枣10g。

对于中药汤剂与中成药的使用，特别需强调以下几点。

①密切接触者或疑似患者可以中成药、中药任服一种，不必同时使用，但中成药应遵医嘱加大用量与次数，否则效果会打折扣。

②轻型、普通型患者应常规服用中药汤剂，以每24小时服一剂半（普通剂量）为好，日三夜一。没有条件服用汤剂者，也可以选择中成药服用。

③重型及危重患者可以中药汤剂加中成药（如紫雪丹、安宫牛黄丸、苏合香丸等）服用，旨在力挽颓势，救命于一悬。

【总结】

2020 年初的新冠肺炎属于中医学"疫病"范畴，由时疫湿邪所致，人群普遍易感，有明显的地域性和季节性特点。"湿邪"贯穿于疾病发生、发展的始终，病位在肺，始于肺卫，进而波及脾胃、大肠，病机以"湿、热、毒、瘀、虚"为主，湿毒并感，始以湿证为主，继则毒盛于肺，正邪交争后邪去正虚，因虚致瘀，表现为湿毒互结、虚瘀夹杂等病理特征。以王新陆为首的山东省卫生健康委员会的中医药专家对诊疗所获的大量病情资料进行认真反复研究，在中医学整体观念和辨证论治思路的指导下，结合温病三焦及卫气营血辨治思路，将本病（主要对象为成人）中医治疗分为医学观察期与临床治疗期两个方面，临床治疗期分为初期（寒湿郁肺）、中期（疫毒闭肺）、重症期（内闭外脱）、恢复期（肺脾气虚）、疑似五个证型，辨证论治，收获良效。在病变各个时期，都应把握除湿治湿的原则，少数患者所出现的咯血，可按热入营血，迫血妄行辨治。在各个证型的处方用药中，均重视中病即止，在用化湿利湿之品时，兼顾补益阴津，防止津液亏耗。同时，十分重视对患者的预后调理，尤其重视顾护脾胃，正如李东垣《脾胃论》所云："百病皆由脾胃衰而生。"恢复期的患者正气尚未恢复，体内阴津耗伤，气血瘀滞不通，脾胃功能虚弱，尽管核酸试验转阴，但肺中实邪仍存，故予以健脾益气、除湿化燥、活血通络之品。

总之，以王新陆为组长的山东省中医药专家组制定的 2020 年《山东省新型冠状病毒感染的肺炎中医药诊疗方案》在国家《方案》基础上，结合了山东地区的发病情况，因地制宜、因人制宜，按照预防、治疗、恢复三个阶段采取不同的有效措施，将《内经》"不治已病治未病，不治已乱治未乱"的治未病思想贯穿于诊疗的全过程，未病先防，防重于治。王新陆指出，在日后的诊治研究过程中，还应注意加强以人为本的意识，充分重视个体化诊疗方案的实施，重视中西医结合，并结合本次流行病学特征开展循证医学研究，总结出疫病的防治规律和治疗方案，为国家传染病防治工作做出应有的贡献。

五、方药之长

（一）常用方剂

化浊宁肤汤

（1）组方分析

组成：薏苡仁 15g，荷叶 10g，浮萍 6g，白鲜皮 15g，地肤子 10g，白茅根 15g，赤芍 10g，露蜂房 10g，白花蛇舌草 15g。

功效：化浊行血，清热宁肤。

主治：皮肤病。

用法：每日 1 剂，每剂煎 2 次，共滤出煎液 400mL，饭后半小时服用 200mL，早晚各 1 次。

方解：方中薏苡仁味甘、淡，性凉，归脾、胃、肺经，《本草纲目》云："薏苡仁阳明药也，能健脾，益胃。"《本草新编》言："最善利水，不至损耗真阴之气，凡湿盛在下身者，最适用之。"故其有利水渗湿化浊、除痹排脓、解毒散结的作用，性缓渗泄、补而不滞之效。现代药理研究证实薏苡仁含有脂肪酸及脂类、黄酮类、甾醇类、多糖和生物碱等多种化合物，其药理作用广泛，具有抗炎、镇痛、抑菌、增强免疫、降血糖、抗氧化和抗肿瘤等作用。荷叶性平，味苦，归肝、脾、胃经，《本草纲目》记载："生发元气，裨助脾胃，涩精浊，散瘀血，消水肿、痈肿，发痘疮。"又言："荷叶能升发阳气，散瘀血，留好血。"取其清热散瘀化浊、升发清阳之性，以施凉血清血、引浊下行之效。研究发现荷叶含有明显生物活性的生物碱类化合物和黄酮类化合物，并发现生物碱类化合物具有抑菌、抗病毒和抗惊厥等作用。上两味药共为君药，祛浊而不伤正，攻补兼施，双管齐下。

浮萍味辛，性寒，归肺、膀胱经，《本经逢原》讲："浮萍发汗胜于麻黄，下水捷于通草。恶疾疠风遍身者，浓煎浴半日多效。其性轻浮，入肺经，达皮肤，故能发扬邪汗。"有宣散风热、透疹、利尿之功，使浊有出路，由肌表随汗液或由下焦随尿液而解；白鲜皮性寒，味苦，归脾、胃、肺经，《本草原始》讲："白鲜皮，入肺经，故能去风，入小肠经，故能去湿，夫风湿既除，则血气自活而热亦去。治一切疥癞、恶风、疥癣、杨梅、诸疮热毒。"取其清热燥湿、祛风解毒化浊之效；地肤子辛、苦，寒，归肾、膀胱经，《名医别录》云："去皮肤中热气，使人润泽，散恶疮疝痕，强阴。"故有清热利湿、祛风止痒的作用，兼之体轻质润，可散可降。三药同为臣药，共取清热利热、祛风活血之用，使浊和湿热之邪由表及尿而解。

白茅根甘寒，归心、肺、胃、膀胱经，《本经》认为其"主治劳伤虚羸，补中益气，除瘀血、血闭寒热，利小便"，可凉血化浊，清热利尿；赤芍味苦，性微寒，归肝、心、脾经，《本草从新》谓"赤散邪，能行血中之滞"，清热凉血，散瘀止痛；露蜂房甘，平，归肝、胃经，《本草纲目》云："取其以毒攻毒，兼杀虫之功耳。"故可祛风攻毒杀虫，其体轻窜散，可内可外；白花蛇舌草性凉，味微苦、甘，归胃、大肠、小肠经，清热利湿、解毒化浊。四药为佐药，以助清热凉血之功，又增解利之效，使浊去而不留。

（2）临床应用

丹毒：本病是以患部突然皮肤鲜红成片、色如涂丹，灼热肿胀，迅速蔓延为主要表现的皮肤疾病，相当于西医学所说网状淋巴管炎。其病因病机多为情志内伤，

185

肝气郁结，久而化火；或外感火热邪毒，热灼浊生，血浊火毒互结；或因饮食失调，损伤脾胃，或忧思伤脾，则脾失健运、湿浊内停，郁久化热，以致湿热内蕴。邪热火毒熏蒸，气血运行失常化浊，皮肤、经络因浊受损，发为本病，证属热毒血浊。可用化浊宁肤汤酌加野菊花、黄柏、土茯苓、萆薢等。其中野菊花清热解毒，疏风平肝，尤其独擅清热之功，一般用于治疗疗疮痈肿、头痛眩晕、目赤肿痛，现代研究则认为野菊花具有良好的杀菌消肿作用，广泛应用于治疗痈肿疮毒、湿疹、宫颈炎、前列腺炎、肛窦炎等。也可用新鲜野菊花捣汁外敷患处或煎水浸洗局部。黄柏、土茯苓、萆薢清热解毒祛湿，共奏抗菌抗炎之效。

带状疱疹：本病中医称为缠腰火龙、缠腰火丹，俗称蜘蛛疮、生蛇。其主要特点为簇集水疱，沿一侧周围神经作群集带状分布，伴有明显神经痛，是由水痘带状疱疹病毒引起的急性炎症性皮肤病，临床常伴口渴欲饮、烦躁不宁、面红目赤、尿黄便结、舌红苔黄、脉数等。辨证亦属热毒血浊，治疗可在化浊宁肤汤的基础上重用蒲公英、板蓝根、牡丹皮。蒲公英味甘、微苦，性寒，功能清热解毒、利尿散结，用于治疗热毒、痈肿、疮疡等。板蓝根味苦、性寒，具有清热解毒、凉血消斑等功效，此外板蓝根内含有多种抗病毒物质，主要用于温毒发斑、高热头痛等病症的治疗。牡丹皮清热凉血、活血散瘀，用于温热病热入血分，发斑、吐衄等。

结节性痒疹：本病是一种慢性炎症性皮肤病，以剧痒和结节性损害为特征。病因与昆虫叮咬、胃肠功能紊乱、内分泌代谢障碍及神经、精神因素有关。女性多见。皮损好发于四肢，也可见于腰臀部，最多见于小腿伸侧。由化浊宁肤汤酌加苦参、全蝎、红花、白蒺藜。苦参功能清热燥湿、祛风杀虫，能够清除下焦湿热，并且杀虫止痒，对湿疹疥癣引起的皮肤瘙痒有很好的缓解作用。全蝎息风镇痉、解毒散结、通络止痛；红花活血散瘀；白蒺藜平肝解郁散结。诸药合用，共奏化浊祛湿、清热散结之功，疗效确切。

鹅掌风：本病为发生于手掌面的癣菌感染性皮肤病。因手掌粗糙开裂如鹅掌，故名。气候温和潮湿的地区最为多见。其特点为患手皮下有小水疱，干燥后形成点状的白色鳞屑，中心表皮脱落，留有环状损害；日久皮肤肥厚、粗糙。多在夏季发生水疱，瘙痒加剧，冬季皮肤干燥，可发生裂口，引起疼痛。病程缓慢，常多年不愈。相当于西医的手癣。治疗取化浊宁肤汤加生地炭、荆芥穗、五倍子、侧柏叶等。生地炭、侧柏叶凉血养血，滋阴润燥；荆芥穗祛风透疹，五倍子收敛止血。诸药相伍，针对鹅掌风病程反复、迁延难愈、皮肤干燥裂口的临床特点，以化浊祛湿、收敛止血为主要治法，收效良好。

天疱疮：本病是一组慢性、自身免疫性大疱性皮肤黏膜疾病，其特征是皮肤成批出现极易破裂的松弛性水疱，依皮损特征，常分为寻常型、增殖型、落叶型和红斑型四型。寻常型天疱疮最严重也最常见。患者需长期服用激素控制病情,不能自己随便减量或停药。宜低盐、高蛋白饮食。病程呈慢性经过,病情易复发,可因全身衰竭而死亡,使用激素、免疫抑制剂治疗可明显改善预后,但激素副反应、继发感染及合并体内恶性肿瘤仍是致死亡的主要因素。治疗以基本方加紫草、仙人头、黄芪、太子参、天花粉。方中紫草、仙人头清热凉血解毒;针对本病水疱反复破裂,体液和蛋白质丢失较多,以及长期使用激素、免疫抑制剂导致体质虚弱,故重用黄芪、太子参、天花粉以收益气养阴之功。

过敏性紫癜:本病又称亨-舒综合征,是一种较常见的微血管变态反应性出血性疾病。病因有感染、食物过敏、药物过敏、花粉过敏、昆虫咬伤等所致的过敏等,但过敏原因往往难以确定。儿童及青少年较多见,男性较女性多见,起病前1~3周往往有上呼吸道感染史。表现为皮肤瘀点,多出现于下肢关节周围及臀部,紫癜呈对称分布、分批出现、大小不等、颜色深浅不一,可融合成片,一般在数日内逐渐消退,但可反复发作;患者可有胃肠道症状,如腹部阵发性绞痛或持续性钝痛等;可有关节疼痛;肾脏症状,如蛋白尿、血尿等,多见于儿童。治疗包括尽力找出过敏原因并加以避免;使用抗组胺药物如苯海拉明、异丙嗪、安其敏、扑尔敏及糖皮质激素等。本病多有血浊伴有血热或气虚、阴虚等,使血不能循经而致络伤血溢。西医认为本病属自身免疫性疾病,由于机体对某些过敏物质发生变态反应而引起毛细血管通透性及脆性增高,导致皮下组织、黏膜及内脏器官出血及水肿。故治疗在化浊宁肤汤的基础上加茜根炭、地榆炭、藕节炭以凉血止血,加玉米须、车前草以利水消肿。

(二)经典配伍

王新陆业医近五十载,学验俱丰,造诣精深,擅用对药,独具卓见。常用对药举例如下。

1. 徐长卿和生地黄相配治疗关节痛

徐长卿味辛性温,可镇痛、活血解毒、利水消肿,《本草药性备要》云其可"除风湿",《福建民间中草药》云其:"益气,逐风,强腰膝。"生地黄味甘性寒,《神农本草经》云其:"主折迭绝筋,伤中,逐血痹,填骨髓,长肌肉,作汤除寒热积聚,除痹。"且现代药理研究证实,生地黄有抗炎作用。两者一辛散一甘缓,一温一寒,皆可除痹镇痛,相得益彰,用于各种类型关节疼痛的治疗,功效卓著。

2. 徐长卿和千年健相配治疗胃痛

千年健味苦辛、性温,《本草纲目拾遗》云:"壮筋骨,浸酒;止胃痛,酒磨服。"

徐长卿性味功用如前所述，两者相配用于胃寒疼痛，因关节疼痛过服苦寒而导致的胃痛服之尤佳。

3. 赤芍配附子，以制附子燥热之性

此用法实出自于《伤寒论》，王新陆将其发扬光大。附子辛、甘，大热，有毒，归肾、脾经，有回阳救逆、补火助阳、散寒止痛之功，临床可用于亡阳证、阳虚证、寒痹证等。《本草正义》云："附子，本是辛温大热，其性善走，故为通十二经纯阳之要药，外则达皮毛而除表寒，里则达下元而温痼冷，彻内彻外，凡三焦经络，诸脏诸腑，果有真寒，无不可治。"可见附子其功之大，因其有神经兴奋作用，用于各种神经肌肉病变疗效尤佳。但附子性过燥烈，赤芍苦、微寒，清热凉血，散瘀止痛，其苦寒坚阴之性可制附子之燥，两者配伍使用可减毒增效。

与此类似的配伍还有木香和熟地黄，前者可制后者滋腻之性。熟地黄甘温质润，入肝肾而功专养血滋阴，填精益髓，凡真阴不足、精髓亏虚者皆可用之，为养血益阴、滋补肝肾之要药。但其性黏腻碍胃，不宜久服；木香辛行苦泄温通，芳香气烈而味厚，善通行脾胃之滞气，可醒脾开胃，与熟地黄伍用，能减轻其腻胃和滞气之弊，有助于消化吸收和疗效发挥。

4. 当归、白芷配川草乌制其毒性

川乌、草乌辛热升散苦燥，"疏利迅速，开通关腠，驱逐寒湿"，善于祛风除湿、温经散寒，有明显的止痛作用，为治风寒湿痹证之佳品，但其性燥烈、有大毒，临床应用受到了限制。当归甘温质润，长于补血，为补血之圣药，且可制乌头燥烈之性；白芷辛散温通，长于止痛，且"上行头目，下抵肠胃，中达肢体，便通肌肤以至毛窍，而利泄邪气"（倪朱谟《本草汇言》），解百毒。两者与乌头相配可制毒增效，用于风寒湿痹的治疗而无忧其害。

5. 阿胶配鹿角胶滋阴助阳

阿胶为驴皮去毛后熬制而成的胶块，味甘性平，归肺、肝、肾经，补血滋阴、润肺止血，可用于阴血亏虚诸证，正如李时珍《本草纲目》所云："阿胶，大要只是补血与液，故能清肺益阴而治诸证。"鹿角胶为梅花鹿或马鹿的角熬制成的胶块，味甘咸，性温，补益肝肾，益精补血，《本草汇言》云："鹿角胶，壮元阳，补血气，生精髓，暖筋骨之药也……虚者补之，损者培之，绝者续之，怯者强之，寒者暖之，此系血属之精，较草木无情，更增一筹之力矣。"两者皆为血肉有情之品，一滋阴一温阳，用于阴阳俱虚之证疗效颇佳。

6. 桑叶配龙骨用于各种汗症

桑叶苦甘寒，归肺肝经。《本草经疏》云："桑叶，甘所以益血，寒所以凉血，甘寒相合，故下气而益阴，足以能主阴虚寒热及因内热出汗。"龙骨甘涩平，归心、肝、肾、大肠经，可镇惊安神，敛汗固精。两者相合，可治一身之汗证，屡试不爽。但需要注意的是桑叶用量需大，一般在 15 ～ 30g 或更多，王新陆认为，桑叶量小发汗，量大才能止汗。

7. 葛根配片姜黄、防己配自然铜

葛根甘辛平，入脾胃经，其性甘缓，可以舒筋活络，而且经现代药理研究证实，能缓解血管平滑肌痉挛，使外周阻力下降而有明显降压作用，可较好缓解颈椎病和高血压患者的颈项拘紧症状。

片姜黄辛苦温，归肝、脾经，辛温行散，祛瘀力强，可用于寒凝气滞血瘀之证，且可祛风通痹，用于风湿痛，《本草纲目》云其："治风痹臂痛。"两者相合，温经行气，活血通络，尤其适合于颈椎病导致的肩臂疼痛、血压失调诸证。

防风配自然铜也可用来治疗颈椎病。防风辛甘微温，可以祛风胜湿、解痉止痛；自然铜味辛性平，可散瘀止痛、接骨疗伤，为伤科之要药。两者相配，散瘀止痛、解痉活络作用较好，适用于颈椎病颈项强痛或属神经根型者。

8. 荷叶配泽泻调整血脂

荷叶苦涩平，入心、肝、脾经。戴原礼《证治要诀》云："荷叶服之，令人瘦劣，单服可以消阳水浮肿之气。"程鸾池《医林纂要》云："荷叶，功略同于藕及莲心，而多入肝分，平热去湿，以行清气，以青入肝也。然苦涩之味，是以泻心肝而清金固水，故能祛瘀、保精、除妄热、平气血也。"泽泻甘寒，入肾膀胱经，可利水渗湿泄热，《本草纲目》云："泽泻，气平，味甘而淡，淡能渗泄，气味俱薄，所以利水而泄下。脾胃有湿热，则头重目昏耳鸣，泽泻渗去其湿，则热亦随去，而土气得去，清气上行，天气明爽，故泽泻有养五脏、益气力、治头眩、聪明耳目之功。"两者一升一降，一苦一甘，可渗泄一身之湿邪，现代药理研究也证实，两者均能抑制高胆固醇血症和动脉粥样硬化样斑块形成，因此，用于治疗湿热偏盛的高脂血症疗效较好。

9. 何首乌配虎杖也能调整血脂

何首乌苦甘涩，微温，入肝、肾经，可补肝益肾、益血祛风。据《本草纲目》记载，何首乌作为一种滋补药物已有千年以上的历史，可"养血益肝，固精益肾，健筋骨，乌髭发，为滋补良药，不寒不燥，功在地黄、天门冬诸药之上"。现代临床广泛用以防治动脉粥样硬化、抗衰老。虎杖味苦性凉，可清热利湿、通便解毒、散瘀活血。药理研究表明，虎杖可以抑制血小板聚集和 TXA_2 的产生，并能保护肝脏功能和心肌细胞。两者相和，温凉并用，何首乌可制虎杖之苦寒，虎杖可制何首乌之滋腻，相得益彰，对脂肪肝、高脂血症等的治疗作用颇佳。

10. 黄连配石斛用于治疗糖尿病

黄连苦寒，《名医别录》云其可"止消渴"。石斛见载于《神农本草经》，列为上品，其味甘性平，可清热生津、滋阴益胃。张景岳《本草正》云："其性轻清和缓，有从容分解之妙，故能退火、养阴、除烦、清肺下气，亦止消渴热汗。"糖尿病之渴饮无度为伤津之象，两者苦甘相配，石斛可以防止黄连之苦寒伤阴，共治消渴。

11. 苍术配知母也可用于糖尿病的治疗

苍术辛苦温，入脾、胃经，可健脾燥湿，杨士瀛称其："敛脾精不禁，治小便溺浊不止。"知母甘寒质润，归肺、胃、肾经，可泻肺、胃、肾之火，滋肺、胃、肾之阴，治疗阴虚内热之消渴证，《神农本草经》云其："主消渴热中，除邪气，肢体浮肿，下水，补不足，益气。"苍术虽辛燥，知母却甘润，两者相伍，展其才，制其偏，确有降低血糖之功效。

12. 生地黄配玄参是治疗糖尿病之常用对药

糖尿病患者饮一溲二为肾阴亏虚之证，宜用汁多腻补之品，生地黄甘苦寒，养阴生津，堪称治疗本病之佳品。玄参甘苦寒，微咸，可滋阴降火。两者相须为用，滋阴生津、润燥降火，用于糖尿病的治疗，功效非同寻常。

13. 山茱肉配党参降低血糖

山茱肉酸涩微温质润，归肝、肾经，其性温而不燥，补而不峻，补益肝肾，既能益精，又能助阳，尚可固精缩尿。党参味甘性平，主归脾、肺二经，不仅可补脾肺之气，而且可补血生津。两者配合，气阴双补，尤其适用于消渴日久，气阴双亏，饮一溲二之证。

14. 黄药子分别与夏枯草、连翘、山慈菇相配，用于治疗甲状腺功能亢进

黄药子味苦性平，可解毒消肿、化痰散结、凉血止血，《斗门方》《证治准绳》等许多古医籍载其治疗瘿病，《本草纲目》记载黄药子"凉血、降火、消瘿、解毒"。夏枯草辛苦寒，归肝、胆经，可清热泻火、散结消肿，《神农本草经》云其可"散瘿结气"，《医宗金鉴》中的夏枯草膏专门用来治疗瘿瘤。连翘味苦微寒，可清热解毒、散结消肿，《神农本草经》载其"主瘿瘤"。山慈菇味甘性凉，可清热解毒、化痰散结，对瘰疬、瘿瘤有较好疗效。夏枯草、连翘、山慈菇与黄药子相配伍均可治疗甲亢，临证之时可择其一二而用之。

15. 半枝莲分别与白花蛇舌草、白英、墓头回、黄芪相配，取其抗肿瘤作用

半枝莲苦辛寒，可清热解毒、散瘀抗癌，近年来，已广泛用于各种肿瘤的治疗。

白花蛇舌草微苦甘寒，有较强的清热解毒消肿之功，两者相配可用于胃肠道肿瘤。

白英，又称白毛藤、蜀羊泉，甘苦微寒，有清热利湿、祛风解毒、化瘀抗癌之功，与半枝莲相配，用于治疗肺系、肝胆系统等恶性肿瘤。

墓头回清热燥湿、止血止带，与半枝莲相配可用于妇科肿瘤的治疗。

黄芪味甘，性微温，善补一身之气，且能托毒排脓，肿瘤患者大多正气亏虚，故取其扶正之功，配伍半枝莲用以治疗全身各处肿瘤。

16. 炒鸡蛋皮配延胡索制酸止痛

鸡蛋之外壳主含碳酸钙，可以中和胃酸，减轻消化道溃疡之疼痛，炒黄研末即可应用，简便易得。延索胡辛散温通，为活血行气止痛之良药，《本草纲目》云："延胡索，能行血中气滞、气中血滞，故能专治一身上下诸痛，用之中的，妙不可言。盖延胡索活血化气，第一品药也。"两者相配，活血行气、制酸止痛，可用于肝胃不和等多种消化道溃疡之疼痛。

17. 海螵蛸配煅瓦楞制酸止痛

海螵蛸咸涩微温，可收敛止血、制酸止痛，为治疗胃脘痛胃酸过多之佳品。煅瓦楞味咸性平，可化痰软坚、消瘀散结、制酸止痛，主要用于肝胃不和、胃痛吐酸之证。两者相伍，制酸止痛效果较好，但较之前一对药物，本组药物制酸之功略强，止痛之力稍逊。

18. 白矾分别与郁金、茯苓相配治疗癫痫

白矾正品指明矾石经加工精制而成的白矾结晶，味酸涩性寒，主治中风痰厥、癫痫发狂、痰涎壅盛等症。《本草纲目》言其可治癫痫，《卫生杂兴》中的化痰丸就是明证，化痰丸由白矾配细茶组成，是治疗风痰痫病的良药。郁金辛散苦泄，能解郁开窍，且性寒入心经，又能清心热，可用于痰浊蒙蔽心窍的痫证。与白矾相配即《本事方》中的白金丸，原方用于治疗癫狂因忧郁而得，痰痫阻塞包络心窍等症，用其作为对药配伍于方中，治疗癫痫效果殊凡。茯苓甘淡平，张介宾《本草正》云："茯苓，能利窍去湿，利窍则开心益智，导浊生津；去湿则逐水燥脾，补中健胃；祛惊痫，厚肠脏，治痰之本，助药之降。"茯苓配白矾用于癫痫治疗时，可用两者入药同煮，也可用矾制茯苓以减少口感之酸涩。白矾与郁金相配，适用于偏于心肝火旺者；与茯苓相配，适用于偏于脾虚湿盛者。

19. 炒酸枣仁与苦参相配治疗顽固性失眠

酸枣仁味甘，入心、肝经，能养心阴、益肝血而有安神之效，《名医别录》云其："主心烦不得眠。"苦参味苦性寒，徐大椿《神农本草经百种录》云："苦参专治心经之火，与黄连功用相近。"《神农本草经》则云："苦参、黄柏之苦寒，皆能补肾，盖取其苦寒燥湿，寒除热也……唯肾水弱而相火盛者用之相宜。"两者配伍，苦甘结合，苦能清热，甘可养阴，用于治疗心肾不交导致的顽固性失眠颇为有效。

李时珍在《本草纲目》中云："药有七情，独行者，单方不用辅也；相须者，同类不可离也……相使者，我之佐使也；相恶者，多我之能也；相畏者，受彼之制也；相

反者，两不相合也；相杀者，制彼之毒也。"王新陆认为，配伍得当的对药或可相互制约，或可互相协同，或可各司其职，寒热并用或气血并用，或可产生与原药不同的新功效，使用得当可以扩大用药范围，降低毒副反应，适应复杂病情，收到桴鼓之效。

六、读书之法

（一）《黄帝内经》的启发

《黄帝内经》（简称《内经》）是中医学理论的奠基之作，书中记载了人体生理与病理状态、疾病的治疗原则，以及养生方法等内容，作为中医，应当高度重视对于《内经》的学习。《王新陆临证七讲》中"必先岁气，无伐天和""察色按脉，先别阴阳""必先五胜，明察标本"正是对《内经》所载理法的高度凝练；血浊理论的创新性提出，更是对《内经》理论的创新发展。"血浊"二字，最早见于《灵枢·逆顺肥瘦》："此人重则气涩血浊。"虽然此处所言血浊仅是生理层面的概念，并无涉及病理层面，但仍然为血浊理论的构建提供了源头活水。

（二）如何学好《伤寒杂病论》

要学好《伤寒杂病论》，王新陆认为，应当从药、方、脉、证四个维度入手。经方用药精准严谨，大多出自《神农本草经》，功效也多与其记载相合，学习仲景用药，必当参考《神农本草经》。学习经方，要注意三点：一是要注意药物剂量的变化，二是要懂得从方后注中提取信息，三是要学会从无字处读方。而学习仲景脉学，要清楚单一脉象的含义并非是固定不变的，一种脉象可以包含多种含义，诊病时应当做到脉诊合参。同时，王新陆认为诊脉最重要的是，能够辨别阴阳，把握病势的进退，预测疾病的轻重缓急，察知病因病机发展过程，明确病证的根本矛盾和表面现象，区别邪盛正衰，并能判断病情程度，患者是否危厄，即"辨阴阳，知进退，测轻重，察因果，明标本，别盛衰，决死生"。关于辨证，更要深刻体悟仲景"观其脉证，知犯何逆，随证治之"的思想，随时注意脉证变化，根据不同的证而采取与之相应的治则治法，不可胶柱鼓瑟，这是辨证论治的精髓所在。

（三）《神农本草经》的中药学要理

本草学习方面，《神农本草经》是医家必读之作。作为我国现存最早的本草著作，《神农本草经》不仅记载了古代医家丰富的用药经验，更构建出了中药学的理论框架。值得一提的是，《神农本草经》对"君臣佐使"的记载与《内经》不同，而历代医家对于君药更是有不同的观点论述，但王新陆认为，《神农本草经》对于君药

"主养命"的认识应是最为恰当的。此外，王新陆还结合现代中药药理学研究，首次提出援药理论，将具有明确药理作用的"援药"配伍到"君臣佐使"中，做到了中药学理论的继承与创新，丰富了中药学理论内涵。

（四）其他

此外，王新陆对于温病理论的学习亦是极其深入，不仅崇尚叶天士等医家，《温病条辨》《湿热论》等经典之作更是常置于案头，对中国古代的疫病也具有充分的了解认识，在抗击疫情工作中，王新陆运用温病理论指导救治新冠肺炎患者，皆取得了满意的结果。

王新陆还深受近代中医大家张锡纯所著《医学衷中参西录》的影响。从医近50年来，王新陆在学术上宗中参西，在从事中医临床工作与理论研究的同时，更是多次到武汉协和医院等著名西医医院进修西医，并提出"继承创新，中西并重"的学术思想，创造性地构建出"血浊辨证理论体系"，以及创立"古药新理，活用援药"的理论。

七、大医之情

（一）思想境界

常言道："学到老，做到老；学不了，做不好。"将此格言牢记于心的王新陆，自下乡自学《赤脚医生手册》算起，至今已在中医的道路上潜行了近50年。这期间，他经历了大学学习，毕业后行医、学习，再行医、再学习，边行医、边学习。尽管身份与环境一变再变，可是那颗为人民群众解除疾患的初心却始终未变，无论是在农村、医院抑或是高校，王新陆从未忘记"中医的生命力在于临床"这一道理，作为一名医生，他从未脱离临床一线，不管身居何职，身处何地，都会定期到医院坐诊。值得一提的是，王新陆坐诊数十年如一日，只收取患者普通挂号费，并且他还常要求学生诵读《观刈麦》等经典古诗，使其感悟为医者应当怀有的那颗悲悯之心。

自2019年底，新冠肺炎开始在中华大地上蔓延，在抗击"非典"、甲型H1N1流感等突发传染性疾病工作中积累了丰富治疗经验的王新陆临危受命，担任山东省疫情防控指挥部医疗救治中医药专家组组长。虽已年届古稀，但王新陆在履职期间仍然事必躬亲，全程参与重症及危重症患者的省级专家远程会诊讨论；每天下午2点，率领中医药专家团队指导援鄂医疗队救治危重患者；每天晚上10点，审阅当日汇总的全省7个小组的会诊记录汇报，对于危重症患者及重症患者，第一时间掌握第一手病例资料，及时连线各小组组长，全力指导处方救治。在2021年及2022年，各地疫情有复燃之势时，王新陆再次披挂上阵，不辞辛苦，多次参与烟台、临沂及海南省等地新冠肺炎患者的远程会诊讨论，给予相应指导意见，全心全意维护人民群众的生命健康。

（二）文化修养

中医植根于中国传统思想文化的土壤之中，带有传统文化的本质特性。王新陆认为，中医成才，必须要具有扎实的中国传统文化基础。

古人言"医易同源"，要想成为一名优秀的中医，必须要懂得《易经》，而王新陆对《易经》早已达到了烂熟于心的境界。古人用乾、坤、复、临、泰、大壮、夬、姤、遁、否、观、剥十二辟卦来表示生命运动、四季轮替乃至宇宙消长，其本质仍是阴阳消长的变化。十二辟卦对应十二个月份，在每一阶段，阴阳二气的状态都不相同，这就提示中医在不同的时间阶段诊病时，用药不能千篇一律。王新陆告诫学生要懂得"变易"，正如《孙子兵法》所言："能因敌之变化而制胜者，谓之神。"务必根据差异及时调整诊病思维，做到灵活处置。同时，王新陆还常常用"天行健，君子以自强不息"告诫学生要勤奋努力，不可贪图安逸，并用乾卦初爻"潜龙勿用"、第二爻"见龙在田，利见大人"与第五爻"飞龙在天，利见大人"劝勉弟子们，学习要脚踏实地，不可急于求成，即使有所成就，仍然要继续学习，不可骄傲自满。

中国优秀传统文化讲究以和为贵，中和思维是中医的核心思想之一，是中医的灵魂，只有懂得"和"，才能得到"阴平阳秘""以平为期"的结果。什么是和？王新陆以《晏子春秋》所言为例："和如羹焉，水、火、醯、醢、盐、梅，以烹鱼肉，燀执以薪，宰夫和之，齐之以味，济其不及，以泄其过。君子食之，以平其心。"教导学生"济其不及，以泄其过"就是和，而和的结果正是"以平其心"。《黄帝内经》所言"虚则补之，实则泻之""谨察阴阳所在而调之，以平为期"是与其一般无二的思想。《素问·至真要大论》所述"寒者热之，热者寒之，微者逆之，甚者从之，坚者削之，客者除之，劳者温之，结者散之，留者攻之，燥者濡之，急者缓之，散者收之，损者温之，逸者行之，惊者平之，上之下之，摩之浴之，薄之劫之，开之发之"是用相对具体的治法来强调"适事为故"，同样是和合的思想。

八、传道之术

（一）人才培养方法

对于中医人才的培养，王新陆也有自己的感悟和体会，他常讲中医成才要有以下4个条件。

第一是对中国传统文化的深厚认知。北宋丞相范仲淹年轻时就仰慕诸葛孔明，立志"不为良相，便为良医"，后来这个理想成为无数有志之士的共识。在中国传统文化中，医相道通，汤药就由商代名相伊尹开启，那些胸怀大志的儒者，把从医作为仅次于致仕的人生选择，正是因为医药的社会功能与儒家经世致用（即治国平天下）的思想比较接近。元代戴良说的好："医以活人为务，与吾儒道最切近。"开创中医辨证论治先河的"医圣"张仲景正是中国历史上第一位坐堂医，他任长沙太守期间，访病施药，大堂行医。他本人也有一句名言：进则救世，退则救民；不能为良相，亦当为良医。这句话体现了张仲景的人生追求和高尚医德。中医是一种哲学医学模式，是以中国传统文化为基础的，所以中医成才的第一要务是对中国传统文化的深厚了解。

第二是要有明师指点。明师的指点，犹如醍醐灌顶，不失为治学的一条捷径，因为站在巨人的肩膀上会看得更远，升华得更快。中医是一门实践性很强的学科，以经验医学著称，没有广泛的临床、没有明师指点很难体会到中医理论的深奥精髓。师承明师，学习老一辈中医学家独特的经验和诊疗技巧，通过耳濡目染、口授心传，个别指导，衣钵相传，才能逐步领会和较快掌握。

第三是要有强大的悟性。悟性是指对事物的感知力、思考力、洞察力，主要指对事物的理解能力和分析能力。悟性是一种超常的直觉。悟性人人有，它不立文字，不依理性，只可意会，无法言传，书不能尽言，言不能尽义，它是与规律的一种自然妙合，发问题之宗旨，感现象之根源。科学家发明创造，文学家吟诗作赋，艺术家独具匠心，都是在开悟之后，即有所得。每个人的悟性是不一样的，它由先天和后天因素共同影响，它可以使人在某方面事半功倍，很容易出类拔萃。悟性对中医而言格外重要，如果领悟的能力强，的确可以快速入门，随之登堂入室，然后可以治病救人，对某类疾病有着超乎寻常人的治疗有效率或者治愈率。悟性，归根结底属于认知的范畴，许多时候都需要"功夫在诗外"。古人云"秀才学医，笼里捉鸡"，因为秀才学中医有诗外的功力。中医的背景是文化，这个不是空话，所以对中国传统文化的深厚认知会对中医悟性很有帮助。

第四是要能吃苦，勤临证。《道德经》讲："上善若水，水善利万物而不争。处众人之所恶，故几于道。"作为一个中医人，要多下功夫，别人不吃的苦我吃，别人不做的事我做，别人不加的班我加，要坚信勤能补拙，而且持之以恒，以韦编三绝的治学精神，坚持不懈，最后终能成才。中医通过大量的临床实践，大量的诊治患者，就能积累经验，就能成为名家。综观历史上众多名医大家的学术思想、临证经验，都是在其经过了大量的临床实践后，从中感悟总结、提炼出来的。

（二）人才培养成果

中医事业能否振兴与发展，能否适应现代社会的需要，关键取决于中医学术的进步与中医人才素质的提高，归根结底就是人才培养。为此，王新陆不断学习、调研、深思，总结出中医人才的培养模式必须坚持多样化原则，主要培养学术型、临床型、传统型、中西医结合型、外向型、复合型、其他类型等七类人才。作为山东中医药大学博士研究生导师，第五、七批全国老中医药专家学术经验继承工作指导老师，国家中医药管理局齐鲁内科时病学术流派代表性传承人，第一批全国中医药传承博士后合作导师，全国优秀中医临床人才、全国中医临床特色技术传承骨干人才项目的指导老师，王新陆培养博士、硕士研究生 29 名，主要学术传承人 12 名，指导全国优秀中医临床人才 58 名，全国中医药传承博士后 1 名，私淑弟子 10 余名。

在研究生指导和师承带教过程中，王新陆严格要求弟子，要求他们注重经典，打好中医基本功，着眼现代，学习临床医学知识，系统讲解临证七步，培养中医临床思维，全面传授齐鲁内科时病流派学术经验，为培养七种类型的中医人才不懈努力。

在中医学术传承方面，王新陆带领团队申报并获批了国家中医药管理局齐鲁内科时病流派传承工作室、全国名中医王新陆传承工作室、山东省中医药管理局齐鲁内科血浊学术流派传承工作室。三个室站自获批建设以来开展了大量卓有成效的工作，成果显著。

1. 系统整理流派和名中医学术观点、学术论著，探索名中医思想学说的历史发展演化规律，挖掘对当代中医药学术发展具有开创性和指导意义的学术观点，进一步完善名中医学术思想，出版《血浊论》《王新陆医论医案集》《医家微言——王新陆讲中医》《王新陆临证七讲》等著作 10 余部，在《天津中医药》杂志开设血浊研究专栏，发表论文 30 余篇。

2. 开设流派和名中医示范门诊，将疗效显著的特色诊疗技术广泛应用于临床，加强临床总结，同时积极探索开发流派和名中医新的特色诊疗技术，研发院内和特色制剂 3 种。

3. 以流派代表传承人、主要传承人为主体确定数名导师，通过团队的临床跟师带教、典籍研读、临证思辨探讨、名中医学术文化思想学习等方式，提升学术传承能力，同时每年组织开展以流派和名中医学术思想或诊疗经验为主题的中医药继续教育项目或学术研讨会，大力弘扬流派和名中医学术思想，提升学术影响力。

4. 加强流派和工作室硬件条件建设，开设网站，探索完善工作室建设和学术传承所需的人才引进、激励、考核制度；日常管理制度；经费使用制度；学习培训制度；跟师带教制度等传承制度；探索建立项目管理运行、专家咨询、绩效评价、政策保障等各类长效机制。截至目前，齐鲁内科时病流派、齐鲁内科血浊学术流派已在全国建立二级传承工作站 15 个，在荷兰青白中医学院建立传承工作站 1 个，门下弟子及再传弟子 300 余人，形成以山东为中心，辐射全国、走向国际的流派发展趋势与格局。

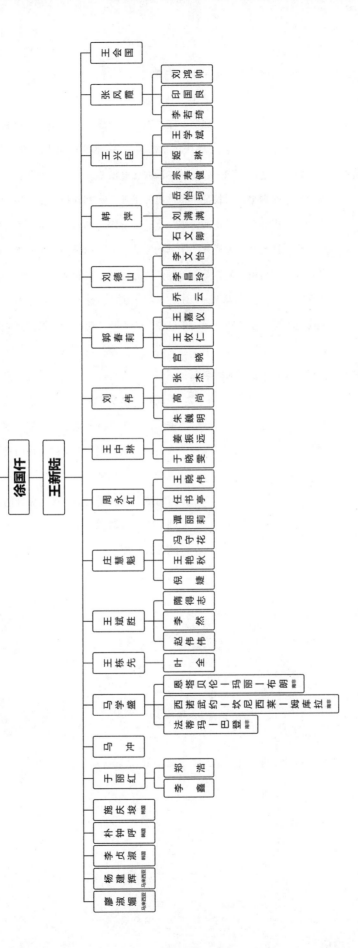

王新陆学术传承谱

王新陆

指导研究生名单： 周永红　张雅萍　王中琳　庄慧魁　刘　伟　方　鸿　胡怀强　王斌胜　付　强
郭春莉　王栋先　刘德山　马学盛　韩　萍　朱文浩　马　冲　王兴臣　于丽红
刘清明　危立飞　张风霞　于　磊　李　鑫　王会国　杨建辉（马来西亚）
廖淑媚（马来西亚）　施庆埈（韩国）　朴钟呼（韩国）　李贞淑（韩国）

拜师弟子名单： 金　妍　王建军　徐　媛　蒋冬云　张金波　侯爱画　刘西花　郑小俏　尹　方
杨丽艳　徐中平　项长征　王体禹　王亚飞　刘兴梅　张　玲　顾振杰　郭书福
戚传远　程晓云　卢正海　朱　富　刘晓婷　刘海英　林　燕　周晓娟　刘卫花
陈　珍　赵光峰　程亚伟　于秀梅　浦　磊　白秀娟　朱泓杰　徐兴毅　李　婷
高欣欣　曹培镇　公春荣　姜丽丽　高超群　樊毓运　宋子云　张文光　邵晓飞
杜铁民　李史清　孟　鹏　王　栋　宋庆江　徐　彦　王本鹏　田思强　梁鸿雁
王梅生　祝俊香　骆　彤　朱红俊　金春晖　赵义纯　谭广兴　邓德强　陈红霞
周　江　王　玕　尚　俏　罗天赐　徐　曹　董丽丽

指导全国中医（临床、基础）优秀人才名单： 王兴臣　翟　磊　朱爱松　孙建光　孙　鹏　李乐军
李西海　李春红　李　勇　李翠娟　谷万里　宋立公
宋咏梅　张永臣　陈拥军　周　滔　郑　一　郑开明
屈会化　赵　琰　姜　萍　徐向青　郭　栋　海　英
黄庆田　曹昌霞　魏陵博　马玉侠　王玉芳　王媛媛
冉雪梦　付丽媛　曲　夷　朱文浩　朱　平　刘文琼
刘　健　肖姝雲　沈　会　张卫华　张　丽　张　蕾
陈美云　周　霞　郑　红　郑国庆　赵曼丽　袁　泉
袁晓琳　徐　丽　徐　静　唐　军　展照双　陶贤意
阎小燕　韩　英　谢圣芳　蔡平平　谭　峰

（王栋先、张风霞整理）

（李昆编辑）

皮持衡

皮持衡（1940—　），汉族，江西南康人，中共党员，系江西中医药大学二级教授、主任中医师，博士研究生导师，第二、三、四、六、七批全国老中医药专家学术经验继承工作指导老师，享受国务院政府特殊津贴。历任江西中医学院副院长、院长、党委副书记。现任中华中医药学会肾病分会顾问、江西省传统中医中药研究会名誉理事长、江西省中医药学会肾病分会名誉主任委员、江西省中西医结合肾病委员会名誉主委及江西省研究型医院中西医结合肾病委员会顾问等职务。荣获首届全国名中医荣誉称号，获"国家教学成果奖二等奖""全国老中医药专家学术经验继承工作优秀指导老师""首届中医药传承特别贡献奖"等多项荣誉。2022年被授予"国医大师"荣誉称号。

皮持衡从医五十余载，从未脱离临床，其治学严谨，学验俱丰，创建了江西省首个中医肾病专科，现已成为重点专科，擅长中医内儿科疾病的诊治，尤善于肾病的辨证论治，如慢性肾衰竭、肾病综合征、急慢性肾炎、紫癜性肾炎及继发性肾病等，创制出了"肾衰泻浊汤""肾药Ⅲ号"及"三仁肾衰泄浊方案"等有效制剂及方法。发表学术论文百余篇，先后主编、参编、主审出版专著、高校教材、专业指导书共20部，其中主编出版的《皮持衡肾病学术思想及临证经验》《衡医心悟》《中医内科学急诊手册》突出反映了其学术思想与见解。

一、学医之路

（一）秉承家传

皮持衡生于中医药世家，年幼时，常听父亲谈到，曾祖父即是中医，善岐黄之术，祖父和父亲皆承袭祖业。祖父在自家药铺悬壶开诊，一生济世救人；父亲执医，从药工做起，对于中药饮片的炮制及膏丹丸散的制作无不知晓。皮持衡虽自幼体弱，但天资聪颖，加之刻苦好学，很早就有了较好的古文基础，且涉猎较广，喜爱文学、书法等，其中尤以书法见长，笔墨隽秀洒脱，很招老师喜爱。书法的特长，成为他步入中医之门的一个契机；家庭的影响，则为其后来学习中医，打下了良好的基础。

受家庭的影响，他从小即接触中医药，自读小学起，就常随父亲在自家药铺、诊所内复习功课，耳濡目染，看到众多的患者经父亲治疗后解除了病痛，恢复了健康，渐渐被神奇的中医药吸引住了。尤其是病家之感激，乡邻之尊敬，无形中成为一种动力，使他自幼就对中医药产生了特殊的感情。虽不曾随父侍诊抄方，但每睹急症之转安，沉疴之复起，心里时时泛起一种治病救人、造福乡里的意念，及稍年长，遂有志于医学，油然产生"欲为良医"的愿望！

那年头他看到父亲经常伏案翻看一本叫《医宗金鉴》的书，多年都不曾更换。后来他才知道，这是清乾隆四年由太医吴谦负责编修的一部医学教科书。全书采集了上自春秋战国、下至明清时期历代医书的精华，共90卷，15个分册，包括了伤寒、金匮、名医方论、四诊、运气、伤寒心法、杂病及各科心法等。该书特点是图、说、方、论俱备，并附有歌诀，便于记诵，尤其切合临床实用。有时复习完功课，他就经常翻翻这本书，这本书就成了其学习中医的启蒙读物。

1959年高中毕业参加高考，因当时成绩较为优异，他立志要在更广阔的领域驰骋，更好地服务社会，然而录取他的是江西中医学院中医专业。后经多方打听了解到，录取的原因有两个：一是书法隽秀；二是家长建议录取中医专业。他问父亲为什么要改他的志愿，父亲告诉他：你从医一方面是传承家业；另一方面也是考虑你的身体因素，你从小缺少母乳喂养，体质弱，学医可以自我调理，何乐而不为？他转念一想：既来之，则安之。再说学医本也源自儿时的愿望，且毛泽东主席也说了，"中医药学是个伟大的宝库，应该努力挖掘，加以提高"。那就立志学医吧！

到了大学四年级，他被分配到吉安医院科室实习，在医院更深切体会到中医的疗效及生命力，随后又在张仲景的《伤寒杂病论》序言中读到"上以疗君亲之疾，下以救贫贱之厄，中以保身长全"，学医的目的从中一览无遗。于是他立誓发扬国粹，以中医药事业为己任，有志者事竟成，在这一思想指导下，他开始了从事中医学习和临床诊疗的漫长岁月。

多年后，他体会到，志愿坚定，这是成长的第一步；第二步，就要刻苦勤奋，自强不息了，这个勤奋不是一时一刻，而是要持之以恒。他每天都坚持学习古典医籍，直至夜深人静。对中医的兴趣越来越浓厚，信心也就越来越坚定了。此外，他认为，学习方法也很重要。我国传统的学习方法要有"三到"：心到、眼到、口到。"心到"是用心，"眼到"是看，"口到"是颂读背诵，要三者融为一体，古人无不以此为收效速、易记忆的好方法。尤其是学习中医，多读多背，十分有益。

（二）名师指点

1964年下半年，时届大学六年级，江西省卫生厅要选拔三名毕业班在校优秀中医大学生，跟随当年江西的三位"名中医"，谓之"名师带高徒"，作为一种中医培养方案的尝试，他被指定跟随省名老中医赖良蒲临床习医。赖老时任江西省中医研究所副所长及江西省中医院副院长，治学严谨，临床经验丰富，临证治病虽重经方，但也往往经方和时方并用，在同一疾病的不同阶段采用最适合的方药进行治疗，并不排斥时方。在三年的师承学习中，他一边照顾老师的日常生活，给老师端茶送水，搞好诊室卫生，备好纸张笔墨，一边全天候地随师应诊或会诊，按要求每月认真总结老师经验并撰写学习心得一篇。

赖老要求严格，第一天就提示他四句话："温经典，读喻昌，多临床，常笔录"。希望他能够重视经典，勤于临床，善于思考，经常做好笔记。特别强调多读喻昌的书。喻昌是江西南昌人，字嘉言，明末清初著名医学家，被誉为清初三大著名医家之一，倡导三纲学说，中医理论颇有建树，著有《寓意草》《尚论篇》和《医门法律》等书。赖老强调多读喻昌的书，一方面因为喻昌是江西人，有相同的地域和气候因素，对于疾病的认识有更多可借鉴之处；另一方面也希望他能像喻昌一样精诚为医，体恤病患，成为像喻昌一样有建树的名医。

"师者，传道、授业、解惑者也"，学好中医的捷径之一就是师承。从名师，一方面老师能传道、授业，指导学习，解惑答疑，使学生在学习的过程中少走弯路；另外，通过老师的言传身教，能够树立高尚的医德，学会为医做人的道理。纵观历史，不论古今，名医多拜名师，方能汇各家之长，成为中医大家。如叶天士曾跟师17人，称转益多师。此外，学生自己也要多读书，读好书，勤临证，善思考，不断丰富自己的知识，提高自身素质，并在临床中不断总结，方有可能青出于蓝胜于蓝。在随师应诊的过程中，细心观察，虚心好学，揣摩体会，勤思勤问，日积月累，才能得到老师的"真传"。

勤能补拙。勤读书，勤临床，皮持衡在读书和临床方面非常刻苦，每天坚持学习，很少间断；对所读之书，认真思考，深入领会，不断"充电"，真正做到一步一个脚印，扎扎实实地把书读懂弄通。此外，他尤其重视临床，在学习期间，无论寒暑，风雨无阻，坚持参加跟师临床，包括以后走上管理岗位，仍然保持着这个习惯，几十年来门诊几乎没有间断过。常言道"熟读王叔和，不如临证多"，尤其是跟随名老中医深造，把握得好，便是中医成长的捷径。皮持衡经常告诫学生，跟随名老中医学习是站在老师的肩膀上提高自己，可以大大缩短成长的过程！

他还有一个习惯就是不断总结。在跟诊老师或自己临床时，对每一位患者都单列一案，详记其脉证方药和诊治过程，病案之后，略加按语。无论典型或失败的病案，都有一段小结，日积月累，这些经验小结使其少走了许多弯路，也算是促进其成长的一个秘诀。

经过读书—临床—总结—再读书—再临床—再总结的过程之后，集腋成裘，不断夯实自己基本功，临证时很自然就能唤起记忆，理、法、方、药也多能涌现于脑海，游弋于腕底。临诊之际，经方、时方、验方并施，轻车熟路，多能应手而效。

二、成才之道

（一）学经典经方，前贤古训

皮持衡认为学经典是中医药学的必修课，它们构建了中医的基本理论框架，涵盖了中医基本理论主要内容，是中医药理论的源泉及延伸发展的载体，是中医临床实践的基础和灵魂，对临床具有很强的指导性。经典著作文简、意博、理奥、趣深。读经典，要反复读、反复背、反复吟诵，练好基本功，才能将它转化成源泉之活水，灵活应用于临床。

除了中医四大经典，对于某个专科专业方面的经典，如《针灸甲乙经》，有经典的中医专业知识或经典的中医思维，也应该纳入学习之中。对于学习继承中医的人来说，中医经典永远是必修课；对于运用中医的人来说，中医经典永远是指路灯。

他认为，学习经典是为了更好地运用，不应只停留在学习的层面上，不应抱残守缺，故步自封，否则，经典永远只是理论。从临床角度说，经典永远是要灵活应用的。另外，还要认真学习各家流派之说，由博返约，融会贯通。如辨证论治思想孕育于《黄帝内经》，发挥于《伤寒杂病论》（后分为《伤寒论》《金匮要略》），《伤寒论》首倡"六经辨证"，《金匮要略》倡"脏腑经络辨证"，奠定辨证论治基础。其后，由于历代医家不断发挥，其内涵日趋丰富，后世的"三焦辨证""卫气营血辨证"则是对辨证论治内容的极大丰富和补充，都应该系统学习，在临床中才能成竹在胸，得心应手。

前贤名家的古训是从无数诊疗实践中总结出来的具有创意性的箴言。对前贤古训，应该精读，甚至背诵，而后在临床上反复揣摩，熟读而精思，从中悟出真谛。

前贤医案包括了医之法、法之巧，临证思路，尽可揣摩。王燕昌认为："名医之案，各有心得，流传既久，嘉惠无穷。盖临证多则阅历精，练事深则处方稳，此前贤医案所以可贵也。"张山雷认为："多读医案，绝胜于随侍名医，真不啻聚集古今无限良医，而相与悟对一堂，从上下其议论，何快如之！"

医案不仅是医家临床经验的总结，也是中医药学伟大宝库中的一大瑰宝。其中既有辨证思维的方法，又有临床治疗的技术；既有供人效仿的成功经验，又有令人可鉴的失败教训。对医案多加剖析，是充裕自我的一条捷径。

（二）博览群书，学同行能手

先哲明训：读书要"一精二博"。博即是博览群书。在系统学习中医经典著作的同时，还要探索唐宋、金元及明清诸家，对和自己专业密切相关的诸家学说，主张逐一研究，反对囫囵吞枣和不求甚解，强调细研详究，在这个基础上触类旁通、举一反三，可以得出许多新的见识。如《景岳全书》是中医肾病医生必读的一部典籍，是记录了张景岳毕生治病经验和中医学术成果的综合性著作。全书将中医基本理论、诊断辨证、内外妇儿各科临床治法方剂、本草药性等内容囊括无遗，全面而精详。书中更首创"补、和、攻、散、寒、热、固、因"的方药八阵分类新法。其自创的"新方八阵"载方186首，是景岳将一生之临床心得、处方体会、用药特长融于一炉。张氏特别重视养阳的思想，提出"天之大宝，只此一丸红日；人之大宝，只此一息真阳"。这一思想，对他从医生涯影响深远。

对于中医应读书籍，他比较推崇《本草纲目》《证治准绳》《医学心悟》《药性赋》《类证治裁》等。《药性赋》原为中医初学中药的启蒙书，该书将248种常用中药按药性分寒、热、温、平四类，用韵语编写成赋体，言简意赅，朗朗上口，便于诵读记忆；尤其是对药性概括精辟，一经铭记在心，受用终生。《类证治裁》是清代医家林珮琴搜集编著的一部比较广博的临床著作，其论述深入浅出，观点中正平和，选方实用合理，所以在新中国成立前会被有些医学院校作为教材来使用。该书具有博采众长、取材审慎、编排分项明晰、方治便于检用等特点，是临床参考书中颇有影响的一部。

皮持衡认为学习应该博采众长，习医尤应如此，但学习各家之说应注意补偏针弊。每位医家都有自己的时代背景、气候环境、学术渊源和学术背景，因而其观点自各有别，不可能面面俱到，这就要求我们善于把握各家之长，为临床所用。

博览群书，还需注意吸收现代医学的研究成果，在继承中发展创新。无论中医、西医，皆各有长短，善为医者，应善于取长补短，而不囿于立门户之见。在当今时代，应与时俱进，注重学习西医知识，不仅掌握其基本知识，而且要能用其长，灵活使用客观化验检查结果，将中医四诊延伸。

此外，学好中医还要学习中国传统的固有文化，这是中医的源头。缺少文化源头，中医的发展就会成为无源之水、无本之木。《易经》《道德经》和中医都有渊源，都应有所了解。一些古典小说如《红楼梦》等载有很多中医病案、方剂，也可给人以启迪。当然，博览不可滥，读书不能死，应读有所用，学以致用。

书本上的医学知识是死的，同行的医疗经验则是活的。要想学到同行的丰富医学知识，必须放下架子，广问博收。学习的对象除了老师，还应有同行能手。同行中经验丰富者亦不乏人，多有自己的特色，有自己的一技之长，应虚怀若谷，善以人之长补己之短，不存门户之见。只要肯虚心请教，互相交流，诚恳待人，就能互相学习，共同提高。

对于治病疗效稍逊的医生，也应胸襟宽广，尊重同道。有些患者经多位医生诊治，多种方法治疗均无效，后求治于我而愈，但我们不能把功劳尽归自己，更不应指责前医，而应认识到前面的医生为我们铺了路，因为前者的治法、用药为我们提供了启发，或者失败的教训。我们仔细琢磨后，处方用药更能贴近病况而获取效果。

要注意向民间中医学习，民间中医的一些单方、验方不容忽视，如能从理论上加以提高，从适应证上加以鉴别，准确地用于临床，常能获奇效。若能发掘、掌握和使用与自己所从事专业相应的一些行之有效的方剂，并加以发挥、创新，常可形成自己的独到经验。

（三）临证发挥，患亦为师

中医的生命和灵魂在于临床疗效，疗效是一切医学的终极目标。一切的所学以及老师的经验，必须在实践中反复应用，不断积累，才有提高，才会真正变成自己的学识，才能转化为临床价值。"纸上得来终觉浅"，中医尤其如此，饱读经书不一定能治病，"熟读王叔和，不如临证多"实属必要。

通过临床，一可深化对理论的理解；二可验证所学知识的可学习性；三可知晓前人的片面与不足，以提出问题，解决问题。中医要想提高，离开临床不行，因为只有临床治疗有了结果，才会反过来认清中医的理论与实践，认识到中医理论的正确性，同时也会加深对中医学的兴趣和对中医理论的理解。

此外，临床中发现问题，应有的放矢，有目标地再读书，对病症诊治会有更深入、系统的了解。故善读书者，当于字句中深究，临床中验证，临床中掌握，临床中积累，临床中传承与发挥。

他认为患者，尤其是慢性病患者，屡经治疗，多反复不已，也带给我们启示：患者的反馈也许是诊断的要点或辨证的关键。患者对自己所患病症，从不知到知之到了解甚多，甚至"久病成医"，且尝试过多种治疗方法，用药反应每每亲身经历，感觉和评价实属可靠。皮持衡在临证中经常和学生谈到这样几个小故事：有一次，一位患者谈到，他只要一出现头昏，蛋白尿就会检查出阳性，查尿常规验证他的感觉是正确的，皮持衡由此想到这是由清阳不升而导致精微下陷所致，改用升阳益气汤加味而收效甚速。另外，患者所反馈的治疗反应直接决定着治疗方法的成败，是医生积累临床经验最直接的老师。成功的经验要吸取，失败的教训更要总结，总结失败的教训是为了从失败中获得成功。有一次，一位患者连续 2 年暑期低热 2 个月余，第三年再次出现低热 1 个月，体温在 38℃上下，症见神疲乏力、自汗，前医以补中益气汤加味稍稍收效，皮持衡诊后认为证药相符，唯加重升麻、柴胡用量，终得发热不复，由此体会到中药剂量对于疗效的影响颇大。再者，患者经过其他医生的治疗，或者使用过一些单验方，有些积累到的医疗知识也是值得我们学习的。如一位患者提到食用胖大海凉粉对高尿酸血症很有效，皮持衡使用后效果确实不错，此后本法就成为他治疗高尿酸血症的经验用药之一。

三、学术之精

皮持衡学术造诣深厚，临床经验丰富，主张"循古拓今，师宗不泥古""博采众长，古为今用，洋为中用"；制方用药上，善于相承相反，以补配消，以塞配通，以温配清，以降配升。对中医内科病证及疑难杂病具有坚实的辨证施治功底，尤其擅长肾脏疾病的临床辨治，专注于肾系病证的研究近 40 年，颇有心得，总结并提出慢性肾病证治"五论"学术思想。

（一）慢性肾病以"脾肾为本"论

脾主五脏之气而司运化，肾藏五脏之精而主气化，后天赖先天之温养激发，先天依后天之充养培育，脾非先天之气不能化，肾非后天之气不能生。如《普济本事方·二神丸条》曰："肾气怯弱，真元衰劣，自是不能消化饮食，譬如鼎釜之中，置诸米谷，下无火力，虽终日，米不熟，其何能化？"脾不健运，气血化生无源，则肾亦不能"受五脏六腑之精而藏之"，故二者生理相关，病理相系。慢性肾病虽病位在肾，然与脾的关系却密不可分。皮持衡认为大部分慢性肾病患者多因先天禀赋不足，正气虚弱，易招致外邪侵袭，加之后天饮食不节，寒温无制，劳倦过度，致使脾肾两伤，导致本病的发生。正如《诸病源候论》云："水病无不由脾肾虚所为，脾肾虚则水妄行，盈溢皮肤而令周身肿满。"脾肾二脏虚损，致脾可见纳而不运，气血精微匮乏其源，脾失统摄，无力升清，谷气下注，精微不循常道，精微下陷为蛋白尿、血尿，致肾封藏失司，精微不固，清浊不分，邪毒内留，致使血肌酐、血尿酸升高。脾肾虚损，水气不化，聚水为肿。由此可见慢性肾病以"脾肾为本"。

基于慢性肾病病机是脾肾虚损，气化不及的认识，皮持衡提出治疗中的重要环节是培补脾肾，复脾肾气化之功用，从而达到退水肿、助生化、别清浊之目的。临床上常拟温补脾肾法，习用实脾饮加味、十全大补汤加巴戟天、补中肾气汤（补中益气汤合肾气丸）、自拟方参芪四仙汤〔党参、黄芪、芡实、金樱子、补骨脂、肉豆蔻、淫羊藿（仙灵脾）、仙茅、桑螵蛸、海螵蛸等〕等；温化利水法，常用济生肾气汤、五苓散、苓桂术甘汤等；降浊解毒法，去脾肾之实邪，即所谓祛邪即扶正，善用三仁温胆汤（温胆汤加杏仁、白蔻仁、薏苡仁）、自拟三仁降浊汤（三仁汤化裁）等，且他指出降浊解毒之剂性味偏于苦寒，只宜适可而止，或且补且攻，交替使用，切不可一味攻伐。

（二）慢性肾病"虚、湿、瘀、毒"之病机论

慢性肾病以脾肾虚损为本，日久可因虚致实，正如《中藏经》云："肾气虚则水气散于皮，又三焦闭阻，血气不从，虚实交变，水随气流，故为水病。"明确指出慢性肾病日久，可致三焦气化失司，水谷精微化生输布失常，瘀滞经脉，经久不去，酿生浊毒、瘀血。由此提出慢性肾病病机为"虚、湿、瘀、毒"论。

1. 以脾肾亏虚为本，牵涉他脏

经中有云"邪之所凑，其气必虚"，而虚损日久，必害少归阴，伤及五脏，穷则及肾。而肾者主水也，肾气虚则无力制水，水湿反浸渍于脾，水湿困脾，暗耗脾气，健运无力，致使脾肾两虚。肾气亏虚，精微妄泄不固，髓海不充，气化蒸腾无力，如在肺表现为呼吸不调，在心为水火不济，在肝为水不涵木；中焦不足，气血化生无源，气机升降失调，亦无力布散津液以濡润他脏，均可导致他脏虚损不足。

2. "湿浊"内蕴，其源有三

湿浊是慢性肾病的主要病机之一，常贯穿于慢性肾病之始终，其来源有三：一曰虚，二曰瘀，三曰外感。

《素问·经脉别论》有云："饮入于胃，游溢精气，上输于脾，脾气散精……水精四布，五经并行。"脾肾虚损，失却运化蒸腾之功，水谷不从正化，反聚水为湿，停

谷为滞，酿生湿浊；或平素嗜食肥甘生冷之品，长期服用激素制剂，助湿生痰，临证常用平胃散、附子理中汤、参苓白术散等。

《血证论》有云"其血既病则亦累及于水"，《金匮要略》云"血不利则为水"，由此可知瘀血阻滞，经脉不利，又可致水液运行不畅，水血互结，加重湿浊潴留，临证常用当归芍药散加三草（马鞭草、益母草、茜草）等。

《素问·太阴阳明论》讲"伤于湿者，下先受之"。如嗜冷贪凉，不避风雨，涉水居湿，致使外邪风湿有机可乘，入里缠绵，伏而不出。临证常选用羌活胜湿汤、麻黄连翘赤小豆汤等加味。

3."瘀血"内阻，源于虚、湿、郁

慢性肾病常久病入络，"瘀血"内阻，其源也有三——虚、湿、郁。

因虚致瘀有四。一者脾虚致瘀，如《血证论》曰："脾其气上输心肺，下达肝胃，外灌四旁，充溢肌肤，所谓居中央畅四旁者如是；血即随之运行不息。"明确指出当脾转输气机不利时血滞不行，可出现瘀血证，常选用归脾汤加丹参、红花。二者气虚成瘀，《读医随笔》载："气虚不足以推血，则血必有瘀。"可用加味补阳还五汤。三者阳虚致瘀，《仁斋指直方论》谓："气温则血滑，气寒则血凝。"可用当归四逆汤加味；四者阴虚成瘀，阴虚者，脉道不充，血行艰涩成瘀，再者阴虚则虚火煎熬阴液，熬津成瘀，常选用加减复脉汤。

经中有云："孙络水溢，则经有留血。"且《活血化瘀专辑》载："血与水，上下内外，皆相济行，故病血者，未尝不病水；病水者，亦未尝不病血也。"即水病可以及血，血病也可以及水。若水湿壅滞三焦，气机受阻而不畅，则血行涩滞而成瘀。

《杂病源流犀烛·诸变源流》说："诸郁，脏气病也，其原本于思虑过深，更兼脏气弱，致六郁之病生焉。"明确指出脏器虚损不足是郁病发生的根本，加之思虑过度，郁乃生。《灵枢·百病始生》有云："若内伤于忧怒，则气上逆，气上逆则六输不通，温气不行，凝血蕴裹而不散，津液涩滞，著而不去。"正说明情志不调，气机不舒，初病气分，延久及血，血凝成瘀。针对此证型，常选用血府逐瘀汤加减。

4."毒"邪弥漫，内外之别

慢性肾病后期"毒"邪弥漫，其"毒"有内外之别，"毒"可内生，也可外受。

慢性肾病内毒的产生多与脾肾虚损相关。肾主分清泌浊，脾肾亏虚，无力泄毒，毒邪内积不去，加之脾肾亏虚，三焦气化无力，湿浊不化，蓄积成毒，常选用化裁三仁汤、黄连温胆汤等方。

慢性肾病之外毒多由妄用"补品"及有毒药物而来。《诸病源候论》云："凡药物云有毒及大毒者，皆能变乱，于人为害，亦能杀人。"药物性肾损害已成为慢性肾病发病的一个重要病机，临床上使用关木通、木防己、草乌等尤须注意；再者，随

着生活水平的提高，常常可见很多人以药为食，而滥用六味地黄丸更是其中的典范，现代药理学研究表明，六味地黄丸中所含泽泻长期服用可致肾小管萎缩，出现肾损伤。皮持衡在临床上经常告诫病患不可自行乱服药物，任何药物都具偏性，切记"偏性既是疗效，亦是毒性"。

（三）多途径治疗与治法交替论，力推"间者并行，甚者独行"原则

1. 多途径治疗

慢性肾病病程经久不愈，病情错综复杂多变，既不可单纯扶正，也不可一味攻邪，必须兼顾多脏多腑，祛邪与扶正并行，单纯的汤药制剂已不能满足病情的需要，故皮持衡提出多途径的治疗方法，如口服汤药合用中成药制剂、口服汤药合用静脉给药、口服汤药合用保留灌肠，病情较重者常选择口服汤药、静脉给药、保留灌肠三种治疗方法同用，其疗效往往能数倍于单一途径的治疗。临床尚有部分患者可选用针灸、穴位敷贴、中药熏蒸等外治法，亦能获良效。

2. 治法交替

"间者并行，甚者独行"出自《素问·标本病传论》。"间者"谓之多也，相兼也；"甚者"谓之少也，独盛也。原意是指出病证轻浅者，标本兼治；病证急重者，标本单独施治。或本急者治其本，或标急者治其标，治以求之精专，增强疗效。张志聪在《黄帝内经集注》中注解之："间者，谓邪正有余不足，二者兼于其间，故当并行其治，盖以散邪之中，兼补其正，补正之内，兼散其邪。如偏甚者，则当独行其法，谓邪气甚者，竟泻其邪；正虚甚者，竟补其正，此为治之要道也。"姚止庵在《素问经注节解》注释到："间，病势缓而症多，尚可参用君佐以调治，故云并行；若病之甚者，危而势急，非简要之药不能治，故云独行也。"

基于上述理论的支持，又考虑到慢性肾病复杂的病机，他提出交替给药的原则，如"补泻交替，扶正祛邪""敛散交替，摄精散邪""养阴温阳交替，平衡阴阳""健脾补肾交替，调整脏腑"等，使药味精专，药效更加专注而奏奇效。如此交替给药，则休作有时，可避免犯虚虚实实之戒，无疑不是治疗慢性病、疑难杂证等持久战的一种上佳的"新战术"。如治疗原发性肾病综合征之低蛋白水肿，常常选用益气养血之十全大补汤合用利水通阳之五苓散；慢性肾炎之顽固性蛋白尿、血尿，常选用益气填精之玉屏五子衍宗丸合用化瘀散滞之血府逐瘀汤；及在慢性肾衰竭"三仁肾衰泄浊方案"中的养血化瘀之田七粉制剂与通腑泻浊之肾衰泻浊汤的合用亦是对交替疗法的体现。

（四）传统与现代结合

方药择用参考"中药与方剂药理"论，谨守中药"药性理论"与方剂功效主治原则，参考现代药理与应用实验检测指标。

随着现代药理学的发展，对中药药性及药理进行了更为细致的观察与研究，许多中药的潜在功效被挖掘出来，在一定程度上确实能使药物的应用更具指向性。然皮持衡指出，现代药理学对方药的分析过于局部及片面，不能把现代药理学的研究结果作为中医师选方择药的标准，我们选方择药仍不能脱离中药的"四气五味"及中医的辨证论治及整体观，但对于现代医学我们也不应全盘否定，应该保持选择性吸收的态度，如现代医学在生化指标检测方面就明显优于传统医学。对于此，皮持衡特别推崇国医大师邓铁涛教授将四诊改为五诊（望、闻、问、切、查）的观点，特别是在慢性肾病中，许多慢性肾病早期患者往往未见任何不适，无证可辨，这时实验室的生化指标检查往往成为辨证的关键，由此可知生化指标的检测对于早期肾病的诊疗至关重要。再者，皮持衡致力于中医证型与西医生化指标相关性的研究，并希望从中得出一些规律性结论，以便于后面大力推广中医药的运用。

（五）善后调理"重视脾胃"论

《景岳全书·杂证谟·脾胃》有云："凡先天之有不足者，但得后天培养之力，则补天之功亦可居其强半。"基于此，他认为慢性肾病先天之本既损，损后难复，唯有调理脾胃始有出路，脾胃为气血生化之源，气机升降之枢，以后天可补先天，温脾阳亦能一定程度补肾阳，故应强化后天之本以维持脏腑正常的功能活动；另外肾虚湿浊不泄反留，湿浊属阴，其体为水，有抑火、灭火之势，唯土能制之，脾能散精微而运湿浊，故调理脾胃可达升清降浊的目的，与慢性肾病本虚标实的复杂病机甚为契合。故慢性肾病调理脾胃，使后天资生有源，中气斡旋得复，则气机可畅，阴阳得平，所以治疗慢性肾病尤应重视脾胃或胃气。

《内经》亦云："有胃气者生，无胃气者死。"皮持衡认为慢性肾病肺卫亏虚，藩篱不固，增强抵抗力、防止外感病须借助胃气，因胃气为卫之本，卫气来源于中焦，胃气强者卫气始固，故提出"未病和脾，已病理脾，善后益脾"的原则，即病轻、病缓、"无症可辨"时则治本调脾胃；病重、病急时，健运脾阳更当顾护脾胃；病之后期、恢复期，防外感、复正气亦当助益脾胃，因此顾护脾胃应贯穿于整个慢性肾病的治疗过程中，临证时常选用参苓白术散、玉屏风颗粒、桂枝汤、补中益气汤等类方加减。

四、专病之治

慢性肾衰竭

慢性肾衰竭发展中，"虚""湿""瘀""毒"共同构成四大病理机制，四大因素相互影响，互为因果。"虚"可导致水湿停积，血行涩滞，溺毒蕴积；"湿"可阻碍血运，损伤脏腑，衍生湿毒；"瘀"则造成脏腑失养，水湿停滞，浊毒内聚；"毒"则耗损正气，留滞水湿，阻滞血运，其中以"虚"为发生、发展的根本。本病病位主要在脾肾，病性虚实夹杂，病情缠绵难愈。归纳如下。

【病机概要】

1. 脾肾虚衰，多脏受累

慢性肾衰竭是由多种慢性肾病迁延不愈，病情日渐加重，导致的多脏腑、气血精液虚损，或功能异常。

2. 脏气虚弱，水滞湿遏

慢性肾衰竭中"湿"即指"水湿、水气"，是肾病发展的致病因素，亦是慢性肾衰竭的病理产物。水湿产生一是因脾肾气（阳）虚损，气化无力，水湿内停；二是体虚肺气不足，感受外邪，肺失通调，水湿内停；三是脏腑亏虚，血瘀肾络，气机阻滞，水湿内停。

3. 泌浊受阻，尿毒积蓄

慢性肾衰竭中"毒"指体内的代谢产物，既是慢性肾衰竭的病理产物，亦是导致生命垂危的诱发因素，谓之"尿毒"或"溺毒"。"溺毒"的产生一是由于久病致肾络瘀阻，尿毒排泄障碍；二是因脾肾衰败，三焦气化不利，体内代谢产物蓄积；三是久病水湿不愈，湿阻气机，湿聚浊留，蕴而成毒。

4. 久病脏损，血络瘀阻

慢性肾衰竭病情缠绵，常导致气血运行不畅，血壅于经脉或脏腑之内，即所谓"久病入络"。究其原因有三：①因虚致瘀：因气阳虚，久而成瘀；或阳虚阴寒内生，血涩于脉络之中；又有久病营阴耗损，津液不足以载血；或阴虚内热，煎熬阴血而血液黏滞成瘀。②因水病及血：肾虚气化无力，血行涩滞成瘀。③因湿毒致瘀：脏腑功能衰退，三焦气机壅滞，聚成湿毒，相搏成瘀。

【辨证施治】

1. 治虚

（1）补虚重在健脾益肾：慢性肾衰竭由多种肾病久病不愈，迁延发展而来，临床上病患常表现一派虚损之象，且以脾胃虚损为主，因此对慢性肾衰竭的补虚治疗尤当注重脾肾。临床上根据脾肾虚损偏重，遣方用药略有不同：当脾虚失运突出时，用七味白术散、补中益气汤、玉屏风散合四君子汤健运脾胃；肾为元阴、元阳之脏，故当肾气（阳）虚为主者，用金匮肾气丸、冬虫夏草制剂，或五子衍宗汤合参芪地黄汤等补肾气（阳）为主；肾气阴两虚者，用参芪地黄汤、归芪地黄汤加减益气养阴；肾阴虚者，用知柏地黄汤、六味地黄汤加减滋养肾阴；脾肾俱损者，常用补中益气汤合六味地黄汤、七味白术散合六味地黄汤、玉屏风散合六味地黄汤等脾肾双补；若为肝肾阴虚者，则用一贯煎加减滋养肝肾。

（2）补虚必调气血：慢性肾衰竭患者因久病缠绵，存在着不同程度的功能虚损，表现在气化功能不及。皮持衡认为慢性肾衰竭患者早期多有肾气不足，气化失司，久则气损及阳，阳虚则无以温煦诸脏，故在治疗慢性肾衰竭时，常在辨证论治的基础上佐用1～2味温补肾阳之品，如巴戟天、肉苁蓉、菟丝子、补骨脂、淫羊藿等温润之品，而慎用桂附等温燥之品，以防燥伤其阴。

精血是构成人体的基本物质，精气血化生与脾肾关系密切，慢性肾衰竭患者由于久病失治或误治，造成脾虚或肾虚的症状。临床上可表现一派气血亏虚之象，即所谓"肾性贫血""低血浆蛋白血症"。精血的虚损亦加重五脏六腑的失养，致五脏功能衰败，阴阳俱损，疾病走向危笃，因此，治疗慢性肾衰竭时要注重精血的衰与旺。根据慢性肾衰竭精血亏虚的病理特点及多年临床经验，在温补脾肾基础上提出补血养精、调和阴阳的治则。

常用十全大补汤加减：黄芪30g，党参10～15g，茯苓15～30g，白术10g，甘草6～10g，熟地黄10～20g，当归10～15g，川芎10g，丹参10～30g，肉桂6～10g（或肉桂末0.5～1.0g/d）冲服。

本方加减法：虚寒甚者，必用肉桂温肾暖脾；阳气不通，水肿甚，小便不利者，选用桂枝通阳化气；阳虚者，温补阳气宜用温润，不宜燥烈，故常用巴戟天、肉苁蓉、补骨脂、菟丝子等代桂；兼阴虚者，去桂，用生地黄，太子参易党参，或加麦冬、枣皮等滋养肾阴；夹瘀者，以川芎、赤芍、丹参、茜草等1～2味活血化瘀药佐入方中；兼湿热者，加半边莲、六月雪、白花蛇舌草等清热利湿；若湿毒内聚，则加生大黄、六月雪、半边莲、灵芝，或配合"肾药Ⅲ号（院内制剂）"保留灌肠以泄浊解毒。若病以"湿""毒""瘀"等邪实为主，或以脏腑虚损为主时，则在辨证治疗的基础上加养血生血之品，如当归、何首乌、芍药、地黄、灵芝等，或送服十全大补丸、当归养血丸等养血生血之品。

（3）补虚宜和营护卫：慢性肾衰竭患者常因久病不愈，营卫失和，卫阳不固，腠理稀疏，不少患者表现为易出汗，易于外感。而外邪的侵扰亦是引起慢性肾衰竭病情突然加重的主要原因之一，因此调和营卫，固表御邪，对稳定病情有着重要的临床意义，临床上常用玉屏风散、黄芪五物汤、圣愈汤、补中益气汤益气护卫和营，增强患者的抗病能力；对于已受外邪袭扰者，则在疏风解表基础上加用玉屏风散，或加减人参败毒散等益气和营，疏风解表。

2. 治湿

慢性肾衰竭"水湿"的停聚与脾肾气化不利密切相关，临床表现为不同程度的水肿，或腹水、胸腔积液、呕吐、苔白腻，口中异味，口黏不欲饮等，对于水湿的治疗，主张以健脾益肾为主，以期复脾肾气化之功，使脾肾健旺，水湿得以气化。只有当水湿泛滥，高度水肿者，则暂时投五苓散、实脾饮，或真武汤、附子汤温阳利水急治其标。

3. 治瘀

"血瘀"存在于慢性肾衰竭之始末，其因"虚"、因"毒"、因"湿"而形成，"瘀"亦是慢性肾衰竭进展的诱发因素，因此活血化瘀势在必行，宜早期、全程应用；血瘀轻者治以和营通络，重者治以活血化瘀。具体应用如下。

（1）温经活血：温经活血，助阳化气，用于脾肾气阳虚兼有瘀血征象者，在温补脾肾基础上加用通阳活血之品，如桂枝、艾叶、川芎、肉桂等。

（2）活血利水：用于顽固性水溢明显者，取"血行水亦行"之意，如泽兰、益母草、马鞭草等。

（3）滋阴活血：用于肝肾阴亏患者，在滋养肝肾基础上加用养阴活血之品，如茜草、丹参、鸡血藤等。

（4）化瘀解毒：用于瘀毒内聚者，如生大黄、半边莲、六月雪、鸟不宿、茜草等。

（5）化瘀独行：当临床上表现以血瘀症候为主，症见顽固性血尿或蛋白尿，面色晦暗，肌肤甲错，舌质紫黯或见瘀点瘀斑，固定腰痛，肢体麻木，闭经等，治之当以活血化瘀为主，方如桃红四物汤、血府逐瘀汤、补阳还五汤等，常配地龙、水蛭、三棱、莪术等。活血化瘀的药物选择一般据病情选用2～4味配入辨证治疗方中。

4. 治毒

"毒"指慢性肾衰竭中的溺毒，为脏腑衰竭、代谢障碍产生的"内生之毒"（包括代谢产物的蓄积过多和其他内分泌激素、电解质的异常）。湿与毒常相兼，是加速脏腑虚损、阴阳失调的两大因素，故泄浊解毒，稳定机体内环境，在慢性肾衰竭治疗中尤为关键。据多年临床经验，皮持衡研制"肾药Ⅲ号"（由生大黄、生牡蛎、巴戟天、蒲公英、川芎等药物组成），用于保留灌肠或口服，效果颇佳。本方具有通腑泄浊解毒之功，主要用于慢性肾衰竭湿毒内聚的治疗。临床使用方法，当湿毒壅盛时，则用本方煎汁保留灌肠，或用本方煎剂口服，或以本方加入扶正补虚方中，以达到扶正祛邪、补而不留寇之效；当湿浊、湿毒并重，邪阻上中焦者，以三仁汤或藿朴夏苓汤合"肾药Ⅲ号"宣上启中，化湿泄浊解毒；中焦气逆，以"肾药Ⅲ号"合黄连温胆汤化湿和中，泄浊解毒。

【临证心得】

1. 治本宜缓，治标当急

慢性肾衰竭患者长期久病不愈，补虚非一朝一夕所能取效，缓缓调补，渐渐振复，即所谓"治本宜缓"。湿、毒、瘀邪不同程度存在于慢性肾衰竭病程中，且病邪日渐加重，最能使病情深重，造成三焦逆乱，阴阳乖戾，危及生命，因此及时祛邪可缓解危殆，即"治标必急"。

2. 泄浊解毒于始终

慢性肾衰竭主要由于脾肾虚衰，分清降浊功能丧失，一旦湿浊尿毒停留体内，则始终难于清除，且呈不断加重趋势，其一方面影响正气的振复，另一方面亦在不断加速脏腑、气血精液的耗损，病情在邪毒的肆虐下日渐严重，故清除和排出湿浊尿毒、平衡阴阳显得十分重要。由于湿浊尿毒的产生源于肾络瘀阻，肾脏气化重损，治疗势必总以振复其气化为前提，故泄浊解毒应自始至终贯穿。

3. 和营化瘀贯穿全程

血行瘀滞是影响脏气振复的主要因素之一，保证充盈的气血循环是振复脏气的主要内容之一，因此，全程和营活血（化瘀）尤其重要。

4. 治法交替

慢性肾衰竭病情复杂，处方用药较棘手，临床常采用交替疗法。据其正虚邪实的偏胜偏衰而采用或补泄交替，扶正祛邪；或敛散交替，摄精散邪；或养阴与温阳交替，调整阴阳；或升降交替，疏利气机。如此交替治疗常获得较满意的疗效。

5. 不离风药

"风药"为能祛风、疏风、息风的一类药物，如防风、蝉衣、木蝴蝶、荆芥、钩藤、薄荷、藿香、白蒺藜、苏叶、徐长卿、地肤子、蛇床子等，慢性肾衰竭因久病精血不足和尿毒壅盛，每每诱发风证，或身痒，或手足瞤动，或挛急；此外，本病湿邪缠绵难去，借以风药能胜"湿"，以助湿浊之化解。临床在辨证治疗基础上加一二味风药，可获良效。

6. 参照现代药理择用方药

选择应用具有相应现代药理作用的中药，确能提高中医药临床疗效，对慢性肾衰竭也不例外。如降氮中药的择用，大黄苦泄，而且功效攻补兼施，具双重作用，最宜本病之虚实夹杂证；黄芪具有扶正益气、固表利水、托毒排脓之功效，药理实验提示其具有调节免疫、利尿、扩血管、改善蛋白尿作用，宜于本病正虚夹实之证。

五、方药之长

（一）核心方剂

1.肾衰泻浊汤

组成：大黄15g，生黄芪30g，生牡蛎30g，槐花15g，蒲公英15g。

功效：通腑泻浊，化瘀解毒。

主治：腑气不通、痰瘀互结之慢性肾功能不全。

方解：慢性肾衰竭其病机前文已述，由此可见浊毒潴留为本病加重的重要因素，而此时浊毒之邪已不能从小便外泄，故保持肠腑通利是排毒逐邪的关键条件。方中大黄能清能下，走而不守，直达下焦肠胃，通腑泻浊，推陈致新，又可活血化瘀，通畅脉络；黄芪甘温以益元气，被尊为补药之长，可温三焦，壮脾胃，健后天之本，固先天之元，与大黄相合，一补一泻，攻补兼施，使补而不滞，泻而不伤正；牡蛎重镇，咸而微寒，守而不走，既可软坚使毒邪无所聚，便于引邪下行，又可利用收敛之性吸附毒素，利于苦寒之药发挥泻下疗效，且可制约泻药的苦寒之性，与大黄相配，一走一守，防大黄攻伐太猛，使溏而不泻、利而不伤正；蒲公英清热解毒、消肿散结、利湿通淋，加强大黄解毒之功用；槐花苦寒，凉血止血，清肝泻火，又入大肠经，引诸药至大肠，兼具佐使之用。诸药合用，畅达三焦，解毒扶正，通腑泻浊，推陈致新，活血化瘀，通畅脉络，攻补兼施，补而不滞，泻而不伤正。现代药理研究表明，大黄能刺激肠道以促进排便，降低肠道对氨基氮的吸收以减少合成尿素氮的原料，通过抑制环氧化酶代谢产物合成从而抑制血栓形成，起到防治早期肾损害的作用；亦可选择性地抑制肾小管细胞的高代谢状态，从而减轻高代谢对肾单位的损害，抑制肾小球系膜细胞生长及系膜细胞DNA、蛋白质的合成，抑制体内蛋白质的分解，使血中尿素氮和肌酐的含量降低，并促进尿素氮和肌酐随尿液排出体外等；牡蛎质重，以充分吸附肠道毒素，排出体外，使血肌酐、尿素氮降低，且牡蛎富含碳酸钙，可以降低血磷、提高血钙，以纠正肾衰竭常见的电解质紊乱；蒲公英、槐花两者合用可抗炎灭菌，降低肠道毒素，抑制肠道细菌的繁殖。

常用加减：临床使用时常配用复发丹参滴丸10丸，田七粉3g，以加强养血散瘀之力；畏寒、怕冷者加巴戟天10g，肉苁蓉10g；腹胀、恶心者加紫苏叶10g，生姜20g；痰浊症状明显者合用三仁降浊汤，瘀血阻滞明显者合用丹黄化瘀汤（自拟方）。

2. 三仁降浊汤

组成：苦杏仁 10g，白蔻仁 10g，薏苡仁 10g，法半夏 10g，竹叶 10g，当归 20g，川芎 20g，海螵蛸（乌贼骨）24g，茜草 6g，何首乌 30g，鱼腥草 30g，威灵仙 30g，青皮 15g，陈皮 15g，土茯苓 30g。

功效：升清降浊，通阳化气，化瘀通络。

主治：气机逆乱，清浊相干之慢性肾功能不全。

方解：慢性肾衰竭的形成有"虚、瘀、湿、毒"四大基本病机，虽然概括为"脾肾亏虚为本，邪实内聚为标"，但其实质是三焦气化不利，饮食水谷不能化为津液，反转化为湿浊；气机升降失调，当升不升，当降不降，当藏不藏，当泄不泄，精微不摄而漏出，水湿不泄而滞留，酝酿成痰。亦可由于病程冗长，久病导致血脉瘀滞，即所谓"久病入络"而络阻血瘀也。方中以杏仁辛开，宣利上焦肺气，气行则湿化；白蔻仁芳香化湿，行气宽中，畅中焦之脾气；薏苡仁甘淡渗湿，利水以健脾，使湿热从下焦而去，三仁合用以通利三焦，是为君药。竹叶、鱼腥草甘寒淡渗，加强君药清热利湿之功；臣以法半夏、陈皮、土茯苓燥湿化痰，解毒除湿，和胃降逆，寓二陈汤之意；乌贼骨、茜草走血分，收敛止血，凉血化瘀，两者合用，一散一收，以奏祛瘀生新之效；威灵仙通络除湿；佐以当归、川芎、何首乌活血行气，补肾填精，润肠通便；使以青皮疏肝破气，致使补而不滞。全方攻中有补，攻补兼施，且方中以川芎行气升清阳，二陈和中降浊阴，一升一降以调畅气机。诸药合用使湿浊内化，脉络通畅，脾肾调和，清升浊降，则瘀浊可除。现代药理学指出，苦杏仁、白蔻仁、薏苡仁、法半夏、陈皮、青皮、土茯苓、威灵仙都可抗菌消炎，降低肠道毒素，抑制肠道细菌的繁殖，且白蔻仁、青皮尚有促进胃肠蠕动的作用，从而抑制毒素在肠道内被重吸收这一过程；竹叶、鱼腥草能利尿、抗炎；当归、川芎、何首乌可以促进血红蛋白及红细胞生成，促进骨髓造血功能，从而改善肾性贫血，并能扩张血管，增加肾脏灌注量以减轻肾脏缺血。

常用加减：大便秘结者加大黄 10g；胸闷、气憋者去竹叶、当归、川芎、乌贼骨、茜草，加枳壳 10g，竹茹 10g，丹参 15g；关节痉挛疼痛者加蚕砂 10g，木瓜 30g，血瘀症状明显者合用丹黄化瘀汤，交替服用。

3. 安肾聚精汤

组成：党参 15g，丹参 15g，黄芪 30g，鸟不宿 30g，五倍子 6g，芡实 30g，海螵蛸 10g，桑螵蛸 10g，水蛭颗粒（另冲）3g。

功效：健脾固肾，活血化瘀，祛风胜湿。

主治：脾肾亏虚，痰瘀互结之慢性肾炎或肾病综合征，不明原因的蛋白尿。

方解：慢性肾炎的病机是错综复杂的，多为本虚标实、虚实夹杂，但脾肾虚损始终是本病发生的内在基础，病情缠绵不愈，脏气变动于内，阴阳各造其偏，湿浊逗留，阻滞经络，凝精为痰，滞血为瘀，故健脾固肾、活血化瘀、祛风胜湿为治疗慢性肾炎综合征的重要法则之一。安肾聚精汤中以党参、黄芪补气健脾，芡实、五倍子、桑螵蛸、海螵蛸补肾固精；丹参、水蛭活血通络，推陈致新；并以一味鸟不宿祛风除湿解毒以祛邪，以免湿热再生，损伤脾肾。现代药理研究提示，党参可以增强机体免疫力，改善微循环以维持体内免疫系统的稳定性。黄芪可以调节肾小球疾病物质代谢的紊乱，减少尿蛋白排出量，提高血浆总蛋白及白蛋白水平，并且能保护肾小球血管内皮细胞的完整性，改善其功能，清除过多的氧自由基，抑制细胞凋亡，减轻缺血对肾脏的损伤；桑螵蛸可以提高巨噬细胞活力；水蛭可以保护和修复肾小球电荷屏障，抑制血小板聚集，调节肾脏血流量，且减少炎症因子的产生，减轻炎症因子在肾小球周围和肾小管间质的浸润；丹参多酚不仅能改善微循环、抗凝、扩血管，还能在一定程度上促进组织修复与再生，减少肾脏细胞凋亡，抑制血小板的增殖积聚，促进纤维蛋白降解，防止肾间质纤维化，提高肾小球滤过率；芡实、五倍子性平、味涩，皆可入肾经，可共同调节肾小管的重吸收功能；鸟不宿具有抗氧化、抗炎及免疫抑制双相功能。

常用加减：若水蛭过敏者，改用红花颗粒 5g（分冲）；反胃者，改五倍子为五味子；蛋白尿多者，加金樱子 30g；腰酸、畏寒者，加巴戟天 10g；口干烦躁者，加知母 10g。

（二）经典对药举隅

1. 乌贼骨、茜草——养血化瘀

本对药是《黄帝内经素问》所载十三方中四乌贼骨一藘茹汤的组成，该方由乌贼骨、藘茹（茜草）、雀卵、鲍鱼汁组成，该方功能益精补血、止血化瘀，主治血枯之证。本药对选取乌贼骨、藘茹二味，组配比例严格遵原方 4∶1，即乌贼骨四份、藘茹（茜草）一份。乌贼骨补肾益精、收敛止血并可制酸，通瘀止痛，藘茹（茜草）活血通经、化瘀止血，还可清热凉血，两药一散一敛，合用既可补虚，又能去实，共奏祛瘀生新之良效。故张锡纯评价此方，指出"其能开通者，兼以收涩；其能收涩者，兼以开通"。当代名医蒲辅周亦说"尤以乌贼骨、茜草祛瘀生新"，是应古人"气以通为补，血以和为补"之旨。不难看出，二者功效补中寓通，适宜血虚夹瘀之证治。皮持衡认为慢性肾衰竭其病机多脾肾不足，气血亏虚，且血滞毒蕴。其治宜通补并用，补肾精以充养气血，通血脉以行血滞，气机通调，蕴毒自去。因此，临床辨治常在主方药中加用乌贼骨、茜草，方如三仁降浊汤（三仁汤化裁），以宣畅降浊、祛瘀生新、助正祛邪。且现代药理研究认为乌贼骨为碱性，又富含碳酸钙，对于纠正酸中毒、低钙血症及高尿酸尤为适宜。

2. 黄连、苏叶——和胃降浊

慢性肾衰竭的主要病机为脾肾衰败，毒瘀内蕴，湿浊阻遏，损伤肾体，属本虚标实之证。且瘀毒、痰饮、湿浊贯穿于慢性肾衰竭发病的始终，多因脏腑阴阳失衡或气血运行失常导致机体内的生理或病理产物不能及时排泄，致蕴结体内，化生毒邪，侵蚀血脉，伤及气血，损伤脏腑。苏叶、黄连正是为湿热浊毒所设，与慢性肾衰竭病机甚为契合。苏叶黄连汤出自薛生白《湿热病篇》，苏叶味甘辛而气芳香，入肺脾二经，辛温能散，气薄能通，上走入肺，宣上焦肺气，中开胸膈，醒脾胃，畅中焦脾气，外透于表，轻宣透邪，宣化痰饮，解郁结而利气滞。黄连味苦，入心、肝、胃、大肠经，一者能泄，清热泻火，泻心脾，消胃热，凉肝胆，清三焦，解热毒，导大肠之热；二者能燥，燥湿开郁，泻肝胆湿热，燥脾胃之湿，利大肠之浊；三者能坚，坚厚肠胃，保阴护液。二药合用，辛开苦降，苏叶辛温能散，气薄能通，味薄能泄。黄连苦寒，清热燥湿，以降胃火，一温一寒，一升一降，一阴一阳，阴阳相济，故无偏胜之弊。苏叶黄连汤用于治疗慢性肾衰竭的湿热秽浊，呕恶吐逆，具有独特的优势，尤其是治疗早中期的慢性肾衰竭效果较好。

3. 桔梗、蝉蜕——御邪卫咽

肾脉络咽喉、夹舌本，急性肾炎的发生多由太阳病表邪直中少阴，邪气下扰于肾，肾失封藏，精微外泄而表现为蛋白尿、血尿亦或浮肿，或慢性肾病因咽喉不适出现病情反复和加重，故而咽喉作为肾脏的"门户"尤为重要。甘桔汤为清利咽喉第一方，用于肾病但恐甘草壅中滞水，因而改以蝉蜕为药对。方中桔梗味辛苦，性平，味厚气轻，升而能降，宣而能柔，通达三焦，可清宣肺气，祛痰利咽，又可引药上行，直达病所；蝉蜕味咸甘，性寒，禀水土之余气而生，得雨露之清气，可疏散风热，柔肝止痉，利咽开音。慢性肾病病情易反复，每因邪气深伏肾络，欲清难尽，而虫类药具有深搜细剔之效，飞者走络中气分，走者走络中血分，可谓无微不入，无坚不破，且虫类药物大多为血肉有情之品，与草木类药物相比，与人之体质更为相近，更容易被人体吸收。两者相伍，用于急性肾炎综合征、慢性肾炎急性发作或慢性肾衰竭伴上呼吸道感染，证属风热者颇为相宜，临床常合用六味地黄汤类滋肾利咽或参苓白术散肺脾双调，以防御外邪直中少阴肾经而为病。另外，本药对适量以开水冲服代茶饮，可御邪护咽。

4. 苦杏仁、白豆蔻、薏苡仁——条畅气机，通达三焦

苦杏仁、白蔻仁、薏苡仁三药为伍，见于清代吴鞠通《温病条辨·湿温》中的三仁汤一方，三药合用可达宣上、畅中、利下之效。杏仁味苦辛开，宣利上焦肺气，气行则湿化；蔻仁芳香，性微温，具有芳香化浊、利气宽胸之效，行气宽中，畅中焦之脾气；薏苡仁味甘淡，性凉，具有淡渗利湿、疏导下焦之效，可使湿热从

下焦而去。杏仁、蔻仁芳香化湿，偏于燥热，薏苡仁淡渗利湿，药性温柔平和，杏仁、蔻仁、薏苡仁相配，温凉并济，见湿可不论虚实寒热皆可应用。几药合用可使湿热之邪分走上、中、下三焦，因势利导，使湿热之邪有出路。《景岳全书》论及湿邪之病有云，"上焦不治，则水泛高原；中焦不治，则水停中脘；下焦不治，则水乱二便"，故辨治湿邪，须注重湿邪在三焦的侧重。湿热之邪在慢性肾病病程中极为常见，其所致病理变化是慢性肾病多种病证的基本病机，湿热之邪在慢性肾病中多累及肺、脾、肾三脏，可弥漫上、中、下三焦，湿浊束于肺则气机宣降不利，水液代谢失司则尿少水肿；湿热浸淫于脾，脾失转输或损伤及肾，肾失开合，津液代谢障碍，湿热、湿浊内生，困阻脾胃，故在慢性肾病中论治湿热当侧重中、下二焦，取杏仁、蔻仁、薏苡仁相伍，以达芳香化湿、苦温燥湿、淡渗利下之功。

六、读书之法

皮持衡酷爱读书，从年轻时起，每天早晚坚持学习四五个小时，很少间断，所读的书主要是经典名著。他认为熟读经典，可以通晓医理，掌握中医的思想原则和理论大法，洞彻中医的灵魂，成就个人的气象。但凡《素问》《灵枢》《难经》《脉经》《伤寒论》《金匮要略》《神农本草经》《温病条辨》等经典，他都不知道读了多少遍，烂熟于胸，随时取用。多读名家名著，则可以通法要、明大略，掌握医家的思维途径、理论框架或学说体系，从而"辨章学术，考镜源流"，把握中医的发展历程。

读书当然要得法，要善读书、会读书。皮持衡的经验是，"对所读的书，认真思考，深入领会，取其精华，弃其糟粕，真正做到一步一个脚印，扎扎实实地把书读懂弄通"。

除了四大经典，古典医著中他特别推崇清代医家林珮琴所著《类证治裁》，认为该书论述深入浅出，观点中正平和，选方实用合理，具有博采众长、取材审慎、编排分项明晰、方治便于检用等特点，在临床参考书中颇有影响，新中国成立前曾被有些医学院校作为教材来使用。现将皮持衡有关该书的读书心得归纳如下。

（一）师古不拘，择善取精

林氏非常强调学习医经的重要性，认为："不先窥《内经》奥旨，则皆无本之学也。"因此，对《内经》进行了深入分析研究，将其经旨贯穿全书，一方面直接引证经文加以归纳分析，以便分类归纳；另一方面融会贯通经旨，用简练直白的文字表达出来，化深奥为平易，以便后学领悟学习。林氏宗经，却不泥于古，对后世医家的学术论点择善而从，特别是他身处清代中期，温热学派已形成，他广纳诸子百家之长，大大丰富了《类证治裁》的内容。如指出对时疫证，张景岳失之温补，吴又可只主急下，唯《张氏医通》阐明地气郁蒸之义，最宜参究。林氏不仅尊崇仲景、河间、丹溪、东垣之说，对叶天士的温病学说更有独到理解，曾谓"不尊卫气营血之法，动手便错""邪入心包，宜芳香辟秽，宣神明之窍，驱痰热之结，盖热气熏蒸，弥漫无形，若药味重浊，直走肠胃，全与病隔矣"。此番立论，几乎都是对叶天士心法的发挥。

（二）重视识证，强调辨证

林氏在《类证治裁·自序》中开篇即云："司命之难也，在识证；识证之难也，在辨证。识其为阴为阳，为虚为实，为六淫，为七情，而不同揣合也；辨其在经在络，在腑在脏，在营卫，在筋骨，而非关臆度也。"可见他将识证、辨证放之首位，是特别强调重视的。因为临床诊治只有对证候进行精当辨识，才能准确处方下药，使药证合拍，吻合无间，而达药到病除的目的。能否正确识别证候乃是决定施治成败的首要关键，因而林氏对《类证治裁》中所载诸病证，均根据其病因病机、病位、脉症等详加识辨。如《水肿证治篇》全文开篇即言"肿在外属水，胀在内属气"，由此可见肿胀之辨别，当首先辨明其病在水分还是在气分。

从病因论气水：水肿病多由肺、脾、肾三脏功能失调或湿热浊邪壅滞，导致水液运行障碍，发为水肿；胀满病多由浊气阻滞或中气不运，气机运行不畅，发为胀满。前者主在液之不运，后者重在气之不畅。

以证候表现来辨气水：肿病属水，水乃有形，肿多有较明显的分界；胀病属气，气乃无形，故胀多无明显分界。另肿始由眼睑而起，后及四肢，重则及腹；胀始起则见一身尽肿，或先见腹大而后及四肢。二者虽都有腹部肿大的症状，但水肿之腹大，以手按之随手而起，如囊裹水；胀病之腹大，以手按之不起或坚硬如石。

此外，水肿之肤色多见光泽，而胀满之肤色多见苍黄。

肿胀痛均出现血分证候，此时又当仔细辨明气、血、水病之先后。水病及血，必先见肿而后现血分证候；血病及水，必先见血分证候而后现肿。如文中所言"妇人先肿胀而后经断者为水分，先经断而后肿胀者为血分"。气病及血乃因气滞血瘀，多现有形之征，如"蛊胀"，症见腹大明显，按之中实有物，腹部青筋暴露，此时已不是单纯的气滞为病，而是瘀血与虫积及气滞相兼为患。

气、水、血密切相关且相互影响，在临证中辨明水病、气病何者为主要矛盾是区别水肿病和胀满病的关键所在，也是确立治则的重要根据。肿病在水分，水积易致气停，故也兼见气分证；胀痛在气分，气停则水生，故也兼见水分证。

在治疗上，水肿病以治水为主兼以理气，胀满病以治气为主兼之行水。此外也不可忽视血分病变，在治水治气的同时兼顾治血。

（三）分门别类，纲举目张

林氏博览古代医集，论医说理，分析病机，常常是引经据典，旁征博引，其学不可不谓博，然其深造自得，妙于剪裁，源流条贯，"开卷了然，言弥简而法弥备"，其思不可不谓精。诚如林氏自己所云："第学不博无以通其变，思不精无以烛其微。唯博也故腕妙于应，而生面别开；唯精也故悟彻于玄，而重关直辟。"从《类证治裁》一书当中，我们确实能够看出林氏善于抓住疾病的本质，用简练、脍炙人口的笔墨，画龙点睛地揭示辨证施治的大纲，然后层层推勘，缕析丝分，子目分明。如《虚损篇》把古人繁复的虚证分型归纳为阴虚、阳虚两大类，并且予以概括性的提示："凡怯寒少气，自汗喘乏，食减无味，呕胀飧泄，皆阳虚证也，此脾肺亏损，由忧思郁结，营卫失和，唯四君、保元、养营、归脾诸汤宜之。若怔忡盗汗，咳血吐衄，淋遗崩漏，经闭骨蒸，皆阴虚症也，此心肝肾亏损，由君相火炎，精髓枯竭，唯补心、三才、六味、大造、固本诸汤宜之。"这段文字不仅概括了虚损的见症性质、病位、病机和治法，而且运用对举的方法、简练的词语，既有鉴别意义，又便于记诵。

林氏博学多才，治学严谨，善于将前人的经验与自己的体会相结合，融会贯通，去粗取精，曾谓"一法未合，虽古法宜裁；一方未纯，虽古方宜裁；必吻合而后已"。临证每有精辟独到的见解，即便时至今日，其仍有较高的应用价值。《类证治裁》是一部理论经过实践检验的临床医典，能给我们以启悟，值得进一步学习和研讨。

七、大医之情

（一）思想境界

皮持衡认为医学是人学。医学的宗旨不仅是治病济人，救死扶伤，更重要的是守护生命、维持健康。中医对此有着十分深刻的论述。张仲景讲："上以疗君亲之疾，下以救贫贱之厄，中以保身长全，以养其生。"孙思邈称："誓愿普救含灵之苦。""一心赴救，无作功夫形迹之心。"王冰则说："释缚脱艰，全真导气，拯黎元于仁寿，济羸劣以获安者。"张景岳盛赞黄帝、岐伯"垂不朽之仁慈，开生民之寿域"。凡此种种，无非强调中医的旨趣，一是要疗疾救厄，一是要保身养生。前者是诊断辨证治已病，后者是养生保健治未病；前者以诊断无误、治疗合理、效果显著为价值追求，后者以预防疾病、维护健康、延缓衰老为目标任务。两者的完美结合，才是中医本来的内涵和应有的境界。

皮持衡经常提醒学生要牢记中医的根本宗旨，不要忘了医生的基本责任，切莫把技术当成谋利的手段，"孜孜汲汲，唯名利是务"。

虽然时下的医疗环境较之以往确实发生了很大变化，尤其是在商品经济、知识经济、信息经济的冲击下，不同程度地助长了人的贪欲之念，面对各种浊流，他总是以孙思邈的"大医精诚"告诫勉励学生："医人不得恃己所长，专心经略财物，但作救苦之心，于冥运道中，自感多福者耳。"要求学生多行忠恕之道，志存救济，洁身自好，保持良好的医德医风，不唯保持内心的宁静与澄明，也是净化社会风气之一助。不仅如此，在他的提议下，他们这一届同学在毕业五十周年聚会的时候，勒石为铭："克精克诚。"这块寓意深刻的勒石至今屹立在江西中医药大学湾里校园的镜湖之滨，昭示着老一辈中医的精神品格，也寄托了老一辈中医对年轻学子的殷切希望。

基于对孙思邈"大医精神"理念的重视，他经常强调，作为传道授业的老师，首要一条就是教会学生如何做人。老师要言传身教，传授知识的同时传授为人之道、为学之道，培养塑造学生的人格品质。尤其是学习中医，一方面要求学生具备中国传统文化的底蕴，学习古圣先贤的优良传统；另一方面要求老师在情感、态度、价值观等方面对学生进行引导，用自己的良好品质与精神气质去感化学生，逐渐培养学生积极向上的人格品质，形成正确的价值观、世界观，树立良好的医德观念，促进他们在为医之路上健康成长与发展。

（二）文化修养

百年大计，教育为本；千年传承，文化是根。中华文化源远流长、灿烂辉煌。在五千多年中孕育的中华优秀传统文化，积淀着中华民族最深沉的精神追求，代表着中华民族独特的精神标识，对延续和发展中华文明、促进人类文明进步，发挥着重要作用。中医药学是中国古代科学的瑰宝，是中华民族在与疾病长期斗争的过程中积累的宝贵财富，也是打开中华文明宝库的钥匙，凝聚着深邃的哲学智慧，至今仍在我国人民的医疗保健工作中占据着重要的地位。

皮持衡不仅精于中医药文化，更对中国传统文化研究颇深。他认为学习中医，必须在中国古代哲学、古代汉语、古代文献等方面有较深厚的素养。

1. 古代哲学素养

中医药学植根于中华传统文化的沃土，中华优秀传统文化中的很多思想都对中医学产生了深刻的影响。学习中国古代哲学思想有助于深刻领会中医学真谛，有助于形成中医辨证施治的思维方式，有助于博采众长，不断补充、完善中医理论体系，提高中医治疗效果。尤其是古代哲学的天人合一理念、中庸平和态度及以人为本的精神，对中医的传承、发展有着长期的指导和推动作用。

"天人合一"是中国古代哲学史上的一个重要命题。宇宙是个大天地，人身是个小天地，人和自然在本质上是相通的，人的行为只有顺应自然规律，才能与自然和谐相处。老子云："人法地，地法天，天法道，道法自然。""天人合一"不仅仅是一种思想，更是一种人们想追求的理想状态。中医理论也吸收了这一哲学观点，充分发挥传统文化的精髓，具体表现在《黄帝内经》提出"天人相应"学说，反复强调人"与天地相应，与四时相副，人参天地"，人与自然以及所处的社会环境是一个不可分割的整体，自然界的变化直接或间接地影响人体，而机体则产生相应的反应。因此，分析人维持健康的规律和疾病发生的原因，应结合自然、社会环境因素加以认识。

儒家"中庸之道"的最高境界是"中和"之境，追求万事万物能达到一种中正平和的状态，这种状态绝非静止的，是在动态中实现平衡。《中庸》首章说："喜怒哀乐之未发，谓之中，发而皆中节，谓之和；中也者，天下之大本也；和也者，天下之达道也。致中和，天地位焉，万物育焉。"受"中庸"思想的影响，中医理论始终贯穿着"中和""平和"思想，比如"阴平阳秘，精神乃治"观点便是其具体运用，超过常度，人体就会得病，正如《素问·经脉别论》所云："春夏秋冬，四时阴阳，生病起于过用，此为常也。"中医诊治疾病时要调和阴阳，阴阳只有达到了平衡的状态，人体才会康健。对传统"中庸"思想的深刻理解，有助于加强对中医理论"天人合一、整体观念"的认识，对当今临床工作有重要的指导意义。

中国传统文化中有着浓厚的"以人为本"思想。《礼记》曰："故人者，天地之心也，五行之端也。""天地之性人为贵。"《黄帝内经》中提到人具有崇高的地位："天覆地载，万物悉备，莫贵于人。"因此，中医重视人的生命和价值，表现为"重人贵生"的理念。孔子曰"仁者，爱人"，倡导仁爱，关心爱护他人。所以要求中医医家也要具有仁爱之心，济世救人之医德。唐代孙思邈《大医精诚》一文进行了深刻的阐释："凡大医治病，必当安神定志，无欲无求，先发大慈恻隐之心，誓愿普救含灵之苦。"医者仁心，敬畏生命，治病救人，悬壶济世，乃是一名医者的本职所在。这是中华传统文化中对医者人文道德修养的要求。

2. 古代汉语素养

一般认为，"多读书，多临床"是学好中医的两大诀窍。问题是，中医古书都是文言文，对现代人来说，要读懂古医书并非易事。这些年，虽然有些整理注释的中医著作，但数量仍然不多，大部分还得读者自己琢磨。因此，学习中医就得有一定的古代汉语素养，过好古文关。皮持衡回顾自己的经历，认为他们这一代人古文基础还算可以，但和老一辈先生比起来，还是有很大差距，而现在的年轻人则大不如前，能顺利阅读古医书的人少之又少。

他认为，学习古代汉语这门工具课，掌握打开中医古籍宝库的钥匙，既是中医成才的基础，也是中医必备的内功。现在院校教育虽然开设了"医古文"，但课时不多，文选有限，内容亦窄，难以形成训练有素的古文功底，真正的功夫全靠自我修持。按照他的经验，古文修养有四个节点：一是读得出，二是读得通，三是读得懂，四是读得多。

"读得出"就是认字的功夫，凡是古书中的繁体字、古今字、通假字，能准确判断其对应的关系，不会误读。"读得通"就是能准确句读，既合乎逻辑，也合乎语法语气。"读得懂"，就是能清晰辨析古文中字、词、句的意义内涵，能完全了解书中说了什么、怎么说的、为什么这样说、说了有什么用，对于书中的旨意真正了然于胸。"读的多"，就是长期坚持，锲而不舍，积久成习，积习成趣，有了读古书的兴趣和习惯，"书读百遍，其义自见"，古书读多了，驾轻就熟，应用起来也就方便了。

3. 古代文献素养

一个中医师要有所成就，仅仅能读懂古书还不够，还要能灵活应用古文献，这就需要有古代文献素养。众所周知，中医药文献是中医药文化宝库的重要组成部分。作为中医药文化载体的中医药文献，不仅记载着中医的思想理论、方法技术和经验体悟，更承载着历代中医对人类生命现象、生命奥秘的探索精神，是中医赓续传承、历久弥新、不断发展的内在动力和根本命脉。

他认为，一个临床中医师古代文献的素养主要包括两个方面：一是查找古代文献，二是运用古代文献。

查找古代中医文献，要以问题为导向，根据临床诊疗或者实验研究的需要，有目的、有指向并且要用较少的时间、较快的速度，找到自己需要的文献资料。查找文献需要有目录学的知识，不仅熟悉文献的著录，还要清楚文献的分类，甚至还要了解文献的馆藏，从而避免漫无边际的盲目查寻，浪费时间与精力。运用古代文献，就是要获取古代文献中记载的方法技术或经验体会，从而总结前人的思想智慧，为临床诊疗提供启迪与借鉴；或者寻求某种线索，根据某种记载，为自己的研究思路、研究观点提供文献依据或文献支撑。文献运用的能力只能在文献学习中提高或增强，所谓"在游泳中学会游泳"，多动手，多查找，多阅读，只有长期浸淫于文献活动中才能渐趋成熟。当然，文献实践还包括版本、校勘、训诂等基本知识与技能的训练。

总之，古代文献的素养是从事临床诊疗、养生实践乃至实验研究、药物研究的基本素养。如果缺乏古代文献学的基本学习和训练，不知目录，不谙校勘，不懂训诂，就难以承担有关的研究任务，参与有关的研究活动。

八、传道之术

（一）人才培养理念

皮持衡认为，中医药发展了几千年，有精华，亦有不足之处，如何去继承与发展中医药，是作为一个现代中医人迫切需要解决的问题。近几十年来，由于西医的普及，导致中医药指导思想上存在较大的偏差，有些违背中医药发展的自身规律，以西医的思维和发展模式来指导中医，使中医药在很大程度上陷入了"削足适履"的困境，严重阻碍了中医药的发展。其实，中西医的科学体系不同，文化背景不同，所以导致了中西医理论及方法不同，观察事物的思维方式也截然不同，切不可完全以西医思想来指导中医辨证，更不可以西医标准来评判中医，两者或可以结合，但万万不能用西医的思想来指导中医，因为理论体系是不一样的。

从现状来看，目前传统中医药的继承是当务之急。中医药学有几千年的辉煌历史，蕴含着深邃的哲学智慧，为中华民族的繁衍昌盛做出了巨大的贡献。它的理论体系经历了几千年的验证，尤其注重辨证论治和整体观，所以不能随意地剪裁或嫁接。当前，在"中医现代化"的口号下，很多专家用现代医学知识剪裁中医药，或者对中医证候进行标准化、量化、客观化，或者以西医的药理来阐明或解释中药的功能、主治，或者用西医的病名、套用中医的处方作为标准化的治疗……凡此种种，都会使中医药学术与概念产生割裂，从而使中医药的源头模糊不清，如此必然严重阻碍中医药的发展。故而全面而系统地传承中医药学的基本理论和方法，这才是中医药发展的根本和必由之路。

他认为，中医药师承的前提是中医姓"中"。作为一名中医师，首先要学好、掌握系统的中医理论知识，掌握中医的诊疗技能，临证时按中医的思维进行辨证论治。对中医的理论与实践充满着自信，并且要为中医事业的继承与发展奋斗一生，这就是"衷中"，是由衷地姓"中"。我们提倡"衷中参西"，但不能"名中实西"。实际上，无论是中医还是西医，都是以解决患者病痛为主要目的的，二者的目的是一致的，但认识疾病的方法、角度有所不同，短时间内难以互相融合为一体。因此，在传承中医药的过程中，我们必须对中西医的长处、特点有一个充分的了解，真正保持中医的特色和优势，使中医的生命之树更加长青不衰。

中西医各有所长，也各有所短，很多时候恰好中医之长正是西医之短，西医之长也正是中医之短。就以"辨病论治"与"辨证论治"来说，中医有辨病论治，西医也有辨病论治，从表面上看都是根据患者的病史、临床特点对疾病进行诊断和治疗，但从实质上看却根本不同。西医的辨病论治是建立在近代自然科学发展的基础上的，是以病因学、病理学、解剖学为基础，以实验室检查等为依据的，因而其辨病较为深入、细致、具体，特异性比较强，相应地治疗的针对性也就比较强。中医的辨病论治是建立在经验的基础上的，几乎完全是以临床表现为依据，而不同的疾病却常常具有相同的临床表现，因此中医辨病就不免显得粗糙和笼统，因而临床上针对性也就比较差，往往是单、验方的对症治疗。就辨病论治来看，西医的辨病显然比中医的辨病要好。

另外，中医讲"辨证论治"，西医也有对症治疗，从表面看似乎也有相似之处，但实质上却根本不同。中医的辨证论治是建立在中医的整体恒动观的思想体系基础之上的。辨证论治是综合、归纳分析有关患者发病（包括临床表现在内）的各种因素和现象而做出的诊断和治疗。中医强调三因制宜，会因地、因人、因时而给予不同的治疗方法，具体情况具体对待，同一临床表现，人不同、地不同、时不同，治疗方法也就不同，把病和人密切结合成一个整体，因而中医的辨证比较全面、深入、细致、具体，特异性非常强，治疗的针对性也就比较强。而西医的对症治疗，则完全是以单个症状为对象，而相同的症状常常又有不同的性质，因而西医的对症治疗也就不可避免地显得简单和机械，这与中医的辨证论治毫无共同之处。

同时，西医的辨病虽然有其明显的优越性，但却也有一定的局限性，如在某些地方过多地强调病变局部，相对地忽视整体，常常把病和人分割开来，在一定程度上存在机械唯物论的观点。再加上西医历史较短，自然科学到今天为止仍然是处于发展阶段，还有很多现象不能用今天的科学完全阐明，弄不清的问题还很多，因而在对某些疾病在认识上还不能深入，无法诊断的疾病还很多，因而在对疾病的某些防治措施上，相对来说还显得比较贫乏，束手无策的疾病还很多。

而中医因其"辨证论治"和"整体观"的特点，对疾病的发生、发展、预防、治疗，比较重视人体自身的调节能力，其理论具有朴素的唯物主义辨证观点，辨证论治着重于临床分析，对于某些当前西医因还不能作出诊断而无法治疗的疾病，中医辨证论治的实际临床意义也就显得尤为灵活突出。当然中医也有不足之处，比如我们对疾病的判断只能通过直观来判断，致使对某些疾病的认识存在不十分确切的地方，这就要求互相学习、取长补短。从这点出发，中医不但不能"忌西"，还要"学西""参西"，这也是中医"勤求古训，博采众方""博极医源，精勤不倦"的优良传统。

他认为，在中医传承的过程中，大概可以分为三个境界。

第一个境界：学我。中医的基础知识和基本技能可以自学，但中医临床思维的建立，必须要在跟老师的临床过程中才能快速形成。这是第一个阶段的学习，也需要老师不断地传道、授业、解惑，这个阶段叫"学我"。

第二个境界：像我。建立了一定的中医临床思维能力之后，学生就可以开始独立思考、独立临床了，但其临床思路及临床经验的形成，基本上是建立在导师的学术思想基础上，这个阶段叫"像我"。

第三个境界：超我。学生站在老师的肩膀上，不断创新，自我提升，最终"青出于蓝而胜于蓝"，这个阶段叫"超我"。

在中医传承的过程中，有了这样三个阶段或境界，并以此来指导带教学生，才能真正将中医一代一代传承下去，老师也才能无愧于学生。

中医学是古老的医学，在新的时代肯定需要创新，要想永葆生机，创新是必不可少的，只有勇于创新才有出路。但创新并不是所谓的闭门造车，或者靠自己的主观臆造去随意地瞎编乱造，而是要注意继承前人优秀的成果，在正确的理论指导下创新才会显得更有意义。中医学的理论体系非常系统，它不是停留在医术或物质的层面，而是建立在"上知天文，下知地理，中知人事"的基础上，并全面吸收了传统文化中诸子百家的精髓并予以融会贯通，进而形成了中医学的基本理论体系之集大成作品——《黄帝内经》。它不仅关注人的身体和疾病，而且全方位关注天地人的和谐，不仅关注形而下的器，亦关注形而上的道。中医学的基本理论具有整体观念和辨证论治的特色。除了中医，目前能全方位揭示或突出"整体观念"和"辨证论治"特色的医学理论体系基本没有，这是中医的优势和特色，不能丢掉。缺少了这个继承，所谓创新便会成为无源之水，无本之木。所以说，创新是重要的，但是继承更加重要。取其精华、去其糟粕是继承传统文化的原则，同时也应以科学发展的观点和创新精神弘扬继承传统医学。只有既懂得发扬自己的特色，勇于创新，又善于继承前人的传统，才是真创新。

（二）人才培养成果

皮持衡十分重视中医的薪火相传。他经常说，作为传道授业的老师，首要一条就是教会学生如何做人，老师要言传身教，传授知识的同时传授为人之道、为学之道。作为全国老中医药专家学术经验继承工作指导老师和全国优秀中医临床人才指导老师，依托"皮持衡名医工作室"，多次举办国家级继续教育项目"皮持衡肾病学术思想及临证经验"学习班，并在国内外开展学术交流活动，先后指导硕博士研究生、老中医药专家学术经验继承人20多人，其中大多数已成为中医教学、临床骨干，部分已成为省级名中医。具体如下。

谢胜，主任医师，教授，博士研究生导师，博士后合作导师，广西中医药大学第一附属医院院长，广西名中医，"中国医师奖"医务专家，现任国家临床重点专科脾胃病学科带头人及中医治未病中心学科带头人，广西中医药大学中医内科学及养生专业学科带头人，广西中医药治未病研究中心主任，广西中医脾胃病研究所所长。兼任中国民族医药学会脾胃病分会会长、中国医师协会中医师分会副会长、世界中医药学会联合会消化病分会副会长、中华中医药学会治未病分会副主任委员等职。主持完成国家自然科学基金项目3项，国家中医药管理局"新冠肺炎中医药应急专项"项目1项，发表学术论文243篇，主编著作5部，获国家发明专利5项，获省市科技进步奖8项、中国民族医药学会科学技术奖一等奖1项。创新提出"四象脾土六气调神论"，构建了"四象脾土和五脏治未病模式"。

王茂泓，主任中医师，医学博士，硕士研究生导师，现任江西中医药大学中医内科学科组组长。为第三批全国优秀中医临床人才，江西省传统中医中药研究会理事长，中国民间中医医药研究开发协会喻嘉言研究分会副会长，荣获江西省卫生系统"医德医风标兵"、首届江西"最美医生"、全国"郭春园式的好医生"、首届"白求恩式好医生"提名奖、"第四批全国老中医药专家学术经验优秀继承人""全国卫生计生系统先进工作者"等称号。主持国家自然科学基金及省自然科学基金项目各1项，在省级以上刊物发表专业学术论文70余篇、科普文章200余篇，出版著作、教材10余部，其中主编3部，担任《中医内科学》等3部普通高等教育中医药类"十三五"规划教材副主编。

黄臻，主任中医师，医学硕士，硕士研究生导师、广东省"岭南名医"、广州市番禺中心医院康复科主任，广州市番禺区康复研究所常务副所长、广东省"临床重点专科"和番禺区"高水平重点专科"学科带头人、广东省基层医药学会中西医结合康复专业委员会主任委员、广东省医学会物理医学与康复医学分会副主任委员、广东省医院协会康复管理专业委员会副主任委员、广东省临床医学学会广东康复名医联盟副主任委员、广东省康复医学发展研究会副会长、广东省康复医学会常务理事、第二届中西医结合专业委员会副主任委员、广州市医学会第六届物理医学与康复学分会主任委员、广州市康复医学会社区康复分会主任委员，主持省厅级课题8项，主编医学著作2部，担任副主编编写医学著作6部，发表学术论文51篇。

皮持衡学术传承谱

					再传弟子
皮持衡	亲传弟子	硕博士研究生	第一届	张光荣	刘春林
				傅缨	何紫阳
			第二届	晏子友	钟丽娟
			第三届	谢胜	黄晓燕
					刘园园
				吴国庆	范伟
			第四届	王茂泓	陈锦华
			第五届	黎元元	
				王琼	
			第六届	王建明	
				孙云松	
			第七届	李宏良	
		全国优秀中医临床人才	第二批	张光荣	
				饶克琅	
			第三批	王茂泓	
			第四批	薛汉荣	
				吴国庆	
				伍建光	
				曾英坚	
				彭红星	
			第五批	楚瑞阁	
				王丽华	
				钟丹	
				黄春华	
		全国老中医药专家学术经验继承人	第二批	张慧	
			第三批	黄臻	
			第四批	邱丽英	
				付春梅	
			第六批	罗学文	
				徐卫东	
			第七批	薛松	
				吴敏	
		江西省中青年骨干人才跟师计划	第一批	兰琴	
			第三批	王飞	
		国医大师传承工作室秘书		李福生	
		中医住院医师规范化培训师承		李天盛	

（李福生、吴国庆整理）

（王秋华编辑）

孙申田

孙申田（1939—　），汉族，黑龙江呼兰人，中共党员，黑龙江中医药大学附属第二医院主任医师，教授，博士研究生导师。黑龙江省针灸学科创始人之一，曾任黑龙江中医药大学附属第二医院院长，兼任中国针灸学会理事，黑龙江省针灸学会常务理事，东北针灸经络研究会常务理事，黑龙江省中西医结合神经病学会副主任委员；首批国务院政府特殊津贴获得者。还曾获首届全国名中医、全国优秀教师、首届黑龙江省名中医等称号。2019 年，在新中国成立七十周年之际，获得人力资源和社会保障部、国家卫生健康委员会及国家中医药管理局共同颁发的"全国中医药杰出贡献奖"。任第一至七批全国老中医药专家学术经验继承工作指导老师，国家中医药管理局中医药重点学科针灸学学术带头人。2022 年被授予"国医大师"荣誉称号。

20 世纪 80 年代初翻译、编撰了第一部《神经系统疾病定位诊断及检查方法》教材，在全国中医院校中率先开设神经系统疾病定位诊断及检查方法、神经病学等系列课程，创建了针灸学全新教学模式。出版《经颅重复针刺刺激疗法》等学术著作 10 余部，在国家级核心期刊发表学术论文百余篇，荣获中国高校科学技术进步奖二等奖 1 项，黑龙江省科学技术进步奖二、三等奖11 项，厅局级奖项 10 余项。

一、学医之路

　　孙申田出生于黑龙江省呼兰县。16 岁时，因两膝关节红肿入绥化铁路医院住院治疗，病情月余未见好转，后回到呼兰县求当地知名中医进行诊治，经中药治疗半月后得以痊愈。这次经历让他对中医药产生了浓厚的兴趣，立志要学习中医救死扶伤。1956 年，孙申田考取牡丹江卫生学校中医专业，1959 年又以优异的成绩考入黑龙江中医学院学习。很多学员觉得学习中医过程枯燥乏味，孙申田却一头扎进中医经典，觉得中医学博大精深，意趣无穷。

　　1963 年是对孙申田从事针灸专业影响极为重要的一年，这一年他在天津中医学院研修针灸临床。当时天津中医学院是全国中医院校中最早把针灸科独立出来并设独立针灸门诊的院校。在研修期间，孙申田有幸师从著名针灸前辈于伯泉、曹一鸣两位先生，研习针灸经络理论及针刺手法。于伯泉先生对中医学造诣颇深，博览群书，尤偏爱《黄帝内经》《针灸大成》，常一卷在手，细心玩味，孜孜以求，对其条文和歌赋可脱口而出。"不做徒守门户的粗工和书本的奴隶"，这是于伯泉先生放在嘴边告诫学生的话语，时至今日仍然给孙申田很深的影响，所以孙申田每读经典时都会细心揣摩，坚持将各家所长反复实践于临床，并总结出自己的见解，既博采众长，又独树一帜。

　　1971 年，孙申田又来到哈尔滨医科大学神经内科进修，从师于著名的神经内科专家葛茂振教授。进修期间，葛茂振教授鼓励他大胆用针灸疗法治疗脑血管病、脑性瘫痪、延髓麻痹和某些神经系统疾病，用中药治疗脊髓空洞症，都取得很好疗效。这段时间的学习，也为孙申田后来成立针灸神经内科病房，把神经内科引入针灸和中医领域，为针灸临床建立新的模式打下了基础。

二、成才之道

　　孙申田在少年时期开始接触中医，17 岁正式入行。其求学之路自有章法，师古而不泥古，博采中西法，汲取众家长，厚学而薄发。他术业专攻，尚德笃行，终有所成。

　　中医药学，唯有传承才能保有特色优势，唯有传承才能保有中华文化的基因与命脉。孙申田指出，医学发展至今，不可否认的是，中医医院在临床模式上都逐渐地与西医医院接近。虽然国家提出了"中医、西医、中西医结合"三者并存，但中医的传承问题依然严峻。在科学发展日新月异的今天，要成为一代名医，应该如何培养？他针对此问题提出了六个字，即传承、实践、创新。其中，关键是把握好实践这一环节。

（一）传承是根基

传承，就是要多读、读懂古代医家的原著。孙申田认为，学习中医的人，都要系统阅读中医经典和原著，并在临床实践中加以体会。比如学针灸者，要把《灵枢》《针灸大成》熟读，至少要通读一遍，才能对针灸学的古今发展和变化有个大概的了解，然后通过实践，逐渐能够知道哪些可以继承，哪些在实践中暂时看不到价值，可以扬弃。这就是师古而不泥古。实践其中有效的、有价值的部分，还可以用现代科学的方法加以研究，探索其机制，这才能有创新。

（二）实践是关键

学习中医的关键在于实践。而在中医实践中，不能要求每个人都把前人的路重走一遍。这时，继承老中医、老专家的经验便成为重中之重。中医学是一门极重经验的医学，许多治病的方法和技术，非亲身实践和体会，无法真正完全掌握。所以，中医的教育不可能完全像西医院校那样，采用批量生产的模式就能成功。正如王永炎院士所说："实践是中医的灵魂。"如果没有实践基础，没有好的疗效，那中医理论也就成了空中楼阁，将无立足之处。中医的成长需要一个在实践中授受的过程，所以在带教过程中，孙申田都是细心指点，耐心解说，亲手传授针法。

（三）创新是精髓

中医药需要创新，但创新要以中医药传承为基础；离开传承谈中医药创新，就是无源之水、无本之木。要创新，首先就要把中医药的精髓继承下来。对中医药人才的评价，不仅只着眼于创新，更要强调创新应符合中医药传承发展的规律。没有传承，创新就失去根基；没有创新，传承就失去价值。

本着"传承、实践、创新"的理念，多年来，孙申田带领学科团队在针灸对神经科疾病治疗方面重点进行了创新性研究。自20世纪70年代始，他为揭示头针疗法治疗脑病的机理做了大量临床及科研工作。他通过"经颅重复针刺运动诱发电位研究""电针运动区不同强度对脑影响"等一系列研究成果，从实践与理论研究等多方面证实了大脑功能定位与头皮对应关系指导选穴的正确性，强调了针刺手法与疗效的关联性，扩大了头针疗法的治疗范围，提出了头针疗法是我国自主创新的中西医结合新疗法的主张。

孙申田还提出了"孙氏经颅针刺刺激疗法",同时为揭示头针机制提出了新的科学假说,并首次证实针刺头穴对周围神经损伤具有治疗作用。他主持的针刺促进神经损伤修复研究,从周围神经损伤的脊髓、脑研究等方面,客观证实了针刺促进神经损伤修复的作用机制。在针刺选穴配方的基本原则与方法研究方面,他根据解剖生理学原理,首次提出按照疾病损伤部位与相对应的人体解剖位置之间的关系指导选穴的方法,为临床针灸选穴配方提供了新的理论依据。

三、学术之精

孙申田是当代著名的针灸学家,在60余年的针灸医学临床、教学和科研中,勇于探索,勤于总结,始终站在医学发展的前沿,善于捕捉和发现针灸学科与现代医学的交叉点,逐渐形成了完整独到的学术思想体系。

(一)凡用针灸,首倡辨证

孙申田认为,辨证是中医学的精华。一种疾病可因人、因时、因地而应用不同的治疗方法,中医的辨证抓准了疾病的客观发展规律。在一个病的不同时期,其病理改变不尽相同,临床症状也各异。在不同病理改变时期,选择针对这一病理改变的最佳治疗方案,实施最恰当的治疗方法,是符合疾病客观实际的,是科学性的。这是现代医学所无法比拟的中医优势,也是现代医学需要借鉴与完善的部分。

在数千年的发展过程中,中医学形成了许多独特的辨证方法,如八纲辨证、脏腑辨证、卫气营血辨证、三焦辨证、六经辨证、经络辨证等等。不同的辨证方法,其适用范围也有一定的差异。八纲辨证即阴阳、表里、寒热、虚实,主要用于外感疾病;脏腑辨证即五脏六腑之辨证,被人们称为中医理论的核心部分,主要用于内脏发生疾病的辨证;卫气营血辨证主要用于温病辨证;三焦、六经辨证主要用于热病的辨证;而经络辨证是以经络学说为理论基础,用以指导针灸选穴配方的主要辨证方法,是针灸临床辨证论治体系的核心和主体。

(二)重视经络,分经辨证

经络学说是中医基础理论体系中的重要组成部分之一,它贯穿中医学的生理、病理,以及疾病的诊断、治疗等各个方面。它不仅阐明了中医学对人体各系统结构间关系的认识,同时,还论述了经络系统的主要生理功能是人体生命活动的基础,包括联系内外、运行气血,以及营养代谢等维持生命活动的基础作用。一旦这种结构发生变化或生理功能失调,则会产生病理反应。人们根据多种多样的病理反应来诊断疾病，建立了经络诊断学，形成了辨证施治的基础。

在治疗上，孙申田指出，分经辨证、循经取穴是针灸治疗学的一项重要原则，而针灸治疗的腧穴，又是经气输注出入的地方，所以在辨证施治、选穴配穴、手法施术等各方面，都不能离开经络学说的指导。正如《灵枢·刺节真邪》曰："用针者，必先察其经络之实虚，切而循之，按而弹之，视其应动者，乃后取之而下之。"若没有经络学说，针灸现象和针灸治疗的效果就难以理解了。此外，经络学说在妇科、儿科、外科、五官科等其他专科领域，也有着重要的应用价值。

经络辨证是经络学说的核心。孙申田在临床应用中特别突出了经络辨证在针灸学中的重要作用。他在临床运用经络辨证之时，常将经脉病、络脉病、奇经病、经筋病区分开来，分而治之。孙申田指出，分经辨证不仅具有理论指导意义，更具有临床实践意义。

1. 辨经脉病证

关于十二经脉辨证，孙申田在临证之时将其分解成两部分：一是当经络受邪气侵扰后产生的症状，谓之"是动所生病"，也就是说这条经络及其所连接的脏腑在受外邪侵袭后产生的症状及其病理反应，它是经络发病的依据，也是我们医生用来诊断经络及其所属脏腑疾病的辨证根据。另为"是主所生病"，是指该经脉及所属的经穴所主治的疾病与症状，是研究及记忆经穴治疗作用的基础。

2. 辨络脉病证

络脉是经络系统中的重要组成部分，它不仅把经脉与经脉之间、脏腑与脏腑之间紧密联系在一起，还分出支络、孙络、细络把人体前后、左右、内外联系在一起，使人体构成一个相互联系、相互作用、相互协调、相互影响的统一整体。因络脉具有其独特的生理功能，孙申田指出辨络脉病候是针灸临床辨证中不可缺少的。络脉分布遍及全身各处，临床表现也较为多样，故辨络脉病候重要的是抓住络脉的分布及生理病理特点，综合分析，才能很好地指导临床。

3. 辨奇经八脉病证

奇经八脉是指十二经脉以外的八条具有特殊作用的经脉，因为它们的分布不像十二经脉那样规律和有脏腑属络联系，所以，把它们叫作"奇经"。奇经八脉的生理功能主要是对十二经脉之气血起到渗灌、溢蓄和调节作用，并能进一步加强同十二经脉之间的联系；在疾病状态下，对十二经脉起着一定的分类、组合的主导作用。由于奇经的证候与各经脉有关，故孙申田临床还善运用奇经辨证。如对不寐和嗜睡的患者，孙申田分以阴、阳跷脉取穴治疗，每获佳效。

4. 辨经筋病证

经筋为十二经脉所属的筋肉系统，其分布区域基本是依据十二经脉的循行部位来划分的，是十二经脉分布在肌肉、肌腱、关节等的外在联属部分。十二经筋循行与分布具有如下特点：①十二经筋大多分布于人体的浅部，即肌肉、肌腱、关节、韧带等部位。②十二经筋的循行均起于四末，上行头身，联结于腕、肘、肩或踝、膝、股，有的进入胸腹腔内，但不入于脏腑，主司关节运动。因此，经筋的病候大多表现在经脉所属的筋肉系统病变，如拘挛、抽搐、转筋、强直等，故孙申田主张辨经筋病候，对治疗筋膜、肌肉、关节等病症有重要的意义。

而且孙申田运用经络辨证选穴配方主要体现在两大方面：一是应用经络病候指导选穴与配方，根据经络辨证（十二经脉、奇经八脉、十五络脉等）选穴，按经络的分布循行选取穴位的方法，谓之循经取穴法。《标幽赋》指出："既论脏腑虚实，须向经寻。"《针灸大成》指出："宁失其穴，勿失其经。"可见循经取穴是一种非常重要的方法。历代医籍中有关本经经穴主治本经病候的记载很多。例如，手太阴肺经的穴位主治本经所产生的病候。《针灸甲乙经》记载，少商治汗；中风、鱼际治心烦、掌心热；太渊治缺盆中痛、臂厥；尺泽治咳嗽，少气不足叹息；列缺治小便数而欠、交双手而瞀；天府治咳、上气、喘得不息。《千金要方》说：经渠治咳逆上气。《类经图翼》讲：孔最治咳逆、肘臂痛。奇经八脉：发热取外关，心痛取内关；十五络脉：足痿不用取丰隆，语言謇涩取通里。二是根据经络之循行与疾病关系进行选穴与配方，包括本经取穴法、表里经取穴法、同名经取穴法、循经与病变局部配穴法，病在左者取之右、病在右者取之左，病在前者取之后、病在后者取之前，病在上者取之下、病在下者取之上。

孙申田所用经络辨证内容丰富，其中以经脉辨证最为主要，经脉辨证又以循经辨证为基础，配合十二经脉所特有的辨"是动所生病""是主所生病"。而络脉辨证、奇经八脉辨证和经筋辨证，可以辅助经脉辨证，又各有其特点，可以在一些特定疾病中重点运用。总之，只有熟练掌握好经络学说的内容，才能灵活运用经络辨证分析方法，运用分经辨证对于提高针灸临床诊疗水平具有重要的意义。

（三）取穴精少，动静结合

《灵枢·海论》载"夫十二经脉者，内属于腑脏，外络于肢节"，说明内脏与体表之间的关系，是通过经络的联系而实现的。经络是人体气血津液运行的通道，是人体内外、上下、前后、左右各部之间纵横交错的联络网。它将人体五脏六腑、四肢百骸、五官九窍紧密地联系起来，成为一个有机整体，维持人体正常生理活动。当某一经络出现异常变动时，就会在其循行路径上出现一定的反应。根据每一病证的反应所出现的不同部位，孙申田在临证选穴时主要采用局部、远道及经验三部取穴法进行治疗。他取穴具有如下特点：一是取穴精少，在治疗诸如痛证等的针刺穴位的选择上，常以单穴或者循经首尾相应两穴较为多见。根据病情病位，分经辨证，合理选穴，充分体现出"知其道者，稀而疏之"的思想。二是重视特定穴的运用，如五输穴、下合穴、八会穴、八脉交会穴等，在临床广泛应用，多以循经远取为主。三是重视腧穴特异性的运用，如根据《四总穴歌》所载"肚腹三里留，腰背委中求，头项寻列缺，面口合谷收"而取穴施治；再如痰多取丰隆、腰痛取养老、热盛取大椎等，均为他利用腧穴特异性施治的典范。四是以痛为腧，局部选穴，相当于传统针灸选穴中阿是穴的选穴方法，在病变局部选穴进行治疗。五是根据现代解剖生理学与疾病损伤部位进行选穴配方，如针对颈椎病神经根型，选颈部夹脊穴，并配合神经分布部位选穴；针对腰椎间盘突出症，选相应夹脊穴；针对带状疱疹后遗神经痛，选相应节段夹脊穴；针对面神经麻痹，80%穴位是选择面神经分布部位等。

配穴是在选穴的基础上，按照一定的配穴规律，将腧穴配伍成方，以发挥腧穴互相配合的协同作用。针灸处方的组成恰当与否，直接影响疗效。所以，孙申田指出，临床上配穴处方应从整体出发，根据患者的具体情况全面考虑，有方有法，以法统方，力求做到处方严谨，腧穴主次分明，切忌单纯从局部着眼，孤立地认识病证。力戒头痛治头，脚痛治脚。腧穴处方的组成，不是一成不变的，而应随着病情的变化而变化，灵活配伍，加减用穴。只有这样，处方才能切合病情，治疗方可取效。孙申田在临床治疗时，常用的配穴法包括上病下取、下病上取、左病右取、右病左取等，即体现出标本、根结等理论在针灸临床中的具体应用，充分发挥了经络对机体的调节作用，又反映了中医学的整体观念。

在临床治疗中，孙申田重视动静结合。他指出，"神"在防治疾病、诊断疾病及疾病的预后中占有极其重要的地位。中医学认为"神"是生命的主宰。神的物质基础是气血，气血又是构成形体的基本物质，而人体脏腑组织的功能活动，以及气血的运行，又必须受神的主宰。神不但调节、改善机体内环境的变化，而且在调节内外环境的协调方面也发挥着重要的作用。若神受损，调节功能失常，可导致多种疾病的发生。早在《黄帝内经》时期，即有"粗守形，上守神"之说，《灵枢》中亦有"治不调神，医之过失"的说法。因此，在临床治疗中，孙申田依据"凡刺之法，必先本于神""用针之要，无忘其神"的理论，倡导防病治病先调其神，提出应用"调神益智法"以静止安神。此法不仅对于现代医学诊断的多种神经精神科疾病有很好的治疗作用，而且对其他疾病中所出现的神经精神症状亦有很好的调节和改善作用。在临床中遇到有此类症状表现的患者，孙申田运用"调神益智法"，在治疗器质性疾病的基础上，调节患者的情志，往往获得意想不到的疗效。

同时，在治疗痛证、中风偏瘫及其他运动功能障碍性疾病中，孙申田又提出了"运动针法"概念。"运动针法"是在循经远取基础上，在针刺过程中嘱患者做主动运动，患者可根据疼痛及瘫痪程度主动调整相应部位的活动范围，不仅可减少及避免患者因被动牵拉而造成的痛苦，还能够即刻观察到针刺是否有效。经数十年临床实践证实，"运动针法"对某些疼痛性疾病及运动障碍性疾病确有立竿见影之效，即刻效应明显，大大增强了患者治愈疾病的信心。

（四）手法精湛，量效结合

孙申田指出，针刺手法是临床取得疗效的关键。针刺的补泻手法，由针刺的基本手法组合而成。运用针刺补泻手法，必须充分掌握补泻的机制和意义，明确补泻手法的应用原则。如《素问·调经论》载："……刺法言，有余泻之，不足补之。"《灵枢·九针十二原》载："虚实之要，九针最妙，补泻之时，以针为之。"又云："凡用针者，虚则实之，满则泄之，宛陈则除之，邪盛则虚之。"其中所讲的"补泻"，是针对"虚实"（即"不足"与"有余"）而确立的治疗原则和方法。据此，孙申田提出针刺补泻包含以下两层意思。

一是针对虚实，是治疗上的一种原则性提示。针刺补泻不同于服用药物。药物如大黄、芒硝，有泻无补；人参、黄芪，有补无泻。而针刺却有所不同，针刺腧穴具有双向调节作用。施术手法不同，腧穴的主治亦不同。如合谷可发汗，也可止汗；足三里既可以促进肠蠕动，也可以抑制肠蠕动。宜补还是宜泻，其关键在于辨证论治。根据辨证结果而应用不同补泻手法，腧穴的双向调节作用才能更有效地得到发挥。

二是指具体的针刺手段。临证之时，孙申田强调，得效之要，在于得气，气至而有效。对于病者而言，毫针刺入腧穴一定深度后，或在针刺局部产生酸、麻、胀、痛、重感，或沿着经络循行路径扩散，或因神经传导而出现触电样的感觉；对于施术者而言，针刺入后常感针下如鱼吞钩饵之沉浮。一般来说，针感出现迅速、容易传导者，疗效较好；反之，则疗效较差。若针刺后未能得气，孙申田常采用催气、候气、逗气、逼气等辅助手法，以促气至。当针灸得气后，就必须慎守勿失，根据患者的体质、病情的虚实状态，施以相应的补泻手法。他常施用的基本补泻手法包括提插补泻法，捻转补泻法，徐疾补泻法，平补平泻法；复式手法包括阳中隐阴法，阴中隐阳法，青龙摆尾法，白虎摇头法，赤凤迎源法，苍龟探穴法。孙申田指出，凡正气未衰，施术后针刺易于得气者，收效较快；如果正气已衰，施术后针刺不易得气者，则收效较慢。

除此之外，在临证针灸施术之时，孙申田还特别强调针刺的刺激频率、刺激强度及刺激时间等参数。针刺时必须要达到一定的刺激量，尤其是在头针的临证施术中，捻转提插速度（频率）加上捻转提插的时间要累积到一定程度，才能够达到有效的刺激量，从而获得最佳的治疗效果，即所谓"只有进行量的积累，才能发生质的飞跃"。同时，孙申田指出，针刺手法操作很难量化，易受到患者的体质差异、就诊体位、精神状态、所患疾病状态等因素的影响，故要因人、因病而异。临床医师应根据具体的情况进行调整，动态地掌握，亦可根据自己的操作经验而在临床实践中灵活运用。因此，熟练的手法是个很重要的因素，需要临床医师在长期的工作中细心体会。

（五）兼收并蓄，创新针灸

孙申田指出，作为一名当代中医，不但要掌握传统中医学的理法方药和辨证论治，而且要吸取各家之长，兼收并蓄，尤其要吸收现代医学诊疗技术之长，为己所用，不断创新。几十年来，孙申田本着传承、实践与创新的原则，从用针灸治疗疑难杂症的目标出发，以治疗神经系统疾病为中心，从临床神经病学、病理学、神经生物学、神经行为学等角度，揭示了针灸治疗神经系统疾病的机制，丰富了现代针灸学理论，为针灸学科的发展创造了新模式，也为现代神经病治疗学增添了新内容，开创了现代针灸学临床治疗的新途径。孙氏经颅针刺刺激疗法、孙氏腹针疗法等都是孙申田兼收并蓄、创新针灸的成果。

"经颅重复针刺运动诱发电位的研究"提示了头针疗法治疗脑病的作用机制，提出头穴经过一定手法刺激时间而达到了一定的刺激量，就会使刺激信号直接穿过高阻抗颅骨而作用于大脑，产生激发大脑细胞兴奋的作用。孙申田在该研究的基础上，坚持按照大脑功能定位与头皮表面的投影关系进行选穴的方法，首次大胆地提出应用头针治疗周围神经损伤性疾病，并通过大量的临床实践，应用头针治疗顽固性面瘫，获得了很好的疗效。在针刺运动诱发电位的研究及头针治疗面神经损伤、面肌痉挛等研究的基础上，他又提出针刺运动区治疗周围神经损伤的新观点，并通过治疗机制研究，证实了头穴对周围神经损伤的治疗作用。经过大量临床资料及机制研究，此法的创新，进一步在头针选穴方面证实了头皮表面投影与大脑皮质相关的理论，为头针选穴奠定了可信的科学基础。

在此理论指导下，经过临床实践，孙申田又提出"经颅针刺刺激疗法""经颅重复针刺激"，把摩擦力、生物电场等物理学、生物学、解剖学的概念和理论引入针灸治疗之中，结合现代神经定位诊断学、神经病学，使之成为现代神经生理学与生物物理学的组成部分。他提出了通过机械性刺激，经过能量的转换，能和磁刺激、电刺激一样，起到相同的作用。孙申田把中医头针疗法的临床水平提高到了一个新层次，为传统的针灸技术走向世界做出了新贡献。这是针刺现代化、中医针刺国际化的一种新尝试。

孙氏腹针疗法是针灸学术创新的又一项成果，是孙申田学术经验体系的重要组成部分。孙氏腹针疗法在理论基础、作用途径和取穴方案上均有别于其他针灸方法，是孙申田首创的一种全新的微针疗法。孙氏腹针理论继承了传统中医理论，对藏象学说中关于腹腔脏器参与人类生命活动的理论进行了深入研究，同时，结合现代医学关于腹部是人类的第二大脑（腹脑）的研究成果和有关脑肠肽的理论，认为腹部存在一个完整的神经系统，它相当于人的第二大脑，腹部是大脑的全息影像。参考现代医学大脑皮质功能定位理论，在腹部取穴（区），通过刺激脑肠肽的分泌、释放和利用，针刺腹部对大脑相应部位可进行对应性的调节，促进或改善大脑的功能，使腹脑与大脑能够和谐配合，达到治疗疾病的目的。孙申田将该疗法大胆地用于临床，对原发性高血压病、糖尿病、肛门 – 直肠痉挛症、抽动秽语综合征、痛证、神经官能症等的治疗均取得了令人振奋的效果。

四、专病之治

孙申田擅长运用经颅针刺刺激疗法治疗神经系统疑难疾病，运用一针疗法治疗痛证，运用针灸、中西医结合方法治疗内科杂病，疗效卓著，兹介绍如下。

（一）独创针（疗）法，脑病之治

自 20 世纪 70 年代起，孙申田借助 CT、MRI、fMRI 等影像学技术和体感诱发电位、运动诱发电位、脑电地形图等神经电生理技术，从形态学、功能学和生理学、病理学、免疫学等层面，对中风病的头穴针刺疗法及其机制进行了一系列的实验研究和临床观察，在神经科学领域从多系统、多层次的角度详细阐述了运用头针治疗中风病的三个特点，即"特殊的理论基础""独特的治疗手法"和"显著的即刻效果"。

1. 特殊的理论基础

孙申田创建的经颅针刺刺激疗法是在头针疗法基础上发展起来的一种新的经颅刺激技术或疗法。它的问世不仅规范了头部选穴或区，还重点突出了手法操作的重要性，并揭示了半个世纪以来没有解决的难题——头针疗法作用原理。经颅针刺刺激疗法的选穴和传统的腧穴选择不同，是建立在大脑功能定位基础上的，根据 Brodmann 氏 52 区分区法，在头皮表面的投影选择 17 个区、2 个穴，基本上涵盖了全脑的功能。

（1）运动区：主要治疗皮质或锥体束损坏引起的各种瘫痪，如偏瘫。一般运动区上段主治对侧下肢、躯干运动障碍，运动区中段主治对侧上肢运动，运动区下段主治对侧头面部及构音、吞咽相关运动障碍。

（2）感觉区：主要治疗对侧半身感觉障碍，如麻木、疼痛等感觉异常，感觉性皮质癫痫等。

（3）舞蹈震颤区：主要治疗锥体外系损伤产生的各种不自主运动，如帕金森病、特发性震颤、多动症、舞蹈病；治疗肌张力障碍，如痉挛性斜颈、睑面口痉挛综合征（梅杰综合征）、书写痉挛症等锥体外系疾病。

（4）血管舒缩区：主要治疗高血压、多汗症、皮质性水肿、自主神经紊乱症等自主神经障碍性疾病。

（5）足运动感觉区：主要治疗尿失禁，如压力性尿失禁、白质脑病尿失禁、小儿夜尿症，以及尿频、尿潴留等；各种尿便障碍，如脊髓损伤尿便障碍等；其他疾病，包括尿道综合征、肛门直肠痉挛综合征、腰痛、双下肢感觉异常（包括麻木与疼痛）、双下肢瘫痪、不宁腿综合征等。

（6）认知情感区（又称额区、情感区）：主要治疗各种精神、认知、情感障碍，包括痴呆、记忆减退、注意力障碍、强哭强笑、违拗症、焦虑、抑郁、强迫、失眠或多眠等；还能治疗额叶性共济失调、尿便行为异常等。

（7）语言一区：主要治疗运动性失语症。

（8）语言二区：主要治疗感觉性失语症。

（9）语言三区：主要治疗命名性失语症。

（10）晕听区：主要治疗眩晕、突聋、耳鸣，以及后循环障碍引起的眩晕、良性阵发性位置性眩晕症（耳石症）、梅尼埃病等。

（11）视区（又称大脑枕叶区）：主要治疗视觉皮质与视神经引起的视觉障碍、视神经炎、视网膜和一些眼底病变、高度近视；脑梗死、脑出血引起的全盲、偏盲、象限性偏盲、视野缺损及视力障碍。

（12）平衡区（也称为小脑区）：主要治疗小脑病变引起的共济失调、小脑后下动脉梗死、橄榄体脑桥小脑变性、小脑萎缩等。

（13）脑干区：主要治疗脑干梗死等脑干病变；颅神经病变，如延髓麻痹，外展神经、面神经麻痹，动眼神经麻痹。

（14）运用区（也称为使用区）：左侧（优势侧）主治失用症；右侧（非优势侧）主治体象障碍中的病觉缺失、幻肢症，自觉患侧肢体的多肢、无肢、肢体变形。

（15）失认区：左侧主治失读症、格斯特曼综合征，包括手指失认症（不能辨别手指）、失算症（计算不能）、失写症（书写不能）和左右失认症（不能辨别左右）；右侧主治体象障碍的肢体不能认知、偏瘫侧忽略等。

（16）胃区：主要治疗呃逆、呕吐、胃痛、胃瘫等。

（17）泌尿生殖区：主要治疗尿急、尿潴留、痛经、月经不调、多囊卵巢综合征等疾病。

（18）百会穴：主要治疗中风、癫痫、晕厥、脱肛等多种神经系统疾病和内科疾病，有回阳救急的作用。

（19）宁神穴：主要治疗轻型的认知情感障碍疾病。

2. 独特的治疗手法

孙申田在临床实践中的深刻体会是，在头皮表面的对应穴、区选穴进行针刺，必须经过特殊的手法操作，才能使刺激信号作用于相应的大脑区域而起到调节脑功能的作用，使脑功能重组与再建。作为头针疗法的一种，这种手法即"经颅针刺刺激疗法"。

半个世纪以来，学者们尝试了经颅电刺激疗法。根据刺激条件的要求，需要高电压、高强度的电流才能引出运动诱发电位，而这种高强度的电流能引起很多副损伤，如头皮烧伤、剧烈疼痛，甚至癫痫发作等。最终因为诸多安全性因素搁置了这种研究方法。1985 年，英国 Sheffield 大学的一位教授发现：将磁刺激线圈放置于健康人运动皮质区相应的头皮上，可观察到手部肌肉抽动；而将表面电极置于小指外展肌处，能记录到运动诱发电位。这就是现代脑科学四大技术之一的"经颅磁刺激技术"，其特点是无痛、无损伤、操作简便、安全可靠。1992 年，在经颅磁刺激的基础上发展起来的重复经颅磁刺激，大大拓展了经颅磁刺激技术的应用范围，不仅可用于检测运动系统损伤，而且已成为有效治疗多种神经系统疾病的重要疗法。

通过借鉴西医学的科研成果，孙申田认为，头针治疗施以经颅针刺刺激疗法，刺激量达到一定的程度时，所产生的即刻效应，是由于经颅重复刺激在相应皮质内诱导相对应的大脑皮质细胞兴奋，足以产生令下方运动神经元活跃的信号，这与经颅磁–电刺激对脑功能的影响是十分类似的。经颅磁刺激的作用原理在于：通过时变磁场诱发出感应电场，具体为一个快速电流脉冲通过线圈，产生强的瞬间磁场。该磁场穿过颅骨，引起邻近神经组织产生继发电流，其终效应取决于刺激频率、刺激强度及线圈形状、线圈方向等参数。

孙申田强调，头针治疗能否取得疗效，也取决于刺激频率、刺激强度及刺激时间等参数。因此，头针针刺时必须达到一定的刺激量，手法要求捻转稍加提插，由徐到疾，捻转速度在 200 转 / 分钟以上，连续 3 ～ 5 分钟，即"捻转提插速度（频率）＋捻转提插时间"。只有累积结果等于刺激量，才能使其针刺信号通过高阻抗颅骨传入大脑，进而兴奋、激活大脑神经细胞，方可获效。

孙申田提出的"经颅针刺刺激疗法"，是继经颅电刺激与经颅磁刺激之后，又一种医治脑及周围神经疾病的新方法。实际上，经颅针刺刺激疗法的问世始于 20 世纪

70 年代初，早于经颅磁刺激疗法的提出至少 15 年。前者是借助传统中医学的针刺方法，结合大脑皮质在头皮表面相对应的区域，通过一定的手法，使针刺达到一定刺激量，其积累的刺激强度穿过高阻抗颅骨而作用于相对应的大脑皮质，从而激活和调节大脑神经细胞的功能而发挥疗效。实践经验表明，此法简单、方便、廉价、易于操作，不受环境限制，无副作用，适应证广泛，具有良好的可重复性和显著的即刻效应，在这些方面优于目前应用的经颅磁刺激疗法。

在 60 余年的临床诊治中，孙申田坚持将经颅针刺刺激疗法运用于中风病及其他各种脑和神经系统疾病的治疗中，效果不亚于目前已广泛推广应用的经颅磁刺激疗法。

3. 显著的即刻效果

"经颅针刺刺激疗法"的适应证范围广泛，从中风病引起的偏瘫，到由脑病而致的各种神经系统疾病，包括失语症、延髓麻痹、血管性痴呆、精神障碍、偏盲、共济失调、抑郁、二便失禁等，都可以应用。

孙申田用经颅针刺刺激疗法治疗中风病，常选用头部运动区、感觉区，配以认知情感区和宁神穴作为主穴，可以使患者偏瘫、偏身感觉障碍等症状明显改善。孙申田多年的临床选穴经验，也进一步证实了大脑功能定位与头皮表面的对应关系，同时必须通过严格的操作手法，达到一定的刺激量后，才能穿过高阻抗的颅骨而起效于大脑之内，激活脑内神经细胞，发挥其疗效。

失语症是中风后遗症中难以治疗的病症之一。语言中枢是人类大脑皮质所特有的，不同的语言中枢在大脑皮质的分布位置不同，损伤后表现形式也不一样。损伤额下回后部，会造成运动性失语，即患者仍保留理解语言的能力，能听懂他人的话语，但失去了回答与组合语言的功能；损伤颞上回后部，会酿成感觉性失语，患者失去理解语言的能力，保留说话的能力，所答非所问；损伤颞中回后部，会产生命名性失语症，患者能说出物体的使用方法，但不能叫出名字。出现上述语言中枢的多处病变，而形成两种或两种以上的语言功能障碍，称为混合性失语。

临床诊治中，孙申田会根据临床查体确定患者失语的类型，辨证选取语言一区、语言二区或语言三区，运用经颅针刺刺激疗法，配以针刺金津、玉液、廉泉、地仓等穴，结合语言康复训练，往往在首次治疗后，患者的失语症状就可以明显改善。

一位 54 岁男士，因中风病而致右侧肢体瘫痪，能听懂别人的问话，但是不会说话，患者家属焦急万分，慕名求诊。孙申田根据患者的情况，选取了运动区、感觉区、语言一区、宁神穴，采用经颅针刺刺激疗法治疗；同时配合选用金津、玉液（速刺不留针）、廉泉、地仓、通里、内关穴。首次施针后，患者不仅能重复别人的语言，还能够简单地回答问题，患者家属喜极而泣。针刺半个月后，患者完全可以与人交流，肢体瘫痪也得到了明显的改善。

延髓是脑干的一部分，它的上部连接脑桥、中脑，而9、10、12对颅神经起源于延髓，所以把这组神经损害称为延髓麻痹。延髓麻痹分为真性、假性、混合性三种。真性延髓麻痹是指延髓舌咽、舌下神经、疑核的核及核下神经损害，表现为饮水呛咳、吞咽困难、声音嘶哑、舌肌萎缩及舌肌纤维震颤。如果一侧损伤，患者伸舌会偏向患侧。假性延髓麻痹为9、10、12颅神经核上的双侧皮质脑干束的损害，表现为饮水呛咳、吞咽困难、构音障碍、伸舌困难，无舌肌萎缩，并伴有强哭强笑。混合型具有两者的症状，多见于肌萎缩侧索硬化症、多发性脑梗死患者。

延髓的下部与脊髓相接，大约相当于风府穴处。延髓距离脑表面最近的部位就是项部，而分布在项部的穴位，如完骨、风池、天柱、风府、哑门，也是距离延髓最近的穴位。这些穴位的主治作用决定了它们治疗延髓麻痹的效果，这也是临床中孙申田选穴的依据。"脑干区或穴"位于前后正中线上，枕骨粗隆下缘上2cm处，向下取1.5cm线段，宽度在0.5～1cm的区域，这个穴或区距离脑干最近。孙申田在临床应用中发现，"脑干区或穴"治疗延髓麻痹和其他一些脑干疾病有效，但必须使用经颅针刺刺激疗法。在治疗延髓麻痹时，选择舌中穴（奇穴）、金津、玉液、地仓、廉泉（含外廉泉），可明显改善吞咽困难、舌不灵动、唇缓不收、流涎等症。

患者张某，女，56岁，饮水返呛，吞咽困难，鼻饲维持进食，强笑，右侧肢体活动无力，诊断为脑干梗死、假性延髓麻痹。孙申田诊查后，选用脑干区，运用经颅针刺刺激疗法，配合针刺完骨、风池、天柱、风府、哑门、舌中、金津、玉液、地仓、廉泉等穴位，通经活络，利窍开音，同时配合选用运动区，施以经颅针刺刺激疗法，改善肢体运动功能。经针刺半月余，患者痊愈，复旧如初。

（二）经络辨证，痛证之治

孙申田指出，经络学说和脏腑学说构成了中医基础理论的核心，经络和脏腑是中医学人体整体论的结构基础。气和血是人类生命生存的物质基础，而经络则是气血运行的通道，它把气血输送到人体的各个部位，使组织器官发挥正常的生理功能。正如《素问·五脏生成》曰："肝受血而能视，足受血而能步，掌受血而能握，指受血而能摄……"所以说，经络是人体不可缺少的组成部分。

经络在指导临床中的应用，即"经络辨证"。疗效是中医学的灵魂，辨证是中医学的精华。同一种疾病，在不同的病理过程中，其表现的症状不同。孙申田根据其表现的症状去辨证施治，是符合疾病客观发展规律的，是科学的，也是现代医学需要学习和借鉴的。不同类别的疾病，应用的辨证方法也不同，所以中医学创造了八纲辨证、脏腑辨证、六经辨证、卫气营血辨证等方法。经络辨证是中医辨证学的重要组成部分，亦是中医证候学的重要组成部分。

孙申田把经络辨证用于针灸选穴配方中，对于指导针灸取穴有着特殊的作用。经络辨证既是几千年来历代名家的经验积累，也是中医宝库中的精华。"传承精华，守正创新"是每个中医工作者的责任，在继承先辈经验的基础上"守正创新"，用现代科学理论解读中医药原理，创造出具有中国特色的医疗体系。

恰恰"痛证"正是应用针灸经络辨证选穴配方的最佳适应证。孙申田多年来的实践经验，应用经络辨证选穴治疗各种痛证，以及因疼痛所致的功能障碍，有着极其特殊的疗效。"效之信，若风之吹云，明乎若见苍天。"

孙申田临床诊治痛证，引经据典，针到病除。《灵枢·卫气》曰："能别阴阳十二经者，知病之所生；候虚实之所在者，能得病之高下。"《灵枢·官能》载："察其所痛，左右上下，知其寒温，何经所在。"《灵枢·经脉》篇将不同证候按十二经脉系统予以分类，成为历代临床辨证归经的依据。元代窦汉卿在《针经指南》中指出："……论脏腑虚实，须向经寻。"明代张三锡《经络考》载："脏腑阴阳，各有其经；四肢筋骨，各有其主，明其部，以定经……"围绕脏腑经络进行辨证，可以有的放矢地指导选穴。《灵枢·终始》说："病在上者，下取之；病在下者，高取之。病在头者，取之足；病在腰者，取之腘……"《肘后歌》载："头面之疾针至阴，腿脚有疾风府寻。"从这些记载都可以看出古代医家对经络辨证的重视，他们指出了经络辨证的应用范围与指南，是指导针灸选穴配方的重要方法。

1. 经络辨证

一是指根据疾病发生的部位与经络循行分布的关系（称为"经络定位诊断法"）进行辨证，看病在何经、何络、何筋，是循经选穴配方的依据。

二是经络脏腑证候辨证法，十二经联属五脏六腑、奇经八脉联属奇恒之腑，脏腑之病通过经络反映于体表，构成了经络脏腑辨证与各经腧穴治病的依据。

经络辨证的特点如下。

一是疗效快。经络辨证指导下的针灸治疗，真正体现了古书记载的"劫病之功，莫捷于针灸""效之信，若风之吹云，明乎若见苍天"，尤其是在治疗疼痛或因疼痛引起的各种功能障碍疾病中，有着立竿见影的效果，这在临床中几乎是百用百验。

二是取穴少而精。这符合中医经典著作中关于选穴"先得其道，稀而疏之"的少而精之论断。针刺是一种侵入式物理疗法，它把特殊制作的针具刺入穴位中，根据穴位的位置和治疗疾病的要求，刺入的深浅程度不一，但是必须在针刺的穴位产生感觉，专业术语称之为"得气"。患者感觉针下酸麻胀重，术者手下则有沉紧滞涩的感觉，被形容为"如鱼吞钩饵之沉浮"，有欲提不出、欲进不进之感。针刺入穴道中，指切、舒张、提捏、各种快速进针法……均会产生不同程度的疼痛。所以，临床中取穴越少，给患者带来的痛苦越少，也符合传统经典医籍《黄帝内经》中所论述的"先得其道，稀而疏之"的原则，其意就是诊断病在何经、何络、何脏、何腑，取穴要少而准。

针灸师是在完整的中医学理论指导下，具有熟练的针灸操作技能技巧的医生。针灸师必须掌握一套严格的规范程序，不是选穴越多越好，针扎的越多越好。这一点古人早已有界定，而当代针灸师对于"传承精华"，继承先辈之经验，"守正创新"，做的远远不够，经络辨证的临床应用与推广需要加强。

三是经络辨证的选穴、配方具有良好的可重复性。这是一种疗法和科学研究取得成功的重要标志，证明它是符合科学的。科研成果必须在同样的条件下，能获得同样的结论。采用经络辨证治疗疾病，在相应的适应证内，具有非常良好和可靠的重复性。只要按照既定的要求规范操作，都能获得同样的疗效。我们从大量的临床实践经验中，已经确切地证实了这个规律。所以，经络辨证具有一定的科学性。这对经络理论的临床应用和经络实质的研究有着十分重要的意义。

四是应用经络辨证选穴与配方，进一步证实了穴位作用的相对特异性。孙申田针对临床大量病例，做了关于非循经选穴与循经选穴的对比观察，结果显示，按经络辨证选穴，其即刻效应优于对照组，再一次证明了穴位的相对特异性，对穴位的作用研究将有着重要的价值。

在对经络的研究中，孙申田指出，什么是经络？这仍是一个未知数，也就是现在仍然没有揭示经络的实质。但不能因为经络实质没弄明白，而放弃它对中医基础理论研究的指导作用和临床应用。经络在中医基础理论中占有极其重要的地位，是不可缺少的。

经络辨证的临床应用，指导针灸选穴与配方，有着令人惊奇的功效，由此可以证明经络的客观存在，给经络实质的研究提供了新的研究思路。经络究竟以什么形式存在？是人体的一个独立结构？还是人体的已知结构所未知的功能？孙申田的观点趋向后者。

2. 循经选穴

循经选穴是根据疾病发生的部位及经络循行与分布的关系进行选穴与组方的治疗方法，是经络辨证中的重要组成部分，也是指导针灸选穴治疗的主要原则。

循经选穴方法如下。

第一，循本经选穴法：包括循本经首尾取穴法、循本经上病取下法、循本经下病取上法。例如，肩痛，"肩前臑痛，大指次指痛不用"，属手阳明肩痛，可应用循本经首尾取穴法，取迎香穴、合谷穴；应用循本经上病取下法，取合谷穴；应用循本经下病取上法，取迎香穴。

第二，循表里经取穴法：包括循表里经首尾取穴法、循表里经上病取下法、循表里经下病取上法。如"臑臂内前廉痛厥，掌中热……"，属手太阴肩痛，可应用循表里经首尾取穴法，取鱼际穴、迎香穴；应用循表里经上病取下法，取鱼际穴；应用循表里经下病取上法，取迎香穴。

第三，循多经取穴法：包括循多经首尾取穴法、循多经上病取下法、循多经下病取上法。如膝关节疼痛（含骨关节炎、滑膜炎、风湿性关节炎、关节外伤等，不包括骨折和不适宜运动的关节病），可应用循多经首尾取穴法，取四白穴、瞳子髎穴、攒竹穴（足阳明胃经、足少阳胆经、足太阳膀胱经）、内庭穴、丘墟穴、昆仑穴（与上述三经对应）；应用循多经上病取下法，取内庭穴、昆仑穴、太白穴、足临泣穴；应用循多经下病取上法，取四白穴、攒竹穴、瞳子髎穴。

第四，循同名经循经取穴法：①循同名经，病在下取之上（即下病上取）法：如腰痛，尤其是急性腰扭伤，取双侧手太阳小肠经之养老穴，疗效显著。此因足太阳经与手太阳经为同名经，其脉相通，同气相求。②循同名经，病在上取之下（即上病下取）法：如偏头痛，取足临泣穴、外关穴。二者一在足少阳胆经，一在手少阳三焦经，其脉相通，同气相求。③循同名经首尾取穴法：如面痛，取足阳明胃经之内庭穴与手阳明大肠经之迎香穴。

3. 实践应用

经络辨证是以经络学说为理论基础，用以指导中医临床诊断、利用针灸治疗疾病的一种方法，是传统中医诊断学的重要组成部分。孙申田临床应用经络辨证，以循经远取结合运动针法，治疗各种痛证，选穴精少，效如桴鼓。

（1）痛证概述：疼痛是临床上最为常见的一种症状，也可以是某一种疾病的临床特征性表现。疼痛是多年来医学界研究的一个重要课题。针灸治疗痛证有悠久的历史，可追溯到砭石时代。帛书上已有灸法镇痛的记载。《黄帝内经》中涉及疼痛的篇章有十余篇，其中有三篇为痛证专论，对疼痛的病因、病机、临床表现、治疗原则、预后转归进行了系统论述，这是现存最早的关于疼痛的理论著作。目前，在临床上，疼痛性疾病依然是针灸的主要适应证之一。1996年，世界卫生组织意大利米兰会议推荐的64种针灸适应证中，有32种与疼痛有关。

（2）痛证病因：引起痛证的病因很多，诸如外邪侵袭、情志内伤、痰饮内停、瘀血阻滞、精气不足、营血亏少等，均可引起疼痛之症。其中，不通则痛者多属实证，不荣则痛者多属虚证。

（3）痛证分类：引起疼痛的病因不同，疼痛的性质亦不相同，临床常见的有胀痛、刺痛、绞痛、窜痛、牵掣痛、灼痛、冷痛、空痛、隐痛等。又因疼痛在全身各部皆可出现，故根据疼痛产生的部位，可将其分为头面痛、颈项痛、肢体痛、躯干痛、内脏痛五类。

（4）痛证治则：孙申田根据疼痛发生的部位与经络循行路径，详辨痛证归属何经病变，以循经远取为原则，结合运动针法，施以或补、或泻、或平补平泻之手法，使得气血调和，阴平阳秘，终达止痛之效。同时他指出，因久患痛证者多有情志之变，故可配合调神益智法，以调神止痛。

在治疗痛证、中风偏瘫及其他运动功能障碍性疾病中，孙申田提出了"运动针法"一词。"运动针法"是在循经远取的基础上，在针刺过程中，嘱患者做主动运动。患者可根据疼痛程度，主动调整疼痛部位的活动范围。这样不仅可以减少及避免患者因被动牵拉而造成的痛苦，还能够即刻观察到针刺是否有效。"运动针法"对某些疼痛性疾病及运动障碍性疾病确有立竿见影之效，除了即刻效应明显，同时还可增强患者治愈疾病的信心。

（5）治痛特色：孙申田在临床治疗痛证时，运用了以经络理论为基础的择穴法和以经络学说为主体的辨证论治配穴法，突出了经络学说的临床指导作用。临床治疗时他取穴精当，以单穴或循经首尾两穴之应用较为多见，并非常重视特定穴的应用。他根据病情病位，合理选穴，充分体现了择穴少而精的思想。

五、针穴之长

现将孙申田临床常用针刺疗法及其组穴效方介绍如下。

（一）孙氏经颅针刺刺激疗法

孙申田于20世纪80年代将针灸学与神经解剖学、神经定位诊断学、现代神经病学紧密结合，为黑龙江中医药大学针灸学科确立了以治疗神经系统疾病为主的发展方向。孙申田精于神经系统疾病及各种疑难杂症的针灸治疗，尤其重视头针疗法在临床中的应用。

头针疗法诞生于20世纪70年代初，主要用于脑病及其他神经系统疾病的临床治疗，因疗效可靠，得到了国内外广大针灸医疗工作者的认可。然而，当时头针疗法存在法多而理寡的问题，众人知其法，而不知其理。这一问题也一直困扰着孙申田。20世纪80年代中期，经颅刺激技术的诞生为孙申田解释头针治疗神经系统疾病有效性的机制提供了新的思路。现代研究证实，经颅电刺激及经颅磁刺激可无创性地活化大脑皮质神经元，从而发挥对神经系统疾病的治疗作用，目前广泛应用于临床神经疾病的康复治疗及诸多精神疾病的治疗中。这与孙申田长期应用头针治疗神经系统疾病的临床实践有异曲同工之妙，都是在患者的头皮投射区给予一定量的物理刺激，从而产生良好的临床治疗效果。因此，孙申田认为，头针疗法是独立于前二者的一种新的经颅刺激技术，即经颅针刺刺激疗法。

1. 提出经颅针刺刺激疗法

孙申田提出经颅针刺刺激疗法是受到了经颅磁刺激技术的启发。经颅磁刺激技术是指在颅外无创性地施以物理刺激，当刺激量达到一定强度后，可作用于大脑皮质，发挥调节脑功能障碍、促进脑损害恢复的作用，包括经颅重复磁刺激和经颅电刺激。该疗法广泛应用于脑卒中后遗肢体功能障碍及失语、脊髓损伤后遗症、帕金森病、认知功能障碍、焦虑抑郁、偏头痛等疾病的治疗。其机制与该疗法改善大脑皮质血流、调节局部一氧化氮（NO）表达等有关。

在经颅磁刺激技术的启发下，孙申田进行了头针疗法对经颅磁刺激运动诱发电位影响的研究，发现电针刺激头部运动区能增强运动皮质和（或）皮质下运动通路的兴奋性，采用运动诱发电位记录其产生的波形，与经颅磁刺激或电刺激产生的波形一致。其兴奋强度与电针刺激的作用点及刺激量大小有关。因此，孙申田认为，头针疗法的作用机制可能为针刺头皮投射区并经一定的手法操作后，产生了一种经颅刺激信号，该信号经颅骨、脑膜到达大脑皮质，从而发挥了脑功能调节的作用。因此他将头针疗法发展为经颅针刺刺激疗法。

孙氏经颅针刺刺激疗法，即通过对大脑皮质功能区在头皮的体表投射区进行针刺刺激，并施以捻转手法达到一定的刺激量，使产生的刺激信号穿过颅骨，作用于相对应的大脑皮质功能区，调节大脑功能而产生治疗效果的一种针刺方法。该疗法是在头针疗法基础上发展起来的一种新的简易经颅刺激技术。孙申田认为，决定经颅针刺刺激疗法临床疗效的要素，包括头穴分区的选择和针刺操作手法两大方面。

（1）孙氏经颅针刺刺激疗法的头穴分区：孙申田经过多年临床实践总结，发挥神经解剖学和神经定位诊断学对临床治疗的指导作用，重新审视了大脑皮质功能区在头皮的投射区。他在焦氏头针分区的基础上，新提出了脑干区，并根据额极在前额的投射区位置，将情感区位置下移。结合 Broadmann 大脑分区法，将大脑皮质脑功能区分为 15 个，包括感觉区、运动区、锥体外系区、自主神经区、认知情感区（额区）、消化系统区、泌尿生殖区、语言一区、语言二区、语言三区、晕听区、足运感区、视区、平衡区、脑干区。

认知情感区（额区）：在前额部，额前线与前后正中线交点作为额区中心点，从此点沿前后正中线上下各引出 1cm 线段，再取左右旁开延长线经过目内眦的平行线段，此三条平行线段所在区域为认知情感区。认知情感区对应大脑额叶额极部，是主宰人的精神、认知、情感、智能活动的区域。此区主治各种精神、认知、情感障碍，包括痴呆、记忆减退、注意力障碍、强哭强笑、违拗、焦虑、抑郁、强迫、失眠或多眠等。针刺认知情感区，发挥调神的作用，即孙申田在临床过程中总结出来的"调神法"，已广泛应用于临床，并收到良好疗效。

脑干区：位于前后正中线上，枕骨粗隆下缘上2cm处，向下取1.5cm线段，宽度在0.5～1cm的区域为脑干区。该穴区对应于脑干，包括中脑、脑桥、延髓，主治脑干梗死等脑干病变，颅神经病变，如延髓麻痹，外展神经、面神经麻痹，动眼神经麻痹。

（2）针刺操作手法：孙申田认为，经颅针刺刺激疗法的操作除了定位准确，另一个重要的要素就是操作手法和刺激量。只有当达到一定刺激量后，才能发挥经颅刺激的作用，所谓"宁失其穴，不失其法"。孙申田以捻转为基本行针手法，并强调捻转行针的3个要素：力度、频率和时间。

力度：持针手的拇指、食指紧握针柄，让针体在帽状腱膜下层随拇、食指前后快速旋转各180°，在此期间可配合提插手法以催气。要求施术者意、力、气结合而达到针刺刺激的最大强度。

频率：要求为频率≥200r/min的高频刺激。高、低不同刺激频率对脑功能影响不同，高频刺激有兴奋大脑皮质神经元的作用，低频刺激则抑制大脑皮质神经元。

时间：要求连续高频刺激3～5分/次，每30分钟1次。重复操作3次后，留针5～6小时，出针时再次进行捻转刺激。因关于经颅针刺刺激运动诱发电位的前期研究显示，针刺效应在停止刺激后可保留30分钟，故而以30分钟作为重复捻转的时间节点。

2. 孙氏经颅针刺刺激疗法的特点

（1）对中枢神经损伤的治疗修复作用：经颅针刺刺激疗法以高频率捻转的手法作用于头部相应位置，产生的刺激信号可穿过高阻抗颅骨，作用于大脑皮质及更深的部位，对中枢神经损伤具有修复作用，同时具有神经保护作用。孙申田使用该手法针刺脑干区，治疗延髓麻痹、偏瘫患者疗效显著。

（2）对周围神经损伤的治疗作用：经颅针刺刺激疗法还能治疗周围神经损害所产生的感觉、运动及自主神经功能障碍，如面神经麻痹、面肌痉挛、腓神经麻痹等。头针对中枢神经系统的调节会对周围神经的损伤产生良好的治疗效果。

（3）双向调节作用：不同频率的头针刺激，可以抑制大脑皮质的兴奋性或激活处于抑制状态的大脑皮质。如在治疗周围性面瘫时，它既能治疗面神经麻痹产生的表情肌瘫痪，又能治疗面神经受到刺激时出现的面肌痉挛。这体现了针刺的双向调节作用。

（4）积累或叠加效应：经颅重复针刺法是连续性治疗，随着连续治疗时程延长，疗效显著提高。各种脑功能的恢复建立在结构重组的基础上，所以头针治疗对脑组织结构的重塑和功能的整合起着重要的作用。

（5）在线作用和离线作用：在线即针刺时，离线即针刺间歇期。针刺刺激停止后，由刺激引起的脑功能改变及组织结构变化和治疗效果仍然存在。

3. 孙氏经颅针刺刺激疗法的临床应用

孙氏经颅针刺刺激疗法要求根据患者的临床症状，选择不同的皮质代表区进行针刺治疗。运动区和感觉区用于治疗各种原因导致的运动和感觉障碍；锥体外系区治疗如帕金森病、特发性震颤、痉挛性斜颈、书写痉挛等运动障碍类疾病；消化系统区治疗顽固性呃逆、胃轻瘫、肠梗阻等疾病；泌尿生殖区治疗各种原因导致的尿失禁、尿潴留等疾病；运动失语区、感觉失语区、命名失语区多用于治疗脑血管病变所致的语言障碍；晕听区用于治疗耳鸣、耳聋、各种原因所致眩晕等；足运感区用于治疗不宁腿综合征、腰椎病导致的下肢麻木疼痛、二便障碍；视区用于治疗各种原因导致的视野缺损及皮质盲；平衡区用于治疗各种共济失调。

孙氏经颅针刺刺激疗法是孙申田经过大量的临床实践及科学研究，探索总结出来的一种有效的头针疗法。该疗法一方面对现有的焦氏头针头穴分区进行了进一步的优化，对头针操作手法、操作要素提出了新的要求。认知情感区和脑干区的提出，更加完善了大脑皮质功能区的分区，弥补了脑干病变针刺刺激点缺失的空白，提高了临床治疗脑干损害及后循环缺血病变的疗效。另一方面，经颅针刺刺激疗法的提出，是孙申田对头针疗法的重新认识和系统总结，是对头针疗法作用机制的直接阐述，体现了中医人继承经典、将经典用于临床实践、勇于理论创新的学习与实践过程。

头针在治疗神经系统疾病中具有疗效确切、即刻效应明显、多区灵活选择应用的特点，是针灸学的宝藏。现已证实，在明确分区、足够刺激量的情况下，头针可以对大脑皮质及其下游神经系统产生确实的调节作用。孙申田认为，作为经颅物理刺激技术的一种，经颅针刺刺激疗法类似于而又不同于经颅重复磁刺激和经颅电刺激技术。后两者是通过磁信号或电信号直接穿过高阻抗颅骨，作用于大脑皮质，活化大脑功能区神经元，发挥调整神经功能的作用。而在经颅重复针刺刺激过程中，针刺捻转手法不同于简单的磁场或电流刺激，而是存在疼痛、皮下结缔组织缠绕及牵拉等复合刺激，其对神经突触的影响机制、对颅内外神经突触的联结机制的影响均有待于进一步的研究与探索。

（二）针灸治痛效方

孙申田在临床应用经络辨证治疗痛证，首问疼痛部位，再按部分类，依部辨经，循经远取，取穴精少，往往一针即愈，故被誉为"神针""孙一针"。

1. 头痛方

依据经络辨证，孙申田把头痛分为阳明型、少阳型、太阳型、厥阴型及混合型五种证型。

阳明头痛：足阳明胃经之脉，"起于鼻之交頞中，旁纳太阳之脉，下循鼻外，入上齿中，还出挟口，环唇，下交承浆，却循颐后下廉，出大迎，循颊车，上耳前，过客主人，循发际，至额颅……"。因其经脉循行于前额部，所以根据经络辨证，前额应归属于足阳明胃经，故称前头痛为阳明头痛。

【主穴】内庭、合谷　　【配穴】阳白、印堂

少阳头痛：足少阳胆经之脉，"起于目锐眦，上抵头角，下耳后，循颈，行手少阳之前……"。此部位头痛，其经络循行来自足少阳胆经，故称为少阳头痛。

【主穴】足临泣、外关　【配穴】丝竹空透太阳

太阳头痛：足太阳膀胱经之脉，"起于目内眦，上额，交颠……其直者，从颠入络脑，还出别下项，循肩膊内，挟脊抵腰中……"。所以，后头部与项背部皆为足太阳经之循行部位，故后头痛称为太阳头痛。

【主穴】昆仑、后溪　　【配穴】风池、天柱

厥阴头痛：足厥阴肝经之脉，"……连目系，上出额，与督脉会于颠……"。颠顶为肝经循行所过之处，所以颠顶头痛称为厥阴头痛。

【主穴】太冲、内关　　【配穴】百会

如为混合型头痛，则应根据疼痛的部位详辨归经，随证加减取穴，灵活加以治疗。

2. 颈项痛方

依据经络辨证，孙申田把颈项痛分为阳明型、太阳型、少阳型及混合型四种证型。

阳明型：手阳明经筋，"其支者，绕肩胛，挟脊；直者，从肩髃上颈……直者，上出手太阳之前……其病……颈不可左右视"，故颈项部胸锁乳突肌附近疼痛，归属阳明型颈项痛。

【主穴】合谷、迎香（对侧）

太阳型：足太阳经筋"……上挟脊上项……其直者，结于枕骨……"，手太阳经筋"其支者，后走腋后廉，上绕肩胛，循颈，出走太阳之前……其病……绕肩胛引颈而痛"，故颈项部内侧斜方肌、颈夹肌、肩胛提肌疼痛，归属太阳型颈项痛。

【主穴】后溪

少阳型：手少阳经筋"……上绕臑外廉，上肩，走颈，合手太阳"，故颈项部外侧疼痛，归属少阳型颈项痛。

【主穴】中渚、丝竹空

混合型亦应根据疼痛的部位详辨归经，随证加减取穴。

3. 肢痛方

（1）肩痹方：依据经络辨证，孙申田把肩痹分为手阳明型、手太阳型、手少阳型、手太阴型及混合型五种证型。

手阳明型：手阳明大肠经病候，"是主津液所生病者：目黄……肩前臑痛，大指次指痛不用"。肩上部为手阳明大肠经所过之处，此部位疼痛归属手阳明型肩痹。

【主穴】合谷、迎香（对侧）

手太阳型：手太阳小肠经循行"……出肩解，绕肩胛，交肩上……"，其病候为"……肩似拔，臑似折。是主液所生病者：……颈、颔、肩、臑、肘、臂外后廉痛"。肩及肩胛连及脊柱或颈椎部疼痛，多为手太阳小肠经循行之处，所以该处病变归属手太阳型肩痹。

【主穴】腕骨或后溪

手少阳型：手少阳三焦经病候，"是主气所生病者：……耳前、肩、臑、肘、臂外皆痛，小指次指不用"。肩后为手少阳三焦经循行所过之部位，所以该处疼痛归属手少阳型肩痹。

【主穴】中渚、丝竹空

手太阴型：手太阴肺经病候，"是主肺所生病者：咳、上气、喘渴……臑臂内前廉痛厥"。臑臂内及肩前为手太阴肺经循行所过之处，故归属手太阴型肩痹。

【主穴】鱼际

混合型亦要根据疼痛的部位详辨归经，随证加减取穴。

（2）肘痹方：依据经络辨证，孙申田把肘痹分为手阳明型、手太阳型、手少阳型、手太阴型、手厥阴型及混合型。

【主穴】分取合谷、后溪、中渚、鱼际、劳宫

（3）膝痛方：膝痛是一种症状，临床表现为膝关节疼痛，活动后加重，严重者行走、上下楼梯均感困难，可见于多种疾病，如骨关节病、膝关节外伤、半月板损伤等。

在临床中，孙申田多从足阳明胃经治疗骨关节痛（老年增生性骨关节炎）、关节外伤、半月板损伤等所致膝关节痛。因足阳明胃经的循行部位"……以下髀关，抵伏兔，下膝膑中……"，所以，孙申田把膝痛归属于足阳明经病变范畴。

【主穴】四白、足运感区

（4）踝痛方：依据经络循行分布的部位，外踝部属足少阳经，故治疗外踝痛的主穴选取瞳子髎。如果外踝痛牵扯小腿痛，可选风池穴。小腿外侧不仅有胆经循行，

同时也有阳跷脉循行，"阳跷脉者，起于跟中，循外踝上行，入风池"，故取风池具有双重意义。

足跟部位属足太阳膀胱经循行所过，"……以下贯腨内，出外踝之后……"。足少阴肾经之络脉"当踝后绕跟，别走太阳……"，所以足跟部由足太阳之经脉与足少阴肾经之络脉所支配。足跟与足外踝关节后部的疼痛属足太阳型与足少阴型。当足跟痛时，主穴可首选攒竹。若经治疗后痛不减或稍减，应选取足少阴肾经之络穴大钟穴治之，必愈。

足背部属足阳明胃经循行所过，"……下循胫外廉，下足跗……"。足跗指足背部位，足面也。故足背痛的主穴选取四白穴治之。

循行于内踝的经络来自肝经、脾经、肾经，即所谓足三阴经。内踝前部（相当于中封穴处）属足厥阴经分布；内踝前凹陷处，位于肝经的后面，即相当于商丘穴处，属足太阴经；内踝到足跟后部，属足少阴经分布范围。临证时，孙申田常采用表里经配穴法，取用与该三经互为表里的分布在头面部的阳经，分经选穴治疗。

4. 躯干痛方

躯干部疼痛是指由于各种原因所引起的胸胁、腹部、背腰部疼痛。胁痛责之于足少阳经病变，循经远取主穴支沟。腹部痛责之于任脉之络脉病变，循经远取鸠尾为主穴。腰痛部位位于脊椎及脊柱两旁肌肉，致使患者不敢前俯后仰，左右活动困难者，主穴选取人中；腰痛连骶部（尾骨的两旁），致使患者蹲起坐立、腰部前屈时疼痛且活动受限者，除选人中穴外，常以养老穴治疗。

六、读书之法

中医经典在中医发展史上有着巨大的指导作用与研究价值。时至今日，历经岁月检验与洗礼，中医经典更是中医传承者学好中医、做好中医、弘扬中医的"法宝"。孙申田认为，作为新时代中医人，要重视经典，学习经典，运用经典。熟读经典是学习中医、理解中医、运用中医的根基，是继承中医的前提，更是当代中医人传承、弘扬中医的基石。

孙申田六十余年如一日，坚持在临床、教学与科研的第一线，每当向学生传授他的临床诊疗经验时，无不"引据大义，正之经典"，这与孙申田从医多年坚持阅读经典密不可分。

（一）熟读成诵——读经典首先要背诵经典

"记诵者，学问之舟车也。"这是说，在做学问的道路或航程中，少不了背诵，背诵是学习的最佳方法之一。孙申田认为，背诵中医经典是十分必要的，尤其对于初学者来说，背诵经典是开启中医学大门的一把钥匙，是抵达中医殿堂的必经之路。

孙申田在学生时期就痴迷中医。对于老师提出的背诵原文要求，其他学生感到枯燥无味，但他却乐此不疲，对于名家名篇，信手拈来，背诵如流，且深明其义，如《医宗金鉴·杂病心法要诀》《医宗金鉴·妇科心法要诀》《医林改错》中的方歌、《伤寒论》398条113方等。同时，他又背诵了脉学歌诀、《药性赋》《药性歌括四百味》《汤头歌诀》、十二经循行歌诀、腧穴与经穴分布歌诀、特定穴歌诀等，另外他还背诵了《针灸大成》中的"百症赋""标幽赋"等歌赋。时至今日，孙申田回忆起当年背诵过的经典，依旧信手拈来，熟练运用于临床诊疗中。

恰如司马光所讲"读重要之书，不可不背诵"，背诵经典，不仅仅是作为一名合格中医医生的必修课，更是深层次理解中医学内涵的奠基石。

（二）"熟"读百遍——读经典也重在反复研读

《三国志》有云："读书百遍，其义自见。"孙申田认为，读书，尤其是读经典著作，一定要反复阅读，要坐得住板凳，耐得住性子，忍得了寂寞。中医经典之中，蕴藏着中医人独特的思维方式，只有反复研读，才能循序渐进，逐渐领悟中医辨证思维。随着个人阅历的增长，在不同的人生阶段，对同一经典的阅读也会有不同体验。尤其阅读中医经典，随着个人临床经验的不断丰富，对以往阅读的经典著作会产生新的感受和思考。孙申田认为，只有对中医经典反复研读并进行深层次挖掘，才会让我们牢记经典，理解经典，运用经典。

（三）熟读思辨——读经典还要善于选择方法

孙申田指出，阅读经典时要灵活，要为我所用，选精华，辨真理。比如传统医经类的著作，适合"会意"，这就要求阅读者通过阅读经典，建立正确的中医临床思维，如辨证论治、三因制宜、分经论治等。孙申田的经络辨证学术思想，就是从《黄帝内经》中获得了灵感。他在临床上运用分经论治治疗众多疾病，均取得显著疗效。

而对专著类的经典，孙申田主张阅读专著一定要"专"，如《血证论》中的治血四法，应仔细研读，方可为临床所用。因此对于专著类的经典，应该把重点放在治法及选穴用药上。他认为，阅读重点内容，要做到"背诵—理解—鉴别—明确—运用"。而非重点内容，可以有选择地看，做到"意会"即可。因此，阅读经典时要有侧重，要依据经典本身的内容与题材，选择最合适的方法进行研读。

（四）熟读精思——读经典要做到记忆与思维相结合

孙申田不仅反复大量地阅读中医经典，而且会对经典中的细节问题认真思考，求源澄流，正本归真。他反复研读经典，反复思考，并用之于临床，以得到检验与深入探究。在阅读经典的过程中，他对一个问题经常反复思考，小心求证，直到真正明白经典所传达的含义。正所谓"路漫漫其修远兮，吾将上下而求索"，孙申田用自己的行动，证实了学习经典是一件需要长期坚持的事情。我们要在不断地"阅读—思考—实践—再阅读"的过程中，不断地探究正确的中医诊疗思维及诊疗方法。这与"学而不思则罔，思而不学则殆"不谋而合。

（五）博览群书——既要读中医经典，也要读文史百科

孙申田认为，中医经典首先是中国传统文化的重要组成部分之一，其次才是作为记录传统医学思维、观念和诊疗方法的医学作品。中医学是研究人与自然、人与社会、精神与形体，以及形体内部的整体性联系的一门学科，因此，众多中国古代的优秀文学作品中也会含有中医学知识，如《道德经》《周易》等一些哲学著作，与中医天人合一思想密切相关；《三国演义》中的华佗发明麻沸散、关公刮骨疗毒，反映了当时中医外科手术的进展；《儒林外史》中"范进中举"的故事是情志致病与中医情志相胜疗法的直观体现；《红楼梦》中更是有数不胜数的例子，如黛玉的"人参养荣丸"、宝钗的"黄柏水送服冷香丸"都是与中医知识密切相关的。孙申田在闲暇时，也会阅读这些优秀的古代文学作品。他认为，对于经典的解读能力，与个人的人生阅历及知识储备密切相关，因此，我们也应该在夯实自己的专业知识之余，广泛涉猎中华优秀传统文化。

总之，阅读经典是中医人一生的功课。经典要多读、反复读，并在不断地实践与反思中理解经典，运用经典，总结经典，传承经典。正所谓读书之法，在循序而渐进，熟读而精思。孙申田用自己六十余年的实践经验告诉我们，作为新一代中医人，应当珍视经典，多多研读经典，多角度、深层次挖掘经典。只有好好地传承这些古代先贤留给我们的宝藏，我们才更有底气、更有方向、更有态度以弘扬中医文化，发展祖国医学。

七、大医之情

（一）思想境界

中医药血脉代代相传，生生不息。行医六十余载，孙申田以其严谨的科学态度，

精湛的医疗技术，高尚的医德医风，赢得了患者的信任、同行的尊重和后辈的敬仰。他是救死扶伤、道济天下精神的生动写照。他以甘于奉献、救死扶伤的实际行动，谱写了大医精诚、大爱无疆的感人篇章。他以一生坚定的职业理想和职业自信，诠释了一代中医人执着中医梦想、弘扬国医精粹的决心与自豪，牢牢守住了中医药的根和魂。

作为黑龙江省中医针灸界的泰山北斗，半个多世纪以来，孙申田始终用实际行动践行"敬佑生命，救死扶伤"的医生使命，恪守"大医精诚"的中医古训。从行医开始至今，孙申田始终工作在临床、教学第一线，每日临诊百余人，每年诊治疑难痼疾患者近4万余人。他所研发的两种院内制剂已广泛应用于临床，深受患者欢迎，为广大群众所信赖。

"凡大医治病，必当安神定志，无欲无求，先发大慈恻隐之心，誓愿普救含灵之苦。"国民的健康与安宁，时时刻刻都牵动着孙申田的心。2020年初，新冠疫情肆虐，孙申田第一时间向武汉捐款，用于新冠疫情的一线防控。同年2月，作为抗疫省级中医专家组成员，他参与研制了用于预防新冠病毒的中药方剂。2021年8月，他再次作为抗疫省级中医专家组成员，参与研制了"扶正清瘟合剂"用于"德尔塔"病毒的预防，充分发挥了中医学优势。孙申田尽自己所能，福泽百姓健康，传承中医文化，体现了发扬国医精粹的决心与自豪。

（二）文化修养

中医文化是中华传统文化的重要组成部分，两者同根同源，一脉相承，是中华民族几千年来积淀的文化精髓。中医文化中既有儒家思想所倡导的"仁"，提倡"仁者爱人"，如《孟子·梁惠王上》中曾写道"无伤也，是乃仁术也"，这句话后来衍生为"医乃仁术""医者仁心"，这是对从医者道德品行的高度概括；同时，中医文化又是中国古代哲学思想的重要体现，是在中国特有的"生命哲学"思想指导下，综合运用中医学的理法方药，治病救人的文化。《周易》说："生生之谓易。""天地之大德曰生。"《周易》提倡"生生之道"，而中医是"生生之具"，"具"就是器具、工具。《周易》说"观乎天文，以察时变；观乎人文，以化成天下"，这是对人的生、老、病、死、苦的自觉关注和关爱，即人文关爱，也是传统中医文化的根本特质，医易同源的"源"即在于此。在此之上，才进一步彰显出中医简、便、廉、验等诸般特色。所以要想学好中医，做名中医，就不能仅局限于学习中医学知识，还要广泛涉猎中华传统文化知识。

孙申田一生受中华传统文化的深远影响，其自幼苦读中医经典、经史子集、诗词歌赋、古典名篇……不仅丰富了他的文化知识底蕴，塑造了他广博的人文情怀，也使他掌握了中医药学发展的精髓。他在辨证、选穴、施药、开方上，力求做到化繁去简，去芜存精，以"一针"解沉疴、去顽疾、除痹症，其疗效有如"风之吹云"，这是大道至简，更是仁心仁术，大医之道。

此外，孙申田在书法方面也颇有造诣。其书法大开大合，遒劲有力。他曾说，不管是学医还是练习书法，都是源自对中华传统文化的热爱。唯有热爱，方可传承；唯有热爱，方可弘扬；唯有热爱，才能创新。所以学医，不能只局限于医，还要打开格局，目及四海，变通古今，尽阅世间书，知晓万物事，修德以立身。只有博学、厚德，而后才能成医。

八、养生之智

性情豁达、乐观开朗是孙申田养生的一个奥秘。人的一生难免遇到各种曲折与坎坷，问题的关键是如何面对这些曲折与坎坷。对此，很多人不能泰然处之。孙申田认为："对待生活中不顺心的事，若能始终保持宽容大度的态度和作法，做到心胸开阔，襟怀坦荡，性情豁达，乐观开朗，便可促进身心健康，获得长寿。"

孙申田的一生历经坎坷。在青年时期，他因膝关节疾病被误诊，术后导致终身残疾。精神上的痛苦，身体上的折磨，他丝毫没有放在心上。他同命运抗争，以惊人的毅力，抱病投身于中医药事业中，凭借其乐观豁达的精神，用小小银针谱写了精彩的人生。

在日常生活中，孙申田更是严以律己，宽以待人。正是凭借着高尚的精神境界、顽强的意志、坦荡的胸怀和乐天的性格，他才战胜了疾病，成为生活的强者，获得了健康幸福。

孙申田的养生原则可概括为欲要有度、性宜豁达、顺应自然、动静适宜、饮食有节五个方面。既知足常乐，又乐观开朗，坚持长期适当运动和适量用脑相结合的生活方式，是他享受健康长寿之乐的养生要领。他在临床中指出：其一，"神"在防治疾病、诊断疾病及疾病的预后中占有极其重要的地位，要善于运用各类调神之法指导养生；其二，药补不如食补，补药应当慎用，要提倡辨证施补的养生理念。

九、传道之术

（一）学科建设和人才培养工作

杏林一脉传千年，岐黄之术贯古今。在黑龙江省针灸学科建设初期，孙申田大力提倡"继承与创新针灸"，并提出建立"院系合一"的教学体制。他认为只有培养大量高素质的针灸人才，才能更好地发展针灸学事业。

孙申田在积极推动并创建了全国首家中医学院针灸系后，于1992年7月主导成立了黑龙江中医药大学针灸推拿学院暨附属第二医院，提出在针灸学专业课程设置上，除了传统授课内容之外，还应当增加西医学理论教学，这样才能不断培养出兼备传统中医理论与实践经验，并具有现代自然科学知识的新型针灸学人才。他亲自撰写了《神经系统疾病定位诊断及检查方法》一书，在全国中医院校首设神经系统疾病定位诊断、检查方法及神经病学课程，并亲自讲授。同时，孙申田十分注重把教学融于临床，强调临床疗效是中医、针灸的灵魂。

在"院系合一"教学体制的指导下，黑龙江中医药大学陆续培养出一大批高精尖针灸创新人才。在孙申田的辛勤努力和带领下，通过学术继承人学术梯队的精诚合作，黑龙江中医药大学针灸推拿学学科于1988年成为省级重点学科，2000年被确定为省级A类重点学科，2001年被批准为国家中医药管理局重点学科。该学科是具有明确、稳定特色和优势的研究方向，研究工作处于国内领先地位，在国内外产生较大影响。

目前，黑龙江中医药大学针灸推拿学院暨附属第二医院有国家中医重点专科3个、国家局级中医重点专科7个、省局级重点专科（专病）15个，有国家局级重点学科5个、省级领军人才梯队4个、省级领军人才梯队"535工程"第二层培养对象1个，省教育厅重点学科3个、省局级重点学科5个，校级重点学科3个。现开设4个专业，2个作为国家级一流本科专业建设点，全面引领中国中医针灸、康复教育发展。

孙申田认为，中医药学的传承和发扬，关键在于培养青年一代，让他们树立中医药人的职业自信，积累丰富的临床经验。2007年，他个人出资10万元，创建了黑龙江中医药大学"孙申田教授大学生科研创新基金"。2017年，他以个人名义向黑龙江中医药大学第二临床医学院捐资100万元人民币，创立了"孙申田青年人才培养基金"，用于青年特色人才的科学研究、经典教学、名老中医学术思想传承。2017—2020年，在4个年度内，该基金共立项67项，为扶持和鼓励青年一代传承创新中医药事业做出了杰出的贡献。

孙申田将六十余载的学术经验和技术专长进行了总结整理，形成了《新编实用针灸临床歌诀》《孙申田医案精选》《孙申田针灸治验》《经颅重复针刺刺激疗法》等著作，毫无保留地展示给学生和读者。

中医药师承教育独具特色、符合中医药人才成长和学术传承规律，是中医药人才培养的重要途径。2019年，黑龙江中医药大学第二临床医学院成立了全国名中医孙申田工作站，在全国范围内推广孙申田教授的学术思想。2019年，黑龙江省牡丹江市中医院成立了全国名中医孙申田工作站，促进了基层中医人才培养。2022年，国医大师孙申田传承工作室落户黑龙江中医药大学附属第二医院哈南分院，薪火相传，杏林飘香。如今，孙申田教授桃李满天下，为中医药事业创造了宝贵的财富。

（二）人才培养成果

孙申田淡泊名利，卑以自牧，悬壶济世，造福四方。他治医有法，执教有方，时至今日，杏林春满，桃李芬芳。作为全国老中医药专家学术经验继承工作指导老师，培养了一批又一批中医药优秀人才，确立了针灸学科四代传承谱系。如今，经他亲自培养的66名博士、68名硕士和25名学术传承人，遍布国内外，在中医药领域卓有建树，已成为所在地区、全国乃至海外本专业学科的带头人和领军人才，形成了医、教、研、转化相结合的针灸学储备人才团队，为中医药学与针灸学事业创造了宝贵财富。

孙申田具有深刻的学术思想、对疾病的独特认识、丰富的临证经验，他的诊疗技术已深深植根龙江沃土。传道授业，提掖后学，他扶持了一代又一代青年中医人的成长与发展，其中有中国人民武装警察部队后勤部卫生部原部长1人，中医药大学校长2人，岐黄学者1人，医院院长15人，省级名中医7人，省级青年名中医4人，科主任43人，民营诊疗机构负责人6人；工作于三甲医院的56人，在高校工作的11人；培养教授40人、副教授9人，博士研究生导师14人、硕士研究生导师27人，主任医师55人、副主任医师24人；美国神经头针学院院长与共同创始人1人，美国国际头针研究院院长1人，美国国家执照考试委员会NCCAOM针灸部前任主席1人，为海外针灸传播、立法、纳入当地医保体系贡献了力量。孙申田的学术思想远播中国台湾、香港地区，甚至流传海外，传播到新西兰、美国、英国、加拿大、瑞士、德国、乌克兰、澳大利亚、韩国等国家。

孙申田以大半生的光阴，守根铸魂，诠释了大医精诚的高尚精神，挺了起传承与发展国医华粹的脊梁，为一批批奋发有为、坚持道路自信的岐黄学子指明了前进的方向，也为海内外百姓的健康带来了中医药的福祉。

孙申田学术传承谱

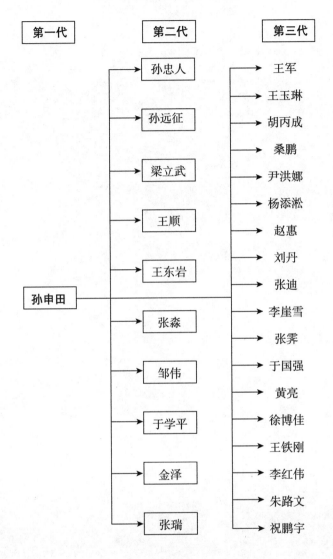

第一代	第二代	第三代
	孙忠人	王军
	孙远征	王玉琳
	梁立武	胡丙成
	王顺	桑鹏
	王东岩	尹洪娜
孙申田	张淼	杨添淞
	邹伟	赵惠
	于学平	刘丹
	金泽	张迪
	张瑞	李崖雪
		张霁
		于国强
		黄亮
		徐博佳
		王铁刚
		李红伟
		朱路文
		祝鹏宇

（王玉琳整理）

（孔令青、李昆编辑）

严世芸

严世芸（1940—　　），浙江宁波宁海人，中共党员。上海中医药大学终身教授，博士研究生导师。曾任上海中医药大学校长、上海市中医药研究院院长。历任全国高等医学教育学会常务理事，全国高等中医教育学会顾问（原副理事长），全国中医药高等教育学会教育评估研究会理事长，中华中医药学会副会长，上海中医药学会会长等职。首届全国名中医、第六届高等学校教学名师、首届全国中医药高等学校教学名师、上海市名中医。上海市文史馆馆员，获中华医学会教育分会终身成就奖、张安德中医药国际贡献奖等荣誉。担任《辞海》副主编，享受国务院政府特殊津贴，2022年被授予"国医大师"荣誉称号。

严世芸自幼受家庭熏陶，选择了中医之路。在家传师承的基础上，奋有众长，贯通诸法，敢于创新。擅长诊治心脑血管疾病和疑难杂症，承担中央和上海市委领导保健工作。重视学术经验传承，大力推进流派传承工作、中医药领军人才培养，创立"优才"学院，获得国家中医药管理局高度赞赏及支持。担任全国第二至七批名老中医药专家学术经验继承工作指导老师。培养硕博士和各类传承学生98名。长期从事中医各家学说、中医学术发展史、藏象辨证论治体系、中医高等教育、中医学方法论和人才培养规律、中医药标准化及中医心血管疾病临床和基础研究工作，发表论文100余篇，承担各类各级课题30多项。曾获教育部科技进步奖二等奖、国家优秀教育成果奖二等奖、上海市中医中西医结合科技成果奖二等奖、国家中医药管理局科技进步奖三等奖、中华中医药学会科技进步奖三等奖、国家图书奖提名奖、卫生部高等医药教育教材编写委员优秀教材三等奖，中华中医药学会学术著作奖等奖项。

一、学医之路

严世芸出生于中医世家，耳濡目染，选择了中医之路。虽历经风雨，对中医的热爱却更加执着坚定。

（一）耳濡目染学中医

严世芸出生于上海，祖籍浙江宁波。5 岁时，为了躲避战乱回老家读小学，三年级末回到上海继续小学学业。初中考进了杨思中学，杨思中学除了教授知识之外，主要培养学生的各种兴趣，也培养了学生发散性的思维和能力。严世芸的曾祖父严晓江是秀才，擅长书画，祖父和父亲也酷爱书画，祖父同时还是当地的名医，父亲严苍山幼承庭训，1919 年就读于上海中医专门学校，师承丁甘仁先生，与程门雪、黄文东、秦伯未等皆为同窗挚友。1927 年，严苍山先生与秦伯未、章次公等创办上海中国医学院，后又执教于新中国医学院，投身中医教育事业，成为近代上海著名中医学家、中医教育家，曾任上海四明医院（曙光医院前身）医师。1930 年，于上海法租界蒲柏路（今太仓路）其寓所设"严苍山家庭医药顾问社"。上海疫病流行期间，苍山先生曾用自创方药救治了许多危重患者，还常给贫困者垫付药资，并说"治病救人是医生的天职，重财求利不如改行去经商"，曾被患者称为"活菩萨"。新中国成立后，苍山先生任上海市中医学会常委兼秘书长，上海市中医文献馆兼职馆员。他一生不仅辛勤耕耘于中医学园地，成果丰硕，业绩斐然，而且善诗文，精书法，能绘画。认为医者兼通琴、棋、书、画，可以提高修养，怡悦性情，对做学问大有帮助。严世芸家里兄弟姐妹七人，他排行第六。在民国时期两次废除中医的运动中，父亲严苍山感到中医生存的艰难，不愿意让子女继承家学，因此严世芸的几个哥哥姐姐都没有学医。新中国成立后，随着中医政策的转变，让父亲严苍山看到了中医的希望，决心让严世芸学习中医，鼓励他报考上海中医学院。

（二）历经风雨爱中医

严世芸自幼受家庭熏陶，耳濡目染，1958 年成功考入上海中医学院。进入大学后经历了一段动荡的岁月，但对知识的渴求和对中医的热爱，使他沉浸于中医学业。可贵的是严世芸的学习不是死读书，他兴趣广泛、更善于思考，获得了老一辈教授和名医的赏识。由于撰写了一篇优秀的论文《低热的辨证论治》，而被金寿山先生留在了伤寒教研室工作。不久之后下乡参加了医疗队，并于 1972 年被安排到曙光医院跟随张伯臾先生侍诊学习 17 年，直到张老去世，深得老师的学术精髓。之后又在急诊工作了 5 年，在强化西医基本功的同时，积极尝试用中医治疗急症，临床能力得到了很大程度的提高。

1978 年，严世芸被调回上海中医学院任各家学说教研室教师，后任主任。不久先生又被选送到中央党校学习教育行政理论，这段时间内先生对学习、带教、授课经历作了更深入的思考，尤其是如何将所学理论应用于中医教育所面临的问题中。1984 年被任命为教务处处长，1985 年任上海中医学院副院长、上海中医药研究院副院长，直至 1998 年任校长。20 余年来，严世芸一直投身中医教育，积极致力于中医药创新人才培养工程，探索个性化培养的有效途径，在国内医科院校中率先建立了全面学分制教学管理制度，深化以中医药课程体系、教学内容、教学方法与手段、人文与身心素质，以及人才质量保障体系等为主要内容的改革，努力培养学生创新意识、创新思路、动手能力。

二、成才之道

严世芸的成才经验与其少年时代的求学经历息息相关，加之老先生自身勤学不倦，肯下苦功，学以致用，终有所成。

（一）通识教育，受益良多

严世芸初中进入杨思中学，杨思中学奉行素质教育和快乐教育，除了知识学习之外，还有各种各样的兴趣小组，学生可以根据自己的兴趣自由选择。这一段经历对严世芸产生了深刻的影响，虽然成绩不是名列前茅，但始终处于中上水平，而且兴趣广泛，思维活跃，培养了善于思考、勇于创新的思维方式和个性，这也成为他日后思考中医教育改革的源头。

新中国成立之后，百废待兴。1954 年，党中央发布了中医政策，毛主席作出批示："中国医药学是一个伟大的宝库，应当努力发掘，加以提高。"由此对于中医的保护和发展被提上了日程。1956 年，教育部批准了首批四所中医院校成立，北京、上海、广州、成都的中医院校被称为"中医老四校"，中医的发展迎来了春天。中医界无不欢欣鼓舞，父亲严苍山也非常激动。由于严世芸的哥哥姐姐都错过了学习中医的好时机，父亲严苍山希望严世芸能够学习中医，继承家学。严世芸从小在父亲的诊室，看着父亲用中医的方法为患者解除病痛，对中医也产生了浓厚的兴趣，欣然接受了父亲的建议，中学毕业后选择报考了上海中医学院。

（二）传承先辈，敢于创新

严世芸临床上善于吸收各家之长，兼收并蓄，贯通诸法。他在家传和师承的基础上，有所发展和创新，在外感热病方面，继承了父亲严苍山的发汗、清热、攻里之法，杂病调理则用芳香悦脾来补脾阴不足和脾气虚弱等。在张伯臾经验基础上，研发"张伯臾教授治疗冠心病的智能程序"，创"强心饮"防治慢性心功能不全。救治了不少重症患者，使患者生活质量有很大提高。

（三）理论实践，相辅相成

古人所谓"读万卷书，行万里路"，"读万卷书"，指的是对理论知识的学习，"行万里路"是指通过深入生活，从实践中获得知识积累。两者相辅相成，不可或缺。严世芸回到学校担任教研室工作后，仍继续坚持临床工作，利用课余时间，每周固定跟随张伯臾抄方，自己临床门诊，不断积累临床经验。严世芸一边看书，一边实践；一面学，一面用；临床上用了之后知道哪里有不足，可以到书籍中去寻找思路，并且对使用的针对性治疗方案很有感悟，记忆特别深刻；翻了书之后才知道哪些病有相对便、验、廉的治疗方法可以使用，才有更广阔的思路，可以灵活运用不同的治疗方案。

三、学术之精

（一）家传师承，兼备各家

1. 圆机活法，法无常法

严世芸长期从事中医各家学说教学和研究，在家传师承的基础上，奄有众长，贯通诸法，熔诸家精华于一炉，主张一定要推陈出新以应病变。对疾病辨证分型进行了反思，认为证候分型不应成为中医临床思维的主流，因其不能全面反映疾病、病证的发生、发展、转归等规律，不利于主动把握病情。应该从病证出发，紧紧抓住证候的发展变化、病机转归，灵活应变，处方用药。以线性思维替代中医的非线性思维，以证型替代对病证的病机转归的分析。因此需紧扣病机，强调"圆机活法，法无常法"。

2. 繁中有序，杂中有法

严世芸常说："症情错杂，用药也不避杂乱之嫌，但要繁中有序，杂中有法。"所谓症情错杂是指在疾病发生发展过程中，出现阴阳、表里、寒热、升降、病位、诸虚、诸实等证候交叉兼见的复杂状况，而病情的错综必然导致病机的复杂变化。对此，应当抓主证、顾兼证，从而主次分明，两相兼顾，所选的方剂也应当是对应复杂病机的复杂组方。综观古来医籍方书，大方、杂方数不胜数，尤其是在唐宋的方书中，更是比比皆是，如孙思邈《千金要方》(简称《千金方》或《千金》)、宋代《太平惠民和剂局方》(简称《局方》)等。此法并非简单的各类药物的堆砌，而是切合临床实际的主要组方法则之一。严世芸强调此类方剂的特征是"杂中有法，繁中有序"，粗看似是无理，但深究却意味深长。杂乱并非无法无序，而是针对复杂病机的综合调治。他要学生多读《千金要方》，以知寒热补泻，方药配伍之妙。严世芸在重视调养正气的同时，不废攻邪，他十分赞赏张子和"不可畏攻而养病"的观点，善于把扶正达邪与祛邪安正两种学术思想结合起来，灵活应用于杂病的治疗。

（二）创新构建"藏象辨证论治体系"

中医辨证论治是中医学术理论的核心之一，更是中医临床医学的精髓所在。在对各种传统辨证论治方法进行科学继承的基础上，从 1995 年始，严世芸主持创建了中医"藏象辨证论治理论体系"，该体系梳理整合中医历代各家各派散在的各种辨证方法，以中医固有的辨证思维、整体思维的方式，构建一个以藏象理论为核心，能包容脏腑辨证和其他各种辨证论治精华的藏象辨证论治新体系，是对传统辨证方法的一种创新、发展和提升。藏象辨证论治理论体系全面继承了中医各种辨证方法的优点，又通过重新整合、提炼、补充、演绎和验证而形成一个崭新的体系，能极大地提高辨证水平和临床疗效，为中医辨证论治实现规范化、标准化的目标及中医走向国际奠定临床辨证的方法学基础。该做法得到邓铁涛、任继学、裘沛然、颜德馨、何任等中医前辈的充分肯定。其主编的《中医藏象辨证学·肝胆病论治方案》《藏象辨证论治学》已出版。同时在藏象辨证论治思想的指导下，利用现代生物学研究手段及五脏相关性病－方－证－效系统研究模式，针对慢性心力衰竭等疾病开展了相关藏象和治则治法的临床实践和基础研究，以阐明中医藏象辨证论治的特色和优势。

（三）开创中医学术发展史，强调基础和临床结合

从 20 世纪 80 年代开始，严世芸开创了中医学术发展史的研究领域，对历代医家学术思想进行深入研究，其所创的中医学术发展史将文史哲与医学相结合，把中医历代医家学说、学派传承等学术研究，置于中华传统文化的大背景下，进行系统总结，揭示中医学术的基本脉络、发展轨迹和规律。提出中医各家学说是具有学术史学特征的中医临床基础学科的学科定位，强调中医研究不仅要注重"源"，还要重视"流"的研究，科学地规范"中医学派"划分和研究，重视中医各家学说与临床

的结合，为中医当代临床的发展服务。这些观点为中医各家学说的学科发展指明了方向，产生了重要影响。

（四）将"中和"思想贯穿于诊治的全过程

严世芸擅于诊治心脑血管疾病和疑难杂症，将"中和"思想贯穿于理、法、方、药诊治全过程。他认为正常人体表现为精气神和谐、人与自然的和谐，失和则为致病的根本原因，治疗的目的在于达到"和"。重视调摄精气神、调养气血、调治阴阳、兼顾五脏。具体体现在以下几个方面。

1. "形神一体观"——调养精、气、神，强调"治未病"

治未病是现代防病保健的重要思想。中医治未病理论历史悠久，有"上工救其萌芽……下工救其已成，救其已败"（《素问·八正神明论》），"上工，刺其未生者也……故曰：'上工治未病，不治已病'"（《灵枢·逆顺》）"上医医未病之病，中医医欲病之病，下医医已病之病"（《千金要方》）等理论思想。中医治未病具体包括未病先防、已病防变、欲病救萌、愈后防复几个方面，严世芸认为调养精气神是治未病的重要内容。

精气神是构成、维持人体生命活动及脏腑、经络、四肢、官窍功能活动的物质基础，其盛衰变化主宰整个人体生命活动。中医认为，精、气、神乃人体三宝，生命基础在于精，生命维持赖于气，生命现象表现于神，它是中国传统养生和生命学说的重要组成部分。治未病关键在于调养人体之本——精气神，从而协调脏腑功能。

严世芸继承先贤观点，认为保养精、气、神，关键在于修身养性，清心寡欲，则心不外驰，神不妄游，气不外耗。具体必须从摄生防病，导引养形，导引吐纳（五禽戏、气功、太极拳、八段锦、易筋经等）；劳逸结合，动静结合：动中求静，静中求动；调畅情志，保持精神愉悦，不断增强自身修养，提高心理承受能力，积极乐观向上；饮食有节，谨和五味，不宜厚腻，不宜偏嗜；戒醇酒；天人相应，顺应四时阴阳；适度房事，保精气——即导引、劳逸、情志、饮食、房事等方面来调养，从而达到"养气、积精、全神"以治未病。现代医学的任务不仅仅是治疗和预防躯体上的疾病，更重要的是要预防心理上的失调和纠正心理心态的紊乱和障碍——心身统一观点（形神共养）。

2. "气血观"——调养气血，百病乃安

在正常生理状态下，气血存在着协调运行和相互生化的关系。而一旦气虚血亏，气滞血涩，这种和谐关系就会失调，从而导致疾病的产生。

根据临床应诊经验，严世芸发现气血为病最为常见。或因外邪侵入、饮食劳倦，或为情志不畅，或由先天不足，而致气滞、气逆、气陷、气虚等证；进而影响到血液的正常生化运行，产生血不循经而出血、血行不畅而血瘀、生化不足而血虚等病变。三因致病，往往气先受之，进而影响到血液的正常循行。所以，新病之人，或理气、降气、升气，或补气、益气。常用枳壳、香附、延胡索、川楝子等理气；以旋覆花、降香、沉香、牛膝等降气；用柴胡、升麻升气；用黄芪、党参、炙甘草等补气。上述方法，有时兼而用之，以达调气之目的。如遇久病之人，或因失治，或因误治，其病必已侵入血液，致使血液泣而不行，故常在调气之外，还用当归、川芎、丹参、桃仁、红花、土鳖虫、三棱、莪术等活血化瘀，如病久入络，则加用全蝎、蜈蚣等虫类药物。针对久疾顽症，调气活血合用，至为重要。正如《素问·至真要大论》所说："疏其血气，令其调达，而致和平。"此法运用于多种疑难顽症，常获良效。

近30年来，严世芸致力于中医中药治疗心脑血管疾病的研究，尤其是在中医药治疗心血管疾病方面具有独到见解，倡导心病诊治重在气血。严世芸根据"气血观"，探讨了"益气活血通脉颗粒"防治动脉粥样硬化的机制，研究结果表明，益气活血通脉颗粒剂能明显减轻动脉粥样硬化的病变程度。其起效机制涉及现代医学脂质代谢、内皮细胞功能、血小板，cAMP、cGMP、bFGF（碱性纤维母细胞生长因子）等机制，颇有研究价值。

基于气血在心的各种活动中所起的重要作用，严世芸对心病诊治重视调理气血，尤其重视调整心脏的气血阴阳。

3."协调观"——阴阳调治，医之根本

阴阳学说贯穿于中医学术理论体系的各个方面，既可用来说明人体的生理功能，也可解释疾病的发生发展规律，对临床具有重要的指导意义。

（1）阴平阳秘，精神乃治：中医理论中的阴阳是对人体物质功能的归纳和演绎。人体的阴阳存在着互根互用并可互相转化的辩证关系，这种关系体现在"和"上，也就是"和谐"和"协调"，一旦阴阳离决，人的生命运动也就停止了。临床中证候虽然复杂多变，但总不外阴阳两大类，而诊病之要也必须先辨明阴阳属性，或阴阳协调状态。然人之阴阳又以肾精为根本，故肾之阴阳是五脏六腑阴阳之根本，故又称元阴、真阴，元阳、真阳。肾阴和肾阳相互依存、相互制约，以维持人体生理上具有根本意义的协调。一旦这种协调被打破，就会影响人的整体阴阳而产生诸多症状和疾病。由此可见，在诊治疾病的过程中，应注重阴阳的协调，尤其应强调肾阴肾阳的协调。

临床应诊，若非外邪彰然，当虑及肾之阴阳。常用生熟地黄、山萸肉、何首乌、麦冬以养阴；用仙茅、淫羊藿（仙灵脾）、补骨脂、附子以补阳；用鹿角片、黄精、坎炁、紫河车以填补精气。内伤杂证，肾精不足者，随证取舍，每可获效。

（2）善补阳者，必于阴中求阳；善补阴者，必于阳中求阴：阴阳不仅是一个事物的两个方面，同时阴阳还有互根互用和相互转化的特点。《素问·阴阳应象大论》说："故积阳为天，积阴为地，阴静阳躁，阳生阴长，阳杀阴藏。阳化气，阴成形。"这一理论对临床处方用药影响深远。张景岳在此理论基础上得出了"善补阳者，必于阴中求阳，则阳得阴助而生化无穷；善补阴者，必于阳中求阴，则阴得阳升而源泉不竭"的经验，其所创左归丸、右归丸等对后世医家影响颇深。

临诊若遇阳气虚损而用补阳益气的附子、桂枝、黄芪、鹿角等药物时，应注意适当使用补益阴液的生熟地黄、山萸肉、白芍等，以使生化之源无穷。此法常用于各种原因引起的心力衰竭、陈旧性心肌梗死、顽固性期前收缩（早搏）、椎基底动脉供血不足引起的眩晕等。反之，病家表现为阴精亏损，在使用补阴填精的药物如生地黄、熟地黄、何首乌、枸杞子、麦冬、炙龟甲的同时，也应兼顾补益阳气的药物，如附子、淫羊藿、菟丝子等，以使生生之源不竭。如中风后遗症之下肢痿软等，一味补阴或一味补阳，总有偏颇之嫌。

严世芸认为，从病证的病机出发，配伍得当是处方用药的关键。在杂病的治疗过程中要始终注意"补不宜呆滞，泻不可伤正，寒不能伤阳，温不可劫阴"等配伍用药原则。如在治疗胸痹中，尤须注重协调阴阳法。阴损及阳轻证，仿炙甘草汤意，以阳中求阴；重证则附、桂同用于养心阴方中，以扶阳配阴。阳虚及阴轻证，在温阳方中酌加生地黄、麦冬、枸杞；重证则合生熟地黄、山萸肉、何首乌等阴中求阳，养阴配阳，俾阴阳相济而心脉得养。在选用补益药时应注意以下几点。

监制其偏：温心阳要避免过用温热，尤慎辛燥，阳虚之甚须补以辛热，则宜略佐凉润。补心阴要避免过用寒凉，尤慎苦寒。倘阴虚之甚须补以寒凉，则宜略佐温热（如补骨脂、肉苁蓉）。此皆监制其偏而为。

注意互损先兆：在治疗中要注意互损先兆，及时用药以防微杜渐。如舌红转淡，宜减凉润，苔白转干，当免过温。又如温肾中出现龈痛、咽燥，养阴中出现食少便溏，滋阴中出现思睡，或心阴（阳）久亏，经养阴（温阳）未见好转者，均须考虑有阴阳互损之变，而用阴阳并调之法。

病久服药防偏盛之害：凡须久服药者，补心阴中宜酌加益心气、温心阳之品（黄芪、甘草、桂枝等）；温心阳中宜配用养心阴之品（麦冬、沙参、玉竹等），既可阴阳互济，又可防偏盛之害。

4."五脏观"——调治心病，兼顾五脏

严世芸在临证中注意扶正达邪与祛邪安正相结合，治疗用药上注重五脏兼顾，治心兼顾脾、肾，重视调理肺、肝，协调诸脏器的总体功能，善于调动人体正气，以达到扶正祛邪的目的。

（1）治心应兼调中：重视调理脾胃，调必有法，这是严世芸临证经验的又一个学术观点。他综观前人有关脾胃之论，结合临床体会指出：治损应取其中，治心必兼补中。"心火生胃土，命火生脾土"。严世芸认为治疗心病不能忘却脾胃，提出土气的盛衰是决定疾病预后转归的重要因素。若中土未衰，可凭其生发之气使心之阴阳气血渐次来复，反之往往积虚成损。心病调理，其要在脾，在辨证用药基础上同时着意扶中，冀能坚固砥柱，以图转机。并认为调治脾胃关键之一在于流通。胃腑之通降贵在通，脾气之舒展重在运，常用甘平之品补脾元，辛香之品调胃气。心病诊治中，常辨证加入生晒参、红参、黄芪、白术等品，以健脾培元法治疗稳定性劳力性心绞痛。

（2）心脏虚衰日久，治必补肾：心肾同病，常是心病后期尤其是心衰重笃阶段的主要病机转归。严世芸对此证型每以扶正固本为大法，在慢性心力衰竭的治疗中，温阳利水、益肾填精为治疗常法，临证用药以温阳利水之真武汤最为多见，并自创强心饮一方，心肾同治。具体用药还体现在补肾中包括补益肾精及暖补肾气两方面，用药避忌刚燥。补精以地黄为主药，肉苁蓉、山萸肉、菟丝子、坎炁等也在常用之列，取其滋润摄精、血肉填精之效；暖补肾气则常取附子、淫羊藿、巴戟天、鹿角片、补骨脂等。

（3）治心重宗气而顾养肺：心肺同居上焦，心主血，肺主气，气血相贯，心主血脉，肺朝百脉，宗气积聚胸中，以贯心脉，故《素问·灵兰秘典论》云："肺者，相傅之官，治节出焉。"《素问·五脏生成》云："诸血者，皆属于心。"心肺在病理上也密切相关，心病受邪，气行血流不畅，久则刑肺，临床所见肺源性心脏病心衰，即为久病肺气虚衰，或肺气壅塞，不能朝会百脉以助心气推动血液运行，进一步损及心阳而致心衰，出现气喘、胸闷、咳痰等症；病久势深，则心肾阳虚，饮邪内停，其病位在心肺，涉及脾肾。严世芸常在养心的同时，兼用温肾健脾、补肺平喘法治之，方用真武汤、补中益气汤、葶苈大枣泻肺汤、小青龙汤等化裁。兼痰热壅肺者合用麻杏石甘汤类清肺涤痰平喘；病势缓解期则以补肺益气为主，选用补肺汤加味。

（4）治心善调肝，疏导七情：中医学认为，情志失调可致心病，因为"喜则气缓""怒则气上""悲则气消""恐则气下"，可使气机升降失调。《灵枢·师传》曰："人之情，莫不恶死而乐生。告之以其败，语之以其善，导之以其所便，开之以其所苦，虽有无道之人，恶有不听者乎？"《东医宝鉴》曾强调："古之神圣之医，能疗人之心，预使不至于有疾；今之医者，唯知疗人之疾，而不知疗人之心，是犹舍本逐末，不穷其源而攻其流，欲求疾愈，不亦愚乎！虽一时侥幸而安之，此则世俗之庸医，不足取也。太白真人曰：欲治其疾，先治其心，必正其心，乃资于道……此真随着社会的发展和疾病谱的变化，21 世纪的医学模式已转向"社会－心理－生物医学模式"，重视在治疗身体病变的同时帮助患者恢复健康的心理状态，重视生活质量的提高和有质量的生命年的延长，同样是中医药治疗心血管疾病的重要目标和疗效评判的不可缺少的标准。

严世芸在长期临证实践中根据古代医家心身同治的方法，每将医学心理咨询和中医调肝、七情疏导的优势结合用于心血管疾病防治中，制定并建立心血管常见病证的七情调治方案，常以暗示默化法、情志导引法、静志安神法、怡悦开怀法、说理开导法等，晓之以理，使之常处寂然，心君泰安，志闲而少欲，心胸旷达，恬淡虚无。他在临证治疗时极其注重与患者的沟通，提高患者认知能力，改变不良情绪，使之心宁神安，气血调畅。严世芸主张在治疗中除把握患者的自然属性，还须了解更复杂的社会与心理属性，如个体的遗传、体质、性格、心理特征等。他对此类患者除予以心理疏导外，还重视心肝相生之理，肝阴不足，肝失疏泄，皆能木火犯心，导致心肝火旺之症。故临床注重以柔肝、清肝、疏肝之法治心疾，善用一贯煎、逍遥散、柴胡加龙骨牡蛎汤、甘麦大枣汤等方，疏肝解郁，养心安神，随症加减，疗效显著。尤其是柴胡加龙骨牡蛎汤治疗抑郁症疗效颇佳。此外，严世芸还认为医者应具备立体的、多层次的、多视角的思维模式，应当根据不同患者所处的环境，包括自然环境（气候、地理、生物等）和社会环境（社会地位、经济条件、生活方式等）等的不同，进行"社会诊断"，开出"社会处方"。

（5）**心病诊治，标本兼顾**：心系病证多为本虚标实之症，本虚可为气血阴阳亏虚，可阳虚（多见）、气虚，也可阴虚、阴阳两虚，甚或阳微阴绝，心阳外越。因"心为君主之官"，又常兼有他脏的虚损，故严世芸临证中多从整体辨证着手，注重五脏之间的相互联系和相互影响，经常应用益气温阳、益气养阴、培补中气、补肾填精、阴阳并调法等补虚固本之法，尤重心肾并治。

关于心系病证的标实，中医学认为以痰、瘀、饮、气滞为多见，且多为因虚致实，同时又有兼热、兼寒的不同，其原因与心病时五脏六腑功能失常有关。故严世芸在祛邪治疗中十分重视对这些脏腑功能的调整，而不是单纯祛邪，认为祛邪治疗也必求其本，治疗常以益气活血、温阳利水、健脾化痰、疏肝理气等立法。

在标本兼顾中，严世芸十分重视权衡本虚标实的孰轻孰重，灵活应用扶正祛邪的各种方法，治疗用药上把握好"祛实通脉不伤正，扶正补虚不碍邪"的原则，或先祛实通脉，或先扶正补虚，或寓补于通，或寓通于补，或通补兼施，章法分明，选药精当。

严世芸除了抓住"治病必求其本"的辨证精神之外，还撷取各家专长，兼收并蓄，融会贯通，当是疗效显著的一个根本原因。

随着医学的不断发展，疾病谱已经发生了很大的变化。因此，过分拘泥于古代先圣之一人一法已难于取效，故当不拘一格，灵活遣方。如风湿性心脏病出现心力衰竭，则当辨为肾阳衰微，水气内停，治疗应选用真武汤。然而，此为久病，气分病变必已累及血分，而致血行不畅，加用王清任之血府逐瘀汤可兼顾气血，提高疗效。同时，遵循张景岳的理论，在温阳利水之时，适当选用补阴药物，以使生化之源充足。如此遣方用药，不仅可以获得满意疗效，而且顾及了治病必求于本的原则，为取得长期疗效打下了基础。临床应用，也颇多效验。

（五）推动中医药标准化、国际化

严世芸积极推动中医标准化和国际化，在 1995 年、1997 年先后颁布的国家标准的基础上，由其主持完成了《中医病证分类与代码》《中医临床诊疗术语证候部分》《中医临床诊疗术语疾病部分》《中医临床诊疗术语治法部分》的标准修订，并于 2020 年正式颁布。严世芸担任制定世界卫生组织（WHO）ICD-11 传统医学国际疾病分类项目中国审评专家组组长和国际标准化组织 / 中医药技术委员会（ISO/TC 249）顾问，在他和全体专家共同努力下，国际标准化组织 / 中医药技术委员会（ISO/TC 249）秘书处于 2009 年落户上海中医药大学，发表了 2 项中医药术语标准，分别是《ISO 19465：2017 中医药—中医临床术语系统》和《ISO 18662-1：2017 中医药—术语—第一部分：中药材》，为中医药标准化、国际化做出了重要贡献，获张安德中医药国际贡献奖。

（六）重视古籍研究，考镜源流

严世芸始终坚持守正创新，重视古籍研究，认为要厘清中医药经典理论的内涵，必须紧密结合当时的社会、经济、人文、自然科学等史料，开展多视角、多层面、多学科的研究，充分表达其发生、发展的真实，使中医药经典理论得以回归本源的表达。出版《中国医籍通考》《中医学术发展史》等 29 部著作，多部被誉为里程碑式著作。

20 世纪 90 年代出版《中国医籍通考》，这是首部中国医籍考述的著作，全书考述医籍 8194 种，500 余万言，是研究中国医籍的权威性著作。该书的出版改变了中国没有一部自己编撰的完整医籍通考的情况，同时也从此改变了我国中医文献研究和教学的被动局面，在中日医药交流中，弘扬了中华民族自尊精神，具有开创性和后来,又撰著出版《三国两晋南北朝医药总集》。该项研究运用史学、中医文献学和医籍研究方法,对这一时期散见于后世的各种医著中的亡佚医籍进行查缺补漏,钩玄索隐,整理辑复,以恢复其在中医学术发展史上的重要地位。该项目的研究在国内外中医学术界具有先进性,填补三国两晋南北朝医学研究的空白,对医史文献、学术理论和临床实践等方面的学习研究有十分重要的意义。

四、专病之治

(一)温阳利水,益气活血——治疗心力衰竭

1. 基本病机:本虚标实

心力衰竭是一种复杂的临床症候群,是多种心脏病发展到后期的最终结果,根据其临床特征,在中医学中分属于"心悸""喘证""水肿"等范畴,部分左心衰夜咳、咯血,右心衰瘀血性肝硬化、胸腹腔积液,则属中医的"咳嗽""血证""积聚""悬饮""鼓胀"范畴,其基本病机是本虚标实。

(1)正虚为本,邪实为标:慢性心衰初起以心气虚为主,心气虚则心血瘀滞,成气虚血瘀之候。随着疾病的发展,或气虚及阴,成心气心阴两虚之证;或气虚及阳,成心气心阳两虚之证;进而心阳式微,不能藏归、温养于肾,致肾阳不足,主水无权,寒水泛滥而外溢肌肤、上凌心肺,则肿、喘、悸三证并见,成心肾阳虚,甚者引起暴喘而心阳欲脱。总之,在心衰的发病中,心气虚是病理基础,心阳虚是疾病发展的标志,心肾阳虚则是疾病的重笃阶段,而瘀血、水饮是病程中所必然产生的病理状态。气虚阳衰、瘀血、水饮,三者密不可分。瘀从气虚来,水由阳虚生,血瘀气益虚,水泛阳更损,从而可形成恶性循环。

(2)病位在心,广涉五脏:心衰虽然病位在心,但与肾、肺、脾、肝密切相关。一方面,心衰时心气心阳不足,血脉流涩,其病理产物即瘀血和水饮可对其他脏腑产生影响,如瘀血在肝则胁痛、癥瘕,瘀血在脾胃则腹胀、纳呆、呕恶,瘀血在肺或水饮射肺则水结气少、喘咳不卧等,进而产生痰阻、气滞等多种病理变化;另一方面,他脏病证影响心脏时亦可发展为心衰,如肺源性心脏病由肺病及心,肺不能朝会百脉以助心血运行,日久心气受损,渐至心衰;又如贫血性心脏病由脾病及心,其脾失健运,水谷精微不足,气血亏虚,可致心气心血受损;再如高血压性心脏病由肝及心,可因肝郁化火或阳亢日久,灼伤心肾之阴,或暴伤心气,最终发展为心

衰，等等。因此，心衰时往往可见心肾同病、心脾同病、心肝同病、心肺同病等多种变证，故辨证时须根据各种兼证辨明有无数脏同病。

2. 治疗大法：扶正固本

养心补气、温阳利水、益气活血为治疗慢性心衰的基本法则。温阳益气是治疗心衰的主要措施，温阳利水是治疗心衰的重要环节，活血化瘀则贯穿于心衰治疗的始终。

（1）养心补气益阴法：常用于心衰早期，单纯心病阶段，相当于西医Ⅰ级心衰即无症状性心衰。患者可无症状，仅表现为射血分数（EF）降低，或仅有心悸、乏力、气短，常用人参、党参、黄芪、麦冬、五味子、炙甘草、川芎、知母、酸枣仁、当归、茯苓、远志、生地黄、桂枝等，体现了中医一级预防思想。

（2）益气活血法：心主血脉，赖心气心阳以鼓动，使血脉正常循行，遍济全身。心气、心阳虚衰，无力鼓动血脉，血行失畅，气虚血瘀，五脏失养，故益气活血为要法。严世芸治心衰活血之方，多取法于王清任《医林改错》，如补阳还五汤、血府逐瘀汤、膈下逐瘀汤等，尤其对补阳还五汤推崇备至。有斯证用斯药，法度井然。针对心衰气虚阳衰、瘀血与水停共存的机制，用补阳还五汤作为益气活血的代表方，以大剂量黄芪配活血之品，使气旺则血行，活血而不伤正。对心病治疗亦注意五行生克关系，更多关注本脏之前后两脏，如肝为心之母脏，常合用柴胡疏肝散加减。

（3）温阳利水、补肾纳气法：常用于心衰后期的重笃阶段，为心肾同病阶段，此期患者每见有气短乏力，动则气喘，难于平卧现象，严世芸认为，心衰气急为肾不纳气，气之根浮于上，不能单纯以苏子等降气平喘，而需回纳，使心肾相交，水火既济，临证用药以温阳利水之真武汤为主，且主张真武汤必用全方。严世芸论心衰重视气血，更注重心阳，故善用附子，用量通常在 10～15g，取其有明显的强心和扩张外周血管作用，附子为阳中之阳，其性浮而不沉，其用走而不息，故于经络靡所不入，其辛甘大热，能补命门衰败之火。附子通过灵活配伍，可广泛应用，如心功能不全兼火旺者，症如舌光红无苔，用附子合黄连、知母、黄柏，所谓舌光红无苔为附子嫡症；心肾阴亏或心阴心阳两亏者，用附子合生熟地黄、麦冬等；有心律失常者，以附子合苦参、茶树根；兼肝阳者，用附子合羚羊角粉（代）；有心阳不振者，用附子合桂枝；兼气滞胸闷者，用附子合瓜蒌皮、薤白、半夏。慢性心衰在心肾同病阶段经常出现血压降低，常随证加入山茱萸 30g 酸收固脱，心肾阳虚时则可与淫羊藿、鹿角片、补骨脂等同用。

任何病因所导致的心衰都存在心肌重构、心肌纤维化的问题，在心衰治疗进程中应始终不忘加入生牡蛎、夏枯草、海藻、昆布、炙鳖甲、象贝母、三棱、莪术等软坚散结之品。在其治疗心衰方中，以人参、附子、黄芪、丹参、茯苓、川芎的用药频率最高，其次是葶苈子、泽泻等。

3. 简验方

附子、猪苓、茯苓、白术、白芍、淫羊藿、补骨脂、鹿角片、川芎。

方中附子辛热，壮肾之元阳，使水有所主；白术苦温，建立中土，使水有所制；猪苓、茯苓淡渗，佐白术以健土，方中尤用芍药酸敛，破阴凝，布阳和，固护其阴，以制附子雄烈之性；淫羊藿、补骨脂、鹿角片暖补肾气；川芎为血中之气药，性善走散，功能活血化瘀，行气祛风。如夹痰湿，则合用温胆汤、小陷胸汤、胆南星、石菖蒲、天竺黄等；气滞胸闷者参入瓜蒌薤白汤之类，但薤白偏温，宜权衡而用，宣通阳气可择瓜蒌、生姜汁之类；有瘀血者可加入失笑散、血府逐瘀汤等方；阴虚者常用生地黄、石斛、玉竹、西洋参等，选用养阴药时应注意避免过于滋腻。

组药举隅如下。

淫羊藿、鹿角、补骨脂：心衰患者病程迁延日久，从而气伤及阳、心累及肾，往往出现心肾阳虚的表现。严氏强心饮是严世芸取仲景真武汤温阳利水之意加减而成的经验方，专为心衰而制。其中的淫羊藿、鹿角、补骨脂相伍同用，专为温补肾阳而设。淫羊藿甘温益阳气，可温肾助膀胱开阖气化而利小便；鹿角为血肉有情之品，为景岳"治形"之法的常用药，填肾中精血以补真阴为先务，而缓形质之坏，其虽甘温而具柔润之功，却可反监淫羊藿之燥；补骨脂温补肾阳，补火煖土，兼顾中焦阳气，还可纳气平喘以治心衰之气喘不纳之症。三者相伍，从下焦入手，温肾阳、化寒凝，以固其本，实则以益上焦心阳。

桃仁、酸枣仁、川芎：心脉不通，则脉中血瘀于内；新血不生，不足以养心，则心脉无所供养，心神不宁而发为心悸、失眠。桃仁为活血化瘀的要药，味苦以泄滞血，味甘以生新血，适用于脉中血滞不畅者；酸枣仁味甘而酸，甘可滋养心血，酸能收敛心神，性平又有效缓而持久的特点，对于心血不足、虚烦不眠的患者尤宜，常用15g左右，打碎后配伍等份桃仁，达到活血化瘀而不伤正、养血安神而不碍邪的目的。川芎味温香窜，其力内透外达，为血中之气药，善活血行气以治气血不和，虽有动血之虞，但与养血补血之药同用，可达和攻缓补之功，用之使心血得以滋养，心脉得以通畅，心神得以安宁，则心悸、失眠得以缓解。

菖蒲、郁金、天竺黄：心藏神，神志清、精神健则阴阳有序、寤寐自调；若痰邪蒙蔽心窍，神志被扰，往往可以加重心衰患者的失眠症状。菖蒲有开窍除痰、醒神化湿之效，郁金可清心解郁、行气止痛，天竺黄有清热豁痰、清心定惊的作用。严世芸以菖蒲为主药，对于气滞为主者，配伍郁金；对于痰热为主者，伍以天竺黄；对痰热气滞俱甚者，则三者同用。菖蒲、郁金常用于痰郁气滞之胸痹心痛较多，严世芸不囿于此，认为气行痰祛则心窍无蒙，心神有藏，故应用三者于因痰郁气滞导致的失眠，临床亦有确效。

车前子、车前草、泽泻：心衰久病及肾，肾气受损，膀胱气化不利，往往水湿泛滥，出现肢体浮肿，进而影响心主血脉功能。严世芸在使用茯苓、猪苓的基础上，加用车前子、泽泻，可增强利水渗湿的作用。如有体虚不耐受者，可用车前草替代车前子，利水作用更趋平缓；如水肿严重者，可在车前子、泽泻之外，加用车前草30g，三者合用，此法亦可适用于心衰心肾阳虚的患者。车前子（草）、泽泻不仅可利水消肿，又可因其淡渗之性，间接达到通阳的作用，使心脉通利而心有所主，亦合"淡渗通阳"之法则，实是通达叶氏"通阳不在温，而在利小便"之妙旨。

4. 病案举例

患者刘某，男，48岁。2018年7月16日初诊。

主诉：胸闷、咳嗽1个月伴下肢浮肿。

心脏超声示：左室壁运动弥漫性减弱，左心功能不全（LVEF：21%，FS：9%），左、右心房及左心室扩大伴二、三尖瓣轻度反流（瞬时反流量分别为3mL、4mL），轻度肺动脉高压，心包积液。胸部CT示：右侧胸腔积液，心包积液。

外院诊断为"心肌病"，经治疗后水肿已退，仍有咳嗽，夜间有胸闷，胸腔镜抽水。口服呋塞米（速尿）、螺内酯（安体舒通）、莫西沙星、美托洛尔（倍他乐克）。

舌暗，苔薄，脉细滑。

中医诊断：心衰；证属心肾阳气亏虚，兼气滞血瘀。

治法：温补心肾，活血行气。

处方与用法：柴胡12g，桃仁15g，酸枣仁15g，川芎15g，三棱15g，莪术15g，水蛭9g，炙甘草12g，枳壳15g，桔梗15g，牛膝15g，生黄芪30g，附子12g，猪苓15g，茯苓15g，白术15g，白芍15g，淫羊藿20g，鹿角片9g，补骨脂12g，升麻30g，金银花15g，夏枯草15g，半枝莲30g，桂枝12g，车前子20g，白芥子15g，葶苈子（包）12g，生晒参7g。14帖，水煎3次，早晚分服。

2018年8月13日二诊：心脏超声示：LVEF 30%。

患者夜间呼吸困难明显减轻。纳可，二便可。咽痒，咳嗽，寐安。舌淡，苔薄，脉弦。

守7月16日方，去柴胡、炙甘草、桔梗、枳壳、牛膝、白芥子，生黄芪改50g，加枇杷叶15g，杏仁15g，山慈菇15g，露蜂房15g，生地黄20g，制龟甲15g，知母、黄柏各12g。14帖，煎服法如前。

2018年9月3日三诊：症情平稳，8月6日心脏超声示：①左室壁整体收缩减弱，收缩功能降低；②左心扩大（左房前后径43mm，左室舒张末径57mm）、室间隔10mm，LVEF 28%；③二尖瓣、三尖瓣、主动脉瓣轻度反流；④心包积液（少－

中量）有减。

自诉夜寐欠安，难以入睡，夜尿 2 ～ 3 次。舌淡，苔薄白，脉弦弱沉。

守 8 月 13 日方，去枇杷叶、杏仁、生地黄、制龟甲，加菖蒲 15g，天竺黄 15g，首乌藤（夜交藤）20g，琥珀粉（包）6g。14 帖，煎服法如前。另加归脾丸 3 瓶，40 粒/次，入煎；天王补心丸 2 瓶，每晚 28 粒，吞服。

2018 年 9 月 13 日四诊：近日胸闷稍有反复，夜间可平卧，胃纳可，二便调，夜寐 5 ～ 6 小时，夜尿 2 ～ 3 次。舌淡红，苔薄黄少，脉弦细弱。

守 9 月 3 日方，去金银花、车前子，加桑螵蛸 15g，金樱子 30g。14 帖，另加归脾丸、天王补心丸，煎服法如前。

10 月 15 日心脏超声示：LVEF 58%，左室舒张末期内径 48mm，左室收缩末期内径 34mm，心脏大小、结构未见明显异常，左室舒张功能减退，收缩功能正常。

【按】本案患者乃心肾阳衰兼有气滞血瘀之象，故以强心饮、补阳还五汤、血府逐瘀汤合方加减，使心肾之阳得补，气血得调，同时以升麻、金银花、夏枯草、半枝莲解毒消炎，车前子、白芥子、葶苈子化痰利水；二诊酌加黄芪以益气，生地黄、制龟甲、知柏益肾坚阴，使阴阳相引；三诊加菖蒲、天竺黄、夜交藤、琥珀粉合归脾丸、天王补心丸助眠养心，以安心神；四诊加桑螵蛸、金樱子固肾缩尿以制兼证；五诊以瓜蒌、薤白通阳，托举大气以改善心功能。本案虽病机错杂，但严世芸处方杂中有序，寒热同调，五脏兼治，故能取效甚捷。

（二）辨虚实兼夹，不执一方——治疗冠状动脉粥样硬化性心脏病

1. 基本病机：本虚标实

冠心病可划入中医的"心痹"或"胸痹"的范畴。痹者，不通之义。分析病机不外虚实两端，有因实而胸阳心脉痹阻，有因虚而血滞胸阳不振。具体而言，实者又有气滞、血瘀、痰浊之分，虚者也有阴虚、阳虚、气阴两虚之别，且多兼夹而病。治疗也当据证灵活加减，未可执一方而通治其病。

（1）实证：胸痹发病离不开痰、瘀、寒、气滞。凡胸痹之属于实证者，多见于身体壮实或病起不久的患者，治疗以祛实通脉、舒展胸阳为主。

气滞：气滞上焦，胸阳失展。临床表现以胸闷为主，或伴有得嗳气、矢气则舒，时欲叹息，脘胀等症，气滞重者可有胸隐痛而不固定，苔薄白，脉细弦。治疗用瓜蒌、薤白、郁金、丹参。胸闷重者可另加枳壳，兼有一些寒象者加桂枝，此外沉香粉也可酌情选用。

痰：痰浊闭阻心脉，胸阳失展。临床又有痰饮、痰浊、痰火、风痰之别。①痰饮：胸闷重，胸痛轻，咳唾痰涎，苔白腻，脉滑；兼湿者，可见口黏、纳呆，倦

息，便或软。治疗用枳实、瓜蒌、薤白头、半夏、茯苓，或可合用苓桂术甘汤之类。②痰浊：胸闷为主，或兼胸痛，痰黏，白腻带干，或淡黄腻；若痰稠，色或黄，大便偏干，苔腻而干，或黄腻，是为痰热。治疗用竹茹、枳实、茯苓、半夏、陈皮、甘草、瓜蒌，痰热者加黄连。③痰火：胸闷为主，或兼胸痛，痰黄稠厚，心烦，口干，大便干，苔薄黄腻或黄腻或白腻而干，脉滑数。治疗用枳实、瓜蒌、郁金、茯苓、海浮石、海蛤壳、黄连。④风痰：舌红或兼有中风后遗症，苔腻。治疗可据病情选用天南星、菖蒲、天竺黄、竹沥、生姜汁、川贝母、枳实、瓜蒌、半夏、茯苓、礞石滚痰丸等。

此外，若痰与寒合，痹阻胸阳，闷痛明显者，可予瓜蒌薤白桂枝汤；必要时可参入细辛、乌头之类；若痰气交阻，又当增入郁金、厚朴、枳实之类。

瘀：瘀血痹阻，心脉不通。临床表现以胸痛为主，疼如刺，甚或彻背，面色灰黄，舌有瘀斑或舌质黯，舌下青筋，重者舌质青紫，面色灰黑，脉细弦或涩，即《证治准绳》中所谓的死血心痛。治疗用丹参、当归、川芎、郁金，血瘀较重者加桃仁、红花、赤芍，或与当归四逆汤合用；瘀较久者，加虫类搜剔，如土鳖虫、全蝎等；胸痛剧者，加乳香、没药、失笑散、细辛等。

血瘀证常与气滞、痰浊等症并见。①气滞血瘀：根据胸痛、胸闷的程度和性质，以及有关的症状表现，判断气滞、血瘀孰轻孰重，抑或并重。治疗时，以气滞为主，兼有血瘀，按气滞用药，适当加些活血药（活血不能太重），如选用当归、红花、益母草、泽兰叶、丹参、赤芍等养血活血之品，必要时可参入柏子仁、淮小麦等养心之品。血瘀重而气滞轻者，可按血瘀用药，加土鳖虫、莪术等，与瓜蒌、薤白、郁金、枳壳等理气药同用。②血瘀夹痰浊：临床可表现为胸闷，多吐痰沫，胸痛固定，或痛如刺，舌边青黑或瘀斑，苔白腻或厚。治疗以治痰浊方药合桃红四物汤加土鳖虫，但临床辨证还须分清痰、瘀的主次轻重，然后遣方用药。

寒凝血脉：胸背疼痛较剧而冷，或见口唇青紫，苔白。究其病因病机，一为浊阴上占清阳之位，阴霾蔽空，抑遏阳气；一为寒客胸旷，阳不胜寒，心脉凝泣。前者治当宣泄浊阴以通阳，药取桂枝、细辛、生姜、附子合瓜蒌皮、薤白头等滑利气机之品；后者当可取乌头、附子、荜茇、高良姜之类。对于寒邪凝脉，在临床上当须注意与阳虚生寒之证的区别，用药也有不同。

此外，痰、瘀、气滞三者相兼为痛，临床并不少见，也应辨清主次轻重，方可用药。需要提及的是，目前治疗胸痹，因受西医某种理论的影响，临床弃辨证而偏执于化瘀者不少，投药亦不分轻重，这样恐不恰当。

（2）虚证：胸痹虚证临床多见，究其原因，其病多发于中老年，经所谓"年四十而阴气自半"，体质已弱，加之本病每迁延日久，故易罹虚证，治疗也宜扶正补虚、振奋胸阳为主。

心气虚：心气不足，血滞心脉，胸阳不展。临床表现以胸闷隐痛、气短等症每自动而引发为其特征，心悸且慌，倦怠乏力，面色白，或易汗出，舌淡红肿，苔薄，脉虚细缓等症。治疗用党参、黄芪、白术、茯苓、甘草、黄精等为主。在心气虚的胸痹中，常可兼见脾气虚、肺气虚，或伴见中气不足等症，治疗时必须兼顾，参苓白术散、生脉散、补中益气汤等方均可灵活选用。

心阳虚：临床亦颇多见。一般的心阳虚，除可见心气虚的症状外，更可出现背冷畏寒、手足欠温、唇舌青紫、心胸疼痛阵作，舌淡润或淡白，脉沉细或微，临床进一步发展则可见心肾阳虚之证，如四肢不温，畏寒加重，气息短促，面足浮肿，心胸疼痛较重。心阳虚除选取治心气虚的药物外，还宜加用桂枝、附子、干姜、炙甘草之类；心肾阳虚之胸痹可更用仙茅、淫羊藿、补骨脂、肉苁蓉、肉桂、鹿角片（或鹿角胶）等；浮肿者可取济生肾气丸、五苓散、真武汤之类。阳虚之胸痹常见寒胜，浊阴痹阻心脉，故作心胸疼痛。止痛除用乌头、细辛等品之外，可更加赤石脂，以护敛阳气。阳虚之胸痹，平时调理，则应据阴阳互根、阳虚及阴、"善治阳者，必于阴中求阳"等理论，用右归丸之类调治。

心血虚：临床除面色萎而无华、心悸、失眠等症之外，由血虚心脉失养，亦常见心胸隐隐作痛，痛势较缓，这与瘀血痹阻心脉的疼痛不同。常用治法宜益气而养心血，药如当归、黄芪、川芎、白芍等；若脾运尚健者，可用熟地黄，甚至重用。此外，丹参、仙鹤草、益母草、功劳叶等也属常用。血虚而心神失养，又可配合归脾汤之类。平时调理可常服十全大补丸。

心阴虚：心阴不足，血稠行涩，心脉失畅。临床表现胸闷，动则胸痛胸闷加重，心悸，面色正常或面红升火颧红，自觉内热，盗汗、口干；热象明显者，兼见咽干而痛，但红不肿，心烦不得卧，便艰，低热等症，舌红或绛、少津，苔薄或剥，甚或舌光红而干，脉细数。常用北沙参、麦冬、五味子、玄参。若兼见热象，不重者加牡丹皮、地骨皮、白薇、鳖甲；重者可加生地黄、赤芍、黄连、知母等，去五味子。心阴虚心火旺者可合导赤散、朱砂安神丸等；老年衰弱，肾水亏乏，胸痛、腰膝酸楚、耳鸣耳聋、足跟痛，当合六味、左归之意；五心烦热、升火颧红，当滋水济本，以制阳光，常取知柏八味丸、大补阴丸等；阴虚内热，胸中灼痛，则可更加蒲黄、木通。心阴虚、心神不宁者，天王补心丹可以常服。

气阴两虚：临床表现胸闷痛，心悸且慌，气短乏力，心烦，时有升火，口干，舌红胖、苔薄，或淡红胖、少苔，脉虚细带数。临床辨证，尚须分别气虚为主，兼有阴虚，抑或阴虚为主，兼有气虚。常用党参、沙参、麦冬、黄芪。临床未见明显胸闷胸痛者可加五味子，但若胸闷、胸痛、气短等症因动而作，则五味子不在禁忌。

根据气虚、阴虚的主次，治疗用药还应灵活化裁。

胸痹虚证，治疗当应补益。不可片面理解胸痹之"痹"字，以为"痹"者不通之义，对于补法，讳忌莫深，唯恐加重壅塞。须知因虚也可导致心脉痹阻，而辨证施补，正是通痹图本之法。如若但知理气、活血、化痰以通脉一法，则于胸痹虚证之治是十分不利的。当然，对于胸痹虚证在运用补法的情况下，适当选用一些通脉之品也是必要的，兼顾其标，于治疗疾病也是有利的。冠心病每多本虚标实，治用通补是十分重要的大法。

目前临床中，不少冠心患者或某些医生把冠心苏合丸、麝香保心丸等芳香通窍的成药作为冠心病的日常用药，每日服用，但久之必致辛香耗伤正气，于虚证更是不相宜的，应当纠正。

（3）兼夹证：前面所述，是冠心病辨证的典型证候，而临床所见，常常是这些典型证候之间相互兼夹，严世芸将其归纳为以下 8 种。

①心气虚夹气滞：临床可见心气虚的症状，伴有胸闷作胀、嗳气、腹胀、得矢气则舒等症。治疗当于补心气中加入调理气机之品，如太子参、白术、甘草、香附、郁金、枳实等，辨证而用。

②心气虚夹血瘀：临床可见心气虚及血瘀之证。治疗宜于补心气中合桃红四物汤之类，养血活血。活血药不能用得太重，也不宜用破血药，避免伤正。

③心气虚夹痰浊：临床可见心气虚之证，伴有胸闷多痰，苔白腻或白滑，或淡黄腻。治疗时，补心气的药应选择平和轻补之品，如太子参、白术、甘草之类，以后再视服药后的反应，考虑是否加重补气之力；痰浊用药如瓜蒌、薤白、二陈、温胆之类。如见有心阳虚、痰热等表现时，用药也须随之加减。

④心阴虚夹气滞：临床可见心阴虚的症状，兼胸闷、嗳气、腹胀等症。治疗用针对心阴虚的方药，合理气之品，但理气药忌温燥，瓜蒌、郁金、枳实、预知子、绿萼梅、玫瑰花、合欢花、金铃子、延胡索等，可供选用。

⑤心阴虚夹血瘀：临床可见心阴虚的症状，兼胸痛固定而较剧，面色灰滞，舌质青紫，瘀斑等。治疗：用心阴虚的方药，合活血之品，轻者可用泽兰、益母草等，一般可选用赤芍、丹参、桃仁、红花之类。

⑥心阴虚夹痰热：临床可见心阴虚的症状，兼苔黄腻、白腻而干，胸闷多痰等症。治疗宜以治心阴虚的方药合黄连温胆汤去半夏，加瓜蒌、海蛤粉等。

⑦阴虚痰饮者：即冠心病兼有慢性支气管炎，本证治疗颇费周章。特别是舌红伤阴，甚或舌光红，痰稀而多，用药棘手。治疗可用沙参、麦冬、半夏、淮小麦、炒酸枣仁、金匮肾气丸等。

⑧气阴两虚夹痰浊：临床可见气阴两虚兼有相关症状，如气阴两虚夹气滞，气

阴两虚夹血瘀，治疗用药可综合上述心阴虚、心气虚兼夹症的治疗原则，立方遣药。

总之，冠心病是一种慢性疾病，临床变化多端，必须详察细辨，灵活用药。治疗冠心病在于阻止其进一步发展，着眼于远期疗效，不能随心所欲，图一时之快。

2. 治疗大法：急则芳香温通，缓则通补兼施

胸痹心痛发作较甚时多以治标为主。为求速效，首选芳香温通剂作临时治疗，继之可按辨证选用活血化瘀或（和）宣痹通阳剂以控制其反复发作。症状缓解或控制后，欲图巩固，或胸痛不甚而伴心悸、气短等其他症状者，则以通补兼施为宜。

3. 简验方

（1）心绞痛发作期：若以胸闷为主症，多予宣痹通阳方药，常取瓜蒌薤白半夏汤加减。以瓜蒌皮15g、薤白头10g、半夏12g、桂枝12g为基本方药，酌加当归、红花、郁金、丹参等和络理气之品。痰浊化热而见痰热证候者多用黄连温胆汤加减。若以胸痛为主症，多以益气活血化瘀为主，常选用补阳还五汤加减。基本方为生黄芪30g，桃仁12g，酸枣仁12g，川芎12g，当归12g，地龙12g，土鳖虫12g。如兼见寒凝或阳虚证候，当选加通阳或温阳之品，如桂枝、淫羊藿、细辛、附子等药同用。临床上胸闷、胸痛往往并见，因此多将以上治法配合应用。

（2）心绞痛改善或缓解期：治疗应该标本兼顾，通补兼施，按辨证或以补为主，或以通为主，相互兼顾，灵活变化。冠心病患者随病程延长，也可逐渐发展到心肾阳虚，应用温补心肾阳气之品，佐以辨证加减，经过多年大量临床验证，均能收到显著疗效。常用温补心肾阳气方药，淫羊藿20g，补骨脂12g，熟地黄20g，鹿角片10g，山萸肉12g，附子10g，猪苓15g，茯苓15g，白术15g，白芍15g。

（3）冠心病心律失常

①温肾助阳、活血通络：用于冠心病缓慢型心律失常。常见心慌胸痛，心胸憋闷，气短息促，头晕乏力，畏寒肢冷，唇色紫暗，舌体胖嫩，舌质淡红，脉沉细、迟或结代。基本方为附子12g，细辛6g，淫羊藿20g，补骨脂12g，生地黄20g，熟地黄20g，鹿角片10g，女贞子12g，生黄芪30g，桃仁12g，川芎12g，当归12g，地龙12g，土鳖虫12g。方中附子、淫羊藿、鹿角片温阳补肾，散寒通脉；脾为后天之本，肾阳虚可累及脾阳，加入黄芪补益脾气、温运脾阳，兼补心气；佐以川芎、地龙、土鳖虫、桃仁活血化瘀，标本兼顾；同时注意阴阳互补，故加生地黄、熟地黄、女贞子、当归补血养阴。诸药合用，使肾阳得复，心阳旺盛，气血流通，心有所养，则悸痛自止。

②滋阴补肾、活血复脉：用于冠心病快速型心律失常。常见心慌心烦，胸痛阵作，胸闷气短，口干盗汗，腰酸乏力，头晕耳鸣，舌质暗红，少苔或无苔，脉细数、促或疾。基本方为炙甘草20g，麦冬12g，阿胶（烊化）9g，生地黄20g，熟地

黄 20g，麻仁 12g，桂枝 12g，苦参 15g，桑寄生 30g，何首乌 20g，黄精 15g，桃仁 12g，酸枣仁 12g，川芎 12g，当归 12g，地龙 12g，土鳖虫 12g。方中炙甘草汤益气养阴复脉，何首乌、黄精滋阴补肾，桃仁、川芎、当归、地龙、土鳖虫活血化瘀、通络止痛，苦参、酸枣仁清心安神。临床用药应始终注意补不助邪、补之能受方可，以上诸药配伍，滋肾济心、祛瘀通络，使肾阴得复，心血渐充，则心能自守，神能自安，悸忡能除。

4. 病案举例

成某，男，61 岁。2010 年 12 月 27 日初诊。

主诉：心慌胸闷伴双下肢浮肿 2 年余。

患者有高血压史 20 余年，血压浮动在 120～200/90～120mmHg，用药后控制在 150～160/80～90mmHg。有 2 型糖尿病史，平时空腹血糖 7～8mmol/L，餐后 2 小时血糖 9～10mmol/L。有脂肪肝病史。

冠脉造影示：血管较细小，中段 60% 狭窄。动脉超声示：左侧颈总动脉硬化伴斑块形成，双侧下肢动脉伴斑块形成。心电图示：窦性心动过缓。心脏超声示：左心增大伴左室舒张功能降低；主动脉瓣钙化；主动脉硬化。

刻下：心前区隐痛不适，自觉乏力，精神欠佳，背部怕冷，双下肢中、重度浮肿，动则气短，胃纳尚可，夜寐安，大便通畅。舌淡红，苔白腻，脉缓。

中医诊断：胸痹；证属阳气不足。

治法：补肾通脉、温阳利水、益气活血。

处方与用法：瓜蒌皮 15g，薤白头 12g，桂枝 12g，附子 12g，猪苓、茯苓各 15g，白术、白芍各 15g，淫羊藿 20g，鹿角片 9g，补骨脂 12g，坎炁 1 条，车前子 20g，熟地黄 20g，生黄芪 30g，桃仁 12g，川芎 12g，土鳖虫 12g，生蒲黄（包）15g，葛根 15g，骨碎补 15g，天麻 15g，钩藤 15g，珍珠母 40g（先煎），细辛 9g，延胡索 20g。14 剂，水煎服。

2011 年 1 月 10 日二诊：胸闷气短改善，下肢浮肿减，心悸感偶作，畏寒感改善。血压水平仍有波动，140～150/90～100mmHg。舌质淡红，苔白腻，脉弦。

处方：前方去瓜蒌皮、薤白头、细辛，加米仁根 20g，生龙骨、生牡蛎各 40g，扦扦活 20g。14 帖，水煎服。另予天王补心丸 2 瓶。

【按】患者年过花甲，脏腑元气渐衰，加之久病耗损，正气尤为不足，神疲乏力；气虚推动无力，气血瘀阻，心脉不畅，心前区隐痛不适；心肾阳虚，畏寒怕冷，水饮停留，失于温化，流溢肌肤，下肢浮肿；肾不纳气，动则气短。舌脉均为阳气不足之象。一方面元气不足、心肾阳虚，一方面血瘀水停。治疗当补虚泻实，要兼顾补肾培元、益气活血、温阳化饮等方面，方选瓜蒌薤白桂枝汤温阳通脉、真武汤温阳利水、补阳还五汤益气活血，再行加减出入。以附子、淫羊藿、鹿角片、补骨脂、骨碎补、坎炁温补肾阳，瓜蒌皮、薤白头、桂枝通阳化痰，白术、猪苓、茯苓、车前子健脾利水，黄芪、桃仁、川芎、土鳖虫、生蒲黄、延胡索益气活血，又针对患者血压控制不稳，以天麻、钩藤、珍珠母等平肝潜阳之药，标本兼顾，虚实同治。二诊时，胸闷、心悸、气短、畏寒、水肿诸症皆减，唯血压仍有波动，故减瓜蒌皮、薤白头、细辛，加生龙骨、牡蛎增强平肝潜阳之效，米仁根利水化湿。针对此类病程久长、症状虚实夹杂的病例，严世芸主张治疗上应诸法并施、虚实同理、标本兼顾，随证出入坚持治疗，缓缓图之，方能取得良效。

（三）祛实通脉不伤正，扶正补虚不碍邪——治疗急性心肌梗死

1. 基本病机：本虚标实

心肌梗死的病机是本虚标实，其本虚可以是阳虚、气虚，也可以是阴虚、阴阳两虚，甚至阳微阴竭、心阳外越。不能只强调阳虚而忽视阴虚。其标实不仅是痰、饮。也可以是气滞、血瘀，同时又有兼热兼寒的不同。还须指出，标本之间是相互影响的。例如，阳虚及阴、阴虚及阳的病理变化在心肌梗死的发展过程中并不少见；又如痰浊可以引起或加重气滞血瘀，痰瘀可以互结；阴虚与痰热常常互见，痰热也易于伤阴；阳虚则与寒痰、寒饮常常互见，寒痰、痰饮又易于损伤阳气等。治疗急性心肌梗死必须强调辨证施治，它比一般协定处方的效果要好。只要抓住"阴"（阴虚）、"阳"（阳虚）、"痰"（分寒热）、"瘀"（因气或因邪）四个字及心气虚弱、心脉痹阻、胸阳不展等基本病机，然后结合病情进行分辨，就易于掌握了。

2. 治疗大法：祛实通脉不伤正，扶正补虚不碍邪

（1）补和通的问题：急性心肌梗死，因其本虚，所以要补；因其心脉痹阻，所以要通。临床上必须根据病情的标本虚实、轻重缓急，而兼顾通补。如果临床表现以本虚为主，当先扶正补虚，一般多用于阳微阴竭的厥逆（寒厥、热厥）之证；若以标实为主，当先祛邪通脉。一般只用于身体壮实，虚证不明显的心肌梗死患者。同时必须注意这种方法要随疾病和治疗的发展而灵活掌握。

由于"脉不通"是心肌梗死的基本病机，所以"通"法是治疗本病的基本法则。除了阳微阴竭的厥逆证外，即使虚象显见而用补法时，也不可忘"通"字。这里强调"通"法是在重视本病是本虚标实、治宜通补的前提下提出来的，这与对心肌梗死只用活血通脉的方法不同。同时在治疗用药上应权衡邪正两方面，掌握好"祛实通脉不伤正，扶正补虚不碍邪"的原则。治疗心肌梗死的常用方药如下。

阳虚、气虚：重用党参或用红参；阳虚较明显时加用附子；苔白腻或白滑、胸闷，属痰饮或痰浊，胸阳失于宣通之证，痰浊可用半夏、天南星、菖蒲、白芥子、

川厚朴等；痰饮则与真武汤、苓桂术甘汤同用，通阳可予瓜蒌、薤白、桂枝等。

阴虚：用生地黄、石斛、玉竹、生脉散（气阴虚时用生晒参，阴虚时宜用西洋参）。在选用养阴药时，不宜过于滋腻，以免助痰滞气。若兼见苔腻而干或黄腻苔等痰热症候，方选黄连温胆汤、小陷胸汤，或加入胆南星、菖蒲、天竺黄等药。若见胸闷等心阳失宣的证候，宣通阳气可酌情选择瓜蒌、生姜汁之类。薤白偏温，要权衡而用。

心肌梗死乃心脉痹阻不通，活血通脉是其重要的治法，但是活血药的应用要根据病情进行选择。当归、丹参、红花、参三七、桃仁、益母草、泽兰叶等性味平和而又能活血行血养血之品，对于证属阳虚或阴虚的心肌梗死均可选用。川芎、失笑散、乳香、没药等，药性偏温，一般宜用于阳虚病例；阴虚病例可选择赤芍、牡丹皮、蒲黄等凉血活血的药物。破血药应尽量避免，以免耗伤正气。

心肌梗死中血瘀的形成与气虚、气滞、寒邪、痰湿的关系密切。气虚与痰前已提及。气滞可单独形成血瘀，也可与其他原因相并（如痰、寒）而成血瘀心脉痹阻。气滞当须行气，常用瓜蒌、薤白滑利气机，通常在阳虚病例中用降香、檀香、沉香、延胡索等；在阴虚病例中用郁金、枳壳、香附、佛手、绿萼梅等，倘因寒致瘀，疼痛明显，苔白润，脉弦紧，除用附子外，还可选用吴茱萸、生姜、细辛、川乌等。

（2）防厥防脱的问题：防厥防脱是降低心肌梗死病死率的关键，即在治疗心肌梗死的整个过程中都要警惕厥脱的发生。要注意以下几个方面：①辨阴阳之虚：无论阴虚型或阳虚型心肌梗死都可有厥脱之变，值得注意的是在心肌梗死患者中，阳虚者比阴虚者更容易发生厥脱的变化。②辨神：精神萎靡，而且日渐发展，同时烦躁不安，也要充分注意，烦躁一症可见于阴虚火动，也可见于阳虚、虚阳上（外）越。如果在烦躁气急的同时见有惊恐的目光，需防其突变。③辨气息：心肌梗死的患者大多有气短的表现，如气短之症逐渐有加重趋势，要及早采取措施，若到出现喘促之症时再采取措施，未免太晚。④辨汗：动辄汗出或自汗，也是心肌梗死的常见症状。若汗渐增多，即应着意。如汗出较多，要虑其脱变，即所谓"汗多亡阳""津脱者汗大泄"。⑤辨疼痛：剧烈的疼痛可致厥，名曰痛厥。对于心肌梗死心绞痛较剧烈而持续不缓解者，应及时设法止痛，以防厥变。⑥辨温度：凡见四肢及鼻尖部位（素髎）温度逐渐下降时，即应及时处理，不要等到"冷"的程度，才重视。⑦辨舌苔：在心肌梗死的患者中，不少病例在发生厥脱前先有舌质渐变淡胖，舌苔变腻或滑；也有见光红而干（但常因补液而受到干扰）等变化。仔细观察舌象的变化，有助于判断邪正盛衰及病机的转归。⑧辨脉象：心肌梗死的患者出现下列脉象变化都应引起重视。脉象变细而无力，变数或变迟；脉象由匀变不匀以致出现结代脉，或者原有结代脉变得更频繁，都表示心气渐趋衰弱，病情恶化。以上变化如观察入微，及时采取措施，对防治厥脱大有裨益，使不少症情很重或合并休克的心肌梗死患者转危为安。重要的是，在治疗上既要防脱防厥，那么用药也宜于厥脱之先。

（3）通便的问题：心肌梗死患者常见便秘一症，由此而引起心搏骤停的情况并不少见，应引起注意，及时通便。心肌梗死患者的便秘有阳结、有阴结。由痰热或阴虚热结所致者，属于阳结；由阴虚液少或阳不化阴，浊阴结于大肠及气虚推动无力所致者，属于阴结。阳结便秘而虚象不显者，可先予通便去实。如属阴虚热秘或阴结便秘，则宜兼顾其虚。在阴结或阳结中均可选用生大黄，关键在组方配伍。

心肌梗死的病后尚需注意调理：心肌梗死患者进入恢复期后，如果只有心悸，而无胸闷胸痛之症，属虚证，宜以扶正为主；若有胸闷胸痛之症，治宜兼顾祛邪。心肌梗死过了急性期，病情转缓，治疗亦应缓图，具体原则是温阳而不伤阴，益气而不滞气，养阴而不滋腻，行血而不破血，行气而不破气。

3. 简验方

心肌梗死稳定期则常用散剂：三七粉100g，血竭（研粉）100g，降香（研粉）70g。将三者和匀，装入中号胶囊，每次5粒，每日3次。

4. 病案举例

史某，男，61岁。

主诉：反复胸痛2个月余。

有"冠心病、心功能Ⅲ级、急性前壁心肌梗死、高血压Ⅱ级、肺部感染"病史。心脏超声示：双侧颈动脉内膜增厚。

刻诊：胸痛时作，颈板，纳一般，寐易醒，大便日行一次，苔薄，舌淡红，脉细弦。证属胸阳不足，气阴亏虚，心血瘀阻之证，治以通阳开结、益气养阴、活血化瘀、通络止痛为法，方选瓜蒌薤白桂枝汤、补阳还五汤加减。

处方：瓜蒌皮15g，薤白头10g，桂枝10g，生黄芪30g，桃仁、酸枣仁各12g，川芎10g，当归15g，三棱15g，莪术15g，土鳖虫12g，鹿角片10g，生蒲黄（包）12g，细辛6g，党参12g，麦冬12g，地龙12g，茯苓15g，知母12g，黄柏12g，首乌藤（夜交藤）20g。7帖，水煎服。另三七粉100g，血竭（研粉）100g，降香（研粉）70g，和匀，装胶囊，每次5粒，每日2次。

二诊：胸痛减轻，寐渐安，偶有情绪烦躁，苔薄，舌脉同前。

前方去知母、黄柏、夜交藤。加附子12g，猪苓15g，淮小麦30g，红枣5枚，炙甘草6g，白术、白芍各15g。14帖，水煎服。

三诊：胸痛减轻，寐渐安，情绪烦躁止，苔薄，舌淡红，脉细。

次诊方去细辛、淮小麦、红枣、炙甘草，加延胡索 20g，淫羊藿 20g，补骨脂 12g，山萸肉 12g，女贞子 12g。14 帖，水煎服。

药后病情稳定，诸恙均安，继续服三七粉、血竭、降香胶囊善后。

（四）益气温阳，活血化瘀，软坚散结——治疗心肌病

1. 基本病机：心肾阳气亏虚为本，血瘀水泛为标的本虚标实证

心肌病根据其临床表现可将其归属于"心悸""怔忡""胸痹""喘证""水肿"等范畴。本病的发生与外邪侵袭、过度劳倦、先天不足、饮食失调有关。外邪侵袭，以温邪热毒为常见。温热毒邪自口鼻而袭入，由卫气而入营血。若邪留经脉，日久不去，必内舍于心，致心络痹阻而成本病。过度劳倦，伤及脾胃，致脾失健运，则气血生化乏源，日久必致气血亏虚、心脉失养而发本病。饮食失调，脾胃运化失司，则水湿内停，水湿聚而为痰，上扰络脉，致心络闭阻不通，亦可导致发病。病延日久，心肾阴阳失衡，心阳不振，则阳虚水泛，水饮上凌；心肾阳虚，每致膀胱气化不利，尿少、水肿；若心肾阴虚，以致水不济火，虚火妄动，上扰心神，亦可发病。

本病病位在心，亦累及肺、脾、肾等诸脏，病情严重者可发展为心阳暴脱、阴阳离绝而猝死。本病病程长，症状逐步出现并加重，临证时不仅要注意到本虚的一面，同时应该注意邪实的表现，分清虚实程度。若病变累及多个脏腑者表明虚损较重。邪实也有轻重的不同，如血瘀证表现胸痛偶发、舌质较暗为轻证，若出现舌质紫暗、胁下痞块、胸痛频发则为重证。饮邪内停，如仅在下午出现下肢浮肿为轻证，若胸腹胀满，咳唾血沫，倚息不得卧，则为重证。

2. 基本治法：益气温阳，活血化瘀，软坚散结

根据病情采取急则治其标、缓则治其本或标本兼顾等治疗法则。

（1）气阴两虚、心脉失畅：症见心悸气短、头晕乏力、动则加剧，心烦失眠，舌质淡红，苔少，脉细数或结代。治法为益气养阴，宁心通脉。方用生脉饮和炙甘草汤加减。

生晒参 12g，麦冬 12g，五味子 6g，当归 12g，生地黄、熟地黄各 20g，桂枝 12g，白芍 15g，阿胶（烊化）12g，炙甘草 10g，黄精 20g，生牡蛎 40g，海藻 15g，浙贝母（象贝母）12g，麻仁 12g。

（2）气滞血瘀、心脉瘀阻：症见胸闷胸痛，痛有定处，心悸气急，舌质紫暗或有瘀斑瘀点，苔薄白，脉弦。治疗宜活血化瘀，理气通脉。方用血府逐瘀汤加减。

桃仁 12g，红花 6g，川芎 12g，当归 12g，炙乳香、没药各 12g，生蒲黄 12g，细辛 6g，生地黄、熟地黄各 20g，赤芍 15g，炙甘草 10g，延胡索 20g，郁金 12g，生牡蛎 40g，海藻 15g，柴胡 12g，枳壳 12g。

（3）心肾阳虚，水气凌心：症见心悸气急，咳喘痰多，动则加剧，倚息不得平卧、恶心纳呆、畏寒肢冷、浮肿尿少、舌淡胖、边有齿痕、苔薄白，脉沉细而数，重取无力，或虚大结代。治疗宜温阳利水，化痰平喘。方选真武汤合葶苈大枣泻肺汤加减。

附子 12g，猪苓 15g，茯苓 15g，白术 15g，白芍 15g，炙甘草 6g，生姜 3 片，葶苈子 15g，桑白皮 15g，红枣 5 枚，淫羊藿 20g，补骨脂 12g，鹿角片 10g，泽泻 15g。

由于本病病情复杂，临床上单纯虚证或实证少见，以上证型常兼夹出现，如既有气阴不足，又有血瘀及痰湿，此时应根据患者的突出主证进行辨治，并兼顾他证。

3. 简验方

生黄芪、生晒参、升麻、陈皮、当归、柴胡、白术、甘草、附子、白芍、猪苓、茯苓、生牡蛎、海藻、浙贝母（象贝）、夏枯草、桃仁、酸枣仁、川芎。

该方由补中益气汤、真武汤合补阳还五汤，加软坚散结之品组成。严世芸擅长用补中益气汤治疗本病，补中益气汤补心气疗效佳，配合真武汤温阳利水，补阳还五汤益气化瘀，并加生牡蛎、海藻、象贝、夏枯草等软坚散结之品，常获显著疗效。

4. 病案举例

钱某，男，79 岁。2010 年 9 月 27 日初诊。

主诉：反复胸闷心悸 20 年余。

既往有高血压史 30 年，最高血压至 180/110mmHg。2010 年 4 月心脏超声示（中山医院）：①心尖肥厚型心肌病；②左房稍大；③主动脉钙化，主动脉窦部及升主动脉稍增宽；④轻度肺动脉高压。2010 年 5 月 Holter 示（中山医院）：房早 4090/24h，室早 342/24h，房速 8/24h，房早连发 21/24h，室速 2/24h，由三个心动周期组成，呈多源性，ST-T 改变。曾行双膝关节置换术，前列腺切除术。

刻下：稍有流涕、喷嚏，胸闷心悸轻度，平地快走则气急，双下肢浮肿，无头晕、颈项板滞，汗出甚，冬天亦多。双眼常出血，目糊，无耳鸣、腰酸、乏力。纳便可，夜寐安，无烘热。舌淡胖，苔薄白微腻，脉弦细。

西医诊断：①肥厚性心肌病；②高血压病；③心律失常。

中医诊断：心悸。

治以振奋心肾，益气活血，兼散结敛汗。予真武汤合麻黄附子细辛汤、补阳还五汤、生脉散加减。

处方：麦冬 12g，五味子 9g，附子 12g，麻黄 12g，车前子 20g，柴胡 12g，桃仁 12g，川芎 12g，生黄芪 30g，土鳖虫 12g，三棱、莪术各 15g，海藻 15g，象贝

12g，炙鳖甲 15g，夏枯草 15g，碧桃干 15g，麻黄根 15g，苦参 30g，生牡蛎（先煎）30g。14 帖，水煎服。

2010 年 10 月 25 日二诊：外感 1 个月，目前已无咳嗽、咳痰、流涕、喷嚏等症状，胸闷心悸仍作，与前类似，双下肢浮肿，汗出甚，动则汗出湿衣，一天需换三件内衣，口干多饮，目糊、出血未作，纳便可，夜寐安。舌红，苔薄少、花剥，脉沉缓。

处方：前方去生牡蛎。加煅龙骨、煅牡蛎各 30g，防风 15g。14 帖，水煎服。

2010 年 11 月 22 日三诊：外感未作，动则汗出，双下肢浮肿较前减退，无明显胸闷心悸，喜叹息，纳便可，夜寐安，无盗汗。舌质暗红，苔根薄腻，舌前部剥脱，脉沉缓滑。

处方：10 月 25 日方去碧桃干、麻黄根、煅龙骨、煅牡蛎。加生牡蛎（先煎）40g，菖蒲 15g，景天三七 20g，茶树根 20g。14 帖，水煎服。

【按】患者胸闷心悸、气急肢肿为慢性心衰之象，心肾阳虚为病机关键，肾阳虚为其根本。在水肿的治疗中，温阳利水为根本，温阳重在温补真阳，以图其本，如命火旺盛，尚可鼓动心阳，助心行血；振奋脾阳，助其健运；温煦肺金，助其宣降，且能通利血脉，助肾气化。故用附子、白术、白芍、猪苓、茯苓、车前子温肾利水，麻黄附子细辛汤振奋心阳，桂枝通阳解表，标本兼治，肾阳旺，心阳充，鼓血有力，化水于无形；然气为血之帅，气行则血行，故予生黄芪、川芎、土鳖虫、桃仁、三棱、莪术益气活血通络，助心行血；由于患者高血压病史数年，心脏超声示心尖肥厚性心肌病，心肌存在重构，严世芸往往参予辨病论治的理念，予海藻、象贝、鳖甲、夏枯草、生牡蛎软坚散结之品以防止心肌重构；汗为心之液，心阳虚，阳不敛阴，则汗出甚，故予麦冬、五味子、麻黄根、碧桃干敛阴止汗；佐以柴胡清肝经之郁热，大剂量苦参抗心律失常。二诊症情平稳，改生牡蛎为煅龙牡，加用防风加强敛汗之功。三诊诸症均减，去麻黄根、碧桃干、煅龙牡敛汗之品，加重生牡蛎用量，软坚散结不伤阴，以图缓治，另予菖蒲、景天三七、茶树根抗心律失常。全方着眼于心肾阳气之本，辨证辨病相结合，标本兼顾。

（五）益气养心，化瘀通阳——治疗期前收缩

1. 基本病机：阴阳之气不相顺接

期前收缩（早搏）属中医学"心悸、怔忡"范畴。在《伤寒论》中有用益气养阴、补血复脉的炙甘草汤治心动悸、脉结代的记载，从虚施治。

脉结代一症，病因复杂，阴阳之气不相顺接是其病机特点，辨虚实是为临床辨证的关键。虚者，或心阴不足，或心阳不振，或心气亏虚，或血不养心，或气阴两

2. 治疗大法：益气养心，化瘀通阳

凡见脉结代，总有气血不利之处，尽管其全见虚象，而无气滞血瘀之证，必须在方中适当加入行气活血之品。如早搏系由冠心病所致，当按冠心病辨证施治。如由病毒性心肌炎所致的早搏，在其早期可加用金银花、连翘、板蓝根等清热解毒、抗病毒的药物。具体治疗时常分5个基本证型，随证施治，灵活变通。

（1）心气不足，心阳不振：症见心悸气短，头晕乏力，自汗，动则易作心律失常，苔薄白，舌质淡红，脉细弱结代。若见形寒肢冷，面色㿠白，或有水肿，动则气短气急，舌淡，脉沉细，则为心阳不振之证。治疗以四君子汤加黄芪，补益心气。如兼有神疲乏力、不耐疲劳、怠惰嗜睡、头晕等症，据李东垣的经验，是中气不足，清阳不升，元气不能上输于心，可用补中益气汤。如有心阳不振之证，则与真武汤合用，补心助阳。若兼见脾肾阳虚者，真武汤可与理中汤合用。

（2）心阴亏耗，气阴两虚：症见心悸易惊，心烦失眠，口干微热，五心烦热，盗汗，舌红少津而不干，属气阴两亏。治宜滋养阴血，宁心定悸，可用天王补心丹。兼有严重失眠心烦者，为有火旺之证候，可合用黄连阿胶汤。兼有肝肾阴亏的证候，如头晕、耳鸣、烦热、腰酸、遗精等，可合用知柏八味、大补阴丸、一贯煎等。气阴两虚者，可用生脉散、炙甘草汤。

（3）心虚胆怯：症见心悸，善惊易恐，遇惊则心悸，坐卧不安，少寐多梦，食少，恶闻声响，苔薄，脉细带数或虚弦、结代。治宜养心安神，镇惊定志，可用平补填心丹。如夹痰者，其苔腻，可用十味温胆汤。

（4）痰饮内停，心脉瘀阻：症见心悸，短气，胸脘痞闷，痰多，食少，眩晕，恶心，渴不欲饮，苔白腻，有饮邪则苔滑腻，脉弦滑结代。如见胸痛时作，胸闷心悸，唇甲青紫，舌质暗或瘀斑，脉涩结代，为有瘀阻之证候。治疗宜理气化痰，可用温胆汤或导痰汤，若兼便秘者可加芒硝或生川大黄。兼见失眠、烦躁、口干苦、舌红苔黄腻者（或干腻）为痰火内扰，可用黄连温胆汤。兼有饮邪者，可合苓桂术甘汤或金匮肾气丸、济生肾气丸。心脉瘀阻者可用血府逐瘀汤。临床上痰瘀常常互兼，两法当应兼用。心脉瘀阻一证，也常与上述各证相兼，治当权衡。

（5）肝郁气滞，阴阳失调：症见情志不畅，胸胁苦满。月经失调，经行腹痛，经前乳房结块胀痛，烦躁，月经前后心悸加重，苔薄，舌淡红，脉弦。若见面部时有烘热，汗出、怕冷、手足欠温，心烦，易作口舌溃疡等症，为阴阳失调之象，于更年期更为易见。治疗用逍遥散，疏肝理气，调经宁心，可与甘麦大枣汤合用。阴阳失调者，可用二仙汤合生脉散加生熟地。

其他常用方药：①酸枣仁汤，适用于各种辨证类型的心悸、失眠证。②本证中，胸闷是常见症状，苔腻者可用丹参饮或瓜蒌薤白半夏汤；苔不腻者，宜用郁金、瓜蒌皮。

3. 简验方

（1）苦参 15g，桑寄生 30g，桂枝 12g，防己 20g。

（2）附子 9g，当归 15～30g，炙甘草 6～9g。

（3）党参（或北沙参）15g，麦冬 9g，五味子 6～9g。

其中（1）方为虚实通用之方，必要时可与（2）（3）方合用。

如兼见虚烦艰寐，可合黄连阿胶汤同用；夹痰湿者可合温胆汤、十味温胆汤、导痰汤等方；见气滞胸闷者可参入瓜蒌薤白酒汤类；夹饮邪者可参入真武汤、苓桂术甘汤之类；有瘀血者可据情选入失笑散、通窍活血汤、复元活血汤等方。

临床常用的抗心律失常的中药，据严世芸的临床经验，主要有以下几种。①桑寄生：宜重用，30g 以上，据实验研究，有类盐酸维拉帕米（异博定）样作用。有镇静及舒张冠脉、增加冠脉流量及抗垂体后叶素等作用。②万年青根：30g 以上，有强心、抗心律失常作用。③炙甘草：20g 以上。有盐皮质类固醇、糖皮质激素相似作用，抗变态反应作用，有免疫抑制作用。④苦参：15g 以上，有"奎尼丁样效应"。⑤虎杖：20g 以上，有抗心律失常作用。以上几味，在各种辨证类型中均可选用。⑥附子：12g 以上，有强心、抗心律失常、增加冠脉流量、镇静等作用。⑦桂枝：12g 以上，有温经通阳的作用。⑧黄连：6g 以上。具有抗心律失常作用（黄连素）及镇静作用。以上各味，宜结合辨证选用。

4. 病案举例

郭某，女，35 岁。2009 年 11 月 1 日初诊。

主诉：心慌反复 6 年余，再发数日。

既往有房性早搏病史 6 年余。

24 小时动态心电图示：房早 2317/24h，部分呈二联律，部分室内差异传导。

数日来心慌再发，登楼气短，颈项板滞，易紧张，心烦，口干。平时易感冒，纳可，寐易醒，大便日行 3 次。舌淡，苔薄，脉细。

西医诊断：房性早搏。

中医诊断：心悸。

治以清心安神，益气活血，通阳泻热，补益肝肾。予柴胡加龙骨牡蛎汤合补阳还五汤加减。

处方：柴胡 12g，半夏 12g，桂枝 12g，猪苓、茯苓各 15g，淡黄芩 15g，炙甘草 10g，生龙骨、生牡蛎各 30g，制川大黄 9g，生黄芪 30g，桃仁、酸枣仁各 12g，川芎 12g，土鳖虫 12g，三棱、莪术各 15g，地龙 12g，葛根 15g，淫羊藿 20g，骨碎补

15g，附子 12g，白术、白芍各 15g，苦参 30g，景天三七 20g，知母、黄柏各 12g，首乌藤 20g，远志 12g。14 帖，水煎服。

2009 年 11 月 23 日二诊：心悸、气急均好转明显，唯药后大便增多，日行 3～4 次，午后肠鸣腹胀。心烦，紧张好转，然夜寐多梦，多噩梦，易外感。舌淡尖红，苔薄白，脉细。

处方：前方去景天三七。加朱砂拌灯心草 5 扎，佛手 12g，制川大黄改 6g。14 帖，水煎服。另天王补心丸 2 瓶。

2009 年 12 月 6 日三诊：心悸好转，胸闷、心烦紧张渐平，口干。夜寐仍多梦，较前好转，噩梦止。大便渐成形，日行 1～2 次，肠鸣已止，矢气较多，颈板，舌淡苔薄白，脉细小数。

处方：前方去骨碎补、佛手。加威灵仙 18g，炙鸡内金 18g，焦山楂、焦神曲各 15g。14 帖，水煎服。

【按】心慌为主症，当属中医心悸范畴。发病日久，正气有亏，心气不足，气虚血行不畅，心悸时发时止。劳则耗气，登楼气短；卫外不固，感冒频发。心气虚怯，虚火扰心，心神失养，心烦寐差。舌质淡、尖红，脉细，为心气不足而有虚火之象。本证患者素体不足而复有久病心悸，《伤寒明理论》谓："其气虚者，由阳气内弱，心下空虚，正气内动而为悸也。"患者心气虚弱而虚火扰心，症见心烦寐差等症，故援引伤寒经方柴胡加龙骨牡蛎汤，以期和解少阳，通阳泻热，宁心安神，并合用益气活血、补益肝肾之剂。柴胡加桂枝牡蛎汤为严世芸临床常用之经方，细考其组成乃由大小柴胡汤、柴胡桂枝汤、桂枝甘草龙骨牡蛎汤等方综合加减而成。天王补心丹养心安神，亦为严世芸治疗不寐喜用之中成药。随后几诊随症进退，或加行气消痞之品，或加温阳散结之剂，从肝肾角度论治，或清或补，效果显著。其他如口腔溃疡、化脓性关节炎、溃疡性结肠炎等疑难杂症，严世芸治疗效果亦颇为显著。

五、大医之情

严世芸擅长诊治心脑血管疾病，如心律失常、冠心病、心力衰竭、中风后遗症，特别是心肌扩张病等重症患者，以及其他疑难杂症，疗效显著。如治愈化脓性关节炎、膝关节退化引起的关节痛；变态反应、疱疹病毒感染、立克次体感染引起发热的患者，服用激素半年没有恢复，后服严世芸所开中药 2 周后热退，没有再复发。他高超的医术在患者中口耳相传，常一号难求。

他耄耋之年仍坚持每周 5 个半天门诊，2 周一次查房，对待患者一视同仁，悉心诊治，患者再多也绝不马虎和敷衍，对每个病患的询问都耐心回答，认真负责。为了照顾大量病情复杂而又经济负担重的患者，一直保留普通号。在他腰椎病和三叉神经痛发病时，会忍受病痛，坚持为患者诊疗。过了挂号时间，也会免费为患者诊治，废寝忘食。他在社会各界享有盛誉，患者遍及全球。

六、养生之智

严世芸虽已年届古稀，仍承担着很多工作，身体依然很康健。他常说养生没有固定模式，每个人的体质、工作环境不同，养生方法也应有所不同，关键是找到适合自己的方法。

严世芸的养生之道，在于随意、豁达、心胸开阔。他在国医大师裘沛然老先生的四个一点"豁达一点、潇洒一点、宽容一点、厚道一点"上加了"淡泊一点"。做学问，不要刻意追求名利，名利都是水到渠成的事，刻意追求只能把人的品质搞坏了。

在饮食上，他主张营养全面，荤素搭配，不要挑食，抽烟不利于健康，而适量饮酒有利于健康。酒在中医中的用处非常多，既可以作为炮制中药的媒介物，也可以炮制药酒，又可杀菌消毒，同时酒还有活血的作用，对心脑血管有一定的保护作用。当然，饮酒要适量，酒喝多了会损害身体；而喝茶则相对有益，因为茶叶中含有丰富的维生素、氨基酸，可以利尿、明目、降血脂，还可以帮助消除香烟中的尼古丁。对于冬令进补的人参，严世芸认为夏季吃人参是雪中送炭，冬季吃人参是锦上添花，很多治暑热病的方子都用人参。因为夏季高温对人体的影响很大，暑热易伤气，可以吃人参补气。比如以人参切片，取 1g 隔水蒸，一天可以吃两次参汁。

七、传道之术

严世芸率先在全国实施高等中医药教育改革，始终坚持为党育人、为国育才。遵循中医药人才培养规律，在担任校长期间，积极致力于中医药创新人才培养工程，并不断引领全国中医药院校转变教育思想和观念，围绕构建中医药创新人才培养体系进行了卓有成效的系列改革。积极探索个性化培养的有效途径，在国内医科院校中率先建立了全面学分制教学管理制度，提倡"早临床，多临床，反复临床"，探索人文素质教育、德育教育和专业教育相结合的机制；重视高等教育和师承教育的结合，率先在本科教育中引入导师制度，这一做法延续至今，成为了中医教育界的共识。在他推行学校环境下导师制度的 20 年后，国家又在上海、北京等地开始了新一轮师承教育与专业学位教育相结合的试点。近年来重点围绕高层次中医药人才培养目标，遵循具有中医药特色的中医药人才传承规律，构建"医德并修，医文融合，

"医儒兼通"的继续教育模式。通过一系列持续改革，学生培养质量得到社会认可，在中医药人才市场上形成了品牌效应。

严世芸为中医药创新人才培养、为学校的发展、为高等中医药教育做出了巨大贡献，在全国产生了广泛的影响。两获国家级教学成果奖二等奖，指导团队获国家教学成果奖特等奖及一等奖，主编《中医各家学说》"十五""十一五"规划教材。获第六届全国高等学校、首届全国中医药高等学校教学名师、中华医学会"医学教育终身成就奖"等荣誉。

"己欲立而立人，己欲达而达人"，这是严世芸多年来所信奉的价值观。他曾指导硕士研究生8名、博士研究生48名、博士后8名，指导多名本科生实习，西学中高级班学生1名、中医师承班学生8名，培养名师工作室继承人5名。他在学术上严格要求学生，在生活中处处关心学生，毫无保留地把自己多年积累的临床经验传授给学生，希望学生能超过自己，他说这样能促使他更好地探索新的思路，钻研新的方法。

作为教育部重点学科医史文献学科和科技史高原学科的带头人，年逾古稀的他，为了培养学科的中青年骨干，仍在不懈努力奋斗着。

他常戏谑："小车不倒尽管推。"对于中医事业，他是一个不懈的开拓者；对于病患，他是一个有大爱的仁慈医者；对学生，他是一个甘为人梯的严师和长者。在他身上充分体现了"道固远笃行可至，事难巨坚为必至"的坚持和执着的信念。

严世芸学术传承谱

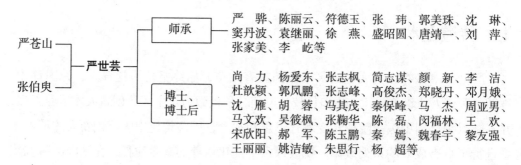

严世芸传承谱系
（排名不分先后次序）

（陈丽云、严骅整理）

（张伏震编辑）

李文瑞

李文瑞（1927— ），男，汉族，黑龙江人，中共党员，北京医院主任医师、教授、硕士研究生导师。1950 年 1 月毕业于中国医科大学，1964 年 8 月毕业于北京中医学院。现已离休。从医 60 余载，为全国名中医、全国首批名老中医药专家，1992 年起享受国务院政府特殊津贴。建立李文瑞全国名老中医药专家传承工作室。2022 年被授予"国医大师"荣誉称号。

李文瑞崇尚仲景学术思想，对《伤寒杂病论》中所使用的主要辨证方法，各自的作用、性质和整体间的相互联系，进行了分析，探讨各种辨证方法的使用规律，并提出独到的见解；法尊仲景，博览历代各家，理论与临床实践相结合，临床诊治疾病，注重中医气机升降出入理论；临证治疗糖尿病，开创中西医结合辨病—辨症—辨证的诊疗思路，独辟"酸苦抑甘"治疗方法；提倡中西医结合，创建了"北京医院瑞东糖尿病中西医结合研治中心"；在临床实践中，坚持辨证论治，中西医互参，方小药精，证治贴切，不论是经方，抑或时方、后世方，均能灵活化裁，擅长于内科疾病诊治，尤其是糖尿病、男科病、肾脏疾病、心血管病、消化系统疾病及老年病等；对温病学、活血化瘀法及金元四大家的学术思想进行深入研究；遍览中日古籍，编译或主编出版《日本汉方腹诊选编》《伤寒派腹诊》《难经派腹诊》《折衷派腹诊》；编著、主编、主译医学著作 18 部。

一、学医之路

李文瑞于 1950 年 1 月毕业于中国医科大学。1948 年在毕业实习阶段，被派至原解放军东北军区第十二后方医院二所进行临床实习，参与战伤救护工作。毕业后在外科领域工作，首先从事战伤外科，参加了解放军东北军区抗美援朝手术队。抗美援朝之后，到医院从事普外工作。因在临床实践中发现一些中医疗法效果惊人，渐渐对它生发亲热感。1958 年由卫生部推荐参加西学中班学习中医两个月之后，自感中医博大精深，所学中医知识仍不能满足临床需要，故提出系统学习中医，报名离职学习中医。

1958 年 9 月，李文瑞离职进入北京中医学院中医系攻读 6 年（西医课程大约一年半），因当时已是外科主治医师，故西医课程全部免修。李文瑞利用大量时间专攻中医，刻苦钻研，系统学习，深研中医经典著作，并深得其要旨，从而熟练掌握了中医药学理论，为临床实践打下扎实的基础。

1964 年 8 月，李文瑞于北京中医学院毕业后，被分配到健康报社工作，任编辑副组长，宣传党对医疗卫生工作的方针和政策，以及报道全国各地医疗卫生战线上的新闻。其间，仍念念不忘中医临床，希望能到临床实践中充分发挥自己的长处，全心全意为患者解除疾病的痛苦。功夫不负有心人，这个心愿最终得以实现，李文瑞被调入北京医院中医科工作。

1971 年之后，李文瑞一直在北京医院中医科从事中医、中西医结合临床和科研工作。李文瑞以温故而知新为座右铭，治学严谨，孜孜不息地精研中医学四大经典，继承发扬中医文化的深厚底蕴。在工作中，不论执医于临证实践，抑或进行科学研究，始终以追求中医临证疗效为目的。经 60 余载学习与临床实践，李文瑞精通中西医理论，临床经验丰富，具有较高的学术水平和科研能力，是当代颇具众望的中医、中西医结合专家。1991 年获全国首批名老中医药专家称号；1992 年起享受国务院医疗卫生事业突出贡献政府特殊津贴；2017 年获"全国名中医"称号；2022 年获"国医大师"荣誉称号。

二、成才之道

1. 爱书如命根子

李文瑞自谕爱书如命根子，自进中学时代起乃至如今，每天不翻书本就好像未完成某一心愿，心里发嘀咕而不安。尤其是不惑之年以来，每天必读上几页中医药书，方能静下心来。李文瑞现已九十有五，始终围着书本打转转，朝暮如是，书不释手。学海无涯，学无止境，尤其中医药学书籍，其学术理论深幽而奥妙。为此，李文瑞自1964年北京中医学院毕业之后，便鞭策自己要温故而知新，复读中医经典。《素问·至真要大论》曰："余欲令要道必行，桴鼓相应，犹拔刺雪污，工巧神圣，可得闻乎？岐伯曰：审察病机，无失气宜，此之谓也。"这个"要道必行"就是难解难释的各项理论。在临证实践中得到正确应用，就会有药到病除的效果。故不仅要学好经典的内涵，理解中医理论，还要有良好而敏锐的记忆力，深入思考，有非凡的悟心和理论联系实践的能力，这既需要先天赋予的聪明，又需要后天的勤奋。把一个个难解、难释的问题弄明白，把一连串为什么彻底搞清楚，是通晓中医理论的关键一步。书是人一生一世"传道、授业、解惑"的工具，是人类灵魂的"工程师"！书是船，载学子到达彼岸。

2. 兼学名医之长

在临证实践中，李文瑞与北京市"四小名医"之一的魏龙骧先生亦师亦友，共事多年，受魏老的影响，李文瑞从始至终都非常重视对《伤寒杂病论》的研究；矢数道明先生是李文瑞的日本汉方老师，在汉方的临床应用及腹诊研究方面李文瑞受其教颇多。临床思辨特点李文瑞受任应秋、祝谌予的影响很大，曾多次登门向两位先生请教中医问题，获益颇丰。

三、学术之精

1.《伤寒杂病论》的辨证方法研究

李文瑞遍览中医典籍，熟谙四大经典，尤其精研于仲景学术思想，运用辩证法、逻辑学、系统论等现代科学方法论的知识，对《伤寒杂病论》中所使用的主要辨证方法、各自的作用、性质和整体间的相互联系进行分析，并探讨各种辨证方法的使用规律。即以辨阴阳与辨标本为指导原则，以六经辨证或五脏辨证作为定位、定向的方法，以八纲辨证与病因辨证作为定性、定量的方法，以辨症—辨病—辨证为层次。诸种辨证方法的各自为用和相互结合，构成了辨证论治的完整体系。对深入研究《伤寒杂病论》有较高的实用价值。

2. 气机升降理论阐微

李文瑞法尊仲景，博览历代各家书籍，将理论与实践相结合，临床诊治疾病，注重中医气机升降出入理论，认为升降出入为临床辨证施治、遣方用药之准绳，提出了伤寒外感、温热之病、内伤五系疾病运用升降出入理论的具体治法，遣用方药于升中有降，于降中有升。

（1）气机升降与脏腑：中医认为，气机升降与脏腑之间有着极密切的关系。临证运用气机升降运动形式，从动的角度出发，用整体的、运动的观点，阐述脏腑之间的生理活动和病理变化。阐明气机升降是脏腑功能活动的基本形式，气机升降失常是脏腑疾病的病理表现。

（2）气机升降与辨证：气机相宜，人体各组织器官发挥正常的生理功能；升降失序，杂证丛生。然而临床根据升降出入太过、不及、不调与脏腑失调的互相影响等，可以对错综复杂的病证进行归纳、分析，尽快明确诊断，辨别证候类型，推测疾病转归。从辨析升降出入，确定病位之浅深；审识升降顺逆，判定病证之虚实；依据升降规律，预测病情之转归等方面，阐述气机升降与辨证的关系。

（3）气机升降与治法方药：气机升降出入运动是人体生命活动的基本形式，升降失调是疾病发生的渊薮。因此，调理升降就成为治疗疾病的基本原则和重要手段，要谨守病机，各司其属，以法调治。遣方用药，意在法下，然而升降浮沉，既是中药理论的重要组成部分，亦是指导医师临床处方用药的基本法则之一。运用药物的升降浮沉之性，调治病理的升降失常之偏，方以法随、合理用药是基本大法。临床根据药物升降浮沉的不同特性，遣方用药，或升提、或沉降、或发散、或收敛、或填补、或通达、或升降并用、或浮沉共施，以纠正人体气机升降失调，为临床治疗最终目的。

（4）把握调理气机升降规律：调理气机升降出入在临床上运用甚为广泛，然而若调理不当，亦会贻误病机。因此，特别强调调理升降应辨虚实缓急，权衡升降适度，区分上下、内外等。《素问·通评虚实论》云："邪气盛则实，精气夺则虚。"邪盛者，当以祛邪为主，或透邪于表外，或泻热于前后二阴，病邪去，则升降复常。精气虚者，当以补为主，在上、在表者，宜固其气；在下、在里者，宜固其精。气虚者，宜补其上；精虚者，宜补其下。补上欲其缓，补下欲其急。调气以和血，调血以和气。寒者温之，热者清之；在上者，抑而降之；下陷者，升而举之；散于外者，敛而固之；结于内者，疏而散之。当升而不可过，升之太过，气虚失固，气耗欲脱，气逆反越；补而不可壅，补之太过，气机阻塞，血脉凝滞，气血失畅；当散不可过散，过散则表气疏，而上气亦不能下济；当降不能降之太过，过于降则气陷；耗散者，不可收敛太过，敛之太过，则血气郁滞等。上实者忌升，下虚者忌降。由此可见，调理升降，关键要把握升降出入规律，明晰病机，区分病之上下内外，病情之轻重缓急，权衡升降适度，调理得当，方可邪去病却，事半功倍。否则气机逆乱，多增诸病。

3. 酸苦化甘的研究

李文瑞根据数十年治疗糖尿病的临证实践，深入研究中医经典著作，提出"酸苦化甘"治疗糖尿病的新思维、新方法。

（1）酸苦化甘的理论依据：《素问·阴阳应象大论》曰："阴味出下窍，阳气出上窍。味厚者为阴，薄为阴之阳；气厚者为阳，薄为阳之阴。味厚则泄，薄则通；气薄则发泄，厚则发热。"阐明用阴阳的原理，来分析药物、饮食的气味性能。从中领悟药物性味的"酸苦"之奥。《素问·至真要大论》曰："辛甘发散为阳，酸苦涌泄为阴，咸味涌泄为阴，淡味渗泄为阳。六者，或收或散，或缓或急，或燥或润，或耎或坚，以所利而行之，调其气，使其平也。"阐明药物的性味和功能，从中领悟药物性味的"酸苦"之奥。其中"酸苦涌泄为阴"是"酸苦化（抑）甘"之源；其中八个"或"是"酸苦化甘"的理论之据。

（2）五行生克——酸苦化甘：《素问·阴阳应象大论》曰："东方生风，风生木，木生酸，酸生肝……辛胜酸；南方生热，热生火，火生苦，苦生心……咸胜苦；中央生湿，湿生土，土生甘，甘生脾……酸胜甘；西方生燥，燥生金，金生辛，辛生肺……苦胜辛；北方生寒，寒生水，水生咸，咸生肾……甘胜咸。"阐明五行规律、自然现象和人体生理、病理治疗等问题，从中领悟五行生克，将自然界的事物和人体脏腑组织器官、生理现象和病理变化联系起来，依照五行的属性进行分析归纳，而成为五大系统。在每节之末的"辛胜酸""咸胜苦""酸胜甘""苦胜辛""甘胜咸"，说明五味相克而化生"抑酸""抑苦""抑甘""抑辛""抑咸"。其中的"酸胜甘"为木克土而"抑甘"，"酸苦化甘"为五行生克使然。

（3）五味生化——酸苦化甘："酸苦化（抑）甘"，是上述所引的《内经》几段经文，在理解其奥义的基础上结合临证实践而揣摩得之。五味之生化，"酸甘化阴""辛甘化阳"在文献中常见，阐明了五味生化之理论。但"酸苦化甘"在历代文献中尚未查得。李文瑞早在20世纪70—80年代初研究糖尿病临证论治时，对五味生化何者能化甘，得出"酸""苦"之药能，二者合化可抑甘的结论。即酸收而涩与苦燥而坚，合化而抑甘。详细论之，酸者能收能涩，涩者收敛、固涩属于阴；苦者能泄能燥能坚，坚者泻火而达坚阴。酸苦合用，酸苦合化分解脾土之甘而抑之。再者，经查考，历代中医药文献有关消渴病的论治方药中，有大量酸苦化甘的应用。味酸的五味子、吴茱萸、天花粉（其说不一，有载酸苦，有载苦）、生山楂等和味苦的黄连、黄芩、大黄、栀子、知母、生地黄等在处方中酸苦合用，如黄连配五味子、知母配吴茱萸等。

（4）酸苦化甘的临证应用：李文瑞提出"酸苦化甘"治疗糖尿病这一新思维、新方法，在临证中确实能获良好效果。在"糖尿病证治"中，"上中下"三消论治的处方均有酸苦二味合配。如上消肺热炽盛，方用二冬汤加味。其中川黄连（苦寒）配五味子（酸温），即一酸一苦，合用起到清降肺热、解烦渴之效；中消胃热亢盛，在增液承气汤中加入天花粉（酸苦）与知母（苦寒），相配合化而获清胃热、解口干之效；下消肾阴不足，虚火亢盛，方用六味地黄丸，方中山茱萸（酸微涩）配生地黄（味苦），牡丹皮（苦）配山茱萸（酸），增加六味地黄丸"壮水之主，以制阳光"之效。在辨证分型论治方面，气虚型方中五倍子（酸涩）配黄连（苦），阴虚型方中乌梅（酸）配知母（苦）、乌梅（酸）配黄连（苦），阴阳两虚型方中山茱萸（酸）配生地黄（苦）、山茱萸（酸）配牡丹皮（苦）等药对，既符合辨证，又为酸苦化甘，而增强降糖之功效。

4. 中西医结合释义

在临证实践中，应中西医结合，取长补短，充分发挥各自的优势与长处，以提高疗效。

（1）中医辨证与西医辨病相结合：中医学和西医学相比，各有所长，亦各有所短。中医的辨证与西医的辨病，都是认识和诊断疾病的过程，然则方法不同。

所谓"中医辨证"，即辨证论治，是指导临证治疗疾病的基本原则，是中医学的精髓。在辨证论治过程中，运用四诊八纲对证候进行辨析，以确定证候的原因、性质、部位为目的，根据证来确立治法，依法而处方用药以诊疗疾病；中医既辨病名，又辨证名，即把病名和证名都作为解释观察证据的概念性医学实体，因而"法随证立""方对证使"。也就说，是先确定病名，在病名之下，再根据不同的脉证表现，分辨出不同的证型；最后根据证名确定治法、组织方药。临证一种病常可表现多种不同的证，不同的病在其发展过程中的某些阶段，有时可以出现类似的证。因此，在临证治疗时采取"同病异治"或"异病同治"的方法。虽然中医学在现代化检查方面及明确诊断方面略逊于西医学，但中医学更加注重患者的整体辨证及个体化治疗，而且经过上千年的临床实践，使得中医拥有多样化并且行之有效的诊疗手段，甚至可以在西医束手无策时取得很好的疗效。

所谓"西医辨病"，是完整的诊断概念。即在辨病施治过程中，运用现代化医学理论和工具，通过临床表现，物理、生化、免疫、病理等方面的检查，做出较明确的诊断。在疾病的明确诊断方面优势明显，而且在治疗上可重复并且适用范围广。不同的医生在面对同一份检查、化验结果时，对疾病的西医诊断往往可达成一致，所采取的治疗方法通常也大同小异。西医的病之下虽也有分期、分型之类的判断，但没有像中医所说证的特殊含义，也就是说，西医的分期、分型远没有像中医的辨证那么受到重视。

中医辨证与西医辨病相结合，汲取现代医学之精华以补充中医辨证论治等方面的不足。即西医诊断疾病，中医辨证分型论治，则可发挥西医诊断明确与中医辨证论治之长处，进而提高临床疗效。中医辨证与西医辨病相结合，虽然西医可明确诊断，防止误诊、漏诊，利于疾病及早发现，能启发和拓宽辨证思路，但中医与西医终究是两种不同理论体系的医学，两种医学从基础到临床理论诸多方面有着极大差异。目前我国两种医学同时存在、互相影响、相互渗透，但要真正结合，还须今后不断努力从而创立祖国的新医药学。

（2）宏观辨证与微观辨证相结合："宏观"与"微观"是相对的概念。一般而论，医学研究的对象，是以"人体"为基础单元。医学研究以"人体"为基本单元，向"微观"的精、深层次方向发展，如器官水平、组织水平、细胞水平、分子水平等，无疑是科学的进步。然而，以"人体"为基本单元，向"宏观"的广、高层次发展，如考虑环境因素、社会心理因素、人与自然的关系等，同样也是科学的进步。因此，宏观研究与微观研究，应当是结合、互补的关系。

所谓"宏观辨证"，实际上是指中医传统的辨证方法，且多强调辨证的规范化内容，其方法论依据是"有诸内必形于外"，因而可"司内揣外"地来认识疾病，由此而产生了"证"的概念。"宏观辨证"，也就是以中医理论为指导，结合望、闻、问、切四诊之所得，即根据患者的诉说和自觉症状，医生以观察到的证候及舌象、脉象等作为辨证依据，通过综合分析判断，做出病因、病位、病情的临床辨证。"宏观辨证"是中医的长处，在对疾病的概括性及抽象性上具有优势，容易归纳出机体的整体状态。

所谓"微观辨证"，实际上是指西医诊断疾病的方法，且多强调辨证的客观化标准，其方法论依据则与中医恰恰相反，是"有诸外必根诸内"，由此而明确诊断。"微观辨证"，就是西医的辨病。临床除诊察症状与体征外，更注重用现代科学手段，对各种中医证型的患者进行内在的生理、病理、生化、免疫、微生物等各方面客观征象的检测及物理检查，然后进行综合分析，旨在深入了解证候内在的机理，探明其发生发展的物质基础，作为辅助诊断的客观、定量化的指标，更加完整、准确地认识机体的状态，使疾病的诊断明确。在临床实践中，可以发挥其擅长微观认知机体的结构和功能的特点，从本质上阐述证的物质基础，为辨证进入微观化奠定基础。

宏观辨证和微观辨证相结合，就是使对疾病的认识由宏观转向微观，既重视中医的整体观念，又重视西医的微观指标，实验检测和物理检查分析补充了传统的逻辑推理，微观的检查丰富了直观的外象观察，从而对疾病的正邪状态、病理形态和生理功能改变及证候演变规律等有了较全面的、系统的认识，进而准确指导临床辨证与治则方药，以提高临床疗效。

综上所述，西医学以微观辨病、实验定量为核心，而中医学以宏观辨证、动态时空过程的定性为核心，辨证是中医学的精髓。因此，中西医学的有机结合，需要具有中医、西医两套学识，这就决定了他们诊疗疾病的思维逻辑，既不是因袭原来西医的一套，也不是走传统中医的老路，而是中医辨证和西医辨病相结合、宏观辨证和微观辨证相结合，有利于全面揭示疾病的本质，可以促进医学模式的转化。这就是中西医结合的意义所在，即中西医结合的辨证论治。

四、专病之治

（一）糖尿病证治

糖尿病属于中医"消渴"的范畴。在古代中医典籍中早有涉及，并详细阐述了消渴的病因病机及治法方药。结合历代典籍和实践经验，李文瑞认为糖尿病的病因病机主要是饮食失常、情志失调、房劳不节、先天不足等。

1. 辨证论治

根据现代中西医对糖尿病的认识和研究进展，结合多年的临床实践，李文瑞将无明显慢性并发症的2型糖尿病分为气虚（夹湿）、阴虚（夹热）、气阴两虚、阴阳两虚4型论治。因瘀血贯穿于糖尿病整个过程，故在各型中适当加入活血化瘀药物有助于提高疗效，防治和延缓并发症的发生、发展。

（1）气虚（夹湿）型：神疲乏力，短气，自汗，口不渴，纳食不香或正常，小便清长或不利，大便溏软，形体正常或肥胖，寐宁或嗜睡，舌质淡或淡红，苔薄白或白腻，脉细弱或细滑。胰岛素、C-肽分泌明显升高或正常。

证候分析：脾为生化之源，肺主一身之气。过食肥甘厚味，损伤脾胃，脾虚及肺而致脾肺气虚，则见神疲乏力，短气，寐宁或嗜睡，或自汗；脾失健运，则见大便溏软，小便清长；肺脾气虚而无燥热，则无消谷善饥等，而见纳食不香或正常，口不渴，形体正常；若气虚夹湿则见小便不利，形体肥胖。舌质淡或淡红，苔薄白或白腻，脉细弱或细滑，胰岛素、C-肽分泌明显升高或正常等，均为气虚（夹湿）之象。

治则方药：益气健脾，燥湿活血。方拟自制降糖汤。生黄芪30～60g，苍术15～30g，制何首乌10g，五倍子10g，黄连10g，莪术6～10g。

方解：方中生黄芪，性微温味甘，补气升阳，益气健脾，以降血糖。现代药理研究证实，黄芪主要是通过保护胰岛β细胞功能和改善胰岛素抵抗而发挥降糖作用的；苍术，性温味苦，燥湿健脾，以助黄芪健脾益气；制何首乌，性温味苦，补精益血，滋补肝肾，伍黄芪以补先后天之本；五倍子，性寒味酸涩，敛肺泻火，协黄芪敛汗以治自汗；黄连性寒味苦，清热燥湿，助苍术燥湿，且五倍子与黄连合用，酸苦化甘，以降血糖；莪术，性辛温微苦，行气破血散结，现代药理研究证实，可扩展血管而改善微循环，与黄芪相伍，益气活血，破瘀而不伤正。现代药理研究证实，六味均有降血糖作用。诸药相伍，共奏益气健脾、燥湿活血之功效。

（2）阴虚（夹热）型：口渴引饮，消谷善饥，小便色黄，量多而频，消瘦，大便秘结或不爽，或五心烦热，寐多不宁，舌质红或微红，苔薄黄少津或黄燥，脉细数。胰岛素、C-肽分泌明显减低。

证候分析：长期饮食不节，过食肥甘厚味、醇酒、辛辣之品，中焦燥热炽盛，伤津耗液，则见口渴引饮，消谷善饥，小便色黄，量多而频，消瘦，大便秘结或不爽；若阴虚复生内热，则见五心烦热，寐多不宁。舌质红或微红，苔薄黄少津或黄燥，脉细数，胰岛素、C-肽分泌明显减低等，均为阴虚（夹热）之象。

治则方药：养阴生津，清热活血。方拟自制降糖汤。生地黄30～60g，玄参15～30g，知母15～30g，黄连5～15g，乌梅10g，葛根15～30g。

方解：方中生地黄，性寒味甘微苦，滋阴润燥，凉血清热，且现代药理研究证实，具有明显的降糖作用。玄参，性寒味苦微甘，滋阴清热；葛根，性凉味甘，主消渴，益津液；知母，性寒味苦甘，清热泻火，滋阴润燥。三者相伍，清热而不伤阴，以增强生地黄滋阴润燥、凉血清热之功，现代药理研究证实，三者均有降低血糖的作用，葛根又有扩展心脑血管与改善微循环的功能。黄连性寒味苦，清热燥湿，泻火解毒；乌梅，性平味酸，固涩生津。二者相合，酸苦化甘，以降血糖。诸药相协，共奏养阴生津、清热活血之功效。

（3）气阴两虚型：神疲乏力，短气，或自汗，口渴欲饮，纳食稍多或正常，小便稍多或正常，形体消瘦或正常，大便通畅或稍干，或自汗，或盗汗，或五心烦热，欲寐多梦，舌质淡红或微红，或有瘀点、瘀斑，苔薄少津，脉细弱。胰岛素、C-肽分泌减低，而介于前两型之间。

证候分析：阴精亏损，肺脾肾三脏元气不足而致气阴两虚证。肺脾气虚，则见神疲乏力，短气或自汗；胃肾阴虚，则见口渴欲饮，或盗汗，或有五心烦热，欲寐多梦；气阴两虚而燥热不甚，则见纳食稍多或正常，小便稍多或正常，形体消瘦或正常，大便稍干或通畅；舌质淡红或微红，或有瘀点、瘀斑，苔薄少津，脉细弱，胰岛素、C-肽分泌减低，而介于前两型之间等，均为气阴两虚兼有瘀血之象。

治则方药：益气养阴，清热活血。方拟自制降糖汤加减。生黄芪30～60g，生地黄30～60g，苍术15g，玄参30g，葛根15g，丹参30g。

方解：方中用生黄芪配生地黄降血糖，乃取生黄芪的补中益气、升阳、紧腠理与生地黄的滋阴凉血、补肾固精之作用，防止饮食精微漏泄，使尿糖转阴；苍术配

301

玄参降血糖，用苍术取其敛脾精、止漏泄的作用，苍术虽燥，但伍玄参之润，可展其长而补其短。上述两组药对，黄芪益气，生地黄养阴；黄芪、苍术补气健脾，生地黄、玄参滋阴固肾，总以脾肾为重点，从先后天二脏入手扶正培本，降低血糖，确有效果。葛根配丹参生津止渴，祛瘀生新，降低血糖；糖尿病患者多瘀，血液黏稠度高，血液循环不畅，两药配伍，相互促进，生津止渴，通脉活血，使气血流畅，藉以提高降血糖之效。三组药对相伍，益气养阴治其本，清热活血治其标，相辅相成，且经现代药理研究，六味药均有降糖之功效。

（4）阴阳两虚：小便频数，甚至饮一溲一，口渴，腰酸腿软，下半身常有冷感，舌质淡胖，脉沉微。

证候分析：肾为先天之本，主藏精纳气。肾虚州都不固，不能摄纳水液，则小便频数，甚至饮一溲一；肾阴虚少，肾阳衰弱，不能蒸腾津液上承，则口渴；肾之阴阳两虚，则阴不濡而阳不煦，气血虚空，故腰酸腿软，下半身常有冷感。舌淡胖、脉沉微均为肾阳虚衰之象

治则方药：温阳育阴，益气生津。方拟金匮肾气丸加味。生熟地黄各 15 ～ 30g，山药 10 ～ 15g，山茱萸 10 ～ 15g，泽泻 10g，牡丹皮 10g，茯苓 10g，肉桂 3 ～ 6g，制附子 8 ～ 15g。

方解：方中肉桂、附子温补肾阳，蒸发津液于上，为主药；生熟地黄滋阴补肾，培阴血于下；山茱萸涩肝肾之精；山药补黄庭之气；泽泻清泻肾火，以防地黄之滋腻；牡丹皮清肝火，并制山茱萸之温；茯苓淡渗利湿，以助山药之健运。后六味为辅佐之药，其中山茱萸（酸微涩）配生地黄（味苦），山茱萸（酸）配牡丹皮（苦），酸苦化甘，增加六味地黄丸"壮水之主，以制阳光"之效。八味相伍，以奏"益火之源，以消阴翳"之功。以上大多数药物经药理研究证实，具有降低血糖的作用，临床又与辨证用药相合，诸药相伍，共奏温阳育阴、益气生津之功效。

在辨证分型、确立主方的基础上，常常加减用药。这种加减多以相应病机的药对应之，且对药对的药物性味多下功夫。尤以"酸苦化甘"之法酌情用之，以提高临床疗效。

总之，中医药治疗糖尿病，以益气、养阴、清热、活血为其大法，其中益气为主导，养阴为根本，清热、活血为辅助，四者合用，则达到标本同治、攻补兼施之目的。

2. 中西互参，取长补短

中西医结合治疗糖尿病，是依据中西医各自的优势，充分发挥其长处。临证治疗糖尿病及并发症，强调"中西互参""辨症—辨病—辨证""宏观与微观相结合"的"双重诊断、重于治疗"的诊疗理念。应根据中西医各自优势，发挥长处，如西

药降糖效果好、起效快，中药改善症状好，降糖作用持久。注重中医辨证与西医客观指标结合，以微观的形式参与宏观之中，使辨病与辨证相结合，指导施治，无疑会提高疗效，缩短疗程，岂不妙哉。例如：一部分患者经过胰岛素或口服降糖药治疗后，血糖、尿糖得到控制，但仍有乏力、便干、失眠、多汗等症状，经过辨证用中药可弥补其不足；对胰岛素抵抗的患者，胰岛素和口服降糖药往往均不能使血糖下降，西医疗法处于劣势时，中医药对胰岛素抵抗常常有效。在临床实践中，面对大部分初诊患者由于燥热较甚，血糖较高时，往往首先选用中西医的各种方法，包括饮食控制、运动、口服中药、降糖药或者注射胰岛素，尽快地控制血糖；待血糖控制满意后，将治疗重点转为防治和延缓各种并发症的发生、发展。

所谓宏观和微观相结合，主要指的宏观辨证与微观辨证相结合。辨证论治是中医学术体系的特色之一，是中医治疗的根本，也是中医的精华所在。应把宏观辨证和微观辨证结合起来，使对疾病的认识，由宏观转向微观；把宏观和微观结合起来，既重视中医的整体观念，又重视西医的微观指标，使中医临床诊断提高到一个更高的水平。所谓宏观辨证，就是以中医理论为指导，结合望、闻、问、切四诊之所得，做出病因、病位、病情的临床辨证，主要内容包括患者的自觉症状，医生以对患者的观察判断证候，以舌象、脉象等作为辨证的依据，就是根据患者的外在表现对疾病做出综合的、整体的分析判断，这种宏观辨证就是中医的长处，但也有不足之处，就是带有一定的意向性、随意性和不确定性。所谓微观辨证，也就是西医的辨病，它是用各种现代科学手段，对各种中医证型的患者进行内在的生理、生化、病理、免疫、微生物检测及物理检查等各方面客观征象的分析，旨在深入了解证候内在的机理，探明其发生发展的物质基础，作为辅助诊治的客观、定量化的指标。宏观辨证和微观辨证有机地结合起来，实验检测及物理检查分析补充了传统的逻辑推理，微观的检测和检查丰富了直观的外象观测，从而对疾病的正邪状态、病理形态和生理功能改变及证候演变规律等有了较全面、系统的认识。

在临床治疗糖尿病时，适当结合胰岛素、C-肽的分泌水平进行辨证论治，这就是宏观与微观相结合，有助于提高疗效。具体言之，对于胰岛素、C-肽分泌正常或升高而气虚者，应施以补气为主的治疗，补气之剂可能通过改善胰岛素抵抗，而起到降低血糖的作用；对分泌明显减低而以阴虚为主者，予以养阴为主的治疗，养阴之剂可能通过刺激胰岛素分泌，起到降低血糖的作用。介于两者之间者，即气阴两虚者，以气阴双补为主治疗。活血化瘀法兼用于各型之中，活血化瘀药物可能通过改善体内微循环——血液动力及代谢状况，起到降血糖作用。

中西医结合治疗糖尿病是可取的方法和策略。临证治疗的糖尿病患者，多数已用过口服降糖西药或者胰岛素等，但血糖控制不稳定，或高或低，而经配合中药治疗后，多数病例血糖渐渐稳定，且有下降趋势，数月后，血糖并不回升。

临床实践证明，中医药治疗糖尿病有两大优势：一是中医药的作用温和而持久，二是在降糖的同时，具有整体、全面、综合的治疗作用，可以活跃微循环，降低血脂和血液黏稠度，在抗氧化、改善外周胰岛素抵抗诸方面都有良好作用，可以有效地防治和延缓糖尿病并发症的发生、发展。但中医药也有它的劣势，降糖幅度小，疗效欠确切，重复性差，特别是对胰岛素依赖型糖尿病的治疗效果更不理想。这就需要传统医学和现代医学相结合，取长补短。

（二）男子不育证治

男子不育，系指男子在生育年龄，婚后连续同居 3 年（女方生殖功能正常且并未采取任何避孕措施）而未能生育者。中医学称为"无子""绝子"。

男性不育的原因，有先天禀赋不足和后天病理之分。前者多由生理缺陷而致，如生殖系统发育畸形（两性畸形，成人双侧隐睾）等，称为绝对不育；后者大多为病理因素所致功能障碍，称为相对不育，占不育中的绝大多数。中医治疗主要针对后者。

1. 病因病机

如上所述，男性不育，有绝对不育和相对不育两大类。中医治疗主要针对后者，现仅就相对不育的病因病机探讨如下。

（1）肾系虚衰：肾为先天之本，对于生殖功能有着极其重要的作用。若禀赋不足，肾气虚弱，命门火衰，会导致精液量少稀薄，精子数减少，甚至无精子，精子活动率降低，甚至全为死精子；若房事不节，久病伤阴，精血耗散，导致精液黏稠不液化等。

（2）肝郁气滞：肝主疏泄，性喜条达而恶抑郁，体阴用阳主筋，其经脉络于阴器。肝之功能正常与否亦直接影响着生殖功能的正常活动。若情志不舒，郁怒伤肝，疏泄失司，或气郁化火，则可致精液黏稠不液化，或见异常精子率增高，精子数减少等。

（3）湿热下注：湿为阴邪，易于黏滞，热为阳邪，易伤阴液。湿热互结，流注下焦，亦可致生殖功能障碍。若素日过食肥甘滋腻、辛辣炙煿之品，脾胃受损，运化失司，痰湿内生，郁久化热，湿热蕴积下焦；或冒雨涉水，感伤暑湿，湿热内蕴，流注下焦，而致精液不液化，异常精子率增高，死精子症等。

（4）气血两虚：气为血帅，血为气之母，人体的正常生理功能全依赖气血之运行。若因思虑过度，劳伤心脾，致心气不足，心血暗耗，或脾气不足，生化无源，遂成气血不足。或久病之后，气血两伤，均可导致精子数减少，甚则无精子，或精液黏稠不液化等。

2. 辨证论治

临证治疗男子不育，宜审虚实，分阴阳。也就是说，宜恪守辨证论治之原则，协调阴阳，做到法中有法，灵活变通，以"阴中求阳，阳中求阴"为法。对于部分无症状患者，应望其形体，察其舌脉，结合精液化验结果，综合分析，进行辨治。

（1）肾阳虚衰，下焦寒盛：婚后不育，腰膝酸软，精神疲惫，性欲减退，少腹拘急，阴头寒冷，睾丸疼痛，小便清长。

精液常规：精子数减少，甚至无精子，精子活动力弱，甚则均为死精子等。舌质淡，苔薄白，脉沉细或细。

证候分析：禀赋不足，肾气虚衰，或恣情纵欲，耗伤太过，损伤真阳，或久病阴损及阳，皆致肾阳虚损，命门火衰。"腰为肾之府"，肾阳虚衰，则腰膝酸软，精神疲惫，性欲减退，阳虚则不能温煦下焦，少腹拘急，阴头寒冷，睾丸疼痛。肾司二便，肾气虚衰，开阖失约，则小便清长。精液常规检查则大多表现为精子数减少，甚至无精子，精子活动率弱，甚则均为死精子等。舌质淡，苔薄白，脉沉细或细，均系肾阳虚衰之象。

治则方药：治以温补肾阳，祛寒散邪。方拟天雄散加减。制附子10～30g（先煎），桂枝10g，白术10～15g，熟地黄15～30g，白芍10～15g，生龙骨15～30g（先煎），生牡蛎15～30g（先煎），女贞子10～15g，生姜3片，大枣10g，炙甘草6g。日1剂，水煎服。

方解：制附子、桂枝温肾壮阳，祛寒散邪；熟地黄、女贞子、白芍补肝肾，滋阴养血，意在阴中求阳；龙骨、牡蛎固肾涩精；白术、大枣、甘草健脾和中；生姜散寒。诸药配伍，共奏温补肾阳、祛寒散邪之功。

（2）肾阴不足，相火偏亢：婚后不育，头晕耳鸣，腰痛腿酸，手足心热。精液常规见精液黏稠不化，精子数减少，异常精子率高等。舌质红，少苔，脉细数或弦细。

证候分析：或因耗伤过度，恣情纵欲，房事不节，或久病伤阴，致真阴愈竭，孤阳妄动，阴虚则无以制阳，偏火偏亢，则头晕耳鸣，腰痛腿酸，手足心热。阴虚火旺，精液常规检查则多表现为精液黏稠不化，精子数减少，异常精子率增高等。舌质红，少苔，脉细数或弦细，均为阴虚火旺之象。

治则方药：治以滋补肾阴，清泄相火。方拟大补阴丸加味。炙龟甲15～30g，生熟地黄各15～30g，知母10g，黄柏10g，川萆薢15～30g，女贞子15～30g，菟丝子10g。日1剂，水煎服。

方解：炙龟甲、熟地黄、生地黄、女贞子滋肾填精；知母、黄柏清泄相火；川草薢分清化浊，以助液化；菟丝子温补肾阳，既可防滋阴之品过腻之弊，又可阳中求阴。诸药相配伍，滋补而不留邪，降泄而不伤正，共奏滋补肾阴、清泄相火之功。

（3）肾阳不足，精液不化：婚后不育，或有轻微的腰酸腿软，乏力，或无明显的不适。精液常规则见精液不液化，或见精子活动率减低，精子数减少。舌质淡红，苔白腻，脉细滑而迟弱。

证候分析：或由先天不足，或后天受损，复加饮酒、嗜食肥甘、冒雨涉水等，致肾阳不足，则腰酸腿软乏力；湿浊下注，阻遏阳气，气化失司，则见精液不液化、精子活动率减低、精子数减少等。舌淡红，苔白腻，脉细滑而尺弱，皆为肾阳不足、湿浊下注之象。

治则方药：治以温肾利湿，分清化浊。方拟《丹溪心法》草薢分清饮加味。川草薢 30～60g，台乌药 10g，益智仁 10g，石菖蒲 10g，白术 10g，茯苓 10～30g，路路通 10g，熟地黄 15～30g，肉桂 6g。日 1 剂，水煎服。

方解：川草薢利湿，分清化浊；肉桂、乌药、益智仁温肾化气；石菖蒲、路路通通窍化浊；茯苓、白术健脾渗湿；熟地黄补阴，以助液化。诸药相伍，共奏温肾利湿、分清化浊之功。

（4）湿热下注，精液不化：婚后不育，头晕身重，腰部酸困，小便色深，甚则尿道灼热疼痛，或无明显自觉症状。精液常规则见精液不液化，或见精子活动力减低、异常精子率增高等。舌淡红或边尖微红，苔黄腻，脉弦滑。

证候分析：或由醇酒厚味，饮食不节，或感受暑湿，使湿热互结，流注下焦，则腰部酸困不适，小便色深，甚则尿道灼热疼痛，精液黏稠不化，或见精子活动率减低、异常精子率增高。舌边尖微红、苔黄腻、脉弦滑皆为湿热之象。

治则方药：治以清热利湿，分清化浊。方拟程氏《医学心悟》草薢分清饮加减。川草薢 30～60g，黄柏 10g，莲子心 6g，石菖蒲 10g，熟地黄 15～30g，路路通 10g，丹参 15g，茯苓 15g，车前子 15～30g（包）。日 1 剂，水煎服。

方解：川草薢清热利湿，分清化浊；黄柏清热燥湿；莲子心、石菖蒲、路路通清热化湿，通窍活络；丹参、熟地黄养血填精，活血化瘀，伍熟地黄、茯苓、车前子育阴利湿清热，以助液化。诸药配伍，共奏清热利湿、分清化浊之功。

（5）气血两虚，精室空虚：婚后不育，身乏倦怠，头晕目眩，性欲减退。精液常规见精子数减少，活动率减低，或全为死精子。舌质淡，苔薄白，脉沉细无力。

证候分析：或由先天不足，后天受损，或久病体虚，致气血两虚，则身乏倦怠，头晕目眩，性欲减退；精液检查大多表现为精子数减少，精子活动率减低，或全为死精。舌质淡、苔白薄、脉细无力为气血两虚之象。

治则方药：治以补气养血，益髓填精。方拟十全大补汤加减。黄芪 30g，党参

10g，茯苓 10g，白术 10g，熟地黄 15g，当归 10g，白芍 10g，川芎 10g，枸杞子 10g，菟丝子 10g，肉桂 3～5g，炙甘草 3g。日 1 剂，水煎服。

方解：黄芪补气升阳，党参补中益气；茯苓、白术健脾渗湿；熟地黄、枸杞子、菟丝子补肝肾，益精血；当归、白芍补血生精；肉桂壮火助阳；炙甘草益气和中。诸药配伍，共奏补气养血、益髓填精之功。

3. 精液异常的论治

临证对于部分无症状患者，应望其形体，察其舌脉，结合精液化验结果，综合分析，进行辨治。精液异常包括精液不液化症、精子活动率减低症、精子减少症、异常精子率升高症、无精子症等。

（1）精液不液化症：是指精液排出体外，在 25℃室温下 30 分钟不液化者。有的学者统计约 90% 精液不液化者患有前列腺炎；而前列腺炎患者中，精液不液化者占 12%。故部分学者多主张以清热利湿或滋阴清热为治。虽系现代医学之炎症性疾病所致，但仍须按中医理论辨证施治。在所治者中，大多无明显症状，可根据其形体与舌脉进行辨证。证属肾阳不足者，治以丹溪萆薢分清饮化裁，温肾利湿，分清化浊；肾阴不足者，治以大补阴丸加味，滋阴清热，分清化浊；湿热下注者，治以程氏萆薢分清饮加味，清热利湿，分清化浊等。各型中大多重用川萆薢，酌情加入熟地黄、车前子，前者用量 30～60g，后两者 15～30g；并酌情加入丹参、三棱、莪术、路路通等活血通络之品。

（2）精子活动率减低症：是指精子活动率在 3 级以上的精子低于 50% 者，大多无明显症状。临证仔细追问，部分患者或有阴囊寒冷或潮湿，或伴有腰膝酸软等，宜根据其形体与舌脉进行辨治。大多为肾阳虚衰，下焦寒盛，治以天雄散加减，温补肾阳，祛散寒邪。方中制附子一般用 10～15g，最大可用至 30g，以增强温补肾阳之力，但需久煎；并可适当加入龟甲、熟地黄等补益之品，以阴中求阳；加丹参、三棱、莪术等活血化瘀之味，以增强疗效。

（3）精子减少症：是指精子数在 2000 万 /mL 以下者，大多无明显症状，均为因不育经检查而发现。临证仔细追问，部分患者或有腰膝酸软、五心烦热、健忘多梦等，宜根据其形体与舌脉进行辨证。大多属肾精不足，治以大补阴丸化裁，补肾填精，清降虚火。方中重用龟甲、生熟地黄，加女贞子、枸杞子，并酌情加入附子、菟丝子等温补肾阳之味，以阳中求阴；肾阳不足，治以天雄散温肾壮阳，祛寒散邪，酌加补阴之味，以阴中求阳。

（4）异常精子率升高症：是指异常形态的精子率超过 20%。现代医学认为系精囊炎、前列腺炎、附睾炎、睾丸炎或生精功能缺陷所致。临床属热证者较多，或为湿热，或阴虚内热；而属虚寒证者甚少。前者分别选用龙胆泻肝汤、大补阴丸加减治疗，并酌加野菊花、蒲公英、土茯苓等清热解毒之品与丹参、三棱、莪术等活血化瘀之味；后者则以天雄散化裁治之。异常精子率升高症者尤须注意，因部分人虽能使女方受孕，但多易致流产或胎儿畸形，故必须待降至正常范围后，再择期受孕。否则，既影响母体身心健康，又不能足月产儿或为畸形儿。

（5）无精子症：是指精液化验检查未见精子者。此类不育者虽有部分治愈的报道，但其最为棘手，临床治疗不甚满意。临证常以天雄散合五子衍宗丸加减，温肾补精治之。临证仅有极少数患者经治疗后，可出现几个精子，再继续进行长期调治，亦可获效。

五、方药之长

李文瑞坚持辨证论治，重视气机升降，酸苦化甘治疗糖尿病，注重活血化瘀，提倡中西医结合。在临证实践中，李文瑞善用经方，亦用时方和后世方及自创方，同时善用降糖单味中药、药对和成方治疗糖尿病并发症与伴有病证，重用部分单味药。以上均能圆机活法，灵活应用。

1. 麻黄附子细辛汤
（《伤寒论》）

组成：麻黄二两（去节），细辛二两，附子一枚（炮，去皮，破八片）。

用法：上三味，以水一斗，先煮麻黄减二升，去上沫，纳诸药，取三升，去滓，温服一升，日三服。

功效：扶正祛邪，温阳解表。

主治：发热，恶寒，无汗，四肢不温，苔白，脉沉弱；或兼有头项强痛，神疲乏力，面色不华。

方解：本方证为太阳少阴表里俱病，又称"太少两感"之证。方中麻黄发汗以解太阳之表，附子扶阳以温少阴之里；细辛既能解表之寒，又能散少阴之邪，与麻黄、附子相伍，可兼有表里两治之功。三味相协，温少阴之经而发太阳之表，具有扶正祛邪、温阳解表之功。

临床应用：现代临证，本方用于阳虚体质之感冒，阳虚或衰弱小儿之麻疹，寒入少阴之咳嗽，老幼肺炎，嗜睡，产后水肿，肾病水肿，阳虚寒凝脉迟缓等；亦可用于病态窦房结综合征、心动过缓症、慢性支气管炎、支气管哮喘、肺心病、心功能不全、脱疽、阴疽、血管性头痛、多发性神经炎、三叉神经痛等病证而见本方证者。

治验案例：李文瑞善于活用经方，麻黄附子细辛汤除用于"太少两感"之证外，尚可治疗内科不少疑难杂症，均获得满意疗效。临证常以原方或加味治疗心动过缓症。若寒甚者，附子酌情逐渐增加用量；心率过慢者，适当增加麻黄剂量，兼有气虚者，酌加人参、生晒参、黄芪补气之味；兼有气阴两虚者，合生脉散以益气养阴；兼有气滞血瘀者，合丹参饮以行气活血；瘀血重者，酌情选加川芎、三七、红景天等，以增强活血化瘀之功效。

例1：李某，女，18岁。心动过缓，心率40～45次/分，已察觉年余（体检发现）。诊见平常无明显自觉症状，但运动则觉胸闷短气，形寒恶冷，手足不温，舌质淡，苔薄白，脉细缓。西医诊断为原因不明心动过缓。中医辨证为心阳不足，寒凝气滞，致使血涩而脉缓。治以温通心阳。方拟麻黄附子细辛汤：麻黄5g，制附子10g（先煎），细辛3g。3剂，水煎服。药尽再诊，手足渐温，心率55～60次/分。上方制附子改用15g，继进7剂。药后无明显不适，且脉证略有好转。因服汤剂不便，上方10倍量共研细末，炼蜜为丸，每丸重9g。每服1丸，日2～3次。服40日后，来谢。自诉参加运动已无胸闷感，四末温如常人，心率65～70次/分。嘱服完丸剂停药。随访2年，已考入大学。

按：患者年轻，病及年余，正气虽虚而不甚，无明显自觉症状，只在运动时有胸闷短气感，其心动过缓，是在体检时发现。病因为其素体阳虚，曾感受风寒，治之不彻底，而阳虚寒化，阴盛久滞于内，致使脉凝滞不畅出现心动过缓。证属心阳不足，寒凝气滞，治用麻黄附子细辛汤原方，且用量不大。方中制附子扶阳以温心肾之遗寒；细辛散阴寒之邪；麻黄发表散寒，使越阳之气，开泄皮毛，散邪于表；麻黄与细辛相伍，兼治表里之寒邪，以驱散久留之寒气。用麻、附、辛相配，于扶阳之中促进解表邪，于解表邪之中不伤阳气，借以使因外感风寒滞留于里之邪气得以表散，又使里虚之阳得以温醒，可谓相得益彰，使少女年余之患得逐除而愈。

例2：张某，女，53岁。本院药剂师，停经已年余，更年期综合征渐息，残有心烦、气急、易怒，均可自控。5年前出现胸闷胸痛、心悸气短、善太息等。心电图示：ST段下移等。诊为冠心病，服用硝酸异山梨酯，憋闷、胸痛重时急服硝酸甘油可缓解。2年前发现心动过缓，心率55～60次/分。心电图示：窦性心动过缓；24小时动态心电图：窦性心动过缓，且有Ⅱ度房室传导阻滞。诊见面色不华，形寒肢冷，神情紧张，心慌不安，胸闷短气时发，偶伴有疼痛，每日下午3点以后心慌气短，神疲乏力，四肢软弱无力，下班后坐地铁返家时，必须休息30分钟以后方能操持家务，夜寐时不宁，纳欠馨，量亦不多，大便时不实。素日易外感，每1～2个月必发，感冒时不发高热，调服板蓝根冲剂之类，四五日后可渐复。舌质淡，苔白不厚，脉沉细而缓，55～58次/分。证属心阳气虚，阴寒内盛之心动过缓。治以温阳散寒，益气通脉。方拟麻黄附子细辛汤加味：制附子15g（先煎），炙麻黄8g，细辛5g，生晒参15g（单煎兑服），生黄芪15g。6剂，水煎服。药后，自觉身冷有缓，神情似有爽。上方制附子改用20g，5剂。药后，患者面有笑容，心率65次/分。上方再服10余剂后，病情稳定，无明显不适。为服药方便，改为蜜丸以巩固疗效。处方：制附子30g，炙麻黄10g，细辛6g，生晒参25g，生黄芪25g。共为细末，炼蜜为丸，每丸重9g。每服1丸，日3次。1个月后，病情平稳，胸闷短气已减，未发生过憋气，心率保持在60～65次/分。遂遵上方适当减量：制附子15g，炙麻黄8g，细辛5g，生晒参15g，生黄芪15g。共为细末，炼蜜为丸，每丸重9g。每服1丸，日3次。20日后，病情进一步好转，每日坚持在药房半体力、半脑力工作，神疲已不显，纳馨，体重略增，形寒不现，心率62～65次/分。坚持服用上述丸药2年，病情稳定。

按：患者53岁，天癸已竭。患冠心病5年余，虽经治疗，病情时隐时现，再加上易感外寒，频发感冒。久而久之，阳气虚衰，寒邪久滞，血为心所主，脉为血之通道，心之阳气推血液沿脉而行等功能受损，因而出现阳气虚衰，鼓动无力，血行不畅，心血瘀阻，则见短气胸闷，甚则时憋，肢软乏力，四末不温，脉来缓慢，易患风寒感冒等病证。故投麻黄附子细辛汤温肾、通心阳、通血脉，再加生晒参、生黄芪，寒则温之，虚则补之，温煦助阳，益气养心，取气行血行之义，振奋心阳，加速脉率。方中重用附子且久煎，毒减功足，温通十二经脉，以贯通心脉，鼓动心率；细辛宣通散寒；麻黄辛温，驱散久留之寒邪，温血通脉。诸味相协，寒则温之，虚则补之，药证合拍，故而取得疗效。

2. 参地降糖颗粒

（自创方）

组成：红参、生地黄、葛根、制首乌、莪术、天冬。

用法：上6味经提取制成颗粒装袋，每袋6g。每次1袋，日2～3次。

功效：益气养阴，清热生津，活血化瘀。

主治：气阴两虚的2型糖尿病。诊见神疲乏力，口渴欲饮，纳食正常或稍多，小便稍多或正常，大便通畅或稍干，或自汗，或盗汗，或有五心烦热，欲寐多梦，舌淡红或微红，或有瘀点、瘀斑，苔薄白或少津，脉细弱。

方解：方中以红参为君药，性温味甘，"主五脏气不足、五劳七伤、虚损瘦弱……"（《本草纲目》），"气虚血虚俱能补"（《景岳全书》），"调中，止消渴，通血脉……"（《名医别录》）。取其补五脏之虚，大补元气，生津止渴，重在益气。生地黄、葛根共为臣药。生地黄，性寒，味甘微苦，"内专凉血滋阴，外润皮肤荣泽"（《本经逢原》）；葛根，性凉味甘，"主消渴，身大热，呕，诸痹，起阴气，解诸毒"（《神农本草经》），"升阳益津，脾虚作渴者，非此不除"（《珍珠囊》）。二药相伍，养阴生津，润燥清热，协红参生津止渴，且葛根又有升阳之功，协红参增强益气之效。

何首乌、莪术、天冬共为佐药。何首乌，性微温，味苦涩，"苦补肾，温补肝，能收敛精气，所以能养血益肝，固精益肾，健筋骨，乌髭发，为滋补良药，不寒不燥"（《本草纲目》），"益肝，敛血，滋阴"（《药品化义》），取其补精益血，滋补肝肾，协红参补气不燥，助地黄养阴而不寒；莪术，性辛温，味苦，"行气破血散结，是其功能之所长……"（《本草经疏》），与红参相伍，益气活血，破瘀而不伤正，与生地黄、葛根相伍，活血凉血，养阴而不留邪；天冬，性大寒，味甘苦，"润燥滋阴，清金降火"（《本草纲目》），"润燥滋阴，降火清肺之药也。统理肺肾火燥为病，如……烦渴传为肾消……"（《本草汇言》），制君药红参之温燥，助生地黄、葛根滋阴清热。诸药相伍，共奏益气养阴、清热活血之功效，使气足阴复，热清血活，则消渴自除。

临床应用：观察 315 例，将 120 例新诊断的糖尿病患者，随机分为中药治疗组与西药对照组各 60 例；对 195 例已用西药治疗效果不满意的患者，再加入中药，为西药加中药治疗组。中药组用参地降糖颗粒 6g，日 2～3 次；西药对照组用达美康 80mg，日 1～2 次；西药加中药组在原用西药的基础上，加用参地降糖颗粒 6g，日 2～3 次。

结果与结论：①降糖作用：参地降糖颗粒降糖作用和缓而持久，且无毒副反应及低血糖发生。中药治疗组稍优于西药对照组，但无明显差异；西药加中药治疗组与治疗前对比有显著差异。②消除临床症状：中药治疗组与西药加中药治疗组均显著高于对照组。③降低血清甘油三酯及胆固醇：中药治疗组与西药加中药治疗组均高于对照组，但无明显差异。④改善胰岛素分泌水平：中药治疗组与西药加中药治疗组前后无明显变化，说明参地降糖颗粒的降糖作用，不是单纯刺激胰岛 β 细胞分泌胰岛素，更重要的是改善胰岛素抵抗而提高胰岛素生物效应，这可能与服中药后患者的代谢、微循环整体状况改善有关。⑤中医辨证分型疗效：临床比较证实，气阴两虚型血糖降低的总有效率显著高于气虚、阴虚两型，说明辨证用药可进一步提高中医药的临床疗效。

3. 糖肾胶囊

（自创方）

组成：人参、黄芪、大黄、猪苓、水蛭、黄连。

用法：上 6 味经提取制成胶囊剂，每服 4 粒，日 2～3 次。

功效：益气活血，清热化瘀，泻毒利水。

主治：糖尿病肾病。诊见倦怠乏力，腰膝酸软，口干口渴，小便利或不利，大便通畅或秘结，或头晕目眩，或视物模糊，或肢体麻痛，或下肢浮肿，舌体胖，舌质淡红或暗，舌边尖或有瘀斑或瘀点，舌苔薄白或黄，脉沉细。

方解：方中人参为君，性温味甘，功能大补元气，补益五脏，益脾助肾，益气

311

生津，《神农本草经》谓人参"补五脏，安精神"，《名医别录》谓人参"调中，止消渴"。黄芪、大黄为臣，黄芪既能助人参补气，又可消肿利水，《本经逢原》云："黄芪温补而通调血脉，流行经络，可无碍于壅滞也。"大黄苦寒，活血化瘀，清热通利，正如《神农本草经》所云："下瘀血，血闭寒热，破癥瘕积聚，荡涤肠胃，推陈致新，通利水谷，调中化食，安和五脏。"水蛭、猪苓、黄连共为佐药，以加强君臣药物活血、通利、清热之力。水蛭苦咸，破血逐瘀，《神农本草经》云："主逐恶血，瘀血……利水道。"猪苓甘淡渗泄，通利水道，《本草纲目》云："猪苓淡渗，气升而又能降，故能开腠理，利小便。"黄连苦寒清热，《本草正义》云："黄连大苦大寒，能泄降一切有余之湿火。"诸药配伍，共奏补气活血、清热化瘀、泻毒利水之功效。

临床应用：将21例糖尿病早期肾病患者分两组进行临床观察。其中对照组7例，未予任何改善肾功能的中西药；中药治疗组14例，以糖肾胶囊6g/d，1个月为1个疗程，共6个疗程。所有被观察对象除1例单服中药外，其他均靠口服磺脲类和（或）双胍类降糖药及饮食控制，使血糖控制稳定，停用任何改善肾功能的中西药。

结果：中药治疗组14例，尿微量白蛋白（UAER）在治疗1、2、3、6个月后与治疗前比较有明显改善（$P < 0.05$）；糖化血红蛋白（HbA1c）与尿素氮（BUN）治疗过程中虽偶有改善，但总体观察则无显著变化；空腹血糖（FBS）治疗前后无明显变化。对照组7例，3个月及6个月后观察UAER有显著增加（$P < 0.05$），由$59.24 \pm 16.48 \mu g/min$升至$74.62 \pm 18.9 \mu g/min$；仅有1例下降，由$71.73 \mu g/min$降至$49.65 \mu g/min$。HbA1c、BUN均无明显变化；FBS虽在3个月时较观察前有显著降低（$P < 0.05$），但6个月时则无明显变化。结论：糖肾胶囊能有效地降低UAER，长期使用可能会延缓肾病的进展，具有保肾作用。

4.单味降糖中药、药对及成方治并发症或伴有病证

经数十年治疗糖尿病的经验结合实验研究，李文瑞临证常将降糖单味中药和药对加入相应辨证论治方中，并列举了部分成方治疗糖尿病并发症或伴有病证。

（1）单味降糖中药：人参、黄芪、山药、苍术、葛根、丹参、生地黄、玄参、山茱萸、玉竹、麦冬、天冬、天花粉、黄连、黄芩、黄柏、生大黄、生石膏、知母、桑白皮、蚕茧、蛤蚧、五倍子（文蛤）、五味子、乌梅、苦瓜、荔枝核、石斛等。

以上药物，可在辨证论治中酌情选用之，对每味药的四气五味要有研究，且注意"酸苦化甘"的应用。

（2）降糖药对：石膏与知母（治消谷善饥）、知母与黄柏、川黄连与苦瓜、大黄与黄连（以上为苦寒泄热）、生地黄与玄参、葛根与玄参（以上为养阴清热）、乌梅与黄连、五倍子与黄连、五味子与黄连、山茱萸与生地黄、山茱萸与牡丹皮、乌梅与知母（以上为酸苦化甘）、黄连与肉桂、川黄连与干姜（以上为寒热并用）、柴胡

与黄芩（和解少阳）、黄连与阿胶、炒酸枣仁与五味子（以上治失眠）、苍术与玄参（相互为用）、锁阳与肉苁蓉、当归与生首乌（以上治便秘）、金樱子与芡实（固涩）、黄芪与生地黄、黄芪与山茱萸（以上为益气养阴）、附子与山茱萸（阴阳双补）、天麻与钩藤（治头晕、高血压）、牛膝与地龙、白芍与甘草、葛根与松节、鸡血藤与首乌藤（以上治肢麻）、五味子与虎杖（治脂肪肝）、山楂与泽泻（降血脂）、白茅根与茜草根（治肾炎、血尿）等。

（3）成方治糖尿病并发症或伴有病证：补阳还五汤治糖尿病合并中风；黄芪桂枝五物汤治糖尿病肢麻；黄芪建中汤治糖尿病胃痛（虚寒）；玉屏风散治糖尿病气虚、汗频；当归六黄汤治糖尿病燥热、汗频；交泰丸清火滋阴治失眠；小陷胸汤治糖尿病合并心肺疾病；五泻心汤加减治糖尿病伴胃肠虚实夹杂证（选用）；干姜黄芩黄连人参汤治糖尿病热伤气阴；乌梅丸治糖尿病上热下寒证；附子理中汤治糖尿病伴呕吐、中焦虚寒；真武汤温阳利水治糖尿病伴面目四肢浮肿；乌头汤治糖尿病伴寒湿痹症（慎用）；黄芪建中汤治低血糖；栀子三黄汤治酮症酸中毒；百合地黄汤治糖尿病伴更年期综合征；当归补血汤合二妙丸治糖尿病伴颜面神经麻痹；葛根芩连汤治糖尿病伴高血压；天麻钩藤饮加泽泻、茺蔚子治糖尿病伴高血压（肝阳上亢）；碳酸氢钠配秦皮、威灵仙（煎秦皮、威灵仙送服碳酸氢钠片）治糖尿病伴高尿酸血症；大柴胡汤加红曲治糖尿病伴高脂血症；小陷胸汤加橘红、决明子治糖尿病肥胖；桂枝茯苓丸治糖尿病伴多囊卵巢症；猪苓汤合当归补血汤加减治糖尿病伴心衰；猪苓汤合五苓散加减治糖尿病肾病、水肿；四妙永安汤加减治糖尿病伴周身关节痛；犀角地黄汤加减治糖尿病高热；黄连温胆汤加减治糖尿病伴头晕（眩晕）等。

5. 重用单味药

李文瑞临证强调辨证论治，适当结合辨病，突出主攻方向，重用单味药，方小药精，治愈不少疑难病证。现仅就重用柴胡、厚朴、牡丹皮、连翘、石韦、金樱子、甘草、葶苈子、白芍、附子等单味药的临床应用分述如下。

（1）重用柴胡：重用 15～30g，最大用量 60g。

功效与应用：柴胡具有发汗清热、散表和里之功效，与解热、抑菌、抗病毒等现代药理作用相合。若用于发热性疾病，重剂方可获效，常在小柴胡汤、银翘散、补中益气汤等方中重用。临床主要用于原因不明发热，以及感冒、肝炎、血液病、肿瘤、体虚等所致发热。一般服药 2～5 天，多则 2 周，即可热平。药量随热降而减量，未见明显毒副反应（说明：因该药为短期应用，加之方中药物相互制约，故不会发生柴胡的毒副作用；再者，柴胡剂发生毒副反应多因不辨证且长期使用所致）。

治验案例：胡某，女，42 岁。因发热 10 天，经多种检查未见异常，予抗菌、抗结核治疗月余未效，遂会诊。诊见口苦咽干，胸胁满闷，寒热往平，纳呆食少，形体消瘦，二便如常。舌淡红，苔薄白，脉弦而数。证属邪客少阳。治以和解少阳。方拟小柴胡汤加减。方中重用柴胡 60g。服 7 剂后，热大减。守方柴胡减至 30g，再服 7 剂后，热退病愈。

（2）重用连翘：重用 30 ～ 60g，最大用量 90g。

功效与应用：连翘具有清血分热结、通淋之功效，与抗菌、抑菌、利尿等现代药理作用相合。重剂用于血淋，多与重剂白茅根配伍，相得益彰，清热散结而不伤阴，凉血止血而不留瘀。常加入二至丸、八正散等方剂中重用。临床主要用于原因不明之血尿、肾炎、肾盂肾炎、泌尿系统感染等。服药期间，未发现明显副作用。

治验案例：胡某，男，21 岁。因患慢性肾炎年余而休学，尿常规检查红细胞10 ～ 30 个 / 高倍视野，已持续月余。诊见神疲力乏，腰膝酸软，纳可便调。舌质红，苔薄黄，脉弦有滑象。证属热结血分，迫血下行。治以清热散结，凉血通淋。方拟连根汤。方中连翘 35g，白茅根 30g。服 5 剂后，尿中红细胞 3 ～ 8 个 / 高倍视野。上方再进 10 剂后，尿常规正常，症状缓解。继以六味地黄丸巩固疗效。之后随访，未再复发。

（3）重用附子：重用 15 ～ 25g，最大用量 35g。

功效与应用：附子大辛大热，具有温肾壮阳、逐寒生精、化浊行水、宣痹止痛之功效。临证贴切，则可重用，但宜逐渐增量。重用时更应延长煎煮时间，以去其大毒。常在天雄散、真武汤、桂枝加附子汤、四逆汤、麻黄附子细辛汤等方中重用。临床主要用于治疗男子不育、心动过缓、甲状腺功能减退症、痹痿、强直性脊柱炎、脱疽、类风湿关节炎、风湿性关节炎、皮肌炎、雷诺综合征、尿毒症、寒疝、便秘等。

治验案例：某，男，32 岁。婚后 3 年未孕，女方检查未见异常。行精液常规检查：精子活动度 15%，精子数 2300 万 /mL，异常精子 15%。自诉精液清冷，下部微冷，余如常。舌淡红，苔薄白，脉细弦。证属肾阳不足，阴寒内盛。治以温补肾阳，驱散阴寒。方拟天雄散加露蜂房，方中制附子首用 10g。服 7 剂后，无明显不适，之后逐渐加至 30g。连续守方服用 45 日后，再行精液常规检查：精子数增至 6800 万 /mL，异常精子 7%，精子活动度 75%。原方加减配制成蜜丸以巩固疗效，3 个月后告其爱人已怀孕。

（4）重用厚朴：重用 25 ～ 50g，最大用量 80g。

功效与应用：厚朴具有理气除胀、增强肠蠕动之功效，与兴奋肠管的现代药理作用相合。若用于腹胀较甚者，重剂方可获效，常在厚朴三物汤、枳术丸、厚朴七物汤等方中重用。临床主要用于帕金森综合征、腹部手术后胃肠功能紊乱等所致之腹胀。服药期间未见明显毒副反应。

治验案例：叶某，男，80岁。因患帕金森综合征住院。经西药治疗，肢体抖动等症状明显减轻，唯腹胀便难如故，遂邀中医会诊。诊见腹胀如鼓，便软而难解，纳呆食少。舌淡红，苔薄白，脉弦细。证属气运失司，浊气不降。治以健脾理气，除满降浊。方拟枳术丸合厚朴三物汤。方中重用厚朴至80g，加莱菔子10～15g。日1剂，水煎服。服3剂后略减，治疗月余，症状缓解。

（5）重用甘草：重用15～25g，最大用量45g。

功效与应用：甘草有清热利咽、解毒消肿之功效，与抗炎、解毒等现代药理相合。若用于咽喉肿痛，重剂疗效颇佳，常在桔梗汤中重用。临床主要用于咽炎、喉炎、扁桃体炎等。服药期间未发现浮肿、腹胀、钾低等副作用。

治验案例：患者女，29岁。患急性咽炎5日，症见咽痛，瘖哑，咽部不爽，目赤干涩，纳食尚可，小便色黄，大便通调。舌微红，苔黄少津，脉滑数。证属热壅咽部，灼伤津液。治以清热解毒，养阴利咽。方拟桔梗汤加味：桔梗10g，生甘草30g，玉蝴蝶10g，蝉衣5g，肥玉竹10g。日1剂，水煎服。5剂后症状减轻，再进5剂痊愈。之后随访，未见复发。

（6）重用白芍：重用15～30g，最大用量60g。

功效与应用：白芍具有柔肝缓急而不耗气，平肝泄热而不伤阴之功效，与解痉、镇痛、解热等现代药理作用相合。若用于拘挛性疼痛，重用方可获效，常在芍药甘草汤、柴胡疏肝散中，或加入乌梅丸、四君子汤、桃红四物汤等方中重用。临床主要用于慢性胰腺炎、胆道蛔虫病、肝血管瘤、更年期综合征等。

治验案例：某，女，73岁。患慢性胰腺炎3年。诊见口苦恶心，进食稍多则腹痛，二便如常，肢软乏力。舌胖质淡红，苔薄白，脉细弦。证属脾虚肝郁，疏泄失司。治以健脾益气，疏肝解郁。方拟四君子汤加白芍30g，香附、郁金各10g。日1剂，水煎服。5剂后，疼痛明显减轻，纳食增加，乏力有缓。原方加减，再进10剂后，诸症缓解。

（7）重用牡丹皮：重用25～60g，最大用量90g。

功效与应用：牡丹皮具有凉血、散瘀、止痒之功效，与解热、抑菌、降低血管通透性等现代药理作用相合。若用于血热所致之病证，重用方可获佳效，常在二至丸、归参丸、犀角地黄汤等方中重用。临床主要用于血小板减少症、血液病之发热、皮肤病等。服后无腹痛腹泻等副作用。

治验案例：患者男，21岁。全身皮肤发疹，色红如环状，身热痒甚，遇冷则缓，口干而苦，纳食尚可，大便秘结。舌淡红，苔薄白，脉细滑。证属邪客血分，迫于肌肤。治以清热解毒，凉血止痒。方拟归参丸加牡丹皮45g，升麻10g，土茯苓25g，甘草3g等。日1剂，水煎服。7剂后，皮疹减轻。再进7剂，皮疹痊愈。

（8）重用葶苈子：重用 15～25g，最大用量 30g。

功效与应用：葶苈子具有泻肺排痰、消心胸之水的功效，与利尿、强心等现代药理作用基本相合。若用于痰热壅盛、心胸之水等症，重用疗效显著，常在葶苈大枣泻肺汤中，或加入小陷胸汤、千金苇茎汤、麻杏石甘汤等方中重用。临床主要用于肺炎、感冒所致之痰多色黄，以及心包积液、胸腔积液等。服药期间未见少气、心率减慢等毒副作用。

治验案例：患者女，24 岁。咳嗽 8 个月余，偶作喘。初诊时症见咳嗽痰多，色黄质黏，咯出不爽，胸闷憋气，纳食尚可，小便色黄，大便偏干。舌淡红，苔黄微腻，脉弦滑。证属痰热壅肺，宣肃失司。治以清热化痰，宣降肺气。方拟葶苈大枣泻肺汤合小陷胸汤。方中重用葶苈子 30g，并加紫菀 25g。日 1 剂，水煎服。5 剂后，咳嗽有缓，痰排出增多。原方再进 5 剂，痰量减少。原方加减，继服 2 周，病告痊愈，未再复发。

（9）重用石韦：重用 30～45g，最大用量 60g。

功效与应用：石韦具有利水通淋、清热止血之功效，与利尿、消除尿中蛋白和隐血等现代药理作用相合。常在辨证方剂中加入，唯有重用，方可获效。临床主要用于顽固性蛋白尿、血尿、急慢性肾炎、肾病、肾盂肾炎、泌尿系感染等。服药期间，未发现明显副作用。

治验案例：患者女，49 岁。患慢性肾炎，持续性蛋白尿十余年，均在 100～300mg/dL 或以上。初诊时，咽干口渴，二便如常，双下肢微热，时或疼痛。尿蛋白为 300mg/dL 以上。舌淡红，苔薄白，脉细。证属湿热内蕴，迫及下焦。治以清热利湿，通利下焦。处方：石韦 45g，白茅根 30g，猪苓、茯苓、葛根各 15g，鸡血藤 25g，甘草 3g。日 1 剂，水煎服。5 剂后，症减，尿蛋白 200mg/dL。原方石韦加至 50g。继服 1 个月，尿蛋白 < 50mg/dL，大多为阴性。

（10）重用金樱子：重用 25～45g，最大用量 60g。

功效与应用：金樱子具有固精、缩尿之功效。重剂应用则固涩作用显著，常加入缩泉丸、桂枝加龙骨牡蛎汤、锁阳固精丸或辨证方中重用。临床主要用于尿崩症、遗尿、遗精、消渴病等。服药期间，未发现明显副作用。

治验案例：佐某，女，65 岁。患尿崩症半年，症见口干欲饮，尿频不痛，腰膝酸软，少腹冷胀，大便调，舌淡红，苔薄白，脉细弦。证属肾气不足，气化无权。治以温肾益气，缩泉固涩。遂予缩泉丸加金樱子 45g。日 1 剂，水煎服。10 剂后，诸症大减。原方 10 倍量，研为极细末。每服 3～5g，日 2～3 次。服用月余，病告痊愈。之后随访，未见复发。

6. 附子"最有用，最难用"

李文瑞指出，附子是中药峻药、猛药之一。其味大辛，性大热，气雄壮，性悍烈，刚猛而有毒，善走而不守，通行十二经，表里上下，无处不到。附子具有回阳救逆、温肾暖脾、逐寒止痛、驱散风寒湿之功，善治沉寒痼疾，多用于里寒阳虚证；同时它还能"引补血药入血分，以滋养不足之真阴"。这是"最有用"之要点。"最难用"者，因其辛热之性甚剧，其毒性峻猛，应用时"不无顾忌"。如临证认证不准确，有可能发生燥热副作用，从而加重病情，乃至导致死亡；而认证虽准确，但配伍不当，或剂量严重失宜，亦可发生严重的后果。故"最难用"是也。

李文瑞在攻读北京中医学院六年间，每当一门功课结束之后，常常写出读书笔记，以示心得，并为其考试作准备。学习《中药学》之后，总结以附子、大黄、人参等十几味为重点，作了读书笔记。自从走入临证之后，对附子应用特别谨慎，认证明确，配伍得当，用量一再斟酌，常获良效，未发生过一例不良反应，其功得于读书笔记。这是因为每作一笔记，必深思熟虑地体会老师讲述和课后辅导之真髓，尤以附子临证应用广泛，但又有大毒，在脑海永不忘记。在临证之余，或遇某一难症，必须用附子时，也多次请教中医科老主任魏龙骧指点，受益匪浅。

自古以来，附子为临证应用一味"要药"，颇受历代名家之推崇，如明代张景岳在《景岳全书》中将之列为"药中四维"之一，"夫人参、熟地、附子、大黄者，实乃药中四维……人参、熟地者，治世之良相也；附子、大黄者，乱世之良将也"。所谓"四维"者，乃古称"礼、义、廉、耻"为国之四维，意为立国安邦之要也；药中四维者，乃治病保命之要药是也。

从古至今，历代医家对附子的适应证、配伍、剂量、煎法、禁忌和中毒等多有论述。古人谓附子一味"最有用、最难用"，可谓精辟。

李文瑞指出，附子性纯阳，作用峻猛，辨证准确，应用得当，则见效迅速而显著；反之，如辨证错误，应用不当，则毒副作用迅速显现且严重，属于所谓的"虎狼之品"之一。无论是"有用"还是"难用"，取决于其纯阳之性和其显著温阳之能。临床应用或取性而用，发挥其温热走而不守之性能，以激发、推动和增强其他药物的作用，从而提高和加强治疗效应；或取能而用，围绕其温阳功能强的特点，依据不同配伍，或温阳而散寒，或温阳而止痛，或温阳而通脉，产生不同的治疗效应。这些以附子温阳为要点，医者临证立法选方遣药，活法圆机，乃非语言文字所能解惑，在于心领神会，深切琢磨而已矣。

临床应用：在临床实践中，善用附子，巧用附子，坚持辨证论治，有是证则用是药，而且对附子使用剂量，根据病证的不同酌情选择，小则 3g，最大可达 35g。如以天雄散加减温补肾阳，驱散阴寒，治疗男子不育症；通脉四逆汤加味扶阳温寒，通脉救逆，治疗尿毒症；真武汤加味温补肾阳，利水消肿，治疗蛋白尿；麻黄附子细辛汤温补心肾，散寒通脉，治疗心动过缓；四逆汤加味回阳救逆，治疗心肌梗死；乌头汤加减温经散寒，祛痹止痛，治疗糖尿病神经病变；地黄饮子加味温肾益精，化痰开窍，活血化瘀，治疗痿痹；黄芪桂枝五物汤加附子温经散寒通络，治疗脱疽；身痛逐瘀汤加减温阳逐寒，活血化瘀，治疗强直性脊柱炎；黄芪桂枝五物汤合《外台》乌头汤温经散寒，养血通脉，治疗雷诺综合征；金匮肾气丸合当归补血汤加减温补脾肾，活血通痹，治疗皮肌炎；桂枝加附子汤加味温经散寒，祛湿通脉，治疗风湿性关节炎；桂枝附子汤合甘草附子汤加味温经散寒，祛风除湿，通痹止痛，治疗类风湿关节炎；右归丸加味温补命门之火，填精补髓，治疗沉寒痼冷怪证；真武汤合当归补血汤加减温补脾肾，利水消肿，益气养血，治疗甲状腺功能减退症；八珍汤合二仙汤加味温肾健脾，补气养血，治疗再生障碍性贫血；乌头桂枝汤加减双解表里，祛寒逐邪，治疗寒疝；大黄附子汤温经散寒，通便止痛，治疗阳虚便秘等病证，均获显著疗效。

7. 论大黄的功效与临床应用

《神农本草经》论述大黄具有下血破瘀、荡涤肠胃、调中化食的作用。而仲景则认为，大黄走血分祛瘀，行气分消胀；下肠胃之宿食，利肝胆之湿热，止血热之吐衄，化无形之痞满；上可止呕，下可止利，可缓可攻，能温能清……超越了《神农本草经》运用范围。同时，由于配伍的差异，剂量的大小，煎煮方法之异，作用也不同。

（1）大黄的攻邪作用：大黄具有泻下破结、荡涤肠胃实热积滞、泻血分实热、下瘀血、破癥瘕、行水气等攻邪作用。其用量有大、中、小三种剂量。

大剂量：15～20g。泻热、通便、逐瘀力强，在方中为主药——君药。如大承气汤，用于痞满燥实坚俱备之阳明腑实证，原方用量为四两（15～20g）；桃核承气汤，用治下焦蓄血证等，原方用量为四两（15～20g）；《卫生宝鉴》大黄汤，大黄一两，为粗末，酒浸半日再煎，去渣，分两次服；《医学衷中参西录》用大黄二两，治癫狂。

中剂量：5～10g。泻热、通便、逐瘀力居中等，在方中为辅药——臣药。如茵陈蒿汤，茵陈30g，大黄10g，取其泻热逐瘀，通利大便，助茵陈降泄瘀热而退黄。

小剂量：5g以下。虽能泻火导滞，但不至于泻下，用于火郁、积滞较轻者，或于清热泻火之味中少佐之以助清泻之功。如清胃散用车前子、石膏、大黄、柴胡、桔梗、玄参、黄芩、防风各一钱，为粗末。治胃中火郁、积滞较轻者。

①与解表药配伍：大黄与解表药配伍，解表通里并用，以解表里之邪。临床配麻黄：《千金要方》解毒散，治时行头痛、壮热；配桂枝：《伤寒论》桂枝大黄汤，治太阳误下，腹中大痛；配白芷：《医宗金鉴》双解贵金丸，治背疽初起，便实；配蝉蜕、僵蚕：《伤寒温疫条辨》升降散，治温病表里三焦大热。

②与泻下药配伍：大黄与泻下药配伍，相须为用，增强泻下之力。临床配芒硝：《伤寒论》调胃承气汤，用治阳明腑实证；配巴豆：《证治准绳》巴豆丸，治癥瘕；配芦荟：《丹溪心法》当归芦荟丸，治肝胆实热、眩晕、胁痛、惊狂；配甘遂：《伤寒论》大陷胸汤，治大结胸证；配牵牛：《保命集》大黄牵牛丸，治大便秘；配火麻仁：《伤寒论》麻仁丸，治脾约。

③与清热解毒药配伍：大黄与清热解毒药配伍，增强泻火解毒之力。临床配黄连、黄芩：《伤寒论》泻心汤，治心下痞；配连翘：《局方》凉膈散，治中上二焦热毒；配黄连、栀子：《医宗金鉴》清热和胃丸，治胃热。

④与利水祛湿药配伍：大黄与利水祛湿药配伍，增强通利作用。临床配车前子、木通：《局方》八正散，治热淋；配茵陈、山栀子：《伤寒论》茵陈蒿汤，治湿热阳黄。

⑤与活血药配伍：大黄与活血药配伍，增强活血之力。临床配桃仁、红花：《伤寒论》桃核承气汤，治太阳蓄血证；《医学发明》复元活血汤，治疗跌打损伤，瘀血肿痛，胸胁疼痛等。

（2）大黄的攻补兼施

①与温里药配伍：大黄与温里药配伍，寒热并用治寒积。临床配附子：《金匮要略》大黄附子汤，治寒积里实；配干姜：《千金要方》温脾汤，治冷积、久利。

②与补益药配伍：大黄与补益药配伍，攻补兼施。临床配人参、当归：《伤寒六书》黄龙汤，治里热结便兼气血虚弱者；配四物汤：治妊娠伤寒，便秘、溲赤、气满；配增液汤：《温病条辨》增液承气汤，治阳明温病，热结阴亏。

③与止血药配伍：大黄与止血药配伍，增强止血之功。临床配大小蓟：《十药神书》十灰散，治血热妄行，吐血衄血。

（3）大黄的补益作用：大黄有安五脏、补敛正气之功，其补益作用可归纳为四个方面。

①健脾和胃：大黄研细末，泛水为丸，每服 0.3～0.5g，日 1～2 次；用于脾胃不和，消化不良，食欲不振，脘腹胀满，肌肉消瘦。

②祛瘀生新：下瘀血汤、大黄䗪虫丸，用于少女停经之干血劳。

③敛血止血：大黄 15g，水煎服，治疗肺胃热盛之吐血、咯血，下焦郁热之便血、尿血。

④涩肠止痢：小量应用，0.1～0.3g，用于噤口痢。

总之，大黄能攻善守。一般而言，大量主泻，小量可补，具有双向调节的作用。

（4）临证应用：李文瑞在临床实践中坚持辨证论治，中西医结合，善用大黄是其临证特色之一。临证治疗使用大黄，有的单味使用，有的则加入复方中使用，均获满意疗效。如单用大黄粉或加入复方中治疗糖尿病肾病、TGA 肾病、肾病综合征、慢性肾功能不全；寒积里实与阳虚之便秘，治用大黄附子汤；太阳误下，邪陷太阴而致营卫不和，脾胃失调，治用桂枝加大黄汤；太阳病误下，邪热内陷，中焦邪热壅滞而致心下痞，治用大黄黄连泻心汤清热消痞等。

六、读书之法

李文瑞遍览中医典籍，熟谙四大经典，尤其精研于仲景学术思想，反复品读《伤寒杂病论》。运用辩证法、逻辑学、系统论等现代科学方法论的知识，对《伤寒杂病论》中所使用的主要辨证方法，各自的作用、性质和整体间的相互联系，进行了分析，并探讨各种辨证方法的使用规律。即以辨阴阳、辨标本的矛盾分析法为指导原则；伤寒病以六经辨证、杂病以五脏辨证的系统方法作为定位、定向的方法；以八纲辨证与病因辨证的分析综合方法作为定性、定量的分析；以辨症—辨病—辨证的层次分析，作为临床推理的形式或辨证的层次。诸种辨证方法的各自为用和相互结合，构成了辨证论治的完整体系。

李文瑞反复品读《伤寒杂病论》，精研医理，勇于实践，在仲景方临床应用方面造诣颇高。他花费大量时间，集古今医家之论述，结合自己的研究心得与临证实践，撰写而成《伤寒论汤证论治》（1989年）、《金匮要略汤证论治》（1993年）。因实用价值较高，于2000年对《伤寒论汤证论治》《金匮要略汤证论治》两书进行修订后，一并再版；同时前者翻译为日文，后者翻译为韩文，分别在日本与韩国出版。学术价值得到了同道的认同和肯定，获得中华中医药学会著作奖三等奖。因两书突出仲景方临证运用，理论与临床实践密切结合，且内容全面，所以深受欣赏，两次出版后均很快被抢购一空。因此，与原出版社联系后，决定再版。为保持《伤寒杂病论》诸方的完整性，将《伤寒论汤证论治》《金匮要略汤证论治》两书合并，更名为《伤寒卒病论汤证论治》（上册：《伤寒论汤证论治》，下册：《金匮要略汤证论治》）。此书属再版，是在原两书第二版的基础上，做了适当增补、修改与纠正差错，已于2022年3月正式出版。藉以供同道者和广大读者更准确地理解《伤寒杂病论》诸方的临证应用，从而使仲景之方更广泛应用于临床实践。

七、大医之情

（一）思想境界

《针灸甲乙经》曰："若不精通于医道，虽有忠孝之心，仁慈之性，君父危困，赤子涂地，无以济之。"——此为李文瑞执医宗旨。

李文瑞于 1949 年 8 月加入中国共产党，1950 年 1 月毕业于中国医科大学，1964年 8 月毕业于北京中医学院。在党的教导与自己的勤奋努力下，李文瑞精研医理，勇于创新，德才兼备，树立了赤心为人民服务的人生观。

李文瑞治学严谨，孜孜不息地精研中医学四大经典，继承发扬中医文化的深厚底蕴，精通中西医系统理论，临床经验丰富，具有较高的学术水平和科研能力。他以医为业，"忠诚履行自己的专业"，执医于临床，不论患者地位出身高低，均一视同仁，精心医治，全心全意为患者解除疾苦，得到同行的赞誉和患者的好评。在诊治过程中，医患关系融洽，与不少患者成为朋友，有"以书会医患之友"的翰墨情怀。

（二）文化修养

1. 书法绘画

中医药是中国传统文化的瑰宝，书法绘画也是中国传统文化的组成部分。李文瑞酷爱书法绘画，而且学有所成，指出"人生在世，既要忠诚履行自己的专业，又必须讲究趣味——日常生活之美，总有一个记忆系统，可以安顿你的精神"。

他自幼酷爱书法绘画。幼年在其伯父的指导下，先以专用"小大由之"号毛笔习练大字，渐渐转入摹写几种书帖。进入中学时代，在伯父正式教授下学习书法正规"执笔法"（手腕、悬肘）、"运笔法"（落笔、顿笔、提笔）、"结构"（平正、匀称、连贯、参差、飞动），与此同时进行正规练习，临摹欧阳修、颜真卿和赵孟頫等的书法帖。至高中二年，李文瑞下定决心定型且师法于赵孟頫，以赵氏行书与大小楷书为终身书法作品体裁。

1943 年春节过后将赴外省攻读大学时，伯父对李文瑞的书法进行评价，打分在80 ～ 85 之间。他告诫："你的赵氏书法功夫可以结业了。然而，尚未达到书法艺术审美标准的'雄伟豪迈''刚柔强健''淳朴端庄''秀丽俊逸''匀整平正'的境界，但大体而论，你的赵氏书法成果，还够得上"生动有力"。今后入大学赴外省，在受业大学功课的业余，应继续不懈专攻上述标准或专一于某一项。学习绘画，单靠刻画临摹的功夫是不行的，必须发挥你的智力，有敏锐的感觉方能学得绘画。如此不仅需要手的描写磨炼，更重要的是须从眼睛进行感觉上的磨炼。具体而言，多描不如多看，多看不如多想，因为见闻与思考是精神全部的涵养，摹写只是指头局部的技巧。"经多年学习画画，李文瑞在绘画这门艺术上，也可以说已经入门了。

李文瑞自幼学习、练习书法绘画心得：书法是用毛笔写出来的。毛笔的笔锋能聚能散，可以写出刚柔、粗细、动静、顿挫等不同形态的线条。它使人写出生动、活泼、有刚有柔的笔画，给人们一种美的感受。这是使书法成为一种艺术的一个重要原因，更是汉字书法的特点。一幅书法或绘画写得美，人们能够从中获得一种美的享受，得到鼓舞、安慰、快乐，使人增强乐观主义精神和发奋图强的力量。因此，书法绘画都是艺术，既能供人们欣赏，也能起到养生延寿的作用。

李文瑞终生以医为业，"忠诚履行自己的专业"；而书法、绘画乃业余爱好，是"必须讲究的趣味"。在执医70余年之中，累积了几百幅书法、绘画作品，这些作品都是业余之作。每当进行书法或绘画时，李文瑞均在养生练气功的意念下执笔。待拟定书法或绘画作品时，动笔伊始，头脑即进入气功的"意念相合""入静意守"状态，则独立守神与守气，精心注其形，"精、气、神"三者合为一。呼吸之深浅则随执笔之势的刚柔、粗细、动静、顿挫而运作，一般情况下是"一气呵成"。这就是执笔进行书法和绘画的一次静心气功过程。每当完成一次作品，回头自我品味时，当即有如清晨走入"长松修竹，浓翠蔽日，层峦奇岫，寂静萦深"的境地，顿觉神清气爽，轻轻松松，隐隐约约置身于静幽之域，杂念飞驰于天外，可谓心旷神怡！

2. 翰牍情愫

所谓"翰牍"指的是书籍，即患者赠予的书，亦泛指一般图书，即装订成册的书本。李文瑞临证70余年来，除给予患者精心医治外，还有"以书会医患之友"的翰牍情怀。其中与几位老前辈形成了"忘年之交"，如郭沫若、李维汉、陆定一、张鼎臣等。此外收藏了各行各业名家赠予的书，有传记、回忆录、某行业的专著、文学艺术类书籍、小说、剧本等，共计200余册。对于这批珍贵的书籍，李文瑞认为每一本都展卷有益，通读得益匪浅！这200余册的赠予书籍均放置于李文瑞书房专柜格之中珍藏，数十年来完整无损，颇有纪念意义。

李文瑞家中书房非常可观，70多年来藏书竟达万余册，政治书籍、社会科学书籍占总数量的20%，其余则为中西医学书籍，尤以中医药书籍最多。中医药书籍的大部头（成套）占40%，余为单册或上下册。再就是各类辞书：《汉语大词典》《汉语大字典》《说文解字》《辞海》《辞源》等，中西医辞典与英日辞典亦齐全。这些书籍为他精研医理、临床应用、撰写书稿、培养兴趣爱好提供了极大的方便。

八、养生之智

早在读书时代，李文瑞即心中坚信：为了学业和事业，就必须有健康的身体；要保持身体健康，就必须经常参加体育锻炼。所以，李文瑞每天坚持锻炼，即使参加工作后环境有所改变，也制定确实可行的运动项目，坚持锻炼，动中话养生，以做到身心健康，更好地工作。

李文瑞虽已进入老年行列，但并不服老，一心坚持繁忙的医疗任务和科学研究。为达此目的，在进入老年前期，李文瑞即开始根据老年人的生理特点，合理安排工作、学习和生活，以及运动。其坚信老年人生命更在于运动，强调在动中话养生。因此，李文瑞一直恪守"起得早，睡眠好，七分饱，常跑跑，多笑笑，莫烦恼，天天忙，永不老"之信条，将其付诸实践，受益匪浅。现分别说明之。

起得早：老人应坚持早起，而不宜睡懒觉或醒后不起，养成早起的好习惯。早晨，空气新鲜，是锻炼身体的极好时光。早起又能杜绝懒惰的产生。因此，起得早有利于身心健康。

睡得好：老人睡眠时间本来就较中年人短，若再睡不好，则直接影响次日的精力。所以，老人要根据各自的特点，想方设法保证睡眠质量。睡眠时间不论长短，只要睡得好，均可达到恢复精力的作用。

七分饱：老人各脏器功能衰减，因此保证后天之本脾胃功能的正常运行尤为重要。若进食过饱，则会出现消化障碍，以致诱发或加重其他疾病，故提倡老人进食七分饱，维持正常的消化功能，这对维持各脏器功能正常运转，达到防病健身之效是非常重要的。

常跑跑：生命在于运动，老人运动尤为重要。应根据自身情况，合理安排一些力所能及的运动。对于大多数老人来说，散步、慢跑是最理想的运动。当然，能坚持常慢跑则更有益于健康。

多笑笑：老人最忌寂寞与忧虑，故宜以乐观的情绪面对一切。即所谓"笑口常开，病从何来"，"笑一笑，十年少"。所以。多笑笑有助于老人的身心健康。

莫烦恼：烦恼是多种疾病的诱发因素或致病因素。若为青壮年人，有时机体尚可自行调节而不发病。然而老人则容易发病。因此，莫烦恼是老人养生不可缺少的心理因素。

天天忙：老人最怕无所事事。老人若无事可做或无事能做，则有失落感，自认为将至人生之尽头，想入非非，从而加快衰老过程。所以，天天忙碌是老人养生的最好方式，当然要注意适度。忙碌中使自己感觉年龄虽老，但仍能正常工作，在动中养生。

永不老：系总结语。老人若能始终坚持做到以上数项，则可达到精力充沛，永不显老，健康长寿之效。

综上所述，老年人养生保健宜心情舒畅，节制饮食，动与静相结合，方可永葆"青春"，为社会做出更大的贡献。

在养生实践中，李文瑞认为动静结合固然相当重要，但更强调"动"，以"动"而达"静"。"动"有两方面含义，即运动和工作。生命在于运动，动中话养生是其座右铭，即多工作、多运动。所以，近十余年来，李文瑞除白天全心全意应诊外，每晚坚持挑灯夜战，读书学习，搜集资料，做读书卡，撰写书稿。虽感稍有劳累，但在忙碌中得以欢乐，在动中养生。健康的身体、充沛的精力与李文瑞坚持从事繁忙的医疗任务和科学研究，经常运动和锻炼是分不开的。所以说生命在于运动，在动中以养生，尤为适宜老人身心健康。

九、传道之术

（一）人才培养方法

李文瑞是全国首批名老中医药专家、硕士研究生导师，在繁忙的临床工作中，不仅承担师带徒与指导研究生的任务，而且还承担带教本科生、硕士和博士研究生、西学中学员及国外留学生的任务。在带教期间，认真耐心，详细讲解，将自己的主要学术思想和临床诊疗经验倾囊相授（包括临证讲解，专题、专病和专方等阐述），逐渐提高了学者的中医理论水平与临床实践能力，为名老中医专家的传承工作做出了显著贡献。北京医院瑞东糖尿病中西医结合研治中心成立 20 余年来，亦为进一步人才培养创造了条件。李文瑞指导和帮助青中年医生临床实践、撰写论文、申报科研课题，从而提高了青中年医生的中医临床与科研能力。

（二）人才培养成果

李秋贵、张根腾、魏淑兰是其首批徒弟，2011 年，李秋贵、张根腾均被聘为北京市第四批老中医药专家学术经验继承工作指导老师。李怡是其硕士研究生，先后成为硕士、博士研究生导师，国家卫生健康委员会临床重点专科（中医老年病专业）带头人，首届北京市群众喜爱的中青年名中医，国家卫生健康委员会有突出贡献的中青年专家，享受国务院政府特殊津贴。王凌一直跟随李文瑞教授学习，并赴日就读研究生，获日本医学博士学位。黄飞、常婧舒、范婷等硕士研究生，分别跟随李文瑞教授学习，整理和继承其学术思想与临床经验，其间先后考取临床博士研究生，均已圆满毕业。再者，石杨、李守然、王秀芝、肖军财等均参加学习和整理继承李文瑞教授学术思想与临床经验的工作。

李文瑞学术传承谱

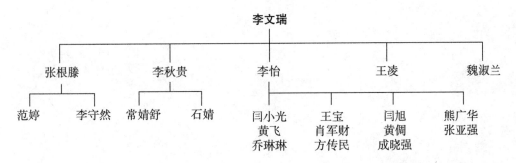

李文瑞

- 张根滕
  - 范婷
  - 李守然
- 李秋贵
  - 常婧舒
  - 石婧
- 李怡
  - 闫小光
  - 黄飞
  - 乔琳琳
  - 王宝
  - 肖军财
  - 方传民
- 王凌
  - 闫旭
  - 黄倜
  - 成晓强
  - 熊广华
  - 张亚强
- 魏淑兰

（李秋贵、黄飞整理）

（彭立婷编辑）

杨 震

杨震（1940—   ），陕西西安人，中共党员，大专学历，西安市中医医院名誉院长、主任医师、博士研究生导师。曾任西安市中医医院院长，兼任中华中医药学会理事、国家食品药品监督管理局药品审评中心新药评审委员、中华中医药学会肝胆病分会第二届委员会顾问、中华中医药学会亚健康专业委员会常务理事、陕西省防治新冠肺炎中医药救治专家组首席顾问。中国中医科学院（中医师承）博士研究生导师，全国优秀中医临床人才研修项目指导老师，享受国务院政府特殊津贴专家。荣获首届全国名中医、陕西省名老中医、第四批全国老中医药专家学术经验继承工作优秀指导老师、陕西省中医药突出贡献奖等称号。担任第三、四、五、六、七批全国老中医药专家学术经验继承工作指导老师，国家中医药管理局中医重点专科学术带头人。2022年被授予"国医大师"荣誉称号。

杨震在丹溪学派及黄元御医学学术特色基础上，融合临床体悟，提出"相火气机学说"；首创"肝经血热"乙肝病机理论，将乙肝治疗从气分引入血分，显著提高临床疗效；按"病理性相火"在肝病进程中的不同表现，在丹溪所分二型相火证治的基础上，提出"六型相火"肝病辨治体系，补充相火学说治疗分型的不足；提出"治肝五论"，丰富完善了中医肝脏理论；归纳"治肝十法"，总结经验方40余首。先后荣获省部级、市级科技成果奖9项，发明专利3项，开发新药3项，研发院内制剂10项，发表反映其主要学术思想的论文100余篇，参编《黄元御医学全书》《麻瑞亭治验集》，主编《杨震相火气机学说研习实践录》丛书4部及《杨震临床带教录》等著作。作为医院肝病科学术带头人，其独具特色的肝病辨治体系，拓宽了临床诊疗思路，实用性强，疗效确切，成为肝病科核心技术支撑，带动学科快速发展，使科室成为国家中医重点专科。

一、学医之路

杨震自幼聪慧，家中亲属多从事医药工作，在家人的熏陶下从小对中医药十分热爱。他1959年从西安市高级中学毕业后，毅然选择学习中医，并如愿考取了半工半读性质的西安中医讲师团徒弟班，学制5年。该讲师团成立的主要目的就是为以后西安中医的发展培养师资力量。当时的教学方法是学生上午课堂集中上课与下午跟师学习相结合。课堂教育以学习中医基础科目为主，临床实习时和西安市中医二班学生合并在西安市中医医院各科室学习。

在半日随师临床期间，杨震先后拜师于著名中医老专家、陕西省八大名医之一、丹溪学派传承人、西安中医讲师团团长王新午，以及清代御医黄元御第五代传人、西安市中医医院内科主任麻瑞亭两位老先生，成为入门弟子，当时报纸以"名师出高徒"为题报道了拜师过程。杨震在校学习期间跟随王新午老师的主要任务是跟师临床应诊及协同老师整理教材，包括古书整理与医古文翻译工作，同时帮助老师整理《王新午医话医案》和《流行性乙型脑炎西安市中医治疗纪实》两本书。而临床实践他则跟师麻瑞亭，后来在西安市中医医院从事临床工作时，更是每日跟师侍诊，得其耳提面授，获益匪浅。跟两位名师学习、实践，为他奠定了深厚的中医学基础并积累了丰富的临证经验。

从讲师团毕业后，杨震临床诊治以肝病为重点。1970年在新城区医院工作时任内科主任，研究总结肝病治疗经验，当时内科设床40张，另专设肝病床位20张。其间前往西安交通大学第二附属医院内科和医技科进修两年，先后在心内科、呼吸科、血液科，以及心电图、B超、心导管等科室学习，增加了西医知识的储备，提高了临床诊治水平，为今后开展科研工作打下了基础。

二、成才之道

（一）志学岐黄，熟读经典

1959年杨震考取了西安中医讲师团，在讲师团学习的5年，也是读经典的5年。他先后学习了医古文、四大经典、各家学说，中医内科、外科、妇科、儿科、针灸、骨伤等学科，以及生理、解剖等必要的西医基础学科。当时老师要求学生背诵"四小经典"即《医学三字经》《药性赋》《汤头歌诀》《濒湖脉学》，这是初学中医最方便、最实用的教材；同时要求精读"四大经典"，这是中医学具有里程碑意义的四部经典巨著，对古代乃至现代中医都有着巨大的指导作用与研究价值。老师要求学生多背诵，可以先不理解，将来可在临床中加深理解。那时杨震就利用一切可以利用的时间，拿着自己总结的笔记本不时地翻阅背诵，手不释卷，练就了中医经典著作可不假思索，脱口而出的功底。这为他日后研读医书、熟通医理、临证思维奠定了坚实的基础。

（二）精研肝病，继承创新

1964 年杨震被调到西安市北大街中医门诊部工作，当时门诊部有 4 位老中医大夫，专业分别为心病、肺病、脾病、肾病，而缺肝病。因此，杨震就直接被指派学习肝病专业。他把困难当机遇，一切从头开始学，通过读书找资料，向当时西安中医肝病专家沈反白老师和传染病专家余榕老师学习。"勤于学而敏于思"，精研肝病就成了杨震毕生的主要努力方向。

在全面继承两位老师的学术经验和其他肝病专家学术特长的基础上，杨震临床对肝胆疾病的诊治颇有心得。根据肝脏"体阴用阳"的特点，经过多年的肝病诊治实践，他观察到临床上此类患者常易出现"用常有余，体常不足"，符合相火学说"阳常有余，阴常不足"理论。他认为，相火学说是研究人体组织功能及能量运动规律的生命科学。相火是人体的正能量，是生命活动的原动力，是人的生命之火。在肝病的临床诊治中应用丹溪相火理论指导临床，把肝脏等部位所产生的局部内生火热按"病理性相火"这一理论去研究，提高了对病毒性肝炎病机的认识水平。经过长期临床科研探索，杨震逐渐形成了自己独特的学术思想及临床经验，享誉省内外。

（三）深入基层，广博临床

20 世纪 60 年代，政府把医疗卫生工作重点放到农村，年轻医生经常被派到基层，这使杨震有了多次下基层临床锻炼学习的机会。在 1964 年冬季西安麻疹肺炎大流行、1967 年咸阳西马跑泉村遇到肠道传染病、1975 年防治出血热及 1976 年唐山特大地震的抗震救灾中有关软组织损伤等疾病的中医药救治中，杨震学习积累了大量的临床经验。他在临床实践中能充分发挥中医药特色优势解决问题，活学活用、大胆尝试，不仅提高了自身的学术水平，也更加坚定了做中医人的信心。

（四）防治疫病，坚守中医

2003 年 SARS（严重急性呼吸综合征）流行，发病急，变化快，重症患者死亡率高，疾病初期无有效的防治办法。杨震结合自己多年临床中医药诊治病毒性传染病的经验，运用三焦、卫气营血辨证治疗，煎煮中药汤剂免费分发给西安市民，用于 SARS 的防治，收效显著。

2005 年作为陕西省中医防治甲型 H1N1 流感专家组成员，杨震参加省卫生厅组织的拟定对甲型 H1N1 流感的防治计划，制定防治中药处方。他同时指出，病邪易从口鼻吸入，因此保证口鼻健康可以有效防控流感，后杨震通过省电视台宣讲自创防流感保健操"防感六穴功"防治疾病，广受欢迎。

2020 年新冠疫情期间，作为陕西省防治新冠肺炎中医药救治专家组首席顾问，杨震研发预防方"百芦御感汤"在政府网站公布；指导定点医院救治用药，三期分论，病证结合，简化辨证过程，提高临床疗效。针对恢复阶段患者，他带领团队积极申报陕西省新冠肺炎应急专项项目，完成"宣肺达郁汤治疗新冠肺炎恢复阶段的临床研究"，发表论文 3 篇，获批发明专利 1 项，研发院内制剂"宣肺达郁颗粒"在全省推广，对陕西省疫情防控起到积极作用。杨震也被授予"陕西省中医药突出贡献奖"称号。

（五）坚持科研，成果丰硕

杨震在数十年肝病诊治实践中，学习和运用"相火气机学说"，按乙型肝炎中相火发病规律，拟定分期治疗方药，提高了自身对乙肝新药的研制水平，深刻体会到在理论指导下的实践研究是提高学术水平的重要途径。他把应用"相火论"观点研制治疗乙型肝炎之新药作为自己的科研方向。通过大量的病例观察，他认为乙型肝炎的主要病因病机可归纳为毒、热、湿、瘀、虚五大因素，而中转环节是"肝经血热"。基于以上认识，综合清热解毒、凉血祛湿、理气活血、扶正养阴几个法则，他制成了"碧云砂乙肝灵"冲剂，在 1988 年上海肝炎疫情大流行控制中发挥重要作用，经西安国药厂批量生产使用后，被评为陕西"省优产品"。1991 年，杨震应邀参加了中华人民共和国成立 40 年医药卫生科技成果展览会，被评为优秀展出项目。

之后杨震陆续研发肝病系列院内制剂 10 项，均用于临床；研发新药"肝毒清""参虎解毒丸"等多次获西安市政府科技进步奖，由企业批量生产；合作整理研究项目《黄元御医学全书》《麻瑞亭治验集》荣获陕西省、西安市科研成果奖；主持研制开发的船仓式饮片贮藏柜、活斗饮片调剂柜，均获国家级专利；总结整理出版《杨震相火气机学说研习实践录》丛书 4 部及《杨震临床带教录》，毫无保留地传授自己的学术经验，待后学者学习研究和创新提高。

三、学术之精

（一）秉承相火学说，提出"六型相火"证治

杨震师从丹溪学派传承人王新午老先生，精研相火。他指出"相火学说"是在

《内经》"少火""壮火"说的基础上，继承刘河间、李东垣等观点，由朱丹溪提出的内生火热理论，认为阴阳不和是疾病发生的根本，治疗应"调和阴阳，以致平衡"。杨震将相火学说运用在肝病的辨证中，认为肝内寄相火，体阴而用阳，只有在"血养其本，气资其用"的前提下，肝才能调畅敷和而不病，否则最易导致"阳用有余，体阴不足"的病理变化。在临床肝病的辨治中，杨震应用《相火论》的观点，把肝病所产生的局部内生火热按病理性相火这一理论去研究。按肝病的发展过程将病理性相火分为"六型相火"，即郁热相火、血热相火、湿热相火、瘀热相火、阴虚相火、相火虚衰，据此形成辨治体系。

（二）崇尚气机学说，首阐"肝主气机"理论

杨震作为清代御医黄元御第五代传人麻瑞亭老先生的入门弟子，探究气机理论，认为黄元御将《内经》的左升右降气机运动理论与人体生理功能密切联系起来，并倡导黄氏治疗内伤杂病首在顾护中气，升清降浊，兼及四维的思想，对气机升降理论在肝病诊治方面作了进一步阐释与发展。他认为肝主升发，可协调肺气升清降浊；肝主调畅气机，主少阳升发之气，是少阳为枢的动力源。因此他提出"肝主气机"，并指出肝脏疾病的发病多为气血阴阳的失调和紊乱，表现为肝气失敷和、肝血失奉守、肝阴失承平、肝阳失固密四型，辨证以气血阴阳为纲领分类施治。杨震通过调整全身气机变化来解决局部脏腑病变，治疗复杂、多脏器的联合发病，增加了新的辨治思路与方法。

（三）研集历代经验，归纳"治肝十法"经验

杨震总结肝病的治疗原则应注意四点：一是疏通气血，条达为要；二是体用结合，补泻适宜；三是明辨标本，缓急有度；四是整体治疗，兼顾七情。治疗用药方面，他研习总结历代经验，尤其推崇清代王旭高按肝气、肝火、肝风三大类提出的治肝二十三法，结合自身肝病诊治经验，执简驭繁，归纳为"治肝十法"，即凉血解毒法、芳香化浊法、疏肝理气法、疏肝健脾法、疏肝利胆法、柔肝养阴法、和肝健补法、清肝息风法、活血化瘀法、通络利水法，自拟 40 余首经验方，辨证治疗不同证型的肝病患者。

（四）提出"治肝五论"，丰富完善肝脏理论

杨震从研究"肝主疏泄"入手，以《内经》、仲景、金元四大家等历代医家对肝的认识开始学习，厘清了"肝主疏泄"的渊源、意义，还阐释了"肝主敷和"及"肝主膝理"理论，结合相火论及气机理论，提出了"肝主相火论"及"肝主气机

论"，最终归纳总结为"治肝五论"，即肝主敷和论、肝主疏泄论、肝主腠理论、肝主相火论、肝主气机论，丰富完善了肝脏理论，扩大了肝病诊治范围，拓展了其他脏腑病使用"从肝论治"的理论基础，提高了临床治疗效果。同时，在此五论指导下，他遣药组方，化裁出补肝颐气汤、疏肝化瘀汤、乌紫解毒汤、白茜汤、桃红化浊汤、解郁合欢汤等临床有效的新方剂。

（五）辨证首重病机，论治巧取八法应用

杨震认为病机是辨证的依据、论治的基础，指出辨证时要"审查病机"，施治时要"谨守病机"，遵守"病机"是提高中医临床疗效的关键。比如，在长期的临床实践过程中，他总结出"肝经血热"是乙肝的重要病机，认为乙肝病机为疫毒（病因）→潜入血分→损伤肝络（病位）→肝经血热（病性）。治疗时杨震针对病机予凉血解毒，自拟"茜兰汤"，后研发为新药"碧云砂乙肝灵"。他同时提出"肝经郁热"是非酒精性脂肪肝的重要病机，认为本病多因饮食不节、劳逸失度、情志失调、久病体虚、禀赋不足所致，病理基础多与痰、湿、瘀、热有关，针对痰瘀阻络、肝经郁热这一病机关键，研发院内制剂"疳脂平片"口服、"降脂排浊清肠液"结肠透析以清肝化瘀法治疗脂肪肝。

杨震善治肝病，总结提出"治肝十法"，杂病诊治更是将清代程国彭的八法融于临床实践，比如食物中毒用吐法、肠澼用下法、湿热外感用和法、积聚用消法等，临床常数法相合，遣方用药仔细斟酌。

（六）注重四诊合参，尤善诊脉察舌技能

杨震临证注重四诊合参，强调四诊并用而非面面俱到，临证须抓主要矛盾。他极为重视脉诊，并积累了丰富的脉诊经验，临床常舍症从脉。杨震指出，肝病多见弦脉、涩脉、沉脉、细脉、革脉等，而患者往往以复合脉出现，临证当仔细辨别。他在麻瑞亭老先生临床经验的基础上推广浑脉和滞脉的诊治，为临床提供不可或缺的辨证诊疗依据。

针对舌诊，杨震首先辨识"舌神"，根据舌质的荣枯活动情况掌握脏腑气血阴阳之盛衰，了解疾病预后。他总结了肝经血热患者的舌质边尖红，舌尖有小瘀点的特异性体征。他临床重视舌下络脉的诊查，认为舌下络脉能更明了地反映人体气血的瘀畅情况，体现"经络凝涩，结而不通"的病机，总结认识到肝病患者舌下络脉异常程度与慢性肝炎、肝硬化、肝癌的进展演变密切相关。

（七）融合流派特色，提出相火气机学说

杨震在丹溪学派和黄氏医学的学术特色基础上，结合临床经验，提出了以研究

人体生命之火及其运动变化为中心的"相火气机学说"。该学说以相火气机的人体正常生理运行和异常病理改变为主要研究内容，弥补了中医界对相火气机研究的不足，可将中医原有的认识模式（如阴阳五行学说、藏象学说、经络学说、五运六气学说、命门学说、三焦学说、气机学说等）全部动员起来，形成了一种新的辨治现代疾病的治疗方法。

相火气机学说可以把辨证论治中常用的六经辨证、脏腑辨证、八纲辨证、卫气营血辨证等，以辨证的核心内容（即相火气机运行失常）为辨证主体统一起来，形成一个整体，是中医认识疾病和治疗疾病的一种推理模式。

四、专病之治

杨震倡导"肝系疾病"认识论，临床擅治肝病、郁病、亚健康等。他擅用"黄元御气机升降学说"治疗疑难杂症，积累了丰富的临证经验。

（一）郁病的辨治

郁病多由情志不舒，气机郁滞而致病，是以心情抑郁、情绪不宁、胸腹胀满、胁肋胀痛等为主要症状的一类病证。杨震辨治本病的学术经验如下。

1. 概述
"郁"字有积、滞、蕴结等含义。

肝脏应为生机勃勃，主升主生，一旦气机郁结，就会使生、升失司，从而产生肝郁之证。中医的"五郁""六郁"等说，与肝郁的概念有别。

2. 病因病机
万病不离于郁，诸郁皆属于肝，肝为多气易郁之脏，肝郁先始于气，所以肝病的发病规律，首先表现的证候就是气机不达，疏泄失常的郁病。

郁病的病因是情志内伤。其病机主要为肝失疏泄，脾失健运，气郁日久化热，耗伤阴血，导致脏腑阴阳气血失调。郁病初起，病变以气滞为主，常兼血瘀、化火、痰结、食滞等，多属实证。病久则易由实转虚，随其影响的脏腑及损耗气血阴阳的不同，从而形成肝、脾、肾亏虚的不同病变。

3. 辨证论治
（1）辨证要点：第一，辨明受病脏腑与六郁的关系。郁病以气郁为主要病变，临床应依据临床症状，辨明其受病脏腑侧重之差异。一般说来，气郁、血郁、火郁主要关系于肝，食郁、湿郁、痰郁主要关系于脾，而虚证多与脾肾的关系最为密切。第二，辨别证候虚实。气郁、血郁、化火、食积、湿滞、痰结均属实，而肝、脾、肾的气血或阴精亏虚所导致的证候则属虚。

（2）治疗原则：理气开郁、调畅气机是治疗郁病的基本原则。正如《医方论·越鞠丸》方解中说："凡郁病必先气病。气得疏通，郁于何有？"实证首当理气开郁，并应根据是否兼有血瘀、痰结、湿滞、食积等而分别采用活血、化湿、清肝、消食等法。虚证则应根据损及的脏腑气血阴精亏虚的不同情况，或健脾益气，或滋养肝肾。对于虚实夹杂者，则又当视虚实的偏重而虚实兼顾。

郁病一般病程较长，用药不宜峻猛。《临证指南医案·郁》指出，治疗郁证"不重在攻补，而在乎用苦泄热而不损胃，用辛理气而不破气，用滑润濡燥涩而不滋腻气机，用宣通而不揠苗助长"。

（3）分证论治

肝气郁结型：本型病机为肝气郁结，肝脾失调。症见精神抑郁，情绪不宁，胸闷，太息，胸胁胀满，嗳气，纳差，舌苔薄白，脉弦。治宜疏肝、理气、健脾。轻症以四逆散合越鞠丸加减。杨震认为四逆散配伍严谨，深有法度。以枳实之降，散郁热而理脾滞；以柴胡之升，疏肝木而促阳邪外泄；辅以白芍酸收，甘草甘缓，于平调升降之中而寓酸甘化阴之法。越鞠丸以香附行气解郁，以治气郁；川芎活血行气，以治血郁（瘀）；苍术燥湿健脾，以治湿郁；栀子清热除烦，以治火郁；神曲消食和中，以治食郁。二方相合，共奏疏肝解郁之功。重症以疏肝理气汤加减（柴胡10g，白芍10g，枳实10g，甘草6g，丹参15g，香橼15g，青皮10g，郁金10g，川芎10g，苍术10g，栀子10g，神曲10g等）。肝郁气滞，气滞血瘀，郁久化火，故气血火三郁均责之于肝。肝郁克脾土，导致脾失健运，湿邪阻滞，饮食不化。杨震治疗肝气郁结的经验方，用四逆散加青金丹香饮理气活血，配加越鞠丸理气解郁，宽中除满。气郁化火，口干口苦，舌苔黄厚者，宜疏肝健脾、清热，宜加青蒿15g，黄芩10g；口中黏腻，咽中不适，脉弦稍滑，舌苔白厚者，宜疏肝健脾、利湿，加佩兰叶10g，薏苡仁12g，鸡内金10g。

肝郁夹湿型：本型病机为肝郁乘脾，湿滞化热。症见胁肋胀闷，纳差，腹胀，口中黏腻，四肢无力，情绪烦躁，目赤或溲黄，舌苔厚、黄白相间，脉弦数。治宜疏肝健脾，清热利湿。轻症以三香汤加减。此方为吴鞠通宣肺化湿法的代表方剂之一，是为"湿热受自口鼻，由募原直走中道，不饥不食，机窍不灵"而治。其病机为湿热客于募原，气机被阻。其治疗应舒畅气机，芳香逐秽。此证由上焦而来，其机尚浅，方用桔梗、枳壳微苦微辛开宣气郁，瓜蒌皮涤痰泄浊，山栀轻浮微苦清热，香豉宣泄郁热，郁金通降气机，降香化中上之秽浊而开郁。诸药合用，旨在使湿热之邪从上焦宣散而解。杨震指出，本方治疗上焦和中焦湿热壅滞、肝胃不和、胆胃上逆、肺胃不降等病证，常可获得奇效。重症以桃红化浊汤加减（桃仁10g，红花

6g，香薷 10g，佩兰叶 15g，藿香 10g，茵陈 15g，薏苡仁 15g，白茅根 15g，青皮 10g，郁金 10g，茯苓 15g，板蓝根 15g 等）。杨震认为，肝病迁延必然乘脾，脾失健运则易出现肝郁夹湿，郁久化热，而形成湿热相火之证。此方为杨震治疗肝胆湿热型肝病的经验方。方中藿香、佩兰叶芳香化浊，以醒脾困；茵陈、白茅根、板蓝根清热利湿，以清相火；薏苡仁、茯苓、香薷健脾化湿，以助健运；青皮、郁金疏理气机，以解肝郁；桃仁、红花疏通肝络，以防瘀结，兼作引经，清血分湿热。肝郁夹湿未化热者，四逆散加异功散主之。

肝郁血热型：本型病机为肝气郁久化热（气火内郁所致）。症见胁部不适，情绪不安，烦躁失眠，咽干，尿黄，便秘，舌质淡，边尖部较红，舌苔薄白或黄，脉弦稍数。治宜清肝、解郁、凉血。轻症以化肝煎加减。本方为明代医学家张景岳所创之方，列于《景岳全书·新方八阵·寒阵》之中，其最大特点是善解肝气之郁，平气逆而散郁火。杨震指出，肝郁之病变在临床上比较常见，而本方作用专一，运用得当，加减得法，疗效明显。方中以牡丹皮、栀子清肝木，浙贝母佐金平木，平肝木之气逆，《内经》言"虚则补其母，实则泻其子"，泽泻入肾泻其子，白芍养阴柔肝体，青皮、陈皮行气以解肝木之郁。本方适用于怒气伤肝，气逆动火，胁痛胀满，烦热动血等属实证者。重症以解郁合欢汤加减（合欢皮 15g，天冬 12g，麦冬 12g，白芍 15g，大青叶 10g，牡丹皮 12g，郁金 12g，佛手 10g，白茅根 15g，茜草 15g，香橼 10g 等）。杨震认为"肝郁"是肝病的重要原因，其病变基础是"气火内郁"，主要以"内郁"为主，且有火郁迫阴之兆，所以早期截断气郁向迫阴转化至关重要。此方为杨震治疗郁热相火的代表方。方中佛手、香橼理气疏肝，白芍、牡丹皮柔肝清肝，配白茅根以酸甘化阴，郁金、合欢皮调肝木之横逆而不伤肝阴，天冬、麦冬滋血养阴以护肝，大青叶、茜草清热凉血，化瘀通络。诸药合用，共奏疏肝郁、平肝逆、清肝火、养肝阴之效。肝郁症较重时加柴胡 10g，黄芩 10g；肝郁化热伤阴时加生地黄 10g，枸杞 10g；有轻度肝脾肿大者加桃仁 10g，红花 6g。

肝阴不足型：本型病机为肝阴不足，气郁化热。症见胁痛隐隐，头晕，目眩，烦躁易怒，手足心热或午后低热，舌质红，苔少，脉弦细。治宜养阴疏肝。轻症以一贯煎合左归饮加减。一贯煎中重用生地黄为君，滋阴养血，补益肝肾；沙参、麦冬、当归、枸杞子为臣，益阴养血柔肝，配合君药以补肝体，育阴而涵阳；佐以少量川楝子，疏肝泄热，理气止痛，遂肝木条达之性，该药性味苦寒，但与大量甘寒滋阴养血药配伍，则无苦燥伤阴之弊。左归饮中熟地黄补肾滋阴，枸杞子填精补髓，山萸肉收敛相火，三药同用既滋阴精，又敛相火，使其阴平阳秘；佐以山药、茯苓、甘草健脾补中，既补先天，又健后天。本方皆以纯甘壮水之品滋阴填精，补力较缓，故用饮以取其急治，适宜于肾阴不足较轻之证。二方合用，使肝体得以濡养，肝气得以调畅，共奏滋阴疏肝之效。重症以滋水清肝饮加减。乙癸同源，肾水不足，水不涵木，导致肝肾阴虚，郁而化火，相火妄动，扰乱心神，可导致心肾不交。故方用六味地黄丸以滋补肝肾；栀子配牡丹皮以清肝泄热；柴胡、当归、白芍以补肝血、疏肝气；酸枣仁养心阴、益肝血而宁心安神。全方配伍，共奏滋肾养阴、清肝泄热之效。大便秘结者，加知母 8g，瓜蒌 10g；午后虚热、多汗者，加入银柴胡 10g，地骨皮 15g；胁胀痛甚，则去当归，加白芍 15g，郁金 12g；胃胀、纳差者，加鸡内金 12g，砂仁 6g。

4. 临证特色

（1）关于肝郁：本节所讨论的肝郁，是指肝疏泄不及，郁在本脏为主。因肝病先始于气分，故肝病而气必郁。兼湿、兼热、兼虚，都是气郁的转化。肝气抑郁，始于气分，多见胸胁胀满。若气机郁结，不达四肢，可见四肢逆冷。《伤寒论》少阴篇认为："少阴病，四逆，其人或咳或悸，或小便不利，或腹中痛，或泄利下重者，四逆散主之。"这里所治"四逆"者系"四肢厥逆"，由阳郁不伸所致。

（2）辨治肝郁要着重明气血，辨虚实：《医宗金鉴·删补名医方论》中有"肝木之所以郁，其说有二。一为土虚不能升木也，一为血少不能养肝也。盖肝为木气，全赖土以滋培，水以灌溉。若中土虚，则木不升而郁；阴血少，则肝不滋而枯"，指出肝郁是疏泄不及所致，不能局限于用香燥行气法治疗。清代陆以湉《冷庐医话》认为"肝气为患，此有虚实之分，大率实者十之二，虚者十之八"，主用滋阴养肝剂，效果很好。《张山雷医案》云："肝胃失和，总是液虚为本，气滞为标，当其痛时，痛则不通，治痛方药，不外香燥行气，其气通则痛定。治须培土育阴，柔肝和胃。"陈士铎《石室秘录》云："故治胁痛必须平肝，平肝必须补肾，肾水足而后肝气有养，不必治胁痛，胁痛自平也。"从这些启示中，我们看到了"肝郁"和"液虚"的标本关系，所以拟解郁合欢汤以清肝热、解肝郁、润肝阴、凉肝血，即此之谓也。

（3）关于转归预后：郁病的预后一般良好。解除情志致病的原因，对郁病的治疗及预后有极为重要的作用。病程较短，而情志致病的原因又可以解除的患者，通常都可以治愈；病程较长，情绪反复者，往往需要较长时间的治疗才能取得效果。

（二）鼓胀的辨治

鼓胀以腹部胀大如鼓而命名，是以腹部胀大，皮色苍黄，甚至腹皮青筋暴露，四肢不肿或微肿为特征的一种病证。鼓胀又称"单腹胀""蛊胀""水臌""蜘蛛蛊"等。杨震辨治本病的学术经验如下。

1. 概述

鼓胀最早见于《黄帝内经》。《灵枢·水胀》曰："鼓胀何如？……腹胀，身皆大，大与肤胀等也，色苍黄，腹筋起，此其候也。"《素问·腹中论》指出本病"治之以鸡矢醴"。《金匮要略》水气病篇中有五水论述，肝、肾、脾三水都有腹部胀大的症状，在病机上已认识到鼓胀病和肝、脾、肾三脏的功能障碍有关。

2. 病因病机

本病多由于酒食不节、情志所伤、劳欲过度、感染蛊毒，以及黄疸、积聚失治，引起肝、脾、肾三脏功能障碍，导致气滞、血瘀、水停积于腹内而成。其起病多缓慢，病程较长，病变过程中，肝、脾、肾三脏常相互影响，气、血、水也常相因为病。病机特点为本虚标实，为肝郁脾肾气阴（血）虚，气、血、水互结。病变部位在肝、脾、肾。

3. 辨证论治

（1）辨证要点：在辨证中要注意以下三个要点。一辨起病的缓急。本病属慢性病，但慢中又有急缓之分：缓中之急——鼓胀在1个月内不断进展，多为阳证、实证；缓中之缓——鼓胀迁延数月，多属阴证、虚证。二辨鼓胀的虚实。首先从临床的症状和体征来判断：实——先胀于内，后肿于外，便秘，尿黄，脉滑数有力，腹常痛，外坚内痛，按之不陷；虚——先肿于外，后胀于内，便溏，尿清，脉弦浮微细，腹胀间作，气虚瘀滞，按之则濡。其次从年龄、体质、神色来判断：年轻体壮、神色如常者，多为实证；年老体弱、神色异常者，多为虚证。三辨气结、血瘀、水裹的主次。气结——鼓胀初起，腹部胀满，随按随起，如按气囊；水裹——腹部坚满，或状如蛙腹，摇动有水声，按之如囊裹水；血瘀——腹胀大，内有积块疼痛，外有腹壁青筋暴露，面、颈、胸部出现红缕赤痕。

（2）治疗原则：初期多属实证，可用行气、利水、消瘀化积等法以消其胀。晚期多为虚证，宜用温补脾肾或滋养肝肾等法以培其本。本病的病机特点为本虚标实，虚实并见，故其治疗宜谨守病机，以攻补兼施为原则，要"补虚不忘实，泄实不忘虚"。切忌一味攻伐，导致正气不支，邪恋不去而出现危候；也不能只顾扶正而不祛邪，使症状不能缓解。治疗中应始终做到"法随证变"。

（3）分证论治

气滞湿阻型：本型病机为肝郁气滞，疏泄失常。症见面色萎黄，纳差，脘腹胀满，两胁下胀痛，小便短少，嗳气不爽，或见青筋暴露，下肢浮肿，舌苔白腻，脉弦。治宜疏肝理气，化湿利水。方以疏肝五皮饮加减（柴胡10g，白芍15g，枳实10g，甘草6g，青皮10g，丹参15g，香橼10g，郁金12g，大腹皮15g，陈皮12g，桑白皮15g，生姜皮10g，茯苓皮15g等）。此方系杨震治疗肝腹水初期实证气鼓的经验方，用四逆散加青金丹香饮理气活血，配以《证治准绳》五皮饮以行气化湿，利水消肿。全方理气疏肝，化湿利水。腹胀甚者，加槟榔（玉片）10g，路路通15g，王不留行15g；肝脾肿大者，加桃仁10g，红花6g；胁痛甚，加鳖甲10g，延胡索10g。

湿热蕴结型：本型病机为湿热中阻，水湿不化。症见腹大坚满，脘腹绷急，外坚内胀，拒按，烦热口苦，渴不欲饮，小便赤涩，大便秘结或溏垢，或有面目肌肤发黄，舌边尖红，苔黄腻或灰黑而润，脉弦数。治宜清热利湿，通络利水。方以桃红化浊汤合四苓散加减。湿热是病因，肝脏是病位，其病机为"热得湿而愈炽，湿热两合，其病重而速"。调治宜采用利湿不伤阴，清热不助湿，芳香化浊、辛开苦降之法。方以桃红化浊汤疏肝健脾、清热利湿、活血通络，配以四苓散增强健脾利水渗湿之效，加泽兰叶、路路通以通络利水。黄疸重者，加金钱草15～45g，茵陈加至30～60g；饮停胸胁者，加葶苈子15g，大枣6枚；腹大胀满难忍者，加大腹皮30g，车前子30g。

寒湿困脾型：本型病机为脾阳不振，脾不化湿。症见面色晦暗，畏寒肢冷，精神困倦，怯寒懒动，小便短少，大便稀溏，腹大胀满，按之如囊裹水，舌苔白腻，脉缓。治宜温运脾阳，健脾行水。方以实脾饮合五皮饮加减。方中附子、干姜、白术温中健脾；木瓜、槟榔、茯苓行气利水；厚朴、木香、草果理气健脾燥湿；甘草、大枣调和胃气；加五皮饮以增强行气化湿，利水消肿之效。腹胀胁痛者，加青皮10g，延胡索10g；肝脾肿大者，加桃仁10g，丹参15g；水肿甚者，可加桂枝8g，猪苓15g，泽泻15g；腹胀纳差者，加鸡内金15g，砂仁8g（后下）。

肝脾血瘀型：本型病机为肝络瘀滞，脾不化湿。症见腹大坚满，按之不陷而硬，青筋怒张，胁腹刺痛拒按，面色晦暗，头颈胸臂等处可见红点赤缕，唇色紫褐，大便色黑，肌肤甲错，口干，饮水不欲下咽，舌质紫暗或边有瘀斑，脉细涩。治宜化瘀通络，行气利水。方以疏络化纤汤合四苓散（四苓化纤汤）加减 [生黄芪15g，海螵蛸15g，地龙10g，桃仁10g，茜草15g，桑椹10g，鸡内金15g，醋鳖甲15g（先煎），猪苓15g，茯苓15g，泽泻15g，白术15g等]。疏络化纤汤为杨震治疗气虚血瘀型肝纤维化、肝硬化的经验方。方中生黄芪益气血，健脾胃，为主药；醋鳖甲软坚散结，配主药以通肝络，桑椹配主药益肝肾，地龙配主药以通经络，以上为臣药；桃仁活血润燥，鸡内金消积健脾、软坚化积，海螵蛸和胃敛疮，佐制活血药伤胃，以上为佐药；茜草性寒味苦，归肝、心经，凉血活血，祛瘀通络，为使药。配以四苓散增加健脾利水渗湿之效。大便色黑，加三七粉6g活血止血；胁痛明显者，加茜草15g，降香10g，行气活血止痛；腹胀明显者，加大腹皮15g，桑白皮15g。

肝肾阴虚型：本型病机为肝肾阴虚，津液不能输布。症见腹大胀满，甚则青筋暴露，形体消瘦，面色晦滞，舌红唇紫，口燥心烦，鼻衄，齿衄，五心烦热，小便短少，舌质红绛，少津，脉弦细数。治宜养阴清热，软坚利水。方以三甲复脉汤合猪苓汤（甲苓饮）加减［醋鳖甲12g（先煎），生龟甲10g（先煎），生牡蛎15g（先煎），生地黄15g，白芍15g，麦冬15g，阿胶10g（烊化），炙甘草6g，猪苓15g，茯苓15g，泽泻15g，麻子仁15g，白茅根30g，车前子30g（包煎），生黄芪15g，鸡内金15g，泽兰叶20g等］。肝病日久致肝脾肾三脏功能失调，水气不利；肝病日久可自伤肝阴，亦可下伤肾阴，肝肾阴亏加之瘀血阻络极易虚风内动。杨震治疗采用《温病条辨》中三甲复脉汤滋阴软坚、凉血息风，合用仲景治疗阴虚有热、水气不利的猪苓汤组成"甲苓饮"，此方为杨震运用养阴利水法治疗阴虚型肝腹水的经验方。方中生龟甲滋阴益精，泽泻利水渗湿泄热，为君药；醋鳖甲、生牡蛎助君药养阴清热、平肝息风、软坚散结，阿胶助生龟甲滋阴补血，麻子仁滋阴润燥，猪苓助泽泻利水渗湿，共为臣药；生地黄、麦冬以养阴清热，车前子、白茅根以清热利尿，生黄芪、茯苓以益气健脾利水，鸡内金健脾消食，白芍酸甘养阴，共为佐药；泽兰叶酸敛入肝，利水通络，引药入经，为使药。衄血较重者，加仙鹤草15g，三七粉6g（冲服）；舌绛少津者，加玄参15g，石斛10g；气虚甚者，黄芪加至30～50g；便秘者，可加郁李仁15g，或麻仁加至30g。

脾肾阳虚型：本型病机为脾肾阳虚，土不制水。症见腹大胀满不舒，朝宽暮急，面色苍黄，胸闷纳呆，神疲怯寒，肢冷或下肢浮肿，小便短少不利，大便稀溏或不畅，舌体胖、微紫、边齿痕，苔薄白或厚腻水滑，脉沉细而弦。治宜健脾温肾，行气利水。方以桂附二仙汤合五苓散加减［桂枝10g，制附子8g（先煎），白芍10g，甘草6g，淫羊藿10g，巴戟天15g，仙茅15g，石楠叶10g，鸡内金15g，醋鳖甲12g（先煎），青黛1g（包煎），矾石1g（包煎），茯苓15g，泽泻15g，猪苓15g，白术15g等］。桂附二仙汤是杨震治疗相火虚衰（肝阳虚证）的代表方，方中桂枝配白芍取桂枝加桂汤之意，张仲景用以治"气从少腹上冲心"的阳虚阴乘证。桂枝配附子，温补肝阳；再佐以酸肝温养之品，如淫羊藿、巴戟天、仙茅、石楠叶等温补肝肾；鳖甲、鸡内金畅气通络；青黛、矾石取硝石矾石散之意，并以青黛为引经药，咸软直入肝血。全方以温生肝肾阳气，配以五苓散温阳化气，利湿行水。中阳不振者，加干姜10g；腹胀日久，脾虚湿盛者，加苍牛防己汤增强健脾活血利水之效。

4. 临证体会

（1）关于治疗鼓胀病常用的利水方法，临床常用以下4种。

攻下逐水法：常用十枣汤、走马汤、禹功散丸剂、鼓胀丸、消水丸等。

祛湿利水法：常用实脾饮、五皮饮、胃苓汤、八正散、茯苓导水汤等。

健脾利水法：常用苍牛防己汤、防己黄芪汤、健脾利水汤等。

养阴利水法：常用猪苓汤、三甲复脉汤、兰豆枫楮汤等。

（2）关于阴虚型鼓胀：鼓胀病责之阳虚者多，涉及阴虚者少。明代赵献可虽在《医贯》中提及有阴虚之鼓胀，并倡导以六味地黄汤加麦冬、五味子大剂投治，但未能引起人们的重视。本证机制有四：一为阳损及阴，阴阳俱亏而以阴亏为著。二为素体阴虚，先天不足，或肾阴受伐而暗耗。三为攻下太过，或逐水过猛而伤及津液。四为慢性失血，阴血受损。因证属阴虚的鼓胀，消除腹水比较困难，养阴则腻湿留邪，祛湿利水又伤阴损正。

江苏名医邹良材通过长期摸索，自拟了"兰豆枫楮汤"，方中泽兰活血行水，《本经》云其可"治大腹水肿"；黑料豆甘平，入脾、肾经，活血利水，祛风解毒；楮实子甘寒，可补肾治虚劳，消水气浮肿，《本草求真》言其对"诸脏阴血有补"；枫实本名路路通，性味甘平，可通引十二经，故能治水肿胀满，可搜逐伏水。

三甲复脉汤出于吴鞠通《温病条辨》下焦篇，专为热病后期肝肾阴亏，虚风内动而设，其功效滋阴软坚、柔肝息风。肝体阴而用阳，肝为藏血之脏，若肝郁过久，化火耗伤肝阴，因肝肾同源，肝阴虚必然导致肾阴虚，这就形成了既有肝肾阴虚又有气滞血瘀的证候。杨震应用三甲复脉汤治疗肝硬化腹水之肝肾阴虚型，既可滋阴柔肝潜阳，又兼凉血散瘀软坚之功效，其选方思路受朱丹溪"大补阴丸"启迪。方中生龟甲、鳖甲、生牡蛎以滋阴潜阳，软坚散结；生地黄清热凉血，养阴生津；阿胶补血止血，滋阴润燥；白芍养阴柔肝止痛；麦冬以养阴益胃，润肺清心；麻仁润肠通便；炙甘草补中益气（配白芍酸甘化阴）。本方加入活血化瘀药而不伤正，加入利水药而不伤阴，加入滋阴药而不敛邪。

（3）关于转归预后：历代医家对鼓胀病的防治十分重视，把它列为"风、痨、臌、膈"四大顽证之一，说明本病为临床重症，治疗上较为困难。本病以本虚标实为特点，病变极为复杂。疾病初期，虽腹胀大，正气渐虚，但经积极治疗，尚可带病延年；若病至晚期，腹大如瓮，青筋暴露，脐心突起，四肢消瘦，则预后不良；若见吐血、便血、神昏、痉厥，则为危象，预后差。

五、方药之长

杨震从事肝病诊治六十载，积累了不少临床经验，形成了自己独特的学术思想、理法方药及中医辨治体系，在临床上取得较好的疗效。在肝病具体治法上，研习历代经验，归纳出"治肝十法"，自拟经验方40余首。兹介绍其部分的经验方剂及临床用药如下。

（一）经验方剂

1. 桃红化浊汤

【组成】桃仁 10g　　　红花 6g　　　　香薷 10g　　　佩兰叶 15g

　　　　藿香 10g　　　茵陈 15g　　　　茯苓 15g　　　炒薏苡仁 15g

　　　　青皮 10g　　　郁金 10g　　　　白茅根 15g　　板蓝根 15g

【功用】疏肝健脾，清热利湿，活血通络。

【主治】急慢性肝炎、脂肪肝等属于肝胆脾胃湿热型。

【方义】此方为杨震治疗肝胆湿热型肝病的经验方，主要是借用温病学家治湿热的理论，用以指导治疗湿热伤肝的病证。其病因为"太阴内伤，湿饮内聚，客邪再至，内外相引"，其病机为"热得湿而愈炽，湿得热而愈横。湿热两分，其病轻而缓；湿热两合，其病重而速"。湿热缠绵，如油入面，胶结难分，治疗较难。丹溪所说"湿热相火，为病甚多，人罕有知其秘者"亦即此意。肝病中的湿热相火，调治不宜采用苦寒泻火法，而采用利湿不伤阴、清热不助湿，芳香化浊、辛开苦降之法。方中用藿香、佩兰叶芳香化浊以醒脾；茵陈、白茅根、板蓝根清热利湿；炒薏苡仁、茯苓、香薷健脾化湿以健脾运；青皮、郁金疏理气机，以解肝郁；桃仁、红花疏通肝络以防瘀结，兼做引经以清血分湿热。热毒较甚者，去香薷，加虎杖、丹参；衄血明显者，去桃仁、红花，加茜草、紫草；湿热重出现黄疸者，去香薷，加三金（鸡内金、郁金、金钱草）。此方为杨震运用"治肝十法"中芳香化浊法治疗湿热相火的代表方。

2. 疏肝化瘀汤

【组成】柴胡 10g　　　炒白芍 10g　　　枳实 10g　　　炙甘草 6g

　　　　丹参 15g　　　香橼 15g　　　　青皮 10g　　　郁金 10g

　　　　鸡内金 15g　　醋鳖甲 10g（先煎）　茜草 15g　　海螵蛸 15g

【功用】疏肝理气，活血化瘀。

【主治】各种原因导致的慢性肝炎、早期肝硬化，用于肝血瘀滞和肝脾肿大者。

【方义】此方系杨震治疗瘀血阻滞型肝炎、肝纤维化的经验方。肝病日久或治疗不当，均可出现气血瘀滞，病久耗气伤阴，瘀而化热，形成瘀热相火之证。其主要病机特点为瘀热伤肝，络脉瘀阻。方中用四逆散加青金丹香饮理气活血，并加鸡内金、鳖甲以消食健胃，养阴软坚，合以《内经》"四乌鲗骨一藘茹丸"治疗血枯气竭肝损伤。气滞较重者，可加川芎；瘀血较重者，可加桃仁、红花。此方为杨震运用"治肝十法"中活血化瘀法治疗瘀热相火的代表方。

3. 甲苓饮

【组成】醋鳖甲 10g（先煎）　　生龟甲 10g（先煎）　　生牡蛎 15g（先煎）

　　　　白芍 10g　　　　　　麦冬 15g　　　　　　生地黄 15g

　　　　阿胶 10g（烊化）　　鸡内金 15g　　　　　火麻仁 10g

　　　　炙甘草 6g　　　　　　猪苓 15g　　　　　　茯苓 15g

　　　　泽泻 15g　　　　　　车前子 15g（包煎）　　白茅根 30g

　　　　黄芪 20g　　　　　　泽兰 15g

【功用】养阴利水，散瘀软坚。

【主治】肝硬化腹水患者证属阴虚血瘀、水饮内停型。

【方义】杨震认为肝病日久致肝脾肾三脏功能失调，水气不利，且肝病日久可自伤肝阴，亦可下伤肾阴，肝肾阴亏加之瘀血阻络极易虚风内动。他采用《温病条辨》中三甲复脉汤滋阴软坚、凉血息风，合用仲景治疗阴虚有热、水气不利的猪苓汤组成"甲苓饮"，治疗阴虚相火加瘀型肝硬化腹水患者。方中生龟甲滋阴益精，泽泻利水渗湿泄热为君药；醋鳖甲、生牡蛎助君药养阴清热、平肝息风、软坚散结，阿胶助生龟甲滋阴补血，猪苓助泽泻利水渗湿，共为臣药；生地黄、麦冬养阴清热，火麻仁清热润肠通便，车前子、白茅根清热利尿，生黄芪、茯苓益气健脾利水，鸡内金健脾消食，白芍酸甘养阴，共为佐药；泽兰酸敛入肝，利水通络，引药入经，为使药。

本方专门针对肝病日久，肝肾阴虚，虚风内动，水道失调，络脉瘀阻而形成的难治性阴虚型鼓胀病，既能滋阴利水，又能育阴潜阳，以达到滋阴利水而不伤津，育阴潜阳而不动血，兼有养血安神之功。甲苓饮熔伤寒与温病方剂于一炉，体现了古方今用的新思路。本方滋阴而不敛邪，利水而不伤阴，可阻其肝风鸱张之势。鼓胀一病，虽胀苦急，不可以利药图快，滥用峻剂逐水。盖破血逐瘀最伤正气，故亦慎用破瘀克伐之品。

此外，本方可畅流清源，阻断病势，对减少上消化道出血、肝昏迷均有较好的作用，通过标本兼治，不图近效而远功自建。偏气阴两虚者，加三才汤；偏气血两虚者，加当归补血汤；反复出血的患者，加茜草、海螵蛸、鹿角胶、龟甲胶。此方为杨震运用"治肝十法"中养阴利水法治疗阴虚相火的代表方。

4. 解郁合欢汤

【组成】合欢皮 15g　　　麦冬 10g　　　天冬 10g　　　白芍 15g

　　　　大青叶 10g　　　牡丹皮 10g　　　郁金 10g　　　佛手 10g

　　　　香橼 10g　　　　白茅根 15g　　　茜草 15g

【功用】清肝，解郁，凉血。

【主治】肝气郁结化热者。

【方义】杨震认为郁热相火是肝病发病的早期阶段，其病变基础是"气火内郁"。"气火内郁"是肝病发展过程中一个很重要的环节。它不同于肝火冲逆之证。肝火冲逆具有冲激之象。"气火内郁"是以"内郁"为主，且有火郁迫阴之兆。气与火同属于阳，但因气无形可见，火有形可征，"气主煦之"，"火曰炎上"，故其病理上仍有差异，如抑之为气，怫之为火。而气火内郁，则兼而见之，抑而化火，火却未怫而热郁于内，是以气郁而兼内火迫阴之证。张山雷《脏腑药式补正》云："肝气乃病理之一大门，善调其肝，以治百病。"善调其肝，就是要运用疏肝、养肝、清肝的方法使气火不致向伤阴方面转化。其具体应依《内经》"木郁达之""火郁发之"的原则，法在疏、平、抑、调、柔之间权衡审度，药如辛、酸、甘、苦、咸之中曲尽其变。方中佛手、香橼辛散理气疏肝；白芍、牡丹皮柔肝调肝，配白茅根以酸甘化阴，郁金、合欢皮调肝木之横逆而不伤肝阴，天冬、麦冬凉血养阴以护肝，大青叶、茜草清热凉血，化瘀通络。诸药合用，共奏疏肝郁、平肝逆、清肝火、养肝阴之效。

由于"肝郁"是肝病的重要原因，"火郁迫阴"是肝病的病变基础，所以早期截断气郁向迫阴转化至关重要，应该在其"迫阴"前就给以提前量以防传变。故拟本方应用于肝病早期"肝郁"阶段，防患于未然，效果比较满意。将郁热称为相火者，实为提醒医者对此证应注意防止内火迫阴。肝郁较重，加柴胡、黄芩；肝郁化热伤阴，加生地黄、枸杞；若有轻度肝脾肿大者，加桃仁、红花。此方为杨震治疗郁热相火的代表方。

5. 补肝颐气汤

【组成】柴胡 10g　　　　炒白芍 15g　　　升麻 15g　　　郁金 12g
　　　　当归 12g　　　　生黄芪 15g　　　茯苓 15g　　　陈皮 12g
　　　　远志 15g　　　　首乌藤 15g　　　合欢皮 15g　　山萸肉 15g

【功用】补肝益气。

【主治】各种疾病证属肝气虚者。

【方义】历代医家在肝病论治时，大多论其肝阳肝气有余，甚少论及肝阳肝气不足。《灵枢·天年》云："五十岁，肝气始衰，肝叶始薄，胆汁始减，目始不明。"肝脏内寄相火，寄居肾中真阳，寓一阳生化之气。《格致余论·相火论》言："天非此火不能生物，人非此火不能有生。"《蒲辅周医疗经验集》谓，"任何一脏，皆有气血阴阳"，"肝阳虚则筋无力，恶风，善惊惕，囊冷，阴湿，饥不欲食"。由此可见，医家早已认识到肝气虚、肝阳虚所表现出不同的病理变化规律。二者有轻重之别，气虚为阳虚之渐，阳虚为气虚之甚。肝气肝阳虚证是导致疏泄不及的一个重要病理环节。

方中柴胡、升麻为君，二者同用以升举阳气，疏肝解郁；黄芪补气升阳辅助升、柴升气举陷，当归补血活血，山萸肉、白芍养血敛阴，柔肝止痛，郁金活血止痛，行气解郁，共为臣药，助君药柔肝之体，养肝之用；远志、首乌藤养心安神，茯苓健脾安神，陈皮理气调中，燥湿化痰以防木不疏土，脾胃壅滞，共为佐药；使药合欢皮既安神解郁，又作为引经药。诸药合用，共奏养肝气、颐肝血之功，随肝主敷和之德。纳差明显者，去山萸肉，加炒白术、鸡内金；胁下隐痛者，加桃仁、茜草；情绪抑郁者，加四逆散加减。此方为杨震治疗相火虚衰（肝气虚证）的代表方。

6. 白莲化癥汤

【组成】
灵芝 20g	白花蛇舌草 15g	半枝莲 15g	穿山甲 8g（先煎）
重楼 10g	茜草 15g	海螵蛸 15g	当归 10g
鸡内金 15g	生黄芪 20g	山萸肉 10g	阿胶 10g（烊化）
桃仁 10g	红花 6g	丹参 10g	山慈菇 15g
茯苓 10g	白矾 1g（包煎）	青黛 1g（包煎）	

【功用】益气养血，化瘀解毒。

【主治】肝癌及其手术切除、介入术后的患者。

【方义】杨震认为肝癌的总体病机是阳不化气，阴乱成形。正气不足是本病发生的根本原因，而情志失调、感受毒邪、饮食不节是外在因素，病机的关键在于气虚血瘀、湿热毒互结，治以调不化气之阳、解乱成形之阴为则，治疗大法为扶正化瘀，解毒消积，攻补兼施。

方中灵芝具有大补元气之功，穿山甲有软坚散结、活血化瘀之效。二药合用，扶正益气，软坚化瘀，助阳扶正气，抑阴乱成形，共为君药。黄芪、当归可和血益气，桃仁、红花、丹参活血散瘀则可补穿山甲之不足，山萸肉、阿胶可补肾填精，共为臣药。白花蛇舌草、半枝莲、山慈姑、重楼具有清热解毒、消痈散结之效，茯苓、鸡内金、海螵蛸可清热凉血、活血化瘀、健脾燥湿，白矾可祛痰燥湿、杀虫解毒、止血止泻，共为佐药。青黛、茜草为使药，引药入肝经，消解肝经瘀毒。全方共奏扶正化瘀、疏肝解郁、解毒抗癌的功效。出血者，去桃仁、红花，加三七、旱莲草；出血伴疼痛者，加藤梨根。该方为杨震在肝病辨治中用于治疗肝癌的代表方。

7. 金砂散

【组成】
茯苓 15g	砂仁 3g（后下）	薏苡仁 15g	白豆蔻 10g（后下）
鸡内金 12g			

【功用】健脾化湿。

【主治】胃脘痞满，纳呆。

【方义】杨震指出，仲景《金匮要略》之开篇提出"见肝之病，知肝传脾，当先实脾"。肝与脾关系最为密切，既病防变，当先实脾，在治疗中应先安未受邪之地。

脾胃乃后天之本、气血生化之源，脾虚湿盛是脾胃病最为重要病机。脾贵在运，肝病易于乘脾而致脾失健运，故而应该注意脾的运化功能。临证时可用枳壳、佛手、山药、白扁豆、炒薏苡仁、神曲、麦芽、莲子肉等以健运脾胃。甘能益脾，调和中气，使脾胃俱旺，使脾防肝侮，且化源得充，肝虚得养。在此理论指导下，以"甘能益脾"之原则，杨震自拟金砂散健脾化湿以实脾。凡肝病具有脾虚之象，纳食不佳，大便溏薄，舌边齿痕明显者，均可加用。

方中茯苓为君药，利水渗湿，健脾。砂仁为臣药，化湿开胃，温脾止泻，理气。佐药白豆蔻化湿，行气，温中，止呕；薏苡仁利水渗透湿，健脾止泻。砂仁、白豆蔻、薏苡仁相伍，可加强化湿健脾之功。使药鸡内金消食健胃，以助脾胃运化。在肝郁脾虚证治中，以四逆散合用金砂散以疏肝行气，健脾化湿。若脾虚湿盛著者，还可加用健脾醒脾之药，如白术、山药、荷叶、厚朴等，使"四季脾旺不受邪"。该方为杨震在肝病辨治中用于治疗脾虚湿盛的代表方。

8. 乌紫解毒汤

【组成】乌梅 15g　　紫草 12g　　紫花地丁 15g　　蒲公英 15g
薏苡仁 15g　　土茯苓 15g　　莪术 10g　　栀子 12g
大黄 6g（后下）

【功用】清热解毒祛湿，活血祛瘀消痤。

【主治】粉刺（痤疮、皮肤化脓感染性疾病）。

【方义】"肝主腠理"的理论是清代医学家高士宗在《医学真传》中提出的，"皮毛而外，肺气主之，皮毛之内，肝血主之"。杨震认为，肝为枢，主疏泄，主气机的运行，疏导卫气，卫气卫护腠理，调节腠理开阖；肝藏血，肝血热肉充肤，淡渗皮毛，营养腠理。痤疮基本病机为气机不畅，肝失疏泄，湿热内蕴，腠理开阖失司。若情志不畅，气机郁滞，怒气伤肝，肝疏泄失常，气郁化火，相火离位上扰头面；或饮食辛辣刺激，脾失健运，湿邪内生，加之素体阳热之邪亢盛，形成湿热之邪，日久热、毒、瘀之邪壅盛，热壅肉腐，腠理开阖失司而发痤疮。故痤疮治疗可从肝论治，以疏调肝气、清泻相火、开达腠理为法，杨震自拟乌紫解毒汤，该方思路来源于《伤寒论》之乌梅丸，原为治疗蛔厥，取乌梅入足厥阴肝经之意。

方中乌梅入肝经，可消胬肉，去死肌，收敛疮毒；紫草清热凉血。二者共为君药。紫花地丁、蒲公英为臣，可清热解毒。薏苡仁、土茯苓入阳明经，利湿解毒，健脾以祛湿邪之源头；莪术入肝，为血中气药，化湿毒，扫荡血分瘀毒。诸药共为佐药。栀子、大黄共为使药，以清泻三焦相火，给邪以出路。全方共奏清热解毒祛湿、活血祛瘀消痤之效，起到泻相火、解热毒、祛瘀血、补肝体、促肝用的作用。红肿赤痛明显者，加生石膏；皮疹暗红，肿势不显，连结成片，较为坚硬，可加桃仁、红花、茜草、丹参；伴咽痛、发热者，加金银花、连翘、防风。乌紫解毒汤是杨震应用"肝主腠理"理论治疗皮肤疾病的代表方。

9. 参灵颐肝汤

【组成】党参 15g　　　　灵芝 20g　　　　麦冬 15g　　　　五味子 15g

　　　　生地黄 15g　　　百合 20g　　　　茜草 15g　　　　紫草 10g

　　　　佛手 10g　　　　败酱草 15g　　　板蓝根 10g

【功用】益气养阴，柔肝通络。

【主治】郁热相火伤肝。

【方义】杨震指出，临床上诸多医家治疗自身免疫性肝病时，多采用健脾益气、疏肝理气、清热利湿、活血化瘀等法，少有重视肝阴不足之本源治法。自身免疫性肝病存在先天肝阴不足之本因，但起病多以烦躁易怒之肝气郁结为始，且多不自知，郁而化热，更伤其阴，阴伤则热显，变生他证。故遵《素问·阴阳应象大论》中"阴阳者，天地之道也，万物之纲纪，变化之父母……治病必求于本"和《素问·四气调神大论》中"是故圣人不治已病治未病，不治已乱治未乱"的训则，治疗时，强调必须顾及肝体之阴不足之根本，滋阴养血之品应贯穿疾病治疗始终以化生肝阴，达到初病杜渐，已病防传，并可配合疏肝、清肝等法以利肝之疏泄而助肝用。如是则肝得血而气柔，气柔则疏泄遂其用。

针对小儿肝炎，杨震认为小儿脏腑娇嫩，生理上具有虚的特点。肝用未全，外邪易直中肝脏，戕伐肝体，导致肝体受伤，体阴受损，肝经血热，相火妄动，火旺则耗气伤阴。肝体受伤，肝用失常，疏化之机，受到损伤，木不疏土，脾胃运化失常。总结其基本病机为气阴两虚、肝经血热，故治法为益气养阴，凉血解毒。

本方由灵芝生脉散、百合地黄汤合茜兰汤加减而成。方中灵芝、麦冬为君药，以益气养阴扶正；百合、生地黄、党参、五味子为臣药，养阴清热，补益心肺，以防木火刑金，心阴受损；佐以茜草、紫草、败酱草、板蓝根凉血清热，解毒通络，佛手理气平肝。全方共奏益气养阴、柔肝通络之效。大便秘结，可加瓜蒌、火麻仁通便泻热；皮肤黄染，去百合、生地黄，加茵陈、金钱草清热利湿退黄。参灵颐肝汤是杨震治疗气阴两虚型自身免疫性肝炎、药物性肝炎、脂肪肝、小儿肝炎的常用方剂。

10. 仙方承气汤

【组成】僵蚕 6g　　　　大黄 10g　　　　枳实 8g　　　　厚朴 8g

　　　　蝉蜕 3g

【功用】攻下热结，宣畅气机，透热转气。

【主治】小儿重症手足口病。

【方义】杨震将手足口病辨治为温病"湿热病"，病机为肺气失宣，湿热阻滞。治疗宜早，小儿为稚阴稚阳之体，脏腑娇嫩，发病容易，且传变迅速，当于感邪之初期积极治疗。轻症治以清热解毒、凉血祛湿。热郁是各种温病的共同本质，贯穿于温病的各个阶段。其关键在于气机郁滞，郁热外出之路不畅。手足口病重症病机为湿热之邪深入阳明，化燥成温，阻滞气机，进而热毒逼入营分，深入血分，重症治宜通腑、泄热、息风，治疗时需抓住"热""毒""动风"的病机，故杨震自拟仙方承气汤加减治疗。他强调本方不仅用于治疗手足口病，对于温热病重症如高热、抽搐、惊厥等也均适用。

仙方承气汤方用大黄为君药，苦寒通降，泻热通便，涤荡胃肠实热积滞；臣以厚朴苦、温，下气除满，枳实苦、寒，行气消痞。三药合用使热结得下，里热下趋而解，气机宣畅，阳气敷布外达。僵蚕轻浮而升，清热解郁，既能息风止痉，又能化痰定惊；蝉蜕味甘、咸，性寒，升浮宣透，宣毒透达，既能疏散肝经风热，又能凉肝息风止痉。两药共为佐药，可透达郁热。朱丹溪云"人间治疫有仙方，一两僵蚕二大黄"，"治有三法，宜补、宜散、宜降"。上方小承气汤使里热下趋以降浊，僵蚕、蝉蜕升浮宣透以升清，五药合用使邪有出路，故名仙方承气汤。本方体现了中医学"治病求本""审症求因"的思想。药证相宜，共奏泻热通腑、透热转气、凉肝息风止痉之效。

本病病位在于手足、臀部及口腔。患儿多见口腔、咽部多个疱疹、溃疡，小儿口内生疮，药食难下。考虑以上原因，故采用灌肠给药，且"肺与大肠相表里"，肠道给药更易于清解肺热。灌肠可使药物从肠道直接吸收，实在用心良苦。

（二）特色对药

1. 茜草－紫草

茜草味苦，微寒，入足厥阴肝经。功效通经脉瘀塞，止营血流溢。

紫草味苦，气寒，入足厥阴肝经。功效清肝凉血，泻火伐阳。

二者相伍为用，增强清热解毒、化瘀的功效。杨震早年曾以此对药为主方，运用凉血解毒清热法治疗小儿麻疹肺炎取得良好效果，这对其后临床治疗病毒性肝炎极具启发。此对药为杨震经验方茜兰汤的重要组成，主要用于治疗肝经血热型急慢性病毒性肝炎。

"肝经血热"这一提法以前很少论及，杨震认为肝炎病毒属伏邪范畴，肝炎早期是肝气郁，只有病情深入，气郁与伏邪相结合形成"血分伏邪"，郁久化热达到"肝经血热"之际，才导致质变。如能在治疗中控制"血分伏邪"和"肝经血热"，则可对肝炎病毒起到较好的防治作用。故治疗不宜用苦寒香燥之剂，遵从《王旭高医案》

"将军之性，非可直制，唯咸苦甘凉，佐微酸微辛……以柔济刚"的原则。自拟"茜兰汤"（茜草、紫草、败酱草、佛手、白芍、板蓝根）加减以清肝凉血。方中茜草、紫草咸凉入血，配伍板蓝根、败酱草清热解毒，佛手、白芍理气平肝。肝郁较重时，加柴胡、黄芩；有血热伤阴，加麦冬、生地黄、沙参；胁痛明显者，加瓜蒌、郁金、桃仁；若有轻度肝脾肿大者，加桃仁、红花；若 HBeAg（乙肝 e 抗原）阳性者，用"白苓茜兰汤"，即"茜兰汤"加白花蛇舌草、土茯苓、重楼、虎杖。

2. 茜草 – 海螵蛸

茜草味苦，性微寒，入足厥阴肝经。功效通经脉瘀塞，止营血流溢，亦行瘀血，敛新血，吐衄、崩漏、跌打、损伤、痔瘘、疮疖俱治。

海螵蛸味咸、涩，性温，归脾、肾经。功效收敛止血，涩精止带，制酸，敛疮。用于胃痛吞酸，吐血衄血，崩漏便血，遗精滑精，赤白带下，溃疡病。外治损伤出血，疮多脓汁。

二药配伍来源于《内经》"四乌鲗骨一藘茹丸"，藘茹即今之茜草，乌鲗（贼）骨即海螵蛸。在肝病的治疗中杨震喜用这一对药，为其经验方疏络化纤汤、疏肝化瘀汤和白莲化癥汤的重要组成，主要用于治疗各种原因导致的慢性肝炎、肝纤维化、肝硬化、肝癌和肝脾肿大患者。一是取用四乌鲗骨一藘茹丸之益精补血、化瘀软坚，主治血枯精竭症。因肝主藏血，血盈则木荣，故此方可补肝体。二是该方的茜草入肝经血分，可凉血化瘀、清解血分之热。《本草纲目》认为海螵蛸入厥阴血分，具有收敛止血、涩精止带、制酸止痛、收湿敛疮之功效。常用于吐血衄血，崩漏便血，遗精滑精，赤白带下，胃痛吞酸；治损伤出血，湿疹湿疮，溃疡不敛。杨震认为用四乌鲗骨一藘茹丸还可补血堵漏，从源头着手，治疗胃黏膜、肠黏膜出血，肠静脉、食管静脉出血，急慢性肝病，消化道疾病，偏寒偏热者都可使用。

3. 桑叶 – 决明子

桑叶味甘、苦，性寒，归肺、肝经。功效疏散风热，清肺润燥，清肝明目。用于风热感冒，肺热燥咳，头晕头痛，目赤昏花。

决明子味甘、苦、咸，性微寒，归肝、大肠经。功效清热明目，润肠通便。用于目赤涩痛，羞明多泪，头痛眩晕，目暗不明，大便秘结。

二药合用可清肝泻浊，润肠通便。此对药是杨震经验方桑明合剂的重要组成，临床主要用于治疗肝经郁热型脂肪肝、高脂血症的患者。脂肪肝病因多由饮食失当，劳逸失和，加之忧思恼怒，情志所伤，使肝失条达，疏泄不利，气机郁滞，横逆犯脾，肝郁脾虚；或日久化热，肝经郁热，热瘀互结于肝，致膏脂输布转化失常，停于肝脏所致。故根据脂肪肝发病机理及临床表现，杨震认为将本病命名为"肝瘟"似较合理。肝瘟为五瘟之一，病名出自《颅囟经》卷上，原指小儿乳食不调，肝脏受热所致的病证。《医学正传》曰："数食肥，令人内热；数食甘，令人中满。盖其病因肥甘所致，故命名曰疳。""肝疳"可明确地反映其病位和病性，本病的主要病机为肝经郁热，浊瘀脉络。

临床治疗当从肝论治，紧扣"热""瘀"二字，自拟桑明合剂疏肝健脾、消积泄热、活血通络。方中决明子为君药，《本草正》谓其"味微苦、微甘，性平，微凉"，归肝、大肠经；《药性论》云其"利五脏，除肝家热"，以清肝泻浊、润肠通便。山楂为臣药，丹溪认为其"大能克化饮食"，《日用本草》云其"化食积，行结气，健胃宽膈，消血痞气块"。故其可开胃消食、化滞消积、活血散瘀、化痰行气，为消油腻肉食积滞之要药。佐以怀牛膝补肝肾，强筋骨，逐瘀通经，引血下行；夏枯草清肝火、散郁结、降血压；桑叶疏散风热，清肺润燥，平抑肝阳，清肝明目，凉血止血。菊花既清肝明目、疏达肝气，又取桑、菊辛凉发散之性作为引经之用。诸药相合亦能兼顾调肝、柔肝、疏肝、清肝热、化肝瘀，具有清肝、明目、降脂、消积、化瘀的功效。

六、读书之法

杨震认为，"四大经典"即《黄帝内经》《伤寒论》《金匮要略》《温病条辨》，这是中医的根本，是中医的"基因"，是需要背诵的经典。其中，《内经》奠定了中医学的理论基础；《伤寒论》和《温病条辨》则以外感病为研究中心，以六经辨证、卫气营血辨证、三焦辨证为辨证方法，将《内经》的理论和方法应用于临床；《金匮要略》则以脏腑辨证为核心，阐述了内伤杂病的内容。这些辨证理论及方法是中医临床的核心，构建了中医的思维方法和理论体系。

杨震在学习过程中，认为《内经》对于相火理论、气机升降学说的建立有着重要的研究价值。相火理论来源于《内经》的"五运六气"学说，经历代学者研究和实践，逐渐演化成用来阐释人体生理病理变化的理论，并用来指导临床。同时，《内经》确立了人体气机升降理论的基本原理，从气的升降运行道路，生理、病理及治则治法等方面，全面阐述了升降学说的学术思想，并为后世脏腑气机阴阳升降出入的特性认识奠定基础。

《伤寒杂病论》（含《伤寒论》《金匮要略》）是中国医学史上现存最早的一部完整系统的临床医学著作，创立了理法方药相结合的辨证论治体系，为中医临床医学乃至中医多学科的发展奠定了基础。杨震指出，《伤寒论》提出了很多中医治疗的基本法则，皆为后世临证治则，并有许多沿用至今的方剂，选药精当，组方严谨，是方剂学发展的基础，具有极高的临床实用价值，因此需要我们临床医师熟练掌握并加以应用。《金匮要略》是我国现存最早的一部论述诊治杂病的专书，后世医家对疾病的认识、分类、诊断、治则都基于此。杨震认为，学习这些对于拓宽临床思路，提高综合分析和诊治疑难病证的能力有着重要的作用。在《金匮要略·黄疸病脉证并治》中首次全面系统地应用了汗、吐、下、和、温、清、消、补八法治疗黄疸，这是临床治疗黄疸的根本大法，临床实践中要深入体会，灵活运用。

杨震同时指出，温病是一个很大的范畴，吴鞠通《温病条辨》上焦篇第一条就有明确记载，"温病者，有风温、有温热、有温疫、有温毒、有暑温、有湿温、有秋燥、有冬温、有温疟"，指出了9种代表性温病病种。吴又可《温疫论》是中医第一部有关温疫的专著，对病因学的发展做出了重要贡献。叶天士《温热论》是温病学的奠基之作，提出卫气营血辨证，使温病逐渐形成了一个比较完整的独立的理论体系。吴鞠通的《温病条辨》又在卫气营血辨证的基础上提出三焦辨证，使温病辨证系统更为全面，为温病学的推广做出重要贡献。因此，杨震重视对温病学理论及辨治体系的学习掌握。在临床工作中，温病学是他研究和诊治肝病的主要理论指导和临床借鉴，对其个人的诊治经验影响较大，比如提出的"肝经血热""肝胆湿热""肝瘀阴虚"等病机，都是受温病学说启发而来的。之后杨震多次参加抗疫，在诊治流行病、传染病的过程中，温病学都成为他重要的理论法宝。

杨震师承丹溪学派王新午及黄元御第五代传人麻瑞亭两位老师，精研"相火学说"及黄氏医学，通过研习朱丹溪《医学全书》及《黄元御著作十三种》等经典医书，对其形成"相火气机学说"奠定了扎实的中医学理论基础。

杨震指出，相火一词最早是在《素问·天元纪大论》中与君火对应出现的，它是作为运气学说的基本概念而出现的。元代医学家朱丹溪在《格致余论》中提出"相火学说"，它是在《内经》"少火""壮火"学说的基础上，继承刘河间"火热论"、李东垣"阴火论"，吸收了陈无择、张子和的若干观点而形成的。这一学说发展和完善了内生火热理论，使中医学对火热证的病因、病机、辨证治疗规律的认识等都有了长足进步。杨震在朱丹溪"相火学说"理论启迪下，在临床肝病的辨治中，应用"相火论"的观点，把肝病所产生的局部内生火热按病理相火这一理论去研究，按疾病的发展过程总结形成"六型相火"肝病辨治体系。他深刻体会到，通过学习和运用"相火学说"提高了对肝病的理论认识水平，并为其临床实践及系列科学研究提供了理论指导。

杨震认为，气机的含义是人体中升降出入的生命活动之气，气机学说是源于《内经》提出的有关"气"的运动机制的学说，而把气机运动与人全面联系起来的是清代黄元御。黄元御提倡气机学说，其对于人体的生理病理、遣方用药无不暗含气的运动变化之理。同时，杨震对于"中气"的认识独树一帜，认为"中气"是气机升降的枢纽，与脾胃同居中焦，含脾胃之气。黄元御构建了"土枢四象，一气周流"

的医学生理模型，并在治疗上提出积气在左胁、脐腹用达郁汤，气积在右胁胸膈用下气汤。杨震临床重视气机学说，提出"肝主气机"：左路肝脾不升，首用达郁汤，肝郁夹瘀用自拟疏肝化瘀汤，以恢复左路升发；右路潜降，首用四逆散加下气汤，使中气旋转，气机调畅，阴阳平衡。他指出气机学说以气的升降出入这一形式为要点，中气为枢纽，左升右降，实出虚入，一气周流，阴平阳秘。他认识到气机愆滞是百病产生的根源，而"调其愆而使之不愆"则是其治病的根本大法。人体气机周流不息，则百病不生，虽有大疾，亦易消散。

杨震传承麻瑞亭老先生"调理气机治百病"的学术思想，并将其继承和发展，应用于肝病及内伤杂病的临床治疗中，疗效显著。气机辨证可以拓宽我们认识局部疾病的视野范围，如对肝病的辨证思维，可以跳出肝脏辨证思维范围，既可以从局部认识、分析问题，也可以从全身思维运用脏腑辨证以外的气机辨证、三焦辨证、命门辨证等来深刻认识问题和分析问题。

杨震通过经典理论学习，勤求古训，博采众长，守正创新，在吸收了黄氏医学和丹溪学派两大学派的学术特色基础上，结合自身的临床经验，提出新的学术观点即"相火气机学说"。它是以相火气机的人体正常生理运行和异常病理改变为主要研究内容的理论体系，它的提出弥补了中医界对相火气机研究的不足，是中医对人体生理、病理探讨的新的认识模式。

七、大医之情

（一）思想境界

1. 具有深厚的家国情怀，将中医的守正与创新作为自己义不容辞的责任担当

"作为一名中医大夫，弘扬中医药事业是我终生奋斗的目标。"杨震是这样说，更是这样做的。他从事临床医疗、教学、科研工作近六十载，耄耋之年依然奋战在一线：依托杨震传承工作室，每年制定系统的科研规划；以肝病科、国医馆为教研基地，坚持查房、会诊等工作，每周 3 次在门诊带教；同时，每周 2 次到基层医院教学指导、诊治疑难患者。他每日的工作量异常饱满，门诊常因加号而超时，年门诊量均在 12000 人次左右，年病房会诊 200 人次左右，接诊量高居医院榜首，深受患者的广泛赞誉。经过长期的临床积累和科学实践，杨震在诸多疑难疾病，尤其是肝胆疾病的临床诊疗方面积累了丰富的经验，并将其著书传承后人。杨震正是以平凡的行动践行着他中医传承与发扬的责任。

2. 虚怀若谷、淡泊名利，将全心全意为百姓服务作为自己治病救人的从医之本

杨震深知农村基层百姓缺医少药、看病贵、看病难，常教导徒弟要秉承"大医之心"，行"大医之道"。在日常接诊中，他总是以最经济实用的处方诊治疾患，不开大处方。在担任西安中医医院院长期间，他经常利用周末组织医务人员轮流参加"三下乡"活动，到西安周边区县及一些贫困县义诊，不仅解除了患者的身体疾苦，更把党和政府的温暖送到基层。尽管是全国名老中医，在重大节假日期间，他依然坚持至偏远山区参加专家义诊，为群众免费进行中医药诊疗和健康咨询服务，让更多的患者感受中医药的魅力，受到当地政府和百姓的热烈欢迎。杨震教授常说："是党和国家培养了我，为国家做事和为百姓服务才是我的从医根本。"

3. 重视言传身教、身体力行，发展了新时代下中医传承的新道路

杨震对中医传承深有体会，认为中医传承传的是中医理论经典，承的是中医生命的"血脉"，是历代中医医家诊治技术的经验精华，是临床诊断技术、诊疗思路、诊治方法的具体体现，也是"耳提面授"的重要内容。因此，在日常带教中，他耐心传授、一丝不苟，重视中医思想和治病溯源意识的潜移默化，坚持每天学习中医经典。他常说，每重读一遍中医古籍总有新的感悟，并要求徒弟每年必须重读几本中医古籍，撰写心得相互交流学习，以此作为师带徒定期作业之一。杨震正是在不断地探索和实践下，丰富了新时代的师带徒内容，也找出了中医传承的新模式。

（二）文化修养

中医药学是中华民族几千年来在长期生产与生活实践中认识生命、维护健康、战胜疾病的宝贵经验的总结。其文化内涵深广，需要中医者下大功夫钻研、熟读、记忆、领悟。杨震在学生时代熟读、背诵经典，研读医书，博极医源。他敏而博学，经、史、诸子百家无不涉猎，丰富和拓展了临证思维，在临床带教中常以其引人入胜的典故令学生及患者叹服。

从医近六十载，杨震将"淡、雅、疏"作为行医风范。淡，指用药平淡，药材易购；做人要思想平淡，饮食清淡，与人交往的原则是"君子之交淡如水"。雅，是指医理有创见，用药以巧取胜；做人要为人清雅，应有文化素养，待人接物给人亲切、和善、温暖、朴素的形象。疏，是指疏其气血，令其条达，治疗目标少而专；做人要疏理自己的情绪（自控力），疏理事物注意轻重缓急，同时要疏调自己的饮食，疏调生活规律。

每逢大事，杨震常即兴作诗以抒发感情。在第三批全国老中医药专家学术经验继承人毕业会上，他作诗《杏林春》："杏林逢盛世，杏坛多高师；林海竞华盖，乐为林径石。"表达出自己对国家中医政策的拥护和对中医继承人的殷切期望。在获得国医大师荣誉称号后，他又作《谢恩诗》一首："八十三岁受大奖，谢恩三思不能忘；甘为含灵茹辛苦，乐在杏林育栋梁。传承发展岐黄道，守正创新圣贤方；喜看杏林多新秀，振兴中医代代强。"真诚表达了自己对党的培育之恩、师父的传授之恩、单位和亲人的关照与支持之恩的感谢，以及全心全意为患者服务的从医初心和对中医药事业发展的使命担当，更有着传承育人、心系中医的深厚情怀。

八、养生之智

杨震作为陕西省中医保健专家，经常受邀到机关单位进行养身保健讲座，从饮食调养、情志调摄、适量运动等方面，讲解"怎样拥有健康人生"，告诫人们必须打好健康五大基石，即合理饮食、适量运动、戒烟限酒、心态平衡、劳逸适度，才能达到大健康标准——健、寿、智、乐、美、德，要求大家做好自身的健康管理。杨震要求自己做到"一宽、二严、三不、四乐"。一宽：待人待己要宽容；二严：严管心——不胡思乱想，严管行——不胡作非为；三不：不攀比，不自卑，不怨天尤人（不后悔）；四乐：知足常乐，助人为乐，学习生乐，随遇安乐。

杨震早年跟随王新午先生学习中医，王新午先生为太极拳大家。杨震在学习之余，深得师傅传授，对其太极拳刚柔相济、内外兼修、注重实用的特点，用心体会，日常加以苦练，灵活掌握。退休后，他利用两年时间，每周日抽出半天到公园切磋技艺，提高太极拳水平，从理论到实践，对自己严格要求，这成为杨震养生保健的重要方法之一，并且每晚必利用饭后1小时进行太极拳、八段锦的锻炼。杨震通过自身良好的生活习惯的养成，保证了健康的身体，虽年过耄耋，仍精神矍铄，从而能坚持每周5天的正常临床及师承带教等工作。他每逢遇到重要事件或出外开会学习、旅游等，都会即兴作诗以表达自己的情怀。他在83岁生日时作诗《老牛歌》："八十三岁不算老，杏林耕耘育新苗，老牛自知桑榆晚，不用扬鞭奋力趵。"表达他在传承发展中医药事业的道路上不断求索奋进的精神风貌。

九、传道之术

（一）人才培养方法

杨震于1978—1988年历任西安市新城区中医院副院长、院长，新城区卫生局副局长、西安市中医医院院长。在这期间，他先后举办了6期中医学习班，包括中医、针灸、中药等专业，共培养学生300多人。教学内容涉及中医基础理论、中医内科学、《内经》《伤寒论》等。从1995年开始带教西安市卫生局临床研究生起，到成为陕西省第二批，第三、四、五、六、七批全国老中医药专家学术经验继承工作指导老师，共带教继承人34人，其中培养硕士、博士研究生25人，博士后4人，目前均已成为各自科室的骨干，为传承中医药文化和专业技术做出贡献。

2004年退休后被医院返聘，杨震坚持门诊及查房工作。他秉承"师带徒倾囊相授不保守，徒承师青出于蓝胜于蓝"的理念，工作中悉心指导年轻医师及研究生，通过临证口传面授及定期专题讲课形式等为学生答疑解惑，毫无保留地传授自己的宝贵经验。在带教学生过程中，杨震要求他们不仅要学习老师的医术与专长，更要注重培养谦逊仁厚的医德，强调只有德技双馨、德才兼备，方为良医。

杨震带领团队先后于2011年承担陕西省中医药管理局立项的"名老中医杨震工作室建设项目"，同年承担国家中医药管理局立项的"杨震全国名老中医药专家传承工作室建设项目"，2018年承担国家中医药管理局立项的"杨震全国名中医传承工作室建设项目"。作为一名老中医，杨震将自己几十年来的学术经验加以总结，编撰成书，启示后人，使学术经验能传承下去，为中医事业的发展尽绵薄之力。

杨震作为黄元御第六代代表性传承人，创建了黄元御长安学术流派。该流派先后被西安市卫生健康委员会、陕西省中医药管理局确定为市级、省级学术流派。目前陕西省内已有四代传承人，在他的带领下，流派传承工作室在上海市中医医院及广东省中医院建立工作站，并收弟子9名，使流派学术更好地融入海派医学，并在岭南得以传播、发扬。他在山东省昌邑市人民医院及潍坊市中医院建立流派传承工作站，将黄元御的医学思想和医术在200多年后传回老家，让黄元御中医药文化在御医故里传承发展。他在陕西省内建立了6个流派传承工作站，包括西安市第八医院、西安市儿童医院、西安市新城区中医医院、鄠邑区中医医院、高陵区中医医院及安康市中医医院等。现流派传承工作站10个，传承团队70余人。同时，杨震多次受邀在广州、杭州、长沙、成都、广西等地举办的全国性学术会议中做专题报告，使流派学术经验更广泛地传承和推广。

（二）人才培养成果

经过多年的悉心带教，杨震在全国培养了一批德才兼备的省市级名中医和学科带头人。其中包括：西安市中医医院肝病科主任郝建梅，为第三批全国老中医药专家杨震学术经验优秀继承人，主任医师，硕士研究生导师，陕西省名中医，西安市首届名中医，陕西省"三秦人才津贴"专家，西安市学术技术带头人，现为杨震传承工作室负责人，黄元御长安学术流派工作室负责人；广东省中医院肝病科主任及学术、学科带头人池晓玲，黄元御长安学术流派广东省中医院工作站负责人，主任医师，教授，博士研究生导师，博士后合作导师，广东省名中医，岭南名医，全国老中医药专家学术继承工作指导老师；西安市第八医院中西医结合科主任杨璞叶，为第四批全国老中医药专家杨震学术经验继承人，主任医师，国家中医药管理局重点研究室负责人，陕西省、西安市中医药救治新冠肺炎专家组成员，陕西省定点收治医院的主要负责人，"全国卫生健康系统新冠肺炎疫情防控工作先进个人"；西安市中医医院疾控科主任任晓芳，为第四批全国老中医药专家杨震学术经验优秀继承人，主任医师，硕士研究生导师，第三批全国优秀中医临床研修人才；西安交通大学附属儿童医院中西医结合科主任史艳平，为第五批全国老中医药专家杨震学术经验继承人，主任医师，中国中医科学院博士，硕士研究生导师，陕西省中医药学会儿科专业委员会主任委员。

杨震带领团队开展了大量的学术传承工作，团队发表反映其主要学术思想的论文 100 余篇。通过杨震传承工作室项目建设，共收集杨震教授学习、工作、教学珍贵照片 200 余张，各类教学视频共 152 段，各类手稿 160 余本，建立杨震教授原始资料数据库。经过多年不断地探索和努力，梳理形成了独具特色、临床疗效显著的肝病专科优势病种诊疗方案，以技术促进学科发展，杨震教授学术经验成为医院肝病科的核心技术支撑，科室成为国家"十二五"中医重点专科，通过在省内外 10 家医院推广应用，对指导临床中医药治疗、提高肝病疗效等具有重要的实用价值。学术成果"杨震教授相火气机学说临床应用及推广研究"获得 2020 年陕西省科技进步奖三等奖。

以技术带动学术传承，作为流派代表性传承人，依托杨震全国名中医工作室、黄元御长安学术流派工作室，杨震带领团队在深入研究黄元御长安学术流派中医药理论和文化传承方面，挖掘整理流派历史沿革及发展现状，梳理流派传承脉络谱系，完善流派学术思想体系，开设流派示范门诊，研发特色制剂，加强特色技术推广。《杨震相火气机学说研习实践录》丛书 4 部（《学术求索集》《临证经验集》《医案医话集》《方药新知集》）、《杨震临床带教录》及《杨震学术经验集》等著作相继出版。杨震在流派传承工作中起到了承上启下的重要作用，为流派学术思想的进一步广泛传播奠定了坚实的基础。

黄元御长安学术流派一脉传承，经过历代传承人的不断努力，目前第七代传人，人才济济，秉传承、创新、发展理念，开拓进取，以师带徒方式加强黄氏医学学术思想的传承。在杨震的带领下，黄元御长安学术流派从西安向全国开枝散叶。

杨震学术传承谱

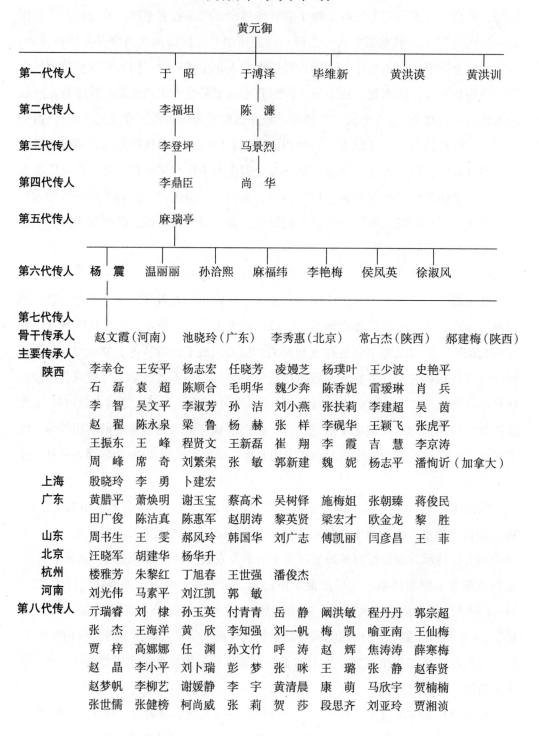

黄元御

第一代传人	于昭	于溥泽	毕维新	黄洪谟	黄洪训
第二代传人	李福坦	陈濂			
第三代传人	李登坪	马景烈			
第四代传人	李鼎臣	尚华			
第五代传人	麻瑞亭				
第六代传人	杨震 温丽丽	孙洽熙	麻福纬	李艳梅	侯凤英 徐淑风

第七代传人							
骨干传承人	赵文霞（河南）	池晓玲（广东）	李秀惠（北京）	常占杰（陕西）	郝建梅（陕西）		
主要传承人							
陕西	李幸仓	王安平	杨志宏	任晓芳	凌嫚芝	杨璞叶	王少波	史艳平
	石磊	袁超	陈顺合	毛明华	魏少奔	陈香妮	雷瑷琳	肖兵
	李智	吴文平	李淑芳	孙洁	刘小燕	张扶莉	李建超	吴茵
	赵翟	陈永泉	梁鲁	杨赫	张样	李砚华	王颖飞	张虎平
	王振东	王峰	程贤文	王新磊	崔翔	李霞	吉慧	李京涛
	周峰	席奇	刘繁荣	张敏	郭新建	魏妮	杨志平	潘恂诉（加拿大）
上海	殷晓玲	李勇	卜建宏					
广东	黄腊平	萧焕明	谢玉宝	蔡高术	吴树铎	施梅姐	张朝臻	蒋俊民
	田广俊	陈洁真	陈惠军	赵朋涛	黎英贤	梁宏才	欧金龙	黎胜
山东	周书生	王雯	郝风玲	韩国华	刘广志	傅凯丽	闫彦昌	王菲
北京	汪晓军	胡建华	杨华升					
杭州	楼雅芳	朱黎红	丁旭春	王世强	潘俊杰			
河南	刘光伟	马素平	刘江凯	郭敏				
第八代传人	亓瑞睿	刘棣	孙玉英	付青青	岳静	阙洪敏	程丹丹	郭宗超
	张杰	王海洋	黄欣	李知强	刘一帆	梅凯	喻亚南	王仙梅
	贾梓	高娜娜	任渊	孙文竹	呼涛	赵辉	焦涛涛	薛寒梅
	赵晶	李小平	刘卜瑞	彭梦	张咪	王璐	张静	赵春贤
	赵梦帆	李柳艺	谢嫒静	李宇	黄清晨	康萌	马欣宇	贺楠楠
	张世儒	张健榜	柯尚威	张莉	贺莎	段思齐	刘亚玲	贾湘浈

（郝建梅、王少波整理）

（张燕编辑）

肖承悰

肖承悰（1940— ），女，北京人，中共党员，北京中医药大学东直门医院首席教授、主任医师、博士生导师。担任卫生部临床重点专科学科及国家中医药管理局重点学科学术带头人，全国第二、三、四批中医临床人才研修项目优秀指导老师，全国老中医药专家学术经验继承工作指导老师等。中华中医药学会妇科分会第三届主任委员、第四届前任主任委员，第五届、六届名誉主任委员，第七届顾问，中国民族医药学会妇科专业委员会创会会长及现任名誉会长，中国中医药研究促进会妇科流派分会名誉会长，全国中医妇科联盟发起人及首席专家，全国名老中医传承工作室建设项目专家。享受国务院政府特殊津贴。获第三届首都国医名师、全国中医妇科名师、全国中医妇科名专家等称号。2022年被授予"国医大师"荣誉称号。

肖承悰作为燕京萧氏妇科流派第三代学术继承人，继承本流派"和合灵动"思想理念，提出以"肾－天癸－冲任－胞宫"环路制化理论为核心，以"治肾、调癸、理冲、安任、通调胞脉"为治法，以"七子益肾理冲汤""温肾培土调癸汤""益肾养肝调癸汤""安任固胎饮""二补助育汤"等方药为术器的妇科病全系列全周期诊疗体系。至今已培养传承人百余名，课题研究和论文成果颇丰，出版中医妇科学术著作12部。

一、学医之路

肖承悰作为"京城四大名医"之首萧龙友先生的嫡孙女和亲炙传人，与祖父共同生活20年，幼承庭训，受到祖父国医国学的熏陶和指引，于1959年考入北京中医学院（现北京中医药大学）中医系学习。肖承悰在家传教育的深厚底蕴上又经中医药高等教育的培养，根基扎实，继承有素，发展有加；后又追随秦伯未、任应秋、刘渡舟、刘涵九等众多中医名师大家修学，集家传、师承、院校教育优势于一身，构成了她知识结构宽厚、中医学术思维传承创新的大理念。1965年，肖承悰毕业后留任北京中医药大学东直门医院，全身心投入医教研工作至今。

二、成才之道

肖承悰从步入杏林，而后登堂入室，如今成长为国医大师，已荏苒时光八十余载。这一路上肖承悰不仅在中医学领域上取得了诸多成就，为中医药事业做出丰硕贡献，也为自己的人生谱写出一股前进奋斗、励志成才的旋律色彩。回望肖承悰一路走来，她的成才经验值得学习体会。

（一）家学渊源，幼承庭训

肖承悰自幼在祖父萧龙友先生身边长大，耳濡目染祖父屡起沉疴的事迹，遂立志学习中医并得其真传。肖承悰承继萧龙友先生的主要学术思想及经验，不仅体悟到"道术并重"对医者的重要性，还崇尚为人行医必须有仁心德行。肖承悰谨遵祖父对于中医理法方药体系的认识，重视中医"气化阴阳，平和为本"的医理，讲求"治病求本"，详察四诊并以问诊为首，精于立法组方及知医明药。

（二）院校教育，系统学习

1959年，肖承悰达成祖父凤愿，顺利考入北京中医学院（现北京中医药大学）。在高等中医院校求学期间，肖承悰秉持祖父"摒弃隅见、融汇中西"的教诲，系统深入地学习了中西医课程。中医四大经典及基础课程的学习培养出肖承悰良好的整体观念和辨证论治功底，学院教学体系下的西医课程也培养了肖承悰运用西医学观念辨病的思维。这为肖承悰日后形成病证结合理念，并采用中西医结合方法诊治疾病奠定下基础。中医讲究求师问道，当时北京中医学院名家云集，肖承悰幸得秦伯未、任应秋、刘渡舟、董建华、王绵之、祝谌予、马龙伯、方鸣谦等名家指导，使她在日后治学从医之路上受益匪浅。

（三）跟师立志，兴趣使然

在北京中医学院扎实学习中医理论三年后，肖承悰来到北京市西城区护国寺中医门诊部跟师刘涵九、傅博恕、江鹤清三位名老中医。在侍诊期间，前辈们着手成春的诸多妇科医案实例，以及对妇科疾病的诊治思辨，引起了肖承悰的兴趣。也正是随诊期间的见习思考和对女性同胞罹患疾苦的怜悯，让肖承悰在心中立下了从事中医妇科的志向。

（四）专注妇科，造诣深厚

有谚语道："人贵有志，学贵有恒。"肖承悰此番立志后便坚定不移，践行至今。她勤恳务实，在中医妇科领域的教育教学、学术研究和行业发展等方面做出了优异成绩。自20世纪60年代入职北京中医学院后，她便着手创建北京中医学院中医妇科博士学位授权点，成立中医妇科临床学系，提升整体教学层次；并且参与东直门医院妇科教研室建设，完善医院教学体系。此外，肖承悰尤为重视教材编写。她细心考虑到教材适用对象有本科生、硕士生、博士生等不同学历层次，教材内容应当涵盖理论学习和临床实训两大要点，由此编著出首部中医妇科学研究生教材——《中医妇科临床研究》、首部本科生中医妇科临床实训教材——《中医妇科实训》及北京市精品教材——《中医妇科学》等，以期达到"让学生能读懂，能思考，能应用"的教学转化目标。在行业发展方面，肖承悰在全国中医妇科界具有权威影响力和号召力，历任中华中医药学会妇科分会主任委员、名誉主委，致力于行业学术进步，牵头编写《中医妇科常见病诊疗指南》，引领推动中医妇科的行业规范和发展；担任中国民族医药学会妇科专业委员会会长、名誉会长，深入民族地区交流指导，推动偏远地区中医妇科的发展；历任中国中医药研究促进会妇科流派分会名誉会长、中国中医药研究促进会专家顾问，团结全国各大中医妇科流派，为流派间人才及经验交流提供卓越平台。

（五）悉心临床，乐育英才

肖承悰热爱临床事业，不断追求医学进步和发展，以期更好地服务于临床。她常鼓励学生要多钻研临床问题，总结临床经验，同时也指出学术进步的成果转化最终是要回归到实际的临床应用和疗效中去，这是"取之临床，用之临床"的重要体现。此外，肖承悰在临床诊疗和带教中都会把"以人为本"放在首要位置。她认为，医学的要义不仅仅是把握和干预疾病的发生发展变化，还要对生命本身予以人文关怀和理解，顾及患者需求，合乎人情事理，由此才能凸显出医学自身的"活态性"。肖承悰从业多年所展现出的大医医风令人赞叹有加，患者常亲切地称她为"送好奶奶""侠女婆婆"，社会大众也授予其"白求恩式好医生""首都十大健康卫士"等荣誉。肖承悰在医学人才培养方面同样也孜孜不倦。她主张因材施教，注意启发学生思考问题，并且在工作和生活上对后辈的关怀细致入微。让后学成为内外兼修、德行兼备的优秀医生便是她的殷切期望。肖承悰在临床和教育上的成就也受到同行的敬仰，曾被评选为"全国中医妇科名专家""首都国医名师"等称号，可谓实至名归。

三、学术之精

（一）治肾五法，环路制化

肖承悰在多年的临床实践中体悟到肾在女性生理病理中的重要地位，以及肾为主导下的"肾－天癸－冲任－胞宫"轴之间的互作为用，遂创立"治肾五法"和"肾－天癸－冲任－胞宫"轴环路制化的学术理论。

肖承悰在临床中详辨肾气、肾阴、肾阳的变化，并以此为基础辨治妇科疾病。治肾五法包括滋肾之法、益肾之法、补肾之法、温肾之法、固肾之法，根本目标是实现肾的阴阳平衡。滋肾法偏于滋肾阴，亦兼顾心、肝；益肾法偏于平补肾中阴阳；补肾法偏于补肾气，以促进肾气的充盛；温肾法偏于温补肾阳，同时兼顾脾阳；固肾法偏于固肾安任，以维系胎元的牢固。

"肾－天癸－冲任－胞宫"轴环路制化理论强调肾、天癸、冲任、胞宫各环节之间的协作变化。肾为天癸之源，冲任之本，系于胞宫，重要之性不言而喻。天癸随女性肾气充盛后周期泌至，癸水有源，则冲任胞宫之气血得以和顺。"调癸"之法常与"治肾"并举。例如对于肾脾阳虚、痰瘀互阻所致癸水不调，治当温肾培土、化痰活血，令天癸充调；对于肾肝阴虚、血虚肝旺所致癸水不调，治当益肾精、养肝血、调畅天癸。冲任二脉所汇的精血津液是女性月经气血的直接来源，冲任二脉盈满和畅则经水按时而下。例如对于肾虚天癸亏少所致冲脉虚滞，治当益肾理冲；对于肾虚任脉不固所致系胞无力，治当固肾安胎。胞宫相系于肾，内含胞脉。对于肾气虚所致胞宫胞脉虚损，治当补肾气、通胞脉。

（二）以平为期，以和为贵

肖承悰在临证中十分注重阴阳、气血以及脏腑之间的平衡，讲求"以平为期，以和为贵"。肾为水火阴阳之脏，因此肖承惊较为重视肾中阴阳的平衡调节，注意辨肾中水火之盈亏。肾阳不足应选用中性偏阳的药物，若肾阴不足应选用中性偏阴的药物，总而使"阴平阳秘"。气血之间互根互用，因为妇人多处于"血不足而气有余"的状态，所以保持女性机体气血平衡也很重要。例如寒凝气滞、血行不畅所致痛经，治当温经散寒、化瘀通脉与行气止痛并举；对于血虚气郁、心神不守所致郁证，治当养血理气、解郁安神。脏腑之间的阴阳制化关系失调也是妇人病的重要病机之一。例如对于肝肾阴精不足伴心肾水火不济所致更年期综合征，治当从肾、肝、心三脏联合入手，滋肾养肝与交通心肾同举。

（三）病证结合，衷中参西

肖承惊受到祖父萧龙友先生中西医结合理念的影响，从中医角度出发，坚持中医为主，西医为辅。她在诊治妇科疑难疾病时，侧重发挥中医四诊合参、辨证多维的优势所在，同时吸纳和参考现代医学的检验检查，以求更好地把握疾患依据，辨明病证之本源，而后采取针对性治疗。例如对于异常子宫出血一病，肖承惊不仅结合现有指南明确其中可能的功能性或器质性病因，做到止血调经有序；还依据中医崩漏之治疗特色，一方面秉持"塞流、澄源、复旧"大法，另一方面明辨疾病所处脏腑气血虚实之偏颇，如益气摄血与化瘀止血同用、健脾气与固肾气的脏腑调节相结合等。

四、专病之治

肖承惊功专中医妇科，对妇科常见病及疑难杂症均有思辨证治，临床疗效突出。现介绍肖承惊对卵巢储备功能下降和多囊卵巢综合征治验如下。

（一）卵巢储备功能下降证治

卵巢储备功能下降是指卵巢产生卵子的能力减弱，卵母细胞质量和（或）数量下降，导致女性生育能力降低。其临床表现为月经周期缩短、经量减少或月经停闭等，甚至出现不孕等症状。卵巢储备功能下降属于中医学"月经先期""月经量少""闭经""不孕"等范畴。

1. 病机分析

肖承惊认为本病基本病机为肾虚、冲脉失调。肾主藏先天精气，肾气盛则天癸充，冲脉在天癸作用下广聚脏腑气血而使血海盈满，以促成月经产生和生殖。肖承惊在临床诊治过程中发现卵巢储备功能下降多表现为月经周期、经量等的改变，常伴有生殖能力的下降；发病原因繁杂，或因房劳多产，或因先天肾精不足，或因七情所致，总而使肾气亏虚，天癸乏源，冲脉失于充畅。

2. 验方研创

肖承悰确立"益肾理冲"为本病基本治法，创制验方七子益肾理冲汤。

药物组成：女贞子15g，覆盆子15g，菟丝子15g，桑椹15g，枸杞子15g，沙苑子10g，香附（子）15g，桑寄生15g，续断15g，巴戟天15g，黄芪15g。

3. 组方解析

方中以女贞子、枸杞子、沙苑子、桑椹子益肾气、滋肾阴；菟丝子、巴戟天、覆盆子补肾阳、益精血，桑寄生、续断补肝肾、强筋骨，补而不滞，总显益肾之意；香附疏肝理气，柔疏结合，冲脉得理；黄芪补气健脾，气行则冲脉畅达。全方共奏益肾养肝、调理冲脉之功，以期肾气盛、肝血充，致冲脉血海满溢，月经自调。

4. 特色解读

卵巢储备功能的下降常反映出女性生殖内分泌功能处于减退状态。中医学认为，"肾－天癸－冲任－胞宫"生殖轴为女性特有，肾为冲任之本，月经常伴随肾气的充盛和冲脉的盈满而至；肾中精气充盛能为卵泡的发育成熟提供物质基础。现代中医妇科学者多认为本病病位在肾，且基本病机不离肾虚为本。肖承悰在临证实际中着重于肾气，提出"益肾"源于平补肾阴、肾阳，而非偏滋肾阴或偏温肾阳的观点，旨在益肾填精，这与肖承悰"阴阳并用"的总体论治用药特点一致。

此外，肖承悰认同《黄帝内经》中"肾经与冲脉……合而盛大，谓之太冲"的论述，重视冲脉在妇科疾病中的重要地位，强调冲脉与女性月经和生殖功能密切相关，指出临证中冲脉的调治应当谨细辨之。例如治疗崩漏以补肾固冲为主，治疗妊娠恶阻以调冲和中为主，而治疗卵巢储备功能下降时不仅要益肾以培生殖轴之本源，而且要令冲脉之气血充盈和畅行。肖承悰在为调治冲脉立法时，有感于理中丸治疗脾胃虚寒证的思路，认为"理"有调理之意，具补充和调畅之义，有异曲同工之妙。遂在治疗本病时立"益肾"与"理冲"同用之总则。

（二）多囊卵巢综合征证治

多囊卵巢综合征是一种发病多因性、临床表现多态性的生殖内分泌综合征。多囊卵巢综合征病因迄今不明，其临床表现有月经稀发、闭经、异常子宫出血、不孕、多毛、肥胖、痤疮等。中医无多囊卵巢综合征的病名，结合其临床表现可归属于"月经后期""闭经""崩漏""不孕"等病范畴，根据卵巢增大、表面包膜增厚的特点，又可归属于"癥瘕"范畴。

1. 病机分析

肖承悰提出本病主要责之肾、肝、脾三脏，其中肾虚为根本，肾虚痰瘀是本病的主要病机。女性月经与肾息息相关，肾气盛是天癸至的先提条件，在肾 – 天癸 – 冲任 – 胞宫 – 月经性腺轴中，肾在月经产生中起主导作用，故调经多从肾入手。肾气虚则精不化血，抑或肾阴虚则精亦无以化血，致精血不足，冲任血海匮乏而致月经后期、月经稀发乃至闭经、不孕等；肾阳虚，气化失司，水液代谢失常，湿聚成痰，痰浊阻滞冲任胞宫，亦可致月经后期、闭经、不孕等。有关痰浊阻滞导致闭经的论述，朱震亨指出，肥盛妇人"躯脂满溢，闭塞子宫"致"经水不调，不能成胎"。傅山也曾论及肥胖痰湿之人易患此病："且肥厚之妇，内肉必满，遮子宫，不能受精。"痰浊产生还与脾主运化和肝主疏泄功能有关，脾虚则体内津液代谢失常，停聚于内而成痰，肝失疏泄则全身气机不畅，津液输布失常而成痰聚于内。瘀血的生成还责之于气滞。该病患者多苦于不孕，求子不得多有肝气郁结，气为血之帅，气行不畅则血行受阻，停于体内为瘀血，日久则痰瘀互结。痰瘀为内生的病理产物，其产生根据有二：一是肥人素多痰湿，日久必成瘀，二者根据多囊卵巢综合征 B 超的变化，双卵巢增大及卵巢白膜增厚，从中医微观辨证属于痰瘀互结之癥瘕；二是因肾肝精血不足，肝失濡养，肝气亢旺化火，可见痤疮、多毛等症状。

2. 验方研创

肖承悰结合临床实际，将本病分为两种证型：肾脾阳虚、痰瘀互阻型和肾肝阴虚、血虚肝旺型，分别以温肾健脾、化痰活血、调畅天癸和益肾精、养肝血、调畅天癸为基本治疗原则，创制验方温肾培土调癸汤和益肾养肝调癸汤治之。药物组成如下。

温肾培土调癸汤：桑寄生 15g，续断 15g，炒杜仲 15g，巴戟天 15g，菟丝子 15g，白术 15g，茯苓 15g，陈皮 10g，胆南星 6g，法半夏 9g，炒枳实 10g，荷叶 12g，泽兰 12g，川牛膝 10g 等。

益肾养肝调癸汤：生地黄 15g，熟地黄 15g，女贞子 15g，墨旱莲 15g，枸杞子 15g，菊花 10g，白芍 15g，茯苓 15g，沙苑子 15g，白蒺藜 10g，生龙牡各 30g，巴戟天 15g，茵陈 10g，制香附 10g 等。

3. 组方解析

温肾培土调癸汤方中桑寄生、续断、炒杜仲、巴戟天、菟丝子温补肝肾；白术、茯苓、陈皮、胆南星、半夏、炒枳实、荷叶健脾理气，化痰除湿；泽兰、川牛膝活血调经，引药下行。诸药合用，温肾阳以养先天癸水，培脾土以充盛气血，养后天之本，再加上理气健脾、利湿活血之药，以调畅气血津液运行。益肾养肝调癸汤方中生地黄、熟地黄、女贞子、墨旱莲、枸杞子、沙苑子、巴戟天益肾中之精气以滋养癸水；乙癸同源，以白芍、生龙牡、菊花、白蒺藜养肝血、平肝阳；天癸来源于先天肾精，又得后天脾气运化的水谷精微的滋养，故调癸除益肾养先天癸水外，还需要健脾理气，以促使后天对天癸的补充更加充足，故以茯苓、茵陈、香附健脾理气利湿。

4.特色解读

多囊卵巢综合征（PCOS）在表现出稀发排卵或无排卵、不孕等生殖功能障碍的同时，也与胰岛素抵抗、雄激素过多等内分泌及糖脂代谢异常密切相关。已有研究证实，PCOS伴高胰岛素血症患者中痰湿证、血瘀证较多，痰湿证PCOS患者比非痰湿证患者有更明显的糖脂代谢紊乱问题。近年来研究认为，PCOS伴高雄激素血症的主要病机为肾虚和肝郁，并与冲任失调等有关。

肖承悰在诊治该病时既着眼于"肾－天癸－冲任－胞宫"轴紊乱及脏腑功能失常，同时也关注痰湿、瘀血等标实病机的动态变化。肖承悰认为，PCOS虽以冲任胞宫失调所致月经紊乱为表现，但治疗时应当抓住"肾－天癸"功能失衡的内在本质，遂立"治肾""调癸"为本病论治基石，尤以自拟"治肾五法"中的"温肾"和"益肾"理念较为常用。同时肖承悰也巧妙地将脏腑辨证和气血津液辨证灵活结合，既强调先后天之肾脾同补以益天癸，又重视肝肾乙癸同源以滋天癸；对于痰湿瘀血之邪以理气利湿化瘀为则，对于阴血虚、肝木旺之机以养肝血、平肝阳为则。

此外，肖承悰善于把握真机期在PCOS调经助孕中的重要作用。多囊卵巢综合征因为卵泡不成熟多不排卵，故不能按常法区分月经四期（经后期、经间期、经前期、行经期）。理论上讲总是处于经后期（即现代医学所谓卵泡期），子宫内膜生长缓慢，卵巢内有很多小卵泡聚集，却未能有优势卵泡发育，自然不能顺利完成排卵，无法实现从经后期到真机期的过渡和阴阳转化，故而该病患者不能形成规律的有排卵月经。肖承悰在调治该病时，常在真机期即将到来之时，补肾、温阳、活血、促排卵，借力完成从经后期至真机期的顺利转变，加上指导患者同房，以助其受孕。

五、方药之长

肖承悰临证依据病证结合和动态辨证的思想灵活地选用经方、时方及经验药对，形成自身独到的用药处方特色，活泛地应用于妇科临床之中。肖承悰不仅重视仲景经方对妇人病诊治的指导作用，亦对《傅青主女科》《太平惠民和剂局方》《景岳全书·妇人规》《妇人大全良方》等中医经典著作中的经验体现和组方内涵悉心研用，获益匪浅。现介绍肖承悰主要代表性方剂如下。

（一）常用方剂

1. 二补助育汤

【组成】骨碎补 15g，补骨脂 15g，巴戟天 15g，桑寄生 15g，续断 15g，鸡血藤 15g，郁金 10g，川牛膝 15g 等。

【用法】水煎服。

【功效】补肾气，通胞脉。

【主治】子宫内膜容受性下降等证属肾气不足、胞脉不畅者。

【方解】骨碎补、补骨脂合称"二补"，二药性温，补肾中之阳气，合用为君。且种植窗期相当于月经周期的黄体中期，恰属于月经周期阴阳消长节律的"阳长"高峰时期。此外骨碎补兼具活血功效，补肾的同时可疏通胞脉的瘀阻。巴戟天补肾助阳，助君药促进肾阳鼓动与肾气化生又不伤阴血；桑寄生、川续断为肖承惊临床常用药对，取两者补益肝肾又能通经络之用，三药为臣，有"补而不滞，温而不燥"之意。川牛膝性平，发挥活血通脉功用的同时，又能引诸药下行胞宫之中；鸡血藤活血通络，又兼具补血作用，两药合用为佐，有通补结合之意。又有郁金活血行气、清心解郁，助胞脉疏通。全方配伍合理，选用温性助阳之品的同时又保证补而不为过，体现用药之精良，总使肾气充盛、胞脉盈畅以助孕卵着床及发育。

【临证心得】肖承惊对子宫内膜容受性下降的研究来源于接受体外受精－胚胎移植（IVF-ET）后失败而要求中医药调治的患者。肖承惊考究得出子宫内膜归属中医"胞脉"范畴。《黄帝内经》指出，胞脉属于心而络于女子胞中，若胞脉闭塞、血行不畅可致月经停闭。胞脉的生理性活动随月经周期阴阳消长而变化，而子宫内膜容受性下降主要反映出经前"阳长"时期的胞脉功能失调。因先天禀赋不足，或后天房劳久病，或屡次堕胎，致肾中阳气受损，营血亏虚，胞脉虚滞，则子宫内膜失于濡养而菲薄，容受性下降。

2. 更欣汤

【组成】女贞子 15g，墨旱莲 15g，生地黄 15g，白芍 15g，枸杞子 15g，知母 12g，百合 15g，生龙骨 30g，生牡蛎 30g，莲子心 3g，丹参 15g，沙苑子（沙苑蒺藜、潼蒺藜）15g，白蒺藜 10g，合欢皮 15g，首乌藤（夜交藤）15g 等。

【用法】水煎服。

【功效】滋肾养肝，交通心肾。

【主治】更年期综合征证属肝肾阴虚、心肾不交。

【方解】方中女贞子、墨旱莲为二至丸之组成，功能滋补肝肾、滋阴清热，共为方中君药。白芍养肝血而调经，又可平抑因肝肾阴虚所致肝阳有亢。枸杞子滋补肝肾，养肝血，育肝阴，助女贞子、墨旱莲补养肝肾之功。生地黄、知母滋阴清热润燥。四药共为臣药，辅佐君药加强补肝肾而清虚热的功效。百合入心肺两经，有养阴清热、宁心安神之功，且其合知母为百合知母汤、合地黄为百合地黄汤，对更年期妇女症见悲伤欲哭、焦虑抑郁等精神障碍者疗效显著。莲子心清心安神，交通心肾，与百合同归心经，合用加强清心火之功效，两药佐助君、臣药物滋肝肾之阴而清热，又兼养阴宁神之功。肖承悰临床常用莲子心配伍茯苓以交通心肾，清心安神。合欢皮安神解郁，夜交藤养心安神，二药合用，助眠之效甚好。龙骨、牡蛎生用重镇安神、平肝潜阳，煅用收敛固涩，二药合用，对更年期多汗亦有一定疗效，且两药富含钙质，对骨质疏松有一定预防作用。白蒺藜平肝解郁、明目，龙骨、牡蛎、白蒺藜三药合用可疏肝理气、敛藏肝魂，缓解更年期妇女失眠、情志不舒等症状。丹参具有活血调经、清心除烦安神之功。沙苑子（潼蒺藜）可补肾固精，既能佐助君臣补益肝肾，又可防诸药寒凉伤正。此二药通过反佐君、臣药物的药性、药势，起到防药物滋腻及寒凉碍胃的作用。以上九味共为佐药，具补肾养肝、交通心肾、镇静安神之能。全方配伍严谨、用药精良、动静结合，共奏滋肾养肝、交通心肾、助眠安神之功。

【临证心得】肖承悰认为更年期综合征的治疗主要从肾、肝、心三脏着手。肾是女性生理活动的根本，主管人的生长发育和衰老。更年期女性多处于"七七"前后，此时肾气渐虚，天癸渐竭，冲任衰少，较易出现阴阳气血失调。此外，肝在女性的病理生理中也具有重要地位。肝主气机疏泄并司职血海蓄盈，肝血与肾精互化而生，因女性情志较易怫郁，且一生经带胎产均需动用阴血，遂更年期女性在肾水不足的同时可有肝木失于涵养、肝血不足和肝气郁滞的病机变化。在临床上更年期女性多有精神情绪不佳，或烦躁不宁，或抑郁低落，或悲伤欲哭等表现，从脏腑整体角度分析，其基本病机多为肾水不足，心肾水火失济，心火偏亢。所以临证治疗时应当治病求本，着重滋补肝肾之精血，使肾水渐充、肝体得养、心神得安，令乙癸有源，水火共济，则诸脏谐和而绝经前后诸证得平。

对于患者症状有所偏重时，肖承悰在组方用药上常灵活加减。如汗出甚者加浮小麦、五味子以益气生津、养阴敛汗。腰痛、关节痛甚者加桑寄生、续断以补肝肾、强筋骨。皮肤蚁走感、刺痒、麻木者加鸡血藤以行血补血、舒筋活络。急躁、情绪异常者加郁金以行气解郁、凉血清火。头痛、头晕者加夏枯草、决明子以清泄肝火、平肝潜阳。血压偏高者加杜仲、黄芩以补益肝肾、清热泻火。便秘者加肉苁蓉、黄精以补肾益精、润燥通便。心烦口糜、尿赤者加灯心草以清热泻火。两目干涩、口干烦渴者加石斛以滋阴清热生津，且鲜石斛更佳。

3. 加减胡芦巴丸

【组成】胡芦巴 15g，巴戟天 15g，莪术 10g，小茴香 10g，吴茱萸 5g，川楝子 10g，延胡索 12g，乌药 15g，王不留行 12g 等。

【用法】水煎服。

【功效】温肾通脉，化瘀止痛。

【主治】子宫内膜异位症和子宫腺肌病证属肾阳不足、寒凝血瘀。

【方解】方中以胡芦巴和巴戟天为君药温补肾中阳气，以助冲任、胞宫、胞脉气血畅通，既能散寒止痛，又使癥积得散。吴茱萸、小茴香、乌药辛温同为臣药以加强散寒止痛之功，并且吴茱萸又可温中止呕、助阳止泻，小茴香和乌药可理气和中止痛，对痛经伴呕吐、腹泻有效。延胡索和川楝子均有疏肝行气止痛功效，莪术和王不留行具有活血化瘀、散结消癥作用，四者在方中行佐使作用，有助于缓解疼痛、缩小或消除异位包块和结节。综上，全方共奏温肾散寒、行气通脉、止痛消癥之功。

【临证心得】子宫内膜异位症和子宫腺肌病所致痛经多因素体阳气亏虚，或久病伤阳致阳气不足，或平素贪凉饮冷致阳气受损等，阳虚无以推动血行，经血不循常道而溢于脉外，日久成瘀。肖承悰认为本病肾阳亏虚与寒凝血瘀并存，故治疗上应以温通为主，兼顾扶正。痛经多发生于经期及行经前后，肖承悰常在胡芦巴丸的基础上加用温阳活血、散寒止痛之药，如片姜黄、没药、延胡索、桂枝、细辛等。若患者痛经程度较剧，则酌情加用地龙、全蝎、蜈蚣等增强活血通经止痛之功。经后期多在胡芦巴丸基础上助以消瘀散结之能。常用药物有丹参、牡丹皮、香附、大血藤等。此外，痛经日久多可表现出正气虚弱、虚实夹杂的一面，故临证时应适时扶助正气、调和气血。常用药物为黄芪、白术，并且此二药可增强阳气的温煦、推动作用，扶正以祛邪，达到标本兼治的效果。

4. 新当归芍药散

【组成】当归 10g，白芍 15g，赤芍 12g，川芎 15g，白术 15g，茯苓 15g，泽兰 15g，炒枳壳 10g，川牛膝 15g 等。

【用法】水煎服。

【功效】养血柔肝，健脾利湿，活血化瘀，祛痰消癥。

【主治】卵巢囊肿或输卵管积水等证属血水为病，痰瘀互结。

【方解】方中当归养血活血，白芍养血柔肝，赤芍配川芎泻肝活血散结而能行血中之滞，四药相配，使肝血充足，肝体得养，又蕴补散结合、疏泄有序之意。白术补气健脾，燥湿利水，茯苓甘淡渗湿下行以利水湿，合用以健运脾气和渗利水湿并举。泽兰辛散温通，行而不峻，具有祛瘀散结、利水消肿而不伤正气的特点；炒枳壳辛散苦泄，可化痰理气、散结消癥；川牛膝有活血化瘀通经之功，可引诸药下行，合而为之则助全方消除血水不利所致痰瘀互结之病弊。

【临证心得】肖承悰考证《灵枢·水胀》中明确指出"肠覃、石瘕皆生于女子"，并且日久"按之则坚，推之则移"，但能"月事以时下"，其治法为"可导而下"，由此认为"肠覃"可对应于现代妇科良性肿瘤性一类疾病。因为卵巢囊肿内容物多为浆液性或黏液性液体，且多数患者月经正常，所以肖承悰将本病归属于中医"肠覃"的范畴。

肖承悰认为卵巢囊肿的发病总属标实本虚，与肝脾关系密切，主要病机在于气血津液的关系失调。从肝脾角度讨论，则以肝血不足、肝体失柔，或肝郁脾虚为主。从气血津液失调来看，气病多为气机郁滞或气虚失运，血病多为血行不畅，水病多为水湿不化，三者相互影响可见气滞血瘀、气滞水停、气虚血滞或生湿成痰、痰瘀互结等病理变化。

根据上述病机特点，治理肝脾应当疏肝柔肝和健运脾气并举，对于气血水为病应当依据具体病机侧重治疗，或理气、补气，或化痰、利湿，或化瘀、消癥等。当归芍药散出自张仲景《金匮要略》，原文记载："妇人腹中诸疾痛，当归芍药散主之。"从方测证可知其主治肝脾不和、气血郁滞所致腹中拘急、绵绵作痛。

新当归芍药散在原方基础上灵活调增，可充分发挥利湿、化瘀、消癥的作用。若水湿较重，加路路通、猪苓等以增利水之功；若瘀血较重，则加强活血化瘀之力，加马鞭草、虎杖等；若湿瘀与热互结，可酌加野菊花、马齿苋、败酱草、红藤、车前草、土茯苓等。

5. 肌瘤内消丸

【组成】鬼箭羽15g，制鳖甲15g，生牡蛎15g，赤芍12g，荔枝核10g，川牛膝15g，黄芪10g等。

【用法】水煎服。

【功效】活血化瘀，软坚消癥，兼以益气。

【主治】非经期子宫肌瘤证属气虚血瘀者。

【方解】鬼箭羽软坚散结，赤芍活血化瘀，二者性平，同为君药，以活血消癥。鳖甲、牡蛎均有软坚散结之功，且牡蛎又能化痰，川牛膝逐瘀通经又能引诸药下行胞宫，三药合而为臣，可助君药活血消癥之力。黄芪补中益气令气行则血行，瘀血得去则新血得生，荔枝核行气散结，两药共为佐药，有寓补于消之意，可同时兼顾乏力、腹痛等兼症。全方以活血化瘀消癥为主，又兼益气之效，消补兼施，祛邪而不伤正。

【临证心得】子宫肌瘤在中医学属"癥瘕""石瘕"的范畴，肖承悰根据自身经验提出"益气祛瘀，补消结合"的治疗原则。临证分为经期和非经期治疗，且在不同时期补与消各有侧重，标本兼治。非经期时以消为主，消于补之上，补寓消之中。虽用攻伐但不可过重过急，当有缓消图之和"衰其大半而止"之意，以免损伤正气。非经期治疗时可灵活根据病机变化加减药物。或可增其散结消癥之力，加入夏枯草、鸡内金、浙贝母等；或仿桂枝茯苓丸活血化瘀之治，加入丹参、牡丹皮、桂枝、莪术、王不留行等；亦或添扶正平补之属，如红参、红芪等。经期治疗用药更应谨慎，如月经量多或淋漓不尽，机体处于气血不足、气不摄血的状态，此时治疗当以补为主，补于消之上，消寓补之中，总而护正则能祛邪。具体治法以益气缩宫为主，兼以软坚消癥，使气血充足调和则能摄血生血和运血，辅消癥结。组方为党参、太子参、南沙参、白术、枳壳、益母草、贯众、花蕊石、龙骨、牡蛎、三七粉等。同时，肖承悰临证还注意按是否伴不孕、月经过多以及是否妊娠分别进行加减治疗。子宫肌瘤合并不孕、月经过多者应养血化瘀，消癥散结；子宫肌瘤合并妊娠应益气和血安胎；子宫肌瘤伴痛经应活血理气，止痛消癥。

（二）经典用药

1. 桑寄生、续断

桑寄生功能补肝肾、强筋骨、祛风湿、益血安胎。《本草从新》言其："补气温中，补血和血，安胎定痛。"《药性论》载其："能令胎牢固，主怀妊漏血不止。"续断功能补肝肾、续筋骨、续折伤、止崩漏。二药皆归肝肾二经，功效主治近似，故《本草蒙筌》曰："续断与桑寄生气味略已，主治颇同，不得寄生，即加续断。"肖承悰从北京中医学院妇科马龙伯教授习得此验，将桑寄生和续断合用治疗多囊卵巢综合征、卵巢功能下降、更年期综合征或复发性流产等属肝肾不足，症见腰膝疼痛者。

2. 沙苑蒺藜、白蒺藜

沙苑蒺藜功能补肾固精、养肝明目。《本草汇言》曰："沙苑蒺藜，补肾涩精之药也。其气清香，能养肝明目，润泽瞳仁。补肾固精，强阳有子，不烈不燥，兼止小便遗沥，乃和平柔润之剂也。"白蒺藜功能平肝疏肝、祛风明目，主治肝阳上亢所致头晕目眩，肝郁气逆所致胸胁胀痛、乳闭胀痛，肝经风热所致目睛红赤等。《本草求真》言："白蒺藜辛苦微温……能补肾，可治精遗溺失。暨腰疼劳伤等症。然总宣散肝经风邪……凡癥瘕结聚，喉痹乳痛，暨胎产不下，服此力能破郁宣结。"肖承悰认为沙苑蒺藜和白蒺藜合用，既能补肝肾，又能解肝郁，可用于肝肾不足夹郁之月经失调、闭经等。另外，二者合用益精平肝，还可用于治疗更年期综合征由肝血不足、肝阳上亢所致头晕、心烦、目涩等症。

3. 枸杞子、狗脊

枸杞子性味甘平，功能补益肝肾、益精明目。《药性论》云："能补益精诸不足，明目安神，令人长寿。"狗脊性温，归肝肾二经，功能祛风湿、补肝肾、强腰膝。《本草蒙筌》录其："治腰背强疼，关节缓急。理脚膝软急，筋骨损伤，女子伤中欠调，老人失溺不节，周痹寒湿，并可医痊。"枸杞子、狗脊二药合用，则于动静结合之中补益肝肾精血，补而不滞，多用于以肝肾精血亏虚为主要病机的卵泡发育迟缓、卵泡功能不良以及不孕、流产等病。

4. 紫石英、石楠叶

紫石英性温，味甘、辛，功能温肾暖宫、镇心安神、温肺平喘。《药性切用》记载其："镇坠虚怯，专温血室，治血海虚寒，经久不孕，为温暖子宫专药。"石楠叶性平，味辛、苦，功能祛风湿、益肝肾、强筋骨。《现代实用中药》言其："治阳痿，滑精，女子腰冷不孕，月经不调。"肖承悰在治疗多囊卵巢综合征以肾虚为本时常配用二药，均入肾经以补肾助阳，促进卵泡发育。且二者味辛，辛能发散，故又有一定的通利作用，有助于卵泡在"的候"之时顺利排出。

5. 补骨脂、骨碎补

补骨脂功能温肾固精、暖脾止泻、纳气平喘。主治肾阳不足所致腰膝冷痛、脾肾阳虚所致大便溏泻等。《本草便读》言其："兴阳事，止肾泄，甘温辛苦之功，固精气，愈腰疼，益火消阴之力，虚寒咳嗽，补纳有权，滑数便遗，摄虚可赖。"骨碎补味苦，性温，功能补肾强骨、活血止痛。主治肾虚腰痛、足膝痿弱等。《本草求真》记录其："功专入肾补骨，且能入心破血。是以肾虚耳鸣，久泻，跌仆损伤骨痛，牙痛血出，无不用此调治。"肖承悰治疗子宫内膜容受性下降时创制验方二补助育汤，其中选用补骨脂和骨碎补作为方中君药补益肾阳，并且骨碎补兼有活血通脉之功，总而改善子宫内膜微循环，促进胚胎着床。

6. 生地黄、熟地黄

生地黄功能滋阴清热、凉血补血。主治阴虚内热所致骨蒸发热、崩漏经闭、吐衄发斑、热病烦渴等。《医学入门》言其："滋肾水，真阴不足，劳瘦骨蒸，日晡寒热，唾血，耳鸣，凉心火血热，五心潮烦，惊悸。"熟地黄为生地黄蒸制所成，功能滋阴补血、益精填髓。主治肝肾精血不足所致崩漏下血、月经不调、不孕不育、胎漏产后诸疾、腰膝酸软、头晕耳鸣、须发早白等。《本草备要》记载其："滋肾水，补真阴，填骨髓，生精血，聪耳明目，黑发乌髭……胎产百病，为补血之上剂。"生地黄和熟地黄寒温并用，滋养阴血更专，肖承悰常用二药于肝肾阴精亏虚所致月经后期、闭经、不孕等，并且在使用时常结合舌脉及二便考虑患者脾胃情况，或加用砂仁、陈皮等健脾理气助运化，或防伤脾胃虚寒者中焦阳气，则减生地黄。

7. 党参、太子参、南沙参

党参、太子参性味甘平，功能益气健脾生津，润而不燥。《得配本草》记载党参

"补养中气，调和脾胃"，《饮片新参》言其"补脾肺元气，止汗生津，定虚悸"。南沙参味甘性微寒，是萧龙友先生临证常用药物之一，功能养阴生津、益气润肺，《玉楸药解》载其"清肺气，生肾水，涤心胸烦热，凉头目郁蒸……"肖承悰将三药组合，自创"小西洋参汤"，共奏益气养阴、补润合宜之效，且无动血生热之嫌。临床常用于脾气虚不能摄血所致崩漏下血、月经过多、经期延长、胎漏等疾。

8. 鸡内金、佛手

鸡内金和佛手是萧龙友先生所拟佛金散的组成，肖承悰惯用之。鸡内金功能健脾消食、消积化石，佛手功能疏肝理气、和胃化痰止痛。《本草再新》谓佛手"治气疏肝，和胃化痰，破积。治噎嗝反胃，消癥瘕、瘰疬"。两药合用不仅能用于肝胃不和或脾胃气滞所致胃脘满痛、纳呆腹胀等脾胃病证，亦用于子宫肌瘤等癥瘕病证以发挥化痰消瘀之效。

9. 苏木、土鳖虫

苏木功能活血通络、消肿止痛，可用于血滞经闭、痛经、产后瘀阻腹痛、跌扑损伤等疾。《雷公炮制药性解》有言苏木能治"一切跌扑损伤，调月水，去瘀血，和新血，排脓止痛，消痈散肿……"土鳖虫功能破瘀血、续筋骨。主治瘀血经闭、癥瘕痞块。《雷公炮制药性解》中记载"主留血壅瘀，心腹寒热洗洗，祛坚积癥瘕、下乳通经"。肖承悰常取二药活血通滞之效合用于血瘀闭经。此外，对于多囊卵巢综合征等表现出排卵障碍的患者，常在把握其"真机期"的同时，加入苏木、土鳖虫二药，以助卵泡冲破卵巢白膜而出。肖承悰也指出，应用二药，择时最关键，不仅要重视"氤氲之时"，也要扣住促排卵的时限，多在排卵前到排卵后一周内应用，避免影响之后的受孕胎成。

10. 鬼箭羽、夏枯草

鬼箭羽功能破血通经杀虫，主治经闭、癥瘕、产后瘀滞腹痛、虫积腹痛等。《神农本草经》（简称《本经》）曰其"主女子崩中下血，腹满汗出"。《唐本草》言"疗妇人血气"。《日华子本草》记录其"通月经，破癥结，止血崩、带下，杀腹脏虫，及产后血绞肚痛"。夏枯草功能散结清肝，主治肝热目赤、眩晕头痛、瘰疬瘿瘤、癥积结块等。《本经》中也有夏枯草"破癥，散瘿结气"的记载。对于癥瘕证属痰瘀互结留滞胞宫时，肖承悰认为应当祛痰化瘀、消肿散结，而鬼箭羽和夏枯草常得合用作为治疗子宫肌瘤、卵巢巧克力样囊肿、乳腺结节等病的经验药对。

11. 鸡内金、浙贝母

鸡内金消积力强，张锡纯言其可消脾胃之积，又能针对其他脏腑各处之积奏效。浙贝母功能清热化痰、散结消肿。《本草正义》云"象贝母苦寒泄降，而能散结"。

肖承惊常将鸡内金、浙贝母合用以治子宫肌瘤、乳腺结节等病，取用软坚散结消肿兼有活血之效，临证可配伍生牡蛎、鬼箭羽等散结软坚，亦可配伍益母草、泽兰等利水通经。

12. 郁金、夏枯草

郁金功能行气解郁、清心凉血，可用于月经不调、痛经、经行前后诸证、经闭等。《得配本草》言其"凉心散郁，破血下气"。夏枯草功能清热散结，《本草分经》言"散肝经之郁火，解内热散结气消瘿"，因为两药均入肝经，合用能疏肝气、清肝热，对于女性闭经、经行情志异常、绝经前后诸证、癥瘕等属肝郁有热兼瘀结者疗效较佳。

13. 牡蛎、鳖甲

牡蛎功能平肝潜阳、软坚散结、收敛固涩。《本草新编》记载其可"软积癖，消结核，去胁下硬，泻热敛肿，益精，遗尿可禁，敛阴汗如神，摩宿血，消老痰……"。鳖甲功能滋阴潜阳、软坚散结，主治阴虚发热、癥瘕经闭、热病阴伤等，《本草分经》言鳖甲"入肝补阴除热，散结软坚，治肝经血分之病"，《日华子本草》亦云其"去血气，破癥结、恶血，堕胎，消疮肿并扑损瘀血，疟疾，肠痈"。肖承惊在妇科癥瘕诊治中，常取用二药软坚散结之效。并且根据疾病的病机不同而选用适宜药物佐配，如子宫肌瘤常配用鸡内金、浙贝母、鬼箭羽、夏枯草等药加强消癥散结作用，卵巢囊肿常配用当归、赤芍、泽兰等发挥消癥利水作用。对于绝经前后诸证属肝肾阴分不足伴肝阳上亢者，常出现潮热汗出、失眠惊悸等症，而将二药加入方中，不仅阴分得补、虚热得清，而且肝阳得平、心神得安，收效显著。

14. 路路通、皂角刺

路路通功能祛风通络、利水通经。主治水肿胀满、经闭乳少等疾。《中药志》记载其能"通经利水，除湿热痹痛。治月经不调，周身痹痛，小便不利，水肿胀满等证"。皂角刺功能消肿排脓、通经下乳。《本草纲目》云其"能引诸药上行，治上焦病"。因二药有辛散、通利下行之功，故肖承惊常合用于盆腔炎性疾病，如输卵管积水、卵巢囊肿等证属瘀水互结，需活血通经、利水消肿散结者，也可用于瘀阻络脉不畅所致月经后期、闭经、产后乳汁不下等。

15. 茯苓、土茯苓

茯苓和土茯苓都有渗湿泄浊之效，且茯苓可健脾宁心，土茯苓又可解毒散结消肿。《本草分经》言茯苓"益脾宁心渗湿，功专行水，能通心气于肾，入肺泻热而下通膀胱"。《本草撮要》言土茯苓"功专健脾胃，祛风湿，利小便，治筋骨拘挛，杨梅疮毒"。有平素喜寒凉生冷或甘甜腻食的女性容易出现脾虚而痰湿内蕴下焦，可引起阴道炎、宫颈炎等疾病，表现为带下量多、伴腰酸腹坠等。遂肖承悰以健脾渗湿为法，常将二药加入方中，收效甚佳。

16. 虎杖、马鞭草

虎杖功能解毒消肿、活血散瘀、利湿泄浊，《医学入门》记载其可"破瘀血，通经能散暴结，止痛排脓利小便"。马鞭草功能清热利湿、活血通经、解毒杀虫，《本草易读》记载其可"破血通经，杀虫消胀。治气血癥结，消痈毒阴肿"。肖承悰把握盆腔炎性疾病多因正虚邪袭，湿热瘀血搏结下焦冲任的主要病机，选用虎杖和马鞭草以发挥利湿清热、解毒消肿之功效，临证可配伍红藤、败酱草等化瘀活血，或延胡索、蒲黄、郁金等行气止痛。

17. 橘核、荔枝核

橘核、荔枝核均有行气散结止痛之功。《本草撮要》中云橘核"功专行肝气，消肿散毒"。《本草备要》中云荔枝核"散滞气，辟寒邪。治胃脘痛，妇人血气痛"。中医临床中常用此对药治疗疝气腹痛、睾丸肿痛等病，然病机总不离肝气郁滞之要。肖承悰依据子宫肌瘤、乳腺增生或结节等疾多有气机郁滞伴发经脉血行不畅的病机认识，异病同治，选用橘核与荔枝核配伍以行气散结，随证辅以丹参和牡丹皮等活血，或鸡内金和浙贝母等软坚。

六、读书之法

肖承悰对中医经典的崇尚受到祖父萧龙友的影响。萧龙友先生曾在所著《医范十条》中谈到："以镜鉴人，不如以人鉴人，盖镜中影只自知，无可比，而书中影则使万世之人皆知也。"肖承悰指出，中医学书籍汗牛充栋，在中医妇科方面不乏诸如《傅青主女科》《景岳全书·妇人规》等著作，在品读研习时要有的放矢，层层深入，方能有所收获。譬如《傅青主女科》的辨证特色在于肾、肝、脾、血气和冲任督带的失调，并且其中创制的方剂如完带汤、易黄汤、生化汤、两地汤等在临床上确有实用。在每一小节的学习中，重点需要放在傅青主对主要病机和治法的总结，比如带下病篇中谈及"脾气之虚，肝气之郁，湿气之侵，热气之逼"的病机概要，血崩昏暗篇中有"于补阴之中行止崩之法"的治法论述。此外，对于书中所列方剂的方义分析应当灵活理解。比如完带汤中看似药味精简，实则包含了开提肝木之气和补益脾土之元并举的治疗思想。肖承悰也强调，品读经典是一种基本能力，而这种能力需要在灵活效验于临床后，才能融会贯通，为己所用。

七、大医之情

（一）思想境界

肖承悰志存高远，身体力行，始终跟随中国共产党的领导，坚持为中医妇科事业奉献自身力量。肖承悰对党的忠贞离不开萧氏家族内爱党爱国之家风的一脉相承。萧氏妇科主要代表人物先后经历了中国近代社会变革和现代社会的进步，在历史的选择下坚定拥护共产党的正确领导，一心跟党走，倾心将自身能力付诸党对国家卫生健康事业建设的伟大实践中。肖承悰1980年自愿加入中国共产党后，便开启了她德才双馨的苍生大医之路。现虽已是耄耋之年，肖承悰在业内外仍以性格直率、不计得失而著称。她先后向国家捐赠了家传文物、珍贵医书及老宅，彰显其淡泊名利、无私奉献的心志。她常说："我是一名共产党员，作为党员，就要有正确的价值取向，要弘扬正气，发扬正能量。"肖承悰受到萧氏家族内"从医为公"的思想熏陶以及求学路上诸多中医前辈的引导，50余年来笃定中医妇科事业，不曾或离中医妇科临床一线，全心全意为人民群众健康服务，并愿意为此奋斗终身。

肖承悰用自己的所作所为笃行着"仁心仁术、大医精诚"的箴言。她深知学习中医不可浅浅而谈，应当深究其中；要"知其然，知其所以然"，还要"学古通今，古为今用"。肖承悰视患者为亲人，常将患者所关切之病情放在心上，处处以患者的利益为先。她年逾八旬仍保持每周4次门诊，年均门诊量达4000人次，患者遍及全国各地。她不仅坚守临床第一线，而且经常带领全国的妇科专家到偏远地区义诊。此外还多次应邀在国外及中国的台港澳地区开展医学交流，医名远播海内外。

（二）文化修养

中国传统文化是中医药事业生生不息的充实内在。中医人只有深刻认识中国传统文化的精髓，才能真正领会中医学的真谛，有助于培养根基扎实、灵活应变的中医辨证施治思维，进而不断完善中医理论体系，提高中医治疗效果。肖承悰自身良好的文化修养和人文素质离不开萧氏家族浓厚的文化底蕴。萧龙友先生精通国学文史，尤对医学史有精辟见解。肖承悰的父亲萧璋先生是中国现代语言学家、训诂学家、教育家，为我国传统语言学的传承和发展做出重大贡献。肖承悰的姑姑萧琼是现代著名书画家，酷爱书法作画。家庭环境中深厚的文化气息让肖承悰感受到中华文化的博大精深，也潜移默化地升华了她的文化内涵。肖承悰不仅积极钻研专业知识，亦对哲学、人事、地理、语言等有所涉猎。她常将人文知识同医学实践相结合，展现出优秀的整体观念和自然观念，用自身所作所为验证了祖父萧龙友先生的一句至言，"通天地人曰医，医非小道也"。

八、养生之智

肖承悰出生于1940年，今年已83岁高龄。谈及养生，肖承悰说自己从小受到祖父萧龙友先生为人低调淡泊、为医心正意诚的家风濡染，所以生活淡然、工作顺然、心境坦然便是她的真实写照。在饮食方面，肖承悰崇尚清淡简约，食不贪量多但求搭配均衡。正如《黄帝内经》所言："阴平阳秘，精神乃治。"宋代林逋《省心录》言"内睦者，家道昌"，家庭和睦融洽为肖承悰潜心工作给予了莫大的支持和鼓励。低调务实、躬耕正业，是肖承悰工作的缩影。在日常工作中，肖承悰不仅出诊频繁以服务广大女性患者，还顺应中医妇科发展大局，与同道见机而作，为全国范围内中医妇科流派营造出团结合作的良好学术氛围。肖承悰积极发挥个人价值，虚名薄利，对中医妇科事业用心用意，实为大师无愧。工作生活的泰然处之反映的是肖承悰内在心境的坦然。笃志旷达、顺其自然，不执着、不执拗，便是她养生秘籍中的核心"内功"。

九、传道之术

（一）人才培养方法

肖承悰深悉祖父萧龙友先生作为一代中医教育家的核心教育理念，并且亲自以博士研究生导师、传承博士后导师，全国第二、三、四批中医临床优秀人才指导老师，第四、六批全国老中医药专家学术经验继承工作指导老师等身份参与带教，由此在中医师承和院校教育实践中积累了丰富的教学经验。

肖承悰提出"广开思路、因材施教、因地制宜、理论结合临床"的教学培养方法总纲。"广开思路"是指针对育才方向和育才定位，要有开阔格局，要涵盖"三导四面"。"三导"即学识指导、品行教导和悟性引导；"四面"即师者应从道、术、德、略四个方面入手，做到传道授术、修德明略，努力将受教者培养成道精、术湛、德高、略明的中医良材。"因材施教"是指肖承悰针对受教者水平能力参差不齐的情况，主张在"循循善诱，言传身教"的同时又突出"身教重于言教"，切实做到教育过程中对中医知识的有效传播。"因地制宜"是肖承悰从事教育多年的深刻体会，由于大部分学生来自五湖四海，学成后多回归当地，所以在传授萧氏妇科自身学术经验的同时也结合生源地方的学术特点，灵活教学。"理论结合临床"是中医师学习进步的必经之路。肖承悰在与学生的实际相处中，师生关系融洽，教学相长，塑造了燕京萧氏妇科流派其乐融融的教育氛围。对于中医的传承学习和创新发展，肖承悰进一步阐发祖父萧龙友先生"稽古御今"的观念，她不仅指明中医的传承和创新之间存在着辩证统一、相辅而行的密切关系，而且还提出"继承传统不泥古，开拓创新不离源"的观点。对于中西医学结合问题，肖承悰践行衷中参西，提倡西为中用，具体落实在辨病与辨证论治相结合以及"治病求本"的总体治则上，总而使得中西医学相得益彰。

（二）人才培养成果

肖承悰积极投身中医教育多年，教书育人，不辞辛劳，培养出一大批优秀中医人才，为现代中医事业发展注入专才活力，为中医"活态传承"起到示范作用。其中有国家级学术继承人 4 名；全国中医临床优秀人才 15 名（遍及北京、上海、广州、天津、南京、山西等地）；硕士、博士研究生毕业 36 名；全国范围内传承人 106 人。门下弟子在肖承悰的指导下孜孜以求，殊荣颇丰。其中有"岐黄学者"2 名、"全国三八红旗手"1 名、"首都名中医"5 名，传承博士后 1 名，西学中高级研修人才 1 名，北京市高等学校教学名师 2 名。

肖承悰心系萧氏妇科流派发展，依托国家中医药管理局肖承悰传承工作室、北京市中医管理局"薪火传承 3+3 工程"萧龙友名家研究室及肖承悰名老中医工作室、北京中医药文化资源调查专题项目"燕京医学流派代表人物萧龙友研究"等，带领弟子对燕京萧氏妇科流派历史源流、学术思想和临床经验进行系统总结，彰显流派贡献，为中医药传承发展集聚力量。主要成果如下。

规整燕京萧氏妇科流派传承脉络及可视化谱系；撰著出版《一代儒医萧龙友》《萧龙友医学传略与传薪》《肖承悰妇科集验真传》等反映本流派医学经历及经验的著作多部；总结发表有关本流派传承发展规律、中医教育实践理念、代表人物临证思想经验等论文多篇；"燕京萧氏妇科"成为北京市第五批市级非物质文化遗产代表性项目；中医药文化传承共建基地——"萧公馆"及燕京萧氏妇科建构实体——"京城萧氏医馆"成立；在全国范围内成立名老中医药专家肖承悰传承工作室站多处，发挥收徒带教作用，扩大中医传承效应，优化人才培养效果。

在肖承悰引领下，"燕京萧氏妇科流派"的整体建设成就非常突出，在中医学术流派中独树一帜。

燕京萧氏妇科流派谱系图

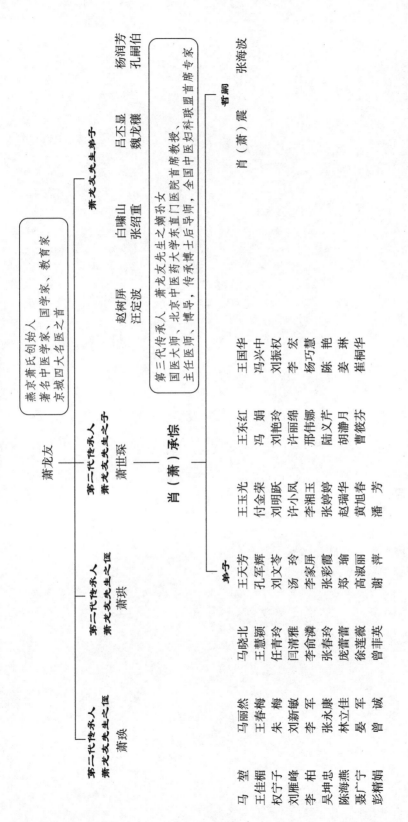

（赵瑞华 整理）

（刘聪敏、李昆 编辑）

何成瑶

何成瑶（1938—　），女，汉族，贵州省六盘水市钟山区人，中共党员，教授，首届全国名中医，第二届贵州省名中医。第四至七批全国老中医药专家学术经验继承工作指导老师，第四至六批全国中医（临床、基础）优秀人才研修项目指导老师。曾任贵阳中医学院（以下简称学院，现贵州中医药大学）中医系妇科教研室主任、第二附属医院（以下简称二附院，现贵州省中西医结合医院）妇产科主任。贵州省卫生专业技术职务任职资格高级评审委员会委员，贵州省第二届医疗事故鉴定委员会专家、贵州省医学会医疗事故技术鉴定专家库成员。中共贵州省第七次代表大会代表，中共十五大代表贵州省高等学校候选人。担任中国中医科学院学部委员。2022 年被授予"国医大师"荣誉称号。

何成瑶从事中西医结合妇产科临床工作 61 年。主持制定不孕症、胎动不安、盆腔炎、异位妊娠 4 个妇科优势病种诊疗方案；创制调经四方、消炎四方、通阻三方等 11 个协定方，研发调经助孕膏、温经散寒膏等 5 个膏方，获批"祛风更年合剂"医院制剂 1 个。她首创"养精育胞"理论，在妇科经、带、胎、产、杂诸疾病方面临床疗效显著，尤擅治不孕症和妇科肿瘤，屡起沉疴，深受患者信赖，在黔中大地享有盛名，被贵州百姓誉称为"妇科圣手"。开展国家、省级继续教育项目举办多期学习班，同时获得贵州省科技进步奖三等奖。

一、学医之路

1938 年，何成瑶出生于贵州水城县的一个书香之家，自幼立志学医。1957 年，她高中毕业，毅然选择进入贵阳医学院（现贵州医科大学）医疗专业学习。1962 年毕业后，她响应号召，主动申请到山高路远的贵州省黔西县人民医院工作，成为当地第二个科班出身的医生。十余年间，她不舍昼夜，病房兼门诊，临床又带教，走农村、赴工厂，成长为独当一面的"全科医生"，并在黔西带教出一批服务基层的"赤脚医生"。1975 年 9 月，何成瑶被选派进入由贵阳中医学院承办的贵州省第三届西学中学习班，系统全面地学习中医，为其往后衷中参西、博众家之长打下了坚实的理论基础。何成瑶师从贵州名中医袁家玑、丁启厚、王祖雄等，仰慕前贤王聘贤，研读四大经典。有"医怪"之称的王聘贤先生，学贯中西，得盐山张锡纯真传，倡"衷中参西"，擅治女科疾病。何成瑶深受其学术思想之影响，萌"中西医结合"之念，遂深研衷中参西治疗妇科疾病之道。"欲求融合，必先求我之卓然自立"。为提高中医妇科诊疗技术，何成瑶于 1980 年赴成都中医学院（现成都中医药大学）进修中医妇科，师从卓雨农传人卓启墀、刘敏如等妇科名家，历时半年，并在此期间深研《傅青主女科》。1981 年学成归来，她先后担任贵阳中医学院妇科教研室主任、第二附属医院妇产科主任。在临床工作中，越来越多的不孕不育、月经不调患者在当时单纯用西医或者中医治疗，效果并不明显，于是何成瑶大胆采用同一病种在不同阶段施行中西并用、衷中参西，取得显著疗效，开创了贵州省中西医结合治疗妇科疾病之先河。川蜀妇科提倡"调气血、和脾胃、养肝肾"治疗女科诸疾，何成瑶融汇贯通，付诸临床，开始形成其学术思想之雏形。在之后的临床工作中不断总结、凝练，博采岐黄、仲景、东垣、丹溪、景岳、养葵、傅山众家之长，推陈出新，创造性地提出"养精育胞"理论统领女科证治，在此思想指导下创制调经四方、消炎四方治疗妇科经、带、胎、产、杂诸疾病。

二、成才之道

（一）学习动力，源于理想

"人生有大愿力，而后有大建树"，何成瑶自幼心怀从医之念。1941 年在她 3 岁时，何成瑶就目睹了一位张姓老道医为其祖母治病，祖母得以康复，由此心生崇敬。

长大后，她更加崇敬医生，立志学医。父辈教育："你生在旧社会，长在红旗下，一定要有抱负、有作为，对社会有奉献！"于是，何成瑶报考了医疗专业。"学为医用，医为民用，自己存在，别人健康"成了她一直以来的理念。几十年来，不论年富力强、为生为师，还是鲐背鹤发、奉献余热，何成瑶都以空杯心态，笃志不倦，春诵夏吟，启心明目，使学习成为常态，让专长终抵垂成。

（二）深谙经典，博采众家

何成瑶之妇科理论来源于经典，"女子……二七，而天癸至，任脉通，太冲脉盛，月事以时下，故有子"（《素问·上古天真论》），"阳生阴长，阳杀阴藏，阳化气，阴成形"（《素问·阴阳应象大论》）。何成瑶之诠释经典、临床实践，受经典阴阳理论"阳化气，阴成形"的影响，调经助孕注重阳气，认为在月经周期节律的调节中应以阳气为主导，并提出"精者阳气之集聚"的观点，提倡"养精不唯填精"，常以鹿角霜、巴戟天、杜仲、菟丝子、蛇床子等药养"生殖之精"。在深谙经典著作的基础上，她亦涉猎其他经典古代医著，博采众家之长。如《难经》之奇经、命门、元气理论，《金匮要略》妇人病之经方思维，《兰室秘藏》之升阳理论，《校注妇人良方》《景岳全书·妇人规》《医贯》之命门元气学说，《傅青主女科》之心肾理论等，皆为构建学术思想之重要参考。

（三）中西结合，引西润中

何成瑶的理论体系，以中医、西医两种医学理论为基础，具有不对立、能互补的特点，以西医外科、妇科、全科和中医妇科专门化这两种专业分科，以整体辨证论治和生物、心理、社会相结合论治的两种医学模式，形成了以既有中西医理论为核心、以临床经验为桥梁、以新信息和实践需要为彼岸，从内向外辐射以指导工作，从外向内凝聚以产生新知的动态化、多元化和功效化结构，支撑了医、教、研的有效开展。如她对调控月经周期节律机制的总结，便是在融合中西医观点，从西医学生殖轴中感悟到阴阳关系，强调阳气的主导地位，从而提出"养精育胞论"。

三、学术之精

（一）基于阴阳学说阐述月经周期节律调节理论，创"养精育胞"论

何成瑶从中西医结合角度出发，认为中医月经周期调节理论应涵盖卵泡发育与子宫内膜之生长转化，并强调不可将阴阳割裂，要关注阴阳的协同作用。《素问·阴

阳应象大论》云："阳化气，阴成形。"内膜的生长转化属血海之变，属阴；卵泡发育属气之变，属阳，正是卵泡发育之"阳化气"，导致了内膜变化之"阴成形"。其协同变化的过程又符合《素问·阴阳应象大论》中"阳生阴长，阳杀阴藏"的过程。在一个没有妊娠的周期，从窦卵泡到排卵黄体生成再到黄体萎缩，这个来自卵巢的变化，主导了月经周期，体现了阳气生、长、化、收、藏的变化。伴随这个过程的内膜的变化，是冲任胞宫阴气的变化。卵泡发育，雌激素分泌增多，内膜增生，这是阳"生"阴"长"的过程；排卵后内膜转化，内膜具有了承载受精卵的能力，阳气由"长"而化继而"承"，阴液自然转化而具有"承"的功能；黄体分泌达到高峰后，逐渐萎缩为白体，直到不再分泌雌激素和孕激素，内膜失去支持而脱落，月经来潮，此时阳气由"收"而"藏"，阴也随之变化，所谓阳杀阴藏。如在一个妊娠周期，阳气则不会有"收""藏"的变化，阴阳都会一直体现出"承"的作用，这个"承"有承接、承载的双重意思，承接是接受受精卵着床，承载是承载胚胎，维持妊娠。

"养精育胞论"认为不可将精定义为纯阴物质，"精者阳气之聚也"，所谓养精不可一味补肾填精，当以养阳为主，所谓"阳化气"即是言此。"育"者"养子使作善也"，"育胞"即调理胞宫之意。阳气为主导，"阳化气，阴成形""育胞之法全在养精"，精充足可化气，胞得养能载胎。

（二）以"阴阳交感，冲气为和"为理论起点，诠释中医生殖观，指导不孕症治疗

针对不孕的治疗，何成瑶认为应该回归中医思路，以中医生殖观为指导辨治不孕症，并将中医生殖观概括为"阴阳交感，冲气为和"八个字，从而统领其临床实践。《周易·系辞传下》云："天地氤氲，万物化醇，男女媾精，万物化生。"《素问·阴阳应象大论》云："天地者，万物之上下也，阴阳者，血气之男女也。"古代哲学生命观认为，生命之孕育无论天地层次、人之层次皆为阴阳交感之结果使然，并总结为阴阳交感于胞宫之地而气化作，生殖之精生，乐育之气酿，生生之机现。

四、专病之治

（一）不孕症

目前不孕症发病率约为10%，随着2016年、2021年国家先后实行一对夫妻可以生育两个、三个孩子的政策以来，高龄女性加入生育大军，其发病率有所增高，2023年4月4日，瑞士日内瓦世界卫生组织发布新闻：全球六分之一的人受到不孕不育

的影响。中国 2020 年人口调查数据分析结果显示，不孕率为 18% 左右，这其中，以国家统计局统计的育龄女性（15—49 岁）3.2 亿人来计算，不孕不育女性的数量达到 5700 万人以上。不孕症成为一个不可忽视的公共卫生问题。在保证人口长期均衡发展的大背景下，让有生育要求的育龄期女性生育出健康的孩子是当前生殖内分泌医生的时代使命，也是女性全生命周期健康践行的重要内容之一。随着现代医学技术的不断发展，西医在不孕症的治疗上取得了良好的效果，其主要手段包括药物、手术、辅助技术，同时也表现出了一定的局限性，中医在治疗不孕症方面也积累了丰富经验。坚持中西医优势互补，提高受孕率及活产率是中西医结合治疗不孕症的最终目的。

中医生殖理论受古代自然哲学生命观的影响，《道德经》曰："道生一、一生二、二生三、三生万物"，"万物负阴而抱阳，冲气以为和"，皆从本体论、生成论角度对生命过程进行了纲领性的思辨与阐释。

自古以来，中医治疗不孕症是有自己的理论基础与临床实践的，前贤虽未明言中医生殖理论体系，但在古代诸文献中隐约可见，只是未被充分发掘出来。假若未明经典，仅仅认为"男精壮，女经调，有子之道也"，也就是"经调子嗣"，便把治疗不孕症的落脚点，只放在月经周期的调节上，是不够的，调节月经调节周期只能是治疗不孕症的一个中间环节，不能忘记患者的目的是"求子"。在不孕症的治疗过程中要以中医天人观、形神观、生殖观为理论起点，在时空上都要回到古人认识人体的原始思维中，首先实现中医病名与辨证的结合，在此基础上再与西医病理进行结合，对其采用多病机干预，多层次、多方剂、多靶点治疗，从而实现高层次的病症结合。

中医在构建生殖理论的过程中显然受到了古代哲学生命观的影响，龚廷贤在《寿世保元》中说：《易》曰：天地氤氲，万物化醇，男女媾精，万物化生。则氤氲者，升降凝聚之谓也。媾精者，配合交感之谓也。必二气合则生且成矣。""善言天者，必有验于人。"自然哲学对大化流行中万物生成的思辨，落实到人的层面，就是以中医生殖观为起点的医学生命观。何成瑶认为，"氤氲交感者，气也，气动则为阳，静则为阴"，构建生殖观的重点应落实到阴阳，并将中医生殖观总结为"阴阳交感，冲气为和"八个字。不孕症的治疗即围绕这八个字展开。其内涵包括以下几个方面。

1. 求嗣不在调经，而在养精育胞

"天地氤氲，万物化醇，男女媾精，万物化生。"《易经》从道的层面为中医生殖理论奠定了基调，人之所生与万物所生机理一致，关键在于阴阳交感。在《黄帝内经》中将"人之所生"分为天地和人两个层次。

第一，"天覆地载，万物悉备，莫贵于人。人以天地之气生，四时之法成……夫人生于地，悬命于天，天地合气，命之曰人。人能应四时者，天地为之父母……""天之在我者德也，地之在我者气也，德流气薄而生者也。"人生天地之间，有天地之交感方能生人，这是天地层次，人"与天地合其德，与日月合其明，与四时合其序"，此"气立"层次，起居德行、导引吐纳，天人之治。

第二，"人之始生，何气筑为基，何立而为楯……以母为基，以父为楯""两神相搏，合而成形，常先身生，是谓精""生之来，谓之精。两精相搏，谓之神"，父母合精而生人，亦为阴阳交感，此"神机"层次，草木虫兽、针灸砭石，形神之治。

中医经典高屋建瓴地提出孕育后代的基本条件是阴阳交感，成为中医生殖理论的源头。何成瑶学习经典，深入探索，将对经典理论的理解不断深化，形成了特色鲜明的中医生殖理论体系。从经典论述可知，"精"与"胞宫"是能否妊娠的关键所在。同时，她认为"气立""神机"两个层次的阴阳交感都离不开"精"的参与，"精"是生命产生的介质；而交感发生的场所在胞宫，且胞宫不仅仅是交感场所，更参与了气化过程，故创造性地提出"求嗣不在调经而在养精育胞"的观点，临床上以"养精育胞"作为不孕症的治疗总纲。

2. 养精不唯填精，亦在温枢三焦

精包括但不仅限于狭义的生殖之精，而是指广义之精，包括精、气、血、津液等人体一切的精微物质。很多妇科医生受到"经调子嗣""经水出诸肾""经水全凭肾水施化""女子以血为本"等这样观点的影响，若用补肾填精法治疗不孕症，可能会出现偏颇。对此，何成瑶在经络气化理论的指导下提出"养精不唯填精，亦在温枢三焦"。

生命体的活动是五脏六腑和筋、脉、肉、皮、骨五体组成的形与经脉间流动的经气，以及经气所产生的神共同作用的结果。何成瑶认为前者为体，而广义的"精"涵盖了后两者，可以称之为"生化之用"，养精即是恢复机体的"生化之用"，即让"气化"功能正常。

机体所有正常的生理活动离不开"气化"二字，气化正常需要以脏腑功能正常、经气枢转流畅为前提，而气化发生之场所在三焦。三焦生理上表现为两大特点：第一，主相火、主阳气、主元气、主水道、主腐熟水谷，可以认为是精的"加工车间"，在阳气这个层面，其在病理上就会表现为阳气的温煦、鼓动不足，更重要的是"气化"作用的不足，所谓"阳气为重，气化为用"。第二，从六经气化的角度看，三阳经重点在"开阖枢"，病理上以"开阖枢"失常为主。"太阳主开、阳明主阖、少阳主枢"，枢即为枢转经气，少阳出现问题，即不能枢转经气。少阳分手足两经，手少阳三焦经与三焦腑、足少阳胆经与胆腑联系密切，基于"脏腑在经脉之上""手经司化，足经从化，以手该足"的观点，少阳枢机不利的治疗点应该落脚在三焦腑，从相反的角度理解，解决三焦的问题实际上就是解决枢机的问题。基于以上对三焦与气化理论的理解，何成瑶提出"温枢三焦"理论，意在使"养精"脱却"填精"

桎梏，温以复元阳，枢以畅三焦，待阳气生生不断，三焦如沐春风之和畅，精自生，血自满，此不治之治。

3. 育胞不求形变，而求气化交感

"育"者，"养子使作善也"，"育胞"即调理胞宫之意。何成瑶认为，"胞宫之地精满血足，则经水按时满溢，经不失信，顺而施之，胎孕易成；胞宫之脉气血和畅，经络得养，则无诸痛之疾，亦无胎损、癥瘕、带下之虞"，突出强调了胞宫的重要性。如果将胞宫等同于内生殖器，治疗时目光仅仅放在西医学的解剖、生理与病理上，中医治疗作为补充，宫腔粘连患者术后活血化瘀、输卵管不通患者术后均清热利湿、盆腔结核患者做"试管"，这样无法发挥中医优势。何成瑶强调必须以中医的眼光看待胞宫，在其中医生殖理论中，"胞宫"不仅仅是西医学所说的子宫、输卵管、卵巢等内生殖器，更核心的是其功能。治疗上"育胞"不是求胞宫之形变，而是要恢复其"气化交感"的功能。

何成瑶认为，胞宫是阴阳交感之地，此阴阳交感在"两神相搏，合而成形"的层面是"母基父楯之交感"，交感后"两精相搏，谓之神"，气化而生人；在以女性身体为整体的层面来看是脏腑交感之地，主要涉及心肾。《傅青主女科》云："胞胎居于心肾之间，上系于心，而下系于肾。"心肾之交感实为水火之交感，"水火者阴阳之征兆也"，阴阳交感于胞宫之地而气化作，生殖之精生，乐育之气酿，生生之机现。胞宫气化交感之关键在心肾，据此，何成瑶提出宁心坚肾法，心肾同治，其目的在宁心神、坚肾气、固肾精。心肾同治不是简单的清心火，滋肾阴。清心火是宁心、养心血也是宁心，安神是宁心、引心气下行也是宁心，宁心可以直接改善"神"的状态，也是坚肾的前提，温肾阳是坚肾、填肾精是坚肾、引肾气上升以交心气也是坚肾，"心者，君主之官，神明出焉"，"肾者，作强之官，伎巧出焉"，"心欲软，急食酸以软之"，"肾欲坚，急食苦以坚之"，宁心坚肾更能体现心肾同治、交感阴阳的目的。

（二）子宫腺肌病

中医治疗疾病的依据是"症状、体征"等疾病事件所反应的病机，在此基础上形成对其理法方药的辨定和决策，并付诸施行。现代疾病与中医病症不能完全对等的原因就在于许多现代疾病具有明显的异质性，比如多囊卵巢综合征、月经紊乱、不孕、流产、肥胖、痤疮、多毛、代谢综合征等，临床表现各异，病机各不一样，为中医总结病因病机增加了困难。子宫腺肌病在一定程度也具有异质性，痛经、月经异常、慢性盆腔痛、性交痛、不孕等表现不尽相同，有没有一个具体的病机可以解释所有的症状？也就是说这个临床表现各异的疾病有没有一个根本的病机？何成瑶将微观与宏观辨证相结合，认为"中有干血，内有伏阳"是子宫腺肌病的基本病机。

从生理的角度来讲，血与津液有密切的关系，津液是血的重要组成部分。血与津液均是周流于全身的液态物质。不仅同源于水谷精微，而且在运行输布的过程当中相辅相成。互相交汇，津可入血，血可成津，唐容川说"水中有血，血中有水"。"水与血缘并行而不悖"。二者共同发挥其濡润、营养的作用。在病理上，血与津液又相互影响。血与津液在病理上的联系正是干血形成的原因。

"干血"一词见于《金匮要略》，共有三处。《血痹虚劳病脉证并治第六》有"内有干血"的记载，《妇人产后病脉证治第二十一》说"此为腹中有干血着脐下"，《妇人杂病脉证并治第二十二》中记有"中有干血，下白物"。结合前后文、本病、脉证、方药推论，"五劳虚极羸瘦，……经络营卫气伤，内有干血"，是由于正气内伤，气血不足，阴液亏耗所致；而"产妇腹痛，……干血着脐下"，是因为气血虚衰，血液干涸；"妇人经水闭不利，藏坚癖不止"，经水闭结，瘀血内阻，阻于胞宫，日久化热，热酌津伤而成干血。以上"干血"的三处记载，提示"干血"都存在着阴营耗损或亏虚的前提，无论是什么原因造成血中津液不足，皆可导致瘀血的形成，或瘀血形成后津液损伤可导致其变为"干血"。何成瑶总结："干血者，血干而成瘀，抑或瘀血再干而成者也。"

何成瑶认为，"干血"的特点有三：第一，干结坚硬而难化。从《金匮要略》中对干血"干""坚"的描述，其两目黯黑、肌肤甲错的临床表现中可以总结出干血"干结坚硬"的特点，以方测证，大黄䗪虫丸中干漆一味药物的应用也提示了其干结的特点。《高注金匮要略》中云："漆为木液，其象犹血，干则具干血之状，以之为使，又令其引入干血之所也。"第二，郁滞气机而难出，血干坚硬难破。因此其停聚留著，经年累积，较一般瘀血更难排出。第三，日久不愈而伤正，干血凝着难出，久而虚损益重，新血乏源，且其质坚硬，较一般瘀血更易阻滞血脉，影响新血的化生。如《金匮方歌括》云："大黄䗪虫丸证，不能纳谷以通流营卫，则营卫凝注，瘀积之血牢不可破，即有新生之血，亦不得畅茂条达，唯有日渐羸瘦而成内伤干血劳，其有不死者几希矣。"

何成瑶对伏阳的认识，来源于《成方便读》，但究其理论渊源则与《黄帝内经》及金元时期朱丹溪的"六郁学说"有关。《黄帝内经》中以五脏五行为基础，提出了"五郁"理论，朱丹溪在此基础上首创"六郁"学说，将郁证分为气郁、湿郁、痰郁、热郁、血郁、食郁六种类型，认为凡郁皆在中焦，治疗总以调畅气机为根本，兼以除湿、化痰、清热、行血、消食，并独创名方"越鞠丸""六郁汤"，形成了完整的辨证论治体系，影响巨大。清代医家张秉成在朱丹溪"六郁"学说的基础上，提出"痞坚之处，必有伏阳"的观点，认为：凡有气血运行不畅，湿停、食积、寒郁、积聚形成之处，皆可闭阻阳气，使阳气伏于患处而发热。何成瑶综合古人观点，认为"伏阳"是病理产物郁积导致郁热的表现。此热为"壮火",是病理之火、是局部郁滞之火。如《素问·阴阳应象大论》云:"壮火之气衰,少火之气壮。壮火食气,气食少火。壮火散气,少火生气。"此火有局部郁热、伤正之特点。

基于对干血与伏阳的认识,何成瑶提出了以"干血形成"为核心的子宫腺肌病病机体系,并以"中有干血,内有伏阳"八字总结。《素问·宣明五气》曰:"久视伤血,久卧伤气,久坐伤肉,久立伤骨,久行伤筋,是谓五劳所伤。"五伤与五脏有关,故又有五脏劳伤之说。七伤,即食伤、忧伤、饮伤、房室伤、饥伤、劳伤、经络营卫气伤。五劳七伤是导致人体虚损、干血形成的前提。对子宫腺肌病患者来说则多为房室所伤,伤气、伤津,气伤则鼓动无力,津伤则血行艰涩,胞脉、胞络为干血所阻滞,发为疼痛、月经过多、不孕诸症。干血阻滞胞宫,胞脉胞络不通,则可发为诸痛。有持续而痛者,因其瘀重;有痛经者,因其经期气血下注胞宫,局部郁滞加重而发;有因性交而痛者,责之干血凝着,同房引动气血,正邪交争而痛;干血阻滞,新血不得归经,加之伏阳之热扰动经血,迫血妄行,则出现月经过多。对于子宫腺肌病所致不孕,何成瑶认为一方面干血阻滞胞宫气机,使交感受阻;另一方面伏阳邪火扰动胞宫,导致阴阳乖戾,运动无序,不能产生乐育之冲气,故致不孕。

基于以上对于干血及伏阳的认识,何成瑶治疗子宫腺肌病的经验总结如下:首先对于干血这一核心病机来说,采用润化、破血、转枢、缓图、轻补这几个方面的策略进行处理。何成瑶认为,血如土石之干结,非濡润不可使之化,在治疗时,首先不要想着马上把它清除掉,而是要先将其软化。软化药物包括两个方面,一个是含油脂量大的药物,多为植物的种子,如桃仁、杏仁,中医学认为这类药物有润滑之性;另一类是具有滋阴、濡润作用的药物,如地黄、芍药等。处理了润化,需让干血内部动起来,此是将其清除的前提,"非破血无以使其动"。在润化的基础上可以选用土鳖虫、三棱、莪术、炮甲片等破血类的药物对干血进行精确打击,使其支离破碎。对于体内之邪气,要给予其出路,干血亦是如此,润化、破血皆为清除做准备,清除干血需要"转枢",何成瑶说:"非转枢不可使之出。"邪之出路在少阳三焦,如门之开合在户枢,故选用柴胡、牡蛎等药物以枢转少阳,使邪有出路。考虑病久伤正,虚实夹杂,可酌加黄芪、党参以补气,但不做君臣之药,为佐助他药顾护后方而已。另因干血凝结难去,不可图一时之功,尊经典"缓中补虚"之旨,参大黄䗪虫丸之意,临床多选土鳖虫治疗本病,《神农本草经》说本药味咸、寒,主治"心腹寒热洗洗,血积癥瘕,破坚下血闭,生子大良"。何成瑶认为此药破血之力虽不及水蛭、斑蝥之类药物,却具有缓慢破血的作用,正符合缓图之旨。

处理伏阳的大前提是祛除"干血",因干血郁滞才生伏阳,干血得化,伏阳可出。其次是对热的处理,何成瑶认为此热第一需要转枢,选用柴胡、牡蛎等物,第

387

二需要透热外出，主要药物是栀子、连翘、金银花等，周岩在《本草思辨录》中说栀子有"独取其秉升降之气以敷条达之用"。肃降和调达是两种作用方向，栀子能将这两种作用合二为一，因此"痞坚之处"之火郁伏阳用栀子，是取其舒畅之性以疏散郁结，散无形之气或治流动之湿。朱丹溪认为栀子"能降火从小便中泄去，其性屈曲下行，人所不知，亦治痞块中火邪"。故在其越鞠丸和疝气方中"以山栀之降火，化阴中之伏热，使之屈曲下行而合之"。何成瑶受丹溪启发，认为栀子之清热在透热转出、在气分。连翘和栀子外形相似，作用也有相似的地方，二者都可以说是清中有散，不同之处是连翘侧重于少阳，少阳一转，热邪自有出路。

综上，基于对本病病机的认识，以润燥、破血、枢转、透热、轻补为治疗子宫腺肌病之大法。何成瑶临床自拟润化理冲汤治疗本病，具体用药如下：生地黄10g，桃仁12g，白芍10g，土鳖虫10g，三棱10g，莪术10g，桂枝6g，白芷10g，柴胡10g，牡蛎15g，金银花15g，连翘15g，栀子10g，茯苓20g，菟丝子15g，党参15g，白术10g，炙甘草6g，莲子12g。在临床应用本方时强调"观其脉证""随证治之"，痛经者经前加肉桂、苏木、巴戟天；经期用破血之三棱、莪术、土鳖虫、炮山甲，加全蝎、蜈蚣、龙血竭；月经过多者，经前酌加五灵脂、蒲黄炭、仙鹤草、龙血竭；伴有不孕者，加当归、香附、茯苓、菟丝子。

（三）失眠

失眠是由于情志、饮食内伤，病后及年迈，禀赋不足，心虚胆怯等病因，引起心神失养或心神不安，从而导致不能经常获得正常睡眠为特征的一类病症。主要表现为睡眠时间、深度的不足，以及不能消除疲劳、恢复体力与精力，轻者入睡困难，或寐而不酣，时寐时醒，或醒后不能再寐，重则彻夜不寐。何成瑶诊治失眠从经典理论出发，从卫气入手，理论特色鲜明，临床疗效显著，现总结如下。

《论衡·幸偶》载："韩昭侯醉卧而寒，典冠加之以衣，觉而问之，知典冠爱己也。"大约人类在穴居野处的时代就具有这样的生活常识了：在同样的环境中，穿同样的衣服，醒着感觉不到寒冷，睡着了却需要"加之以衣"，否则便有受凉的可能。同一个人、同样的气温，为什么睡着了会冷？人体寤寐之间产生了什么样的变化？对此，古人作了合乎情理的推测：人的体表一定存在着一层温暖的阳气，这层阳气有保卫体表、使人免受外邪侵袭的作用，就像古代军队中，在军营四周不断巡逻护卫的士兵一样，有保护防御的作用，同时是环周不休的，这股阳气就是卫气。当人体进入睡眠状态的时候，这股阳气便进入体内，体表失去了阳气的温煦，自然会更易受到寒邪的侵袭，而加衣服、盖被子、近火炉等做法等同于在卫气进入人体内的前提下，改变外部环境，达到卫气在表的效果。

《黄帝内经》对这种生理现象进行了理论总结而形成了人体寤寐的卫气出入观。《灵枢·营卫生会》记载："人受气于谷，谷入于胃，以传与肺，五脏六腑，皆以受气，其清者为营，浊者为卫，营在脉中，卫在脉外，营周不休，五十而复大会，阴阳相贯，如环无端。卫气行于阴二十五度，行于阳二十五度，分为昼夜，故气至阳而起，至阴而止。"此所谓阴阳者，乃就表里而言。里则为阴，表则为阳。卫气"昼行于阳，夜行于阴"，《灵枢·卫气行》论述了卫气从目出于体表："平旦阴尽，阳气出于目，目张则气上行于头。"《灵枢·邪客》论述了卫气从足少阴进入体内："卫气……常从足少阴之分间行于五脏六腑。"

在此基础上，《黄帝内经》还对失眠的病理进行了论述。《灵枢·大惑论》曰："黄帝曰：病而不得卧者，何气使然？岐伯曰：卫气不得入于阴，常留于阳，留于阳则阳气满，阳气满则阳盛，不得入于阴则阴气虚，故目不瞑矣。"《灵枢·邪客》曰："卫气者，出其悍气之慓疾，而先行于四末分肉皮肤之间，而不休者也，昼日行于阳，夜行于阴，常从足少阴之分间行于五脏六腑。今厥气客于五脏六腑，则卫气独卫其外，行于阳不得入于阴，行于阳则阳气盛，阳气盛则阳满，不得入于阴，阴虚故目不瞑。"任何影响卫气入里的因素皆可导致失眠，至此形成《黄帝内经》关于人体寤寐的卫气出入观。对此，何成瑶总结如下：①人体寤寐是卫气"昼行于阳，夜行于阴"的结果。②卫气出阳于目，入阴于足少阴。③任何因素影响卫气入里即会导致失眠。基于上述三点认识，《黄帝内经》提出了关于失眠治疗的基本原则："补其不足，泻其有余，调其虚实，以通其道而去其邪。"

首先是通其道，卫气运行道路是否通畅关乎其出入是否顺利，《黄帝内经》通过比较年轻人与老年人的睡眠来表达了这一观点。《灵枢·营卫生会》曰："黄帝曰：老人之不夜瞑者，何气使然？少壮之人不昼瞑者，何气使然？岐伯答曰：壮者之气血盛，其肌肉滑，气道通，荣卫之行不失其常，故昼精而夜瞑。老者之气血衰，其肌肉枯，气道涩，五脏之气相搏，其营气衰少而卫气内伐，故昼不精，夜不瞑。"由于肌肉滑，气道通，年轻人晚上睡得着，白天有精神；老年人则相反，其肌肉枯，气道涩，所以晚上睡不着，白天没精神。那如何"滑利脉道"呢，《黄帝内经》予半夏汤（半夏秫米汤）治疗。《灵枢·邪客》曰："以流水千里以外者八升，扬之万遍，取其清五升煮之，炊以苇薪，火沸，置秫米一升，治半夏五合，徐炊，令竭为一升半，去其滓，饮汁一小杯，日三，稍益，以知为度。"这是失眠治疗的基础方，可做食疗方用。

其次，关于道路问题，还牵扯到一个重要部位：胸中。卫气从出至入，需要经过一个重要的关卡：胸中。此处为热、瘀、痰阻滞时卫气皆不得下入而引起失眠。虚热所扰时，何成瑶常选用栀子豉汤治疗，《伤寒论》第 76 条载："发汗、吐下后，虚烦不得眠，若剧者，必反复颠倒。心中懊恼，栀子豉汤主之。"本方清热除烦，对于热扰胸中之失眠效果颇佳。如为瘀血阻滞，选王清任之血府逐瘀汤，《医林改错》云："夜不能睡，用安神养血药治之不效者，此方若神。"此方正为瘀血阻滞胸中所设。痰热阻滞胸中所致之失眠则用温胆汤治疗。

除内服药物的治疗以外，外治法对"通其道"亦有方法。如"八段锦""五禽戏"之导引，如跷脉之推拿，再如针刺照海、申脉，皆为畅通卫气出入道路的方法。

治疗失眠的第二个层面是脏腑问题，"厥气客于五脏六腑，则卫气独卫其外，行于阳不得入于阴，行于阳则阳气盛，阳气盛则阳满，不得入于阴，阴虚故目不瞑"。这便是脏腑辨证，如用于补益心脾之归脾汤、交通心肾之黄连阿胶汤、消食导滞之保和丸、清心泻火之朱砂安神丸等。

最后是卫气本身的问题，任何运动都涉及运动趋势的问题，卫气出入这一运动必然有其趋势，而中医往往将运动趋势放在圆运动里进行理解。如一年四季阳气之变化，春升、夏浮、秋降、冬沉。如下图所示：

图1

卫气之"昼行于阳，夜行于阴"亦符合此升浮降沉的运动规律。如下图所示：

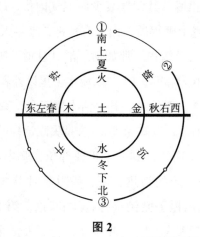

图2

何成瑶认为，中间粗红线为人体表里分界线，其上为表，其下为里。北方位置为卫气入里最深处，为肾所主，此时人处于良好的循环状态；东方位置为卫气欲出态，人虽仍处于睡眠中，但欲觉醒；南方位置为卫气浮的状态，人觉醒；西方位置为卫气欲入里之态，人将卧。当相应位点，尤其是图 2 所示①②③之位点出现问题时，便会影响卫气之入里运动趋势，而导致失眠。

具体而言，位点①的问题代表卫气过浮，人毫无睡意，可用黄连、栀子以降卫气，使之有下降之意；位点②的问题代表卫气敛降不足，人有睡意，但难以入睡，可用百合、麦冬、川牛膝使卫气顺利。位点③的问题代表卫气潜降不沉，人虽入眠，但诸梦纷纭，眠浅易醒，可用龙骨、牡蛎、磁石潜降卫气。

综上，何成瑶治疗失眠根据经典，病证结合，以卫气出入观为主线，全面考虑通道、脏腑、卫气运动趋势三个方面的问题，理论圆融，疗效显著。

五、方药之长

（一）核心方剂

结合女性生理特点，针对经、带、胎、产、乳、育等常见病、多发病和疑难杂症，历代医家推出系列经方、验方和时方，可供借鉴。何成瑶坚持天人相应、神形兼顾、治病求本和养正扶元的中医学模式，辨证辨病，自拟处方，综合治疗。她所用的方药甚多，现就其针对最为常见的月经病、盆腔炎和不孕症等综合治疗所创的调经 1 号至 4 号方、消炎 1 号至 4 号方和外用灌肠方、外洗方进行选择性解析。

1. 妇科调经 1 号方

组成：鹿角霜 12g　　　巴戟天 15g　　　枸杞子 12g　　　菟丝子 10g

　　　杜　仲 10g　　　阿　胶 12g　　　熟地黄 10g　　　覆盆子 12g

　　　党　参 15g　　　黄　芩 10g　　　白　术 10g　　　苏　梗 10g

　　　砂　仁 6g　　　　大　枣 6g　　　　麦　冬 12g　　　当　归 10g

　　　白　芍 10g　　　五味子 10g　　　甘　草 6g

功用：补肾益气，养血调经，暖宫促孕。

主治：肾不足之月经失调、闭经、痛经、绝经前后诸症；肾虚宫寒、排卵功能障碍之不孕不育症；肾虚胎元不固之胎漏、胎动不安、滑胎。

方解：月经与妊娠是妇女最显著的生理特点，肾对女性生理功能及月经的产生具有主导作用。在肾气主导下，天癸成熟泌至，使冲任二脉汇聚脏腑之血溢入胞宫以备种子育胎，既孕则营养胎元，未孕则化为月经。月经病、不孕不育病症大多与肾有关，所以滋肾补肾是调经种子之要法。本方在补肾固冲丸（《中医学新编》）的基础上加减而来，补肾助阳、温煦子宫、促进孕育，治疗脾肾两虚、冲任不固的胎漏、胎动不安、滑胎。基于"肾主生殖""经水出诸肾"，调经治本在肾，"善补阳者，必阴中求阳，则阳得阴助，而生化无穷"的治疗原则，故在方中增加养阴的白芍、麦冬、五味子，对久病焦虑积想在心，起养阴清心安神之效。方中君药菟丝子，补肝肾、温肾阳、益精血、固精、缩尿、安胎，《名医别录》谓其"治男女虚冷，添精益髓，去腰痛膝冷，能补肾益精固胎"；鹿角霜、巴戟天、覆盆子、杜仲滋肾固冲，生精髓；熟地黄、阿胶、枸杞子养肺滋血；党参、白术、大枣补气益肺；砂仁、苏梗理气调冲、安胎等，佐以补滋腻之药，有"砂伴熟地"之说；麦冬、五味子补肾养血宁心；黄芩，《药对》谓"黄芩得五味子，令人有子，凉血安胎"；菟丝子配阿胶，补肾益精、养血安胎。全方肾、心、肝、脾同治，以补肾健脾为主，以益冲任之本，暖宫助阳，兼滋养肝血、心阴，共奏调经、促孕安胎之功。

加减：兼有肾虚痰阻者加茯苓、法半夏、苍术、薏苡仁、制胆南星、石菖蒲补肾化痰，治痰湿阻滞而导致排卵障碍的月经失调、闭经、不孕症；兼有瘀滞者加丹参、川芎、郁金、蒲黄补肾益血疏肝，活血化瘀以促排，治排卵障碍的多囊卵巢综合征、绝经前后综合征、黄体功能不全、IVF-ET、不孕症。兼有痛经者加益母草、蒲黄。

2. 妇科调经 2 号方

组成：

覆盆子 12g	菟丝子 15g	车前子（另包）12g	五味子 10g
枸杞子 12g	当　归 10g	川　芎 10g	牡丹皮 10g
赤　芍 12g	茯　苓 10g	牛　膝 12g	法半夏 10g
桃　仁 10g	山　药 12g	枣　皮 12g	生地黄 10g
香　附 10g	白　芍 12g	熟地黄 10g	甘　草 6g

功用：补肾益精，养血调经。

主治：月经不调、闭经、痛经、不孕。

方解：本方用五子衍宗丸和四物汤加减。其中菟丝子补肾益精，覆盆子固肾摄精，枸杞子甘酸化阴补肾，五味子补肾养心，车前子淡渗利窍、化浊补肾阴。四物汤补肾养血，行气活血，入心、肝、脾、肾，为调经诸方之首。女子经、孕、产、乳均以血而用，易耗伤阴血，导致气血不平衡。《灵枢·五音五味》曰："妇人之生，有余于气，不足于血，以其数脱也。"肾藏精气，精生血，血化精，精血同源，为月经的物质基础。本方滋肾助阳，养血调经，遵循《景岳全书》"善补阴者，必于阳中求阴，则阴得阳升，而泉源不竭"之理。不仅运用于月经周期疗法中的经净后血海空虚、阴消阳长的月经后期周期疗法，亦适应肾阴亏损、冲任亏虚、胞脉失养所致的月经失调、闭经、痛经、不孕等。两方配伍可增强补肾益精，养血调经之效。

加减：瘀滞者加益母草、泽兰、五灵脂；癥瘕者加三棱、莪术；湿热者加红藤、蒲公英、马鞭草；痰湿者加苍术、石菖蒲、胆南星；腹胀、便溏去当归，加丹参、砂仁、木香。

3. 妇科调经 3 号方

组成：

黄　芪 15g	党　参 15g	白　术 10g	升　麻 10g
女贞子 12g	墨旱莲 12g	茜　草 12g	益母草 30g
金樱子 15g	乌贼骨 15g	白　芍 10g	麦　冬 12g
五味子 10g	艾叶炭 15g	炒栀子 15g	乌　药 12g
生地炭 15g	甘　草 6g		

功用：补气养阴，固冲止血调经。

主治：崩漏、月经过多、经期延长等所致的异常子宫出血。

方解：君药为黄芪、党参、白术、升麻，补气提升、固冲摄血；女贞子、墨旱莲、金樱子、五味子、麦冬、白芍滋阴收敛止血；乌贼骨收敛止血；茜草、益母草、艾叶炭、生地炭化瘀止血，使止血而不留瘀；使药为甘草，调和诸药。全方共奏补气提升、固冲止血之效。本方由安冲汤（《医学衷中参西录》）、举元煎（《景岳全书》）、二至丸（《医便》）加减组成。妇科出血病证在整体病变上与"阴虚阳搏"、肾阴精水不足有关，而局部病变上又与"瘀结血室致血不归经"有关，病程长，营血耗损过多者，血虚必及于气，气虚冲任不固，血失统摄则经血非时而下。方中党参、白术、甘草为主药，黄芪助党参以益气，又有养血的作用。"阴虚失守，则易出血"，阴虚胞宫胞脉失养，阴虚生热，搏击子宫出血，故二至丸助滋阴降火，两药既能滋补肝肾之阴，又能止血。与月经有关的出血，大多有程度不同的血瘀存在。方中茜草、益母草化瘀止血，止中寓化，以防后害。寓崩漏者，塞流与澄源并用。

加减：兼血瘀者，养血化瘀止血，加失笑散，药用五灵脂，入肝经，通利血脉，行瘀功用，炒蒲黄止血，消瘀血；瘀热交阻者加马鞭草，清热化瘀止血，增强益母草、茜草化瘀止血作用。二至丸能补肝肾之阴，又能止血。头晕耳鸣者加酸枣仁以增强麦冬、五味子养阴清心、益气生津、补肾养心、收敛固涩之功。

4. 妇科调经 4 号方

组成：

仙　茅 10g	仙灵脾 15g	当　归 10g	川　芎 10g
巴戟天 12g	鹿角霜 12g	山萸肉 12g	生地黄 10g
熟地黄 10g	山　药 12g	茯　苓 10g	泽　泻 12g
牛　膝 12g	丹　参 15g	桃　仁 10g	金樱子 15g
麦　冬 12g	五味子 10g	远　志 10g	知　母 10g
黄　柏 10g	枳　壳 10g	甘　草 6g	

功用：滋阴助阳，调理心脾。

主治：绝经前后诸证、月经失调、闭经之肾阴阳俱虚症，症见月经紊乱、量多或少，乍寒乍热、烘热汗出，头晕耳鸣，健忘，腰背冷痛；舌淡，苔薄，脉脉沉弱。

方解：君药为仙茅、仙灵脾、巴戟天、鹿角霜补肾温阳；臣药为山萸肉，可以共同增强补肾之功效；五味子补肾养心；知母、黄柏、金樱子、麦冬、五味子滋阴润燥；熟地黄、当归、川芎、枣皮养血补血以调经；丹参、桃仁、生地黄、牛膝活血调经、祛瘀；佐药为山药、茯苓、泽泻，利水渗湿、健脾益气；枳壳理气宽中；远志交通心肾；使药为甘草，调和诸药。本方由二仙汤和归芍地黄汤组成，共奏补益肝肾、活血调经之功。肾衰天癸竭为绝经前后诸证发病的基础，肾阴阳失衡为病机的关键，肾阴亏虚，不能与心火相交而致心肾不交，水不涵木而肝木失养，阴虚日久，必及肾阳虚，肾阳不足而脾肾虚寒，心、肝、脾、肾功能失调，出现上热下寒之证，上热者心肝之火，下寒者脾肾虚寒者。本方寒热并用，补理兼施，上清心肝之火，下温脾肾之阳，应"阳中求阴，阴中求阳"之理。方中配丹参活血祛瘀，清心除烦；桃仁、牛膝不仅能补肝肾、活血化瘀，还能引诸药以入肾，麦冬、五味子、远志补心阴，安神。方用二仙汤温肾扶阳，归芍地黄丸滋阴养血，阴阳并补。

加减：汗出甚者加浮小麦以益气止汗、生津养阴敛汗，或加生龙骨、生牡蛎平肝潜阳，镇静安神，收敛止汗；失眠甚者加合欢皮、首乌藤、酸枣仁、柏子仁、白蒺藜以养心安神，疏肝解郁；夜尿频数者加益智仁以补肾缩尿。

5.妇科消炎 1 号方

组成：

党 参 15g	白 术 10g	当 归 10g	川 芎 10g
白 芍 12g	金银花 15g	连 翘 15g	大血藤 15g
败酱草 15g	黄 芪 15g	赤 芍 12g	栀 子 10g
牡丹皮 10g	茯 苓 10g	川楝子 10g	泽 泻 12g
延胡索 10g	三 棱 10g	莪 术 10g	甘 草 6g
桂 枝 6g			

功用：清热利湿，健脾理气，祛瘀止痛。

主治：带下病、癥瘕、妇人腹痛、月经失调、不孕、产后发热。

方解：本方主要治疗盆腔炎性疾病。盆腔炎性疾病后遗症的主要病机是正气未复，余邪未尽，风寒湿热之邪乘虚内侵致气机不畅，瘀血阻滞，蕴结胞宫，反复进退，耗伤气血，虚实兼杂，寒热并存。实者甚则结为癥瘕，病变以血瘀湿热为主，病理表现为瘀、滞、湿、热、虚。本方以银翘红酱解毒汤、八珍汤加减而成。金银花、连翘、大血藤、败酱草清热利湿，活血通络，为君药；栀子、当归、川芎、牡丹皮、赤芍、延胡索、川楝子疏肝理气，活血通络，为臣药；三棱、莪术消癥散结，泽泻利湿浊、清热利湿，桂枝通阳利水，温通经络、经脉，养血祛瘀，助诸药化气活血祛瘀，药到病解。全方补虚清利湿热、理气，活血祛瘀、消癥。临床上可以治疗妇科多种疾病，如盆腔炎性疾病、子宫内膜异位症、子宫腺肌病、子宫肌瘤、不孕症、痛经等，体现了异病同治的治疗特点。

加减：包块明显者，加水蛭、皂角刺、甲珠（代）以软坚散结，无包块者去三棱、莪术；腰痛者，加桑寄生、续断、补骨脂；带下多、黄，实者加芡实、白芷、薏苡仁；输卵管病变阻塞者加甲珠、皂角刺、路路通。

6. 妇科消炎 2 号方

组成：

大血藤 15g	败酱草 15g	栀　子 10g	桃　仁 10g
牛　膝 12g	茯　苓 10g	通　草 10g	巴戟天 12g
鹿角霜 12g	柴　胡 10g	香　附 10g	山　药 12g
甘　草 6g	当　归 10g	川　芎 10g	牡丹皮 10g
赤　芍 12g	白　芍 12g		

功用：清热利湿，补肾疏肝，活血通络。

主治：痛经、经期延长、不孕症、盆腔炎性疾病后遗症。

方解：该方主要治疗急性盆腔炎转为慢性盆腔炎患者。慢性盆腔炎以血瘀湿热为主，有瘀便有滞，肝郁脾弱、肾气瘀结、肝气瘀结，滞于脾胃脘腹或肝经，终循少腹，绕阴器，病程长，虚实并存。本方以丹栀逍遥散为基础方，以红藤败酱散加减，丹栀逍遥散清热凉血、疏肝解郁、健脾益气、养血调经。大血藤、败酱草为主药，清利湿热、活血通络；巴戟天、鹿角霜、山药补肾健脾；鹿角霜配通草起通利、温通、清利作用；桃仁、牛膝活血祛瘀。全方共奏清热疏肿、理气止痛、活血化瘀之功。

加减：附件炎致不孕者加路路通、丝瓜络、甲珠、皂角刺；经瘀重或伴癥瘕者加三棱、莪术、五灵脂；经少者加泽兰、益母草；带多者加芡实、薏苡仁、苍术。

7. 妇科消炎 3 号方

组成：

黄　柏 10g	栀　子 10g	牡丹皮 10g	赤　芍 10g
茯　苓 10g	猪　苓 10g	泽　泻 12g	车前子 12g
牛　膝 12g	茵　陈 15g	山　药 10g	白　芷 10g
苍　术 10g	薏苡仁 15g	枳　壳 10g	白　术 10g
甘　草 6g			

功用：清热利湿，燥湿止带。

主治：湿热下注之带下病、阴道炎症、外阴炎、盆腔炎性疾病。

方解：带下病多由湿邪伤及任带二脉，使任脉不固，带脉失约所致。《傅青主女科》认为"带下俱是湿症",带下病临床以湿热者多见。豆渣样或泡沫样带下有臭气,伴阴痒,即外阴阴道假丝酵母菌病、滴虫性阴道炎、细菌性阴道病的阴道炎。本方由止带方合四妙丸加减,止带方中猪苓、茯苓、车前子、泽泻利水除湿;茵陈、黄柏、栀子、牡丹皮清热泻火解毒。四妙丸燥湿利湿,牛膝引药下行;山药、白术健脾燥湿;白芷燥湿止带。全方清热利湿解毒,燥湿止带止痛。

加减:腰痛、尿频者加芡实、乌贼骨;阴痒者加黄芩、柴胡;热毒甚者加紫花地丁、蒲公英;赤白带者加马鞭草、泽兰。

8. 妇科消炎 4 号

组成:

黄 芪 10g	黄 柏 10g	山 药 10g	生地黄 10g
熟地黄 10g	女贞子 10g	墨旱莲 10g	茜 草 10g
茯 苓 10g	牡丹皮 10g	赤白芍各 12g	川 断 12g
金樱子 15g	山萸肉 12g	枳 壳 10g	白 术 10g
甘 草 6g			

功用:滋阴清热,活血化瘀。

方解:本方由保阴煎合二至丸加减,主治慢性盆腔炎性疾病后遗症。由于该病病理复杂、虚实错杂,兼症多,寒热错杂时,虚者愈虚,虚者常见肾虚、脾虚。由于本病发于下焦,病位在生殖器官,所以痛经、月经失调、妇人腹痛、带下病、癥瘕、不孕等病症均有出现。治疗上滋阴与清利活血兼施,方中保阴煎养阴清热凉血;二至丸、山萸肉补肝肾,金樱子补肾涩精止带;牡丹皮、茜草凉血活血,祛瘀通经,止血不留瘀;茯苓、白术健脾渗湿。全方滋养清热,活血化瘀,滋阴不滞血,活血化瘀不伤阴。

加减:小腹痛或痛经者加延胡索、蒲黄、五灵脂;癥瘕者加三棱、莪术、鸡血藤、皂角刺;带多黄臭者加苍术、薏苡仁、白芷、芡实、败酱草;乳房胀痛者加郁金、川楝子。

9. 外用中药灌肠方

组成:

蛇床子 20g	苦 参 20g	紫花地丁 20g	蒲公英 20g
牡丹皮 20g	赤 芍 20g	三 棱 15g	莪 术 15g
土茯苓 20g	桂 枝 15g	艾 叶 20g	小茴香 15g
白 芷 20g			

功用:清热解毒,温经散寒,理气止痛,活血化瘀。

主治:盆腔炎性疾病、癥瘕、痛经、不孕症。

方解:本方主治盆腔炎性疾病,本病急性发作时,以湿浊热毒为主,湿热为次,转为慢性时,瘀滞为主,湿热次之,血瘀湿热,久而致虚。病理因素复杂,虚实兼夹,寒热并存。方中蛇床子、苦参、紫花地丁、蒲公英清热解毒,桂枝、艾叶、小茴香温经散寒、理气止痛，牡丹皮、赤芍、三棱、莪术活血化瘀消癥。

加减：疼痛甚者加延胡索、川楝；无癥瘕者去三棱、莪术。

（二）经典配伍

1. 熟地黄、荆芥配伍

"两神相搏，合而成形，常先身生，是谓精"，"生之来，谓之精。两精相搏，谓之神"。"精"与"胞宫"是妊娠的关键，由此何成瑶提出"养精育胞论"，在此理论指导下，擅用熟地黄与荆芥配伍。

熟地黄，性温，味苦、甘，气薄味厚。沉而降，阴也。其用有五：益肾水真阴，一也；和产后血气，二也；去腹脐急痛，三也；养阴退阳，四也；壮水之源，五也。治外治上，以酒浸之。酒洒蒸如乌金，假酒力则微温，补血虚不足。但本药较滋腻，故何成瑶配伍荆芥佐助。荆芥，辛苦而温，为阳药，专入肝，本入肝经气分，炒黑入肝经血分，引血归经；炒至纯黑，则入肾。何成瑶认为两药相配，一升一降，一散一收，一动一静，养精而不腻，补中有散。

2. 桂枝、柴胡配伍

机体所有正常的生理活动离不开"气化"二字，气化正常需要以脏腑功能正常、经气枢转流畅为前提，而气化发生之场所在三焦。何成瑶常用桂枝、柴胡配伍以"温枢三焦"。桂枝，气温，秉天春和之气，入足厥阴肝经；味辛无毒，得地西方润泽之金味，入手太阴肺经。气味俱升，阳也。辛温散结行气，畅达肝气，而脾经受益，可通利上中焦。何成瑶认为桂枝养精神，通达脏腑，益在内；和颜色，调畅血脉，益在外，为诸药先聘通使。辛香四达，可引药以通经络。柴胡，味苦微寒，在经主气，在脏主血，主心腹，可通利三焦。两药配伍，枢转少阳，通利三焦，使阳气生生不断，三焦如沐春风之和畅。

3. 茯苓、菟丝子配伍

茯苓、菟丝子配伍，源于宋代太医局的《太平惠民和剂局方》："茯菟丸治心气不足，思虑太过，肾经虚损，真阳不固，溺有余沥，小便白浊，梦寐频泄。"本方诸证乃心肾不交所致，故以茯苓、菟丝子交通心肾，莲子斡旋中州，交通上下。何成瑶认为两药配伍所以能交通心肾，是在心气与肾气的层面，而非水火、阴阳层面。从药物法象角度分析二药谓："此二药皆为寄生之品，皆具吸引之性，茯苓入心、在上，可引肾气上升，菟丝子入肾、在下，可引心气下降。"正如《得配本草》所讲，"茯苓入手足少阴、太阴、太阳经气分。性上行而下降，通心气以交肾，开腠理，益脾胃。……以其能利三阴之枢纽，故治无不宜"。"菟丝子服月魄以长生。阳，阴体。阴，阳用也。……谓菟丝虽具内外上下之机，其所专精，则外与上相亲切。而茯苓者，其精气旋伏于踵，则内与下相亲切。"故两药配伍，阴阳交感，交通心肾，水火既济。

六、读书之法

何成瑶阅读中医药学方面的书籍，其法是古今结合、借鉴和自拟结合，可分为3个层次。一是泛读，读一批书，强化基础。如对王焘的《外台秘要》、王肯堂的《证治准绳》等进行浏览，以求知道，尽可能多地增加理论知识，摄取文献信息，以备不时之需。对有趣、特需的内容，则重点读之。同时还读中医报刊。二是熟读，读一些书，发展专长。如对陈自明的《妇人大全良方》、傅山的《傅青主女科》等，进行常读，以求明悉，尽可能多地了解中医妇科各家学说，满足临床、教学、科研之所需。对其中的重点，则反复阅读。三是精读，读几本书，走进创新。如对《黄帝内经》《金匮要略》等，进行精读、研读、反复读，以求领悟、深悟、顿悟，尽可能多地掌握中医理论精华，指导自己中医药学的全面实践，力图守正创新。具体的学习方法，如《素问·著至教论》中所讲"诵、解、别、明、彰"的雷公五字读书法、《礼记·中庸》中所言"博学之、审问之、慎思之、明辨之、笃行之"读书法等古典学习法，自己坚持的"读、悟、论、写、教、行"六字读书法等。赵晴初的《存存斋医话稿·序》中有："医，非博不能通，非通不能精，非精不能专。必精而专，始能由博而约。"据此，何成瑶还以"博、通、精、专、约、用"六字学习法来读书，解决专业难题，指导实践创新，促进修身养性。以下是她对两部中医经典的认识和领悟。

（一）《难经》

《难经》原名《黄帝八十一难》，全书以问答的形式，将先秦医籍中重要的医学理论归纳为八十一个医学问题进行阐述，其内容具有很高的理论价值与临床价值。

相传《难经》为战国时期秦越人所著，虽考据不足，但多认为"古传以为秦越人所作者不诬也"，"越人受桑君之秘术，遂洞明医道，至能彻视藏府，刳肠剔心。以其与轩辕时扁鹊相类，乃号之为扁鹊"。《史记·扁鹊仓公列传》记载了秦越人的行医事迹，却未出现《难经》的相关信息。《汉书·艺文志》中有《扁鹊内经》《扁鹊外经》之记载，亦未言及《难经》。与其相关记载首见于现行《伤寒论》中张仲景《伤寒卒病论集》自序："乃勤求古训，博采众方，撰用《素问》《九卷》《八十一难》《阴阳大论》《胎胪药录》。"此处所论《八十一难》应为《难经》。何成瑶的"温枢三焦"理论即肇始于《难经》所论之元气、命门、三焦等观点。兹就何成瑶对本书的认识总结如下。

1. 采摘英华，发经论秘旨，开阐释《内经》之先河

《难经》以设问之形式，讨论"经"之理论，并有所发挥。至于此"经"是否为《黄帝内经》，尚有可商榷之处。《难经》常书"经言"，但并未明示为何经。从内容来看多出自《黄帝内经》，亦有未见于《黄帝内经》者，故可认为"经"指《黄帝内经》为主，亦涉他经、他派。内容涉及诊法（尤以脉诊为主）、脏腑理论、奇经理论、命门、元气、三焦、病机、针灸等。在命门学说、脉诊、奇经理论等方面对经典有所发挥。《难经集注》序云："按黄帝有《内经》二帙，帙各九卷，而其义幽颐，殆难穷览，越人乃采摘英华，抄撮精要，二部经内，凡八十一章，勒成卷轴……斯乃医经之心髓，救急之枢机，所谓脱牙角于象犀，收羽毛于翡翠者矣。"评价甚是中肯。

《史记·扁鹊仓公列传》云："扁鹊名闻天下。过邯郸，闻贵妇人，即为带下医；过雒阳，闻周人爱老人，即为耳目痹医；来入咸阳，闻秦人爱小儿，即为小儿医：随俗为变。"何成瑶认为此言不虚，扁鹊为全科医生，《难经》所涉医理在妇科方面亦有重大贡献。

2. 立论奇经，全《黄帝内经》之缺，诚八脉理论之圭臬

奇经理论是经络学说的重要组成部分，最早散见于《黄帝内经》，如《素问·骨空论》言："任脉者，起于中极之下，以上毛际，循腹里，上关元，至咽喉，上颐循面入目。冲脉者，起于气街，并少阴之经，夹脐上行，至胸中而散。任脉为病，男子内结七疝，女子带下瘕聚。冲脉为病，逆气里急。督脉为病，脊强反折。"《难经》在其基础上在"二十七难""二十八难""二十九难"中对奇经理论进行了集中的阐述，并形成了专论。《二十七难》云："圣人图设沟渠，通利水道，以备不然。天雨降下，沟渠满溢，当此之时，霶霈妄行，圣人不能复图也，此络脉满溢，诸经不能复拘也。"扁鹊将奇经比之"天雨降下，沟渠满溢"，"霶霈妄行"，流于湖泽。李时珍认为其"发《灵》《素》未发之秘旨"。何成瑶认为《难经》是奇经理论的奠基之作，《二十七难》论述了奇经八脉的名称及作用；《二十八难》各论奇经八脉循行及作用，《二十九难》专论奇经主证。奇经理论肇源于此，经后世皇甫谧、杨上善、王冰、孙思邈、王焘、滑伯仁、严西亭、李时珍、沈金鳌等阐发，渐次构建了奇经之理论体系。

妇科在生理、病理方面与奇经均关系密切。在生理方面，《素问·上古天真论》云："女子……二七而天癸至，任脉通，太冲脉盛，月事以时下，故有子。……七七，任脉虚，太冲脉衰少，天癸竭，地道不通，故形坏而无子也。"女子月事之产生与调节在冲任二脉，亦与督脉相关。另，带下之产生与带脉相关。在病理方面，《难经》宗《内经》之旨，对奇经病证进行了删补，与妇科相关者有"冲脉为病，逆气而里急""任脉为病……女子为瘕聚""带脉为病，腹满，腰溶溶若坐水中"等。《难经》奇经理论对后世妇科发展影响巨大。明代武之望之《济阴纲目》、清代傅山之《傅青主女科》、清代沈金鳌之《妇科玉尺》、民国张锡纯之《医学衷中参西录》均将奇经理论应用于妇科临床，"调理冲任""温养任督"等成为妇科治疗大法，其旨皆宗《难经》。近代著名海派妇科医家朱小南更是考证奇经理论，付梓专著，独论用药，为奇经理论在妇科的应用提供了重要依据。

何成瑶常引《难经》之言阐述妇科疾病之病理，如"子宫肌瘤"一病，何成瑶认为其发病与"任脉"有关，所谓"任脉为病，女子为瘕聚"。治疗常选桂枝茯苓丸、少腹逐瘀汤诸方，加减应用丹参、王不留行、小茴香、龟甲、山药、马鞭草诸药治疗本病，其遣方用药之用意均在"任脉"。何成瑶对不孕症的认识更是不脱奇经，"阴阳交感，冲气为和"是其提出的中医生殖理论，此理论的关键在督脉、任脉、冲脉。何成瑶认为天癸是天一阳气，藏于肾中，肾气充盛到一定程度以后，天癸自肾经、督脉下达冲任，任脉得天癸之阳气资助而通，冲脉在任督作用下气血充盛，于是阴血循冲任，下入胞中，成为经血。

3. 厘定元气，诠释命门三焦，为命门学说之滥觞

《难经》阐述了命门学说的相关内容，包括元气、命门，三焦及三者之间的关系，为后世命门学说的阐发奠定了基础。

《难经》中首次将元气定义为"肾间动气"，"肾间动气"为"元"，为"本"，为"根"，为"门"，为"原"，为"神"。其在人犹根在树，"根绝则茎叶枯""树之有根，枝叶虽枯，根本将自生""人有元气，故知不死"。《难经》认为元气由肾间动气发动，为生命活动的原动力，在内部为五脏六腑、十二经脉提供能量，在外部为人体提供抗邪的能力。

肾间动气藏于何处？发于何处？发出后经由何处散布全身？《难经》亦有明确论述。《难经·三十六难》曰："其左者为肾，右者为命门。命门者，诸神精之所舍，原气之所系也；男子以藏精，女子以系胞。"藏精、气、神，此命门作用之一；维护、牵系元气，此其二；主持生殖，所谓"男子以藏精，女子以系胞"，此其三。何成瑶宗《难经》之旨，常说："命门者，生命维系、繁殖之门也。"至于命门之位置，《难经》有"左肾右命门"说，后世赵献可则认为"命门居于两肾之间"。何成瑶认为与其陷入争论，不如搁浅争议，回到事情本身，关注命门的作用，暂时模糊定于下焦即可。

藏于命门之元气，需输布全身始能发挥其作用，此输布之通道为三焦。《黄帝内经》所论三焦有三大功能：主水道、主上中下三部气化、与心包相表里而主相火。《难经》在此基础上对三焦之所用有所深化。《难经·三十一难》言："三焦者，水谷

之道路也，气之所终始也。"《难经·六十六难》言："脐下肾间动气者，人之生命也，十二经之根本也，故名曰原。三焦者，原气之别使也，主通行三气，经历于五脏六腑。"《难经》认为肾间动气，为三焦之原，三焦主持诸气，为原气之别使，阐明了三焦敷布先天之气的功能。

何成瑶认为三焦输布之气为先后天共成之气。人呼吸的"天之阳气"由肾所纳于命门，饮食水谷之精微通过上、中、下三焦之道路到达命门，此二气与先天元气结合成为生命之原动力，此动力由三焦为之行使布敷而流行于五脏六腑、十二经脉，从而主管生命活动与生殖。何成瑶推崇凌耀星先生在《难经校注》中提出的"肾（命门）—元气—三焦为轴心的整体生命观"。提出了"温枢三焦"法治疗妇科疾病（尤其是不孕症）的思路。"温"实乃温三焦之原，命门得温则具有生生之气；"枢"乃枢三焦气机，"原气别使"之气机得枢转，则元气畅通无阻，生生之机得现。妇科疾病的治疗是围绕着生殖这个主线进行的，由此衍生了月经、带下、胞宫相关疾病的治疗。何成瑶说治病分不同的层次，所谓"道生一，一生二，二生三，三生万物"，"温枢三焦"法是以《难经》所论元气、命门、三焦为主要着眼点，是在"道"和"一"层面进行的治疗，其内涵深邃，影响广泛，疗效显著。

（二）《伤寒杂病论》

"经方"最早见于《汉书·艺文志》，其有两层涵义：经验方；《伤寒杂病论》（后分为《伤寒论》《金匮要略》两书）所载之方。今论经方者，多指后者。清代徐灵胎曰："因知古圣治病方法，其可考者，唯此两书，真所谓经方之祖。"

《金匮要略》首列妇人病三篇：《妇人妊娠病脉证并治》《妇人产后病脉证治》《妇人杂病脉证并治》。《妇人妊娠病脉证并治》凡十一条，载方十首。《妇人产后病脉证治》凡十一条，载方十首，附方二首。《妇人杂病脉证并治》凡二十二条，载方十四首，附方一首。《伤寒论》及《金匮要略》其他各篇方剂应用于妇科者，亦有之。如《伤寒论》之桂枝汤、葛根汤、小建中汤、小柴胡汤、猪苓汤、乌梅丸、五苓散、桃核承气汤等，《金匮要略》之甘草泻心汤、百合地黄汤、黄芪桂枝五物汤、黄芪建中汤、酸枣仁汤等，不一而足。何成瑶积极应用经方治疗妇科疾病。与时方相比，经方的优点在于：药味精当、配伍严谨、作用明确、禁忌清楚、煎法精巧、合于理法、疗效确切、经验丰富。

理论上经方是在六经辨证的体系下治疗所谓伤寒者，那么经方是否可以治疗除了伤寒以外的其他疾病？柯韵伯在《伤寒来苏集·伤寒论翼·自序》说："原夫仲景之六经，为百病立法，不专为伤寒一科。伤寒、杂病，治无二理，咸归六经之节制。"俞根初在《通俗伤寒论》中提出"六经钤百病"的理念，扩大了经方的应用范围。对于经方治疗妇科疾病，更是在其范围以内。何成瑶认为："仲景方可用，仲景法可依，而重在依其法。"于此将她对《金匮要略》"妇人病三篇"的认识总结如下。

1. 妊娠病篇——倡温远寒，有故无殒，有是证用是药

《妇人妊娠病脉证并治》凡十一条，载方十首。此篇中仲景首论妊娠恶阻之证治，在第1条中应用桂枝汤治疗本病。何成瑶认为其意义有二：一者，有助于理解桂枝汤的应用范围，桂枝非太阳病专方，其作用亦在太阴，小建中汤将药量稍加改动再添一味饴糖即可治疗虚劳腹痛，仲景对桂枝汤的应用范围可见一斑。又，在《伤寒论》太阴病篇有径用桂枝汤者，有桂枝加芍药汤、桂枝加大黄汤者均以桂枝汤为祖方。江南名医曹颖甫曾认为桂枝汤证之真际病理为"胃肠虚寒，血运不畅"，其"外证治太阳，内证治太阴"，为"扶助脾阳之剂"，可"疏肝补脾"，"是一首补方……仲圣以本汤为温补主方"，可"促进血运，温和肠胃"。二者，对妊娠恶阻的辨证起到了导向作用。后世治疗妊娠恶阻，从肝胃不和者多，认为属热者多，黄连、苏叶、黄芩等寒凉之品用之亦多，但临床疗效欠佳。何成瑶认为妊娠恶阻不可轻易断为热证而过用寒凉，应以温法为主，此为仲景法。本篇第6条干姜人参半夏丸证亦为妊娠恶阻之脾胃虚寒证，两方均以热药，仲景立法明确。何成瑶治疗妊娠恶阻，即使辨证为肝热犯胃者，亦加一两味温脾暖胃之药，正是宗仲景之法的体现。

对于妊娠腹痛及妊娠下血两类疾病，仲景仍治以温法，本篇第3条以附子汤治疗妊娠"腹痛恶寒，少腹如扇"；第4条以胶艾汤治疗妊娠下血伴有腹痛之胞，均以温药为主，甚者用到附子等大热之品。何成瑶认为仲景立温法于妊娠腹痛及下血病中，抓住了本病之根本，并指出本病与冲、任、督脉关系密切。后世《诸病源候论》记载"漏胞者，谓妊娠数月而经水时下。此由冲脉、任脉虚，不能约制太阳、少阴之经血故也。冲任之脉，为经脉之海，皆起于胞内。手太阳，小肠脉也；手少阴，心脉也。是二经为表里，上为乳汁，下为月水。有娠之人，经水所以断者，壅之以养胎，而蓄之为乳汁。冲任气虚，则胞内泄漏，不能制其经血，故月水时下，亦名胞阻。漏血尽，则人毙也"，明确指出了冲任二脉在妊娠维持中的作用。至清末，唐容川在其《中西汇通医经精义》中对"任脉通，太冲脉盛，月事以时下"的过程进行了阐释，在冲任二脉的基础上也强调督脉的作用，并认为天癸为肾中阳气，其论曰："天癸者，天一所生之癸水，乃肾中一阳之气化，而为液也。至者，谓肾气化水，至于胞中也……而肾中天一阳气所生之水，则为癸水至者，癸水发于肾系之中，下入网油，而至于胞中也，此是督脉所司，先天肾中之阳，交于胞中，是水非血也……所谓任脉通者，盖任脉起于胞中，天一阳气所化之癸水，既从督脉下入胞中，则后天任脉感阳气而通畅。其丽于任脉者为太冲脉，亦得天癸之阳，而所化之阴血更加盛满，于是阴血循冲任，亦下入胞中，与癸水会合，则为经血。"由上述对月事生理的论述，推而广之，唐氏在其另一部著作《血证论》中进一步论述了冲、任、督脉与妊娠维持的关系："既成胎后，肾中之阳气则化水以养胎，胃中之水谷则取汁化血，从冲任两脉下注胞中以养胎。"从仲景到巢元方再到唐容川，冲、任、督脉与妊娠维持的关系得以明确，而督脉及其所主之阳气的重要性亦昭然若揭。何成瑶对"妊娠腹痛""下血"等疾病以其自拟调经1号方加减治疗，此方以鹿角霜、杜仲、巴戟天、覆盆子、菟丝子等温热药物为主，酌加麦冬、熟地黄等养阴之品，是其取仲景意、宗仲景法的体现。

妊娠期间，凡峻下、滑利、祛瘀、破血、耗气、散气及一切有毒药品，都宜慎用或禁用，仲景用药亦可为后世法度。《黄帝内经》记载："黄帝问曰：'妇人重身，毒之何如？'岐伯曰：'有故无殒，亦无殒也。'帝曰：'愿闻其故，何谓也？'岐伯曰：'大积大聚，其可犯也，衰其大半而止，过者死。'"仲景在妊娠病篇应用活血、下气、有毒之品，此为宗《黄帝内经》之法，有是病当用是药，不拘泥于人而重在其证，犯邪而不犯人之典型。如本篇第2条，对有"癥痼害"而妊娠下血者，应用桂枝茯苓丸祛瘀消癥，止血安胎（历代对于此段理解尚存争议，有认为桂枝茯苓丸是治疗癥瘕者，有认为是癥瘕合并妊娠者，何成瑶持后者观点）。本方中活血滑利之品有之，如桃仁、牡丹皮；温通之品有之，如桂枝；"降而下"有之，如茯苓，仲景无畏祛瘀、滑利、温通、下气者，以其有"癥痼"也，再改用丸药以缓图之，则无碍胎气。在本篇第6条，治疗妊娠恶阻应用滑利、小毒之半夏。在本篇第3条，妊娠"腹痛恶寒者，少腹如扇"用大热有毒之附子温阳祛寒，虽未见方，但附子当为主药，可见仲景之思路。如此大热有毒之品用于妊娠患者，需辨证准确、用药精当，理法方药可行，缺一不可。何成瑶在临床亦用仲景治法，以半夏疗孕吐，以川芎、牡丹皮止出血，以温热固胎气，师仲景法于方药，彰仲景效于临床。

2. 产后病篇——伤津亡血，多虚多瘀，申明产后病机

《妇人产后病脉证治》凡十一条，载方十首，附方二首。此篇第1条仲景列产后三大病为纲，实为借病说理，申明产后"亡血伤津"之根本病理。所论三病为"痉病""病郁冒""大便难"。产时出血、产后恶露为亡血之因，产后汗出为伤津之源，气血津液不足，阴液不足，下焦阳气偏亢，"则痉病"；又因气虚腠理不固则易外感风寒，寒闭阳而不外达，"厥而上"则"病郁冒"；风盛则燥，加之本身津液不足，筋脉失于濡养则病痉；津液不足，肠失濡养，阳明燥结，故病"大便难"。在本篇后面诸条中，又多论祛瘀之法，综观全篇，明确了产后"亡血伤津，多虚多瘀"之基本病理。在明确基本病理的基础上，仲景应用小柴胡汤治疗产后"郁冒""大便难"、呕不能食之第2条甚是精彩，实为中肯。"郁冒"之机，上文已述，内虚外寒为其基本。阳气独盛，孤阳上逆，夹阴津外泄，因而出现"但头汗出"。"但头汗出"，言汗

出未及周身，汗出不畅，提示郁闭的存在。血虚津亏，肠道失于润降则大便坚，大便难则腑气不通，胃失和降则呕不能食。综上，治疗"郁冒""大便难"兼呕不能食，应以开郁闭为主，治用小柴胡汤扶正达邪，和利枢机，使阴阳相和则"郁冒"诸证自解，"大汗出"为自解之象，所谓大汗出者，非阳明病之蒸蒸汗出，亦非发汗太过，卫阳被伤之"漏下不止"等病理性汗出，此与"但头汗出"相对而言，是由局部汗出之不畅向全身"濈然"之转变，病向愈也。此段对病机、治法、方药、转归之描述与《伤寒论》第230条所言和，此条云："阳明病，胁下硬满，不大便而呕，舌上白胎者，可与小柴胡汤，上焦得通，津液得下，胃气因和，身濈然汗出而解。"

本篇另一重点在讨论产后腹痛。产后腹痛有血虚里寒、腹中拘急、绵绵而痛者，予当归生姜羊肉汤养血补虚，散寒止痛；有气血郁滞、腹痛烦满不得卧者，治以枳实芍药散行气活血止痛；有瘀血内阻、少腹坚痛者，予下瘀血汤活血逐瘀止痛；有瘀阻兼阳明里实者，治分先后缓急，先以大承气汤泄热通便，下后瘀血仍在者，再用下瘀血汤治其血瘀。上述四法均涉血分，一为补虚，二为祛瘀，为后世活血化瘀法之鼻祖。

何成瑶受本篇第6条"此为腹中有干血着脐下"，第15条"藏坚癖不止，中有干血"，以及前《血痹虚劳病脉证并治》篇第18条"内有干血"的启发，认为子宫内膜异位症、子宫腺肌病的基本病机为"中有干血，内有伏阳"，并提出了"润燥、破血、枢转、透热、轻补"等治疗思路。

3. 妇人杂病篇——立论腹痛，寒热温凉立法

《妇人杂病脉证并治》凡22条，载方14首，附方1首，其范围包括除妊娠病、产后病外的女性经、带、前阴及精神疾患。本篇内容丰富，兹就何成瑶对治疗腹痛诸方证之理解录之如下。

本篇第8条总论妇科杂病病因病机，所谓"妇人之病，因虚、积冷、结气"，因虚者气血不荣，因积冷者凝滞不通，因结气者血瘀不行，以上诸端皆可导致妇人腹痛。本篇第9条论温经汤证，见"少腹里急"，本方证当以虚、寒、瘀、燥四字为着眼点。血者气之母，气血本同源，血分虚少，脉道不充，温煦失司，则寒从中生，寒气凝滞使瘀血阻滞冲任，血之濡养、气之温煦作用皆不得彰，故可出现月经失调、久不怀妊、烦热干燥等症。本方符合女子不足于血的体质特点，主证方面涵芎归胶艾汤之血、当归芍药散之痛、吴茱萸汤之寒、麦门冬汤之燥，应用范围较广，历来为调经之主方。本方所治之腹痛必具有冲任虚寒、瘀血阻滞之特征，学者常以此方与后世陈自明《妇人大全良方》所载之温经汤相比较，此方偏于补虚而温通，故用濡润之药如当归、阿胶、麦冬、芍药，温煦药如桂枝、吴茱萸、人参，彼方则偏于行滞而活血，故用破血力雄之药如三棱、莪术、牛膝，虚实之间当需鉴别。

第10条土瓜根散所治之"带下经水不利，少腹满痛，经一月再见者"，以方测证，土瓜根性寒味苦，功能破血消瘀，用作主药；䗪虫咸寒，有毒，逐瘀破结，可知本证腹痛为热所致，热破血妄行，加之瘀血阻滞冲任胞宫，新血不得归经，亦见经水先期，此亦为热之佐证。第13条血水互结于下焦致"少腹满如敦状"，治以大黄甘遂汤荡涤实邪。第14条瘀结成实，经水不利，伴有腹痛，治以抵当汤破诸瘀结，本方亦为热所致，故治以寒。第16条"腹中血气刺痛"治以红蓝花酒，此为瘀血轻证。第17条肝气郁滞，木郁乘土，脾虚生湿，肝脾不和所致腹中诸痛，治以当归芍药散。第18条"妇人腹中痛，小建中汤主之"，以方测证，当属虚劳所致。

何成瑶对本篇体会主要有两点：一，治疗妇人腹痛，从肝脾论治者多，认为"脾主大腹"，此认识来源于仲景。《伤寒论》第273条说："太阴之为病，腹满而吐，食不下，自利益甚，时腹自痛。"即为此意。《伤寒论》第100条："伤寒，阳脉涩，阴脉弦，法当腹中急痛，先与小建中汤，不差者，小柴胡汤主之。"是对此认识的具体体现。后世黄元御等亦倡此理。二，何成瑶也提出了活血化瘀法当有寒热虚实之区别，临床用药不可一味堆积化瘀药物，补虚泻实，寒热温凉当有所别。土瓜根、䗪虫、大黄、牡丹皮为热瘀所设，吴茱萸、桂枝为寒瘀所设，当归、川芎活血之中又可补虚，大黄、水蛭、虻虫则纯攻无补。

七、大医之情

何成瑶医德高尚，一生勤勉，而今虽已耄耋之年，仍心怀大医精诚，心系百姓疾苦，坚持每周三次门诊，两次查房，年门诊量逾8000余人次。随着慕名求医者众多，往往一号难求，何成瑶总是急人所急，解病患之难，对于远道而来的患者，不管多晚都会为其加号诊治。凡前来就诊患者，不论时间远近，她总是能马上准确说出患者的病情，让患者惊讶不已。如此种种，点点滴滴，不胜枚举，"大慈恻隐之心，普救含灵之苦"是她一生行医的写照。

八、养生之智

何成瑶认为，健康的身体是工作的前提条件。中医养生讲求"小动"之术，从小爱劳动、爱运动的她，至今一直保持经常劳动、运动的习惯，在"小动"中锻炼了身体，耄耋之年，仍然健康。无论在工作还是生活中，她总能保持清醒与平和的状态，何成瑶坦言，心态是养生效果的决定性因素，保持好心态就是最好的养生。

《灵枢·通天》有云："阴阳和平之人,居处安静,无为惧惧,无为欣欣,婉然从物,或与不争,与时变化,尊则谦谦,谭而不治,是谓至治。"她淡泊名利,不争不抢,"无为惧惧,无为欣欣",这种无为的心态让她淡然面对工作、生活中的困难与变化。

同时,身为医生,她始终保持学习的习惯,一方面,学习可以保持清醒的头脑,让自己处在不断的思考之中。另一方面,医生需要与时俱进,不断更新知识。她说:"清醒的头脑加上最前沿的知识才能为患者解决问题。"

她生活俭朴。一日三餐,五谷杂粮,蔬菜瓜果,牛奶鸡蛋,少量肉类,合理配搭,吃少吃好,舒适为度。穿着朴素,大方得体。此外,还注意劳逸结合,有规律地生活。

九、传道之术

从2008年起,何成瑶连续担任了4次全国老中医药专家学术经验继承工作指导老师、2次全国中医优秀人才研修项目指导老师,在国家有关精神指导下,她身体力行,并总结出了下列七方面"二十一字"悟。

树目标:在师承工作中,老师做出新贡献,学员达到培养目标,实现教学相长。

定任务:按照教学计划,老师坚持定时示诊带教,传授学术经验,学员坚持跟师侍诊,认真听课,完成写作,独立临床。

强基础:不论是中医,还是西医的学生,均需要强化中医基础理论,学习《黄帝内经》等四大经典,选学妇科专著如宋代陈自明《妇人大全良方》等一种以上,建议读些文史哲书籍,扩展国学知识。

跟前沿:关注中医妇科学、西医妇产科学的新动态、新成果等前沿信息,加以吸纳和传授,常学常新。

主临证:临证是带教的重中之重,结合病例,认真传道、授业、解惑,增强学员的独立临床能力。

求创新:坚持守正创新,运用适当的思维模型,对学员各自的医学现状知识、技能、模式等,进行必要的筛除、合理的立异、可能的优化,解决问题、填补空白、发现新知,推进思维、理论、实践三大方面的创新。

遵规范:按照国家规定,对师承学习的时间等各项安排,按协议执行,讲求实效。

全国名老中医、全国名中医、国医大师何成瑶传承工作室,分别于2012年、2018年、2022年起建设,作为指导老师,何成瑶对此体会良多。她认识到中医药事业的发展,人才特别是高层次人才,具有基础性、战略性和决定性作用,是重要的支撑和保障力量,要认真地加强培养。数十年来,她发扬大医精诚等中医精神,着力于工作室的内涵建设，对工作室团队中的中医和西医妇产科医生、学术经验继承人、临床优秀人才研修项目研修人、研究生、本科生和外来进修人员就其学术思想和临床经验进行示诊带教、专题讲课、国家课题等科研指导，倾其所知、所悟和所能，让后学者均有所得益，逐步实现教学目标，壮大人才梯队。同时，还在全省相关的继续医学教育项目、经方膏方治疗等学术研讨、县级中医临床技术骨干培训等的实施和开展中，亲临现场，做专题讲座。多年来，医教协调、科教融合的师承模式，得到持久、有效地运用。

何成瑶学术传承谱

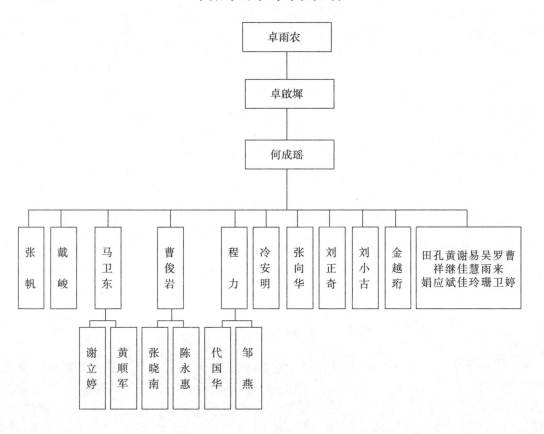

（曹俊岩、刘小古整理）

（刘聪敏、李昆编辑）

余瀛鳌

余瀛鳌（1933—2023），字荣成，号未病，祖籍江苏阜宁，中共党员，从医70余年。1992年被聘为国务院古籍整理出版规划领导小组成员，曾任中华中医药学会医史文献分会主任委员、名誉主任委员，国家中医药管理局中医文献学重点学科学术带头人，全国中医药传承博士后合作导师，全国老中医药专家学术经验继承工作指导老师。为中国中医科学院学部委员、荣誉首席研究员，中国中医科学院中国医史文献研究所研究员、博士研究生导师及博士后指导老师，享受国务院政府特殊津贴。2013年被北京市卫生局、北京市中医管理局授予"首都国医名师"荣誉称号。2017年被人力资源和社会保障部、国家卫生健康委、国家中医药管理局授予首届"全国名中医"荣誉称号。2022年被授予"国医大师"荣誉称号。

倡导文献研究要学以致用，开创中医临床文献学科，开辟了中医临床文献研究学术方向及其学术内涵、研究方法与研究范畴，带动增设了中医临床文献研究机构。倡导辨病与辨证相结合诊疗思维模式，开展"通治方"的研究与应用。提出主病主证，或辅以兼病、兼证治法，病证相参选用通治效方加以治疗，树立了临证病证治疗典范。对60余种病证形成通治法、通治方与系列用药经验，疗效显著。

一、学医之路

余瀛鳌出身于医学世家，家学渊源。其先曾祖余赞襄（约1820—1883），是江苏阜宁名医。其先祖父余奉仙（1860—1939），精于伤寒、温病、瘟疫及内科杂病，被誉为"晚清苏北三大名医"之一，著有《医方经验汇编》。

其先父余无言（1900—1963），擅长伤寒、温病和内外科多种病证，在上海长期业医期间，深受谢观、陈无咎、丁福保等前辈之教益，诊治疑难重病和伤寒温病甚多，是民国时期著名的经方派医家，由于崇尚经方，用石膏、大黄者多不胜数，因此赢得"石膏大黄先生"的美称。20世纪30年代，中医大兴办学之风，余无言与张赞臣合办《世界医报》。应聘于上海中国医学院、新中国医学院等校讲授《伤寒论》《金匮要略》和《中医外科学》等课程，1937年与张赞臣共同主办上海中医专科学校。1947年，又创办上海大同疗养院，并任院长。1952年，编写出版《金匮要略语译》，被称为上海市研究仲景学说三大家之一。1956年春，应卫生部中医研究院之请，赴京主持中医研究院编审室。1958年，参加北京中医学院"十大经典医著"的编纂设计，还承担中央首长的医疗保健和会诊工作。

余瀛鳌，1933年出生于上海，原住上海南洋桥路（今名自忠路），在上海完成了小学、中学和大学学业。自20世纪30年代始，其父无言先生与丁福保、谢观、陈无咎、陆渊雷、叶橘泉、蒲辅周、秦伯未、程门雪、章次公、张赞臣、陈邦贤、陈慎吾、严苍山等医界名流交往甚密，余瀛鳌自小即耳濡目染，受到了浓郁的传统文化熏陶。

1955年，余瀛鳌毕业于上海第二医学院，同年冬报名参加卫生部主办的第一届全国西医学习中医研究班，系统学习中医药学，以优异成绩结业，实现了由西返中的"回归"。毕业后被分配到中央直属机关第二医院，后医院改为北京医学院附属医院，他又从医院调入卫生部中医研究院（今中国中医科学院）。余瀛鳌经常和父亲一起交流，受教颇多，父亲的治学态度和诊疗经验深深地印在他的脑海里。

1956年初秋，余瀛鳌经父亲引荐拜师于秦伯未［秦伯未（1901—1970），名之济，号谦斋。新中国成立后，历任上海市第十一人民医院内科主任、卫生部中医顾问、中华医学会副会长等职，著作等身，所编撰的中医论著近60种，尤其对《黄帝内经》《金匮要略》深有研究］。余无言老以经方驰名，秦伯未老则多以时方鸣世，他们各有所长，余瀛鳌兼收并蓄，受教颇多。

二、成才之道

（一）勤求古训，以经典实基础

《黄帝内经》是打好中医学术基础最重要的著作，《伤寒论》与《金匮要略》是临床各科必读的典籍。余瀛鳌认为"医案阐论对诊疗颇多启发；要根据不同的病证，择善选用经方、时方。要打好中医学术临床基础，经典名著的学习与运用至关重要"。

在方法上，余瀛鳌谨记秦伯未老师提出的"学习，钻研，积累，探索"八个字。首先是重视学习、基础打好，不具备勤奋学习的基础，也就谈不上钻研；另外要重视探索精神，在诊疗中进行分析、鉴别和实际应用。"白天看病，晚上要多查阅一些文献资料，看看古人是怎样处理这类患者的，举一反三，温故可知新，不能任其糊涂下去。"方法上主要靠"学习，钻研，积累，探索"八个字。有的人当了一辈子医生，经治的患者也很多，但效验就是提不高，学术上也缺乏长进，就是因为对学习的重视不够，基础没有打好，要打好中医理论基础，学好《内经》《难经》《伤寒论》《金匮要略》等经典著作外，还要加强文学和医古文方面的修养。根据秦老的读书经验，余瀛鳌将所读书中的精论及方药治疗分类摘记笔记或资料卡，以便于检索。

（二）勤于临证，力倡学以致用

余瀛鳌刚工作时，秦老即嘱咐他，中医研究院藏书很丰富，要珍惜机会阅读典籍文献，但千万要注意不能脱离临床诊疗，"力求多读书、多临证"。从事文献研究者一定不能脱离临床实践，要学以致用；临床医生也不能脱离文献研究，这样可加深对于文献的认识，将历史经验为现实服务，发挥历史文献的作用。余瀛鳌开始在广安门医院不分科别地出诊，坚持学术与临床相融会，后来带教硕士、博士、博士后时也同样有此要求。

（三）博采众方，取诸家之长

精审博取，不囿于一家之言，要包括古今，多查阅文献，或就近请教于年长学者。秦伯未老举例说："清代名医黄元御认为，世医家缺乏古代四圣（指岐伯、黄帝、秦越人、张仲景）之旨，遂予一概排斥，这个学术见解为后世医家所垢病。"清代名医雷丰在《时病论》"古今医书宜参考论"中言："医家不可执古书而不读今书，亦不可执今书而不读古书，参考古今，则医理自得中和之道矣。"

增长学验必当勤求博取。秦伯未老在20世纪50年代，让余瀛鳌多读并加深理解医圣张仲景《伤寒杂病论》原序，对其中"勤求古训，博采众方"这八个字多多探索、理解。"勤求古训"是历代医家传承的重点，"博采众方"能丰富医者治病的手段，提高疗效和诊疗水平，这也是医者所广泛追求的。在仲圣之前，专事研究百家学说的汉代大儒王充就强调过治学应"多闻博识"，他指出："夫人含百家之言，犹海怀百川之流也。"（王充《论衡·别通》）之所以强调"博学"，清代名医赵彦晖曾言："医非博不能通，非通不能精，非精不能专。必精而专，始能由博而约。"（《存存斋医话稿》何廉臣序）而这又是很多医家深刻探析其学验的精粹内涵。诚如清初医学大师张璐在《千金方衍义·自序》中所云"务博而不知所宗，浅涉而未探奥突奥"，就难以达到"博学"的要求。我们应力求博极研精，深造自得。医者之所以应"博采众方"，因为重要的名医、名著和学术流派，分别有各具特色、各有优势的学术经验。任何一个学术流派，都或多或少地存在着它的局限性或片面性。因此，既力求有重点地学，又主张不分撰述人的身份、长幼，选择性地予以参阅。余瀛鳌回忆1957年在江苏省中医院随颜亦鲁先生（颜德馨之父）辅诊抄方，印象最深刻的是若干脱发病例效果佳。颜老说："脱发多因血虚、风热乘袭所致，故多用当归、侧柏叶。"在看到明代龚信《古今医鉴》"二仙丸"（即当归、侧柏叶）治脱发，经常加用生熟地。回忆在与叶橘泉先生、先父余无言、章次公先生、耿鉴庭先生等在北海公园聚会，次公先生谈到他曾看过清代李汝珍的《镜花缘》（小说作品）内有一治痢疾方，药用羌活、苍术、杏仁、川乌、生熟大黄、炙甘草等，自己将此方名为"通痢散"，该方治疗"奇恒痢"效果好。所谓奇恒痢，往往泻次不多，但多见神昏语涩、发热、气呛喘逆等症，多属阳邪壅盛，邪攻心肺、九窍，故在痢疾未加重时用通痢散，多能防止奇恒痢的发生。章老说："当然很多痢疾患者也都加用了香连丸（木香、黄连），如患者泻次多，又可不用生熟大黄。"

（四）博涉知病，审病之"常""变"

业医者的知病与治病，需要通过细致察脉、辨析因证。张仲景阐论诸病，重点强调的就是"脉证并治"。《素问·脉要精微论》提到脉学在"知病"辨析方面的重要性，不仅要知病之在内、在外，还应该"知病之所在"和"知病之所变"，其中的规范、法度必当遵循。但医者所经治的病证，往往是复杂多变的，正如清代伤寒名家钱潢在《伤寒溯源集》"心下痞证治第四"中所说"圣贤立训之规格有限，病情变幻之伎俩无穷"。关于"治病"，曾有分经方派、时方派，或是经方、时方择善而从，这反映了在方治上不同的学术流派。清代徐大椿在《兰台轨范》序中提出"一病必有主方，一方必有主药"的见解，至于治病的"博采众方"，宜对古今名方择要而有重点地学习。早在宋代，医家严用和便在《济生方》中告诫医门学子应该古今并重，"概执古方以疗今之病，往往枘凿之不相入者。"联系到南齐医家褚澄所说的"博涉知病"，诊治患者的基本条件是"知病"，如不通过广泛参阅文献资料，就难以达到理想的"知病"目的。

（五）名师指点，求治学枢要

余瀛鳌从年轻时即重视临床文献研究，终生治学，这与著名中医学家秦伯未的指点、引导有着密切的关系。秦伯未老是著名中医教育家丁甘仁的高足，余瀛鳌就学于秦老，属丁氏门派的再传弟子。丁老教勉学生积累学问要"勤求古训，博采众方"，秦老要求余瀛鳌应深切学习前贤独特的医疗经验。1959年仲夏某日，秦老在住处接诊一位因患"带状疱疹"前来求治的中央某部负责同志。秦师索阅前医处方，大致属于清肝解毒的治法。秦老为他另疏一方：大瓜蒌一枚连皮捣烂，红花一钱半，生甘草三钱。后接到患者电话告称：服药后当天晚上，胁腰部疱疹的疼痛即见缓解。总共才3味药，共服3剂，病证向愈。问秦老何以用此方？答称："此方非我所创用，系明代医学家黄古潭的经验方。我过去习惯从中医外科专著中寻求治法，但效果不太满意，后来我从《赤水玄珠》中看到此方，运用于临床，效验竟出乎意料。"黄古潭的名望虽不如汪机、孙一奎，但对治疗缠腰火丹却有其独到之处。后此方成为秦老治疗此病的经验方。秦老总结说："作为一个临床医生，要丰富个人的治疗手段，应在阅习本专业的优秀论著之外，看一些其他科别的著作，以充实自己。"秦老教勉学生应以"勤求古训，博采众方"作为自己的座右铭。

父辈的成就对自己的事业是一种格外激励。余瀛鳌系统回顾过父辈在学术研究方面，尤其在研究《伤寒论》《金匮要略》方面的成果。20世纪30—50年代，对《伤寒》《金匮》研究有重要著作出版的主要为曹颖甫、陆渊雷、余无言三家，陆渊雷的《伤寒论今释》《金匮要略今释》在国内外产生重要影响，余无言的《（图标注释）伤寒论新义》（又名《伤寒论新义》）1940年出版，由谢利恒撰序隆重推荐，《（图表注释）金匮要略新义》也于同年写成，但直到新中国成立后才面世，书名题字出自秦伯未老的亲笔墨宝。后来《伤寒论新义》陆续出版十多版，影响十分广泛，余瀛鳌去台湾时在书市上也曾见到此书。

三、学术之精

（一）点校中医古籍文献

古籍整理是传承学术的主要方法之一。自孔子删定六经始，古籍整理一直延续至今而绵延不绝。余瀛鳌撰写主编的中医论著有 20 余种之多，所领衔整理出版的古籍无论是丛书或者类书，乃至辞典，除了利用传统的校勘、注释整理以外，下功夫重在"选"上，这实际也是余瀛鳌一贯主张的"学以致用"的具体体现。"选"的功夫首先体现在书目的筛选上，要做到在万种古籍中择选出历代各个学科中具有代表性的专著，并能在内容上展示其学术精华，这就需要对古籍整体概貌及其学术内涵有比较充分的了解。

20 世纪 50—70 年代，业界整理、影印、出版了不少中医药古籍，但缺乏整体规划性。此后，根据中共中央和国务院关于加强古籍整理的指示精神，1982 年，在国务院古籍整理出版规划小组的策划、指导下，由卫生部古籍整理出版办公室制定了《中医古籍整理出版规划》，并在辽宁省沈阳市召集全国中医研究、教学单位的中医名家和文献专家开会，制定了《中医古籍校注通则》。规划要求于 10 年内点校、整理中医古籍 560 种，其中又以《黄帝内经素问》《灵枢经》《神农本草经》《难经》《针灸甲乙经》《诸病源候论》《中藏经》等 11 种作为重点医籍予以校注、语译、辑校，并列入卫生部和国家中医药管理局有关中医药古籍文献研究的重要项目，出版单位则以人民卫生出版社为主。

上述情况，堪称新中国中医古籍文献整理、研究的新举措。至 90 年代，11 种重点古医籍先后出版刊行，学术水平超越了前贤有关论著，但规划中原定的 560 种古籍点校、整理项目，十余年中，只完成了其中的 320 余种，其他因经费短缺而处于停顿状态。

此后十余年，中医药古籍文献的整理、研究工作，又有几个重要的编纂整理项目，如由中国中医科学院、成都中医药大学等单位主编的《中华大典·医药卫生典》，全书共 5000 万字，所收载之古籍文献资料囊括了辛亥革命以前的重要文献，并力求由博返约，取精用宏。

（二）开创中医临床文献学

余瀛鳌先生早年编著有《内经类证》（重订本）、《金匮要略语译》等书，嗣后又先后主编《新安医籍丛刊》《历代中医名著精华丛书》《中国科学技术典籍通汇·医学卷》《现代名中医类案选》《中国传统医学大系》《中医文献辞典》《中医古籍珍本提要》《中华文化通志·医药学志》《中医通治方精选》《宋以前医方选》等书，其中多部著作获得了国家部局级图书奖和科技进步奖。

在青壮年时期，余瀛鳌泛览中医临床各科医籍多达 3000 余种，重视经典医籍的整理研究。1959 年前参与《伤寒论语译》《金匮要略语译》的编撰，1962 年春又将其师秦伯未先生的旧作《内经类证》予以重订刊行，署名"秦伯未原编，余瀛鳌重订"，并参与主编两种单秘验方著作。在古籍整理上，余瀛鳌先生力求"去粗取精，去伪存真"，以"学以致用"的态度，倡导古籍整理应密切结合临床，率先于 1982 年建立了"中医临床文献研究室"，以整理研究汲取古籍临床诊疗的学术精华，提高诊疗疾病的水平和学术传承的能力。

如何发掘其精华的内容以达到为临床诊疗服务目的，这也是余瀛鳌当初设立中医临床文献研究室要实现的主要目标并为之努力钻研产生了系列成果，具有代表性的如《新安医籍丛刊》（15 卷本）、《中国科学技术典籍通汇·医学卷》（6 卷本）、《历代中医名著精华丛书》（10 卷本）、《中医古籍临床新用丛书》（10 卷本）、《中医古籍新点新校新参考系列》（10 卷本）、《中华文化通志·医药学志》《现代名中医类案选》《中国传统医学大系》（4 卷本）等。还参与主编《中医大辞典》《简明中医辞典》《中华大典·医药卫生典》等多部辞书。

古籍整理"选"的功夫和成果还体现在对历代方剂的研究上。组方用药的合理与疗效的取得有密切关系，如何识别筛选古籍中所载录的多不胜数、数以万计的处方，并给予恰当的按语和注释以方便临床医生选用，不仅需要精于临床，并对方剂的运用有体悟，而且还要熟悉各科疾病在历代文献中的阐述和用药特点。余瀛鳌对于历代学者的学术精华以及临证特色较为谙熟，因此在选方上往往独具慧眼，极富卓见，最具有代表性的是其晚年主编出版的《宋以前医方选》。

余瀛鳌认为治学重在真凭实据，为此对医案类古籍重视有加，他十分赞成章太炎先生的评价："中医之成绩，医案最著。欲求前人之经验心得，医案最有线索可寻。循此钻研，事半功倍。"近代大家周学海先生也曾说："每部医案中必有一生最得力处，潜心研究最能汲取众家之长。"

余瀛鳌认为"医案是中医文献研究中与中医临床结合得最为密切的科研领域"，"中医医案最值得我们认识学习、研究和总结"。他在阅读江瓘《名医类案》、魏之琇《续名医类案》、喻昌《寓意草》、叶桂《临证指南医案》、顾德华《花韵楼医案》、齐秉慧《齐氏医案》等大量医案著作后，深有感触地说："医案能重点反映医家的经验心得和方治特色，其中包含一般方书、论著所不易学到的临床见解和诊疗心得。"体现了清代俞震"多读医案，能与医者治法之巧"的观点。

1983年，余瀛鳌领衔辑编了《现代名中医类案选》，该著作由人民卫生出版社出版后，2008年又发行了第2版，前后累计印数近10万册，另有日译本，堪为当代医案类著作的典范。

余瀛鳌以研究中医临床文献为主，致力于内科、妇科的古代临床文献研究，并撰著中医和中医文献辞书，作为中医临床文献学科带头人，对于学科的建设与发展不遗余力。其于临证，博采诸家之长，方治不拘经方、时方，择善而从。他主张辨病（包括中西医病名）与辨证相结合，对于若干常见病、多发病，着意于探求"删繁就简"的证治规律，反对过于繁复的病证分型。多年来，他注重于若干疾病的"通治方"研究，力求拟订切合病证之基本病理、病机和便于推广应用的通治效方。对某些病证的不同临床表现，用"通治方"加减法以体现施治中的"同中之异"，便于学习，有利于对外交流，也较易寻觅一批疾病的证治规律。其于内科，对肝肾、泌尿生殖系疾患、脑血管疾病、呼吸系统疾病、糖尿病、肺炎、癫痫等病尤为专擅，兼治妇科诸证，长于崩漏、不孕等病症。其方治已被《名医名方录》《当代名医证治汇萃》等多种医籍所引录。

（三）通治思想

余瀛鳌很同意"辨证论治"和"辨病论治"相结合这个见解，认为它符合中医临床文献所反映的本来面目。古代医学家在重视辨证论治的同时，亦探求医者较易掌握的辨病论治，前者系通过四诊八纲、脏腑、病因、病机等中医基础理论对患者表现的具体症候、体征，或不同的病程阶段、病证类型，进行综合分析，确立诊断，并在治疗方面务求与理法相契合，对初学者明示了诊治规范，但它具有一定的"难度"，如同一个患者，很可能几位医生的辨证和论治有显著的不同。"辨病论治"较易掌握，虽非中医诊疗的主要方面，但辨病论治进一步的发展，对中医治疗学的普及和提高能起促进的作用，也有利于国际间进行医学学术经验的交流。

1. 通治思想的渊源

余瀛鳌先生认为，从医学发展的观点分析，"辨病论治"当早于"辨证论治"，因为医者对疾病的认识是逐步深入的，到一定阶段又希望能得到删繁就简的证治规律，从治疗学的观点来看，就是寻求更切合病证、便于在辨病论治中广泛应用的"通治方"。如《素问·腹中论》治疗鼓胀用"鸡矢醴"方，属于辨病论治；后世有将鼓胀分为数种证型予以分别处治，重在辨证论治。《内经》除鼓胀病外，以生铁落饮治狂病、四乌鲗骨一藘茹丸治血枯病等，亦均具有辨病论治的特点。早于《内经》成书年代的《五十二病方》，载述了"蛊者，燔'扁辐'（蝙蝠）以荆薪，即以食邪者"，《内经》以后的武威汉代医简载有"治诸癃（即'癃'）……皆同乐（药）治之"。

汉晋以前，癃、淋不分，此处"诸癃"系指诸种淋证，包括石淋、血淋、膏淋、泔淋等，说明那时对于这些病证在诊治方面贯穿了辨病论治的原则。

东汉张仲景《伤寒杂病论》中也有不少辨病论治的阐述，特别是《金匮要略》在这方面有鲜明的特色，如乌头汤治历节、黄芪桂枝五物汤治血痹、肾气丸治消渴、茵陈五苓散治黄疸、甘草粉蜜汤治蛔虫病、桂枝茯苓丸治妇人癥病、胶艾汤治胞阻、甘麦大枣汤治脏躁等。

晋代葛洪《肘后备急方》，介绍了有关辨病论治的内容，如对卒心痛、伤寒、痢疾、天行疫疬、温疫、疟病、黄疸、沙虱、乳痈等病，基本上不以分型论治的形式铺叙，便于读者在仓卒之间按病索方。嗣后，《千金要方》（简称《千金》）、《外台秘要》（简称《外台》）、《太平圣惠方》（简称《圣惠方》）等多种唐、宋方书，由于方治搜罗广博，则有更多属于辨病论治的方药。宋、元以后，值得着重提出的是明代孙志宏《简明医彀》（现人民卫生出版社出版了余瀛鳌等点校本），该书对于320余种各科病证，一般均列"主方"一项，不同的病证只列一个主方，多附有较详细的加减法，甚便于读者查阅选用。这部著作体现了孙氏对于辨病论治的深入探索，是临床"辨病论治"的重要参考文献。

2. 通治思想的形成

现今市售多种中成药方，大致具有辨病论治的特色。这些成药的主治病证较为明确，较易据方议治，属于所述主治病证的通治方。古代的通治方，是经过发展逐步得到充实的。前面提到《内经》《五十二病方》、武威汉代医简等所记述的辨病论治与通治方，从一个侧面反映了我国汉代以前的诊疗概况。张仲景在论述黄疸时，有"诸黄，腹痛而呕者，宜柴胡汤"，"诸黄，猪膏发煎主之"，亦即对"诸黄"（多种黄疸）拟订了通治方；更明显的是，仲景谓"妇人六十二种风，及腹中血气刺痛，红蓝花酒主之"，点出此方广泛的通治范围。《金匮要略》甚至在保健方面也有通治方的介绍，如"妇人妊娠，宜常服当归散主之"，"妊娠养胎，白术散主之"，这是关于我国产前保健方的较早记述。《肘后备急方》在搜集通治方面着力尤深，如葛洪认为"伤寒有数种，人不能别，令一药尽治之者……"，提出用葱豉汤为主加减施治。他又以黄连、黄柏、当归、龙骨四药煎煮入蜜，治疗痢疾，明示"天行诸痢悉主之"通治方的性质。其他如"辟温疫药干散""辟天行疫疬方""辟温病散方""治疟病方""治一切疟乌梅丸方"（注意：与仲景乌梅丸方的方药及主治不同）、"治黄疸方"、治"一切恶毒肿"方、"乳痈方""诸疽疮膏方""疗猘犬咬人方""疗沙虱毒方""神黄膏疗诸恶疮、头疮、百杂疮方"等，均为葛氏所收编的通治方。

前面提到的《简明医彀》，在综合性医著中不仅宣扬并突出辨病论治，更是提供各科病证通治方的重要文献。该书所列二百余首"主方"，立方精审，配伍谨严，主治皎若列眉，读者易学易用，虽无方名，但"通治方"的特色昭著。试以该书"自汗"为例。

"主方：人参、黄芪（蜜炒）、白术、茯苓、当归、黄连、白芍、枣仁（炒，研）、牡蛎（煅）各一钱，桂枝七分，甘草（炙）五分。上加浮小麦一撮、乌梅一个、枣二枚，水煎服。不止，加五味子、肉桂、麻黄根，煎成，调龙骨末。虚人加山茱萸、肉苁蓉；湿胜者，泽泻、茯苓、防风、白芷。阳虚加制附子。火盛倍黄连。热极者另煎凉膈散。甚不止，浮小麦半升，煎汁去麦，用汁煎药。兼痰盛气滞等，随证加减。"

上方是自汗的通治方，详述了加减用法，在此方后，又分别介绍了不同因、证的"自汗"治疗，如用黄芪建中汤治虚劳自汗、大补敛汗汤治气虚自汗、玉屏风散治表虚自汗等，末附若干"简便方"，亦具通治性质。

在中医各类方书及综合性医书中，类似的通治方多不胜数，这是各科临床家多年的医疗实践或广泛采辑所得的宝贵内涵，应在临证中加以筛选整理、对比观察，检测其治效，使其中较为成熟的治法和方药得到肯定和推广。

四、专病之治

（一）通治思想的实践

古今很多医家，在其医疗实践中往往自觉或不自觉地在重视辨证论治的同时，寻求辨病论治，注重方药与病证的合拍，这在绝大部分中医临床文献中都能得到反映。如余奉仙公治"常疟"凡属太阴证者，用自订"新六和汤"（草果、知母、厚朴、杏仁、半夏、生姜）加减施治取效。又如治葡萄疫（患者以少年及学龄儿童居多，症见皮肤"锦纹点点，大小不齐，大者如青钱、指甲，小者如粟米、豆瓣；色青而紫，或如胭脂。察其脉象多芤，大小不一，有缓有数；其神志亦不甚为苦，纵热不炽，虽渴不烦……"），由于此病多预后不良，余奉仙"经数十年悉心研究"，指出此病缘于"幼年血气未定，正元不充，或当病后，或体素薄，或食冷物，逼其隐伏之热，使恶疠之气直犯血脉"所致。后以自拟"新订消斑活命饮"［大黄（酒炒）、黄芪（酒炒）、连翘、甘草、山栀（炒黑）、苏荷、板蓝根、青黛、西洋参（隔汤炖）、当归（酒洗）、大生地（炒）、广郁金、紫背浮萍、紫菊花或根］等方施治，获得良效。

如对于病毒性肺炎，余瀛鳌拟方"麻杏石甘加味方"（麻黄、杏仁、生石膏、生甘草、黄芩、生地、板蓝根、忍冬藤）应用于临证，便结者加大黄、瓜蒌仁；口渴甚者，加天花粉、麦冬；痰多，去生地黄，加川贝母、黛蛤散；咽痛，加玄参、桔梗；胸痛，加枳壳、橘络……如发热超过39℃，一天宜服两剂。此方确有实效，便于掌握应用，如配合必要的输液及西药，可以缩短疗程，提高效验。

辨病论治是临床医学发展比较重要的组成部分，通治方有时尚需根据病情而予以变通，使论治中的治法、立方、遣药更为契合，这又是"辨病论治"中贯穿"辨证论治"的思路与方法。

（二）"常法""变法"，灵活巧治

余瀛鳌在临床诊病方面上十分重视通治法则的应用，积累了大量诊疗常见疾病的通治方，但他在临床更加强调"圆机活法"，处方不拘泥于大经大法，深切注意前贤独特的医疗经验，根据病情而予以变通，使论治中的治法、立方、遣药更为契合，总是在"辨病论治"中贯穿"辨证论治"的思路与方法，认为这是"辨证论治"的基础。他十分欣赏清代医学家俞震《古今医案按·原序》所言："孟子言'梓匠轮舆，能与人规矩，不能使人巧'。巧者何？变通之谓也。巧固不能使人，其实不出规矩。人可即规矩以求巧，……病不依规矩以为患，医第循规矩以为治，常者生焉，变者死焉！转恨医之法未备也。不知法岂能备？要在乎用法之巧耳。闻之名医能审一病之变与数病之变，而曲折以赴之，操纵于规矩之中，神明于规矩之外，靡不随手而应。始信法有尽，而用法之巧无尽也。"以及清代赵濂《医门补要·自序》所言："法贵乎活，治贵乎巧。"认为这些名言，对医者诊治病证有很大的启发，这是因为通常医者治病，大多熟悉常法，但欲更好地提高效验，尤当辨证精审，须识变法，掌握巧治，才能逐渐达到"操纵于规矩之中，神明于规矩之外"的境界。如果仅仅满足于习用方药，则常常不免酿致误弊。余瀛鳌先生处方用药药味不多，单味药物用量亦据不同的病证予以慎定，多数处方为其临床根据患者具体情况拟定，每以古方或古方加减，或参以己意拟定新方，但多能效果显著，较能体现中医辨证所讲究的"圆机活法"。

对于各种常见多发性疾患，不论中医、西医都有一套常用的防治方法，可以称之为"常法"。一个医生在诊疗方面最基本的要求就是要熟习"常法"。但光是熟悉"常法"难以应付复杂多变的证情，因此还需要学习、掌握一些灵活变通、更能契合具体情况的治法，这种方法简称为"变法"。掌握"常法"与"变法"的多少及其运用的精确熟练程度，是衡量一个医生诊治水平高低的标尺。

清初张璐的治案："癸卯元夕，周、徐二子过石顽斋头纵饮，次日皆病酒不能起，欲得葛花汤解醒。余曰：东垣葛花解醒汤，虽为伤酒专剂，然人禀气各有不同，周子纵饮，则面热多渴，此酒气皆行阳明肌肉之分，多渴知热伤胃气，岂可重令开泄以耗津液？与四君子汤去甘草，加藿香、木香、煨葛根、泽泻，下咽即苏；徐子久患精滑，饮则面色愈青，此素常肝胆用事，肾气并伤，酒气皆行筋骨，所以不上潮于面，葛花胃药，用之何益？与五苓散加人参、倍肉桂，服后食顷，溲便如皂角汁而安。"（《张氏医通·卷二》）凡习中医之人都很清楚葛花解醒汤是治疗伤酒的"常法"，而张璐能"因人制方"，以"变法"取效。

1961年春，余瀛鳌受上级委派前往内蒙古包头市从事中医人才培养，同时承担一些中医诊疗任务，治疗一位迁延性肝炎患者，症见右胁下痛胀，胸中痞闷，身疲肢倦，心中苦，善太息，大便燥结，小便微黄，食纳尚可，苔薄边红，脉象弦细，肝大，胁缘下2cm，并无黄疸，肝功能有三项不正常。当时认为系"肝郁夹热"，遂以丹栀逍遥散加减，并以越鞠丸三钱入煎，服数剂后，患者觉胁痛轻减，其他症状也有所好转，守住原法继续治疗，久而久之，逐渐失效，原有症状复现，少腹有拘急疼痛。后请教秦伯未老，复函略谓："据述症情，可考虑用玉璜治肝燥胁痛法。"即试用清代魏玉璜的"一贯煎"方，按陆以湉《冷庐医话》所称，此方主治肝燥胁痛、胃脘痛、疝瘕等症，方药为沙参、麦冬、地黄、枸杞子、川楝子、当归身，结合经治患者口中苦燥，于原方中加入酒炒黄连，服后数日，胁痛顿减，以此方增损连服，诸症悉缓，两个月后肝功能恢复正常，肝在胁缘下已不能触及，最后以柔肝健脾法收功。

起先用丹栀逍遥散、越鞠丸是治疗"肝郁夹热"的"常法"，但方中有一些香燥劫耗肝阴的药，对经治的这位具有肝燥胁痛的患者是不相宜的。

此外，古代不少名医大家在治病时心思须活泼细致，在所用方内加上一味药即能奏效，"四两拨千斤"。如元代《敖氏伤寒金镜录》作者杜本患"脑疽"，自己开了防风通圣散，但连服无效，当时朱震亨替他诊治后建议酒制防风通圣散，后果然痊愈。又如明代缪希雍曾治一王姓遗精患者，病情相当重，甚至只要听到妇女的声音就会遗精，身体瘦弱已极，眼看不久于人世，一般医生都说没有办法了，缪希雍的一位学生处一方，以远志为君药，莲须、莲子为臣药，龙齿、茯神、沙苑子（潼蒺藜）、牡蛎为佐使药，配一料丸药，患者服后感到病状缓解一些，但遗精仍作，缪氏诊治后，认为学生这张方子配伍不错，于原方中另外加入鳔胶一味，按前法服用，一料丸剂尚未服完，病即痊愈。

因此，余瀛鳌认为，当用"常法"治病失效之后，应该一方面翻阅文献从中求取借鉴，启发诊治思路；一方面向前辈师长虚心请教，必要时采取会诊或病案讨论的形式，千方百计，集思广益。庶可避免误诊误治及茫无头绪之虞也。

（三）验案举隅

1.癫痫验案

杨某，男，18岁。1998年5月由河北沧州来北京市鼓楼中医院所设"京城名医馆"就诊。

主诉有多年癫痫病史，初发于4—5岁，发作时意识障碍、轻度昏迷，肢体抽搐，咽中咯出痰涎颇多；或有惊呼啼叫，每次发作3～4分钟，嗣后逐步恢复常态。患者此证并无明显家族史及外伤史，每月发作2～3次，兼有大便燥结、头晕肢乏、烦躁不宁。10年前经天津某医院作神经系统检查，确诊为癫痫，故专程来北京求治。其脉偏于滑数，舌苔淡黄而有中度腻。证属肝失潜镇，痰气郁结，上行冲脑，络脉不和。治宜潜镇止痫、化痰活络、通窍润腑。疏方如下：

生牡蛎（先煎）30g，生龙齿（先煎）24g，白矾（先煎）2.5g，郁金10g，赤白芍各12g，龙胆草10g，僵蚕6g，竹茹10g，胆南星6g，陈皮6g，川芎15g，丹参15g，麻仁20g。

据上方辨证加减，疗程一年余，症情逐步减轻，2000年后，已无明显发作。

按此方与古代某些治痫名方有密切的关系。方中所用之白矾、郁金，古方名之为"白金丸"，方见清代王维德《外科证治全生集》，主治痰阻心窍诱发之癫痫发狂。按癫、痫二字，古义相通，《诸病源候论》明确提出："十岁以上为癫，十岁以下为痫。"近现代已将癫痫称为"痫病"。余瀛鳌治痫病的处方，是在前人的基础上有所变创，立法较为全面，经治多例，疗效颇著。

2.肝硬化（臌胀）验案

顾某，男，56岁。1989年5月来诊。

患者于17年前患急性传染性肝炎（乙型），虽经多方面医疗，但经常中断施治，症情反复，后转为慢性肝炎。消化功能差，肝大肋下一指，肝区微觉胀痛。从去年开始有腹水，面呈暗褐无华色，消瘦，身肢乏力，恶心，噎膈，腹胀大如鼓状（中度积水）。在北京朝阳医院作肝功检查：血转氨酶、转肽酶均升高，白蛋白降低，球蛋白较高，凝血酶原时间延长。X线钡餐造影：食管下端及贲门部静脉曲张。肝组织活检：肝细胞纤维化明显，并有微小叶。医院确诊为肝硬化。来诊时症如前述，脉沉弦，苔白腻。据上述症脉，证属肝脾失调，气滞湿郁，瘀阻肝络。治宜调肝软坚、逐水通络、和中健脾理气，兼补气血法。

柴胡10g，青陈皮各4g，䗪虫6g，鳖甲（先煎）12g，三棱12g，莪术10g，苍白术各10g，云苓20g，黑丑6g，苏梗10g，川厚朴6g，炙黄芪24g，当归12g。

以上方据证稍作加减，服药半年余，腹水基本消失，肝区初诊正常，消化功能改善，体重增加；血红蛋白与球蛋白比例恢复正常，转氨酶、转肽酶均接近正常。后以实脾饮加减法善其后。

柴胡36g，制香附30g，莪白术各40g，云苓60g，炮姜24g，大腹皮40g，川厚朴24g，当归40g，炙甘草30g，熟地黄60g，鸡内金40g，鸡骨草100g，生炙黄芪各40g。

上药共研细末，炼蜜为丸，丸重 10g，每服 1 丸，每日 2 次，温开水送服。

3. 慢性肾炎（水肿）验案

董某，女，46 岁。患者来自山东青岛市，1972 年秋，水肿（主要是胫踝部水肿，按之深陷不起）腰痛，腰际觉冷，身乏，夜尿频数，起夜 4～5 次，兼有高血压（174/106mmHg）。尿检查：蛋白（+++），隐血（±），颗粒管型（++），并有中度贫血，血红蛋白 90g/L，已于当年春绝经。其脉沉濡、尺弱，苔薄微腻，舌边齿痕。证属脾肾两虚，肝血不足，水湿泛滥，治宜益肾健脾、消肿扶阳、养血通络、平肝降压法。方治如下。

熟地黄 30g，陈皮 6g，山萸肉 10g，山药 20g，云苓 20g，车前子草各 12g，炙黄芪 50g，当归 12g，芡实、桑椹子各 12g，制附片（先煎）8g，丹参 15g，生石决（先煎）12g，夏枯草 10g，杜仲 12g。

上方连服 1 个半月，肿势消减殆尽，腰楚除，血压恢复正常，体力转佳。尿化验：蛋白（±），颗粒管型（－）。血检：红细胞 4.4×10^{12}/L，血红蛋白 117g/L。改用补肾扶阳、健脾通络法以巩固疗效，改用蜜丸制剂施治。疏方如下。

生熟地各 40g，山萸肉 36g，山药 45g，芡实 45g，牡丹皮 40g，车前子各 30g，云苓 60g，制附片 24g，补骨脂 40g，肉桂 18g，怀牛膝 45g，丹参 50g，益母草 40g。

上药共研细末，炼蜜为丸，丸重 10g，每服 1 丸，每日 2 次，温开水送服。患者先后服上述蜜丸 2 料，已一切恢复正常。

五、方药之长

方和药运用（立方遣药）的应验与否，直接影响疾病预后的转归，且对检验医者辨证是否精确具有重大的意义。中医素来强调辨证论治。证辨对了，还要看治疗的方药是否合宜，这就又须医者对方剂药物的作用、性味等具有足够的了解。余瀛鳌强调了如下几点。

（一）临证遣方之法

1. 察寒热

寒与热，是鉴别病证属性的两个纲领。《素问·至真要大论》提示："寒者热之，热者寒之。"如温病热邪充斥三焦所用之黄连解毒汤，和某些疾病发展到阳气衰微、阴寒内盛而有四肢厥逆、呕吐下利、脉象微细时所用之四逆汤，是典型热证与寒证的方药。如属于寒热夹杂的病情，选用方剂亦须寒温配合，温其所寒，寒其所热，如张仲景《伤寒论》中的黄连汤证和生姜泻心汤证等均属此类。

2. 别虚实

虚和实是辨别病体邪正盛衰的两大纲领。实证宜攻宜泻，虚证则宜补益。如补法又有补阴、补阳、补气、补血等不同，攻法、泻法又当视其病邪所在和性质以及患者的体质情况等而定。故在辨证时必须将虚证、实证分辨清楚，补其虚，攻其实，如果虚证误用攻法、泻法，中医术语称之为"虚其虚"，实证滥用补法叫作"实其实"，这两种都是立方遣药中的错误，因此在学习辨证时还应在辨别虚实、寒热的真假方面下点功夫。此外，若干病证每多虚实夹杂，故在临床上纯用补法或攻法、泻法的机会并不多，多半方剂是补中寓泻、泻中寓补的，至于某些实证体虚或虚证夹实患者，有时采用攻补兼施法，但攻多补少、补多攻少、先攻后补、先补后攻等具体措施，则当权衡患者病情和机体内邪正、气血等情况而定。

3. 分层次

疾病的层次可以显示病位的所在以及病势的浅深。如病位的表、里、半表半里，伤寒的六经分证，温病的三焦和卫气营血分证等，都是中医对证候病位和分类方面认识的理论。表证和里证各有其应用的治则和方药，如发表、固表、温里、攻下等，半表半里每多采用和解表里的治法。《伤寒论》中的麻黄汤、桂枝汤为太阳病表证而设；白虎汤、承气汤为阳明病里证而设；小柴胡汤则主治半表半里的少阳证。又如温病，上、中、下焦各有常用的主方，温邪在卫、气、营、血的浅深性质虽各别，而方剂药物的达卫、清气、清营、凉血等亦有所不同。如治病不能严格区分病位、病势，每易酿成种种误治。

4. 识脏腑

各科疾病与脏腑直接相关，脏腑的病候往往反映出多种病证的基本病因和病理概况，从而给医者提供"同病异治""异病同治"等客观治疗的依据。不论什么病证，哪一脏虚就应该补哪一脏之所虚，哪一脏实就应该泻哪一脏之所实。如肾虚补肾、肝虚补肝、肺实泻肺、心热泻心……还有隔一隔二的疗法，如补土生金、扶土抑木等，这些治法亦各有其常用的方药，如补肾阴的六味地黄丸、左归丸，补肾阳的八味地黄丸、右归丸，补脾胃的六君子汤、补中益气汤，泻心经和小肠经热的各种泻心汤、导赤散，泻肺清热的泻白散，清胃泻火的清胃散及泻肝经实热的龙胆泻肝汤，疏肝解郁的逍遥散等。

5. 记主方

医者要给患者处方治病，应该熟读一些方剂，但初学者必须熟读一部分常用的、主要的方剂。因此诵读汤头歌诀是中医习练临床基本功中必不可少的一个步骤。余瀛鳌认为至少要掌握一百个方剂组成及方解，以及常用药物的性味、功能。正如明代陈实功《外科正宗》所言："方不在多，心契则灵。"

6. 简药味

张仲景《伤寒论》和《金匮要略》里的一百一十三方，药味一般较少，方剂组织十分严密，后世的各种医著方剂中的药味一般较多。余瀛鳌认为处方仍然以简练而不庞杂为贵。有人认为李东垣用药，如"韩信用兵，多多益善"，其实也不尽然，药物配伍仍然是严格掌握要领的。故明代许兆桢在《药准》中说："仲景、东垣，共称医圣，而用药多寡，两不相侔，故得其要者，多亦不杂；不得其要，少亦不专。"余瀛鳌虽然主张处方宜简练一些，但认为不应单纯以用药味多少来衡量医者诊疗水平高低。或有医者处方就是一二十味药而缺少疗效，这又是什么缘故呢？唐代名医许胤宗曾对这个问题举了一个生动有趣的比喻，他说，一些医生"不能别脉，莫识病源，以情臆度，多安药味，譬之于猎，未知兔所，多发人马，空地遮围，或冀一人偶然逢也。如此疗疾，不亦疏乎！假令一药偶然当病，复共他味相和，君臣相制，气势不行，所以难差，谅由于此"（《旧唐书·列传第一百四十一》）。

7. 抓重点

立方遣药必须抓住证候的重点，尤其当患者的症状表现多样错综时，更应详细辨证，分清主次，针对原因，解除病痛。先解决疾病的主要矛盾，然后解决次要矛盾，如果在症情复杂的情况下，想一下子解决所有病痛，那么处方必然庞杂，药物之间的配伍、性味、功能也较易产生矛盾，其中有一些药物因为运用的目的性不够明确，有时难免会产生"诛伐无过"或"助邪损正"的作用。

8. 善加减运用

运用古方必须善于加减。各种患者所表现的症状往往与古方的适应证有不尽相同之处，这时如果生硬地搬用古方，效果往往并不显著，应该根据具体症情将古方灵活加减。目前方剂数量之所以这样多，原因之一即由于历代医家的不断化裁演绎所致。举例而言，如六君子汤是治疗脾胃气虚兼痰湿所致不思饮食、胸脘痞闷的主方；以此方加木香、砂仁易名香砂六君子汤，就变为治疗气虚肿满，痰饮结聚，脾胃不和所致的胃痛或腹痛泄泻的主方；若以六君子汤去半夏，则名异功散，这是一张调理脾胃的常用方。在这一加一减之间，方剂的综合效能有所改变，以灵活的加减，应付多变的症情。不过要掌握得好，委实也是不容易的。明代徐春甫《古今医统大全》认为："当因证轻重加减药味，冷热玄微，务合其理，切忌妄施误投丸散，顷刻伤残性命，天理不容。"尚须随时注意中药和方剂的一些基本理论（如药物的升降浮沉、七情和合、炮制、七方十剂、剂型等），以及因人、因时、因地制宜等有关因素。

（二）治法用药之道

1. 用药

调肝：柴胡、香附、川楝子、青皮。

育阴血：生地黄、熟地黄、当归、玄参、女贞子、墨旱莲。

扶阳：附子、肉桂、干姜。

清脘：黄连、木香。

降气：苏子、杏仁、莱菔子、旋覆花。

化痰：陈皮、半夏、杏仁、竹茹、白芥子、川贝母、浙贝母。

止嗽：百部、白前、紫菀、款冬花。

宽胸：瓜蒌、木香、薤白。

化石、排石：海金沙、金钱草、鸡内金。

健脾：茯苓、芡实、莲肉、山药、白术。

消瘿：玄参、昆布、浙贝母、海藻、黄药子。

通输卵管：皂角刺、路路通、制香附、赤芍。

清肾：石韦、黄柏、土茯苓、白茅根。

软坚：鳖甲、三棱、莪术、生牡蛎。

宁神：合欢皮、首乌藤（夜交藤）、柏子仁、炒酸枣仁。

消疹：地肤子、僵蚕、龙胆草、白芷。

利咽：桔梗、玄参、锦灯笼、生甘草。

平肝：生石决明、车前草、夏枯草、白蒺藜。

利胆：金钱草、枳实、枳壳、海金沙、龙胆草。

通络：桃仁、红花、丹参、鸡血藤、土鳖虫。

和中：苏梗、麦冬、木香、佛手。

益心气：西洋参、太子参、麦冬、五味子、炙甘草。

制酸：海螵蛸（乌贼骨）、浙贝母、煅瓦楞。

益肾强精：生地黄、熟地黄、山萸肉、沙苑子、锁阳、淫羊藿（仙灵脾）、肉苁蓉、鹿角胶。

润腑：肉苁蓉、火麻仁、郁李仁、瓜蒌仁、桃仁、杏仁。

除烦：黄连、龙胆草、炒栀子。

蠲痹：秦艽、海风藤、老鹳草、千年健、伸筋草、威灵仙。

生津：石斛、玄参、麦冬、玉竹、天花粉。

固卫：生黄芪、炒白术、防风、浮小麦。

消斑：蒲黄、五灵脂、丹参、血竭。

利湿热：石韦、萆薢、小蓟、赤小豆、生薏苡仁、冬葵子。

清睾：川楝子、蒲公英、黄柏。

通窍：苍耳子、辛夷、细辛。

退黄：茵陈、栀子、金钱草。

扶正抗癌：生黄芪、当归、生地黄、熟地黄、沙苑子、补骨脂、白花蛇舌草、半枝莲。

醒脑开窍：石菖蒲、远志。

通心络：丹参、桃仁、红花、降香。

促消化：炒神曲、鸡内金、炒谷芽、炒麦芽。

潜镇：生龙骨、生龙齿、生牡蛎、生石决明、紫贝齿、紫石英、代赭石。

明目：枸杞子、菊花、青葙子、决明子、密蒙花。

缩泉：金樱子、覆盆子、桑螵蛸。

疏风通络：秦艽、独活、鸡血藤、络石藤、海风藤、伸筋草。

去浊：生薏苡仁、苍术、滑石、土茯苓、萆薢。

止痛：延胡索、生白芍。

清肠：秦皮、地榆、黄连、木香。

收敛止泻：秦皮、赤石脂、诃子、石榴皮。

清带：生薏苡仁、苍术、黄柏、败酱草。

利水：茯苓、泽泻、车前子、车前草、冬葵子。

降脂：牡丹皮、山楂、草决明、姜黄。

散结：夏枯草、僵蚕、玄参、浙贝母、生牡蛎。

祛风痰：白附子、胆南星、僵蚕、天竺黄、竹沥。

2. 治法

肝硬化：调肝，育阴血，益气阴，软坚，利水，健脾，护肝解毒。

慢性肾炎：补肾脾，益气，通络，利水，清肾。

糖尿病：益气阴，通络，健脾，清胃，补肾。

冠心病：宽胸化痰，通络，益心气络，开窍，宁神。

阿尔茨海默病：益肾通络，开窍宁神。

脑梗死：益气通栓，利脉，补肾健脾，调腑，疏风，宁神。

血管神经性头痛：调肝，疏风，醒窍，通络。

高血压：益气阴，平肝通络，调肝降压。

癫痫：潜镇止痫，化痰通络。

更年期综合征：调肝，育阴扶阳。

结肠炎：清肠化湿，理气止痛，止泻。

乳腺增生：疏肝消癖，通络化痰。

痹证：疏风通络，蠲痹止痛。

不育：疏肝通络，益肾强精。

六、读书之法

《黄帝内经》《神农本草经》《伤寒论》《金匮要略》，是中医药学文献中的四大古典著作，其中既有丰富的理论知识，又有实践所积累的宝贵经验，其创见性要比一般的医籍多，在中医的理论宝库中占有相当重要的位置，可以说是系统学习中医必读的书目。那么，究竟应该怎样进行学习呢？这是很多初学者经常提出的问题，属于学习中医古典著作的态度和方法问题。余瀛鳌先生认为，学习上述著作的过程中，要注意"四要"和"四不要"。

（一）倡导"四要"

1. 要选本选注

因为上述古典著作的年代久远，经过历代不断的翻刻转抄，难免有很多错误和脱文之处，所以很有必要选择比较精善的版本。目前对于中医古典著作的全面校勘工作还做得不够，故暂时仍以流通较广的版本为宜，比如近几年来人民卫生出版社影印的一些明、清刻本，刻得比较工整清楚，错字较少，而且也比较接近原著的面貌，可以采用。至于各大中医教学研究机构近年来所编的有关中医古典著作，在校勘原文方面，也下过一番功夫，亦可采用。

选好版本以后，为了进一步帮助理解原文，还要选择注本。古今医家从事注释工作的不少，仅以《伤寒论》来说，注家就有三百家以上，我们不可能也没有必要一一都取来阅读，因此就要挑选一些文字流畅、解释相当、见解卓越，且能深入浅出的注本习读。余瀛鳌认为比较合适和容易购买的注本如张（志聪）马（莳）合注的《黄帝内经》，成无己的《注解伤寒论》、柯琴的《伤寒来苏集》、尤怡的《金匮心典》等；至于《神农本草经》，目前以顾氏（顾观光）辑本和孙氏（孙星衍、孙冯翼）辑本流通最广，而注本中能够发皇古义的当推陈念祖的《神农本草经读》。至于各大中医药高校以及近代某些注家所编的注本，常能选择和撷取历代注家的精华学说，并参合编者本人的论点加以阐述，也比较精练易读。

2. 要认真专研

中医古典著作的文字比较深奥，有言简意赅的特点，其中又有很多独创的见解，因此泛泛地阅读是不易探求到经义精髓的。余瀛鳌先生说，过去自己在学习时，要端正态度、刻苦专研，首先要突破"文字关"，然后老老实实按照经文涵义的本来面目进行学习，速度不宜太快，遇到费解的词句，马上请教老师，或是多找一些注本看看。如此持之以恒，就会有长足的进步。

3. 要适当背诵

背诵往往被认为是一种死方法，但是对于中医古典著作，如能择要加以背诵，对巩固所学、帮助理解和记忆是极有益的。从学以致用的观点出发适当背诵，对于进一步学习历代中医著作和结合临床诊治疾病也都大有好处。不过值得注意的是，最好能将背诵建立在理解的基础上，这样一定会收到事半功倍的效果。

4. 要善入善出

阅读中医古典著作，端正态度、刻苦钻研和适当背诵还是不够的，还应该有更高的要求，就是要善入善出。所谓"善入"，就是要钻进去，穷极义理；所谓"善出"，就是要出得来，能够联系实际，为临床和研究工作服务。化间接经验为直接经验，在老师的指导下，大胆运用古方，并进一步探讨其疗病机制，为继承和发扬祖国医药遗产并创立我国新医药学派打下牢固的基础。

（二）注意"四不要"

1. 不要遇难而退

诚如前述，中医古典著作是比较难读的，但是我们不能遇难而退，要以积极的态度迎接困难，并加以克服。在刚开始学习时，因为文字难懂，除了用心听讲、做好课堂笔记外，文句不懂的地方，不妨多翻翻辞典、字典，开始虽然会感到很麻烦，但日子一久，需要翻查的东西就逐渐少了，加上方法的改善和理解能力的提高，困难就会愈来愈少。

2. 不要神秘玄化

古代医学理论的主流是质朴的、唯物的，是建立在实践基础之上的，但也并不是说百分之百都那么完美无缺和容易理解，我们在体会时，应考虑到时代背景和当时的认识水平，着重体会它的实质，不必拘泥于文句，切忌神秘玄化、以辞害意。

3. 不要主观臆测

中医古典著作内容是博大精深和丰富多彩的，但也不能说是至理名言，或是包罗无遗的，在研读阶段，有时会遇到一些难以领悟或前后矛盾的地方，这时我们可以从多方面进行探索，但也很可能仍然得不到比较满意的解释，在这种情况下，很容易产生一些主观臆测，以自己的想象代替经文原意，或者过分提高古人的认识，把中医古典著作里没有提到的东西强加进去，这样当然对继承和发扬中医药遗产不会带来什么好处。余瀛鳌认为，任何有关中医古典著作中的学术见解，最好在不违背经义和原文的基础上提出来，不要主观臆测。

4. 不要生搬硬套

我们研读中医古典著作，重点在于学习它的实质内容，故应根据其本来面目去认识并理解它，要避免生搬硬套地用西医理论不适当地去解释中医古典著作。

七、大医之情

余瀛鳌先生曾论述，我国从古到今都十分重视医生的仁心仁术，当前在党和国家的领导下，中医药传承发展的新时代，更应将医者的仁心仁术发扬光大，昭示千古。

关于医生的职责和道德修养，唐代孙思邈的《千金要方》有详明的阐论，提倡"大医精诚"。首先是一定要力求医技精良，应对患者负责，在诊疗疾病时，要诚心、仁义地对待患者。孙思邈提出"必当安神定志，无欲无求，先发大慈恻隐之心，誓愿普救含灵之苦。若有疾厄来求救者，不得问其贵贱贫富、长幼妍蚩、怨亲善友、华夷愚智，普同一等，皆如至亲所想；亦不得瞻前顾后，自虑吉凶，护惜身命。见彼苦恼，若己有之，深心凄怆"。孙氏认为作为一名医生，在诊疗疾病时，"勿避险巇、昼夜、寒暑、饥渴、疲劳，一心赴救，无作工夫形迹之心。如此可为苍生大医，反此则是含灵巨贼"。

金代刘完素《素问病机气宜保命集》自序曰："夫医道者，以济世为良，以愈疾为善。"《中国医籍考》记载《素问玄机原病式》程道济序略曰："（完素）自幼年耽嗜医书……朝勤夕思，手不释卷，三五年间，废寝忘食，参详其理。至于意义深远，研精覃思，期于必通。"说明"业精于勤"的重要性。

至于指导医生诊疗的要点，诸多医家均重视古今名家关于经典医籍的阐论。关于施治的要点，《素问·阴阳应象大论》指出医生一定要"治病必求于本"。清代顾靖远《顾氏医镜》又指出："有是病则用是药，病千变药亦千变。"凡此治疗的思路和大法，是业医者必当重视的。

另外，道德的修养至关重要。古代医药文献中，有很多感人的记述，包括一些医家治病不求报酬，甚至个人出资救助患者，或不计旦夕与险峻之地登门抢救患者，能将患者的病痛感同身受，还有些医家，正气浩然可敬。宋代张杲所撰《医说》中记述宋代一位品德高尚的名医何澄诊疗的事迹。在宣和（1119—1125）年间，何澄曾诊治一位穷困潦倒的士人，"抱病经年，百治不瘥"，因为家庭经济实在太困难，已到了付不起诊费的窘境。其妻将何澄引入密室，告诉他说："妾以良人抱病日久，典卖殆尽，无以供医药之资，愿以身酬。医正色拒之，曰：小娘子何为出此言，但放心，当为调治取效，切不可以此相污。"最后士人得以免费诊疗而获救，展现了何澄崇高的医德，为后人所敬重、赞誉。

余瀛鳌时刻不忘医者初心，无怨无悔，精益求精，践行着一个医者的誓言，仁心仁术使他获得了许多患者的信任，这其中不乏不远千里慕名而来的患者，坚持30多年找余老调理的患者，有全家亲友数十人求诊的患者……在他的诊室和门口楼道，经常会听到患者分享求诊经历，夸他临床效果好、费用低。"我们一家的火车票钱加上诊费和药费都没有多少钱""你看我们家的窗帘都打开了，我儿子病了以后，窗帘都关了半年了""这就是老神仙"……数日不排便，憋得脸通红的患者，吃了他几剂药就痊愈了；慢性肝炎伴有轻度肝硬化的患者，用了他开的方就很快消肿了；多年不孕、四处求医问药的患者，经他的诊治不久就怀孕了……

八、养生之智

（一）调养精气神

精、气、神被称为人体"三宝"，其中又以"气"为生命活动的原动力。《庄子·知北游》载："人之生，气之聚也。"《素问·宝命全形论》讲："人以天地之气生。"《难经·八难》则谓："气者，人之根本也。"说明了"气"的物质性及其特殊重要性。

金代李杲在《脾胃论·省言箴》中曾说："气乃神之祖，精乃气之子。气者，精神之根蒂也。大矣哉！积气以成精，积精以全神。"宋代陈直《寿亲养老新书·饮食调治第一》则谓："主身者神，养气者精，益精者气，资气者食。食者，生民之天，活人之本也。"论述了精、气、神和饮食之间的密切关系。

中医所说的"精"，不只是生殖之精，主要是指五脏六腑之精。所谓"神"是神志和生命活动之外现。"气"既是指肉眼所看不见的体内精微物质（系由水谷之精气和吸入的大气组合而成），又是指机体各部功能的动力。精的化生，依赖于气的作用，"神"的外现，需要有"精"和"气"这样的物质基础。精、气的充盈或匮乏，又直接影响到"神"的作用。清代程文囿《医述·养生》载："人身之精气如油，神如火。火太旺，则油易干；神太用，则精气易竭。"在精、气、神的养护方面，更应注重养"气"（主要指元气）。《寿亲养老新书》指出："凡在万形之中，所保者莫先于元气。"对此并作了如下的概括："一者少言语养内气，二者戒色欲养精气，三者薄滋味养血气，四者咽精液养脏气，五者莫嗔怒养肝气，六者美饮食养胃气，七者少思虑养心气……"人体诸气得保，精和神自然得到充养，脏腑气血、肢体各部功能的协调亦得到保障。撷其要，"少思以养神，少欲以养精，少劳以养力，少言以养气"（见张南轩《摄生四要》）。

元气是人体生命运动的主宰，除上述保养方法以外，还有一种简单的"调息法"可以作为养生的参考。清初尤乘《寿世新编》记载："调息之法，不拘时候，平身端坐，解衣缓带，务令适然。口中舌搅数次，微微吐出浊气，不令有声，鼻中微微纳之，或三五遍，二七遍，有津咽下。叩齿数通，舌抵上腭，唇齿相着，两目垂帘，令胧胧然，渐次调息，不喘不粗，或数息出，或数息入。以一至十，从十至百，摄心在数，勿令散乱。如心息相依，杂念不生，则止勿数。任其自然，坐久愈妙。"这种调息法，比较简易可行，坚持做，确能从此得益。但行此调息法，"若欲起身，须徐徐舒放，手足勿得遽起"。此法对摄生和老年保健均有利，也是从积极的方面实施对精、气、神保养的一种好方法。

（二）调摄起居

老年人由于气血多属不足，护持肌表的卫气常虚，故易致外感。元代丘处机《摄生消息论》深刻地告诫说，在日常生活中，"避风如避箭"，对于高年体弱者，尤当避忌。金代李杲《脾胃论》曾说："遇天气变更，风寒阴晦，宜预避之。大抵宜温暖，避风寒，省语，少劳役为上。"就穿衣而言，老年人腠理疏薄，保暖是十分重要的。上半身要注意护胸和暖背，下半身的保暖则更为重要，床上的铺垫亦宜"下厚而上薄"（见田绵淮辑《援生四书》）。又因衰晚之年，由于心力倦怠，精神短耗，气血筋力衰减，故宋代陈直《寿亲养老新书·宴处起居第五》曰："凡行住坐卧，宴处起居，皆须巧立制度……其衣服制度，不须宽长。长则多有蹴绊，宽则衣服不着身。缘老人骨肉疏冷，风寒易中。若窄衣贴身，暖气着体，自然气血流利，四肢和畅。虽遇盛夏，亦不可令袒露"，否则风寒袭入腠理肌肤，可能造成大患。

在日常生活中，老年人应该更注意养生。具体注意些什么？清代袁开昌《养生三要·卫生精义》强调："养生以不伤为本。"这里的"伤"字，主要是"过份"的含义，包括"才所不逮而困思之""力所不胜而强举之""悲哀憔悴""喜怒过差""汲汲所欲""戚戚所患""久谈多笑""寝息失时""沉醉呕吐""饱食即卧""跳走喘急""欢呼哭泣"等。凡此均应注意避免或加以克制。故善于养性者，"唾不及远，行不疾步，耳不极听，目不极视，坐不至久，卧不及疲"；"冬不欲极温，夏不欲穷凉"，注意冷暖得宜。宋代蒲虔贯《保生要录》认为："养生者，形要小劳，无至大疲。故水流则清，滞则洿。养生之人，欲血脉常行，如水之流；坐不欲至倦，行不欲至劳，频行不已，然宜稍缓，即是小劳之术也。"蒲氏指出"小劳"尚包括肢体中手、足、臂、腿、头、腰、胯等部位的活动和锻炼，以及搓手、摩掌、摩面等增进局部营血运行的动作。指出"每日频行，必身轻目明，筋节血脉调畅，饮食易消，无所拥滞"。在这里"每日频行"是取得积极效果的基本保证。

关于起居调摄，明代冷谦《修龄要旨》向读者作了如下的归纳，即"面宜多擦，发宜多梳，目宜常运（指眼珠的自觉转动），耳宜常凝（《勿药元诠》作'耳宜常弹'，意即以两手掌闭塞耳孔，用食指压于中指上，扣弹脑后骨部位，称之为'鸣天鼓'），齿宜常叩，口宜常闭，津宜常咽，气宜常提，心宜常静，神宜常存（'存'，养护之意），背宜常暖，腹宜常摩，胸宜常护，囊（阴囊）宜常裹（裹护之意，并非紧裹），言语宜常简默（不多言），皮肤宜常干沐（即以手经常摩擦皮肤），食饱徐行，摩脐擦背"，这是在日常生活中可以主动锻炼或值得注意的方面。

至于睡眠，一般都主张早睡早起。《保生要录》认为，"春时暑月欲得晚眠早起，秋欲早眠早起，冬欲早眠晏起"。所谓"早""晚"是相对而言，蒲虔贯明确指出："早不宜在鸡鸣前，晚不宜在日出后。"有人认为，老年人应该多睡眠以养精神，实则不然，明代李豫亨《推篷寤语》云："人生类以睡卧为宴息，饮食为颐养，不知睡卧最不可嗜，禅家以为六欲之首，嗜卧则损神气。"同时也影响人体气血营卫的健运。

（三）顾护脾胃

在饮食卫生中，"食饮有节"适用于所有的人，而高年则尤当谨记，因为老年人脾胃功能一般比较薄弱，《吕氏春秋》谓："凡食，无强厚，烈味重酒……凡食之道，无饥无饱（意即不要饥饱过度），是之谓五藏之葆。"老年人贪食、恣啖肥甘，则更易损伤脾胃而致病。一旦得病，由于脏腑气血偏衰，其处理亦较青壮年更为掣肘。故清代袁开昌《养生三要·卫生精义》指出："……脏腑肠胃，常令宽舒有余地，则真气得以流行，而疾病少……食只八分……"也就是说，三餐茶饭不宜食之过饱，要留有"余地"。

在饮食调配中，应注意饮食和调，防止偏嗜。《寿亲养老新书》指出："食味和调，百病不生，保生永年，其功则一。"又说："老人之食，大抵宜其温热熟软，忌其黏硬生冷。"清代石成金《养生镜》在总结老年人饮食宜忌方面，更为全面细致，他提出"食宜早些""食宜缓些""食宜少些""食宜淡些""食宜暖些""食宜软些"。所谓"早些"，是指早餐宜早，晚餐不宜迟。所谓"缓些"，意即细嚼慢咽，这不仅有助于饮食的消化与吸收，也可避免"吞、呛、噎、咳"的发生。"少些"是"食饮有节"的同义语，在三餐中特别是晚饭应比午饭少吃些。具体的饮食，如黏硬难消之食、荤腥油腻及厚味、香燥、炙煿之物，均宜少食；茶、酒也应节饮，饮酒切忌大醉；同时"五谷新登者，宜少食"，因为"新登五谷，如新麦面、新米饭之类"，一是难以消化，二是可能引发旧病。"淡些"是指老年人饮食宜清淡，多吃菜蔬；不宜吃浓浊、肥腻或过咸的食品。"暖些"在食饮方面也是十分重要的，因为脾胃喜暖恶冷，温热的饮食有护持脾胃的作用。平时注意勿吃（或少吃）生冷，但亦不宜温热过甚，以"热不炙唇，冷不振齿"为宜。"软些"是从老年人的牙齿、咀嚼及脾胃功能考虑。

元代朱震亨在《格致余论·养老论》中曾说，"夫老人内虚脾弱，阴亏性急……所以物性之热者，炭火制作者，气之香辣者，味之甘腻者"，均属"不可食"之列。这种看法虽然有一定的片面性，但朱氏所指出的"爽口作疾，厚味措毒"，则是饮食卫生中应予高度重视的警语。

清代汪昂是一位著名的方药学家，对养生保健也有较深的造诣。他所著《勿药元诠》在征引《内经》"饮食自倍，肠胃乃伤"后进一步告诫说："怒后勿食，食后勿怒，醉后勿饮冷，饱食勿便卧。"同时要避免饥极而食或饥极暴食、渴极而饮或渴极豪饮，否则，很可能是一个诱发或意外的致病因素。

古代有一些医家和研究食养的学者，对早餐的主食主张喝粥，并以此作为颐养和保健的常规食品。明代医学家李梴在其《医学入门》中说："盖晨起食粥，推陈致新，利膈养胃，生津液，令人一日清爽，所补不小。"张文潜《粥记》亦着重指出"粥能畅胃气，生津液"，有益于健康。东汉张仲景《伤寒论》中用桂枝汤治"太阳中风"，提出于服药后让患者啜热稀粥以助药力，认为粥有帮助微汗、驱邪外出的功能。总之，晨起吃粥不但易消化，且益胃生津，对老年人的脏腑尤为相宜，不是一般食物所能替代。

433

此外，值得一提的是"伤饮"的问题。清代毛世洪《养生至论》针对在饮食所伤方面，人们往往重视食伤而忽视饮伤，颇有感慨地说："养生者固宜节食，尤宜节饮。食伤人所易知，饮伤人都不觉。不特茶、汤、浆、酒以及冰、泉、瓜、果之伤，谓之伤饮；即服药（指汤药）过多，亦谓之伤饮。"这种伤饮的情况相当多见，其见证，"轻则腹满肠鸣，为呕为吐；重则腹急如鼓，为喘为呃"。不明其病由，每易造成种种误治，这是业医者有时容易忽略的一个问题。

指导日常饮食，特别注意以下几个方面。

1. 按时进食，细嚼慢咽

一须注意饮食的质量和调配；二须滋养胃气，调理脾胃。《寿亲养老新书》中所说的"美饮食，养胃气"，并不意味着要吃山珍海味，超乎现实地去求"精"。清初医学家尤乘《寿世青编》引彭鹤林观点："要在乎生冷勿食，粗硬勿食，勿强食，勿强饮。先饥而食，食不过饱；先渴而饮，饮不过多。"古代多数对食饮有研究的医学家都认为：应该按时进食，不宜等到饿极才进食，渴极才饮水。只有按时进食，才能获得人体生长发育或维持生命活动的各类营养要素，才能化生气血，使血气盛而肌体健康，"正气"抗病邪的能力方能得到发挥。医学家们还认为：吃东西宜细嚼慢咽，以利于消化吸收。清代石成金在《长生秘诀》中说："饮食缓嚼有益于人者三，盖细嚼则食之精华能滋养五脏，一也；脾胃易于消化，二也；不致吞食噎咳，三也。"进食时还须注意"去肥浓、节酸咸"（见宋代张杲《医说》）。如果饮食中兼有冷食、热食，"宜先食热，然后食冷"，否则易生胃肠病。

2. 常欲如饥中饱，饱中饥

在平时的饮食方面，必须养成能主动节制饮食的良好习惯。《黄帝内经》记载的百岁老人的基本经验之一，就有"食饮有节"这一项（见《素问·上古天真论》）。那么，饮食量掌握到什么程度为宜？宋代蒲虔贯《保生要录》指出：食量要适当控制，不宜一下子吃得过多，须"常欲如饥中饱、饱中饥"，亦即大致吃八成饱的食感为宜。先贤都坚决反对暴饮暴食，认为暴饮暴食容易损伤脾胃，往往是一个诱发疾病或意外事故的危险因素。所以，在《黄帝内经》中就有"饮食自倍，肠胃乃伤"之诫！明代俞弁《续医说》引《真诰》语："凡人饮食，恣意膏粱，阴阳失和，最为百病之本。"指出有些人在遇到珍馐、肥鲜、肉食等（即中医书中所称之"膏粱厚味"）时往往容易贪食，而不加以控制。在日常生活中因不慎口腹，贪食多吃而病的情况是屡见不鲜的。所以，元代朱震亨在《格致余论》中曾大声疾呼"爽口作疾，厚味措毒"！

3. 酗酒则伤脏腑，乱理性

饮酒不宜过量，更是医家特别强调的。清代汪昂在其所著《勿药元诠》一书中说："饮酒过度则脏腑受伤。"还认为酗酒除易伤脏腑外，尤能乱人理性。所以，陈成卿在《卫生集》一书中将酒喻为"淫薪"，指出决不可贪杯，滋生事端。而且指出，切忌"醉饱行房",这是饮食卫生中须予警戒的。晋代葛洪所总结的养生"十五伤"中,有关饮食方面的就有两条,其中之一即"沉醉呕吐",指出酗酒严重者甚至可丧生。

4. 所好之物不可偏耽

中医学家都主张要饮食多样化,注意防止偏嗜某种饮食。《保生要录》中提出:"凡所好之物,不可偏耽,偏耽则伤而生疾;所恶之物,不可全弃,全弃则脏气不均。"同时,饮食要注意搭配,不仅主食是如此。宋代娄居中的《食治通说》还强调"菜常令称于肉"(即蔬菜与肉食要大致相称地搭配)。这也是人体需要多种营养素所决定的。

5. 怒后勿食,饱食勿即卧

清代汪昂在《勿药元诠》中还进一步指出:"怒后勿食,食后勿怒;醉后勿饮冷,饱食勿便卧。"人们在饱食后每感体倦欲睡,而饮食壅滞于肠胃,又较易生病。故养生家认为饱食后不宜马上睡觉,最好能进行些和缓的活动,可以散散步,"然后解带松衣,伸腰端坐,两手按摩心腹(此处'心腹'主要指上腹偏中的部位),交叉来往约一二十过,复以两手自心胁间(指侧腹部)按捺,向下约十数过,令心腹气通。不致壅塞……"(见宋代张杲《医说》),这样肠胃中的食滞可以随着两手的按摩,得以消化,而减免壅胀。

6. 生病时宜素食少食

万一因其他原因而得了病,在多数情况下,也宜素食及少食。清代黄凯钧在《友渔斋医话》中说:"善调者,素食淡荤,待其胃气复原,正强而留邪自去。"这个生病时的饮食原则,尤适宜于时令病和胃肠病。黄氏还认为:在一年四季中,"夏月尤宜淡泊,使脏腑清虚,不致生疾"。宋代蒲虔贯《保生要录》主张:"凡食,温胜冷,少胜多,熟胜生,淡胜咸。"蒲氏所总结饮食中的"四胜",符合饮食卫生的科学原则,也是多数人能够领会的。

7. 老人宜忌黏硬生冷

至于老年人,由于肠胃功能较弱,饮食尤当谨慎。《寿亲养老新书》云:"老人之食,大抵宜其温热熟软,忌其黏硬生冷……尊年之人,不可顿饱,但频频与食,使脾胃易化,谷气长存。若顿令饱食,则多伤满。缘衰老人肠胃虚薄,不能消纳,故成疾患。"指明了老年人饮食宜忌的要点。

脾胃调养要力争达到宋代娄居中在《食治通说》中所说的"食饮常美,津液常甘,身轻而不倦,神清而少睡,胸府通畅而少噫,胃脘宽纾而不胀"的理想食饮保健效果。

九、传道之术

（一）学理渊深，铸明医之魂

深入挖掘中医文献中的精粹内涵

"青蒿素"是中医药给全世界的礼物。其研制成功从临床文献加以分析，此项"创新"渊源于中医临床古籍，即"青蒿一握，以水二升渍，绞取汁，尽服之"治疗疟病，首见于晋代葛洪《肘后备急方》卷三，而制成青蒿素则须以现代医学科技实验手段，综合研究予以完成，这是中医药继承与创新完美结合的范例，也体现了中医临床文献重要的学术理论价值。又如危害生命健康最常见的恶性肿瘤，从中医学术理论的角度，在《黄帝内经》中即有记述。如《素问·疏五过论》载述疾病"脱营"曰："凡未诊病者，必问尝贵后贱，虽不中邪，病从内生，名曰脱营。"明代张介宾《类经》注云："营者，阴气也。营行脉中，心之所主，心志不舒则血无以生，脉日以竭，故为脱营。"清代张璐《张氏医通》精辟论见："夫脱营者，营气内夺，五志之火煎迫为患，……经久始发于外，发则坚硬如石。毓仁（明代医家陈实功）所谓初如痰核，久则渐大如石，破后无脓，唯流血水，乃百死一生之证。……其形著也，或发膺乳腋胁，或发肘腕胫膝，各随阴阳偏阻而瑕聚其处，久而不已，五气留连，病有所并，则上下联属，如流注然。……原夫脱营之病，靡不本之于郁。若郁于脏腑，则为噎膈等证。此不在脏腑，病从内生，与流注、结核、乳岩同源异派。推其主治，在始萌可救之际，一以合营开结为务。"张璐对"脱营"的阐发，是对恶性肿瘤发病及其症候特点、预后等方面的生动描述，并揭示了对该病的治则。同时张氏也是首先将脱营与乳癌、噎膈（主要是指食管癌）视为同一类疾病的医学家，对此类疾病通过血液、淋巴转移扩散所产生的肿块有相当细致的观察。由此我们可以体会中医药博大精深的学术理论和丰富深刻的内涵，也提示我们"勤求古训"和致意于研究思路于方法的革新，是深入学习、探讨中医理论最重要的切入点。

（二）弦歌不辍，育桃李芳芬

对中医药事业的热爱与传承发展的责任，指引着年逾古稀的余瀛鳌潜心考究着一份份临床文献，严谨治学，提携后学，循循善诱，矢志不渝，风风雨雨跨越了半个多世纪。他先后培养硕士研究生60余名，博士研究生30余名，博士后10余名，在历届中医文献及医史高级进修班授课，同时在中国中医科学院研究生院亲自承担教学任务，为培育后继人才做出了积极的贡献。

北京中医药大学副校长陶晓华回忆起二十多年前的研究生工作依然记忆犹新，"先生（余瀛鳌）对研究生要求颇严，从论文选题、设计到最后完稿，乃至标点符号，均字斟句酌，层层把关，并从政治思想、日常生活等方面给予研究生以无微不至的关怀"，"当时论文都是手写，每份论文书稿，先生都是批注得密密麻麻。学生也都要多次修改誊写，反复请余老批阅"。

几十年间，余瀛鳌培养的学生遍布各地，不少就职于中医药高校与研究所，活跃于中医临床和文献领域。除带教的研究生外，很多中医界中青年后学在学术上均得到他的教益，有的已成为知名专家或省市文献专业的学科带头人。他们中，有中医药传承博士后，有优秀中医临床人才，有名老中医药专家学术经验继承人，也有基层单位跟诊求学的骨干。

他曾应邀在多所中医药院校讲学，应邀远赴美国、日本等国家进行学术讲座。在传道授业的过程中，余瀛鳌特别重视指导学生在继承传统的基础上不断探索创新，他一直鼓励学生"灵活运用""活法巧治"，深入掌握"通治"之方。他将中华传统医典中的精髓加以整理、编辑，将一些中医古籍珍本以提要的形式予以阐释，在讲授的过程中，将自己多年积累的知识、总结的经验都毫不保留地传授给学生。余瀛鳌始终不计酬劳地坐班应诊，不问寒暑，不问时间，为患者悉心处方调治，先生的工作风格潜移默化地影响着中青年医学工作者。

余瀛鳌对郑板桥的诗句"虚心竹有低头叶，傲骨梅无仰面花"特别欣赏，把它作为教育后学的座右铭，展现了他耿介正直、铁骨竹心的品格。

余瀛鳌学术传承谱（部分）

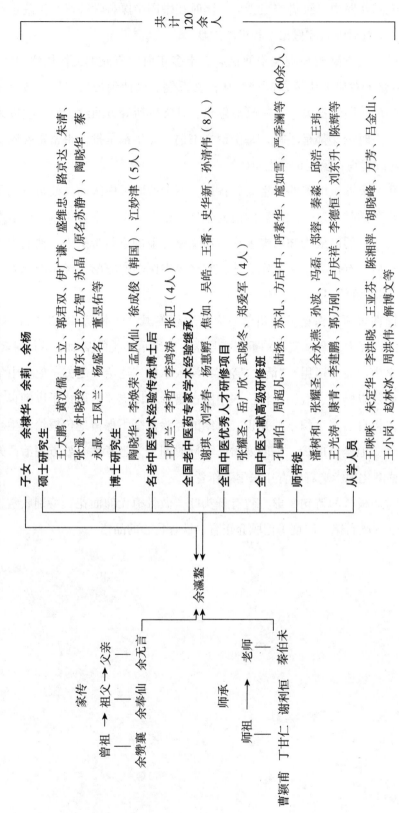

家传
曾祖 余赞襄 → 祖父 余奉仙 → 父亲 余无言 ⟶ 余瀛鳌

师承
师祖 曹颖甫 丁甘仁 谢利恒 → 老师 秦伯未

余瀛鳌：

子女　余棣华、余莉、余杨

硕士研究生
王大鹏、黄汉儒、王立、郭君双、伊广谦、盛维忠、路京达、朱清、张遥、杜晓玲、曹东义、王友智、董盛名、陶晓华、蔡永最、王凤兰、杨盛名等

博士研究生
陶晓华、李焕荣、孟凤仙、徐成俊（韩国）、江妙津（5人）

名老中医学术经验传承博士后
王凤兰、李哲、李鸿涛、张卫（4人）

全国老中医药专家学术经验继承人
谢琪、刘学春、杨惠孵、焦如、吴皓、王番、史华新、孙清伟（8人）

全国中医优秀人才研修项目
张耀圣、岳广欣、武晓冬、郑爱军（4人）

全国中医文献高级研修班
孔嗣伯、周超凡、苏礼、陆拯、方启中、呼素华、施如雪、严季澜等（60余人）

师带徒
潘树和、张耀圣、佘永燕、孙波、冯磊、郑蓉、秦荣、邱浩、王玮、王光涛、康青、李建鹏、郭乃刚、卢庆祥、李德恒、刘东升、陈辉等

从学人员
王咪咪、朱定华、李洪晓、王亚芬、陈湘萍、胡晓峰、万芳、吕金山、王小岗、赵林冰、周洪伟、解博文等

共计120余人

（谢琪、史华新整理）
（李昆编辑）

张伯礼

张伯礼（1948—　），男，中共党员，中国工程院院士，中医内科专家。现任天津中医药大学名誉校长，中国中医科学院名誉院长。现代中药创制全国重点实验室主任，现代中医药海河实验室主任，中国工程院医药卫生学部主任，国家重大新药科技专项技术副总师，教育部医学教育专家委员会副主任，中华中医药学会学术委员会主任，中华医学会监事长。第十一至十四届全国人大代表，中共二十大党代表。2022年被授予"国医大师"荣誉称号。

张伯礼长期从事心脑血管疾病防治工作，提出"湿浊痰饮类病学说"，建立证治体系。20世纪80年代，开展了舌诊客观化系统研究，开拓了舌象色度学和舌底诊研究方向，获国家科学技术进步奖三等奖。参加中风病危险因素调查研究，明确了中风病证候和先兆症动态演变规律。20世纪90年代主持中风病临床救治方案比较研究，建立了缺血性中风综合治疗方案。开展了血管性痴呆（VD）的系统研究，首次制定了VD证类分型标准和按平台、波动及下滑三期证治方案，创立了脑脊液药理学方法，揭示了中药对神经细胞保护的作用机制，获得国家科学技术进步奖二等奖。开展方剂关键科学问题研究，并连续三次得到"973"计划支持，创建了以组分配伍研制现代中药的途径和关键技术，获国家科学技术进步奖二等奖。21世纪初，主持完成了首个中医药对冠心病二级预防的临床循证研究，建立了中医药循证评价系列方法和关键技术，并研制芪参益气滴丸等中药新药，获国家科学技术进步奖二等奖。开拓了中成药二次开发研究领域，建立了共性关键技术和开发模式，培育了中药大品种群，获国家科学技术进步奖一等奖。在新冠疫情防治中，作为中央指导组专家参加武汉抗击新冠疫情防控，指导中医药整建制参与救治工作，荣获国家"人民英雄"称号。曾获国家级有突出贡献中青年专家、全国杰出专业技术人才、全国先进工作者、全国教书育人楷模、教学大师、全国优秀共产党员等荣誉称号，以及何梁何利基金科学与技术进步奖、吴阶平医学奖、中医药国际贡献奖等奖项。

一、学医之路

张伯礼生活在天津，其父是机关普通的干部，但热爱中医药，家中有很多中医药书籍，曾通过拜师学习了中医药，并经常为同事及邻居们诊治疾病，针灸用药，取得较好疗效，颇受病患及家属欢迎，这对张伯礼择业学医有深刻的影响。1968年，张伯礼毕业于天津卫校，被分配到天津渤海边一个渔乡卫生院。工作单位与刚开发的大港油田、大化纤产业区交错比邻，是我国最早开发的石油化工基地，渔农工互作，百业待兴，生活条件艰苦，医疗资源短缺，这也给张伯礼提供了学习实践和发展的空间。他向当地老中医学习中医药知识并认真实践，参加市区针灸学习班、急诊医生进修学习班，特别是参加了全国渔民冠心病普查的渤海片普查工作，这些经历丰富了他的医学知识和专业技能，提高了临床诊疗水平。由于张伯礼工作态度认真，肯于奉献付出，得到了领导的认可，1973年被推荐参加天津市第四届西医脱产学习中医班学习，学习时间两年半，在当时的中医医院多伦道院区开始了上午上课、下午跟师门诊、晚上小组讨论的学习生活。当时授课的老师都是老一辈中医名家，如哈荔田、郭霭春、何世英、阮士怡、刘宝琦、顾小痴等，他们倾心传授各门医技，使同学们获益良多。同学也多是西医名家、主任医师，如张天泽、罗承滔、王云生、曹永新、赵建忠、章秀玉、赵运文等，学员相互研讨中医，交流西医，颇受教益。学习阶段的最后半年，张伯礼和曹永新主任一组，被安排在天津市第一中心医院进行实践学习，完成了"中医对热症、血症治疗研究"的研究论文，并得到了刚刚复出、正在天津视察工作的钱信忠部长的肯定和赞扬。通过认真学习和实践，张伯礼系统掌握了中医理论知识和实践能力，为以后的发展奠定了坚实的基础。

1976年至1979年考研前，遵钱部长指示，经天津市卫生局批准，张伯礼一周三天在大港承担临床工作，三天在第一中心医院参加曹永新院长主持的急症中医科研，这几年的奔波虽然辛苦，但对提高临床诊治和科研能力有莫大的帮助，特别是增强了他运用中医治疗急症重症的信心。1979年张伯礼考入了天津中医学院首届研究生班，师从阮士怡教授（第二届国医大师），系统学习并掌握了科学研究的方法，以开拓性研究《舌底诊法》论文毕业并留校工作。

1982年毕业后，张伯礼参加了阮士怡教授主持的"软坚散结法抗动脉粥样硬化研究"课题，从实验设计到造模取材、实验操作，再到数据处理、报告书写，掌握了中医基础研究的方法和多种实验技术，积累了项目管理经验。1986年，在前期舌诊研究基础上，申请到"七五"国家科技攻关项目"四诊客观化"，主持开展了舌诊现代化的系统研究，开展了舌象大规模流调和多学科协同创新研究，创建了舌象色度学、舌红外热像新方法，研制了系列舌诊仪器，获国家科学技术进步奖三等奖。

1991年，张伯礼参加了王永炎院士主持的"八五"国家科技攻关项目"中风病危险因素调查和证候学研究"，在此后的漫长岁月中，深受王院士教诲和栽培。张伯礼常说，他对中医药真谛的理解和把握、事业战略思考、科研选题及管理、教育教学管理等各个方面受王先生指教颇多，终生受惠。同时他也长期得到老一辈中医药大家的精心帮助指导，如陈可冀国医大师在中医心病、吴咸中国医大师在中西医结合思路、任继学国医大师在中医脑病、邓铁涛国医大师在中医基础、颜德馨国医大师在中医临床、何任国医大师在温病、路之正国医大师在脾胃及湿热病证、焦树德国医大师在风湿及方剂配伍、陆广莘国医大师在中医基础理论、石学敏国医大师在针灸及医院管理等方面的教益颇深。

张伯礼认为当代中医人思想开明，交流活跃，这些都有利于后学。自己的进步得益于前辈的扶持和帮助，也得益于同道间、其他学科人士及学生们的鼎力帮助和不断鼓励。此外，自己也要勇于直面问题，认真思考，善于学习，取长补短，勤于实践，总结经验，这是不断进步的动力。

二、成才之道

（一）读经典，理论联系实践

张伯礼指出："中医药学是一个伟大的宝库，有很多精华需要去发掘。钻进去越深，了解越多，这种感受越迫切。经典指导实践，取得了确切疗效，理论转化为救治本领，也成为了学习的动力。"

通读经典要下笨功夫，在通读的基础上要细读、精读、专读和带着问题读，这是他的"经典五读"经验之谈。他研读了五遍《黄帝内经》，第一遍通读；第二遍细读；第三遍是精读重点篇章，如《生气通天论》《灵兰秘典论》等；第四遍专题专论，如尺腹诊、急腹症等专论；第五遍则带着问题读，如"促"字考、"四维相代"考等。通读获得了全书的整体印象，细读是弄通结构、考究文字，精读是品味精华、理解内涵，专读是专题专论、独自成文，带着问题读则是研析文字、深究医理了。《黄帝内经素问》上密密麻麻的笔记是张伯礼治学的最好体现。同学们看到过一份张伯礼1974年的笔记手稿——《常用汤头摘录》，其中记录了他常用的名方、对药及自己的临证体悟。在档案馆，这样的笔记手稿和研究记录，装满了十几个纸箱子。

（二）读医案，学诊疗思维和辨治用药

张伯礼喜爱读医案，通过医案学习前贤临床辨证思维、治疗策略和处方用药等

鲜活经验，收获颇多。他说读医案要设身处地，如同回溯到那个时代，仿若侍诊在侧，体会医者怎么辨治、如何用药，若是自己，怎么辨治，通过两者比较则异同立见，再去思考辨析，也就是去"悟"，这个过程就是一种向古人学习和提高临床水平的方法，他谓之"一读二辨三悟勤，旧案再现蕴意新"。

在众多古籍医案中，他认为明清医案价值最高，可读性最强，一是时代相近，文字浅显易读；二是病证记载较真切、朴实；三是多有复诊、误诊及思辨内容，可供启迪借鉴。医案行文较短，可作为枕旁书时时翻阅，开卷有益，习惯后自常有所得。

（三）勤学习，养成终生学习习惯

很多人觉得，走上中医药现代化的研究道路，对张伯礼来说是一种必然，因为他求新求变的态度在学生时代就已初显。工程学、流体力学、统计学……在20世纪70年代，他的学习就已不局限于中医本身。到天津大学、天津医学院旁听、蹭课成为汲取知识的方式之一。20世纪90年代初，他筹建了全国第一个"中医工程研究所"。为了拍摄舌象，他拜师学习摄影，进修光学知识，开拓了舌象色度学、红外热象学研究领域，研发了色差式舌象仪等多种仪器。中医舌诊现代研究，开启了他探索中医药现代化的门径。

张伯礼喜爱读书，他说学习是获取知识的好办法，也是进步的捷径。尤其是医生要养成终生读书的习惯，医学知识总是日新月异，要把最好的知识和治疗带给患者，就要不断地学习。一生学习，这既是一种奉献精神，也是一种职业操守。他至今仍坚持读最新的杂志，床头摆满了书报，书包总是装满各种资料，在汽车、飞机上阅读。学界都评价他知识全面，见解深刻，一言中的，这背后都是常年的知识积累，厚积才能薄发。

"中医药学虽然古老，但它的理念并不落后。"在中医药传承创新的道路上，张伯礼一直没有停下脚步。中医药在重大疾病防治中有具有"多靶干预，整体调节"的特色和优势，中医和西医相互补充、协调发展才是中国医学的显著长处。他带领团队注重守正创新，在中医药现代化的路上不断探索，开拓新的研究领域，为推进中医药事业发展、产业升级做出了重要贡献。

三、学术之精

创"湿浊痰饮类病"说，建立证治体系

张伯礼在长期实践中，根据慢性疾病特征与共性病机，提炼出津液异化类病的

病证思维主线，建立了"湿浊痰饮类病"之说。他认为湿类诸邪体稠质重，皆为阴邪，具有起病隐缓温和、蓄积缠绵、难以速效、黏腻胶结、壅塞气机、兼邪致病、流窜停聚、害清蒙窍、易伤阳气、多生变证等共同致病特点，其易兼夹六淫之邪，更与瘀血互搏，交结难解，是当前多种慢性复杂性疾病的重要病理因素，蕴蓄日久，可生热化火，或酿生浊毒，成为诸多慢病恶化转归的核心病机基础。他厘清了湿浊痰饮类病演变层次，起于湿，渐于浊，进于痰，重于饮；注重根据类病主症、兼夹病而治，提出先证而治、因势利导、治病求早、祛湿务尽、标本兼顾、各从其治等治疗策略；临证辨治类病尤重舌诊，善用对（队）药，强调治湿须分度、用药有深浅，注重斡旋枢机、药不远温、润燥相济、兼顾活血，施治厘然有度。

湿、浊、痰、饮是临床常见的中医病证，虽名称不同，症状多样，但均为津液异化而产生的一类关联性病证，其质重浊黏腻，或弥漫无形，易于流溢，充斥三焦百骸，同属一类阴邪病证。张伯礼将四者合论，创立"湿浊痰饮类病"说，归纳了津液异化类疾病的病证思维主线和各从其治的特点，强调四者在病机、病证和治疗上的密切联系和各自特点，建立了湿浊痰饮类病的证治体系。

湿浊痰饮类病同气相召，虽属同源，但病有层次、症有特征，临床应提炼类病共性，并把握各病特性，阐明类病与各病间的内涵与联系。总体而言，湿浊痰饮类病起于湿，渐于浊，进于痰，重于饮。湿为类病之端，湿性弥漫，多无定体，故致病广泛；发病隐匿，氤氲黏腻，易壅遏气机；湿邪留而不去，最易生浊成痰为饮，多作为疾病早期或亚临床阶段的主要病理因素而存在。浊为类病之张，是当前心脑血管疾病、代谢综合征等多发的重要原因；蓄积日久，导致功能失调及器质损害，且更能困扰清阳、蒙蔽机窍、阻塞气机，还易夹杂他邪以致成毒，是疾病恶化及变证的主要病理基础。痰乃类病之进，其性顽劣，变化多端，有"百病兼痰"之说；更易壅滞气机，壅塞血脉经络，与瘀成窠囊之患，造成脏腑、组织失养。饮为类病之重，以阳虚阴盛为本，水饮内停为标，匿伏体内，更能困遏阳气，寒多热少；可有痰、悬、溢、支饮之别，亦有伏、留、微饮之谓，导致多种病症。

在辨治方面，张伯礼根据病邪演变及病变层次，提出了先证而治，因势利导，治病求早，祛湿务尽，标本兼顾，各从其治；斡旋枢机，药不远温，润燥相济，兼顾活血等治疗策略和治法。首先，应以类病思维主线贯穿，明确当前阶段各病主次、轻重与兼夹，于症情中审察病情，把握隐潜特性及预判态势，如寒化与热化、本虚与标实转换等，随后分层据证遣药，序贯前瞻以治之。他尤重舌诊，认为舌象反应最速，可甄辨类病之苗兆，湿痰秽浊之胶结、津液之多寡、病情之进退转归，张口伸舌，一望可知，常有"但见一证便是"之感。此外，还应根据湿、浊、痰、饮四者各自特征，因邪制宜，各从其治，整体遵循治之以恒、用药勿求近功、除邪务尽等原则。如湿病，见湿即治湿，以防疾病进展，治疗多从中焦入手，芳、温、渗、燥均可酌施，注重宣畅气机为要；治浊当早务尽，则事半功倍，浊者黏腻难骤化，慎热慎寒，化阴伸阳为宜，且用药需恒，切不可见两三剂不效而改投他药；治痰需明痰之兼夹转化、寒热轻重，祛痰当早，防微杜渐，如遇老痰顽结，则应早治以清化软消，兼顾活血；治饮温通，贵在及时，衰其大半则止，用药顾护阳与气，若水饮蓄久停瘀，治瘀不可偏废。

盖因湿浊痰饮为水液壅滞停聚之变，张伯礼提出治疗此类病症之要在于肺脾肾，重在气机，斡旋枢机，开阖输转。治气非单纯理气，而宜斡旋枢机，复中焦升降之畅，无使之滞。主张疏畅中焦贵在燮理枢机，使脾胃健运宣畅，通为所宜。诸法之中，尤崇辛开苦降法，称其为"解火之将聚、气之欲滞、郁之将结、痰之欲形、瘀之将成之良法"。常用半夏、黄连药对以辛开苦降、斡旋中焦，或吴茱萸、黄连、煅瓦楞以寒热同调、和胃降逆抑酸，旨在开降输转配合共运中焦之郁滞，从而畅达全身气机。

用药经验方面，他对于湿浊痰饮类病，注重根据诸邪孰轻孰重、寒热性质、兼夹病症、胶结程度，治疗层次井然、灵活机动，在循温通芳化的基础上，提出治湿须分度，清浅藿香、佩兰之类，中度治以茵陈、苍术、萆薢，重度施以蚕沙、皂刺，老痰顽结酌加咸寒软坚之品清化软消，实为熟知药理，厘然有序，系多年临证心法积汇而所得。

张伯礼总结湿类病治法十二则，即芳、清、燥、通、温、气、淡、宣、散、开、软、利。十二化湿之法及常用药物如下。

（1）藿香、佩兰：意在芳化，为芳化湿浊要药，常用于湿痰浊邪轻者，症见胸闷脘痞，倦怠纳呆，口黏便溏，苔白腻。若湿浊困脾更甚者，可加白豆蔻、青蒿、砂仁等清芳灵动之品。

（2）茵陈、苍术：治在清化，适用于痰湿浊内蕴，以及日久化热，湿热并重者，症见舌苔黄腻，口黏，大便秘结、便黄，以运脾燥湿，清利其热，兼泻浊散瘀。

（3）萆薢、蚕沙：重在燥化泄浊，与茵陈、苍术合用，用于湿浊重症、胶结之时，以舌苔腻腐致密，刮之不去为特异症。治以萆薢分清泄浊，蚕沙和胃化浊、消痞散结。可酌加皂刺。

（4）大黄、瓜蒌：用以通化，通腑泄浊，以大黄泻热通便、化湿消浊、破瘀血，合瓜蒌利气开郁、导痰浊下行，治以顽痰瘀浊，蕴久化热，胶结难解，停滞中焦之证。

（5）附子、干姜、薤白：施以温化，适用于痰湿寒化内阻、寒饮内停者。舌淡、苔白腻或水滑，选附子、干姜温化助阳；痰浊内蕴，阳气被遏，用薤白通阳散结。

（6）白豆蔻、砂仁、紫苏梗、枳壳、厚朴：贵在气化，气机不畅则类病之邪亦不去，以芳香或辛散之药，行气降气以化湿燥痰。根据气滞之轻重，酌情选用。

（7）茯苓、泽泻、薏苡仁、车前子、萹蓄、瞿麦：常以淡化、淡渗利湿队药，用于三焦湿阻，以通阳不在温，而在利小便；或下焦蕴湿，治在利尿通淋。

（8）前胡、白前、紫菀、款冬花：早宜宣化，外感风寒或感冒初起，肺气不宣时，常用前胡、白前，宣肺疏邪、祛痰止咳；而干咳久嗽、肺虚少痰，宜紫菀、款冬花。

（9）鱼腥草、杏仁、浙贝母、橘红：适在散化黏痰，用于痰热壅肺证，症见咳嗽痰多，色黄黏稠，有渐成肺痈之势，清热消痈排脓，以利肺络。更甚者酌加冬瓜子、皂荚。

（10）石菖蒲、郁金、远志：急以开化通窍、化湿豁痰、宁神益志，用于痰浊瘀血郁而化热，蒙蔽清窍之轻症，重者加胆南星，治中风、痴呆等可配益智仁。

（11）夏枯草、皂角刺、生牡蛎、海藻、昆布：取之软化痰瘀凝块，老痰顽结者，用夏枯草、皂角刺治以涤痰散结、消释坚凝，酌加生牡蛎、海藻、昆布，治在溃化软消。

（12）香加皮、大腹皮、葶苈子、益母草：治水饮队药，治在利化消饮，用于阳虚、水道不利者，需消水饮之邪。兼顾祛风除湿、利尿强心、行水消肿、泻肺平喘、活血祛瘀多效，以通调水道，力挽将倾。

张伯礼治湿用药深浅有度，配伍精巧，协同增效，尤善用对（队）药。痰湿清浅时，用藿香、佩兰、茯苓、陈皮、黄连、半夏等组方理气化湿，常以藿香、佩兰两味药为方首，芳香醒脾化湿，不只用于暑令时节，而是四季均可使用，尤其对于胸脘满闷、纳呆倦怠、口中黏腻、舌苔白腻、脉象滑的患者最适。若患者见纳少、胃脘不适等湿邪困脾症状，可加白豆蔻等化浊散寒，醒脾开胃。若痰湿偏重或已化热，常用茵陈、苍术、萆薢、土茯苓、白花蛇舌草等组方清化痰湿。《本草纲目》记载："苍术治湿，上、中、下皆有可用，又能总解诸郁，痰、火、湿、食、气、火六郁。"茵陈、苍术二者配伍意在清化，燥湿力度更强，用于湿邪化热或湿热并重之症，症见口中黏腻、秽气，周身困重，胃脘痞满，舌苔黄腻偏厚者。在临床时若见舌苔致密细腻，提示诸邪胶结难除之势，还可加入蚕沙合用，意在除邪务尽。他认为对于除湿祛浊，应灵活取舍，症轻则轻取，症重则重夺，湿热并重，往往难以速效，当有是证则用是药，肯于守方，坚持治疗。若痰热蕴肺，常用鱼腥草、金荞麦、芦根、杏仁、浙贝母、橘红组方，临床上常见于外感风寒、郁而化热者，或心衰、卒中、慢性肺系病症等处于肺感染发作期时，症见咳喘痰多，甚者色黄黏稠，舌苔黄腻等一派痰热壅肺、热毒蓄积、肺气闭阻不宣之象时。鱼腥草味苦性寒，清解肺热，排脓消痈，为治疗肺痈之要药；杏仁降气止咳平喘；浙贝母清热化痰，开郁散结；橘红燥湿化痰，理气健脾。诸药相合，清解热毒、消痈排脓，以利肺络；邪热较轻可易金荞麦。若水饮停聚，常加用香加皮、大腹皮、葶苈子、益母草组方祛饮：香加皮祛风除湿，可强心利水；大腹皮下气宽中，行水消肿；葶苈子通阳下气，泻肺平喘宁嗽；饮积日久，必累血分瘀滞，加以益母草活血祛瘀，利尿消肿。临床上多将此队药用于心衰失代偿，或肾病水肿壅盛之时，此时阳虚气微，水道不利，或水饮射肺凌心，肺咳喘满，或胸腹胀闷，水肿，小便不利，需立消水饮之邪，此方药通阳利水与强心利尿并行，寓通于补，标本兼治，振奋周身之阳气，使得气化水行。

四、专病之治

张伯礼基于长期临床经验，发扬仲景"血不利则为水"之旨，提出了"水不行亦可为瘀"的痰瘀互生学说，认为瘀可生痰（湿水饮），痰（湿水饮）亦可生瘀，两者相生相伍，常胶结为患；并从理论层面分析了痰瘀之间的相互关系，在临床上，提出了"治痰不忘消瘀，治瘀不忘祛痰"的治疗法则。他认为心脑血管疾病的发作，本虚固然是基础，但病理产物的转化生成发展才是导致疾病发生和加重的关键。

他认为，痰瘀不自生，生必有故隙，注重痰瘀转化在疾病发生、发展、演化、转归中的作用，提出本虚当调、治宜缓，标实当治、治宜急，即治痰不忘消瘀，治瘀不忘祛痰——痰瘀同治。人体内环境的状态即人体脏腑、气血、阴阳的偏盛偏衰是痰瘀转化的动力场，合理调节人体的偏盛偏衰，可以有效调控痰、瘀的转化，促其祛除。基于痰瘀互化理论，他在治疗中常使用化痰祛湿利水药物来促进人体瘀滞的消散，以增强活血化瘀药物的临床功效；用活血化瘀药物促进体内痰湿邪气的消散、祛除，以增强化痰祛湿利水药物的作用；更善用姜黄、益母草、佩兰、茵陈、萆薢、蚕沙、海藻等一类兼具活血和祛浊功效的药物。

（一）冠心病

1. 病证概要

冠心病，属中医学"胸痹""心痛""真心痛""心悸""怔忡"等范畴。医圣张仲景以"阳微阴弦"概括了胸痹心痛的基本病机，即上焦阳气不足，胸阳不振；下焦阴寒内盛，痰饮内停。诠释为现在的本虚标实的冠心病基本病机，本虚有气虚、血虚、阳虚、阴虚、气血两虚、阴阳俱虚之分，总归为脾肾虚损、功能低下，导致机体代谢失常，升降出入不利；标实有气滞、血瘀、寒凝、痰浊等诸邪杂合之别，久则多由痰瘀互结致心脉瘀阻，发为胸痹心痛。因此，冠心病属本虚标实，脾肾虚损、痰瘀互结为冠心病核心病机。

2. 临证思路

（1）病证结合，衷中参西，明辨顺逆：张伯礼强调，审证求因、辨证论治是中医临床诊疗的特色。"证"可概括冠心病在某一阶段的病机本质和演变转归，因此辨证论治是中医诊治冠心病的核心内容。证候反映了其当时机体状态，其证候表现可呈多样，虽然并不都与冠心病直接相关，但都影响着患者的病情，是辨治的切入点。同时，西医诊断要尽量明确，明确的西医诊断是对冠心病病因病机、转归预后等认识上的重要补充。在临证实践中既要掌握该病的现代医学基本病理特征，又要结合中医证候特点，实现辨病与辨证的有机结合。此外，还须明辨冠心病顺逆，明确其轻、重、危急之分，判断冠心病是否有发展为心肌梗死、心力衰竭，甚至导致猝死的可能，及早干预，以防患于未然。张伯礼强调必须坚持整体把握下的个体化治疗，完整采集中医证候要素，准确判断冠心病内在病理发展趋势，辨病与辨证相结合，明辨顺逆，提高临床治疗的针对性、有效性和前瞻性。

（2）谨守病机，本虚标实，痰瘀互结：张伯礼指出，阳微阴弦、本虚标实是冠心病基本病机，标实痰瘀者逐渐增多，已成常见证型。痰、瘀两者生理上同源，病理上均为津液不归正化的病理产物，同为阴邪，一旦形成，痰借血体，血借痰凝，相滋互生，日久胶结不分，则成痰瘀互结之势。痰瘀互结是长久发展而成的病理产物，其致病性之强、累及脏腑之广，均大于单独的血瘀与痰浊。在冠心病的治疗中应重视痰瘀并治，并根据痰瘀的偏重缓急灵活用药，化痰不忘化瘀，祛瘀不忘化痰；同时依据证候动态演变规律，不忘理气补气、搜剔通络、解毒化浊。此外，对于冠心病，虽有痰瘀之标实显象，必由正虚之本态而成，即"痰瘀不自生，生必有故殒"，无虚则无实，虚实常相伴。因此，他指出要紧扣仲景之"阳微阴弦"是病机总括，"阳微"是根本，"阴弦"是关键环节，两者缺一不可，邪正相搏遂有胸痹之病。临证治冠心病痰瘀之标实，更应穷源究委，谨调脏腑之久虚气血阴阳之不足。"方从法出，法从证立"，依据证演变，详查脏腑功能，辨明邪正盛衰、寒热虚实，辅以他法，方能获效。

3. 辨治经验

（1）急则治标，首治其苦，缓急为先：胸痛通常是冠心病患者就诊时所陈述的最主要症状。张伯礼认为，在临证中须急则治标，首治其苦，以止痛缓急为先。对于心气虚滞、运血无力，抑或心络瘀阻、不通则痛者，宜选用辛散宣透之降香、五灵脂、延胡索，以通行胸脘之气血；配以养血活血之丹参、郁金，调养周身之血脉。久病入络，血瘀较重，胸痛剧烈宜加用三七粉，以通络止痛、化瘀生新；心血瘀阻，心痛彻背者，可酌加小量乳香、没药以行瘀定痛，并加佛手、砂仁以防其碍胃之弊。胸中气机痞塞，闷及胸背者，可配伍调理气机之药，如桔梗、枳壳、牛膝三药合用以升降调气，疏通三焦，正合"血化下行不作劳"之法；或将半夏、黄连相配，苦辛相合，启运中焦，以宗仲景辛开苦降之旨。血瘀日久，络气虚滞，温煦无力，心脉绌急引起拘挛而痛者，可加虫蚁类药以求搜剔之功，如土鳖虫、全蝎、蜈蚣等药以祛风通络、镇痉止痛。

（2）缓则治本，扶正培元，善后务细：冠心病久治不瘥者，以气短、憋闷为主，或年高久罹该病者，以本虚为主，常因虚致实，多兼心神亏损等证，治宜扶正疏养以固本，以四君子、参芪之属。肾受五脏六腑之精而藏之，正所谓"五脏之真，唯肾为根"，且心肾同属少阴，经络相连，心之阴阳皆化源于肾。因此冠心病久治不瘥者，或年高久罹该病者，虽无明显肾亏之象，亦每从治肾入手。张伯礼常用淫羊藿、补骨脂、杜仲、女贞子、墨旱莲等味，平补阴阳。兼夹火盛内扰，烦躁不安，可选小剂量栀子豉汤等清火安神和阴；兼见难寐梦扰、忧思易醒等症，证属心血不足，疏泄失常，神不潜降者，可选酸枣仁、夜交藤、合欢皮等养血和血、解郁安神；兼见少寐多梦、噩梦纷纭等，证属阴虚不能敛阳、阳气外亢，可选珍珠母、磁石、龙齿、牡蛎等潜镇共施。

（3）痰瘀浊毒，攻病宜早，祛邪务尽：张仲景云"血不利则为水"，其意为血瘀阻滞脉络，致水湿分解失利，聚生痰浊，有瘀必有痰，此病由血分。张伯礼弘仲景之义，提出"水不行亦可为瘀"。盖指水湿阻滞，气机郁遏，血行涩缓，渐成瘀滞，则病由水分。也有痰浊直接壅塞血脉而致痰瘀兼夹之证，正如《丹溪心法》所云，"痰夹瘀血，遂成窠囊"。痰浊与瘀血同属阴邪，最易交聚互结，阻滞心脉，则发为胸痹心痛。痰瘀互结，久则酿生浊毒，随气升降，无处不到，亦可深伏结滞络脉为害，其症状多变，病位广泛，病程缠绵，易生变证、险证，故常失治误治。证见痰湿痹阻者，若痰湿较轻而热象不显，舌苔白腻者，则投之开泄，用藿香、佩兰、白豆蔻以芳化，茯苓、薏苡仁以淡渗，豆豉、紫苏叶以醒脾。痰热蕴结，舌苔黄腻者，投之苦泄，用茵陈、苍术以清化其痰热，可佐以金银花、青蒿等轻清疏透之品。湿浊胶结，舌苔腻腐者，宜加蚕沙和胃化浊、萆薢分清利湿，令湿浊从下焦而去。浊停下焦，溲浑不利者，可加防己、木通、车前子之类通利清降，导湿热浊邪从小便而出。若浊邪黏滞兼有寒象，亦可佐以少量制附子以温阳化浊。兼夹气滞者，可用紫苏梗，芳香中空，理气散滞。

（4）气血同调，调气为先，攻伐有度：气血是构成人体的两大基本物质，气血贵在充盈与流畅，一旦气血亏耗、滞涩，则百病丛生。因此，对于胸痹心痛，张伯礼强调气血并治，而以调气为先，正如吴瑭所言"故善治血者，不求之有形之血，而求无形之气"（《温病条辨》），常伍气分药物，以达气行则血行之目的。张伯礼强调在精准施治的同时要避免过度攻伐，如气虚者加四君子，大虚者加人参、西洋参之属。肝气郁滞则用香附、郁金、金钱草以疏肝理气，中气壅满则选木香、沉香曲、枳壳、砂仁以消胀除满，胸阳痹阻则用降香、延胡索、薤白以开痹散结。活血药选用丹参、五灵脂、三七、当归等味，血瘀重者可据证选用化瘀之桃仁、红花或转施破血之三棱、莪术等药，胸痛甚者小量用乳香、没药以祛瘀止痛。

（二）痴呆

1.病证概要

痴呆是以"迷惑善忘""言善误""语无伦次""懒怠安卧""苦忧悲"等一系列精神异常症状为主要表现的进行性、衰退性疾病，可分为老年性痴呆（AD）和血管性痴呆（VD）。既往医家认识痴呆多从虚损立论，治疗以补虚为主。王永炎院士指出痴呆"毒损络脉"及"毒损脑髓"病机假说，认为痴呆的形成是在肾精亏虚的基础上，脏腑功能失调，痰瘀内生，化热生风，风火痰瘀夹杂，上扰清窍，蕴化日久，化为浊毒，伤络败髓，神机受损，从而发为痴呆。张伯礼认为正虚兼浊毒既是痴呆发病的重要因素，也是推动病情下滑加重的主要原因，贯穿于痴呆病变始终。

痴呆病位在脑，与肾关系密切，涉及心、肝、脾等脏器，其本虚标实，以肾之精气亏损为本，风火痰瘀蕴化浊毒为标。肾虚精亏是痴呆的发病基础；痰瘀蕴化浊毒，败坏脑髓脑脉，是痴呆的发病关键。

2.临证思路

（1）首辨分类，因证制宜：张伯礼辨治痴呆时重视根据痴呆的不同病因分类施治，AD病机多属于肾精亏虚，髓海渐空，治疗时强调补本虚，治肾为要。而VD因痰、瘀作为病理基础贯穿病程始终，依据病情划分为平台期、波动期、下滑期而治，并结合多年实践，创新性提出分期论治的治疗策略，在分期辨证的基础上强调益正气，泻标实，痰瘀并治。此外，根据痴呆的症候群形成的病机关键，因证制宜，针对痴呆认知功能减退，注重运中焦，升清降浊治法的运用；对痴呆行为与精神障碍方面，注重安神志，燮心理肝治法的运用。

（2）着眼全程，分期论治

平台期：平台期多见于发病早期或轻中度痴呆患者，总体病情稳定，主要证候为肾精亏虚、痰瘀内阻。治疗原则为标本兼治，以治本为主。在补虚和泻实的权衡上宜以补肾虚为主，佐以祛湿化痰、活血化瘀，如此可使肾精充足，经脉调畅，脑髓得充，神机畅明。通过培本固元，调理气血，防已病之传变，治诸邪于未萌，延长平台期，以达到延缓病程进展的目标。

波动期：多由于各种诱发因素或病理因素作用造成病情在原有基础上加重，或出现新的病况特点，病情不稳定，呈波动状态。病机特点为虚实互见，以邪实因素有明显变化，多表现为风、火、痰、瘀独立或相夹为患所致临床症状，甚或可出现内风暗动之证。痰瘀壅滞、化热生风为 VD 病情波动的重要原因。根据临床表现，可分辨痰证、瘀证或痰瘀互结证，在治疗策略上，宜攻补兼施，重视消除诱因，抚平情绪，扶助正气。对标实之症，重剂除疴，速战速决，以扭转病势为要。当灵活掌握"急则治其标"的治疗原则，或健脾化痰，或息风化痰，或清热涤痰，或活血化瘀，或痰瘀并治，等等。凡此祛邪诸法，总宜依证而设，据病乃投，否则前后不循缓急之法，反入彷徨无措之境。在波动期的整体治疗中应治痰不忘消瘀，除瘀不忘祛痰，可使气血畅通，臻于承平，从而也避免痰浊、瘀血日久延缠成顽症。波动期是过渡阶段，也是遏制病情进展的关键阶段，此期病情若得不到及时有效控制，将牵制病情整体下滑。

下滑期：下滑期以记忆障碍为主，认知行为出现恶化，总体状况呈现显著下降。毒邪是该阶段病情下滑的关键，病机特征为浊毒壅盛、蒙窍扰神。临床治疗亟以治毒为先，清热解毒、化浊开窍、活血化瘀等具体治法当因人、因时制宜。治疗当中病即止，不可不顾患者正气之多寡，但以毒邪障目，昧于攻伐。对于正气亏虚不任攻伐者，当扶正抑邪，减毒增效，循序以进。中焦交通上下，为一身气机升降之枢纽，重视枢运中焦、升清降浊的运用即可扶正不恋邪，降浊不伤正。

3. 辨治经验

张伯礼在临床论治时根据痴呆本虚标实相互参合、交互致病的病机特点施以补肾为要、痰瘀并治的标本兼顾之法，并重视调畅气机、升清降浊与安神定志、燮心理肝诸法的灵活运用。

（1）培元固肾，补其本虚：老年人随着年龄增加肾精日渐匮乏，历久便致精髓空虚，脑失所养，神明失司，是以多见善忘、痴傻、呆滞等症，由此可知肾精亏虚、髓海渐空是老年性痴呆发生发展的根本原因。《灵枢·海论》载："髓海有余，则轻劲多力，自过其度；髓海不足，则脑转耳鸣，胫酸眩冒，目无所见，懈怠安卧。"老年性痴呆的治疗根本在于治肾，补益肾精是针对本病扼要究本的治法。

在临床用药方面，张伯礼常于辨证的基础上，选用张景岳的七福饮作为底方进行加减，取得了较好效果。此方以熟地黄益精固肾，人参、白术补脾益气，养后天以充先天；远志、酸枣仁养心安神，化痰开窍；川芎、当归祛瘀通络；炙甘草调和诸药。诸药共奏补肾健脾、化痰开窍、活血通络之功，使肾气充沛，元神得养，气血通畅，脾得健运，神机复用。肝肾阴虚者可加入何首乌、枸杞子、女贞子、旱莲草、山萸肉等药；对于出现颧红盗汗、手足心热、眩晕耳鸣、舌红少苔、脉细数等肝肾阴虚表现，热象显著者，亦可选滋阴清热之知柏地黄丸化裁。脾肾阳虚者，可加入肉苁蓉、杜仲、补骨脂、淫羊藿、巴戟天、益智仁之属；而出现肢体欠温、乏力纳呆、腹胀便溏、舌胖苔白滑、脉沉无力之阳虚寒甚者，可选金匮肾气丸、还少丹加减以达温阳祛寒之功。对于阴阳互损、阴阳俱虚者，可选用标本兼顾、上下并治之地黄饮子以得滋肾阴、补肾阳、化痰开窍的整体作用。补肾力戒杂味堆砌或流于呆腻，常巧妙灵活地选用各种中药组成药对或队药，往往视患者病情选取二三味相须或相佐而用，务使滋补勿壅、灵动活泼。

（2）痰瘀并治，泻其标实：VD的病因病机中痰浊瘀血既是脏腑功能失调产物，也是其致病的重要因素，痰瘀互结，蓄积蕴化，又是病情加重的重要原因，贯穿其病程始终。因此VD的治疗不仅要把握好补虚的一面，同时要权衡好泻实的运用。瘀血是造成老年人记忆下降的重要致病因素，《医林改错》曾指出"凡有瘀血也，令人善忘"，"与脏腑之气不能相接"可致痴呆。年老脏腑功能整体下降，如肾失气化，脾失健运，肺失宣降，三焦失于枢调，皆可导致痰饮丛生。陈士铎《辨证录》云："痰积于胸中，盘踞于心外，使神明不清而成呆病矣。"在VD的致病因素中，瘀血、痰浊可单独为患，亦常相兼为患。

以痰证为主的证候，临床以神情呆钝、神昏头沉、嗜卧懒动、咯吐痰涎、不思饮食、脘腹痞满、舌苔滑腻、脉滑或濡为主要表现，此当治以健脾化痰、豁痰开窍，选方如涤痰汤、洗心汤、指迷汤、转呆丹、温胆汤化裁；在临床上，痰邪每可兼夹风、热（火）等邪为患，形成风痰、痰热（火）诸证，此时需酌情增益息风化痰、清热开窍诸方药，风息火清治之须早，防致盛候。以瘀证为主的证候，临床以神情呆钝、善忘失算、反应迟钝、头痛肢麻、面色晦暗、舌有瘀斑、脉弦为主要表现，治疗以活血化瘀、醒神开窍，常用方如通窍活血汤、桃红四物汤、当归芍药散、化瘀煎加减。

"血不利则为水"是言瘀血阻滞脉络，致水湿分解失利，聚生痰浊，痰瘀常相兼为患。因此在使用活血化瘀药物时常配合祛湿化痰药物，可增强活血化瘀药物的临床效果。常用药对如丹参配泽泻、丹参配薤白、大黄配瓜蒌等。以大黄配瓜蒌而言，大黄味苦，性寒，"能入血分，破一切瘀血"。瓜蒌味甘、微苦，性寒，清热化痰，利气散结。两者合用，活血化瘀、行气消痰相得益彰。而"水不行亦可为瘀"指的是水湿阻滞，日久成痰，郁遏气机，致使血行涩缓，渐成瘀滞。治疗当祛湿化痰药中佐以活血化瘀药物，常用药对如苍术伍茵陈。苍术味辛、苦，性温，燥湿健脾；茵陈味苦，性微寒，清利湿热。茵陈在清利湿热之余还有凉血散瘀泻浊的作用，两药共用，兼具清热化痰、活血祛湿之功效。

（3）升清降浊，健运中焦：痴呆临床症状特点是以记忆能力下降为特点的整体认知功能的减退。中医学认为脑为精明之府，其作用和功能的正常发挥依赖人体气机的升降有序，即清气得升以奉精明，浊气得降无碍清窍。若浊邪上犯头部，蒙蔽清阳，多见"浊邪害清"之善忘、神痴、呆傻等症。张伯礼认为虽疾病由衰老所致，治疗上切勿尽补益之能事，失泻浊于交臂，明乎此则胸有全局，事半功倍；舍此则投鼠忌器，取鱼忘筌。

健运中焦时应重视顺应脾胃脏腑之禀赋，如予炒扁豆、炒白术、茯苓、薏苡仁、苍术健脾利湿，使中焦斡旋有力，升清有常；根据脾喜燥恶湿的特点予醒脾化湿的藿香、佩兰、白豆蔻、草果仁、砂仁等药助力腐熟，相对胃喜湿恶燥的特点常以沙参、百合、麦冬、玉竹与之相配，可使芳香不燥、胃阴不伤而得祛湿化浊于未形；中焦气机阻滞出现腹胀明显者，常予半夏、陈皮、木香、枳实理气消胀，疏泄宽中；腹胀兼有水声辘辘者加大腹皮、槟榔片除积消胀，利水化郁；对于浊气不降，嗳噫便秘者予大黄、枳实、莱菔子、厚朴、代赭石等通腑降浊；若浊停下焦，溲浑不利者可加汉防己、木通、车前子之类通利清降，导湿热浊邪从小便而出；若湿浊热化，常以胆南星、全瓜蒌、桑白皮、黄芩等药清热泻浊；痰黏胶结者常伍以生牡蛎、浙贝母、夏枯草、皂角刺等药润燥散结，毋使湿浊酿化成顽毒。

（4）燮心理肝，安神定志：痴呆的典型症状主要体现在认知功能减退、行为与精神障碍、生活能力下降为主的 3 个方面。从临床发病特点来看，随着患者病情的逐渐加重，行为与精神障碍变得更加突出。心主神明、主血脉，是为主宰精神意识思维活动之君主。肝在志为怒，怒则气上，可致周身气血逆乱，"血并于下，气并与上，乱而善忘"；其次肝主疏泄，喜条达，若肝郁不疏，久郁不解或成气滞血瘀，瘀血阻窍之证。故从心、肝辨治痴呆具有重要的理论指导意义。

张伯礼治疗痴呆患者时注重安其神志，或养血安神，或清心宁神，或交通心肾，或重镇安神，或疏肝解郁，或怡情移志，总以心神安宁、肝气顺达而臻形神相即之境。痴呆患者于临床出现失眠、多梦、头晕等心血不足、营血亏损症状时常予制何首乌、当归、酸枣仁、柏子仁、远志以养血安神；对心烦、咽干口燥、脉细数的心阴虚者常予生地黄、知母、牡丹皮、天冬、麦冬、玄参以清心宁神；对心肾不交表现出的怔忡、烦躁不眠者，常取黄连之苦寒，入少阴心经，降心火，不使其炎上，取肉桂辛热，入少阴肾经，暖水脏，使其润下，黄连合肉桂，寒热并用，可得水火既济，心肾交泰之妙；对肝阳不潜，升发太过而表现出心烦易怒、面红目赤、头晕耳鸣者，拟上亢者治之下佐以潜镇，常在滋养肝肾基础方之上重用介类潜镇，如石决明、珍珠母，两药咸寒入肝，为治肝阳上亢必用之药；对于情绪低落，郁郁寡欢者，常用合欢花、薄荷、香附、香橼、玫瑰花等药以疏肝理气，木郁得达，同时佐以白芍、木瓜柔润敛肝之品；对于情志郁结化火，火气上逆者，常予菊花、夏枯草、栀子、黄芩、龙胆草等清肝火，散郁结，除烦逆。

痴呆的治疗是一个长期的过程，药物治疗之余，还要从心理、社会、家庭等方面综合干预。

五、方药之长

（一）核心方剂

1. 清热化浊方

组成：绵茵陈 20g，茅苍术 12g，白茯苓 15g，粉草薢 15g，清半夏 15g，川黄连 10g，皂角刺 12g，紫苏梗 20g，益母草 20g，车前草 15g，生牡蛎 20g。

功效：清热利湿，疏通化浊。

方解：绵茵陈辛苦微寒，善于清利脾胃肝胆湿热；茅苍术辛苦性温，为燥湿健脾之要药。两药相伍兼具利湿与燥湿之功，清利中下二焦之湿热，共为君药。白茯苓甘淡性平，健脾利水渗湿；粉草薢苦平，利湿泄浊。两药相合共为臣药，助君药利湿泄浊之力。清半夏辛温，燥湿化痰，消痞散结；川黄连苦寒，清热燥湿，泻火解毒。两药相合，亦为臣药，一是取半夏泻心汤方义，辛开苦降，复中焦枢机；二是助君药清热燥湿、散结化浊之力。皂角刺辛咸性温，散结涤痰；紫苏梗辛温，理气宽中。两药合用，以辛香走窜之力祛湿热浊邪溃散外达。益母草苦辛微寒，清热活血利水；车前草甘寒，清热利尿通淋。两药合用，能疏通下焦，引湿热浊邪从小便而走。生牡蛎咸寒，重镇降逆，能坠湿浊下行，软坚散结，可散湿聚之顽痰。上五味以辛温逐湿，以通利泄浊，以重镇坠邪，共为佐使。

本方作用部位在中下二焦。治中焦如衡，非平不安，全方寒热平调，既防凉药凝湿化痰，又避温药助热化火。治下焦如权，非重不沉，在渗湿、利湿、泄浊、化浊等药祛湿化浊之际，佐重镇之品坠邪下沉。同时，全方辛苦相伍，辛开苦降，以苦降之力引湿热下行，佐辛开之性以提壶揭盖，共奏清热利湿、疏通化浊之效。

该方临床常用于湿浊内蕴中焦，日久生热而难解之证。湿浊厚重可加蚕沙，气机不畅可加乌药，瘀滞明显者加姜黄，肿满者加大腹皮。

2. 益气通痹方

组成：党参 15g，云茯苓 15g，白术 12g，半夏 15g，黄连 10g，降香 15g，五灵脂 15g，延胡索 15g，丹参 30g，郁金 15g，薤白 15g，紫苏梗 20g，夏枯草 20g，生龙齿 30g。

功效：益气活血，通痹止痛。

方解：党参甘平，补脾益肺，养血生津；云茯苓甘淡性平，健脾益气，宁心安神；白术甘苦性温，补气健脾，燥湿利水。三药相伍，四君方义，共为君药。一则健脾益气，使气足而有力行血；二则三药味甘，取其能和能缓之意，以缓急止痛。降香辛温、五灵脂苦咸、丹参味苦微寒，皆有活血化瘀止痛之力；延胡索辛苦性温、郁金辛苦性寒，均备活血止痛、行气解郁之功。上五味，共为臣药，以活血行气，化瘀止痛。半夏辛温，黄连苦寒，两药相合，辛开苦降，调畅枢机，进而疏理周身气机；薤白辛苦性温，通阳散结，行气导滞；紫苏梗辛温，理气宽中。上四味共为佐药，调畅气机，行气活血，助化瘀止痛。夏枯草辛苦性寒，散结消肿，能散脉道聚结之瘀浊；生龙齿镇静安神，能敛浮越之心神，亦为佐药。

本方以补气之剂配大队活血行气化瘀之品，一则宗"气为血帅"之旨，使气足则血行；二则取顾护气血之意，使活血行气而无破血耗气之虞。另配调畅气机、散结消导之剂，以助气行血；兼佐重镇安神之剂，以防活血行气鼓动心神外越。故而本方可倍奏益气活血、通痹止痛之效，而无破血、耗气、扰神之虞。

该方临床常用于气虚血瘀心绞痛者，若痛重加三七粉冲服，痛涉肩背加葛根，伴心烦加栀子、豆豉。

（二）用药心悟

1. 守药治所苦，调方治证候

张伯礼对中风、痴呆、冠心病、心衰等心脑血管疾病的临床治疗积累了较丰富的经验。治疗这类疾病时，病证结合，对病证有全面的权衡，治疗策略上则是守药治所苦，调方治证候。在临床制方上守住基本药队治其所苦，调整主方针对证候的变化，守住基本药队是对这类疾病其所苦实质的准确把握。以胸痹（冠心病）为例，他认为冠心病的总病机为"阳微阴弦"，患者临床所苦多是"疼痛""憋闷"，其机制是"脉不通""不通则痛"。故临床治疗时要以"通脉止痛"为关键，当以活血化瘀、宣痹止痛为基本大法。以降香、五灵脂、郁金、延胡索、丹参合用为基本药队，临床根据病情再随证加减。调整主方主要针对证候，气虚者用四君子汤，血虚者加四物汤，气阴两虚者加生脉散，气血两虚用八珍汤等。患者的证型有变化，必须随证调方加减。临床注重把握疾病的病机演化过程，遵循疾病演化的总规律制方。

2. 对药和药队

张伯礼临床善用对药和队药。对药是配伍的最小单元，队药是临床用药经验的总结，两者都是中药七情和合配伍法则的应用，往往执简御繁，相得益彰。同性药配伍力胜一筹，如藿香、佩兰配对，藿香味辛，性微温，芳香温煦而不燥，既能散表邪又能化里湿，佩兰味辛，性平，气味芳香，既散表邪又能宣化湿浊而定痛，二药伍用，芳香化浊，醒脾和胃力彰，多用于症见胸脘满闷、纳呆倦怠、口中黏腻、舌苔白腻者；酸枣仁、夜交藤配对，酸枣仁甘平，补肝宁心，镇静安神，敛汗生津，夜交藤甘平，养心安神，引阳入阴，二药伍用，补肝宁心，养心安神，用于惊悸失眠者；乳香、没药配对，乳香辛苦甘温，气芳香，辛散苦泄，芳香走窜，入肝经、走血分，能于血中行气，没药色红棕、香气浓，以活血散瘀为要，破瘀之力稍强，二药合参，兼走气血，取效快捷，共奏流通经络、活血祛瘀定痛之功，小量可效，久用碍胃；茯苓配麦冬，茯苓甘淡而平，入心经以导其痰湿而开心益智，宁心安神，麦冬甘寒养阴，能生津益胃，润肺清心除烦，二者相伍，滋阴除烦，宁心安神，常用于心阴不足之心悸、心烦者。此外，张伯礼常用的对药还有附子与干姜、紫菀与款冬花、沙参与麦冬、女贞子与墨旱莲等。药性相反的药物配对，常用的有肉桂、黄连药对，肉桂为温热之品，可补命火，黄连苦寒，善于清心火，二药参合，寒热并用，共奏泻南补北、交通心肾之功；黄连、吴茱萸药对，黄连苦寒，可清泻肝胃火，吴茱萸辛散温通，降逆止呕，黄连配吴茱萸，配比按病情而灵活变化，可用于肝火犯胃、肝寒犯胃等。

张伯礼临床还善用"队药"，两药成"对"，三五则成"队"。临床使用队药有具体章法，队药可分为君队、臣队、佐使队。君队药往往反映张伯礼对特定疾病所现证型的治疗，处方时常将君队药置于处方开头君药的位置。常用者除四君子汤、四物汤外，还有黄精、麦冬、玉竹组成的君队，用于以气阴不足为主要表现者；生地黄、知母、牡丹皮等组成的君队，用于阴虚内热者；柴胡、半夏、黄芩组成的君队为小柴胡汤主药，用于肝气郁结者。臣队药往往反映他对特定疾病主要的症状，也是病患所苦之处的治疗，是具有促进、辅助君药作用的一队药物，如降香、五灵脂、丹参、郁金、延胡索组成的臣队，常用于胸痹患者胸闷心痛者，用以配合君药使患者气血运行瘀滞状态改善等；常用臣队药还有黄连、半夏、吴茱萸、煅瓦楞子队，女贞子、墨旱莲、苦参、远志队，附子、干姜、白术、甘草队，桂枝、白芍队等。佐使队往往反映张伯礼对特定临床症状的经验掌握，是临床用药经验的直接体现，如常用的佐使队有柏子仁、夜交藤、合欢花、龙骨队药，常用于心阴（血）不足伴有失眠的患者；竹茹、代赭石、旋覆花、陈皮队药，常用于胃气上逆者；大黄、决明子、杏仁、郁李仁队药，常用于肝阳上亢而大便秘结者等。

六、大医之情

（一）思想境界

1. 使命担当，振兴发展中医药事业

张伯礼作为第十一至十三届全国人大代表，始终坚持为国家发展献计献策，为事业发展尽心尽职，为百姓利益奔走呼吁，这不仅是人大代表的崇高职责，也是他的履职原则。在过去的十几年间，他围绕中医药临床服务、科学研究、人才教育、产业发展、文化传承和走向国际等方面，走访、座谈、调研、咨询的脚步从未停歇，从医院到企业，从学校到研究院所，深入基层、联系群众，获取一线数据资料，提出了建立中医药传统知识保护制度、中医药健康服务发展规划、中药材保护和发展规划、促进中医药高水平研究平台建设、启动国际针灸大科学计划、重视国际标准建设和中药海外注册等议案和建议等数十项，多数被采纳。

在中国中医科学院成立60周年之际，张伯礼代表中国中医科学院向习近平总书记呈函，汇报中国中医科学院取得的重要成绩，特别是屠呦呦研究员获得诺贝尔生理学或医学奖，圆了中国科学家百年诺奖梦，也再次证实中医药是伟大的宝库。不久后，中央委员会办公厅发来了回函，总书记回信了。

总书记在贺信中指出："中医药振兴发展迎来天时、地利、人和的大好时机，希望广大中医药工作者增强民族自信，勇攀医学高峰，深入发掘中医药宝库中的精华，充分发挥中医药的独特优势，推进中医药现代化，推动中医药走向世界，切实把中医药这一祖先留给我们的宝贵财富继承好、发展好、利用好，在建设健康中国、实现中国梦的伟大征程中谱写新的篇章。"

总书记的贺信引起了热烈反响，肯定了中医药的贡献，鼓舞了士气，增强了信心，是对中医药事业发展的极大支持和鼓励，同时提出了殷切期望和具体要求，是新时代做好中医药工作的重要指导思想。

2. 不忘初心，矢志不渝推动中医药立法

中医药立法是几代中医药人的心愿，自1983年董建华等老一辈中医第一次提出，历经33年，2016年12月通过全国人大常委会审议，习近平主席签署主席令，《中华人民共和国中医药法》（简称《中医药法》）正式颁布。其间，作为一名全国人大代表，张伯礼6次领衔提出立法议案，参加法案的起草、修订，多次参加调研，3次参加审议，有幸参加了立法的全过程，多项重要的建议被采纳。

《中医药法》草案历经三次人大常委会审议，进行了大量的修改和完善，彰显了

法律的严谨性和可操作性，也体现了与时俱进的时代特征。在第三审中，一般不宜做大的修改，但考虑到中医药业内普遍反映，中医药从业人员由于临床需要，也经常采用与本专业相关的现代诊疗技术和方法，但因无法律保障，经常会引发一些医疗纠纷，也阻碍中医药临床诊疗水平的提高，为此张伯礼提出应增加一款："执业中医师临床需要经培训、考核合格后，可以在执业活动中采用与其专业相关的现代科学技术方法。"经过认真解释和充分说明，在全国人大法制工作委员会的支持下，该建议在三审修改中破例得到了采纳。

三十年铸一剑，《中医药法》的颁布圆了几代中医药人的夙愿，开启了依法发展中医药事业的新征程。在《中医药法》通过的那一刻，张伯礼激动万分，真是：奔呼立法几辈人，功就咽哽双泪出。

3. 高瞻远瞩，统筹中医药现代化顶层设计

从 20 世纪 90 年代中期始，张伯礼就参加或主持中医药现代化顶层设计，参与起草了科技部《中医现代化科技发展战略》《中药现代化发展纲要》《国家重点基础研究发展计划》《重大新药创制专项计划》《健康中国行动实施方案》等国家重大中医药计划。他有前瞻视野，战略高度，肯于奉献，勇于担当，同时又审时度势，善于提出重大战略方向，为推动中医药事业发展做出重要贡献。例如在 2010 年提出的"扶持和促进中药大健康产业发展"的建议，是他在主持科技部中药现代化产业基地验收调研后提出的，并通过中国工程院战略咨询课题立项研究，提出了发展中药大健康产业的战略目标、战略重点、战略决策和保障措施，得到了国务院的重视和采纳，推动了一系列有利于中医药产业发展的政策和规划出台。如《中医药健康服务发展规划（2015—2020 年）》《关于促进健康服务业发展的若干意见》等，《中医药发展战略规划纲要（2016—2030 年）》也将其列为重点建议内容，为中医药振兴发展提供了政策保障。中医药大健康产业目前已达近 3 万亿元规模，成为我国经济的一个新增长点。

4. 标准引领，推动世界中医药教育健康发展

张伯礼在 2003 年担任教育部高等学校中医学类专业教学指导委员会主任委员时，就提出重视"中医临床思维"养成和基于案例式教学的思维能力培养的中医教育思想，强调通识教育与专业教育有序结合，探索式教学和自主学习联动式学习方法，提出了"中医思维、临床技能、职业素养三位一体"的实践教学模式，注重临床技能训练。基于上述理念，他主持制定了教育部《中国·中医学本科教育标准》和《中医学专业认证标准》等系列文件，显著促进了中医教育质量提升，多次受到教育部表彰。在担任世界中医药学会联合会教育指导委员会主任委员后，针对日韩抢占主导，世界中医质量教育参差不齐的状况，张伯礼提出我国是中医宗主国，我

主人随，坚持先国内后国外的原则，以标准为引领，推动中医药在世界的健康可持续发展。为此，张伯礼主持制定了世界中医学教育的第一个国际标准——《世界中医学本科（中医师前）教育标准》，并颁布执行，已在50多个国家和地区推广应用；组织海内外专家300多名，历时8年，编写了"世界中医学专业核心课程教材"（中英文各14册），并将翻译成法语、西班牙语等多国文字；建立国际中医师资培训基地，有力地推动了中医教育的规范化和标准化，引领了世界中医教育健康发展；主持完成了"以标准引领全球中医药教育——中医药教育标准的创建与实践"项目，获2018年国家级教学成果奖一等奖。

5. 坚守初心，弘扬大医精诚的精神

"贤以弘德，术以辅仁"是张伯礼的座右铭。"一切为了患者，将患者利益最大化"是他的职业信条，也是他行医的准则。他虽身为校长、全国名中医、国医大师，但对待病患平易近人，和蔼可亲，无论是保健对象还是普通患者，他都一视同仁。他处处为患者着想，从不开大处方，不做不必要的检查，不收患者任何礼物，为患者精心诊治，以高超的医术解除了许多患者的病痛。患者送的锦旗、牌匾他都不让悬挂，他说一面锦旗一百多块钱啊，挂上就是引导，患者都来送破费太多了，治好病是应该的。他常说："用自己的医术救死扶伤，为患者解除病痛，我很有成就感；用最少的钱把患者治好，是我的职责和任务。"

"再忙，也要留出门诊时间，既为回报患者，也为手把手带学生。"从医半个多世纪来，他从未离开临床，虽身兼数职，工作繁忙，但仍坚持每周3次门诊，年门诊量5000余人次，外埠患者占三成多。有时他从外地出差赶回来，一坐就是大半天，常常连饭也顾不上吃，为的就是减少患者的等待时间。旧门诊楼没有电梯，遇高龄或行动不便的患者，他就亲自下楼诊治，省去患者上楼的不便。对于家境贫困的患者，他千方百计减少其费用甚至自掏腰包。他对患者耐心细致，经常帮助患者将从家里带来的一大堆西药分类并嘱其如何合理使用，令患者感动不已。

2020年，面对突如其来的新冠疫情，张伯礼对进入方舱的医疗队员讲："患者都很紧张、恐惧，热情服务和抚慰是第一要义，医生要把对患者的关爱放到第一位。"在这一指导方针下，方舱医院的医务人员总是耐心地给患者详细解释病情，帮助患者减轻焦虑恐惧情绪。在方舱医院经过张伯礼看望后，曾有患者如此感叹："这是我睡过最安稳的一觉。"

张伯礼有一个四字要诀：换位思考。他总说，一个好医生，要和患者换个位置去思考，就能明白患者希望得到什么样的照护、希望听到什么样的声音。医生要把患者利益放在第一位，无论检查还是开药，把患者的利益最大化。医生了解的医学知识比患者多，所以要为患者担当，手术该不该做、检查该不该做、药该怎么吃，

都应该给患者解释清楚，帮助患者下决心该怎么办，这些都是我们医生以人民为中心的具体实践。

张伯礼为患者勇于担当，给同事们留下了深刻印象。他对很多疑难重症独辟蹊径，但这也要承担责任和风险。一位近百岁老人患急性胸膜炎，剧痛难忍，对吗啡类药物过敏，他果断使用大剂解毒止痛药而取效；一位被专科医院诊断为肺癌的患者，悲痛欲绝，他经过认真研判检查，大胆否定了这个诊断并将患者治愈。

"在武汉前线，我也体会到了广大人民群众对一线医护人员的真诚的关注和热情的支持。"张伯礼感慨，希望经此大疫，"人民爱医，医爱人民"的社会氛围能持续下去，"医务工作者要把病患的利益放在第一位，一切为患者着想。也希望社会上对医疗行业、医务工作者多点包容和理解，期盼医患和谐相处"。他的一言一行体现了大医精诚的深刻内涵，充分发扬了仁心仁术、救死扶伤的崇高精神，是传承学子、启示后人的榜样。

（二）文化修养

写诗是张伯礼在繁忙工作之余的一种爱好，或是一种放松的方式。他说："古人云：诗言志怡情。我虽然不太会写诗，只能算是顺口溜，但写的都是真情实感，有感而发，某种意义上也是一种不忘却的记忆，过后读起时，触诗生景，又是美好的回忆。"多年以来他已经写了四五百首长短诗句，仅在抗击新冠疫情期间就写了20余首。这些诗句尽显了他的家国情怀，国之大医的丰厚知识、国学素养及不凡气度，也是一份宝贵的中医文化资料。下面仅以抗疫诗词供赏析。

2020年正月初三，在飞往武汉的飞机上他就填了首调寄《菩萨蛮》的词作，题目是《战冠厄》，词曰："疫情蔓延举国焦，初二星夜奉国诏。晓飞江城疾，疫茫伴心惕。隔离防胜治，中西互补施。冠魔休猖獗，众志可摧灭。"其表达了重视隔离，预防的方法更重要，采用中西医结合方式，一定可以战胜冠魔的必胜信心。在向中央指导组提出中医包方舱、中药进方舱的建议被采纳后，他昼夜筹建江夏中医方舱医院，每日工作到很晚。在元宵节的晚上，他拖着劳累的身躯，回驻地途中又写下了五言古诗，诗曰："灯火满街妍，月清人迹罕。别样元宵夜，抗魔战正酣。你好我无恙，春花迎凯旋。"在整个抗疫过程中，中央指导组驻地东湖宾馆百花楼，在这里贯彻中央指令，运筹帷幄，一线抗疫，调度有方。张伯礼参加中央指导组工作，积极建言献策，提出的很多建议都被采纳。他写就七律《东湖·百花楼》："东湖立春明媚苏，阳气升发疫魔屠。正是国难共担时，百花楼里大运筹。"

昼夜辛劳，饮食不周，张伯礼胆囊结石嵌顿在胆道，造成急性坏死性胆囊炎，保守治疗无望，只能手术。他怕影响军心，要求不要告诉战友，怕家人着急，要求不要告诉家人，也拒绝同样正在参加武汉抗疫的儿子的探望，自己签字手术，令人肃然起敬。他却乐观地说："这回我真是和武汉人民肝胆相照了。"手术后他在病房写下了《弃胆》一诗："抗疫战犹酣，身恙保守难。肝胆相照真，割胆留决断。"该经历被传为佳话，英雄的榜样也鼓舞了大家。

在武汉当地疫情最焦灼的时候，大家最关心的是什么时候才能出现拐点，他在接受《人民日报》采访时以充分的科学依据，提出根据全国及疫区地疫情数据分析，疫情的拐点当在 3 月底见分晓，并写就《破晓待明》一诗鼓舞大家："天欲破晓一抹清，曙光初现万霞红。鏖战疫魔须坚忍，凯旋班师踏清明。"

正如所愿，3 月下旬武汉实现了社会面清零，4 月 8 日武汉解封通衢。据张伯礼回忆，平时他的睡眠一向很好，但那天凌晨却很早醒来，心潮激动，一气呵成写下了一首《归辞》："山河春满尽涤殇，家国欢聚已无恙。两月敢忘江城苦，十万白甲鏖战茫。黄鹤一眺三镇秀，龟蛇两岸千里黄。降魔迎来通衢日，班师辞去今归乡。"在武汉的同道谈到这首诗都很激动，东湖宾馆、武汉火车站等地都书写了这首诗留作纪念。

七、重要著作

张伯礼注重总结经验，著书立说，不仅仅是自己的学术著作，更重视为中医事业著书，为前贤名医立传。他组织编写了系列具有重要学术意义和史料价值的典籍巨作，受到了业内学者高度评价，并获各类著作奖。他则认为这是责任所为，义不容辞。仅举几例为证。

（一）《中国中医药重大理论传承创新典藏》

自中华人民共和国成立以来，在党和国家中医政策的支持下，中医药行业紧紧围绕国家战略和社会需求，以解决制约中医药发展的关键科学问题和提高临床疗效为核心，广泛开展中医药科学研究，科技支撑能力和创新水平不断提升，在中医药基础理论和重大疾病防治关键技术等方面取得了一批具有重大影响的科技成果，并推动了中医药基础理论的发展，但是由于缺乏系统的梳理和提升，致被人诟病中医药理论缺乏创新，发展滞后。张伯礼指出，中医药的发展离不开传承创新，继承是基石，创新是动力；而理论创新更为关键，不是没有，而是梳理总结不够。张伯礼提出有必要对建国以来中医药理论传承创新方面所取得的成绩进行系统整理和总结提升，牵头组织参与诸多当代中医药科学研究的科技工作者及团队，对中华人民共和国成立 60 余年来的中医药重大成果进行系统梳理和专家遴选，由胡镜清率中医基础理论研究所负责，编撰成《中国中医药重大理论传承创新典藏》。全书分为上下两篇，上篇是应用现代科学技术开展的中医药研究重大成果汇编，下篇是三批90名国医大师学术思想的荟萃。

上篇通过对各领域的历史沿革、研究内容与标志性成果，以及学术影响和转化应用等内容进行系统阐释，均由各领域开拓者、成果负责人和主要参与者亲自撰写。执笔专家不仅深入详尽地阐述该项成果开展的工作，更围绕整个领域研究成果的扩大应用产生的影响进行了多层次的分析。

下篇则对国医大师们所取得的成就进行了系统梳理，通过反复研习国医大师的学术思想，横向归纳了他们的实践经验、学术特色和理论传承创新内容。其中既有侧重对中医学术本质属性再认识的"生生医学理论"，对当代乃至未来健康医学的构建都有重要指导价值；也有围绕"脾胃学说""命门相火"等某一中医理论体系中得到公认学说的新阐发。较多的则是介绍国医大师们针对当前重大疑难疾病如冠心病、脑病、肺病、肾病、妇科病、痹病、杂病及五官科、皮肤科等疾病的临床诊治展开的传承创新研究所取得的示范成果。

该著作通过总结当代的中医药传承创新研究成果，填补了当代中医药理论守正创新系统梳理的空白，成为中医药重大理论传承创新的奠基之作，展示了当代中医药人呕心沥血、奋发图强、勇于探索的历史画卷。该书获第五届中国出版政府奖图书奖。

（二）《百年中医史》

张伯礼认为，几千年来中医发展或快或慢，但一直都不曾停止。但自辛亥革命以来的100多年，中医经历了与西方医学的碰撞，也迎来了中华人民共和国时期的机遇与挑战。中医药学经历了跌宕起伏、生死存亡的历史磨难，经历从西学东渐，中医式微，再到中西医并重，东学西渐，甚是激烈，全在百年之中，这是以往的历史时期所没有过的，盛世修典，这个历史经验值得认真总结。百年中医发展史上发生的一桩桩历史事件，都有其发生和演变深刻的历史文化原因，探究这些事件背后的原因，鉴往知今，以史为鉴，是当前医史学研究的一个重大命题。

2011年10月底，张伯礼提议开展百年中医史研究，并主持了院士、国医大师参加的论证会。专家们充分肯定了选题，并提出史料要翔实，评论要恰当，要总结经验，汲取教训，以史为鉴。这项工作得到国家中医药管理局的重视和支持，中国中医科学院拨出专款，由医史文献研究所朱建平所长组织具体工作。

全书按照"史学无禁区，在于真善美，要抓重大事件、重大政策、重大成果、重要人物"的工作思路，突出中医药事业的兴衰变迁，为把发展中医药列为国家战略提供强有力的史学支撑。历时三年余，恪守史学研究规范，论从史出，尽力搜集第一手史料，从大量中医书刊及非中医文献中，搜集、甄别、分析、整理出翔实、可靠的近百年中医史料。史料与史论相结合，内史与外史相结合，团队研究与专家咨询相结合。全书以时间为轴线，以事件为节点，史论结合，图文并茂，展现了百年中医不平凡的历史。该书将百年中医发展史分为三个历史时期：1912—1948年是中医抗争图存，自强发展时期；1949—1977年是中医事业奠基，曲折前行时期；1978年至今是中医全面发展，走向世界时期。《百年中医史》不仅供我们回忆，更是给人们一面镜子，以史为鉴，温故知新，将历史的经验转变为解决现实问题的智慧。

百年中医史研究证明，中医药深植于中华文化的沃土之中，树大根深，学术长青。尽管受到当时反动政府的无情压制，西方文化的冲击，甚至一些利益集团的诋毁抹黑，但它仍然以确切的疗效、方便的可及性，在维护人民健康中发挥着重要作用，也增强了文化自信。中医药的多重价值、巨大潜力，落实传承发展中医药上升为国家战略举措，将有助于健康中国的实现。这既是时代发展的需求，更是历史的选择。该书获得华东地区科技出版社优秀科技图书奖一等奖。

（三）《中药现代化二十年（1996—2015）》

张伯礼作为中药现代化发展的倡议者和亲历者，与时任科技部重大专项司司长陈传宏共同组织活跃在中药现代化研究一线的百余名专家，编撰了《中药现代化二十年（1996—2015）》一书。该书系统回顾了中药现代化研究20年来走过的历程，系统总结了研究成果，前瞻性地提出了未来发展方向，提出了阶段目标和重点任务。全书立足学科前沿，内容全面翔实，具有重要的史料价值和指导意义，对推动我国中医药事业传承创新产生了重要影响。

中医药学已成为建设健康中国的重要力量。然而中药行业也存在一系列制约因素，包括产业规模小，技术水平落后；新药研发能力弱，低重复现象严重；中成药品种多，但市场份额小，大品种少；现代科技基础薄弱，药效物质、药效药理及安全性研究滞后；临床评价缺乏规范，研究证据级别低；对药品相关的GAP、GLP、GMP、GCP、GSP等规范理解不深、执行不力，普及推广及实施评估等方面与国际有较大差距；中药科技人才缺乏，特别是多学科复合型人才严重不足；科技资源分散，缺少协调，特别是缺乏顶层设计和发展规划等，严重影响了中药产业发展和市场竞争力的提升，究其根源是缺乏科技创新的驱动。

在党和政府长期对中医药事业发展的关心和支持下，中药现代化发展在各个方面都取得了长足进步。中药现代化二十年间走过的历程，是一项伟大事业开拓奠基的二十年，取得了一批重大成果，推动了中医药事业、产业的跨越发展。系统总结中药现代化研究取得的成果、经验和不足等都是学科发展的重要内涵，展望未来，研究发展的战略方向和重点任务，总结在市场经济条件下，新型举国体制实施重大科研项目及政策措施的得失，对学科发展具有重要意义。只有回顾过去，立足当前，展望未来，才能进一步推进中药现代化研究纵深发展。

全书通过战略篇、科技篇、资源篇、药物篇、民族药篇、产业篇、人才团队篇和展望篇及附录9个方面分篇立论，系统总结了20年来中药现代化实施取得的成就。其包括对复方的药效物质及作用机制的解析技术；中药资源从野生转到家种系列关键突破性技术，以及中药鉴定、稀缺药材人工培育等方面的标志性成果；随着中成药药效物质和作用机制研究不断深入，质量标准得到提高；随着相关技术手段的革新和突破，成功研制了一批中药新药，改造了一批老药并使之成为中药大品种；此外，中药制药技术与设备进步显著，过程质量控制技术快速发展，产品批次间一致性得到提高；中药基础理论，包括药性理论、配伍理论、炮制方法等科学内涵初步得到阐释；中药安全性研究方法和技术水平显著提升，毒性物质分析、毒效机制及毒性预测等均取得了进展。

中药现代化研究是传承与创新协同，科技创新驱动中医药事业发展的成功探索，通过科学研究阐释并丰富了中药理论内涵；事业与产业并重，实现了中药资源保护与开发协调，推动了中药产品提质增效，培育了大中药健康产业；宏伟的研究，聚集了一大批多学科人才，锻炼并壮大了队伍，培育了领军人才；研究深入的驱动作用，催生了一批先进方法和关键技术，提高了研究水平，拓宽了研究领域。科技进步推动了中药走向国际，一批中成药在国际市场销售，一批中药标准被美国及欧洲等药典采纳。中药现代化战略的实施，推动了中药产业的快速发展。1996年全国中药工业总产值235亿元，目前产值已达7000亿元，已经成为我国医药产业的重要支柱。

（四）《中国中医科学院建院名医学术思想精粹》

在张伯礼的倡议和指导下，张伯礼作为主编组织编撰了《中国中医科学院建院名医学术思想精粹》。该书对奉召建院国医名家的中医学术思想进行了系统整理、全面传承，深入挖掘、系统总结了每一位国医名师的学术思想，也反映了20世纪前半叶全国中医药临床经验和学术思想的一个概貌。前贤多已仙逝，这份资料更具有重要的史料和学术价值，殊为宝贵，同时也是对建院的功勋们最好的纪念和报答。

1954年，毛泽东主席做出重要批示："即时成立中医研究机构，罗致好的中医进行研究，派好的西医学习中医，共同参加研究工作。"1955年12月19日，由原卫生部直接领导的"中医研究院"（现更名为中国中医科学院）正式成立，周恩来总理为研究院题词："发扬祖国医药遗产，为社会主义建设服务。"作为国家级团队的"中医研究院"，由原卫生部组织，从京外各地先后聘请了33名具有丰富临床经验和深厚理论水平的名中医来院工作，奉召建院的名医医德高尚、医术精湛，形成了许多独特的学术思想，为我国的中医药事业做出了不可磨灭的贡献。

时任中国中医科学院院长的张伯礼指出，奉召建院老一辈的中医名师跨越两个时代，是在中医发展最困难的时期的中流砥柱。总结他们的学术思想既是感念，更是传承。任何学术进步和学科发展都是在传承前人理论和实践的基础上，发现新问题，总结新经验，形成新理论，从而不断发展完善。实践证明，如果没有全面的传承，就没有不断的创新发展，因此传承是中医药创新发展的根，也是一切的基石。中医药学历经三千余年，经世不衰，历久弥新，学术长青的根由亦是在此。

本书共纳入54位奉召建院名医，通过全面搜集医家本人及其所培养学生的临床医案、科研论文、学术著作，以及报纸、新闻及其采访与评论、遗稿等资料，进行了系统归纳和整理。每位名家均从"生平传记""学术思想""代表著作与学术论文评述"3个方面进行了归纳阐述。"生平传记"部分主要介绍了医家学医（自学、师承及家传）情况、医疗实践或学术研究经历、治学之路、医家治学态度与方法、医德医风、学术传承等。"学术思想"部分深入挖掘典型医案、有效方剂、医话医论，提炼了医家的独特学术简介、学术特点、临床诊疗思路、临证特点、用药特点、学术成就。"代表著作与学术论文评述"部分则介绍了医家的著作和学术论文，并对代表性著作与论文的主要内容、学术价值等加以介绍。

为了真实还原历史，系统展示各位名中医的实践经验和学术特色，中国中医科学院中医基础理论研究所多次派科研人员到外地开展访谈摄制，尤其对学术思想内容组织多次专家论证，以求真实准确。全书逾100万字，具有重要学术价值，特别是系统整理了20世纪前半叶一批中医药代表人物的临床经验和学术思想的传承发展，反映了特定历史时期的中医药发展状况，具有重要时代意义和历史价值。故此书是中医师及研究者重要的参考书。

八、传道之术

（一）人才培养方法

1. 倡建勇搏励志班，探索全人教育模式

21世纪初，针对大学生中较普遍存在的责任感不强、骄娇二气明显、抗挫折能力低、自我约束能力弱、心理素质欠佳等问题，张伯礼于2009年倡导实施勇搏励志班素质育人工程，并亲自担任班主任，制定了"责任、坚韧、克己、奉献"的班

训。他将勇搏励志班定位于第二课堂，面向全体学生，贯彻自我组织、自我管理、自我淘汰的原则，实行零门槛自愿加入，严格淘汰制度，激发学生争先创优的内生动力。经过 10 余年的发展，勇搏励志班已经形成了学工部督促指导、班委会统筹规划、小队自我组织管理的办班模式，教育手臂延伸至整个学校，班级影响力覆盖全校学生。近十几年来，先后有 19986 余名学子在勇搏励志班学习历练，先后有 3796 人获得三星、四星证书，共有 454 人荣获市级以上竞赛奖励，3358 人获得校级竞赛奖励，人均参与晨练晨读 1074 小时，人均参与读书交流活动 71 次，参加社会公益服务活动达 53544 人次，累计服务时长超 18 万小时；在班学生违规违纪行为"零记录"，近些年来，每年都有数十名勇搏励志班学子被推免到北京大学、中国药科大学等学府深造。90% 的学生成为入党积极分子，每年新发展党员中有一半以上是勇搏励志学子。正如最早一批导员总结的经验："勇搏励志班不是将最优秀的人组织起来，而是让组织起来的人变得更优秀。"勇搏励志班的成功经验得到了社会各界的肯定和赞扬，天津市市委宣传部、市委教育工委联合调研组重点报道勇搏励志班特色工作，得到《中国青年报》《中国教育报》《中国中医药报》等数十家媒体的广泛宣传。《一位大学校长的励志试验》的正式出版、天津市高校校园文化育人项目优秀奖、全国高校校园文化建设成果奖一等奖、教育部本科教学审核评估专家对勇搏励志班积极引领学风的高度肯定、天津市首批"一校一品"思想政治工作品牌项目、中央电视台《纪录东方》栏目组的专题拍摄报道、中共中央宣传部《学习强国》平台的宣传，均显示了勇搏励志班的成功。

2. 专业教师学马列，课程思政筑国梦

张伯礼认为，一个学校的好坏，校长是关键，而教育水平则取决于教师。为了落实立德树人的目标，给专业课教师提升综合素质和课程思政水平搭建平台，开辟新时代高校课程思政教师培养模式的新实践，张伯礼在党委的支持下，于 2020 年倡导创办"课程思政筑梦班"。该班由马克思主义学院负责组织教学，每年接收来自全校各学院的专业课教师参加为期一年的培训，前半年学习思政知识，后半年结合专业进行课程思政课的设计与实践。他作为班主任亲自指导教学，从初心使命到担当大义，从"贤以弘德"到"术以辅仁"，从教学设计到教态教法，他对学员们言传身教。他回顾了自己作为中央专家组成员逆行武汉抗击新冠疫情的历程，希望教师们将抗击疫情作为鲜活的教材并有机地融入思政课和专业课，大力弘扬伟大的抗疫精神，讲好中医药抗疫壮举，教育引导学生坚定中国特色社会主义道路自信、理论自信、制度自信、文化自信，为培养担当民族复兴大任的时代新人做出贡献。他还组织马克思主义学院为每名学员配备了思政导师，通过随堂听课、集体备课、教学研讨等方式，思政课教师与专业课教师携手同行，深挖课程思政教育规律与方法，努力让每一门专业课都具有思政味儿。通过两年多的实践，该班已培养结业学员30余名，显著提升了课程思政的理论内涵，达到了思想、教学双丰收，教师、学生双获益的目标。

3. 注重中医思维养成，提升教育质量内涵

张伯礼认为中医思维方法是中医的灵魂和根本，必须高度重视中医思维方法的养成和训练。他在任校长和教育指导委员会主任后，积极倡导培养医学生掌握中医思维规律，针对"中医思维弱化，临床能力下降"这一中医高等教育存在的共性问题，提出了"强化中医思维、提高临床能力，思维、技能、素养三位一体"的教育理念。他强调注重临床技能训练，坚持院校教育和师承教育相结合，要求学生从院校走出去，跟临床名师学习经验，并在院校教育中构建了"基于案例的讨论式教学——自主式学习联动教学方法"，强化中医思维训练；基于贯穿全程的实践教学，提高临床能力；基于多维载体的课堂内外训练，培育素养；基于"'递进准入''多元评价'的机制，保证质量"的实践教学模式，得到了学界的广泛认同和高度评价。他主持完成的"中医学实践教学模式的构建与实践"项目荣获2009年国家级教学成果奖一等奖。该成果创新了实训课程体系，改革了单纯技能训练方式，建立了以四部经典、名医思想训练中医思维，以模拟、标准化、志愿患者训练医患交流、信息分析等综合技能的实训课程体系。该成果已被写入《中国·中医学本科教育标准》并通过教育部专业认证推广，引领、促进了中医药高等教育的发展。其重视中医思维已被业内和社会广泛认同，并已写入中共中央、国务院《关于促进中医药传承创新发展的意见》（2019年10月20日）等主要文件。

强化中医思维的教学理念也被写入了《世界中医学本科（中医师前）教育标准》，并颁布执行，也是编写中英文"世界中医学专业核心课程教材"的原则及"一带一路"国际中医师资培训基地的培养内容。这些都有力地推动了国际中医教育的标准化，提升了教育质量，引领了世界中医教育的健康发展，荣获中医药国际贡献奖。他主持完成了"以标准引领全球中医药教育——中医药教育标准的创建与实践"项目，获2018年国家级教学成果奖一等奖。为表彰张伯礼躬耕中医教育四十余载和对全球中医教育健康发展所做出的突出贡献，2020年，中国教师发展基金会授予张伯礼高等教育领域教学顶级重奖——"教学大师奖"。

（二）人才培养成果

1. 培育人才建团队，凝心聚力创平台

张伯礼传承发扬国医大师阮士怡补益脾肾、软坚散结的学术思想，承前启后，

带领临床和科研团队四代人赓续发展，在心血管病学科负责人毛静远、郭利平、张军平、王保和、赵英强、徐强等的共同努力下，获批教育部中医药防治心血管病创新团队、国家中医临床研究基地、全国冠心病中医临床研究联盟。团队围绕中医药防治心血管疾病的国家行业需求，以重大科研项目为载体，研创了心血管疾病中成药二次开发核心技术体系并产业化；建立了冠心病古今文献信息数据库；揭示了冠心病"阳微阴弦"病机特征的现代内涵；牵头制定了《慢性心力衰竭中医诊疗专家共识》；彰显了加载中医药辨治方案进一步提高冠心病心力衰竭的临床疗效；揭示了参麦注射液、参附注射液等治疗心血管疾病有效中药多途径、多靶点的心血管保护作用机制，并研发了有效中药制剂。张伯礼牵头主编的全国中医药行业高等教育"十三五"规划教材《中医内科学》获首届全国教材建设奖全国优秀教材（高等教育类）特等奖，也是唯一获此殊荣的医学类教材。

在中医药循证评价方面，张伯礼培养了张俊华、王保和、黄宇虹等学科带头人。科研团队为实现临床证据质量和转化效率双提升，创新符合中医药特点的循证评价方法，成立了天津中医药大学循证医学中心。该中心开展了中医药防治新冠证据评价研究，完善、更新了中医药临床证据数据库（EVDS）并发布证据指数报告，推进了核心指标集研究与平台建设、人才队伍建设和学术交流等各项工作，并于2021年获批国家药品监督管理局中医药循证评价重点实验室。

在中药研究方面，张伯礼带领团队围绕中医方剂配伍的科学基础问题开展了系列研究，培养了高秀梅、胡利民、王怡、张晗、赵筱萍等学科带头人。科研团队逐步形成了以现代科学技术研究中医药学的特色与优势，致力于构建方剂配伍相关理论与模型，采用科学数据初步阐明了部分方剂配伍的科学内涵，成立了方剂学教育部重点实验室，并入选国家中医药管理局方剂配伍和方药作用机理传承创新团队。团队围绕制约中药现代化的核心共性问题——药效物质和作用机制"两个相对清楚"，形成了"组分中药配伍理论及方法""组分中药物质基础研究""组分中药成药性评价及转化""组分中药智能制造应用基础及示范"等稳定的研究方向，创立了"组分配伍"研制现代中药的技术、方法、思路，为方药高质量疗效证据的产生提供了方法论支撑；形成了以"化学组成表征明确，制备质量可控，具有可靠生物活性"为特征的组分中药理论和关键技术体系，并建成了具有60000余种中药组分的实物库，在现代中药创制、大品种二次开发、中药智能制造等领域得到了推广应用。其建立的全国中医药系统第一个国家重点实验室——组分中药国家重点实验室，标志着在国家重点实验室布局中有了中医药一席之地，入选"全国高校黄大年式教师团队"。

2. 代表性人才培养成果

张伯礼在40余年的教育教学工作中，先后培养了300余名毕业硕士、博士、博士后及师承弟子；指导的3篇博士论文获得全国百篇优秀博士论文奖，2篇获优博提名奖；捐资500余万元，设立"勇搏"基金，用于激励、资助家庭困难并立志于中医药事业发展的优秀学生，激发和培养他们"勇于拼搏，敢于奉献，重于创新"的胸怀与抱负；培育了一支从事中医药现代研究的创新型人才队伍，包括国家杰出青年、长江学者、"百千万"人才、教育部新世纪优秀人才、突出贡献专家、享受国务院政府特殊津贴专家、军队科技新星、天津市"131"人才、天津市优秀科技人才、天津市青年拔尖人才等各类人才计划60余人，更多的学生活跃在海内外中医药领域，已经成为中医药事业的骨干力量。代表性人才培养情况如下。

高秀梅，天津中医药大学校长，国家杰出青年科学基金获得者，中医药传承与创新"百千万"人才工程岐黄学者，国家中医药传承创新团队负责人，国家高层次人才特殊支持计划领军人才，科技部重点领域创新团队负责人，教育部高等学校中医学类专业教学指导委员会副主任委员，中国中西医结合学会第八届理事会副会长，天津市杰出人才，天津市最美科技工作者。

高月，中国人民解放军军事医学科学院军事医学研究院放射与辐射医学研究所药理毒理研究室主任，国际欧亚科学院院士，国家中医药管理局中药药理重点学科带头人，获第十届"树兰医学奖"。

姚春，广西中医药大学校长、党委副书记，主任医师，教授，第七批全国老中医药专家学术经验继承工作指导老师，全国"三八"红旗手。

张俊华，天津中医药大学副校长、中医药研究院院长，国家药品监督管理局中医药循证评价重点实验室主任，长江学者，中华中医药学会中药临床药理分会秘书长，教育部新世纪优秀人才，第十届"树兰医学奖青年奖"获得者，青年岐黄学者，天津市有突出贡献专家。

王拥军，上海中医药大学副校长，"973计划项目"首席科学家，国家杰出青年科学基金获得者，教育部长江学者奖励计划特聘教授。

郭利平，天津市中医药研究院院长，享受国务院政府特殊津贴专家，全国百篇优秀博士论文获得者，天津市最美科技工作者。

朱明军，河南中医药大学第一附属医院院长，国家临床重点专科（中医）心血管科学术带头人，国家"百千万"人才工程有突出贡献中青年专家。

毛静远，全国名中医，天津中医药大学第一附属医院原院长，中医药传承与创新"百千万"人才工程岐黄学者，国家中医临床研究基地（冠心病）执行负责人，教育部"中医药防治心血管疾病研究"创新团队带头人，中华中医药学会心血管病分会主任委员。

赵筱萍，浙江中医药大学教授，博士研究生导师，兼任中国药品监督管理研究会药品标准管理研究专业委员会副主任委员、世界中医药学会联合会网络药理学专业委员会副会长、中华中医药学会中药毒理学与安全性研究分会常务委员及浙江省生物化学与分子生物学学会副理事长等职。主要从事中药药效物质及其作用机制、多组学与中药多向药理学研究，获省部级科技进步奖特等奖1项、一等奖2项及二等奖4项。

张伯礼学术传承谱

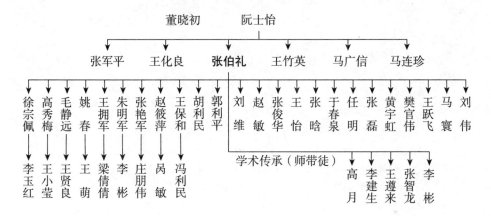

（杨丰文、李霄整理）

（耿雪岩编辑）

张静生

张静生（1941— ），汉族，辽宁沈阳人，中共党员，辽宁中医药大学附属医院主任医师、二级教授、博士研究生导师；曾任辽宁省中医研究院副院长、辽宁中医学院附属医院副院长；现任中国中医科学院学部委员，全国名老中医传承工作室建设项目专家，全国优秀中医临床人才研修项目指导老师，国家科技奖励评审专家，辽宁中医药大学痿病研究所所长；荣获首届全国名中医，全国中医药杰出贡献奖，第四批国家师承工作优秀指导教师，中国好医生月度人物，辽宁省中医大师，辽宁省中医系统先进个人，辽宁省抗击新冠肺炎疫情先进个人等称号。2022 年被授予"国医大师"荣誉称号。

从事临床、科研及教学工作 55 年，熟谙经典，精研临床，继承和发扬温补学派的学术思想，提出补土培元的治疗理念，擅长治疗重症肌无力、冠心病、运动神经元病等内科疑难杂症。主持承担课题共 15 项，其中国家级课题5 项、省部级课题 10 项，基于承担科学研究项目，共获得辽宁省科技进步奖一等奖 2 项、二等奖 5 项、三等奖 3 项，上海中医药科技奖二等奖 1 项，沈阳市科技进步奖三等奖 2 项，发明专利 2 项，院内制剂 4 种，完成成果转化1 项；出版《伤寒论方证研究》《急救广生集》等学术著作 5 部，在国内专业期刊发表学术论文 86 篇。

一、学医之路

1961年10月，张静生收到辽宁中医学院的录取通知书，从此踏上中医之路。6年后，本应1967年毕业，但由于"文革"原因，推迟至1968年毕业分配工作。当年10月被分配到辽宁省丹东市宽甸县大西岔公社所属的杨林地区医院。这个医院是新建的战备医院，但中医师只有他一人。当地领导非常重视中医，并开设了中医诊室，从县城医药公司买了100余种常用的中草药，又配了一名当地的医生给张静生做助手，中医门诊就开业了。由于"文革"晚毕业一年，因此有了临床实习的机会，使他临诊时不手忙脚乱。遇到疑难病时，他就向书本请教。下乡的时候，张静生带了好多医书，除四大经典外，如《辨证奇闻》《医宗必读》《寿世保元》《医学衷中参西录》《景岳全书》《傅青主女科》等，同时上大学时订阅的《中医杂志》《上海中医药杂志》也使他受益匪浅。在农村工作的十年使他在中医临床上得到了锻炼，帮助公社的每个大队建立了合作医疗站，培训20多名赤脚医生，为当地农民解决了看病难的问题。

1978年，党中央下发了"56号文件"，为发展中医事业，决定在沈阳、武汉、西安三市成立省级中医研究院。当年10月，他被省卫生厅抽调回沈，协助史常永院长筹建辽宁省中医研究院。办公地点设在附属医院4楼。早期参与选址、调人、基建工作，同时也开始了医史文献研究工作。1982年研究院基本建成，分为三个部，基础理论研究部、中药研究部和临床研究部。史院长是国内知名的医史文献理论研究专家，在其领导下，研究院边搞基本建设，边做学术研究，首先成立了医史文献研究室，接着成立了中华医史学会辽宁医史分会，史院长为主任委员，张静生为秘书。并创办了《医史理论文献丛刊》，在国内医史文献研究领域产生很大的影响。1982年，卫生部下达了"中医古籍整理与编辑"十年规划，张静生参加《刘纯医学全集》的校勘工作。在史院长的指导下，他学了很多校勘、训诂及目录学、版本学知识。尤其是文献研究，在史老身边，耳濡目染，阅读了大量古医籍，基本掌握了从金元四大家到明清各家的主要学术思想，充实了理论，也大大提高了他临床辨证认证识病，有是证用是方的水平，治疗效果也有显著的提升。1994年11月，张静生被调入辽宁中医学院（现辽宁中医药大学）附属医院，从事临床工作至今，研究方向明确，学术思想成熟，在临床、科研、培养学生方面都取得了满意的成果。

二、成才之道

（一）热爱中医才能刻苦钻研

张静生认为，要想成为一名优秀的中医师，必须热爱中医，相信中医能为广大患者解决疾病的痛苦。想成为一名医家，必须熟读经典，经典是中医临床的理论基础，要研究吃透经典著作的精神，对经典著作的重要章节、条文、方药都要背诵强记。同时又要多读书，广泛阅读中医古籍，尤其是各家各派的学说，善于发现前贤独特的医疗经验及诊疗技能，兼收并蓄，为我所用。读书也要分精读和略读，打基础的四大经典及有关的诊法、方药必须精读，本专业的代表性著作也要精读。要想成为一名优秀的中医师，其成才之路在于多读书，善读书，跟名师，多临床。多读书是充实知识的基础，多临床能提高临床疗效。

（二）临床当与科研并重

要想成为一名优秀的中医师，不仅要精于临床，更要临床与科研并举，为中医事业发展做出贡献。张静生科研成果斐然，引领了辽宁中医药大学中医科研的发展，实现了辽宁中医药大学附属医院国家自然基金课题零的突破。在全国省级中医院首建 SPF 级动物实验室，完善临床药理实验基地。研发具有补益脾肾、强肌健力之功的"复方黄杞颗粒"治疗重症肌无力，有效率78.51%，其补益脾肾作用与调节体液免疫和细胞免疫功能相关，通过了药理、毒理、药效学等新药前研究。并获得国家发明专利，获批院内制剂，获辽宁省科技进步奖一等奖等 5 项。目前已完成成果转化，上市前研究表明其药效与溴吡斯的明相当。针对冠心病研制"冠心康"颗粒，疗效显著，作用机制为改善心肌缺血，调控血脂，稳定斑块，获国家发明专利，以及辽宁省科技进步奖一等奖等 7 项。

三、学术之精

张静生熟谙经典，精研经方时方，提出"五脏一体，生克制化，固本培根，调和阴阳"的学术思想，主张"伤寒温病为一体，辨病辨证相结合"及"重脾肾，调气血，和为贵"的学术观点。在重大疑难病重症肌无力和常见病冠心病上针对性提出以下观点：治疗重症肌无力，主张"根在脾肾"，脾气虚则无以运化，肾气虚则肾精不能灌溉，此谓"脾阳根于肾阳"，强调"肾气"的作用，脾肾虚损是贯穿重症肌无力始终的根本病机，日久累及五脏六腑，弥补了当时治疗该病"重脾轻肾"的不足；治疗冠心病以气阴两虚为本，痰浊血瘀为标，形成"虚－痰－瘀"的基本病机，提升中医药治疗重大疑难病和常见病的能力。

（一）伤寒温病为一体，辨病辨证相结合

伤寒温病为一体：伤寒学派与温病学派在学术上争论百余年，各持己见。《素问·热论》曰："今夫热病者，皆伤寒之类也。"故伤寒为一切外感疾病的总称。叶天士、王孟英、吴鞠通等人创立温病学说，既是对前人理论与经验的总结，又是《伤寒论》的延伸与发展，故张静生认为伤寒与温病没有不可逾越的鸿沟，卫气营血辨证与六经辨证亦是如此。但伤寒与温病在治法方面却有不同，如叶天士所言："温邪上受……辨营卫气血虽与伤寒同，若论治法则与伤寒大异也。"伤寒与温病针对的是外感热病的两大不同类型，每一个类型包括若干病种。因此张静生主张将六经、三焦、卫气营血的辨证密切结合起来，切不可将伤寒与温病机械地分家，从实际出发，使二者互相补充，成为一个整体。

辨病辨证相结合：中医理论认为病是证的总称，证是病的表现，病包括证的大部分表现，证一定在病的范围里出现。中医辨证主要靠四诊八纲。同时强调因人、因时、因地而宜，通过复杂的临床表现，找出疾病的主要矛盾，然后给出综合评定，提出针对性的治疗方案，这是辨证论治的结果。西医的辨病论治，是找病源，在明确诊断的基础上，针对病源用药。因此，证与病是一种因果关系，是不可分割的，否定和肯定病与证的任何一方都是片面的、不完整的。辨证论治存在微观、定量研究不够，对微观的认识较为笼统。张静生主张辨病辨证相结合是指中医的证与西医的病相结合，中医应吸收和掌握西医的一些基础理论、方法，借助各种先进仪器和检测手段，把疾病的本质搞清楚，有利于疾病的早期诊断，防止误诊和漏诊，从而提高医疗质量。辨证是绝对的，辨病是相对的，绝不能对号入座。辨证论治的优点在于，无论任何复杂的病情，都可以根据症状，从阴阳消长、五行制化的规律中，运用四诊八纲，归纳分析，提出综合的治疗措施。它欠缺疾病产生的具体机制，确切的诊断，缺少现代科学分析的依据。若与西医辨病相结合，可弥补其不足。

（二）重脾肾，调气血，和为贵

重脾肾：张静生汲取温补学派的学术思想，强调脾胃和肾命门对生命的主宰作用，在辨证论治方面，立足于先后天，或侧重于脾，或侧重于肾，善于用甘温之品。温补学派是在批判明代部分医者用药偏执于苦寒，损伤人的脾胃而克伐其阳的弊病

而崛起的，对纠正时代的弊病有积极作用，对中医学术的发展起到了积极作用，尤其使命门理论的研究更加深入一步。明代薛立斋是温补学派的先驱，其后有孙一奎著《赤水玄珠》《医绪旨余》《孙文垣医案》，赵献可著《医贯》《邯郸遗稿》，张介宾著《类经》《类经图翼》《景岳全书》，李中梓著《内经知要》《医宗必读》等。其中，张介宾对《内经》《易经》深有研究，明确提出"阴阳者一分二"的著名论点，同时又有丰富的临床实践基础。清代有高鼓峰、吕留良等，他们都各有发挥。当代的郑统魁老师善用补中益气汤及金匮肾气丸治疗临床杂病，查玉明老师用治糖尿病，在临床上都取得了显著疗效。

20余年来，张静生应用脾肾学说的理论治疗内科疑难杂病取得了良好的效果，尤其是对重大疑难病"重症肌无力"的研究，在基础实验研究和临床观察研究方面都取得了显著成果，为广大重症肌无力患者解除了疾病的痛苦。

调气血：气血是脏腑生理活动的物质基础，也是病理变化的依据，调养气血才能保证人身的健康，也是论治疾病的关键。调气重在升降，重在扶正气；调血宜养血、和血、活血。气血为神，重在疏通。气血不和，百病丛生。凡病必有气血失调，调气血，重在调脾胃，补阴阳当益肾。

和为贵：和是指和解法。和是指增加机体的抗病能力，是扶正；解是祛邪。尤其是对肿瘤疾病一定要用扶正祛邪之法。

（三）重视脾肾治疗重症肌无力

张静生重视脾肾学说，认为重症肌无力根在脾肾。人以正气为本，肾为先天之本，脾胃为后天之本，二者皆为人体生命活动的动力，为生命之源泉。脾气虚则无力以运动，肾气虚则精虚不能灌溉，此谓"脾阳根于肾阳"。重症肌无力临床表现皆源于脾肾不足，而脾肾不足又可致五脏六腑功能失调，继发相应症状。因此脾肾虚损是贯穿重症肌无力病程始终的基本病机，而补脾益肾是治疗重症肌无力的根本大法。他运用自拟方复方黄杞汤进行辨证加减，取得显著效果。

（四）治疗冠心病重视调气活血，养阴祛湿

20世纪八九十年代，国内治疗冠心病、心绞痛多以活血化瘀为重要手段。张静生认为冠心病、心肌缺血的基本病机是气虚、阴虚。心气虚、心阴不足是冠心病、心肌缺血的始动因素，并贯穿于冠心病发生、发展的全过程。人以气血为本，气血不调，则百病丛生。《黄帝内经》曰："心痛者，脉不通。"又曰："年过四十，阴气自半。"所以心气虚，心阳不振，则血流不畅，轻者气滞血瘀，重则血脉闭塞，由于"阴阳互根"，故阴损及阳，阳损及阴。因此，由此导致的痰浊、血瘀等病理产物导

致心脉瘀阻，又是贯穿于冠心病全过程的病理基础。气虚、阴虚是本，气滞、痰浊、血瘀是标，故益气养阴兼活血化瘀、祛痰除湿是本病的治疗大法。自拟丹参生脉饮为基础方，加减化裁治疗本病效果显效。

四、专病之治

张静生临床擅长治疗疑难杂症，尤以重症肌无力、冠心病、运动神经元病等重大疾病为重，疗效显著，兹介绍如下。

（一）重症肌无力

重症肌无力（myasthenia gravis，MG）是一种神经肌肉接头传导障碍所致的获得性自身免疫性疾病，主要有乙酰胆碱受体、抗体、免疫细胞、补体等参与其过程。重症肌无力患者主要出现骨骼肌无力，易疲劳，活动后加重、休息后缓解，晨轻暮重等临床表现，主要累及患者的眼外肌、延髓肌群和全身骨骼肌，严重影响患者的生活质量和生命安全。

中医文献中没有"重症肌无力"之记载，根据其症状、发病机理及治疗的难度，可归于中医的虚证、痿、睑废、胞垂、复视、视歧、头倾、大气下陷等范畴。

对于重症肌无力出现的上睑下垂、复视、构音障碍、咀嚼困难、吞咽困难、饮水呛咳、四肢无力等临床表现，在中医古籍中均可找到相关的文献记载。重症肌无力出现的上睑下垂，古籍中称为"睢目""侵风"（《诸病源候论》）、"睑废"（《目经大成》）；复视在《内经》中称为"视歧"（《灵枢·大惑论》）；构音障碍在《内经》中称为"喑"（《灵枢·海论》）；咀嚼困难在《内经》中称为"舌痿"（《灵枢·经脉》）；吞咽困难在《内经》中称为"膈""膈塞不通"（《灵枢·四时气》），后世称为"噎膈"；呼吸困难被称为"大气下陷"（《医学衷中参西录》）；颈部无力在《内经》称为"头倾"（《灵枢·口问》）；四肢无力中医古籍称为"痿证"，《内经》还设有《痿论》专篇详细论述了五脏痿及五体痿。由此可见，关于重症肌无力的相关中医文献散在于不同时期、不同著作中，中医古籍虽然没有与重症肌无力直接对应的病名，但我们可以参照古籍的论述，根据重症肌无力的具体临床表现辨证施治。

病机：张静生认为，重症肌无力根在脾肾，脾气虚则无力以运化，肾气虚则精虚不能灌溉，此谓"脾阳根于肾阳"。重症肌无力诸临床表现皆源于脾肾不足，而脾肾不足又可致五脏六腑功能失调，继发相应症状。因此脾肾虚损是贯穿重症肌无力病程始终的基本病机。补脾益肾法是治疗重症肌无力的根本大法，脾肾双补应贯穿在疾病的始终。《内经》曰："脾气虚则四肢不用。"重症肌无力病在肌肉，症在无力，恰与此相合。肾为"封藏之本，精之处也"，"受五脏六腑之精而藏之"，各脏腑病久皆传于肾，而脾与肾的关系尤为密切，脾的运化升清，有赖命门之温煦；肾的温养脏腑，蒸腾气化，靠脾精的供应。二者在生理上相互为用，在病理上互为因果，"脾气虚则无以运化，肾气虚则精虚不能灌溉"，所谓"脾阳根于肾阳"，肾中精气亦有赖于水谷精微之充养。若一方虚损，必及另一方，致使脾肾两虚，肌肉失养，诸症丛生。而重症肌无力患者除脾肾虚损基本病机外，常常夹燥、夹火、夹风、夹湿，且初病在经、久病入络。

专病专方：根据本病的病机特点，张静生以补脾益肾法为治疗重症肌无力的根本大法，脾肾双补应为贯穿在疾病始终的原则，创立了专病专治方——复方黄杞汤。该方以补中益气汤、当归补血汤、玉屏风散、枳术丸合方加减而成。

组成：黄芪50g，当归10g，山茱萸15g，枸杞子15g，陈皮15g，防风10g，枳壳15g，益母草30g，升麻10g，炒白术15g。

方解：基础方是以补中益气汤加减化裁组成。方中补中益气汤具有补益中气、升阳举陷之功能。基础方中含有益气固表止汗的玉屏风散、补气生血的当归补血汤，以及健脾行气宽中的枳术丸。方中以大剂量黄芪为君药，正如《本草经解》言："人身之虚，万有不齐，不外乎气血两端。黄芪气味甘温，温之以气，所以补形不足也；补之以味，所以益精不足也。"配伍防风则效力更大，其"久服轻身"，可"引清阳上达也"；配当归则补气养血之力更强，而枳壳、益母草、升麻可协助君药提升下陷的中气，陈皮可理气化滞，防其补而壅滞脾胃；山茱萸、枸杞子平补肝肾。全方具有补脾益肾、升阳举陷之功能。现代药理研究表明：黄芪、白术具有增强免疫功能、保肝、改善肾功能、提高心肌耐缺氧能力等作用。而枳壳、益母草常用于内脏下垂之病。

加减：临床治疗重症肌无力时，可分为单纯眼肌型及全身型，或伴有不同兼证，故需以基础方复方黄杞汤辨证加减。症见单眼睑下垂或两眼睑交替下垂，不欲食，便溏，舌胖苔薄，脉细者，为脾肾气虚证（单纯眼肌型），治疗时需酌情加莲肉、山药；症见全身乏力，伴复视、视歧、吞咽、构音、咀嚼困难，便不成形，舌尖红或剥苔，脉细数者，为脾肾偏阴虚证（全身型Ⅱ～Ⅴ型），选加生地黄、女贞子、乌梅、桔梗，或六味地黄丸、左归丸；症见全身乏力，腰酸怕冷，头倾托腮，便溏，舌边齿痕重，苔薄白淡，脉沉无力者，为脾肾偏阳虚证（全身型或延髓型Ⅱ～Ⅴ型），选加巴戟天、淫羊藿、菟丝子、肉苁蓉；凡见复视、视歧者皆加全蝎，或白蒺藜，或川芎；凡见构音、吞咽、咀嚼困难者选加乌梅、木瓜、桔梗、石菖蒲；眼干涩、畏光、流泪者，选加菊花、桑叶、木贼、苍术；颈部无力、头倾者，选加葛根、白芍、威灵仙；全身无力加黄精。

另外，重症肌无力需要重视久病入络，临床病证日久都会波及血分，久病入络。因为重症肌无力的发病机制为神经肌肉相关的免疫系统疾病，虽然不能将神经与中医的经脉等同，但其亦归属经脉范畴。"初病在经，久病入络"，重症肌无力患者往往病程较长，而且多伴有视歧、斜视、肢体麻木等络脉病证的表现。因此，重症肌无力患者在补脾益肾的同时，还需加入虫类药物，搜剔通络。《绛雪园古方选注》说："草木不能独治其邪，务必以灵动嗜血之虫为之向导。"虫类药除搜剔通络外，多伴有平肝息风的功效，而重症肌无力出现的视歧、斜视、肢体麻木，正是风邪致病的表现，且风邪多侵袭人体孔窍，重症肌无力出现眼部、口咽部症状，也正是风邪致病的另一表现，应用虫类药可谓一药多能。

（二）冠心病

冠心病是冠状动脉粥样硬化性心脏病的简称，主要原因是由于冠状动脉粥样硬化导致管腔狭窄和堵塞，引起心肌供血不足及心肌坏死，从而影响心功能。其主要表现包括心绞痛、不稳定性心绞痛、急性心肌梗死、急性心肌梗死的血流动力学异常和心源性休克、心律失常、心力衰竭及心跳骤停等。

冠心病心绞痛在中医古籍中无此病名，根据其症状特点，可将其归属于"胸痹""心痛"的范畴。除此之外，历代医家对冠心病、心绞痛的病名命名有所不同，医籍中所记载的"胃心痛""真心痛""卒心痛""久心痛""厥心痛"等病症表现皆符合冠心病心绞痛的临床症状。当代医学对冠心病心绞痛的中医病名基本统一为"胸痹心痛"。早在《黄帝内经》中即有记载，《素问·脏气法时论》云："心病者，胸中痛，胁支满，胁下痛，膺背肩胛间痛，两臂内痛。"《灵枢·五邪》："邪在心，则病心痛。"《灵枢·厥病》："真心痛，手足青至节，心痛甚，旦发夕死，夕发旦死。"这些记载，类似急性心肌梗死的发作，并发循环衰竭及心绞痛，痛的部位在胸骨后，向肩胛及两臂放射的症状。所述病位及表现与西医学的冠心病心绞痛基本一致。

病机：张静生认为，本病病位在心，瘀血痰凝是动脉硬化、高脂血症、冠心病的病理产物，而冠心病病性虚实夹杂，心气不足是痰瘀交阻的主要原因。他提出中医心血管事件链：虚—痰—瘀—毒（热）—风—水，揭示了动脉粥样硬化性疾病的病机进展实质，其基本病机是气虚、阴虚。心气虚、心阴不足是冠心病心肌缺血发病的始动因素。人以气血为本，气血不调，则百病丛生。《内经》曰："心痛者，脉不通。"又曰："年过四十，阴气自半。"所以心气虚，心阳不振，则气血流行不畅，轻者气滞血瘀，重则血脉闭塞；由于"阴阳互根"，阴损可及阳，阳损可及阴。因此，由此导致的痰浊、血瘀等病理产物是心脉瘀阻的病机，又是贯穿于冠心病全过程的病理基础。气虚阴虚是本，气滞、痰浊、血瘀是标。

专病专方：根据本病的病机特点，张静生创立了以益气养阴、活血化瘀祛痰为法的专病专治方——丹参生脉饮，该方以生脉饮加减而成。

组成：太子参15g，麦冬15g，五味子6g，丹参25g，降香10g，佛手10g，香橼10g。

方解：本方为生脉饮加丹参、降香、佛手、香橼组成的基础方。生脉饮由人参、麦冬、五味子三味组成，原为暑热汗多，耗气伤液及久咳而设，汗乃心之液，过汗则心阴亏，阴伤则必耗气，故口干舌燥，心烦而渴；气虚则体倦乏力短气。原方中人参携元气为君；麦冬甘寒养阴生津，清虚热而为臣；五味子酸收敛肺止汗为佐使。故有补气养心阴之功。现代多用于治疗冠心病心悸、胸闷气短、汗出、口舌干燥、思饮之证。现代药理研究表明，生脉饮注射液可以增强心肌收缩力，增强大小循环和冠状循环血行，升高血压，并有稳定持久的强心作用。另外能减少心肌能的消耗，减少心肌耗氧和糖原代谢；还能促进细胞分裂和核糖核酸合成，从而达到补气回阳、补虚生津的作用。

张静生将人参易太子参，太子参甘微苦平，有补气生津之功，与人参相比，其性较柔润，无人参之燥，适用阴虚血热者，血压偏高者也可用之。与西洋参相比，两者皆能生津，但太子参有补气的作用；与沙参相比，无沙参之寒凉。方中丹参、降香、佛手、香橼为治疗冠心病的两对对药。丹参入心经，活血止痛，降香能行气活血，又能降气，为血中之气药，二药配伍可活血降气，化瘀止痛，是治疗冠心病、心绞痛的一对良药。佛手配香橼，二药皆有理气化痰功能，但药力缓和，药性柔和，主要取其化痰之作用。综观全方，具有益气养阴、活血化瘀祛痰之功能。

加减：针对冠心病心绞痛不同症候，需临床加减。出现前胸痛者加延胡索、川楝子，即金铃子散，行活血止痛之功效；后背疼者加菊花、羌活；后背痛甚者合瓜蒌薤白半夏汤，即《金匮要略》曰："胸痹不得卧，心痛彻背者，瓜蒌薤白半夏汤主之。"严重疼痛者加三七粉或血竭粉冲服；血压高者，收缩压高加夏枯草，舒张压高加葛根、生牡蛎或加稀莶草、草决明；冠心病合并心衰者加三子养亲汤，或葶苈大枣泻肺汤；气虚乏力甚者，两手寸脉弱者，红参易太子参，加黄芪以补气；若脉沉迟者，为窦性心动过缓，合麻黄细辛附子汤；心慌甚者，为窦性心动过速，加茯神或珍珠母；心律不齐者加黄连，或甘松，或苦参；心绞痛多闷痛或胀痛，以痛为主者加檀香。

五、方药之长

（一）常用方剂

1. 一贯煎——统治胁痛，吞酸吐酸，疝瘕，一切肝病

【组成】沙参 10g，麦冬 10g，生地黄 30g，当归 10g，枸杞子 15g，川楝子 6g。

【用法】水煎服。

【功效】滋养肝肾，疏肝理气。

【主治】肝肾阴虚，血燥气郁证。胸脘胁痛，吞酸口苦，咽干口燥，舌红少津，脉细弱，虚弦。

【方解】本方为阴虚肝郁而设。胸胁疼痛是本方的主证，肝肾阴虚，气滞不运是本证病机。而吞酸口苦，咽干口燥，舌红乏津，脉细是阴虚的客观表现。本方主治肝病，肾为肝之母，滋水则生木，以柔其刚悍之性，故方中重用生地黄、枸杞子滋养肝肾，为君。肺主一身之气，肺气清肃，则治节有权，且养金则能生木，以平肝气横逆；胃为阳土，土受木克，土旺则不受其制，故配沙参、麦冬增强滋阴增液、养血柔肝作用，为臣。当归活血入肝为佐；配川楝子疏肝解郁，以平肝气横逆，为使。苦寒泻火可治虚火上炎，咽干口燥；行气止痛，可治胁痛。理气疏肝药大多数偏于燥热，而川楝子偏凉，疏肝同时又能降气，能引肝胆之热从小便排出。张山雷云："楝本苦燥，而入大剂养液队中，反而为润燥之用。"本方组方严谨，配伍精当，体现滋水养阴，以涵肝木，培土养金，以制肝木，寓补中有疏，条达肝木之组方特点，实为应用脏腑制化关系，遣方立法的典范，为滋阴疏肝之良方。

【临床心得】近代本方已广泛应用于临床治疗多种疾病，虽然病种、病名不尽相同，但都没有背离魏氏的肝肾阴虚之立方宗旨。正如魏氏所说："可统治胁痛，吞酸吐酸，疝瘕，一切肝病。"因此张静生认为只要在肝肾阴虚的基础上，出现与肝脏本身有关的疾病，无论内、外、妇、儿、皮肤、五官等各科，本方皆可辨证施用。现广泛应用治疗慢性萎缩性胃炎、慢性胆囊炎、慢性乙型肝炎、胆汁反流性胃炎、干燥综合征、失眠、甲状腺功能亢进、糖尿病、不宁腿综合征、肺癌、多发性硬化、早期震颤麻痹综合征、更年期综合征、白塞综合征、卵巢功能早衰、视网膜经脉周围炎、慢性虹膜睫状体炎、中心性视网膜炎、皮肤瘙痒症、带状疱疹、血管神经性眼泡浮肿、肋间神经痛、黄褐斑、痤疮等。一贯煎在临床应用广泛，只要辨证准确，随证加减，皆可获效。张静生临床应用一贯煎加减如下。

①慢性萎缩性胃炎：本病虚证或虚中夹实者多见，一贯煎适用于胃阴不足，津液亏损者，此型患者的临床特点是喜汤水泡饭，胃中灼热，口干，喜食酸甘，便干，舌体偏小，舌红无苔或苔剥，脉细弱。治宜滋阴养胃，理气助运。张静生临床常用一贯煎合百合乌药汤加减（沙参 10g，麦冬 10g，生地黄 30g，当归 10g，杞果 15g，川楝子 6g，百合 30g，乌药 10g，石斛 15g），若有肠上皮化生者加白花蛇舌草 30g 或土茯苓 30g。

②胆汁反流性胃炎：本病是由于胃排空延迟，胃肠道运动障碍所致。而胃、十二指肠、胆囊的运动协调失常，幽门松弛使胆汁反流，损伤胃黏膜上皮，引起黏膜充血、水肿等炎症性改变。胃镜检查可见胃黏膜充血、水肿、糜烂，黏液呈黄绿色。病理显示为慢性浅表性胃炎或慢性萎缩性胃炎。从临床表现看，应属中医胃痛、痞证范畴。《灵枢·四时气》篇认为"邪在胆，逆在胃"。本病多因肝郁化热，移热于胆，胆失疏泄，逆胃而致。或者是肝胆疏泄失常，胆汁不循常道而上犯于胃。病机为胃阴不足，肝失疏泄。临床表现为胃痛、烧心、呕吐等症状。但辨证要点是胸脘胁痛。方用一贯煎加减（沙参 10g，麦冬 10g，生地黄 30g，当归 10g，枸杞子 15g，川楝子 10g，乌梅 15g，蒲公英 30g，片姜黄 10g），轻者一贯煎加蒲公英 30～50g，若肝胃郁热重者用一贯煎合左金丸（即黄连 6g，吴茱萸 2g）。左金丸为《丹溪心法》方，黄连苦寒，泻肝胃之火，少佐吴茱萸以开肝郁，二者合用则疏肝泄热，养阴益胃。

③慢性肝病：慢性肝病多由急性病毒性肝炎转变而来，其中以乙型肝炎最为多见。慢性肝炎的主要病机是肝之阴血亏虚，故扶正祛邪、柔肝养肝肾之阴是为治疗大法。而一贯煎为肝肾阴虚，津亏血燥气郁而设。其方补而不滞，只要根据慢性肝病的病理特点加减用药，疗效显著。

较为常见的慢性肝病为慢性乙肝，其临床表现多为肝区隐痛，胀满不适，倦怠乏力，纳呆，便干，舌红少津，苔光剥、苔少微黄，脉弦细。证属肝阴不足，气滞不运，法当滋阴疏肝，健脾益气。方用一贯煎加减（沙参 10g，麦冬 10g，生地黄 15g，枸杞子 15g，当归 10g，川楝子 6g，白花蛇舌草 30g，白芍 25g，五味子 10g）。

慢性乙肝基本治疗原则为扶正祛邪。扶正为主，调整和增强机体的抗病能力；祛邪为辅，清除致病因素。扶正又应以养阴为本，祛邪以化湿为先。要做到"养阴不助湿，祛湿而不伤阴"。养阴宜甘寒，用麦冬、天冬、沙参、枸杞子等。化湿应淡渗，如薏苡仁、泽泻、猪苓等。对于乙肝急性期或慢性活动期，属湿热疫毒，应清热化湿解毒，化湿为主，解毒为辅，重用土茯苓 30～50g，白花蛇舌草 30g。慢性迁延性乙肝，应注重调理脾胃，常用生黄芪、党参、木香、砂仁、藿香、黄芩等，防治木克土，保护后天之本。慢性活动性乙肝，重在滋养肝肾，一贯煎加味治疗可收良好效果，调补肝气可重用生黄芪。

④多发性硬化症：多发性硬化（MS）是一种典型的具有中枢神经系统脱髓鞘病变特征的自身免疫性疾病。表现为急性局灶性炎性脱髓鞘及轴索破坏，伴髓鞘再生和慢性多灶硬化斑形成，该病因此而得名。

中医认为本病的病因多为外感六淫、内伤七情或先天不足，其病位在脑髓，其根在肾，其标为风、痰、湿、热、瘀，本虚标实之证。脑白质受损和脊髓脱髓鞘，与肾密切相关，肾主骨生髓，脑又为髓之海，脑髓之病属肾。肝肾又同源，母病及子，水不生木，则肝肾同病。肝肾不足，精血不能上荣，髓海空虚，脑失所养而致骨枯髓减，肢痿不用。肝又主筋，开窍于目，肾又主前后二阴。肝肾虚损，则筋脉失养，肢体痿软无力、麻木，步态不稳，目窍失养，视物模糊，复视及二便障碍。所以本病病位在脑髓，实与肾、肝、脾三脏关系极为密切。故其根在肾，又与肝脾后天相关。

张静生认为多发性硬化的诊治应辨病与辨证相结合，治疗用药中西互补，西药的免疫与对症治疗可控病情的发展，但不能改变其长期的反复发作而致病情恶化的病程，且长期大量应用，不良反应明显。而中医药的辨证治疗可以弥补西药的不足。治疗上应分急性期、缓解期及预防复发三型进行辨证治疗。治疗以扶正祛邪、标本兼治为原则。扶正以补肝肾阴虚、脾肾阳虚为主，祛邪注意风、痰、湿、热、瘀等，随证治之。

急性发作期以祛邪为主，扶正为辅。重在清热解毒，祛湿化瘀除痰。常见湿热痰瘀风诸邪，张静生用药以辛苦寒凉为主，佐淡渗。清利湿热，畅通气机，配合化痰、祛瘀、活血通络之法。可选用龙胆泻肝汤、黄连温胆汤、天麻钩藤饮、三仁汤、四妙散等。热盛常用金银花、连翘、蒲公英、大青叶、白花蛇舌草；湿盛常用生薏苡仁、土茯苓、苍术、茵陈；痰多者常用半夏、胆南星、僵蚕、竹茹、海浮石；血瘀常用丹参、桃仁、红花、赤芍；祛风通络常用荆芥、防风、豨莶草、海风藤、全蝎、蜈蚣。

缓解期，张静生主张滋补肝肾，健脾理气，填精生髓，佐祛邪。常用六味地黄丸、左归丸、右归丸、一贯煎、地黄饮子、补阳还五汤等。补肾应选用温润之品，忌用和少用刚燥大热之品，一般常用生熟地、山茱萸、肉苁蓉（寸云）、巴戟天、淫羊藿、枸杞子、女贞子、鹿角胶、白芍、当归等。补气生血重用黄芪30～100g，当归20～30g，应配伍血肉有情之品阿胶、鹿角胶；益气养阴，应用太子参、鸡血藤、黄精；补肝肾强筋骨应用牛膝、杜仲、菟丝子、熟地黄、桑寄生；滋阴应用麦冬、女贞子、墨旱莲、山茱萸，温阳选用干姜、肉桂、附片。

预防复发是改善本病预后的关键，反复发作造成病情进行性恶化，是本病预后不良的主要原因，目前尚无有效的预防方法，但中医药在减少激素的不良反应及增强免疫功能方面大有作为。根据正气盛衰、阴阳、虚实等辨证用药，对缓解病情、预防复发皆有良好效应。现代药理研究发现，黄芪、党参均有提高免疫功能的作用，而且对多种病毒所致的细胞病变有轻度抑制作用。清热解毒的金银花、蒲公英、白花蛇舌草，不但有抗炎、抗病毒作用，同时又能清除自由基，调节免疫功能。巴戟天、淫羊藿都有类激素样作用，而且巴戟天中的巴戟素具有增强神经元信息储存和突触传递功能，在缺氧的情况下又能保护脑细胞的作用。

缓解–复发型多发性硬化，张静生认为属肝肾阴虚、血燥气滞者，皆可以一贯煎为基础方化裁治疗。临床表现为头晕，耳鸣，视物不清，视力减退，复视，眼球震颤，干涩，咽干舌燥，腰膝酸软，四肢麻木，乏力，走路不稳，单侧肢体或双下肢瘫痪等。舌红或暗，苔薄白或薄黄，脉沉弦细数。这类型患者多数焦虑抑郁，心烦易怒，失眠。方用生地黄30g，麦冬10g，沙参10g，枸杞子15g，当归10g，川楝子6g，牛膝15g，杜仲20g，仙鹤草30g。

此外对MS表现下肢瘫痪、肌肉萎缩、腰痛、头眩晕、小便数或失禁、脉细弱数者，张静生选用《辅行诀》大补肾汤。

张静生曾经治疗吉林省一位30多岁的女教师，北京协和医院确诊为多发性硬化症，来诊时已患病3年余。自诉首次发病为头晕，视力模糊，走路不稳，常绊倒，右上肢抬举困难，乏力。予激素等西药治疗1个月后如常人，回吉林后用激素小剂量维持，3个月后因生气复发，又用大剂量激素后好转，这样多次缓解、复发，最终服药无效，来沈求治。就诊时情绪不稳，急躁，全身乏力，走路不稳，常易跌倒，二便正常，舌红少津，脉见弦细，重按无力。证属肝肾阴虚，肝气郁结，法当滋补肝肾，疏肝理气，方用一贯煎加牛膝15g，杜仲15g。7剂后头晕及四肢乏力好转，但下肢仍活动不利，易绊倒，舌红好转，脉仍弦细，二便正常。为了巩固疗效，在上方基础上又加仙鹤草30g，21剂，巩固疗效。一年后再未发作。

⑤干燥综合征：本病属系统性自身免疫性疾病，多见于中老年妇女，属中医"燥证""燥痹"范畴。临床上除有唾液腺和泪腺受损而出现眼干、口干外，尚可累及肾、肺及消化、神经系统器官。中医认为本病主要是燥邪伤阴或津伤化燥，致多系统、多脏腑受损。女子以肝为先天，具有特殊的生理病理特点，易耗伤阴血，致肝肾阴虚，血燥气郁，故一贯煎统治一切肝病，应用该方加减可取良好效果。方用沙参15g，麦冬15g，生地黄30g，枸杞子15g，当归15g，川楝子6g。

张静生强调治疗本病在滋阴润燥的同时要佐以疏风通络、活血化瘀、健脾和胃化痰之品。滋阴易伤胃，故应顾胃气，用砂仁。活血药宜用甘寒或微寒之药，如丹参、红花、鸡血藤，但量宜少。风药宜用甘平、甘辛之品。可无伤阴之弊，如丝瓜络、忍冬藤、络石藤、海风藤、伸筋草等。对于有炎性增生者，可用解毒化瘀之法，

483

用白花蛇舌草、忍冬藤、黄连、栀子等。

⑥带状疱疹后遗神经痛：带状疱疹是由水痘–带状疱疹病毒引起的一种累及周围神经及其所分布皮肤的急性炎症性皮肤病。皮疹消退后，神经痛还可遗留数月或更长时间，年老体弱者多见。带状疱疹与肝胆二经相关。多为肝火、湿热、毒邪蕴积日久，耗伤肝阴，阴津亏损所致。病邪不易去尽，留下肝经所布的部位发生经久不愈的疼痛。可用一贯煎加味治疗。

2. 甘麦大枣汤——养心气，安心神，和中缓急，泻心火

【组成】淮小麦 30g，大枣 10g，甘草 10g。

【用法】水煎服。

【功效】养心安神，和中缓急，泻心火。

【主治】脏躁证。症见悲伤欲哭、精神失常、心中烦乱、睡眠不安、哈欠频作、周身疲惫等心脾受损症状。舌红少苔，脉细而数。

【方解】小麦能和肝阴之客热而养心液，且有消烦利溲止汗之功，故以为君；甘草泻心火而和胃，故以为臣；大枣调胃，而利其上壅之燥，故以为佐。盖病本于血，必为血主，肝之子也，心火污而土气和，则胃气下达。肺脏润，肝气调，燥止而病自除也。补脾气者，火为土之母，心得所养，则火能生土也（《金匮要略论注》）。故可治情志郁结，肝气横逆，上犯于心，或思虑过度，劳伤心脾，心神失养，或久之聚湿生痰，痰瘀交阻，而病程缠绵之证。

【临床心得】脏躁证的临床表现多与现代神经系统的神经衰弱、神经官能症、自主神经功能紊乱、抑郁症、精神分裂症、更年期综合征等无器质性改变的各种精神和躯体症状相类似。其因为七情所伤，长期或严重的精神刺激而致，病机主要在心肝两脏，涉及肺脾肾，属中医学的"不寐""郁证""心悸""癫狂"等范畴。这类患者特点为主诉繁杂多变，毫无主次。对这类患者主要从心肝论治，以心为主，养心为根本。《素问·灵兰秘典论》曰："心者，君主之官，神明出焉……主明则下安……主不明则十二官危。"《素问·痹论》曰："静则藏神，躁则消亡。"《灵枢·口问》曰："悲哀愁忧则心动，心动则五脏六腑皆摇。"《类经》曰："心为脏腑之主，而总统魂魄，并该意志，故忧动于心则肺应，思动于心则脾应，怒动于心则肝应，恐动于心则肾应，此所以五志唯心所使也。"

五脏皆主神志活动，但心主神明，脏腑之统帅，为君主之官。所以神志所伤引起的精神系统疾病，以治心为主，兼顾他脏。只有心血充盈，心气旺盛，神气内守，方能神志安稳。因此张静生认为甘麦大枣汤实为验、便、廉的养心安神的良方。治心另外的作用，是帮助患者有一良好的心态，使她们能以乐观的心情面对疾病，心理素质良好的人抗病能力增强，反之，焦虑、忧郁、恐惧等不良心理因素较多的人，会干扰机体正常功能，削弱抗病的能力。

甘麦大枣汤中，小麦养心血、安心神。《本草经疏》曰："肝心为子母之脏，子能令母实，故主养肝气。"《素问·脏气法时论》曰："肝苦急，急食甘以缓之。"因此，临床上凡见神志不宁、情志郁结、精神失常一类病，出现失眠、心慌、恐惧、多疑、烦躁等症，皆可以本方为主进行治疗，或兼治肝，或兼补气固表，或兼和胃除痰。牢记谨守病机，辨证与辨病相结合。

脏躁这类疾病不仅是功能紊乱，而且有本身脏腑之不足，外加损害，使脏腑功能不易恢复，所以治疗时，时好时坏，缠绵难愈。因此要抓住心肝脾三脏及他脏之间的主次，辨证用药，方可达养心安神、调节阴阳之目的。

张静生在临床应用时，常用百合甘麦大枣汤，即淮小麦 30g，甘草 10g，大枣 10g，百合 25g。可达养心安神、清热养血之功，主要应用于神经衰弱、神经官能症、自主神经功能紊乱、精神分裂症、更年期综合征。症见失眠、恐惧、焦虑、多疑、烦躁等症，皆可以基础方加味随症治疗。

3.五苓散——利水，渗湿，解表，温阳

【组成】猪苓 15g，泽泻 20g，白术 15g，茯苓 15g，桂枝 10g。

【用法】水煎服。

【功效】利水渗湿，温阳化气。

【主治】太阳病表邪未解，内传膀胱经，致膀胱经气不利，水蓄下焦，形成太阳经腑同病之证。

【方解】本方是以利水为主，解表为辅。桂枝一味，解表力量不足，多饮暖水可帮助桂枝解表。方中猪苓、泽泻、茯苓、白术皆能利水。茯苓能祛水，又能治心下悸及筋肉拘挛。白术健脾，能转输，能把水分由这个地方转输到另一个地方，泻时常用白术，其性温，热性病少用白术。白术与茯苓一个是吸收，一个是渗透，此二药合用可增强利小便作用。泽泻味甘，性寒，是凉药，能治一切水病。水病的特点是眩晕而渴，小便频数或不利。猪苓用于下部，少腹停水用猪苓时多。桂枝能化气行水，兼解表邪，桂枝、白术合用，健脾温化行水作用明显。五苓散为解表热、通水腑的方剂，适用于口渴、小便不利、脉浮有微热之证。

【临床心得】《伤寒论》中的五苓散是仲景为太阳病蓄水证而设。主治太阳病表邪未解，内传膀胱经，致膀胱经气不利，水蓄下焦，形成太阳经腑同病之证。《伤寒论》中有关五苓散证的条文有 8 条，除 386 条为霍乱表里寒热证治外，余皆为蓄水证而设。此外，《金匮要略》有 3 条与五苓散证有关。五苓散由猪苓、泽泻、茯苓、白术、桂枝五味药组成，具有利水渗湿、健脾通阳功能。小便不利是五苓散证的首要症状，膀胱气化不利是根本的病理机制，也是应用五苓散的关键。所以张静生认

为在临床上，凡口渴、小便不利及其兼症汗出、呕吐、癫眩、下利等，由膀胱气化不行，水液输布不利所致者，皆可应用五苓散。

张静生常用五苓散治自汗与盗汗。临床常见有些患者，一动即出很多汗，而且全身如水洗样，每天都要换一两件衣服，白天重，怕风怕冷，神疲乏力，大便正常，小便少；舌淡苔白，脉弦而缓。服大量益气养阴、固表敛汗之剂，汗出不见少，且增烦热。此证是汗出小便不利之五苓散证，用五苓散加白芍 15g、防风 10g，温阳利水，宣通膀胱气化功能，汗然自止。盗汗属于阴虚内热，用当归六黄汤有效。但也有平素恶寒怕冷，夏天身穿棉衣，夜间汗出不止，晨起缓解，怕风，易外感，每夜需换内衣（至少一件），小便短少，舌淡苔白或厚，脉见沉涩或缓。这类患者属阳气内郁，不能外达，膀胱气化无力，水饮内停所致，用五苓散加薏苡仁 30g、扁豆 20g、白蔻仁 15g 温阳利水渗湿，治之即可。

临床中张静生应用五苓散治腹泻疗效显著。五苓散治腹泻实为分利法，即利小便而实大便，用其原方即可。发热者，加葛根 15g；呕吐者加藿香 10g 或生姜 10g。对肠炎水样泻、夏季婴幼儿腹泻及秋季虚寒性腹泻很有效。五苓散的腹泻特点是水样便，腥臭，排泄物粪水分离。与协热下利、肛门灼热痛、稀水便、臭秽难闻、腹痛、苔黄腻、脉数的葛根芩连汤不同。五苓散有双向调节作用，对呕吐腹泻导致的脱水，用五苓散有效。水多可以排掉，脱水也可以纠正。止泻及纠正脱水时效很快，甚至比西药显效还快。

五苓散还用于治尿路综合征。尿路综合征又称无菌性尿频、排尿不适综合征。本病的临床特征是尿频，尿急或尿痛，小腹不适等。但无感染症状，中年女性多见，属淋证范围，此多与抗生素使用过度有关。一般是淋病用大量抗生素过度治疗后，出现了以排尿不适为主要表现的一组症状，有时尿道灼热刺痒难忍，而尿检、细菌培养均找不到致病菌。所以抗炎抗焦虑治疗效果不佳，应考虑为气机不畅，气化失司，水道不利所致，可选用五苓散合四逆散治之。如果热盛，可去桂枝，加竹叶、生地黄、栀子等；气滞明显可加乌药、王不留行等；湿盛可加薏苡仁、土茯苓、白花蛇舌草；血瘀者加赤芍、当归。

五苓散亦可治疗尿崩症、多尿症、遗尿症。尿崩症是由于下丘脑－神经垂体部位病变所致。由于抗利尿激素，即精氨酸加压素缺乏，肾小管重吸收水的功能障碍，引起多尿烦渴，低比重尿。西医多用激素或其他抗利尿药物治疗。这类患者除饮多尿多外，并无他症。五苓散加芡实 25g，桑螵蛸 15g，多能取效。如果见肾气不足，不能化布津液，尿多，津液不能上奉，口干引饮，虚阳浮越，舌红津干之象者，五苓散合金匮肾气丸加减，加入覆盆子、益智仁、桑螵蛸等药；多尿症则老人多见，五苓散加益智仁 15g，桑螵蛸 15g；遗尿症则青少年多见，五苓散加远志 6g，石菖蒲

10g，可助气化，约膀胱，气化行，阳气通，中土健，则遗尿自止。

张静生也曾用五苓散治特发性水肿，其主要表现为双下肢和两眼睑水肿，中年女性多见，水肿往往与月经有关而呈周期性，多在活动劳累后加重，休息平卧后减轻，病势缠绵，反复发作。通常各项化验检查大多正常，且无明确的病因。中医治疗本病常以五苓散为基本方，因本方药性平和，无攻伐之弊，取其通阳化气、渗湿利水之功，根据患者具体情况，灵活加用益气、补肾、养血、活血、散风等药，往往可取得较好的疗效。可用五苓散加楮实子15g，黄芪30g，党参15g。如果腰膝酸软可加牛膝、杜仲、续断，浮肿明显可加车前子、白茅根、大腹皮，阳虚甚者可加淫羊藿、巴戟天、肉桂，有血瘀者可加益母草、仙鹤草、泽兰、丹参。本病暂时消肿比较易，但预防复发、根治是难点。

（二）经典配伍

1. 重症肌无力相关症状用药配伍

（1）上睑下垂——升麻、防风：张静生认为升麻升举阳气，可"引诸药游行四经，升阳气于至阴之下，因名之曰升麻"。防风味甘辛，气味俱薄，辛甘发散为阳，升也，先辛后甘，辛胜于甘，辛以上升，乃合甘还中土。重症肌无力的首发表现多为上睑下垂，部分患者伴有复视，甚至出现斜视。目虽为肝之外候，但却是五脏六腑之精华上注而成，无论是上睑下垂还是复视，眼部病证的出现均提示精气的亏虚，尤其是脾肾的亏虚。《灵枢·大惑论》说："五脏六腑之精气皆上注于目而为之精。"重症肌无力眼肌型属于中医范围的"睑废""大气下陷""胞垂"等病证，总属"痿证"范畴。清·黄庭镜《目经大成》记载："只上下左右两睑日夜长闭而不能开，攀开而不能眨，理有不解，尝见患者，一行一动，以手拈起眼皮方能视。"痿证总病机为五脏虚损，脾为后天之本，气血生化之源。其功能为主运化、主升清、主统血，开窍于口，在体合肉、主四肢。眼胞在五轮学说中属"肉轮"，属脾，脾主肌肉，肌肉之精之约束（眼睑）。脾脏气血亏虚，清阳不升，睑失濡养，提升无力，故眼睑下垂。通过健脾益气等法，二药将水谷精微上送至眼睑，升阳举陷。目胞得养，从而升提眼睑。因此在张静生的自拟基础方中，加入了升麻、防风。

曾治一名患者确诊为重症肌无力（眼肌型），在西医院就诊予溴吡斯的明180mg/日。服药2个月余，双眼睑下垂及复视症状改善不明显，多因天气骤变，感冒后加重，眼球转动不灵活，遂来我院门诊就诊，欲寻求中医治疗。刻下见：双眼睑下垂，绝对评分均为2分（9-3点），伴复视，无其他不适，饮食正常，便成形，舌红苔腻，脉沉弦缓。无既往史及过敏史。辨证脾肾两虚型，治用补脾益肾法，方用复方黄杞汤加减，生黄芪50g，陈皮15g，当归10g，防风6g，枳壳15g，益母草30g，山茱莄 15g，枸杞子 15g，升麻 10g，炒白术 15g，水煎服，日二次，早晚服。服上方 10 日后，患者自诉以上症状好转，眼球转动灵活，现症见：双眼睑下垂程度明显好转，绝对评分提高至 1 分（10-2 点），复视明显缓解，视物较前清晰，饮食、睡眠正常，便成形，舌胖大、质红，舌根苔腻，脉沉弦，按上方加生薏苡仁 30g。服上方 1 个月后，患者无不良反应，诸症消失，无复视及双眼睑下垂，二便正常，舌胖大、质红，脉沉弦。按上方又服 1 个月后，该患者重症肌无力眼部症状消失，自行停药。患者生活质量提高，后未因感冒、用眼过度等因素复发或加重病情。

（2）眼干涩——菊花、桑叶：菊花，甘、苦，微寒。归肺、肝经。可散风清热，平肝明目，清热解毒。用于风热感冒，头痛眩晕，目赤肿痛，眼目昏花，疮痈肿毒。《本草经解》云：诸风皆属于肝，肝脉连目系，上出额，与督脉会于颠，肝风炽，则火炎上攻头脑而眩，火盛则肿而痛。其主之者，味苦可以清火，气平可以制木也。肝开窍于目，风炽火炎，则目张欲脱，其主之者，制肝清火也。桑叶甘、苦，寒。归肺、肝经。可疏散风热，清肺润燥，清肝明目。用于风热感冒，肺热燥咳，头晕头痛，目赤昏花。《本草蒙筌》中提及，"采经霜者煮汤，洗眼去风泪殊胜"。张静生在治疗重症肌无力患者时，二药相配，可治肝血不足，视物不清，眼干涩红肿疼痛，目如脱状。

张静生曾治疗一位重症肌无力全身型（Ⅱb 型）患者，在确诊 1 个半月前首次出现肌无力症状，视物不清、复视，随后出现右眼睑下垂，伴咀嚼困难，新斯的明试验（＋），AchR 抗体（＋），予溴吡斯的明口服 3 片／日。近日症状较前加重，遂来我院治疗。刻下见：右眼睑下垂，复视，咀嚼困难，周身乏力，头抬起困难，不欲食，便略成形，舌红苔黄、有齿痕，脉沉无力。故张静生方用复方黄杞汤加减。服用 28 剂后诸症好转，但出现眼干涩明显，便不成形，舌暗红，脉沉弦尺弱，故在复方黄杞汤基础上加菊花 15g，桑叶 15g，炒薏苡仁 30g。7 剂后复诊，眼部干涩症状明显缓解。

（3）构音障碍、吞咽困难——枳壳、桔梗、木瓜／乌梅：枳壳，味辛苦酸，性微寒，无毒，入肺、肝、胃、大肠四经。主下胸中至高之气，消心中痞塞之痰，泄腹中滞塞之气（《雷公炮制药性解》）。桔梗，味辛，微温。可宣肺，利咽，祛痰，排脓。《药性赋》言桔梗："一为诸药之舟楫，一为肺部之引经。"枳壳、桔梗两药合用，一升一降，调畅气机。咽喉乃诸经要塞，足阳明胃经循喉咙，入缺盆；足太阴脾经夹咽连舌本；足少阴肾经循喉咙，夹舌本；此外肺经、大肠经、心经、肝经等均直接或间接与咽喉相连。咽又为水谷之道，喉为气机上下之路，会厌为音声之户，悬雍为音声之关。脾肾双虚，不能上行荣诸经，喉之纳气、咽之纳食失司，则舌强语謇、吞咽困难。气虚无力推动血行，会厌血凝，开合失约则饮水即呛。《黄帝内经素问集注》佐证："脾为吞（脾主为胃行其津液，脾气病而不能灌溉于四脏，则津液反溢于脾窍之口，故为吞咽之证）。"张静生常用枳壳、桔梗、木瓜三药合用，共奏开郁舒筋之功，一般配补气、补血之药，使破气而气不耗，逐血而血不损，攻邪而正不伤。适用于重症肌无力全身型表现为构音障碍、饮水呛咳、吞咽困难、舌苔厚腻或伴有腹胀等症状的患者。此外，枳壳、桔梗、乌梅三药合用可通利咽部筋脉，适用于构音障碍、饮水呛咳、吞咽困难、舌苔薄白或伴有唾液多等症状的患者。

2. 失眠

（1）酸枣仁、首乌藤：酸枣仁，据李中梓《雷公炮制药性解》记载，"味酸，性平无毒，入心、脾、肝、胆四经。主筋骨酸寒，夜卧不宁，虚汗烦渴，安和五脏，大补心脾。炒熟去皮尖研用，生者治嗜卧不休"。因此，酸枣仁有养心补肝、宁心安神之功效，可治疗虚烦不得眠、惊悸怔忡、体虚多汗、津伤口渴等症状。因枣仁味酸，本入肝经，而心则其所生者也，脾则其所制者也，胆又其相依之腑也，宜并入之。《太平圣惠方》云：胆虚不眠，寒也，炒熟为末，竹叶汤调服。盖以肝胆相为表里，血虚则肝虚，肝虚则胆亦虚，得熟枣仁之酸温，以旺肝气，则木来克土。脾主四肢，又主困倦，所以令人多睡。又《济众方》云：胆实多睡，热也。生研为末，姜茶汤调服，亦以枣仁秋成者也，生则得全金气，而能制肝木，肝木有制，则脾不受侮，而运行不睡矣（《雷公炮制药性解》）。《金匮要略·血痹虚劳病脉证并治》曰："虚烦虚劳不得眠，酸枣仁汤主之。"酸枣仁二升，甘草一两，知母二两，茯苓二两，芎䓖二两。上五味，以水八升，煮酸枣仁得六升，内诸药，煮取三升，分温三服。用于治疗肝血不足，虚热内扰之失眠、心悸。首乌藤，又称夜交藤，《饮片新参》云："苦涩微甘。养肝肾，止虚汗，安神催眠。"张静生在配伍上，常以酸枣仁、首乌藤二药同用，治疗不寐患者或作为兼证的加减用药。对于顽固性失眠，夜不能寐者，疗效甚佳。

（2）合欢皮、五味子：合欢皮与五味子也是张静生常用于治疗失眠的药对之一。合欢皮，又名夜合皮，陈藏器曰："其叶至暮即合，故云合昏。"因此也有合昏皮之称。其性味甘、平，入心、肝两经，清代《本草求真》曰："合欢皮。合欢因何命名，其服之脏腑安养，令人欢欣怡悦，故以欢名。……植于庭除，干似梧桐，枝甚柔弱。叶似皂角，极细繁密，叶则夜合者是。"故合欢皮可解郁悦心安神，常用于情志不遂而致失眠、心神不宁者。五味子，味酸，温。主益气，咳逆上气，劳伤羸瘦，补不足，强阴，益男子精（《神农本草经》）。《新修本草》中记载"五味皮肉甘酸，核中辛苦，都有咸味"，故有五味子之名。其治疗广泛，可敛肺止汗、止咳平喘，治自汗、盗汗、劳伤羸瘦、肺虚喘咳、口干作渴，又可固精止遗、涩肠止泻，治梦遗滑精、久泻久痢，亦可养心安神。五味子可改善老年心悸怔忡、健忘失眠的症状，其药理作用有对中枢神经系统的影响，五味子素可对中枢产生抑制作用，起到安定的作用。张静生将合欢皮与五味子合用，主以治疗肝气不疏、入睡困难的失眠患者，起到疏肝解郁、宁心安神之效。

（3）生龙骨、生牡蛎：生龙骨，味咸，微寒，性涩，入手少阴心、足少阴肾、足厥阴肝、足少阳胆经。敛神魂而定惊悸，保精血而收滑脱（黄元御《长沙药解》）。因此龙骨有镇惊安神、平肝潜阳的功效，可用于阴虚阳亢、烦躁易怒、心悸失眠、头晕目眩等症。《药性论》记载龙骨可"逐邪气，安心神，止冷痢及下脓血，女子崩中带下，止梦泄精，梦交，治尿血，虚而多梦纷纭，加而用之。"《名医别录》云："白龙骨疗梦寐泄精，小便泄精。"生牡蛎，气平微寒，禀天秋冬金水之气，入手太阴肺经、足太阳寒水膀胱经；味咸无毒，得地北方之水味，入足少阴肾经。气味俱降，阴也（叶天士《本草经解》）。其具有平肝潜阳、重镇安神、软坚散结、收敛固涩的功效。"《金匮》桂枝龙骨牡蛎汤、《伤寒》桂枝甘草龙骨牡蛎汤、桂枝去芍药加蜀漆龙骨牡蛎汤、柴胡加龙骨牡蛎汤（诸方并在龙骨）皆用之，以其敛神而止惊也"（黄元御《长沙药解》）。故可治疗心神不宁、惊悸失眠等症。张静生认为，生龙骨与生牡蛎同用，可治疗惊悸失眠者；或加百合同用，可治疗失眠伴多梦、噩梦者。

（4）远志、石菖蒲：远志、石菖蒲也常用作治疗失眠的药对。远志，苦、辛，温，归心、肾、肺经。清·叶天士《本草经解》云："气温，味苦，无毒。主咳逆伤中，补不足，除邪气，利九窍，益智慧，耳目聪明不忘，强志，倍力。久服轻身不老（去心，甘草汤浸，晒干用）。远志气温，禀天春和之木气，入足厥阴肝经；味苦无毒，得地南方之火味，入手少阴心经；气温味苦，入手厥阴心包络。气升味降，阳也。"可安神益智，交通心肾，祛痰开窍，消散痈肿。用于心肾不交引起的失眠多梦、健忘惊悸、神志恍惚、咳痰不爽、疮疡肿毒、乳房肿痛等。《神农本草经》言："主咳逆，伤中，补不足，除邪气，利九窍，益智慧，耳目聪明，不忘，强志倍力。久服，轻身不老。"用时需去心，《雷公炮炙论》有云："凡使远志，先须去心，若不去心，服之令人闷。去心了，用熟甘草汤浸一宿，漉出，曝干用之。"石菖蒲，味辛，性温，无毒，入心、脾、膀胱三经。主风寒湿痹，咳逆上气，鬼疰邪气，通九窍，明耳目，坚牙齿，清声音，益心志，除健忘，止霍乱，开烦闷，温心腹，杀诸虫，疗恶疮疥癣（李中梓《雷公炮制药性解》）。可醒神益智，聪耳明目，开窍豁痰，化湿和胃。用于神昏癫痫、健忘失眠、耳鸣耳聋、脘痞不饥、噤口下痢等症。《古今录验》记载一方，名为定志小丸，治疗"心气不足，五脏不足，甚者忧愁悲伤不乐，忽忽喜忘，朝瘥暮剧，暮瘥朝发，发则狂眩：菖蒲、远志（去心）、茯苓各二分，人参三两。上四味，捣下筛，服方寸匕，后食，日三，蜜和丸如梧桐子，服六七丸，日五，亦得"。因此远志、石菖蒲可治疗心悸健忘、心肾不交之失眠。

（5）栀子、淡豆豉：栀子，味苦，性寒，无毒，入心、肺、大小肠、胃、膀胱经。主五内邪热，亡血津枯，面红目赤，痛肿疮疡，五种黄病，开郁泻火，疗心中懊侬颠倒而不眠，治脐下血滞小便而不利（李中梓《雷公炮制药性解》），可通泄三焦之火，有清热泻火、清心除烦之效。可用于心烦失眠，躁扰不宁，亦可凉血止血，治血热吐衄。但栀子苦寒伤胃，脾虚便溏者不可服之。豆豉气寒，禀天冬寒之水气，入足太阳寒水膀胱经、手太阳寒水小肠经；味苦，无毒，得地南方之火味，入手少阴心经、手少阳相火三焦经。气味俱降，阴也。伤寒有五，风寒湿热温，当其初伤太阳也，太阳经行于头，而本寒标热；故必头痛寒热，豆豉气寒能清，味苦能泄，所以主之也。瘴气恶毒，致烦躁满闷，热毒郁于胸中，非宣剂无以除之，故用豆豉苦寒，所以涌之也。虚劳喘吸，火乘肺也，两脚疼冷，火上而不降也；豆豉苦寒，足以清火，清上则火自降，所以皆主之也（叶天士《本草经解》），因此淡豆豉有解表除烦、宣发郁热的功效。栀子、淡豆豉两药合用组成栀子豉汤，出自《伤寒论》76条，"发汗后，水药不得入口为逆，若更发汗，必吐下不止。发汗、吐下后，虚烦不得眠，若剧者，必反复颠倒，心中懊侬，栀子豉汤主之；若少气者，栀子甘草豉汤主之；若呕者，栀子生姜豉汤主之。"故栀子豉汤可治疗热郁胸膈，虚火内扰之失眠，症见心中烦躁不安、虚烦不眠、舌红苔微黄、脉数等，张静生常常用此两味作为治心烦有热之不寐的加减用药。

（6）女贞子、墨旱莲：女贞子、墨旱莲，此足少阴药也。女贞甘平，少阴之精，隆冬不凋，其色青黑，益肝补肾；墨旱莲甘寒汁黑，入肾补精，故能益下而荣上，强阴而黑发也（《冯氏锦囊秘录》）。张静生经常将女贞子、墨旱莲合用，此亦为二至丸的组成。二至丸出自《医便》卷一，方名"二至"者，以女贞子冬至日采收为佳，墨旱莲夏至日采收为上，故以"二至"名。可治肝肾阴虚所致的口苦咽干、失眠多梦、腰膝酸软、下肢痿软、遗精等症，故辨证属肝肾阴虚失眠者用之。

张静生曾治疗一患，女，67岁，以"失眠1年余，加重1周"前来就诊，刻下见：睡眠质量差，入睡困难，心烦，焦虑，口苦，便溏，舌红苔黄，脉沉弦（左脉略细）。经张静生四诊合参，选用酸枣仁30g，首乌藤30g，合欢皮30g，五味子10g，女贞子15g，墨旱莲15g，淮小麦60g，炙甘草10g，大枣10g，炒薏苡仁30g，柴胡10g，黄芩15g，郁金10g，香附10g，7剂，水煎服，日二次。10日后复诊，患者自诉诸症好转，仍心烦易怒，舌红苔黄，脉沉弦细。故在上方基础上加栀子15g，豆豉20g。

491

按：患者长期失眠，张静生根据不同失眠的特点及辨证选取药对治疗失眠。此患者乃顽固性失眠，首先选取酸枣仁、首乌藤宁心安神，入睡困难则选取合欢皮、五味子使之"夜合"，加女贞子、墨旱莲及柴胡、黄芩治疗心烦口苦、阴虚之证，后用甘麦大枣汤及郁金、香附改善患者焦虑抑郁的症状；便溏者，加用炒薏苡仁健脾止泻。二诊时，患者仍有心烦症状，故张静生在上方基础上加栀子豉汤，改善心烦有热之症。

六、读书之法

张静生认为，要想学好中医，做好中医传承与创新，必须研究和熟读中医的经典著作，因为这是古人留给我们中华民族的宝贵财富。

中医的经典是古代医家长期临床实践经验和智慧的结晶，是古圣贤人之著。经典告诉我们，只要按经典去做就行，无须问为什么。在上古文明时代，如《中国古代史》所言："神农所创的医，是经验之医……黄帝所创的医，为医之原理。"西汉·班固《汉书·艺文志·方技略》载有医经七家，经方十一家。可知在古代，中医即有医经和经方两大派。而今医经仅存《黄帝内经》，经方的著作全部亡佚。

《黄帝内经》是四大经典之首，是中医基础理论的根基，也是中医临床应用基础的根。张静生认为《黄帝内经》是一部圣贤之书，更出自圣贤人之手，与老子的《道德经》，儒家的四书、五经，都是圣贤之书。经者，具有一定的法则、原理、规律性，是必须掌握和学习的书。《黄帝内经》是围绕生命问题而展开论述的百科全书，所涉及的非止一种中医学科，它包括了天文学、历史学、气象学、生物学、地理学、人类学、心理学、逻辑学和哲学等多种学科研究的重要成果。从内容上看，可谓上及天文，下达地理，中通人事。

《黄帝内经》的学术思想是天人合一的整体观、形神统一的生命观、太极思维的辩证观。它告诉我们人的健康与疾病，与宇宙大自然万事万物分不开，认为人体是一个小宇宙，人身是一个小天地。每个人都与宇宙即大自然的全息密切相关，人是宇宙大自然全息的缩影，人的生老病死与宇宙天地变化息息相关，要了解人体的健康与疾病发生发展规律，就必须要知道宇宙大自然运行的整体规律，这就是中医天人合一的整体观。

天人合一的原理认为宇宙自然界的气化运行，左右着人体气化运行，而人体的气化运行，又左右着脏腑功能活动，人体与宇宙气化运行都是活动的，息息相关的。正是通过天人合一的气化运行思路，创立了脏腑学说，这是天人合一整体观的体现。遵循此原理，超越了形态学、结构学的思路，中医发现了经络，产生了经络学说。总之，在《黄帝内经》天人合一整体观指导下，产生了藏象学说、经络学说、阴阳五行学说、气化学说。

其次是治未病的学术思想。《素问·四气调神大论》曰"是故圣人不治已病，治未病"，治未病即防病于未然，其次是得病之后防其变。前者指养生之道，后者是早期治疗和早期诊断，控制疾病的发展演变。

《黄帝内经》的理论体系，包括藏象（经络）、病机、诊法、治则、论治、养生、运气、中药、方剂等。而历代医家，各就其所长，在继承基础上，选择了其中某一个或几个问题进行了发挥创新，成为一家之言，并取得了很大的成绩。如秦越人著《难经》，主要发挥了《素问》《灵枢》的经脉与诊脉，皇甫士安的《针灸甲乙经》主要阐发了《素问》《灵枢》的经脉、腧穴、针刺；华佗的《中脏经》主要阐述了《内经》中脏腑寒热虚实辨证，整理出一个系统。金元时期，刘完素著《原病式》将"病机十九条"阐发成为《素问玄机原病式》，把错综复杂的症状，用分类归纳的方法，化为"审证求因"的依据，并对不同的病因进行分析。对《内经》病机十九条不但有精辟的发挥，同时又新增"诸涩枯涸，干劲皴揭，皆属于燥"一条以补其缺陷。其《宣明论方》，首载《内经》所论各病，次列诸风、热、伤寒及杂病十七门，各有总论，并发明运气之理，兼及诸家之方论。这些都是在继承《内经》理论的基础上，进一步研究发挥的创新，在临床诊断治疗学上有指导意义。骆龙吉等著《内经拾遗方论》等，都是在继承基础上取得了不同的成就。尤其近代医家中，当首推陈无咎，他私淑河间、丹溪之学，在临床实践中，阐发《内经》病例100例，著成了《明教方》，论病必本《内经》，而处方则自制新方，通过临床实践，而去证明其理，校验其方，于近代医家中独树一帜。所以，任应秋老赞之："不仅有河间之遗绪，并凌于《拾遗方论》诸方之上。"

从秦伯未老编写《秦氏内经学》，王洪图主编《黄帝内经研究大成》，到2004年出版的规划教材《内经学》，《黄帝内经》在不断发展中逐渐形成了独立的学科即"内经学"。它包括了哲学，涉及宇宙观、方法论；中医理论，即藏象、经络、病机、诊法、论治、养生、运气、中药、方剂等；中医临床及临床各种病证的诊断和治疗。具体反映了中医哲学观、中医思维方法、中医基础理论、中医诊断学、经络学、养生学及部分中医临床学等，同时也涵盖了中医时间医学、医学气象学、医学心理学、社会医学等。

所以说，《黄帝内经》创立了中医学的理论体系，为中医学奠定了坚实的理论基础，故后世有"医家之宗"之誉，实为中医基础理论的根。

（一）《黄帝内经》理论指导临床应用

气机升降是脏腑功能活动的基本形式，脏腑主要的功能是升清降浊，升清阳，降浊阴。《素问·阴阳应象大论》曰："故清阳出上窍，浊阴出下窍；清阳发腠理，浊阴走五脏；清阳实四肢，浊阴归六腑。"气机升降功能失常是脏腑疾病的病理表现，多由六淫、七情、饮食、劳倦等引起。其临床表现为太过与不及，升降不调及反作，造成脏腑功能失调，疾病丛生。

升降失调可反映疾病的病位浅深，上下表里，区别外感与内伤，病情轻浅，外感其病位在表，在里则病情深重。升降出入失调往往在脉象上可以反映出来，寸关尺三部九候，与五脏六腑相应，病在上则现于寸，病在中则现于关，病在下则现于尺；上实下虚，脉寸大尺缓；上虚下实，寸弱尺弦。病在表则脉浮，病在里则脉沉，里寒外热，脉沉紧浮缓；里热外寒，脉沉缓浮紧。一般升不及、降太过多为虚证；升太过、降不及多属实证；升降反作多为虚实错杂证。如升之不及，多为精气不足，腑气虚弱，升提无力，神疲乏力，四肢酸软，头昏耳鸣，形寒怯冷；不升反陷者，则腹胀、脱肛。降太过，脏腑虚弱，如大肠降而太过则泄泻无度；膀胱降太过，则小便频数等。升之太过，多为实证，如肝火犯肺、木火刑金等。降之不及亦属实，如大小肠不降，则腹胀腹满；肺气不降，则胸满咳喘等。升降反作，清浊相干，多为虚实错杂，上寒下热，下寒上热，如痹症、脾虚湿阻等。依升降顺逆，可判定虚实之不同。

在治疗上根据药物升降浮沉不同特性，遣方用药，或升提，或沉降，或发散，或收敛，或填补，或通达，或升降并用，以纠正人体气机升降失调，达到临床治疗的目的。

《素问·六微旨大论》曰："出入废则神机化灭，升降息则气立孤危。故非出入，则无以生长壮老已；非升降，则无以生长化收藏。是以升降出入，无器不有。"此论提出阴阳之气运动的基本方式为升降出入。

（二）仲景经方贴合临床应用

实践证明《伤寒杂病论》是临床基础的根，是治病救世的经典医学理论。仲景"勤求古训，博采众方"，集前代医学大成，同时又启发后世医学的发展与创新，是唯物的经典医学。它奠定了伤寒学派独特的理论体系，至今仍不失为治疗万病之大法和规矩，仲景不愧为医中之圣，经方传承、整理、发挥之大师。

先秦时期，药物疗法多是单味药应用，配伍应处萌芽状态，故有《神农本草经》形成，该书标志了经方的起源；《汤液经》出，标志经方理论的形成；而《伤寒杂病论》的传世，使经方理论得到了完善。

从文献看《伤寒杂病论》的学术渊源，最早明确提出《伤寒杂病论》与《汤液经》有传承关系是晋代皇甫士安。皇甫士安《针灸甲乙经》序中有："伊尹以元圣之才，撰用《神农本草经》以为《汤液》。""仲景论广伊尹《汤液》为数十卷，用之多验。"

20世纪80年代初开始，由于敦煌卷子本《辅行诀五脏用药法要》的横空出世，为"仲景本伊尹之法，伊尹本神农之经"，提供了有力证据。证明《伤寒杂病论》的经方来源于《汤液经》，而《汤液经》的源头是《神农本草经》。更证明了仲景著作是"集方"，而不是"创方"。当然仲景所采的众方，还应含《汤液经》以外其他古方书，以及师承张伯祖的经验方和他的临床经验方。可以说《伤寒杂病论》集中国古代经方之大成，仲景是传经大师，《伤寒杂病论》是在前人经验基础上，通过临床实践而创新的巨著。

经方是经典之方，也是经验方，是经方十一家古籍中所记载的方。后有宋以前之方统称"经方"，而宋之后的方称为"时方"。清代名医徐灵胎本《金匮要略心典》序中说："唯仲景则独祖经方而集其大成……唯此两书，真所谓经方之祖。"首次明确经方即仲景所传之方，即指当今临床广泛应用的《伤寒论》《金匮要略方论》之方。所以广义经方泛指方书、有效验方，狭义指《伤寒杂病论》方或仲景方。

经方配伍严谨，组方精妙，用药精练，加减灵活，体现方以法立、法以方传特点，故有一剂知、二剂已、见效极快的特点，疗效显著。其配伍组方体现了《黄帝内经》"君、臣、佐、使""七方""性味配伍"理论与治则的应用，以及《神农本草经》"七情合和"理论的应用。

"君、臣、佐、使"是《黄帝内经》组方的基本治则，仲景之方配伍层次分明，君臣有别，君药均放首位，或以君药命名。

"七方"是指大、小、缓、急、奇、偶、重的组方理论。这些理论在仲景方中多有体现，但对不同的病证还是要灵活应用。

"性味配伍"理论，《黄帝内经》是根据六淫的性质和致病特点提出的，"诸气在泉，风淫于内，治以辛凉，佐以苦，以甘缓之，以辛散……"。根据五脏特性和病理特点，提出"肝苦气，急食甘以缓之""肝欲散，急食辛以散之，用辛补之，酸泻之"等五脏苦欲补泻、性味配伍法则。《黄帝内经》主要是根据药食的性味之偏正，纠正人体五脏气血阴阳盛衰。对经方方剂的形成有巨大影响。

《辅行诀五脏用药法要》与《伤寒杂病论》是同源而异流，都保留了《汤液经》部分内容。《辅行诀五脏用药法要》"五味补泻用图"，揭示了《汤液经》"以味成方"法则，与《黄帝内经》五脏苦欲补泻理论和六气淫胜理论有关，在《伤寒论》中也有体现。

495

"七情合和"理论，包括单行、相须、相使、相畏、相杀、相恶、相反，最早见于《神农本草经》，这是中医制方用药的基本原则。在《伤寒杂病论》中都有体现。如相反配伍，即甘遂半夏汤中甘草与甘遂相配伍，附子粳米汤中附子与半夏的配伍。

仲景《伤寒论》传承了《汤液经》的经方，而在《黄帝内经》方剂组方配伍理论指导下，扩大了经方临床应用，阐明了经方和医经关系，是经方与医经结合的首创者。

仲景经方治病指导思想是"审证求因，治病求本"。"扶阳气，保津液"贯穿治疗疾病的始终。在辨证方面根据八纲创立六经辨证，方证对应，抓主症，有是证用是方，效果显著。

经方的应用一定要抓住主症，然后辨证选用经方。

如心悸，可辨证选用炙甘草汤、桂枝甘草汤、真武汤、苓桂术甘汤、小柴胡加茯苓汤等。腹部动悸可选用桂枝茯苓丸、小柴胡加龙骨牡蛎汤、小建中汤、小半夏加茯苓汤等，颈部动悸则可用苓桂术甘汤或小柴胡加茯苓汤。再如治疗失眠症时，可选用栀子豉汤、栀子甘草豉汤、栀子生姜豉汤、酸枣仁汤、黄连阿胶汤、柴胡加龙骨牡蛎汤。这些经方皆可用于失眠症。但栀子豉汤必有心中懊恼；栀子甘草豉汤必有懊恼且迫急；栀子干姜豉汤治懊恼又干呕；黄连阿胶汤必舌红咽干口燥，且舌面全红无苔；酸枣仁汤则为虚劳虚烦；柴胡加龙骨牡蛎汤必腹部动悸，烦惊，且苔黄黏厚腻，脉弦硬或滑大动数。

经典是奠定理论基础的根，提高理论与临床水平的根。《黄帝内经》系统完整地反映了中医基础理论，《伤寒杂病论》教我们辨证论治思维方法，提高临床理论的基础。四大经典，应是《黄帝内经》（含《难经》）、《神农本草经》《伤寒杂病论》《温病条辨》。所以学好经典，做好临床，跟名师，才能将中医学继承下去，才能在传承的基础上创新，为中医药学做出更大的贡献。

七、大医之情

（一）思想境界

1."大医精诚"体现在方方面面

作为一名优秀的医生，要有"大医精诚"的精神，要把这种精神铭记于心，时刻牢记要为患者谋幸福，并时刻提醒自己。要不做庸医，因为庸医害人，做良医救人。一个优秀的中医，要博览群书，而且要勤于临床，临床上许多病证不经过实践是难以认识和掌握的。同时要善于思考，要对古往今来的各学派思想兼收并蓄。经方与时方要并用，同时还要广泛搜集和利用民间的单、秘、验方。我们不能满足于为患者治好病、服好务，这只是一个好的合格的医匠，我们更需要不断进取，努力成为医学大家。

2. 医乃仁术，医德为先

"不为良相，当为良医。良相治国，良医救人。"一名医生，必须有高尚的医德，精湛的医术，才能更好地为人民服务。一个人要做到一生为善，需要有后天的道德教化和自身的修养。既要有人品、情操、行为准则方面的修养，同时还要讲诚信，要豁达，才能保持心理和情绪上的坦然、平和和忍让。要严正律己，宽以待人，要廉洁，不为名利、金钱、物质所诱惑。"心不近佛，不可为医"，对待患者要不分贫富，不分职务高低及年龄长幼，一视同仁。要像对待自己亲人一样，耐心、细致，认真对待每一位患者，态度要好，应体谅患者的内心感受，要有同情心，要关怀，要耐心疏导，温暖体贴，帮助患者树立战胜疾病的信心，解除其疑虑和恐惧，使其心神安定，激发正气的抗病能力，发挥人体自身对疾病调控能力胜过良药。

3. 遣方用药，一切为患者考虑

张静生每天从早上7点开始，连续接诊近5个小时，始终认真对待每一位患者，望闻问切，尽心竭力。他将"为天地立心，为生民立命，为往圣继绝学，为万世开太平"作为自己的座右铭，时刻提醒自己做苍生大医，为人民服务。他为路途遥远或身患重疾、行动不便的患者开通便利，进行线上就医。在用药上，更是以"简便廉捷"著称，擅长使用经方、名方、小方，这些药方用药价格不高，且在用药配伍上考虑全面，许多患者在服用一段时间后病情得到明显改善，在解除患者疾痛的同时减轻了他们的经济负担。

4. 勇对疫情，不畏险阻

2019年新冠肺炎疫情发生后，作为辽宁省新冠肺炎中医药防治组顾问，张静生带领抗疫团队研制出"三方一囊"，作为新冠肺炎的治疗和预防用药，起到了很好的效果。当时辽宁省委省政府一直心系前线医护人员的生命安全和身体健康，因此张静生根据当时疫情组方制定了适合辽宁人体质的预防用药，旨在提高医护人员抵抗力。医院连夜赶制，将原有预防方"扶正解毒合剂"调整剂型，制成方便运输、适宜保存、服用方便的"预感颗粒"。这个方子以《医方类聚》里的玉屏风散为底方。这么多年，提高机体免疫能力、益气固表，张静生都是采用的这个方子。玉屏风者，即玉制或以玉为装饰的屏风摆件，像一个屏障一样，把外感风邪挡住。年老体弱者，用玉屏风散，可提高免疫力。玉屏风散用一周至半月，对于虚人提高正气有良好的作用，可以达到"正气存内，邪不可干"的目的。同时又加入了藿香、金银花、连翘等芳香化湿、清热解毒的药，这样配合起来，对易感人群的预防是非常好的。近6000盒"预感颗粒"连夜赶制，紧急送达辽宁支援湖北医疗队医护人员的手中，成为了医疗队员的"防疫屏障"，为疫情防控提供了有力保障。

（二）文化修养

中医药是中国传统文化的重要组成部分，中医文化与中国传统文化密不可分，是古代贤者几千年来思想与智慧的结晶。章次公认为："为医者，仲景之书固不可不读，而于历代名家医集，晚近中外科技书籍，以及其他笔记小说之类，凡有关医道者，胥应浏览，识见广遽，而后临床辨证论治，自可左右逢源，得心应手。"张静生就是这样一位"医学大家"，在研究吃透经典著作的同时，他广泛阅读中医古籍，尤其是各家各派的学说，善于发现前贤独特的医疗经验。早年跟随国内知名的医史文献理论研究专家史常永院长在辽宁省中医研究院从事文献研究工作，博览群书，除四大经典外，如《辨证奇闻》《医宗必读》《寿世保元》等也广泛阅读。同时，他还订阅了《中医杂志》《上海中医药杂志》等相关杂志，从中受益匪浅。正因如此，张静生对中医传统文化研究颇深，也是从那时开始逐渐培养了深厚的中医文化修养，并逐渐在国内医史文献研究领域拥有较大影响。张静生不仅在中医方面深有研究，他对古典音乐、茶文化、书画等也均有涉猎。通过诊室的陈列便可看出他浓厚的传统文化底蕴。书架摆满医学古籍，墙上挂满书画，并写着"为天地立心，为生民立命，为往圣继绝学，为万世开太平"及"大医精诚"的座右铭。秦伯未老曾言："书非抉择严者不可以为法，医非学养深者不足以鸣世。"正如张静生本人所说："医乃仁术，拥有精湛的医术，也必须拥有高尚的医德，需要有后天的道德教化和自身的修养。"

八、传道之术

（一）人才培养方法

张静生常说的一句话："我最大的心愿，是在我的有生之年，要培养出更多的、更好的、更优秀的中医药人才，为人类做出更大的贡献，为我们中医事业做出更大的贡献。"作为博士、硕士研究生导师，全国老中医药专家学术经验继承工作指导老师，全国优秀中医临床人才研修项目指导老师，他注重医德医风及人才培养，始终以"大医精诚"为准则要求自己和学生，常带领弟子们诵读经典，分析疑难病例，传道授业解惑，培养中医学子钻研精神，承岐黄薪火，扬中医文化。

（二）人才培养成果

1996 年以来，张静生共培养博士、硕士研究生 27 名，全国优秀中医临床人才项目学员 21 名，全国老中医药专家学术经验继承人 36 名，辽宁省高层次人才 9 名，培养省级名中医 7 名、市级名中医 7 名。自 2017 年获批全国名中医后，全国各地收徒 200 余名，第三代学术思想传承人 27 名。

弟子们传承先生的学术思想、临证经验和全心全意为人民服务的大医精神，在各自的岗位上为中医药事业的发展贡献力量。他们之中有"973 计划项目"首席科学家、岐黄学者、国家中医药管理局中西医结合临床重点学科带头人、国家卫生部脾胃病临床重点专科带头人、国家中医药管理局呼吸病重点学科带头人、上海市优秀学科带头人、全国抗击新冠肺炎疫情先进个人、辽宁省名中医、辽宁省青年名中医……先生的弟子们遍及全国各地，内、外、妇、儿各科，共同为解决百姓的疾苦而不懈努力。

张静生学术传承谱

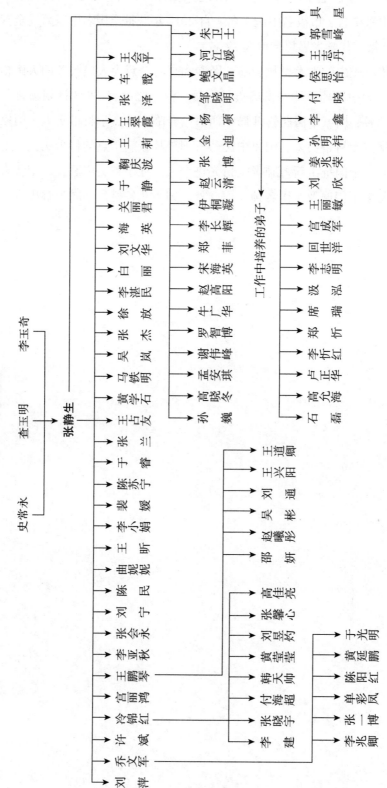

（冷锦红、陈阳红整理）

（王琳编辑）

陈民藩

　　陈民藩（1935—　　），男，福建连江人，中共党员，主任医师，教授，首届全国名中医，福建省名中医，全国中医药杰出贡献奖获得者，享受国务院政府特殊津贴，福建省中医肛肠学科主要创始人。中华中医药学会肛肠分会顾问，福建省中医药学会肛肠分会第一至三届主任委员，第四、五、六届名誉主任委员。全国优秀中医临床人才研修项目及全国第二、四、六、七批老中医药专家学术经验继承工作指导老师，全国中医药传承博士后合作导师。2022年被授予"国医大师"荣誉称号。

　　陈民藩构建了"湿热论治、以通为用、内外并治、存体寡损、形神兼顾"的闽派中医肛肠学术思想精髓，创新发展了肛肠病的"枯痔技术""结扎技术""挂线技术"等中医外治技术，同时，注重中医经典和临床实践的结合，创制"紫白膏""消炎生肌膏""黄白胶囊""黄术胶囊"等一系列内服、外用制剂，在福建省内及东南亚地区广泛应用。发表医学论文60余篇，独著、合著作品6部，其中《肛门科临床手册》荣获"福建省中医图书三等奖"，《陈民藩学术思想与临证经验》荣获"中华中医药学会学术著作奖二等奖"。

一、学医之路

陈民藩，福建人士，自幼敏而好学，三岁始读《论语》《孟子》《庄子》等，为日后阅读中医古籍打下了良好的基础。母亲因病亡故，使得幼年的陈民藩萌生了学医的念头，步入了医学之门。1953 年，陈民藩入读福州卫生学校，求学期间，陈民藩专心笃学，研习医书，积累知识，为今后的临床工作夯实了基础。1956 年陈民藩以优异的成绩毕业，拒绝福建省卫生厅的工作机会，毅然而然投入到临床工作中，入职福建省人民医院，开始从事中医肛肠专科工作。工作之余，陈民藩仍不断学习，于福建中医进修学校系统学习中医，研习大量的中医典籍，从《药性赋》《汤头歌诀》《黄帝内经》《伤寒论》《金匮要略》等中医经典著作，到《外科正宗》《外科大成》《外科理例》等外科专著，感受到了祖国医学的魅力，受此感召，陈民藩于 1957 年报名福建业余大学中医专业，继续深耕中医知识。陈民藩认为，只有在掌握经典中医理论的基础上，收百家之长，在众多医学古籍中继承挖掘，临床实践遵古而不泥古，时时总结发微，技艺才能日益精进。他在长期的临床工作中，勇于探索，勤于思考，穷岐黄奥旨，继古圣先贤，为日后带领福建中医肛肠学术的发展筑牢根基。

二、成才之道

陈民藩认为，要成为一代名医，须做到以下几点。

（一）勤求古训，博采众长

陈民藩主张兼收并蓄，对历代医家之长多加探讨。经典中的理论和经验，都是几千年实践的经验结晶，是当今开发利用的重要资源。经典著作的理论都是长期临床实践总结的精华，持之以恒地熟读甚至背诵医籍经典是提高中医临床思维能力的必经之路，是中医成才的必由之途。陈民藩提出的"注重地区、季节、体质变化，多从湿热辨证论治"思想就是熟读医家经典，认为"金元四大家"中"河间之苦寒""东垣之甘温"均各有其地区、气候、社会条件差异，而丹溪亦绝非仅有"阳长有余，阴长不足"一说，实多承刘、李二家之长。

（二）持之以恒，乐此不疲

古人云："人而无恒，不可以为良医。"中医药学博大精深，必须认真钻研，深入思考，持之以恒，才能达到高深的境界。久而久之，便可水到渠成，成为一名良好的医生。"也许在某些人眼中，搞肛肠是个脏兮兮的工作，可我一干就是数十年，乐此不疲，我深爱我的工作"，年逾八旬的陈民藩平静地说。也是因为这份热爱，让陈民藩可以锲而不舍、持之以恒地追求自己的事业。1990年后，科内许多老同志先后退休，年轻人还不能完全挑大梁。陈民藩又是门诊，又是病房，又是手术室，不断地奔波，一直在为肛肠科建设奋斗着。

（三）传承古籍，立足创新

任何科学技术的发展都离不开传承前人的知识技能，更需要站在巨人的肩膀上发展创新，重视继承不忘本，且能有所创新，并且填补医学界的空白，为人类做出更大的贡献。陈民藩重视从古籍医典中吸取理论营养，也重视收集当今国内外专科的学术发展动态。他的理论知识渊博，在临床实践中对"枯痔疗法""结扎疗法""挂线疗法""中药内治外用疗法"的认识与应用达到炉火纯青水平。在继承前人疗法优点同时，重在改进创新，而创新首要问题是发现原来方法上的不足，然后才是找出解决不足的方法。在长期的实践过程中，陈民藩规范了含砒枯痔钉的用法用量，且改进为无砒枯痔钉、枯痔液；临床上他十分重视中医药在肛肠学科的特色作用，研制了一批内服外用的系列中成药，如黄白胶囊、黄术胶囊、紫白膏等；他还善于将传统疗法与现代方法相结合，丰富发展了挂线疗法、枯痔疗法、结扎疗法等多种手术方法。陈民藩也注重现代仪器、现代技术在肛肠科的应用，如肛肠动力测定、MRI、医用微波技术应用、超声波技术的应用、镇痛技术的应用，丰富发展了肛肠专科诊断与治疗技术水平。

（四）恪守医德，奉献己身

"大医精诚，止于至善"，每一位合格的医生，除了努力提升自己的医技外，还应该培养高尚的品德修养，要有"见彼苦恼，若己有之"感同身受的心，以及"大慈恻隐之心"。中国是一个医德遗产十分丰富的国家，医学理论的观念虽然受到封建道德与文化的影响，但就其主体和核心来说，不外乎是"医乃仁术"。中医的成才之路历时漫长，正身须先正心，只有具有高尚医德的人才能领悟医学的真谛，才能真正投身到医学事业当中。1962年，陈民藩在辽宁沈阳与雷锋班的战友们一起"忆雷锋、学雷锋"，更坚定了他为中医肛肠事业奉献一生的决心。在陈民藩全国名老中医药专家传承工作室，存放着他年轻时出诊一直背着的小药箱。打开药箱，"为人民服务"五个红色的大字映入眼帘，那是他入党的初心，也是他践行了大半生的医者使命。"治疗首先要把病看好，安全第一，不要发生医疗事故，减少并发症；第二，让患者痛苦少；第三，疗效要好，疗程要短；第四，让患者花钱少。"多年来，陈民藩反复强调的四点，每一点都是从患者的角度出发。

（五）重视实践，学以致用

"熟读王叔和，不如临证多"，强调了临证实践的重要性，提示了中医成才的关键——实践。晦涩抽象的理论只有在患者身上、在临床实践中才会变得直观。"早临床、多临床、反复临床"是学习中医的不二法门。中医学作为一门实践学科，仅凭熟练记忆中医理论知识并不能成为一名大医，只有将理论与临床实践结合起来，才可以获得进步。在临床实践时遇见与书本上相似的内容可以巩固所学，加强对中医药理论的理解，若遇见书上没有或者与书上不同的疾病则可以引发思考与新思路。实践也是创新的关键，随着实践的增多，便可以由量变产生质变。

三、学术之精

陈民藩在六十多年的肛肠科临床实践中，形成一套完整的肛肠疾病防治模式。在他的带领下，福建中医药大学附属人民医院肛肠科坚持中医药特色，推崇"古为今用""洋为中用""推陈出新"，不断传承创新，历经五代传承，得到蓬勃发展，形成了疗法独特、中医特色鲜明、医教研并进的肛肠病学科。

（一）"存体寡损，顾护生机"的诊疗模式

"存体寡损，顾护生机"理论是陈民藩用于指导肛肠疾病诊治的中医外治法精髓。肛门位于人体消化道的末端，是排出粪便的重要器官，水谷之糟粕的出口、闸门，古人称之为"魄门"。根据中医学的"五脏学说"，大肠与肺相表里，肺藏魄，肛门为大肠的终末出口，故称之为"魄门"。《黄帝内经》曰："魄门亦为五脏使。"指出了魄门的功能，即五脏支配，与五脏有着密切的关系。陈民藩指出魄门为人体的"方寸之地"，故手术"金创"的治疗理念与术后疗效，往往是"差之毫厘，谬以千里"。由此他提出了肛肠疾病外治法的"存体寡损"理论。"存体"即尽可能地保留人体正常的组织结构，"寡"即少之意，"寡损"即指在手术的过程中尽量减少损伤魄门的皮肉筋脉，为魄门这个方寸之地保留一分生机。

（二）注重地区、季节、体质变化，多从湿热辨证论治

陈民藩主张兼收各家之长，对历代医家之长多加深讨，以为"金元四大家"中"河间之苦寒""东垣之甘温"均各有其地区、气候、社会条件差异。而丹溪亦绝非

仅有"阳长有余，阴长不足"一说，实多承刘、李二家之长。地处东南沿海的福建多湿、多热，患者易感湿邪热邪。湿性趋下，肛肠疾病病位属下焦，多为湿热下注而致。因此治疗上他主张多从湿热论治。他重视对兼夹证的分析，主张辨证论治主次兼顾。根据"春季多风，夏季多暑湿，秋季多燥，冬季多寒"的特性，陈民藩善于根据四季变化灵活进行药物配伍，也会根据患者体质差异加以辨证分析治疗。

（三）重视顾护"脾胃之气"

陈民藩认为疾病发生有一个根本的因，即机体正气不足，所谓"正气存内，邪不可干"，"邪之所凑，其气必虚"。人体的正气来源于先天之精，更需后天水谷精气的补充，称谓"胃气""元气"。脾能健运则"胃气"充盛，抗病力强；脾失健运则气不足，抗病力弱。外感六淫、内伤七情、饮食劳倦均会使脾胃功能受损。肛肠病多为湿热下注而致，用药多苦寒，易伤脾胃。陈民藩在临床工作中处处顾护脾胃之气，在清热利湿之时，不忘健脾益气。对虚寒型病例用药时，少用苦寒之品，必须用时改炒制。"有胃气则生，无胃气则死"，论述疾病发生发展和转归的过程中，注重脾胃功能的重要性。陈民藩更强调应将顾护"脾胃之气"贯穿于疾病治疗的始终，疾病早、中期以祛邪为主兼以扶正或祛邪扶正并重，后期以扶正顾本为先。

（四）强调整体观念，内治外治并重，辨证辨病结合

陈民藩凭借深厚的中医辨证论治功底，在肛肠外科的临床实践中，始终注重整体辨证论治方法，形成一套独特的外病内治、术后调理的理法方药体系。对痔、肛裂、肛窦炎、肛旁炎、脱肛等专科疾病都有整体辨治的系列分型方药。同时，按肛肠科疾病特点，疾病所处阶段不同，熟练应用中药熏洗、枯痔、挂线及手术方法，研制了新枯痔钉、枯痔液、紫白膏、消炎生肌膏等特色的专科外用制剂。结合现代医学的特点，陈民藩灵活把中医辨证论治方法与现代医学辨病方法有机结合，更加有效地指导临床工作。如在痔的辨证治疗体系中，结合现代医学痔的分期分类法，Ⅰ期内痔以内治法为主，Ⅱ期内痔内外治并重，对于经保守治疗症状无明显好转的痔及Ⅲ～Ⅳ期重度痔，陈民藩主张手术治疗，并提出了"存体寡损"的理论。陈民藩"内外并重，辨证、辨病结合"的学术思想，既能体现中医肛肠诊断的特色，也丰富了临床肛肠专科的治疗立法。

（五）强调理论联系实际，重在创新，疗法应用有常有变

陈民藩重视从古籍医典中吸取理论营养，也重视收集当今国内外专科的学术发展动态。他专科理论知识渊博，在临床实践中对"枯痔疗法""结扎疗法""挂线疗

法""中药内治外用疗法"的认识与应用达到炉火纯青水平。在继承前人疗法优点的同时，重在改进创新，而创新首要问题是发现原来方法上的不足，然后是找出解决不足的方法。枯痔钉疗法、枯痔散疗法是中医学传统的肛肠专科特色方法，数百年来，被广泛应用。旧式疗法是含砒剂，因使用不当，发生了诸多砒中毒死亡的悲剧。20 世纪 50—70 年代，陈民藩开始了规范枯痔钉应用的临床研究，最终得出有砒枯痔钉的用法用量标准。在这基础上，陈民藩带领同志们研制了新式无砒枯痔钉及枯痔液。他主持的"枯痔疗法"科研成果，把"枯痔疗法"向前发展了一大步。"挂线疗法"是一种传统的用于肛瘘的外治法。经过几百年临床应用，得到不断改进，也是中医肛肠专科的特色疗法，陈民藩深得其疗法精髓"慢性切割"，使瘘道切断与组织修复同步，能保护肛管直肠环的功能。在临床应用中，他认为挂线方法还有引流作用、止血作用、标志物作用等功能，把它应用于深部肛门肠周围脓肿、肛裂、肛门狭窄、盆底肌肥厚综合征等疾病。对肛瘘的"挂线方法"应用也是有常有变，不单应用于一般高位肛瘘，也把挂线疗法加以演化，形成"多挂线术式""切挂留皮桥术式""挂线旷置引流术式""低位挂线术式""婴幼儿肛瘘挂线术式"等新的手术方式。陈民藩也注重现代仪器、现代技术在肛肠科的应用，如肛肠动力测定、MRI、医用微波技术、超声波技术、镇痛技术等，丰富发展肛肠专科诊断与治疗技术水平。

（六）手术手法轻巧细致，重视非观血疗法、少损伤疗法的应用

由于肛门解剖的特点及手术视野局限，一些人术中不注意肛管皮肤保护，对肛管组织切除过多导致肛管狭窄，术时使痔硬化过量易出现肛管过度硬脂或肛管溃烂。肛肠脓肿、肛瘘手术，应用完全切开或切挂术式，手术创面大，术后易出现肛管缺损、肛液外溢或不完全肛门失禁等后遗证。陈民藩对专科手术操作，主张手法轻巧细致，手术切口选择宜小，对肛口组织损伤宜少，术中止血应及时，出血宜少，也即"非观血"。在痔切扎术时，注重保持肛管口径，对手术中可能发生肛管狭窄的病例，采用松解或指扩术结合术式。对肛门脓肿范围广大、肛瘘弯曲纤维化严重的病例，采用部分切开术式，如切除缝合术式、部分切开留皮桥术式、多切口引流术式，减少术后并发症、后遗症的发生。

（七）肛肠疾病防治并重，预防为先

陈民藩认为肛肠病的发病与饮食不节、肛门的卫生习惯不良及排便时间过长、大便的次数过多等有关，因此，他认为肛肠病的防治应该预防为先，主张平时避免过食辛辣刺激性食物，多食蔬菜、水果，保持大便通畅。培养良好的排便习惯，每日定时排便，便时不宜过于用力或久蹲。保持肛门清洁，每日便后坐浴。积极锻炼身体，增强体质，提高抗病能力。

（八）选方用药内外并重

1. 内治法多从湿热论治

陈民藩认为肛周痈肿病机多为湿热下注肛肠，致湿热毒邪蕴结，气血瘀滞，经脉阻塞。多为实证，也有本虚标实病例。而福建地处东南沿海，多湿多热，患病时易感湿邪、热邪，因此对肛门直肠感染疾病多从湿热辨证施治。具体应用时根据病性病位灵活使用。陈民藩在辨证治疗肛肠疾病中，除用仙方活命饮等经典方剂外，他的经验方多为二妙散加味衍化而来。二妙散来源于《丹溪心法》，组成是苍术、黄柏等份。原方用于治疗湿热下注之痿证，也用于治疗黄带、下部湿疮。方中黄柏苦寒清热，苍术苦温，善能燥湿，二药相伍，共成清热燥湿之效。

陈民藩吸取中药当代研究成果，筛选了鬼针草、土茯苓等有地域特点，药理研究证明有抗菌、抑菌作用的中草药，与二妙散配合，加强清热利湿解毒作用，在临床应用被证明行之有效。陈民藩在辨证论治的基础上，善于根据疾病所处的不同时期，症状及体征差异，做到药物的配伍也有不同，同时把辨病方法与辨证论治方法有机结合起来。根据一年四季的变化，药物配伍应用也略有不同，春季加防风，夏季加佩兰、荷叶、薏苡仁，秋季加玄参，冬季加荆芥。

2. 辨病应用外治法

肛肠病的治疗陈民藩重视"内外并治"，其中外用敷药最为常用，由于药物直接作用于患处，起效快，使用方便，易为患者接受。但是西药制剂作用单一，不能同时兼顾到止血、止痛、消肿，促进创面愈合等作用，在临床上需要一种全面兼顾的治疗方法，这正是中医药治疗在这方面的优势所在。在外治法方面，陈民藩强调整体观念、内治外治并重、辨证辨病结合，他运用"酸涩收敛"理论研制了紫白膏（院内制剂）、消炎生肌膏（院内制剂）、消痔洗剂（院内协定处方）等一系列外用剂型，应用于不同疾病或同一疾病不同阶段，有其独特疗效。

紫白膏为陈民藩根据其对痔病因病机的分析而研制的一种中药膏剂，具有清热利湿、凉血止血、消肿止痛等作用。紫白膏纱条应用于痔术后患者，在减少并发症、促进创面愈合等方面取得了明显的效果。紫白膏主要药物组成：地榆、紫草、白及等。

肛瘘术后外用消炎生肌膏，在减少患者术后并发症、促进创面愈合等方面取得了明显的效果。

熏洗疗法是通过热蒸汽和药液对肛门部的熏蒸和浸泡，松弛痉挛的肛门括约肌，刺激血管和神经，促进局部的血液循环及淋巴液回流，起到疏通经络、调整气血、消肿止痛、抗菌消炎、祛风燥湿等作用，从而达到消除局部水肿的目的。

消痔洗剂由马齿苋、大黄、芒硝、明矾、威灵仙等组成。根据痔的病因病机，选用上述诸药，共奏清热利湿、凉血解毒、活血祛瘀之效。方中重用马齿苋为君，性味酸、寒，归大肠、肝经，能清热解毒、凉血消肿。大黄性味苦、寒，归脾、胃、大肠、肝、心经，有清热泻火、凉血解毒、活血祛瘀、止血之功；芒硝，咸、苦、寒，归胃、大肠经，外用可清热解毒、消肿化瘀，共为臣药。明矾，酸、涩、辛、寒，外用能解毒收湿；威灵仙，性味辛咸温，归膀胱经，能除湿、通经络、软坚，共为佐药。诸药合用，共同起到治疗术后肛缘水肿、肛门疼痛的作用，促进了伤口的愈合，缩短了术后伤口愈合时间。在消痔洗剂的应用方面，配合现代化的熏洗坐浴仪应用，既发挥了中药外治的优势，又简化、统一了治疗程序。

四、专病之治

陈民藩临床善于治疗肛肠病，疗效确切，医名远播，兹介绍其特色疾病诊治经验如下。

（一）痔病

痔是人体直肠末端黏膜下和肛管皮肤下静脉丛发生扩张所形成的柔软静脉团。在中医古文献中痔有三种不同的含义，一是把人体孔窍中有小肉突出的疾病都统称痔。如宋·陈无择《三因极一病证方论》云："如大泽中有小山突出为峙，人于九窍中凡有小肉突出者皆曰痔，不特于肛门边生。"二是所有肛肠疾病的总称，如《说文解字》云："痔，后病也。"后病即下部肛门病。三是内痔和外痔的统称，与现代医学所讲的痔概念相同。

病机：陈民藩在痔病的临床诊治过程中强调"察气候，别体质"。《素问·宝命全形论》曰："人以天地之气生，四时之法成。"地处东南沿海的福建靠近北回归线，属亚热带海洋性季风气候，受季风环流和地形的影响，气候多湿、多热，患者易感受湿邪、热邪。湿性趋下，易袭阴位，《素问·太阴阳明论》曰："伤于湿者，下先受之。"《丹溪心法·痔疮》亦指出："魄门居下，湿热趋之。"痔病位于人体的下焦，多为湿热下注所致，因此陈民藩在痔病临床诊疗上主张多从湿热论治，兼顾夹证。在辨证论治的同时应注意"春季多风，夏季多暑湿，秋季多燥，冬季多寒"的四季气候六淫变化特点，灵活指导配伍用药。

专病专方：根据本病的病机特点，陈民藩创立了清热解毒、凉血止血为法的专病专治方——黄白合剂。该方为陈老的经验方，是在二妙散的基础上加减而成。

手术：陈民藩在六十余年的临床实践中发现，根据现代肛垫下移学说提出的新式痔吻合器手术与传统手术技法之所以不同，其核心要点在上提悬吊和断流减容。那么在痔区上方简单、盲目地进行传统固定式的两窗、三窗甚至环状切除钉合，很显然不符合"寡损"的理念，必须针对痔核所在位置和范围，精确地自由选择开窗位置和范围，以符合人体肛管生物力学的原理。基于"存体寡损"理论指导下设计的可自由旋转开窗的吻合器套镜（已获得国家专利，专利号：ZL 201822079348.0），在手术中可精确暴露脱垂性痔的痔上黏膜部分，术中可以精准、可控地切除痔上黏膜，上提悬吊下脱的肛垫组织，最大限度少切除正常组织以达到"寡损"，达到提拉的效果，复位肛垫组织，保证了直肠的顺应性，实现"存体"的目的，减少手术并发症及手术后遗症，体现当代外科的微创理念和精准治疗。

（二）肛门直肠周围瘘

肛门直肠周围瘘是因多种病理因素形成肛管直肠与肛门皮肤相通的一种异常通道，简称肛瘘，是肛肠科的常见病、疑难病，特别是高位肛瘘、复杂性肛瘘，对外科医生具有一定的挑战性。本病多是肛周脓肿的后遗疾患，日久可恶变。中医称之为痔瘘或肛瘘。如《医宗金鉴》说："破溃而出脓血，黄水浸淫，淋漓久不止者，为漏。"《太平圣惠方》亦云："夫痔瘘者，由诸痔毒气，结聚肛边，有疮作鼠乳或结核穿穴之后，疮口不合，时有脓血，肠头肿痛，经久不差，故为痔瘘也。"本病多是肛周脓肿的后遗疾患。肛瘘一般由原发性内口、管道和继发性外口三部分组成。其特点是，瘘管内口多数位于肛窦，管道穿过肛管直肠周围1个或多个间隙组织；外口位于肛周皮肤，有脓性分泌物向外口流出。若外口闭合，可致局部红肿、热痛，继而在原外口处或外口附近重新溃破、流脓，形成复杂性肛瘘。

病机：陈民藩认为肛瘘在病因病机上多责于湿热下注，正如《疡科心得集》中说："盖肛门为足太阳膀胱经所主，是经为湿热所聚之腑，此处生痈，每由于酒色中伤，湿浊不化，气不流行者多。"这表明人常因为饮食不节等原因，致湿热内生，再结合福建省地处东南沿海，多湿多热的特点，患者易感湿邪热邪，而湿性趋下，携热下注于直肠、肛门，热盛肉腐而生肛痈，肛痈反复破溃不愈，继发形成了肛瘘，火热之邪易致疮痈、湿性黏滞易生黏脓与肛瘘的症状相符。因此，陈民藩对于肛瘘多从湿热辨证，并对湿热型肛瘘的治疗进行了大量的研究创新及归纳总结。

专病专方：根据本病的病机特点，陈民藩创立了以清热利湿、凉血解毒、消肿止痛为法的专病专治方——黄术合剂。该方为陈民藩的经验方，是在二妙散的基础上加减而成。

手术：肛瘘的根治仍以手术为主，陈民藩对肛瘘的手术提出"存体寡损"的思想，即注重对肛门形态的保护，以及行精细的手术以减少创伤。术中如何更好地保护肛门功能，陈民藩认为对手术方式的选择及手术的精细操作均是关键。陈民藩常选择切开术、切开挂线术、切挂留皮桥术、多挂线术、挂线旷置术、分期手术等方式治疗各类肛瘘，在临床上疗效显著，极大地减少了肛门功能损害，降低了并发症的发生。对于位置较浅的肛瘘，常选用切开术或切开留皮桥术；对于穿过肛直环以上位置较高的肛瘘，环以下切开，环以上多需要挂线处理；对于范围较大的复杂性肛瘘，切开过多支管对肛门组织形态损伤大，可以考虑旷置手术；对于年老体弱、耐受力差者可分期手术。陈民藩认为，肛肠手术的操作应细致入微，一方面，由于视野欠佳，对于术中出血的位置应及时、准确地止血，防止进一步影响手术视野而造成不必要的损伤；另一方面，肛瘘术中应仔细探查，做到秉轴持钧，不仅是避免错漏支管，对于原发内口的处理，也应继续探查是否有上方残余的管道。

五、方药之长

陈民藩凭借深厚的中医辨证论治的功底，在肛肠外科的临床实践中，始终注重整体辨证论治，选方用药内外并重。对痔、肛裂、肛痈、肛瘘、脱肛、便秘等专科疾病都有整体辨治的系列分型方药。同时，按肛肠科疾病特点，根据疾病所处阶段不同，熟练应用中药内服、外用熏洗、涂擦等治疗方法，研制了黄白合剂、黄术合剂、紫白膏、消炎生肌膏、消痔洗剂等特色的专科制剂，临床收效良多。兹介绍如下。

（一）常用方剂

1. 清热利湿、凉血止血、润肠通便方——黄白合剂

【组成】黄柏 10g，白芷 9g，金银花 15g，地榆 15g，侧柏叶 15g，槐花 15g，枳壳 6g，鬼针草 20g，甘草 3g。

【用法】水煎服，每日 1 剂，早晚分服。

【功效】清热利湿，凉血止血，软便。

【主治】痔出血水肿，肛裂出血，肛肠病术后便秘、出血。

【方解】黄白合剂方中黄柏苦寒下行，归肾、膀胱经。具有清热燥湿、泻火解毒、除骨蒸的功效。《神农本草经》谓其："味苦，寒。主五脏肠胃中结热，黄疸，肠痔；止泻痢，女子漏下赤白，阴伤蚀疮。"白芷味辛，性温，归肺、胃、大肠经。具有解表散寒、燥湿止痛、消肿排脓之能。《日华子本草》谓之："主肠风痔漏，排脓，创痂疥癣，止痛，生肌。"金银花味甘，性寒，归肺、心、胃经。具有清热解毒功效，是治疗内外痈的要药。《本经逢原》记载其为"疮家圣药"。侧柏叶苦涩而性寒，归肺、肝、脾经，功能凉血止血，可清血分之热。地榆苦酸且涩而性微寒，具有凉

血止血、解毒敛疮功效。《本草崇原》谓其："除恶肉，疗金疮者，生阳气盛，则恶肉自除，血气调和，则金疮可疗。"槐花性寒凉而苦降，归肝、大肠经，善清泄大肠之火热而凉血止血，《本经逢原》载："槐花苦凉，阳明、厥阴血分药也。故大小便血，及目赤肿痛皆用之。肠血痔血同柏叶微炒为末。"鬼针草味苦性平，功能清热解毒、散淤消肿。《泉州本草》中记载："消癖、镇痛、敛金疮。"枳壳苦辛酸，性温，归脾、胃、大肠经。具有行气开胸、宽中除胀功用。甘草味甘，性平，归心、肺、脾、胃经。缓急止痛，清热解毒，调和诸药之效佳。诸药共奏清热解毒、凉血止血之功。

【临床心得】《素问》云："圣人之治病也，必知天地阴阳，四时经纪，五脏六腑，雌雄表里，刺灸砭石，毒药所主；从容人事，以明经道；贵贱贫富，各异品理；问年少长，勇怯之理；审于分部，知病本始；八正九候，诊必副矣。"陈民藩主要学术思想之一就是注重地区、季节、体质变化。

2. 清热利湿、托里排毒、消肿止痛方——黄术合剂

【组成】黄柏9g，鬼针草15g，生大黄3g，白鲜皮12g，牡丹皮9g，苍术9g，白术9g，甘草3g。

【用法】水煎服，每日1剂，早晚分服。

【功效】清热利湿，托里排毒。

【主治】肛窦炎，肛门直肠脓肿、肛瘘及术后应用。

【方解】黄术合剂方中黄柏苦寒清热燥湿；苍术气味芳香，能燥湿健脾、祛风除湿。二药相伍，共奏清热燥湿之效，故为君药。白术健脾益气、利水化湿，与苍术配伍，加强理气健脾的功效；而脾气强健则运化水湿之力强，水湿不得下注肛周，则肛周气血运行通畅，瘀积不易在肛周集聚，有效地缓解了疼痛、水肿。鬼针草清热解毒、活血散瘀；牡丹皮清热凉血、活血化瘀、消肿止痛。二者合用可加强活血化瘀、消肿止痛之功。白鲜皮苦寒，能清热解毒、祛风除湿，伍苍术、黄柏可加强除湿止痒的功效。大黄苦寒沉降，能清热泻火解毒、活血化瘀，同时大黄泻下通便亦可减少粪便与肛管摩擦引起的疼痛。甘草调和诸药。诸药合用，共奏清热利湿、凉血解毒、消肿止痛之功。方中治疗湿热下注的药物性味多苦寒，苦寒则易伤胃，因此陈民藩在清热利湿的同时常配伍白术、苍术等能够健脾益气的药物，使祛邪不忘扶正的思想贯穿始终。

【临床心得】中医学认为，肛瘘的病因病机多为饮食不节，恣饮醇酒，过食辛辣，劳倦或粪便、异物刺激，致使湿热内生，蕴阻肛门，经络阻隔，气血凝聚，郁久成毒，溃腐成痈，痈脓溃后，余毒未尽，蕴结不散，血行不畅，故而成瘘。黄术合剂是陈民藩从医多年治疗肛瘘的经验方。该方源于《丹溪心法》之二妙散，组成是苍术、黄柏等份。原方用于治疗湿热下注之痿证，也用于治疗黄带、下部湿疮。

陈民藩在原方的基础上加味运用于肛瘘术后治疗，收到较好疗效。现代药理研究证实，黄柏对金黄色葡萄球菌、肺炎链球菌、白喉杆菌、草绿色链球菌等有明显抗菌作用；苍术对结核杆菌、金黄色葡萄球菌、大肠埃希菌、枯草杆菌和绿脓杆菌亦有明显的灭菌作用，同时还具有抗溃疡、促进愈合的作用；大黄、鬼针草、牡丹皮亦有明显的抗菌消炎、抗凝血、止痛作用。临床观察表明，黄术合剂能缓解术后创缘水肿、疼痛、瘙痒，减少渗液，缩短创面愈合时间，促进创面愈合，且无不良反应。

加减法：湿热蕴盛型，加赤小豆、茵陈、车前草、龙胆草。燥火型，加玄参、生地黄、火麻仁、麦冬、生大黄。风热型，加白鲜皮、蝉衣、地肤子、芋环干。热毒炽盛型，去苍术，加黄连、黄芩、栀子、生大黄。气血阻滞型，加丹参、牡丹皮、桃仁、红花、皂刺。虚寒型，黄柏、金银花、苍术改炒用，去蒲公英、连翘，加白术、藿香、炒薏苡仁或神曲，罂粟壳。正虚邪恋型，加党参、生黄芪、当归。阴液亏损型，加知母、生地黄、鳖甲、太子参、牡丹皮。

3.清热利湿、凉血止血、消肿生肌软膏——紫白膏

【组成】紫草 50g，白及 50g，大黄 50g，煅石膏 50g，冰片 2.5g。

【制法】冰片研成细粉，过 100 目筛，其余四药混合粉碎，过 100 目筛，与冰片按等量递增法混匀，制成紫白散；将紫白散与凡士林以 1：4 的比例按热熔法进行调制，制成软膏。

【用法】将紫白膏均匀地涂在 4cm×2cm 无菌纱布条上，厚约 1mm。用 1：5000 高锰酸钾液坐浴后，用 1：20 碘伏行肛周皮肤及创面常规消毒，然后用紫白膏油纱条均匀地轻轻覆盖于创面上，使油纱条长于创面 0.5cm，纱布包扎创面。每日便后换药 1 次，直至创面愈合。

【功效】清热利湿，凉血止血，消肿生肌。

【主治】痔水肿，出血，肛裂，肛门病术后创面换药

【方解】本方以大黄、紫草为君，煅石膏、白及为臣，冰片为佐使。大黄一味，外治取其逐瘀清热利湿之力，热清则毒解、瘀散则血活、肿消、痛止；紫草性味苦寒，有凉血、活血、解毒的功效。二味共为君药，以增强清热利湿、活血散瘀之功。经煅烧后石膏的性味从寒变为微温而涩，清热泻火的作用减弱，而长于收湿敛疮、止血生肌。白及味苦、甘、涩，微寒，有收敛止血、消肿生肌之功。二味同用，既可增加君药清热泻火之力，又可以消肿生肌，促进伤口的愈合。冰片有清热止痛、消散结肿之功，且冰片辛寒走窜，还可作为佐使药，引诸药迅速达病所。诸药合用，共奏清热利湿、凉血止血、消肿生肌之功。

【临床心得】湿热下注型痔病患者其病机为湿热下注大肠，蕴结肛门，筋脉横解，肠澼为痔。术后肌肤、肌肉受损，致脉络断裂，气血郁滞于络外，经脉气血不

畅，在原有病机基础上，同时存在"瘀"的征象。湿热与血瘀又互相影响，导致创口新肉生长缓慢，针对这一病理基础，治疗应重于清热利湿，活血止痛，消肿生肌。陈民藩遵循"方从法出，以法统方"的原则，研制的紫白膏体现了"清热利湿、凉血活血、止血"这一法则。

4. 托毒祛腐生肌软膏——消炎生肌膏

【组成】炉甘石 40g，滑石粉 40g，儿茶 40g，龙骨 8g，黄丹 16g，乳香 8g，没药 8g，血竭 16g，轻粉 8g，朱砂 16g，冰片 4g。

【制法】炉甘石、滑石粉、儿茶、龙骨先打碎，再与乳香、没药、血竭混合研成细粉，过 100 目筛；黄丹、朱砂、轻粉混合粉碎，过 100 目筛，冰片单独粉碎；按等量递增法混匀，制成消炎生肌散。消炎生肌散与凡士林以 1：4 的比例按热熔法进行调制，制成软膏。

【用法】将消炎生肌膏适量平摊于已消毒备用的 5 cm×2 cm 纱条上，厚约 1 mm，经高压蒸汽灭菌后备用。1：5000 高锰酸钾液坐浴后，用 1：20 碘伏行肛周皮肤及创面消毒，然后用消炎生肌膏纱条均匀覆盖于创面上，使油纱条长于创面 0.5 cm，以纱布包扎创面。

【功效】托毒祛腐生肌。

【主治】肛窦炎，肛周炎，肛门直肠脓肿，肛瘘等手术后创面。

【方解】消炎生肌膏方中炉甘石、滑石具有防腐、收敛、止痒及保护创面作用，并能抑制局部葡萄球菌的生长；乳香、没药、儿茶、龙骨、血竭、黄丹、轻粉、朱砂行气活血止痛、祛腐生肌、敛疮；冰片有清热止痛、消散结肿之功，同时可辛寒走窜，助药物直达病所。以上诸药合用，共奏托毒祛腐生肌、清热利湿、活血消肿止痛之功。

【临床心得】陈民藩认为创面的愈合是一个缓慢而精细的过程，早期局部炎症反应在损伤后立即发生，创面分泌物较多，持续 3～5 天，炎症反应减弱，创面分泌物逐渐减少，细胞不断分化、增殖，肉芽组织生成，并逐渐转变为正常的结缔组织，机体生理功能完全休复。故肛瘘术后创面愈合时间长，患者痛苦较大，如何加快创面的愈合速度是整个治疗过程的关键。肛门位于消化道末端，局部污染较严重，在术后的治疗过程中，不仅要保持创面的清洁，还要预防可能发生的炎症反应，因此术后换药是一个重要的环节。中医疮疡理论认为"腐去方能生新"，并以"祛腐生肌"来指导具体用药。中药油膏具有均匀、细腻、软滑、稠度适宜、易于涂布、性稳定、无刺激等特点。消炎生肌膏是陈民藩的经验方，一种纯中药油膏。消炎生肌膏均匀、细腻、软滑、无刺激，在中后期外用于创面可以包埋神经，减少因外界对创面肉芽组织的刺激所致的疼痛等不适；同时，消炎生肌膏作为纯中药油膏，外用无毒副作用，使用后有清凉舒适感，易为患者接受。

5. 清热利湿，凉血解毒，活血祛瘀熏洗剂——消痔洗剂

【组成】马齿苋、大黄、芒硝、明矾、威灵仙。

【用法】上述中药煎煮 1000 mL，每日便后以适当温度药液熏洗浸泡肛门手术部位，每次约 10 分钟。

【功效】清热利湿，凉血解毒，活血祛瘀。

【主治】肛肠病术后创面坐浴。

【方解】方中重用马齿苋为君，性味酸、寒，归大肠、肝经，能清热解毒、凉血消肿。大黄性味苦、寒，归脾、胃、大肠、肝、心经，有清热泻火、凉血解毒、活血祛瘀、止血之功；芒硝，咸、苦、寒，归胃、大肠经，外用可清热解毒、消肿化瘀，共为臣药。明矾，酸、涩、辛、寒，外用能解毒收湿；威灵仙，性味辛咸温，归膀胱经，能除湿、通经络、软坚，共为佐药。诸药合用，共同起到治疗术后肛缘水肿、肛门疼痛的作用，促进了伤口的愈合，缩短了术后伤口愈合时间。

【临床心得】熏洗法是通过温度与药物的相互作用对痔术后局部进行治疗，使病变处受到温热药汽作用，局部创面血管扩张，进而改善局部与全身的血液和淋巴循环，以达到治疗的目的，并促进机体的新陈代谢。同时，在药物刺激下，通过皮肤的神经末梢，产生新的神经系统反射，加强治疗的效果。消痔洗剂是陈民藩在长期临床工作中的经验方，临床疗效显著。

陈民藩经验方一览表

方名 1	紫白膏
药物组成	紫草、白及、大黄等
功效	清热利湿，凉血止血，消肿生肌
适应证	痔水肿，出血，肛裂，肛门病术后创面换药
方名 2	消炎生肌膏
药物组成	血竭、黄丹、儿茶等
功效	托毒祛腐生肌
适应证	肛窦炎，肛周炎，肛门直肠脓肿，肛瘘等手术后创面
方名 3	淋必通
药物组成	厚朴、枳壳、丁香、桂皮、胡椒、冰片
功效	理气消胀，利尿通淋
适应证	肛肠病术后气滞、腹胀，小便淋沥不尽等并发症
方名 4	二地清润膏
药物组成	生地黄 45g，熟地黄 45g，黄连 9g，黄柏 18g，苍术 18g，鬼针草 20g，地榆 30g，侧柏叶 30g，火麻仁 20g，瓜蒌仁 20g，枳壳 10g，甘草 18g

功效	润肠通便
适应证	肛肠病术后便秘、疼痛
方名5	**黄白胶囊**
药物组成	鬼针草、黄柏、白芷、地榆等
功效	清热利湿，凉血止血，软便
适应证	痔出血水肿，肛裂出血，肛肠病术后便秘、出血
方名6	**黄术胶囊**
药物组成	鬼针草、苍术、白术、黄柏、牡丹皮等
功效	清热利湿，托里排毒
适应证	肛窦炎，肛门直肠脓肿、肛瘘及术后应用
方名7	**消痔洗剂**
药物组成	马齿苋、大黄、芒硝、明矾、威灵仙
功效	清热利湿，凉血解毒，活血祛瘀
适应证	肛肠病术后创面坐浴
方名8	**紫草油**
药物组成	紫草
功效	收敛生肌
适应证	适用于肛周皮肤病恢复期，肛肠病开放性手术后期创面换药
方名9	**枯痔散**
药物组成	主要成分是砒和白矾，佐以雄黄、朱砂、硫黄、黄丹、乳香、冰片、乌梅肉等
功效	收敛杀菌
适应证	三期内痔、嵌顿内痔和内痔伴有贫血者
方名10	**枯痔注射液**
药物组成	明矾、五倍子为主要成分
功效	腐蚀坏死
适应证	有Ⅰ、Ⅱ、Ⅲ期内痔和内痔兼贫血者、混合痔的内痔部分
方名11	**黄及汤**
药物组成	黄柏20g，白及15g，地榆15g，紫草10g，蒲公英10g，威灵仙10g
功效	清热利湿，凉血止血，消肿止痛
适应证	痔术后肛门坠胀、便血、疼痛
方名12	**清解饮**
药物组成	金银花12g，黄柏12g，土茯苓12g，鬼针草15g，蒲公英12g
功效	凉血止血，消肿止痛，理气健脾
适应证	肛旁炎

陈民藩

方名13	清毒饮
药物组成	鬼针草15g，金银花12g，土茯苓12g，连翘12g，黄柏10g，白鲜皮10g
功效	凉血止血，消肿止痛，理气健脾
适应证	肛周脓疡
方名14	清创饮
药物组成	黄柏10g，夏枯草15g，鬼针草15g，土茯苓12g
功效	凉血止血，消肿止痛，理气健脾
适应证	肛裂并发感染
方名15	葱蒜泥膏
药物组成	葱白、大蒜头各半
功效	活血散瘀
适应证	肛痈早期脓未成者
方名16	清热生肌洗剂
药物组成	五倍子15g，乳香12g，没药12g，赤芍20g，大黄20g，枯矾20g，野菊花20g，苦参20g，金银花6g，荆芥15g，鱼腥草15g
功效	清热祛湿，托里生肌
适应证	肛裂、肛瘘、肛周脓肿术后熏洗坐浴

（二）活用药物

1. 鬼针草——镇痛、敛金疮、清热解毒、散瘀消肿

鬼针草又名三叶鬼针草、盲肠草等，始载于唐代的《本草拾遗》，其性平，味苦，具有清热解毒、散瘀消肿等功效。广泛分布于我国长江以南地区，常生于村旁路边及荒地中，属于我国民间常用草药品种，常用于治疗上呼吸道感染、咽喉肿痛、急性阑尾炎、急性黄疸型肝炎、胃肠炎及高血压等症，研究表明，鬼针草具有抑菌及抗炎作用。陈民藩多用鬼针草治疗肛门直肠疾病，盖因他认为福建地处东南沿海，多湿多热，居民易感湿邪、热邪，又因平素喜食辛辣醇酒之品，劳累熬夜，伤及脾胃，滋生内湿，湿热之邪内外相搏，下迫大肠，致肛门气血瘀滞，经络阻隔而为痔。如《临证指南医案》所述："痔病下血，湿热者居多。"而湿热阻滞下焦，热盛肉腐亦可生肛痈。如《疡科心得集》云："盖肛门为足太阳膀胱经所主，是经为湿热所聚之腑，此处生痈，每由于酒色中伤，湿浊不化，气不流行者多。"

临证上，陈民藩多从湿热论治，吸取中药当代研究成果，筛选出鬼针草这味具

有地域特点的药物，因其中医清热解毒、西医抗炎抗菌之效，常配伍黄柏、金银花、白芷等以加强清热解毒利湿之力。《神农本草经》谓黄柏："味苦，寒。主五脏肠胃中结热，黄疸，肠痔；止泻痢，女子漏下赤白，阴伤蚀疮。"黄柏具有清热燥湿、泻火解毒的功效。而白芷味辛，性温，具有解表散寒、燥湿止痛、消肿排脓之能。《日华子本草》谓之："主肠风痔漏，排脓，疮痍疥癣，止痛，生肌。"金银花味甘，性寒，具有清热解毒功效，是治疗内外痈的要药。陈民藩多以鬼针草配伍之，由此创制出了清解饮、清创饮、清毒饮等经验方，多用于肛门直肠感染性疾病，在临床应用被证明行之有效。与此同时陈民藩用药并不拘泥一药一方，而是善于根据疾病所处的不同时期，症状及体征差异，结合四时气候变化，用药随之加减。如湿热蕴盛型，加赤小豆、茵陈、车前草、龙胆草。燥火型，加玄参、生地黄、火麻仁、麦冬、生大黄。风热型，加白鲜皮、蝉衣、地肤子、芋环干。热毒炽盛型，去苍术，加黄连、黄芩、山栀子、生大黄。气血阻滞型，加丹参、牡丹皮、桃仁、红花、皂刺。虚寒型，黄柏、金银花、苍术（改炒用），去蒲公英、连翘，加白术、藿香、炒薏苡仁或神曲、罂粟壳。正虚邪恋型，党参、生黄芪、当归。阴液亏损型，加知母、生地黄、鳖甲、太子参、牡丹皮。而春季加防风，夏季加佩兰、荷叶、薏苡仁，秋季加玄参，冬季加荆芥。

2. 马齿苋——清热利湿，凉血解毒，主诸肿瘘疣目

马齿苋性寒，味酸，归肝、大肠经。其一，马齿苋酸寒滑利，善清利大肠毒热，常治热毒郁滞大肠所致的热毒血痢、腹泻，单味药水煎服即有效，也可以捣汁加蜜调服，或与粳米煮粥服。若与清热燥湿药黄连、黄柏、白头翁等配伍，适用于湿热痢疾。现代研究表明，马齿苋提取液体外对志贺痢疾杆菌、大肠埃希菌有较强的抑菌作用。其二，马齿苋能散血消肿，也可用治热毒疮痈肿痛，可取鲜品捣烂外敷，也可配伍其他解毒消痈药。其三，本品入肝经，有凉血止血之效，适用于血热妄行之出血证，可鲜品捣汁内服，或与凉血止血药茜草炭、苎麻根等同用，治大肠湿热、便血痔血，可单用，也可与凉血止血药地榆、槐花等同用。

禁忌上，因马齿苋性寒滑利，故脾胃虚弱者多禁用，如《本草经疏》载："凡脾胃虚寒，滑肠作泄者勿用。"陈民藩临证上多选用马齿苋治疗湿热证患者，而脾胃虚弱者多不用之，体现了陈民藩重视顾护脾胃之气的思想，治疗湿热下注的药物性味多苦寒，苦寒则易伤胃，因此陈民藩在清热利湿的同时常配伍白术、苍术等能够健脾益气的药物，将祛邪不忘扶正的思想贯穿始终。

对于肛肠病的治疗，陈民藩重视"内外并治"，强调熏洗疗法，由此研制出了消痔洗剂，其中重用马齿苋为君，取其清热解毒、凉血消肿之功。配伍大黄清热泻火、凉血解毒、活血祛瘀、止血；芒硝清热解毒、消肿化瘀，共为臣药。明矾解毒收湿，威灵仙除湿通络、软坚散结，共为佐药。运用熏洗疗法，使药力直达病所，共同起到治疗术后肛缘水肿、肛门疼痛的作用，促进了伤口的愈合，缩短了术后伤口愈合时间。

3. 紫草——疗血痔之气壮邪实者，治一切血热妄行之实火病

紫草性寒，味苦，归心、肝经。《本草正义》云："紫草，气味苦寒，而色紫入血，故清理血分之热。"紫草入肝经，长于凉血活血、透疹、解毒疗疮，故常用于治疗痘疹、吐血、衄血、烫火伤，也可用于治疗痈疽、丹毒、血淋等。陈民藩临证上重视"湿热""瘀血"病理因素，认为肛门直肠疾病多因湿热而生，而湿热蕴久易夹瘀，而术后患者肌肤、肌肉受损，致脉络断裂，气血郁滞于络外，经脉气血不畅，在原有疾病的病机上，同时存在"瘀"的征象。湿热与血瘀又互相影响，导致创口新肉生成缓慢。针对以上病理基础，陈民藩认为治疗在于清热利湿、活血止痛、消肿生肌。陈民藩遵循方从法出、以法统方的原则，研制的紫白膏体现了"清热利湿、凉血活血、止血"这一法则。本方以大黄、紫草为君，煅石膏、白及为臣，冰片为佐使。紫草性味苦寒，有凉血、活血、解毒的功效；大黄，外治取其逐瘀清热利湿之力，热清则毒解、瘀散则血活、肿消、痛止。二味共为君药以增强清热利湿、活血散瘀之功。经煅烧后石膏的性味从寒变为微温而涩，清热泻火的作用减弱，而长于收湿敛疮、止血生肌。白及味苦、甘、涩，微寒，有收敛止血、消肿生肌之功。二味同用，既可增强君药清热泻火之力，又可以消肿生肌，促进伤口的愈合。冰片有清热止痛、消散结肿之功，且冰片性辛寒走窜，还可以作为佐使药，引诸药迅速至病所。以上诸药合用，共奏清热利湿、凉血止血、消肿生肌之功。

现代医学认为手术对组织的机械损伤或局部感染所致的炎症反应，是阻碍创面愈合的重要原因之一。故陈民藩用药多取紫草、大黄、冰片等具抑菌抗炎作用之药，盖因现代研究表明紫草具有抗炎、抗病毒、抗肿瘤、抗氧化、抑菌、止血等药理作用。亦有学者报道皮下注射紫草素 10mg/kg 对小鼠巴豆油耳炎症和大鼠酵母性足趾肿有明显抑制作用。同时紫草能改善局部微循环，间接起到缓解疼痛的作用。陈民藩多单用紫草以植物油浸泡，滤取油液，制成紫草油浸剂，外涂患处以清热收湿敛疮生肌；亦常用紫草配伍地榆、白及等加强清热凉血止血之力，常熬膏外敷，如紫白膏。

六、读书之法

（一）分类读启蒙书

启蒙是让初学者获得基本、入门知识的有效途径，首先要通俗易懂，例如《医学三字经》《药性赋》《汤头歌诀》《医学传心录》等，这些大都是中医学徒入门的启蒙读物。陈修园所著《医学三字经》，基于《内经》和张仲景的学术理论基础，对中医源流进行阐述，又能联系经典著作，贯通临床，读时朗朗上口，易读易记，附录脏腑图说更增加了趣味性和可读性。余下几本书也有通俗易懂、便于记忆的特点，但每本倾向的重点各有不同。如《药性赋》对药性做出精辟概括，用韵语写成赋体，言简意赅，便于诵读记忆；又如《汤头歌诀》对于基础方剂的名称、用药、适应证等都进行了归纳总结，合辙押韵，便于识记；再如《医学传心录》，将脉诊、汤头、本草、证治联系规整，引经据典，对初学者有一定的启迪、指归作用。

（二）研读医经著作

陈民藩认为，启蒙之后就可以进行更深一步的拓展，认识中医，开启对中医四大经典论著的学习。

《内经》奠定了人体生理、病理、诊断及治疗的认识基础，对《内经》的认识和学习是中医学者成长的必经之路。作为临床医者，可在读《内经知要》的基础上，对《内经》原著中的《上古天真论》《至真要大论》《阴阳应象大论》等进行诵读、理解；也可以结合张景岳的《类经》来学习，此书分门别类，能够使人少花时间，收获更多的知识。又如高世栻的《素问直解》、张琦的《素问释义》都值得细细品味。特别对于《内经》重点部分的内容，陈民藩指出，要作到"颂、解、别、明、彰"，借助各家思想，帮助自己建立更加完整的中医思想体系。《灵枢经》可以根据个人的需要去读，针对中医外科学的学者来说，还是需要对经络学有一定程度的认识。

"医圣"张仲景确立了"辨证论治"这个中医临床的基本原则，陈民藩认为对《伤寒论》《金匮要略》的攻读是不可缺少的。《伤寒论》是我国最早的理论联系实际的临床诊疗专书，仲景对疾病不同的阶段及其症候类型的证治经验进行归纳总结，论析主次分明，条理清晰，有机地将理、法、方、药加以融会。《金匮要略》主要涉及杂病，其中囊括了对疮、痈、肠痈等疾病的诊治，值得深入理解和掌握，在肛肠科常见的肛痈、肛瘘等疾病的诊疗过程中可以借鉴其诊疗思路，参考运用方剂。

（三）博览各家专著

所谓专著，是指对某一疾病或是某一专科疾病系统、集中的专门论述。例如脾胃疾病的《脾胃论》、妇科疾病的《傅青主女科》、儿科的《小儿要证直诀》等。外科是一个大类别，外科专著当然不少，如《外科正宗》《外科大成》《外科理例》等。以陈实功所著《外科正宗》为例，其中阐述了外科疾患的病源、诊断与治疗，整理各种疾病的病因病理、临床表现，并且详论治法，还附以典型病例。陈氏不仅重视外科手段，创造和记载了当时多种外科手术方法，如枯痔散、枯痔钉、挂线法治疗痔漏等，为肛肠病的诊治奠定良好基石，也做到了内外治法并重，在内治上重视脾胃，其中"消、托、补"三法仍然是目前很多外科疾病的不同阶段诊治所遵循的诊疗方法。陈民藩指出，由于科学技术条件的限制，古代医家在解剖知识方面与现代医学相比确有不足，相应的手术相关技巧、方式跟现代医学也无法相提并论，但在当时还是挺有见地的认识，我们也应当学习他们敢于突破、创新、实践创造的精神。而古代医家对于肛肠疾病方面的专著是缺少的，对于肛肠疾病的论治、诊疗在古籍中的记载都较为零散，但某些确有特长，并且能为肛肠科所用。如陈民藩特别推崇的《血证论》，其中提及治血四法——止血、消瘀、宁血、补血，这可以说是治血的四大步骤、四大治法，指导临床治血证有十分重要的意义。特别是止血，对于便血的治疗及肛肠手术术后出血的并发症的诊治都有一定启发意义。读专著要在"专"字上做文章，做到知识为我所专用。陈民藩团队目前也在进行肛肠专科的古籍经典整理，意在为学者们提供更为系统、完整的肛肠科学术论著体系。

（四）选择阅读医论、医案

古代的医论、医案言简意赅，但艰涩难懂，更有的是由后世的弟子、学者进行的复述、记录，过程中的偏差错误也不可避免。相较于此，陈民藩认为近代和现代的医论和医案可读性和可实践性是更高的。

《临证指南医案》是中医工作者进行教学、研究，特别是从事临床诊疗必读的中医古籍之一，其内容详细，文字易懂，而且分门别类，易于掌握。《蒲辅周医案》也很贴近临床，其用药法度很有指导意义。俞震所著《古今医案按》通过按语形式分析各家医案。在按语中，对各家的学术思想褒贬分明，择善而从。并结合自己的临床经验，析疑解惑，明确指出辨证与施治的关键所在。此外，他亦在按语中发挥己见，陈民藩相信学者们都能从中有所收获。还有如《岳美中医案》《寓意草》《柳选四家医案》等，都是值得细读之书。在攻读医案的基础上，若能做到因时制宜、因地制宜、因人制宜，相信在学习和诊疗的过程中都是大有益处的。

（五）广泛阅读非专业著作

"医在功夫外"，一名医生在精研医术的同时，也应该"上知天文，下知地理"，才能做到"中晓人事"。中医的起源和发展与哲学有着千丝万缕的联系，阴阳这一概念便是来源于古代朴素的唯物主义哲学。《论语》《孟子》《庄子》一类哲学书籍可帮助我们提高辨证思维能力。医学同样也不能脱离文学，古往今来各种优秀的文学作品，有趣的内容、缜密的逻辑都是通过扎实的文学功底展示出来的。从诸子百家、汉赋、元杂剧到明清小说，均能从中汲取精华从而提高中医辨证思维能力。陈民藩对中国古代小说巅峰之作《红楼梦》情有独钟，他认为曹公对于人物的刻画，不论是容貌、姿态还是言谈举止都细致入微，提到贾宝玉是"面若中秋之月，色如春晓之花"，说起薛宝钗那是"面若银盆，眼如水杏"，曹雪芹做的是"写人"，而中医要做的是"看人"，一个患者进入我们的视线范围内，我们要做的工作就是需要如同曹公一样精准地把握住人物。同样的，古往今来许多著作中也不乏中医的身影。继续以《红楼梦》为例，我们可以看到林黛玉自幼体弱，贾母让她长年配温补气血的人参养荣丸将养身体；薛宝钗生来体内带有热毒，每年春天便犯咳喘之病，需服用以各色白色花蕊制成的"冷香丸"才可稍缓，这也与我们中医五色主病的理论不谋而合，中医讲肺色主白，运用此方确实有助于药达肺经。可以说除了医学专著外的各类书籍，虽不见中医，却又处处藏着中医。除此之外，陈民藩也醉心于鲁迅先生、巴金先生、萧红女士等的文章，对于拓展知识层面、提高文学修养、提高写作能力也大有裨益。此外，逐步品读历史书籍，不论是战时或是盛世的社会背景，不论是气候或者是地域的环境因素，不论是富贵或贫穷的个人际遇，都会对了解当时的医家、疾病的发生发展、医学的转承起到至关重要的作用和意义。当然，中国上下五千年历史悠久，文献繁多，一一详尽攻读并非易事，重点对春秋战国、汉晋隋唐、宋元明清及近代史进行学习是很有必要的。

"读书"这个话题，很广也很大，读的可以是书，也可以不只是书。时代在进步，获取知识的方法和途径也越来越多，陈民藩时常告诫我们"开卷有益"，应该紧随潮流，抓准时代脉搏。例如中国中央电视台的《百家讲坛》，就相当于一个电视形式的"书籍"。通过各界专家学者的精彩讲述，让书上的知识活了起来。当然还有新兴的短视频，让"书"以更加鲜活的方式呈现出来，充分填充我们的碎片化时间。永远保持对知识的饥渴，永远秉持对专业的认真，孜孜不倦，博览群书，我们都有光明未来。

七、大医之情

（一）思想境界

陈民藩是一位严谨认真、待人谦和的长者，更是一位精研医术、济世为怀的仁者。他常说："医生就是要为患者多想想，少花钱，看好病。"他经常回忆起1962年在沈阳会诊时，他与雷锋班的战友们同吃同住，一起"忆雷锋、学雷锋"，他被雷锋的精神深深地感染了。返院后，他立即提交了入党申请书，坚定了"为人民服务"的初心和"为中医肛肠事业奉献一生"的决心。60 余年来，他始终坚守这份初心和决心，全心全意为患者服务。陈民藩讲述，20 世纪 90 年代前，时兴家庭病房模式，患者手术后没有住院或者只住一两天就出院，医生就背上药箱，骑着自行车到患者家里为他们复诊。除了出诊，医生还经常要下乡。"过去专科医生很少，我们就背着小药箱每年到山区轮流巡诊。哪里的患者需要我们，我们就到哪里去。另外，下乡也办学习班，把乡村医生、基层医生、外科医生、内科医生、中医等集中起来开展一两周的短训，教他们一些基本的专科知识，以便为当地老百姓服务。"回忆往昔，陈民藩的眼神依旧很坚定，他说，医生就应该做到"服务大众"。在陈民藩全国名老中医药专家传承工作室，存放着他年轻时一直背着出诊的小药箱。打开药箱，"为人民服务"五个红色的大字映入眼帘，那是他入党的初心，也是他践行了大半生的医者使命。

为人和蔼，扶持后学，诊病认真，深得领导、同事们及患者的一致赞誉。1997 年获"福州市第廿六届劳动模范"光荣称号、福建省教委系统"优秀共产党员"称号，1998 年又获"全国卫生系统先进工作者"称号。他还多次被福建中医药大学、福建省人民医院评为"先进工作者""优秀共产党员"，是福建省卫生系统精神文明的一面旗帜，是位德艺双馨的中医专家。

（二）文化修养

八闽雄都，人杰地灵，历史悠久，文化昌盛，名医佳士，代有师承，术业专攻，著述浩瀚，底蕴深厚，流派纷呈，发岐黄之秘，传济世之学。远自三国时期，侯官董奉与张仲景、华佗并称建安三神医，其医精德诚，被后世尊为杏林始祖，照耀千秋。北宋林士元善治蛊毒，名闻京畿；何希彭的《圣惠选方》成为医门传之以立业、病者持之以活命之著作。南宋杨士瀛的《伤寒类书活人总括》和《仁斋直指方论》等名著，剖前贤未言之蕴，摘诸家已效之方，扬家世之传而独树一帜，金、元、明、清各代医家多宗其说；朱端章的《卫生家宝产科备要》等，后世称为产科之荟萃，医家之指南。明代萧京的《轩岐救正论》，阐发《灵》《素》之蕴，推究水火阴阳之秘。清代陈梦雷的《古今图书集成》，卷帙浩繁，贯穿古今，堪称我国现存规模最大的古代百科全书，其中《医部全录》为方书之渊海，证治之津梁；陈修园的《南雅堂医书全集》和《医学三字经》等，著书以阐前人之旨，为业医者之规。近百年来，闽医相授，医学相传，名医辈出，学派林立。陈民藩在长期的临床工作中，勇于探索，勤于思考，穷岐黄奥旨，继古圣先贤，发金玉之言，成卓然一家，为中医药学的继承和发展，为中医药事业的进步做出了突出贡献。他以"化腐、生肌、镇痛结合"思想创新了"枯痔疗法"，同时，他还运用"湿热论治、内外并治、酸涩收敛"的思想，研制了黄白胶囊、黄术胶囊、紫白膏、消炎生肌膏等系列专科制剂。经过60余年的发展，逐步构建出"湿热论治、以通为用、内外并治、存体寡损、形神兼顾"学术思想体系，促进闽派陈氏肛肠学术流派的形成，引领学科前沿发展。

八、养生之智

（一）法于阴阳，顺应自然

白昼为阳，黑夜为阴，古人讲究起居有常，日出而作，日落而息，正是法于阴阳的体现，现代人亦如此，还应根据季节更替、冷暖变换适度增减衣物，做到春捂秋冻，防止邪气侵体。此外，还应适度锻炼，振奋体内阳气，才能保持精力充沛，并有足够正气抵御邪气。

（二）修身养性，宠辱不惊

外有五志，怒、喜、思、悲、恐，内有五脏，肝、心、脾、肺、肾，情绪也会影响人的身体。心态平和，不以物喜，不以己悲，淡然面对沉浮，量力而行，做到有的放矢，对待世间名利应有正确认识。心态无大的起伏，能保持五脏运转不受阻，才是养生之道。还应培养爱好，使心情愉悦，身心舒畅。

（三）饮食有节，不妄作劳

五味，酸、苦、甘、辛、咸，对应五脏，肝、心、脾、肺、肾，因此应做到均衡饮食，不可偏颇，不能食之太过，也不可食之不及。五脏相互制约，五味均衡，做到五脏俱补，从而五脏平和。选择食物时，要注意食物的成熟季节，选择当季食物才能发挥其最大作用，少吃反季食品。平时尽量做到少糖、少油，少食肥甘厚腻，防止血糖、血脂升高。另外，根据自己的身体状况，不妄作劳，无论是脑力劳动还是体力活动，都会一定程度地消耗人的精、气、神，过度消耗会加重脏腑负担，所以，劳逸结合，才能保证精气神保持在稳定水平。

（四）肛肠专科建议

俗话说"十人九痔"。陈民藩认为，治痔病要重视"气血辨证"。气血是产生一切生理功能和维持生命活动的物质基础，具有推动、激发、滋养、濡润脏腑等功能。肛肠疾病的病位在大肠，气血的推动和濡养是肠正常运转的内在条件。气血充盈，小肠就可以精确将食物分为营养物质和残渣，营养物质被吸收，残渣被输送到大肠；大肠可以顺利将糟粕排放至肛门；肛门可控制排泄，从而不产生肛周疾病。要预防痔病，可从以下几方面入手。

1. 补正气

注重调护和锻炼。适当运动可促进肛周血液循环，调和气血，预防痔病。运动分两方面，一是肛门"常撮撮"，每天做一两次提肛运动（每次 30 秒至 1 分钟）；二是常规锻炼，每周 3～7 天、每天 30 分钟以上中等及以上强度的运动，久坐久站者，1 小时左右要改变一下体位，做些身体活动。

2. 防邪气

坚持良好习惯。首先是科学饮食。一方面需节制，三餐七分饱即可，过度饮食会导致气血瘀滞肠道而产生疾病；另一方面，要少食辛辣刺激食物，不吸烟、不喝酒，辛辣之品、肥甘厚味会导致脾胃生化不足，气血两虚，继而引发便血、痔核脱出。建议多食蔬菜、水果类粗纤维食品，营养均衡搭配。其次是保持良好的排便习惯。具体包括：①排便频次在一天两次到两天一次都属正常；②排便时间每次最好不超过 10 分钟，不宜久坐久蹲。久蹲易导致气血运行不畅，淤滞于局部，结聚于肛门，产生痔疮；③尽量让便条性状如腊肠样，有异状意味着有问题；④保持肛门局部的清洁和干燥，睡前便后冲洗局部。

九、传道之术

（一）人才培养方法

作为福建中医药大学附属人民医院肛肠科的学术带头人，陈民藩倡导"开放办科，领先半代"的理念，十分重视中医人才的培养与传承工作，在临床上言传身教。其学生石荣说："还记得刚刚毕业上岗的时候，陈老的原则就是遇到疑难病，事先交代得清清楚楚哪些需要注意，然后手把手地教我们手术。"陈民藩除了毫无保留教授临床专业知识外，还特别注重培养学生的临床实践能力，让知识真正运用起来，医教结合，丰富学生的临床治疗经验，启发学生的临床诊疗思路。

六十多年来，陈民藩重视学术的传播和经验的下沉，他讲学、会诊的足迹走遍了祖国的大江南北，福建省的县乡农村。主持、举办全国或福建省肛肠病学科新技术学习班五十余期，培训学员 4000 余名，遍及全国各地及东南亚地区。他将自己在临床所得撰写成书，在医学刊物上发表论文 60 多篇，撰写《肛门科临床手册》《肛门常见病临床治疗》《陈民藩学术思想与临证经验》等医学专著、合著 6 部，其"湿热论治、以通为用、内外并治、存体寡损、形神兼顾"学术思想广为流传，指导了全国优秀中医临床人才和全国老中医药专家学术经验继承人 10 名。他们继承了陈民藩的高尚医德，勇于拓新的科研精神，更是为了不断培养中医人才、传扬中医文化，成立了"陈民藩国医大师传承工作室""福建省（闽派陈氏中医肛肠）学术流派传承工作室"。工作室注重学科的内涵建设与外延拓展，统筹教学、科研、医疗工作，以高层次人才培养和提升为根本，以加速学术发展为目标，上联国内肛肠学科，下沉福建基层专科，举办了包括中华中医药学会肛肠分会成立 40 周年纪念大会在内的国家级及省级肛肠病学习班，不断传播、传扬学术成果。

（二）人才培养成果

陈民藩是国家区域中医（肛肠）诊疗中心和国家临床重点专科学术带头人，作为全国优秀中医临床人才研修项目和全国第二、四、六、七批老中医药专家学术经验继承工作指导老师、全国中医药传承博士后合作导师，创立了闽派陈氏中医肛肠学术流派，精心培育了大批中医肛肠专科人才。其二代、三代弟子已成为学科的骨干，并在国内享有较高的影响力。

继承人石荣，主任医师、教授、博士研究生导师，卫生部中医临床重点专科学术带头人，国家"区域中医诊疗中心（肛肠）培育项目"负责人，福建中医药大学优势特色学科（中医肛肠）学科带头人，从事肛肠病临床、教学、科研工作 30 余年，获省部级奖励 2 项，主持国家自然科学基金面上课题 1 项、省部级课题 5 项，获国家专利 3 项，主编及参编多部专著。

继承人王菁，副主任医师、副教授，硕士研究生导师，现任中华中医药学会肛肠分会理事、世界中医药学会联合会盆底专业委员会理事、中医药高等教育学会临床教育研究会肛肠分会常务理事、白求恩精神研究会肛肠分会常务理事，获省部级奖励 1 项，主持及参与省部级课题 6 项，参与国家自然科学基金面上课题 1 项，主持及参与多项厅级课题，获国家专利 2 项，主编及参编多部专著。

继承人传承陈民藩的学术经验及思想，加之不断开拓创新，逐渐形成了自己的研究领域，更是薪火相传，秉承陈民藩教授的教导，影响着一批又一批的学者。

陈民藩学术传承谱

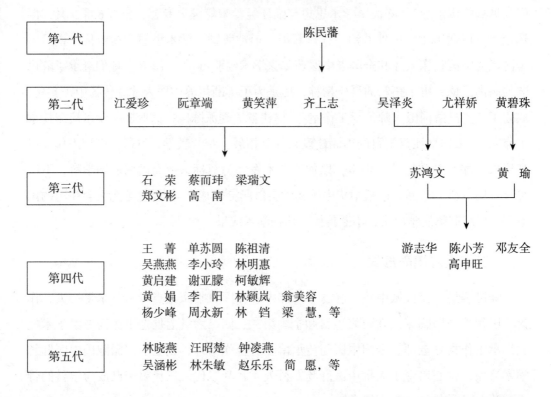

| 第一代 | 陈民藩 |

第二代　江爱珍　阮章端　黄笑萍　齐上志　　吴泽炎　尤祥娇　黄碧珠

第三代　石　荣　蔡而玮　梁瑞文　郑文彬　高　南　　苏鸿文　黄　瑜

第四代
王　菁　单苏圆　陈祖清
吴燕燕　李小玲　林明惠
黄启建　谢亚朦　柯敏辉
黄　娟　李　阳　林颖岚　翁美容
杨少峰　周永新　林　铠　梁　慧，等

游志华　陈小芳　邓友全　高申旺

第五代
林晓燕　汪昭楚　钟凌燕
吴涵彬　林朱敏　赵乐乐　简　愿，等

（石荣、王菁整理）

（肖晓琳、李昆编辑）

陈彤云

陈彤云（1921—　），女，回族，北京人，中共党员，首都医科大学附属北京中医医院主任医师。出身于中医世家，1943年毕业于辅仁大学，曾任中华中医药学会副会长，中华中医药学会外科分会副主委，全国老中医药专家学术经验继承工作指导老师。1988年获评北京市科学技术协会最佳理事长；2013年被北京市卫生局、中医局评为首都国医名师；2016年被中国女医师协会评为首届中国最美女医师；2017年获人社部、国家卫生计生委、国家中医药管理局的首届"全国名中医"称号；2018年获中国医师协会"中国医师奖"。2022年被授予"国医大师"荣誉称号。

陈彤云从医七十余载，创立"文质"学说与"调通"理论，建立陈氏四维（内外气血）诊疗体系。强调形神同治，标本同调，病证结合，依"清肺胃、调肝脾"法，"三脏为根、瘀滞成斑"及从湿、火、血、瘀论治皮肤病等理论，在中医皮外科及中医美容学界具有重要学术影响。首重脏腑辨证，强调整体观和辨证论治，注重内外调通、气血调畅、阴阳调和、脏腑调顺。五脏独重脾胃，四诊尤重舌诊。运用脾升胃降理论辨治皮肤病，强调胃气强盛是用药有效的前提，临证十分重视顾护胃气。精研外治，在传承传统制剂基础上，运用现代技术，大胆改革剂型，研制出系列外用中药护肤品。

一、学医之路

1921 年 12 月 25 日，陈彤云出生在北京颇有名气的中医世家，父亲陈树人在当时以擅长治疗温热病而著称。陈彤云在这中医氛围浓厚的家庭中长大，听父亲背中医经典、讲四气五味，看父亲诊病辨证、望闻问切，勤奋地抄方写药，感悟中医之魅力，在家庭氛围的熏陶及父亲悬壶济世理念的影响下，幼年的陈彤云不仅产生了对医生的敬仰与信任，更是为将来学习中医打下了坚实的基础。

陈树人先生对女儿的教育极为重视，曾请私塾先生于家中教书 5 年，后为女儿选择了当时京城有名的教会学校——贝满女中，贝满女中有着严谨的校风、一流的教育水平、德才兼备的师长，以及当时先进的西方思想教育，不但使少年陈彤云的眼界开阔，而且发掘、培养出了她的不少兴趣爱好。

青年陈彤云于 1940 年考入辅仁大学的社会经济学专业，1943 年的北京经济萧条、就业困难。爱国的陈彤云不愿到日本人办的洋行工作，于是决定回家中诊所帮忙，自此正式走上了中医之路。同年，陈彤云与京津皮外科名医哈锐川之子哈玉民先生正式成婚，婚后得到哈锐川的真传，不仅入门很快，还展现出极高的中医悟性，她与丈夫一起料理医务及家务，经过数年临床磨砺，逐渐成为独当一面的外科好手。

1950 年，新中国成立后，国家整顿中医队伍、组织中医师考试，陈彤云以全市第一名的成绩首批通过考试，获得当时为数不多的中医执业医师资格。同年 3 月，她协助哈玉民先生与北京名中医赵树屏、董德懋、魏龙骧、赵锡武等，共同筹建了北京中医学会，哈玉民被选举为北京中医学会副会长。1951 年，陈彤云再次协助丈夫筹建北京市中医进修学校。1956 年，国家决定启动中医药高等教育，分别在位于祖国东、南、西、北方位的广州、上海、成都、北京设立 4 所中医学院。有着丰富办学经验的哈玉民被委以重任，哈玉民与陈彤云毅然决定，停办医馆，为国办学，在无教材、无校舍、缺师资的困难条件下，夫妇俩多方奔走，夜以继日地辛勤工作，终于在 1956 年 9 月，以北京市中医进修学校为基地，招收了北京中医学院首届新生，并如期正式开课。夫妻两人为创建北京中医学院立下汗马功劳。建校初期条件艰苦，首届 120 名学生入学，教室不够，陈彤云就带着大家拎着马扎到大厅里听课；没有教材，她就每天熬夜油印讲义，那时，她每天工作十几个小时，常常工作到深夜，不辞辛劳。

1960 年 6 月，丈夫哈玉民病逝，陈彤云一个人承担起家庭的重担和夫妻二人所挚爱的中医事业，逆风前行。1966 年，她前往北京中医医院工作，在北京中医医院皮外科跟随著名皮外科专家赵炳南先生学习，传承了赵老的学术思想、积累了大量中医皮外科的临床经验与治疗方法。陈彤云在临床工作中不断探索、不断思考、不断学习中医经典及西医学知识，融会贯通，不仅继承发扬了哈氏父子和赵炳南在中医皮外科领域的专长，更是形成了自己的临证思想，尤其对于损美性皮肤病的临床诊治，有着自己独到的见解，并形成了具有特色的临床诊疗体系。陈彤云对患者耐心细致，真正做到了"誓愿普救含灵之苦"，对于中医事业，她十分注重传承，对学生倾心传授、孜孜不倦，毫无保留地辛勤教诲。

陈彤云于 1984 年退休。2007 年"陈彤云名老中医工作室"正式成立，2010 年被确定为全国名老中医药专家传承工作室。曾历任《北京中医》第二届编委会副主编、《中医杂志》编委，国家自然科学基金会评审委员，北京中医学院名誉教授，北京市鼓楼中医医院技术顾问，北京中医学会第七、第八届理事会顾问，北京中医医院专家咨询委员会委员，北京市卫生局药品审评委员会委员，中国中医药文化博览会专家委员会中医外科组委员，马王堆汉墓出土医书研究课题评审委员，现代中医临床免疫研究所临床免疫学术委员等。

而今，101 岁期颐之年的陈彤云依然坚持每周门诊及带教，坚持读书、学习中医，关注中医学术发展和西医研究进展，坚持出诊为患者解决痛苦，坚持教导学生，为的是她所热爱、倾注了全部心血的中医事业。

二、成才之道

陈彤云常说"中医临床重在疗效"，而好的临床疗效是每位医生永远追求的目标。任何一名医生的成功，都是在失败或成功的基础上积累起来的。中医要成为名医，绝对不能脱离临床实践。只有在临床实践中不断锻炼总结，才能不断提高临证水平。陈彤云几十年如一日地坚持临床，直至现在过百岁高龄的她仍坚持每周门诊带徒。对于如何成为一名好中医皮科大夫，陈彤云常强调以下几点。

（一）辨证论治，方遵经典

陈彤云在皮肤病的辨识上坚持中医的整体观，重视人体脏腑、气血、经络生理功能，以及自然（气候、环境、四时）和社会因素对皮肤病的发生、发展与转归的影响。在皮肤病的治疗方面，则坚持按照中医理论辨证论治，注重外病内治，通过内服药调整脏腑阴阳气血的方法治疗皮肤病，在遣方用药时以中医各家的经典名方，特别是《温病条辨》《金匮要略》和《伤寒论》中的经方为基础进行加减，形成自己的用药特色。

中医针对不同种类的疾病、疾病的不同阶段，采用的辨证方法很多。陈彤云在皮肤病的辨证上，经常采用的辨证方法是八纲辨证、脏腑辨证、卫气营血辨证等。她一般先用八纲辨证的方法对皮肤病的性质（阴、阳、寒、热、虚、实）、病位（表、里）得出初步的判断。比如，一般急性、泛发性、瘙痒剧烈、变化快的皮肤病，多伴有口干渴、小便黄、大便秘、心烦、发热、面红等，脉多浮、洪、滑、数、有力，舌质多红或舌尖红，舌苔多黄白腻等。陈彤云认为，这些多属阳证、表证、热证、实证。反之，一般慢性、湿润性、肥厚性、自觉症状轻或不明显的皮肤病，多伴有口黏淡、纳呆、大便不干或溏泄、腹胀满，脉多沉缓、沉细或迟，舌质多淡，舌体胖大，或有齿痕，舌苔白滑或白腻等。陈彤云认为，这些多属于阴证、里证、虚证、寒证。

在八纲辨证的基础上，在治疗皮肤病时，陈彤云运用得最多、最广泛的辨证方法就是脏腑辨证。这是基于她对皮肤病的认识总是从中医的整体观出发，认为五脏六腑是人体生命活动的中心，脏腑与肢体、五官有着所主与归属、开窍的关系，脏腑、气血功能与皮肤的生理功能和皮肤病的发生、发展有密切的联系。因此，她通常根据患者的临床表现，采用脏腑辨证为主，结合气血津液辨证和卫气营血辨证等方法，在准确辨证的基础上，选用中医经典中的方剂为基本方来调理脏腑气血功能治疗皮肤病。

20世纪80年代以来，随着社会经济飞速发展，人民物质生活日益丰富，人们对皮肤保健和美容也越来越重视。虽然陈彤云已经退休，但她坚持继续出门诊，不断地探索和实践，从中医的整体观研究和辨识皮肤病，采用辨证论治的方法，注重从内脏调理治疗，在痤疮、黄褐斑、酒渣鼻、扁平疣、颜面激素依赖性皮炎等多发于面部、有碍于面部美容的皮肤病的治疗上，逐步探索出一系列行之有效的治疗方法和药物，形成了治疗这些"面子病"的特色品牌，吸引了来自全国各地乃至海外的大批患者，退休之后的陈彤云反而进入了自己人生中空前丰富活跃的阶段。

（二）四诊合参，尤重舌诊

陈彤云诊察疾病十分重视望诊，尤其把望舌作为望、闻、问、切四诊中的重点。她曾经不止一次地嘱咐学生，一定要重视中医的舌诊，一则因为舌象比较形象、直观，相对于诊脉来说，望舌的方法比较容易掌握，不容易出偏差，二则望舌能比较真实地了解脏腑的变化情况：舌与皮肤黏膜属于同一体系，中医理论认为心开窍于舌，脾开窍于口，通过望舌象可以了解皮肤与内情；舌苔黄腻、黄滑，表明湿热并重；黄腻而燥，则为湿热化燥。察舌质的变化，透过舌质红、绛、光、裂、淡、嫩和燥润可以了解人体热、燥、津伤的程度及脏腑气血的盛衰。

（三）辨病辨证，互为补充

随着现代工业、科技的飞速发展及环境、资源等问题的日益突出，皮肤病逐渐增多，也出现了一些前人没有遇到过的新问题、新病种，如染发剂造成的皮炎、化妆品皮炎、放射性皮炎、激素依赖性皮炎、艾滋病等。陈彤云认为在辨证的同时还要结合现代病的特点，对疾病做出明确的诊断，辨证与辨病二者同等重要，互为补充。辨证是宏观的，是针对疾病的性质而言；辨病则相对是微观的，是针对疾病的病理形态、病因而言。在临床上陈彤云辨证与辨病结合，相辅相成。在治疗上陈彤云也很重视辨证论治与中草药的现代药理研究成果相结合，常根据文献报道，改进用药，取长补短，有的放矢。如治疗寻常型痤疮时，她在辨证分型用药的同时，还注意结合应用现代药理研究证实有抗痤疮丙酸杆菌作用的清热解毒中药。

（四）治病求本，重视脾胃

中医认为脾胃为后天之本、气血生化之源。中医学极为重视脾胃在生理病理中的重要意义。陈彤云对"有胃气则生，无胃气则死""得强则生，失强则死"的理论有深刻的体会。临证十分重视患者的年龄和体质，尤其针对老年和幼儿患者的生理特点，如临床辨证为热盛时，在应用清热苦寒药物的同时，常酌情加入培补脾土、健脾渗湿、燥湿利湿之品，以顾护中焦，扶正祛邪。

（五）分清缓急，标本兼治

陈彤云认为，在临床上应根据皮肤病的发病缓急、病程长短及局部表现，灵活运用"急则治标、缓则治本"的原则。陈彤云常说："标与本是相对而言的，从疾病的发生顺序来说，原发病是本，继发病是标。治标与治本，就是对证与对因的治疗原则。治病求本是医者之理想，然病情万变，其本难求。许多慢性皮肤病患者，在长期的治疗过程中，可能会出现复杂的变化，当出现新发病时必须'急则治标'。在患者万分痛苦之时，病情十分危急之际，不可不思以救急之法。先解除痛苦，缓解病情，再徐图调养之道。"如在治疗急性刺激性接触性皮炎时，由于这些疾病病发迅速，局部红肿糜烂明显，有时控制不及时可波及全身，此时陈彤云常用重剂清热凉血解毒之品，独治其标。若皮损肿胀、糜烂、色红、渗出多时，则采用中药煎水冷敷局部以救急，同时积极寻找并去除致敏源。此时可不必顾及其素体的强弱虚实。而有些老年体弱者患带状疱疹，在疱疹消退后常遗留神经痛，陈彤云在治疗这些患者时认为：虽然疼痛是由于余毒未清，气虚血滞所致。但其根本原因是老年人体弱气虚，不能驱邪外出，故必以扶正补虚为主，重用补气药，以培中气，缓则治本，往往收到奇效。

（六）内病外治，直达病所

随着人们生活水平的提高，工作的节奏加快，精神压力越来越大，加之环境污染等因素，使有损于颜面美容的皮肤病日益受到重视。多年来，陈彤云凭借自己几十年的临床经验，筛选出一批对常见损容性皮肤病有独特疗效的中药，并对外用剂型做了大胆的改革。研制出"祛斑粉""祛斑霜""祛斑增白面膜""痤疮面膜""痤疮霜"及中药洗面奶和防晒霜等系列外制品。其中"祛斑增白面膜"获1993年北京市中医管理局科技成果奖一等奖。这些疗效明显、使用方便、顺应潮流的制剂，深受广大中青年患者的欢迎。正如陈彤云强调的"外病内医，不忘外调"，外用制剂简单方便实用，可直达病所。内外结合，协调统一，使阴阴和，精血充，气血调，经络通。

（七）善用清解，确立八法

陈彤云在临床实践中认识到，现代人生活水平逐渐提高，饮食结构和习惯也有了很大变化，人们如果饮食不节，酒酪为浆，日久则生痰化热。正如《内经》云："膏粱之变，足生大丁，受如持虚。"由此导致的皮肤病早期多为实热证，故陈彤云善用清热之法。如清热凉血、清热解毒、清热疏风、清热养阴、清热安神、清热渗湿、清热利湿、通腑泄热等，这些都是临床实践中陈彤云应用较多的方法。

（八）祛邪扶正，分清虚实

在皮外科疾病中正虚邪实者辨治最难。如对年高体弱的蜂窝织炎患者，出现漫肿久不溃破或出脓较少者；气血虚亏的淋巴结核、深部脓肿、下肢溃疡、深静脉炎、雷诺病、硬皮病、硬结性红斑、皮肌炎、慢性湿疹、特应性皮炎等病，陈彤云必以扶正为主，祛邪为辅。临证时常告诫我们要注意培补脾土，脾胃健运，中气复旺，四旁得溉，气血阴阳得和，正气足，邪乃去。临床中病证往往虚实夹杂，尤其是皮肤科一些慢性复发性疾病，对于正虚邪实、老年体弱、久病气血亏虚者，陈彤云擅于应用补益之法。常用的治法有健脾益气、健脾和胃、益气补血、气血双补、滋阴补肾等。

三、学术之精

（一）文质学说

中医学的理论体系既体现了哲学思想又具有丰富的祖国传统文化内涵。

先秦孔子的《论语·雍也》曰："质胜文则野，文胜质则史，文质彬彬，然后君子。"文中的文质彬彬，原意是文华与质朴相合相宜，既有外在的文彩，又有内在的朴实。后来逐渐被人们应用为形容人举止文雅而有礼貌。该词语描述人表里如一，外表和内心相互协调，进而我们引申应用到中医皮肤学科的内外统一与协调。

中医皮肤科临床实践中望诊直观观察到的面、爪、唇、毛、发的红润、色泽、滋润、光滑、亮密等的变化，加之问、闻、切四诊合参，即可洞察五脏——心肝脾肺肾的功能代谢情况。此为"由外察其内、由内推及外"，为中医皮肤学科"文质学说"内涵之一。

陈彤云强调以"内调治外"是中医皮肤学科"文质学说"内涵之二。中医皮肤科的内服（质）与外用（文）中药这两种不同的大法亦是相辅相成、相互协调及互为补充的，概括为"内外通达"之说，既包含内服中药"调内治外"，又含有外用中药直达病所，以期内外兼治提高临床疗效。

"文质学说"的内涵之三是"外病外治、外治调内"说。临床中不仅有内调治外，还有外治以调内之法，比如临床中应用较广的三伏贴、三九贴对某些慢性疾病的预防起到了一定的作用。中医的外治学是非常丰富的理论体系。外治法具有方便、快捷、灵活、实用的显著特点。外治法避免了因某些内服药物长期应用造成的对内脏的不同损害。

医学是不断进步和发展并为人类服务的实践学科，"文质学说"的内涵之四即为理论与实践统一说，也就是一定要理论与临床技能相互结合，中医的理论要不断深入完善，但目的是要服务于临床，不可只读经典理论而缺乏临床实践与技能的培养，而只顾临床，不注重归纳总结和提炼，就不利于实践能力的提高。舍弃其一那就是纸上谈兵。所以"文质学说"要求理论知识与临床实践并举，才能适应时代的要求，成为既有扎实的理论功底又掌握实践技能的优秀中医师。

（二）调通理论

从宏观的中医角度，我们可以将人体的疾病状态概括为：阴阳失衡、气血失和、脏腑失调。调通理论包含阴阳五行学说、藏象学说（脏与腑关系）及气血津液关系等理论。

"调"，《说文解字》曰其"和也"，包含协调、调节、调度和调整几层意义。协调，指和谐一致；配合得当；调节有调整至适合，整治或调理之意；调度就是调整、转变或安排、调遣；调整指调弄整治。通，达也，《说文解字》认为其有通达、顺畅、通畅之意。

阴阳、脏腑、气血功能的失调必然会引起人体肌肤、毛发的病理变化，出现临床所见的各种皮肤、毛发相关的各种疾病，在治疗上谨守阴阳调和、脏腑调通、气血调顺的法则与原则，也是"调通理论"的内涵、外延与临床应用的精髓所在，简称之为"调通理论"。

中医皮肤学科的文质学说之调内治外、内外兼治、内外调通，以及无形之气与有形之血的调和、调畅，构成了中医皮肤学科在疾病预防、诊治及养生与保健的全方位的，内（阴阳、脏腑）、外（六淫、皮损）、气（阳）、血（阴）四个维度的诊疗体系。

（三）四维诊疗

皮肤病最为直观，我们认为外在的所有表现均为内在阴阳失衡、脏腑失调、气血失和的外在反映，"没有内乱，不得外患"。人体是一个有机的整体，皮肤疾病的外在表象是在一定程度上对人体内在的阴阳、气血、脏腑失调的某种提示。因此，四维诊疗体系包含我们在诊治皮肤疾病时需要重点关注的脏腑辨证、阴阳辨证、气血津液辨证及皮损辨证等四大维度并密切结合中医的六淫辨证，综合四诊所获取的临床资料，辨证与辨病结合，确立法则，精准处方。

阴阳辨证、脏腑辨证、气血津液辨证及皮损辨证并密切结合中医的六淫辨证，可以较为全面地阐述中医皮肤疾病的病性、病位、疾病的深浅及病症的类型，再综合四诊的全面资料分析，确立治疗大法，依据辨证及立法而处方用药，全面、全方位认识疾病，针对患病的人体来修正偏差，个体化、多维度、精准化地治疗皮肤疾病并维护人体的大健康。不仅仅要免除疾病的困扰及治愈疾病，更要达到全身心、全维度、全面的人类大健康状态。

（四）三脏为根，瘀滞成斑

三脏为根，瘀滞成斑是陈彤云治疗黄褐斑的理论基础。

陈彤云认为色斑的生成是脏腑功能失调的一种局部表现，多与肝、脾、肾三脏关系密切。肝郁、脾虚、肾虚是发病之因，气机不畅，气血瘀滞，颜面失于濡养为致病之理。正如《诸病源候论》所云："面黑皯者，或脏腑有痰饮，或皮肤受风邪，皆令血气不调，致生黑皯。"素体禀赋不足，或劳心过度，房事频繁，或久病伤阴，致阴精亏虚，肝肾不足，头面失荣，或阴不制阳，虚火上炎，熏灼面部。气血不能润泽面肤，则面若蒙尘；血瘀于颜面，故发斑片。

患者因情志不遂，肝郁气滞，气机紊乱，气血运行不畅而生斑；或因劳倦过度，思虑伤脾，饮食失节，致使营血衰少，血海不得满溢，血虚不能上荣于面；脾气虚弱，失去统摄之权，则血不循常道而下溢；或因肾阴亏虚，肾水不足，水亏不能制火，虚火上炎，颜面不荣；或因肾阳不足，阴寒内盛，使气血生化不足，运行无力，而出现瘀滞，肝、脾、肾三脏功能失调，气血不能上荣于面。肝、脾、肾三脏相互影响，互为因果，但应分清主次，辨证施治，才能取得理想疗效。

陈彤云总结出"无瘀不成斑"之说。瘀乃脏腑虚亏，气机失调所致，故气血瘀滞，脉络不通，气血不能上荣于面乃黄褐斑最根本之病机。正如《灵枢·经脉》曰："血不流则髦色不泽，故其面黑如漆柴者。"因此，在治疗中重视活血化瘀药的使用，认为通过活血化瘀作用可促进面部血液循环，改善面部皮肤代谢，使面部色素逐渐消散。

（五）脾升胃降，中焦为枢

陈彤云治疗皮肤疾病十分重视脾胃的功能，在前人的基础上更加重注脾胃气机的升降调畅。她认为脾胃位居中焦，是人体气机升降之枢纽，既升清降浊，又斡旋上下气机，提出脾胃升降失司是"湿邪"导致皮肤病的核心病因病机。

陈彤云在赵炳南学术思想基础上进一步研究实践，提出脾胃升降失司是"湿邪"致病的核心病因病机。陈彤云认为在正常生理情况下，脾升胃降有序则阴阳平和，脾胃为人体气机升降之枢纽，既升清降浊，又斡旋上下气机，以使上者下之，下者上之，升降相济。诸多病变莫不由其而生。而一旦外感六淫、情志内伤、饮食失调、久病劳伤、脏腑失和等病因出现，则脾胃气机升降失序，导致脾胃机能紊乱。脾气不升，则不能运化水谷精微以上输心肺，从而出现脾升不及、脾虚多湿的临床症状，以脘腹满闷、肢困体倦或面萎神疲、头晕目眩等为主症；若脾虚下陷，则见脘腹坠胀、大便稀溏、脱肛等；胃气不降，则糟粕不能向下传递，临床多以脘腹胀闷、食纳不佳、便秘不调为主症；若胃气上逆，又可见呕吐、呃逆、反胃等症状。脾胃升降失常将进而影响其他脏腑，心、肝、肺、肾均受其影响。脾胃升降失司可导致心肾不交，出现心悸、怔忡、失眠健忘等病症，临床常见的气喘、中风、肝火目赤、耳聋目障、癃闭、水肿、鼓胀、便血呕血、肌衄、女子崩漏等都与脾胃升降失调有关。

陈彤云治疗皮肤疾病重视脾胃的功能，尤其注重脾胃气机的升降调畅，故治疗用药轻灵，喜用升降的药对斡旋中焦气机。通过升降润燥调畅脾胃气机而获得满意疗效。

（六）脏腑辨证，养生护肤

陈彤云在中医临床实践和教学中，始终强调中医的整体观，重视人与自然、气候、环境、四时的协调统一关系，重视皮肤与脏腑、经络、气血的内在联系。

535

人体是统一的整体，五脏六腑是人体生命活动的中心。脏腑与肢体、五官有着所主与归属、开窍的关系。脏腑、气血、经络的生理功能协调一致是健康的基础。皮肤与五脏六腑有着密切的联系，因此，皮肤病不仅仅是皮毛之疾，而是脏腑、气血的生理、病理在皮肤上的反映，即"有诸内必形诸外"，"没有内患不得外乱"。

五脏是人体生命活动的中心，但五脏中起更重要作用的是肾、脾二脏。因为肾主藏精，主骨，生髓，是五脏六腑精气之所在，肾气的盛衰决定着人的生长、发育和衰老。《素问·上古天真论》对此有详细的论述：由于"肾气盛""肾气实"而"齿更发长"，"而天癸至"，"精气泄溢"，"故有子"；由于"肾气平均"而"筋骨劲强，真牙生而长极"，"发长极，身体盛壮"，"肌肉满壮"；由于"肾气衰"，而"发堕齿槁"，"面焦，发鬓颁白"，"天癸竭，地道不通"，"精少"，"形坏而无子"；"肾脏衰，形体皆极"。充分说明了肾气与毛发的茂盛、筋骨的健壮、牙齿的坚固、皮肤的润泽、形体的健美有密切关系。脾主运化，运化功能关系到人的饮食水谷等营养物质的消化吸收和输布，是气血化生之源。人体之所以有生机、有活力，全赖脾胃的滋养和健运，脾胃的盛衰与人体健康休戚相关，故中医素有阳明胃脉荣于面的论述，对面部气血起着决定性作用。肾精秉承于父母，又需要脾运化的水谷精微的不断化生和滋养；脾运化水谷精微又需要肾中阳气的温煦。正如明代大医张景岳所说："人始生，本乎精血之源；人之既生，由乎水谷之养。"人的生命的孕育，身体的成长、发育、衰老，与脾肾二脏关系尤为密切，所以中医说肾是人的先天之本、生命之根；脾为人的后天之本。肾主骨生髓，开窍于耳，其华在发；脾统血，主肌肉四肢，开窍于口，其华在唇。脾肾的生理功能对维持人的形体、五官和肌肤的正常生长、发育，保持青春的活力而不衰老起着举足轻重的作用。所以，陈彤云在临床实践中，特别重视对肾精、肾气的填补和对胃气的保护。

四、专病之治

（一）痤疮

陈彤云结合自己多年临床实践，并依据大量医学典籍的记载，总结了治疗痤疮的临床经验。陈彤云认为痤疮的发病与人体自身素质有关。罹患痤疮者，多由禀赋热盛所致。父母喜食辛辣致胎中蕴热，移热于胎儿。素体肾阴不足，冲任失调，相火过旺可导致发病。加之后天饮食不节，过食肥甘厚味，致肺胃湿热，复感风邪而发病。本病的发生与遗传素质、饮食习惯、生活方式、胃肠功能失调、内分泌紊乱及精神因素等诸多因素有关，病因主要有湿、热、毒、瘀等，与肺、胃、肝、脾关系最为密切。

陈彤云强调辨证时要把握"肺、胃、肝、脾"的脏腑定位，并结合"湿、热、毒、瘀"这些因素，分析皮损特点。辨脏腑：本病表现为面部和胸背部的白头粉刺、黑头粉刺、红色丘疹、脓疱、结节、囊肿及瘢痕，伴有不同程度的皮脂溢出。辨证素体肾阴不足，天癸相火过旺；或因平素过食肥甘致脾胃运化失常，湿邪内生，外发肌肤；或因情志不遂，肝气郁结，客犯脾土，脾失健运，湿浊内生；加之外感风热之邪，或湿邪内蕴化热，上熏于肺，阻滞气血，毒热腐肉为脓，血瘀凝滞，发于肌肤，故可见炎性丘疹、脓疱、结节、囊肿等损害。辨皮损：粉刺多为湿邪阻滞所致；红色丘疹多辨证为热盛；脓疱多为湿热瘀滞，腐肉为脓；结节、囊肿为湿热阻滞与瘀血互结；疾病后期的红色印痕多为余热未清，气滞血瘀；皮肤脂溢明显，多属湿热内蕴所致。

此外，部分女性患者表现为每次月经来潮前症状加重，陈彤云认为女子以血为本，肝体阴而用阳，经前阴血下注血海，全身阴血相对不足，以致肝失血养，气血运行乏力。肝气郁结，郁久化热，上攻头面而成肝火上炎之象。

【辨证论治】

陈彤云认为本病辨证要点在于湿、热、毒、瘀，脏腑涉及肺、胃、肝、脾，有先天禀赋因素者，还涉及肾脏。临床辨证为8种证型：肺经风热、肺经血热、脾虚湿蕴、胃肠湿热、肝郁气滞、冲任不调、痰湿蕴阻、血瘀痰结。

（1）肺经风热型

辨证要点：颜面、胸背部散在或密集帽针头至粟米大小红色、淡红色丘疹，或顶有黑头，或可见小脓疱；额、鼻周、口周皮肤油腻，可伴口干、咽干、微咳；舌质红，苔薄黄，脉浮数。

"斑出阳明，疹出太阴"，陈彤云认为粉刺初起为高出皮面的粟米大小丘疹，可按太阴肺经风热辨证治疗。《素问·太阴阳明论》曰："伤于风者，上先受之。"本型多由素体阳热偏盛，或风热外袭，其性善动而炎上，肺居上焦，为娇脏，不耐寒热。故外感风邪犯肺，开合失司，腠理郁闭，邪气不能外达，结聚于上而发为粉刺。此型多见于青春发育期之少男、少女，多见于起病初期，皮损多集中在前额，也可散在分布于颜面及胸背等处。

治疗宜疏风宣肺清热，方用枇杷清肺饮加减。主要治疗用药有金银花、连翘、枇杷叶、桑白皮、知母、黄芩、生石膏、桑叶、野菊花、牛蒡子、生甘草等。风热上攻，皮损伴有瘙痒，可加白鲜皮、桑叶、菊花以疏风清热止痒；脂溢明显可加生侧柏叶以凉血并清湿热；大便秘结可加草决明、生大黄以通腑泄热。

（2）肺经血热型

辨证要点：颜面、胸背部皮肤潮红，散在帽针头至粟米大小红色丘疹，或顶有黑头、脓疱；颜面皮肤油腻，痒痛兼作，可伴口干、口渴、大便秘结、小便黄。舌质红，苔黄，脉数。

陈彤云认为此型多因肺经风热日久入血分或由于素体阳热偏盛，或饮食不节，嗜食辛辣刺激之品，导致肺热壅盛并移热于大肠，腑气不通，蕴久化热，热壅血分而发病。《外科启玄》曰："粉刺……总皆血热郁滞不散。"《肘后备急方》曰："年少气充，面生疱疮。"《医宗金鉴·外科心法要诀·肺风粉刺》云："此证由肺经血热而成。每发于面鼻，起碎疙瘩，形如黍屑，色赤肿痛，破出白粉汁。"

治疗宜清肺热、凉血解毒，方用连翘败毒丸加减。主要治疗用药有连翘、野菊花、黄芩、生栀子、草决明、百部、北豆根、鱼腥草、丹皮、大青叶、生地榆、赤芍等。伴有脓疱者加蒲公英、地丁清热解毒；口渴加生石膏清热生津；大便干加生大黄泄热通便。

（3）脾虚湿蕴型

辨证要点：颜面、胸背部丘疹或脓疱，色红不甚；头皮、面部油脂多；可见黑头及白头粉刺；口唇周围皮损多见。可伴有身困乏力，不思饮食，口淡无味，或胃脘不适，大便秘结或黏滞不爽；舌质淡红，舌体胖大，苔白腻或黄腻，脉濡数或滑数。

陈彤云认为此型多因素体脾虚，或平素饮食不节，或忧思过度，或起居无常，而致脾失健运，水湿不得运化，湿蕴化热，上蒸颜面而成本病。

治疗宜益气健脾，利湿解毒，方用健脾除湿汤加减。主要治疗用药有生薏苡仁、生枳壳、茯苓、黄柏、生侧柏叶、荷叶、佩兰、藿香、焦三仙、当归、川芎、丹参。口淡无味、舌苔白厚腻，为湿浊中阻，可加砂仁以化湿和中，行气健胃；大便秘结不通，属脾虚运化不利，可加生白术以健脾益气；大便黏滞不爽，属湿热阻滞胃肠，可加冬瓜皮清热利湿。

（4）胃肠湿热型

辨证要点：颜面、胸背散在或泛发皮疹，多为黑头粉刺、炎性丘疹或脓疱、囊肿，常发于口周；可伴红肿疼痛，颜面油亮，口臭，大便秘结，小便黄；舌质红，苔黄腻，脉滑数。

陈彤云认为此型患者平素喜食辛辣、油腻肥甘之品，或酗酒，使大肠积热，湿热壅盛，上蒸肺胃而发病。治疗上依吴鞠通"徒清热则湿不退，徒祛湿则热愈炽"之说，行清热利湿解毒之法。

治疗宜清热利湿解毒，方用茵陈蒿汤、黄连解毒汤加减。主要治疗用药有茵陈、龙胆草、黄连、黄柏、大黄、连翘、虎杖、野菊花、丹参、当归、川芎等。肉食多者加焦山楂消肉食积滞；喜食淀粉类食物者加生麦芽、生谷芽以消米面薯蓣食滞；兼有腹胀、嗳气吞酸可加炒莱菔子以消食除胀，降气化痰。

（5）肝郁气滞型

辨证要点：颜面部散在丘疹或脓疱、结节，色红或暗红，多伴有疼痛；部分患者伴发黄褐斑；多因工作压力大，或情绪紧张、劳累而发病；兼见失眠、易怒、胁肋胀痛，或伴月经不调，经前加重，经后减轻，或月经量少。舌质红或暗红，苔黄，脉弦或数或滑。

陈彤云认为，本病的发生发展与肝密切相关，此型好发于青年女性患者。多因平素情志不遂，忧思恼怒伤肝，肝失疏泄，日久化火，热壅血脉，血行不畅而发病。故患者多表现为每次月经来潮前症状加重。

治疗宜疏肝解郁，方用丹栀逍遥散加减。主要治疗用药有柴胡、白芍、当归、白术、茯苓、甘草、薄荷、香附、丹参等。兼有气滞血瘀表现为面色晦暗者，可加玫瑰花、月季花疏肝解郁，活血调经；经前乳房胀痛明显加延胡索、川楝子、王不留行以行气止痛；经前皮疹加重或月经不调加郁金、益母草养血调经；大便秘结加大黄泄热通便。

（6）冲任不调型

辨证要点：本型多见于中年女性患者。颜面皮疹坚实，色红或暗，久治难愈；或兼面色晦暗、皮肤粗糙、毛孔粗大、油脂泛溢，或痒或痛；伴见头晕乏力、腰膝酸软。舌质淡暗，苔薄或腻，脉沉弦。

陈彤云认为本病的发生与肾阴不足有关。先天肾水不足，水不涵木，肝失疏泄，使女子冲任不调，皮疹随月经周期而发；月经前血聚胞宫，虚火浮越于上，故常见经前皮损增多。

治疗宜滋肾泻火、调理冲任、清肺解毒。方用六味地黄汤合二至丸加减。主要治疗用药有女贞子、旱莲草、柴胡、丹参、熟地黄、山药、山萸肉、茯苓、泽泻、丹皮等。两方合用，起到滋阴清肝，凉血解毒，调理冲任之效。月经不调或经前皮疹加剧，加当归、红花、益母草养血活血；皮脂溢出多加生侧柏叶、生山楂凉血利湿，活血散瘀。

（7）痰湿蕴阻型

辨证要点：此型男性多见。颜面、下颌部皮疹反复发作，经久不消，渐成黄豆至蚕豆大小结节、囊肿；头皮、颜面油脂多；可伴疼痛，纳呆，便溏。舌质淡胖，苔滑腻，脉濡或滑。

陈彤云认为结节、囊肿皮损为痰湿结聚之象，本型多由脾虚湿蕴型发展而来。

由于脾虚失运，聚而成湿，久而酿湿成痰，痰湿互结，阻滞经络；或肝胆湿热日久，湿热久羁，水液运化失常，炼液成痰，痰湿蕴结，形成结节、囊肿。

治疗宜祛湿化痰软坚，方用海藻玉壶汤加减。主要治疗用药有青皮、陈皮、半夏、浙贝母、昆布、海藻、当归、川芎、连翘、甘草等。陈彤云治疗此型患者，皮疹硬结为主，多加桃仁、皂刺、夏枯草活血化瘀散结；皮脂溢出多者加生山楂、白花蛇舌草、生侧柏叶、荷叶清热祛湿，活血解毒；大便干结者加枳实、瓜蒌化痰消积，清热通便。

（8）血瘀痰结型

辨证要点：本型亦男性患者多见。多见于病程长，反复发作者。皮损以面部、胸背部暗红色丘疹、结节、囊肿、瘢痕为主；面部毛孔粗大，油脂分泌多，伴肿硬疼痛；舌质红，苔黄，或见舌底络脉增粗，脉弦或滑或涩。

陈彤云认为本型多因病程日久，气血瘀滞，脉络受阻，湿聚成痰，痰瘀互结，凝滞肌肤而发病。

治疗宜清热解毒消痰，活血化瘀软坚，方用桃红四物汤加减。主要治疗用药有金银花、茵陈、连翘、夏枯草、海藻、昆布、桃仁、红花、当归、丹参、益母草等。结节、囊肿疼痛者加三棱、莪术、浙贝母活血化瘀，化痰散结；脂溢明显者加生山楂、生侧柏叶、荷叶清热祛湿，活血散结。

（二）黄褐斑

陈彤云教授认为黄褐斑的病因病机，主要在于脏和气血。

在脏主要是肝、脾、肾三脏功能失调。首先，肝藏血、主疏泄、司血海。肝为将军之官，性刚强故欲疏泄条达，以柔和为顺。该证型患者由于肝气郁结，情志抑郁，肝气失于条达，如疏泄不畅，则血海难以按时满溢，气血失调则月经后期；如肝郁气滞，郁而化火，肝火旺盛，迫血妄行则月经先期而至。情志不遂，气机不畅，气机紊乱，气血运行不畅而生斑。其次，脾为后无之本、气血生化之源，脾主中气而统血。脾气健运，气血充盛，则血循常道；脾气虚弱，失去统摄之权，则运化不利，水湿内停，血不循常道而下溢。正如《诸病源候论》所说："面黑皯者，或脏腑有痰饮，或皮肤受风邪，皆令气血不调，致生黑皯。"再次，若因过劳或久病消耗，致肾水亏耗，阴虚火旺，虚火上炎，水不制火，阴血日耗，血虚不能华面，面络瘀滞。或肾元阳亏虚，阳气不足，致阴寒内盛，脏腑不得温煦，使气血生化不足，且运行无力，同时气血不得温煦而滞涩不畅，出现瘀滞而结成斑。在脾肾这两脏的辨证方面，陈彤云认为此两脏是人体先天和后天之本，对保持机体健康和皮肤的荣润尤为重要。脾胃的盛衰对面部气血起着决定性的作用，素有阳明胃脉荣于面的论述。而肾经秉承于先天，又需脾运化的水谷精微的不断化生和滋养，而脾运化水谷精微又需要肾中阳气的温煦，所以在健脾助运时，根据脾和肾在生理病理上的相互影响、相互作用，在选方用药时尤为注意滋补肾精，以促进气血生化，填补肾阳，以温煦脾的运化。

在气血则主要是受肝、脾、肾脏腑功能失调影响导致的气血瘀滞或运行滞涩。因此她强调"有斑必有瘀，无瘀不成斑"，同时根据"久病入络"的中医理论认为"久病必瘀"，气血瘀滞、运行滞涩是黄褐斑病机的关键。

【辨证论治】

陈彤云在治疗上，主要根据运用中医脏腑辨证的方法取得的辨证结果，将黄褐斑分为五个证型加以辨证论治：肝郁气滞型、脾失统摄型、脾失健运型、肾阴虚型、肾阳虚型。在此基础上特别重视对黄褐斑的病机关键，即气血瘀滞，运行滞涩加以治疗。

（1）肝郁气滞型

辨证要点：面部色斑呈浅褐色或青褐色，常伴有郁闷不舒，或烦躁易怒，情绪激动或精神抑郁；妇女月经先后不定期，经前常伴有双乳胀痛。舌质暗红，舌苔薄白或薄黄，脉弦或弦细。

治疗宜疏肝理气调经，方用逍遥散加减。以柴胡疏肝解郁，当归、白芍养血调经。同时根据中医五行理论中"木"与"土"的关系，"见肝之病，当先实脾"，而以茯苓、白术、甘草和中健脾。肝气得舒，脾气健旺，则月经自调。月经不调可加川芎、益母草；痛经者加乌药、延胡索或者蒲黄；如月经先期、淋漓不尽可加白头翁、椿皮、秦皮；月经量多、色红质稠加丹皮、栀子；脘闷加厚朴、陈皮、木香。

（2）脾失统摄型

辨证要点：面部色斑呈黄褐色；常伴有面色苍白，头晕、倦怠、乏力、少气、懒言，月经先期量多、色暗有血块，白带多，舌质淡胖有齿痕，脉滑缓细弱等。

治疗宜补中益气，摄血调经，方用补中益气汤。全方重在益气健脾，补中摄血归经。方中黄芪、太子参、茯苓、白术、山药补中健脾，益气摄血；升麻升阳止泻，生谷稻芽、大枣健脾和胃，养血安神，水谷得以受纳，脾气得以健运，则气血化生有源；当归、川芎、泽兰养血活血；郁金行气解郁，使气血运行通畅。全方温中健脾，养血活血，使脾气健旺，生化有源，统摄有权，血循常道，气充血旺，循行顺畅，气血充盛，颜面荣润而色斑自消。如月经量少，去升麻；血虚，增加白芍、熟地黄、山药、川芎的用量；如果患者困倦乏力而又夜寐不时，多因脾气不足，气血不充，心神失养，加酸枣仁宁心安神，又有醒脾之功。

（3）脾失健运型

辨证要点：面部斑色黄褐；常伴面色萎黄不华，头晕心悸，神疲肢倦，倦怠乏力，纳谷不香，失眠多梦。月经一般为后期，量少色淡或闭经。舌质淡嫩有齿痕，苔薄白，脉滑缓或者细。

治疗宜健脾益气，养血调经，方用归脾汤加减。主要用黄芪、党参、白术、茯苓健脾益气，使气血化生有源；熟地黄、白芍、当归、丹参滋阴补血，养血活血；用泽兰、红花、川芎活血化瘀，通畅血络；再辅以白附子、细辛温阳通络，宣郁散寒；僵蚕通络退黑，全方共奏温阳健脾，益气养血，化瘀通经之功，使脾阳得振，脾气健运，经脉温通，气血充盈，血行通畅。

（4）肾阴虚型

辨证要点：面部斑色深暗，状如尘染，常伴五心烦热，头晕耳鸣，腰膝酸软，目涩便干。舌质红苔少，脉细数。

治疗宜补肾养血，填精益髓，方用归肾丸、六味地黄丸加减。熟地黄、山药、山萸肉、枸杞滋肾养肝；菟丝子、杜仲填精益肾；茯苓健脾和中；当归、川芎养血调经，治肾而兼顾肝脾，使冲任得养，经水自调。阴虚火旺者去杜仲、菟丝子，加丹皮、知母。

（5）肾阳虚型

辨证要点：斑色黑褐或灰暗；常伴有月经血暗黑，小腹冷痛，腰脊酸痛，畏寒、肢冷，夜尿频，带下清稀。舌质淡暗，脉沉迟。

治疗宜温肾助阳，化瘀消斑，方用金匮肾气丸加减。主要药物有熟地黄、山药、山萸肉、菟丝子、茯苓、丹参、淡附片、仙茅、淫羊藿、巴戟天、补骨脂、益智仁、细辛等，全方在金匮肾气丸的基础上使用二仙汤、巴戟天、细辛等温肾助阳之品。但对于阴阳俱虚，同时伴有阴虚火旺表现的应该慎用细辛、菟丝子等。

五、方药之长

（一）核心方剂

1. 调肝化瘀汤

【出处】本方为陈彤云自拟方。由《太平惠民和剂局方》之"逍遥散"、《医宗金鉴·妇科心法要诀》之"桃红四物汤"合方加减化裁而来。

【组成】柴胡10g，茯苓15g，僵蚕15g，当归10g，川芎10g，白芍20g，熟地黄10g，薄荷5g（后下），桃仁10g，红花10g。

【用法】水煎服，日2次。

【功用】疏肝理气，活血化瘀。

【适用范围】

（1）肝郁气滞证情志不遂、精神抑郁、烦躁易怒。女性可见月经先后不定期，经前乳房胀痛。舌质暗红，苔薄白或薄黄，脉弦或弦细。

（2）血瘀证：面目黧黑，肌肤甲错，病久可见局部肿块，伴有疼痛。女性月经后期，经量少而色暗。舌质暗伴瘀点、瘀斑，苔白，脉弦或涩。

【方剂释义】本方证因肝气郁结，气滞血瘀所形成。方中柴胡疏肝解郁为君药。根据中医五行理论中"木"与"土"的关系，"见肝之病，知肝传脾，当先实脾"，而以茯苓健脾和中为臣药，使运化有权。当归补血调经，味甘缓急，是治疗肝郁血虚之要药；川芎辛温活血行气；白芍养血敛阴，柔肝止痛；熟地黄甘温养血，滋肾水，益真阴。上四味药共用能使营气安而通行经隧。再以桃仁、红花活血化瘀，共奏养血和血、活血化瘀之功为佐。僵蚕祛风散结，薄荷少许，助柴胡疏解肝郁之热。综合全方，既补肝体，又助肝用，气血兼顾，肝脾并治；立法全面，用药周到，故以调肝化瘀命名，为调理肝气、活血化瘀之良方。

【临床辨治应用】调肝化瘀汤临床主要用于因肝气郁结，气滞血瘀所致诸证。以女性较多见，表现为情志不舒，急躁易怒，胸胁乳房胀满或局部肿块，可伴疼痛；女性月经不调，先后不定期，量少色暗等。陈彤云应用本方，主要用于黄褐斑、结节性痒、带状疱疹后遗神经痛、血管炎、硬红斑、结节性红斑等。

2. 痤疮除湿解毒汤

【出处】本方为陈彤云自拟方。由《伤寒论》之"茵陈蒿汤"、《肘后备急方》之"黄连解毒汤"合方加减化裁而来。

【组成】茵陈20g，连翘15g，丹参20g，野菊花15g，虎杖10g，当归10g，川芎6g，黄连3g，黄柏10g，土茯苓15g。

【用法】水煎服，日2次。

【功用】清热除湿，化瘀解毒。

【适用范围】皮疹多发于颜面，多伴口臭、溲黄、便秘、舌红，苔黄腻，脉滑数。

【方剂释义】本方适用于肺胃脏腑化湿蕴热，循经上于胸面故而起疹的颜面炎症性皮肤病。方中连翘、黄连、丹参、野菊花归心、肝经，清心、肝之火，解毒散结消肿；茵陈、黄柏入肝胆经，清肝经湿热；土茯苓归肝、胃经，主治痈肿、瘰疬；虎杖归肝、胆、肺经，清利湿热解毒通络；当归、丹参、川芎活血化瘀，消肿止痛，且当归、丹参性温，温通经络气血，反佐诸寒凉药物，以防苦寒之品伤及脾胃。

【临床辨治应用】本方是清湿热利胆的要方，陈彤云常以此方治疗痤疮、脂溢性皮炎、玫瑰痤疮等病症。

（二）经典用药

1. 大黄的应用

陈彤云认为现在人们生活条件相对较好，衣食无忧，往往嗜食膏粱厚味，以致积滞实证、湿热、实火及热性之证巨多，故每遇是证都喜用大黄以荡涤肠胃、清热泻火解毒、活血祛瘀、清导湿热。

陈彤云通过多年的临床经验总结出大黄治病的范围广泛，首先其具有清热解毒的作用，善解疮疡热毒，攻毒尤有特效；主下瘀血，行气消胀；下肠胃宿食，利肝胆之热；止吐衄，化无形之痞满。是一味可使"一窍通诸窍皆通，大关通而百关皆通的要药"，为逐邪之要药。上能止呕，下可止痢，可缓可峻，能温能清，泻下攻积泻火，清化湿热利水，并能消脂活血化瘀。

使用时需注意，大黄峻烈，攻下破瘀力强，易伤正气，故表证未解、气血虚弱、脾胃虚寒、无实热瘀结者及老年人、孕产妇应慎用或忌服。

2. 白英的应用

临床中，陈彤云常应用白英治疗银屑病、顽固性痤疮患者，取其清热解毒、祛风利湿之功效。

《神农本草经》中记载白英"主头疮恶疮热气，疥瘙痂癣虫"。《本草拾遗》记载："主烦热，风疹，丹毒，疟瘴，寒热，小儿结热。"《开宝本草》曰："别本注，茎叶煮粥极解热毒。"《百草镜》记载"治黄疸初起，白英、神仙对坐草、大茵陈、三白草、车前草各等分，白酒煎服"，除骨节风湿痛。《本草纲目拾遗·卷七·白毛藤》记载："止血淋，疟，疝气。汁滴耳中，止脓不干……清湿热，治黄疸水肿，小儿蛔结腹痛。"《药材学》载："清热解毒，治恶疮、漆疮。"

白英可清热解毒，适用于痈肿疮疡、乳痈、风疹等症，内服、外用均可，常配伍野菊花、蒲公英、丹皮等；治宫颈癌、膀胱癌、肝癌等恶性肿瘤，常与龙葵、蛇莓、白花蛇舌草等配伍。其祛风利湿的作用，可用于风湿痹痛，可配五加皮、秦艽、羌活等；治疗湿热黄疸及白带，如《百草镜》中以其配伍茵陈、金钱草、三白草煎服，治黄疸初起。治湿热带下，与黄柏、车前草等同用。

陈彤云认为银屑病及顽固性痤疮同为慢性复发性皮肤病，不论初期或重症，均有毒热内盛、风湿蕴阻之证，故治疗上取白英，苦以降火、寒以清热，既能清热解毒，又有祛风利湿之效。

（三）经典配伍

1. 吴茱萸、黄连、海螵蛸

对于因肝胃不和而出现反酸、嗳气等胃失和降症状者，陈彤云喜用左金丸加减，以黄连清泻火热，吴茱萸散肝郁，温胃止呕，配合海螵蛸收敛抑酸，在滋阴补血以养肝的基础上，合用吴茱萸、黄连以疏调气机，通络止痛，标本兼治。吴茱萸味辛温，黄连苦寒，辛开苦降，调理气机升降。

2. 旋覆花、代赭石

该对药适合于胃气虚弱，痰阻气逆的证候，陈彤云取《伤寒论》中旋覆代赭汤之君臣之药，以旋覆花性温而能下气消痰、降逆止嗳，代赭石质重而沉降，善镇冲逆，共奏降逆化痰和胃之功效。

3. 玉竹、北沙参、石斛

疾病发展后期，患者阴液亏损，胃喜润恶燥，故此时宜加用滋阴之品，滋补阴液，顾护胃气，陈彤云喜用玉竹、石斛、沙参之品，以北沙参益胃生津，石斛滋阴生津除热，玉竹养阴润燥，三药配合，共奏益胃生津之效，保证胃气和降功能正常。此组合也常配合生地黄、熟地黄、麦冬之品，以加强滋阴之力。

六、读书之法

学习中医，就要多读书，读好书，多临证，勤思考。陈彤云数十年来养成了一个习惯，即每日坚持学习，特别是读书学习，且常年坚持记录卡片。她常告诫学生"业精于勤"。

（一）广读博览，记诵精华

传统中医学是研究并运用中医基本理论指导中药治疗疾病的一门科学。数千年的历史，积淀了丰富的知识内涵，想学好、掌握好绝非易事，无论初学入门及入门以后都需要不断地学习和积累，阅读大量相关书籍，从中汲取精华，才能夯实基础，开拓思路。泛读是指要博览医著经典，广阅杂志期刊。无论是古代经典医籍、百家著作和现代中西医学杂志均要有重点地阅览，方能打好基础，博采众长，融古知今。没有广博的知识，则临床实践有如无源之水。陈彤云认为泛读经典医籍包括《黄帝内经》《伤寒论》《金匮要略》《千金方》《景岳全书》《本草纲目》等及诸子百家著作，并对自己皮外科专业的西医书籍也有浏览，掌握了西医学知识，能够更好地做好临床工作。对后世历代名著，要进行泛览。陈彤云多年通过记录卡片，不断学习、摘录经典、论著及论文的精义，记诵精华，提取要义。陈彤云强调为医者必须打下扎实的基础，要探源穷本，接受历代医学精华。要继承，就得下功夫认真读书，接受了前人广博的理论和经验。中医需要在继承的基础上发展与创新。

（二）精读经典，分类眉批

精读就是在浏览全书的基础上，抓住重点及主要部分，反复阅读，抓住要点，深入研究。只有精读，深入思考，并分类眉批才能有所收获。陈彤云认为《内经》《伤寒论》《金匮要略》《温病条辨》《千金方》《外台秘要》《类经》《临证指南医案》《外科正宗》《医学衷中参西录》等，应该精读，并分类眉批。因"四大经典"乃中医之基础。中医学是一门具有哲学思想的科学，贵在心领神会，融会贯通，切忌固守及拘泥不化，故陈彤云常在精读书中，寻求精华，分类眉批，研求医理。陈彤云非常重视从经典中挖掘前人的经验，如《内经》虽仅10万余字，但义理精深，内蕴广博，还有很多内容尚未阐明其义，可以先从李中梓的《内经知要》读起，之后再阅读张景岳的《类经》等，这样可以更好地去理解《内经》的内涵。

（三）察机辨证，见微知著

陈彤云强调在读书过程中要勤于独立思考，做到融会贯通，举一反三，触类旁通，切忌生搬硬套，死板固守，墨守成规。陈彤云喜读《内经》《伤寒论》《温病条辨》《叶天士医案》《诸病源候论》《刘涓子鬼遗方》等，其对临证颇有帮助，她推荐古代医书为《内经》《伤寒论》《温病条辨》等，《内经》是中医基础理论，《伤寒论》是临床应用的典范，是中医辨证论治理论体系的奠基之作。仲景把理论和实践紧密结合起来，融理论于实践之中，以实践体现理论，它揭示了疾病变化规律，将理、法、方、药一线贯穿，揭示六经证治的实质，主要总结了对疾病按照经络、脏腑定位和按照表里虚实寒热阴阳定性，以及在两者基础之上确定的治疗大法。《温病条辨》是温病学术研究和临床总结的力作，以三焦辨证为主干，前后贯穿，解释温病全过程辨治，同时参以仲景六经辨证、刘河间温热病机、叶天士卫气营血辨证及吴又可《温疫论》等诸说，析理至微，病机甚明，而治之有方。荨麻疹是常见的皮肤过敏性疾病，中医称"隐疹""赤白游风"。《诸病源候论》指出："邪气客于皮肤，复逢风寒相折，则起风瘙隐疹。"陈彤云认为本病总由风邪郁于皮毛腠理之间所致。因禀赋不耐，又食鱼虾等腥荤动风之品；或素体虚弱，卫表不固，又感风热、风寒之邪。临床如见荨麻疹起病急骤，皮疹色赤，剧痒灼热者，她辨为风热袭表，治以辛凉透表、宣肺清热，方以银翘散加减；如皮疹色淡，遇风冷加重，得热则轻，则证属风寒束表，当辛温解表、宣肺散寒，以麻黄汤、桂枝汤加减。麻黄汤、桂枝汤、银翘散均为治疗外感发热的名方，三方作用的共同点是疏散表邪，正是抓住了这一关键，陈彤云大胆"拿来"，将这三方用于治疗荨麻疹。正如她所说："不拘时方经方，只要对证即可应用。"

七、大医之情

（一）思想境界

1. 热爱中医事业，治学严谨

陈彤云的父亲陈树人是当时京城擅长治疗温病的内科专家。作为家里的独生女，陈彤云从小就有相当自由的空间发展自己，父亲从不过多干涉她对自己人生的规划和选择。她只想踏踏实实地读书学习，考上京城里最好的中学，去读自己喜欢的大学和专业。因此，从上小学开始，陈彤云就系统地接受了西方的教育，在这样的家庭环境下，不仅培养了她独立自强的性格，也形成了她开阔豁达的人生观。

出生在中医世家的陈彤云，童年受家庭的熏陶，她是父亲出诊时最得力的助手。父亲授徒时，她就站在边聆听，父亲的弟子们背诵汤头本草、《药性赋》时，她也悄悄地记住；父亲在写处方，给患者解释病情时，她从中更是学习了不少温热病知识。在父亲潜移默化的影响下，到陈彤云高中毕业时，她已对中医有了感性的认识，将许多味中草药牢记在心底。她看着父亲每天面对众多患者，诊脉、开药，感受着治病救人、起死回生的神奇医术。她敬慕父亲的医术，笃信中医治病救人，药到病除。这些经历使陈彤云对中医有了更深刻的认识，在她心中，已经不知不觉种下了热爱中医的种子。

22 岁大学毕业，陈彤云也到了成婚的年龄，父亲便为她张罗婚事，陈彤云嫁给了京城名医哈锐川的儿子哈玉民。如果说父亲是教授选择医生职业的启蒙老师，那么在成婚之后陈彤云的公公——享誉京津的皮肤外科专家哈锐川先生则帮助她选定了专业方向，成为她一生事业的引路人。哈家也是世代名医，哈锐川更是做过清末的宫廷御医，医术十分精湛，往往药到病除。哈翁父子应诊，陈彤云跟随在旁，在公公身边开始了对中医皮外科的正式学习。哈锐川不仅医术高超，更是有崇高的医德，常在细微处体恤患者，这对陈彤云产生了深刻的影响。此后陈彤云在中医皮外科方面也有了长足的发展。

2. 工作中敬业乐群、团结同事；对学生严管厚爱、言传身教

陈彤云在工作中从来不计得失，甘做中医教学工作的铺路人。新中国成立不久，毛主席"团结中西医""预防为主""面向工农兵"的号召唤醒了很多中医大夫。

为了响应国家政策，做好预防传染病工作，1950年3月，京城多位名老中医在卫生部的领导下，共同组织成立了北京中医学会。由于条件有限，当时哈玉民和陈彤云已经在自家医馆行医，陈彤云不计个人得失，把自己家的诊所腾出来提供给中医学会办公用，上午看门诊，下午及晚上和大家一起在中医学会工作。

在京郊农村，在血吸虫肆虐的江西山区，在鼠疫泛滥的山东枣庄，在所有需要中医出现的地方，无处不活跃着老中医们的身影，为的是支援当地联合诊所的中医大夫。在密云下乡实践中，陈彤云与儿科、肛肠科、放射科的医生带着赤脚医生们一起出诊看病，将自己的皮外科经验传授给他们。

随着各项中医工作的广泛开展，陈彤云又在北京中医学校（北京中医药大学前身）从事教学工作。著名老中医秦伯未、蒲辅周、余无言、王雪苔、王伯岳等都在中医学校讲课。随着毛主席发出"西医学习中医"的号召，陈彤云又和名老中医们一起开办了"西医离职学习中医班"，一直到1956年北京中医学院创立，共成立了两期学习班，为西医学习继承中医理论起到了积极的作用。陈彤云夫妇与方鸣谦、刘渡舟、栾志仁、赵绍琴等老中医一道为中医事业的发展做出了重要的贡献。

作为国家级名老中医，陈彤云在学术传承工作中严格带教，不仅在学术方面倾囊传授，在生活中也给予徒弟、学生们无微不至的关怀。对于徒弟、学生临床跟诊后总结的病历逐字逐句地批阅、点评，督促弟子们勤读古籍、临床实践，并及时总结以提高医术；生活中常常关爱，尽可能地帮助弟子们解决后顾之忧；作为医生，我们不仅要治疗患者表面的疾患，也要解决患者心理的问题，让患者获得满意的诊疗——这是陈彤云在临床出诊教导年轻大夫时常说的话。

3. 尊重病患，换位思考

陈彤云年轻时看着公公每天应诊络绎不绝的患者，看着贫苦人每天六点前就在诊所门口排队候诊，常常想起童年时父亲的教诲——"大医治病，无欲所求"。每天早上六点到八点，是哈锐川免费给患者诊治的时间，因为很多贫苦的老百姓根本看不起病，哈大夫就用早上两个小时的时间为那些穷困的百姓诊治，对他们不仅免收诊费看病，还要赠外用药。有一次，哈锐川治疗了一位后背长了如盆口大小背痈的车夫，由于患者没钱看病，痈刚起的时候没有及时治疗，疮面扩大到直径约有10cm时才来看病，顶着后背巨大的痈，不能干活，也无法睡觉。因为拖延了太长的时间，痈已经溃烂化脓，而且长满了蛆，这样下去很容易引起败血症而有生命危险。哈锐川面对这个病情已经非常严重的患者，亲手拿着镊子把患者背上的蛆一条一条取出来，每天给他清洗疮面。经过一个多月的精心治疗，患者痊愈了。如果有患者需要动手术，哈老大夫若知道患者空腹，一定会先给其一碗人参加糖水汤，让患者喝了再手术。这些已成为陈彤云脑海中一个又一个令人潸然泪下的感人场景，它们像一幕幕老电影时常回放在心中。哈锐川的医德仁术，令陈彤云永远难以忘怀。

陈彤云不仅在教学和中医发展方面倾注了大量心血，同样把她的仁术医德发扬在治病救人的第一线。有一次，遇到一位严重急性湿疹合并感染的患者，高热不退，瘙痒难忍，在当时缺医少药的情况下，陈彤云就和赤脚医生给他采药、煎药、敷药；在马来西亚讲学和临床工作中，遇到很多患有异位性湿疹的患者，陈彤云用药几周就解决了困扰患者十多年的病症，同时还治愈了当地很多患有化脓性疾病、湿疹、血管炎、带状疱疹等疾病的患者。

皮肤科是个相对特殊的学科，皮肤病一方面常引起患者剧烈的瘙痒和疼痛，可能会影响到正常生活；同时还会影响患者的容貌或者外观，导致部分患者情绪焦虑或者自卑，对生活、工作和学习造成极大影响。曾经有一位二十多岁的漂亮姑娘，因全身泛发的皮炎瘙痒难忍，抓得全身红斑、脱屑，一个晚上搔抓脱落的皮屑满床，抓破的地方由于感染出现流水、溃脓，曾到多家医院诊治，即使用上了抗生素、激素及免疫抑制剂等也无法控制，病情十分严重，辗转来到北京中医医院皮肤科就诊，确诊为"异位性皮炎"，患者家属想请求陈彤云大夫来会诊和指导治疗。当时的陈彤云已经从医院退休多年，但她听到患者的病情，格外体谅患者家属的心情，及时到病房亲自指导医护治疗。她细心了解患者的病史，耐心倾听患者与家属对之前多次治疗的具体用药及反馈，通过悉心的查舌、诊脉、辨证及分析，根据此患者的现实病情状况，提出虽然"异位性皮炎"相当于中医的"四弯风"，属于脾虚湿蕴、肌肤失养，理应通过健脾润肤、养血疏风来治疗，但患者急性发作且泛发全身，周身皮肤发红，肿胀渗出流水、溃脓，属于中医的湿热感毒之急症，治疗上应该遵循中医"急则治标、缓则治本"的原则。先行清热利湿、凉血解毒，待病情的急性泛发有所控制之后，再调以健脾润肤、养血疏风之法。按照这样的中医辨证论治思路，陈彤云给患者开出黄连解毒汤为主的内服中药方，又加用中药局部湿敷肿胀部位，适时和适度的中药浸泡和中药药浴，配合使用滋润、保护皮肤的霜膏涂抹全身干燥脱屑部分。一周后查房时，患者全身的肿胀、渗水及溃破都逐渐收敛甚至消退了，两周以后患者的瘙痒程度大大减轻了，其后陈彤云根据患者的病情转变及变化，又加用了养阴润肤的中药进行调理，之后患者全身的皮损慢慢消退了，甜甜的笑靥又重现在姑娘的脸庞，家属也欣喜地说："我们全家切身感受到了中医药的疗效，陈老这样的名医给我们带来的是雪中送炭一样的温暖，春风化雨般地滋润了我们的心田！"

4. 热心公益，奉献社会

陈彤云将自己多年来潜心研发的治疗皮肤病的配方无偿捐献给工作多年的北京中医医院，最终使广大患者受益。在国家出现重大医疗公共卫生事件时，也总是倾尽一己之力，回报社会。2003 年"非典"时期，陈彤云身体力行，自带消毒壶，在社区街道寻找痰迹，清除、消毒，做着力所能及的事情；并按照北京中医医院的除汗止痒清爽传统配方，结合自己多年的临床经验，研制出具有清热除汗、杀菌止痒作用的草本爽身痱子粉，通过有关部门的审批后，赶制出成品，无偿捐赠给抗击"非典"的一线医务工作者。

"医者，必须具备仁心仁术"，方可为医也，陈彤云行医中一直践行着这句话。

（二）文化修养

陈彤云自幼随私塾老师读书、练字，因字迹端正隽秀，常获得先生的夸奖。陈彤云从小就喜欢写字，隽秀的楷体毛笔字经常受到父亲的表扬。因此每逢周末或者寒暑假，陈彤云都会在父亲的诊所给父亲抄方子，陪伴在左右。成年后，陈彤云仍旧坚持练习书法。书法是一门综合的艺术和学问，陈彤云认为练习书法，不仅需要循序渐进地勤学苦练，也需要加强多方面的修养，不仅要在"字"上下功夫，更需要注重内心的修养。陈彤云常言：养生之道在于养心，写字的过程可以磨炼心志，平心静气，达到调养心神的目的。

八、养生之智

100余岁高龄的陈彤云，仍保持着矍铄的精神、敏捷的思维、红润的面庞和紧致的肌肤，周围人常唤她"神仙奶奶"，夸赞她是集健康、长寿、有为于一身的"最美"女医生。她把自己的养生之术与驻颜秘方，总结为以下四点。

（一）保持平和心态

《内经》有言："恬淡虚无，真气从之，精神内守，病安从来。"中医历来强调精神、道德修养在养生中的作用。陈彤云在自己多年的养生实践中，遵从中医经典理论，最注重精神心理的调摄。她常说"养生先养心"，平和善良的心态是养生的根基，也是最难以做到的。因为世事无常，想要在一生中无论是面对鲜花掌声，还是经历各种曲折和磨难的时候，都保持宠辱不惊的平和心态和同情善良的品德，这不是每个人都能做到的。

陈彤云的父亲是京城擅长治疗温热病的名医，幼年时她曾一次次目睹重病患者被父亲治愈后感激致谢，甚至登门挂匾的场景，这不仅让她对父亲倍加崇敬，而且自己也开始向往做一个能够帮助别人的人。成婚后，她看到丈夫哈玉民与公公在哈家医馆繁忙应诊，坚持每天必为看不起病的贫苦百姓保留10个门诊牌，对这样的患者不仅免费治病送药，而且对需针刀或烙法治疗疮疡的患者，若贫穷无力进餐，还赠其饭金，待患者温饱返回后再行手术治疗。陈彤云自幼跟随私塾先生学习，接受中国传统文化启蒙；青少年时期又在贝满女中和辅仁大学系统学习现代科学知识。家庭的熏陶和良好的教育，逐渐铸就了她谦和善良、雍容文雅的品格。

熟悉陈老的人都知道，她晚年喜欢养花种草，尤其酷爱喂养小动物。不仅家中一直都会喂养一两只乖巧的猫儿陪伴她，而且在她家的窗外、门旁甚至附近的街边绿地花园，也会定时摆放好猫粮，喂养那些无家可归的可怜的野猫。在北京寒冷的冬天，陈老还会用纸箱为户外的野猫搭建猫舍以御寒过冬。她的这些业余爱好也无不透露出她善待生命、同情弱者的仁爱情怀。

1960年，人到中年的她，家庭突然遭遇了重大变故，她挚爱的丈夫，也是引领她走上中医之路，共同为中医教育事业开拓、奠基的亲密战友哈玉民先生积劳成疾，英年早逝，撇下她和三个未成年的孩子。不久之后的"文革"中，陈彤云被迫离开了中医教育岗位。但她历尽屈辱和艰辛，却对中医事业矢志不渝。她在北京中医医院跟随中医皮肤科泰斗赵炳南先生，共同参与创建了全国第一家中医皮肤专科，并根据疾病谱的变化和群众需求，逐渐形成了自己治疗损容性皮肤病的临床特色。晚年欣逢盛世，陈彤云家庭和美，桃李天下，又荣膺国医大师、最美女医师等荣誉。对待这些伤痛和曲折、赞扬荣誉，陈彤云总能宠辱不惊，保持一种平和善良的心态。陈彤云曾回忆说："人生难免有伤痛和委屈，既然已经发生了就必须面对现实，不能总在回忆中生活，而是要想将来该怎样去做。为了丈夫未竟的事业，为了养育三个未成年的孩子，我只有化悲痛为力量，继续为中医教育事业努力工作。……人生的路上，每当我感到苦和难的时候，就会想想那些和我一样遭遇不幸的人；每当我面对赞誉和鲜花的时候，我就比比赵老他们那些中医泰斗和大家。这样想一想、比一比，我遇到的任何艰难、得到的任何荣誉都不算什么了。"陈彤云就是这样不断在人生的磨砺中修养出平和的心态、善良的品德，这也成为她保持健康、益寿延年最重要的成功经验。

（二）平衡膳食营养

中医养生历来重视饮食的调摄，西周时期就已经有相当于现代营养师的"食医"了。陈彤云的养生之道也是遵循中医理论，注意饮食营养的平衡。她的日常饮食遵循《内经》中"五谷为养，五果为助，五畜为益，五菜为充，气味合而服之，以补精益气"的要求，坚持以五谷为主，蔬菜、水果和鱼、肉为辅。如果说陈彤云饮食上有什么讲究，那就是每天一定要吃新鲜的蔬菜和水果，她认为这有利于补充维生素和纤维素，有助于皮肤的营养和肠胃的消化，价廉物美的西红柿和芹菜是她最爱吃也是经常吃的；每天晚上九点还要吃一顿水果餐，通常是半斤左右的苹果、橙子、猕猴桃等。饮食品种丰富而均衡是陈彤云饮食上的一大特点。

陈老饮食上另一特点就是要有节制。一是味道要清淡，她不仅绝不吃辛辣或厚重的甜食，而且饮食五味无论哪种味道都不会吃得太厚重，因为五味偏嗜对人体毛发、筋骨、肌肤、爪甲的荣润色泽的伤害在《内经》中早有详细的阐述。二是食量要控制，因为"饮食自倍，肠胃乃伤"，所以要做到"饮食有节"，"已饥方食，未饱先止"，既不要禁不住美食的诱惑嗜食无度，也不要盲目减肥，追求"骨感美"而禁绝水谷。陈彤云晚年午餐的饭菜虽然丰富，但常常只吃八分饱；晚餐更是只吃一碗杂粮粥，有六分饱就可以了。

（三）坚持起居有常

陈彤云的日常生活像钟表一样准时、有规律。她从中医的整体观出发，认为人与自然是不可分割的整体，人的生命活动受到自然环境因素的影响，只有按照"人与天调"的养生原则，做到《灵枢·岁露论》所要求的"人与天地相参也，与日月相应也"，顺应自然、融于自然，与自然保持协调统一，做到天人合一，才能健康地生长发育。每天她总是六点左右起床，吃好早餐、喝好水，排净宿便，才开始一天的工作。晚上回到家里，吃过晚饭就一边听电视里播放的《新闻联播》和《焦点访谈》节目一边运动锻炼，然后就开始看书、学习，到夜里11点就开始洗漱、上床就寝。无论多忙，她从不熬夜，她常说睡眠不足，不可能有好看的面色；生活没有规律，气血就不会调顺，就不会有好的身体；便秘和失眠，多半是生活没有规律造成的。

（四）适度运动锻炼

《吕氏春秋》中说"流水不腐，户枢不蠹"，运动的重要意义就蕴含于其中。而倡导天人合一的中医理论也认为适度的运动有助于气血的流动、关节的疏利、五脏的收藏和六腑的传导，使人体脏腑、气血、经络在运动中趋于协调和统一，从而保持人体的健康和形体的健美。

从青少年时代起，陈彤云就一直热爱运动。当年在北京贝满女中读书时，她不仅喜欢游泳、打球，而且短跑、掷铁饼等田径项目的成绩也很优秀。随着年事渐高，每天坚持出诊、满足大量患者就诊愿望的她，却仍然不顾工作的辛苦，坚持每天保持适度的运动锻炼。她说："人老腿先老，我每天工作都是坐着，晚上必须要走，才能保持腿脚不衰老。"八十多岁的年纪，还每天坚持快走5000步。后来由于居住的环境缺乏运动场所，马路上车多、人多不安全，她就在家里坚持走路运动。她常对我们说：运动不仅是锻炼身体，也是锻炼毅力，一个人连这点事都不能坚持，什么事情也不会做好。

运动锻炼虽然有利于健康，但运动过度也会造成身体损伤。陈彤云深谙《内经》中记载的五劳所伤，即"久视伤血，久卧伤气，久坐伤肉，久立伤骨，久行伤筋"，认识到过度的劳作会损伤人体正气，影响人体健康。所以，她总是注意根据自己身体的承受能力，调节适度的运动量，比如耄耋之年她保持每天 5000 步的运动量，鲐背之年后就逐步减少到 3000 步以下了。

九、传道之术

自 2007 年先后成立北京市薪火传承"3+3"工程项目"陈彤云名老中医工作室"及国家中医药管理局全国老中医药专家"陈彤云传承工作室"。目前工作室有陈彤云国家级师承徒弟 6 名，院内拜师徒弟 6 名，院外及国际跟诊学生共 8 名，陈彤云团队培养已毕业研究生 17 名，在读研究生 15 名。已建立合理的人才梯队，持续申报课题。重点培养名医工作室传承团队中 10 名副高以上中医药人员和 3 名初中级职称人员，传承工作室面向全国开放，每年接受 10 名以上外单位进修、研修人员，形成培养中医药传承型人才的流动站。

陈彤云作为燕京赵氏皮科流派最具代表性的传承领军人，已于 2013 年后陆续在全国东西南北中建立了 14 家流派传承分站：广东省皮肤病医院、广州中医药大学附属深圳中医院（原福田区中医院）、新疆维吾尔自治区中医医院、深圳罗湖区中医院、安徽马鞍山中医院、河北秦皇岛中医院、湖北武汉市中医院、江苏泰州中医院、北京鼓楼中医院、河南商丘市第四人民医院。2016 年又在北京地区建立 6 家陈彤云诊治损美性皮肤病推广基地：朝阳医院本部及西区、鼓楼中医院、护国寺中医院、宣武中医院、怀柔中医院。后续又设立 5 家推广基地（海南 1 家、江西 2 家、河南 1 家、宁夏 1 家）。

传承人们围绕陈彤云的临床学术思想进行了多年的总结、整理、研究工作。在完成北京市中医管理局课题"中药痤疮口服液 1、2 号及痤疮霜的临床疗效观察"及北京市中医管理局课题"北京中医皮外科四大名医学术成就整理研究"的基础上，"十一五"期间，进行了国家中医药管理局科技支撑计划"陈彤云临床经验、学术思想研究"课题。在此基础上，对陈彤云诊治损美性皮肤病进行了进一步的研究，在临床研究基础上对"陈氏清解法"治疗痤疮的形成过程进行梳理，从文献整理，研究论文、专著撰写，影像资料制作等方面做了系统工作，初步形成了"陈氏清肺胃、调肝脾法"的理论体系。该理论研究已完成临床推广应用方案报告。目前，仍然在对此法的理论和临床应用进行研究。包括采用严谨的随机双盲对照的试验设计方案，科学证实名老中医学术经验的临床有效性，已完成"陈氏痤疮清热合剂"的临床疗效观察，进行了随机双盲及安全性检查。上述研究分别为国家科技支撑计划课题及北京市青年基金课题。

传承人在明晰陈彤云学术思想形成渊源和传承谱系基础上，细化各传承分支的传承特色，进行组织化的传承工作，从临床应用、学术理论等方面开展传承工作。突出陈彤云治疗损美性皮肤病的特色疗法及外用制剂的研发，近12年定期举办全国性的陈彤云美容中医高级研修班，并以论文发表和出版著述的形式，系统整理陈彤云教授的学术思想和临床经验，使得名老中医学术思想和临床经验得以深刻、完整地呈现。

在开展传承工作中建立陈氏学术传承的团队，从学科团队、师承团队（包括院内师承、家庭师承、社会师徒师承）等各方面开展师承工作。制定师承计划，组织文献整理、师徒授课、解惑答疑等多种形式的师承活动。由其学术继承人选择诊治明确、疗效卓著的医案、医话，请陈彤云进行讲解，经过整理形成论著。

采用前瞻设计的方法，对陈氏学术思想进行整理发掘。举办答疑解惑讲座课，在可行的条件下由陈彤云进行专题解读，整理后完善陈氏损美疾病治疗的系统理论。

联合北京市薪火传承"3+3"工程各室站及首都医科大学附属北京中医医院8个室站，共同组织，建立"名医传承工作室"论坛制度，充分开展室内和室站间的学术交流。建立完善、流畅的信息交流平台，以"陈彤云名老中医工作室"为依托，以论坛结合皮肤科沙龙定期举行学术会议为制度，依托网络平台，使陈彤云学术思想最大限度地实现无障碍交流。本室建设期间每年举办本地区和全国的陈彤云学术思想学习研讨班及全国美容中医论坛会2次以上。

陈彤云培养第三、四、六批国家级师承徒弟共6名，其中代表性传承人情况如下。

1. 曲剑华：主任医师，硕士研究生导师，首都医科大学附属北京中医医院皮肤科原党支部书记、副主任医师兼北京市赵炳南皮肤病医疗研究中心办公室主任。获北京市"优秀名中医"称号，第六批北京市中医药专家学术经验继承工作指导老师、第七批全国老中医药专家学术经验继承工作指导老师。北京市薪火传承"3+3"工程项目"陈彤云名老中医工作室"、国家中医药管理局"燕京赵氏皮科流派传承工作室"负责人。

2. 陈勇：首都医科大学附属北京朝阳医院党委副书记、主任医师。先后在北京中医医院皮肤科、北京市中医管理局科教处和办公室、北京朝阳医院中医科从事中医皮肤科临床、教学、科研及卫生管理工作30余年。为北京市中医管理局培养的首批"125"中医药人才。曾主持或参与国家中医药管理局和北京市中医管理局多项科研课题研究，先后获得国家中医药管理局和北京市中医管理局科技成果奖。主编《中医实习医生手册——美容科》等，参与编写《美容中医学》等专著6部。

3. 徐佳：主任医师，副教授，硕士研究生导师。首届青年岐黄学者。现为首都医科大学附属北京中医医院重点专科办公室主任，北京中医医院怀柔医院院长。主持或参与国家级、省部、局级课题10项。作为专家组成员参与科技部重大专项1项。在核心期刊上发表论文近30篇。论著：主编2部，参编7部。主编行业共识1项，参加编写行业共识3项。

陈彤云学术传承谱

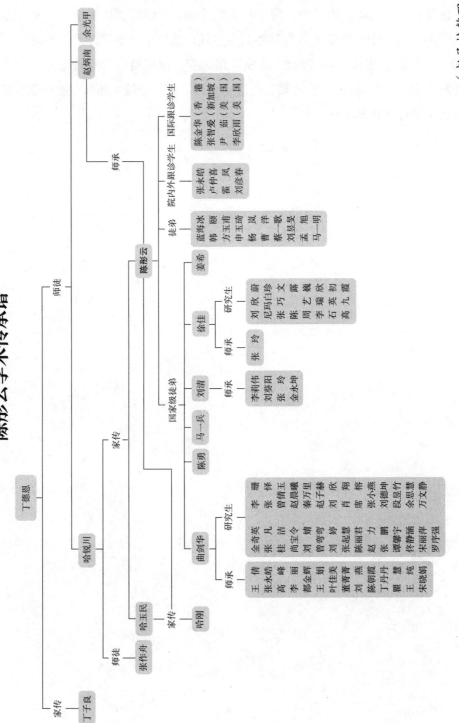

（赵子赫 整理）

（徐珊 编辑）

陈绍宏

　　陈绍宏（1942—　），男，汉族，山东潍坊人，无党派人士，中国中医科学院学部委员，成都中医药大学终身教授，成都中医药大学附属医院主任医师、教授、博士研究生导师，四川省第八、第九届政协委员，现任中华中医药学会急诊危重症分会第五届委员会名誉主任委员、中华中医药学会急诊分会第四届委员会顾问、中华中医药学会内科分会第七届委员会顾问、中华中医药学会脑病分会第四届委员会顾问；首届"全国名中医"，四川省首届"十大名中医"，四川省学术和技术带头人，全国卫生系统先进工作者，享受国务院政府特殊津贴，第四、第六、第七批次全国老中医药专家学术经验继承工作指导老师。2022年被授予"国医大师"荣誉称号。

　　陈绍宏针对中风病"元气亏虚为本，虚生瘀、瘀生痰、痰化火、火生风"核心病机理论，创制了具有复元醒脑、逐瘀化痰、泄热息风功效的中风醒脑液。提出"重三经，定四型"辨治外感高热，研发新药散寒解热口服液；先后参与2003年"非典"、2005年猪链球菌感染与2009年"甲流"中医药防控工作，"新冠"疫情期间，担任四川省疫情防控专家组首席中医专家。先后获部省级科技进步奖二等奖4项，三等奖1项；厅局级科技进步奖一等奖1项，二等奖2项；获国家新药证书1项，国家发明专利1项。

一、学医之路

与中医结下终身之缘，将一辈子奉献给中医药，始于陈绍宏少年时的家庭变故。在他 10 多岁时，母亲因肝癌病逝，他立志学医，以弥补母亲过早离世的遗憾。1960 年，成绩优异的陈绍宏即将中学毕业，一心想着学中医的陈绍宏，在 5 个志愿中把前 4 个都填上了成都中医学院。入学后，在名师的引领及学校浓厚学习氛围的影响下，陈绍宏深切感受到了中医药知识的深奥与有趣，其中让他感受最深的还是到射洪县医院临床实习的经历。

陈绍宏在射洪县实习时，师从知名中医专家谢湘泉。看着老师每天对患者开出的几十个方子都有很好的临床疗效，但这些方子几乎都是他在课堂上没学过的，这让自认为学习成绩不错的陈绍宏深感震撼，也感受到学无止境，自己原来所学的知识极其有限，必须进一步脚踏实地充实自己的中医基本功。从此，他每天清晨坚持背诵中医经典理论和古代名方，仅仅在那半年多的时间里，他就熟读背诵了《伤寒论》《温病条辨》等经典著作和 500 多首经典名方。这段实习经历让陈绍宏学到的不仅有谢老师运用经典名方治疗疑难重症的宝贵经验，更感受到老师对患者认真负责的态度和医者仁心的职业操守。

6 年的学校生活结束了，陈绍宏与同学们都面临着毕业分配。陈绍宏主动选择了前往甘孜藏族自治州，被分配到了稻城县人民医院从事临床工作，在雪域高原工作了 10 年。高原生活虽然十分单调艰苦，但他始终没有放松对专业知识的学习，把业余时间都放在读书上，他几乎买光了稻城县新华书店里所有的医学书籍。由于当地医疗资源匮乏，陈绍宏便积极融合创新，利用当地现有资源，结合自身经验储备，充分发挥中医药的优势为少数民族同胞服务。在 10 年援边的经历中，他进一步体会了中医经典的内涵，在实践中积累了很多宝贵的经验，并与当地群众建立了深厚的友谊。

二、成才之道

（一）熟读经典，固本强基

陈绍宏 1960 年考入成都中医学院中医专业，在校期间，他跟随吴棹仙等多位全国著名中西名医临床实习。临床实习之余，他熟读了《黄帝内经》《伤寒杂病论》

《神农本草经》《温病条辨》《外科正宗》等中医经典著作。他反复钻研原著同时结合名家注解，在理解的基础上对经典原文进行记忆背诵，这为其理解中医理论的本质和规律、掌握中医的精髓和要领、提高中医的临床疗效和水平打下了良好基础。同时，中医经典著作中还包含了许多至今仍具有很高临床价值的名方、验方，为做到对名方的精准掌握，陈绍宏对原著中方药的用量、用法进行了细致的考究，例如《伤寒论》中原文载杏仁是按枚计算，因此陈绍宏便到药房寻找杏仁，根据现在杏仁大小，筛选七十枚杏仁，亲测重量，以定临床用药剂量。

陈绍宏之所以精益求精地掌握中医经典内涵，源自他在四川省射洪县基层医院的实习经历。当时陈绍宏跟随一位75岁的老中医谢湘泉学习。谢老师在临床上对于古方的活用给他留下了深刻的印象。"当时我古方的基础比较薄弱，第一天跟诊的时候，老师就用了70多个方子，而我只熟悉其中的几个。就这样，我看到了我和老师之间的差距。"同时，陈绍宏心里也在打鼓：这些古方，真的能治危急重症吗？

一个病例改变了他的看法。

有一天，一位小伙坐着滑竿从邻近的县被抬到谢湘泉的门诊。这位小伙患了对口疮，被著名医院判定无法手术，昏迷不醒，病情很危重。家人抱着试一试的心态找到了谢湘泉老师。患者服用三天中药后，可以进食，逐渐好转。

诸如此类的一系列亲身体会，让陈绍宏坚定了中医能治危急重症的观点。

（二）读书与临证结合，理论与实践并重

在后来的从医工作中，陈绍宏一直将经典学习放在重要位置，认为五脏的病理生理特点、病机19条、汤头歌诀、《伤寒论》《金匮要略》《温热经纬》《中药学》是务必要熟记的。陈绍宏认为，读古籍医书、前人医论医案，将前人理论经验、中医学体系烂熟于心，是学医的基础。初学中医时必须死记硬背，打好童子功。如中药的性味归经要背，汤头歌诀不仅要背组成，也要背剂量、适应证和加减法。至今陈绍宏在临床上仍喜用参苓白术散、川芎茶调散等经典名方灵活组合治疗各类杂病，收效良好。

此外，谚语讲"熟读王叔和，不如临证多"，陈绍宏认为对古代文献的继承应面向临床，要把精力放在从大量文献中总结历代医家的辨证规律和特点上，放在各家诊病用药的思路和特色上，放在古今疾病的演变规律上，切忌与临床脱节。如《温病条辨》上焦篇第8、16条中关于呼吸衰竭的论述，"汗涌、鼻扇、脉散"，方用白虎加人参汤和生脉散，这对临床就很有指导意义。当大量的重复实践与固有理论相矛盾时，当以实践为依据。实践是检验真理的唯一标准。倘若离开中医临床实践，即使理论倒背如流，辩论滔滔不绝，吸引了众人之眼球，也是纸上谈兵，而无太多实

际的意义。实践可以修正理论，要实现实践基础上的理论创新，中医理论的发展一定要适应社会需求，重视吸收现代科学技术方法。

（三）一心向学，专心临床

面临毕业分配时，陈绍宏主动选择了前往甘孜藏族自治州稻城县人民医院从事临床工作，并在缺医少药、气候恶劣的边远少数民族地区工作了 10 年。他利用当地现有资源，结合自身经验储备，充分发挥中医药的优势，为少数民族同胞服务，充分发挥了中医药治病"简、便、廉、验"的优势。这期间还拒绝了更多职业发展的选择，坚持了自己当个好医生的理想。

陈绍宏在四川省人民医院进修期间，正值"文革"，他没有受外界影响，坚持学习。医院内科主任陈绍华受到不公正对待时，陈绍宏经常默默地在生活上给陈绍华老前辈提供无私帮助，陈绍宏工作中遇到问题及困惑也会及时向前辈虚心求教。这种诚恳踏实的工作品格、孜孜不倦的学习精神，深深打动了陈绍华主任及罗建仲副主任，其后每当两位主任在临床遇到疑难、特色疾病，均会邀陈绍宏至现场观摩学习，陈绍宏的综合医疗水平也得以持续提升。

陈绍宏始终认为中医是一门实践性很强的学科，只有通过不断地临床实践和研究，才能提高自己的中医水平；作为医者，要将全部精力都投入到临床工作中去，经得住"诱惑"，坐得住"冷板凳"，不要被其他的事情所干扰，要保持客观、中立的立场，专注于患者的病情和治疗。

三、学术之精

（一）把握中风病机，创建中风核心病机"虚、瘀、痰、火、风"演变论

20 世纪 90 年代以来，学术界对于中风病的病因病机、证治方法，众说纷纭，莫衷一是。在急诊，脑血管疾病是最为常见的，而脑中风又是病死率和致残率极高的病种。中医药有没有办法治疗脑中风，自然成为陈绍宏思考最多的问题。在继承李东垣"正气自虚"及张景岳"内伤积损"理论基础上，结合临床实践，陈绍宏提出脑中风的基本病机为"元气亏虚为本，气虚生瘀、血瘀生痰、痰郁化火、火极生风"，并制定了"复元醒脑、逐瘀化痰、泄热息风"的治法，最大可能保护未受损的脑细胞，降低疾病致死和致残的可能性。1986 年，陈绍宏在急诊科接诊一位昏迷的急性脑出血患者，他运用自己的理论开出有 11 味药材的处方，经过 1 个月的治疗，

这位患者奇迹般地恢复了健康，身体状态与患病前几乎没有两样，这个处方也成为中风醒脑口服液的雏形。1988年，这项研究得到了国家科技部、国家自然科学基金的资助，课题研究正式启动。随后经过不断的研究和临床实践，处方由最初的11味减到7味，再到4味。10年的时间里，临床研究结果表明，在不用脱水剂、利尿剂的前提下，单纯应用中风醒脑口服液治疗125例中、重型急性脑出血患者的总有效率为82.40%。

在中风病的治疗上，陈绍宏认为其发病基础为元气亏虚，因为中风多发于中老年人，《素问·上古天真论》提及女子七七，男子八八，天癸绝，肾气衰，冲任气脱，形神俱败，为中风的发病基础。此外，《杂病源流犀烛·卷十二·中风源流》中论述："中风，风乘虚而为病也……唯中风之病由于虚，故腑虚则中腑，脏虚则中脏，血脉虚则中血脉，而其症各别。"

陈绍宏认为痰瘀互阻是元气虚所导致的中间病理产物，是贯穿中风始终的病机。痰、瘀分别是津液和血不归正经的病理产物，其本身既是病理产物，一旦生成，又成为新的病理过程的启动之因，二者相互促生，胶着为患。

风火相煽为中风病最终致病因素。中风病机中之风主要指内风，是由脏腑阴阳失调产生的，是体内阳气亢逆无制而形成的一种病理状态。多由于情志所伤，操劳过度，耗伤肝肾之阴，以致阴虚阳亢，水不涵木，浮阳不潜，久之则阳愈浮而阴愈亏，终至阴不制阳，肝之阳气升而无制，便亢而化风，形成风气内动。中风病机中的火主要指心、肝、肾等脏器之内生火热，火在中风发病中的意义在于可促进肝风的形成并与其上逆，并进一步耗竭阴液，生痰生瘀，即"风火相煽"，形成愈演愈烈之势。

（二）凝练仲景学说，构建外感高热"重三经，定四型"的新理论

中医古籍里称感染为"染易"，感染性疾病包含外感热病、伤寒、温病、温疫、时行病等。中医学对感染性疾病的记载众多，最早可以追溯到周代。《礼记·月令》所说的"季春行夏令，则民多疾疫"即指现代医学的感染性疾病。《黄帝内经》中记载："五疫之至，皆相染易。"无问大小，症状相似。东汉张仲景著《伤寒杂病论》，其建立的六经辨证体系，奠定了中医外感病的辨治理论基础。吴又可《温疫论》在温疫的病因、病机、治疗上提出了与前人完全不同的观点，开中医防治传染病、感染性疾病的先河。明清温病学派的兴起，形成了卫气营血辨证、三焦辨证等理论体系，是防治感染性疾病的理论突破。中医学认为感染性疾病由邪盛正虚、无力抗邪所致，外邪是疾病发生的直接原因，内虚则为始动因素，即外内合邪的发病观。基于《黄帝内经》中"正气存内，邪不可干""邪之所凑，其气必虚"的论述，历代医

家认为"扶正祛邪"是感染性疾病的总治则。从现代医学上讲，对感染性疾病的治疗不仅是抑杀病原体、提高机体对抗疾病的能力，亦是中医治疗感染性疾病的重要途径，是中医临床整体观的体现。故有现代医家提出"毒邪理论""菌毒并治""醒脑开窍"等特色学术理论，提倡扶正祛邪并用，减少副作用。现代医学的观点中，感染性疾病的病理生理表现为细菌产物、内外毒素等影响机体免疫并释放炎症因子，或直接影响体温调节中枢，导致发热。

因此，清除致病源是关键，结合中医学"取类比象""推演络绎"的古典哲学思维、全息医学理论对疾患局部与整体、体内外的辩证认识，以及对中医理论、临床表现、疾病演变趋势的认识，陈绍宏将这类致病源归于邪毒内侵范畴，按"痈毒"证论治，无论寒热，治疗的关键均在于让邪毒尽可能随药性外出、消散。中医药治疗感染性疾病在理论、经验、药物、疗效等方面具有优势，能降低抗菌药物使用强度及耐药性，减少抗菌药物引起的不良反应，缩短治疗周期，阻断疾病进展。通过收集名老中医治疗感染性疾病的临证医案，总结归纳其学术思想，来推广指导临床用药、改善感染性疾病预后、提高治愈率，不仅是理论需求，更是现实需求。充分发掘中医药治疗感染性疾病的理论基础、治疗经验等，是未来治疗感染性疾病乃至其他疑难杂病的必经之路。

陈绍宏在遵循仲景学说基础上，提出"重三经，定四型"的新理论，应用系列经方治疗感染性发热疾病（涉及 19 个病种）取得满意疗效。其中，针对外感发热的抗高热 1 号方被开发成新药"散寒解热口服液"上市，被卫生部《流行性感冒诊断与治疗指南（2011 年版）》和国家中医药管理局外感发热临床路径采用；其制定的急乳蛾（急性化脓性扁桃体炎）中医诊疗技术和临床路径被国家中医药管理局采纳。

四、专病之治

（一）中风病

中风病是世界范围内导致人口死亡的第三位病因和导致成人残疾的首要原因，同时它还是导致老年人认知功能障碍和情感障碍的重要病因之一。

中风病分为缺血性中风（脑梗死）和出血性中风（脑出血）。随着科技的进步和动物实验医学的发展，西医对脑梗死的治疗，尤其是在急性期给予溶栓治疗的疗效肯定，但对于不能接受溶栓治疗的患者，促进其脑细胞血供及神经功能恢复，目前尚无特效药。而西医对于脑出血的治疗，尤其是脑出血急性期，近年来内科治疗尚无重大突破性进展，治疗原则主要是超早期防止血肿扩大；外科治疗主要目的是清除血肿，降低颅内压。但传统的开颅血肿清除手术具有创伤大、术后神经功能损伤较重、预后欠佳的缺陷，且手术时机尚有分歧。微创穿刺术虽然创伤小、神经损伤轻，但设备和治疗费用高昂将妨碍这些技术的推广。总之，目前西医药对中风病的治疗，无论是缺血性中风还是出血性中风，均无特效药。

1. 病因病机

中风病早在《黄帝内经》中就已有论述，后又经众多医家的阐发，对其病因病机的认识经历了"外风 - 内风 - 内外风两纲立论"的发展，至清代才趋于完善。目前认为，中风病发生的主要原因在于患者平素气血亏虚，脏腑阴阳失调，在情志饮食失宜、房劳伤精耗气、外邪侵袭等因素作用下，导致气血运行受阻，血瘀滞络，肌肤失养，或阴亏于下，肝阳上扰，气血上逆，夹痰夹火，横窜经隧，蒙蔽清窍而成。其病机归纳起来不外虚、火、风、痰、气、血六端，在本为肝肾阴虚，气血衰少，在标为风火相煽，痰湿壅盛，瘀血阻滞，气血逆乱。根据临床表现可分为7种证型，包括风痰火亢、风火上扰、痰热腑实、风痰瘀阻、痰湿蒙神、气虚血瘀和阴虚风动。

陈绍宏认为，传统中医辨证论治处方给药的方法在中风病急性期的救治中存在以下不足。

（1）中风病情危重，发作后提倡"时间就是大脑"的急救理念，强调及时、恰当处理，但辨证处方后再煎药服用的过程花费时间较多，令治疗时机受到延误。

（2）中风急发，病情发展迅速，中医证型可以一日数变，但辨证论治方案在具体操作时常常做不到随时随证变化方药，导致治疗与临床脱节。

（3）辨证论治方案干扰因素较多，医生的经验和水平都可能产生偏差。

（4）对于危重患者、昏迷患者，四诊资料难以收集齐全，辨证论治易出现失误。

上述不足均可能影响中风病的临床治疗，从而难以获得理想的疗效。因此，陈绍宏经过多年潜心观察和临床验证，提出了"中风病核心病机"理论，认为中风病的核心病机是元气亏虚、痰瘀互阻、风火相煽。其中以元气虚为本，痰、瘀、风、火都是继发于元气虚的内生之邪。治疗上应遵循"治病必求其本"的思想，以大补元气为要务，临床才能取得满意的疗效。

中风的"本"在元气虚，"瘀、痰、火、风"属"标"，只是"虚"所导致的内生之邪。虽然"虚、瘀、痰、火、风"表面上看只是"风、火、痰、虚、瘀"在顺序上的改变，但实际上却是对中风病因病机"标、本"问题的重大调整，具有深远的意义。

另外，中风病并发症很多，临床症状多端，变化迅速，只强调辨证往往会诸般头绪无从下手，反而抓不到其病本。对此，陈绍宏主张中风病应辨病论治，从现代医学角度把握其病理生理、发展转归等特点，从中医理论角度把握其根本病机，在此基础上，或辨证施治，或专病专方，才可以"辨证不言其病，辨病不言其证"。

陈绍宏在"中风核心病机"理论基础上，提出"复元醒脑、逐瘀化痰、泄热息风"多法并举的理念，拟定了中风醒脑方，制成方便服用的中风醒脑口服液，应用于临床，经前期临床研究显示，降低了急性中风患者的病死率和致残率，取得了满意的疗效。

中风醒脑口服液由红参、三七、川芎、大黄四味中药制成，前期研究表明，对断颅缺血小鼠模型，该药可明显增加小鼠断颅后张口呼吸次数，并延长断颅后存活时间；对结扎双侧颈总动脉的小鼠脑缺血模型，该药可明显延长小鼠的存活时间，证明该药有一定的保护缺血脑组织、改善缺血后脑功能的作用。同时体外实验表明中风醒脑口服液对小鼠脑组织的过氧化脂质的生成有显著抑制作用，说明其脑保护机制可能与抗自由基作用有关。中风醒脑口服液抗脑水肿、降颅内压的动物实验研究发现，该药对颈动脉注射橄榄油和结扎同侧颈动脉的家兔实验性颅内压增高模型有明显的抑制颅内压增高的作用，抑制率达 32.06% ～ 56.34%，持续时间达 5 小时。另一个动物实验中，中风醒脑口服液显示出对实验性脑水肿动物血脑屏障损伤的保护作用，可减轻实验动物缺血脑组织伊文思蓝蓝染程度，说明减轻血脑屏障损伤是其抗血管源性脑水肿的主要机制。

2. 典型医案

【医案一】

白某，男，46 岁，因"头晕、恶心、呕吐，伴右侧肢体麻木 1ˉ天"于 2009 年 3 月 28 日收入住院，入院诊断如下。

中医诊断：中风 - 中经络。

西医诊断：①脑干出血。②高血压病 3 级（极高危）。③肺部感染。

经过中风醒脑口服液积极治疗后，患者于 2009 年 4 月 21 日好转出院。其病例摘要如下。

患者入院前 1ˉ天用力后突然出现头晕、恶心、呕吐，呕吐清水样胃内容物，伴右侧肢体偏身麻木。未做任何处理，今晨患者上述症状加重，同时出现咳嗽、咳白色痰。遂急呼 120 来我院急诊，头颅 CT 示"脑干血肿，大小约为 1cm×1.5cm×1.4cm"，急诊以"脑干出血"收入我科。

患者既往高血压病史 1 年，血压最高达"220/140mmHg"，口服"倍他乐克、尼群地平、曲克芦丁"控制血压在 140/100mmHg 左右。吸烟史 30 年，每天约 30 支，无嗜酒史。入院时神志清楚，精神可，头晕，右侧肢体麻木，咳嗽，咳白色痰，饮食可，二便调，舌淡红，苔黄腻，脉沉细。

查体：双侧瞳孔等大等圆，直径 3mm，对光反射灵敏。伸舌居中，颈软无抵抗，四肢肌力及肌张力正常。生理反射存在，病理反射未引出。

入院后完善相关检查，予以甘露醇脱水降低颅内压，吲达帕胺、依那普利及硝苯地平缓释片控制血压，先后予萘夫西林、加替沙星抗感染，中风醒脑口服液复元醒脑、活血化瘀及对症支持治疗。治疗24天之后，患者已经无头晕、呕吐、头痛等症状，右侧肢体活动较之前明显好转，视物有重影，双肺未闻及干湿啰音，血压127/76mmHg，双下肢无水肿，头颅CT示脑干出血已经完全吸收，局部为软化改变。患者于2009年4月21日病情好转出院。

按： 中风病是由于正气亏虚，饮食、情志、劳倦内伤等引起气血逆乱，产生风、火、痰、瘀，导致脑脉痹阻或血溢脑脉之外为基本病机，以突然昏仆、半身不遂、口舌㖞斜、言语謇涩或不语、偏身麻木为主要临床表现的病证。根据脑髓神机受损程度的不同，有中经络、中脏腑之分，有相应的临床表现。

中风病严重危害着人类健康，病死率高，致残率高，为发达国家人口前三位死因之一。脑干是管理调节体温、呼吸、心跳、血压等生命体征的中枢，脑干出血可在短时间内引起呼吸、心跳停止，致死率极高，几乎没有手术治疗的可能，目前西医的保守治疗除了脱水降低颅内压、维持生命体征之外没有太多特殊的方法。对于如此危重的患者，我们采用中西医结合的治疗方法取得了很好的疗效。

中风之发生，病机错综复杂，《黄帝内经》《金匮要略》"内虚外中"的理论影响深远，唐宋以前多沿袭之，归纳起来不外乎虚、火、风、痰、气、血六端，综合各家学说总结中风病的核心病机为元气亏虚，痰瘀互阻，风火相煽。其中，元气虚为本，痰、瘀、风、火为标，痰、瘀为中间病理产物，风火为最终致病因素，即"虚生瘀，瘀生痰，痰生火，火生风"。陈绍宏团队研制的中风醒脑口服液经过前期大量的临床验证得出有复元醒脑之效，兼以逐瘀化痰、泄热息风，在继承古人"标本兼治"的基础上，更重视"扶正固本"的治疗思路，在临床应用中具有较好的疗效，故本案患者迅速好转而出院。

【医案二】

范某，女，75岁，因"突发晕厥伴肢体不利、言语謇涩5⁺小时"于2009年5月30日13：00入院。入院诊断如下。

中医诊断：中风－中经络（痰瘀阻络）。

西医诊断：①急性脑梗死。②高血压病2级（极高危）。

给予中风醒脑口服液结合西医治疗，于2009年6月15日好转出院，其病例摘要如下。

5⁺小时前患者上厕所时突发晕厥，数秒后清醒，出现言语謇涩，眼球向右侧凝视，口角㖞向右侧，伴口角流涎，伸舌右偏，左侧肢体活动不利，大便失禁，小便正常。舌红，苔黄厚腻，脉弦数。患者有高血压病史 10⁺ 年。

查体：T 37.3℃，P 118 次 / 分，R 23 次 / 分，BP 147/90mmHg。平车推入病房，神志欠清，被动体位，查体欠合作，眼球向右侧凝视，左侧鼻唇沟变浅，伸舌右偏，胸腹查体未见特殊异常。左侧肢体肌力下降，巴氏征（＋），戈登征（＋）。

血常规：WBC 15.20×10⁹/L，N% 83.7%。

头颅 CT（发病 12 小时后）：右侧大脑额、颞、顶叶脑梗死（大脑中动脉脑梗死，水肿期）。

入院后密切观察病情，监测血压，西医给予控制血压、抗凝治疗。中药给予中风醒脑口服液口服，25mL，每 6 小时一次。

治疗 1 周后，患者精神转佳，左侧肢体肌力逐渐恢复，可下地适当行走，中药继续予中风醒脑口服液复元醒脑。加用针刺百会、四神聪、神庭、左侧肩髃、手三里、合谷、阳陵泉、足三里、悬钟、太冲，得气后留针 20 分钟，以舒经通络、促进神经功能恢复，并加强康复锻炼。住院 2 周后，患者病情很快好转，言语謇涩明显改善，口角㖞斜消失，左侧肢体功能基本恢复正常，出院。

按： 患者以"突发晕厥伴肢体不利、言语謇涩 5⁺ 小时"入院。头颅 CT 提示右侧大脑额、颞、顶叶脑梗死（大脑中动脉脑梗死，水肿期），梗死面积大，预后欠佳，严重威胁患者生命，影响生存质量。本病属于中医"中风"范畴，中风病病机复杂，《黄帝内经》《金匮要略》提出的"内虚外中"理论影响深远，唐宋以前多沿袭之，金元四大医家分别从心火、气虚、肝风、痰湿等不同角度对中风的病因和发病机制进行了论述。明清时期，诸多医家认为内风和外风均可以导致中风。现代中医学则认为中风之发生，病机错综复杂，但归纳起来不外乎虚、火、风、痰、气、血六端，综合各家学说总结中风病的核心病机为元气亏虚、痰瘀互阻、风火相煽。其中，元气虚为本，痰、瘀、风、火为标，痰、瘀为中间病理产物，风火为最终致病因素，即"虚生瘀，瘀生痰，痰生火，火生风"。中风醒脑口服液有复元醒脑之效，兼以逐瘀化痰、泄热息风，本方在继承古人"标本兼治"的基础上，更重视"扶正固本"的治疗思路。本病例同时结合中医针灸治疗，取得明显临床疗效。

（二）咯血

咯血是指血由肺及气管外溢，经口而出，表现为痰中带血，或痰血相兼，或纯血鲜红，间夹泡沫，属血证，多见于西医支气管扩张、肺结核、肺癌，此处主要论述支气管扩张咯血。陈绍宏在数十载的急诊临床工作中，以西医辨病、中医辨证、辨病与辨证相结合为指导思想，使用中医药治疗咯血取得了显著疗效，形成了独特的辨证方药。

1. 病因病机

刘完素提出"六气皆从火化""五志过极皆为热";朱丹溪翁提出"气有余便是火";《医学正传·血证》载:"咳血嗽血者出于肺也。"明代张景岳认为:"血动之由,唯火唯气。"《医学从众录·血证》中也指出:"血随火而升,凡治血证以治火为先。"《柳宝诒医案》曰:"木郁化火,上刑肺金,则咳嗽口干。"因此,陈绍宏认为咯血的病位在肺,与肝有关。肝主疏泄,调畅情志,为将军之官,忧思恼怒过度,肝气郁结化火,肝火上逆犯肺,肺为娇脏,不耐邪扰,木火刑金,肺气失其清肃之职,令人干咳频作,灼伤肺络,则咳而咯血;久病或热病使阴津耗伤,以致阴虚火旺,或误投药物、久服辛热刚燥之品,灼伤阴津,而致阴虚火旺;或素体阴虚,虚火内生,火热之邪迫血妄行而致出血。故陈绍宏概括咯血的病机为肝火犯肺、阴虚肺燥虚实两端。

2. 治法和方药

（1）肝火犯肺证

主症:咳嗽频作,咯血鲜红而量多,甚或从口鼻涌出,胸胁胀痛,烦躁易怒,口苦,咽干,或气急,口渴,心烦,便秘,舌质红,苔黄,脉弦数或滑数。

治法:清肝泻火,凉血止血。

方药:龙胆泻肝汤合咳血方加味。

龙胆草15g,焦栀子30g,黄芩15g,柴胡15g,车前草30g,泽泻30g,川木通15g,生地黄15g,当归15g,瓜蒌仁15g,诃子15g,海浮石30g,青黛15g,仙鹤草30g,侧柏叶30g,白茅根30g,甘草10g。

（2）阴虚肺燥证

主症:咳嗽阵作,反复咯血,血色鲜红或淡红,咳嗽痰少或干咳无痰,口干咽燥,颧红,潮热盗汗,舌质红,脉细数。

治法:滋阴清热,润肺止血。

方药:百合固金汤加味。

百合30g,生地黄30g,玄参30g,川贝母30g,桔梗30g,麦冬30g,白芍30g,当归15g,仙鹤草30g,白茅根30g,侧柏叶30g,甘草15g。

3. 典型医案

【医案一】

张某,男性,50岁。因"反复咯血15年,复发1周"就诊。

既往多次住院治疗,诊断为"支气管扩张"。症见咳嗽,咯吐黄色稠痰,痰中夹杂血块,偶为纯血,血色鲜红,量不甚多。性情急躁,发热,汗出,口干,喜冷饮,舌红,苔黄腻,脉弦数。

辨证：肝火犯肺，血溢脉外。

治法：清泻肝火。

方药：龙胆草 15g，焦栀子 30g，黄芩 15g，柴胡 15g，车前草 30g，泽泻 30g，川木通 15g，生地黄 15g，当归 15g，瓜蒌仁 15g，诃子 15g，海浮石 30g，青黛 15g，仙鹤草 30g，侧柏叶 30g，白茅根 30g，甘草 10g。

患者服用 3 剂，咯血量减少，身热减退，继续服用 6 剂后未再咯血，咳嗽渐止。

按：根据中医理论，肝与肺的关系主要表现为人体气机升降调节方面的对立制约关系。肺在上，为华盖，娇脏，主气；肝在下焦，为刚脏，主藏血。上下匹对，血脉运行和藏储适度则安和。肝气以升发为宜，肺气以肃降为顺。肝升肺降，升降协调，对全身气机的调畅、气血的调和起着重要的调节作用。肺气充足，肃降正常，有利于肝气的生发；肝气疏泄，升发条达，有利于肺气的肃降。肝升与肺降，既相互制约，又相互为用，因而有"肝升肺降""左肝右肺"之说。陈绍宏认为肝气升发太过或肺气肃降不及易出现"肝火犯肺""木火刑金"，表现为咯血等症。肝为风木之脏，相火寄之，阴血藏之，体阴而用阳，肝阳亢盛，风阳上旋，反悔及肺，灼伤血络。独以清肺，嫌似扬汤止沸，难以取效，并以清肝凋血，火自降熄，乃为上策，寓清肝于止血治疗之中。

上述处方中龙胆泻肝汤清肝胆实火。龙胆草大苦大寒，上清肝胆实火，下泻肝胆湿热，黄芩、焦栀子苦寒泻火解毒、燥湿清热；车前草、川木通、泽泻导热下行，从水道而去，使邪有出路；生地黄养阴、当归补血；肝体阴而用阳，性喜条达、恶抑郁，火邪内郁，肝胆之气不疏，以柴胡疏畅肝胆；仙鹤草、侧柏叶、白茅根止血。众药合用，使肝火得消、肝升肺降、气机调畅，故诸症悉除。

【医案二】

杨某，女性，35 岁。因"反复咯血 9 年，复发 1 天"就诊。

症见咳嗽气喘，干咳少痰，痰中带血，咽喉燥痛，头晕目眩，午后潮热，舌红少苔，脉细数。

辨证：阴虚肺燥。

治法：养阴清肺。

方药：百合 30g，生地黄 30g，玄参 30g，川贝母 30g，桔梗 30g，麦冬 30g，白芍 30g，当归 15g，仙鹤草 30g，白茅根 30g，侧柏叶 30g，甘草 15g。

患者服用 3 剂，咯血量减少，咳喘减轻，继续服用 9 剂后未再咯血。

按：根据中医理论，肾者水藏，主津液，肺主行水，为水之上源，二者共调水液代谢。《类证治裁·喘证》中说："肺为气之主，肾为气之根。肺主出气，肾主纳气，阴阳相交，呼吸乃和。"可见肺肾为子母之脏，肾气虚衰，摄纳无权，气浮于上，病及肺脏；肺气久虚，久病及肾，二者关系紧密。肺肾阴虚，阴虚则生内热，肺失清肃，虚火上炎，故咳嗽气喘，甚则灼伤肺络，以致痰中带血。陈绍宏认为肺为清虚之脏，清轻肃静，不耐邪气之侵，肺阴易耗损，虚火上炎。而肾阴为一身阴气之源，"五脏之阴气，非此不能滋"。又肺肾为子母之脏，母藏子宫，子隐母胎，故水虚则金受火刑，症见咯血。故治阴虚肺燥，宜肺肾同滋，金水并调。方中百合滋阴清热、润肺止咳，生地黄既能滋阴养血，又能清热凉血。麦冬润肺止咳，玄参滋阴壮水，当归止咳逆上气，白芍养血和血，川贝母润肺止咳化痰，桔梗清利咽喉、载药上行，仙鹤草、侧柏叶、白茅根止血。虚火上炎，必滋其水，所谓壮水之主，以制阳光，故以生地黄助肾滋水退热，金水相生，阴血渐充，虚火自靖，痰化咳止，故诸症消失。

（三）吐血、便血（上消化道出血）

吐血、便血是上消化道出血的常见症状。上消化道出血是指屈氏韧带以上的消化道出血，是消化系统疾病的常见病、多发病，病死率较高，临床主要见于消化性溃疡、急慢性胃黏膜病变、食管胃底静脉曲张破裂及消化道肿瘤，此处主要论述消化性溃疡、急慢性胃黏膜病变所致出血。

1. 病因病机

早在《黄帝内经》即对血的生理及病理有较深入的认识，"阳络伤则血外溢，血外溢则衄血；阴络伤则血内溢，血内溢则后血"。《金匮要略·惊悸吐衄下血胸满瘀血病脉证治》最早记载了泻心汤、柏叶汤、黄土汤等治疗吐血、便血的方剂，沿用至今。《济生方》认为失血可由多种原因导致，"所致之由，因大虚损，或饮酒过度，或强食过饱，或饮啖辛热，或忧思恚怒"；而对血证的病机，则强调因于热者多，"夫血之妄行也，未有不因热之所发，盖血得热则淖溢，血气俱热，血随气上，乃吐衄也"。《医学正传·血证》确切提出呕血病位，"从胃而上溢于口者，曰呕血"。《景岳全书·血证》对血证的内容做了比较系统的归纳，将引起出血的病机提纲挈领地概括为"火盛"及"气虚"两个方面："血本阴精，不宜动也，而动则为病。血主荣气，不宜损也，而损则为病。盖动者多由于火，火盛则逼血妄行；损者多由于气，气伤则血无以存。"又指出："盖脾统血，脾气虚则不能收摄；脾化血，脾气虚则不能运化，是皆血无所主，因而脱陷妄行。"

陈绍宏认为饮食、劳倦、药物、忧思等皆可损伤脾胃，随着现代生活节奏加快，人们生活及工作压力增大，往往因上述因素而致脾胃受损，脾气亏虚，不能摄血，血溢脉外。且临床中但凡吐血、便血出血量大者，纵使由火热动血所致，发病后亦多出现热随血去，表现为心慌、乏力、头晕、面色无华、脉细弱或芤等气虚血少症候，故在临床中，上消化道出血以脾气虚型居多。

2. 治法和方药

（1）胃热炽盛证

主症：脘腹胀闷，甚则作痛，吐血色红或紫黯，常夹有食物残渣，口臭，便秘，大便色黑，舌质红，苔黄腻，脉滑数。

治法：清热止血。

方药：三黄泻心汤加味。

黄连 15g，黄芩 15g，生大黄 10g，白及 30g，侧柏叶 30g。

（2）气虚血溢证

主症：食少，体倦，面色萎黄，吐血缠绵不止，时轻时重，血色暗淡，神疲乏力，心悸气短，面色苍白，舌质淡，脉细弱。

治法：健脾益气止血。

方药：甘草人参汤。

生甘草 30g，红参 15g，白及粉 15g（冲服）。

（3）气随血脱证

主症：呼吸微弱而不规则，或昏迷或昏仆，汗出不止，面色苍白，口开目合，手撒身软，二便失禁，脉微欲绝，舌淡白，苔白润。

治法：益气摄血固脱。

方药：甘草人参汤。

生甘草 60g，红参 30g，白及粉 30g（冲服）。

注：甘草人参汤煎服法。每剂煎熬药液总量约 500mL，将药液置冷后备用。每小时服 1 次，每次服 50 ～ 100mL，重者频频饮之或鼻饲，不受时间、剂量限制，一日可服用 1 ～ 3 剂，白及粉冲服，每次 3 ～ 5g。直到血压稳定（收缩压＞90mmHg，舒张压＞60mmHg，脉压＞30mmHg），心率＜100 次 / 分，肠鸣音＜5 次 / 分，大便色转黄或变浅，可改为每 4 小时服用 150mL，至大便隐血连续 3 天均为阴性，或出血伴随症状明显改善，改为每次服用 150mL，每日 4 次，连续服用 3 ～ 5 天。

3. 典型医案

【医案一】

杨某，男性，47 岁。因"便血 5 天，呕血 4 小时"就诊。

5 天前因患"痛风"，于当地诊所就诊，予以"地塞米松、非甾体抗炎药"止痛治疗，2 天后出现黑便，未予重视，半天前患者起床时出现头晕、乏力、全身出冷汗，4 小时前开始反复出现呕血，血色黑，兼夹胃内容物，总量约 1000mL，家属为求进一步诊治，到我院急诊，以"上消化道大出血，失血性休克"收入我科。

症状：倦怠乏力，颜面萎黄，少气懒言，呕吐暗红色胃内容物，全身冷汗出，心慌，胸闷，四肢末凉，小便未解。舌质淡，苔薄白，脉细。

辨证：气虚血溢。

治法：益气健脾摄血。

方药：生甘草60g，红参30g，白及粉30g。

患者一日服用2剂，出血量减少，继续服用1剂后未再出血。

按： 据《血证论》载"治血者必以脾为主，乃为有要，至于治气，并宜以脾为主"及"血尽而气亦尽，危脱之证，独参汤救护其气，使气不脱则血不奔矣。寒证者，阳不摄阴，阴血因而走溢，其证必见手足清冷，便溏遗溺，脉细微迟涩，面色惨白，唇口淡和……甘草干姜汤主之"，方选生甘草甘温濡润，走血分，属脾经，无芪、术耗伤阴血，更无姜、附、苓、芎行气动血之痹，重用以健脾益气，并配伍红参以益气固脱，白及收敛止血，合为甘草人参汤，共奏止血之功。

【医案二】

刘某，女，37岁，教师。因"呕血便血1天"就诊。

平素有消化道出血病史，在某医院检查诊断为"复合性溃疡"，医生建议做手术，但患者及家属要求中药治疗，遂来我院住院治疗。

症状：面色苍白，语声低微，心累气短，头晕，汗出湿衣，四肢厥冷，呕吐咖啡色胃内容物，黑便，舌质淡，脉细弱。

中医诊断：吐血（气随血脱）。

西医诊断：复合性溃疡，上消化道大出血。

患者因气随血脱，气不摄血，予以甘草人参汤以益气固脱。

方药：生甘草60g，红参30g，白及粉30g。

水煎，50mL频服，每日2剂。2剂后患者吐血渐少，原方继服2剂。

二诊：心累气短较前稍有好转，余症同前。原方再服5剂，每剂100mL，日服3剂。

三诊：血止，心悸气短、面色苍白较前继续减轻，四肢已温，苔薄白，脉细弱。此时出血已止，但日久伤血，中气已伤，故以十全大补汤补益气血。

方药：党参30g，白术15g，茯苓15g，黄芪15g，当归15g，熟地黄15g，赤芍10g，白及粉30g（冲服），海螵蛸30g（冲服），甘草10g。

服5剂后患者病情好转出院。随诊3个月，未再吐血。

按：《医贯·血证论》云："其血妄行，出如涌泉……须臾不救即死……古方纯用补气，不入血药何也，盖有形之血不能速生，无形之气所当急固，无形自能生有形也。"大出血患者往往气随血脱，出现晕厥、虚脱症候，值此生死存亡之时，当投以峻补元气之药，如人参等，速培元气，只有元气尚存，才可得生机。并且气能摄血、生血，故补气亦能止血、补血。故临床遇有患者大失血，元气欲脱，当先固摄欲脱之气，最为当务之急。

五、方药之长

（一）用方经验

1. 方药简专，知常达变

《医学心悟》云："大凡一切用药，必须相天时，审地利，观风气，看体质，辨经络，问旧疾，的确对证，方为良剂。"陈绍宏在临床处方上，伤寒病多宗伤寒之法，但并不照搬桂麻辛温之法、柴胡解邪之类。对于杂病治疗思路，尊崇"知常达变"的中医辨证思维，在熟知一般疾病发病规律之"常"及辨证疾病一般原则之"常"的基础上，进行具体分析，因地、因时、因人、因病的不同，确定具体的诊治方案而"随证治之"。陈绍宏强调知常达变，就是要运用灵动的临床思维分析处理疾病，要全面、忌偏执；要原则、忌盲目；要联系、忌孤立；要动态、忌僵化。当然，"知常"不是胶柱鼓瑟、削足适履，"达变"也不是标新立异、别出心裁。

2. 成方配伍，以方论治

"方从法出，法随证立"，辨证是确立治法的基础，治法是遣药组方的原则，而方剂则是体现和完成治法的手段。陈绍宏主张在辨证的基础上，以成方配伍治疗疾病，认为辨证论治讲究理、法、方、药的连贯性，遵循"方证对应"，即"有是证，用是方"的原则。

3. 善用古方，合而治之

陈绍宏不赞成一些医家"有药无方"的做法，认为这是药物堆积，不能体现辨证；也不赞成随意加减古方，以致从处方药物组成中已完全看不出原方的痕迹，即"有方无药"，这些都违背了张仲景"观其脉证，知犯何逆，随证治之"之训。陈绍宏临床处方精练，常常数味药中即包含若干成方，不失为一大特色。如其治疗一位27岁女性自汗患者，辨证后处方予黄芪、桂枝、赤芍、浮小麦、防风、炒白术、麻黄根、大枣、生姜、甘草，10味药中即包含黄芪桂枝五物汤、玉屏风散、甘麦大枣汤3首方剂。

（二）常用古方

1. 参苓白术散

组方：人参 30g，茯苓 30g，炒白术 30g，白扁豆 30g，陈皮 15g，莲子肉 15g，怀山药 30g，砂仁 15g，薏苡仁 30g，桔梗 15g，炙甘草 15g。

功效主治：补脾胃，益肺气。用于各种类型胃炎，溃疡病（胃、十二指肠），溃疡性结肠炎，灼口综合征，口腔溃疡，口腔黏膜苔藓样变，食管炎，各种类型肝炎，症见食少便溏、气短咳嗽、肢倦乏力等属脾胃虚弱证者。

加减应用：兼见饮食少思，加焦山楂 30g，建曲 15g，厚朴 15g；兼见腹泻者，加芡实 30g；兼见便秘、大便硬结者，加火麻仁 30g，郁李仁 30g；兼见入睡困难、多梦者，加浮小麦 30g，大枣 30g，酸枣仁 30g，五味子 15g。

用法用量：先以冷水浸泡药物 30 分钟后煎煮，武火煮沸后文火煎煮 20 分钟，取连续煎煮 3 次的药液混匀后，于餐后半小时服 150mL，每日 3 服。

上述疾病病程长、易复发，对于症状缓解后需长期服药者，予以饮片打粉，每次 20g，一日 3 次，疗程半年以上。

注意事项：①辨证时当辨清虚实；②方中需使用人参疗效才佳，故服本药时不宜同时服用藜芦、五灵脂、皂荚或其制剂。

临床应用：参苓白术散出自《太平惠民和剂局方》，是益气健脾、除湿止泻之经典名方，主治脾虚湿盛证，目前临床应用广泛。现代研究表明，该方除可用于改善胃肠功能外，还可以调节免疫系统、改善肺功能、抗氧化、抗肿瘤、抗炎等，还具有改善肾功能、改善心肌功能、改善脂肪代谢紊乱、修复皮肤机械屏障功能等作用。方中人参大补脾胃之气，炒白术、茯苓健脾渗湿，共为君药。怀山药、莲子肉健脾涩肠止泻，二药可助参、术健脾益气，兼以厚肠止泻；白扁豆健脾化湿，薏苡仁健脾渗湿，二药助术、苓健脾助运，渗湿止泻。砂仁芳香醒脾，行气和胃，既助除湿之力，又畅达气机；桔梗开宣肺气，通利水道，并能载药上行，以益肺气而成培土生金之功；炙甘草健脾和中，调和药性，共为使药。全方药力和平，温而不燥，益气健脾，补而不滞。既杜生湿之源，又化已成之湿，令清升浊降，津气运行出入正常。补中气，渗湿浊，行气滞，使脾气健运，湿邪得去，则诸症自除。

2. 归脾汤

组方：人参 30g，炒白术 30g，黄芪 30g，龙眼肉 15g，当归 15g，炙甘草 15g，茯苓 30g，远志 15g，酸枣仁 30g，木香 15g，大枣 30g。

功效主治：益气补血，健脾养心。用于治疗失眠、心悸。

加减应用：兼见饮食少思，加法半夏 15g，陈皮 15g，焦山楂 30g，建曲 15g，厚朴 15g；兼见入睡困难、多梦者，加浮小麦 30g，五味子 15g。

用法用量：先以冷水浸泡药物 30 分钟后煎煮，武火煮沸后文火煎煮 20 分钟，取连续煎煮 3 次的药液混匀后，于餐后半小时服 150mL，每日 3 服。

临床应用：归脾汤出自宋代严用和《济生方·卷之四》，乃严氏据《黄帝内经》"二阳之病发于心脾"理论而创制。心藏神而主血，脾主思而统血，思虑过度，劳伤心脾，则脾失健运、心血不足，发为惊悸怔忡、食少体倦诸症。本方以补养心脾为主，脾气健则气血生化之源充足，从而心血旺盛，则惊悸失眠诸症自愈。又脾主统血，凡脾虚气弱，不能统血而见崩漏诸症，亦可用本方治疗，即所谓"引血归脾"，故严氏命名本方为"归脾汤"。现代研究表明，该方具有抗心肌缺血、抗消化性溃疡、增强免疫及调节中枢神经功能的作用。方中人参补气生血、养心益脾，龙眼肉补益心脾、养血安神，共为君药；黄芪、炒白术助人参益气补脾，当归助龙眼肉养心补血，为臣药；茯苓、远志、酸枣仁宁心安神，木香行气醒脾，与补气养血药配伍，使之补而不滞，为佐药；炙甘草、大枣益气补中，调和药性，共为使药。

3. 普济消毒饮

组方：黄芩 15g，黄连 15g，陈皮 15g，玄参 15g，柴胡 15g，桔梗 15g，连翘 15g，板蓝根 15g，马勃 15g，牛蒡子 15g，薄荷 15g，僵蚕 15g，升麻 15g。

功效主治：清热解毒，疏风散邪。用于治疗急性扁桃体炎。

加减应用：

①无脓者，普济消毒饮去黄连加金银花。

黄芩 15g，陈皮 15g，玄参 30g，柴胡 15g，桔梗 30g，连翘 15g，板蓝根 15g，马勃 15g，牛蒡子 15g，薄荷 15g，僵蚕 15g，生升麻 15g，生甘草 15g，金银花 15g。

②化脓者，普济消毒饮去黄连加金银花、天花粉、薏苡仁。

黄芩 15g，陈皮 15g，玄参 30g，柴胡 15g，桔梗 30g，连翘 15g，板蓝根 15g，马勃 15g，牛蒡子 15g，薄荷 15g，僵蚕 15g，生升麻 15g，生甘草 15g，金银花 15g，天花粉 30g，薏苡仁 30g。

用法用量：先以冷水浸泡药物 30 分钟后煎煮，武火煮沸后文火煎煮 15 分钟。取连续煎煮 3 次的药液混匀后于餐后半小时服 150mL，每日 3 服。疗程：3～7 天。

注意事项：用普济消毒饮加味治疗急性化脓性扁桃体炎时，必须加薏苡仁、天花粉，并重用，方能获得良效。中焦虚寒者，抑或服上方后出现胃脘疼痛、呕吐者，慎用此方。

临床应用：急性扁桃体炎属中医"急乳蛾"范畴，陈绍宏对本病进行辨病与辨证相结合治疗，认为本病病机为外感风热或风寒，表邪不解，入里化热，传入阳明，成为热毒壅盛的里实热证。热邪是贯穿急乳蛾整个发病过程的关键，治疗上以辛凉解表、清热解毒为其根本治法。陈绍宏认为本病与"大头瘟"虽有不同，但两者病位同在上焦，同见发热、咽喉肿痛、脉数，病机同属外感风热、热毒壅盛，治法同为外散风热、内清热毒，故以普济消毒饮治本病，为古方新用，实属"异病同治"之法。

方中黄芩清热泻火、祛热毒，以牛蒡子、金银花、连翘、薄荷、僵蚕辛凉疏散风热；玄参、马勃、板蓝根清热解毒；配甘草、桔梗以清利咽喉；陈皮理气而疏通壅滞。升麻、柴胡、金银花疏散风热，并引诸药上达头面，且寓"火郁发之"之意，加薏苡仁、天花粉清热解毒、消肿排脓。诸药配伍，共收清热解毒、疏风散邪排脓之功。

（三）经典用药

1. 人参

人参，性温，味甘、微苦，入肺、脾、心、肾经，具有大补元气、补脾益肺、生津、安神益智的作用。《本草纲目》云其"治男妇一切虚证"，《本草汇言》谓其"补气生血，助精养神之药也"。现代药理研究表明，人参含有多种人参皂苷、挥发油及人参多糖等。动物实验表明，人参中含有的水溶性多糖可增强小鼠腹腔巨噬细胞吞噬的功能，提高 T 细胞的转化率与增强 B 淋巴细胞转化为浆细胞的能力，具有增强免疫力与抑制肿瘤生长的作用；而研究亦证明，人参多糖具有增强机体免疫功能的作用。临床中人参与茯苓相伍，益气健脾，用于慢性胃炎、胃溃疡等；人参与白及相伍，益气摄血，用于非静脉曲张型上消化道出血；人参与丹参相伍，益气活血，用于冠心病、颈动脉斑块等；人参与法半夏相伍，健脾和胃，用于痞满、呕吐等；人参与大黄相伍，益气通腑，用于急危重症腑气不通；人参与附子相伍，益气温阳，用于寒凝之证。

2. 丹参

丹参，味苦，性微寒，具有活血祛瘀、通经止痛、清心除烦、凉血消痈等功效。现代药理学研究表明，其有效活性成分主要为水溶性的丹酚酸类化合物和脂溶性的丹参酮类化合物，具有保护心血管系统、抗肿瘤、抗纤维化等作用，丹参提取物可透过血脑屏障，发挥抗凋亡、促进神经血管再生等作用。临床中常与川芎合用，活血止痛，祛瘀生新，被广泛应用于心脑血管疾病的治疗。

3. 川芎

川芎，味辛，性温，气香窜，入肝、胆二经，功能活血行气、祛风止痛，为"血中之气药"。现代药理研究表明，川芎的主要提取物包括川芎嗪、香草酸、咖啡酸、原儿茶酸、阿魏酸、大黄酚、川芎酚、亚油酸、蔗糖等，对心肌缺血再灌注具有保护作用，能抑制动脉粥样硬化，因此治疗心血管疾病具有显著疗效。临床常与当归相伍，具有调经止痛、补血活血之功，用于心脑血管疾病、痛经等。

4. 三七

三七，味甘、微苦，性温，归肝、胃、心、肺、大肠经，具有化瘀止血、活血止痛的功能。现代药理研究表明，其主要成分有三七素、三七总皂苷、氨基酸、黄酮、挥发油、糖类等，具有消炎、镇痛、止血等作用，被广泛用于心脑血管疾病方面。

5. 大黄

大黄，味苦，性寒，归脾、胃、大肠、肝、心包经，有下瘀血、寒热，破癥瘕积聚、留饮宿食，荡涤肠胃，推陈致新之效，正如《本草新编》云大黄："性甚速，走而不守，善荡涤积滞，调中化食，通利水谷，推陈致新，导瘀血，滚痰涎，破癥结，散坚聚，止疼痛，败痈疽热毒，消肿胀，俱各如神。"其活性成分以蒽醌类化合物为主，包括大黄素、大黄酸、大黄酚、芦荟大黄素等。现代药理研究表明，大黄具有抗肿瘤、抗菌、调节免疫系统、降血脂等作用。

六、读书之法

（一）读经典的方法——读厚理论，读薄临床

读厚经典理论，汲取中医智慧之源；读薄经典临床，洞察疾病千变万化。

学习经典理论，意味着要深入研究和理解中医药的基本理论、方法和思想。通过学习经典的理论著作，如《黄帝内经》《伤寒杂病论》等，应系统地掌握中医的精髓，了解其独特的整体观念、辨证论治的原则及方药的运用等。品读中医经典著作的过程中，还要学习继承者对中医经典的释义，这个释义是中医在每个时代现代化的总结，这样我们就可以把理论读厚。然而，理论的深厚需要实践的检验和运用，这就需要我们读薄经典临床，即通过对经典临床案例的深入剖析和学习，来洞察疾病千变万化中的核心。临床治疗的方法是一首方、一组针灸穴位等，其包含的内容并不多，所以经典的理论阅读越丰富，临床就会越做越简单。

在厚读理论与薄读临床的过程中，我们可以逐步构建起中医知识体系，实现理论与实践的有机融合。厚读经典理论与薄读经典临床是中医学习过程中不可或缺的两个方面。只有将理论与实践相结合，才能真正掌握中医药的精髓。

（二）读经典的核心——诵读经典，圆机活法

诵读经典，圆机活法，是中医学习的重要方法之一，通过深入阅读和思考经典

著作，掌握其中的精髓和方法，并将其灵活应用于实际临床实践中。

"诵读经典"是指对中医经典著作进行反复诵读和思考。中医经典著作中蕴含着丰富的理论和实践经验，通过反复诵读，我们可以熟悉其中的知识点、重要观点和论证逻辑，逐渐领悟其中的精髓和思想。学习中医学，必须强调学习方法。开始必须死记硬背，打好童子功。如中药的性味归经、汤头歌诀不仅要背组成，也要背剂量、适应证和加减法。著名的《黄帝内经》临床大家王洪图先生也说，条文都背不下来，怎么可能会用。不仅初学者要练童子功，多年的临床医生也要学而时习之，把以前没有打好的基础补回来。

"圆机活法"则是指将经典中的知识和方法灵活应用于实际临床实践中。中医是一门实践性很强的学科，只有将经典中的知识和方法应用于实际临床中，才能真正掌握其中的精髓。我们需要通过实践来检验和印证经典中的理论和观点，不断积累实践经验，提高自己的临床能力。同时，我们还需要根据患者的具体情况和病情，灵活运用经典中的知识和方法。

在实践中，"诵读经典，圆机活法"还需要注意以下几点。

熟读精思：在诵读经典时，我们需要注重熟读精思。只有通过反复阅读和思考，才能真正理解经典中的知识点和思想。同时，我们还需要注重思考经典中的深层含义和思想体系，领悟其中的精髓和智慧。

融会贯通：在掌握经典中的知识点和思想后，我们需要注重融会贯通。中医经典中各个知识点和思想是相互联系、相互影响的，我们需要将其融合在一起，形成一个完整的知识体系。同时，还需要将经典中的知识与现代医学知识和技术相结合，形成中西医结合的思路和方法。

知行合一：在实践中应用经典中的知识和方法时，我们需要注重知行合一。只有将知识与实践相结合，才能真正掌握其中的精髓和方法。需要通过实践来检验和印证经典中的理论和观点，不断积累实践经验，提高自己的临床能力。

总之，"诵读经典，圆机活法"是学习中医的重要方法之一，可以帮助我们更好地掌握中医的精髓和方法，并将其灵活应用于临床实践中。

（三）读经典的要领——化繁为简，抓住核心

提纲挈领：在学习经典时，我们需要提纲挈领地掌握其中的核心内容和思想。可以通过阅读经典的目录、章节标题、重要段落等方式，快速了解经典的整体结构和主要内容。然后，再深入阅读和理解其中的重要观点和论证逻辑，把握其核心思想和精髓。尤其是《伤寒论》六经提纲和有方剂的条文，《金匮要略》及《温热经纬》的核心条文。

化繁为简：中医经典中的知识点和思想往往比较烦琐和复杂，我们需要通过化繁为简的方式来理解和掌握。可以通过归纳、总结、分类等方式，将经典中的知识点和思想进行简化和整理，形成自己的知识体系和框架。这样可以帮助我们更好地理解和记忆经典内容，提高其应用效率。如《温热论》中指出："其热传营，舌色必绛。"若仅有发热不渴、斑疹隐隐，只要舌色不绛，也不可辨证为热入营血分证。再如苔白如积粉是邪伏膜原（达原饮证）的辨证要点。《伤寒论》谓："太阳病，或已发热，或未发热，必恶寒，体痛，呕逆，脉阴阳俱紧者，名为伤寒。""太阳病，发热而渴，不恶寒者，为温病。"其中"恶寒"是二者的鉴别要点，读经典的时候，一定要注意"必""不"这类关键词，通过这些关键词可以灵活品读经典。

实践应用：中医是一门实践性很强的学科，只有将经典中的知识和方法应用于实际临床中，才能真正掌握其中的精髓。因此，在学习经典时，我们需要注重实践应用。可以通过跟随老师学习、参与临床实践等方式，积累实践经验，提高自己的临床能力。同时，也可以将经典中的知识和方法与现代医学知识和技术相结合，形成中西医结合的思路和方法，更好地服务于患者。临床上遇到"不思饮食、饮食少思、食欲不振、食入即满、食已即满"，或者"喜温、喜冷"，大家要根据经典理论，强化思辨能力。前者有定位意义，食入即满为在胃，食已即满为在脾，后者有定性意义。再如，临床常遇到患者主诉腹泻，次数多、稀溏，想解大便却解不出来，费很大力气只能解出一点大便，刚解完又想解，此时应当辨别是"虚坐努责"还是"里急后重"，前者为气虚，后者为痢疾湿热下注、气血不畅。一实一虚，天壤之别。

抓住核心：读中医经典的最终目的是把握其核心思想和精髓。因此，在学习过程中，我们需要注重思考和理解经典中的深层含义和思想体系。只有通过深入思考和理解，才能真正领悟其中的精髓和智慧，并将其应用于临床实践中。

七、大医之情

（一）心系基层及边少地区医药事业

基层医疗承担着人民群众健康"守门人"的作用，强有力、可靠、负责任的基层医疗保健系统，对于改善人民个人健康，提高社区抵御疾病暴发和其他健康威胁至关重要。数十年前，我国的优质医疗资源主要集中在内陆城市地区，而少数民族地区及我国的基层普遍面临着人才短缺和资金不足的困境。

青年时期求学阶段的陈绍宏在成都市第一人民医院实习期间，机缘下参与接待藏族医疗参观团，了解到当时藏区缺医少药的困境，于是 1966 年从中医学院毕业后，他主动要求到条件极为艰苦的藏区参加工作，后来陈绍宏被分配到了当时的稻城县人民医院。稻城地理位置偏僻，交通不便，离家有数十个小时的车程，无论是语言交流还是风土气候、衣食住行，初到藏区的青年一时间都难以适应。"在稻城县人民医院工作的 10 年间，因为高原交通不便、人口稀少，来就诊的患者不多。"面对荒凉的高原，他从未放弃过对中医的学习。陈绍宏告诫自己，患者少也不能懈怠、不能消沉，一有时间就钻研中医经典古籍，并将理论付诸实践。在藏区的工作使陈绍宏深刻地感受到了这里医疗技术落后、药品短缺的困境，也意识到这里适合中医药发挥优势，于是陈绍宏将自己掌握的中医药经验与当地实际密切结合，创新了许多"简、便、廉、验"的治疗方式，经他诊治的患者不计其数。每次收到患者发自内心的感谢都能抚慰他心中对远方亲人朋友的思念。读书、实践、总结、创新，日复一日，这位青年于雪域高原，一待就是十年。这十年的时光中，他兢兢业业，以院为家，以同事为兄弟，以患者为亲人。十年磨砺使得陈绍宏快速积攒了临床思辨及创新能力，从刚毕业的实习生蜕变成了能够独当一面的全科医生，也与藏族同胞结下了深厚的感情，援藏结束离开的那天，藏胞患者们十里相送的场面是陈绍宏记忆中难以忘怀的绚烂青春。他回到成都后还向藏区捐赠了高效液相仪一台，多年以来，也一直关注边远少数民族地区医药事业的发展。至今，当年的青年医者已是耄耋之年桃李满门的国医，始终不变的是他对于基层医疗发展的关注。陈绍宏深知人才发展是基层医疗快速发展的关键，他推掉了大部分的专访、论坛，把时间更多地放在带领团队走基层上，为基层医师讲学，树立他们应用中医药的信心、启发他们的临床思维，鼓舞年轻一辈为推动中西医结合、发展中医药而发光发热。

（二）以患者需求为职业进步导向

陈绍宏诊病，提倡精简用药，反对大处方及滥用药。陈绍宏在临床工作中非常重视照顾患者的心情、理解他们的诉求，力求用最精简的方案最大化地解决患者的困难。

1985 年春夏之交，一位复合型溃疡病导致上消化道大出血的女患者被推进了急诊科。患者当时处于失血性休克状态，生命垂危。专家组一致建议：急需进行胃大部切除术，否则将危及生命。这名固执的女患者宁愿选择失去生命，也不愿切胃。当晚 10 时许，陈绍宏找到患者家属交换意见："采用中药治疗，背水一战。"经患者家属同意，他当即开出一个处方——甘草人参汤（甘草 60g，人参 30g），熬汤频服，并停用所有西药。服药 3 小时后奇迹出现：患者的血压开始回升，病情逐渐稳定。

2005 年，成都一家韩国菜餐厅打工的女孩韩某，左小腿莫名起了一个脓包，肌肉渐渐糜烂以至于伤及骨头。女孩寻求了几家医院治疗，未能见效。其中一家医院告诉她：只有截肢才能保命。可"截肢"两个字的分量对于一个刚满19岁的女孩来说太过沉重，在女孩四处寻医无果之时，陈绍宏听说了她的事，主动约她就诊，一番望闻问切，陈绍宏开出一剂"仙方活命饮"，仅六味药。3服中药喝过之后，原本被判截肢的韩某腿上的脓包神奇地消失了！

只有对疾病及方药有着极清楚深刻的认识，才能做到以精准的小方控制住复杂棘手、瞬息万变的病情，这些正是陈绍宏在以患者需求为导向的治疗中积累摸索出的经验。

（三）全程参加重大疫病中医药防控工作

从古至今，中医药在疫病防治中发挥着重要作用，在50多年的临床工作生涯中，面临每一次重大公共卫生事件，陈绍宏及其团队都义无反顾冲在前线，为人民群众的生命健康安全树立防线。

在2003年"非典"、2005年猪链球菌感染和2009年"甲流"防治工作中，陈绍宏作为成都市传染病医院"国家传染病重点实验室"首席专家，制定相应传染病的中医药防治方案，在四川省推广应用。

2008年汶川地震发生后，他第一时间带领急诊科医护人员积极投身抗震救灾，运用中西医结合技术指导89名重伤员的治疗，避免了13名患者截肢；未病先防，按省中医药管理局指示，拟定了预防呼吸道、消化道常见病的中药处方，送至灾区，服用人次达150万，为预防灾后疫情起到重要作用。

在新冠疫情防治中，年逾八旬的陈绍宏担任四川省新冠肺炎医疗救治专家组首席专家、中医组组长，拟定的"新冠2号""新冠3号"被纳入《四川省新型冠状病毒感染的肺炎中医药干预建议处方》，四川省药品监督管理局、中医药管理局、医疗保障局、财政厅等部门联合印发通知，同意在全省新冠肺炎205家定点医院调剂使用，并纳入医保范围。另外，陈绍宏还指导继承人积极参与湖北、广东、云南、福建、江苏及马来西亚、非洲等地的疫情防控工作，为抗疫做出了重要贡献。

八、养生之智

（一）尊时守位，淡泊名利

张仲景在《伤寒杂病论》序中慨叹："怪当今居世之士，曾不留神医药，精究方术，上以疗君亲之疾，下以救贫贱之厄，中以保身长全，以养其生，但竞逐荣势，企踵权豪，孜孜汲汲，唯名利是务；崇饰其末，忽弃其本，华其外而悴其内，皮之不存，毛将安附焉？"对于两千年前张仲景提出的养生之本，陈绍宏首肯心折。他认为一个人的身份地位是没有好坏之分的，适合自己的位置就是好位置，万事万物一直都保持着随变化而变化的动态平衡。恰当的目标使人进步，"变则通，通则久"，但无尽的欲望却会像洪水猛兽一般吞噬本心，致人心力交瘁、精神涣散。由此陈绍宏一直期勉大家以淡泊平和的心态为人做事，不唯名利是图，从而达到调养精神、却病延年的目的。

（二）内养正气，外慎邪气

陈绍宏认为，人之所以生病，与机体正气虚实密切相关。首先，"五脏元真通畅，人即安和""正气内存，邪不可干"，即全身正气充盈，就能免受病邪侵害，从而保持机体健康；其次，"四季脾旺不受邪"，脾为后天之本，气血生化之源，主中州而灌溉四旁，脾的功能健旺，是保证机体健康的重要因素。《金匮要略》提到"千般疢难，不越三条。一者经络受邪入脏腑，为内所困也；二者四肢九窍血脉相传，壅塞不通，为外皮肤所中也；三者房室金刃虫兽所伤"，已认识到威胁我们健康的三大因素即内伤、外邪、他犯。其他如调整情绪，注意天气冷暖变化，防止外伤，亦为养生之道。

（三）粗茶淡饭，起居有常

日常生活中，陈绍宏不推崇以药养生，劝诫大家不要迷信现在市面上流行的进口药、保健药、滋补品。陈绍宏指出"粗茶淡饭，食有定时，食有定量，即为大养"。一日三餐，看似平常，却与我们的健康密不可分，快节奏生活下的现代人饥饱无常、浓油赤酱的饮食习惯很大程度上威胁着自身身体健康。陈绍宏主张三餐一定要定时定量，荤素搭配，宜食清淡，忌肥甘厚腻、辛辣燥热。陈绍宏饮食上爱吃蒜，常常饺子配生蒜，大蒜中含硫化合物具有强烈的抗菌消炎作用，对多种球菌、杆菌、真菌和病毒等均有抑制和杀灭作用，是当前发现的天然植物中抗菌作用最强的一种。另外，大蒜也具有排毒清肠、预防肠胃疾病的作用。

陈绍宏平日饮品以清茶或山楂茶为主。现代研究表明山楂对于降低血压、胆固醇，防治心血管疾病有明显疗效。另外，山楂中所含的黄酮类和维生素 C、胡萝卜素等物质能阻断并减少自由基的生成，能增强机体的免疫力，有防衰老、抗癌的作用。

陈绍宏不仅主张食有定时，亦主张起居有定时。健康的作息时间更有助于我们机体的自我修复及放松，为健康打下良好的基础。

除饮食外，锻炼也是健康养生中必不可少的一环。近年来，陈绍宏渐渐趋向于更平和的锻炼方法，快走就是一种即简便又实用的选择，每天快走 1 小时，微发汗，使腠理开合有度，则卫气充盈，能更好地预防外邪入侵。

（四）未病先防，知常达变

《黄帝内经》云："是故圣人不治已病治未病，不治已乱治未乱，此之谓也。夫病已成而后药之，乱已成而后治之，譬犹渴而穿井，斗而铸锥，不亦晚乎。"典籍形象阐述了"治未病"的重要性，陈绍宏也一直强调人们应注重平素保养身体，培养正气，提高机体抗邪能力。自律的生活方式就是最好的养生之道。

九、传道之术

（一）以德为本，德才兼备

陈绍宏善于发现人才、培养人才，育人强调以德为先、德才兼备，秉承"不拘一格降人才"的理念，注重个人能力的培养。

陈绍宏要求弟子首先要有与中央保持高度一致的坚定政治立场；具有爱国主义情怀，知行合一，老老实实做人，勤勤恳恳做事，清清白白行医。增强做一名现代明中医的志气、骨气、底气，在为国家、为人民立德立言中成就自我、实现价值。

陈绍宏无时无刻不在教导学生"医乃仁术，仁者爱人也"，时常以"德不近佛者不可为医，才不近仙者不可为医"自勉并这样要求弟子。认为做学问就是做人，做人是第一位的，只有先把人做好了，才能做好学问，当好医生，因为人格和操守决定了当医生的水平和境界。同时也强调做人必须有心善之念，也要有厚德、博学、精思、笃行的操守。

其次，陈绍宏认为，中医经典是中医传承中非常重要的一环，他创办了中医经典门诊，注重强化学生读经典、背经典、用经典的意识。经典理论是中医学的基础，想学好中医，就必须重视经典。陈绍宏认为经典不仅要读，而且需要反复读，更需要在临床实践中运用体会才能明白。因此，科室始终强调《伤寒论》《温病条辨》等中医经典著作的指导作用。全科室工作人员，不论年资、不论医护，都要参与学习中医经典。

在专业知识的传授上，陈绍宏的要求是极为严厉的，医者记忆或操作一分毫的偏差，可能带给一个家庭一个沉重的后果。尽管已经年过八旬，但每周4个半天的门诊是他必不可少的安排。陈绍宏的门诊抄方向来是不允许迟到的。还有他的"死亡抽问"，包括中医经典、疾病病机、临床指标等，但也正是在他这种突然的抽问过程中，学生能够及时发现自己知识的薄弱之处。正是在这种严格要求下，成长起来了一批批中医急诊领军人才。

在生活上，陈绍宏给予学生更多的是一种如同慈父般的关爱、照顾。对于生活困难的学生，陈绍宏常在照顾学生自尊心的同时默默给予帮助；积极学习现代智能设备操作，只为及时与身处异地的弟子交流并给予帮助指导……

（二）搭建平台，甘为人梯

陈绍宏自1984年主持急诊科工作以来，将仅有急诊门诊和8张观察床的急诊室，发展成集急诊门诊、急诊观察室、急诊病房、重症监护室（ICU）和急诊教研室、名中医工作室为一体的"全国中医、中西医结合急诊临床基地"，建立了我国第一个中医急诊学博士点和博士后流动站。目前的成都中医药大学附属医院急诊科已成为国家重点学科、重点专科，搭建起了名中医工作室、国医大师工作室等众多平台，并且依托国家省级继续教育项目、师带徒等多种政策，为人才培育提供了良好的条件。

"我的身体还好，应该用所学的知识服务患者，把经验传给后辈"，陈绍宏常如是说。每周除了四个门诊之外，陈绍宏还会抽出半天时间和学生交流讨论，答疑解惑。在教学方法上，陈绍宏将案例式教学方法、角色互换式教学方法与以问题为导向的教学方法相结合，积极启发学生的辨证思维，例如常常举办小讲课、学术沙龙，创立微信群，便于学生思维碰撞，在讨论中发现问题、解决问题。

目前陈绍宏共培养了中医急诊专业博士后2名，博士17名，师带徒学员110名，为全国21个省、市、自治区培养中医急诊人才上千名，全国优秀中医临床人才3名，省级名中医25名。其中国务院应对新冠肺炎联防联控机制高级别专家1名（刘清泉）、综合组专家1名（郭建文），国家中医药重症巡查组专家2名（方邦江、卢云），外交部援助国际新冠疫情专家2名（李俊，马来西亚；金伟，埃塞俄比亚、吉布提）；培养岐黄学者3名（刘清泉、张允岭、方邦江），青年岐黄学者1名（郭建文），培养长江学者2名（刘清泉、方邦江）；培养四川省第三届十大名中医1名（张晓云）；为全国6个省市培养省级名中医25名。

代表性学术继承人情况如下。

1.张晓云，学术经验继承人。二级教授、主任医师、博士研究生导师，全国老中医药专家学术经验继承工作指导老师，享受国务院政府特殊津贴，四川省第三届十大名中医，四川省学术和技术带头人，全国医德标兵、全国卫生计生系统先进工作者，四川省"天府万人计划"天府名医。兼任中华中医药学会急诊分会副主委、中华中医药学会脑病分会名誉副主委；中国民族医药学会急诊分会/脑病分会副会长；世界中医药学会联合会急诊分会副会长、国家中医药管理局区域中医（急诊科）诊疗中心负责人，四川省中医心脑血管疾病临床医学研究中心主任，中国中医急诊专科医联体副主席，中国西部中医急诊联盟会长。主持国家级课题 7 项、部省级课题 15 项、国际合作项目 2 项，获得部省级科技进步奖二等奖 4 项、三等奖 1 项，国家新药证书 1 个，发表学术论文 170 余篇。

2.卢云，第四批全国老中医药专家学术经验继承人、博士研究生、传承博士后。主任医师、二级教授，博士研究生导师，四川省学术和技术带头人，国家重症新冠肺炎救治专家组成员。成都中医药大学附属医院急诊科主任、全国中医急症脑病中心负责人。现担任中华中医药学会脑病分会副主委、中国中医药研究促进会急诊分会副会长等多个职务。先后获得"四川省优秀共产党员""四川省抗击新冠肺炎疫情先进个人""四川省卫生计生委有突出贡献中青年专家""四川省名中医"、四川省首届"新时代健康卫士""四川省中医药管理局学术和技术带头人""四川省卫生健康领军人才"等荣誉称号。先后承担科研课题 20 余项，在专业学术期刊上公开发表学术论文 30 余篇。

陈绍宏学术传承谱

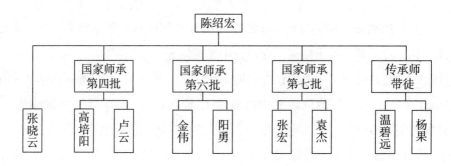

（卢云、金伟整理）

（王琨编辑）

林 毅

林毅（1942—　），女，福建古田人。中国中医科学院学部委员，首届"全国名中医"，"桂派中医大师"。广东省中医院主任医师、首席主任导师，国家卫生健康委员会重点专科、国家中医药管理局重点专科学术带头人，香港大学荣誉教授。第二、四、七批全国老中医药专家学术经验继承工作指导老师。历任中华中医药学会乳腺病专业委员会、乳腺病防治协作工作委员会主任委员，现任中华中医药学会乳腺病分会名誉主任委员、世界中医药学会联合会乳腺病专业委员会第一届理事会顾问。两次荣获全国卫生先进工作者称号，1993年获国务院政府特殊津贴。荣获中华中医药学会"李时珍医药创新奖""中医乳腺病学术发展杰出贡献奖""全国最美中医"等奖项及称号。2022年被授予"国医大师"荣誉称号。

长期从事中医、中西医结合乳腺病医教研工作，创立国内首个中医乳腺病专科，被誉为现代中医乳腺病学奠基人。获国家发明专利2项，主编学术专著7部，参编专著10余部，发表论文100余篇，其中《现代中医乳房病学》他引1200余次，是现代中医乳房病学的奠基之作。作为第一完成人获2020年度广东省科技进步奖二等奖、2019年度教育部科技进步奖二等奖等省部级科技奖励多项。研制纯中药专科制剂15种。中药创新药"金蓉颗粒"，2018年获批新药证书，是国内首个由研发机构持有的中药创新药，也是首个参照美国FDA标准，按中、西标准同时通过审评的中成药。

一、学医之路

林毅生于医学世家。外祖父黄道培是福建古田人，曾任福建省建瓯医院院长。父亲林得成新中国成立前在江西参加了中国人民解放军，之后随军到达广西，参加了解放广西的革命行动，新中国成立后成了一名防疫战线上的老兵，同时也是广西防疫事业的先驱。1942年春，林毅出生于抗日战争时期赣州城里的一个军营中。当时，正是抗日战争最艰难的阶段。林得成为女儿取名为"毅"，意在强调"士不可以不弘毅，任重而道远"，期望她能传承医道，以仁心仁术大济人世苍生。

林毅出身于西医世家，却因为命运的关系转而投入到了中医的殿堂。自幼聪明好学的林毅，曾经深深地着迷于"航空梦"，高中二年级，她通过严格筛选最后被选中保送空军某军事学院，临行前却因为一个从不曾联系过的海外亲戚关系，这个梦破碎了。她暗下决心一定要考上北京航空学院，可高考后，自己的档案却被转入了广西中医学院。面对命运的弄人，凭借坚毅顽强的性格，林毅迅速走出了低谷，进而确立了奋斗一生的目标，"学好中医，振兴中华医学"。

一旦目标确认，就全力以赴。进入广西中医学院以后，林毅便一头扎进了浩瀚的中医知识海洋。大学期间林毅德智体全面发展，担任学校团委宣传委员、学习委员、文体委员、文工团长、课代表等职，事务繁多。在当好学生干部的同时，为了集中精神背诵经典，林毅常常偷偷地爬上校园中的荔枝树，躲在上面背书，"不熟背经典不下树"，就这样较着劲，不知不觉中，林毅打下了坚实的中医基础。直到今天，年过八十的她，每每谈及经典方药时，都会不假思索地背诵出医书典籍的原文或论述，可见当初用功之深。

二、成才之道

林毅在其悬壶杏林的医学生涯中，始终怀着对中医不变的热忱、对学术的不懈追求，继古拓新，勤求多思，精诚治学，博采众长，辛勤耕耘，硕果累累。她认为传承是中医药发展的根基，创新是中医药发展的动力，时代更是赋予了中医人前所未有的机遇。遵循"传承不泥古、创新不离宗"的原则，熟读经典、多跟名师、扎根临床，以临床确切的疗效为依据，坚持"优势病种能中不西，疑难杂症衷中参西，急危重症中西结合"。她要求年轻人始终保持高尚的医德、培养精湛的医术和良好的与患者沟通的能力，坚持文化自信、道路自信、理论自信、方法自信、疗效确切，学习好、传承好、发扬好名师的临床精华，在传承精华的基础上，博采众长，优势互补，不断创造新的价值，勇当新时代中医的接班人。

（一）熟读经典

林毅已是远近闻名的大医，仍手不释卷，精研中医经典与各家著作，并吸纳新知，融会贯通。她强调中医经典是中医药理论的核心内涵，也是中医临床思维及防治疾病方法的依据和源头。《医宗金鉴》指出："医者，书不熟则理不明，理不明则识不精。临证游移，漫无定见，药证不合，难以奏效。"她认为熟读经典，乃至熟背经典，是学习中医的基本功。在读经典的同时，应熟练掌握现代科学研究方法，如文献学研究方法、统计学研究方法及数据挖掘研究方法等。借助现代科研方法，使年轻人在熟谙和领会经典的基础上，更深层次地挖掘中医药资源，破解中医密码，揭示隐性真理，方能守正创新。

（二）多跟名师

中医学是一门实用性和实践性均很强的科学，有着系统的理论体系。该理论体系是建构在宏观的基础上，是理论与实践、自然与社会紧密结合的产物。没有长期广泛的临床，没有名医大师的指导，难以体会个中精妙。在林毅的学习过程中，曾跟过多位名医，得到老师言传身教，潜移默化地学习老师的学术思想、辨证思维方式、操作技能手法、处方用药配伍。她认为，通过继承名医名家经验，年轻中医可以少走弯路，并增强学中医、用中医、研中医的信心。中医自古的传承模式均是通过老师躬身带徒来实现的，跟师学技是许多人成长过程中必须经历的一个重要阶段。在今日，师承教学仍是中医教育一项理论与经验相得益彰的重要教学形式。跟随名师，亲聆教诲，学习前辈对中医学博大精深的见解、独特的临床思维和丰富的实践经验，后来者更能早成才、促成才、快成才。

（三）扎根临床

林毅在学术上不断创新立说，与其立足继承、勤于实践、注重临床疗效的治学方法是分不开的。她多次指出，临床疗效是中医的生命力，辨证论治是中医的特色和核心，清晰临床思维和准确辨证对疗效起着举足轻重的作用。中医学博大精深，学有所成要下很大苦功。她常说学医无取巧之门，"早临床、多临床、反复临床"，需要扎扎实实，善于治学，精于临证，而别无他途。林毅数十年如一日的一线临床实践，使她能够在临床中不断发现问题、思考问题进而解决问题。现代医学的难点与盲区，正是中医发挥特色与优势的切入点。对中医药的热爱与信心，是她在中医

587

理论和实践中不断继承创新的力量源泉。在研读中医典籍及跟师过程中学习到的经验，只有在临床上得到不断应用、验证和总结，才是中医思维完整的承袭。

三、学术之精

（一）"六郁治乳"学术思想

林毅在系统继承了历代医家郁证学说精华的基础上，结合多年临床体会，拓展了郁证学说在乳腺病中的运用，创立了"六郁治乳"理论，对中医诊治乳腺病起到提纲挈领的作用，成为其学术思想脉络的主干。"六郁治乳"即是从六郁，即气郁、湿郁、痰郁、血郁、食郁、火郁入手辨治乳腺疾病。林毅认为，乳房的经络部位与胃、肝、肾、冲任等经脉有关，乳房正常生理功能的维持及乳房疾病的发生主要与肝、脾（胃）、肾及冲任等密切相关。气血、经络、脏腑功能正常，则乳房可维持正常生理功能。脏腑功能失调、经脉乳络阻塞或气血运行不畅，皆可郁结于乳房而发生乳病。因此，林毅提出，临证辨治乳腺相关疾病时，应以六郁辨之，从六郁治之。

1. 以六郁辨之

（1）以六郁辨乳腺病病位：林毅认为，乳腺病的脏腑病位主要在肝脾肾三脏。究其原因，概为六郁之中，尤以气郁为先，其他郁证也可相因为病。人以气和为本，气和则病无由生。若气机郁滞则肝气不疏，肝病及脾则致脾胃失和，脾主升而胃主降，脾胃失和则人体气机升降失常，脾胃健运失司，则可聚湿生痰，或致食滞不化。而气为血之帅，血为气之母，气滞则血行不畅，或郁久而化火。由此可见，气郁、血郁、火郁责之肝，湿郁、痰郁、食郁责之脾（胃）。郁病日久，气血津液失调，脾胃虚衰，精气衰竭，久则及肾。由此可知，乳腺病病位重在肝、脾（胃）、肾。

（2）以六郁辨乳腺病的病因病机

①气郁：气郁者，多因于肝，常因所愿不遂，或突受刺激，或暴怒所伤，或悲哀所致，或思虑太过，或熬夜失眠伤肝等，致气机郁结，结聚胸中，发为乳病。

②湿郁：湿郁者，水道不通，水液不行也，常留于肌表，或困于中焦。内生湿邪，常因脏腑功能失调所致。肺病不能行水，脾弱不能运化，肾虚不能主水，三者功能失常，水液停中，不能濡养，或郁而化热，水湿停滞，阻碍气化，郁于胸中，发而为病。

③痰郁：痰郁者，常因外感六淫、气化受阻，津液凝结；或情志不舒，气机郁结，津液不行，凝结成痰；或饮食不节、起居失常，积湿生痰；或脾胃虚弱、运化失常，水液凝聚成痰。痰浊积聚于中焦，阻碍中焦运化，郁结胸中，可发为乳病。

④血郁：血郁者，因气机瘀滞，血行不畅而成，气为血之帅，血为气之母，气郁与血郁二者往往相互作用。瘀血内阻，日久阻滞经络，脏腑功能失衡，最终发为乳病。

⑤火郁：火郁者，常因阴虚生内热，或胃虚食冷物、阳气被遏，或风寒郁而化火。诸郁日久，皆可化火，郁久化热，灼津为痰，发为乳病。

⑥食郁：食郁者，多由恣食生冷，或过食肥甘厚腻所致。盖因脾胃既伤，水谷不化，腐浊内生，积滞中焦，久则导致乳病。

（3）六郁之间的关系

①诸郁之间可相互转化：脏腑在生理上协调统一，在病理上相互影响，因此诸郁往往相因而病，虚实兼夹。朱震亨在《丹溪心法》中记载："气郁则生湿，湿郁则成热，热郁则成痰，痰郁而血不行，血郁而食不化，六者，又相因也。"故气郁一身，诸郁并见，相互为因，使疾病更加复杂。肝主疏泄，性喜条达，若忧思恼怒，则肝失疏泄，郁气横逆，扰乱脏腑功能，引起诸多不适。肝犯胃克脾，使胃失和降、脾失健运，不能升清降浊，则蕴湿生痰，故痰郁、湿郁常可并见。痰阻气结，湿浊不化，食滞不消，则形成食郁。气为血帅，气行血行，气郁日久则血瘀不行，故气郁多兼见血郁。气郁日久化火，且食郁或痰湿互结，日久皆能化热而发展为火郁，由此可见，诸郁之间可相互转化。因此，林毅强调，虽可将乳腺病总以"六郁"辨之，但不可将六郁分割开来，临证中，应注意六郁间的转化与夹杂，选方用药时，必须全面且谨慎辨证。

②实可致郁，虚可致郁：郁在乳腺病中无处不在。情志不遂、肝郁日久，气机不利，纳呆食少，水谷之气不能化生气血濡养五脏，则五脏亏虚；更兼气郁化火，阴血受伤，又可形成肝火未尽、阴液已亏之证，导致肝肾同病。此因肝郁实证致气血失调，损及脏腑，导致五脏受累而成因实致虚之候。七情内伤、饮食不节、外感六淫导致肝、脾、肾功能失调，气血运行紊乱，蕴结乳络，发为乳病，此谓实可致郁。如中青年女性，其脏腑功能并未衰退，但容易发生功能紊乱。肝气郁结是中青年女性乳腺病发病的主要原因，现代女性因社会进步、经济发展，工作压力大，生活节奏过快，导致情绪紧张，肝失条达，日久郁而成疾。陈实功《外科正宗》指出："忧郁伤肝，思虑伤脾，积虑在心，所愿不得者，致经络痞涩，聚结成核。"乳房为阳明经所司，乳头为厥阴肝经所属，情志不畅，肝失条达，郁久而气血瘀滞；脾伤则运化失常，湿浊痰饮食郁内生，肝脾两伤，经络阻塞，痰瘀互结于乳，郁久化火，蕴结乳房而发生乳病。

劳倦过度或脏腑功能减弱，气、血、阴、阳皆耗损，肝、脾、肾功能失调，肾不藏精，无以灌养冲任，冲任失调，导致气滞痰凝血瘀，结于乳络，发为乳病，此谓虚可致郁。临床常见年老患者，机体脏腑功能循自然规律衰退，进而导致自身抗病能力的减弱，即"正气虚衰"。肝脾肾不足，冲任失调，气血运行不畅，产生气滞、湿聚、痰凝、血瘀、食积等病理产物，由此导致乳病发生。

2. 从六郁治之

（1）从六郁治乳

①从气郁治乳：气郁所致者，可用疏肝理气之法，选方用药可以理气、活血并用，选取香附、柴胡等气分中血药，以及郁金、川芎、莪术、丹参等血中气药，同时善用青皮、枳壳、厚朴、延胡索、川楝子、佛手、苏梗、炒莱菔子等理气药。临证中，重视升降相配，使上下得以贯通，调畅三焦气机，旨在使气通血畅，则气郁自消。

②从湿郁治乳：湿郁所致者，可以行化湿利水之法，脾弱者，健脾渗湿；肾虚者，宜温肾化气行水。而湿邪重浊黏腻，其来也渐，其去也缓，则用分消走泄之品，芳香以化之、淡渗以利之。对于乳房胀痛、乳络不通，兼见全身困倦、头重如裹、舌质淡、苔白或白腻或黄腻、脉弦滑者，则常于疏肝健脾的同时，加芳香化湿、消滞醒脾、淡渗利湿之品，如藿香、佩兰、砂仁、陈皮、厚朴、白术、苍术、香薷、荷叶、车前草等，以防聚湿生痰，防患于未然。

③从痰郁治乳：痰郁所致者，可用化痰开郁之法，选浙贝母、山慈菇、陈皮、法半夏、薤白、瓜蒌皮、苏子、白芥子、莱菔子、牛蒡子、昆布、海藻等化痰药。因脏腑功能失调，水津不布，必致津液停蓄而生痰。如肺气失宣，水不布散，则气壅为痰；肝气郁结，疏泄失职，则气滞成痰；脾失运化，水不转输，则水湿停聚，凝而成痰；肾气虚衰，蒸化失职，则水泛为痰；三焦壅滞，气化失司，则气结生痰。肾为生痰之本，脾为生痰之源，肺为贮痰之器，可见痰之产生与脏腑尤其肺、脾、肾之气密切相关。

④从血郁治乳：血郁者，治以活血化瘀，可以血府逐瘀汤或桃红四物汤加减治疗。此外，应注意气旺则血行，林毅强调，不可因血郁之证而妄下活血化瘀之品，需重视"祛瘀不伤正，扶正不留瘀"。临床中可辨证选用黄芪、党参、白术、怀山药等益气之品以助活血逐瘀之力，或郁金、川芎、香附、鸡血藤等行气补血之药物，行滞气，化瘀血，且无伤正之弊。

⑤从食郁治乳：食郁者，当消食开郁，平素注意饮食有节，善用食疗，调养脾胃。对于脾胃已伤之人，实者可醒脾消积，虚者健脾和胃，以恢复脾胃运化功能。林毅处方用药常辨证选加炒稻芽、炒麦芽、炒神曲、炒山楂、莱菔子、砂仁、广木香、鸡内金、薏苡仁、炒白扁豆、生姜、苏梗、白术、云茯苓、怀山药、陈皮、桔梗、枳实、甘草等。在用药上林毅强调要循序渐进，药性宜平和，补而不燥，润而

不腻，通而不泻。通过呵护胃气，使脾胃健运，肺气调畅，肝气和解，肾气充盈，五脏安康。

⑥从火郁治乳：火郁所致者，可以用清热解毒、养阴生津之法。选择金银花、生地黄、黄芩、牡丹皮、白芍等清热养阴药物。林毅强调，临床上火郁多为其他诸郁日久化火而成。因此，应明辨火郁来源，溯源逐本，谨防误下峻猛寒凉之品，耗伤脾胃，导致出现寒热错杂之证。

综上所述，在具体临床运用中，林毅通过明辨虚实六郁，辨证采用祛除诸郁"八法"，包括疏肝、健脾、利湿、化痰、消食、清热、祛瘀、补肾，总以平衡调治为宗。

（2）治郁首取中焦：朱丹溪指出："郁病多在中焦，中焦，脾胃也，水谷之海，五脏六腑之主，四脏一有不平，则中气不得其和而先郁矣"，其后人更是在《丹溪治法心要》中指出"凡郁皆在中焦"。脾胃是人体气机升降运动的枢纽，若脾胃不和，则气机升降失常，中焦郁阻。王肯堂继承朱丹溪之说，对其治六郁皆在中焦的理论做了详尽的阐述，"脾胃居中，心肺在上，肾肝在下，凡有六淫、七情、劳役、妄动，故上下所属之脏气，致有虚实克胜之变，而过于中者，其中气则常先四脏，一有不平，则中气不得其和而先郁。更因饮食失节、停积痰饮、寒温不通，而脾胃自受者，所以中焦致郁多也"。为后世提供了很好的理论依据与实践经验。因此，林毅提出"治郁首取中焦"。

"正气亏虚"是乳腺癌发生发展及其在转移部位生长的主要原因之一，中医认为"邪之所凑，其气必虚"即是此意。正虚包括不同脏腑的亏虚与气血阴阳之不足，林毅认为诸虚之中，以中焦不和、脾胃虚弱最为关键。乳腺癌的发生发展与脾胃有着密切联系，在活血化瘀、软坚散结、化痰祛湿、清热解毒等疗法中，尤应重视调理脾胃。林毅治疗乳腺癌，不论何种阶段、何种情况，均十分重视对中焦脾胃的调治，崇尚"五脏皆虚，独取中焦"，提出"大病体虚，重在培中""大病必顾脾胃"的主张。无论标本缓急，均重视对脾胃的调治，提出"急则治标，顾护脾胃；缓则治本，调补脾胃；无证可辨，治以脾胃；病防渐进，培补脾胃"的策略。认为顾护脾胃方能维护一线生机。

（3）治乳需治痰，重在调脾肾：顽痰生百病。古今医家皆认识到"痰"邪在癌症发病过程中无时不在，易与其他病邪胶结，遂成积块。朱丹溪云："人身上、中、下，有块者多是痰，痰之为物，随气升降，无处不到……痰滞乳房，痰气郁滞，络脉不通，肿块内生，发生乳岩，则乳痛皮溃溢脓。""痰"具有黏滞、易流变走形特点，与乳腺癌发生发展转移过程中走窜、黏附、停留、生长特性相似。林毅认为痰为怪病之首、肿瘤之冠，是乳腺癌病因病机的核心因素，也是乳腺癌术后复发转移的关键因素。痰浊与瘀血一样，具有两重性，不仅是病理产物，更是新的致病因素，不断加剧病情进展，当流窜之痰浊与瘀血交搏固定时，则导致癌症的复发转移。因此，林毅在临床实践中非常重视对痰这一致病因素的预防和治疗，强调"治乳需治痰，治痰先治气"。

痰之形成主要和脾肾功能失常、津液代谢障碍有关。《景岳全书》指出，痰"其本在肾"，"其病全由脾胃"。脾乃生痰之源，脾（胃）是水液代谢的中心和枢纽。脾肾阳虚，肾虚不能温化水湿，脾虚不能运化水湿，水液不能布散而停滞体内，聚而成痰，痰湿气血搏结于乳络，形成乳块。因此，林毅指出调补脾肾为治痰之本，脾肾健旺，痰无所生，故治痰重在调补脾肾。如在防治乳腺癌复发转移方面，林毅认为治疗重在扶正为主、祛邪为辅，健脾补肾以防治痰瘀湿浊内生而导致复发转移，其中尤以补后天以养先天为重。治法上，或益气健脾为主，或滋阴补肾（温阳补肾）为主，或脾肾双补。对雌孕激素受体阳性乳腺癌者以补肾为主；对雌孕激素受体阴性者以健脾为要，包括健脾益气、健脾和胃、健脾渗湿、健脾化浊、健脾清热利湿等。

此外，临床具体运用中尚需注意痰邪常夹杂六淫、血瘀等为患，则需辨别轻重缓急，或温化寒痰、或燥湿化痰、或清热化痰、或消滞化痰、或逐瘀祛痰等，此为治痰之变法。

（4）治乳从气，不离乎肝，不止于肝：《证治汇补·郁证》提道："郁病虽多，皆因气不周流，法当顺气为先，开提为次，至于降火、化痰、消积犹当分多少治之。""女子以肝为先天"，乳房在肝的调节下出现周期性气血消长。肝气不疏、升发太过或下降不及均可导致乳房的疾病。林毅博采众长，兼收并蓄，创"治乳从气，不离乎肝，不止于肝"之论。《内经》云"百病生于气也"，《金匮钩玄》云"今七情伤气，郁结不舒，痞闷壅塞，发为诸病"。情志不调可动气，外邪入侵可乱气，过劳过伤则耗气，欲治病，先治气。血之在身随气运动，气有一息不通则血有一息不运，气有郁滞，血滞成瘀，津停成痰，可致痰瘀互结。故林毅强调病虽言六郁，均需理气为先，认为女性机体处于"气常有余、血常不足"之态。肝藏血，主疏泄，体阴而用阳，可直接调节冲任之血海的盈亏。女性多敏感细腻，易情志抑郁，疏泄失常，气有余则肝气易郁，血不足则肝失濡养而不能发挥其正常功能，这样极易引起肝失疏泄，影响气的功能，进而影响血和津液之正常运行，引起血瘀痰聚，形成瘀血、痰饮等病理产物，而瘀血痰浊又可加重气的郁滞，终致瘀血、痰浊结于乳络，发为肿块。因此以气滞为先导，渐致血瘀、痰凝等相兼为患，成为乳病发生发展的关键病机。

林毅认为肝郁气滞在乳病发病学上具有重要意义。正如《医宗金鉴》所云"乳岩由肝脾两伤，气郁凝结而成"，朱丹溪《格致余论》曰："忧怒抑郁，朝夕积累，脾气消阻，肝气横逆，遂成隐核，如大棋子，不痛不痒，数十年后方疮陷，名曰乳岩。"故此治疗郁证，疏通气机，对于预防乳腺病的发生、传变具有重要的意义。《外证医案汇编》指出："治乳症，不出一气字定矣……无论虚实新久，温凉攻补，各方之中，夹理气疏络之品，使乳络疏通，气为血之帅，气行则血行……自然壅者易通，郁者易达，结者易散，坚者易软。"《临证指南医案》云："经主气，络主血……且气既久阻，血亦应病，循行之脉自痹。"强调活血化瘀时也要结合行气。丹溪指出："善治痰者，不治痰而治气，气顺则一身之津液亦随气而顺矣。"气行则血行，气顺则痰消。林毅在采取痰瘀同治时，尤注意治气，如治疗乳岩、乳癖、乳核或乳痈时，在活血化痰散结或消痈散结的基础上常配合使用疏肝理气解郁之品。其治肝强调气血皆以通为用，主张"五脏相关，多元调治"，依据"五行生克乘侮"的理论，以整体观念为指导，临证以"培土荣木、扶土抑木、滋水涵木、清金制木、疏肝敛阴"五法直接或间接治肝调气，殊途同归。

林毅提出的"六郁治乳"的理论内涵，是对历代医家郁证学说精华临床运用的拓展。该理论指出，在中医临床中针对乳腺疾病应"以六郁辨之""从六郁治之"，结合自身实践，形成了六郁治乳的完整的理、法、方、药理论，并以此为指导思想创立了一套完整的临床辨证论治体系，广泛指导着临床实践。

（二）守正和中

林毅在多年的临床工作中，始终坚持"守正和中"的指导思想，以平衡脏腑、顾护脾胃、培植元气、扶正祛邪作为临床治疗的主要原则。尤其是在乳腺癌的诊疗中，将"守正和中"思想发挥得淋漓尽致。

此外，根据多年的临床经验，林毅认为脾胃当为临证辨治之先，提出辨证论治时重视脾胃、在治疗选方时着眼脾胃、在判断预后及疗效时根源于脾胃，以及在日常养护中注重调摄脾胃四大要点。元气是人体生长和发育的原动力，更是抵御病邪入侵的防御力。因此，在对乳腺癌防治的全过程中均应重视培植元气。在癌前时期，尽量做到阻断或逆转其进一步发展；在乳癌发生后培植元气，可以有效预防复发转移；在复发转移阶段平衡调治，寓攻于补，可达提高生活质量、使患者带瘤生存之功。扶正、祛邪是一对相辅相成的治则，临证时应密切注意二者之间的关系，做到"祛邪不伤正""扶正不留邪"。

1. 平衡脏腑

林毅认为，调节宏环境、平衡脏腑是中医临证最重要的指导思想，应将平衡脏腑的指导思想贯穿于中医治疗乳房疾病的始终。以乳腺癌为例，在治疗全程中无论患者处于疾病的任何阶段，都应将调节内环境平衡作为首要治疗原则，其重要性在围手术期、围化疗期和巩固期体现得尤为明显。在围手术期帮助患者调畅情志、调摄脾胃，围化疗期补益气血、益肾生髓，使其能够耐受手术及化疗等综合治疗并积极配合；而在巩固期帮助患者积极建立新的内环境平衡，使癌细胞的"种子"余毒不能在机体"土壤"内生根发芽。

林毅在多年乳腺癌临证经验中总结出"种子"与"土壤"的"二元理论"发病机制，认为乳腺癌的发生发展不仅在于癌细胞"种子"，更在于机体为其塑造了一个适合其生存发展的内环境"土壤"。乳腺癌的发生主要是乳腺局部病变与全身机体功能失衡共同作用的长期演变过程。遗传因素与感受致癌因子是引起乳腺局部病变的主要原因，机体平衡的打破为乳腺癌发生发展提供了这样的土壤。不良的情志、饮食偏嗜、过劳等因素可影响脏腑、经络、气血功能的平衡状态，机体功能平衡的打破存在量变与质变过程。林毅强调，气滞、血瘀、痰凝、湿浊、火郁、食积等在乳腺癌的发生过程中所起的作用是在脏腑、经络、气血功能异常的基础上进一步影响患者机体内环境的平衡，从而降低人体自身抗肿瘤细胞的能力，即影响癌细胞存在的"土壤"。因此，林毅提出中医防治乳腺癌不仅应祛逐"种子"，更应着眼于调整"土壤"，维护内环境平衡，从而提高自身抗肿瘤能力，使癌细胞再无可乘之机。这种能力不仅包括"补虚固本"，还包括清除体内病理产物（比如气郁、痰凝、血瘀、湿浊、食滞等内生之邪）的能力，即以平衡脏腑作为临证指导思想，帮助患者重新建立内环境平衡的良好状态。

2. 顾护脾胃

中医理论认为脾主运化、胃主受纳，脾胃是人体对饮食进行消化吸收并输布精微物质到全身各处的主要脏器，是气血津液所出之处，为后天之本。若脾胃健旺，吸收运化功能健全，则正气充足，人体不易受到邪气的侵袭，即"四季脾旺不受邪"。若脾胃虚弱，纳运不佳，则人体易受疾病侵袭，即"百病皆由脾胃衰而生也"。在五十余年的临床实践中，林毅认为脾胃是脏腑平衡的先决条件。临床治疗过程中，患者的脾胃状态不仅决定了其对药物的接受，同时脾胃健运也可使患者能够更好地吸收营养。因此，顾护脾胃是临证防治乳腺癌的重点环节，在辨证、用药、生活调摄及判断预后中都起着重要的作用。

（1）辨证论治重视脾胃：林毅认为，在乳腺疾病的发展传变中，脾胃尤为重要，脾胃失衡既是疾病之源头，又是疾病进展变化的重要条件。因此，在临床辨治乳腺疾病，尤其是乳腺癌时，要从脾胃入手，重视病邪的状态及发展进程。林毅强调，明辨疾病发展过程中的条件，重视条件的形成和转化，方能在病机变化环节中把握治疗策略和制定方案。

（2）遣方用药着眼脾胃：在乳腺疾患尤其是乳腺癌的整个治疗过程中，林毅遣方用药均着眼脾胃，重视调理脾胃。乳腺癌患者经历手术后，易出现痞满纳呆、食后腹胀、恶心欲呕等脾胃不和症状；而在化疗期间，林毅认为因化疗药毒首先损伤脾胃，致胃气上逆而发生呕吐或脾虚失运、湿浊内停而生泄泻等，因此在临证中，多选用健脾和胃的方药等随症加减。而对于复发与转移性乳腺癌，不论何种阶段、何种情况，林毅皆主张"大病体虚，重在培中"。无论标本缓急，均重视脾胃的调治，提出"急则治标，顾护脾胃；缓则治本，调补脾胃；无证可辨，治以脾胃；病防渐进，培补脾胃"的策略。在临床具体用药时，首当注意升降，次则用药宜慎，即补勿过腻，攻勿太过，寒无过偏，温无过燥，紧抓健运之机，谨防伤胃。

（3）判断预后源于脾胃：林毅认为乳腺癌的发生，以正气亏虚为本，以气滞、痰凝、血瘀、邪毒内蕴为标。乳腺癌患者经历手术及放化疗后，相关副作用进一步损伤正气，加重因虚致实、因实致虚、虚实夹杂的复杂病理过程。其中，正气亏虚是乳腺癌复发转移的根本原因，余毒未清是关键因素，痰瘀内阻是重要条件。晚期乳腺癌患者，正气虚衰已极，不能抵御病邪。脾胃受损则饮食百药难以施用，五脏六腑难以濡养，诸病难治。脾统四脏，为后天之本。胃气存，则生机尤在；胃气复，病可向愈；胃气亡，则预后多危。临床实践中详审病势，先问其饮食、脘腹及二便等情况，以探脾胃之盛衰，在辨证精准的前提下，不论五脏六腑、寒热虚实或表里阴阳，皆先调脾胃，以确保药食正常纳运。始终强调脾旺则脏腑皆得养，脾伤则生化乏源，正气亏虚，使癌毒有可乘之机。因此，临证中可通过评估脾胃功能判断患者预后情况，同时根据其状态调摄顾护脾胃，使疾病向愈。

（4）日常调摄养护脾胃：林毅认为，在临床治疗之外，更应指导和帮助患者建立良好的生活方式。所有食物均需经过脾胃功能的消化吸收，才能散布全身。因此，林毅在诊治过程中十分重视患者的日常调摄，提出尤需关注养护脾胃。

养脾最好的季节是化生万物之季的长夏，也就是立秋—秋分时节，即每年 7 ~ 8月。林毅诊疗调摄中非常注重"顺时气而善天和"，并指出夏季保养脾胃的关键在于注意饮食卫生，节制饮食，少食肥甘厚味，胃喜暖恶寒，食品宜温热，空腹时尤其不宜食用生冷寒凉之品。

脾胃在五行中属土，以五谷为养，同时应注意三餐定时有度，早上 7 时 ~ 9 时吃早餐最好，要吃好；11 时 ~ 13 时吃午餐最好，宜吃饱；17 时 ~ 19 时吃晚餐最好，应吃少。而对于中老年人，则需注意"饮食自倍，肠胃乃伤"，应当"食无求饱"。

除了饮食调护，林毅亦注重怡情养脾。保持乐观豁达，心身安泰，方能乐享健康。林毅强调节制饮食以和胃健脾，调畅情志以疏肝理脾，常运动以和胃降逆，多方面多角度补脾健胃，调养后天。

3. 培植元气

林毅极为重视肾及肾气的作用，认为肾是人体"精神之所舍和元气之所系"。其所藏之精是人生殖、生长、发育的物质基础，是人体生命活动的本源，主机体生、长、壮、老全过程。培植元气不仅可以防治化疗期间骨髓抑制，还可以预防乳腺癌常见的骨转移。林毅临证十分注重固护先天，培植元气。若先天得固，肾气充足，则可有效改善乳腺癌患者的生活质量，延长生存时间。

脏腑之生机在肾，补养在脾，脏腑失调、脾肾俱虚时，应补脾以资化源、益肾以固根本，将脾肾阴阳气血融为一体。先天与后天，互生互养，则生机不殆。如对乳腺癌的治疗，林毅在临证中常用六味地黄丸合四君子汤加减，方证适宜，使正气得固，正胜邪退，调适内环境，预防与抑制癌瘤的复发转移。乳腺癌患者在围化疗期及巩固期常可出现头晕目眩、面色少华、耳鸣脱发、气短乏力、食欲不振或食后腹胀、恶心、呕吐物清稀无酸臭味、形寒肢冷或五心烦热、腰膝酸软、月经失调、小便频数而清或夜尿频、完谷不化、粪质清稀或便秘、舌淡苔薄白、脉细弱无力等脾肾两虚之候，治疗当施以脾肾双补，顾护先天后天之本。

4. 扶正祛邪

林毅认为防治乳腺癌复发转移应重视扶正祛邪，正所谓"养正积自消""祛邪助瘤除"，提倡扶正为主、祛邪为辅。在乳腺癌的治疗中，"守正"的本质并非纯补，而是旨在恢复机体内环境的平衡。乳腺癌的发生发展与复发转移是因虚致实、因实更虚、虚实夹杂、痰瘀交阻、瘀毒致变的复杂病理过程。正气不足是邪气聚集为患的前提，因此，乳腺癌治疗全程均应重视扶正，扶正是为祛邪创造条件。临证需仔细辨识机体气、血、阴、阳的孰盛孰衰，切忌"十全大补、面面俱到"。同时要把扶正与祛邪辨证结合起来，当体内气滞、痰湿、瘀血等邪实较为明显，且有可攻之机时，应适时清除体内病理产物，助机体恢复阴阳平衡，使邪去正安。扶正与祛邪当配合得当，详审邪正盛衰，评估扶正与祛邪之间的轻重缓急，权衡利弊，针对性选择祛邪之方法，不可对"攻"望而生畏，导致错失祛邪之机。常用的"扶正"法有益气健脾、滋阴补肾（或温阳补肾）和脾肾双补，具体运用时还应根据各脏腑的生理和病理特点及其虚损症见进行调治。"祛邪"包括祛除湿滞、痰浊、血瘀和癌毒等病理产物，邪毒之因不同，则治疗方法各异。

乳腺癌的病情复杂，随着乳腺癌的发生发展，在疾病的不同时期，正邪的盛衰处于不断变化之中。如疾病早期正虚尚不明显，病性以邪实为主；疾病中期，因病情发展，正气渐弱，而手术和化疗进一步耗伤正气，则转入虚实夹杂的状态；疾病晚期，随着癌毒持续耗损正气，气血羸弱，机体不耐攻伐，唯有以扶正为主方能挽回生机，待正气充足，方可适时运用平和之品祛邪，以求人瘤共存。因此，林毅常常要通过四诊合参，准确判断邪正盛衰关系，于细微之处把握祛邪的方法和力度。

总的原则：时时扶正，适时祛邪；扶正不留邪，祛邪不伤正。

四、专病之治

（一）乳腺增生病

乳腺增生病又称乳腺结构不良，是乳腺主质和间质不同程度增生与复旧不全所致的乳腺结构在数量和形态上的异常，是一种易复发的难治病，属中医学"乳癖"范畴。本病一定程度上增加乳腺癌发生的危险性，其中非典型增生被认为是癌前疾病。现代医学一般采用内分泌治疗方案，但此类药物有不同程度副作用，难以作为常规用药。中医药治疗乳腺增生病大多数从肝论治，对部分乳腺增生病有一定的疗效，但普遍存在着复发率相对较高、对囊性增生病疗效较差等问题。因此，寻找理想的乳腺增生病治疗方案具有重要的现实意义。林毅临床上以"识病为本，辨证为用，病证结合，标本兼治"为指导思想，在中医药治疗乳腺增生病的理论和实践上均有独到之处。现总结如下。

1. 病机责之为肝郁气滞、痰凝血瘀、冲任失调

（1）乳房络属，周期变化，乳房位于胸中，为"宗经之所"。乳房与肝、肾、脾（胃）等脏腑均有联系，与冲任二脉直接相连。冲任之本在肾，天癸之源亦在肾，肾气化生天癸、滋养冲任，肾气–天癸–冲任互相联系，构成了中医学独特的女子"性轴"。薛立斋指出："夫经水，阴血也，属冲任二脉，上为乳汁，下为月水。"因此，在这一性轴中，肾气是核心，冲任是纽带，天癸是物质基础，而乳房与胞宫均是此性轴的靶器官。"女子血海，盈亏有期"，冲任在肾与天癸的作用下由盛而满、由满而溢、由溢而渐虚、由虚而渐复盛，具有先充盈后疏泄的特点，而乳房也随着冲任的生理变化在月经周期中表现出经前充盈、经后疏泄的特点。

（2）冲任失调为本，肝郁气滞、痰凝血瘀为标。《外科医案汇编》载："乳中结核，虽云肝病，其本在肾。"《圣济总录》云："妇人以冲任为本，若失于将理，冲任不和，阳明经热，或为风邪所客，则气壅不散，结聚乳间，或硬或肿，疼痛有核。"林毅强调，冲任失调为乳腺增生病发生的关键病机。冲任为气血之海，上荣为乳，下行为经，关联五脏六腑，若气滞、血瘀、痰凝等亦致冲任失调。病理状态下，乳房在经前气血充盈，肝气旺盛，气滞血瘀而引起疼痛；而经后随着经血外泄，肝气得疏，气血消耗而虚，冲任处于静止状态，诸症缓解。因此，林毅认为本病的发生发展是随着月经周期而表现出由虚致实、由实转虚、虚实夹杂的复杂过程。病机主要责之于肝气郁结、痰凝血瘀、冲任失调；其中以冲任失调为本，肝郁气滞、痰凝血瘀为标，病位在肝、脾、肾；病性为本虚标实，经前标实为主，经后本虚为重。

597

基于数十年研究总结，林毅提出"中医药周期疗法"理论体系，治疗采用辨周期与辨证相结合的中医周期疗法。

2. 辨证为本，因期治宜，分期论治

（1）辨周期：中医周期疗法，又称中医药人工周期法或调周法，是由符式珪等为治疗排卵功能障碍及月经病提出并创立的。此法分四期，依据现代医学卵巢周期性变化及对靶器官子宫影响的机制，并结合中医辨证论治女性月经相关疾病。中医学"肾–天癸–冲任–胞宫轴"与西医学"下丘脑–垂体–卵巢–子宫环路"有相似之处，林毅基于中西医对乳腺增生病的认识，将中医药周期疗法应用于乳腺病临床。但乳房生理周期性变化与子宫内膜月经周期的四期有所区别，乳房受性轴影响具有明显的经前充盈、经后疏泄之特点。故在辨治时分为经前期（黄体期）和经后期（卵泡期、排卵期）两期，化繁为简，分期论治。经前盈而泻之，经后疏而满之。林毅由此制定疏肝活血、消滞散结以治标，温肾助阳、调摄冲任以治本，经前重在治标、经后重在治本的治疗方法，丰富了中医辨治乳癖的理论。

（2）辨证：林毅指出在辨周期、分期论治同时，应重视辨证论治，根据不同证型表现，辨证为本，分证治之，以达"病证结合、标本兼治"之目的。结合长期临床实践经验，林毅总结出乳腺增生病患者临床证型主要有如下几种。

①肝郁：情志不畅，肝失疏泄，致气机郁滞，蕴结于乳房胃络，经脉阻塞不通，不通则痛，故乳房胀痛，结块随喜怒消长；常伴胸闷不舒、精神抑郁或心烦易怒，舌红，苔白，脉弦。

②痰凝：乳房属脾胃，脾伤则纳谷不馨，生化乏源，津失输布，痰浊内生，经络阻塞，结滞乳中而成乳癖。临床表现为乳房隐痛，食欲不振，胃脘胀满，舌淡红，苔白腻，脉滑。

③血瘀："女子以肝为先天"，肝郁则气血周流失度，气滞痰凝血瘀结聚成块，故见乳房结块，刺痛为主，可伴痛经，月经血块多，舌暗，舌下脉络青紫甚至迂曲，苔薄白，脉弦细或涩。

④阴虚内热：肝为刚脏，体阴而用阳。乳癖日久，气机郁滞，必致体内阴阳失衡，因实致虚，而见阴虚内热之症。临床表现为颧红烦热，口燥咽干，乳痛隐隐，可伴乳头溢液或溢血，舌红苔少，脉细数。

⑤湿热蕴结：岭南闷热潮湿，湿邪入袭或脾胃受阻，水湿不运，气机不利，与热相搏，阻于中焦。临床表现为胃纳不香，口干口苦，胸脘痞闷，肢体重坠，大便黏腻，带下稠浊。舌红苔黄腻，脉滑。

（3）以法定方：林毅基于"中医药周期疗法"创新理论，辨证为本，因期治宜，分期论治，以法定方，研制消癖1–6号系列方（广东省中医院院内制剂，每次1～2支，每日3次，口服）。其中以1–2号方为辨周期基础方，3–6号方为辨证配方。黄体期、月经前期服用 1 号方以治标；卵泡期、排卵期服用 2 号方以治本，经期停服。并依据痰凝、血瘀、阴虚、湿浊等不同辨证，选加消癖 3-6 号方。

消癖 1 号方功效疏肝活血，消滞散结。由柴胡、郁金、青皮、夏枯草、莪术、延胡索等组成，同时重用麦芽、山楂等消滞回乳，"消"实治标，重在"消"滞。

消癖 2 号方功效温肾助阳、调摄冲任。方中选用仙茅、淫羊藿、肉苁蓉等，诸药合用，补虚治本，重在补虚。

消癖 3 号方针对痰凝证设立，具有化痰软坚、消癖散结之功效。本方重用昆布、海藻等化痰散结，法半夏、茯苓等运脾化湿消痰，对肿块有较强的消散作用。

消癖 4 号方针对血瘀证设立。选用丹参、赤芍、桃仁等活血，配以莪术、三棱止痛，益母草祛瘀调经，王不留行活血通经、下乳消痈。诸药合用，共奏活血化瘀、通络止痛之功。

消癖 5 号方针对阴虚内热证设立，有养阴清热、软坚散结之功。方中全蝎、僵蚕、牡蛎、山慈菇软坚散结；鳖甲、天花粉、墨旱莲、虎杖、白花蛇舌草养阴清热。本方运用养阴清热法增加体内阴津，使阴阳平衡，脏腑功能恢复。

消癖 6 号方针对湿热内蕴证设立。选用龙胆草、夏枯草等清肝经热毒；栀子、泽泻利水渗湿，泄热消肿；柴胡、枳实等破气消积，化痰散痞。诸药合用，有泄热利湿、通腑解毒、通络止痛之效。

理法方药，丝丝入扣。该系列方体现了辨证与辨周期相结合，讲究用药时机，顺冲任充盈时益之，沿月经疏泄时导之，此乃顺其自然之治，符合经脉血海有满有泄的规律。故能调整脏腑功能，使气血调和，癖消痛除。

此外，基于乳腺增生到乳腺癌"气滞→痰凝→血瘀→痰瘀互结，冲任失调"病机发展理论，对于痰瘀互结、冲任失调型乳腺增生，因其有发展为不典型性增生乃至原位癌的风险，应予积极干预。为此，林毅在原消癖口服液系列制剂基础上进一步组方优化，研发"消癖颗粒"。该药由郁金、莪术、淫羊藿、肉苁蓉等中药组成，对于痰瘀互结、冲任失调型乳腺增生病疗效显著。"消癖颗粒"于 2018 年获批上市，是国家实施药品上市许可持有人制度以来，第一个由研发机构作为持有人并获得新药证书、生产批号、实现产业化的中药创新药，也是第一个参照美国 FDA 标准，按中、西标准同时通过审评的中成药，为中药新药的标准化研发提供了新的借鉴，为基于"理—法—方—药"模式的名老中医经验转化实践树立了行业典范。

（二）晚期乳腺癌

晚期乳腺癌指局部晚期和复发或转移性（Ⅳ期）乳腺癌，是乳腺癌发展的特殊阶段。目前，现代医学治疗转移性乳腺癌主要依据肿瘤分子分型，结合患者实际情况，选择化疗、内分泌治疗、靶向治疗等方案，其中位生存期 24 ～ 30 个月。对于乳腺癌多发转移，林毅在强调顾护脾肾的同时，常从痰瘀论治，现介绍如下。

1. 转移性乳腺癌痰瘀为患，需详辨虚实阴阳

在乳腺癌的发展过程中，常以正气亏虚、冲任失调为本，气滞、痰瘀互结为标，并在病理因素长期影响和积累下量变到质变，最终导致癌毒内生。内生毒邪常随经脉流窜，由是五脏俱损。林毅认为，正气亏虚是癌毒流窜的先决条件，痰瘀内阻既是形成肿瘤的原因，也是癌毒流窜的重要因素。其中，正气亏虚责之脾肾，尤以脾胃气血为要。脾为后天之本，气血生化之源，脾胃为气血升降之枢纽。当脾胃虚弱时，气血化生乏源，并致中气不运，痰浊瘀血内生。内生之痰浊瘀血复可阻滞经络气血，加重痰瘀互结的程度，积聚日久，化生癌毒。癌毒随经络气血流窜，致气血郁滞，化生痰瘀，形成恶性循环。因此，临床上乳腺癌多发转移患者多见舌紫暗、苔白腻或黄腻、舌下脉络青紫粗张等痰瘀之象。

在辨证方面，林毅强调局部辨证与整体辨证相结合，整体辨证重在虚实，局部辨证重在阴阳。具体而言，如出现面色苍白或萎黄、神疲乏力、声低气弱、大便溏薄、小便清长、舌淡胖、脉沉细无力等症，多属虚象；若面红目赤、胸闷烦躁、声高气粗、痰涎壅盛、大便秘结或下利里急、舌苔厚腻、脉实大等症，多属实象；癌肿破溃，色红紧缩，血水淋漓，臭秽不堪，或剧痛，多属阳证；癌肿破溃，肤色紫暗或皮色不变，溃面深陷等，多属阴证。

2. 治疗首辨虚实，脾胃气血为本

林毅强调，治疗乳腺癌多发转移之痰瘀互结，当以健脾为要，并视其虚实灵活调整。虚者健脾补虚；实者豁痰去菀，佐以健脾。

3. 邪盛正存，豁痰去菀

若癌毒壅盛，正气尚存，仍有一线生机，治当豁痰降气，去菀陈莝，使邪有出路。临床常用紫苏子、芥子、葶苈子、莱菔子等以豁痰降气，通络散结；黄芪、人参、白术、茯苓、山药等以健脾益气，运化痰湿。其义在于以下几方面。

（1）荡涤痰浊：脾为生痰之源，肺为贮痰之器，人参、黄芪、茯苓、白术等健脾益气可助运化水谷，则痰湿不生。紫苏子、芥子、葶苈子等药味均归肺经，其中芥子温肺利气，快膈消痰；紫苏子降气行痰，使气降而痰不逆；莱菔子消食导滞，使气行则痰行；葶苈子下气行水，破坚逐邪，可荡涤肺经痰浊从二便而出，使邪有出路。

（2）培植正气：癌毒流窜以正气亏虚为本，当培正截流。以人参、黄芪、茯苓、白术健脾益气，使后天得养，水谷得运，精气滋生，升降皆宜，以养正气。正如《四圣心源·中气》所谓："脾为己土，以太阴而主升；胃为戊土，以阳明而主降。升降之权，则在阴阳之交，是谓中气。胃主受盛，脾主消磨，中气旺则胃降而善纳，脾升而善磨，水谷腐熟，精气滋生，所以无病。"胸中为宗气所注，以生一身诸气三子行气消痰，宽胸散结，以去胸中壅塞，由是邪去正安，宗气得固，诸气得养。

（3）安和五脏：癌毒流窜常致五脏俱损。肺朝百脉，主治节，主一身诸气，降气化痰可保护肺朝百脉功能；脾为气血生化之源，健脾益气亦可安养五脏。

4. 正虚毒盛，健脾补虚

若病情日笃，癌毒深锢，正气微弱，实为难治。此时若妄行破血涤痰，于病无益，徒伤正气，反而加速元阳耗竭。癌毒至深至重，常五脏俱损，然五脏俱补缺乏重点，正如《素问·标本病传论》所言："间者并行，甚者独行。"脾胃在气机升降、水谷腐熟、气血化生、输布精微、滋养脏腑等方面具有核心作用，因此，林毅提出晚期乳腺癌"独取中焦"。临床常用党参、黄芪、五指毛桃、白术等益气健脾，砂仁、炒麦芽、炒稻芽、槟榔、木香、莱菔子、红曲、神曲等和胃理气消食，茯苓、苍术、陈皮、薏苡仁、白扁豆等化湿健脾。若大便不畅，重用白术，加枳壳或枳实、厚朴；若不寐，加酸枣仁、合欢花、首乌藤；若因化疗导致骨髓抑制，属精血不足，在归脾汤、当归补血汤等健脾益气生血基础上，加用龟鹿二仙汤之血肉有情之品以增强补肾益精生髓之功，即《素问·阴阳应象大论》所谓："形不足者，温之以气，精不足者，补之以味。"

5. 用药平和，尤慎峻猛

林毅辨治乳腺癌强调"时时扶正，适时祛邪"，转移性乳腺癌尤应重视固护正气。用药平和包含两个方面：①避免攻伐。如林毅常用自拟六子养亲汤以除痰理气，取其化痰而不温燥、降气而不破气的特点。对于甘遂、芫花之类苦寒有毒、峻下逐水药尤当慎用。正如《景岳全书·乳痈乳岩》指出："若积久渐大，巉岩色赤出水，内溃深洞为难疗，但用前归脾汤等药可延岁月，若误用攻伐，危殆迫矣。"②慎用毒药。对于药性峻猛者，如附子等，因可耗伤阴血，且有大毒，使用不当可能加重病情，尤当慎之又慎。至于虫类药搜风涤痰、通络止痉，对于痰毒流窜、风痰内动以致肢体麻木、抽搐等症常有良效。林毅临床取其攻毒散结之功，常用于肿瘤多发转移，然必佐以健脾益气之白术、茯苓、甘草一类培植中土，以免耗伤正气。

6. 外治解毒，消肿止痛

晚期乳腺癌患者可伴乳腺局部溃烂渗血，疼痛明显。林毅对局部溃烂渗出较多者，主张在现代医学系统治疗与中医辨证论治的基础上加用土黄连液湿敷，解毒生肌，消肿止痛，收湿敛疮；伴有渗血，掺用桃花散止血；伴有感染、局部红肿者，以加味金黄散等箍围药外敷以清热解毒。土黄连即阔叶十大功劳，现代研究表明具有抗菌消炎、保肝、抗胆固醇、逆转肿瘤多重耐药等生物活性，可能是土黄连液解毒生肌、消肿止痛的现代医学机制之一。

7. 重视日常调摄、医患共同决策及缓和医疗

日常调摄包括情志调摄、导引修身、足浴养生等方面。肝郁气滞是乳腺癌发病

机制之一，久病患者往往心情更加抑郁，加上转移性乳腺癌预后不良，因此情志调摄尤为重要。《医宗金鉴·外科卷》云："若复因急怒，暴流鲜血，根肿愈坚，斯时五脏俱衰，即成败证，百无一救；若患者果能清心涤虑，静养调理，庶可施治。"故林毅临床上尤重言语疏导，并佐用逍遥散、柴胡疏肝散等方以助疏肝理气。导引功法常用林毅自创"女性养生导引功"，通过简单的导引动作，协助患者疏通经络、调节脏腑、燮理阴阳。林毅主张晚期乳腺癌患者沐足，常于亥时进行，《顾松园医镜·三焦》云："三焦者，人三元之气也。总领五脏六腑，营卫经络，外内左右上下之气。"三焦经当令时沐足，起温养五脏、健脾补肾之功。

林毅强调，转移性乳腺癌中医治疗的主要目标是减轻症状、提高生存质量、延长生存期，争取人瘤共存。对于老年体弱、基础疾病较多的转移性乳腺癌患者，林毅认为更应重视医患共同决策及缓和医疗。医患共同决策要求医者摒弃医生为主导的家长式决策模式，或者出于自我保护，让患者自行决策的知情同意模式，转而为患者提供以最佳循证医学证据为基础，在与患者充分沟通的基础上，综合考虑患者经济、意愿、价值观等情况，帮助患者评估各种治疗方案的利弊，以决策并实施最佳诊疗方案。尤其是对于现代医学解救治疗中毒副作用较大、价格高昂的手段，应在充分评估患者获益/风险比等前提下选用，避免增加患者痛苦及家庭经济负担。对于局部溃烂及转移所致疼痛，应充分止痛，可在局部外敷土黄连液基础上内服金铃子散，必要时依据三阶梯止痛法止痛。

五、方药之长

（一）常用方剂

补肾活血、化痰散结、调摄冲任方——消癖方

组成：郁金15g，肉苁蓉12g，莪术15g，淫羊藿10g，制首乌15g，女贞子15g，丹参15g，益母草20g，生牡蛎30g（先煎），鳖甲10g（先煎）。

用法：每日1剂，水煎两次分服。经期停服。

功效：补肾活血，化痰散结，调摄冲任。

主治：痰瘀互结、冲任失调型乳癖等病症。

方解：方中莪术、郁金为血中气药，疏肝活血，散结止痛；肉苁蓉、淫羊藿补肾助阳，诸药合用，共奏疏肝补肾、调摄冲任之功，共为君药。丹参、益母草养血调经止痛，气血畅达则冲任自调。同时疏肝活血以增强君药补肾活血、调摄冲任之功，共为臣。佐以制首乌、女贞子、鳖甲以养血滋阴润燥，其性属阴，君药属阳，有阳无阴则阳无以生，此乃阴中求阳之义。阳得阴助则生化无穷，并防肝郁化火、

耗损阴津之弊。辅以生牡蛎、鳖甲软坚散结以治标。诸药合用，共奏疏肝活血、调摄冲任、理气散结之功效。

临床心得：高锦庭《疡科心得集》曰："乳中结核……伏而不扬，肝气不疏，而肿硬之形成。"强调乳癖（乳腺增生病）的发生与肝气郁结密切相关。《外科医案汇编》中"乳中结核……其本在肾"阐明了肾和冲任在乳癖发病学上的重要影响。

本病病性属本虚标实，冲任失调为发病之本，肝气郁结、痰凝血瘀为发病之标，病位在肝、脾、肾。其发生发展与冲任二脉关系最为密切。因此，林毅提出疏肝活血、消滞散结以治标，温肾助阳、调摄冲任以治本，经前重在治标、经后重在治本的中医药周期疗法，顺应乳腺的生理、病理变化，符合女性经脉血海有满有泻的规律。辨证为本，分期论治，以达"病证结合、标本兼治"之目的。

与现代医学"正常上皮→增生→非典型增生→原位癌→浸润癌"的肿瘤多阶段发展模式相对应，林毅提出乳腺增生到乳腺癌存在着"气滞→痰凝→血瘀→痰瘀互结，冲任失调"的中医病机发展模式。鉴于部分乳腺增生病可能发展为乳腺癌的危险性，基于中医"治未病"思想中"未病先防"理念，针对具有多项乳腺癌发病高危因素，证属痰瘀互结、冲任失调型乳腺增生患者，应给予有针对性的治疗，以疏肝活血、调摄冲任、理气散结为法，此型可辨证选用本方。

适用于乳腺增生病，症见乳房疼痛、触痛，乳房结节，胸胁胀痛，善郁易怒，失眠多梦，神疲乏力，腰膝酸软，舌淡红或青紫或舌边尖有瘀斑，苔白，脉弦细或滑。方中淫羊藿、肉苁蓉、制首乌性温润，对于湿热蕴结或痰浊内生者谨慎选用，或配伍炒麦芽 15g、炒谷芽 15g 以运脾消导，补而不滞；肝功能损伤者，去制首乌；乳房疼痛明显，加延胡索 15g、川楝子 15g 活血行气止痛；大便黏滞、欲解不畅、纳呆腹胀者，加生白术 30～60g、枳实 10g 以健脾消积，润肠通便。

（二）经典配伍

1. 抑癌角药——白花蛇舌草、莪术、薏苡仁

白花蛇舌草味苦、性寒，归心、肝、脾、大肠经，功能清热利湿解毒。薏苡仁味甘淡、性凉，归脾、肺、肾经，功能健脾补肺，清热利湿。莪术味苦辛、性温，入肝、脾经，功能破血行气，消积止痛。三药伍用，清热利湿解毒之力增强，兼以活血消积，用于湿热瘀结成癌毒诸证。现代医学研究提示三药均有不同程度抗肿瘤作用，合用以增强抑癌功效。

林毅临床常用于乳腺癌巩固期治疗，为"病—证—症"药阵中的辨病用药，各类乳腺癌巩固期治疗皆可选用。林毅同时指出，白花蛇舌草性味苦寒，莪术破血消积，久用恐防伤正，需佐以参芪苓术一类顾护脾胃。若有素体亏虚、内有痰湿、运化无力等证者，尤应慎用。此时可以健脾助运为主，待脾胃升降恢复正常后参伍

使用。

2. 重镇安神对药——龙齿、珍珠母

龙齿涩凉，与龙骨相仿而专入心肝两经，无龙骨敛疮涩肠之功，而专于镇心安神。其质重性涩，能收敛浮阳，用于心悸失眠、烦躁、癫狂痫等病证。

珍珠母咸寒，亦入心肝两经，功能镇静安神，平肝潜阳。由于珍珠母性寒，所以还能清心肝之热，用于心肝热盛所致烦躁失眠、惊悸等证。两药相须为用，增强镇心安神、平肝潜阳的功效。

林毅临床常用于烦躁失眠，而不限于心肝有热。林毅认为，不寐的发病，多由阴阳不交。心肝有热，灼伤阴液，肝阳上扰，心神不宁，是导致不寐的其中一种因素。其他因素导致的不寐，证伴虚阳上扰者，也可配伍选用龙齿、珍珠母以重镇安神，不必拘泥。唯脾胃虚寒者不宜久服。

3. 疏肝理气角药——柴胡、郁金、青皮

柴胡专入肝胆两经，《医学启源》谓其"少阳、厥阴引经药也，妇人产前产后必用之药也，善除本经头痛，非此药不能止。治心下痞、胸膈中痛……"，功能和解表里、疏肝解郁、升举阳气。

郁金行气化瘀，清心解郁，利胆退黄。性味辛开苦降，辛性轻扬，能散郁滞；苦性降泄，能下瘀血。且郁金为血分气药，能助气行血。常用于心腹胁肋诸痛、癫狂、血证等属气滞血瘀，内有蕴热诸证。

青皮为肝胆经气药，善入肝胆二经，以破滞气，削坚积。其味苦能泄，味辛能散。所谓肝欲散，急食辛以散之，以酸泄之，以苦降之。青皮辛开苦降，入气分尤宜。

三药相须为用，加强疏肝理气、消滞止痛功效。郁金、柴胡性寒而青皮性温，合用以削弱寒凉之性。林毅临床常用于治疗乳癖，或心腹诸痛，属肝郁气滞者。功能疏肝破气，使气滞得消，疼痛亦止。但三药相合，行气之功尤胜，恐伤脾胃。临床上见脾胃虚弱、气血亏虚者应慎用，或佐以健脾和胃参伍使用。

4. 理气对药

（1）桔梗、枳壳：桔梗味辛，功能开宣肺气，祛痰排脓。以其性上行，常作舟楫，以载药上行。枳壳味苦，能泄能行，功能行气化痰，降气消积。两药相合，一升一降，以宣肃气机、祛痰宽胸。

林毅临床常用于治疗气滞诸证，如肝郁气滞所致乳房疼痛、胃肠气滞所致大便不爽等。脾胃是气机升降枢纽，所以在治疗气机升降失常所致诸证时，常与健脾和胃之茯苓、白术、甘草等同用，通过健运脾胃，使气机升降恢复正常。

（2）橘核、荔枝核：橘核味苦，苦能泄结，功能理气散结止痛，善入厥阴经，用于寒疝腹痛、阴核肿痛。荔枝核亦入厥阴，其性温，理气散结止痛之间又可温中

止痛。两药相伍，直入厥阴，理气散结止痛之功尤胜。

林毅临床常用于乳腺增生性疾病，症见乳房疼痛，伴乳房结节，扪之应手者。又女性乳头属肝，乳房属胃，橘核、荔枝核直入肝经理气止痛，故又以乳头疼痛者尤宜。

5. 软坚对药——昆布、海藻

昆布、海藻皆味咸、性寒，咸能软坚，寒可清热，所以都有清热化痰、软坚散结的功效。两者参合为用，其功益彰。《证治准绳·疡医》记载方药"二海丸"即由海藻、昆布组成，以其软坚散结之力用治气瘿。林毅临床常用于乳腺增生性疾病，症见乳房结节，质韧，或片状增生者，常佐以疏肝理气之柴胡疏肝汤一类，理气以助散结。

6. 和胃消滞药

（1）消食和胃角药——山楂、神曲、鸡内金：山楂味酸甘、性温，能消食积、化瘀血，尤擅长消肉食积滞。神曲为青蒿、苍耳、杏仁等加入面粉后发酵而成，以其香能醒脾，甘能洽胃，专入脾胃两经，功能健脾和胃，消食和中，用于治疗饮食停滞所致诸证。其辛不甚散，甘不甚壅，温不见燥，药性平和，小儿尤宜。鸡内金为鸡之脾胃，能化金石，善化瘀消积，功能宽中健脾，消食和胃。

三药皆为消食和胃之要药，合用增强消食和胃之功。林毅临床常用于治疗食积内停、不思饮食诸证。又以鸡内金能化金石，与神曲、山楂合用后消食化积之功增强，可化有形之积。林毅亦常用于治疗消化系统有形之积，如肝胆结石、胃肠息肉等。临床常与健脾化湿之茯苓、白术，理气和胃之陈皮、砂仁等合用，加强和胃消积之功。

（2）和胃对药——炒麦芽、炒谷芽：麦芽、谷芽均味甘性平，入脾胃经，能开胃消食，和中消胀，可用于治疗食积内停所致脘腹胀满、大便干结或腹泻、胃纳欠佳等证。麦芽、谷芽炒后，和胃消食功效进一步增强，两药相须为用，以加强启脾和胃消胀的功效。

林毅临床常用于食积内停、痰湿内阻所致诸证。林毅认为，炒麦芽功善升清，炒谷芽功善降浊，两药相合，功能启脾健运，升脾胃清阳，降水谷浊气，使食积、痰湿在一升一降中消弭。

（3）健脾消滞对药——白术、枳实：白术苦甘温燥，专能补脾益气，燥湿利水。以脾苦湿，急食苦以燥之；脾欲缓，急食甘以缓之。白术味苦而甘，既能燥湿实脾，亦能补脾益气，为脾脏补气第一要药。枳实亦入脾胃，较枳壳小而猛，在夏天收获，得夏令之威。又脾为土脏，宜于夏气，故枳实能荡涤脾胃积滞。两药合用，攻补兼施，升降并用，扶正不留积，消滞不伤正，使脾胃食积、痰饮、气滞随腑气下行，同时健运脾胃，升降自复。

林毅临床常用于积滞内停，伴或不伴脾胃虚弱，症见大便不爽。林毅指出，积滞内停者，常由脾胃运化失常所致，而积滞内停又会加重脾胃损伤。所以消积应助以运脾。且消滞攻积之药易伤正气，故宜常常顾护脾胃。

7. 养阴药

（1）养阴散结对药——鳖甲、牡蛎：鳖甲、牡蛎均咸寒质重，咸能软坚，寒能清热。两药均重镇质降，能养肾中阴津，亦可软坚散结。两药相须为用，相辅相成，软坚散结、滋阴潜阳的功效加强。林毅临床常用于乳房结节，或伴阴虚内热，症见口干舌燥、潮热汗出、舌红苔少等。取其既能养阴清热，又能软坚散结。但应注意久服容易损伤脾胃，临床上脾胃虚弱者慎用。

（2）养阴角药——女贞子、枸杞子、桑椹子：女贞子、枸杞子皆性味甘平无毒，均入肝肾两经，擅长补益肝肾，两药常相须为用，平补肝肾。阴虚常致阳亢，甘寒之桑椹子善补益肝肾之余，具育阴清热之功。三药合用，养阴生津功效增强，兼能养阴清热。林毅临床常以之用于治疗乳腺增生、乳腺癌，证属肝肾阴虚，或伴见阴虚内热者尤宜。脾胃虚弱，运化无力者应避免使用，以免滞腻，反碍脾胃。

六、读书之法

林毅指出，身为中医，必须首先"吃透"消化、汲收祖国数千年中医药知识精华，只有了解前人的学术精髓，才能在继承基础上创新发展。继承不泥古，创新不离宗，追求务实，力戒浮华，这就得遍览古籍，熟读经典，熟记方药，不断探索科学的高峰。以"四大经典"为首的中医经典，是中医人必读之书。又有各种中医启蒙、名医医案、医话等，历代医家皆有推崇，可参照选读。

至于乳腺相关疾病的内容，自《五十二病方》以来，就有"痈""疽"等外科病证的记载。《内经》详细论述了乳房的经络和生理、病理等方面。现存首部外科专著《刘涓子鬼遗方》记载了乳痈、乳发、妒乳等乳房疾病的治疗方药。《诸病源候论》论述了乳肿、乳妒、乳痈等病因病机，提出了乳房属阳明胃经的论点，指出了乳痈、乳癖的辨证。《千金要方》则对乳痈辨脓及切开的时机，以及内服、外治方药都有详尽的记载。宋代《外科精要》《妇人大全良方》《圣济总录》等，皆对乳房疾病进行了详细的描述，尤其是对冲任与乳房的关系提出了重要的论述，奠定了后世重视冲任治疗理念的基础。《丹溪心法》明确了乳房属胃、乳头属肝。

《外科正宗》记叙了多种乳腺疾病，说理透彻，选用方药精确，素以"例证最详，论治最精"见称，其中的多种方药沿用至今。《外科大成》论述了痈疽的脉、因、症、治，并依据人体的不同部位，分述各种外科疾患的辨证处方，扩充了外科的治疗范围，丰富了外科的治疗方法。《医宗金鉴》论述了内外吹乳、乳疽、乳痈、乳发、乳岩等多种乳房疾病。

中医乳腺病学术理论，是历经数千年无数医家的研讨、摸索、归纳、积累，将丰富的临床实践经验总结凝练形成的。正是这些理论，汇成了现代中医乳腺病研究和进展的理论渊源。现代中医乳腺病学者，应充分研读不同时期中医专著，传承精华，守正创新，为攻克乳腺病一个又一个难点，守护女性健康，贡献中医人的智慧和力量。

七、大医之情

（一）思想境界

"士不可以不弘毅，任重而道远"，是《论语·泰伯》中曾子说的一句话，倡导君子应有宏大的志向和坚毅的品格。用这句话来形容林毅，再合适不过。年过八旬，却始终遵从"弘""毅"之初心，在守护女性健康的道路上探索不止、行而不辍。

"优势病种能中不西，疑难杂症衷中参西，急危重症中西结合，要充分挖掘中医药的潜力和优势！中医站在最前沿，现代医学过得硬，为患者制定中西医融合的最佳诊疗方案，让患者真正得到 1+1 > 2 的治疗效果"，林毅经常对团队如是说。

她为了给患者找出一个简便廉效的治疗方法而遍寻古籍，为了没能给患者加到号而遗憾不已，为了患者无法筹到治疗费用而辗转反侧。"拒绝患者是一种痛苦。患者将生命托付给你，是对你的认可。患者需要我，就是我最大的快乐！"如今，在应当颐养天年的年纪，林毅仍每周工作 6 天，精神抖擞，思维敏捷。每天都有远道而来请求加号的患者，她总是尽力满足患者需求，从不敷衍。早年腰椎骨折落下的病根还折磨着林毅的身体，可她却从不在意，只是轻描淡写地说："40 多年的老毛病了，坚持坚持就撑过来了。"穿上白大褂，就要扛起这份责任担当，这是见彼之痛若在己身的林毅；这是无愧于患者的期待，拼尽全力守护女性健康的林毅。

选择中医，无怨无悔；攻克乳腺病，风雨兼程。林毅如同一团无法停步的热火，倾尽所有只为攻克乳腺病难题。在她眼里，荣誉是沉甸甸的，与之对应的责任更是沉甸甸的。这位以梦为马的追梦人，又给自己和团队定下了新的目标：建设一家全国规模最大的中西医结合乳腺病医院！

坚守医者仁心，认定目标永不言弃。艰难困苦不能泯其志，繁复冗杂未能乱其行，林毅用脚踏实地的实践表率，仰望星空的豪情胸怀，带领和鼓舞无数后辈在医学的浩瀚宇宙中追逐梦想、实现人生的价值。

（二）文化修养

林毅认为，从文化传承角度来看，中医药文化是打开中华文明宝库的重要门户，中医药文化的承续与推广，是中华文明复兴的开路先锋；从文化创新角度来讲，推动中医药与现代科技、文化的对接、融合，强化其作为连接传统文化与现实生活的纽带作用，有助于建立以健康实践为旨归的中国文化新体系；从文化传播布局而言，宣传中医药文化是为世界卫生发展贡献中国智慧、提供中国方案。

因此，她重视中医传统文化的传承和发扬，自强不息，执着事业，修德励志。她选拔弟子的标准，除了要求品德高尚，还要能写出一手好字。她认为"字如其人"，身正则字不歪。她要求弟子，身为中医人，不仅承担着悬壶济世的使命，更应勇挑继承中医药优秀传统、弘扬中医药文化精髓、把中医药疗效优势发挥到极致的重担。

（三）医德高尚

林毅每每告诫医者，为医不仅要有仁术，还应时刻有一颗体恤患者的仁心。做一名医德高尚的医生，始终以患者需求为导向，才是大医精诚的体现。医生的职责就是竭尽全力为患者医治疾病，帮助患者恢复健康，这是医务工作者独有的精神境界，更是实现人生价值的职业信仰，需要不断精进、不断奋发。她常对学生说："只要不是为了你自己，为患者好的事情，不要有所顾虑，应该勇敢地去做。"

（四）文化自信

她指出，身为中医人，必须首先吃透、消化、汲取祖国数千年中医药知识精华，只有了解前人的学术精髓，才能在继承的基础上创新发展。从文化传承角度来看，中医药文化是中华文明复兴的开路先锋；从文化创新角度来讲，推动中医药与现代科技、文化的对接融合，强化其作为连接传统文化与现实生活的纽带作用，有助于建立以健康实践为旨归的中国文化新体系；从文化传播布局而言，宣扬中医药文化是为世界卫生发展贡献中国智慧、提供中国方案。要博极医源，精勤不倦，传承精华，守正创新。坚持文化自信、理论自信、道路自信、方法自信、疗效确切。将解民疾苦、弘扬中医作为终生的奋斗目标。

（五）无远弗届

她认为中医人应树立远大理想，不断提升自我，兢兢业业，精耕细作，面对困难时迎难而上，面对机遇时才能准确把握。1997年，她到了退休年龄，在桂林已经建成国内首个全国中医乳腺病医疗中心，当地组织部门下文要她延聘 5 年，继续担任桂林市中医医院院长，带领医院前进。但当她多次收到创建广东省中医院乳腺科的邀约后，在广东、广西两地卫生健康委的协调下，她毅然决定"一肩挑两广，奋勇再当先"，担负起了广东、广西两个省（自治区）乳腺科建设发展任务，义无反顾地来到广州再次从零创业。

上市新药金蓉颗粒的处方，是她在 20 世纪初创立的，当时已年逾花甲。金蓉颗粒前后研究攻关超过 15 年，最终在 2018 年末获批上市，那时候她已经 76 岁了。她的经历足以为广大中医人树立榜样，只要有一颗恒心和一股韧劲，年龄和困难都阻挡不了前进的步伐。

八、养生之智

林毅在传承历代养生观念的基础上，以自身体验不断摸索符合现代人需求的养生方法，既是中医养生方法的实践者和受益者，又为民众积累了有益的养生保健经验。其养生之道在于乐观坦荡，修德养性；科学膳食，合理有节；动静互涵，阴阳调和；顺应天地，道法自然。

（一）乐观坦荡，修德养性

林毅认为健康的第一要素就是保持乐观豁达的心态。健康来自好心情，好心情来自五个快乐，那就是宽容享乐、知足常乐、自得其乐、助人为乐、苦中求乐（逆境中也要寻找快乐）。好人生来自三份真情，要懂得珍惜和营造温暖的亲情、浪漫的爱情和浓郁的友情。最重要的是要拥有"幸福感"，树立正确的人生观，珍惜自己拥有的一切，把握今天，设置明天，憧憬未来。她常说，人生有目标就能长寿，被民众信任、被社会需要就是一种难得的幸福。耄耋之年仍坚持每周 6 天门诊，求医者不论贫富、老幼、远近皆悉心诊治，由于众多患者慕名求诊，林毅总是不辞辛劳，尽力满足患者要求额外加号。她常说："看病是我最大的乐趣，竭尽绵薄，聊尽吾心。""我现在能够有事情忙是好事，说明民众需要中医，说明我们的中医有生命力。"她觉得享受工作就不会觉得累，也是自己产生感恩心、平常心的根源。人生百年当争朝夕，既是选择了医学，就应以仁心仁术济人世苍生。她常说，帮助别人也是帮助自己，帮助越多，福报也越多。付出是福，更是一种肚量，小舍小得，大舍大得，有舍才有得，这种"得"就是幸福感。一切不求回报的付出最终积成福报，收获真情，心生幸福。明白因果福报，在看问题上就会淡然很多。

林毅常说的一句话是"人不会累死，但是会气死"，过于计较就会错过太多的美好，能容人容物，接纳别人的不足，凡事不苛求，乐观豁达，才是一个真正宽容的人。这与《内经》主张少思寡欲、恬淡虚无的论点一致。积极进取，精神欢愉，厚德载物，正念利他、积德行善之心自能让精神内守，气血调和，形神合一，家庭美满，事业常青，祛病延年。

（二）科学膳食，合理有节

食疗养生是中医体系的重要组成部分，民以食为天，饮食合理搭配，科学选择才能促进健康。林毅认为饮食首先要多样化，"五谷为养、五果为助、五畜为益、五菜为充，气味合而服之，以补精益气"，这是饮食指导的总纲，谷类食物可滋养正气，水果可帮助消化，畜类可补益精气，蔬菜可充实肠胃。具体到膳食指导，林毅提倡按"一二三四五，红绿黄白黑"的原则，来平衡每日膳食。"一二三四五"是指每天要有：一个鸡蛋（水煮）加一杯牛奶或豆浆、200g鱼或瘦肉、300g谷杂粮（以杂粮、精粮6∶4为黄金比例搭配）、400g水果和500g蔬菜。"红绿黄白黑"是指均衡搭配五种颜色的天然食品，以五色应五行，五行应五脏，以此指导食物的选择，以补五脏、通六腑。对维护人体健康十分有益，达到药食同源的功效。林毅推崇的五色食品主要内容如下，可参考。

红色属火，入心经，心病应多吃红色食品，如红枣、西红柿、红辣椒、红洋葱、樱桃、石榴、红心火龙果等。

黄色属土，入脾经，补脾胃应多吃黄色食品，如生姜、胡萝卜、南瓜、马铃薯、玉米、小米、番薯等。

绿色属木，入肝经，护肝可以多吃青色食品，如绿茶、西蓝花、绿叶菜、春韭、莴笋、青椒、青瓜、西芹等。

白色属金，入肺经，补肺应多吃白色食品，如燕麦、荞麦、莲子、薏米、鸡肉、鱼肉、百合、大蒜等。

黑色属水，入肾经，补肾则应多吃黑色食品，如黑芝麻、黑木耳、黑桑椹、海参、海带、核桃、香菇等。

其次，除五色外，林毅同样也注意饮食五味的搭配，以"五味入口，各有所归"为原则指导膳食。苦味养心通小肠，酸味养肝通胆腑，甜味养脾通胃腑，辛味养肺通大肠，咸味养肾通膀胱，但不可食之太过。她认为饮食不分精、细、粗、劣，都有一定的营养精微。《内经》所言"美其食"并不是指食物的精美，而是谓食之皆为甘美，因此不偏食、不妄补、不过量是饮食调节的重要一环。此外，饮食的调节要适应季节气候的变化，以求与自然界相适应。春食凉，夏食寒，秋食温，冬食热，其偏寒偏热，应以适当为度，即"热无灼灼，寒无沧沧"。古云"食欲数而少，不欲顿而多，多则难消也""常欲令如饥中饱，饱中饥"，则脾胃健旺，五脏安宁，正气充盛。林毅提出在日常生活中，应少食用烤牛羊肉、煎蛋、黄油、奶酪、甜食、腌制食品及动物脂肪、内脏。她认为"天人合一，道法自然"是养生的基本原则。顺应不同季节调整饮食，搭配得当，对人体健康极为有利。在四时饮食方面，春日"省酸增甘，以养脾气"，夏日"省苦增辛，以养肺气"；"当春之时，食宜减酸食甘，以养脾气"；"秋冬间，暖里腹"，宜减咸增苦以坚肾气。即所谓"顺时气而善天和"，对强身健体很有指导意义。林毅常言，五谷杂粮最养人，家常便饭尤适口，营养全面，不偏不废，吃出健康。补得太多、吃得太好都可能会吃出毛病来。林毅常用的保健品就是生姜，一日三餐都离不开姜，特别是在早上喝一碗姜水最好，可温胃醒脾。此外，注意三餐定时有度，胃喜暖恶寒，食品要温热，空腹时不宜进寒凉冰冻饮食。早上 7 时～9 时吃早餐最好，要吃好；11 时～13 时吃午餐最好，宜吃饱；17时～19 时吃晚餐最好，应吃少。主张"按皇帝的早餐、大臣的午餐、乞丐的晚餐"来安排一日三餐。

（三）动静互涵，阴阳调和

"日出而作，日入而息。""作"者，动也，动生阳；"息"者，静也，静生阴。动静结合，则阳生阴长，阴阳调和。运动可增强机体的新陈代谢，改善气血的运行，提高抗病能力，延缓人体的衰老，即常言所说的"生命在于运动"，林毅认为每个人由于所处环境不同，对"运动"二字理解也不尽相同。运动的形式应是多种多样的，依据个体差异而有所变通。

林毅学生时代一直担任文体委员、文工团团长等职，喜欢舞蹈、打球、游泳等多种运动。但数十年来工作十分繁忙，每天生活节奏很紧凑，不可能有时间悠闲自在地打拳、练功、散步，因此她的主要运动方式就是看病、诊察、操作、书写。为了提高医疗质量，这些事情大部分都自己动手，一天下来其劳动强度可想而知，长期繁忙的临床与教研工作使林毅的身体也得到极大的锤炼。林毅说："在工作中运动蕴藏着很大的乐趣，在运动中得到快乐，在快乐中得到康寿。"晚餐后林毅尽可能安排半小时的健步走，边走边用手指梳头发、鼓漱叩齿、两手沐面、摸耳翼、鸣天鼓、转头颈，这样能使头脑清醒，目清耳聪，两腿轻健，减少面部皱纹。恰如孙思邈云"人欲劳其形，百病不成""养生之道，常欲小劳"，这里所说的"劳"就是指适度的锻炼与劳动。

"生命在于运动"，林毅认为尚需"掌握适度，持之以恒"。运动锻炼的方法很多，当随各自年龄、体质、健康状况而异，以运动后感觉舒适为佳。当今社会的飞速发展给人们带来了前所未有的压力与挑战。生活空间缩小，工作压力增大，针对现时上班族工作紧张，难以有大段运动时间的情况，林毅在继承中医养生导引理论及自身养生经验的基础上，根据经络运行气血，结合脏腑经络生理、病理特点创新而成"养生导引功"，"导"即呼吸，"引"指运动，"养生"即是修身养性之意，是

611

一个颇具特色、易于普及的中医养生方法。包括益肾拍打功、舒筋踢腿功等二十节功法，通过呼吸运动、意念运动与肢体运动（配合十二经络拍打、穴位按摩）三者有机结合，达到形、意、神的统一，以纳清吐浊、疏通经络、运行气血、联络肢窍、调理脏腑、燮理阴阳，实现消除疲劳、抗御外邪、强身健体之效。整套功法半小时即可做完，可以分散时间做，对场地无特殊要求，睡前在床上也可练功，林毅自感获益颇多，故而精力充沛，生机旺盛。

（四）顺应天地，道法自然

人的自然寿命应远大于现在的生存年限。那么怎样才能康而寿呢？关于这个问题，林毅常援引老子的话"人法地，地法天，天法道，道法自然"。这里的"道"指的就是自然规律。也就是说，只有懂得顺应自然，生活有规律，与自然合拍、和谐，得天地滋养，以自然之道养自然之身，进而达到长寿的目的。《内经》指出，"人与天地相参，与日月相应"，"从阴阳则生，逆之则死，从之则治，逆之则乱"，自古以来一直成为指导养生的总纲。人生活于阴阳的万千变化之中，就自然界的阴阳变化而言，对人影响最大的莫过于四季交替及晨昏的变更。要做到这一点，林毅认为从大的方面来讲就是要顺时而养生，具体而言就是"春夏养阳，秋冬养阴"；从小的方面来讲，就是要做到顺节气、顺时辰来养生。

林毅十分重视四季养生，自然界春生、夏长、秋收、冬藏，而人也须顺应生、长、收、藏的特点，方能延年益寿。林毅认为养生之道不求征服自然，而是顺应天时，讲究天人合一。倘若能坚持把四季养生做好，就是符合天人合一、道法自然的养生规律，自当延年益寿。因此，人的生活作息习惯要符合自然规律，在正确的时间做正确的事，好好吃饭、好好睡觉，供养好先天真元，养生就会变得非常简单，可望达到健康长寿、无疾而终的目的。

（五）女性养生重点在于顾护肝脾肾

林毅在临床中发现，女性容易有不同程度的肝气郁结。《内经》有女人以肝为先天之说，而脾为后天之本，肾为先天之本，冲任与肾相并而行，肝肾同源，肝脾肾与女性的生理病理密切相关。因此，林毅认为顾护肝脾肾是女性养生保健的重点，首位是养肝。她常说养肝即为养容颜，养脾就是保健康，养肾则是增寿命。要想不生病、少生病，或生病后早康复，需要情志调畅、合理饮食、运动强身及医药防治四方面的有机结合。林毅常对女患者说，防重于治，身心和谐，健康四分之三是要靠自己的。"三必须"不可少：必须调控情绪，舒缓心情，必须调整饮食结构，必须坚持运动。中医学的核心在于整体观和治未病，养生是中医学的最高境界。因此，生活调控是非常重要的治未病方法。林毅推崇的健康十二宝典：一贯知足、二目远眺、三餐有度、四季如春、五谷皆珍、六欲有节、七分打扮、八方交友、酒薄烟断、十分坦荡、时宜有律、十二分开心。

九、传道之术

（一）人才培养方法

林毅作为第二、四、七批全国老中医药专家学术经验继承工作指导老师，无论是师门弟子，抑或是研究生、进修生等，她均视同已出，毫无门户之见。她说："我的经验不属于个人。就像中医，她属于中国，也属于世界。"她勤学苦练，善思敏行，诲人不倦，对弟子严格要求。

第一，做到原汁原味地继承，充分发挥中医药的特色和优势，把疗效发挥到极致。

第二，在继承基础上着眼创新发展。勤于思考，善于观察，勇于探索。敢于提出新创意、新观点、新方法。

第三，牢记初心，虽远不怠。为医精诚，始终为人民健康奉献中医人的智慧和力量。

第四，薪火相传，后继有人。要求学生是承者，亦是传者，传承是基础，临证是关键，研究是支撑，疗效是证据，发展是目标。

通过现场传授、交流讨论、录制视频、撰写论文等方式，她把自己的经验毫不保留地传授给年轻一辈，倾囊相授，每问必答，答必详尽。林毅执教甚严，一字不佳、一理不达则反复修改，绝不放过。弟子论文、科普书稿，必躬亲阅览，多处批注，数次修改，总览文章布局观点，细致深入检查错字标点。她常说教学相长，稍有空闲则阅读资讯文献，见贤思齐，见不贤而内省，但有启发便及时与学生交流商榷，并以自身体会解惑传道。学生侍诊在侧，感悟教益颇多。她认为，中医传承，不仅仅是传授医术，更要以身作则，弘扬医道，努力实现中医药创造性转化、创新性发展，更好地为人民健康服务。

（二）人才培养成果

1988—2000 年获国家中医药管理局批准，林毅牵头举办共 35 期"台湾省中医师临床进修班"，累计为 535 名台湾中医学骨干人才培训专科特色疗法，成为台湾中医学发展的中流砥柱。

林毅历任中华中医药学会乳腺病专业委员会主任委员、中华中医药学会乳腺病防治协作工作委员会主任委员 16 年，现任中华中医药学会乳腺病分会名誉主任委员。作为主讲专家举办 10 余届全国中医与中西医结合乳腺病学术研讨会。1995 年起定期举办"全国中医乳腺病诊疗技术推广班"及"全国中医与中西医结合乳腺疾病先进诊疗技术培训班"等国家级继续教育项目，搭建高水平学术交流平台，培训高层次人才众多，享誉业界。

林毅先后培养学术继承人 6 人、正式拜师弟子 22 人，门人学生遍及全国。近十年共举办 7 期省级及国家级继续教育项目"林毅乳腺病学术思想和临床经验传承学习班"，将林毅学术思想及诊疗经验传播到全国各地。建立国家级人才梯队，包含中华中医药学会乳腺病分会主委、副主委、青年岐黄学者、广东省杰出青年医学人才、广东省培养高层次人才特殊支持计划百千万工程青年拔尖人才、各省市乳腺病学科带头人等。

林毅学术传承谱

林 毅

司徒红林　　　陈前军　　　王志宇　　　卓 睿

周劬志　　李东梅　　钟少文　　朱华宇　　凌文津　　许 锐

徐 飚　　任黎萍　　陈建萍　　刘晓雁　　郭 莉　　李 铁　　宋 雪

（司徒红林、文灼彬整理）

（肖晓琳、李昆编辑）

林天东

林天东（1947—　），男，海南万宁人，中共党员，在职研究生，主任中医师，研究生导师，中国中医科学院学部委员，海南医科大学教授，香港中文大学教授，北京中医药大学王琦书院特聘教授。现任中国民族医药学会黎医药分会会长，曾任海南省中医院院长，兼任中华中医药学会常务理事、中华中医药学会老年病学会副主任委员、中华中医药学会民间特色诊疗技术研究会副会长、海南省医学会秘书长、海南省中医药学会秘书长；享受国务院政府特殊津贴；荣获首届全国名中医、首届海南省名中医、联合国医疗产业委员会主管专家、世界无边界生殖咨询专家、海南省委省政府直接联系重点专家；被评为海南省优秀党员、海南省劳动模范等；担任第三、六、七批全国老中医药专家学术经验继承工作指导老师。2022年被授予"国医大师"荣誉称号。

林天东创新提出男女异病同治理论的学术思想。其临床多主张"男方女用，女方男用"，解不孕不育之疑难，构建海南地区男妇科中医诊疗体系；提出"南方以阳虚、寒病者多，宜用伤寒方"的观点，打破了"南不用麻黄、桂枝，北不用石膏、知母"的传统禁锢，创立了"琼州经方流派"；整合构建以"因毒致病""解毒治病"和"立道保健理论"为核心的黎医药学理论体系，为黎族医药的挖掘、传承与发展奠定了理论基础。林天东荣获中华人民共和国建国70周年"全国中医药杰出贡献奖"，海南省科学技术进步奖二等奖，中国民族医药学会突出贡献奖，中国民族医药学会科学技术进步奖二等奖、学术著作奖一等奖等。

一、学医之路

林天东祖居海南省万宁市大茂镇，父亲林盛森为当地名医，林天东耳濡目染，童蒙之时便立志学医。在父亲的熏陶和教诲下，林天东自幼追随父亲深入深山丛林中采集黎药。其好习医经，师崇仲景，15 岁熟读经典，旁及各家，对于诸家经典过目成诵，具有深厚的医学功底，为日后发展民族医药和中医药奠定了良好基础。1963年，对学医如饥似渴的林天东，被遴选为由原卫生部举办的广州中医学院（现广州中医药大学）中医学徒班学员，按照传统的中医"师带徒"学医模式，师从琼州名医杨美卿学习。他专心勤学，成为杨美卿的得意门生。

童子本无忧，却遭灾荒年。童年的林天东在连年灾荒中度过，百姓疾苦在林天东幼小的心灵里刻下了深深的烙印。在"一根银针，一把草药"的年代，林天东学医归来，毅然坚守在基层大茂公社卫生院。他平素为人乐善好施，仁爱助人，严于律己，宽于待人，善于就地取材，活用黎族医药诊治疑难杂症，屡屡救人于危难之中，名声大噪而闻名于当地。因资质聪慧，医道渐精，加上古道热肠，1972 年，林天东光荣加入了中国共产党，并被推选为大队党支部副书记、公社共青团委副书记等职，然而，林天东行医济世矢志未改。为了实现自己的人生理想，林天东白天行医、工作，夜间在昏黄的煤油灯下奋斗，苦读中医经典，打下了坚实基础。1965 年，林天东曾以全岛第一名的成绩考取海南中医班，因"文化大革命"未能继续进高校学习，但富有上进心的林天东始终准备着。1973 年，林天东又以全省第一的优异成绩，考取海南中医班。在校期间，林天东成绩出类拔萃，具有扎实的中医经典基础，学校领导让林天东以学生身份兼职任教授课及临床指导工作，一时传为佳话。他同时担任了中医班党支部书记、班主任，全面负责中医教学工作，成为主要的授课教师。

1978 年，从乡间小郎中走进中医界的林天东年至三旬，其医道医德已经声名远扬，政界、教育界、艺术界、华侨界乃至普通大众，慕名前来求治者甚多。凡前来求治者，无不被林天东的人格魅力所折服，久而久之，本是医患关系的他们却成为亲密的朋友。但林天东并不因此而沉醉，此时的他横跨琼州海峡，渡海北上求学，就读于广州中医学院进修班。"腹有书诗气自华"，他拥有丰富的临床经验，辨证论治精准，往往语出惊人，见解精当，深得教授们赞许。鉴于其独特的医学素养，林天东被国医大师邓铁涛教授收为门下弟子，并得其真传。

苍山千仞，不辞其高；沧海万顷，不厌其深。1984 年秋，林天东又开始攻读中国中医研究院（现中国中医科学院）研究生班。林天东辞别妻儿，读研两年，青灯黄卷，潜心苦读中医经典，并获得国医大师陈可冀院士的赏识，拜其门下，在陈院士的悉心指导下，大有所获。林天东的第一部中医专著《中医肝病与病毒性肝炎》便是在此时著成，并由海南人民出版社出版发行，开创了海南岛医务人员撰写中医专著的先河。

此外，林天东在中国中医研究院研究生班学习期间，还师从国医大师王琦院士，得其亲传生殖与体质医学知识，继承了国医大师王琦院士治疗男科、不孕不育症的相关学术思想，为其今后诊治男科、不孕不育症奠定了基础。

二、成才之道

林天东认为，要成为一代名医，务必做到以下几点。

（一）有志者，事竟成；心有梦，路不远

古今立大事者，不唯有超世之才，亦必有坚忍不拔之志。志之所趋，无远弗届，穷山复海不能限也；志之所向，无坚不摧。综观历史，凡成大医者，皆志坚高远，胸怀天下之人，方为大医；当代中医人，欲要成才，应立志成为对国家和人民有用之人，将个人成才与国家利益紧密结合一起，"中国梦"对于我们来说就是振兴中医的中医梦。"名不名，诚实待人即是名；利不利，除人疾苦即为利。"这是林天东给自己立下的座右铭，亦是林天东的初心和志向，除人疾苦就是名利，就是林天东坚守几十年的行医志向，既平凡又伟大。50余年来，无论是在基层卫生院，还是在三甲中医院当院长，林天东一如既往，初心不改。他淡泊名利，辛勤耕耘，患者至上，忘我工作，忠实履行着一名共产党人的光荣职责。至今，他仍退而不休，始终坚持在临床一线工作和带教，为万千不孕不育患者带来希望，亦为民族医药和中医药事业的发展奉献着自己的余热。

（二）学圣贤，追经典；薪火承，入杏林

一切道术，必有本源，中医经典不仅是几千年来中华民族与疾病作斗争的经验，更是中华医学智慧的结晶，经过长期实践验证的中医标准；唯有守正，方可创新，作为一位毕生追求中医研究的学者，林天东信奉的格言是"学追经典，百法归原于道，道法自然；治参中西，万病追形于精，精益求精"。

学追经典是中医成才的必由之路，如清代医家徐灵胎《慎疾刍言》所讲："果能专心体察，则胸有定见，然后将后世之书遍观博览，自能辨其是非，取其长而去其

617

短矣。"即强调学经典，从经典中学习培养一种明辨是非、鉴别优劣的能力。因此，林天东自幼好习中医经典，并深入研究，上至《黄帝内经》《伤寒论》《金匮要略》《神农本草经》，下及《傅青主女科》《外台秘要》《千金要方》《医宗金鉴》并金元四大家等诸子百家，融合现代医学，将传统方法与现代方法相结合，辨病与辨证相结合，理论上独树一帜，逐渐形成其独特的学术治疗方法。

（三）求知游学四方，礼拜天下名师

学无止境，活到老，学到老。林天东穷其半生致力于游学四方，跟师求学。1978年，林天东就读于广州中医学院进修班期间，被国医大师邓铁涛教授收为门下弟子，得其亲炙，并得其真传；1984年，他先后师从国医大师陈可冀院士和国医大师王琦院士，在陈可冀院士的悉心指导下，著成第一部中医专著《中医肝病与病毒性肝炎》，开创了海南岛医务人员撰写中医专著的先河，为其今后著书立说奠定了基础；此外，在国医大师王琦院士的亲自传授下，林天东继承了生殖医学与九种体质的学术思想，奠定了其治疗男妇科和不孕不育症的相关学术思想，为今后提出"男方女用，女方男用"中医男女异病同治的诊疗思想夯实了基础。另外，林天东还跟随中医泰斗方药中教授学习，不断吸收中医界各家的学术思想及临床经验，归纳总结，反复用于临床验证，逐渐形成了自己的心得体会，运用经方渐入化境，临床疗效稳步提升。

（四）勤实践，出真知；学四方，集大成

中医学是中华民族与疾病作斗争总结的经验，更是中华医学智慧的结晶，具有悠久的历史，拥有完整的医学理论体系，是一门哲学。中医经过几千年的发展，因南北差异、地域气候的不同，衍生出不同的流派，理论体系丰富。初学者应去伪存真，化繁为简，理论与实践相结合，即实践是检验真理的唯一标准。林天东常说："中医的生命力在于疗效，理论再强，没实践也徒劳。"自古圣贤之言学也，咸以躬行实践为先，识见言论次之。虽然中医经典内容丰富，若脱离实践，只会纸上谈兵，终究发挥不了中医真正的疗效。只有不断地在临床实践中检验，方能将理论与实践相结合。

林天东从医58年来，无论是在临床还是在领导岗位上，始终坚守在临床一线，将临床门诊工作放在第一位。林天东善于在实践中总结，具有扎实的理论基础，他坚信心中醒、口中说、纸上作，不从身上习过，皆无用也。即使再忙，他也坚持每天结束门诊后研读经典，总结日间的疑难杂病经验。不懈的临床实践，加上坚实的中医基础，林天东形成一套治疗不孕不育行之有效的理论和方法。

（五）旧不去，难守正；勤思考，善创新

中医药的继承发展创新是新时代中医药发展的趋势。守正不代表不思进取而沿袭旧说，应明辨是非，去伪存真；创新不代表全盘西化而摒弃中医，应勇于探索，继承发展。古今凡大医者，皆非故步自封之流，而为继往开来之贤明也。黄帝忧天下后世而著《黄帝内经》；仲景感万民疾苦作《伤寒杂病论》，成万世法；刘完素倡六气皆从火化，创脏腑六气病机、玄府气液等理论，著《素问玄机原病式》。因此，从古至今，中医理论体系不断的完善离不开在继承的基础上创新。林天东推崇仲景经方学说，结合临床实践经验与南方人的体质，首次提出"南方以阳虚、寒病者多，宜用伤寒方"等观点，打破"南不用麻黄、桂枝，北不用石膏、知母"的禁锢，独创性提出"南方宜用麻黄、桂枝，因温散之性可疗南方寒凉体质；北方宜用石膏、知母，其清热之性可去北方内燥"等论述，经多年不懈努力实践，创建"琼州经方流派"，极大地促进了琼州中医经方的应用发展。不仅如此，他还构建了海南地区不孕不育症中医诊疗体系，创造性提出"男方女用，女方男用"学术思想，处方用药提倡经方联用、方证相应为主，契合当前病机日益复杂的病证。林天东因其为中医药事业做出的贡献荣获"全国中医药杰出贡献奖"，其学术成果分别荣获海南省科学技术进步奖二等奖和中国民族医药学会科学技术奖二等奖。

三、学术之精

（一）创建"琼州经方流派"，奠定海南中医发展根基

林天东善用经方，熟悟经旨，格物致知，穷其一生循道立新，针对"因南北地区气候、人体体质、生活环境、饮食结构差异，经方在东南沿海一带使用受限，临床疗效大打折扣"的问题，结合临床经验与南方人的体质，率先提出"南方以阳虚、寒病者多，宜用伤寒方"的观点，认为南方暑热，世人食凉喜冷易伤脾阳，暑易伤气，雨多湿重亦易伤阳气，所以南方阳虚、寒病者多，宜用伤寒方，南方宜用麻黄、桂枝，因温散之性可疗南方寒凉体质；北方宜用石膏、知母，其清热之性可去北方内燥，打破"南不用麻黄、桂枝，北不用石膏、知母"的禁锢，开创了"琼州经方流派"，影响和带动琼州经方流派的快速形成与发扬。

619

（二）创新提出"男方女用，女方男用"男女异病同治理论

在诊治不孕不育方面，林天东主张经方联合治疗。不孕不育症的病机复杂，证

候兼夹，非一证一候、一方一药所能涵盖。男子以肾为先天，女子以肝为先天，肝肾同源，肾又为人体先天之本，主分泌生殖之精而繁衍后代。二者互相滋养，共同维系人体的生殖功能。肝又为血道，通过疏泄以濡养胞宫及精室。肾精充足，肝疏泄有度，血道畅通，阴平阳秘，方可有子。一旦肝疏泄失常，则血脉瘀阻，肝木既亏则肾水涵之，日久则肝肾俱虚，导致不孕不育。因此，林天东认为不孕不育多以肝郁肾虚血瘀为主，治疗上女子主以四逆散、当归芍药散联合五子衍宗丸治之，男子主以桂枝茯苓丸、五子衍宗丸治之，余随症加减。其认为"男女之异，异在经带胎产，而藏象一致；女疾男病，同属阴阳八纲，而治法则一"，因此，临床多主张应用治疗男性疾病的方剂治疗女性疾病，应用治疗女性疾病的方剂治疗男性疾病，即"男方女用，女方男用"之意，解不孕不育之疑难，构建了海南地区男妇科中医诊疗体系。

其在临床上常用五子衍宗丸（不育症主方）治疗男子少精子症和妇人卵泡发育不良症；用易黄汤（黄带主方）治疗男女生殖系感染等，全新阐释了中医男女"异病同治"理论。同时根据此理论研制八味强精丸、精子抗体消胶囊、宫肌瘤消胶囊、振萎胶囊、促液化胶囊、加味颠倒膏、疏肝化瘀通管方等院内制剂，疗效显著，尤对治疗精液不液化、少精子、弱精子、免疫性不育取得较好疗效。

2015年，林天东担任《中国中西医专科专病临床大系》执行总编，《不孕不育诊疗全书》《男科诊疗全书》主编，为完善不孕不育症中医诊疗体系添上浓墨重彩的一笔。

（三）构建以"因毒致病""解毒治病"和"立道保健理论"为核心的黎医药学理论体系

林天东潜心研究黎族医药数十年，一直致力于民族医药的传承与发展，为海南黎族医药传承第一人。担任海南省政协委员期间，他多次提案发展民族医药和中医药，奋力挖掘发展海南黎族医药。2003年，在海南省第四届一次政治协商会议上，林天东提议应尽快"开展黎族医药调查、研究与开发"，并得到了海南省政府的批复支持；在林天东多年的奔走呼吁及政府、社会保护继承民族医药政策指导下，将"黎族医药的保护及传承与发展"纳入政府工作。同年，在政府及相关部门的指导下，林天东集结门下弟子及科研团队，全力组织医学精英积极参与，深入黎区村寨开展实地调查，拜访多位黎族存世的药王、药工及草医师，并查阅海南历代地方县志和相关古籍，在散落的汉书记载中寻找黎族医药的历史痕迹，结合现代黎族民间的行医用药方法，首次将黎族医药的发展分为"以巫师为医、以牛为药时期""以巫医为医、以草为药时期""以草医为医、以百草为药时期"3个阶段，并对目前黎族医药的行医用药理论、方药学理论、特色诊疗技术和日常保健理论进行归纳总结，整合构建了以"因毒致病""解毒治病"和"立道保健理论"为核心的黎医药学理论体系，编写出版了《黎族医药概论》《黎医药理论与实践》《海南黎药》（共3册）和《海南习用药材初加工与饮片炮制》等黎医药专著，为黎族医药的挖掘、传承与发展奠定了理论基础。黎药胆木具有清热解毒、消肿止痛功效，黎族医常用于治疗感冒发热、咽喉肿痛、肺炎、肝炎和尿路感染等疾病，林天东常用于治疗急性扁桃体炎、急性咽炎、急性结膜炎及上呼吸道感染等病证。为推动黎药胆木的开发，林天东指导入室弟子韩法河创立海南森祺制药有限公司，创造具有鲜明黎族医药特色的"胆木浸膏糖浆"单品种年效益数亿元的佳绩，带动胆木系列制剂的创新开发与推广，助力黎族医药的传承创新。

此外，林天东还组织出版《黎族药茶文化》《黎药胆木的传统用法与现代研究》和《中国沉香方剂集》等学术著作。其中《海南黎药》于2016年被国家新闻出版广电总局列为"十三五"国家重点图书出版项目，并于2017年3月获得国家出版基金资助。

林天东在黎医药领域的相关研究成果"全国名中医林天东学术思想传承与黎族医药理论挖掘"荣获2020年中国民族医药学会科学技术奖二等奖，《海南黎药》（第一册）荣获"2019年中国民族医药学会学术著作奖一等奖"。

（四）在中医临床中引入并融合黎医药特色诊疗技术

因黎族传统用药经验丰富，常用验方组方简单、有效，外治法独具一格，林天东收集黎族医特色诊疗技术，常将黎医药特色诊疗技术融入中医临床实践中。例如，因海南沉香具有行气止痛、温中止呕、纳气平喘之功效，在药性功效等方面与艾叶有相同之处，黎医常将沉香粉碎后加入艾绒中做成灸条，沉香和艾绒中的挥发性成分燃烧受热挥发，刺激经络穴位，达到调和气血、健脾强肾、温中散寒之功，增强机体免疫的功能，同时也会产生温热效应，常用于治疗各种慢性虚弱性疾病及风寒湿邪为患的病证，这种黎医民间诊疗技术被称为沉艾灸。林天东也经常将沉艾灸等黎医民间诊疗技术引入临床，治疗男妇科病、腰痛、胃病、类风湿关节炎等慢性疾病，制定《黎族医沉艾灸诊疗技术规范》，并取得良好疗效。林天东在其"男方女用，女方男用"的中医临证诊治观的基础上，融合黎族医药理论，提出将男妇科疾病按男女毒论治，针对不同的毒采用不同的治疗方法，具体可分为湿毒、瘀血毒、热毒，并根据染"毒"的情形进行疾病分类诊治。他带领团队整理并规范了"藤灸疗法""灯草灸疗法""野菠萝叶熏蒸"等黎族医常用特色外治法，制定《藤灸诊疗技术规范》《黎药药熏诊疗技术规范》等外治法诊疗技术规程，并应用于男妇科不孕不育病证及慢性炎症性疾病的诊疗，编写了《男科疾病中医特色外治171法》《妇科疾病中医特色外治344法》，并先后在海南9家医疗机构推广应用，开创了海南地区男妇科外治法诊疗新模式。

（五）主张癌症应以病机立论，治癌以排毒为要

林天东认为癌毒是癌症发生发展的关键，是在癌症发生发展过程中体内产生的一种特殊的毒邪。癌毒与痰、瘀、湿等病理因素胶结存在，互为因果，兼夹转化，共同为病，构成癌症的复合病机。从"癌毒"辨治癌症的治疗大法为"消癌解毒、扶正祛邪"，根据癌毒与痰、瘀、湿等病理因素兼夹主次情况，配合化痰、祛瘀、利湿、清热等治法。

（六）从"虚""痰""湿""瘀"论治临床常见慢性病

慢性病是指一类起病隐匿、病因复杂、病程长且病情迁延不愈的慢性非传染性疾病。林天东认为邪毒长期侵犯机体，久滞于体内，耗损正气，加之肥甘厚腻饮食、情志因素等多因素共同影响，久则使机体产生一系列病理产物，即内生有形之邪，如痰、湿、瘀血等，内生之邪停滞于体内，干扰机体的正常功能，导致机体脏腑功能失调。慢性病久病必虚，久病必瘀，病情反复，缠绵不愈，因此治疗上应着重于祛除这些引发慢性病的病理产物，临床常见的慢性病多从"虚""痰""湿""瘀"论治。尤其是老年病、肺气肿、肺源性心脏病、"老慢支"等在"虚""痰""湿""瘀"病理因素作用下，造成了临床常见的上实下虚、痰瘀阻络等证候，临床应遵从标本同治、扶正固本、健脾化痰、活血通络等治疗原则。

慢性期后，邪毒久滞于体内，不仅耗损正气，更会产生一系列的病理产物停留于体内，使机体受损，并导致脏腑功能失常。因此，治疗上应着重于慢性期引发的病理产物，通过运用化痰散结祛瘀法祛除体内有形之物，使其消散，继而恢复脏腑正常的生理功能，使疾病得以痊愈。

四、专病之治

（一）不育症

不育症是由于多种原因导致的主要表现为生育能力下降或丧失的综合病证。育龄夫妇同居一年以上，性生活正常，亦未采用任何避孕措施，女方正常，由于男子生殖器官的解剖和生理功能异常（包括精子质量异常）等因素，导致女方不能受孕，

或虽能受孕但不能怀胎、分娩者为不育。在我国古代，"不育症"病名在先秦时期已出现，在医书上首次提及的便是我国的中医四大经典之一《黄帝内经》。书中对不育症、胎孕等进行了初步的阐述，后人也是在此基础上不断加以研究、完善。目前男性的生殖健康逐渐受到世界各国的关注。科学家们警告：目前全球范围内人类的精子质量在不断下降，不育症将是 21 世纪继心血管、癌症之后的第三大威胁人类健康的疾病。据西方研究数据显示：10%～15% 的育龄夫妇存在不孕不育问题，其中男性因素大约占 50%。在中国约 1/10 的夫妇存在不孕不育，男方因素导致的约为 40%。流行病学资料显示。男性精子的质量在近 10 年内都出现了明显下降的趋势。

病机：脾肾不足，生殖之精失于濡养，故精少且活力低下，婚后不育；肾藏精，精生髓，肾精亏损，髓海空虚，脑失所养，加上脾虚运化失常，气血生成乏源，故头昏耳鸣，神疲乏力，健忘多梦。舌淡，苔薄白、脉沉细均为脾肾不足之征。

专病专方：根据本病的病机特点，林天东创立了以补肾益精、益气健脾、种嗣衍宗为法的专病专治方——八味强精方。该方以五子衍宗丸加味"乌、沉、细"而成。

组成：枸杞子 15g，菟丝子 15g，车前子 15g，覆盆子 15g，五味子 15g，乌药 15g，沉香 6g，细辛 3g。

方解：方中枸杞子味甘，性平，归肝、肾经，补肾阴而生肾精；菟丝子味辛甘，性微温，归肝、脾、肾经，健脾补肾益精，共为君药。覆盆子味甘酸，性微温，归肝、肾经，温肾而不燥、固精而不凝；五味子甘酸，性温，归心、脾、肾经，益气补虚、强阴涩精；乌药味辛，性温，归脾、肝、肾、膀胱经，温补肾阳，疏通气机；沉香味辛苦，性温，归脾胃、肾、肺经，温肾散寒，行气温中，具有温而不燥、行而不散之功，共为臣药。车前子清肝肺风热，导膀胱水邪，利水而不动气；细辛味辛，性温，归肺、肾、心经，辛散温通，芳香透达，通精窍，合为佐药。全方不凉不燥，共奏补肾益精、益气健脾、种嗣衍宗之功。

加减：伴睾丸、会阴疼痛者，可加川楝子、延胡索；伴失眠多梦者，可加酸枣仁、龙骨、牡蛎；伴腰膝酸软者，可加杜仲、续断；头昏、耳鸣者，可加石菖蒲、蜂房；遗精者可加金樱子、芡实、莲须；手足不温者可加桂枝、黄芪；大便稀溏者可加补骨脂、石榴皮。

（二）不孕症

不孕症是指有正常性生活的夫妇，未采取避孕措施，排除男方因素，且同居两年以上而不能使女方妊娠或维持妊娠。世界卫生组织（WHO）的相关数据表明，全球范围内至少有 8000 万以上的不孕夫妇，占已婚育龄夫妇的 7%～15%。近年来不孕症在我国育龄妇女中的发生率正逐年递增，WHO甚至预测不孕不育会成为仅次于肿瘤、心血管疾病的第三大疾病。

病机：肾精不足，冲任虚衰，不能摄精成孕；情志不舒，则肝失条达，气血失调，冲任不能相资，故多年不孕、腰膝酸软；肝郁气滞，故经前乳房胀痛，经行少腹胀痛或胸闷叹息、情志不畅、胸胁胀痛、烦躁易怒；肝郁疏泄失常，血海失司，则月经先后不定期、量或多或少、经行不畅。舌红，苔薄白，脉弦细或尺脉无力，为肾虚肝郁之征。

专病专方：根据本病的病机特点，林天东创立了以补肾益精、疏肝理血、调经种嗣为法的专病专治方——五子助孕方。该方以五子衍宗丸、四逆散、当归芍药散和二仙汤合方加减而成。

组成：枸杞子30g，菟丝子20g，五味子30g，覆盆子15g，车前子15g，白芍15g，柴胡15g，枳壳15g，炙甘草5g，当归15g，生地黄10g，淫羊藿10g，仙茅10g，川芎10g，海螵蛸20g。

方解：方中枸杞子补肾阴而生肾精，菟丝子健脾补肾益精，当归补血活血调经，共为君药。柴胡升发阳气，疏肝解郁；白芍敛阴养血柔肝，与柴胡合用，以补养肝血，条达肝气，可使柴胡升散而无耗伤阴血之弊；生地黄养血益肾填精；覆盆子温肾而不燥、固精而不凝；五味子益气补虚强阴；仙茅辛热祛寒除湿，淫羊藿辛甘，长于补肾壮阳。以上诸药配伍，补肾壮阳，强筋健骨，祛风除湿，共为臣药。川芎活血行气开郁；枳壳理气解郁破结，车前子清肝泄热，利水而不动气，共为佐药。炙甘草滋阴养血，益气通阳；海螵蛸涩精收湿止带，共为使药。全方不凉不燥，共奏补肾益精、疏肝理气、柔肝养血、种嗣衍宗之功。

加减：对于输卵管堵塞的患者，加王不留行、路路通、通草、鸡血藤；对于排卵障碍型不孕，主以五子衍宗丸、四逆散联合四物汤治之；月经量少时，联合四物汤补血养血；月经量较多时，联合二至丸滋阴摄血；当出现经血淋漓不尽时，当以归脾汤养血健脾以摄血。

（三）阳痿

阳痿是指男性除未发育成熟或已到性欲衰退时期，性交时阴茎不能勃起，或虽勃起但勃起不坚，或勃起不能维持，以致不能完成性交全过程的一种病证。西医称为"勃起功能障碍"。在古代，记载阳痿最早的中医文献为马王堆医书《生方》，称之为"不起"。明代周之干首次以"阳痿"命名该病，其临床特点是成年男性虽有性要求，但临房阴茎痿软，或举而不坚，或虽坚举而不能保持足够的勃起时间，阴茎不能进入阴道完成性交。阳痿是常见的男性性功能障碍，我国城市男性的阳痿总患病率为 26.1%，而 40 岁以上中老年男子阳痿的患病率为 40.2% ～ 73.1%，且随年龄增长而上升，60 岁以上者尤为明显。

病机：阳痿的病因病机比较复杂，林天东认为与肝、肾、心、脾功能失调密切相关。年龄较小或体质强壮者，其病多与心肝相关，是心神与情志之变；心气素虚，力难久战，因心神不宁则心气涣散，气不固则致肝气疏泄失常，故而影响气血运行，损伤阳道。《广嗣纪要·调元篇》也提及：男有三至，心气至，则大而热，心气未至者，壮而不热，强合则伤其血。肝气不至者，则痿而不举。而年龄较大，或体质衰弱者，又多与脾肾相联系，是虚损之疾。脾乃气血生化之源，其受纳水谷精微，产生营气，濡养五脏六腑，脾虚则气血运化失常，气血亏则阳道斯不振也。肾主前后二阴，元气之本，精志之藏，若房劳肾伤，情欲过度，肾精不固，则精无以化生气血，气血虚损，阴阳不和，脏腑即虚，精气空竭，不能荣华，故阳气痿弱，阳事不能也。然其理归结到一点，阳痿乃阳道不兴，功能失用之故，其基本病理变化多以心肝功能失调为主，兼脾肾两虚。

专病专方：根据本病的病机特点，林天东创立了阳痿专病专治方——振痿散。

组成：柴胡 10 ～ 15g，赤芍 10 ～ 15g，枳壳 10 ～ 15g，蜈蚣 5 ～ 10g，蜂房 10 ～ 15g，淫羊藿 10 ～ 15g，丹参 10 ～ 15g，肉苁蓉 10 ～ 15g，牛膝 10 ～ 15g，仙茅 10 ～ 15g，锁阳 10 ～ 15g，巴戟天 10 ～ 15g，蛇床子 15 ～ 20g，阳起石 15 ～ 20g。

方解：方中仙茅、淫羊藿温肾阳，补肾精，辛温以助补阳，共为主药；锁阳补肾阳，益精血，巴戟天、肉苁蓉温阳强肾，柴胡、枳壳疏肝气以助肾气，蜂房、蛇床子温肾以助阳气，赤芍、丹参活血祛瘀，皆为臣药；蜈蚣佐助以通经络，阳起石加强补肾壮阳之力；牛膝为引经药，引药下行至阴器。全方精血兼顾，主次分明，配伍严谨，简而有要，共奏培补肾中元阳以治阳痿的功效。

加减：遗精者可加金樱子、芡实、莲须；手足不温者可加桂枝、黄芪；大便稀溏者可加补骨脂、石榴皮。

（四）慢性前列腺炎

慢性前列腺炎是成年男性常见且多发的疾病之一，其主要表现为长期的尿路刺激症、骨盆区域疼痛不适，病程超过 3 个月，且反复不愈，可致患者精神心理改变，部分患者可见男性性腺功能改变。大多数学者认为本病可能与特殊病原体感染、免疫反应异常、神经内分泌因素、氧化应激、排尿功能异常、精神心理等因素密切相关。本病属于中医"精浊""白浊""淋"等范畴。早在《素问·六元正纪大论》中就有"阳明司天之政，初之气……小便黄赤，甚则淋"的论述。医圣张仲景在《金匮要略·消渴小便不利淋病脉证并治》篇中描述了"淋"的症状，"小便如粟状"，还会伴有小腹疼痛，向脐中放射。清代叶天士《临证指南医案·卷九·淋带》言白浊是随着小便一起来的，性状浑浊，是因为胃中的浊气渗入膀胱中导致的。据相关统计报道，本病好发于 20～40 岁青壮年男子，35 岁以上男性发病率在 35%～40%，严重影响着患者生活质量及家庭不和谐。

病机：林天东融百家之长，认为前列腺归属于"精室"范畴，而肝足厥阴之脉"循股阴，入毛中，过阴器，抵小腹"，肝的疏泄正常与否，与精室病理生理息息相关。目前生活节奏较快，男性工作压力较大，久之易导致肝气不疏，气机郁滞，加上烟酒无度、嗜食辛辣膏粱厚味，致脾失健运，酿生湿热，《素问·太阴阳明论》云"伤于湿者，下先受之"，故湿热之邪循肝经下移，导致肝经湿热，侵袭精室，湿热日久，灼伤肾阴，继而出现小便淋沥涩痛等表现，且肾阴亏虚，阴损及阳，阳虚则气化失常，膀胱开合失度，出现小便频数等症状。带下病在《傅青主女科》有详细的论述："妇人有带下而色黄者，宛如黄茶浓汁，其气腥秽，所谓黄带是也。""黄带乃任脉之湿热也。"因带脉通于任脉，而任脉起于胞中，下出于会阴，经阴阜，沿腹部正中线上行，走与唇齿，唇齿之间原有不断之泉下贯于任脉以化精，使任脉无热气之绕，一旦热邪存于下焦，则津液不能化精，反化湿也。任脉与肾相通相济，肝之化火与脾之生湿，湿与热相合，灼伤肾阴，使其欲化红而不能，欲返黑而不得，煎熬成汁，乃成黄带也。

综上所述，男女之病，在病因、病机上都有其相似之处，对于男女之病，不能分而治之。

基于此，林天东认为结合中医辨证论治及《傅青主女科》的思想，认为男女之异，异在经带胎产，而藏象一致，女疾男病，同属阴阳八纲，而治法则一。他提出从"异病同治"角度论治慢性前列腺炎，即当慢性前列腺炎证属肾虚湿热下注时，效仿《傅青主女科》治疗带下病之法，主张应用易黄汤治疗，取其清热祛湿、固肾止浊之功，经多年临床观察，疗效显著。

专病专方：根据本病的病机特点，林天东创立了慢性前列腺炎专病专治方——排浊汤。

组成：生地黄 20g，山药 15g，芡实 15g，黄柏 15g，白果 10g，大黄 10g，薏苡仁 15g，败酱草 15g，土茯苓 20g，滑石 20g，车前子 15g（包煎）。

方解：方中重用山药、芡实补脾益肾，为君药；生地黄清热生津凉血，白果收涩止浊，兼除湿热，为臣药；大黄、黄柏、车前子清热祛火，通腑泄热，使湿邪有出路，为佐药；加薏苡仁、滑石以增强化湿之力；再予土茯苓、败酱草，可清热解毒，除湿通利。诸药合用，共奏清热祛湿、排浊解毒之效。主次症兼顾，最大限度缓解患者的痛苦。

加减：若刺痛明显，加桃仁、赤芍、王不留行；若口干，加天花粉、石斛；若胁肋胀痛，加郁金、香附、延胡索等。

（五）慢性乙型肝炎

慢性乙型肝炎是由乙肝病毒感染所致的传染性疾病，病毒感染后可引起机体免疫应答，诱导肝细胞凋亡，可逐步进展为肝纤维化、肝硬化和肝细胞癌，是一种病机错综复杂、病情极易反复的疾病，并有一定传染性，临床上难以治愈。尽管乙肝疫苗已使用近30年，但全球仍有超过4亿慢性乙型肝炎患者。目前西医临床多采用干扰素－α、核苷类似物等药物抗乙肝病毒，抑制病毒复制、增殖，延缓病情进展，但每年约有100万人死于慢性乙型肝炎相关并发症。中医学理论认为慢性乙型肝炎属于"肝着""胁痛""黄疸""积聚"等范畴。

病因病机：病因是正气不足，感受湿热疫毒，饮食不洁，或先天胎毒。病机特点为湿热羁留，肝胆不疏，脾胃受损，久病则瘀血阻络。正气不足是乙肝发病的内因，外因多为湿邪疫毒之实邪。体内正虚、邪实并存，虚实夹杂，二者互为因果，影响疾病的发展、变化与转归。

林天东常指出慢性乙型肝炎病程大致可分为3个阶段：初期大多数乙肝患者因为湿热疫毒未清，迁延不愈，导致湿热毒邪困遏脾胃，损伤肝体，脾失健运之职，肝失疏泄之能，则为湿热气滞。初期以轻度慢性活动型和慢性迁延型多见。中期湿热羁恋中焦，慢性活动型和慢性迁延型多见。后期则脾土衰败，久病入络，瘀血内着而为积聚。因此治疗慢性乙型肝炎需结合各期不同的病因病机特点辨证施治。后期以重度慢性活动型或恢复期多见。

专病专方：根据本病的病机特点，林天东创立了慢性乙型肝炎专病专治方——双莲解毒丸。

组成：柴胡10～20g，黄芩10～15g，党参10～20g，橘红10～15g，佩兰10～15g，山楂10～15g，虎杖10～15g，麦芽10～15g，红枣10～15g，半枝莲10～15g，半边莲10～15g，田基黄10～15g，溪黄草10～15g，白花蛇舌草10～15g，鸡内金10～15g，法半夏10～15g，甘草5～10g。

方解：柴胡为伞形科植物柴胡及狭叶柴胡的干燥根，味苦，性平、微寒，归肝、胆经，功可疏散退热、疏肝解郁、升阳举陷。麦芽为禾本科植物大麦的成熟果实经发芽干燥而得，味甘，性平，归胃经，功可消食开胃。黄芩为唇形花科植物黄芩的干燥根，味苦，性寒，归脾经，功可清热解毒、燥湿泻火。甘草为豆科植物甘草的干燥根及根茎，味甘，性平，归心、脾、胃经，功可益气补中、清热解毒。白花蛇舌草为茜草科植物白花蛇舌草的干燥全草，味甘，性淡、微寒，归肝、三焦经，功可清热解毒、利尿除湿。田基黄为藤黄科植物地耳草的全草，味苦，性平，归肝经，功可利湿退黄、清热解毒、活血行瘀。党参为桔梗科植物党参的干燥根，味甘，性平，归脾、胃、肺经，功可补气益脾、养血。法半夏为天南星科植物半夏的干燥块茎，味辛，性温，归胃、三焦经，功可燥湿化痰、降逆止呕、消痞散结。虎杖为蓼科植物虎杖的干燥根茎及根，味苦，性寒，归肝、胆经，功可利湿退黄、清热解毒、活血行瘀。半边莲为桔梗科植物半边莲带根全草，味甘，性平，功可清热解毒、散瘀止血。半枝莲为唇形科植物半枝莲的全草，味辛苦，性寒，归肝经，功可清热解毒、利湿。橘红为芸香科植物化州柚或柚的干燥未成熟外层果皮，前者习称"毛橘红或化橘红"，后者习称"青光橘红"。其味苦辛，性温，归脾、胃经，功可燥湿祛痰、健胃消食。佩兰为菊科植物佩兰的干燥地上部分，性味辛、平，归脾经，功可芳香化湿。鸡内金为雉科动物家鸡的干燥砂囊内壁，味甘，性平，归脾、胃、肾经，功可健胃消食、止遗尿。溪黄草为唇形科植物线纹香茶草的全草，味苦，性寒，归肝、胆经，功可清热利湿、凉血散瘀。全方诸药共用，可治疗肝气郁滞、脾不健运、湿毒内阻证。

加减：若湿热明显者，可加大白花蛇舌草、半边莲、半枝莲、田基黄等清热利湿解毒之品的用量；胁痛明显者，可加柴胡、川楝子以疏肝理气。

五、方药之长

（一）核心方剂

1. 八味强精丸

组成：枸杞子15g，菟丝子15g，车前子15g，覆盆子15g，五味子15g，乌药15g，沉香6g，细辛3g。

用法：除沉香外，其余7味常温水泡半小时，先大火煎至沸腾，转小火煎40分钟，将药汁倒入碗中，再将沉香打粉放入碗中，早晚饭后各温服一次。

功效：补肾益精，益气健脾，种嗣衍宗。

主治：少精子症、弱精子症。

方解：八味强精丸主要针对肾精亏虚、脾气虚弱所致的少精子症、弱精子症。方中枸杞子味甘，性平，归肝、肾经，补肾阴而生肾精；菟丝子味辛甘，性微温，归肝、脾、肾经，健脾补肾益精，共为君药。覆盆子味甘酸，性微温，归肝、肾经，温肾而不燥，固精而不凝；五味子味甘酸，性温，归心、脾、肾经，益气补虚，强阴涩精；乌药味辛，性温，归脾、肝、肾、膀胱经，温补肾阳，疏通气机；沉香味辛苦，性温，归脾胃、肾、肺经，温肾散寒，行气温中，具有温而不燥、行而不散之功，共为臣药。车前子清肝肺风热，导膀胱水邪，利水而不动气；细辛味辛，性温，归肺、肾、心经，辛散温通，芳香透达，通精窍，合为佐药。全方不凉不燥，共奏补肾益精、益气健脾、种嗣衍宗之功。

临床心得：本方是以经典名方"五子衍宗丸"（被誉为古今种子第一方）为基础方，通过加味乌药、沉香、细辛组成"八味强精丸"，用于肾精亏虚、脾气虚弱所致的少精子症、弱精子症。林天东从医至今已五十余年，自幼宿嗜好岐黄，博采众长，集百家之长于一身。林天东扎根于临床，几十年如一日，深研岐黄之术，临证辨证精准，理法方药开阖有度，遣方用药经验独到，自成"琼州经方派"。与此同时，林天东构建了海南地区不孕不育症中医诊疗体系，创造性提出"男方女用，女方男用"等临证思想，其处方用药提倡经方联用、方证相应，契合当前病机日益复杂的病证，擅内科、男科、妇科，尤擅治不孕不育症，在临床上取得了显著的疗效，其医道医德在海内外享有盛名，林天东也被当地民间及相关媒体冠以"男观音"的美誉，深受海南百姓喜爱。在中医基础理论的指导下，林天东结合多年临床经验提出基于"肾主生殖"及"脾为气血生化之源"的理论认识少精子症、弱精子症。

①基于"肾主生殖"理论：肾为先天之本，藏精，主生殖，在男性的生殖繁衍过程中起着主导作用。男子的生殖系统及生精、种子的功能与肾精密切相关，而肾精之盛衰与天癸之盈亏有着密不可分的关系。《灵枢·本神》曰："生之来，谓之精。"《灵枢·决气》则云："两精相搏，合而成形，常先身生，是谓精。"认为肾中所藏的先天之精与脾胃所藏的水谷精微物质不断濡养，方能产生生殖之精。《素问·上古天真论》云："男子二八肾气盛，天癸至，精气溢泻，阴阳和，故能有子。""八八天癸竭，精少，肾脏衰，形体皆极，则齿发去。"即男子自幼年开始，肾精逐渐充实；至二八左右，肾精进一步充实，精液形成，具备了生殖能力；到老年时，肾精逐渐减少至枯竭，精液的产生也就减少或停止。可见，在《内经》中对男性生殖有比较系统的论述，并且首次提出以"肾"为轴心的男科学理论，即"肾精核心学说"，所以男子生殖功能的变化过程就是肾精盛衰的反应。一旦肾精不足，则会导致精冷、精少等，影响人的生殖功能。故中医学认为肾藏精，主生殖发育，与生育能力密切相关，认为肾所藏精气充足、男女房事是男子具备正常生育能力的生理基础，如繁衍生育的基本物质匮乏，生育功能将受损。

②基于"脾为气血生化之源"理论：脾为后天之本，主运化水谷精微，为气血化生之源。脾为人身之本源，李中梓在《医宗必读·卷一·医论图说》中说："经曰：治病必求于本……故善为医者，必责根本。而本者有先天、后天之辨。先天之本在

肾……后天之本在脾。"脾胃功能对肾精的盛衰与否起着直接和间接双重作用。脾化生水谷精微，输布全身以养五脏，精室得精微以滋养，才能使生殖之精充足。肾精足可化生气血，气血充亦可化精，此即精血互化互生。肾精欲盈，必先脾健，脾健则气血充，化精有源，才能"精气溢泻"而繁衍后代。若脾虚，化生水谷功能障碍，精微不足，肾精失充，则出现精少、精清、精弱而不育。脾虚气亏，运血之力不足，气血不和，血不化精，也会出现精少、精弱而不育。基于此，脾肾相生，先天养后天，相互滋生，相互促进，才能保证生殖之精生成源泉不竭，保持其正常的密度、活力、活率，发挥正常的生殖功能。王琦教授对弱精子不育症的诊治，其用药指导思想是"补肾填精为主"，认为肾是男科疾病的枢机。徐福松教授认为："肾者，男科病病机之枢要也。或肾先病，旁及他脏他经；或他脏他经之病累及于肾。故言男科病之病机，总不离乎肾也。"故肾精足，脾必健，脾健则气血充，生精有源，方可"精气溢泻"而繁衍后代。因此，男性不育症病机可概括为脾肾亏虚，肾失温煦，精失所养，脾失健运，水湿内停，精液不化；气血亏损，精化失源。治法上应补肾健脾益精。

2. 五子助孕丸

组成：枸杞子30g，菟丝子20g，五味子30g，覆盆子15g，车前子15g，白芍15g，柴胡15g，枳壳15g，炙甘草5g，当归15g，生地黄10g，淫羊藿10g，仙茅10g，川芎10g，海螵蛸20g。

用法：上15味药常温水泡半小时，先大火煎至沸腾，转小火煎40分钟，将药汁倒入碗中，早晚饭后各温服一次。

功效：补肾益精，疏肝理气，柔肝养血，种嗣衍宗。

主治：排卵障碍性、多囊卵巢性不孕症等。

方解：五子助孕丸主要针对肾精亏虚、肝气郁结所致的排卵障碍性、多囊卵巢性不孕症。方中枸杞子补肾阴而生肾精，菟丝子健脾补肾益精，当归补血活血调经，共为君药。柴胡升发阳气，疏肝解郁；白芍敛阴养血柔肝，与柴胡合用，以补养肝血，条达肝气，可使柴胡升散而无耗伤阴血之弊；生地黄养血益肾填精；覆盆子温肾而不燥、固精而不凝；五味子益气补虚强阴；仙茅辛热，祛寒除湿，淫羊藿辛甘，长于补肾壮阳，二药配伍，补肾壮阳，强筋健骨，祛风除湿，共为臣药。川芎活血行气开郁，枳壳理气解郁破结，车前子清肝泄热，利水而不动气，共为佐药。炙甘草滋阴养血，益气通阳；海螵蛸涩精收湿止带，共为使药。全方不凉不燥，共奏补肾益精、疏肝理气、柔肝养血、种嗣衍宗之功。

临床心得：本方是以经典名方"五子衍宗丸"（被誉为古今种子第一方）为基础方，通过加味四逆散、二仙汤、当归芍药散、海螵蛸组成"五子助孕丸"，用于治疗肾精亏虚、肝气郁结所致的排卵障碍性、多囊卵巢性不孕症。在中医药理论的指导下，林天东临床诊治时提倡：凡所求之事遇堵，当返璞归真，与孔子所言"温故而知新"同理，即追本溯源。早在五千多年前，前人便已认识男女之事，如《素问·上古天真论》云："七七，任脉虚，太冲脉衰少，天癸竭，地道不通，故形坏而无子。"认为女子到了 49 岁左右，冲任失调，天癸衰竭，难以受孕有子。《千金要方·求子论》云："凡人无子，当为夫妻俱有五劳七伤，虚羸百疾所致。"《类经》有载："督脉生病，女子不孕。"《石室秘录·论子嗣》云："女不能生子者有十病……十病维何？一胞胎冷也，一脾胃寒也，一带脉急也，一肝气郁也，一痰气盛也，一相火旺也，一肾水衰也，一督任病也，一膀胱气化不行也，一气血虚而不能摄也。"比较全面地阐述了不孕症的病因病机。《褚氏遗书》则明确指出"男女精气充足，方可交合生子"，《圣济总录》则强调"妇人所以无子者，冲任不足，肾气虚寒也"。由此可知，古人对不孕的认识由来已久，且大多数医家对于不孕症的诊治多从冲任、气血、肾虚论治。林天东遍览古籍多年，在此基础上结合其临床经验，认为女子不孕，归属于"无子""绝子""断绪"等范畴，与男子不育的病名归属一致，且在病因病机上两者也极为相似。如《黄帝内经》言："女子二七而天癸至，任脉通，太冲脉盛，月事以时下，故有子；男子二八，肾气盛，天癸至，精气溢泻，阴阳和，故能有子。"认为男女孕育皆与肾精充盛相关。女子不孕病机方面，如《妇人良方》云："妇人病有三十六种，皆由冲任劳损所致。"《医学真传·气血》有载："盖冲任之血，肝所主也。"《续名医类案》所云："经本于肾，旺于冲任二脉。"亦认为女子胎孕还与冲任的充盛相关，且冲任的功能有赖于肝的疏泄及肾精的濡养。而男子不育病机方面，《黄帝内经灵枢集注》一书里便提及"男子冲任不盛，宗筋不成，则须不生，是以四时之草不生，以应人之无子"，也认为不育与冲任、宗筋有关系。综上所述，男女之病，无论在病名、病因、病机上，都有其相似之处。因此，对于男女之病，林天东认为不能分而治之。

基于此，林天东认为男女孕育之事，离不开肝、肾的相互作用，并与"精""气""血"息息相关。因肝藏血、主疏泄，而肾藏精、主封藏，二者相互为用，共同调控女子的月经来潮、排卵和男子的排精。所以对于不孕症，林天东认为女子肾精不足，精不足则气血化生失常，而肝血不足，无以化精；肝气郁结则肝失濡养，进而肝血化生匮乏；肾虚肝郁则生殖之精亏虚，使机体失去濡养，生殖能力下降，加之精亏则神疲，机体抵抗力下降，易受他邪侵袭，则生他病。

因此，在治疗上主张补益肾精，疏肝解郁，养血调经。处方用药方面，方选《摄生众妙方》中的种子第一方"五子衍宗丸"。虽五子衍宗丸常用于治疗男性不育症等疾患，但林天东基于"异病同治"，用其治疗女子不孕症，经多年临床观察，其效显著。对于输卵管堵塞性不孕，五子衍宗丸加王不留行、路路通、通草、鸡血藤、泽兰、川芎；对于排卵障碍型不孕，主以五子衍宗丸、四逆散联合四物汤治之。林天东提倡分期论治，即在辨证论治基础上，在黄体期及卵泡期时，方以五子衍宗丸加减，如黄体功能早衰，可加仙茅、淫羊藿补肾精以滋养胞宫；在月经期时方以血府逐瘀汤加减，月经量少时联合四物汤补血养血，月经量较多时联合二至丸滋阴摄血；当出现经血淋漓不尽时，当以归脾汤养血健脾以摄血；在排卵期时，主以五子衍宗丸、四逆散联合四物汤加减，促进卵泡发育以正常排卵。

同时对于久婚不孕女子，由于长期担心、忧虑，饱受精神压抑，产生过度焦虑、紧张、抑郁、恐惧等症状，应辅以音乐疗法，即每天倾听半小时至一小时舒畅的音乐。优雅动听的音乐能娱神悦性，陶情定志，宣调气血，保健强身，增强免疫功能。林天东认为情怡心宽才易孕。《史记·乐书》云："音乐者，所以动荡血脉，通流精神而和正心也。"

3. 疏肝清胃汤

组成：柴胡10g，黄芩10g，法半夏15g，厚朴15g，茯苓20g，生姜10g，紫苏梗10g，红枣10g，蒲公英20g，海螵蛸20g，陈皮10g，白术15g，沉香3g（打粉冲服）。

用法：上13味药常温水泡半小时，先大火煎至沸腾，转小火煎30分钟，将药汁倒入碗中，早晚饭后各温服一次。

功效：疏肝清胃，降逆化痰。

主治：食管、气管反流性疾病，梅核气，胃肠神经官能症。

方解：本方由小柴胡汤合半夏厚朴汤加减而成，小柴胡汤调节少阳枢机，半夏厚朴汤增强健脾祛湿，二方联手，相辅相成。方中柴胡畅肝气，黄芩、蒲公英解热毒，半夏降逆气，厚朴燥湿气，陈皮、苏梗理中气，茯苓健脾胃，生姜止寒呕，大枣调养气血，海螵蛸专于制酸，白术具有补气健脾、燥湿利水之功，沉香味苦质重，温中降气而止呕。方中主药柴胡与黄芩取小柴胡之组合，因为少阳邪气使经气不得利，郁久生热，两药配伍疏解邪热，通畅经气；配合厚朴、陈皮达到促进胃肠蠕动、通腑降逆的目的；半夏降逆止呕，兼顾主症。本方降逆药物可分为半夏、黄芩清热降逆；生姜一味，温中和胃以降逆。综观本方特点，紧紧围绕肝胃郁热之病机，性寒凉可除肝胃之热，重行气可复失常之气机，健脾胃可增人体正气，达到疏肝清热、降气和胃之功效。

临床心得：林天东以小柴胡汤合半夏厚朴汤加减而成自拟疏肝清胃汤，小柴胡汤调节少阳枢机，半夏厚朴汤增强健脾祛湿之力，二方联手，相辅相成。林天东借鉴各医家学术见解，纳百家之长，同时结合临床认为，本方证出现的病机主要为现代人生活压力增大，出现情绪紧张，情志不舒，致肝气郁结；加之海南地处亚热带地区，天气炎热，多雨潮湿，易致湿热之邪蕴结于脾胃。以上病机可进一步使肝气不舒，郁而化热，从而影响脾胃运化功能；脾虚湿滞，胃气失和，蕴久生热，一方面会加重脾胃运化水谷不利，另一方面可加重脾胃气机升降失常。这些常见病因病机导致患者出现反酸、烧心，甚至出现胸骨后及胃脘灼热疼痛、腹部胀满、嗳气、烦躁、嘈杂易饥等症。

林天东认为，本病或因忧伤恼怒，情志不畅，肝郁克脾，或因思虑过度损伤脾土，土虚木亢，导致肝失疏泄条达，肝气郁滞，郁久化热，从而影响肝气的正常升发，使胃中之气当降不降，清气当升不升，发为本病，出现反酸、嗳气、呕恶等表现。因此，林天东在治疗上多用柴胡、黄芩、苏梗、陈皮、蒲公英等疏肝理气同时能清解肝胃郁热之药。脾胃为气机升降之枢纽，脾胃发病总不离气机失调，故林天东在临床治疗中，往往善于配伍一些调理脾胃气机升降的药物，如沉香、陈皮、厚朴等。同时还会辅以茯苓、半夏、白术等健脾益气、温化痰湿功效的药物。

4. 自拟降脂汤

组成：制何首乌 10g，桑寄生 15g，决明子 10g，茵陈 20g，金樱子 10g，益母草 15g，泽泻 20g，焦山楂 15g，焦神曲 20g，焦麦芽 30g。

用法：上 10 味药常温水泡半小时，先大火煎至沸腾，转小火煎 30 分钟，将药汁倒入碗中，早晚饭后各温服一次。

功效：化痰降浊，健脾利湿。

主治：高脂血症。

方解：方中泽泻味甘淡，性寒，归肾、膀胱经，利水渗湿，化浊降脂，泄热；茵陈味苦辛，性微寒，归脾胃、肝胆经，清热利湿，既防痰湿化热，又醒脾畅气开郁；制何首乌苦甘涩，性微温，归心、肝、肾经，滋补肝肾，益精血，补而不腻，且何首乌有效成分可减少和阻止肠内脂类物质在血中的渗透和吸收，促进脂类物质转运和代谢；桑寄生味苦甘，性平，归肝肾经，补肝肾，强筋骨，祛风湿；金樱子酸甘涩，性平，归肾、膀胱、大肠经，固精缩尿，防渗湿过多；益母草味苦辛，性微寒，归肝、心包、膀胱经，活血利尿，使痰湿从小便出，清热解毒。决明子味甘苦咸，归肝、大肠经，滋养肝肾之阴，清肝明目，润肠通便，可降低胆固醇、低密度脂蛋白和三酰甘油；焦山楂味酸甘，性微温，消食健胃，化浊降脂，行气散瘀，尤善消油腻和肉类之积，具有降血脂、抗动脉粥样硬化和促进脂肪分解的作用；焦神曲味辛甘，性温，归脾胃经，健脾和胃，消食调中，消饮食停滞，缓腹胀胸痞，尤善消米面之食；焦麦芽味甘，性平，归脾胃经，行气消食，健脾开胃，善消淀粉类食物，"焦三仙"合用，共起消积化滞、健脾消食的作用。诸药合用，协同作用，可调整体内血脂，达到机体平衡。全方化痰湿采用辛温燥湿、淡渗利湿之法，使痰去湿清，气血正常运行；中上二焦辛开芳化、下焦淡渗相结合，健脾行气，补益肝肾，攻补同用，祛邪而不伤正，补益而不敛邪，既消除病理产物，又调整肝脾肾脏腑功能，恢复各脏腑间联系，达到标本同治。

临床心得：林天东认为脾主运化，为后天之本，气血生化之源。过食膏粱厚味，使脾失健运，致中焦塞滞，膏脂不能及时运化输布，痰浊流注血脉，阻滞气血运行，气滞则水谷精微、津液停聚，形成痰瘀互结血脉之证。上部之气不能下降，阻滞于四肢经络，导致肢体麻木。脾主四肢，患者脾虚湿盛，痰湿为有形之邪，其性沉重黏腻，故四肢沉重，大便黏腻不爽。临床上高脂血症多由于工作劳累或生活紊乱，饮食作息不规律，嗜食肥甘厚腻，常症见神疲乏力，形体肥胖，双上肢麻木、无力，腹胀，腰膝酸软，纳差，眠差，大便黏腻不爽，舌淡红，苔白腻，脉滑，多辨证为脾虚痰湿证。

5. 加味百合固金汤

组成：百合20g，生地黄15g，熟地黄10g，玄参15g，麦冬15g，当归10g，白芍20g，浙贝母15g，桔梗10g，生甘草10g，蝉蜕5g，紫苏叶10g，蜜麻黄5g，酸枣仁10g，茯苓15g，川芎10g，知母10g，半枝莲15g，白花蛇舌草15g，半边莲15g，田基黄15g，灵芝20g。

用法：上22味药常温水泡半小时，先大火煎至沸腾，转小火煎30分钟，将药汁倒入碗中，早晚饭后各温服一次。

功效：滋阴降火，化痰止咳，抗癌散结。

主治：阴虚内热型肺恶性肿瘤。

方解：方中百合味甘苦，性微寒，滋阴清热，润肺止咳；生地黄甘寒，质润多液，滋阴补肾兼清热凉血，熟地黄"益阴补血之上品""补肾家之要药"，生地黄、熟地黄并用，滋肾壮水，清补并行，其中生地黄兼能凉血止血。三药相伍，为润肺滋肾、金水并补的常用组合，共为君药。麦冬味甘寒，协百合以滋阴清热，润肺止咳；玄参味咸寒，助二地滋阴壮水，以清虚火，兼利咽喉；蝉蜕、苏叶、蜜麻黄宣肺解表止咳；酸枣仁性平，味甘酸，入心肝之经，养血补肝，宁心安神；茯苓加强宁心安神；知母加强滋阴清热；川芎畅调气机，共为臣药。当归治咳逆上气，配伍白芍以养血和血；浙贝母清热润肺，化痰止咳，俱为佐药。桔梗宣肺利咽，化痰散结，并载药上行；生甘草清热泻火，调和诸药，共为佐使药。治疗上应辨证与辨病相结合，半枝莲、半边莲、白花蛇舌草、田基黄均具有清热解毒功效；灵芝味甘，性平，归心、肺、肝、肾经，具补气安神、止咳平喘之力。上述6味药均有抗肿瘤、调节免疫系统、抗氧化、抗菌、消炎镇痛等作用。

临床心得：林天东认为该阴虚内热的肺癌，多为肺阴亏耗，津液不能下荫于肾，则肾水不足，肾水既亏，一则阴不上滋于肺，再则水不制火，虚火上炎而灼肺金，形成肺肾亏虚，母子俱损。阴虚肺燥，阴虚生内热，虚火上炎，煎灼津液，则咳嗽、咽痛；灼伤肺络，以致痰中带血；肺肾阴虚，阳气相对过剩，气机逆乱，可见胸闷、头晕；阴虚生内热，扰乱心神，故见睡眠欠佳、多梦、便干。治宜滋养肺肾之阴血，兼以清热化痰止咳，以图标本兼顾。林天东治疗该病之遣方用药不拘一格，非常灵活，治标兼顾治本，直捣病所。

（二）经典配伍

林天东在临证过程中喜好用药对治病，认为中药有性味归经、升降浮沉的不同，不同科也有不同病，因此合理选择专药搭配，可使组方治疗更具有针对性，使其发挥1+1＞2的效应。清代名医徐灵胎《兰台轨范》曰："一病必有一主方，一方必有一主药。"通过抓住疾病的本质，确定主要方向，选择相应药对，可达到事半功倍之效。

1. 仙茅配淫羊藿

仙茅始载于《雷公炮制论》。据《开宝本草》称，其"主心腹冷气不能食，腰脚风冷挛痹不能行，丈夫虚劳，老人虚弱，男子益阳道，久服通神强记，助筋骨，益肌肤，长精神，明目"。淫羊藿，据《本草纲目》记载："西川北部之羊，因经常食用其草，能'一日百遍合'，故名淫羊藿。"据《日华子本草》载："治一切冷风劳气，补腰膝，强心力，丈夫绝阳不起，女子绝阴无子，筋骨挛急，四肢不任，老人昏耄，中年健忘。"临床上林天东常用仙茅配伍淫羊藿治疗肾阳虚衰之阳痿、男子不育、女子不孕、女性黄体功能早衰、甲状腺功能减退症、寒湿痹痛等；仙茅味辛热，性猛，为温补肾阳竣剂，功能补肾阳而兴阳道、祛寒湿而暖腰膝、强筋健骨、温脾止泻；淫羊藿味辛甘性温，有温补肾阳、强筋健骨、祛风除湿之功。二药合用，刚柔相济，共奏温肾壮阳、培元固本、祛风散寒除湿之功效。

2. 王不留行配路路通

王不留行始载于《神农本草经》，言其："主金疮，止血逐痛。出刺，除风痹内寒。"《本草纲目》中亦有记载："王不留行能走血分，乃阴阳冲任之药。"路路通始载于《本草纲目拾遗》，言其："舒经络拘挛，周身痹痛，手脚及腰痛。"临床上林天东常用王不留行配伍路路通治疗女性输卵管不通或输卵管通而不畅、盆腔积液、卵巢囊肿、男性精索静脉曲张、产后乳汁不下、乳痈肿痛、痛经闭经等；王不留行味苦，性平，入肝、胃经，有活血通经、下乳消痈、利尿通淋的功效；路路通味苦性平，入肝、肾经，有祛风活络、利水通经的功效。二药并用，共奏活血通经、活络下乳、消痈止痛、利水通淋之效。

3. 乌药配沉香

乌药最早载于《本草拾遗》，谓其："主中恶心腹痛，宿食不消，天行疫瘴，膀胱肾间冷气攻冲背膂，妇人血气，小儿腹中诸虫。"《日华子本草》中记载："治一切气，除一切冷，霍乱及反胃吐食，泻痢，痈疖疥癞，并解冷热。"沉香作为药物，最早记载于梁代陶弘景的《名医别录》，列为上品，曰："沉香：熏陆香、鸡舌香、藿香、詹糖香、枫香并微温。悉治风水毒肿，去恶气。"《日华子本草》对其进行较全面的总结，云："沉香，味辛，热，无毒。调中，补五脏，益精，壮阳，暖腰膝，去邪气，止转筋吐泻冷气，破癥癖，冷风麻痹，骨节不任，湿风皮肤痒，心腹痛气痢。"临床上林天东常用乌药配伍沉香治疗男性不育的少精子症、弱精子症、脘腹冷痛、寒凝气滞、遗尿尿频、气逆喘息等；乌药味辛性温，归肺、脾、肾、膀胱经，具有温肾散寒、行气止痛的功效；沉香辛苦，性微温，归脾、胃、肾经，具有行气止痛、温中止呕、纳气平喘的功效。二药合用，共奏温肾纳气、温中行气、散寒止痛之效。

4. 石榴皮配防风

石榴皮始见于《名医别录》，《本草汇言》载："石榴皮，涩肠止痢之药也。能治久痢虚滑不禁，并妇人血崩、带下诸疾，又安蛔虫。盖取酸涩收敛下脱之意，与诃子肉、罂粟壳同义。"防风始载于《神农本草经》，谓其："味甘，温。主大风头眩痛，恶风，风邪，目盲无所见，风行周身，骨节疼痹，烦满。"据《本草纲目》记载："三十六般风，去上焦风邪，头目滞气，经络留湿，一身骨节痛。除风去湿仙药。"临床上林天东常用石榴皮配伍防风治疗久泻久痢、便血脱肛、脾虚湿盛、虫积腹痛、风疹瘙痒、风湿痹痛等。石榴皮味酸涩，性温，归大肠经，具有涩肠止泻、止血、杀虫的功效；防风味辛甘，性微温，归膀胱、肺、脾、肝经，具有祛风解表、胜湿止痛、止痉的功效。二药并用，共奏涩肠止泻、祛风胜湿、止血止痛止痉之效。

5. 五指毛桃配黄芪

五指毛桃又名五爪龙，始见于《生草药性备要》曰："五爪龙，根治热咳痰火。"据《中华药典》记载："五指毛桃味辛甘，性平、微温，具有益气补虚、行气解郁、壮筋活络、健脾化湿、止咳化痰等功效。"黄芪始载于《神农本草经》，云其："味甘，微温。主治痈疽，久败疮排脓止痛，大风癞疾，五痔，鼠瘘，补虚，小儿百病。"《名医别录》记载："无毒。主治妇人子藏风邪气，逐五脏间恶血，补丈夫虚损，五劳羸瘦，止渴，腹痛泄利，益气，利阴气。"临床上林天东常用五指毛桃配伍黄芪治疗重症肌无力、中气下陷诸症、脾虚浮肿、自汗盗汗、肺痨咳嗽、风湿痹痛等。五指毛桃辛甘，性平、微温，入脾、肺、肝经，具有益气补肺、健脾行气、利湿舒筋、止咳化痰的功效。黄芪甘、微温，归肺、脾经，具有益气固表、排脓托毒、利尿、敛疮生肌的功效。二药合用，共奏健脾益气、行气利湿、托毒敛疮、化痰止咳之效。

6. 鸡血藤配川楝子

鸡血藤始载于《本草纲目拾遗》，曰其："活血，暖腰膝，已风瘫。"《饮片新参》记载其："去瘀血，生新血，流利经脉。治暑痧，风血痹症。"川楝子以"楝实"之名始载于《神农本草经》，曰："主温疾，伤寒大热烦狂，杀虫疗疡，利小便通道。"《本草纲目》称其"治诸疝虫痔""导小肠、膀胱之热，因引心胞相火下行，故心腹痛及疝气为要药"。临床上，林天东常用鸡血藤配伍川楝子治疗睾丸疼痛、精索静脉曲张、痛经闭经、胸胁或脘腹胀痛、湿热痹痛等。鸡血藤苦甘，性温，归肝、肾经，具有活血补血、调经止痛、舒筋活络之功效；川楝子苦寒，有小毒，入归肝、小肠、膀胱经，具有疏肝泄热、行气止痛、驱虫的功效。二药并用，共奏疏肝泄热、活血止痛、补血调经、舒筋活络之效。

7. 滑石配甘草

滑石配甘草见于《伤寒直格》。临床上林天东常用于治疗尿路感染，认为滑石味淡性寒，质重而滑，淡能渗湿，寒能清热，重能下降，滑能利窍，故能上清水源，下利膀胱水道，除三焦内蕴之热，使从小便而出，以解体内之邪；少佐甘草和其中气，并可缓和滑石寒之性。二药相配，共奏清热利湿之效。

8. 黄芪配益母草

黄芪可补五脏气，补肺气固表，补脾生血，补心气降压，补肝气助升发。合温润活血养血之品益母草，能补肝气，调肝血。林天东临证常用其治疗高脂血症，认为高血脂症的病机多由嗜食膏粱厚味，损伤脾胃，或经久伏案，劳伤心脾，或久坐久卧，伤气困脾，均可使脾失健运，水谷不能化为精微，清浊不分，聚湿成痰，血行不畅，痰瘀互结，阻于脉络。黄芪主补气健脾，益母草擅于活血兼利水消肿，二药相合，可补肝健脾，消食化积，活血祛瘀，达到降血脂的功效。

9. 蜈蚣配刺蒺藜

宗筋乃肝经所主，肝经循行不畅，久之便有瘀滞之象，且当肝疏泄失常，肝郁气滞，易致宗筋的气血循环失常，气血不充，难以举阳用事，林天东临证常运用刺蒺藜、蜈蚣配伍治疗，二药皆归肝经。刺蒺藜味辛，善疏肝气；蜈蚣味辛且温，善活血通络。二者合用，疏肝气以解其郁，活血通络以解其瘀，改善宗筋的气血循环，使气血充盈，振阳起痿。

637

六、读书之法

林天东养成的一个好习惯便是看书。从小到大，在他身边的不是中药，便是医书。受父亲影响，他从小便习读医学古籍，上至《黄帝内经》《伤寒论》《金匮要略》

《神农本草经》，下及《傅青主女科》《外台秘要》《千金要方》《医宗金鉴》及金元四大家等诸子百家。在他那个年代，医书是他最大的渴望，也是最好的治病宝典。在他深耕基层、走村串巷的那段时期，他的药箱里始终放着两本书，一本是《伤寒论》，一本是《金匮要略》。对于《伤寒论》，林天东认为首要是谨记原文，原文一定要做到烂熟于心，这样当患者说出症状的时候，才能自然而然对应上，对其症，处其方，下其药，方能做到信手拈来，泰然处之。第二点便是要有中医自信，要相信中医发展数千年，留下来的必是精华，因此他提出了"南方以阳虚、寒病者多，宜用伤寒方"，在海南乃至岭南这一带坚持原汁原味使用伤寒方，效果都是立竿见影，打破了"南不用麻黄、桂枝，北不用石膏、知母"的禁锢。在他的不断坚持及引导下，影响和带动了琼州经方使用热潮。

对于《金匮要略》的学习，林天东认为有一点特别重要，那就是一定要结合临床实践，深入研究，理解深意，果断用之。如在《金匮要略·百合狐惑阴阳毒病脉证治第三》中，载百合病误治方证凡3条，即误汗后的百合知母汤证、误下后的滑石代赭汤证和误吐后的百合鸡子汤证。林天东结合经验和临床体会，认为救误三方在临证时应不拘误治，宜"各随证治之"，其效明显。如百合病系心肺阴虚，兼有内热的疾患，不宜误用伤津耗液之法治之；如百合病见症中有"如寒无寒，如热无热"，不可误为表证而用汗法；如"意欲食复不能食"，不可视为邪热入里之实证而用攻下法；如存在"或有不用闻食臭时""得药则剧吐利"等，错认为痰涎壅滞而用吐法者，均犯虚作实治之戒。说明百合病尚有不同见证，然而见证有异，须"各随证治之"。因此领会书中要旨非常重要，后世医家也多用救误治三方，治非误治之证，效如桴鼓。如有报道治一名13岁的学生，因看解剖尸体时受惊吓后跌倒，颈项不能竖起，头向左右转动，不能说话，脉浮数，舌无苔，经镇静剂治疗无效而服百合知母汤获效之验案。临证类似之验，实不乏其例，故救误治三方不必受误汗、吐、下后之用的限制，勿守株待兔，只要病机相符即可选用，才不失仲景之旨。

林天东也常利用原文及选用百合汤临证治疗很多疾病，如神经官能症患者，表现与原文中"如有神灵者，身形如和，其脉微数"相似，且存在精神不定和神志恍惚的见证，以及口苦、小便赤等阴虚内热之象时，可使用百合地黄汤为主方；如兼汗多津伤、口渴者加用知母，阴伤胃气上逆者加用代赭石，小便赤涩或低热者加滑石，虚烦不眠若加鸡子黄，临床收效满意。再如用地黄汤合百合滑石代赭汤治愈一胃肠神经官能症患者，患者症见胃脘部嘈杂3年，有灼痛感，嗳气，时有肠鸣及干呕，纳少，心悸，眠不佳，身体消瘦，脉细数，舌红苔少，经服西药一月余未效，改服上述中药两剂而愈。

临证尚有根据症情标本缓急不同，分别以救误治三方和百合地黄汤先后交替治之者，可见救误三方可作为百合病兼证加减方，此乃仲景"用药之法，全凭乎证，添一证则添一药，易一证亦易一药"的一贯思想。而仲景治百合病，多只以清灵平淡的二味药立方，且主药百合则一，各方药多仅一味之异，实有备方以随证添加易减之义。因此，各位医家研读《金匮要略》时，应细读、精读，并悉知其病，往往收效更佳。

七、大医之情

（一）不忘救死扶伤的初心

林天东出身于中医世家，父亲林盛森为当地名医，自幼耳濡目染，童蒙初识便立志学医。在父亲的熏陶和教诲下，林天东自幼追随父亲置身于深山丛林，采集黎药仙草，好习医经，师崇仲景，熟读经典。童子本无忧，却遭灾荒年，目睹百姓疾苦，更加坚定了他的行医之路——救死扶伤！林天东深知穷乡僻壤，百姓就医不易，更加发愤图强，拜师学艺，旁及各家。学医归来，用"一根银针，一把草药"践行初心，帮助邻里乡下免遭病魔的侵害，名声大噪而闻名于当地，20岁不到的林天东已在当地被誉为"一代名医"。

（二）"日临床、夜读书"的坚持

因"文化大革命"，林天东未能继续在高校学习，但他自知才学疏浅，尽管白天行医、工作，但依然坚持夜间在昏黄的煤油灯下苦读中医经典。直至1973年，林天东以全省第一的优异成绩考取海南中医班，夯实中医基础，学校领导指定林天东全面负责中医教学工作，成为主要的授课教师之一。毕业后，林天东并不因此而沉醉，此时的他横跨琼州海峡，渡海北去求学，就读于广州中医学院（现广州中医药大学）进修班，师从国医大师邓铁涛，并得其真传。苍山千仞，不辞其高；沧海万顷，不厌其深。1984年秋，林天东开始攻读中国中医研究院（现中国中医科学院）研究生班，林天东辞别妻儿，读研两年，青灯黄卷，潜心苦读中医经典，并有幸得到国医大师陈可冀院士的赏识，拜其门下，后师从国医大师王琦院士等，深得诸位大家点拨，集百家之大成，造就如今的林天东。现如今林天东已年过古稀，依然坚持日临床、夜读书。

（三）医者父母心的付出

年逾古稀的林天东在2006年退休后被海南省中医院返聘，重回一线的他一周出诊 6 天，常常要往来奔波于海口、万宁、博鳌等多地看诊，每个月还要不定期离岛前往珠海市中西医结合医院坐诊。按照医院规定，医生上午的门诊时间是 8—12 时。但林天东的门诊时间延长到下午三四点都是常有的事，有时还会有夜间门诊。他几乎不会拒绝患者的加号请求，很多患者慕名从其他市县奔波到海口找他看病，就是希望能早日减轻痛苦。他不忍心看着患者长途跋涉之后却看不上病，增加患者的交通成本，最多时一次门诊看了 210 名患者。在许多患者眼中，林天东不是声名显赫的专家，更像是一位亲切风趣的老爷爷。林天东曾接诊过的一位患者吴女士，对他的幽默记忆犹新。她回忆，当时见到林天东时自己忧心忡忡，满脸愁容。林天东感觉到她的紧张，上来第一句话就是："你皱着个眉像林黛玉一样干吗嘞？这点病还怕我给你看不好吗？"林天东这句夹着海南话的"海普"刚说完，吴女士瞬间就被逗笑了。而这样的轻松时刻常常在林天东的诊室里上演。一部分年轻患者找林天东看病，林天东会亲切地称呼他们为"阿侬啊"（海南话，表示"孩子""宝贝"的意思）。患者听着林天东轻声细语用海南话唤他们，像极了跟自家爷爷在交谈。这些都是林天东看诊的"艺术"，在他看来，中医不止要医病，更要医心，让患者从心理上配合治疗，才能达到从心到身的疗愈。

（四）谦卑良师，言传身教，栽培后学，尽发余光

在学生眼中，林天东是一位实实在在用"身教"影响学生的良师。这么多年来，林天东仍保持每天凌晨 5 点起床阅读的习惯。年已古稀的他把上千个经典验方烂熟于心，被学生们称为"电子脑"。连轴转的工作让跟师学生时常感到精力不济，林天东却始终都保持着最好的状态，他最常对学生说的一句话便是："患者至上。"学生们也常感叹："别人的一周是 7 天，林老师的一周有 8 天！"即便每天要面对密集的门诊安排，林天东也没有停下临床研究工作，他还培养带教了一批学生，为海南中医药人才培养贡献着自己的一份力量。

八、传道之术

（一）人才培养方法

林天东作为首届全国名中医，第三、六、七批全国老中医药专家学术经验继承工作指导老师，相继在海南省中医院、博鳌超级中医院、万宁市中医院和广东省珠海市中西医结合医院等 6 家医疗机构建立林天东学术思想传承工作室，开展师承带教，先后培养中医药人才 48 名（含全国中医优秀人才），学科涵盖男科、妇科、肿

瘤、老年病、脾胃病、心血管病、肺病等众多领域。

在师承带教过程中，林天东严于律己，宽以待人，善于激发弟子学习经典的兴趣，巧妙地将临床与课堂结合在一起，以临床门诊为课堂，每位患者都是最好的考题。林天东边为患者诊治，边临床带教，依据病情、结合实际训练弟子的临床辨治思维。一人一证一方便是训练弟子中医经典基本功的最佳方法，老师现场指导处方用药技巧，传承"琼州经方流派"的用药特点，系统规范传授"男方女用，女方男用"的学术经验，使他们深刻理解治疗不孕不育症的学术思想，更好地服务患者，传承发扬中医学术，为造福人类贡献中医力量。

（二）人才培养成果

自"琼州经方流派"创立以来，林天东培养的学术传承人已在中医各个医学领域发挥了巨大的作用，"男方女用，女方男用"的学术思想在不孕不育领域得以传承并指导实践。其学术传承人中，1人当选第二届全国名中医，1人当选第五批全国老中医药专家学术经验继承工作指导老师，2人当选第7批全国老中医药专家学术经验继承工作指导老师，2人当选国家中医药管理局全国中医药特色技术传承人，1人当选海南省基层传承人，8人在海南担任县级以上中医院院长等要职。林天东在海南省中医院、广东省珠海市中西医结合医院、万宁市中医院、澄迈县中医院、博鳌超级中医院和海口市中山医院等13家医疗机构开展坐诊带教与培训，传承其学术思想与诊疗经验，累计带教培训5000余人次；牵头成立中国民族医药学会黎医药分会，对海南黎族医药开展抢救性挖掘与传承，并培训民间民族医药人才800余人次，师承带教黎族医7名。

林天东通过学术思想传承工作开展传承与科研，门下弟子合编出版《全国名中医林天东诊疗思想集萃》《全国名中医林天东男妇科学术思想辑要》《全国名中医林天东临床方药荟萃》和《黎族医药概论》等10余部著作；获国家发明专利授权14项；研发院内制剂7项；学术成果"全国名中医林天东学术思想、临床经验的传承与推广"荣获海南省科学技术进步奖二等奖、中国民族医药学会科学技术奖二等奖和三等奖；出版的著作先后获中华中医药学会学术著作奖三等奖、中国民族医药学会学术著作奖一等奖和三等奖。

林天东学术传承谱

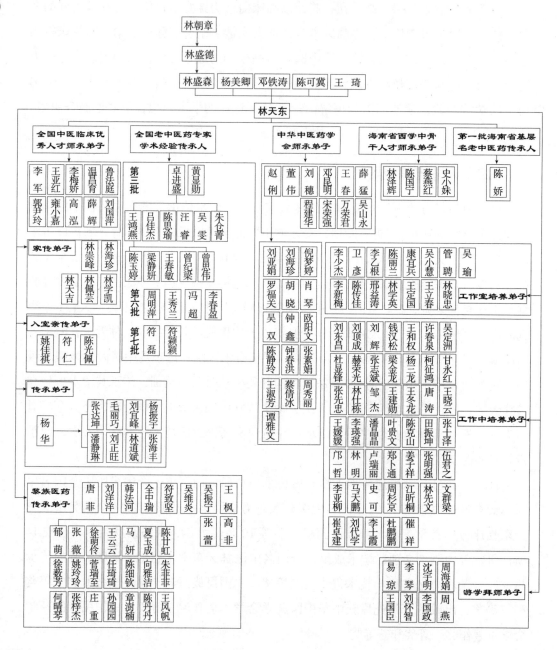

（邢益涛、吴维炎整理）

（高欣编辑）

南　征

南征（1942—　），男，吉林龙井人，中共党员，医学学士，长春中医药大学终身教授、主任医师、博士研究生导师。原国家卫生部、国家中医药管理局糖尿病重点专科、学科学术带头人，第三、四、五、六、七批全国老中医药专家学术经验继承工作指导教师，享受国务院政府特殊津贴专家；中国代谢病防治创新联盟专家委员会副主任，世界中医药学会联合会糖尿病专业委员会副会长、内分泌专业委员会顾问，中国民族医药学会朝医药分会名誉会长，中医重症病例医疗救治专家组组长，吉林省中医药防治艾滋病专家组组长；首届全国名中医，吉林省名中医，长春名医、长春知名医生，全国高等中医药对外教育优秀教师，吉林省医德标兵，吉林省高校优秀共产党员；2022年被授予"国医大师"荣誉称号。

南征创新性地提出"滋阴清热、益气养阴、活血化瘀"三法为一法治疗消渴、"毒损肾络"病机学说、"消渴肾病"中医病名；在临床中逐渐形成以"消渴－消渴肾病－消渴肾衰"为主线的疾病诊疗体系，并创新性地提出"一则八法"综合管控理论；首次发掘长白山植物榛子雄花，用于治疗糖尿病肾病、肝病；研制出消渴安胶囊、麝香抗栓胶囊、麝香抗栓丸、复方榛花舒肝胶囊4个准字号新药；获中华中医药学会科学技术进步奖二等奖1次，吉林省科学技术进步奖二等奖3次、三等奖3次。

一、学医之路

1959 年，年仅 17 岁的南征考入长春中医学院，开始 6 年的大学生活。作为朝鲜族学生，语言成了他遇到的第一道难关。据他回忆，当时他的汉语水平只能通过考试，进行简单的日常交流。当面对汗牛充栋的中医典籍时，可谓"欲哭无泪"，但他没有被眼前的困难所吓倒，而是"明知山有虎，偏向虎山行"。所谓书山有路勤为径，学海无涯苦作舟，在他栉风沐雨、夙兴夜寐、精勤不倦的努力下，他不仅克服了语言的难关，而且取得了优异的学习成绩，打下了扎实的中医基础。

世有伯乐，然后有千里马，千里马常有，而伯乐不常有。由于他吃苦好学、成绩优异、品德优秀，他被各科老师所赏识，如《内经》老师陈玉峰、骨科老师刘柏龄（第二届国医大师）、儿科老师王烈（第三届国医大师）、妇科老师杨宗孟等，这其中就有被中医学界称为"活字典"的首届国医大师任继学教授。任老十分赏识南征，并将他收入门下，将其毕生所学倾囊相授。求学期间，南征埋头苦读，勤奋刻苦，成绩一直名列前茅，几乎所有课程都是满分。1965 年，南征以优异的成绩从长春中医学院毕业，毕业后留校，在大学从事教学、临床、科研工作至今。

二、成才之道

南征认为，要成为一代明医，务必做到以下几点。

（一）志存高远，医者仁心

范文正公曰："不为良相，便为良医。"这句话长期以来都是有识之士的共同理想，南征也不例外。诸葛亮曰："非学无以广才，非志无以成学。"只有志存高远，脚踏实地，孜孜以求，刻苦努力，才有可能实现理想。个人的向往和追求只有同社会的需要和人民的利益相一致，才能变成现实。几十年来，南征初心不改，始终坚持全心全意为患者服务。他立志作苍生大医，58 年坚持在临床一线工作，栉风沐雨，造福一方。

（二）熟读经典，夯实基础

《内经》曰：习道有五，一诵、二解、三别、四明、五彰。这也是南征践行和倡导的中医学习方法。南征的导师——首届国医大师任继学先生，在业内有"中医活字典"的美誉，可见其博览群书、博闻强识的坚实基础。在任老的影响下，南征在四小经典、四大经典等基础知识的学习上付出了辛勤的努力，打下了坚实的基础。如今虽已年逾八旬，南征对于《脉诀》《药性歌诀四百味》《药性赋》《汤头歌》《经络歌》等仍然脱口而出。此外，他对历代名家的著作广泛涉猎，尤其对叶天士的"久病入络""久痛入络"颇有体会，并因此创立"毒损肾络"病机说；他对王清任的《医林改错》也颇为喜爱，在大学期间，曾手抄整本《医林改错》，甚至连一幅插图也没有落下。几年前南征曾治一顽固性呃逆的患者，他医屡治不效，南征用血府逐瘀汤一周收功，正是因为呃逆是《医林改错》中血府逐瘀汤可治的 19 个病证之一。

（三）多跟明师，勤求博采

南征早年跟师于陈玉峰、张继有、任继学、刘冠军、刘柏龄、杨宗孟等国家级名医，学习《黄帝内经》《金匮要略》《温病条辨》《本草纲目》，懂得了阴阳之道、五行生克、养生之道、五运六气、阳道实阴道虚、整体观、辨证论治、辨证用药等经典内容。他熟读背诵、经典，牢固掌握"不治已病治未病""治痿独取阳明""风为百病之长""五脏六腑皆令人咳""散膏""膜原"等有关经文，并熟记在心。

1962 年课间实习中，南征跟师于段英连、马志、朱志龙、阎亚泉等老一辈名医，随诊治疗，跟明师，多实践，理论联系实际，经过临床实习，茅塞顿开，走中医路，做中医人，坚定了中医信念。

（四）勤于临床，善于创新

古人云："熟读王叔和，不如临证多。"多年来，南征每周都坚持 5 天的门诊，除遇到节假日以外，从不轻易停诊，也不休假，五十八年如一日，每天都以饱满的热情接诊患者。在多年临床基础上，他创新性地提出"滋阴清热、益气养阴、活血化瘀"三法为一法辨治消渴病，并研究成功准字号新药"消渴安胶囊"；发掘长白山植物榛子雄花，用于治疗糖尿病肾病、肝病，该药现已被纳入《吉林省中药材标准》；成功研制麝香抗栓胶囊、麝香抗栓丸，药物被编入《中华人民共和国药典（2010 版）》。

三、学术之精

南征继承了任继学国医大师的学术思想，在此基础上，依据中医经典理论结合其自身 50 余年的临床经验，创新性地提出以消渴及其并病为主要代表的内科危重疾患诊治管控理论体系——"一则八法"，旨在通过认真管理患者，严格防控疾病，和谐医患关系，切实提高中医临床疗效。南征认为，看病只靠医生用药是治不好的，必须提高患者依从性，发挥其最大的主观能动性，医患和谐，医患共守"一则八法"，以医生为中心，患者为根本，提高疗效为目标，全心全意为患者服务，治人治命，救死扶伤，有病治病，无病防病，不治已病治未病，治病必求于本。"一则八法"具体内容如下。

一则八法综合运用

一则即诊治原则，是在中医理论指导下，辨证识病，识病求因，审因治人，治病治本。

古语云："上医治国，中医治人，下医治病。"治国者，中医之道也；治人者，中医之本也；治病者，中医之术也。辨证求因，审因论治，治人救命者，中医之则也，治病必求于本。本，代表病因、病机本质、主要矛盾等，治病求本就是抓住疾病的本质和主要矛盾进行治疗，本病治愈则标病自除，即"澄其源而流自清"。

八法即内外同治法、节食散步法、养生静卧法、标本兼顾法、反省醒悟法、精神养心法、心得日记法、依从教育法。

《素问·异法方宜论》曰："圣人杂合以治，各得其所宜。故治所以异而病皆愈者，得病之情，知治之大体也。"也就是说，在掌握病情的条件下，可以综合各种手段与方法治疗疾病。

1. 内外同治法

内治法是通过口服药物治疗疾病的方法。《内经》中所说的"毒药攻其中"，指的就是口服药物，即内治法。用内治法治疗疾病时，一般是将多种药物按一定的原则配合使用，也可使用单一的药物。内治法根据药物或方剂的不同作用又可分为汗法、吐法、下法、和法、温法、清法、消法、补法等。

南征临床用药，博采众方之精华，善用经典方剂，如达原饮、八正散、六味地黄丸、荆防败毒饮、白虎加人参汤、黄连阿胶鸡子黄汤、补阳还五汤等。应用古方灵活变通，如胸闷疼痛者取"瓜蒌薤白白酒汤"之瓜蒌、薤白，胃胀不舒者取"叶氏养胃汤"之水红花子、莱菔子，清阳不升者取"补中益气汤"之升麻、柴胡等。南征强调临证时必须分析主证、主药，根据病情加减，不断创新，总结自己的经验及用药规律。内治法在临床上既可单独应用，又可根据病情和外治法配合应用，两者相得益彰，能收到更好的临床疗效。

外治法是运用药物直接作用于皮肤和黏膜，通过局部吸收，从而达到治疗目的的一种治疗方法，是相对于内治法而言的治法。清代吴师机《理瀹骈文》云："外治之理，即内治之理；外治之药，即内治之药。所异者法耳。"指出外治法与内治法只是在给药途径上不同。

中医内科疾病的外治法由来已久，该法具有药少效捷、法简价廉、易于推广等特点，是别具匠心的治疗方法之一。在《内经》中就有用桂心渍酒以熨寒痹，用白酒和桂以涂风中血脉的记载。张仲景的《伤寒论》《金匮要略》论述外治法颇多，如"火熏令其汗""赤豆纳鼻"，以及猪胆汁蜜导法、猪膏发煎润导大便、小儿积疮点药烙之、苦参汤洗法、雄黄熏法等，其治法已比较完备，可视为形成期。在其后的漫长历史中，外治法得到发展与普及，适应证多达30余种，其有效膏药达近百种之多。功效有祛邪扶正、协调阴阳、枢转升降等。南征在运用内治法的同时，常常配合足浴法、外敷法，熏洗法、灌肠法等外治法治疗消渴并证。如治疗消渴合并眩晕选用附子、牛膝、车前子、吴茱萸等水煎浴足，引火归原，上病下治。治疗消渴周痹、消渴足病（糖尿病足）未破溃之时，多选用化瘀通络止痛之中药如牛膝、红花、伸筋草、透骨草、桂枝、鸡血藤、土茯苓、大黄等药水煎足浴。消渴足病肢体溃破，用鸡蛋黄油外敷患处。消渴合并热淋，治疗常配清热解毒、祛风杀虫止痒的药物外用熏洗，对于反复发作者，擅用雄黄入外洗液中。消渴合并水毒症（尿毒症）时取大黄、厚朴、枳实、牡蛎、黄芪、金银花等水煎取汁，保留灌肠以通腑排毒、祛瘀泄浊。治疗高血压病时常配合中药浴足（药用制附子、莱菔子、车前子、牛膝、透骨草等），上病下治，获效者屡见不鲜。总之，内科疾病的外治法是古人留下的宝贵财富，应当努力继承挖掘，使之在医疗保健事业中重放异彩。治疗肾脏疾病时，口服药与灌肠药合用，攻补兼施，祛瘀生新，益肾通络解毒。

2. 节食散步法

此即饮食有节与适量运动（散步为主）的方法。"阴之所生，本在五味，阴之五宫，伤在五味。"人依靠饮食五味所化生的水谷精微维持生命，但五味太过也会损害人体。正如《内经》所说："此人必数食甘美而多肥也，肥者令人内热，甘者令人中满，故其气上溢，转为消渴。""饮食自倍，肠胃乃伤。"又如《备急千金要方·消渴第一》云："若能如方节慎，旬月可瘳。不自爱惜，死不旋踵。方书医药实多有效，其如不慎者何？其所慎有三：一饮酒，二房室，三咸食及面。能慎此者，虽不服药而自可无他。不知此者，纵有金丹亦不可救，深思慎之。"指出食饮有节对健康的重要性。唐代《辟谷诸方》倡导辟谷养生，其中记有"休食方"。辟谷是自噬理论的重要途径。自噬理论：一言以蔽之，细胞在"饥饿"的时候，能把自己体内无用或者有害物质自行吃掉以提供自己生存所需要的能量。辟谷、节食，降低餐后游离氨基酸浓度与胰岛素水平，对提高自噬能力、延缓衰老有积极作用。

《黄帝内经》曰"藏气法时"，指出五脏之气的生克制化与四时五行规律密切相关。在一天当中，各脏也有其所主之时，故南征倡导三餐进食时间：早餐，6点30分（卯、辰时，大肠、胃经当令）；午餐，11点30分（午时，心经当令）；晚餐，17点30分（酉时，肾经当令）；22点（亥时，三焦、胆经当令）睡觉，否则易得"怯病"。

饮食要荤素搭配：脂肪15%～20%，蛋白20%～25%，碳水化合物55%～65%。每天要适量饮水：睡前大口，醒后大口，饭前、饭后小口，一日8次饮水，1300～1500mL。正如《素问·生气通天论》所说："是故谨和五味，骨正筋柔，气血以流，腠理以密，如是则骨气以精，谨道如法，长有天命。"

每日按体质量所需摄入热量分配饮食（称重、恒定、永久饮食），以60kg糖尿病饮食为例：

总热量：60kg×30kal/kg=1800kal

（1）三餐。早餐：米饭100g，蔬菜250g，瘦肉50g，豆制品50g。午餐：米饭150g，蔬菜250g，瘦肉50g，豆制品50g。晚餐：米饭100g，蔬菜250g，瘦肉50g，豆制品50g。

（2）合理饮食。主食：大米饭、小米饭、二米饭。蔬菜：大白菜、小白菜、芹菜、苦心菜、娃娃菜、油麦菜、韭菜、生菜、油菜、苦瓜、黄瓜、冬瓜、西葫芦、洋葱、蒜苔、茼蒿。肉类：瘦肉。

（3）饮食禁忌。①面、玉米面、咸、甜、粥、各种水果。②鱿鱼、动物内脏、脑等。③火锅、麻辣烫、过桥米线、油炸品等辛辣炙煿之品。④花生米、瓜子、葡萄干等干果。⑤土豆、地瓜、南瓜、芋头、山药、粉条、菠菜、茄子、木耳、豆角、酸菜、蘑菇、西红柿等食品。

《素问·经脉别论》曰："春秋冬夏，四时阴阳，生病起于过用，此为常也。"所以患者要做适合自己的运动，适量的运动有利于机体的新陈代谢，但不能盲目地大量运动，容易伤筋耗气耗血。对于不适合运动的疾病患者，要卧床休息，保养精气神。南征倡导运动以散步为主，杜绝空腹运动。建议早饭20分钟后散步20分钟，午饭20分钟后散步30分钟，晚饭20分钟后散步40分钟，散步时间误差不超过5分钟。

3. 养生静卧法

《素问·上古天真论》曰："夫上古圣人之教下也，皆谓之虚邪贼风，避之有时，恬淡虚无，真气从之，精神内守，病安从来？"我们要重视养生，要避风寒，保温暖，调情志，避免生病，或者说生病后更易于康复。另外，患者要安心静养，防止过劳，卧床休息。《素问·生气通天论》曰："阳气者，烦劳则张，精绝，辟积于夏，使人煎厥。"烦劳即过劳，过劳能使阳气鸱张，煎熬阴精，又逢盛夏之阳热，两热相合，以致阴气竭绝、亢阳无制而发生昏厥，这一论述再次说明生病起于过用，所以要防止过劳。《素问·痹论》曰："阴气者，静则神藏，躁则消亡。"张景岳注曰："人能安静，则邪不能干，故精神完固而内藏；若躁扰妄动，则精神耗散，神志消亡，故外邪得以乘之。"《素问·五脏生成》曰："故人卧血归于肝，肝受血而能视，足受血而能步，掌受血而能握，指受血而能摄。"王冰注曰："肝藏血，心行之，人动则血运于诸经，人静则血归于肝脏。"人体脏腑组织依赖血的供养和调节才能发挥其功能，但其前提是"人卧血归于肝"。以上经典充分说明养生静卧的重要性与必要性。

4. 标本兼顾法

标本兼顾，一方面是指"急则治标，缓则治本"的标本辩证关系。另一方面，还指正确的医患关系。《素问·汤液醪醴论》曰："病为本，工为标，标本不得，邪气不服，此之谓也。"标本相得，邪气乃服。因为患者本人是内因，医生是外因，内因是关键，外因是条件，一切外因通过内因起作用。医生应调动患者的防病、抗病、治病能力，调动其精气神，促使患者早日康复。患者应充分认识自己的内因身份，认真遵守医嘱，积极配合医生的治疗。

5. 反省醒悟法

孔子云"吾日三省吾身"。人们的生活总是离不开"吃、喝、拉、撒、睡、动、情、测"8个方面，概括起来就是饮食、起居、运动、情志等方面。南征所提的"反省醒悟法"就是教育患者在"吃、喝、拉、撒、睡、动、情、测"8个方面对自己得病要有充分的反省，反省并找出自己在学习、工作和生活中有损身体健康的一切不良因素。从以上几个方面深刻反省，时刻反省，监督自己，早日醒悟，并加以改正，去除病因，增强战胜疾病的信心、活力，恢复"精气神"，达到康复目的。医生也要反省，"有者求之，无者求之，盛者责之，虚者责之"，有无皆推求，虚实皆问责。

6. 精神养心法

随着现代社会精神与物质文明的迅速发展，人们的生活方式发生了显著变化，生活节奏的加快、激烈的竞争、应激频繁的紧张状态，使得心理因素与人体的健康及疾病的产生、发展和防治之间的关系更为密切，并且日益受到人们的关注。《内经》强调了情志的重要性："余知百病生于气也，怒则气上，喜则气缓，悲则气消，恐则气下，寒则气收，炅则气泄，惊则气乱，劳则气耗，思则气结。"清·喻昌《医门法律》曰"心怵惕思虑则伤神""五志唯心所使"。凡情志失调，思虑过度，皆可耗伤心神，气机逆乱，导致疾病的发生。

精神养心法，就是要注重调畅患者的情志。《灵枢·本神》云："故生之来谓之精，两精相搏谓之神，随神往来者谓之魂，并精而出入者谓之魄，所以任物者谓之心。"《素问·六节藏象论》云："心者，生之本，神之变也。"《素问·灵兰秘典论》曰："心者，君主之官，神明出焉……主明则下安，以此养生则寿，殁世不殆；主不明则十二官危，使道闭塞而不通，形乃大伤，以此养生则殃。"《灵枢·口问》曰："心者，五脏六腑之主也……故悲哀忧愁则心动，心动则五脏六腑皆摇。"《灵枢·邪客》曰："心者，五脏六腑之大主也，精神之所舍也。其藏坚固，邪弗能容也。容之则伤心，心伤则神去，神去则死矣。"《素问·汤液醪醴论》曰："针石，道也。精神不进，志意不治，故病不可愈。今精坏神去，荣卫不可复收。何者？嗜欲无穷，而忧患不止，精气弛坏，荣泣卫除，故神去之而病不愈也。"《灵枢·小针解》曰："神者，正气也。"情志虽分属五脏，但总统于心，神不使则病不愈，所以要调畅情志，要注重养心。医生要通过沟通，尽量消除患者的焦虑、忧愁、恐惧等心理，激发患者内在的正气、正能量和精气神，提高患者战胜疾病的信心，从而使正气战胜邪气，早日达到阴阳平衡，最终实现人体康复。

7. 心得日记法

心得日记法，要求患者详细记录每天的"吃、喝、拉、撒、睡、动、情、测"，以便于医生指导患者进行自我管理，这是慢病管控的一个有效手段。此系南征独创，经过多年临床验证有效。

患者按照要求记录血压、血糖监测情况，饮食内容、运动时间、服药情况等，更重要的是记录心理活动、心得体会、疑难问题、想法建议等。这不仅便于医生了解患者的精神和身体状况，还可以帮助患者形成自我监督的良好习惯，择其善者而从之，其不善者而改之。医生通过查阅日记，可以看出患者的生活方式是否合理，是否服从医嘱。对于不认真执行医嘱的患者，进行说服教育，并且督促其改正；对于认真施行医嘱的患者，积极鼓励，引导患者继续服从医嘱。患者在写心得日记的过程中也学会了自我健康管理。同时，医生也要建立患者的个人诊疗档案。

临床中几乎所有患者都会认真地服用医生们开的汤药，但是很少有患者会从自身的"吃、喝、拉、撒、睡、动、情、测"等方面寻找原因。长期门诊观察发现，写日记的患者比不写日记的患者疗效好。

8. 依从教育法

依从教育法，即提高患者的依从性。《灵枢·师传》曰："夫治民与自治，治彼与治此，治小与治大，治国与治家，未有逆而能治之也，夫唯顺而已矣。顺者，非独阴阳脉气之逆顺也，百姓人民皆欲顺其志也。黄帝曰：顺之奈何？岐伯曰：入国问俗，入家问讳，上堂问礼，临病人问所便。"医生在治病过程中，要顺着患者的志意，采取患者方便的手段进行治疗。

《灵枢·师传》又曰："胃欲寒饮，肠欲热饮，两者相逆，便之奈何？且夫王公大人，血食之君，骄恣从欲，轻人而无能禁之，禁之则逆其志，顺之则加其病，便之奈何？岐伯曰：人之情，莫不恶死而乐生，告之以其败，语之以其善，导之以其便，开之以其所苦，虽有无道之人，恶有不听者乎？"对于平时比较任性、不愿意遵医嘱的患者，要与之讲道理，动之以情，晓之以理，讲清楚"败、善、便、苦"，提高其依从性。

四、专病之治

南征临床善于治疗消渴、消渴肾病、慢性肾衰竭等疾病，疗效确切，医名远播，兹介绍如下。

（一）消渴的辨治

消渴病名始见于《素问·奇病论》，曰："此人必数食甘美而多肥也，肥者令人内热，甘者令人中满，故其气上溢，转为消渴。"汉代张仲景用肾气丸治疗消渴，突出其病位在肾。宋代开始，明确"三消论治"，上消属肺，中消属脾胃，下消属肾。宋代陈无择《三因极一病证方论》认为消渴属心。元代罗知悌《罗太无口授三法》曰："三消虽分属肺胃肾，然总是肾水不足。"

南征继承了导师国医大师任继学的学术理论，认为消渴病位在散膏，散膏即今之胰腺。"散膏"首见于《难经·四十二难》，载："脾重二斤三两，扁广三寸，长五寸，有散膏半斤，主裹血，温五脏，主藏意。"清代张锡纯《医学衷中参西录·滋膵饮》曰："盖膵为脾之副脏，在中医书中，名为散膏，即扁鹊《难经》所谓脾有散膏半斤也。"国医大师任继学认为："散膏，今胰脏，由先天之精化生而成，主裹血，温五脏，主藏意，内通经络血脉，为津、精之通道，外通玄府，以行气液，人体内外之水精，其升降出入皆由散膏行之。"散膏为脾之附脏，与脾共主运化，化生气血，升清降浊，输布精微，供养周身。散膏受损，津精代谢失常，发为消渴。

1. 病因病机

消渴的病因有以下几个方面：禀赋不足，致五脏虚弱，真阴不足；年老体弱导致虚火内生；体虚、肥贵人易中满内热；饮食不节易致脾胃损伤；高粱厚味，脂膏堆积导致积热内蕴；酗酒蓄毒导致湿热、痰浊内盛；情志不遂，久郁化火，导致火热炽盛，气滞血瘀；工作压抑，导致心肝郁火；房事过度导致精亏阴耗，阴虚火旺；劳逸失度导致气阴两亏；医害药毒、公害等导致外毒内侵。以上燥热瘀滞，外毒内侵，致使散膏损伤。

中医教科书所记载及多数人认为，消渴病机是阴津亏损，燥热偏盛，阴虚为本，燥热为标；病位在肺、胃、肾，故有上、中、下三消之称。常见证候有肺胃燥热，气阴两虚，肾阴亏虚，阴阳两虚。但现代临床中真正具有典型三消"三多一少"症状的患者并不多见，多见的是气化升降失司、脏腑气机逆乱证，如脾虚湿盛、肝郁气滞、痰热内壅、血脉瘀滞、胃脘积热、痰瘀互结、寒热错杂、毒邪阻络等证候。

因此，南征认为，消渴的病位在散膏，其病机核心以燥为害，燥分热燥、寒燥。热燥耗精损液，寒燥凝精伤液，使液不散，津不布，邪毒瘀滞内生，损害散膏，侵蚀三焦，进而脏真受伤，募原受损，由损生逆，由逆致变，变而为病。三焦为气化水津之通道，今三焦受损，气化受阻，故气不化精，精不化液，水精代谢失常，气血循环瘀阻，痰浊内生，毒自内泛，体液暗耗而成病。故临床病象多先由体倦、口干始，渐呈烦渴、善饮、多尿、尿甜、善饥多食、形体消瘦、汗出、皮肤瘙痒，但亦有无症状者或症状轻微者。消渴日久不愈，毒邪入络，募原受损，由损生逆，由逆致变，变而为消渴并发证。

2. 治则治法

消渴是由于先天禀赋不足，情志不遂，饮食不节，过食肥甘厚味，劳逸失度，脾胃受损，继而燥热、痰浊、瘀毒互结，损伤散膏，由损致伤，由伤致逆，由逆致变，治之较难。热蕴于内而津消其中，消渴日久常致瘀。南征在治疗时，常将滋阴清热、益气养阴、活血化瘀三法合为一法，创立消渴安汤，使之具有更好的普适性。

3. 专病专方

消渴安汤始创于20世纪70年代初期，经50余年临证实践摸索，逐渐定型。该方形成思路受《圣济总录》地黄生姜煎丸方影响。《圣济总录》地黄生姜煎丸具体药物为生姜汁、生地黄汁、蜜、生麦冬汁、牛胫骨内髓、茯神、炙甘草、石斛、黄连、瓜蒌根、五味子、知母、人参、当归、丹参、肉苁蓉、地骨皮、胡麻仁、葳蕤、生竹根。原文记载："治消渴后，四肢羸弱，气虚乏，地黄生姜煎丸。"南征结合长期临床经验，将化滋阴清热、益气养阴、活血化瘀三法合为一法，研发了消渴安胶囊，该药由生地黄、知母、黄连、地骨皮、枸杞子、玉竹、人参、丹参8味组成。后来为了增强益气养阴功效并保护脾胃后天之本，加黄芪、黄精、厚朴、佩兰、葛根等，名曰消渴安汤。

组成与用法：生地黄 15g，知母 15g，黄连 10g，葛根 20g，地骨皮 20g，玉竹 20g，枸杞子 30g，黄芪 50g，黄精 50g，佩兰 10g，厚朴 10g，丹参 10g，人参 10g（包煎）。每日 1 剂，每次 120mL，每日 3 次，水煎，饭后温服。

4. 方解

方中生地黄味甘苦，性微寒，入心、肝、肾经。质润降泄，滋阴清热，甘寒生津。《本草汇言》曰："生地，为补肾要药，益阴上品，故凉血补血有功，血得补，则筋受荣，肾得之而骨强力壮。"知母苦、甘，寒，入肺、胃、肾经，上济肺胃，下滋肾水，清燥热。《神农本草经》曰："主消渴热中，除邪气肢体浮肿，下水，补不足，益气。"以上二药清润肺肾，润燥泻火，为君药。黄连味苦，入脾、胃经，清心泻火。《药类法象》曰："泻心火，除脾胃中湿热。"葛根味甘、辛，性凉，归脾、胃经，止渴，生津。《医学启源》曰："除脾胃虚热而渴。"地骨皮味甘，性寒，归肺、肝、肾经，清热，退蒸。《本草求真》曰："入肺降火，入神凉血。""甘淡微寒，补阴退热。"玉竹味甘，性微寒，归肺、胃经，清肺润胃，生津止渴。《日华子本草》曰："除烦闷，止渴，润心肺，补五劳七伤，虚损，腰脚疼痛，天行热狂。"以上 4 味药，入阴退火，共为臣药。黄芪味甘，性温，归肺、脾经，益气升阳。《本草纲目》曰："补三焦，实卫气。"《药品化义》曰："主健脾，故内伤气虚，少用以佐人参，使补中益气，治脾虚泄泻，疟痢日久……主补肺，故表疏卫虚，多用以君人参，使敛汗固表，治自汗盗汗。"黄精味甘，性平，归脾、肺、肾经，滋肾润肺，补脾益气。《本草便读》曰："黄精，为滋腻之品，久服令人不饥……此药味甘如饴，性平质润，为补养脾阴之正品。"枸杞子味甘，性平，归肝、肾经，滋肾润肺。《本草通玄》曰："补肾益精，水旺则骨强，而消渴、目昏、腰疼膝痛无不愈矣。"佩兰味辛，性平，归脾、胃、肺经，化湿。《雷公炮炙论》曰："生血，调气与荣。"厚朴味苦、辛，性温，入脾、胃、肺经，燥湿，行气。《神农本草经》曰："谓温中益气者是也。"丹参味苦，性微寒，归心、肝经，清血热，通经络，祛瘀生新。《云南中草药选》载"活血散瘀"。人参味甘、微苦，性平，归脾、肺、心经，大补元气，补脾益肺，生津止渴。李杲曰："人参甘温，能补肺中元气，肺气旺则四脏之气皆旺，精自生而形自盛，肺主诸气故也。"此为静药中的一味动药，能领诸药贯通气血，有避免滋阴润燥之品的凉遏之弊端，以上 7 味药，气阴双补，平而不峻，补而不滞，滋而不腻，共为佐使药。综观全方，动静结合，刚柔并济，共奏滋阴清热、益气养阴、活血化瘀之功。

5. 加减

口干甚者加玄参、石斛、天花粉、五味子；消食善饥者加麦冬、石膏；多尿者加益智仁、诃子；手足心热者加青蒿、黄柏；腰酸者加杜仲、桑寄生；盗汗者加牡蛎、麻黄根、浮小麦；畏寒者加小茴香、肉桂；便溏者加白术、茯苓；阳痿者加巴戟天、肉苁蓉；不寐者加酸枣仁、柏子仁、夜交藤；目昏者加青葙子、决明子；头痛者加菊花、白芷；肢麻者加地龙、豨莶草；血瘀重者加川芎、桃仁、红花。

（二）慢性肾衰竭的辨治

慢性肾衰竭是各种慢性肾病因久治不愈或失治误治发展到后期的病理阶段。南征认为毒损肾络、邪伏膜原、命门火衰是本病的病机关键。其病因不外乎先天禀赋不足、外感所伤、饮食不节、劳逸失度等，导致气滞、痰凝、血瘀、湿浊之邪合而成毒，损伤肾络，肾间动气大伤，肾之体用皆损，此时若毒邪不解，日久不愈，则邪伏膜络，盘踞膜原，导致五脏皆弱，五脏皆脆，肾体用大伤，命门火衰。

张景岳云："天之大宝，只此一丸红日，人之大宝，只此一息真阳。""肾中阳虚，则命门火衰。"命门火衰，无水无火，真阴之病也。明代赵献可《医贯》曰："余有一譬焉，譬之元宵之鳌山走马灯，拜者、舞者、飞者、走者，无一不具，其中间唯是一火耳。火旺则动速，火微则动缓，火熄则寂然不动，而拜者、舞者、飞者、走者，躯壳未尝不存也……命门君主之火，乃水中之火，相依而永不相离也。"命门火之功能如走马灯，油足火旺则动速，油少火微则动缓。灯中火，即元气，灯中油，即元精，元精亏，元气微，命门火衰，即肾衰。

1.病因病机

（1）毒损肾络：毒不仅是一个具有物质属性的概念，也是一个具有病理学属性的概念。犹如炎症或毒害一样，毒是隶属于发病学范畴的、具有病因病机双重属性的一个概念，该概念的内涵具有广义与狭义之分。狭义的毒之概念，乃为一类特殊的致病因素，如糖毒、脂毒、食毒、虫毒等。广义的毒，则是指寓于病因和病机双重属性的一个概念，该概念的实质，强调在病因的作用下，疾病发生和发展的骤然变化，出现功能破坏和形质受损。总之，南征认为，所谓毒至少应具备3个特点：能够对机体产生毒害或损害，损害致病的程度较重，应与人体相互作用。毒不仅是致病之因，也是一种病理机制或病理产物。在慢性肾衰竭时，毒更多指的是病理产物和病理机制，从来源而言，以内生之毒为主。其所指毒，乃邪气至盛，深蕴不解，体虚邪张，如风、湿、痰、水、瘀久郁，深蕴于脏腑经络，盘踞肾脏，损伤肾络，肾体受伤，肾用失职，而为祸久烈。

脏腑功能失调是基础，肾失藏泄是关键。肾之生理功能为藏泄有节，能藏能泄，使精气充盈则浊毒、水湿能及时排出体外。肾之精气足，泄毒正常，则外邪不能入侵，内邪不得滋生。如因饮食失节、劳倦过度、七情内伤、失治误治、久病不复等导致脏腑功能失调、代谢紊乱则可产生内毒。慢性肾衰竭多由慢性肾炎、糖尿病肾病、高血压肾病、多囊肾、慢性肾盂肾炎、小管间质性肾炎、狼疮性肾炎、尿酸性肾病、紫癜性肾炎等种种原发或继发性肾脏疾病发展而来，经治疗而邪实渐减，但正气未复；或其病渐来，不知不觉，而正气日损。早期主要是脾肾功能失调，随着病情的进展，可逐步累及胃、三焦、膀胱、肝、肺、心等脏腑，终至脾肾衰败，五脏六腑气血阴阳俱虚，产生湿、热、痰、瘀、浊毒，进一步导致全身各脏腑功能紊乱，而其中以肾失藏泄至为关键。肾者，封藏之本，收敛精气，温煦濡养五脏六腑，其职排泄内生诸邪（如气化之溺、浊化之便等）。诚如《全体病源类纂》所谓：肾气内变，不能"分解血中废料，下注膀胱，由尿除之"。一旦肾失于藏泄，清气不得闭藏，溺便浊邪不得排泄，停蓄于体内，必致郁久成毒，毒邪反过来更伤肾气，使其藏泄之用更弱，浊毒弥漫，虚虚实实，肾中精气益发匮乏，体内毒邪更加肆虐，发为肾衰之证。

风热水湿痰瘀诸邪毒，内外相引蕴于肾。外感之毒邪可侵袭人体各部，或上攻咽喉，发为烂喉乳蛾，而久患肾风者，易成虚性乳蛾，一有风热毒邪外袭，则循经下侵，内扰于肾；风热毒邪或蕴结于局部发为疮痈，或蕴结于肺，导致肺热，若不能及时清解疏透，风湿热邪久留不去，日久邪积成毒。风热毒邪反复乘袭，渐至正气日衰，脏腑虚损，"五脏之伤，穷必及肾"；或肾气已虚，而致肾失排泄之用，使浊毒无法化溺而前阴出；或化粪而走后阴，而反内停，诸毒丛生，发为内毒。湿毒、痰毒上壅，阻塞于肺，肺失宣发肃降，导致气喘不得卧，而为喘逆；浊毒、湿毒犯于中焦，脾胃升降失司，清阳不升，浊阴不降，而成格拒；水毒、湿毒下注，蕴于下焦，肾与膀胱气化失司，而致下关。故外邪与内毒相互影响，同气相求，互为因果，形成恶性循环。慢性肾衰竭部分因慢性肾炎发展而来，而慢性肾炎的主要机理为免疫异常，湿热内蕴是其主要的邪实病机，易于合并各种感染。上呼吸道及肺部感染多为风热毒邪乘袭，皮肤感染多属热毒、湿毒，尿路感染则以湿热毒邪居多。

五脏之道壅遏，溺毒内生。人体在生命过程中通过肾的气化作用将气、血、精、津等精微物质吸收利用，此为肾之封藏之功；同时不断地将代谢后的废物通过汗、尿、粪便等排出体外，乃肾主排泄之用，行主水、司二便之职。当全身各脏腑功能障碍，或肾脏自病时，则气化失常，藏泄失用。《素问·调经论》曰："五脏之道，皆出于经隧，以行血气。"五脏之道者，即气血之道、津液之道、经络之道，代谢废物借此排出体外。一旦五脏之道壅遏不通，则各种代谢废物便难以正常排出体外，邪无出路，则在体内潴留，从而产生各种内毒之邪。如清代名医何廉臣首倡"溺毒入血"之新论，描述曰："溺毒入血，血毒上脑之候，头痛而晕，视物朦胧，耳鸣耳聋，恶心呕吐，呼吸带有溺臭，间或猝发癫痫状，甚或神昏痉厥，不省人事，循衣撮空，舌苔起腐，间有黑点。"此与尿毒症性脑病的症状极为相似。

水精不归正化，精微化毒。津血同源，"水中有血，血中有水"，在病理上则血能病水，水能病血。正如《素问·调经论》所云："孙络水溢，则经有留血。"《金匮要略·水气病脉证并治》也说："经为血，血不利则为水，名曰血分。"肾劳常因水肿、淋证等日久不愈而成，脾肾日亏，常先出现气虚证，继则气虚及阳，导致脾肾阳衰，三焦气化无权，气不化水，水液潴留于体内，水蓄不行则成水毒，充斥内外，而见浮肿、呕恶，凌心犯肺则成喘证、脱证。

他病日久，蕴蓄不解成毒。对于慢性肾衰竭，有相当部分病例在其发展为肾衰竭之前，已存在种种原发或继发性肾脏疾病，不过自知或未知而已。引起慢性肾衰竭的原因中，慢性肾炎之湿热、水湿最多，或胸腔积液、腹水始终不消，疾病迁延至肾劳者，正气日虚，肾元不复，而邪郁日久，蕴蓄不解，变为毒邪，故成湿毒、热毒、水毒之类。南征认为毒邪贯穿慢性肾衰竭的始终，毒邪易深滞于肾络之浮络、孙络、缠络。

（2）邪伏膜原："募原"一词首见于《黄帝内经》，如《素问·疟论》曰："其间日发者，由邪气内薄于五脏，横连募原也，其道远，其气深，其行迟，不能与卫气俱行，不得皆出，故间日乃作也。"关于"募原"二字，全元起曰"募作膜"，明代张介宾《类经·痿证》曰："筋膜者，按全元起曰：人皮下肉上筋膜也。盖膜犹幕也，凡肉理脏腑之间，其成片联络薄筋，皆谓之膜，所以屏障血气者也。凡筋膜所在之处，脉络必分，血气必聚，故又谓之膜原，亦谓之脂膜。膜、幕俱音莫。"巢元方亦然之，故后人多从全元起等医家的意见而写作"膜原"，因而"募原"与"膜原"通用。清代俞根初《通俗伤寒论·和解剂》："膜者，横隔之膜；原者，空隙之处。"

《黄帝内经》中谓："邪气内薄于五脏，横连募原也。"杨上善说："五脏皆有募原。"李中梓说："募原者，皮里膜外也。"刘熙说："膜原者，募络一体也。"肾与募原的关系，明代喻嘉言在其著作中曾多次提及。如《医门法律·论五苓散一方》载："多欲则肾气上逆，直透膜原，结垒万千，䐜胀重坠，不可以仰，用桂苓丸引气下趋，痰饮始去也。"《寓意草·面论李继江痰病奇证》："由尔好色作劳，气不归元，腾空而上，入于肝肺散叶空隙之间，膜原之内者，日续一日，久久渐成熟路，只俟肾气一动，千军万马，乘机一时奔辏，有入无出，如潮不返，海潮兼天涌至，倘后潮不息，则前后古今，冤于此病者，不知其几。"《寓意草·论顾鸣仲痞块锢疾根源及治法》曰："今肾邪传于膀胱，膀胱溺其输泻之职，旧邪未行，新邪踵至，势必以渐透入膜原，如革囊裹物者然。"《寓意草·论浦君艺喘病证治之法》曰："人身难治之病有百证，喘病其最也。喘病无不本之于肺。然随所伤而互关，渐以造于其极。唯兼三阴之证者为最剧。三阴者，少阴肾、太阴脾、厥阴肝也。而三阴又以少阴肾为最剧……故有此证者，首重在节欲，收摄肾气，不使上攻可也……究而言之，岂但窠囊之中痰不易除，即肺叶之外、膜原之间，顽痰胶结多年，如树之有萝，如屋之有游，如石之有苔，附托相安，仓卒有难于划伐者。"

从以上论述不难看出，快情纵欲，好色作劳，使肾不藏精，气不归元，是邪气直透膜原或渐入膜原的重要因素；邪伏膜原之后，如"革囊裹物"，如入"窠囊之中"，"附托相安，仓卒有难于划伐者"，体现了邪伏膜原之后，疾病的难治性、缠绵性。各种疾病久治不愈，毒损肾络，日久盘踞膜原，肾体受损，肾用失职，命门火衰，而成慢性肾衰竭。

（3）命门火衰：命门是人体内外生理活动重要功能之一，它起生化、分泌、代谢、调解、信息传递、抑制等作用。因此，中医学认为它在人体内下通两肾，上通心肺，中通肝脾，上贯于脑，外而经络，为人的性命之根，"主五行正气""生生不息之机""精神之舍""原气之所系""造化的枢纽""阴阳的根蒂"。故张景岳说："五脏之阴气，非此不能滋，五脏之阳气，非此不能发。"

命门是生命之根。古人认为命门是生命之根的含义有二：一为胚胎生长的原始，何以知之？《圣济经》说："阳施阴化，胚胎即融，必有为形之始者焉，命门是也。"二为五脏六腑、十二经脉、三焦气化生理动力发源之洪基。所以《难经·八难》说："生气之原者，谓十二经之根本也，谓肾间动气也。此五脏六腑之本，十二经之根，呼吸之门，三焦之源，一名守邪之神。故气者，人之根本也。"

命门是生育之本。命门之所以有生育之功，在于内蓄元阳（真火）与元阴（真水）相互转化而成。所以张志聪说："《难经》谓右肾主男子藏精，女子系胞……非此之谓也。夫天地阴阳之道，在无形之气，曰阴、曰阳，有形之质，曰水、曰火，在人之元神，曰气、曰精。天一生水，地二生火，阴中有阳，阳中有阴。两肾之气交相贯通，左右皆有精有气，水即是精，火即是气，阴阳水火，互相资生……藏精，系胞之说，亦不过分别男女而言。然，在女子未必不藏精，在男子可以结胎者也。"这种转化成熟于何时？即《内经》所谓的男子二八、女子二七为期也。《医林纂要》说："命火一动，则男子交泄，所以成胚胎也。"

命门为生成抗邪动力之源泉。《难经》说："肾间动气者，一名守邪之神。丁注曰："守邪之神者，以命门之神固守，邪气不得妄人。"李梴说："外御六淫，内当万虑。"命门之所以有御邪的作用，是因命门能生成卫气、元气、津血，外护皮毛，充填腠理，内濡脏腑，有使机体阴阳平衡、刚柔相济之功。

命门是五脏六腑生理活动之源。张景岳说："命门为元气之根，为水火之宅，五脏之阴气，非此不能滋，五脏之阳气，非此不能发……而为生化之源……为一身巩固之关也。"肾和命门气化相通，上下相召，亦即阴水与阳水互相借助，互相转化，即阴水得阳水之暖则生精（水谷精与真精），精生而化髓，髓生上荣于脑，下滋于骨；而阳水得阴水的滋化，则生动气，气动则生相火，相火蒸动骨髓而生营，营生然后化生血液，以养周身。相火蒸动肾精（真精），在男子化生为天壬，在女子则化生天癸，以待延续种族之用。相火蒸动肾水则化为气（水是精之用），气成则上以贯肺而行呼吸焉。因此，古人说："命门，男子以藏精，女子以系胞。"陈士铎亦言："肾得命门而作强。"

总的来看，命门功能是基于真阳化气，气动产生相火，火蒸动肾水，产生热能，推动五脏六腑，十二经络，气、血、津、液、精、水生理活动的基本动力，故古人说："命门是性命之根。"

命门即为机体生理动力之源泉，而这种动力的形成是火之用也。由此可见，命门之火的亢进与减退，是与水火的偏亢偏衰有着密切联系的，所以潜溪说："命门受病，当辨水火之异。"张景岳说："命门有阴虚，以邪火之偏胜也。邪火之偏胜，缘真水之不足也。"所以命门的病变既有它有余的一面，亦有它不足的一面。

概而言之，命门火衰，可促使机体脏腑生理功能发生异常改变，导致阳虚火衰的病理变化。南征指出，慢性肾衰竭病机关键皆是毒损肾络、邪伏膜原、命门火衰，故治疗除了益肾解毒通络外，还要注重益火填精。但亦有火亢者，所以临床上常用"益火之源，以消阴翳""壮水之主，以制阳光"两种治则为指导，投以六味地黄丸、左归丸、八味地黄丸、右归丸之类。

2. 治则治法

明代汪绮石《理虚元鉴》论"阳虚三夺统于脾"曰："故阳虚之治，虽有填精、益气、补火之各别，而以急救中气为最先。有形之精血不能速生，无形之真气所宜急固，此益气之所以切于填精也。回衰甚之火者，有相激之危；续清纯之气者，有冲和之美，此益气之所以妙于益火也。夫气之重于精与火也如此，而脾气又为诸火之原，安得不以脾为统哉！"清代姜天叙《风劳臌膈四大证治》曰："至阴阳两虚之极者，先天之原阴亦虚，命门之真火衰败，则又当以温补命门、回阳固本为主，而火一着又不可不讲也。"本病病机关键是毒损肾络，邪伏膜原，命门火衰，故治疗上应以解毒益肾、通络导邪为原则。

3. 辨证论治

（1）气阴两虚兼瘀毒证

主症：倦怠乏力，气短懒言，腰酸膝软，口干咽燥，五心烦热，夜尿清长，面色晦暗，舌淡黯有齿痕或有瘀点、瘀斑，脉沉细或细涩。

治法：益气养阴，解毒通络，导邪益肾。

方药：参芪肾衰安汤加减。人参 10g（包煎），黄芪 50g，黄精 50g，熟地黄 15g，血竭 3g（冲服），僵蚕 10g，蝉蜕 10g，络石藤 10g，土茯苓 60g，白茅根 50g，槟榔 10g，草果 10g，厚朴 10g，丹参 10g。

（2）肝肾阴虚兼瘀毒证

主症：头晕，头痛，腰酸膝软，口干咽燥，五心烦热，大便干结，尿少色黄，面色晦暗，舌暗红少苔或有瘀点、瘀斑，脉沉细或弦细而涩。

治法：滋补肝肾，解毒通络，导邪滋阴。

方药：杞地肾衰安汤加减。枸杞子 20g，生地黄 15g，北沙参 15g，当归 20g，麦冬 20g，血竭 3g（冲服），僵蚕 10g，蝉蜕 10g，络石藤 10g，土茯苓 60g，白茅根 50g，槟榔 10g，草果 10g，厚朴 10g，丹参 10g。

（3）脾肾阳虚兼瘀毒证

主症：畏寒肢冷，倦怠乏力，气短懒言，食少纳呆，腰酸膝软，腰部冷痛，脘腹胀满，大便不实，夜尿清长，面色晦暗，舌淡黯有齿痕或有瘀点、瘀斑，脉沉弱或沉涩。

治法：温补脾肾，解毒通络，导邪助阳。

方药：附桂肾衰安汤加减。制附子 5g（先煎），肉桂 10g，黄芪 50g，补骨脂 15g，陈皮 10g，益母草 10g，甘草 5g，血竭 3g（冲服），僵蚕 10g，蝉蜕 10g，络石藤 10g，土茯苓 60g，白茅根 50g，槟榔 10g，草果 10g，厚朴 10g，丹参 10g。

（4）阴阳两虚兼瘀毒证

主症：畏寒肢冷，五心烦热，口干咽燥，腰酸膝软，夜尿清长，大便干结，面色晦暗，舌暗红有齿痕或有瘀点、瘀斑，脉沉细而涩。

治法：双补阴阳，解毒通络，导邪益肾。

方药：龟鹿肾衰安汤加减。龟甲胶 10g(烊化)，鹿角胶 10g(烊化)，人参 10g(包煎)，枸杞子 20g，血竭 3g（冲服），僵蚕 10g，蝉蜕 10g，络石藤 10g，土茯苓 60g，白茅根 50g，槟榔 10g，草果 10g，厚朴 10g，丹参 10g。

（5）痰热湿浊兼瘀毒证

主症：恶心呕吐，肢体困重，食少纳呆，脘腹胀满，口中黏腻，舌质紫黯或有瘀点瘀斑，苔厚腻，脉弦滑。

治法：化痰泄浊，解毒化瘀，导邪益肾。

方药：二陈肾衰安汤加减。姜半夏5g，陈皮10g，藿香30g，竹茹20g，酒大黄10g，枳实10g，苏叶10g，黄连10g，血竭3g（冲服），僵蚕10g，蝉蜕10g，络石藤10g，土茯苓60g，白茅根50g，槟榔10g，草果10g，厚朴10g，丹参10g。

加减：口干加玄参、石斛、天花粉、五味子、葛根；消谷善饥加麦冬、石膏；多尿加益智仁、诃子；手足心热加青蒿、黄柏；腰酸加杜仲、桑寄生；盗汗加牡蛎、麻黄根、浮小麦；畏寒加肉桂、小茴香；恶心呕吐加苏叶、黄连；视物模糊加丹参；血尿加地榆、仙鹤草；蛋白尿加陈皮、络石藤、僵蚕、蝉蜕；尿酸高加猫爪草、秦皮、秦艽；血脂高加槐花、薏苡仁；纳呆加焦三仙、鸡内金；咽喉不利加紫荆皮、马勃、郁金等。

附：保留灌肠法，内外同治

灌肠方组成：酒大黄10g，厚朴10g，枳实10g，金银花20g，生牡蛎50g（先煎），黄芪50g，制附子5g（先煎），土茯苓100g。

水煎外用，益肾导邪。两日1剂，每日1次。每次100mL，睡前保留灌肠，4周为1个疗程，4周后查肾功能。各个证候均可配合使用。

五、方药之长

南征在临床实践中对消渴、消渴肾病等疾病的治疗经验丰富，思路独特，形成一套独特的理论体系。南征"师古不泥"，反复诵读经典，跟名师，多临床，对"散膏""膜原""络病学说""伏邪"等反复推敲琢磨研究，创立系列自拟有效方。兹介绍如下。

（一）效验方剂

1.消渴肾安汤

【组成】槐花10g，酒大黄10g（后下），土茯苓60g，黄芪50g，黄精50g，覆盆子10g，金荞麦10g，紫荆皮10g，木蝴蝶10g，血竭3g（冲服），丹参10g，槟榔10g，草果10g，厚朴10g。

【用法】水煎服，一次120mL，每日3次，早、午、晚饭后20分钟温服。

【功效】调散膏，达膜原，解毒通络，益肾导邪。

【主治】消渴肾病。

【方解】方中榛花解毒消肿；酒大黄清热解毒，推陈出新，且有通络之功；土茯苓除湿、解毒，通利关节。三药共为君，重在解毒排毒、除湿通络。黄芪益气升阳、扶正抗毒；黄精补气养阴、健脾生血、润肺益肾；覆盆子补肝肾、缩小便。上三味合用共同助君益气养阴、滋补肝肾、安和脏腑，为臣药。金荞麦清热解毒、利湿；紫荆皮活血通经、消肿解毒；木蝴蝶润肺利喉；丹参活血化瘀通络；血竭散瘀；槟榔能消能磨，除伏邪，为疏利之药，又除岭南瘴气；厚朴破戾气所结；草果辛烈气雄，除伏邪盘踞，三味协力直达其巢穴，使邪气溃败，速离膜原，是以为达原也。

诸药配伍，共奏益气养阴、活血化瘀、解毒通络、益肾达邪之意，共解消渴肾病血瘀、痰饮、郁浊等互结之毒。全方攻补兼施，扶正祛邪，协调五脏气血阴阳，通肾络，解肾毒，扶抗毒之力，使毒浊去，肾气旺，诸络通，肾安毒解。

【临床心得】消渴肾病从病因、病性与消渴如出一辙，病性"本虚"亦是气阴两虚，以肾虚为病机根本，"标实"瘀血为病机要点，毒损肾络贯穿疾病始末。其中，以毒损肾络为消渴肾病发展的根本，乃导致其迁延缠绵难愈的关键所在。

消渴肾病属于络病范畴。叶天士在《临证指南医案》指出："百日久恙，血络必伤……经年宿病，病必在络……初为气结在经，久则血伤入络。"指出"久病入络""久痛入络"的观点。消渴日久不愈，毒邪侵袭肾之络脉，络脉瘀滞是其病理基础，邪客络脉、营卫功能失常是其基本的病理环节，络脉失养、血行不畅、气滞血瘀、痰瘀凝结是络病的基本演变过程。痰瘀积聚于肾络，阻遏络气，瘀滞络脉，蕴邪成毒，毒损肾络。但邪毒所以入络，是因络虚所致，至虚之处，便是容邪之所，邪阻肾络，郁久蕴毒，深滞于浮络、孙络，是消渴肾病病情缠绵、久治不愈的根本原因，因此治疗上应重视通络益肾。

膜原是分布于机体内外的一种组织，这种组织在体内深处是分布在脏与腑互相连接的空隙之间，在体内浅处是分布在肌肉与皮肤相接之处，起着桥梁与纽带作用，正如"孙络，络脉者，膜原中之小络"。《湿热病篇》云："膜原者，外通肌肉，内近胃腑，即三焦之门户，实一身之半表半里也。"李溁《身经通考》："膜，募也，募络全体也。"募，为"广求"之意，从而可以看出膜原在体内分布广泛。杨上善云："五脏皆有募原。"毒邪盘踞于膜原，如鸟栖巢，如兽藏穴，营卫所不关，药石所不及。毒邪伏于膜原后，附着于脏腑，邪毒渐张，内侵于肾，故消渴肾病病情复杂，变化多端，缠绵难愈。因此，治疗消渴肾病应开达膜原，邪尽病方能愈。

咽喉上通口鼻，下联肺脏，与自然界相通，故不耐寒热，乃易被邪侵，络属肾脉。《灵枢·经脉》曰："肾足少阴之脉，其直者，从肾，上贯肝、膈……循喉咙，挟舌本。"《素问》曰："邪客于足少阴之络，令人咽痛。"咽喉为枢机之所在，传变之关键。邪客于咽喉，循经至肾，使肾的封藏功能失司，统摄无权，真微遗失，随尿排出而形成浊尿。其病因在毒邪，病位在肾，其络连喉，毒邪常易侵犯咽喉而使病情反复及加重。故治疗消渴肾病时应加用利咽之药，保护咽喉，此谓"下病上治"。归纳之，消渴肾病病因病机是消渴日久不愈，散膏损伤，升降出入失调，输布水精受阻，布散脂膏失常，三焦气化不利，湿浊、郁火、痰瘀、燥热互结为毒邪，日久毒邪入络。《灵枢·卫气》曰："胸有气街，腹有气街，头有气街，胫有气街。"毒邪从气街入肾络，经咽喉损肾络，并侵入脏腑之内，久而肾之体用皆损，肾间动气大伤，气血逆乱成消渴肾病。其毒邪盘踞隐伏于膜原，内不在脏腑，外不及经络，舍于伏膂之内，如鸟栖巢，如兽藏穴，药石不及，至其发也，邪毒渐张，枢纽失职，内侵于腑，外淫于经，五脏皆弱，五脏皆脆，不抵毒邪之势，诸证渐显。

2. 灌肠方

【组成】酒大黄10g（后下），土茯苓100g，厚朴10g，枳实10g，金银花20g，牡蛎50g（先煎），制附子5g（先煎），黄芪50g。

【用法】水煎取汁200mL，每次100mL，每日1次，睡前保留灌肠。

【功效】通腑泄浊。

【主治】慢性肾衰竭，肾功能不全，肌酐、尿素氮、血尿酸升高。症见浮肿，恶心呕吐，乏力，头晕，口咸或黏，舌苔白腻或黄腻而垢。

【方解】该方祛瘀泄浊，取自《内经》"清阳出上窍，浊阴出下窍"之义，使浊毒从下窍而出，清升浊降，瘀毒化则病解。本方以小承气汤推陈出新，散满除痞，斩门夺关。金银花清热解毒，《本草纲目》载其"散热解毒"，《本草逢原》曰其"解毒去脓"。牡蛎软坚散结。《本草纲目》曰其"化痰软坚，清热除湿"。该药意在能软坚，对于胶结难化之浊毒，助上药逐邪。该药性涩，能留药，意在缓下药之力，而无留邪之弊，使其缓逐，邪气尽出。少量制附子，辛热，散寒通络，补火助阳。《医学衷中参西录》曰其："能升能降，能内达能外散，凡凝寒痼冷之结于脏腑，着于筋骨，痹于经络血脉者，皆能开之通之。"此处用一味温通之品，意在避上药峻猛凉遏之意，另有通络之能，引领诸药祛瘀泻浊。黄芪补气升阳。《本草汇言》谓黄芪为"祛风运毒之药"，《本草备要》谓之"排脓内托"。此补气药为使，是取其升举之意，能够使诸药随气上至，停留于肠腑，尽司其职。另外，黄芪有通络之能，通过充养体内正气，荣养络脉，引诸药入络。土茯苓解毒除湿利关节。诸药合用，共奏通腑泄浊之功。

【临床心得】《难经·五十五难》曰："积者，阴气也，其始发有常处，其痛不离其部，上下有所终始，左右有所穷处。"《济生方·卷四》载："积者伤滞也，伤滞之久，停留不化，则成积矣。"《杂病源流犀烛·积聚癥瘕痃癖痞源流》在五积之外，又列酒、食、面、肉、果、菜、茶、水等18种积。积病多由起居不急时，忧喜过度，饮食失节，脾胃亏损，气机不运，沉寒郁热，痰水凝结，瘀血蕴里，食积久滞，邪正相结合而导致。治宜破坚消积为主。《素问·六元正纪大论》曰："大积大聚，其可犯也，衰其大半而止。"《证治准绳·杂病》将积病之治法分为初、中、末三法。初治为积块未坚者，宜除之、散之、行之，虚者补之。中治为积块已坚，气郁已久，湿热相生，积块日益大，治以清热祛湿，软坚消积，并须攻补兼顾。末治为块消及半，当停用攻药，改为用补益气血，兼活血理气，导达经络。积久成毒，叫积毒，五脏皆可积毒。

五脏积毒有各种表现，其中肾脏积毒是肾衰竭的主要病因。肾脏积毒的表现为月经不调，闭经，水肿，下颌长痘，容易疲倦，神疲思睡，四肢乏力，尿路感染及尿道炎、前列腺炎、膀胱炎。肾脏积毒还指现代医学诊断的肾功能不全，尤其是慢性肾功能不全、慢性肾衰竭的患者。

治则为实则泻之，虚则补之，功补兼施，急则治其标，缓则治其本，治病必求于本。具体治法有毒则排毒、清毒消毒、散毒化毒、功毒破毒、降毒祛毒、灭毒逐毒、导毒解毒。

肾积毒，肾有病，为什么灌大肠治病呢？大肠与肾密切相关。中医学将大肠归于腑，大肠的主要功能为传导糟粕，吸收精华。大肠传导糟粕的功能与人体内的津液、肾之功能有密切的关系。当肾虚津液不足或肠胃积热灼伤津液时，均可使大便传导不利，使大便干涩，引起便秘，日久成积毒。粪便的排泄本是大肠传化糟粕的功能，但亦与肾的气化有关，如肾阴不足时，可致肠液枯涸而便秘，肾阳虚损时，则气化无权而致阳虚便秘，积毒加重。大肠属手阳明经，大肠积毒，属阳明经络毒，故用承气类攻下，解毒通络之。

3. 消渴痛风安汤

【组成】猫爪草10g，山慈菇10g，蜂房5g，全蝎5g，甘草5g，地龙10g，土茯苓60g，人参10g（包煎），枸杞子20g，秦艽10g，秦皮10g，车前子10g（包煎），茯苓15g，泽泻5g，薏苡仁30g。

【用法】水煎服，每次120mL，每日3次，早、午、晚饭后20分钟温服。

【功效】解毒通络止痛，清热利湿。

【主治】消渴痛风。

【方解】方中山慈菇，辛寒，有小毒，清热解毒，消痈散结。《本草正义》曰山慈菇"能散坚消结，化痰解毒……其力颇峻"。虽有小毒，取其以毒攻毒之义，用量不大，但功专力宏。猫爪草，解毒消肿，化痰散结。《中草药手册》记载猫爪草："消肿，散结。"上二药，清热解毒消肿为主，共为君药。蜂房，味甘，性平，祛风通络止痛。《神农本草经》曰蜂房"主惊痫，瘛疭，寒热邪气，癫疾，肠痔"。全蝎息风解毒，通络止痛；地龙清热息风，通络，两药共为臣药。秦艽，辛可宣散，舒筋络，祛风湿。《本草新编》曰秦艽"通利四肢，能止诸痛"。秦皮，清热解毒燥湿，苦寒兼涩，燥中有收。《神农本草经》曰其"主风寒湿痹"。土茯苓解毒除湿利关节，茯苓淡渗利湿，泽泻清热利湿。薏苡仁，味甘淡，性微寒，具有健脾、利水、除湿、清热的作用，善能除湿，使病邪从小便而解。《神农本草经》曰薏苡仁："主筋急拘挛，不可屈伸，风湿痹，下气。"车前子，利水清热。《神农本草经》曰其"利水道小便""行水之功多"，引邪从小便而出。人参、枸杞子益气养阴，兼治消渴本病。以上共为佐药。甘草缓急止痛，调和诸药，为使药。诸药合用，共奏解毒通络止痛、清热利湿之功。

【临床心得】

（1）辨证（症）加减用药：患者出现关节红肿热痛、发病急骤、小便黄、大便秘结、苔黄腻、脉弦滑为主的风热证，常用消渴痛风安汤加大青叶、板蓝根、鱼腥草、黄连。若患者关节肿痛，呈游走性，肌肤麻木不仁，苔白脉弦缓者，辨证为风寒证，则以消渴痛风安汤加味，寒甚加肉桂、小茴香，湿重加防己、木瓜。患者关节疼痛反复发作，日久不愈，关节变形，面色晦暗，舌苔白腻，脉沉涩者，以痰湿证为主者，则以消渴痛风安汤加鸡血藤、威灵仙、延胡索、桃仁、红花，关节变形加全蝎、蜈蚣、穿山甲；日久不愈，患者出现头晕耳鸣，腰酸膝软，神疲乏力，苔白脉沉细无力，以肝肾阴虚证为主者，则以消渴痛风安汤加杜仲、桑寄生。患者关节变形，屈伸不利，怕冷怕热，腰酸膝软，足跟痛，面色苍白，舌淡红苔白，脉弱，以阴阳两虚为主者，则以消渴痛风安汤加味，局部破溃加黄芪，怕冷加黑顺片，怕热加生地黄、知母，阴虚配伍六味地黄丸，阳虚配伍金匮肾气丸。此外，根据患者的症状轻重，进行辨症加减，口干、口渴加玄参、石斛、天花粉、五味子、葛根；肿痛甚加全蝎、全核桃；下肢痛甚加怀牛膝、木瓜、穿山龙、威灵仙、豨莶草；尿酸盐沉积加海金沙、金钱草、鸡内金、天南星；关节疼痛较甚加制川乌、制草乌、延胡索。

（2）内外同治：内治之法即外治之法，内治之理即外治之理，南征常常结合外治法，自拟湿热手足病安汤治疗消渴痛风。组方为土茯苓100g，百部10g，蝉蜕10g，白僵蚕15g，伸筋草15g，威灵仙15g，木瓜15g，苏木10g，桃仁10g，红花10g，防风15g，苦参10g，透骨草10g，苍术10g，黄柏10g，甘草5g。在消渴痛风的发作期，患者常常出现痛风石沉积、手足关节疼痛难忍的临床表现，南征常用本方以祛风除湿，活血化瘀，通络止痛。方中以土茯苓、百部祛风湿，利关节，解毒止痛，为主药；配伍蝉蜕、白僵蚕、伸筋草、威灵仙、木瓜、苏木搜剔阴经之风寒湿邪，又除经络留湿；增加桃仁、红花、防风、苦参、透骨草、苍术、黄柏散一身上下之风湿，活血化瘀，通利关节而止痹痛；甘草调和诸药。全方以甘温苦寒之品为主组方，寒温同用，共奏祛风胜湿、活血化瘀、通络止痛之功效。

（二）经典配伍

1. 补气益肾药对：黄芪 – 黄精、黄芪 – 党参

黄芪，味甘，性微温，《神农本草经疏》曰："黄芪……益气，利阴气。"《本草经解》曰："黄芪，气味甘温。温之以气，所以补形不足也；补之以味，所以益精不足也。"《本草经解》曰："黄芪气味甘温，温之以气，所以补形不足也；补之以味，所以益精不足也。"黄芪具有补气益精、利尿消肿的作用，归肺、脾、肾经，上入于肺，有养阴润肺之功，中入于脾，有滋养脾阴之效，下入于肾，能补阴血、填精髓、理虚弱，且能通调水道，利尿消肿。黄精，味甘性平，养阴润肺，补脾益气，滋肾填精。《日华子本草》曰其"补五劳七伤，助筋骨，止饥，耐寒暑，益脾胃，润心肺。单服九蒸九暴，食之驻颜"。《本草易读》曰其"补中气而安五脏，益脾胃而润心肺，填精髓而助筋骨"。南征常选用黄芪50g、黄精50g配伍，以补气益肾养阴，治疗慢性肾脏病。本病为慢性虚损性疾病，本虚标实，气血不足、肾精亏耗为本病的核心。南征主张"虚则补之"，强调"补气益肾"，选用黄芪和黄精作为调节气血不足、肾精亏耗的基本药对，协同增效，又常配伍党参、人参、熟地黄等增加补气益精的功效，或配伍覆盆子、五倍子等滋养肝肾、收敛涩精，配伍紫河车粉补气益精血、滋补虚损。

2. 清热解毒药对：土茯苓 – 白茅根、土茯苓 – 酒大黄、蚤休 – 爵床

土茯苓 – 白茅根、土茯苓 – 酒大黄：土茯苓，甘淡，渗利。《本草正义》曰："土茯苓，利湿去热，能入络，搜剔湿热之蕴毒。"《本草求真》曰其"功有等于草薢，治能除湿消水"。白茅根，味甘，性寒，《神农本草经》曰白茅根"主劳伤虚羸，补中益气，除瘀血、血闭、寒热，利下便"。《本草纲目》曰白茅根"止吐衄诸血，伤寒哕逆，肺热喘急，水肿，黄疸，解酒毒"。白茅根能清热利尿，达利水消肿、利尿通淋之功，具有显著的降压和利尿作用，还能减少血尿、蛋白尿，减轻病理改变和改善肾功能。南征倡导"从毒论治"本病，认为本病的病机关键为"毒损肾络，命门火衰"，故重用二药，土茯苓60g，白茅根50g，配伍其他中药水煎口服，清热解

毒除湿。南征强调内外同治，在口服汤药的同时选用土茯苓100g配伍酒大黄10g等自拟外用灌肠方进行治疗。大黄苦寒，行气通腑，泄热排毒。土茯苓和大黄配伍，祛瘀泄浊，取自《内经》"清阳出上窍，浊阴出下窍"之义，使浊毒从下窍而出，给毒邪以出路，清升浊降，促使机体恢复生理平衡，瘀毒化则病解，邪去则正安。同时南征还指出，大黄为攻下祛邪之品，久用易损耗正气，故宜酒制，增加解毒通络之功，并当分清患者体质状态，或见到因灌肠而导致大便水泻不适等，应当酌情调量或中病即止，临床中须灵活使用。

蚤休 - 爵床：蚤休，又名重楼，味苦，性微寒，能清热解毒，消肿止痛。《本草求原》曰其："活血，止血，消肿，解毒。"爵床，微苦，性寒，具有清热解毒、利湿消肿、活血止痛之功，《闽东本草》曰其"退寒热，利水湿"，《本经逢原》曰"爵床，善通血脉"。南征常将蚤休5g、爵床10g配伍使用，以清热解毒、利尿通淋，治疗慢性肾炎之水肿、尿蛋白、尿隐血。临床中常发现患者出现咽喉红肿热痛等症状，常加金荞麦、紫荆皮、木蝴蝶、马勃、郁金等清热解毒利咽，清上治下，上下同治，以增药效。尿酸增高或有痛风石可加猫爪草、山慈菇清热解毒消肿，加秦艽、秦皮除湿通利。

3. 祛风通络药对：全蝎 - 核桃、蝉蜕 - 僵蚕

全蝎 - 核桃：全蝎，味甘辛，有毒。《神农本草经》记载全蝎："入足厥阴经……非辛温走散之性，则不能祛风逐邪，兼引诸风药入达病所也。"《本草纲目》载："蝎乃治风要药，俱宜加而用之。"《本草征要》曰："善逐肝风，深透筋骨……独入厥阴，为风家要药，全用者谓之全蝎。"《玉楸药解》："全蝎……穿筋透骨，逐湿除风。"全蝎专入肝经，性善走窜，善于搜风，通络止痛，且能解毒而散结消肿。核桃，味甘，性温，归肾、肺、大肠经，具有补肾固精、温肺定喘之功。《本草汇言》曰其："气薄味厚沉而降，阴中之阳，入手足厥阴经血分。"《医学衷中参西录》曰其："多含油质，将油榨出，须臾即变黑色，为滋补肝肾、强健筋骨之要药。"《普济方·卷九十三》诸风门中将全蝎和核桃肉同用治"中风手足不遂，肢节疼痛"。《仁斋直指方论》风缓证治中在蝎附散中加入核桃肉，治疗肝肾气虚、风入筋骨、手足缓弱者。南征倡导"久病入络"思想，认为慢性肾脏病蛋白尿的出现常因风邪内扰，肾络受损，肾失封藏，故常选用全蝎3g、核桃2个（带壳打碎），二药配伍，搜风通络，兼能益肾固精。

蝉蜕 - 僵蚕：蝉蜕，味甘，性寒，质轻，具有疏散风热之功。《玉楸药解》曰："蝉蜕……发表祛风，退翳消肿。"《本草类要》曰其："味辛、气平，入手太阴肺经，发表祛风，退翳消肿。"王好古曰："蝉性蜕而退翳，蛇性穿而祛风，因其性而为用。"

僵蚕，咸辛，具有息风止痉、祛风止痛、化痰散结之功，《玉楸药解》曰"僵蚕……活络通经，祛风开痹"，《本草思辨录》载"僵蚕劫痰湿而散肝风"，《神农本草经疏》曰"僵蚕，性辛温，辛能散，其功长于祛风化痰，散有余之邪"。蝉蜕和僵蚕均为虫类药，在临床中应用广泛，这一药对最早出自杨栗山《伤寒温疫条辨》所创的升降散具有疏散风热、息风止痉等功效。南征常用蝉蜕10g、僵蚕10g治疗慢性肾脏疾病顽固性蛋白尿者，认为二药均为虫类药，为血肉有情之品，易为人体吸收，且能祛风通络，正如叶天士所说"病久则邪风混处其间，草木不能见其效，当以虫蚁疏络逐邪"，吴鞠通所言"以食血之虫，飞者走络中气分，走者走络中血分，可谓无微不入，无坚不破"。

4. 活血化瘀通络药对：穿山甲（甲珠）- 血竭、桃仁 - 红花、益母草 - 丹参

穿山甲（甲珠）- 血竭：穿山甲，味咸，性微寒，善于走窜，行散走窜，活血散瘀，通行经络。《本草纲目》曰其："除痰疟寒热，风痹强直疼痛，通经脉。"《本草再新》曰其："搜风去湿，解热败毒。"《医学衷中参西录》载："穿山甲，味淡，性平，气腥而窜，其走窜之性，无微不至，故能宣通脏腑，贯彻经络，透达关窍，凡血凝血聚为病，皆能开之。"血竭活血化瘀止痛，止血。《本草纲目》曰："如人之膏血，其味甘咸而走血，盖手足厥阴药也，肝与心包皆主血故尔。河间刘氏云：血竭除血痛，为和血之圣药是矣。"《本经逢原》载："血竭……取以调和血气，而无留滞壅毒之患。"南征常选用穿山甲6g、血竭3g配伍使用，活血化瘀止血，通行经络。常配伍生地炭、艾叶炭、蒲黄炭、血余炭、侧柏炭等收敛止血药，或配伍小蓟、茜草、地榆、藕节、仙鹤草等凉血止血，治疗慢性肾脏病尿隐血严重者。2020年6月5日，穿山甲被确定为国家一级保护野生动物，其后《中国药典》（2020年版）中未予继续收载，故南征在临床中常将穿山甲用土鳖虫5g代替。

桃仁 - 红花：二药均有活血通经、化瘀止痛的功效，用于多种血瘀证。《本经逢原》曰："桃仁，入手足厥阴血分，为血瘀、血闭之专药，苦以泄滞血，甘以生新血。"《本草正》曰："红花，味甘、微苦，气微凉。阴中微阳，唯入血脉，少用可活血引经，多用能破血通瘀。"《汤液本草》曰"桃仁，主瘀血闭，癥瘕邪气"。《本草征要》曰"红花，通调血脉，去瘀生新"。《医林改错》中共记载方剂33首，其中桃仁、红花配伍使用的高达12首。南征常用桃仁10g、红花10g配伍应用，活血通络，化瘀止痛，治疗慢性肾脏病，瘀血较重者可以选用三棱、莪术。

益母草 - 丹参：益母草味苦辛，性微寒，能够活血调经，利尿消肿，清热解毒。丹参，味苦，性微寒，《日华子本草》载其"养神定志，通利关脉"，《本草纲目》载其"活血，通心包络"。南征常用益母草10g、丹参10g活血化瘀，治疗慢性肾脏病。

肾脏疾病过程中机体血液常有"浓、黏、聚、凝"特征，这一病理过程当属于中医学的"血瘀"范畴。叶天士在《临证指南医案》提出："大凡经主气，络主血，久病血瘀。"南征倡导叶天士"久病入络""久病血瘀"思想，在临床中运用活血化瘀的中药配伍，善用药对，以达活血化瘀、通达肾络之功。

六、读书之法

（一）研《黄帝内经》明医之道

南征读《素问·上古天真论》，确立了养生总纲，即"上古之人，其知道者，法于阴阳，和于术数，食饮有节，起居有常，不妄作劳，故能形与神俱，而尽终其天年，度百岁乃去"。读《素问·著至教论》，明确了学习方法，即习道有五，"诵、解、别、明、彰"。"黄帝坐明堂，召雷公而问之曰：子知医之道乎？雷公对曰：诵而颇能解，解而未能别，别而未能明，明而未能彰，足以治群僚，不足治侯王。"张景岳注曰："颇能解，粗解其义耳。别者别其条理，明者明其精微，彰则利于用矣。杨上善曰：习道有五，一诵，二解，三别，四明，五彰。"读《灵枢·师传》，悟到了医患和谐，即"黄帝曰：胃欲寒饮，肠欲热饮，两者相逆，便之奈何。且夫王公大人、血食之君、骄恣从欲轻人而无能禁之，禁之则逆其志，顺之则加其病，便之奈何，治之何先？岐伯曰：人之情，莫不恶死而乐生，告之以其败，语之以其善，导之以其所便，开之以其所苦，虽有无道之人，恶有不听者乎？"在此基础上，南征创立了严格管理患者、严肃控制疾病的"一则八法"。

（二）读《难经》体悟消渴之病位

读《难经》，南征明确了消渴之病位在散膏。《难经·四十二难》曰："脾重二斤三两，扁广三寸，长五寸，有散膏半斤，主裹血，温五脏，主藏意。"散膏，即今之胰腺。

（三）从《温疫论》中了解"伏邪致病，导邪治法"

读吴又可《温疫论》，南征理解了伏邪致病、导邪治法。《温疫论·行邪伏邪之别》曰："先伏而后行者，所谓温疫之邪，伏于膜原，如鸟栖巢，如兽藏穴，营卫所不关，药石所不及。至其发也，邪毒渐张，内侵于腑，外淫于经，营卫受伤，诸证渐显，然后可得而治之。方其浸淫之际，邪毒尚在膜原，此时但可疏利，使伏邪易出。邪毒既离膜原，乃观其变，或出表，或入里，然后可导邪而去，邪尽方愈。"将达原饮用于治疗消渴肾病、慢性肾衰竭、艾滋病、新型冠状病毒肺炎，疗效确切。

（四）由《临证指南医案》到"毒损肾络"

读叶天士《临证指南医案》，南征深刻领会了其"久病入络""久痛入络"的奥义，创立了"毒损肾络"病机学说。毒邪损伤肾络，日久盘踞膜原，是消渴肾病、消渴肾衰竭、慢性肾衰竭反复迁延、久治不愈的病机关键，由此提出"解毒通路，益肾导邪"治疗大法。

（五）读《医林改错》学习"血瘀致病"理论

南征在大学读书期间曾手抄过《医林改错》全书，字迹工整，连插图都画得惟妙惟肖。他对王清任"血瘀致病"理论颇有体会，擅长应用五逐瘀汤治疗疾病。在治疗消渴时，他主张将活血化瘀贯穿消渴治疗的始终，并提倡"滋阴清热、益气养阴、活血化瘀"三法为一法。擅长应用活血化瘀药对，如桃仁、红花，三棱、莪术、穿山甲、血竭。

旧书常读出新意，俗见尽弃做雅人。南征主张温故而知新，对经典要多读、常读，这样才能产生思想的火花，才有可能传承精华，守正创新。

七、大医之情

（一）思想境界

医德至上：南征行医 58 年来，始终把医德放在自己医疗工作的首位，任继学教授曾为他题写条幅"医德至上"。他读经典，跟明师，勤临床，50 余年精勤不倦，把自己打造成一个医德高尚的明医。他说："道如日之升，德如月之恒，道德双俱进，日升月又恒。道者铭也，方向也，如日之升，向上也；德者行也，品行也，如月之恒，圆满也；道德即信念也，不忘初心，方得道德。"他常教导学生要读经典、跟明师、勤临床，做明明白白的医生，千万不可"不念思求经旨，以演其所知，各承家技，终始顺旧，省疾问病，务在口给。相对斯须，便处汤药，按寸不及尺，握手不及足，人迎趺阳，三部不参，动数发息，不满五十，短期未知决诊，九候曾无仿佛，明堂阙庭，尽不见察。"

铁杆真中医：南征常讲，我们要淡泊明志，宁静致远，静下心来，读经典，跟明师，多临床，做明医。把临床、教学、科研、社会服务等工作做得好上加好。认真管理患者，严格控制疾病，认认真真地做一名既负责任，又有担当的真中医。反对中医西化，反对套西灭中，反对跟在西医后边跑，反对重科研、轻临床。要下苦功夫攻关，能作为，早作为，勇攀医学高峰，敢治疑难重危急证，为人类健康做贡献！我们必须要努力，不忘初心，牢记使命，把祖先留给我们的宝贵财富中医药继承好、发展好、利用好；我们必须要努力，继承中医精华，传承中华文化，促成华夏文明，振兴伟大中华，早日实现民族复兴！

南征作为吉林省中医药防治艾滋病专家组组长，带领团队上山下乡，坚持艾滋病义诊16年，诊治患者达2000多人次。研制的治疗艾滋病院内制剂"芪精克艾胶囊"疗效好，不良反应小，依从性高，为患者广泛称道。他的先进事迹多次被《中国中医药报》等主流媒体报道。新冠疫情肆虐期间，80岁高龄的他主动请缨参与疫情防控工作，被任命为吉林省防控疫情中医救治专家组顾问、中医重症病例医疗救治专家组组长，协同团队制订诊疗方案，赶赴疫情一线会诊，勇当一线诊疗的"排头兵"。他的抗疫事迹被中共吉林省委组织部编入《逆行有我 战疫先锋》一书中。在建党100周年之际，他荣获"光荣在党50年"纪念章，被评为"吉林省高校优秀共产党员"。

（二）文化修养

《素问·著至教论》曰："道上知天文，下知地理，中知人事，可以长久，以教众庶，亦不疑殆，医道论篇，可传后世，可以为宝。"这也是《内经》对医生的要求，南征深谙此理。除了读专业著作外，他还广泛涉猎文、史、哲、儒、释、道相关书籍，对《易经》研究颇多，授课时常引用《易经》原文，如"立天之道曰阴与阳，立地之道曰柔与刚，立人之道曰仁与义"。

此外，南征很注重人文修养，多才多艺，酷爱诗词、书画、收藏。每逢佳节必须要作诗几首，歌以咏志。他自幼练习书法，真草隶篆，信手拈来，酷爱王羲之《兰亭集序》，曾连续临摹全作300幅。他所创作的国画山水、人物也都形神兼备，挥洒自如。其鉴赏、收藏水平也非一般。

八、养生之智

《素问·上古天真论》曰："上古之人，其知道者，法于阴阳，和于术数，食饮有节，起居有常，不妄作劳，故能形与神俱，而尽终其天年，度百岁乃去。"南征将其视为养生的总纲。他生活相当自律，每天 6 点 26 分起床，晚上 10 点睡觉，中午提倡小憩 20 ～ 30 分钟；喜欢饮酒，但从不喝醉；饮食节制，多年来体重波动幅度在 1kg 左右；诊病、带教时严肃认真，课余时间跟学生谈笑风生，节假日带学生逛公园，始终乐观向上，充满正能量；倡导按时辰养生、按月份养生、按季节养生；作有一日养生十字歌："一次大便成习惯，二次睡眠保神安，三顿饭菜好饱少，四次小便防憋忍，五点半时吃晚餐，六种蔬菜杂粮鲜，七点新闻必须看，八次饮水一千三，九酒限量要禁烟，十点睡觉不过晚，一日养生十字歌，人人遵循保康健。"

南征认为，长寿要诀，人人不一，唯有内求于本真，鼓舞正气，调摄精气神，改善"吃、喝、拉、撒、睡、动、情"中不合理的生活方式，不断完善，过好每一天。远离保健品，养生无救世主，养生就要靠自己，做到"养生先养身，养身先养心，养心先养神，养神先养气，养气先养其本真"。总之，一日养生，日日不忘，周周遵循，月月常态，年年坚持，必定长寿。

九、传道之术

（一）人才培养方法

南征培养学生一直秉持"严师出高徒"的理念，要求学生要读经典、跟明师，多临床、做明医，做铁杆真中医。树立仁术仁心思想，树立和谐医患关系，全心全意为患者服务。学高为师，身正为范，将思政教育融入平时的讲课、带教过程中，为学生树立了牢固的中医信念；身教胜过言传，用自己的实际行动"润物细无声"地影响学生，学习学习再学习，努力努力再努力，奋斗奋斗再奋斗。

（二）人才培养成果

桃李不言，下自成蹊。南征已培养博士研究生 30 人，硕士研究生 177 人，国家级高徒 10 人，全国中医优秀人才 15 人。他们中不少已成为博士研究生导师、省市名医、学科带头人，是促进中医药事业发展的中流砥柱。他打造了一支拥有全国名中医 1 位、省级名中医 4 位、博士研究生导师 5 位、硕士研究生导师 11 位的内分泌代谢病团队，使科室成为国家区域医疗中心建设单位。

南征学术传承谱

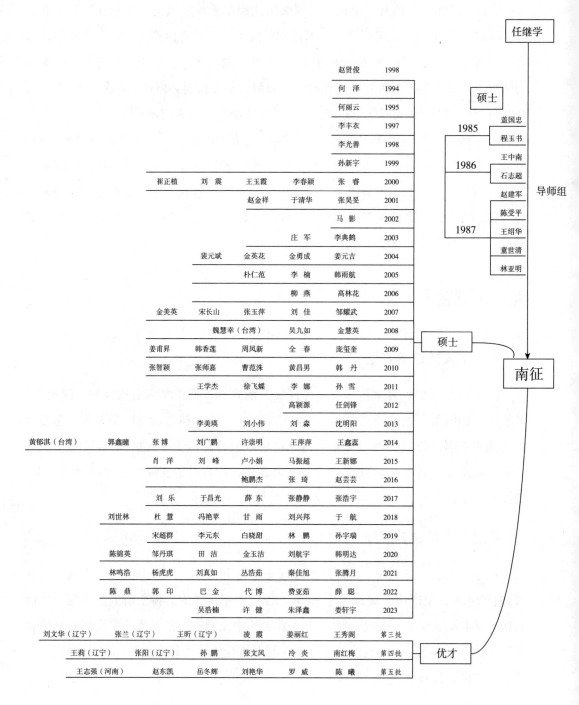

任继学

硕士
- 1985　盖国忠、程玉书
- 1986　王中南、石志超
- 赵建军
- 陈受平、王绍华
- 1987　童世清、林亚明

导师组

硕士

南征

					年份
			赵贤俊		1998
			何泽		1994
			何丽云		1995
			李丰衣		1997
			李光善		1998
			孙新宇		1999
崔正植	刘震	王玉霞	李春颖	张睿	2000
		赵金祥	于清华	张昊旻	2001
				马影	2002
			庄军	李典鹤	2003
裴元斌	金英花	金勇成	姜元吉		2004
		朴仁范	李楠	韩雨航	2005
			柳燕	高林花	2006
金美英	宋长山	张玉萍	刘佳	邹耀武	2007
		魏慧幸（台湾）	吴九如	金慧英	2008
姜甫昇	韩香莲	周凤新	全春	庞玺奎	2009
张智颖	张师嘉	曹范洙	黄昌男	韩丹	2010
	王学杰	徐飞蝶	李娜	孙雪	2011
			高颖源	任剑锋	2012
	李美瑛	刘小伟	刘淼	沈明阳	2013

黄郁淇（台湾）　郭鑫瞳

张博	刘广鹏	许崇明	王萍萍	王鑫蕊	2014
肖洋	刘峰	卢小娟	马振超	王新娜	2015
	鲍鹏杰	张琦	赵芸芸		2016
刘乐	于昌光	薛东	张静静	张浩宇	2017
刘世林	杜慧	冯艳苹	甘雨	刘兴邦	于航	2018
	宋超群	李元东	白晓甜	林鹏	孙宇瑞	2019
陈锦英	邹丹琪	田洁	金玉洁	刘航宇	韩明达	2020
林鸣浩	杨虎虎	刘真如	丛浩茹	秦佳旭	张腾月	2021
陈鼎	郭印	巴金	代博	费亚茹	薛聪	2022
	吴浩楠	许健	朱泽鑫	娄轩宇		2023

优才

刘文华（辽宁）	张兰（辽宁）	王昕（辽宁）	凌霞	姜丽红	王秀阁	第三批
王莉（辽宁）	张阳（辽宁）	孙鹏	张文凤	冷炎	南红梅	第四批
王志强（河南）	赵东凯	岳冬辉	刘艳华	罗威	陈曦	第五批

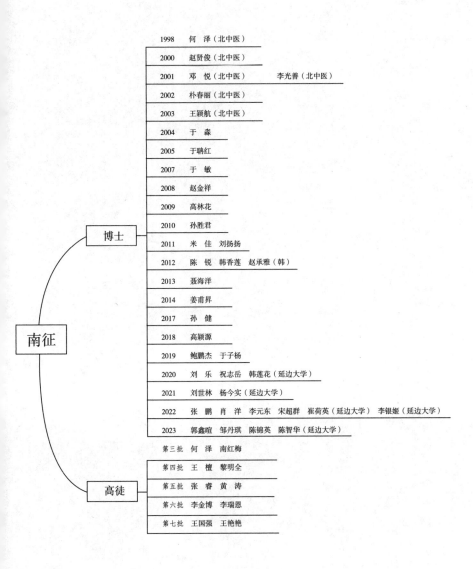

南征

博士
1998　何　泽（北中医）
2000　赵贤俊（北中医）
2001　邓　悦（北中医）　　李光善（北中医）
2002　朴春丽（北中医）
2003　王颖航（北中医）
2004　于　淼
2005　于聘红
2007　于　敏
2008　赵金祥
2009　高林花
2010　孙胜君
2011　米　佳　刘扬扬
2012　陈　锐　韩香莲　赵承雅（韩）
2013　聂海洋
2014　姜甫昇
2017　孙　健
2018　高颖源
2019　鲍鹏杰　于子杨
2020　刘　乐　祝志岳　韩莲花（延边大学）
2021　刘世林　杨今实（延边大学）
2022　张　鹏　肖　洋　李元东　宋超群　崔荷英（延边大学）　李银姬（延边大学）
2023　郭鑫暄　邹丹琪　陈锦英　陈智华（延边大学）

高徒
第三批　何　泽　南红梅
第四批　王　檀　黎明全
第五批　张　睿　黄　涛
第六批　李金博　李瑞恩
第七批　王国强　王艳艳

（鲍鹏杰、刘世林整理）

（高欣编辑）

涂晋文

涂晋文（1940—　　），男，江西黎川人，湖北中医药大学二级教授、主任医师、博士研究生导师。首届湖北中医大师、湖北知名中医，享受国务院政府特殊津贴。兼任中国中医科学院学部委员，国家中医药管理局优秀中医临床人才研修项目指导老师，第三、四批全国老中医药专家学术经验继承工作指导老师，"健康中国2020"战略规划研究专家，世界中医药学会联合会老年医学专业委员会副会长，中华中医药学会内科分会常务委员等。获全国中医急症工作先进个人、中医药治疗艾滋病试点工作先进个人、全国医药卫生系统先进个人、荆楚楷模等荣誉。2022年被授予"国医大师"荣誉称号。

涂晋文时方与经方并举，善治中医热病、急症、心脑病证及疑难杂症；古今结合，用现代科研思路重新阐述疾病的理法方药等认识。治外感热病，以热毒立论，研发院内制剂"热必宁合剂"，"热必宁治疗急症外感高热的临床及实验研究"获国家中医药管理局中医药科学技术进步奖三等奖，"多法联用治疗外感热病的临床及实验研究"获湖北省科技进步奖三等奖。治中医脑病，以风立论，提出"痰瘀互结，毒损脑络"的学术思想。涂晋文主持国家级、省部级课题20余项，拥有国家新药专利1项，获省（市）部级科技进步奖8项（5项排名第一），出版专著10部（主编5部），参编《中医内科指南》，发表论文百余篇（SCI收录4篇）。

一、学医之路

1958 年，18 岁的涂晋文考入湖北医学院（现武汉大学医学院）医疗系。同年，为响应毛泽东主席发出的"西医学习中医"的号召，湖北医学院创办祖国医学系，从 400 多名新生中抽调了 30 人学习中医，涂晋文被选中，由此与中医结缘。1959年由于院系调整而转入湖北中医学院中医系中医学本科，正式开始了漫漫中医探索之路。

涂晋文自幼热爱国学，喜读古文，所以学起中医来兴致浓厚，如鱼得水，他精读中医四大经典，熟诵《汤头歌诀》，夯实了学习中医的基本功；因勤奋好学、成绩优秀，在校期间任学生会学术部部长，带领大家举办学习讲座，进行学术交流和流派争鸣，研讨名家、名医经验。1964 年大学本科毕业后，涂晋文留校，在附属湖北省中医院内科从事医疗、科研、教学工作，曾先后担任湖北省中医院大内科主任、中医急症研究所所长、脑病学术带头人等职务，潜心钻研中医热病、急症、心脑病证及疑难杂症，学贯中西。

二、成才之道

作为一名中医内科名家，涂晋文谈及他的医路成长过程，认为"读经典，跟名师，勤临床"是关键环节。

（一）读经典，师古而不泥古

涂晋文自幼便喜古文，好学不倦，博览众书，广取众智，师古而不泥古，宗法而不拘于法，注重理论联系实践，善于在前贤经验的基础上进行发挥，在长期临床实践中体会古文的深意，并勇于创新，从而积累了丰富的医疗经验。

以中风病为例，中风病（急性脑血管病）位列中医四大难证"风痨臌膈"之首，其特点是起病急骤、症见多端、变化迅速，"风者善行而数变"，故名"中风"。中风的发病机理有"外风"与"内风"两种学术观点，唐宋以前以"外风"为主，以"正虚邪中"立论；宋代以后以"内风"为主，尤其是金元时期，"内风"学说盛行，有主火论、主气论、主虚论、主痰论等观点。随着近现代脑血管病解剖病理知识及影像学技术日渐发展，中医学将"内风"定为主流观点，认为中风发病由脏腑气血功能紊乱、机体阴阳失调引起。涂晋文通过翻阅历代论治中风的医学专著，发现金元诸医家虽发展了"内风"理论，但处方用药多有祛风剂。刘河间主火，却在《素问病机气宜保命集》中记载大秦艽汤治手足不能运动、舌强不能言语的中风；清代汪昂在《医方集解》中称之为"六经中风轻者之通剂也"；李东垣主中气，但其本人及弟子罗天益，常用加减续命汤、愈风汤防治中风；清初医家喻嘉言在《寓意草》中提出"空虚若谷，风自内生"之论（后人称之为"空谷生风"），但在《医门法律》中说："盖新风夹旧邪，或外感，或内伤，其脉随之忽变。"将内外风辨证统一论治，如治疗内风的贝母瓜蒌散，方中亦用祛风剂。

涂晋文在临床实践中发现，"内风"指导下的中风病临床用药治疗效果有不尽如人意之时，中风发病受气候变化影响，每年冬季中风发病最多，其次是7、8月份。四季变更，气候（六气）变化，同时风邪可兼夹五邪，形成风寒、风热、风湿、风燥诸邪而伤人致病，且可与人体内生之邪相合为患，对中风病发病具有一定的影响，尤其是中风先兆、中风发生的早期，这种影响是不可忽视的。涂晋文还发现，部分患者在中风发病前有感染的因素，证候学上表现出恶寒、发热等邪伤肌表的特征，多为外风侵袭所致。现代对感染和卒中关系的认识也日益加深和肯定。

涂晋文通过翻阅古籍结合临床发现，促使其对"内风致病"为主的认识进行反思，在中风的病因上提出"外风致病学说再认识"，创院内制剂"愈风汤合剂"治疗中风早期病证，并在科研中反复验证，完成省部级、国家级科技重大专项项目"中风预报与防治""愈风汤对大鼠脑细胞内游离钙的影响"等课题8项，所取得的成果也完善了中风病的中医病因学、方剂学、药理学认识，相关研究成果获湖北省科技进步奖二等奖。

涂晋文教导弟子，读经典是为了用于临床，在秉持求真探讨、兼容并包的态度去理解前辈医家已经总结出的经验和理论基础上，再进一步开拓创新，才能取得更广阔的视野。

（二）跟名师，广拜师，善总结

在涂晋文中医学习生涯之中有多位名师大家，对他成长有重要的帮助，尤以洪子云、章真如、黄星垣、鲍亦万四位教授最为突出。

早在涂晋文攻读大学本科之时，国内著名中医学家、伤寒大家洪子云担任涂晋文《伤寒论》的主讲教师，青年时期的涂晋文得到洪子云赏识，曾评价他"读得精，学得深"。涂晋文毕业留校在附属医院内科工作，更是全面接受洪子云指教，继承、提炼洪子云医学经验之真谛。洪子云门诊应诊、住院查房、各科会诊、外出讲学，涂晋文跟随左右，临证待伺，耳濡目染，从而进一步掌握辨证论治、用药技巧。发表多篇《洪子云医案》，对洪子云治疗急性中风、急性外感高热、急性晕厥、咯血等内科急症的经验做了总结和记载。在本科实习期间，涂晋文见习于武汉市中医院，由于思路敏捷，悟性较高，深受名老中医章真如的好评。

20世纪80年代初，因从事中医急症救治工作，涂晋文参加了全国著名的中西医结合专家、急症大家黄星垣主办的"全国中医急症学习班"，被选为学习班的班长。黄星垣对温病学有深入的研究，提出"发扬温病学应从论毒始"，在临床上使中医治疗急症高热得以另辟路径、树立新说。涂晋文继承黄星垣之学术思想，主张"温毒同治，多法联用"，在急症高热的论治中积累了大量经验，在黄星垣主办的历届全国中医急症学习班中，涂晋文皆被聘为主讲老师，讲授中医治疗高热急症的理论和诊疗技术，也曾在国家中医药管理局主办的全国优秀临床人才培训中进行演讲。

鲍亦万，国内著名的中西医结合专家，脑病（神经内科）专家，曾任湖北省中医院大内科主任，对升为主治医师的涂晋文言传身教，将其治疗中西医脑病（神经内科）之辨证立法、处方用药尽传之，涂晋文得其传承，在随后的工作中，总结中风、痿、痹、头痛、眩晕等病立痰瘀之论，创"愈风合剂""头痛安胶囊""复方芪芎胶囊"等院内制剂，临床疗效显著。

（三）多临床，不怕累，不惧险

从踏上医学道路的第一天起，涂晋文的人生字典里就没有"节假日"这个词，近60个春秋，始终坚守在服务患者的第一线，时时刻刻以患者为中心。青年涂晋文在行医过程中，牢记老师们的教导，"患者是最好的老师"，手到、眼到、心到，日夜观察患者的病情，了解药物反应，下班后钻研疾病机理，总结临床治疗经验。行至中年，对患者多了一份责任心、悲悯心，把看病、治病作为自己的天职，全年坚持门诊和病房查房，把患者当亲人，耐心询问病情，细心诊察舌脉，对患者一视同仁。无论科研、教学等任务多么繁杂，专科门诊和病房查房永远排在工作的第一位。哪怕是外出讲学的空隙，遇到求医患者，涂晋文都是义不容辞地进行义诊。每每专注临床时，他从不觉得累。

2003年"非典"后，作为湖北省中医药防治艾滋病、SARS及重大传染病的防治专家组组长，涂晋文工作认真负责，亲力亲为，收集防治经验，设计治疗方药，宣传预防措施。研制的防治SARS的处方广泛应用于湖北省，指导着湖北省SARS预防工作。涂晋文致力于湖北省艾滋病的中医药防治工作，主持相关国家及省部级课题4项。十几年如一日，深入基层，对山区的200多例艾滋病患者亲自看舌把脉，指导基层专家辨证用药，取得明显成效，2007年由国家中医药管理局授予"中药治疗艾滋病试点工作先进个人"，2010年由中华人民共和国卫生部授予"全国医药卫生系统先进个人"称号。新型冠状病毒肺炎期间，80岁高龄的涂晋文临危受命，先后担任湖北省卫生健康委员会中医药防治新型冠状病毒肺炎医疗救治专家组组长、顾问，组织编写《湖北省新型冠状病毒肺炎中医药防治方案》，负责指导湖北省新型冠状病毒肺炎的中医药治疗和临床培训。

涂晋文通过不断临床积累，刻苦钻研，不惧安危，成就了"学验俱丰"。

三、学术之精

涂晋文主要学术研究领域为中医急症和脑病。

（一）以热毒立论诊治中医高热急症

中医高热急症主要包括外感热病和感染性脑病（乙脑）。涂晋文发展温病学说，认为外感热病病机是"毒随邪入、热因毒生、变由毒起""毒不去则热不除，热不除变必生"，治疗着眼于"解毒"二字，提出"温毒同治、多法联用、清下并重、截断扭转"的治则理论。研制"热必宁口服液"，研发国家Ⅲ类新药"柴石退热颗粒"。2009—2014 年，在全国首次开展多中心、大样本、随机对照的中医药防治"乙脑"临床研究，突出毒邪在发病中的地位，总结病机特点为"暑热毒、常夹湿、喜内陷、易动风、伤气阴、亡阴阳"。以卫气营血结合脏腑辨证的辨证方法，强调毒损脑络，形成《流行性乙型脑炎中医临床诊疗方案》。

（二）以风痰瘀毒立论辨治中医脑病

脑病主要包括中风和痴呆，涂晋文提出中风病"外风致病学说再认识"，强调"痰瘀互结，毒损脑络"的核心病机，创"愈风汤"及"白花前胡合剂"治疗中风，完成国家及省部级课题 10 项。总结老年性痴呆病机为"肾虚为本、痰瘀互结、上蒙清窍"。治疗上以"补肾化痰、交通心肾"立法，研制院内制剂"复方芪芎胶囊"（寿尔智胶囊），并进行实验研究。"寿尔智胶囊对老年性痴呆与海马神经细胞凋亡的影响"在 2005 年获湖北省科技进步奖二等奖。此外，涂晋文认为"头痛的根本病机在于脑络受损，风、痰、瘀等邪毒内聚"，故治疗上以通络为先、为主，以祛毒为后、为辅；并在此基础上研制院内制剂"头痛安胶囊"，"头痛安胶囊治疗偏头痛的临床与实验研究"获湖北省武汉市科技进步奖三等奖。

（三）治杂病重视清泻通络等

涂晋文在咯血、胸痹等研究中亦有诸多学术成果，认为"咯血辨证当分急、慢、虚、实"，提出"咯血病机应责之火、热、痰，治疗首当清肺泻肝，辅以化痰止咳之法"，研制院内制剂"青白汤"。总结胸痹的病机为"气血失养，瘀阻脉络，脉损心伤"，提出"益气养血、化瘀通络、荣养心脉"的总治则，研发心脑同治的院内制剂"复方白花前胡合剂"。

四、专病之治

（一）流行性乙型脑炎的辨治

急性外感热病是以发热为主的中医内科常见急症，具有起病急、变化快、传变迅速的特点，流行性乙型脑炎为外感热病代表性病症之一。

流行性乙型脑炎，简称"乙脑"，是由乙型脑炎病毒引起的中枢神经系统急性传染病，是一种人畜共患的自然疫源性疾病，为我国乙类传染病，属于中医"疫病"范畴。历代文献关于夏秋季急性发热性疾病描述中很多症状与乙脑的临床表现相似。中医温病学说对急性热病的论述更为系统和完整，《温病条辨》是清代的温热病专著，书中对暑温病症状的描述，与乙脑很相似。如"发热恶寒，头痛，身重，夜寐不安，精神不了了（神志不清），时有谵语，手足瘛疭（震颤或轻度抽搐），猝然痉厥（惊厥、痉挛）"等。

自 2003 年以来，SARS、H7N9 禽流感、甲型 H1N1 流感、埃博拉、登革热、麻疹、新型冠状病毒感染等新发、再发传染病不断危害着人类的生命健康。人感染乙脑病毒后大多数表现为亚临床型感染，约 1‰（或更少）的感染者出现典型的脑炎症状，临床以高热、抽搐、昏迷为主症，发病急骤，病变迅速。官方统计发病患者数每年为 3.5 万～5 万人，病死率为 5%～40%，但由于报告制度严重不全，实际病例要多得多。本病对人危害较大，不但病死率高，而且造成神经系统损伤的后遗症比例也很高（20%～45%），给社会和家庭造成了巨大的经济和心理负担，是世界范围内最突出的公共健康问题之一。

涂晋文自 20 世纪 70 年代开始，从未间断对"乙脑"的防治和研究，兹介绍辨治本病的学术经验如下。

1. 病名病机，科学阐述

中医学没有"乙脑"这一病名，但对其认识历史悠久，根据本病的流行季节及临床表现，相当于"暑温""暑风""暑厥""暑痉""湿温""瘟疫""疫痉"等病证。这些病名多因气候与症状相结合而命名，如夏暑季节症见发热而渴的就叫暑温；四肢厥冷的就是暑厥；手足抽风的就是暑风；项背强直的就是暑痉。

涂晋文通过系统古医籍文献研究，发现近代医家王松如先生所著《温病正宗》

一书中提出"疫痉"病名，指以疫毒传染为患的时行疾病。书中描述"疫痉"，是夏季感受暑热病邪而引起的一种急性热病，发病急骤，一般按照卫气营血规律传变且多变化迅速，初起即见壮热、烦渴、汗多等气分证候，且易伤津耗气，常有窍闭、动风之变。叶天士在《三时伏气外感篇》言"夏暑发自阳明"，高度阐述了暑邪为病的病因机制。所谓夏暑，即小暑至立秋前一个月的暑热季节，《素问》云："先夏至者为病温，后夏至者为病暑。"明确了暑温病的发病季节、病因；所谓发自阳明，指暑温病初，起病多在阳明气分，证见壮热、大汗、大渴、脉洪大（尤右脉大）等。暑温病，以暑邪为患，暑热病邪是在炎夏盛暑的高温条件下形成的，具有强烈火热性质的一种致病温邪。暑热病邪的致病特点主要有以下几方面：伤人入侵急速，径犯阳明；暑热酷烈，耗气伤津；易犯心包，窍闭神魂，动风；热毒，筋挛，抽搐；易夹湿邪，郁阻气分。

涂晋文通过阅读古籍，结合临床循证医学观察研究数据，认为乙脑病属温疫之病，发于夏秋季，主要集中在 7～9 月，因感受暑温邪气，发为高热、抽搐等症。综合考虑本病属性、病因病机、主症表现等多方面因素，将乙脑命名为"暑温疫痉"。

暑者，《素问·热论》曰："先夏至者为病温，后夏至者为病暑。"历代对暑病发病季节的认识都以夏至为界限，将从夏至到处暑期间发生的急性外感热病都统称为暑病。明代《伤暑全书》中又明确指出暑病的病因是暑邪，"况夏至后，炎火时滚，蒸郁灿人……皆是暑火所盛而成"。所以乙脑的病因之一是感受了夏季暑邪。

热者，属夏令主气，系火热所化，为阳邪，性炎热，善发散。吴鞠通在《温病条辨》中说："温热者，春末夏初，阳气弛张，温盛为热……温者热之渐，热者温之极，温盛为热，本生火也。热极湿动，火生土也。上热下湿，人居其中而暑成矣。"吴又可在《瘟疫论》中说："温者热之始，热者温之终，温热首尾一体。"可见温与热为一始一终，只是轻重程度有差别而已，夏季气温较高，炎热之极，故称为暑。

毒者，历来所指内容各有不同。"毒"作为温病病因的记载最早见于《素问》，《素问·刺法论》曰："五疫之至，皆相染易，无问大小，病状相似。"指出疫病的传染毒性，认为"避其毒气"可令五疫不相染易。吴又可所著《温疫论》提出了创造性观点，促进了温病学关于"毒"的理论的成熟。如"疫气盛行，所患皆重，最能传染""大约病遍于一方，延门合户，众人相同，皆时行之气，即杂气为病也""令盛疫气者，乃天地之毒气者"。种种杂气之中，有一种特别凶险厉害，流行迅猛者，吴氏称之为"疫气""戾气"（或疠气）。清代吴鞠通在《温病条辨》中曰："瘟疫者，疠气流行，多兼秽浊，家家如是，若疫使然，温毒者，诸温夹毒，秽浊为甚也。"余师愚在《疫疹一得》中说："夫疠气，乃无形之毒。"他们都认识到了这种戾气、疫气都具有强烈的致病毒性。清代徐延祚《医医琐言》认为："毒者，无形也，物者，有形也，毒必乘其形，既乘有形，然后其证见矣。"认为毒邪不是单独致病，而是挟同其他病邪入侵人体。就乙脑而言，毒邪挟同暑热之邪侵袭人体致病，决定了本病在发病季节、致病途径、病变部位、病机演变、传变过程、临床表现等方面具有明显特异性。此外，明代喻昌在《尚论篇·详论瘟疫以破大惑》提出瘟疫治法"上焦如雾，升而逐之，兼以解毒；中焦如沤，疏而逐之，兼以解毒；下焦如渎，决而逐之，兼以解毒"。此种贯穿解毒之说，对后来温病学家有一定的影响，佐证了毒邪在疫病病因中的重要性。

湿者，常与暑热病邪兼夹致病。清代叶天士在《三时伏气外感篇》中云："长夏湿令，暑必兼湿。"指出暑湿是造成乙脑类温病流行的一个主要原因。夏季感暑病，温热不退，暑必夹湿。夏暑炎热而多雨，湿热熏蒸。《温病条辨》云："长夏初秋，湿中生热，即暑病之偏于湿者也。"清代章楠在《医门棒喝》中说："以夏令湿盛，或人禀体阳虚多湿，而感四时杂气，遂成湿温，虽四时皆有，而夏秋为多。"因此，暑温疫病中常有夹湿的病变表现。清代沈金鳌在《杂病源流犀烛》中说："感受湿温之症，即藏疫疠，一人受之为湿温，一方传变即为春夏见湿热暑三气交蒸之故也。"

综上所述，涂晋文以中医基础理论为指导，认为乙脑的病因是暑、热、毒、湿等邪气。发病机理是外感暑、热、毒邪侵入人体而发病，本病常夹湿邪，其中以毒邪为主，毒随邪入，热由毒生，变由毒起，温毒合侵，引发本病，且易迅速里传，导致气营两燔。因此，本病归属于新感温疫病。《杂病源流犀烛》中说："伏暑症，暑久伏病也……若热毒之气既缓之，或为些小风寒所用，此毒渐渐入内，伏于三焦肠胃之间，或深秋或冬，久久而发，此暑毒伏于人身之内。"根据叶天士"夏暑发自阳明"之说，暑温病，化热入里，以暑邪为患，毒邪为患，暑热温毒侵入人体，多见火热之证；温毒之邪旋即入里化热而成里热炽盛、热炽阳明之象。暑季潮湿，常有暑中夹湿之候；暑热耗气伤阴，故后期又有气阴两亏之证。既有温病传变之共性，又有自身演变的特殊性。

2. 病机传变，总结规律

涂晋文认为乙脑传变基本符合卫气营血及三焦演变规律，但又不拘泥于卫气营血及三焦演变规律，具有独特性，表现为迅传、交错传变和跳跃传变的规律，这与乙脑自身的病因特点及发病特点密切相关，乙脑由温热性质的温毒病邪致病，伤人急速，热象显著，传变快，易化燥伤阴，易内陷营血分产生闭窍、动风、发斑、动血等危重病变。乙脑整个病机演变过程中，毒、暑、热邪并存，由实致虚，决定着正邪交争的状态，决定着病情转归、预后。具体传变规律总结归纳如下。

（1）发病急骤，传变迅速，较轻的病例，大多病在卫气分，可不再里传而痊愈；少数病例甚至仅有卫表之证，如头热、头昏、头痛、嗜睡，甚或谵语等，病情不再进展，病程中无抽搐、昏迷等症状，发病 3 ～ 5 日病情即逐渐好转。

（2）绝大多数病例起病后即迅速里传，以致前一阶段症状未罢而后一阶段的症状已经出现，故卫气营血各阶段的症状常交错存在，如起病时卫气同病，经 2 ～ 4 日逐渐传入营血，而见气营两燔或营血同病的脉证。

（3）极少数病例在卫分阶段甚为短暂，很快逆传心包，出现惊厥、昏迷、谵语、烦躁、头痛、呕吐等，甚至起病即见气营两燔，或邪陷营血，此类病例多数病情危重。因此，乙脑病例在此时，不易预见病情发展的趋势。

（4）传变方向归纳：向表传为顺（顺，从表解）、向里传为逆（逆，向深处发展）、表里分传三种情况。本病转归为外传外解和内传内陷两种。符合卫气营血及三焦演变规律。

通过上述病机演变规律分析，涂晋文凝炼乙脑的病机特点，总结为"暑热毒、常夹湿、喜内陷、易动风、伤气阴、亡阴阳"。

（1）暑热毒：乙脑为夏季感受暑热毒邪发病，因此具有暑热致病的共性，"先入阳明气分、易耗津伤气、兼夹湿邪和易窍闭动风"。同时，还具有"毒"邪致病的特性。

（2）常夹湿：通过对乙脑发病季节、发病机理进行分析可知，本病高发于夏暑季节，天气多雨潮湿，热蒸湿动，毒随邪入而侵袭人体。

（3）喜内陷：乙脑因暑热毒入侵人体而发病，疾病初起就邪在卫表者极少，绝大多数患者起病证见里热炽盛，温毒长驱直入，从气分热炽证而传变发展，深入营分，内陷心包证关键证候即见不同程度的意识障碍。

（4）易动风：中医基础理论认为热极易化火生风，煎灼津液，伤及营血，燔灼肝经。因此，乙脑暑热毒邪致病，易伤肝动风，出现昏迷、抽搐、角弓反张、颈项强直等证。

（5）伤气阴：暑热不但伤津耗液，还可损耗肝肾之阴，且暑热亢盛，每致壮火食气。所以，暑伤气（津）阴，是暑气为病的重要病机变化，暑热耗气伤阴，后期又有气阴两亏之状。

（6）亡阴阳：本病属新感温疫，部分病情危重者，邪入血分，耗血动血，形成严重阴血耗损、温毒伤及肝肾的复杂证候，若毒邪极重、正气不足或救治不及时，可迅速导致亡阴、亡阳危象，引起性命之忧。

3. 分型分期，辨证施治

涂晋文主持中医药防治流行性乙型脑炎的临床方案与诊疗规律研究成果之一，就是将乙脑的中医辨证体系进行卫气营血与脏腑辨证结合，创造性引入"毒"的病因辨证，经过 3 年临床观察，基本确定分为两期 6 型，具体辨证如下。

（1）急性期

①毒蕴肺胃证：主要表现为微恶寒、发热、神志清楚、舌苔薄白或黄或腻、脉象浮数。乙脑病在卫分时，病乃初起，暑为火热之邪，其致病表现为传变迅速及兼有湿邪两个方面，因此，发病后很快由卫分传入气分，卫分之证短暂而不典型。治法：辛寒清气、清热解毒。

②毒损脑络证：患者表现为高热、颈强、嗜睡、偶有抽搐发作、舌质红、苔黄或白腻、脉数、指纹红紫，部分患者小便黄、大便秘结。乙脑病在气分阶段有偏热偏湿的不同表现，偏湿主要表现为湿热中阻、缠绵难解。偏热有化燥伤阴的特点，多数患者表现为热结于肠。治法：清热解毒、气营两清。

③毒陷心包证：患者体温大多在40℃以上、颈强明显、昏迷、反复抽搐、舌质红绛、苔黄或燥或厚腻、脉细数、指纹紫滞，说明心神受损的症状转化快，尤其在营分阶段更易出现内陷心包。多数患者的症状常先于体征的改变。治法：清热解毒、凉血息风。

④阴阳衰竭证：此型病势险恶，热毒直入营血，亡阴亡阳，患者表现为高热、体若燔炭、体温急剧上升至41℃以上、迅速陷入深昏迷、顽固且持续地抽搐、呼吸气粗或急促无力、呼吸不规则，出现急性亡阴亡阳症状，如颜面苍白晦暗、口唇发绀、汗多如油、手足厥冷、舌质深绛而干或淡白胖大、脉虚大或细微欲绝或模糊不清、指纹紫暗。治法：亡阴则滋阴镇摄，亡阳则回阳救逆。

（2）恢复期，正虚邪恋

①余毒未尽、气阴两伤证：本型以耗气伤阴，心肝肾阴血不足为主。患者表现为低热多汗、心烦不寐、精神软弱或精神异常、痴呆失语或消瘦瘫痪，扭转痉挛、震颤、舌质干绛少苔、脉细无力。治法：偏气虚津伤则清解余毒、益气生津，偏肝肾精亏则清热育阴、除烦安神。

②肝肾阴虚、痰瘀阻络证：本型以肝肾阴虚，痰瘀阻滞经络，络脉失养为突出。患者表现为神志呆滞、言语不利、精神疲惫、面色晦暗或苍白、肢体无力或有肢体瘫痪、舌淡或紫、脉细涩。治法：滋养肝肾、化痰通络。

在治疗原则上，把握主证，针对病因，果断采取截断扭转措施，制止疾病发展，涂晋文提炼出乙脑"截断扭转、温毒同治"的总治则，"解毒清热、清下并重"的总治法。

（1）截断扭转：此乃由姜春华教授在20世纪70年代初首先提出的治疗温病的学术观点。"截断"针对病因而言，是指采取果断措施，选用具有特殊功效的方药，直捣病巢，迅速除去病因，杜绝疾病自然发展和迁延；"扭转"针对病势而言，指扭转疾病的趋势，使之向好的方向发展。截断扭转疗法在临床上跳出了卫气营血辨证的思维模式，不拘泥于"卫之后方为气，营之后方言血"的传变规律，提倡在疾病初期尽早使用清热解毒法，即在卫分即可采用清热解毒的方法，且要重用，这样才能有效快速地截断病情，防止病情进一步发展。

（2）温毒同治：由涂晋文根据乙脑"有热有毒，毒温合侵"的发病特点，结合恩师黄星垣的热病学术观点总结提炼而来，在对乙脑发病及治疗的理论研究中，主张热毒论，认为"发展温病学，应从论毒始"，"毒"随邪来，热由"毒"生，变由"毒"起，温病之病因为温邪，"毒"就是各种温邪的共性。"毒"不除则热不去，热不去则变必生，治疗上因解毒而清热，解毒而防变。解毒、益气、养阴之法是热病防变固脱的重要治法。

（3）解毒清热：临床实际应用过程中，以"清热解毒"为乙脑主要治法，贯穿于疾病各阶段始终。临床筛选出的有效中药制剂有：辨证施治处方（白虎汤、清营汤、清瘟败毒饮、三仁汤）、柴石退热颗粒、抗病毒口服液、安宫牛黄丸、羚羊角免煎颗粒剂、喜炎平注射液、醒脑静注射液、清开灵注射液、炎琥宁注射液。

（4）清下并重：是乙脑治疗法则对多法联用的具体体现，王学权在《重庆堂随笔》总结指出："吴又可治疫主大黄，盖所论湿温之病，湿为地气……浊邪为有形之湿秽，故宜下而不宜清；余师愚治疫主石膏，盖所论者暑热为病，暑为天气……清邪为无形之燥火，故宜清而不宜下，二公皆卓识，可为治疫两大法门。"

（二）脑卒中的辨治

脑卒中在中医属于"中风"范畴，是以猝然昏仆、不省人事、半身不遂、口眼㖞斜、言语不利为主证的病证。病轻者可无昏仆而仅见半身不遂及口眼㖞斜等症状。随着人口老龄化进展及生活节奏加快，中风病的发病率、致残率、复发率和病死率不断增加，在造成患者生存质量下降的同时，给家庭、社会也带来了巨大的压力。涂晋文辨治本病的学术经验如下。

1. 病机阐释，全面精当

脑卒中病理因素主要为风、火、痰、瘀，病机为阴阳失调，气血逆乱，上犯于脑，神明失用。其中风邪是重要的致病因素，瘀血是中风发病的重要病因，贯穿于中风的各期，痰浊常与瘀血互结，上扰脑络经脉，风火相煽，痰湿内盛、瘀血阻滞，易形成痰、瘀、火互结之阳明腑实证，从而发病。

涂晋文通览历代医家诸多言论，发现唐宋以后"内风"致病理论体系在不断完善深化，但并不能完全适用于所有的中风病病机，而唐宋以前的"外风"致病理论被人们所忽视，故在结合临床实践的基础上，重提对"外风致病学说"的再认识、再应用。认为火、痰、瘀、虚这四类病因或在发病之初就已存在，或随疾病进程而

685

产生，皆不足以导致中风病突然发作，唯有风，如外风突然侵袭经络或肝风内动导致气血逆乱才可致发病。同时中风病患者往往半身不遂、长期卧床，营卫气血运行不畅，易受外风侵袭而加重原本病情，使病情反复，难以速愈，预后不佳。风邪善行而数变，与中风病发病、症状多样性及病情轻重、预后均有密切关系。

涂晋文在临床证治中还体会到中风形成虽与诸多因素有关，但其本不离气血周流不畅这一关键因素。瘀血产生的原因为年老体弱、元气亏虚、运血无力、血运不畅发为瘀血；五志所伤、七情失调，使肝失条达、气机瘀滞、血行不畅而瘀阻脑脉；或津血亏虚、血少行迟、火热灼津耗液、血滞等导致瘀血阻滞脑络，使脑髓失养、失用发为中风。《医学纲目》中指出中风的发病机理为"中风皆因脉道不利，血气闭塞"。气血在脉中运行，周流不息，外达皮肉筋骨，内至脏腑髓海。《素问·五脏生成》中云："诸髓者，皆属于脑。"髓海为脑所主，脑生理功能正常表达与气血运行息息相关，气血运行不畅则脑失其所用，瘀血自生。在中风发病之初就已经存在血瘀这一病机，并随着病情进展而逐渐深入脑络。瘀血贯穿中风病始终，辨明中风病因病机时，应以瘀血为核心，纯一而不杂。

同时，痰浊阻络也是中风的一个重要病因。五志过极化火，炼液为痰；肝失条达，疏泄失司，气不化津，聚集为痰；肝气郁滞，气滞则痰凝；过食肥甘，脾失健运，痰浊内生；痰邪郁久化热。在各种诱因作用下，痰浊、痰热随气血上逆，上扰清窍脉络，出现神昏、半身不遂等症。痰邪常与瘀血、风邪等其他病邪夹杂犯脑络经脉而发病。

另外，在中风急性发作时阳明腑实是其重要病机。腑实证原因为肝肾阴虚，虚热内扰，虚热痰火郁结于内，煎灼津液，使肠道失于传导；肝火上炎，炼液为痰，日久痰火内扰，气血运行不畅，气血逆乱，形成痰、瘀、火互结的腑实证。最终形成腑气不通，上闭下实之腑实证。腑气不通，浊气不泄，邪无出路，易致病情进展加重；且病邪郁积体内，或化热、化燥伤及真阴，或变生他邪，走窜侵袭其他脏腑。

此外，本病病性多属本虚标实。肝肾阴虚、气血衰少为致病之本，风、火、痰、瘀为发病之标，两者可互为因果。素体阴血亏虚，或年老肝肾精气渐衰，或房劳过度耗伤肾阴，使肝肾阴亏于下，肝阳偏亢于上，水不治火，肝风内动，虚火上扰清窍而发病。又有素体气血亏虚者，脉络空虚，风邪入中；或外风引动，痰瘀阻络而发病。清代王清任在《医林改错》中指出："元气既虚，必不能达于血管。血管无气，必停留而瘀。"气虚血瘀也是中风病发生的重要病因，气虚无力推动血行，血脉瘀阻致病。

2. 分型论治，治法精简

涂晋文总结中风病急性期侧重醒脑开窍与通腑泄浊两法；对治疗全程而言，以祛外风为先，兼顾内风，始终注重活血化痰，辅以平、镇、潜阳之法，疾病后期注重补养肝肾。

（1）闭证：多用醒脑开窍之法。临床上闭证多表现为突然昏仆、不省人事、牙关紧闭、两手固握、肢体偏瘫、拘急。根据有无热症又分为阳闭、阴闭两证。阳闭常伴有面红气粗、躁动不安、舌红苔黄脉弦滑，常应用安宫牛黄丸。阴闭主要表现为面白唇紫、四肢不温、静而不烦、舌暗苔白腻，多用苏合香丸。《金匮翼》中云："风邪中人，与痰相搏，闭其经隧，神暴昏，脉暴绝者，急与苏合、至宝之属以通之，盖唯香药，为能达经隧，通神明也。"痰瘀乘风火之势上冲于脑，蒙蔽脑窍，神明失用，故发为窍闭神昏，此为中风病的急危重症。醒脑开窍法是急则治其标，临床上无论有无神志障碍均可选用醒脑开窍法，通过醒脑开窍类中药以保护脑组织，改善脑血流以达到治愈疾病的目的。

（2）阳明腑实证：多用通腑泄浊之法。临床上阳明腑实证主要表现为半身不遂、意识障碍、烦躁、头痛甚、大便秘结、舌苔黄腻、脉弦滑等，多用星蒌承气汤，用药上选用生大黄、芒硝、枳实等攻下通便类药，以及瓜蒌、火麻仁、郁李仁、肉苁蓉等润下通便药。涂晋文认为通腑泄浊法治疗急性脑梗死的作用主要如下：通腑泄浊法其妙在于使大便得通，下泄积热，涤浊逐风以除燥屎、积滞、实热及水饮等病理产物，邪从下而出，从而达到治愈疾病的目的；肺与大肠相表里，采用通腑法使大肠之热尽泄，浊气得除，使体内有毒物质随大便而去，因此宣通肺气；中风病位在上、在脑，采用通便法使浊气下降，清气上升，达到了上病下取之目的，该法具有釜底抽薪，通其腑气，导热下行之功效；通过通腑泻下急下存阴，以防阴劫于内，阳脱于外，而发生阴阳离绝、正气虚脱之证。

（3）风邪阻络证：多以祛外风为先，兼顾内风之法。临床上多表现为肌肤不仁，手足麻木，突然发生口眼㖞斜、言语不利、口角流涎、舌强语謇，甚则半身不遂，或兼见手足拘挛、关节酸痛等症，舌苔薄白，脉浮数等。多用大秦艽汤或愈风汤加减。本法多用于中风病急性期，此时当以邪实为主，不可因"内虚邪中"，而投以纯补温热之品，如人参、附子、肉桂等，有助长病邪之虞，宜先祛其风，继调其气血，兼治痰火瘀热。而后对于兼有内风者宜兼顾平息内风，多用金石介壳之类如石决明、珍珠母、生龙骨、生龙齿、生牡蛎、磁石等以潜镇肝阳，平肝息风，有釜底抽薪之妙。另祛风之时可兼治气血，血行则风自灭。并且以"风邪致中，风药散之""瘀血内阻，风药形之""痰湿内蕴，风药胜之""火热郁结，风药发之"为立论依据，涂晋文创立院内制剂"愈风合剂"聚升散与清降并用，护阴固本制其弊。方中秦艽、防风疏风散邪，黄芪、生地黄益气养血，共为君；羌活、独活、防己、麻黄、桂枝、蔓荆子、白芷、川芎、细辛、苍术等辛温发散之品发散风邪，为臣；菊花、薄荷、知母、黄芩、生石膏、地骨皮等辛凉之品发散风热，兼清热解毒，为风邪郁而化热而设；枳壳、前胡、厚朴、柴胡等调畅气机，使风药疏而不散，正如《证治要诀》所云"善治风者，以气理风"；法半夏、茯苓等祛痰除湿；风药多燥，故配以红参、白芍、当归、杜仲、枸杞子、熟地黄等补气养血，以达到疏通经脉，祛风而不伤阴血的目的，《丹溪心法》谓"治风之法，初得之，即当顺气，即日久，即当活血"，共为佐；甘草调和诸药为使，达到祛邪不碍脾胃的目的。综观全方，既疏风透邪，善治中风之标，又能活血养血，通利血脉，化痰利气，如此，则标本兼顾，既治中风之本，又防风药辛散之弊，从而达到防治中风之目的。

（4）瘀血阻络证：以化瘀之法贯穿始终。瘀血阻络的临床表现除常见的半身不遂、口舌㖞斜外，还表现为舌质紫暗或有瘀斑、瘀点、唇紫暗等。临床上常用桃仁、红花、川芎、赤芍等活血、化瘀、通络类中药及水蛭、地龙、土鳖虫等虫类活血搜风之品，且剂量较大。中药煎汤剂，神智清楚时口服，神志不清时鼻饲。重用活血化瘀药使瘀血祛、经络通、脑髓得养，诸证自除。血瘀是中风病病机的核心，贯穿于本病发生的各个阶段。在中风之初即可运用活血化瘀法，尽早使瘀血得祛，新血得生，脉道通畅，气血周流则病能速愈，兼夹气虚、肾虚、阴虚等证时，可在活血化瘀的基础上配以益气、补肾、滋阴等治法。

（5）痰浊阻滞证：以化痰之法为要。痰浊阻滞临床常见神志昏迷、咯痰较多、喉中痰鸣、舌苔白腻或黄腻、脉弦滑等。治疗上常选用半夏白术天麻汤加味。根据痰热、痰湿的不同，兼夹运用清热化痰、温阳化痰等治疗方法，选用石菖蒲、远志、竹沥、胆南星、瓜蒌、制半夏、陈皮、茯苓等，效果满意。痰是中风形成的重要因素，朱丹溪在《丹溪心法》中云："中风大率主血虚有痰，治痰为先，次养血行血。"痰浊与血瘀又常相互交作，合而为病，活血化瘀与化痰豁痰常结合使用，随血瘀与痰浊的轻重而辨证施治。

（6）中风后遗症期：多用益气养血、补养肝肾之法。此时气血已亏，肝肾不足，脑脉失养，络脉闭塞不通，临床上多表现为半身不遂、肢体偏枯、舌淡苔薄脉沉细。治疗上当缓则治其本，补气血，益肝肾，寄补为通，寄补为消，以达到扶正祛邪的目的。常选用补阳还五汤或右归丸加减，常用药物为黄芪、当归、川芎、枸杞子、山茱萸、地黄、桑寄生、牛膝、杜仲、赤芍、桃仁、红花等。另，此期需注重虫类药运用，取其攻窜、善行走、通达经络、活血化瘀、息风止痉、搜风剔邪等作用，常用药物为地龙、僵蚕、全蝎、乌梢蛇、蝉蜕等。此外，还有藤类药，《本草汇言》中云："凡藤蔓之属，皆可通经入络。"藤类药如络脉纵横交错，无所不至，取象比类，多具通络之功，常用药物为鸡血藤、首乌藤、络石藤、忍冬藤等。

3. 临证施治，灵活运用

醒脑开窍法与通腑泄浊法均是中风病的重要治法，尤其在症状急性发作或加重时，其使用范围并不局限于中风病的急性期，在任何时期均可使用，关键在于辨证施治，灵活加减，二法均应把握好运用时机。

临床上在使用醒脑开窍法时应注意以下两点：一为时机上的把握，醒脑开窍法多用具有辛散走窜的芳香药物，过早使用易耗伤正气，引邪深入；不及时使用则脑窍损伤之势已成，对减少病死率及改善预后所起作用微乎其微，故涂晋文指出应以病情急性变化初期，如急性期病情进展、恢复期症状反复加重、后遗症期症状急性发作等作为使用标准，及时截断诸多病理因素之间的变化，扭转病势，降低病死率，改善预后；二为查明温开与凉开，二者截然相反，却都是针对神昏窍闭而言，临床可根据高热烦躁、舌红绛、脉数这3个主要症状体征来区分，温开多急投醒脑静、凉开三宝之类方药，凉开多用苏合香丸。

在应用通腑泻下法时应注意中病即止，不宜久用，虚证及脱证者忌用，勿使太过，损伤正气。注意用药剂量、疗程，一般剂量宜小，疗程宜短，以大便质软转润、解时通畅、每日排便1次为度。腑气不通，病邪留滞体内，易合并他邪，故在通腑泄浊之外，常兼化痰、祛瘀、清热解毒、息风等治法，应根据不同症状辨证加减，以提高治疗疗效。

因此，涂晋文总结：在临床上治脑卒中主要应用醒脑开窍、通腑泻下、活血化瘀、化痰、祛除毒邪等治法，实际运用中根据临床表现不同应用一种或几种治法结合，如活血化瘀与通腑化痰结合，或祛除毒邪与醒脑开窍法结合，均取得良好的临床疗效。但这些方法终究是急则治标之法，不宜过用，当患者神志清楚、疾病恢复时，应辨证加用补气、健脾、养阴、温阳之剂，做到标本兼治，方能取得良好、持久的临床疗效。

五、方药之长

涂晋文聪颖好学，追求始终，临证中师古而不泥古，善于将经方、时方融会贯通，往往以平淡之剂挽沉疴重疾，为同道所称颂。涂晋文临证时结合多家学术思想及经验，对经方、时方的运用颇有心得。兹介绍如下。

（一）常用方剂

1. 自拟外感高热方——院内制剂"热必宁合剂"

【组成】柴胡、大黄、板蓝根、蒲公英、知母、金银花、青蒿、连翘、黄芩、石膏。

【规格】每瓶装100mL。

【用法】口服。每次 10mL，每日 3 次，小儿酌减。

【功效】清热解毒，苦寒通下，凉血活血，和解祛湿。

【主治】用于病毒、细菌性感染所引起的高热。外感高热卫气同病之证候。

【方解】方中选用银翘散、白虎汤、小柴胡汤、蒿芩清胆汤四方之主药，以金银花、连翘相须为用，有银翘散之意，疏散在表之邪热；柴胡、黄芩有小柴胡汤之意，和解少阳，清在半表半里之邪热；石膏、知母为白虎汤主药，清气分入里之壮热；青蒿为蒿芩清胆汤主药，清热透邪外出；蒲公英、板蓝根清解一身邪毒，大黄攻泄脏腑之热，可逐邪从下而出，可急下存阴。总览全方，以解毒泻热为主组方，辅以和解、凉血、祛湿、活血，共建毒解热退、内化外解之功，以恢复脏腑功能协调、气血调畅、阴平阳秘的机能。

【批准文号】鄂药制剂 Z20210044。

【临床心得】涂晋文在总结古今医家治疗温病及外感高热急症的经验基础上，结合数十年的临床经验，倡导以寒药治疗外感高热当"清、解、和、下"等多法联用，并据此经反复筛选验证自创院内制剂"热必宁合剂"，在临床使用已逾 30 年，并且经过湖北省食品药品监督管理局批准注册备案。多年来，"热必宁合剂"用于临床处理急性外感热病、不明原因发热疾病等发热症状的治疗，并且经过不断改进和完善，经现代制药工艺加工，与广东佛山制药一厂联合开发，于 2000 年获国家Ⅲ类新药证生产，于 2001 年获国药准字：Z20010012，更名为"柴石退热颗粒"上市。

"热必宁合剂"组方原则是按照"截断扭转、温毒同治"的思路，并将解表法、清热法、和解法、泻下法 4 法联用。截断扭转是针对热病急症的总思路、总原则。此类疾病具有起病急、发展快、来势凶、病势重等临床特点，其特性表现在于"急"，因此对危急病需要早期、快速、有效地治疗，而截断就是在治疗时采取果断措施，选用具有特殊功效的方药，直捣病巢，迅速除去病因，杜绝疾病自然发展和迁延，而扭转就是扭转疾病传变趋势，使之向好的方向发展，顿挫热毒、防止逆变。治疗时把握"温病三关"。一是解决高热，按卫气营血辨证，主攻气分关，打乱逆传。二是解决由高热引起的厥脱、热毒内陷、气阴耗伤，急予益气养阴、扶正固脱。三是解决温病中的救阴保津，伤阴是温病的一个基本病理变化，直接关系到温病的转归和预后，温病宜"始终以救阴为主"。

解表法是外感热病的常用治法，通过发汗、解肌、透疹等作用，从表散邪、逐邪外出，方中金银花、连翘能够通过辛凉解表、疏散风热，把肌表的热邪逐出体外，同时金银花、连翘又是清热解毒的良药。清热法在外感热病治疗中应用得最为广泛，方中以石膏、知母、板蓝根、青蒿、蒲公英清热解毒方药为主，具有清热解毒、泻火利咽作用，用于治疗里热证，把由表入里进入体内的热邪直接清除。和解法在解热、散热中具有良好作用，通过和解表里，透邪从表而解，方中柴胡搭配黄芩和青蒿，能解半里半表之热邪，把半里半表的热邪由内到外排出。泻下法之导热下行是温热病治疗过程的常法，具有通便、泄热等作用，用于治疗里实证，方中大黄具有通腑泄热、截断病势作用，能把体内火热毒邪尽快、尽早从二便排出，以截断外感热病的病势，防治疾病进一步传变。清热、解毒、祛邪既往一直是表热之证的治疗方法，温病学提倡"温病下不嫌早"，早用通下、釜底抽薪、导热下行是治疗温病的重要途径。

传统中医理论认为，卫表证候一般不宜用清热与和解之法，运用下法亦有一定法度。然涂晋文通过临床观察发现，邪在卫分者，只要邪热炽盛，用本方治之，有显著疗效，每用下法亦是如此。因此，临证运用时：①不拘于表邪是否完全解除；②不拘于腑实与否完全形成；③不拘于脉证是否完全相符。只要邪热炽盛，充斥内外，高热不解，甚或变证丛生，即当以此方迅速泄热，热退自能存阴（温热之邪最易伤阴），然后再适时辨证，缓缓图治，自能获效。因此，集合治疗热病名方于一方之内，为逐邪提供多种途径（从表、从气分、从枢机），全方用截断病势之法以表里双解退热，对卫分证、卫气同病及气分证的外感高热患者均能取得良效，打破了外感热病治疗上先表后里的陈规。

此外，对于"热必宁合剂"服法，涂晋文一改过去传统习惯用法（每日1剂，分2～3次服），而是根据病情严重程度来确定使用剂量。若热甚病重者每日可达4剂，使药量充足，药力宏富，迅速祛邪外达，邪去则正自安。实践表明，"热必宁合剂"剂量偏大，并无"苦寒太过，易伤正气"之弊。一旦邪热大势已去，即可及时减量或更换方药，同时将每日2～3次口服改为4～6小时1次，入夜亦按时服药，旨在维持体内有效血药浓度，提高清热解毒及退热效果。而在大热退尽（一般指体温降至正常3天以后）后需改用中医辨证方药，防止清下太过耗伤正气，适当加养阴益气类药物以顾护正气，防止病情反复。

通过临床研究表明，"热必宁合剂"在治疗流行性感冒患者时，其退热效果、治愈率具有明显优势，能够缩短患者退热时间，缓解患者咽痛等临床症状。也有临床研究显示，"热必宁合剂"在治疗流行性乙型脑炎方面具有确切的临床疗效，对乙型脑炎病毒CQ11-66能够起到抑制作用，缩短乙型脑炎患者的住院时间，改善症状的同时减轻乙型脑炎患者的痛苦。

对"热必宁合剂"进行药理研究发现，其具有解热、抗菌、抗病毒、抗炎、提高免疫的作用。其对肺炎双球菌致热和大肠埃希菌内毒素致热家兔有明显解热降温作用，给药2小时体温即开始下降，维持时间达6小时；能够明显降低H3N2感染小白鼠的死亡率，对小白鼠感染流感病毒性肺炎有显著的治疗作用；对肺炎双球菌、金黄色葡萄球菌、大肠埃希菌、痢疾杆菌具有良好的抑制作用。"热必宁合剂"药物成分能够明显对抗巴豆油所致小白鼠耳肿胀度；对醋酸所致毛细血管通透性增高有显著的抑制作用；能明显增加小白鼠免疫器官的重量；明显提高 T 淋巴细胞的应答功能；提高抗原诱导的循环抗体水平；提高巨噬细胞吞噬活性。

因此，在"截断扭转、温毒同治"总原则指导下，涂晋文运用"卫分证即重用清热解毒"与"温病下不嫌早"等手段，首次创立多法联用治疗温病卫分、气分发热，达到在热毒入营前就能多种途径祛邪外出的作用，值得临床借鉴。

2. 祛风化痰名方——半夏白术天麻汤

【组成】半夏 7.5g，天麻、橘皮、茯苓各 5g，白术 15g，甘草（炙）2.5g。

【用法】生姜（1 片），大枣（2 枚），水煎服。

【功效】化痰息风，和胃健脾。

【主治】风痰上扰，眩晕呕恶，舌苔白腻，脉弦滑。

【方解】本方即二陈汤加天麻、白术而成。主治的风痰，不是外感所致，而是平素脾胃虚，水谷精微不能化生为气血，变生为痰，即"脾为生痰之源"。加上情志不遂，或猝然受到刺激，或因过度疲劳，气乱而痰浊中阻，清阳不得上养头目，肝气失其条达，"诸风掉眩，皆属于肝"。于是肝风夹痰浊之气上扰头目，或发眩晕呕恶，甚则头痛胀闷、温温欲吐，这就是"痰厥"之故。因此，本方以治痰的基础方二陈汤为主体，加天麻、白术而成。天麻味甘微温，入肝经，功能息风镇痉，古有"定风草"之称，是治内风引起眩晕、头痛的佳品。《脾胃论》云："足太阴痰厥头痛，非半夏不能疗，眼黑头眩，非天麻不能除。"白术健脾益气，助运化而祛水湿，在此可增强化痰的作用。《本经疏正》云："白术治眩，非治眩也，治痰饮与水耳。"如此相配，与所治病证丝丝入扣。而半夏燥湿化痰、降逆止呕，为治痰要药，尤善治脏腑之痰；与天麻、白术配合，祛湿化痰之功倍增；茯苓渗湿健脾，与白术相配，善治生痰之源；橘皮行脾胃之气，理气化痰，与他药相合，气行而痰消；甘草为使，调药和中，加姜、枣以调和脾胃，脾胃顺则痰湿消。

【临床心得】涂晋文善治各种痰证，尤善灵活运用半夏白术天麻汤加减治疗各种痰证相关性疾病，如高血压病眩晕、偏头痛、癫痫、脑梗死、特发性面神经麻痹等，整理如下。

（1）高血压病眩晕：高血压病属中医学"眩晕""头痛"范畴。其临床可表现为头昏、头晕、头痛、目眩等。《丹溪心法·头眩》说："无痰不作眩，痰因火动，又有湿痰者，有火痰者。"虞抟在《医学正传》中提出"血瘀致眩"之说。涂晋文认为，高血压病初期，多为肝气郁结，进而肝郁化火，再而肝火上炎、肝阳上亢；中期痰浊、血瘀为主要病理产物，人体津血同源，二者互为因果，互相转化，痰浊阻遏，升降失常，痰火气逆，上犯清窍，瘀血停着，痹阻清窍；后期肝肾阴虚，肝风内动，气血亏虚，清窍失养，肾精亏虚，脑髓失充。涂晋文在临床上发现痰浊湿盛之高血压病患者占多数，并且趋于年轻化，这些患者常常血脂偏高。现代人偏食膏粱厚味，工作压力大，脾失健运，痰湿内生，凝为浊脂，积聚血脉，血行不畅，血滞成瘀，痰瘀互结血脉。涂晋文认为痰瘀之间的关系不可分而论之，他认为"自气成积，自积成痰，痰挟瘀血，遂成窠囊"，所以"善治痰者，同时也要治血"。治疗上以中西医结合治疗为佳，在半夏白术天麻汤加减基础上配合西医降压药治疗，不仅能使血压尽快降到正常水平，而且还能改善血管微环境，降低高血压伴高脂血症患者的血脂。涂晋文临床论治之时，以半夏白术天麻汤为基础方，可加善治风痰之品如胆南星、白附子、白僵蚕等配伍使用；肝阳上亢者，加龙骨、牡蛎、石决明等平肝潜阳之品；脉络瘀阻者，可选川芎、丹参、红花、桃仁、赤芍、三七等；肝肾亏虚者，可选枸杞子、山药、山茱萸等。

（2）偏头痛：偏头痛属于中医"偏头风""脑风""首风"等范畴，《丹溪心法》曰："偏头痛指头风之痛，在一侧者又名偏头风。"涂晋文指出，其病因有外感与内伤之分，而以内伤居多，外感多为诱发因素。风、痰、瘀是头痛的3大致病因素，常常夹杂致病，互相转化。内风是偏头痛的致病主因，痰浊是发病的主要病机，瘀血是头痛的发病关键。而痰是贯穿和连接风、瘀的关键环节，治疗中应重在化痰，并兼祛风、化瘀。涂晋文认为现代人工作、学习压力大，生活节奏快，容易导致情志失调、睡眠障碍、饮食失节等，而"痰"又与这些因素密切相关。治疗上提出以"顺气为先，分导次之"，亦所谓"善治痰者，不治痰而治气，气顺则一身之津液亦随气而顺矣"。临证之时，主要从风、痰、瘀论治，运用半夏白术天麻汤加减，息风化痰、活血止痛，标本兼治，并审证求因，因人而异，随证加减。痰浊重者，加竹茹、石菖蒲、胆南星等；情志、睡眠失调者，加郁金、香附、柴胡、佛手、黄连、栀子、酸枣仁、柏子仁、远志、合欢皮等。涂晋文善用虫类药物，以及引经药，头痛日久，久病入络，非虫类药不能搜风透络，正如叶天士所说："风邪留于经络，须以虫蚁收剔，"可用僵蚕、全蝎、地龙等虫类药搜风化痰通络，搜剔络道痰瘀，以达止痛目的。同时根据经络循行特点，巧用羌活、防风、蔓荆子、川芎、白芷、知母、葛根、柴胡、黄芩、吴茱萸、藁本、细辛、苍术等引经药，引诸药直达病所。

（3）癫痫：是多种原因导致的脑部神经元高度同步化异常放电所致的临床综合征，具有发作性、短暂性、重复性和刻板性的特点。癫痫病因复杂，有些甚至找不到病因，其发病机理至今尚未能完全了解，为难治性疾病。对其病因病机的认识，涂晋文认为痰邪作祟为癫痫发病的主要原因，强调痫病之痰具有胶固难化、深遏潜伏、随风气而聚散的特点。《医学纲目·癫痫》记载"癫痫者，痰邪逆上也"，提出痰邪上逆为癫痫的主要发病机制。涂晋文认为瘀血是癫痫发病的又一重要因素，痰瘀在很大程度上贯穿于癫痫发展过程的始终，痰瘀互结使癫痫症状反复发作，病情缠绵难愈，符合中医学"怪病多痰""久病多瘀"的特点。临床上癫痫患者多存在痰浊与瘀血互结为患，因此涂晋文在辨证施治的基础上将化痰祛瘀贯穿治疗始终。临证常用半夏白术天麻汤合定痫丸加减。选用丹参、桃仁、赤芍、当归、川芎、三七等药物以开瘀利窍，无不获效。同时涂晋文还善用搜风通络之虫类药物，如全蝎、蜈蚣、地龙、僵蚕、蝉蜕等以搜风化痰、祛瘀通络。

（4）脑梗死：脑梗死属中医"中风"范畴，病理因素主要为风、火、痰、气、瘀，病机为阴阳失调，气血逆乱，上犯于脑，神明失用。涂晋文认为，痰浊、瘀血阻滞经脉、脑络是脑梗死发病的重要病因，瘀血贯穿于中风的各期，而痰浊又常与瘀血互结，上扰脑络经脉。风火相煽、痰湿内盛、瘀血阻滞、气血逆乱，易形成痰、瘀、火互结之实证。涂晋文在急性脑梗死治疗中，在西医治疗的基础上联合半夏白术天麻汤加味，治疗风、痰、瘀互阻型缺血性中风急性期具有良好疗效，且未发现明显不良反应。而化痰开窍、活血化瘀、平肝息风是首选治法，涂晋文在半夏白术天麻汤的基础上，选用石菖蒲、竹沥、胆南星、瓜蒌等清化热痰，同时应用当归、赤芍、川芎、丹参、牡丹皮、桃仁等活血化瘀；生大黄、芒硝、枳实、瓜蒌、火麻仁、郁李仁、肉苁蓉等通腑泻下。涂晋文还指出，"毒邪"是脑梗死发病的重要病理因素之一。毒邪产生的原因与痰瘀之邪密切相关，二者胶固缠绵，易形成痰毒、瘀毒胶结壅塞脑络。涂晋文认为可用半夏白术天麻汤加胆南星、大黄、竹沥等祛除痰毒，加牡丹皮、赤芍、生地黄、大黄、蒲黄等祛除瘀毒。

（5）特发性面神经麻痹：特发性面神经麻痹亦称为面神经炎或贝尔麻痹，是因茎乳孔内面神经非特异性炎症所致的周围性面瘫，属中医"面瘫""口眼㖞斜""卒口僻""吊线风"等范畴。多数人认为本病基本病机为人体正气不足，络脉空虚，风邪乘虚侵袭太阳经脉，致使气血闭阻，筋脉失养，肌肉弛缓不收，而发生口眼㖞斜。涂晋文认为，正气不足，风痰阻络是其发病的重要原因。风属阳邪，其性善行而数变，具有向外、向上发散的作用，故风邪易袭人体的高位。素体正虚，脾失健运；或偏嗜厚味，痰浊内生；或气郁痰阻，痰动生风；或风袭痰动，风痰互结，壅滞络脉，上扰面部，即发生"口僻"。或病久迁延不愈，或失治误治，导致瘀血壅塞脉络；或痰瘀互结，气血循行不畅，以致阳明血瘀，筋脉挛急，形成"口僻"。涂晋文指出祛风化痰、活血通络为其基本治则。常选用半夏白术天麻汤合牵正散加减，加羌活、防风、细辛、白芷辛散经络之风邪，其中半夏、白术、茯苓、僵蚕、禹白附消经络之痰，加川芎、生地黄、玄参、丹参、赤芍活血祛经络之瘀，寓有"治风先治血，血行风自灭"之意。方中聚祛风、化痰、活血、通络之法，既辛散侵入经络之风邪，从外引出，又消除滞留经络之痰凝，还能化痹阻经络之瘀，使经络通畅，则"口僻"自愈。

因此，涂晋文认为半夏白术天麻汤以治"痰"为主，可广泛用于各种痰证，而痰证具有病种广泛、复杂多变、病证怪异等临床特点。临证时只要抓住"痰"这个病机关键，准确辨证，结合辨病灵活加减用药，均能收到良好的疗效。

（二）活用药物

1. 天麻——息风兼定惊，平眩止痛可选用

本品味甘，性平，归肝经。《用药法象》云："疗大人风热头痛；小儿风痫惊悸；诸风麻痹不仁；风热语言不遂。"《本草汇言》云："主头风，头痛，头晕虚旋，癫痫强痉，四肢挛急，语言不顺，一切中风，风痰。"本品具有息风止痉、平抑肝阳、祛风通络的功效。主治肝风内动、惊痫抽搐、眩晕、头痛、肢体麻木、手足不遂、风湿痹痛等。

（1）常见应用

①小儿惊风，癫痫抽搐，破伤风：本品主入肝经，善息风止痉，且味甘质润，药性平和，故治疗肝风内动，惊痫抽搐，不论寒热虚实，皆可配伍应用。治疗小儿急惊风，可配伍钩藤、全蝎、僵蚕等，如钩藤饮子。治疗小儿脾虚慢惊，则与人参、白术、僵蚕等配伍，如醒脾丸。用于治小儿诸惊，可与全蝎、制南星、僵蚕等配伍，如天麻丸。治疗破伤风、痉挛抽搐、角弓反张，可与天南星、白附子、防风等药配伍，如玉真散。

②肝阳上亢，头痛眩晕：本品既息肝风，又平肝阳，善治多种原因之眩晕头痛，为止眩晕之良药。治疗肝阳上亢之眩晕头痛，常与钩藤、石决明、牛膝等同用，如天麻钩藤饮。用治风痰上扰之眩晕、头痛、痰多胸闷者，常与半夏、茯苓、白术等健脾燥湿之品同用，如半夏白术天麻汤。治疗头风头痛、头昏欲倒者，可配等量川芎为丸，如天麻丸。

③手足不遂，肢体麻木，风湿痹痛：本品有祛外风、通经络、止痛作用。用治中风手足不遂、筋骨疼痛等，可与没药、制乌头、麝香等药配伍，如天麻丸。若治风湿痹痛、肢体麻木、关节屈伸不利者，多与秦艽、羌活、桑枝等祛风湿药同用，如秦艽天麻汤。

（2）相关配伍

①天麻配人参：天麻息风止痉，且味甘质润，药性平和；人参补益脾气。两药配伍，用治小儿脾虚之慢惊风。方如醒脾散。

②天麻配川芎：天麻甘平质润，专入肝经，其味甘以缓肝之急，为息风要药，

善治肝虚风动之眩晕头痛。川芎辛温走窜，走而不守，为血中气药，善祛风止痛。两药配伍，具有平肝息风、治晕止痛之功，多用于头风攻注、偏正头痛、头晕欲倒等虚风上扰之证。方如天麻丸。

③天麻配防风：天麻息风定惊，治疗肢体麻木、头痛、风痹、半身不遂；防风辛温入膀胱、肺、脾经，可发表祛风、胜湿止痛，为治风通用之品。两药合用，一偏息风定惊，使风邪自内而消；一辛温发表，鼓动风邪自卫表发出，合用共奏祛风除湿、通络止痛之效，治疗肢体麻木、风湿痹痛。

④天麻配半夏：天麻平肝息风，为治疗肝风内动所致头痛、眩晕的要药；半夏辛温，燥湿化痰、降逆止呕。两药合用，共奏降逆化痰、息风止痉之效，治疗痰饮上逆之眩晕头痛等。

⑤天麻配全蝎、僵蚕：全蝎入肝经，祛风通络止痛；僵蚕入肝经，祛风止痛；与天麻配伍可平肝息风止痛。三药功效相似，相须为用，具有抗惊厥、祛风通络、止痛的作用，而善于治疗惊风、抽搐。

（3）现代药理：本品含天麻苷、天麻苷元、β－谷甾醇、胡萝卜苷、枸橼酸、单甲酯、棕榈酸、琥珀酸和蔗糖等；尚含天麻多糖、维生素A、多种氨基酸、微生物碱，以及多种微量元素，如铬、锰、铁、钴、镍、铜、锌等。天麻水、醇提取物及不同制剂，均能使小鼠自发性活动明显减少，且能延长巴比妥钠、环己烯巴比妥钠引起的小鼠睡眠时间，可抑制或缩短实验性癫痫的发作时间，天麻还有降低外周血管、脑血管和冠状血管阻力，并有降压、减慢心率及镇痛抗炎作用，天麻多糖有免疫活性。

2. 全蝎——通经络，食药均可行

本品味辛，性平，有毒，归肝经。《开宝本草》云："疗诸风瘾疹，及中风半身不遂，口眼㖞斜，语涩，手足抽掣。"《本草图经》云："治小儿惊搐。"功能主治息风镇痉、攻毒散结、通络止痛。可用于小儿惊风、抽搐痉挛、中风口歪、半身不遂、破伤风、风湿顽痹、偏正头痛、疮疡、瘰疬。

（1）常见应用

①痉挛抽搐：该品主入肝经，性善走窜，既平息肝风，又搜风通络，有良好的息风止痉之效，为治痉挛抽搐之要药。用治各种原因之惊风、痉挛抽搐，常与蜈蚣同用，即止痉散（《经验方》）；用治小儿急惊风高热、神昏、抽搐，常与羚羊角、钩藤、天麻等清热、息风药配伍；用治小儿慢惊风抽搐，常与党参、白术、天麻等益气健脾药同用；用治痰迷癫痫抽搐，可与郁金、白矾等份，研细末服；若治破伤风、痉挛抽搐、角弓反张，又与蜈蚣、天南星、蝉蜕等配伍，如五虎追风散（广州中医学院《方剂学》），或与蜈蚣、钩藤、朱砂等配伍，如摄风散（《证治准绳》）；治疗风

中经络，口眼喁斜，可与白僵蚕、白附子等同用，如牵正散（《杨氏家藏方》）。

②疮疡肿毒，瘰疬结核：该品味辛，有毒，故有散结、攻毒之功，多作外敷用。如《本草纲目》引《澹寮方》用全蝎、栀子，麻油煎黑去渣，入黄蜡为膏外敷，治疗诸疮肿毒；《医学衷中参西录》以该品焙焦，黄酒下，消颌下肿硬；《经验方》中小金散，以该品配马钱子、半夏、五灵脂等，共为细末，制成片剂用，治流痰、瘰疬、瘿瘤等证。近代用该品配伍蜈蚣、地龙、全蝎各等份，研末或水泛为丸服，以治淋巴结核、骨与关节结核等。亦有单用全蝎，香油炸黄内服，治疗流行性腮腺炎。

③风湿顽痹：该品善于通络止痛，对风寒湿痹久治不愈，筋脉拘挛，甚则关节变形之顽痹，作用颇佳。可用全蝎配麝香少许，共为细末，温酒送服，对减轻疼痛有效，如全蝎末方（《仁斋直指方论》），临床亦常与川乌、白花蛇、没药等祛风、活血、舒筋活络之品同用。

④顽固性偏正头痛：本品祛风通络止痛之效较强，用治偏正头痛，单味研末吞服即有效；配合天麻、蜈蚣、川芎、僵蚕等同用，其效更佳。

（2）药膳——全蝎鳗鱼汤

功效：祛风补血。

配方：全蝎6g，鳗鱼300g，当归10g，红花6g，生姜10g，葱15g，盐4g。

制作：全蝎烘干打成细粉；鳗鱼去骨及头尾，切5cm长的段；当归洗净，切片；红花洗净。将鳗鱼段放入炖锅内，加入当归、红花、生姜、葱、盐，注入清水600mL。将炖锅置于武火上烧沸，再用文火炖煮40分钟即成。

食法：每日1次，每次吃鳗鱼50g，全蝎粉分2次用汤吞服。

（3）现代药理：本品主要含有两种类似蜂毒的成分，即组胺样物质和溶血性蛋白质。含有脂肪油、胆固醇、蚁酸及组氨酸、精氨酸、亮氨酸等多种氨基酸。尚含糖类、蛋白质，以及铁、锌、锰、钙、镁等多种微量元素。本品水提取液具有抑制中枢、抗惊厥和镇痛作用。对士的宁引起的惊厥有明显的对抗作用。对结核杆菌及多种皮肤真菌有不同程度的抑制作用。能改善小鼠微循环、延长凝血时间、降低血黏度，并具有明显的抗炎镇痛作用。有溶血和组胺样作用。

（4）不良反应：全蝎用量过大可致头痛、头昏、血压升高、心慌、心悸、烦躁不安；严重者血压突然下降、呼吸困难、发绀、昏迷，最后多因呼吸麻痹而死亡。若过敏者可出现全身性红色皮疹及风团，可伴发热等；此外，还可引起蛋白尿、神经中毒，表现为面部咬肌强直性痉挛，以及全身剥脱性皮炎等。

全蝎中毒的主要原因：一是用量过大，二是过敏体质者出现过敏反应。所以要严格掌握用量，过敏体质者应忌用。

3. 柴胡——疏肝又退热

柴胡味辛、苦，性微寒，归肝、胆、肺经；《神农本草经》曰："主心腹肠胃结气，饮食积聚，寒热邪气，推陈致新。"《本草纲目》曰："治阳气下陷，平肝、胆、三焦、包络相火，及头痛，眩晕，目昏，赤痛障翳，耳聋鸣，诸疟，及肥气寒热，妇人热入血室，经水不调，小儿痘疹余热，五疳羸热。"主要功效为疏散退热、疏肝解郁、升举阳气。临床上涂晋文常用其来治寒热往来、肝气郁结导致的妇女月经不调，配伍黄芩可解半表半里之热。

（1）常见应用

①感冒发热、寒热往来：本品辛散苦泄，微寒退热，善于祛邪解表退热和疏散少阳半表半里之邪。对于感冒发热，无论风热、风寒表证，皆可使用。治疗风寒感冒、恶寒发热、头身疼痛，常与防风、生姜等药配伍，如正柴胡饮（《景岳全书》）。若治疗外感风寒，寒邪入里化热，恶寒渐轻，身热增盛者，多与葛根、羌活、黄芩、石膏等同用，以解表清里，如柴葛解肌汤（《伤寒六书》）。治疗风热感冒、发热、头痛等症，可与菊花、薄荷、升麻等辛凉解表药同用。现代用柴胡制成的单味或复方注射液，对于外感发热有较好的解表退热作用。若伤寒邪在少阳，寒热往来、胸胁苦满、口苦咽干、目眩者，本品用之最宜，为治少阳证之要药，常与黄芩同用，以清半表半里之热，共收和解少阳之功，如小柴胡汤（《伤寒论》）。

②肝气郁结、胸胁胀痛、月经不调：本品辛行苦泄，性善条达肝气、疏肝解郁。治疗肝失疏泄、气机郁阻所致的胸胁或少腹胀痛、情志抑郁、月经失调、痛经等症，常与香附、川芎、白芍同用，如柴胡疏肝散（《景岳全书》）。若治疗肝郁血虚、脾失健运、月经不调、乳房胀痛、胁肋作痛、神疲食少、脉弦而虚者，常配伍当归、白芍、白术、茯苓等，如逍遥散（《太平惠民和剂局方》）。

③气虚下陷、子宫脱垂、脱肛：本品能升举脾胃清阳之气，用治中气不足、气虚下陷所致的脘腹重坠作胀、食少倦怠、久泻脱肛、子宫下垂、肾下垂等脏器脱垂，常与人参、黄芪、升麻等同用，以补气升阳，如补中益气汤（《脾胃论》）。

④本品是治疗疟疾寒热的常用药，常与黄芩、常山、草果等同用。

（2）现代药理：研究发现柴胡根含 α-菠菜甾醇、春福寿草醇及柴胡皂苷 a、柴胡皂苷 c、柴胡皂苷 d，另含挥发油等。狭叶柴胡根含柴胡皂苷 a、柴胡皂苷 c、柴胡皂苷 d 及挥发油、柴胡醇、春福寿草醇、α-菠菜甾醇等。柴胡具有镇静、安定、镇痛、解热、镇咳等广泛中枢抑制作用。柴胡及其有效成分柴胡皂苷有抗炎作用，其抗炎作用与促进肾上腺皮质系统功能等有关。柴胡皂苷又有降低血浆胆固醇作用。柴胡有较好抗脂肪肝、抗肝损伤、利胆、降低转氨酶、兴奋肠平滑肌、抑制胃酸分泌、抗溃疡、抑制胰蛋白酶等作用。柴胡煎剂对结核杆菌有抑制作用。此外，柴胡还有抗感冒病毒、增加蛋白质生物合成、抗肿瘤、抗辐射及增强免疫功能等作用。

4. 白术——健脾又燥湿，治痰饮眩晕疗效佳

白术味甘、苦，性温，归脾、胃经。《神农本草经》曰："主风寒湿痹，死肌，痉，疸，止汗除热，消食。"《名医别录》曰："主大风在身面，风眩头痛，目泪出，消痰水，逐皮间风水结肿，除心下急满，及霍乱吐下不止，利腰脐间血，益津液，暖胃，消谷嗜食。"《药性论》曰："主大风顽痹，多年气痢，心腹胀痛，破消宿食，开胃，去痰诞，除寒热，止下泄，主面光悦，驻颜去皯，治水肿胀满，止呕逆，腹内冷痛，吐泻不住，及胃气虚冷痢。"其主要功效为健脾益气、燥湿利水、止汗、安胎。

（1）常见应用

①脾虚腹胀腹泻、痰饮眩晕、水肿、带下：本品甘温补虚，苦温燥湿，归脾、胃经，既能补气以健脾，又能燥湿、利尿。临床可广泛用于脾气虚弱、运化失职、水湿内生的食少、便溏或泄泻、痰饮、水肿、带下诸证，对于脾虚湿滞证有标本兼顾之效，被誉为"脾脏补气健脾第一要药"。治脾虚有湿、食少便溏或泄泻者，常配伍人参、茯苓等药，如四君子汤。治脾虚中阳不振、痰饮内停者，常与桂枝、茯苓等配伍，如苓桂术甘汤。治脾虚水肿者，可与黄芪、茯苓、猪苓等药同用。治脾虚湿浊下注、带下清稀者，又可配伍山药、苍术、车前子等药，如完带汤。治疗痰饮内停、清阳不能上注之眩晕，可配伍半夏、天麻等药，如半夏白术天麻汤。

②气虚自汗：本品能益气健脾、固表止汗，其作用与黄芪相似而力稍弱。《备急千金要方》中单用本品治汗出不止。若脾肺气虚、卫气不固、表虚自汗、易感风邪者，常与黄芪、防风等补益脾肺、祛风散邪等药配伍，如玉屏风散。

③脾虚胎动不安：本品能益气健脾，脾健气旺，胎儿得养而自安，故有安胎之功。适用于妇女妊娠、脾虚气弱、生化无源、胎动不安之证。如气虚兼内热，可配伍黄芩以清热安胎；若气血亏虚、胎动不安或滑胎者，可配伍人参、黄芪、当归等益气养血安胎，如泰山磐石散；若肾虚胎元不固，可与杜仲、川断、阿胶等同用以补肾安胎。

（2）现代药理：本品含有苍术酮、苍术醇、苍术醚、杜松脑、苍术内酯等挥发油，白术内酯Ⅰ、白术内酯Ⅱ、白术内酯Ⅲ、白术内酯Ⅳ、双白术内酯等内酯类化合物，并含有果糖、菊糖、白术多糖、多种氨基酸、白术三醇及维生素A等多种成分。实验研究表明白术水煎液能促进小鼠胃排空及小肠推进功能，并能防治实验性胃溃疡；白术水煎液及流浸膏均具有明显而持久的利尿作用；白术水煎剂还具有明显抗衰老作用。白术内酯Ⅰ具有增加唾液淀粉酶活性、促进物质营养吸收、调节胃肠功能等作用；白术多糖、白术挥发油能增加细胞免疫功能。此外，白术还具有保肝、利胆、降血糖、抗菌、抗肿瘤、镇静、镇咳、祛痰等作用。

5. 黄芪——重用补脾肺

黄芪味甘，性微温，归脾、肺经。《神农本草经》把黄芪列为"上品"。《药性歌诀》云："黄芪入药，为强壮剂，具有益正气、壮脾胃、排脓止痛、活血医危的功效。对表虚自汗、气虚内伤、精神萎靡、四肢无力、脾虚泄泻、体虚多汗、气虚脱肛、子宫脱垂、浮肿及痈疽等疾病疗效显著。"《名医别录》《本草纲目》等书均认为其有益气补虚的作用。主要功效为补气升阳、固表止汗、利水消肿、生津养血、行滞通痹、托毒排脓、敛疮生肌等。

（1）常见应用

①气虚乏力、食少便溏、水肿尿少、中气下陷、久泻脱肛、便血崩漏：本品甘、温，入脾经，为补益脾气之要药。治脾气虚弱、倦怠乏力、食少便溏者，可单用熬膏服，或与人参、白术等补气健脾药同用。因其善能升阳举陷，故长于治疗脾虚中气下陷之久泻脱肛、内脏下垂，常配伍人参、升麻、柴胡等补中益气、升阳举陷药，如补中益气汤。本品既能补脾益气治本，又能利尿消肿治标，故为治气虚水肿之要药。治脾虚水湿失运、浮肿尿少者，常与白术、茯苓等健脾利水药同用。本品还可以补气以摄血，治脾虚不能统血所致的失血证，常与人参、白术等补气摄血药同用，如归脾汤。

②肺气虚弱、咳喘气短：本品入肺经，又能补益肺气，治肺气虚弱、咳嗽无力、气短喘促、咯痰清稀，声低懒言者，常配伍人参、紫菀、五味子等药，如补肺汤。

③表虚自汗：本品能补肺脾之气，益卫固表以止汗，治肺脾气虚所致的卫气不固、表虚自汗者，常与牡蛎、麻黄根等收敛止汗药配伍，如牡蛎散。若因卫气不固、表虚自汗而易感风邪者，又当配伍白术、防风等补气固表、祛风散邪药，如玉屏风散。

④内热消渴：本品有健脾益气、生津止渴之功，治气虚津亏、内热消渴，常与天花粉、葛根等生津止渴药同用，如玉液汤。

⑤血虚萎黄、气血两虚：本品有养血之功，且通过补气有助于生血，故也常用治血虚萎黄及气血两虚证，常与当归同用，如当归补血汤。

⑥气虚血滞、半身不遂、痹痛麻木：本品能补气以行血、补气以通痹。对于痹病、中风后遗症，因气虚血滞，肌肤、筋脉失养，证见肌肤麻木或半身不遂者，常用本品治疗。若治中风后遗症，常配伍当归、川芎、地龙等活血通络药，如补阳还五汤。治疗风寒湿痹，宜与川乌、独活、川芎等祛风散寒胜湿、活血止痛等药配伍。此外，治疗气虚血滞的胸痹心痛，常与红花、丹参、三七等活血止痛药配伍。

⑦气血亏虚、溃疡不敛：本品以其补气养血之功，使正气旺盛，可托毒排脓，生肌收疮。治疮疡中期，正虚毒盛不能托毒外达，疮形平塌，根盘散漫，难溃难腐

者，常配伍人参、当归、升麻、白芷等补益气血、解毒排脓药，如托里透脓散。治疮疡后期，因气血亏虚，脓水清稀，疮口难敛者，常与人参、当归、肉桂等补益气血、温通血脉药物配伍，如十全大补汤。

⑧抗肿瘤：黄芪中有效成分黄芪多糖与抗肿瘤药物合用有增效减毒之功，即增强抗癌效果，减轻不良反应。

（2）现代药理：研究发现黄芪主要含有苷类、多糖类、黄酮类化合物，尚含有氨基酸、蛋白质、核黄素、叶酸、维生素 D、β–谷甾醇、胡萝卜苷、咖啡酸、绿原酸及微量元素等多种成分。其中黄芪多糖能促进 RNA 和蛋白质合成，使细胞生长旺盛，寿命延长，并能抗疲劳、耐高温、抗流感病毒。黄芪总皂苷具有正性肌力作用，黄芪总黄酮和总皂苷能保护缺血缺氧心肌。黄芪水煎液具有保护肾脏、消除尿蛋白和利尿作用，并对血压具有双向调节作用。黄芪水煎液中多糖、皂苷对造血功能有保护和促进作用。此外，黄芪有抗衰老、抗辐射、抗炎、降血脂、降血糖、增加免疫力、抗肿瘤和保肝作用。

六、读书之法

涂晋文自幼便喜古文，好学不倦、博览众书，其广撷博采、熔铸各家，研《黄帝内经》《伤寒论》《金匮要略》等医学经典著作，刻苦实践，正如《医法心传》提到："读书多而临证少，则胸中了了，指下难明；临证多而读书少，则大海茫茫，望洋莫辨。是以读书、临证，两不可废。"涂晋文善于在前贤经验的基础上进行发挥，在长期临床实践中体会古文的深意，从而积累了丰富的医疗经验。

涂晋文认为，中医的基础理论，主要蕴藏在经典著作中，对于中医经典著作如《黄帝内经》《金匮要略》《温病条辨》《神农本草经》《本草纲目》等，由于文简意博，需下一番苦功夫去钻研、去领悟，故首先要通读全文，再诵读其中精要，掌握书中精华，然后读各家注解，触类旁通，善于思考总结，引申书中要义，再通过实践来融会贯通。不仅要理解文字含义，更要掌握文字背后所传达的深意，对典籍中传授的临床技巧和思维方法进行探究摸索，分析其中蕴含的辨证精神，在学习过程中自行在大脑中构建中医思维模式。岳美中先生也认为：要把主要的经典著作读熟、背熟，这是一项基本功。"书读百遍，其义自见"。读一遍有一遍的收获，背得熟和背不熟大不一样。比如对《金匮要略》《伤寒论》，如果能做到不假思索，张口就来，到临床应用时，就成了有源头的活水。不但能触机即发，左右逢源，还会熟能生巧，别有会心。只有将经典著作熟读、精思，反复揣摩、领悟，在临床上方能成竹在胸。

在熟读经典的同时，还可参考一些注本，以加深理解。如学习《伤寒论》时，涂晋文尤推崇《伤寒溯源集》《伤寒来苏集》《伤寒贯珠集》这三家注解。《伤寒溯源集》乃著名伤寒学家钱天来于晚年所撰写，主张仲景之学当上溯《素问》《灵枢》，以"阴阳为纲，把握全局"，按照太阳、阳明、少阳、太阴、少阴、厥阴排列六经，每经皆按"先正治法，后变法"的顺序编排，以法类证统方，对各篇原文详加注解。钱氏"直溯源流，深穷根柢，推求《灵枢》《素问》，辨论阴阳，援古证今，分经辨证。令读之者，知症所自起，变所由生，且明其立法之义、用药之因，倘得道理分明，自然识见朗澈"。从而领悟仲景理法制方之妙。而柯韵伯《伤寒来苏集》是"以方类证，以证名篇"的代表之作。他根据仲景太阳证、阳明证、太阴证等悟出一套新的注解方法，即"分篇各论，擎其大纲，详其纲目，证因类聚，方随附之""有是证用是方"，其所包含的"方证观"贴近临床，注重实际。清代医家尤在泾吸取众家之长撰写而成《伤寒贯珠集》，其中柯韵伯的学术思想对其影响颇深。《伤寒贯珠集》继承了柯韵伯《伤寒来苏集》的部分学术思想，该书在编排布局上强调治法，并且以法类证，每经分列大纲。纲，就是治法；目，就是汤证及处方。以法为纲，统率证候和用方，都注重临床实用性，对于后世医家临证具有实际指导意义。后世经方大家胡希恕先生曾经提到：以八纲为基础理论之方证，既涵方药，亦涵相适应的证，既有理，亦有法；每一个方证都是经过几代、几十代反复实践验证取得的经验总结。方证对应长期应用的经验，产生了六经辨证理论体系，而六经辨证理论的形成，则更能正确指导辨方证，求得方证对应。方证对应不是简单的方和证的"对号"，而是涵盖了方与证、药与病情的严格对应，即寒、热、虚、实、表、里等的对应。中医所有的辨证方法和理论，最终都要落实到方证对应；方证对应是中医所有辨证方法的尖端。

在将经典运用于临床的过程中，涂晋文特别强调"同病异治、异病同治"是中医一种重要的治疗原则。其首见于《黄帝内经》，而《伤寒杂病论》最早体现这一治则。中医治疗疾病的优势之一是辨证论治，"同病异治、异病同治"是辨证论治思想的充分体现。证候是疾病过程中某一阶段或某一类型的病理概括，具有时相性和空间性特征，因而一种病可有多种证，一种证也可存在于多种疾病中。清代程文圃在《医述》中言："临床疾病变化多端，病机复杂，证候多样，病势的轻重缓急各不相同，故治法须变化万千……有时同病须异治，有时异病须同治。"首次提出了"异病同治"的名称。经方大师曹颖甫有言："唯能识证者方能治病。"中医治病主要不是着眼于病的异同，而是着眼于证的区别，无论是外感、内伤或者面对繁杂症状时应该首先抓住或者找到疾病中引起整个机体反应的"证"，即抓主证，从证施治，如半夏白术天麻汤能治疗眩晕、头痛、癫痫、中风等凡属脾虚痰浊阻滞证之疾病，虽然这些疾病的病因病机不完全相同，但它们在疾病发展过程中均出现痰证的相关证候，抓住"痰"这个病机关键点，就可采用相同的方药和治疗方法。这就体现了中医"异病同治"的内涵。因此，在临床上要善于抓主证，望闻问切，四诊合参，辨证与辨病相结合，正确掌握"同病异治、异病同治"理论，对于诊断、治疗、用药有着积极的意义。

同时，需重视《汤头歌诀》《药性赋》《濒湖脉学》《医学三字经》《医宗金鉴》等基础类书，此类书浅显易通，熟读背诵即可粗通医理，由浅入深，溯流从源，与经典著作可相辅相成，以源流贯通。

另外，不仅仅是精读经典，秦汉以来历代医家主要著作均需熟读深研，兼收并蓄，如《丹溪心法》《脾胃论》《温热经纬》《删补名医方论》等，以博采众长，开阔眼界，启迪思维。

此外，还可选读前人医案，医案是临证最生动灵活的素材与记录，如《寓意草》《柳选四家医案》《临证指南医案》《谢映庐医案》等，可以通过医案领悟前人辨证方法及思想，以提高辨证分析能力，继承及借鉴前人实践中留下来的精华。

最后，树立中庸思想，将儒家的中庸理念融入中医临床思维培养中，"中"指的是不偏不倚、协调和谐的状态，将中庸思想作为中医理论和中医临床思维的重要思想内容，对人体阴阳平衡的健康状态有深刻的理论认识。这要求我们要学习中国传统文学，拓展古代哲学著述，加强传统文化修养，锻炼归纳、推理和演绎的思维特点，形成具有东方文化思维特点的临床辨证和中庸思维。

蒲辅周先生临终前曾告诫其子："我一生行医十分谨慎小心，真所谓如临深渊，如履薄冰。学医首先要认真读书，读书后要认真实践，二者缺一不可。光读书不实践，仅知理论，不懂临床；盲目临床，不好好读书是草菅人命。你要牢牢谨记！我的一生就是在读书与实践中度过的。"故而学习中医要重视基础，博览群书，要会读书，更须勤背，精读中医经典著作，在此基础上延伸拓展，多临证，多思考，反复实践，善于总结，一窥全貌，因而，读书与临证，二者不可偏废。

七、大医之情

（一）思想境界

涂晋文从医初衷是"正德厚生，臻于至善"，60年从医经历让其深深感悟到：要想成为一名良医就要做到精于业、诚于心、厚于德，要有严谨治学的态度、创新进取的作风及无私奉献的精神。

涂晋文临床处方药简价廉，常用"平淡之剂"救治重病。由于门诊患者多，很多患者很早就要排队，患者及家属很容易产生急躁情绪，涂晋文均不厌其烦地做解释工作。很多患者都是从外地赶来，涂晋文常常超出正常坐诊时间，他不愠不怒，为患者加号，为患者解忧。而今，他年逾八旬，仍坚守临床一线，每周两次专家门诊、病房查房，并担任湖北省保健委员会专家，同时参加各种社会义诊、学术交流。在临床中、教学上、科研中，不断磨练自己、丰富自己、提升自己，为广大人民群众服务，为健康中国服务。

（二）文化修养

中医药是中国传统文化的宝库，一名优秀的中医师，不仅仅是在临床上有所造诣、理论层面有所开拓，在文化修养方面，同样需要有很深的研究。涂晋文年轻时踏上中医之路，与他从小喜好古文、热爱传统文化有着很深的联系。他自幼记忆力好，对于楚地的诗词歌赋尤为感兴趣，对宋代苏东坡《赤壁赋》《后赤壁赋》和《念奴娇·赤壁怀古》等千古名作很是喜爱，经常诵读，以及对唐代李白旅居武昌创作的诗作《黄鹤楼送孟浩然之广陵》《江夏送友人》《鹦鹉洲》等也很喜欢，并常常引用。但是诗词歌赋只是接引他进入传统文化大门的小道，而对于阳明心学的研究，尤其是对于"知行合一"数十年体悟，才是他继承传统文化的精髓。青年时期，他思维敏捷、富于创新，中年之后信奉中庸之道，临床、教学、研究不偏不倚，博采众长，学贯中西。他常说要"讷于言而敏于行"，少说多做，用实际行动去践行对中医事业和患者的热爱。他很少在人前展现出自己对于传统文化的喜爱，问他原因，他说大夫不能表现出过多的其他兴趣爱好，避免患者知道之后"投其所好"，给患者增加不必要的负担。数千年来中国医家的平和、收敛、谦逊、慈悲、仁爱，在他身上均可感受得到。涂晋文的文化修养，不外显于形，却展现于行；不彰显个性，却润物无声。在教授弟子时，他不仅仅是这么对自己说的，也是身体力行去这么做的，为诸多弟子、学生树立了一个良好的榜样。在他的影响下，由他往下，诸多弟子、学生也都开始关注和学习传统文化，并且将传统文化中对于医家的期待和要求，融入自己的实践中。

八、传道之术

（一）人才培养方法

从事中医教学 60 年，涂晋文承担着湖北中医药大学中医内科教研室老师、师带徒经典继承班老师、硕士及博士研究生导师，国家中医药管理局第三、四批全国老中医药专家学术经验继承工作指导老师，国家中医药管理局优秀中医临床人才指导老师等多项任务，培养的学生层次不同，但他对待每一项教学工作都认真负责，准备的教案细致，对待学生的提问都耐心详细解答，亲自批改作业，引经据典，逐字修改，经常伏案工作到深夜。

在中医教学方法上，涂晋文依据中医学自身特点，首先要求师生均需具有扎实的古汉语基础，能说文解字，断句读书，因历代名家都具有较高的语言、文学修养，没有一定的古代汉语知识水平，就不可能读好、读懂中医经典、古籍，更不可能精通中医理论。作为中医教师，应该理论知识全面系统，临床经验丰富扎实，兼取各家之所长，领悟各科之要览，使各家学说熔于一炉，理法方药贯穿一体，才能不持偏见、不专侧面，全面评价和继承。

涂晋文认为中医教学应善于取类比象，但须比喻恰切、科学有理；现身说法，应实事求是、实践丰富；深浅结合，应博约有度、举一反三；逻辑推理，应哲理明确、哲医分明；表述生动，应语言风趣、实物示范。据学生们反映，涂晋文讲课，从临床医案到社会实践，见多识广、旁征博引、得心应手，能充分吸引学生注意力，大大提高教学效果。

授课之余，涂晋文还积极参加中医内科学教材编写和成人继续教育工作，先后担任《中医急症学》主编、《中医老年病学》副主编、并参编《中医内科学》等多部教材。在20世纪80年代初参与主办"全国中医内科师资培训班"（由湖北中医学院主办）。近20年来，更是在全国、全省的各类继续教育学习培训班中担任主讲人，发表主题演讲，深受好评。

同时，中医名词术语规范化、疾病中医诊疗标准化，也是培养中医人才的重要方面。2008年中华中医药学会发布的行业指南《中医内科指南》里面，涂晋文组织编写了《疟疾》《流行性感冒》《流行性出血热》《流行性乙型脑炎》《流行性脑脊髓膜炎》等外感热证急症的内容。从2004年起，涂晋文被全国科学技术名词审定委员会聘请为第二届中医药名词审定委员会委员、第三届中医药学名词审定委员会顾问，参与制定了诸多脑病、热病等相关的中医药基本名词，包括中医病名、辨证分型、症状术语等。

（二）人才培养成果

涂晋文治学严谨、勤学务实，热衷于中医教育事业，以身作则，爱才育才，是一位受人尊敬的严师。既培养了大批中医药院校教育的本科生、硕士研究生、博士研究生等不同层次的优秀学生，又以师承带徒的教学形式，在全国老中医药专家学术经验继承工作、全国中医临床优秀人才的研修中，培育出优秀的传承弟子、优秀的中医人才，使之成为中医各专业领域的骨干中坚力量，包括"全国五一劳动奖章""全国卫生健康系统新冠肺炎疫情防控工作先进个人""湖北省医学领军人才""湖北省中青年名中医"等，可谓桃李满园。已招收硕士、博士研究生50余名，其培养的硕士、博士研究生分布于世界各地（包括英国、美国、法国、韩国等国家，以及中国香港、中国台湾等地区），并成为了各单位教学、临床、科研的骨干，为发展中医药事业培养了大批优秀人才。

2002年国家中医药管理局选定涂晋文为第三批全国老中医药专家学术经验继承工作临床指导老师以来，连续招收第三批、第四批学术经验继承人员杨毅、肖万泽、吴斌、石君华等为徒弟，临床跟师学习3年后结业出师，并招收第一、二、三届全国优秀中医临床人才研修人员董梦久、王小琴、范恒、宋恩峰、柳朝阳、李航森、何本宏等为徒，临床跟师学习。共计培养全国第三、四批老中医药专家师带徒弟子4名，全国优秀中医临床研修人才10余名。于2004年获国家中医药管理局"全国优秀中医临床人才指导老师"称号，并多次荣获湖北中医药大学"年度优秀教师"称号。

2008年依托湖北省卫生厅"涂晋文教授中医脑病临床经验及学术思想研究"课题，建立"名老中医学术思想研究室"，成为湖北中医药大学内科教研室学术研讨、人才培养的教学、科研基地。研究室成员发表了《涂晋文教授治疗癫痫病的经验》《涂晋文治疗抑郁症的经验》《涂晋文教授治疗乙脑的经验》等论文共14篇，以对其临床经验和学术思想进行传播。

2012年由国家中医药管理局批准建设"涂晋文全国名老中医药专家传承工作室"，对其学术思想进行更深入的研究及传承。工作室发表学术思想传承论文12篇，培养中青年骨干人才8名。

2022年7月湖北中医药大学附属湖北省中医院建设"涂晋文国医大师传承工作室"，继续亲身实践传承中医的使命。

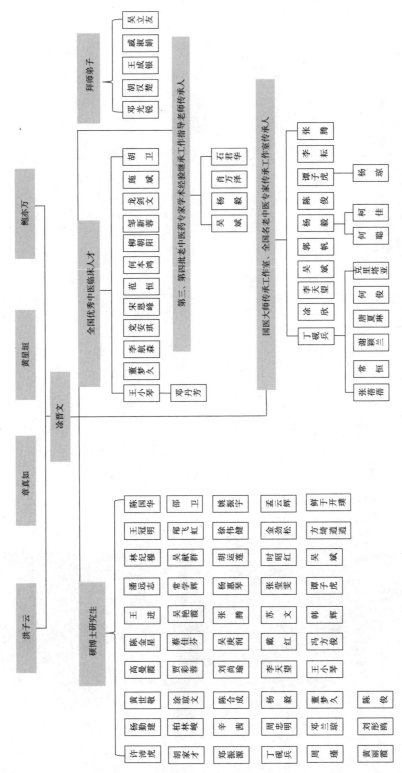

涂晋文学术传承谱

涂晋文

（丁砚兵、陈俊整理）

（龙大锋编拜）

施 杞

施杞（1937—　），男，汉族，江苏省东台市人，中共党员，先后在上海中医药大学附属龙华医院骨伤科、上海中医药大学脊柱病研究所工作。主任医师、教授、博士研究生导师、博士后指导老师，上海石氏伤科第四代传人，上海中医药大学专家委员会主任委员。曾任上海市卫生局副局长、上海中医药大学校长、上海市政协委员，中华中医药学会第三、四届副会长，中华中医药学会骨伤科分会第一、二、三届会长，上海市中医药学会第五、六届会长。第二、三、四、五、六、七批全国老中医药专家学术经验继承工作指导老师，第一批国家级非物质文化遗产"中医正骨疗法"项目代表性传承人，享受国务院政府特殊津贴专家。中国中医科学院学部委员，曾获中华人民共和国成立70周年纪念章、上海医学百年发展终身成就奖、全国党和人民满意的好老师、全国中医药高等学校教学名师、上海市名中医、上海市劳动模范、上海市教书育人楷模、上海市首届"医德之光"等称号。2022年被授予"国医大师"荣誉称号。

施杞从事中医骨伤科临床六十载，是我国中医骨内科学奠基人，建立了慢性筋骨病"整体论治"学术思想体系。形成"双调一通"防治慢性筋骨病临床规范化方案。形成益气化瘀法、补肾填精法、蠲痹通络法、调衡筋骨法等治疗慢性筋骨病临床规范化方案和系列指南；率领团队在全国建立了"骨健康"服务模式和"石筱山伤科学术联盟"，并带领团队完成了国家中医临床研究基地、国家临床重点专科等建设任务。作为导师，率领团队培养硕博士研究生及继承人480余名，分布于全国25个省市。荣获国家科技进步奖二等奖2项，省部级一等奖8项。

一、学医之路

施杞出生于中医世家，祖父是故里名医，受其鼓励，施杞于1957年考入上海中医学院，从此立志做一名全心全意为人民服务的好中医。在求学阶段，施杞受到了沪上诸多名家如程门雪、黄文东、章巨膺、金寿山、殷品之、石筱山、陆瘦燕、陈大年、顾伯华、徐仲才、丁济民、王玉润、裘沛然等的影响，启迪后学的大家风范迄今依然历历在目，老师的学识是他们毕生探究的积累，老师的经验是前辈活人万千的延续，使得施杞倍感珍惜这可遇不可求的宝贵学习机会。1960—1962年实习期间，更是有幸跟随朱小南、蒋文芳、严二陵、袁杏佛等名医抄方，并得到上海市第一、第四人民医院的夏理彬、周文斋等名家的教导，能够感悟几位大家的学术思想和临诊经验，颇受启发。1963年以优秀成绩毕业留校，分配在附属龙华医院骨伤科工作。先后拜石氏伤科大师石筱山先生、石幼山先生为师，系统地学习研究中医骨伤科理论和石氏伤科临床经验，深悟"调和气血、痰瘀兼治"理念，尽得石氏伤科流派薪传，成为上海石氏伤科第4代传人和全国第一批国家级非物质文化遗产"中医正骨疗法"代表性传承人。同时，还吸纳了我国武术伤科奠基人王子平先生（王氏伤科）的内伤、手法、导引等精髓，将"王氏祛病延年二十势"的养生保健方法推广至社区、高校。

施杞在探索祖国传统医学科学内涵的同时，积极学习现代医学的诊疗技术。1972年至1973年于上海市瑞金医院骨科进修一年，1978年至1979年于上海华山医院神经外科进修一年，并获得了卫生部第八届全国神经外科医师进修班结业证书。同时还在参加上海市郊区农村及贵州山区医疗队的过程中通过手术治疗大批小儿麻痹症、血吸虫病巨脾症等，进一步提升了自己的医疗技术水平，拓展了中医诊疗的适应范围，把握了继承创新的主动权。施杞在临床工作中始终坚持"衷中参西"的原则，不仅认真继承弘扬中医骨伤科特色优势，还善于中西医结合救治危急重症，为中医骨伤学科发展奠定了坚实的基础，成为新一代学科带头人。

二、成才之道

从怀揣"做一个好中医"梦想的弱冠之年，到追求"于仁厚处用心，于术精处用功"境界的耄耋之年，是施杞行医近六十年的感悟升华，也是他从大学课堂到临床一线、行政管理、科研团队人生阅历的高度凝练，更是对中医药事业发展的那份执着和热情体现。

（一）少承祖志，拜师名门

战火纷飞中，家庭频繁迁移，施杞10岁时举家搬迁至上海。幼时幸得家庭开蒙，父亲是教师，祖父是乡里名医。祖父在内科、妇科、儿科等方面都有建树，幼年的施杞会依傍在祖父身边，观察开诊处方，有些哮喘、高热患者，经祖父几剂药诊治就痊愈了。耳濡目染之间，他从小就对"中医能治好病"有着信心和体会。1951年秋，施杞进入浙江德清的武康中学读初中，开始接受正规的中学教育。1957年春，德智体兼优的施杞即将完成中学学业，81岁高龄的祖父叮嘱道："考中医学院吧！上海有名医，中医有学问，值得你一辈子用功去研究。"20岁的施杞考入上海中医学院（现上海中医药大学）中医学专业，从此在中医领域开始了攀登和远航。施杞始终坚信中医学的科学性，认真研习经典，感悟着祖国医学的博大精深，在大学期间奠定了扎实的医学基础。毕业后有幸立雪石门，侍诊于石筱山、石幼山先生之侧，所谓"一日为师，终身为父"，两位先生之恩德缅怀难忘，从此传承了两位先生的衣钵，坚持弘扬石氏伤科"以气为主，以血为先""内外同治，尤重兼邪"，以及对"内伤"的论治等学术思想和临证经验，成为施杞在中医骨伤学业长进中取之不竭的智慧源泉。

（二）博览经典，勤求古训

施杞自小在父母的指导和讲解下，会时常阅读《论语》《孟子》、唐宋诗词、《古文观止》等古典名著。儿时背诵过的一些诗句，随着人生经历和阅历的增加有更多的理解，对学好中医增添了悟性和智慧。在工作实践中勤求古训，施杞以《黄帝内经》（简称《内经》）《伤寒论》《金匮要略》为学术渊源，深刻体会到《内经》的整体观、天人相应的理论，感悟中医基本理论、知识的相互关系及临床应用；并充分吸取历代名家精华，将金元时期张元素脏腑辨证、李东垣脾胃论、明代薛己外损内伤论、清代王清任活血化瘀等观点熔于一炉，内外兼治、整体调摄，用于颈椎病、腰椎间盘突出症、椎管狭窄症、腰椎滑脱症、骨质增生症、骨质疏松症、股骨头坏死以及骨折延迟愈合等疾病的治疗，获得较满意的疗效。

（三）道繁石门，继承创新

石氏伤科传至石筱山、石幼山先生辈已历三代。学术内涵、医技门道，均为业内外称颂。名噪江南，成为我国中医骨伤科一大流派。施杞求学期间，每当聆听石筱山先生授课，倍感收获，对先生之大家风度、渊博学识无不由衷敬仰。当侍诊于筱山先生左右时，会经常登门拜访筱山先生，虚心请教临床困惑。在筱山先生谢世后，又拜师幼山先生继续学习、传承石氏伤科流派先后三年多时间。通过跟随二位前辈的近距离学习，施杞不仅快速入门，夯实了伤科的基本功，更是深入体验了石氏伤科流派的丰厚底蕴；而在后期临床工作中，不断总结石氏学术特色，临证详辨证候、细审病因，又会根据不同治则施用诸家名方、古方，且"十三科"的单验方亦好借鉴，努力做到中医药学以辨证论治为基础的原则性和灵活性的完美结合，充分体现石氏伤科"十三科一理贯之"的学术思想。另外，施杞还在吸收全国著名武术伤科大师王子平先生锻炼功法的基础上形成了防治骨伤科疑难疾病中药、手法、导引三结合的治疗方案，取得显著疗效。

（四）衷中参西，厚积薄发

由于临床上中、西医理念的差异，各自优势及不足，施杞愈加体会到中西医结合的重要性，进而主导科室积极开展小儿骨科、脑外科业务。将中医伤科内伤学说与脑外科结合，为脑外伤颅骨骨折、脑挫裂伤、手术后持续昏迷患者，采用闭证、脱证理论进行辨证，并针对不同病情运用温开、凉开法开窍醒脑促苏醒，提高了抢救成功率。施杞运用石氏伤科倡导的气血理论及内伤论治经验拟定的补阳还五汤加味治疗慢性硬脑膜下血肿，曾总结 105 例，治愈率达 99% 以上，仅一例失败改用手术治疗，并在 1986 年获国家中医药科技奖二等奖。将石氏伤科治疗头部内伤经验与神经外科进修时获得的学识相结合，既提高了对脑震荡及脑外伤综合征的疗效，也在许多重症脑外伤抢救治疗中发挥了中医中药的优势。同时，施杞在继承石氏伤科经验的基础上，总结出包括脑外伤、脑瘤、骨折不愈合、颈椎病、腰椎间盘突出症、骨质疏松症、退行性骨关节疾病、风湿、内伤杂病等临床防治经验，以及建立脊柱病"围手术期"中医药治疗方案，发展了中医脊柱病学。

（五）敬业勤政，历史责任

1983 年及 1992 年，施杞被分别调任至上海市卫生局、上海中医学院管理岗位，不得不放弃自己所熟悉的业务专业，进入管理领域。然而，凭借着对中医药事业的执着追求和热爱，施杞认真贯彻中央卫生部"振兴中医要以机构建设为基础，人才培养为关键，学术发展为依靠，科学管理为保证"的政策，坚持继承与创新相结合的发展方向，有力推动了上海地区中医院（校）医教研三结合模式等多方面的重大改革，解决了诸多历史遗留问题，促进了沪上中医药的新发展。

他 1986 年创建中华中医药学会骨伤科分会，带动了全国中医骨伤科事业发展。1983 年担任上海市卫生局副局长期间，实现了上海每个区县都建有中医院的目标，促进了上海市中医药事业可持续发展。1992 年担任上海中医学院院长期间，学院在全国首家获准更名为大学，推动了全国中医药院校新一轮建设发展。

至 1998 年 11 月 20 日，在长达 15 年的行政岗位上，施杞尽心尽责，成绩卓著，圆满完成了党所布置的各项重要任务。本可退休后享受安逸的闲暇时光，施杞却又选择了继续为中医骨伤科学的发展奋斗终生，与团队经过多年的探索奋斗，逐渐形成了一个既有基础，又有临床；既有治疗，又有康复；既立足现代研究，又注重传统继承等方面的学科，并坚定不移地沿着中医药"继承、创新、现代化、国际化"的方向前进，为中华民族伟大复兴而拼搏。

三、学术之精

施杞传承了石氏伤科流派"以气为主、以血为先"的理伤学术思想，提出慢性筋骨病"整体论治"的学术观点，总结多年临床经验，基于团队科研探索，发现"气血痹阻、脏腑失调、筋骨失衡"导致"气虚血瘀、脏腑失养、筋损骨衰"是慢性筋骨病主要病因病机，"动力筋失衡为先、静力骨失衡为主"是筋骨失衡力学基础，创立了"双调（调和、调衡）—通（通三焦）"法，建立了"预防、治疗、康复、养生、治未病"综合防治体系，推动中医骨伤学科不断发展。

（一）调和气血为基础

气血、脏腑是构成和维持人体生命活动的物质基础，《素问·调经论》曰："人之所有者，血与气耳。"《灵枢·天年》曰："人生十岁，五脏始定，血气已通，其气在下，故好走……五十岁，肝气始衰，肝叶始薄，胆汁始减，目始不明；六十岁，心气始衰，苦忧悲，血气懈惰，故好卧；七十岁，脾气虚，皮肤枯；八十岁，肺气衰，魄离，故言善误；九十岁，肾气焦，四脏经脉空虚；百岁，五脏皆虚，神气皆去，形骸独居而终矣。"

《难经·二十二难》云："气留而不行者，为气先病也，血壅而不濡者，为血后病也。"《医林改错》中，王清任从气血立论，指出"无论外感、内伤，要知初病伤人何物，不能伤脏腑，不能伤筋骨，不能伤皮肉，所伤者无非气血"，将伤科的病理变化归因于气之虚实、血之亏瘀。

人体内的气血只有运行畅通、周流不息，才能营养经络、温煦四肢及皮肉筋骨。急性外伤或慢性劳损导致局部气血功能失调，运行不畅，不能循经运行，瘀血凝滞，瘀积日久不散，凝聚于关节，局部骨骼筋肉失于濡养，则发生疼痛变形、功能障碍。明代薛己在《正体类要》序中指出："肢体损于外，则气血伤于内，荣卫有所不贯，脏腑由之不和。"筋骨损伤可引起气血瘀滞，经络阻塞，津液亏损，或瘀血邪毒由表入里而致脏腑不和；亦可由于脏腑不和由里达表，引起经络气血津液病变，导致筋骨损伤。因此，气血理论是损伤理论的核心，也是指导治疗的基础。上海石氏伤科是海派中医一大名家，主张理伤宜气血兼顾：以气为主，以血为先。以气为主的气血兼顾，为内外兼顾的图本之计；以血为先的气血兼顾，是临床常用的治标之法。作为石氏伤科第四代传人，施杞在践行石氏伤科学术思想的过程中，运用圣愈汤为底方，擅治慢性筋骨病。圣愈汤源自李东垣，载于《兰室秘藏》，由生熟二地、川芎、当归、人参、黄芪六味组成，元代朱震亨《脉因证治》之方中生地黄易为白芍，清代吴谦《医宗金鉴》又在朱氏方中添入柴胡。该方以四物汤加人参、黄芪大补元气，既能气血双补，又有固元摄血之功；柴胡一味，能司升降、通达上中下三部，疏解瘀滞，化瘀散结，令气血皆活，更切理伤续断之要。

（二）调理脏腑系根本

《素问·痹论》曰："五脏皆有合，病久而不去者，内舍于其合也。故骨痹不已，复感于邪，内舍于肾；筋痹不已，复感于邪，内舍于肝；脉痹不已，复感于邪，内舍于心；肌痹不已，复感于邪，内舍于脾；皮痹不已，复感于邪，内舍于肺。"五体痹日久不愈，耗伤正气，可继续传变"内舍"，即为五脏痹。《刘涓子鬼遗方》首次提出"内伤"一词。《诸病源候论·压连坠堕内损候》有"伤五内"的记载，《外台秘要·卷二十九》载"伤五脏""内损瘀血"，称之为"内损"，录多首"折伤内损方"。

五脏有化生气血和贮藏精气的功能，且与气血津液五体都有密切关系。施杞认为五脏失和，则皮肉筋骨失却濡养，出现一系列证候，而肝脾肾和慢性筋骨病的关系最为密切。

肝藏血主筋，肝血充盈，筋得所养；肝血不足，血不养筋，则出现手足拘挛、肢体麻木、屈伸不利等症。同时，凡跌打损伤之属，有恶血留内时，则不分何经，皆以肝为主，因肝主藏血，故败血凝滞体内，从其所属，必归于肝。

肾藏精，主骨生髓。骨的生长发育修复均依赖肾脏精气的濡养。肝藏血，主筋束骨而利机关也，肝血足则筋脉劲强。随着年龄的增长，人至中年以后，肝肾亏虚，肾虚不能主骨，骨髓失其充养，则脆弱或异常增生；肝虚无以养筋，筋脉濡养不足，筋纵弛缓，或筋挛拘急，稍有劳累或外伤，便致气血壅滞，疼痛大作；筋肉不坚，荣养乏源，既无力保护骨骼、充养骨髓，又不能约束诸骨，稍有不慎便磨损严重，导致关节过早过快出现退变。故在治疗慢性筋骨病过程中务必注重补肾，常合用左归丸、右归丸等补肾中药；使用养血柔肝、舒筋通络之品，如白芍、川牛膝、鸡血藤、伸筋草、当归尾等。

脾主运化水谷，输布营养精微，濡养四肢百骸。若脾失健运，内湿自生，或因寒湿入内困脾，脾之运化失司，先天之精补充无源；水湿内停，久则聚而成痰，流窜经络，阻滞气机，促进关节疾病发生发展且引发恶性循环。故脾虚则化源不足，肌肉瘦削，四肢疲惫，活动无力，筋骨疾病亦难以恢复。施杞在调摄的同时兼顾健脾化源，常常选用四君子汤、六君子汤及补中益气丸等健脾之品顾护后天之本。

李东垣创立内伤学说，脾胃论虽属内科学的范畴，但对伤科内伤证候的诊断和治疗，在理论和实践上都有积极的影响。《正体类要》序曰："肢体损于外，则气血伤于内，营卫有所不贯，脏腑由之不和。"薛己私淑易水学派，认为要重视跌扑坠堕后脏腑受损，气血失和，同时注意慢性的积劳损伤；在治疗上，不能专从血论，妄加攻下，而应重视对虚损的调节，注意补养脾胃以化生气血，使之充养而促进损伤的恢复。

现今社会的生活工作方式，造就了颈椎病、腰椎病、肩周炎、关节炎众多慢性筋骨病的"模型"，在中医多属"虚损"范畴，且肾虚占极大的比重。景岳主张的"阳非有余，真阴不足"的理论，亦十分符合现今慢性筋骨病的病机。施杞尤为崇尚易水学派，立方用药，注重涵养脾胃，遵循"以胃气为本"，吸纳景岳补肾填精益髓之法；调治伤疾，主张薛己"治病求本，务滋化源"，重视脏腑经脉辨证及温补脾肾之理论。善用石氏调中保元汤（潞党参、大黄芪、甜冬术、大熟地、怀山药、炙萸肉、川断肉、补骨脂、甘杞子、炙龟甲、鹿角胶、陈皮、茯苓、甘草）健脾胃、益气血、补肝肾、壮筋骨。对陈伤劳损、脾肾不足、气血亏虚者，常以圣愈汤合调中保元汤融通运用，彰显圆机之妙。

因此，气血脏腑病变是慢性筋骨病的根本，调和气血是调理五脏阴阳的基础。肢体局部筋骨损伤必然引起气血瘀阻，经络阻塞，或津血亏损，或瘀血邪毒由表入里，而致脏腑不和。外治筋骨经络历来为伤家重视，殊不知，内调气血脏腑方是根本。内外同治，是慢性筋骨病辨证论治的基本理念。

（三）蠲痹通络守要旨

施杞将慢性筋骨病归属于"痹证"范畴。经云："何为痹，脉不通也。"痹证是由于人体正气不足，风寒湿热等外邪侵袭，使机体经络、肌肤、血脉、筋骨（甚则脏腑）气血痹阻，以致出现以肢体关节肌肉疼痛酸楚、重着麻木、肿胀灼热、屈伸不利、僵硬及活动受限，甚则关节肿大变形，或累及脏腑为特征的一类病证。常累及多个脏器或系统，缠绵难愈，严重危害人类健康。施杞推崇"五体痹"和"五脏痹"的学说，指出风寒湿邪侵袭，初期可表现为皮痹、肉痹、筋痹、骨痹、脉痹等"五体痹"；若邪留筋骨，病深日久，营卫行涩，经脉不遂，内传五脏，可以导致肝痹、心痹、脾痹、肺痹、肾痹等"五脏痹"。由此，施杞从"痹"论治慢性筋骨病，精研古方，加减化裁而为"痹证"十方，总以蠲痹通络为要。

慢性筋骨病正气亏虚为内因，风、寒、湿三气侵袭经络筋骨为外因。《内经》云"正气存内，邪不可干""邪之所凑，其气必虚"，因此处方应以扶正祛邪为大法，既要调和气血固本（形成益气化瘀法治疗的基本法则，倡导应用吴谦《医宗金鉴》圣愈汤作为治疗的基础方，贯穿始终），补益脏腑以养人；又要祛风除湿、化痰通络以治病，从而达到标本兼顾，养人为主，兼以祛病。调和营卫、祛风通络，亦是防治慢性筋骨病的重要枢机。如治疗颈椎病，风寒盛者用桂枝汤或葛根汤，风热盛者用银翘散或桑菊饮，风湿盛者用羌活胜湿汤。《医林改错·痹症有瘀血说》曰："凡肩痛、臂痛、腰痛、腿痛，或周身疼痛，总名曰痹症……逐风寒、去湿热，已凝之血，更不能活。如遇风寒，凝结成冰，冰成风寒已散。明此义，治痹症何难。古方颇多，如古方治不效，用身痛逐瘀汤。"施杞亦擅用王清任祛瘀诸方，对于风寒湿侵犯经脉或痰瘀阻滞经脉，导致气血痹阻、经络不遂而引起的以颈肩臂酸痛甚则周身疼痛为主要表现的患者，常用身痛逐瘀汤以止痛祛瘀通络。

《医宗金鉴·伤损内证》曰："凡跌打损伤坠堕之证，恶血留内，则不分何经，皆以肝为主，盖肝主血也。故败血凝滞，从其所属，必归于肝。"施杞继承和发展了"跌扑损伤，败血必归于肝"的观点，临床发挥独具匠心，认为外损内伤，气滞血瘀，阻于经络，应从肝论治，对瘀阻经络不同阶段表现出的肝火、肝热、肝郁、肝瘀、肝虚等证，分别以泻、清、疏、化、补等法，疏肝通络。

（四）畅通三焦乃关键

《灵枢·营卫生会》曰：上焦如雾，中焦如沤，下焦如渎。《难经·三十一难》曰："三焦者，水谷之道路，气之所终始也。"三焦不仅是运行气、水、火的通道，在外为腠理，在里为募原，表里内外上下都要通过三焦相联系，具有调畅全身气机、保证气血津液通畅的功能。《素问·经脉别论》曰："饮入于胃，游溢精气，上输于脾，脾气散精，上归于肺，通调水道，下输膀胱，水精四布，五经并行，合于四时五脏阴阳，揆度以为常也。"三焦不畅，会导致营卫、气血、津液的输布障碍，引起复杂多样的临床症状，是各种慢性病的根源。

慢性筋骨病外证主要表现在颈肩、腰背、双膝疼痛不适，四肢牵掣麻木、肢体萎软无力、肌肉萎缩或痉挛、持物行走功能障碍、胸胁裹束感等肢体病症，同时合并内症，如头痛、眩晕、耳鸣耳聋、视物不清、心悸、胸闷、咳嗽、多痰、恶心呕吐、纳呆、脘腹作胀、失眠多梦、四肢不温、溲频、癃闭、便秘、便溏，症状和体征遍及三焦。

如颈项外感风寒湿邪，经络筋骨痹阻，可瘀而内陷，表证不显而里证不著，少阳枢机不利，升降失权，中焦不通，或太阳少阳合病，或少阳阳明合病，可见呕恶、心下满、肢体畏寒等症，虚实错杂，寒热并见，可用泻心汤，补泻兼施，调畅枢机，通达三焦，则症自缓。

东垣曰："内伤不足之病，苟误认作外感有余之病而反泻之，则虚其虚也……唯当以甘温之剂，补其中，升其阳，甘寒以泻其火则愈。"亦合通调三焦之理。《温病条辨·治病法论》云："治上焦如羽，非轻不举；治中焦如衡，非平不安；治下焦如权，非重不沉。"

施杞认为，三焦治法，无外乎通。通之要者，在于调三焦之气化，使其升降有序，气血融通，脏腑和调，而或祛瘀通脉，或化气行水，或运脾健胃之法，以致其通。如脊柱损伤，胸腹胀满，苔腻脉滑，用三仁汤合活血之品宣上、宽中、利下，从三焦分消，而解湿浊瘀阻。

四、专病之治

膝骨关节炎是慢性退行性骨关节疾病，其病程缠绵，反复发作，与年龄、性别、体质量指数、居住环境等密切相关，尤其同人体的衰老有关，人群的老龄化进程一定程度上导致本病发病率逐年提高。经调查，40 岁人群的膝骨关节炎患病率为 17%，60 岁以上人群为 50%，而在 75 岁以上人群则高达 80%，尤其绝经后妇女更多见。本病严重影响患者生活质量，目前尚无十分满意的治疗方式，故对于如何防治本病已成为业内研究的难点和热点。

施杞继承创新、开拓进取，提出"三期论治膝骨关节炎"，倡导"恢复筋骨平衡"等观点，创制出"整膝三步九法"及"调和气血 12 字导引养生功"，形成了防、治、养一体化的理念。

整体辨治膝骨关节炎

1. 病因病机及病理特点

施杞认为膝骨关节炎是在外感风寒湿邪及劳损的影响下，随着年老体衰自然退变，引起筋的失衡，病情进一步进展，逐渐导致骨的退变，久而久之，由筋及骨，导致膝关节筋骨失衡。施杞认为本病属本虚标实、虚实夹杂，肝脾肾亏虚、筋骨失衡为发病之本，风寒湿外邪侵袭、痰瘀阻滞经络是发病的重要因素，气血失和、瘀阻经脉贯穿本病始终。另外，本病早期以痹证为主，后期夹杂痿证，整个过程痹痿结合，相互影响。

施杞认为膝骨关节炎不同时期的病理变化不同，早期以滑膜炎症为主，滑膜增生分泌大量炎症因子，关节积液形成，表现为关节肿胀、疼痛，而早期软骨破坏不明显；中期滑膜炎症缓解，但软骨退变明显，症状表现为上下楼梯困难；后期滑膜处转变为慢性炎症，软骨退变进一步加重，软骨下骨出现骨质疏松，局部骨质增生明显，关节间隙狭窄，关节变形，膝关节时有隐痛，行走酸软乏力。

2. 总体辨治思路

施杞认为膝骨关节炎按临床演变可以分为急性发作期、急性缓解期、慢性持续期，按病程可以分为早期、中期、晚期。急性发作期是指症状初发期或再发作期，以筋痹为主，是本病发生发展过程中的必经阶段；急性缓解期是症状开始由急性发作逐渐缓解，辨证以骨痹为主，是筋痹发展过程的延伸；慢性持续期为症状残留期，以痿痹为主，是终末期的表现形式。本病辨病施治如从三期入手，思路清晰，有的放矢。

总体而言，施杞认为膝骨关节炎的中医药基本治则应为调和气血、蠲痹通络，内服中药的同时配合外用药物，内外兼治，再辅以手法理筋正骨，从而恢复气血、调和脏腑、平衡筋骨。

3. 三期辨证论治

（1）急性发作期：此期多为发病早期，以膝关节疼痛、肿胀、关节屈伸活动障碍为主要临床表现。辅助检查 X 线显示关节增生退变不明显，部分患者磁共振成像（MRI）可提示关节内大量积液；病理改变以滑膜炎症为主。此期总体可从筋痹论治，治宜祛风除湿通络为主，结合不同证型调整辨治思路。

①风寒侵袭证：本证表现为膝关节疼痛，部位固定、得热痛减、遇寒痛增，膝关节屈伸不利，触之偏凉，或兼有恶风发热，多有受寒史；舌苔薄白，脉弦紧。本证治拟行气活血、祛风散寒，方以蠲痹汤合圣愈汤加减。风湿痹痛较重者，加用羌秦三藤饮（羌活、秦艽、青风藤、络石藤、鸡血藤）；寒湿痹痛较重者，加用乌头汤（川乌头、生麻黄、白芍、炙黄芪、炙甘草）。

②湿热内蕴证：本证表现为膝关节疼痛，部位固定、得冷痛减、遇热痛增，膝关节屈伸不利，局部皮色发红，触之灼热；舌苔薄黄，脉滑数。本证治拟清热化湿、活血通络，方以当归拈痛汤和圣愈汤加减。肿胀较重者，可加四妙散、五苓散、防己黄芪汤，以及芙蓉叶、紫花地丁、白花蛇舌草等。

③气滞血瘀证：本证表现为膝关节疼痛，痛有定处，多伴有肿胀，活动欠利，伸屈受限，重者疼痛拒按，多有外伤史；舌质偏紫、苔薄，舌下静脉曲张呈蚓状，脉弦细或涩。本证治拟行气活血、化瘀通络，方以筋痹方（身痛逐瘀汤和圣愈汤加减）。气滞血瘀证疼痛较重者，加用地龙、土鳖虫、蜈蚣、乳香、没药，或麝香保心

丸（每次 2 粒，每日 2 次，随汤药同服）。

（2）急性缓解期：此期以膝关节疼痛肿胀减轻，或急性期经治疗后症状、体征缓解，平地行走趋向正常，上下楼梯困难为主要临床表现；辅助检查 X 线结果类似于急性期，或关节稍有退变，MRI 提示软骨退变或有损伤；病理改变以出现关节软骨损害为主。此期总体可从骨痹论治，治宜益气活血、化痰通络为主，结合不同证型调整辨治思路。

①气血失和、脾肾亏虚证：本证表现为膝关节酸痛，活动乏力，多以伸膝力量丧失为多，可表现为由坐位起立及上下楼梯乏力，严重者膝关节周围肌肉萎缩，小便频数，大便溏薄；舌质淡、苔白，脉沉缓。治拟益气活血、通络补肾，方以独活寄生汤和圣愈汤加减。

②痰湿内蕴证：本证表现为膝关节肿胀、酸楚、疼痛、活动受限，经治不效；舌苔黄腻，脉弦细。治拟化痰通络、益气活血，方以石氏牛蒡子汤合圣愈汤加减。关节乏力较重者，可加用二仙汤（仙茅、仙灵脾、巴戟天等）、骨碎补、怀牛膝等。

（3）慢性持续期：此期临床表现主要为行走或上下楼梯时膝关节时有隐痛，酸软乏力，休息后稍有好转，且病程较长，症状与天气变化等有关；辅助检查 X 线显示关节退变、关节面硬化、周围骨赘增生、关节内外间隙不对称或偏窄，MRI 提示软骨下骨增生硬化、骨质疏松、软骨面密度不均匀等。此期病理改变以出现软骨损害、骨质增生和骨质疏松病变的三联征为主。此期总体可从痿痹论治，治宜益肾温阳、活血通络为主。

①肾精亏虚、筋骨失养证：本证表现为行走时膝关节酸软乏力，关节变形，重者活动受限，上下楼梯困难，腰部酸软；舌质淡、苔薄，脉沉迟。如同时兼见恶风畏寒、四肢偏冷、大便溏薄等偏于肾阳不足症状者，予右归丸和圣愈汤加减。如同时兼见口干少津、多梦、大便干结等偏于肾阴不足症状者，予左归丸和圣愈汤加减。

②素体阳虚、寒凝湿滞证：本证表现为膝关节疼痛酸楚，步行乏力，少许畏冷、受寒后尤甚；舌质紫、苔薄白，脉弦紧。治拟温阳活血、散寒通滞，方以阳和汤和圣愈汤加减。施杞强调无论在急性期或慢性期，治疗膝骨关节炎时都要注重对软骨及骨代谢的调节，早期可适当加入补肾药，如淫羊藿、补骨脂，中后期以健脾补肾药物为主。

4. 中药外治

外治法是中医学具有优势的特色疗法，对于肢体损伤的治疗及康复较单一药物内服具有更为快捷良好的疗效。清代吴尚先《理瀹骈文》曾指出："外治之理，即内治之理；外治之药，即内治之药，所异者法耳。"施杞临床治疗膝骨关节炎推崇在内服中药的同时可配合选择热熨疗法、中药熏蒸及外用膏剂。

（1）热熨疗法：《黄帝内经》中所述"熨"法即指热敷法，可分为干热敷和湿热敷。干热敷是指通过炒或微波加热中药后进行热敷，如热奄包疗法。湿热敷是指根据患者的症状处方立药，通过煮或蒸的方法加热中药包后热敷患处，如中药塌渍疗法等。

通过长期临床实践，施杞研制出正骨烫药经验方（当归 12g，羌活 12g，红花 12g，白芷 12g，乳香 12g，没药 12g，骨碎补 12g，防风 12g，木瓜 12g，川花椒 12g，透骨草 12g，川续断 12g 等），该方具有活血舒筋、祛风散寒之功，大量临床实践表明其具有良好的疗效。对于急性发作期湿热内蕴证的患者尽量避免使用本法，其他证型均可选用。

（2）中药熏蒸：中药熏蒸疗法又叫蒸汽治疗、汽浴治疗、中药雾化透皮治疗等，是以中医理论为指导，利用药物煎煮后所产生的蒸汽熏蒸机体，达到治疗目的的一种中医外治疗法。

施杞临床常应用经验方四肢洗方（山柰 12g，红花 9g，当归尾 12g，生川乌 9g，海桐皮 12g，独活 9g，威灵仙 15g，樟木 15g，苏木 12g，鸡血藤 12g 等）通过中药喷雾疗法作用于膝关节，具有活血通络、祛风止痛之功，尤其对于膝关节怕冷者，疗效显著。对于急性发作期湿热内蕴证的患者尽量避免使用，其他证型均可选用。

（3）外用膏剂：外用膏剂的剂型种类包括软膏剂、膏药、橡皮膏三种主要膏剂。此类药物种类繁多，临床常根据患者症状选择。

金黄膏：清热解毒，消肿止痛，适用于膝关节红肿热痛的急性发作期湿热内蕴证患者。

消瘀止痛膏（王子平经验方）：活血祛瘀，消肿止痛，适用于急性发作期肿胀疼痛剧烈者。

三色敷药（石筱山经验方）：消肿止痛，祛风湿，利关节，可根据患者辨证情况选择使用。

中药热熨及熏蒸过程中，需注意观察局部皮肤情况，防止烫伤，观察患者有无头晕、心慌等不适。治疗后应注意避风保暖，不可过度疲劳，饮食宜清淡。热敷后30 分钟内不要用冰水洗手或洗澡。热敷后要喝较平常量更多的温开水，不可喝冷水或冰水，以免寒邪入络。

5. 整膝三步九法

整膝三步九法即理筋平衡法（揉法、弹拨法、拿法）、整骨平衡法（提膝、松膝、扳膝）、通络平衡法（松膝、抖法、捏耳）。该手法可以很好地协调膝部经筋系统，恢复膝关节的动态力学稳定，从而治疗及防止膝骨关节疾病的发生发展。

施杞运用整膝三步九法时特别强调，对于急性发作期膝关节肿胀明显者本法应避免使用，在操作时应注意对膝关节及相邻的髋、踝关节的肌肉、韧带起止点的手法松解，理筋中宜适当加重手法予以按揉，在整骨环节宜在膝关节屈伸及旋转功能位适当增加幅度，以克服关节内外的粘连和痉挛，有利于平衡筋骨、调和气血，提高疗效。临床研究表明，局部按摩可以促进局部肌群的血液循环，激发肌肉及韧带间的协调性，促进各种炎症因子、坏死因子的排泄等。

6. 防、治、养一体化理念

施杞认为膝骨关节炎目前主要治疗目标是缓解疼痛、改善关节功能和减少致残率、防止进一步关节损害，并且保护关节周围结构。本病需从中医整体观念、治未病思想的理论基础出发，根据辨证结果，积极遵循防、治、养一体，内外兼治、动静结合、终身护养的重要原则。

五、方药/手法之长

（一）核心方剂与手法

慢性筋骨病人群分布广泛、病程迁延、症情繁杂，施杞带领团队基于理论探索、临床和基础研究，针对慢性筋骨病提出了"双调一通"的治疗法则，制定了十方二法。临证中分期论治，执简驭繁，理清而方明。

1. 内以治痹十方调气血脏腑，扶正祛邪，以求平和

慢性筋骨病初期，外感六淫之邪，正虚不显，病情或轻或重，病势或急或缓，为外邪入络，经脉闭阻，实证为主，多表现为五体痹。论治多为活血祛瘀、蠲痹通络，以防外邪传变入里，常以"通"法为主。

瘀阻较甚者，用筋痹方，该方以圣愈汤合身痛逐瘀汤加减组成，方含生黄芪、当归、柴胡、乳香、羌活、秦艽、川牛膝、广地龙等，以益气活血、化瘀通络、祛痹止痛。常用于神经根型颈椎病、腰椎间盘突出症、椎管狭窄症、膝骨关节炎等急性发作者。临床辨证多为瘀阻经络、气血不和之证，主治瘀血夹风湿，经络痹阻所致颈肩臂疼痛、腰腿痛、关节肿胀，或周身疼痛、麻木，以痛为主，经久不愈，疼痛难忍，夜间尤甚者。

热邪偏盛者，用热痹方，该方以圣愈汤合当归拈痛汤加减组成，方含黄芪、当归、苦参、党参、苍术、防风、羌活、知母、茵陈、露蜂房等，以益气养血、清热利湿、祛痹止痛。多用于慢性筋骨病湿热内蕴，如强直性脊柱炎、类风湿关节炎以及骨关节炎急性发作期，出现关节或肌肉红肿热痛，屈伸受限，步履艰难，可反复发作。

肝经失畅者，用脉痹方，该方以圣愈汤合天麻钩藤饮加减组成，平肝息风，舒筋通脉，治疗头晕昏沉、筋脉拘挛者，方含柴胡、川芎、天麻、钩藤、石决明、山栀、益母草、秦艽、羌活等。可用于椎动脉型颈椎病肝阳偏亢、肝风上扰所致诸症。颈项疼痛、头痛、口苦、眩晕、血压增高、耳鸣目涩、多梦失寐、听力下降等。慢性筋骨病筋脉拘挛、经脉不畅、步履拘谨，属阴血亏虚、肝风内动者亦可应用。

慢性筋骨病中期，外邪入里传变，正气逐渐耗损，虚实错杂，同时脏腑阴阳逐渐亏虚，由实转虚。治疗主张治以益气活血、和营通络、健脾补肾。以"调"法为主，在益气活血同时，不忘调补肝肾以壮筋骨，扶助脾胃以资化源而养气血。

气血亏虚、肝肾不足、经脉痹阻者，用调身通痹方，该方以圣愈汤和独活寄生汤加减组成，方含炙黄芪、当归、白芍、川芎、熟地黄、柴胡、独活、秦艽、防风、杜仲、川牛膝等，以补气血、益肝肾、祛风湿、止痹痛。广泛应用于慢性筋骨病中后期、迁延不愈者，诸如腰椎间盘突出症及膝骨关节炎的缓解期、腰肌劳损、骨质疏松症等疾病，表现为肌肉、筋骨、关节等部位酸痛或麻木、重着、屈伸不利等。

心血不足、脾失健运、六郁不畅者，用调心通痹方，该方以圣愈汤合归脾汤、越鞠丸加减组成，方含炙黄芪、当归、柴胡、茯神、远志、酸枣仁、苍术、制香附、山栀等，以健脾养心，解郁通痹，治疗心身同病者。用于慢性筋骨病诸郁不畅者，出现精神不振、失眠、烦躁、焦虑、忧郁等症状；中年慢性筋骨病患者气血失和，心脾肾失养，出现心烦意乱、神情恍惚、心神不宁、失眠多梦者，经少不畅、肢体不舒者。

慢性筋骨病后期，正气不足，五脏虚损，尤以肝、脾、肾三脏亏虚为主，证情弛缓，迁延反复。肾精为脏腑阴阳之根本，五脏亏虚，精气不足，经脉失养，不耐攻伐，故以"补"法为主。治疗上以补肾填精、健脾养肝为法。

肾阴亏虚者，用益肾通痹方，该方以圣愈汤合左归丸加减组成，方含炙黄芪、当归、熟地黄、山萸肉、甘杞子、川牛膝、炙龟甲、鹿角片等，以滋阴补肾、填精益髓、益气养血。可用于治疗颈腰椎病、骨关节炎伴骨质疏松症等慢性筋骨病肾阴不足，精髓亏虚者。

肾阳不足者，用温肾通痹方，该方以圣愈汤合右归丸加减组成，方含炙黄芪、当归、熟地黄、山萸肉、鹿角片、熟附片、肉桂等以益气养血、温肾通督、舒筋止痛。可用于治疗颈腰椎病、骨质疏松等后期肾阳不足，命门火衰，畏寒肢冷，肢节痹痛。

寒湿痹阻、痰瘀内结者，用寒痹方，该方以圣愈汤合阳和汤加减组成，方含生黄芪、党参、当归、熟地黄、鹿角片、肉桂、炮姜、生麻黄、白芥子等，以益气活血、温阳散寒、祛痰通痹。多用于强直性脊柱炎寒湿证者，慢性筋骨病病程较长，寒湿凝滞、痰瘀内蕴者。多以肢体关节（腰、肩、膝、肘、腕、踝）疼痛、酸楚、麻木、重着、活动障碍为主症；腰背、四肢关节及肌肉冷痛，或疼痛剧烈，痛如刀割，以痛处不移为特点；其痛有逢寒加重、得温则减、局部皮色不变、关节屈伸不利、形寒肢冷、昼轻夜重的特征。

五脏亏虚、阴阳不足者，用痿痹方，该方以圣愈汤合地黄饮子加减组成，方含炙黄芪、当归、熟地黄、附子、巴戟天、肉桂、石菖蒲、麦冬、五味子等，以调畅气机、养肺健脾、温补下元。主治肾中阴阳俱虚，虚火夹痰上犯。可用于脊髓型颈椎病属痿证肾亏所致四肢不举，筋脉弛缓，肌肉萎缩。

慢性筋骨病康养期，气血并重，内外兼治，动静结合，调衡筋骨，瘥后防复，摄养体质，治疗上以调和气血、平衡阴阳为主法。

若三焦气机不畅，则气血阴阳难以平和，药效不能直达病所，常用三焦通调方，该方以圣愈汤合三仁汤加减，方含杏仁、蔻仁、薏苡仁、竹叶、姜半夏、制川朴、通草、滑石、甘草等，以健脾和胃、通调三焦。多用于慢性筋骨病伴有三焦不通诸恙。

2. 外以手法、导引二法调筋骨经络，通畅三焦，以求平衡

流水不腐，户枢不蠹，慢性筋骨病尤其需要调动患者主观能动性。除内服中药外，筋骨关节的松解、运动、整复同样重要。

施杞认为，动静力系统的稳定和相互之间的协调是运动系统生物力学平衡的基础，肌肉为维持关节稳定和平衡的动力系统，骨骼为维持关节稳定和平衡的静力系统。动、静力系统平衡失调可以导致慢性筋骨病的发生、发展。

以脊柱病为例，如在风寒湿刺激下长期低头工作者，致颈肌强直、韧带痉挛，造成颈、腰部外源性稳定失稳，颈、腰椎动力性平衡系统首先受到破坏，并进一步导致诸如椎间盘突出、小关节紊乱等颈、腰椎内源性稳定结构不稳，出现颈、腰椎静力性平衡系统破坏，并形成恶性循环，进一步加重动力性失衡。

因此，颈、腰椎动力性失衡往往先于静力性失衡，但静力性失衡是导致颈、腰椎病发生与发展的主要原因。此外，颈、腰椎病病程往往较长，早期风寒湿邪久滞经筋，流注经络血脉，造成"荣血泣，卫气去"，而表现出"不通则痛"；中后期，又往往正不胜邪，缠绵不愈，此谓"积劳受损，经脉之气不及贯通""血气不和，百病乃变化而生"。引起气虚血瘀，虚则"不荣则痛"，而血瘀甚加重"不通则痛"。所以，颈、腰椎病根本病理机制乃是"经筋失衡，气血失和"。舒经理筋，疏风解表，使之气血通畅，"通则不痛"，是治疗颈、腰椎病这一顽痹之关键。

施杞认为，治病不能简单祛除病邪，而应疏通经络，调和气血，顺应人体脏腑的功能，因势利导，"治病以留人"，避免用药太过的弊端，即"中病即止，勿过其度"。故内调同时，可采用中药外治疗法、手法、针灸疗法、导引等方法，避免妄用药物、过伤正气，以达到调衡筋骨经络，"不药而愈"的效果。

"调衡法"是基于经络学说、筋骨理论，通过手法、导引等外治二法，调衡筋骨、通达三焦，以求平衡。施杞在"痹证学说"和"经筋失衡学说"的理论指导下，结合临床经验和实验研究而创立脊柱平衡手法，具体分为理筋、正骨、通络三步，配以"揉、拿、滚、提、松、扳、摩、抖、捏"九法，故又称"三步九法"。

理筋平衡法是整套手法的重点，其主要作用就是通过刺激颈部肌肉、肌腱和关节，消除颈部肌肉系统的异常应力，纠正颈部的动力平衡失调。整骨平衡法则通过提、松、扳手法纠正颈部小关节紊乱，从而纠正颈部静力平衡失调。通络平衡法是三步九法手法的最后一步，其临床主要作用是改善局部微循环，提高机体免疫力，调和气血，经脉疏通。

根据部位不同，又分为"整颈三步九法""整腰三步九法""整肩三步九法""整髋三步九法"和"整膝三步九法"。三步九法能够调和气血，祛痰化瘀，疏风通络，解痉止痛，摄养脏腑，缓解、纠正脊柱关节的动静力平衡失调，是施杞治疗慢性筋骨病的常用方法。

根据中医导引理论，施杞又创立了"施氏十二字养生功"。"施氏十二字养生功"包含洗、梳、揉、搓、松、按、转、磨、蹲、摩、吐、调十二大法，为满足不同患者需求，整理发展立位、卧位、座位版本，既通过呼吸吐纳内调脏腑气血，又有通过导引外调脊柱筋骨，疏通经络，通达三焦，扶正祛邪，起到养生保健、强身健体的作用。

（二）经典用药：巧用柴胡，配伍引经药对

石氏伤科主张内伤疾病分经论治，定位定性后施以药对引经，首次系统提出了内伤的系统辨证、整体与分部、分经论治的系列方药。"凡十一脏，取决于胆。"少阳为脏腑之枢，胆经循行于躯体侧面，属前后阴阳之会。因此少阳所及部位甚广，全身内伤皆可损及少阳经气。少阳引经药柴胡与其他药配成引经药对运用广泛，在石氏内伤治疗中独树一帜。《药性赋》载，柴胡"在脏调经内主血，在肌主气上行经。手足少阳表里四经之药也"。补中益气汤、逍遥散用之，取其"和中"（《本草备要》）。《本草经解》载，柴胡"入少阳以生血气，故主推陈致新也"。石氏认为：柴胡能升、能降，因而得着一个"和"字，只要运用得当，内伤无论上、中、下之病位，初、中、末之病程，皆能获效。

1. 肝足厥阴之脉"与督脉会于颠"

头部内伤以柴胡、川芎作为引经之药对，既可"提下元清气上行，以泻三焦

火"，促使全方药力随经气循行而通达病所，又能行气化散血滞。川芎为血中之气药，少阳引经，一用也；疗诸头痛，二用也；助清阳，三用也；主湿气在头，四用也。二药相合，可谓尽其用、奏奇功。

2. 胸腹部内伤常以柴胡、香附引经

《本草纲目》载，香附"生则上行胸膈，外达皮毛，熟则下走肝肾，外彻腰足"。其入"手足厥阴、手少阳，兼行十二经，八脉气分"。石氏认为："胸腹之内伤不论其新伤宿损，或虚实之证，总与肝经相系。"故施治时往往使用肝经之药，以柴胡与香附为其代表。柴胡、香附药对运用，"在脏主血，在经主气"（《本草备要》），自能开郁散滞而通达上下，以治伤科内伤瘀阻气滞诸证。如对头部内伤初期，证见昏厥、恶心、呕吐、眩晕等患者，多加细辛、半夏、薄荷等，取柴胡细辛汤之意。若胸胁、腹部内伤，气机失畅，腑气受阻，证见胸闷腹胀、便秘等患者，每加桃仁、天花粉、芍药、当归、枳实、川大黄等，取柴胡疏肝汤、复元活血汤之法。不论损伤内证病位于何处，皆可运用柴胡、香附之药对，只要辨证、配伍精准，用之每多合辙。

3. 柴胡、桔梗药对引经治疗会阴内伤

本法源于石氏柴胡桔梗汤。桔梗"破癥瘕，养血排脓"，"升载阳气"，《神农本草经》载"主胁痛如刀刺，腹满肠鸣幽幽"。甄权言桔梗"破血积气，消聚痰涎"。石氏认为桔梗宣肺利窍，用柴胡桔梗汤之理，有提壶揭盖、理气通闭之功。

六、读书之法

施杞不仅喜欢品读古代医学名著，更加注重总结不同名家、流派的学术经验，并应用于临床。

（一）对《黄帝内经》的认识及应用

《黄帝内经》是我国最早的医学典籍之一，构建了中医学理论的基础。其中，"天人相应学说"，现代生物－社会－心理医学模式也越来越注重人与外界环境的互动。人体的各种生命活动离不开自然，反过来，古人也一直用观察自然的眼光审视人体，于是有了类比的思维模式，司外揣内、整体观念、辨证论治的个体化治疗无一不是"天人相应"的结果，这是整个中医思维模式的基调。

"气血津液学说"，施杞继承并发展了石氏伤科"以气为主，以血为先"的诊治理念。常曰：治伤必先治血，即使失血患者必要时也应考虑活血。临床上他根据伤损不同、症候及病位，随症变换理气活血法与益气活血法，化裁运用古方，如血府逐瘀汤加减方、补阳还五汤等，屡见奇效。

"藏象学说"，脏腑理论源于《内经》，主要立足于"司外揣内"，通过对人体表现于外的生理、病理现象的观察，推断研究人体各个脏腑的生理功能、病理变化及其互相关系，形成了以肝、心、脾、肺、肾为中心的五脏体系。外损内伤，从肝论治，是施杞学术思想中一个重要的调治原则和治疗方法；另外，临床立方用药，注重涵养脾胃，"以胃气为本"。骨病日久，必累及于肾，而致肾精虚亏，故需填补肾精。

"经络学说"，是祖国医学理论的重要组成部分，研究人体经络系统的循行分布、生理功能、病理变化及其与脏腑的相互关系。经络学说被广泛地用以指导临床各科药物、针灸和手法的治疗。根据某些药物对某一脏腑经络有特殊作用，确定了"药物归经"理论。针灸与手法治疗，主要是根据某一经或某一脏腑的病变，而在病变的邻近部位或循行取穴，通过针灸或手法，以调整经络气血的功能活动，从而达到治疗的目的。

"病机学说"，张景岳谓："机者，要也，变也，病变所由出也。"病机，即是指疾病发生、发展、变化的机理，是疾病临床表现及其发展转归的内在依据。"病机十九条"出自《黄帝内经素问·至真要大论》，作为指导临床辨证论治的基础，至今仍有重要意义，按病位有五脏、上下，按六气有风、寒、暑、湿、燥、火。

（二）对《伤寒论》六经辨证的认识

1. 以阴阳为纲，统经络脏腑

仲景开辨证论治之先河，而六经辨证是《伤寒论》的辨证纲领。六经病证的划分以阴阳、表里、虚实、寒热厘定，因而在一定程度上，六经也包含了八纲辨证的内容。六经辨证，分三阴三阳。

六经配六气：六气是风、寒、暑、湿、燥、火的总称。天有此六气，人亦有此六气，六经之为病即是六气为病。六经之为病，除外感所致之外，其内生即是六经之气的变化。

六经钤百病：六经辨证概括了"病所"，而八纲辨证概括了"病性"。《伤寒论》六经病篇全部内容融会八纲辨证精神。施杞在临诊中，除逢外感病常遵六经辨证大法选用仲景方外，在大量伤科临诊中，无论外伤或内损，《伤寒论》诸方在伤科中均有证可循、有病可施，只要辨析精当，四两拨千斤，力专而效宏，往往非一般方药可逾越。

2. 伤科六经病，独重风寒湿

施杞提出了从"痹"论治伤科疾病的学术思想，风寒湿是导致痹症的最主要原因。《医门法律》云："致痹之因，曰风、曰寒、曰湿，互相杂合，非可分属。"风为百病之长，寒湿之邪多依附于风而侵犯人体，易袭阳位，容易导致太阳经发病。足太阳经循行颠顶和项背等阳位，最易受到外感六淫的侵袭，《伤寒论》指出："太阳病，项背强几几，反汗出恶风者，桂枝加葛根汤主之。""太阳病，项背强几几，无汗，恶风，葛根汤主之。"根据有汗为虚，用桂枝汤加葛根；无汗是实，用葛根汤，借麻黄以发汗解表，葛根以解表舒筋。施杞早年研究发现，风寒湿的刺激可以引起颈部肌肉、椎间盘代谢紊乱，加速颈椎的退变。而葛根汤、桂枝汤可以调节椎间盘退变的不利因素达到延缓退变的目的，为从"痹"论治颈椎病提供了科学依据。施杞指出，颈椎病是因椎间盘、骨、关节及韧带退行性改变，或因劳损、感受风寒湿邪（包括咽喉部感染）诱发、加重退变，导致颈部肌肉、韧带、神经、脊髓、血管遭受刺激或损害而产生的一系列临床症状和体征的综合征，临床表现多样，症情复杂，为临床治疗带来了一定的困难。施杞对于不同类型的颈椎病，常在具体辨证过程中，灵活运用六经辨证，并结合气血理论以经方加减来诊治各型颈椎病，师古创新，古方新用，每起沉疴。

（三）对易水学派张元素、李杲、薛己学说的认识与应用

张元素探索脏腑辨证，在总结前人学术成就的基础上，创立了较为系统的脏腑寒热虚实辨证体系。其后经其弟子及后世私淑者的不断发挥，在脏腑病机和辨证治疗方面取得了巨大成就，汇成了著名的易水学派。张氏收徒李杲。薛己私淑李杲。

张元素：重视脾胃，以养胃气为本；创立归经理论及引经报使药理论。

李杲：脾升胃降论、益气化瘀论、甘温除热论。

薛己：首次提出了"脾统血"的观点，所编写的《正体类要》全书中坚持了整体观念、辨证论治的原则。对跌打损伤或骨折后内伤的辨证论治，以气血学说、脏腑学说为理论依据，强调求脉理、审虚实，于治法上，八法兼备。落实于脏腑，尤重于肝、脾、肾。

施杞崇尚易水学派"以胃气为本，注重温补"的学术思想，继承石氏伤科及易水学派学术观点，在临床实践中逐步形成"调和气血"治疗骨伤科疾病的大法。

（四）对张景岳学术思想的认识和应用

在整个中医理论发展史中，张景岳的医学思想体系占有重要地位，代表着中医理论新的发展阶段。张景岳探病求源，对中医诊断做出了极大的贡献。他进一步完善了气一元论，补充并发展了阳不足论，并形成了独具特色的水火命门说，"中年求复"学说对中医养生思想有了新的发挥。他的重要著作《类经》是今人研读《内经》的重要参考，《景岳全书》记录了张景岳毕生学术成果和临证经验，囊括基础理论、

本草、方剂、各科疾病诊治，是一部全面系统的临床参考书。张景岳擅长温补，反对苦寒滋阴，很好地纠正了寒凉时弊。他的阴阳学说、命门学说、养生学说对丰富和发展中医基础理论、指导中医临床诊治都有着积极的作用和影响。

（五）对温病学派的认识及应用

叶天士在《温热论》中提出治疗温病的卫气营血辨证方法，成为后世医家治疗温热病的典范。同时，在《临证指南医案》中大量案例与"络"有关，按语中也记载了许多络病辨证论治的内容，提出了"久病入络""久痛入络"的观点，较为系统地阐述了"络病"学说，对后世产生了深远的影响。吴鞠通所著《温病条辨》是温病学史上的一座里程碑，书中创立的"三焦辨证"学说，是继张仲景的六经辨证、叶天士的卫气营血辨证方法之后，在中医理论和辨证方法上的又一创举。同时，三焦辨证也完善了叶天士卫气营血说的治疗法则。

施杞既注重采用本体疗法扶正，充分调动患者的自然愈合能力，又主张早期应用清热解毒药物的截断疗法，将卫气营血及三焦辨证应用到骨伤科感染性疾病及围手术期的治疗中，初期病在卫气，以扶正祛邪为主，随疾病传变，邪毒炽盛，则以祛毒扶正为治则。另外也倍为推崇叶天士的络病理论，临床诊治骨伤科疾病中，对叶氏的治络之法不断总结提高，形成了以益气化瘀通络为主要治法的通络疗法。用圣愈汤作为补益气血的底方，随症加减活血化瘀药物，如桃仁、红花、丹参、五灵脂等，起到益气化瘀作用；亦常用藤类药和其他通络药，如鸡血藤、络石藤、青风藤、海风藤、丝瓜络、橘络、桑枝、桂枝等疏经通络。

七、大医之情

（一）思想境界

1. 大道岐黄，薪火传承

1998年，施杞于耳顺之年退出行政岗位，在外人看来，解甲归田的他将开始"云无心以出岫，鸟倦飞而知还"的闲适生活，但深爱陶渊明《归去来兮辞》的施杞，亦为这位伟大文学家内心深处积极用世的情怀所感召，"善万物之得时，感吾生之行休"，此时的感同身受，激起了施杞为中医骨伤科学再做一番大事业的豪情——建设一个高水平的"脊柱病研究所"。几十年的临床经验，让施杞深深认识到，中医药学有一套完美的理论，也有很好的临床疗效，但其中的作用机制，就像中间的"黑箱"，没有人去探明，这也成了制约中医药发展的瓶颈。

在这个社会，中医药学迫切需要借助于现代科学技术，培养一大批传统文化与现代技术兼备的中医学子，变"黑箱"为"白箱"，解开千年的奥秘。谢绝了香港大学高薪聘请之后，施杞和自己的学生一起，开始了长达 4 年的精心筹备，在有了明确的主攻方向和科研思路后，2003 年，"上海中医药大学、上海市中医药研究院脊柱病研究所"终于正式成立，施杞担任第一任所长，从此和团队一起在临床、科研、教学的道路上不知疲倦地并肩奋斗近二十年。他带领的龙华医院骨伤科成为国家重点学科、国家中医药管理局重点学科，国家中医临床研究基地，教育部重点实验室，教育部、科技部"创新团队"，国家中医药管理局传承创新团队和首批全国高校黄大年式教师团队。

2. 以人为本，服务惠民

施杞如今已近 90 岁高龄，依然从事临床一线工作，为来自全国各地和海外的患者诊治，始终把患者当亲人，坚持以满足人民群众中医药健康需求为出发点和落脚点，坚持中医药发展为了人民、中医药成果惠及人民，保证人民享有安全、有效、方便的中医药服务，展现出热爱事业的精神风貌、忘我的工作态度、创新的学术理念、卓越的专业能力、突出的社会责任感，有力地推动了我国慢性病综合防治体系建设。

施杞带领团队创立了"施氏十二字养生功""脊柱平衡操""筋骨平衡操""颈腰保健操""整颈三步九法""整腰三步九法""整膝三步九法"等富有中医特色和优势的技术方法，建立了规范化、高效安全的"治未病"方案。作为国家中医药行业专项，还建立了临床规范化治疗方案、康复方案进行系统化"服务包"，通过专业技能培训，让广大的基层中医师、全科医师掌握和运用，已在全国 2800 余家医院及社区卫生服务中心推广应用，免费赠送 38000 多张光盘等健康指导资料，服务 1000 多万人次，科学地指导了慢性筋骨病综合防治，推动了"中医药防治慢性病体系"的建设，提升了我国综合防治慢性病的水平。

施杞带领团队二十多年如一日坚持"名中医下社区"，并通过"健康直通车""中医医疗联合体"等方式促进成果转化应用，提升了我国综合防治慢性筋骨病的水平。建立了慢性筋骨病防治科普网站，已经发表科普文章 260 多篇，义诊及新闻媒体科普宣传 180 多场次，《健康报》、中央电视台"健康之路""健康新农村"等 30 多家海内外新闻媒体纷纷报道。

3. 双向转化，传承发展

施杞坚持总结临床经验向基础研究转化，取得成果进一步在临床和社区转化应用，提高中医药学术水平和临床疗效。聚焦慢性筋骨病的临床与基础研究，基于气血、脏腑理论和伤科内伤学说，通过 11 项随机、双盲、多中心对照（RCT）临床试验研究，揭示了"调和气血法""补肾填精法""蠲痹通络法"临床防治规律，并提高了患者的功能活动水平。系统阐释了椎间盘退变规律，建立了颈椎病分期治疗方案和中药新药"芪麝丸"（Z20090978）防治方案。深化"肾主骨""肾藏精"理论研究，揭示了"补肾填精法""调和肾阴、肾阳法"的防治规律，推动了骨代谢疾病的防治。率先构建了骨质疏松症"病证结合"风险评估模型，用于高危人群筛查和早期防治。发现滋肾阴、温肾阳中药都具有"双重调节骨代谢平衡"的作用，形成了"调和肾阴、肾阳"防治原发性骨质疏松症的整体观思想，建立了"肾骨系统"防治学思想。建立了"分型论治"原发性骨质疏松症的临床规范化方案和综合评价指标体系，科学地指导临床试验研究和指南制定。运用"补肾填精方"治疗原发性骨质疏松症 2163 例，总有效率 91%，不仅能够缓解腰背疼痛、下肢抽搐等"肾精亏虚"症状，还能提高骨密度，减少老年骨质疏松性骨折的发生。

施杞潜心探索一条防治"慢性筋骨病"传承创新之路，发现"气虚血瘀、脏腑亏虚、筋损骨衰"是慢性筋骨病主要病机，提出慢性筋骨病"预防、诊治、康复、养生、治未病五结合整体论治"学术思想，构建了"中医骨内科学"学术体系，并主编《中医骨内科学》，确立"内调气血脏腑平和，外调筋骨经络平衡"的"双调法则"，建立了 22 种治疗慢性筋骨病临床规范化方案和系列指南。开发出治疗颈椎病的中药新药"芪麝丸"，建立了"补肾填精方"防治骨质疏松症的临床规范化方案；创立了"施氏十二字养生功"和"整颈三步九法"，纳入国家中医临床适宜技术推广项目，被广泛应用。

他坚持"临床—科研—临床"双向转化路径，建成全国骨伤学领先科技平台。以第一完成人承担国家自然科学基金重点项目 2 项和面上项目 2 项，率领团队承担国家级科研项目 80 余项和部市级科研项目百余项。率领团队共发表论文 678 篇（SCI 139 篇），获授权国家发明专利 19 项，荣获 2 项国家科学技术进步奖二等奖及 8 项部市级一等奖，促进了中医骨伤科事业高质量发展。

（二）文化修养

中国传统文化历史悠久、博大精深，它的起源和积淀经过了漫长的岁月，并且始终影响着社会发展的各个层面。就中医学而言，中国传统文化亦就是其成型和发展基原。基原者，本源也。具有中华民族传统特色和优势的中医学，无论是其众多的医疗技术发明，或是其独特的理论体系，都以这一文化为背景和深厚底蕴。施杞认为，深入探索文化和医学二者之间的关系，有助于我们在新的历史条件下继承发扬中国传统文化的优势，促进中医药事业的振兴。

1. 中国古代文明是中医学萌发之基础

文化是人类在社会历史实践中所创造的物质财富和精神财富。中国是早期人类的发源地之一。早在距今250万年前，我们的祖先就已劳动、生息、繁衍在九州大地，创造了中华民族的古代文明。而生命与疾病不可分离，原始的医疗卫生保健随之开始萌发。《史记·补三皇本纪》载曰："神农氏以赭鞭鞭草木，始尝百草，始有医药。"内服药物是从食物中挑选出来的，这也便是"医食同源"的历史。此外，原始人还创造了许多外治法，如按摩、止血、热熨、灸治、针刺、导引及至外科手术。时势造英雄，最早的医学人物也在传说中出现。如伏羲"制九针"，神农"尝百草"，黄帝著"《素问》《灵枢》，总为《内经》十八卷"等。中华民族的祖先正是在长期与自然和疾病的斗争中开始了医疗卫生保健活动，并积累了原始的经验，构成了我国医药历史的起源阶段，这是原始人类智慧的结晶，也为以后的发展奠定了基础。

2. 中国古代哲学思想推动中医学理论之成型

中医学完整的理论体系形成有着悠久的历史，并且长期来指导着中医学术的发展和丰富完善。中医学理论的成型，是在中国古代哲学思想的影响下实现的。春秋战国时期百家争鸣，社会变革激烈，"士"阶层扩大，讲学之风大兴，代表各阶级、阶层利益的思想家纷纷著书立说，在天道观、认识论、名实关系、社会伦理、礼法制度及各种政治主张等方面展开争辩，思想十分活跃，流派纷呈，出现了九流十家，即儒、道、法、名、墨、阴阳、纵横、杂、农、小说家等。中医学经历长期的经验积累，正需要在理论上的升华和提高。因此，在这种文化背景下，各种学派观点必然反映和渗透到医学上来，其中当以道、儒之影响最深刻、最长久。

道家以先秦老子、庄子关于道的学说为中心，宣扬自然天道观，在政治上主张"无为而治"。《内经》曰："阴阳者，天地之道也。"明确了中医学理论的哲学基础。而儒家学派为孔子所立，崇尚中庸之道，主张"德育"和"仁政"。孔子注《易经》，对《易经》的阴阳变异思想、《尚书·洪范》的五行学说进行了全面的阐述，阴阳五行学也成为《内经》的重要组成部分。

3. 医文相渗，推动中医人格素质及职业社会地位的提高

中医学在数千年的实践中积累了丰富的临床经验，中医人才的培养长期以来虽沿用口传手授的教育方法，但是自从先秦中医学理论体系成型后，即十分重视医理、医术、医德的规范行为。孔子"学而优则仕"的教育思想始终在中医队伍里起着重要的作用。由于中医学的理论和经验均有着探刻的文化内涵，缺乏文化素养、知识贫乏者难以为医，因而长期以来文化人从医成为传统，为医者颇善诗文。同时，文人医家往往重视自我修养，善用"内省""慎独"进行自我道德修炼，成为医林表率，这显然有助于职业道德水准的提高。

整个中医学史表明，在伟大的中医药宝库中始终折射着中国文化灿烂的光辉。然而，在中国文化的丰富宝藏里也记载着众多的医学内容。如清人辑《百子全书》，共收集了从先秦到元明时期的 100 部著作，绝大部分均有丰富的医学内容记载。多学科吸收中医学内容，既有利于学术上沟通，互相启迪、借鉴，促进多学科的结合，还有利于扩大医药的影响，有助于中医药社会职业地位的提高。

八、养生之智

秋日的午后，蓝天白云下的小红楼格外醒目，这里是上海中医药大学附属龙华医院的特需门诊。诊室里，国医大师施杞正在宣教患者锻炼养生功，运气完毕，一声气力雄浑的长啸响彻诊间。这啸声，这精气神，这身姿，无不体现出施杞多年来的养生成果。他致力于中医骨伤科事业近 60 年，对老年人如何养护筋骨分享了自己的几点经验。

（一）起居有常，养身心

都说"生命在于运动"，施杞提倡老年人生命在于"活动"。他建议老年人根据自己情况适当运动，杜绝久坐，每天保证 2 次到 3 次的 20 分钟左右的活动。

对于老年人外出运动的时间，现在有不同的说法，有人认为在农村晨练就好，城市里面晨练不好，因为空气中有雾、露水，裹挟着灰尘下降。而晚上锻炼，对老年人来说有发生心梗的可能。"所以老年人最好的锻炼是中午吃过中饭后。"施杞认为，午时的阳气正好，适合锻炼，一天中可以走 2000 ～ 3000 步，特别天气好的时候，每天半小时到一小时的阳光照射就能基本上解决维生素 D 的合成需要。

养生者，不伤身也。养生贯穿人的一生，施杞总结为：少年重养，中年防伤，壮年防邪，老年防衰。青年时期要养身体、防损伤，比如运动员在青少年期间受伤埋下筋骨损伤的隐患，普通人盲目健身会造成运动损伤。运动要有度，追求某种效果恐得不偿失。"中年防邪"说的是防外邪，提醒中年人正值拼搏时刻，不要疏于关照健康。"老年防衰"则指生活习惯要顺应自然，衣食住行都要合理，这样才能有一个健康的身体基础。

早在 20 世纪 90 年代，施杞就提出"慢性筋骨病"的概念，他认为，"慢性筋骨病"这一类病有其发生发展过程，与年龄很相关，老龄化之后，筋骨衰老，是无法逆转的自然规律。而筋骨是人体的一部分，它在人体整个气血脏腑功能健全的情况下才能保持健康。所以慢性筋骨的养护与整体养生分不开。

养生中的"养"，就是要注重全身的调理。"生"指的是一个生命过程，是做到生生不息、源源不断地为个体生命提供能量。衣食住行要顺应四时、天人合一，甚至什么季节穿什么衣服，温凉搭配也要考虑好。

饮食上，施杞主张荤素搭配、不偏食，鱼、瘦肉、豆制品等蛋白质提供人体的基本能量，蔬菜则提供人体所需的多种微量元素。同时饮食有度、七分饱，四季五味，顺应自然。

关于住所，住所不单纯是一个避风避雨的场所，要有充足活动和休息的地方，还要注意内部环境的文化品味，做到内外兼修、自然文化一体。

（二）勤练功法，加"骨"劲

80多岁高龄的施杞步伐稳健，甚至比身旁的年轻学生走路还要快，这得益于他保持锻炼的好习惯。

施杞根据多年临床经验及科学研究总结出一套调畅全身气机的养生操，即"施氏十二字养生功"，以"洗、梳、揉、搓、松、按、转、磨、蹲、摩、吐、调"十二势组成。完成一套养生功大约15分钟，建议每日1～2次。适合有颈腰痛、关节痛等慢性筋骨病的人，从头到脚都能活动到，进行全面的调理锻炼。施杞指出，练功要量力而行，规律锻炼，自然呼吸，思绪集中，动作连贯，和缓舒展，不宜过猛过快。

而适合老年人生活中操练的简易版，则集中在以下三个动作。

两手托天按摩三焦：脚跟提起，双手交叉向上举过头顶，拔伸腰背；双手叠放，左手掌心压于右手背上，顺时针方向按摩上焦（胸部）、中焦（上腹部）、下焦（下腹部）各6次。

吐故纳新：双脚自然分开，双手掌心向下，吸气，并缓慢抬起双臂，到略高于肩膀时，再内收沉肘近胸前，双手成立掌，呼气时双手配合用力前推，推至1/3处时，气随手出，猛然大吼一声迸发出"哈"气声。重复3次。

调理四肢宽胸：双臂自然伸展，体前交叉扩胸，双腿踏步，自然呼吸，像踩着波浪一样踏步前行，上肢顺势前后左右交叉摆动。

施杞习惯于早晨吃早饭之前、午休之前、晚饭后，简单运动，操练以上动作10～20分钟，"基本上达到了四肢活动、内外调理，对肠胃运动也有好处"，他说到。70岁以后，老年人就要减少剧烈运动，适当劳动、适度运动，以强筋骨。

733

九、传道之术

施杞始终秉持教书育人初心，言传身教，60年如一日潜心课堂教学和中医临床一线教学，培养480多位研究生和高徒，桃李满天下。始终注重立德树人全过程培养体系建设，构建临床与教学有机融合的大思政课堂，创立了"七情育德"和"三路育人"（引路、铺路、养路）全新教育模式。

带领的"骨健康服务"团队荣获首批全国高校黄大年式教师团队。个人也荣获全国党和人民满意的好老师、全国中医药高等学校教学名师、全国老中医药专家学术经验继承工作优秀指导老师、上海市教书育人楷模等荣誉称号。

（一）人才培养方法

1."七情育德"，大爱无疆满人间

作为一位老党员，施杞一直将对党和人民的热爱融入到中医药人才培养之中。他坚持"七情育德"：对祖国要有深情，对中医药事业要有感情，对患者要有热情，对同事要有友情，对朋友要有真情，对家庭要有亲情，对生活要有激情。强调学生们要注重人格培养，立身树人；要注重医德培养，奉献社会；要注重团结协作，共创辉煌。

施杞经常对学生说，"太上有立德，其次有立功，其次有立言"，讲的是做学问要先学会做人、做事，完整的人格不仅要有较高的专业技术，更要注意精神境界的提高，要学以致用，且为国家发展做出自己的贡献。

施杞既是中医教育家，又是战略科学家，传承精华，守正创新，做到了中医教育教学求真务实和协同创新精神的高度统一，实现了仁心仁术的高尚情操和厚德载物的育人胸怀高度统一。他展现出热爱教育事业的精神风貌、忘我的工作态度、科学的管理方式、创新的学术理念、卓越的专业能力、突出的社会贡献，树立了新时代人民教师的模范形象。

施杞忠诚于党和人民的教育事业，认真贯彻党的教育方针，具有"识才的慧眼、用才的气魄、爱才的感情、聚才的方法、育才的本领"，培养一批又一批中医药优秀人才，桃李满天下。他是第二、三、四、五、六、七批全国老中医药专家学术经验继承工作指导老师，培养硕博士及高徒480多名，分布在全国22个省市和海外，已有百余人成为省市级中医学科骨干。

2."三路育人"，桃李不言自成蹊

施杞肩负使命，忘我工作，为中医教育事业发展执着追求。他强调"教学乃事业发展之根，人才乃事业兴旺之源"，为医学教育事业矢志不渝地奋斗了60余个春秋。施杞始终认为，培养高水平的人才不仅是自己团队、研究所的紧迫需要，更是中医药事业乃至国家战略的需求。"江山代有人才出，各领风骚数百年"，我们要培养的是人才，是事业发展的中坚力量，是国家未来的栋梁之才，而不仅仅是培养人，

给他们一个学位而已。通过长期教学、临床、科研实践，施杞建立了"引路、铺路、养路"三路育人教育模式。

一是要"引路"。引导每个研究生都要有明确的学习目的，立志献身中医药事业的崇高理想境界，处理好"基础与机遇，就业与创业，做事与做人"的关系，发扬"刻苦创新"的奋斗精神和"热爱集体"的团队精神。他引领学科具备竞争力的科研思路，培育弟子们献身中医药事业的高尚情操。他鼓励学生奋发图强，认为中医既要发扬"传统优势"，又要实现"时代发展"，体现中华民族的软实力。中国是中医药的故乡，应是传统医药世界高地，年轻中医人要有志让世界和我们接轨。

二是要"铺路"。他坚持一手抓软件，一手抓硬件，既要创造良好的学术氛围，帮助学生学好课程，同时也要努力创建具有高水平的科技平台，建成了全国一流的中医骨伤科现代研究平台，成为教育部重点实验室和国家中医临床研究基地。提高学生的动手能力，让年青的研究人员有用武之地。为此，施杞通过多种途径争取资源，除政府专项补助外，争取各种基金项目，通过课题项目来培养人才，有力地促进新一代学科带头人的成长。

三是要"养路"。他心胸宽阔，为人仁厚。在众多弟子心目中，施老师既是严师，又是慈父。他时刻关心着弟子们的学习和生活，让他们感到学校、研究所就是一个温暖的大家庭。对一些来自贫穷山区的学生，不仅关心他们生活，更关心他们的思想素质培养，经常和他们促膝谈心，不断帮助同学们解决生活困难，鼓励他们奋发有为，攀登学业高峰，同时还引导他们践行"不卑不亢"的为人处世之道。"于仁厚处用心，于术精处用功"是他赠送给每位弟子的人生格言。他深感"创业难、守业更难"，而关键是要造就一批志存高远、忍辱负重、牢记历史责任和时代使命的年轻学者队伍。为了创造更好的发展环境，他先后将20多位博士送到海外名校深造，这些弟子们都全部学成归国，把研究论文和成果写在了祖国和人民最需要的地方。

施杞将自己定位为"服务员"，论文署名、项目申请和报奖排名，他尽可能让年轻人领衔。同时，施杞善于及时转换角色，一旦弟子在业务上达到一定境界，他就改做参谋，鼓励弟子们用高起点、高水平、高境界锤炼自己，敢于接受挑战，磨练自己敢于从"零"起步的人格素养。每次外出答辩结束，弟子们的第一个电话总会先拨给施杞老师。"请老师放心"——这已成为这个团队每一位成员心照不宣的习惯。

（二）人才培养成果

施杞既是中医教育家，又是战略科学家，传承精华，守正创新，做到了中医教育教学求真务实和协同创新精神的高度统一，实现了仁心仁术的高尚情操和厚德载物的育人胸怀高度统一。他展现出热爱教育事业的精神风貌、忘我的工作态度、科学的管理方式、创新的学术理念、卓越的专业能力、突出的社会贡献，树立了新时代人民教师的模范形象。

"于仁厚处用心，于术精处用功"，施杞对中医药事业的深情，对学生的真情和对成就的忘情深得赞誉，他先后荣获上海市劳动模范、上海市教书育人楷模、上海医学百年发展终身成就奖、上海中医药发展终身成就奖、上海中医药事业发展杰出贡献奖、上海医学会骨科分会特殊贡献奖、上海市首届"医德之光"称号，全国中医骨伤名师、首届中医药传承特别贡献奖、第一批国家级非物质文化遗产"中医正骨疗法"项目代表性传承人，国家中医药管理局全国老中医药专家学术经验继承工作优秀指导老师，全国党和人民满意的好老师、"中国好医生"、全国中医药高等学校教学名师，庆祝中华人民共和国成立70周年纪念章、第四届"国医大师"等荣誉称号。

施杞创建了一支优秀的中医骨伤科学团队，包括学术传承工作室、中医骨伤科、骨伤康复科、基础研究部。团队已经成为国家教育部"创新团队"、国家"双一流"学科建设"战略创新团队"、国家科技部重点领域"创新团队"、上海市高水平大学建设"拔尖创新团队"。首创"中医骨内科"并主编《中医骨内科学》，获中华中医药学会学术著作奖二等奖，主审的研究生教材《中医骨伤科学临床研究》获首届国家教材建设奖；"中医骨伤教学团队'一体二翼、六项结合'创新模式的形成与发展"荣获上海市教学成果奖二等奖（2013年，第1完成人）。他建立了上海中医药大学脊柱病研究所，成为国家教育部重点实验室和国家中医药管理局重点研究室；"慢性筋骨病团队"成为国家教育部、国家科技部"创新团队"和首批全国高校黄大年式教师团队，推动了中医骨伤学科创新发展。

施杞所带领的龙华医院中医骨伤学科已经成为国家重点学科、国家中医药管理局重点学科、国家中医临床研究基地、国家临床重点专科、国家教育部重点实验室和上海市"重中之重"临床医学中心，并保质保量地完成各项建设任务。

施杞先后培养硕士研究生45名，博士研究生48名，指导博士后5名，学术继承人和高徒47名；带领团队培养硕博士研究生480余名。分布全国25个省市及海外，已有百余人成为省市级中医学科骨干，其中有博士研究生导师30名，省级名中医6名，以及国家岐黄工程首席科学家、岐黄学者、国家杰出青年、长江学者、国家"973"计划项目首席科学家、全国劳动模范等一批杰出代表。

1. 王拥军：教授、研究员、主任医师、博士研究生导师。上海中医药大学副校长，上海市中医药研究院副院长。国家杰出青年、长江学者、岐黄学者、岐黄工程首席科学家、"万人计划"百千万工程领军人才，全国先进工作者，享受国务院政府特殊津贴。国家重点学科带头人，国家中医临床研究基地负责人，教育部重点实验室主任，国家教育部"创新团队"和国家科技部重点领域"创新团队"负责人。担任国务院第八届学位委员会中医组召集人，中华中医药学会精准医学分会主任委员。从事中医药防治慢性筋骨病研究，先后主持国家"973"计划项目、国家重点研发计划、国家自然科学基金重点项目（3项）、国家自然科学基金重大国际合作项目（2项）、国家中医药行业专项（2项）等70余项。作为第一和通讯作者共计发表论文339篇，包括SCI收录论文126篇；主编《"肾藏精"藏象理论与实践》，填补了本领域空白。作为第一完成人，荣获2项国家科技进步奖二等奖。应邀参加国际学术交流或担任大会主席20多次，成为享有国际声誉的中医学家。

2.姜宏：主任医师、教授、博士研究生导师。江苏省苏州市中医医院骨伤科主任，苏州市吴门医派研究院临床研究部主任，江苏省中西医结合学会骨伤科专业委员会主任委员。全国五一劳动奖章获得者，中国好医生称号获得者，全国卫生系统先进工作者，享受国务院政府特殊津贴，江苏省有突出贡献中青年专家，江苏省优秀科技工作者，江苏省卫生系统优秀共产党员，江苏省百名医德之星，江苏省名中医，江苏省老中医药专家学术经验继承工作指导老师。主持完成国家自然科学基金面上项目2项，获中国中西医结合学会科技进步奖二等奖、江苏省新技术引进一等奖等省部级科技奖12项。发表论文110多篇，其中SCI收录论文10篇。在中医药治疗腰椎间盘突出症领域，最早提出中医中药可促进突出椎间盘的重吸收，是国内该研究领域的开拓者。

3.莫文：主任医师、博士研究生导师。任上海中医药大学附属龙华医院骨伤科主任。致力于中医药防治脊柱病的临床和应用基础研究。上海市中医药领军人才、浦东新区名中医、龙华医院名中医，主持省部级重点项目3项、主持制定指南2项、主编专著3部，发表论文38篇；获得上海市医务工匠、上海市仁心医师杰出专科医师提名、上海中医药大学优秀共产党员医德标兵、上海中医药大学优秀科主任金奖等荣誉。

4.胡志俊：主任医师，博士研究生导师。任上海中医药大学附属龙华医院康复医学科主任。致力于中医药康复疗法的临床和应用基础研究。先后入选浦东新区名中医和龙华医院名中医，中华中医药学会针刀医学分会副主任委员、世界中医药学会联合会疼痛康复专业委员会副会长、上海市中医药学会针刀医学分会主任委员、上海市康复医学会肌肉骨骼中西医康复专业委员会主任委员，承担国家重大专项等项目6项，主编和副主编专著7部，获中国康复医学科学技术奖等各项科研奖励

4 项。

5. 郝银丽： 主任医师，大校。任解放军第 942 医院部队伤病员管理科主任，陆军应对突发性危机心理干预专家组成员。武汉抗疫英雄，作为火神山医院最早进入红区、全程和患者密切接触的心理医生，不畏病毒，不惧生死，因时因地因势，创造性开展心理工作，做到了住院患者无一例因心理问题而影响救治，做到了无一例医务人员因心理问题而影响疫情防控。先后两次荣立三等功，多次被评为优秀共产党员和党务工作者、全军基层先进个人等荣誉称号。

6. 张俐： 教授、博士研究生导师。任福建生物工程职业技术学院院长。享受国务院政府特殊津贴专家、新世纪百千万人才工程国家级人选、教育部新世纪人才支持计划、全国三八红旗手、全国师德标兵、福建省杰出科技人才、福建省教学名师、福建省百千万工程领军人才。中华中医药学会骨伤科分会副会长、世界中医药学会联合会骨伤科分会副会长。以第一完成人获得福建省科学技术奖一等奖、福建省教学成果奖一等奖等科技奖励。以第一作者 / 通讯作者发表论文 175 篇。主编十五部国家规划教材及专著。

7. 周红海： 教授、博士研究生导师。广西名中医，任广西中医药大学骨伤学院院长、骨伤研究所所长，广西中医骨伤科生物力学与损伤修复重点实验室主任。中华中医药学会整脊分会副主任委员，中华中医药学会运动医学分会副主任委员，广西中医药学会整脊分会首任主任委员，世界中医药学会联合会脊柱健康委员会副理事长及标准审定委员，世界手法医学联盟执行主席。主持国家自然基金与广西自然基金课题 5 项，厅局级课题 8 项，发表文章 162 篇。主编全国中医药行业高等教育"十四五"规划教材《中医筋伤学》、国家卫生健康委"十四五"规划教材《骨伤科生物力学》。

8. 陈锋： 教授、博士研究生导师。任广西中医药大学附属瑞康医院副院长，兼任世界手法医学联盟署理主席、广西中医药学会骨科分会主任委员、广西民族医药协会副会长，国家临床重点专科、重点学科带头人，国家中医药管理局中医整脊疗法重点研究室主任。广西名中医、全国优秀中医临床人才、全国"郭春园式好医生"。长期致力于中西医结合治疗脊柱疾病、骨肿瘤的研究。主持国家自然科学基金项目 3 项及市局级课题 9 项。

9. 孟庆才： 主任医师、教授、博士研究生导师。任新疆医科大学附属中医医院（新疆维吾尔自治区中医医院）业务副院长。先后主持国家自然科学基金、省部级项目 10 余项，发表学术论文 40 余篇，获得科技奖励 3 项，主编国家"十二五"规划教材 1 部，研发院内制剂 6 项。全国政协委员，维吾尔自治区政协常委，农工党新疆区委会主委，国家中医临床重点专科、重点学科负责人，中国中西医结合学会"第七届理事会理事"，世界中医药学会联合会骨伤科分会第三届理事会常务理事，中华医学会骨科分会关节外科学组髋关节外科工作委员会委员等。

10. 谢兴文：主任医师、博士研究生导师，任甘肃中医药大学附属医院院长，甘肃省拔尖领军人才、甘肃省优秀专家、甘肃省政协委员。中国中医药学会骨伤科专业委员会常委、中国肿瘤防治联盟甘肃骨肿瘤专业委员会主任委员、甘肃省医学会副会长、甘肃省康复医学会副会长。先后入选"西部之光"访问学者，"陇原青年创新人才"等荣誉称号和奖励。主持国家自然科学基金项目3项，中央引导地方专项1项，省科技重大专项1项。获甘肃省科技进步奖一等奖、中国中医药促进会科学技术进步奖二等奖等奖励。

11. 梁倩倩：研究员、博士研究生导师，任上海中医药大学脊柱病研究所所长。致力于中医药调控淋巴系统治疗关节炎的临床及应用基础研究，国家自然科学基金优秀青年基金获得者、国家中医药管理局青年岐黄学者、全国百篇优秀博士论文奖获得者。以第一负责人承担国家自然科学基金重点国际合作项目等9项，以第一和通讯作者发表SCI论文31篇，获授权国家发明专利6项。作为第一完成人荣获上海医学科技奖一等奖、中华医学科技奖二等奖等奖项。担任世界中医药学会联合会骨关节疾病专业委员会副会长等。

12. 谢林：教授、研究员、博士研究生导师。任江苏省中医药研究院（江苏省中西医结合医院）副院长，大外科主任、骨伤科主任，学术带头人。江苏省中西医结合学会脊柱医学专业委员会主任委员。江苏省中医药领军人才、享受国务院政府特殊津贴、全国医德标兵，全国五一劳动奖章获得者。从事骨伤科临床和科研三十多年，先后参加国家科研课题及主持省市级等科研课题共10项，获得科技成果奖2项。作为首批从国外引进脊柱内镜技术到国内的专家，目前已完成脊柱内镜微创手术逾4000余例，多次在全国性学术会议演示脊柱内镜手术。

13. 方锐：教授、主任医师、博士研究生导师。任新疆医科大学附属中医医院（新疆维吾尔自治区中医医院）关节外科主任。先后获得"全国卫生计生系统先进工作者"称号，新疆"五四"青年奖章。先后主持国家自然科学基金项目2项，新疆自治区重大科技研发项目1项，科技支疆科技攻关项目2项。国家临床重点专科骨伤专科后备学科带头人，国家中医药管理局重点学科后备学科带头人，卫生部内镜诊疗技术骨关节科培训基地－新疆基地副主任，国家中医临床研究基地二期建设病种（骨性关节炎）研究负责人。

施杞学术传承谱

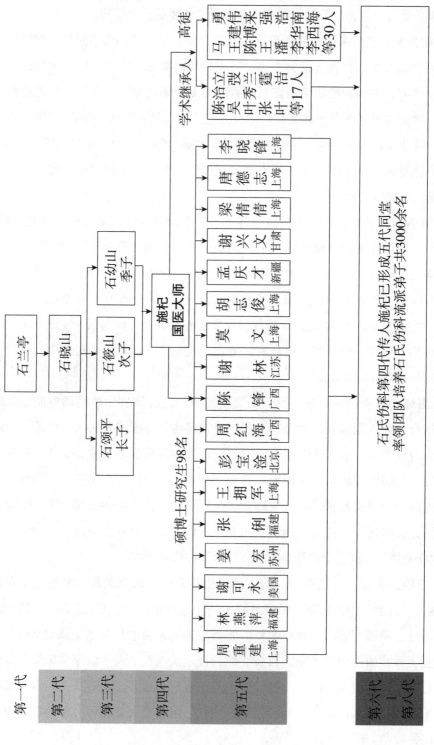

第一代

第二代

第三代

第四代

第五代

第六代 ─ 第八代

石兰亭

石晓山

石颂平 长子　石筱山 次子　石幼山 季子

施杞 国医大师

硕博士研究生98名

周重建 上海　林燕萍 福建　谢可永 美国　姜宏 苏州　张俐 福建　王拥军 上海　彭宝淦 北京　周红海 广西　陈锋 广西　谢林 江苏　莫文 上海　胡志俊 上海　孟庆才 新疆　谢兴文 甘肃　梁倩倩 上海　唐德志 上海　李晓锋 上海

学术继承人

陈治立 吴叶 叶秀兰 张霆 叶洁 等17人

高徒

马勇 王建伟 陈博来 王强 李华南 李西海 等30人

石氏伤科第四代传人施杞已形成五代同堂 率领团队培养石氏伤科流派弟子共3000余名

（李晓锋、笪巍伟整理）

（李昆编辑）

姚希贤

姚希贤（1929—　），汉族，男，河北衡水人，中国民主同盟盟员，中国中医科学院学部委员，河北医科大学第二医院内科学教授、主任医师、博士研究生导师，首届全国名中医，河北省十二大名中医，全国老中医药专家学术经验继承工作指导老师，第九届全国人大代表，享受国务院政府特殊津贴，河北省管优秀专家、河北省政府最美医生。创建首个河北省消化病研究所、重点实验室并任所长、主任，创建河北省第一个国家临床医学博士授权点并任第一位临床博士研究生导师。2022年被授予"国医大师"荣誉称号。

姚希贤从医七十余载，系中华医学会、中国中西医结合学会消化系统疾病专业委员会等学会常委、顾问，在西医和中医方面都卓有成就，主张辨病与辨证相结合，在治疗上应用"优化"原则，即"适中则中，宜西则西，中西医结合疗效佳者则中西医结合治疗"。他主张中西医并重，为倡导、创建集中西两医精粹的中国医学、完善中国医学体系做奠基工作，认为中西医应相互补充、协调发展，打造具有中国特色的中西医结合卫生健康发展模式。

承担"十五"国家科技攻关计划相关课题"姚希贤学术思想及临证经验研究"。获国家级及省部级科技进步奖二等奖4项、三等奖12项。获国家发明专利2项。编写《衷中笃西内科病证治疗学》《衷中笃西消化病治疗学》《临床消化病学》《疾病诊治大典》《病毒性肝炎》《肝纤维化基础与临床》《急性消化病学》等8部著作。

一、学医之路

姚希贤幼居河北衡水一个"糠菜半年粮"的贫苦农家,时值乱世,饱尝饥饿看病难之苦。在叔叔(村医开设中医药铺)家传中医的影响下,姚希贤8岁就跟从叔叔学医,听讲中医学基础知识,背诵《药性赋》《汤头歌诀》,10岁在药铺抓药、认药并背诵脉诀,跟师叔叔看病诊脉、治疗疾病。其间姚希贤看到缺医少药的乡亲们,有的请来巫婆、烧符、喝香灰治病,目睹年幼的弟妹竟因高热、抽搐得不到良好医治,先后死在母亲怀里,他燃起了强烈的学医愿望。姚希贤白日在药铺工作,刻苦阅读,不久叔叔带他出诊,边实践边学习中医的四诊八纲,深化把脉、看舌(舌诊)诊疗疾病,看到中医药能治病,能解除病痛,对中医药更产生了兴趣,志做良医。每逢空闲或晚间,叔叔为他讲授阴阳五行、气血津液、脏腑经络、病因病机等中医学基础,姚希贤在学习过程中克服了年幼、文化水平低等重重困难,在叔叔的耐心教导及他自己的奋力认真学习下,收获多多,具有了一定基础,此后叔叔经常结合患者病情教他针灸技术。

1942年,由于饥饿、战乱的影响,姚希贤举家迁京。当时在京开一自做自销木匠铺的父亲患肾炎,看病花光了家中积蓄,一贫如洗。为了生活,全家上阵,母亲做手工活,摆小烟果摊,艰难度日。姚希贤承受了常人难以想象的生活困难,半工半读,卖肥皂,学木匠……坚持读书学医。超负荷的运转带来的极度疲惫磨炼着姚希贤的意志,深夜学习困倦时,他洗一把冷水脸又接着挑灯夜读,最终获得了优异的成绩,得以免除学费。生活的艰辛未能动摇姚希贤学医的志向,不久后他结识了名中医孙瑾广恩师。他经常去孙老门诊主动做些杂活,并细心观摩孙老的诊病方法。慧眼识才的孙老看姚希贤年纪不大却中医功底扎实,破例给他讲解疑难问题,并允许他利用假日到门诊学习。其间,姚希贤的叔叔经常来京关注他对《黄帝内经》《伤寒论》的学习。在生活中,姚希贤也看到一些发热、腹痛、腹泻、水肿及某些心肾疾病,经过西医治疗有良好的疗效,于是滋生了欲为良医须同时学习中医、西医的想法。高中二、三年级,姚希贤加入了育英中学课外选修的"医预班"。

1950年,随着中华人民共和国的成立,姚希贤已经具备较好的中医学基础和一定的诊疗能力,毅然报考大学,踏进了河北医学院这座高等学府学习西医。其间,姚希贤业余时间在本校药理学科开设的针灸门诊学习深造针灸技术。五年大学,姚希贤目不窥园,殚精竭虑,牢固掌握了西医学各学科的专业知识,同时继续自修中医学。

1955年，姚希贤大学毕业，适值毛主席号召"西医学习中医"，他被分配到河北医学院附属医院内科做"西学中桥梁工作"：①拜名中医李和为师，跟师看病抄方多年，诊治能力不断长进；②为李老全院西学中讲课做辅导；③组建针灸科，培训人才，开展针灸门诊，并在全院推广针灸；④ 1957年开设了内科肝病门诊，为众多肝病患者进行中西医结合治疗。

1958年随校（院）迁石家庄市后，在内科工作的姚希贤关心中医药事业的发展，帮助医院筹建中药房、中医科。1972年参加学院举办的西医离职学习中医班学习时，姚希贤被破格晋升为主治医师，采用中西医结合方法为患者治病。"三年困难时期"，肝炎患者增多，医院里有很多慢性肝炎、肝硬化腹水患者，绝大多数来自农村。一个个骨瘦如柴、腹大似鼓的肝硬化腹水患者，单用西医治疗未能收到良好的疗效。姚希贤想要治愈患者，他配合中医药健脾温阳（肾）、益气活血利水的丹参饮、胃苓汤、真武汤辨证论治，适时施用峻下法，研制了健脾利尿的"消水祛胀丹"、峻下排水的"破瘀泻水丹"，有时联用输白蛋白与自身腹水回输法，治疗了不少患者，看到了中西医结合的光明前景。

1969年，姚希贤带领教学连队到河北邯郸永年的城关镇下乡，时值夏天，周围有大片芦苇，当地每天都有十多位患乙型脑炎的高热、昏迷重症孩童送到那里的县医院。限于对这种虫媒感染的病毒性疾病尚无特效方法，姚希贤无奈地看到每天都有不少孩子逝去，于是他果断采用中西医结合治疗，夜以继日，用西医支持方法赢得治疗时间，同时根据本病属中医"暑瘟"，辨证应用白虎汤、犀角地黄汤（安宫牛黄丸）加减治疗，抢救了众多患儿的生命。

自1972年开始，姚希贤脱产学习中西医结合2年多，其中田永叔老师的精辟讲课与临床实践，引导他树立了学习经典、继续深造的决心。

在党的培养教育及名师李和、田乃庚、高濯风等名师的指教下，姚希贤成为一名中医、西医、中西医结合的有用人才。姚希贤从医执教70多年，亲自带出中医高徒、博士研究生、硕士研究生50名；带领中医高徒、博士研究生、硕士研究生及内科医师等采用中西医结合方法诊治内科各种疾病，治疗肝、胆、脾、胃、胰等疾病患者10多万人次，抢救危重患者1万多人次；在全科普及中医学基础知识及有关疾病的中西医结合治疗技术。1986年，姚希贤创建了河北省第一个中西医结合消化病研究室，完成了3项中西医研究课题；1987年开始带硕士研究生；1996—1997年，他带领全科，在校（院）关怀及全科人的共同努力下，获得国家消化专业河北省第一个临床博士授权点，他担任博士及中医高徒导师；1997年创建了河北省消化病研究所、消化内科重点实验室和河北省内科重点学科等，建立起一支结构合理、具有较高水平的中西医结合医疗教学和科研梯队。

姚希贤带领团队承担"十五"国家科技攻关计划相关课题——"姚希贤学术思想及临床经验研究"。鉴于西医对慢性肝炎（病）、肝纤维化及慢性胃炎萎缩性病变尚无有效办法，于是姚希贤分别应用干扰素与核苷类药物抗病毒，并以"瘀血证"立论，重用丹参、黄芪，配伍当归尾、赤芍、牡丹皮等一组活血化瘀药，研制出"益肝康"辨证加减治疗大量患者，在降转氨酶、恢复肝功能，消除肝细胞炎症、坏死，治疗肝纤维化等病变方面具有确切疗效。面对慢性胃炎萎缩性病变这一治疗难点，姚希贤研制出中药"胃忧康"，创中西医结合灭幽门螺杆菌（Hp）四联疗法，提高了Hp的根除率，使慢性胃炎急性炎症病变及消化性溃疡的愈合质量明显提高，减少了复发率，对慢性胃炎萎缩性病变具有良好的作用，而且"胃忧康"辨证论治对慢性胃病具有症状消除快、病变愈合率高的优势。

二、成才之道

姚希贤是一位难得的中西医两手都"硬"的医学专家，既是国医大师、首届全国名中医，也是西医内科消化病学的著名专家。多年经历，他总结成才经验有主要如下几点。

1. 酷爱中医，爱岗敬业，坚持学习，不辞辛苦

他酷爱中医，爱岗敬业，往往下午1点多钟才能回家吃饭。为了钻研临床中遇到的问题，充实中西医知识，他坚持每晚至少学习3小时。

2. 重医德，精医术

姚希贤具有严谨、勤奋、务实的学风，"德者业之本，业者德之著"是他的座右铭。他七十多年如一日地坚持查房、门诊、会诊、讲课、带教，具有丰富的临床经验。其淡泊名利、济人危难的道德品质更是堪为典范。他对待患者热情、慈祥，耐心看病，从不马虎。因治疗患者众多，疗效显著，远近患者多来就诊，深受患者的信任和热爱。

3. 注重实践、科研、人才培养，构建中西医结合平台

1997年，姚希贤创建了河北省第一个消化病研究所，任所长，同年获省临床第一个国家博士授权点并任临床博士研究生导师。国家为之设立了"名中医传承工作室"，建立起一支高水平的医教研梯队，为中西医结合事业发展做出了贡献。

4. 善于钻研业务，勇于探索创新

研制出治疗肝病、萎缩性胃炎的有效药物，获得国家发明专利。

发表论文210篇，SCI收录11篇。

获得国家级、省部级二、三等奖16项。

出版《衷中笃西内科病证治疗学》等著作8部。

5. 主张"辨病与辨证"相结合

姚希贤主张"辨病与辨证"相结合诊疗疾病，借以弥补西医只知病不知证、中医只知证不知病的各自短板，便于进行"优化"治疗。

三、学术之精

姚希贤认为，中医学是国粹瑰宝，是以《周易》为哲学理论，以《黄帝内经》为理论基础的智慧医学。中医学是形象思维的辨证医学，而西医是逻辑思维的对因、修复医学，二者各有所长与不足。因此，中西医应相互补充、协调发展，打造具有中国特色的中西医结合卫生健康发展模式。他主张辨病与辨证相结合的治疗原则，借以改变"西医只知病不知证，中医只重辨证而忽视或不谋求是何种疾病"的不足。既知病又知证，方可在治疗上做出"适中则中，宜西则西，中西医结合疗效佳者则中西医结合治疗"的决断，才能实现"优化"治疗。他倡导、创建集中西两医精粹的"中国医学"，中西医结合完善"中国医学"体系，即是打造具有中国特色的以中医为本的中西医结合大医学体系。

1. 中医的理论基础与辨证医疗体系

"中西医并存"的大政方针已定，但仍不时有些不协调的声音，究其原因，核心问题是中医的科学性和能不能治病的问题。要厘清这个问题，首先要解决如何认识中医和中医诊疗工作中的作用问题。

（1）中医药学历经数千年的探索、实践和经验积累，名医辈出，保证了中华民族的繁衍昌盛，至今仍在临床医疗和预防保健工作中发挥着重要作用。

（2）要认识和理解中医须把握中医的独特思维，如阴阳五行是中医辨证医疗体系的理论基础。阴阳对立、统一、相互依存的平衡关系维系着身体健康，即所谓"阴平阳秘，精神乃治"。阴阳的消长、转化、偏盛、偏衰等变化以及五行相生、相克、相乘、相侮及传变等是用以说明机体组织结构、生理功能、病理变化及并发症的诊断、治疗的医学思想，体现了唯物辩证法。

（3）在诊断、治疗上要具有明确、良好的措施方案。中医根据四诊、八纲诊断疾病，并据五行生克乘侮规律及气血津液、脏腑、六经、卫气营血与三焦辨证对脏腑疾病等病情做出进一步的推断。辨证论治是中医的精髓。调整阴阳平衡（虚则补之，实则泻之，寒者热之，热者寒之）是中医治疗的基础。中医在治疗方法上有医门八法，在辨证治疗法则上有培土生金法、滋水含木法、扶土抑木法等系统治疗方案，科学性毋庸置疑。简单的一看到"阴阳五行"就将之污为落后、糟粕，并试图用西医的理论、方法来规范中医是极端浅薄、不当的。

2. 中医能治病，有着不可替代的作用

临床实践表明，中医非但能治病，而且对不少西医治疗乏效的疾病，中医、中西医结合也能起到良好的治疗作用。

（1）一些病毒性疾病：例如麻疹、腺病毒肺炎、流行性腮腺炎、传染性单核细胞增多症、乙型脑炎及肝炎等西医并无良好的治疗方法，中医却治之有效。

（2）一些细菌感染性疾病：例如气血两燔的败血症，辨证应用清瘟败毒饮（由清阳明经大热的白虎汤、清营凉血解毒的犀角地黄汤及清热泻火解毒的黄连解毒汤三方加减而成）加减清热凉血、泻火解毒，对防治中毒性休克、抢救重症患者，有时会起到单用三代头孢菌素起不到的作用。此外，姚希贤在70多年的临床医疗中曾遇到10多例高热、腹痛、血水样便患者，有的意识障碍、血压下降，中医诊为湿热疫毒，热毒深陷，气阴俱损重症，辨证使用芍药汤、白头翁汤、犀角地黄汤或十全苦寒救补汤结合参附汤加减清热解毒、凉血化湿、回阳固脱，多获满意疗效。

（3）一些功能性疾病：例如梅核气（癔球症）、呃逆、五心烦热、自汗、盗汗，面对患者的痛苦，找不到器质性损害，西医无从下手，中医药治疗却疗效很好。就拿平时多见的口干、口苦、口臭、舌与口腔溃疡、牙龈肿痛来说，西医往往因口腔找不到致病原因，久治不愈；中医诊之有上述口干咽燥、舌红苔黄、脉数等"胃火"表现者，应用清胃散加减清胃泻热药物则能获佳效。

值得注意的是，姚希贤在临床工作中曾遇"寒疝（积）"20余例，兹举病情严重一例如下。

患者，女，34岁，因胃脘胀痛、隐痛作冷，若巨形冰块堵塞胃中，呕恶频频，痛苦难当8个月而来诊。

刻下症：极度消瘦，体重仅35kg，面色㿠白，神疲乏力，少气懒言，肢冷，舌淡薄小，苔白剥、裂纹，脉沉细乏力。

该患者胃镜示仅为轻度慢性胃炎，诊断为功能性消化不良，中西医药久治不愈。姚希贤初诊时认为其为脾肾阳虚，脾胃虚寒，阴寒极盛，试用温补法，予以附子理中汤治疗乏效。据《金匮要略·腹满寒疝宿食病脉证治》阴寒结块，隐痛、轻压痛，当属"寒积"实证，遂改用温下法，予以温脾汤（附子、大黄、干姜、人参、甘草）加减。该方重用大黄、肉桂（以肉桂易附子）为君，补火助阳、温经止痛、攻积导滞；用白术、枳实、厚朴等健脾理气、强化消积导滞，为臣；佐以干姜、荜茇加强温中散寒的功效；使以甘草。最终，该患者获愈。

3. 中西医结合是创建"中国医学"的重要力量

我国有中医、西医，有中西医结合，姚希贤认为中西医应相互补充，协调发展。

他倡导中西医结合，创建集中西两医精粹的"中国医学"。其"电源"是中医与西医，"中国医学"会随中、西医的发展而发展。姚希贤主张要中西医结合以完善"中国医学"体系，在诊断上主张"辨病与辨证"相结合以诊断疾病，既要知患何病，还要知得何证，借以弥补西医只知病不知证、中医只知证不知患有何病的各自短板与不足；主张进行"优化"治疗，"适中则中，宜西则西，中西医结合疗效佳者则中西医结合治疗"，以期良效。兹举例如下。

（1）慢性乙型肝炎、肝纤维化：当前西医能对导致本病的乙肝病毒（HBV-DNA）、丙肝病毒（HCV-RNA）有效控制从而制止本病的恶化发展。但对病毒导致的慢性肝炎、肝纤维化（癥积），西医尚乏有效治疗方法。为此，姚希贤应用西药抗病毒的同时，辨证使用他研制的以"瘀血证"立论，重用丹参、黄芪，配伍一组以活血化瘀药为主的中药"益肝康"治疗本病千余例，获85%以上疗效。

（2）急腹症：中西医结合对急性阑尾炎（肠痈）毒热壅结、血瘀肠中，辨证应用大黄牡丹皮汤加减；对急性重症（坏死性）胰腺炎（结胸症，肝气郁滞，湿热蕴结于肝胆）辨证联用清胰汤（柴胡、大黄、芒硝、黄连、黄芩、白芍、木香、延胡索）与奥曲肽加减，可提高治愈率。

中西医结合临床治疗价值不胜枚举。中西医各有所长，中西医结合工作者是"中国医学"的重要创建者。姚希贤倡导中西医结合，中西医相互补充，协调发展。为创建"中国医学"，姚希贤振奋精神，集70多年的临床经验，勤于经典古训、平脉辨证、中西医结合，倾毕生所学、所用、所研、所悟，编辑出版《衷中笃西消化病治疗学》之后，继续编写出版了《衷中笃西内科病证治疗学》，为创建"中国医学"做增砖添瓦、抛砖引玉的奠基工作，为继承发展中医药学美好前景鞠躬尽瘁。

四、专病之治

姚希贤家传中医，西医院校医本科毕业，曾主持肝炎、传染病工作；从事腺病毒肺炎、乙型脑炎的防治，主持大内科、消化科的工作，从事中西医结合临床科研、教学工作70多年，广览群书，研修经典，博采众长，积累了丰富的临床经验。他精于内科消化病，基于经典中医，辨证精准，临床治疗效如桴鼓。

在中医理论上，姚希贤认为：阴阳五行是中医学辨证论治医疗体系的理论基础。①阴阳对立统一、相互依存的平衡关系，维系着人体健康，即所谓"阴平阳秘，精神乃治"，"天人合一"。阴阳的消长、转化、偏盛、偏衰等变化，以及五行相生、相克、相乘、相侮和传变等是用以说明机体组织结构、生理功能、病理变化和并发症的诊断、治疗的医学思想，体现了唯物辩证法。②在治疗上，姚希贤坚持辨证论治是中医学的精髓，调整阴阳平衡（虚则补之，实则泻之，寒者热之，热者寒之）是中医治疗的基础。中医在治疗方法上有医门八法，在辨证治疗法则上有培土生金法、滋水涵木法、扶土抑木法等系统的治疗方案。姚希贤根据四诊八纲诊断疾病，并据五行生克乘侮规律及气血津液、脏腑、六经、卫气营血与三焦辨证对脏腑疾病等病情做出进一步推断，对慢性肝、胃等疾病造诣颇深，现简介如下。

（一）慢性肝炎（病）、肝纤维化、肝硬化

1.采用中西医结合方法治疗慢性乙型、丙型肝炎（简称慢性乙肝、慢性丙肝）。采用干扰素及核苷类似物恩替卡韦（ETV）、替诺福韦（TDF）等抗病毒药抗病毒（当前尚未发现中医药对乙肝、丙肝病毒有确切疗效药物），抑制疾病发展。

2.对乙肝、丙肝病毒所致之慢性肝炎（病）、肝纤维化、肝硬化病变，当前西医尚乏有效治疗者，采用中医治疗。以"瘀血证"立论，重用丹参配黄芪及一组活血化瘀药（当归尾、赤芍、红花、牡丹皮、姜黄等）辨证加减有良好疗效。研究发现丹参（抗纤维化有效成分为丹参酮、丹酚酸）配黄芪能消除肝纤维化；赤芍、西红花能消除肝细胞变性、坏死；当药（肝炎草或绿叶胆）对降低丙氨酸转氨酶（ALT）有良好疗效。在益肝冲剂投产获效的基础上，又经临床、实验进一步研制的"益肝康"（国家发明专利，申报投产中）对本病有确切疗效，总有效率82.1%～88.3%，，其中82.6%的炎症、坏死改善，肝纤维化逆转总有效率92.8%，具有消除肝纤维化、肝脂肪变、炎症、坏死，恢复肝细胞器功能，改善肝功能的作用。

（二）慢性胃病

"脾为后天之本"，姚希贤治疗疾病多顾及脾胃功能，治疗慢性胃炎（病）强调疏畅三焦气机，调理脾胃升降。气机畅通，胃气调和，则脾胃健运，清阳得升，浊气下降，胃气来复，诸病得愈。①理中汤、黄芪建中汤、香砂六君子汤、丹栀逍遥散、柴胡疏肝散、益胃汤及半夏泻心汤等五个泻心汤为常用方剂；②常用杏仁、桔梗通上焦，用石菖蒲、藿香、藿梗、荷梗、紫苏梗、白豆蔻、茯苓、陈皮、半夏调理中焦，用薏苡仁、乌药、赤芍等治下焦；③常用羌活、升麻、柴胡、防风、葛根提升脾阳，用枳实、紫苏梗、清半夏、枳壳、旋覆花降下胃气；④藿香芳香化浊、升清降浊，藿梗长于和中，常用少量（3g）大黄运通腑气，腑气通则胃气自降；⑤木香、厚朴行气、宽中去满，具有促进肠蠕动、调理胃肠功能的作用。

1.十二指肠球部溃疡90%～100%伴有胃窦炎，87%的患者Hp阳性，Hp与慢性胃病的发生、复发及加重具有较为密切的关系，并与溃疡的顽固不愈和早期复发有关，遇之应首先进行Hp根除治疗。

随着抗生素对 Hp 阳性慢性胃炎、消化性溃疡的广泛应用，Hp 对抗生素的耐药性不断增加，根除率在不断下降。当前质子泵抑制剂（PPI）或铋剂加 2 种抗生素的三联疗法例如 PCA（PPI、克拉霉素、阿莫西林）、PAQ（PPI、阿莫西林、喹诺酮）、丽珠胃三联（铋剂、克拉霉素、替硝唑）等方案的疗效降至 70% ～ 80% 甚至更低。为了改变 Hp 根除率下降的局面，虽不断更新抗生素，采用左氧氟沙星、头孢类新一代药物，并采用铋剂、PPI 加 2 种抗生素的四联方案，但仍然还会面对发生耐药的严酷现实。

采用中西医结合方法，姚希贤应用所研制的"灭 Hp 胶囊"配合 PPI 或铋剂三联用药，Hp 根除率可达 87.5%。"灭 Hp 胶囊"系在治疗慢性胃病的有效药——"胃忧康"方中加入对 Hp 有抑杀作用的黄连、牡丹皮、乌梅、蒲公英、白芍。中西医结合用药还可减少抗生素联用的某些不良反应，并能提高消化性溃疡的愈合质量，对慢性胃炎的慢性炎症和萎缩性病变具有良好的治疗作用。

根除 Hp 可抑制慢性胃炎的病变发展，但对 Hp 所致的慢性胃炎萎缩性病变，当前西医尚乏有效治疗手段。为了有效消除慢性胃炎的急慢性炎症和萎缩性病变，提高溃疡的愈合质量，结合临床实践和实验研究，姚希贤在家传治疗慢性胃病有效中药——"胃忧愈"的基础上，加入沉香（强化温中降逆）、丹参（活血化瘀，增加胃黏膜血流，恢复胃黏膜病变）、乌梅（和胃调中）成方，改名"胃忧康"（国家发明专利），有健脾和胃、理气散结、活血化瘀、消肿止痛的功效。研究表明：本方能消除慢性胃炎急慢性炎症，对萎缩性病变有良好的治疗作用，能增加胃窦部胃黏膜固有膜层厚度和胃体黏膜固有腺层厚度，增加壁细胞计数。

2. 慢性胃病伴功能性消化不良者不少，症见胃脘痞闷、呃逆作痛、纳呆，脉多弦涩，胃镜检查除有轻度胃炎、胃排空障碍外多无重要器质性病变，治疗常给予吗丁啉、莫沙比利等促动力西药，药效远不及健脾行气中药，如柴胡疏肝散、香砂六君子汤、平胃散、木香槟榔丸、四逆散、六磨汤、大承气汤、小承气汤及补中益气汤等，这些方剂中多含有沉香、藿香、木香、香附、砂仁、升麻、柴胡、厚朴等理气疏肝药，具有良好的促动力作用。

3. 慢性胃炎，脾胃虚寒、脾胃不和证多见，多伴胃气失和，出现呃逆。对胃虚寒者可应用丁香柿蒂散，对肝郁胃虚、气逆噫气反胃者使用旋覆代赭汤，属"肾虚"气逆者加沉香辨证使用，均有良效。对脾胃虚寒或伴肝郁（肝胃不和）胃脘及两胁隐隐作痛者，可应用当归、白芍或柴胡、郁金、延胡索柔肝养阴（血）、疏肝解郁止痛。对胃热阴虚证，可加生地黄、石斛或（和）沙参、麦冬养胃生津、滋阴清热。

4. 辨证准确，提高疗效，掌握疾病主要症状及舌象、脉象很重要。

（1）姚希贤对寒热互结、虚实夹杂之痞善用半夏泻心汤等五个泻心汤辨证加减用药。如对慢性胃炎（病）之心下痞满、呕恶、呃逆、苔薄黄或腻、脉弦或滑数者，多应用半夏泻心汤和胃降逆、开结散痞；对消化不良（伤食）之干噫食臭者，减少方中干姜用量，加生姜并重用（生姜泻心汤）；内热壅盛，热结脾胃（热痞）则用黄连泻心汤；对恶寒、汗出、表阳不固，证见阳虚、郁热者，用附子泻心汤等多获良效。

（2）对胁痛、左脉（关）沉弦细弱、舌淡苔薄白者，多用当归、白芍柔肝养血、敛阴止痛。

（3）肝郁重，嗳气频频者，配柴胡或（和）佛手、延胡索疏肝解郁止痛。

（4）便秘者重用当归润燥滑肠，血虚者重用白芍。

（5）对脾胃虚弱，胃脘胀满不适，右脉弱者，宜四君子汤补之。但须注意不可一味强补，否则会"补而致壅"。为此，在应用滋补药物时，应辨证使用木香、厚朴、枳壳、丹参、牡丹皮等调理气机、活血化瘀药物。

（6）对脾虚生湿，舌体胖嫩、淡、有齿痕，苔白腻，脉滑者，加用党参、炒白术或苍术、藿香、半夏、厚朴、砂仁、茯苓等芳香化浊燥湿药。

（7）对脾虚或肝郁脾虚之纳呆、胃脘胀满、苔白厚、脉弦滑，有气滞食积者，在注意疏肝理气、健脾温中的情况下，用鸡内金、莱菔子消食磨积、下气导滞，有肉食积滞者加山楂。

5.对外感风热，身热、口干、口苦、口舌溃疡、舌红苔黄、脉数、便结，属"实火"者，治疗上可苦寒直折，直接应用"清法"，使用栀子、石膏、黄连、生地黄等清热凉血、泻火解毒药。但对于湿阻中焦、湿（热）遏热伏的虚火、郁热，仅以苦泄，单纯应用苦寒降泄药，会导致邪热冰伏不解，火热郁结益甚，病情可能益重。为此，遇"火热证"首须辨明诊断，是"实火"还是"虚（郁）火"，是"心火""肝火""脾火""胃火"还是"相火"，进行不同的治疗。

（1）"火郁证"往往由于脏腑损伤，正气虚，祛邪无力，或气机升降失调，郁滞不能宣散，郁而化火。郁火、阴火、虚火等在诊断上由于病情错杂，热象隐伏，常为某些标象（寒象）掩盖而诊断困难。但注意临床特点（除固有身热、肢体灼热、口唇干裂、口臭、口腔复发性溃疡等热象外，往往出现身凉、口和、喜热饮、脉伏甚而厥逆等虚寒表现），结合舌象（质暗红，多有苔黄白或腻，呈湿郁痰阻，郁而化火之象）、脉象（沉数、沉迟、沉伏但重按有力）可资诊断。

（2）"火郁证"治疗宜用"火郁发之"，运用升举、宣散、疏通法。益气健脾，升发疏散，辛开苦降，甘温、甘寒并用以补其中、升其阳、泄其火，轻清透发，使郁火有机宣散于外。

值得提出的是，慢性胃炎脾胃虚寒证，有时发生"寒疝"（积），其为寒气攻冲所致之阴寒性腹痛或"寒积"实证，患者多胃脘胀满，隐痛作冷，若巨形冰块堵于心下，呕恶不食，痛苦难当，但胃镜等检查多无异常，治疗乏效，危及生命。姚希贤曾遇本证患者20余例，均采用温下法，以温脾汤（大黄、附子、人参、干姜、甘草）加减治愈。方中多以肉桂易附子，重用肉桂、干姜，加荜茇、高良姜温胃散寒，并重用大黄泻下冷积。

五、方药之长

（一）核心方剂

研究表明，中医药对慢性肝病（炎）的肝细胞炎症、坏死及肝纤维化具有良好的疗效。现将慢性肝炎（病）常见类型及治疗方药介绍如下。

1. 肝郁气滞型

主症为胸胁胀满，两肋窜痛或胀痛，每因情志诱发或加重，苔薄白，脉多沉弦等，部分患者兼有口苦、嗳气，系临床最多见类型。常用丹栀逍遥散或柴胡疏肝散加减治疗。

（1）丹栀逍遥散

药物组成：当归、白芍、柴胡、茯苓、炒白术、甘草、牡丹皮、栀子。

功效主治：养血疏肝、健脾和营。主治血虚肝郁有郁热者。

方解：方中当归、白芍养血柔肝，为君。白术、茯苓、甘草健脾益气，白芍、甘草缓急止痛，为臣。柴胡疏肝解郁，为佐。甘草为使，可加少量薄荷，配牡丹皮、栀子清泄肝经郁热。本方柴胡用量宜轻，以免耗伤阴（肝）血。

（2）柴胡疏肝散

药物组成：柴胡、郁金、川芎、陈皮、白芍、香附、枳壳、甘草。

功效主治：疏肝解郁、行气活血。主治肝气郁结、胁肋疼痛与寒热往来。

方解：方中柴胡疏肝解郁、调畅气机，升发清阳之气，使郁热达外，为君。白芍柔肝养阴和血，助柴胡疏肝解郁，配枳壳、香附、陈皮、甘草有健脾除胀、透解郁热的作用。

辨证加减：对肝郁化火，口干口苦、舌红苔黄、脉弦数者，加用牡丹皮、栀子、薄荷或黄芩、黄连；若气郁化火，伤阴胁痛，口干心烦，胃脘灼痛，舌红苔薄，少津，脉弦细或数，辨证为肝、胃火者，可加生地黄、麦冬、石斛、玉竹或牡丹皮、栀子以滋阴清热；肝阳上亢，眩晕耳鸣，易躁易怒，面红目赤，舌红少苔，脉弦细数者，加天麻、钩藤、石决明平肝潜阳；肝气横逆，脾失健运，胁痛，胃脘胀满，便溏者，加炒白术、茯苓、莲子肉、薏苡仁或青皮、防风；若兼胃炎，恶心欲呕，胃脘不适，舌胖淡，苔白腻者，可加半夏、生姜、藿香、砂仁、木香、厚朴、枳实（枳壳）以和胃止呕。

2. 肝脾（胃）不和型

主症为胸胁胀闷，嗳气食少，呃逆，便溏，苔白，脉弦滑。常用香砂六君子汤合逍遥散加减治疗。

（1）香砂六君子汤

药物组成：人参、白术、茯苓、半夏、陈皮、木香、砂仁、炙甘草。

功效主治：益气补中、健脾养胃。主治脾胃气虚，运化乏力，脘腹痞闷。

（2）逍遥散

药物组成：当归、茯苓、白芍、白术、柴胡、炙甘草、生姜、薄荷。

功效主治：疏肝解郁、养血健脾。主治肝郁血虚脾弱证。

辨证加减：腹胀者加木香、厚朴、陈皮理气祛满；胁痛者加延胡索、川楝子；肝郁，脉沉弦者加郁金、青皮疏肝；脘满便溏，舌淡，苔白或腻，脾虚湿盛者加藿香、莲子肉、砂仁、薏苡仁；肝郁化火，口臭，口疮，口干唇燥，舌红或舌尖红，苔黄（白）干或腻，脉数，脾（胃）经伏火（湿热）者加栀子、黄连、升麻、防风、藿香；中焦虚寒呃逆加公丁香、柿蒂，脾胃气滞或肾虚气逆者用沉香粉冲服。沉香芳香辛散，温中散寒止呕，行气止痛，温肾纳气。本药温而不燥，降气（逆）止呃（呕）无破气之害，为降气之良好促肠胃动力药。

3. 气滞血瘀或血瘀型

本型最常见于慢性肝病（炎）。本病越趋于慢性，肝纤维化越明显，血瘀证象也就越突出。主症为胁痛，肝脾肿大，皮肤瘀斑或有肝掌、蜘蛛痣，舌质多青或有瘀点，苔白，脉弦（涩）。常用桃红四物汤或血府逐瘀汤合丹参饮加减治疗。

（1）桃红四物汤

药物组成：桃仁、红花、熟地黄、白芍、当归、川芎。

功效主治：补血养肝、行滞调（活）血。主治瘀血兼夹血虚诸证。

方解：方中熟地黄滋阴补血，当归补血活血，白芍养血敛阴，川芎活血行滞，配桃仁、红花，共奏行气活血化瘀兼养血敛阴之功。

（2）丹参饮

药物组成：丹参、檀香、砂仁。

功效主治：行气、活血、理胃。主治气滞血瘀证。

方解：方中丹参凉血活血、祛瘀通经，含有丹参酮、丹酚酸，具有良好的活血化瘀作用，若配黄芪、姜黄则有祛肝纤维化的作用。"气为血帅"，配檀香、砂仁可增强活血化瘀兼理胃的作用。

（3）血府逐瘀汤

药物组成：桃仁、红花、当归、生地黄、赤芍、川芎、柴胡、枳壳、牛膝、桔梗、甘草。

功效主治：活血化瘀、行气止痛。主治气滞血瘀，血行不畅证。

方解：方中桃仁、红花、赤芍、川芎、当归活血化瘀，配生地黄滋阴凉血，清血分瘀热；柴胡、枳壳、桔梗开胸散结；牛膝破血行瘀，引瘀血下行；甘草调和诸药。

4. 肝肾阴虚型

本型多见于慢性肝病后期。主症为口干，咽燥，头晕目眩，耳鸣健忘，或伴胁痛、心烦、手足心热、腰痛腿软肢麻，舌红或绛，乏苔，脉弦（细）数。常用一贯煎或滋水清肝饮、杞菊地黄汤加减治疗。

（1）一贯煎

药物组成：生地黄、枸杞子、沙参、麦冬、当归、川楝子。

功效主治：滋养肝肾、疏肝理气。主治肝肾阴虚，肝气不疏证。

方解：方中生地黄、枸杞子滋养肝肾阴血，沙参、麦冬清肺益胃，当归补血活血，川楝子疏泄肝气，诸药共奏疏肝、滋养肝肾之功。

（2）滋水清肝饮：为丹栀逍遥散与六味地黄丸加减而成（熟地黄、茯苓、牡丹皮、山药、山茱萸、泽泻、柴胡、栀子、白芍、大枣）。

两方均为滋养肝肾之重要方剂，后者中的牡丹皮、柴胡、栀子可清肝泻炎，用白芍柔肝而不伤阴。

辨证加减：阴虚火旺、盗汗、头晕、失眠者，合当归六黄汤；盗汗头晕伴心血不足者，加龙骨、牡蛎、五味子、浮小麦、首乌藤。

（3）杞菊地黄汤

药物组成：为六味地黄丸加枸杞、菊花而成。

功效主治：养肝明目。主治肝肾阴虚眼花或枯涩疼痛。

5. 阴虚胃热型

本型有时出现胃脘灼痛牵及两胁，系肝郁化火而致，即所谓的肝郁胃热型。

主症：胃脘灼痛隐隐，嘈杂不适，口燥而苦，咽干，多有便秘，舌红或舌边红，苔黄少津或无苔，脉弦细或细数。

治疗：调肝滋阴清胃（热），丹栀逍遥散、益胃汤加减。

此型常用牡丹皮、栀子、生地黄、白芍、青皮、沙参调肝滋阴，清泄肝经郁热，白术、茯苓、甘草健脾益气，甘草、白芍缓急止痛，柴胡疏肝郁，与甘草共作引经药。

辨证加减：肝郁化火，烧心嘈杂，用黄连配吴茱萸（左金丸，二者用量比为6∶1），或根据证情可配升麻等；脘腹胀痛加木香、枳实（枳壳）、厚朴、延胡索；气机不畅加青皮；口干、舌红绛而干裂，苔少加石斛、百合、玉竹益胃养阴。

（二）经典用药

临床不少慢性胃炎或早期萎缩的糜烂性胃炎患者，常表现为脘腹胀（痞）满，呃逆，肢冷（或厥逆），畏寒，唇燥，口苦、口干，口腔反复溃疡，舌暗紫，苔黄白或腻，脉弦滑而数或沉迟……属湿（热）阻中焦，湿遏热伏者，清之会邪热冰伏，温之会助火，往往长期不愈，口腔溃疡反复发生，治疗困难。姚希贤翻阅《金匮要略·呕吐哕下利病脉证治》及《伤寒论》，以"泻心"为名的五个方剂证治论述深深启发了他。他采用益气温中、升发疏散之法，宣通三焦气机、调理脾胃升降，甘温、甘寒并用，补中、升阳、泄火轻清透发法辨证应用五个泻心汤：半夏泻心汤和胃降逆、开结除痞，治疗胃气不和，心下痞满；对干噫食臭、嗳腐脾胃虚寒者，用生姜泻心汤；对于脾胃虚弱，气结成痞者，用甘草泻心汤，寒热并用，补泻兼施，开结除痞。

六、读书之法

中医学是以系统思维为导向，在医者仁心、践行大医精诚精神中得以传承，并在融合发展、融会贯通中不断完善而形成的生命科学认知体系和疾病诊疗体系。系统思维的整体观，辨证施治的治疗观，成为中医发展的指导思想。

中医的生命力在临床、在疗效，而要在临床实践中取得良好疗效，离不开对中医理论体系的认知和把握。这就要认真学习中医经典理论，并在融入新时代环境中实现创造性转化与创新性发展。

复兴中医，完善中国医学体系，需要理论自信，阅读好经典，还需要在理论实践的结合中让疗效自强，并在医者仁心、大医精诚的悬壶济世过程中，让中医得以传承和发展。

姚希贤认为，品读精典的意义在于学会医者仁心，在中医系统理论的指导下辨证论治，取得好的疗效。特别是品读经典，它可以改善思维，集大成而得智慧，实现传承中医精粹、弘扬中华瑰宝、完善中国医学体系的目标。

（一）医者，需重视品读经典

中医是天地人和合之道，是生命之道，既通于自然，又通于社会。因此，医道即人道，医德即人德，是通天地之道，通人文之德。姚希贤认为，品读经典，就是学做人之道，走健康之道，行治病救人之道，实现成长成才之道。只有品读经典，方能悟道明德，知行合一，老老实实做人，认认真真做事，为患者调理身心，治愈疾病。

姚希贤重视对传统文化的学习和继承，不仅阅读许多儒家经典著作，作为中医人，也阅读了许多中医经典书籍，如《黄帝内经》《伤寒论》《神农本草经》《金匮要略》《景岳全书》……其中许多内容都耳熟能详。他在品读经典过程中，逐渐对中医有了深刻的认知和感悟。

他认为，书不读则理不明，理不明则识不精。要做一位好的中医人，就要有"读书破万卷"的精神，并在临床实践中感悟中医精粹，这样才能把好脉、开好方，调理好患者身心，帮助患者康复。

病无常形，医无常方；君臣佐使，存乎其用。中医人需要博览群书，去粗取精，触类旁通，融会贯通。不博学难以通，不贯通难以精，悬壶济世之人，医术贵乎精。

姚希贤坚持数十年如一日，品读经典，许多内容都能有其深刻的感悟并能朗朗上口。他要求学生，治病不忘读书，读书不忘治病，学以致用，以学好中医。

（二）品读经典学做人

中医不仅是医学，还是文化，学中医不仅是学治病救人的技术，还是一种人生修为。

姚希贤尊重患者，平易近人，能让患者安心放心。他对患者的生死相托有担当，认真细致地为患者诊治疾病，受到患者信任。一个医生，只有当他能把自己的人格魅力融入生活、融入医术，在治疗前、治疗中及治疗后都给患者以积极的引导作用，才可以调好患者的身心，这样的医生才是一个好医生。

德者业之本，业者德之著。姚希贤认为，中医人需要以德为本，知行合一。他是这样说的，也是这样做的。无论是求医的患者，还是他所带的徒弟和学生，都能从他身上看到这样一种品质。

仁者爱人，能替他人着想的善良。

自强不息，不用他人提醒的自觉。

正心修身，乐于接受约束的自由。

在他看来，人有德，不仅自己身心健康人有福，而且也会给他人带来福祉；人要是无德，再好的药也不能使之健康长寿。要做善良的人，无欲无求，先发大慈恻隐之心，普救含灵之苦。不论患者贵贱贫富，长幼尊卑，远近亲疏，都要同等善待。

也正是他博览群书，精益求精，重视临床实践和疗效，所以医术水平得以不断提升，受到广大患者的好评。特别是在学习传统文化精华与智慧中，他能在包容差异、优势互补、融会贯通中实现集大成而得智慧，在精通中医和西医两医中为完善中国医学体系做出重要贡献。

从他身上，我们看到了"上善若水"的"处下"智慧，彰显了医学大家的风范。从他身上，我们看到了"自强厚德"的"正心"智慧，彰显了奋斗不止的精神。特别是他淡化自我、勇于成就他人的崇高品质，激励着一批批新的中医人健康成长起来，成为国家栋梁之才。

（三）品读经典重疗效

中医学博大精深，《黄帝内经》《伤寒论》等四部经典著作，是我国古老的医学典籍。姚希贤总结了汉代及以前中医学的理论和经验，认为它们是中医学的奠基性著作，多年来一直有效地指导着中医的临床工作和后世医学理论和临床技术的发展。

四部经典著作的内容十分丰富，除阴阳五行、藏象经络、病因病理、疾病诊治与治疗原则和方法外，还记述了古代有关哲学、天文、气候、地理、历法、心理、摄生（养生）、"治未病"等内容；主张"恬淡虚无"，保存"真气"，"法于阴阳，和于术数"，"持满"，"御神"，不可"以酒为浆，以妄为常""逆于生乐，起居无节"……

中医的生命力在疗效。要得到好的疗效，就需要有深厚的中医理论根基。

中医用药如用兵，善用兵者方能克敌制胜，善用药者方能治病救人。

医命之道，贵在专深。欲求医术长进，更好地继承和发展中医学，首应结合临床认真学习经典著作。1972年，姚希贤于邯郸永年县城关教学连队下乡期间适逢流行性乙型脑炎（乙脑）流行，目睹众多患者突发高热、昏迷、抽搐等危急情况，当时对此病尚乏经验的姚希贤，认真学习《黄帝内经》《金匮要略》及吴鞠通《温病条辨》的有关内容，治愈100余例危重患者，充分认识到经典学习的重要性。兹举病案2例以说明学习经典的重要性。

【例1】患者，男，16岁，因突发高热头痛，当地诊所给予安痛定，服后回家仍高热不退，以高热、意识障碍来诊。

刻下症：体温40.2℃，血压100/70mmHg，昏睡，瞳孔等大等圆，皮肤潮湿，颈硬，心肺腹无异常，有病理反射，舌绛，苔黄腻，脉大有力。有蚊虫叮咬史。

诊为乙脑（暑温）重证，证属阳明经证，病邪在"气、血"分，急予吸氧、输液等支持疗法，即服安宫牛黄丸并煎喂中药。

处方：生石膏60g，知母18g，黄连9g，升麻6g，黄芩9g，栀子8g，郁金9g，牡丹皮 9g，生地黄 20g，大黄 8g，枳实 8g，厚朴 8g，炒白术 12g，茯苓 12g，甘草 8g。

次日患者神清，头痛，稀粥样便，体温 38.8℃，将前方石膏改为 40g，2 剂。

第三天后，患者病情逐渐好转。

对于此案，姚希贤的体会如下。

（1）凡发于夏季的外感病，概称暑病。《金匮要略·痉湿暍病脉证并治》提出："太阳中热者，暍是也。汗出恶寒，身热而渴……"随着医学的发展，历代医家对暑病有不少新的见解，吴鞠通用"暑温"病名，对之有系统证治。

（2）暑邪属热证，症见高热（多为壮热）、烦渴、大汗出等"气分"症状，兼头痛、恶寒等"卫分"症状。本病易于直犯心包，出现神昏谵语、厥逆之危候。现代医学研究表明，本病系蚊虫叮咬，感染乙脑病毒所致。

（3）本病宜中西医结合治疗。西医的支持疗法可为中医治疗赢得时间。

（4）本病来势多凶险，多为直中阳明经证，往往速入"血分"，出现神昏、谵语、厥逆、舌绛。为此，治疗本病多早用犀角地黄汤、安宫牛黄丸加减。实践表明：犀角（现用替代品）或羚羊角（入血分）是抢救患者的重要药物。

（5）对抽搐者使用止痉散（全蝎、蜈蚣）有效。

【例2】患者，男，54 岁，因颈背部灼热如火、如烙，难以忍受，10 多天不愈来诊。

患者于 10 多天前突发颈背部灼热如火，其病初曾淋雨而有发热，病后乏力、肢软，胃部不适，有腹泻史，平素经常脘腹胀满、便溏，体温正常，头颈部正常，局部（颈下及背部）无红肿、压痛，手心热，心肺腹无异常，无病理反射，脉沉滑而数，唇部干裂，舌淡红，舌边红，胖大，有齿痕，苔白腻。诊为肝郁脾虚化热证，予以疏肝健脾化热法治之。

处方：柴胡 15g，栀子 8g，黄芩 9g，党参 30g，炒白术 12g，藿香 10g，防风 6g，茯苓 12g，葛根 20g，羌活 6g，僵蚕 8g，甘草 6g。3 剂。

服药 3 剂后，患者病情无明显好转。姚希贤根据《金匮要略》"治肉极热，则身体津脱，腠理开，汗大泄，历节风，下焦脚弱"，予以《备急千金要方》越婢加术汤治之。

处方：生石膏 20g，麻黄 6g，生姜 6g，羌活 6g，葛根 20g，炒白术 12g，茯苓 8g，柴胡 8g，大枣 3 枚，甘草 6g。1 剂。

服药后，患者局部、全身微汗出，灼热感减轻。姚希贤将原方中麻黄、生石膏的剂量分别加至 8g、25g，3 剂后症消。

七、大医之情

（一）思想境界

德者业之本，业者德之著

风雨兼程九十载，励精图治谱新篇，

悬壶济世人生路，创新发展重科研，

一生看病为百姓，耐心诊治病证痊，

教学相长师带徒，桃李芬芳果满园，

家国情怀心有梦，幸福人生爱相伴。

这是姚希贤人生奋斗历程的生动写照，彰显出尊道贵德、自强不息、厚德载物、知行合一走好路的人生智慧。

姚希贤的一生，是不忘医者初心，追寻大医精诚境界，用医者仁心治病救人，造福老百姓健康幸福的一生。

姚希贤深知古今欲行医于天下者，先治其身；欲治其身者，先正其心；欲正其心者，先诚其意，精其术。此可谓医者仁心。他仁心仁术，耐心热忱为老百姓看病，博得众多患者感激、好评。

行医要讲诚，对患者要有感同身受之心。凡大医治病，必当安神定志，无欲无求，先发大慈恻隐之心，誓愿普救含灵之苦。

行医要讲精，博极医源，精勤不倦。

姚希贤坚守大医精诚之心，博极医源，精勤不倦，在精益求精中做好工作，在包容差异、优势互补、智慧整合中实现创新发展。他倡导为创建集中、西两医精粹的"中国医学"做奠基工作，为中西医结合、完善中国医学体系做出了卓越贡献。

从他身上，我们感悟到：

既有自尊，又不伤害他人尊严的高贵。

既有学识，又能谦虚谨慎做人的低调。

既能独处，又能用心陪伴他人的和美。

从他身上，我们感悟到：

仁者爱人，能替他人着想的善良。

自强不息，不用他人提醒的自觉。

正心修身，乐于接受约束的自由。

从他身上，我们感悟到有一种不忘初心，奋楫笃行，一生为老百姓看病，为中医传承发展做出努力的力量。

历经磨难，仍能顽强奋斗的坚毅。

心有目标，又能脚踏实地的执着。

淡化自我，勇于成就他人的崇高。

九十余度春秋，八千里路云和月，一个历经沧桑、奋进前行的清雅生命，一个在家道文化与幸福人生智慧中绽放文化魅力的老人，用他一生的智慧和实践为我们做出了榜样。

（二）文化修养

中华文明五千年，源远流长，一脉相承，其重要原因之一是哲学的引领。中医学的发展，离不开对传统文化精华智慧的继承和发展。

《周易》系统地提出了"天、地、人"三才之道的伟大学说。这个学说深入中华民族之心，贯穿于中华民族的人伦日用之中。

"三才"一词，最早见于《易传·系辞下》："有天道焉，有人道焉，有地道焉。"《易经·说卦》："是以立天之道，曰阴与阳；立地之道，曰柔与刚；立人之道，曰仁与义……"

人法地，地法天，天法道，道法自然。天、地、人构成了中华民族文化基因的三大要素，并形成了"天、地、人"之间的辩证关系。

人是浓缩的小宇宙，是宇宙能量的聚合体，是以肉体生命为载体的藏象生命系统。正是这样的世界观，让我们形成了"系统思维、阴阳辩证、天人合一"的智慧，也有了中医学"系统思维的整体观，辩证施治的治疗观"。这正是"系统思维，阴阳辩证，天人合一"的"易"智慧成为我们传统文化基因的组成部分。中医正是从这样一个对宇宙生命的认知出发，创造了藏象生命系统图谱，运用阴阳五行智慧健康养生、治病救人。

感悟中华传统文化精华，有益于中西医结合，完善中国医学体系。中国医学体系应是以中医智慧为本，集中西两医精粹的大医学体系。中医人才不是单纯治病的医学"工具"，而是具有"仁心"和"精诚"智慧的大医。中医人是用尊道贵德、知行合一走好路的行动树立起君子人生形象，并在悬壶济世的人生旅程中用善良、智慧、快乐的心解救含灵之苦，救生命于水火，让自己有限的生命焕发光彩。正是这样的人生观和价值观，树立起"医者仁心""大医精诚"的人生形象。姚希贤常说，作为一个科学工作者，想要搞出点儿成绩来，没有毅力、没有一点拼搏的精神可不行。他从小就立下志愿，要当一名普救含灵之苦的医学家，一个有学识又有精湛技艺的医学工作者。现在看来，他不仅做到了，而且创造了一个个辉煌业绩，实现了生命的价值和意义。

九十余度春秋，八千里路云和月，姚希贤用丰厚的中华传统文化为底蕴，以心系天下百姓为宗旨，用一颗仁者爱人之心，走过了七十多年的悬壶济世之路。他不仅用知行合一的实际行动创造了一个"集大成而得智慧"的大家形象，也引领着一大批贤人志士跟随他的脚步服务于治病救人的旅程。那种既有自尊，又不伤害他人尊严的高贵品质；那种既有学识，又能谦虚谨慎做人的低调人格；那种既能独处静思，又能陪伴他人成长的和美状态，彰显了"人无长幼贵贱"和"上善若水"的"平等""处下"智慧，也彰显了"至虚极，守静笃""和谐相融"的美好心灵状态。

八、养生之智

（一）精神状态

中医讲精、气、神，精神状态与免疫力、长寿有重要关系。姚希贤有"保90，争100，想着120岁"的长寿精神，而不是还不到60岁就认为"老了，不行了"。"德高人长寿，心宽福自来"，姚希贤以助人为乐，以给患者除病痛、看好病为乐。他好心对人，不计较得失。为亲友等人做好事，"不求回报"，就不会患得患失。如果总认为谁都对不起你，精神自然不会好，不舒畅。

（二）合理饮食

姚希贤认为饮食应尽量做到低脂、低糖、低盐，适量蛋白质，精细粮搭配，少吃或不吃烧烤及熏制食物，每天吃多色蔬菜、水果。他60岁后每餐吃七八分饱，控制体重，不酗酒，并有饮绿茶的习惯。

（三）适当运动

1. "生命在于运动"

姚希贤认为要根据自身的年龄、健康状况选择适合自身的运动，不能懒于运动，老人或残疾者也要选择力所能及的运动。

2. 要勤于"动脑"

结合自身情况可选择阅读、练习书法、看时事新闻、听音乐等。姚希贤虽已耄耋之年，但仍一直参加学术会议，开设讲座并坚持出诊，带高徒、博士进行临床工作。"探医学文化奥秘，拓中国医学春秋"，姚希贤不久前还出版了一部上百万字的，为倡导、创建集中、西两医精粹的"中国医学"做奠基工作的著作——《衷中笃西内科病证治疗学》。

（四）关于保健药

肝是解毒器官，用药不当会增加肝的负担，因此保健药要结合自身情况选用。姚希贤 60 岁后每日服用：①小剂量西洋参（虚弱体质可用人参），一般每日 1 次，每次 1～2g；②西红花（活血通经，凉血解毒）：每日 1 次，每次 0.5g；③钙剂：每日 1 片。

九、传道之术

（一）人才培养方法

中医人才培养应以院校和师承教育为主，自学、家传等多种培养模式并存。医德为行医之本，要始终把患者放在第一位，这样才能普救含灵之苦。古今中外，医生这个职业，之所以都是最崇高、最受人尊敬的，就是因为医者仁心，医生是具有高尚职业道德与操守的人。同时，医者需要做到"大医精诚"，能用精湛的医术救生命于水火。因此，培养中医人才需要坚持以德为本，精诚医道，学高为师，身正为范，学为人师，行为世范。

姚希贤正是一位坚持"德者业之本，业者德之著"，并用精湛技艺治疗救人的楷模。他的模范作用引领着学生们成为重视医德、技艺精湛的人。

姚希贤对学生要求很严格，不仅对患者要有仁心，而且要熟读经典，勤于临床实践。姚希贤在临床实践中陪伴年轻医生学习和成长，许多优秀的人才正是在他问诊号脉、开方用药过程中感悟到他的大家风范和诊治思路的，从而学习着如何在系统思维、辨证施治中为患者解除病痛，帮助患者尽快康复。

1. 熟练掌握

（1）药物：除药理、药性、功能主治外，还要熟练背诵《药性赋》。

（2）方剂：熟悉 250 方以上，要求从背诵《汤头歌诀》到按君臣佐使从容写出。

2. 实地跟师（出诊）学习为主

（1）四诊中以诊脉、看舌为主——诊断病、证，处方。为了提高学习效果，发挥主动性，一般采取示教、询问或先问学生再示教，纠正、互动方式，到临床分析、诊断病、证——处方（学生抄、写方剂），辨证加减成方。

（2）出诊结束后，以 10～30 分钟的时间对本次出诊有关病证的脉、证等特点、意义与病证，例如心肾不交、湿阻中焦、肝郁气滞、冠心病、慢性胃病及某些病证诊治特点与经验予以总结讲述。

（3）以讲座、讨论、交流互助的方式掌握十二大病证。一般多采取结合临床病

761

例，布置作业（提前告知讲、讨病证），学生要做到提前预习，提出问题，便于讨论，提高学习效果。

十二大病证：①流感与新冠病毒肺炎；②头痛；③眩晕；④腹水与臌胀；⑤心肾不交与失眠；⑥火郁证；⑦血瘀证；⑧慢性胃炎；⑨慢性肝炎；⑩特殊类型的高血压；⑪冠心病；⑫慢性肾病。

（二）人才培养成果

姚希贤共亲自带出高徒、博士研究生、硕士研究生50人，现正带高徒（2人）等10多人，兹举3例。

1. 杨倩，2002—2005年师从姚希贤教授，系河北省中医院副院长，主任医师，教授，博士研究生导师，博士后工作站合作导师；享受国务院政府特殊津贴；获得全国卫生计生系统先进工作者、河北省省管优秀专家等荣誉称号。担任中华中医药学会脾胃病分会副主任委员、中华中医药学会李时珍研究分会副主任委员、河北省中医药学会脾胃病分会主任委员等。主持和参与国家"973"计划、科技部重点研发计划等国家级及省厅级科研项目20余项，获省部级、厅级科研奖励20余项；发表SCI在内的学术论文130余篇；参与编纂医学著作20余部。

2. 南月敏，2001—2004年师从姚希贤教授，系河北医科大学第三医院中西医结合肝病科主任，主任医师，教授，医学博士，博士研究生导师，河北省高端人才，享受国务院政府特殊津贴。担任中华医学会肝病学分会候任主任委员，中国中西医结合医师协会肝病专家委员会副主任委员，中国民族医药学会肝病学/传染病学分会常务理事，河北省医学会肝病学分会第一、第二届主任委员，河北省医师协会肝病学分会主任委员，河北省中西医结合学会肝病专家委员会主任委员，《中华肝脏病杂志》副总编辑，《中华临床感染病杂志》副总编辑，*Frontiers in Oncology* 副主编。承担国家级及省部级课题26项，获河北省科技奖16项；发表论文230余篇，主编或参编著作13部。

3. 孙玉凤，河北医科大学第二医院消化内科主任医师，教授，医学博士，硕士研究生导师，石家庄市政协委员。1988年毕业于北京中医学院（现北京中医药大学）；1997—2000年作为高徒从师于姚希贤教授学习中西医结合临床工作，获中医学术继承人证书；2000年攻读中西医结合医学硕士学位；2010年攻读中西医结合博士学位。担任中国中西医结合学会消化病专业委员会委员、中国医师学会整合消化病学专业委员会委员、世界中医药学会联合会中医临床思维专业委员会常务理事、河北省抗癌协会传统医学专业委员会副主任委员等。承担厅局级及省部级科研项目数项，科研成果获厅局级科技进步奖一等奖3项、二等奖1项，省部级三等奖2项、二等奖1项。发表论文40余篇；主编、副主编及参编专业著作10余部。

姚希贤学术传承谱

姚希贤从医执教 70 多年、带出博士、硕士、中医高徒、徒弟 67 人（有些同时为硕士或博士高徒）

姚希贤

注：▶为该生所带博士、硕士、徒弟人数，下面为列出的学生代表

（姚冬梅、姚鸿昌整理）

（耿雪岩编辑）

翁维良

翁维良（1937—　），男，汉族，中共党员，大学学历，主任医师、教授。全国名中医，全国老中医药专家学术经验继承工作指导老师。原中国中医科学院西苑医院副院长，中国中医科学院临床药理研究所名誉所长，中国中医科学院荣誉首席研究员，享受国务院政府特殊津贴。曾任国家药典委员会委员、特别顾问，国家食品药品监督管理总局新药审评专家，中央保健委员会会诊专家。2022 年被授予"国医大师"荣誉称号。

翁维良创新性地提出"治心必通瘀"的学术思想，丰富了血瘀证、活血化瘀的理论内涵，促进了中医气血理论的发展。创制"活血化瘀十二法"指导对各类心血管疑难重症的治疗。获国家科学技术进步奖一等奖 1 项、二等奖 3 项，教育部科学技术进步奖一等奖 1 项，北京市科学技术奖一等奖 1 项，中华中医药学会科学技术奖一等奖 2 项。出版《郭士魁类症伤寒论》《活血化瘀十二法》及《翁维良临证实录》等学术著作 20 余部。

一、学医之路

翁维良 7 岁时母亲因病去世，当时他便立志以后要当医生。1955 年，他就读于上海医科大学第一医学院医疗系，学校也有少量中医课，讲课的都是诸如姜春华等上海著名老中医，他对这些老专家的授课印象深刻，但没想过之后会以中医为毕生事业。

1960 年，翁维良大学毕业，国家统一分配工作。当时中医研究院发展急需人才，而中医学院尚无毕业生，因此国家从西医院校选择了一批毕业生，分配至中医研究院，翁维良就在其中。随即他参加了由卫生部举办的第二期西医学习中医班（简称"西学中班"），学员主要是北京中医学院、医学科学院、中医研究院三个单位的在职人员，同时还包括一些北京医学院毕业的苏联、越南留学生组建的西学中留学生，又称国际班，总共约 50 人。

开班之初，学员们由于受西医知识"先入为主"的影响，感到中医不好学，也难理解，加上生活也不适应，情绪多不稳定。作为班干部，翁维良要给同学们做思想工作，所以翁维良决定首先得自己想明白。经过调整，翁维良认为既来之，则安之。首先思想上应该端正，要学习中医首先得相信中医；其次不能先入为主，中医、西医思路不同，就当自己没学过西医，不要对号入座，中西医对心肝脾肺肾的认识与西医是大不同的，要从零开始学习中医。自己想通了，慢慢地情况就有了改变，他对学习中医逐渐有了兴趣。

"西学中"期间，先为 1 年理论学习期。当时学院领导对这个班很重视，配备了最强的教学力量，主要任课老师都是当时的名中医，包括秦伯未、任应秋、王绵之等。第二年为实习，在中医研究院附属医院、北京中医学院东直门医院、北京市中医医院、北京儿童医院、护国寺中医院等轮转实习。1962 年 7 月，西学中班结业后，翁维良到了中医研究院内外科研究所工作，被分配至肾病组拜岳美中老中医为师。在门诊，岳老对学生要求很严格，要求随时能开出完整的组方来，为此，翁维良专门购买了《金匮要略》《伤寒论》各两本，制成卡片，以备不时之需。虽然跟岳老学习时间不长，但印象十分深刻。1962 年底，中医研究院为了适应中医药事业的发展，进行院所调整，设置两个附属医院，分别为西苑医院、广安门医院，院本部搬到了东直门。翁维良被分配至西苑医院筹建内科心血管病研究室，这是当时全国首批中医院 5 家心血管研究室之一。赵锡武任心血管研究室主任，从中医研究院各单位调10 余人参与筹建工作。

当时中医研究院大力提倡学好中医，提倡拜师。在这里，翁维良遇到了对他未来中医事业发展起到关键作用的两位老师——赵锡武、郭士魁。

从医伊始，面对中医功底都十分深厚的岳美中、郭士魁、赵锡武三位老专家，对于当时刚跨入中医大门的翁维良来说是个很大的考验。但翁维良被中医的疗效吸引，对中医产生了浓厚的兴趣，他认为"国家让我搞中医，我就要把中医搞好"。翁维良勤奋好学，他将中医经典著作中的方剂摘录成卡片放在身上，在实践中需要时，就马上拿出来对应记忆，将所学知识与临床相验证。这样日复一日，谙熟了中医理法方药。经过不断的努力，博采众长，汲取了前人及多位老师治疗心血管疾病尤其是冠心病的理论和经验，特别是郭士魁老先生"以通为补，活血化瘀"的理论给了他很大的启发。

心血管病房有30多张病床，有2位住院医师，实行24小时负责制，每人要负责15位患者，值班时兼管急诊（急诊属于各科室轮流：心内、消化、血液、呼吸）。新患者入院采用患者单双号轮流收入组，住院医师要带进修、实习医生（主要为北京中医学院的学生），工作量较大，科室人员团结，对患者很负责，住院医生一天查2～3次房。值班休息规定上午查完房，处理完患者后才可休息。郭老家在城里，刚到西苑医院时由于房舍紧张，郭老也被安排在三人间中，与张元隆、翁维良同住一个宿舍。郭老每天早晨7：30左右去病房看患者，而翁维良总是要更早去病房，并且从此养成了每天早上班的习惯，坚持至今。

对疑难病情，翁维良会请不同中医专家会诊，但因医家学术流派不一致，对病因病机、治法治则等意见不统一，难以形成一致的辨证与治则，因此，住院医师需在会诊结束后自行查资料、思考，然后在科主任、主治医师指导下决定处方，但观察不同专家治疗的特色，这对于临床诊疗水平的提高有很大的作用。

"文革"期间提倡"医护结合"，医生也要担任护士与卫生员的角色，工作量增大了，且患者难以管理，从医环境复杂化，但翁维良始终坚持在一线临床。1969年底，在山西稷山筹备"农村疾病研究所"，翁维良作为首批先遣组去山西人员，要将全家搬去。到稷山后，翁维良担任医疗队队长，下到生产队巡回医疗，负责研究呼吸系统疾病。鉴于当时医疗条件所限，以针灸、埋线、草药（单味药地锦草、马齿苋、洋金花）的使用为主。他在研究中发现大量应用洋金花，能缓解喘证，但其不良反应也很明显，患者会表现出手舞足蹈的症状，这使得翁维良在以后的临床实践中更加注重药物的合理、安全应用。长期的一线临床工作经验为翁维良诊疗水平的提高打下了基础。

后来，农村疾病研究所撤销，翁维良又回到西苑医院心血管病研究室。当时心血管研究室正在开展科研工作，在清华、北大都有定点的科研门诊，医师轮流出门诊，随诊观察活血化瘀治疗冠心病心绞痛的疗效。心血管研究室注重科研管理，要求各级医师每个人都要参加科研，及时写文章，形成了良好的科研之风，研究室每年出一本研究资料。国家自然科学基金成立后向各地招标，翁维良以血瘀证活血化瘀研究为题申报国家自然科学基金成功，该课题研究活血化瘀药的作用，为34种活血化瘀药物分类提供了科学依据。当时心血管病研究室与北京大学第三医院（简称"北医三院"）心内科协作，翁维良在北医三院参加科研查房一年。经过多年的临床应用观察，表明郭老的芳香温通药"宽胸丸"在临床有明显疗效，受到患者欢迎。临床研究证实疗效后，研究人员又将目标转移至基础研究。西苑医院当时没有相应的条件，心血管研究室的人员只能自己想办法。基础研究需要配合药理研究，于是翁维良被派遣至中药所参与宽胸丸的药理研究，其间遇到许多困难，多次修改方案，最终改变药物剂型后实现了研究目标。

在之后50余年的医学生涯中，翁维良不断发展血瘀证与活血化瘀理论，在血瘀证临床诊断中除了传统的诊断方法外，还增加了实验室诊断方法，形成了定性与定量相结合的血瘀证诊断标准，被广为接受与应用；还将活血化瘀用于多种疑难病的治疗，都取得了很好的疗效。

此外，他除参与"血瘀证与活血化瘀研究"外还承担了国家"十五"科技攻关计划"基于信息挖掘技术的名老中医临床诊疗经验及传承方法研究"、国家"十一五"科技支撑计划"重大疑难疾病中医药防治研究""中医临床研究的方案优化及质量控制研究"、国家"863计划"重大项目"中西医结合治疗非典临床研究"，以及国家自然科学基金项目等国家多个重大项目的设计和研究工作，目标是提高我国中医药临床科研水平、保障科研质量。

此外，翁维良还广泛涉猎其他研究领域，如中医舌诊专家系统、中药新药临床药理、中成药合理安全用药、中药注射剂安全性上市后再评价等方面，都有不凡的建树。

人们每每看到的，都是他步履匆匆、忙忙碌碌的身影。

二、成才之道

（一）对事业执着追求，永不放弃

翁维良是西苑医院心血管研究室筹建者之一。作为该研究室最早期的几名住院医生之一，他自始至终坚持24小时住院医师负责制，随叫随到，虽然艰苦，但也为自己积累了丰富的实践经验。就是这种不断的坚持与积累，为他今后在临床和科研上取得丰硕成果打下了坚实的基础。

每当问他的工作精力怎么比年轻人都旺盛时，他总是笑着说：当你不把工作看作负担，全身心投入所热爱的工作中时，你不会感到累，反而会感到是一种乐趣。他说：人的一生如海上行船，没有一帆风顺的，遇到困难不要低头，越是困境越要坚强。人生要有追求，没有追求的人生是没有意义的。只有把精力全部投入工作中，才能有所收获。正是凭着这种执着追求的精神，翁维良在多个专业领域有所建树。他说："临床探索和科学研究的重大转折、新的突破，只有一次次枯燥地坚持积累，逐步地水到渠成，只有一次次严谨的思考和实践后，才能曲径通幽，获得成功。"

（二）勤奋好学

对于学生来说，最好的找他的时间是早晨七点半之前。他每天早晨七点半之前到病房、办公室，他把每天繁忙的工作安排得井井有条。他负责或参加国家"十一五""十二五"行业专项慢病、传染病项目等课题的检查、监察、督导、验收工作，常奔波于全国各地，可称为"空中飞人"。他从没有把周末当作休息日，而是如平日一样工作。他几十年如一日地学习新知识，耄耋之年依然如此。

（三）治学如做人，严谨、真实

翁维良常常教诲学生，做学问如做其他任何事情一样，都要认真、真实。在生活中，翁维良是一个严于律己的人，每次开会，他从不迟到，非常守时。他常常说，在临床科研中要不怕失败，但一定要保证数据真实、结果真实。

在 2002 年抗击 SARS 中，翁维良临危受命，制定了中医药治疗 SARS 的研究设计，让世界看到了中医药的优势。

（四）临床科研厚积薄发，重视创新

任住院医师 18 年中，翁维良不仅积累了丰富的理论和实践经验，而且他在临床过程中不断思考、重视创新，随时捕捉科研的火花。早在 20 世纪 80 年代，当时中医临床界很少有人意识到临床科研人员的重要性，而翁维良则已经开始申报国家自然科学基金课题了，并且第一次申报就获得成功，可见他临床和科研功底的扎实。在他进入高龄后，仍利用计算机网络，每日浏览大量医学信息，关注临床研究的发展动态和前沿信息。

在临床研究方法上，翁维良始终在思索着如何以最好的研究方案，来反映中医的个体化这一特征。单病例随机对照试验研究方案是世界研究领域采用较少的新研究方法，翁维良以敏锐的眼光看到了这种方案可用于中医临床研究的优势后，要求学生们在临床中运用该方案进行研究，培养了多名博士后，结果证明该方法在中医

临床研究当中的实用性和应用前景。

他告诫学生们，做科研允许失败，但一定要有创新。只做临床医生是不够的，要有科研思维的头脑，要在临床工作中时时想到科研的事。他就是这样要求自己的。

（五）海纳百川，涉猎多个研究领域

翁维良勤奋，精力旺盛，思路宽广，涉猎多个不同研究领域。他对血瘀证和活血化瘀理论有着比较深入和系统的研究，出版的《活血化瘀治疗疑难病》4 次再版。在研究血瘀证诊断客观化、量化过程中，他认为诊断的关键点在于舌诊，因此对血瘀证舌诊进行了定量化研究；研究活血化瘀过程中，他认为临床科研重要的是要有良好的临床科研设计，因此后期开始对中医临床科研设计质量控制与保障体系建立进行研究；他对临床实践中出现的中药不良反应进行思考，于是有了对中药安全与合理应用的研究。

三、学术之精

翁维良继承并发展岳美中、郭士魁、赵锡武先生的临证经验，通过长期临床实践提出"治心必通瘀"的学术思想，丰富了血瘀证、活血化瘀的理论内涵，促进了中医气血理论的发展。根据疾病变化特点，提出了"百病多瘀""老年多瘀""久病多瘀""怪病多瘀""心病多瘀"的血瘀病因病机理论，在因时、因地、因人制宜基础上总结出"活血化瘀十二法"，并指导对各类心血管疑难重症的治疗，形成临床诊疗规范。

临床创立了冠心系列等经验方，制订出多个具有中医特色的优势病种诊疗方案，实现了以中医理论为基础，实验研究为依据，回归临床为根本，在继承中发展，在实践中创新的血瘀证病症结合诊疗模式。

（一）进一步创新血瘀病因病机理论

1.百病多瘀

《素问·调经论》指出："人之所有者，血与气耳。"同时又指出："血气不和，百病乃变化而生。"翁维良在前人认识的基础上，结合个人实践，提出"百病多瘀"这一学术思想。"百病多瘀"并非凡病皆瘀，而是指许多疾病的某个类型或疾病的某一阶段特别是后期多存在不同程度的血瘀状态。从临床实践中可以看出，无论气虚、气滞、气逆、血虚、阳虚、阴虚、津亏、寒凝、热结、痰阻、湿郁等，均可导致血瘀的发生。

2. 老年多瘀

翁维良认为衰老和疾病导致老年人身体功能下降，气血衰败，血行无力，留而为瘀。衰老是人体生命发展的必然过程，而伴随人体衰老的出现与发展，人体脏腑功能不断下降和气血阴阳不断衰减，最终"百岁，五脏皆虚，神气皆去，形骸独居而终矣"（《灵枢·天年》）。在这个过程中，肾气虚损与脾胃虚弱在人体衰老过程中显得尤为突出，针对这一特点，翁维良认为老年多虚，因虚致瘀。老年之人，脏腑功能衰弱，气血阴阳亏虚，五志动摇，气血不足则心神失养而神不足；同时因老年人的心理特点多抑郁，或有焦虑等不良情绪，多愁善感，情志内伤，针对这一生理及心理特点，翁维良认为老年多郁，气滞血瘀。老年之人脏腑经脉、皮肉筋骨皆现老化，常患有多种慢性疾病或老年退行性疾病，缠绵迁延，影响脏腑功能及气血正常运行，血脉不畅而成为各种血瘀证，故翁维良认为老年多疾，因疾致瘀。

3. 慢病多瘀

疾病日久，深入脉络，实邪阻于脉络或"久病必虚"，气血运行无力，"因虚致瘀"。

翁维良在长期临床实践中发现，许多慢性病和久治不愈的疾病常与血瘀有关，临床可见"瘀痛""瘀热""瘀青""瘀块"及脉涩、结、沉、迟或出血等血瘀证表现，临床上适当应用活血化瘀药物往往能收到较好的治疗效果。

谈及"久病致瘀"的机制，翁维良认为可能由于疾病病程日久，反复发作，造成人体免疫功能下降，血液循环减慢、血液黏度增高而导致瘀血内生。

4. 怪病多瘀

所谓"怪病"是指少见病及无规律可循、西医学手段尚无法明确诊断且缺乏有效治疗措施的疑难杂症。对于各种怪病在应用常规方法治疗无效时，采用活血化瘀法进行治疗往往能收到意想不到的效果。翁维良在《中医活血化瘀治疗疑难病》中指出："血瘀是疑难病的根源，疑难病的本质就是血瘀证。临床可以观察到，疑难病无论属于何种类型和处于哪一阶段，都存在程度不等的血瘀证候，血瘀证是疑难病临床最常见的病证。"

5. 心病多瘀

心主血脉，无论气虚、阳虚、血虚、气滞、血寒、血热、痰阻或脉道不利等，这些因素对心血管系统过度作用的结果，均可造成心脉瘀阻，心脉瘀阻则脉道不通。心藏神，脉舍神，"血脉和利，精神乃居"。心脉瘀阻，脉道不通，则心神失养，心神失养则神无所主，心神不安，胆怯易惊。

另外，心脉的病痛易使患者忧思抑郁，或焦虑不安，从而进一步加重血瘀气滞，诱发胸闷心痛，故心病患者多有心悸、失眠、善太息、烦躁、焦虑等心神不安的症状，因郁致瘀。

（二）化瘀不单活血，应知常达变

翁维良主张"以通为补"，提出"治心必通瘀"的治疗思想，强调活血通脉是治疗心血管系统疾病的基本治法，在辨证论治的基础上总结出"活血化瘀十二法"，广泛应用于心血管重症、疑难病的临床治疗，丰富了血瘀证、活血化瘀理论的内涵，为心血管重症、疑难病从血瘀论治，提供了理论依据与实践依据，促进了中医气血理论的创新发展。

1. 益气活血法

翁维良十分重视气血在疾病发生发展中的作用，临床辨证论治时，经常撷取王清任治病以气血为主的经验，治病重在辨明气血、调理气血，擅于使用补气活血法，重用人参、刺五加、黄芪、党参、太子参加活血化瘀药，益气法常常贯穿治疗始终。自拟益气活血组方包括冠心 4 号方、冠心 5 号方，临床适用于高龄老年冠心病、重症心力衰竭、持续性心房颤动、扩张型心肌病等的治疗。

2. 理气活血法

气为血之帅，血为气之母，气行则血行，气滞则血瘀。理气活血法充分体现了气血相关的生理病理关系，理气药与活血药相配伍，即是对气血关系的充分利用，故欲活血必兼理气，气通则血活。翁维良治疗血瘀证应用活血化瘀药必兼理气药，常选用川芎、延胡索、郁金、三棱、莪术、香附等具备理气与活血双重作用的药物，达到气与血关系的完整统一。自拟理气活血组方包括冠心 3 号方、解郁活血方，临床适用于高龄老年冠心病、重症心力衰竭、持续性心房颤动、扩张型心肌病等疾病的治疗。

3. 清热活血法

翁维良认为热邪可加重瘀血的发生发展，反之瘀血凝滞，久而亦可以化热，二者互为因果，因热致瘀，因瘀致热。在病机方面，强调血瘀与热郁并存；在病因方面，强调血瘀与浊毒互渗；治疗方面，活血与清热开郁、清热解毒、清热利湿、清利头目、清热泻火等相结合。临床常用的清热药物为黄连、黄芩、黄柏、龙胆草、栀子、菊花等，自拟清热活血组方包括三黄活血汤、清肝活血方。

4. 祛痰活血法

痰和瘀均为阴邪，同源共生，相互影响，二者常常相兼为患。翁维良认为，五脏功能失调，均可导致痰、瘀内生，痰生易致瘀，瘀生亦可致痰，最终出现痰瘀同病之证候。临床常用的祛痰药物为陈皮、白术、桔梗、瓜蒌、半夏等，自拟祛痰活血组方包括健脾祛痰活血汤、通阳祛痰活血方。

5. 温阳活血法

心气、心阳是心脏及血液正常工作的原动力，一旦心之阳气受损，则易产生痰浊、水饮、瘀血等病理产物，这些病理产物又进一步损伤阳气。翁维良认为，温阳活血法能够温补阳气，治疗本虚之证，从根本上治疗致病因素，而阳气虚所导致的血瘀则可用活血法改善。临床常用的温阳药物为红参、高良姜、干姜、荜茇、肉桂等，自拟温阳活血组方包括元姜汤、温阳活血方。

6. 利水活血法

津液和血液皆由水谷精微化生而成，其中津液亦是血液的重要组成部分，津血运行不畅、停积凝滞或离经之血停积体内均可导致瘀血，故在病理上，水瘀常相互影响。翁维良在临床诊治中常相互参考，从水瘀共同论治在治疗慢性心衰、心脏瓣膜病等疾病方面取得了较好的疗效。临床常用的利水药物为茯苓、薏苡仁、玉米须、车前草、葶苈子、大腹皮等。

7. 祛风活血法

风药不仅可以疏散外风、平息肝风、开郁畅气，还具有辛温通阳、燥湿化痰、通络止痛、升阳开窍、活血化瘀、通脉消瘀等作用。翁维良认为，在血瘀证的临床治疗中，风药可直接发挥疏通血脉、消散瘀滞的作用，或与活血化瘀药配合，协助消除致瘀的多种因素，间接促进血流畅达，发挥活血化瘀作用。临床常用的祛风药物为天麻、钩藤、葛根、羌活、独活、防风等。

8. 凉血活血法

凉血活血法是将具有清热凉血和活血化瘀两类功效或双重作用的药物组合成方以清营凉血，治疗血热和血瘀互为因果所致的"瘀热相搏证"的一种治疗方法。翁维良认为，瘀热互结证中的瘀、热相互为患，阻滞搏结，既是致病因素，也是病理产物，临床需注意凉血与活血并重，常用的凉血药物为牡丹皮、白薇、银柴胡、青蒿、白茅根等。

9. 软坚活血法

翁维良应用软坚活血法针对顽固性的瘀血、多为久病之瘀血，治疗心血管系统及其他系统的顽固性疾病与疑难病均取得较好的效果。软坚活血与单纯活血有别，临床多用破血药物。对于血瘀证较明显，心脉痹阻严重的患者，需加强活血化瘀的力量，常在使用三棱、莪术等药物的基础上，配伍鳖甲、夏枯草之类，软坚散结，破血逐瘀。

10. 通下活血法

广义通下法包括寒下法、温下法、润下法、补下法四法，均可与活血化瘀法相伍并用。对于老年患者，翁维良多以润下法与活血化瘀法并用，该法广泛运用于治疗内伤外感诸病。针对老年患者或便秘者，常加用火麻仁、柏子仁、决明子、生地黄、当归等药物。

11. 养阴活血法

阴津为血液的重要组成成分，津液充沛，血液才能正常运行，反之津液不足则无以载血，血行涩滞而易形成血瘀。翁维良认为，老年人由于内脏功能减退，阴阳气血失调，阴精津液不足，则血液运行不畅，身体津液枯槁。因此，针对老年人群或阴虚患者的治疗常加用沙参、五味子、玉竹、淡竹叶、生地黄等药物。

12. 补血活血法

血虚与血瘀关系密切。血虚脉道干涩，血行不畅，或离经之血即为瘀血。瘀血阻滞，脉道不畅，脏腑失于濡养，也会导致或加重血瘀。翁维良认为，瘀血不去，新血难生，故治疗时要补血与活血兼顾，补血而不滋腻，活血而不伤正。临床常用的补血药物为丹参、当归、白芍、熟地黄、阿胶、大枣等。

（三）"用药如用兵"之体悟

"用药如用兵"是古人对用中药治病的形象比喻。"用药如用兵"一词首见于南朝齐代褚澄的《褚氏遗书》："用药如用兵，用医如用将。"清·徐大椿在《医学源流论》中有专篇《用药如用兵论》，以药比兵，以战法比拟医术，以"克敌制胜"类比"治病活人"，对于针对不同的患者如何采用不同的治法及药物、方剂有详尽的论述，犹如良将排兵布阵一样，其中指出："孙武十三篇，治病之法尽之矣。"对安全用药也格外强调："故虽甘草、人参，误用致害，皆毒药之类也。古人好服食者，必生奇疾，犹之好战胜者，必有奇殃。"

翁维良对徐大椿的"用药如用兵论"十分推崇，认为"用药如用兵"体现了中医辨证论治的精髓，是中医处方用药所应遵循的根本法则。翁维良指出，用药如用兵，一要正确诊断疾病，对患者全面了解，谨遵三因制宜、轻重缓急，详审虚实、寒热，区别阴阳、表里，明辨气血，做到知己知彼；二要审时度势治病，汗、吐、下、和、温、清、补、消，择机而用，甚者独行，间者并行，进退有度，布阵有方，君臣佐使，主次分明，克敌制胜，存乎一心；三要慎用药物，"是药三分毒"，能不用药物解决问题则不用药物，能少用药物解决问题则少用药物，所谓"药之设也以攻疾，亦不得已而后用"；四要善用药物，既要了解药物的独特作用，又要了解药物的不良反应，即在全面了解药物的基础上选好药，用得恰到好处。下面试从翁维良临床的一些特色简要谈谈他对于"用药如用兵"思想的体悟。

1. 因人制宜，辨体质、年龄，遣方用药

因人制宜，指治疗用药应根据患者的年龄、性别、体质等做相应调整，特别要注意其中的某些特殊性。因人制宜是辨证论治的重要内容，内容复杂琐碎，临床应详查细究，考虑周到。

翁维良十分重视人体在不同年龄阶段的生理变化对人体疾病的影响。如对老年患者，翁维良强调，人到老年，体质差异常比较显著，平时要多留心其舌脉变化规律，纳食、二便及睡眠等情况，知其常才能达其变；同时，老年病用药宜平和，用量要轻，不要急于求成。又如更年期妇女患冠心病，由于卵巢功能逐渐衰退，雌激素水平明显下降，引起自主神经、心血管系统等多个系统功能障碍和紊乱，这种情况有别于一般冠心病患者，临床可出现潮热、抑郁、失眠、烦躁不安、心悸、胸闷、心前区刺痛、月经紊乱、血压波动等不同表现。在治疗上，理气活血的同时，往往要注重对肝肾的滋养，调整阴阳、调和气血，同时还要重视对患者的心理疏导。

不同体质人群对疾病和药物的耐受性大不相同，用药也应不同。如对年龄相对较轻、体质强壮的患者，翁维良往往用药量较大，而对体质较弱者则用量较小。另外，不同病种对患者的体质影响不同，处方用药也要考虑。翁维良的患者群体中老年患者占大多数，这些患者往往数病并存，以一病为主，这些兼病常常早于主病多年已存在，对患者的体质有很大影响，治疗时应细加权衡，予以重视。如冠心病合并糖尿病患者多阴虚燥热体质，翁维良在用药时常加四黄（黄芩、黄连、黄柏、生地黄）清热养阴；冠心病合并高血压的患者多属阴虚阳亢体质，翁维良常加用天麻、葛根、钩藤、菊花等平肝潜阳；冠心病合并高脂血症的患者，多痰湿体质，翁维良常加荷叶、生山楂、草决明、薏苡仁、茯苓等化湿健脾。其他如长期吸烟饮酒者多湿热，翁维良常加黄芩、黄连、黄柏、地肤子等清热燥湿等；胖人多湿，翁维良常加茯苓、薏苡仁等健脾化湿药；瘦人多火，翁维良往往加养阴清火药如牡丹皮、莲子心、沙参等养阴清热。根据患者体质用药灵活多变，体现了翁维良因人制宜的用药特点。

2. 随病情轻重缓急、病程长短、兼症多寡，遣方用药

用药如用兵，病情轻重不同则处方用药不同，重病用重剂，轻病用轻剂，甚至食疗即可。翁维良用药一向以方小量轻著称，但近两年来，翁维良的患者人群较以往有较大变化，多数冠心病患者合并多种疾病、冠脉多支狭窄，有不少患者冠脉多处放置支架后不能再放支架，病情较重，有鉴于此，翁维良的处方药味较前大幅增加，从以前的经常十二三味，到现在的经常近二十味；以往很少使用的破血化瘀药如三棱、莪术、水蛭等，现在也经常使用。反映了翁维良病变而药亦变的临证思想。

对于慢性病、病程长的疾病，翁维良主张缓图之，常予患者轻剂或膏方久久服之，缓缓消磨；对于急性病、病程短的疾病，翁维良主张迎头痛击，截断扭转病势，迅速控制病情，防止疾病发展演变，常予患者重剂短期应用。对于兼症，翁维良主张有是症则用是药，但并非眉毛胡子一把抓，而是要抓住主症，适当顾及兼症。

冠心 3 号是翁维良治疗冠心病的常用方，其灵活的加减应用即体现了翁维良指挥若定、随机应变的治病方略。冠心 3 号方由郁金、川芎、丹参、赤芍、红花组成。

方中郁金，辛苦而寒，能入气分而疏肝木之郁、开肺金之郁，入血分而活血化瘀，且能化痰湿而开心窍，通胸阳，安心神，为方中君药；川芎乃血中气药，功善通达气血，活血行气止痛，为方中臣药；丹参活血养血安神，赤芍凉血散瘀止痛，红花活血化瘀止痛，共为佐药。诸药相合，共奏理气活血、止痛宁神之效。

翁维良根据不同患者的特点，常采用以下加减法。

气滞血瘀明显者，可选加姜黄、三棱、莪术、香附、紫苏梗、佛手等；痰阻者选加瓜蒌、薤白、半夏、陈皮、远志、茯苓等；寒凝者选加高良姜、桂枝、荜茇、细辛等；气虚者选加黄芪、党参、炙甘草、五味子等；气阴两虚者选加黄芪、党参、麦冬、北沙参、玉竹、黄精、百合、白薇等；心悸失眠明显者选加炒酸枣仁、五味子、合欢皮、首乌藤、珍珠母、百合等；内热明显者，选加黄连、黄芩、土茯苓、菊花、莲子心等；心绞痛明显者加三七粉、延胡索粉、琥珀粉冲服以加强活血止痛之效，或加宽胸丸宣痹止痛；胸阳不振明显者选加瓜蒌、薤白、半夏、枳壳宣痹通阳化浊，或加宽胸丸；肝郁明显者选加柴胡、香附、紫苏梗等。

3. 辨证论治与专病专方相结合，把握疾病治疗的规律性与多样性

辨证的同时结合辨病，辨证论治与专方专药相结合是翁维良治病的特点之一。徐灵胎曰："一病必有主方，一方必有主药。"即抓住疾病的病机关键制定主方，而遣方用药时也要主次分明，如打仗有主帅、攻敌有主将一样。翁维良治疗冠心病结合辨病恒用活血化瘀法，并常用专方冠心3号方加减进行治疗即是这种思想的体现。其他如心律失常用五参汤（丹参、苦参、党参、太子参、北沙参）化裁、高血压病用葛根天麻汤（葛根、天麻、钩藤、土茯苓、珍珠母、丹参、红花）加减等。对于专药，如翁维良常用苦参治疗快速性心律失常、延胡索止痛、天麻降压、黑顺片强心等。但并非不论虚实寒热，一概使用，而是力求专药选用既合于"证"，又利于"病"。

4. 药如兵，用药如用兵，祛病健体，安全用药

不少慢性病患者往往需要长期甚至终生服药，所以必须考虑用药的安全性，不能伤敌一千，自损八百。翁维良认为，慢性病患者选药要选毒副作用较小的药物，用药量要轻，不要追求速效，但要坚持长期服药。翁维良的患者多为老年心脑血管病患者，需要长期坚持服药，为最大限度避免药物毒副作用的发生，翁维良在选用活血化瘀药时，主张首选活血与和血类药物，慎用破血类药物，少用虫类破血药物。如金铃子散（由延胡索、川楝子组成），是理气活血的传统名方，临床应用较多，但现代研究发现川楝子有较强的心、肝、肾毒性，延胡索长期服用也会损害心、肾，故翁维良对该方应用较少，就是从安全用药的角度出发所做的选择。翁维良用药常常严格遵照《中国药典》，以最低有效剂量为用量首选，适当结合患者体质、年龄等调整用量，提高了临床用药的安全性。

四、专病之治

"心肝同调"治疗冠心病

翁维良长期从事冠心病的研究，对冠心病的中医药治疗积累了丰富的经验。在运用活血化瘀法治疗心脉瘀阻的同时，尤其注重心神对疾病的影响，在长期临床实践中，总结出"心肝同调，解郁安神"的治法，临床疗效显著。

1. 心脉瘀阻、心神不安是老年冠心病的主要病机之一

翁维良认为，冠心病的病机固然十分复杂，但究其发病关键不离心脉瘀阻。心主血脉，无论气虚、阳虚、血虚、气滞、血寒、血热、痰阻或脉道不利等，这些因素对心血管系统过度作用的结果，均可造成心脉瘀阻，心脉瘀阻则脉道不通，不通则痛；心脉瘀阻则心肌失荣，不荣则痛。也就是说，心脉痹阻乃是冠心病的共性。

同时，翁维良又强调，心神不安是冠心病发生发展不可忽视的重要因素。心主神明，是人体生命活动的主宰。若心神失调，则脏腑气机紊乱，导致气机逆乱相干而犯心，导致临床症状的产生或加重，如《普济方》云："心寂则痛微，心躁则痛甚。"严重者甚至因气机逆乱，神气离决而危及生命，如《难经·六十难》云："其五脏气相干，名厥心痛；其痛甚，但在心，手足青者，即名真心痛，其真心痛者，旦发夕死，夕发旦死。"明确指出心神失调，脏腑气机不利，对厥心痛、真心痛的形成及其预后的影响。冠心病患者常有不寐、焦虑、抑郁、情绪易激动、急躁易怒等心神失调表现，这些表现又可诱发或加重心绞痛、心肌梗死或心律失常等。说明心神失调能影响冠心病的预后，在冠心病病机演变中占重要地位。

2. 心肝同调，理气活血，解郁安神是老年冠心病的主要治法

《灵枢·本神》载："心藏神，脉舍神，肝藏血，血舍魂"，是谓血脉相连，神魂一体，二者互相影响，密切相关。"随神往来者谓之魂"，说明魂是神的一部分，随神往来，受神主宰。因此，心肝两脏，相互为用，共同维持正常的精神情志活动。心血充盈，心神健旺，有助于肝气疏泄，情志调畅；肝气疏泄有度，情志畅快，亦有利于心神内收。

冠心病患者多伴有不寐、焦虑、抑郁，或情绪激动、急躁易怒，造成肝气郁滞，疏泄失职，肝魂失于调摄，影响心神；冠心病患者本有心脉瘀阻，脉道不通，气滞血瘀，血脉不利，亦可使心神失养，神无所主，而神魂不安；肝魂不宁，心神不安，使得气机不利，反过来会加重心脉瘀阻，导致心绞痛发作，出现胸痛、肩背痛，心悸失眠，胆怯易惊，忧思抑郁或焦虑不安，急躁易怒，善太息等症状。由于心神在冠心病发病、预后中的关键作用，翁维良认为在活血化瘀治疗冠心病心脉瘀阻的过程中，应尤其注重安神定志。因此，在长期临床实践过程中，翁维良提出"心肝同调"理论，通过疏肝理气、解郁安神治法，调畅气血，安神定志，心静则神安，神安则气足，气足则血旺，血气流畅，从而稳定病情。

3. 安神解郁活血方为老年冠心病的基本方

鉴于以上认识，翁维良认为，理气活血、解郁安神是老年冠心病的主要治法。以理气活血止痛为中心，同时兼顾疏肝理气、解郁安神，做到心肝同调，及时治疗病因，缓解疼痛，并使肝气条达，魂神安定，气血和顺。

贯彻理气活血、解郁安神的治疗原则，翁维良拟定了安神解郁活血方治疗老年冠心病，经反复临床实践，疗效可靠。该方由八味药组成，郁金12g，柴胡10g，香附10g，川芎12g，丹参15g，赤芍12g，红花12g，合欢皮20g。方中郁金，辛苦而寒，能入气分而疏肝木之郁，入血分而活血化瘀，并能开心窍，通胸阳，安心神；丹参，苦、平，微温，入心肝经，活血通心包络，《滇南本草》谓其能补心定志，安神宁心，两者合为方中主药。柴胡、香附疏肝解郁，二药合用，助郁金疏肝理气之功；川芎乃血中气药，功善通达气血，活血行气止心痛；赤芍凉血散瘀止痛，红花活血化瘀止痛，三药协同，加强活血化瘀止痛之力，为臣药。合欢皮，甘平，入心肝经，《神农本草经》云其"主安五脏，利心志，令人欢乐无忧"，能解郁活血安神，为使药。诸药相合，共奏理气活血、解郁安神之效。该方活血不忘理气，解郁以助安神，心肝同治，使神安则气血调和，对冠心病心绞痛缓解期及支架置入术后患者十分适宜。

4. 安神解郁活血方的辨证应用

翁维良认为，冠心病血瘀证病因复杂，证候多变。故在以安神解郁活血方理气活血、解郁安神的同时，应结合患者具体情况，审因辨证，进行合理加减。

气虚明显者加大生黄芪用量，并可加党参（人参、太子参、西洋参）、山药、炒白术等；阴虚明显者选麦冬、北沙参、玉竹、黄精、百合、白薇等；阳虚明显者选加制附子、巴戟天、菟丝子、补骨脂等；气郁明显者选加紫苏梗、合欢皮、佛手、玫瑰花等；气滞血瘀明显者可选加姜黄、三棱、莪术、枳壳、厚朴等；血瘀络阻明显者，加鸡血藤、络石藤、路路通、水蛭、土鳖虫等；痰阻者选加瓜蒌、半夏、陈皮、远志、茯苓、地龙等；寒凝者选加高良姜、桂枝、荜茇等；心悸明显者选加甘松、苦参、珍珠母等，心烦失眠明显者选加炒酸枣仁、柏子仁、合欢皮、首乌藤、珍珠母等；内热明显者，选加黄连、黄芩、土茯苓、菊花、莲子心、黄柏等；心绞痛明显者加三七粉、延胡索粉、琥珀粉冲服，加强活血止痛之功，或加宽胸丸宣痹止痛；胸阳不振明显者选加瓜蒌、薤白、半夏、枳壳宣痹通阳化浊，或加宽胸丸等。

五、方药之长

1. 冠心 3 号方

组成与用法：丹参 30g，川芎 15g，郁金 15g，红花 15g，赤芍 15g。日 1 剂，水煎 2 次，分 2 次，每次 200mL，饭后半小时温服。

功用：理气活血，芳香温通。

方解：冠心 3 号作为翁维良治疗冠心病的基础方，疗效肯定。具有活血而不破血、行气而不破气、通阳而不补阳的特点，方药组成有主有辅。丹参为君药，气味苦、平，微温，通利血脉，活血散结，行气止痛，具有益气之功，所谓"一味丹参，功同四物"；川芎作为臣药，辛温无毒，消瘀血，养新血，为血中之气药，能活血化瘀，且辛香走窜，通阳散结。

翁维良在继承郭士魁老中医"冠心 2 号方"辨治精髓的基础上，根据诊治患者的特点，改降香为郁金作为臣药，在临床上应用更加得心应手。

首先，虽然降香用于冠心病急性期有较好的缓解心绞痛的作用，但因其具芳香耗散之性，若长期服用有伤正之弊。用郁金既保留了降香活血、行气、通窍的长处，又较为温和。

其次，郁金性味寒凉，改降香为郁金，是变"温通"为"凉通"，更适合现代比较多见的血瘀有热，不适合温通的冠心病患者。

最后，郁金能够行气活血，对于冠心病常见的气滞血瘀类型尤为适合，体现了"气为血之帅"的制方原理。红花气味辛温，功能通瘀活血；赤芍苦平无毒，疏通血脉，助川芎行血中之滞，与红花共为使药。所选主药同时具有活血、行气、通阳的作用，而辅药则起协同作用，提高活血化瘀能力，共同达到疏通血脉的目的。

这五味药集理气活血、芳香温通于一体，成为翁维良活血化瘀的基础方剂，称为"冠心 3 号方"。

主治病证：血瘀证。症见胸闷胸痛、心悸气短、胁肋胀痛、憋气、口唇青紫，舌质紫暗或青紫、有瘀斑瘀点、舌底脉络迂曲紫暗，脉象弦细涩或结代；或无典型临床表现，客观检查有冠状动脉狭窄、血液流变学异常、血液黏度增高等。

临床应用及加减化裁

（1）适应证：冠心病、心律失常、心肌病、高血压病等心血管疾病有瘀血表现者。

（2）特殊使用情况：该方使用范围相当广泛，凡符合血瘀证诊断，均可根据辨证及个体情况在此方基础上加减化裁使用。如全身各系统动脉硬化患者，糖尿病晚期并发症、血液系统疾病属于瘀血诊断者，以及一些疑难杂症患者。

（3）加减化裁

①瘀血痹阻：本方合血府逐瘀汤加减。兼寒者，可加姜黄、桂枝等温通散寒化瘀之品；兼气滞者，可加枳壳、香附理气止痛；兼气虚者，加黄芪、党参、白术等补中益气。若瘀血痹阻重证，表现胸痛剧烈，可加延胡索、三棱、莪术等加强活血理气止痛的作用。

②气滞血瘀：本方合柴胡疏肝散加减。若兼有脘胀、嗳气、纳少等脾虚气滞的表现，可加白术、焦三仙以健脾理气；若气郁日久化热，心烦易怒，口干，便秘，舌红苔黄，脉数者，加牡丹皮、栀子清肝泻火；如胸闷心痛明显，可加延胡索粉、三七粉活血止痛。

③气虚血瘀：本方合补中益气汤加减。若大便干结加大黄；眩晕加决明子、牛膝；失眠加酸枣仁、珍珠母；血压高加葛根、天麻；血脂高加土茯苓、泽泻。

④阴虚血瘀：若失眠多梦，可用酸枣仁、首乌藤（夜交藤）养心安神；若心悸怔忡症状明显，脉结代者，用炙甘草、阿胶以养心阴；若兼见头晕、耳鸣、腰膝酸软，用黄精、枸杞子滋肾养阴清热；若阴虚阳亢，风阳上扰，加珍珠母、石决明、天麻、钩藤等滋阴潜阳；若兼动则气喘、乏力等气虚表现，可加黄芪、党参等益气之品。

⑤痰浊闭阻：本方合瓜蒌薤白半夏汤加减。若患者痰黏稠，色黄，大便干，苔黄腻，脉滑数，加黄连、黄芩以清化痰热；痰浊闭阻亦可酌情选用竹茹、苍术、桔梗、浙贝母等化痰散结之品。

⑥心肾阳虚、血脉瘀阻：本方合当归四逆汤加减。心肾阳虚兼见水饮凌心射肺，而出现水肿、喘促、心悸，加茯苓、白术健脾利水，生姜温散水气。

2. 冠心 4 号方

组成与用法：生黄芪 30g，丹参 30g，川芎 15g，三七粉 3g（冲服），红花 15g，赤芍 15g。日 1 剂，水煎 2 次，分 2 次，每次 200mL，饭后半小时温服。

功用：益气活血，通脉止痛。

方解：冠心 4 号方作为翁维良治疗冠心病的基础方，疗效肯定。具有益气活血、通脉止痛的作用，方药组成有主有辅。方中君药为丹参，具有活血通脉、益气止痛之功，所谓"一味丹参，功同四物"；翁维良在自拟经验方"冠心 3 号方"辨治精髓的基础上，根据老年冠心病发病特点，病情发生发展多气虚、多血瘀，且合并症多的患者病情愈发严重，因此将郁金改为生黄芪，与丹参共为君药，在临床应用上更加广泛。生黄芪性味甘、微温，能够补气活血，对于冠心病常见的气虚血瘀类型尤为适合，体现了"气为血之帅"的制方原理；改郁金为生黄芪是变"凉通"为"温通"，可温通血脉，相对更适合冬春季节发病并逐渐进展的老年患者，又可防止郁金久服辛散伤正之弊。川芎，为血中之气药，能活血祛瘀、行气止痛。现代药理研究表明，三七粉可提高机体体液免疫功能。三七粉甘、微苦，温，能够化瘀止血、活血定痛，擅入血分，具有止血而不留瘀、化瘀而不伤正的特点，并能止痛，冠心病心绞痛发作者用之尤为适宜，与川芎同为臣药。红花辛温，功能通瘀活血；赤芍苦平无毒，疏通血脉，行血中之滞，与红花共为使药。所选主药同时具有益气、活血、通脉的作用，而辅药则起协同作用，提高活血化瘀能力，共同达到疏通血脉的目的。

这六味药集益气活血、通脉止痛于一体，成为翁维良益气活血化瘀的基础方剂，称为"冠心4号方"。

主治病证：气虚血瘀证。症见心悸、乏力、气短、胸闷胸痛，舌胖大有齿痕，舌质淡暗、有瘀斑瘀点，脉沉细涩无力或结代。

临床应用及加减化裁

（1）适应证：冠心病、心律失常、心肌病、高血压等心血管疾病表现为气虚血瘀者。

（2）加减化裁：血瘀重者，增大丹参、红花用量；气虚甚者，加党参、茯苓、北沙参、炙甘草、白术；兼气滞者，减生黄芪用量，加柴胡、郁金、香附；胸闷痛，甚或肩痛彻背、背痛彻心，加瓜蒌、薤白。

3. 冠心5号方

组成：三七粉3g（冲服），生黄芪30g，延胡索15g，丹参30g，川芎15g，红花15g，赤芍15g。日1剂，水煎2次，分2次，每次200mL，饭后半小时温服。

功用：活血止痛，益气化瘀。

方解：冠心5号作为翁维良治疗冠心病的基础方，疗效肯定。具有活血化瘀止痛、益气通脉的特点，方药组成有主有辅。针对门诊老年患者病程长、病情重而复杂的特点，翁维良结合多年临证经验，提出"老年多瘀"，认为老年人由于内脏功能减退，气血阴阳失调，血液运行不畅，身体犹如"积秽沟渠"，必多壅塞。

临床表现方面，老年血瘀证多表现为固定性疼痛，如心绞痛等，其他如烦躁、狂躁、心悸、口燥渴、但欲漱水不欲咽等。在体征方面表现相对客观，如老年人多见舌质紫暗，舌上瘀斑点，舌下静脉曲张，面色、目眶、口唇、指甲黯黑等。在客观指标方面，老年患者最多见的是血液黏度升高、血小板聚集率增高、血栓易于形成、血液成分异常及红细胞变形能力降低等，进一步证实了老年人血瘀的普遍存在。故翁维良在自拟经验方"冠心3号方""冠心4号方"辨治精髓的基础上，选用延胡索为君药，其性味辛、苦，温，归肝、脾经，功能活血化瘀、理气止痛，能行血中之气滞、气中之血滞，可以治疗一身上下诸痛，如胸痛、腹痛、胁痛、痹痛，治疗胸痛有速效，为活血、理气、止痛之良药。用于治疗冠心病心绞痛不仅可以有效缓解心绞痛，还可显著改善心脏血液供应。以生黄芪、三七粉、丹参、川芎为臣，其中生黄芪、三七粉并用，以益气活血、化瘀止血，尤其适用于现代老年人多瘀多气虚的体质。丹参、川芎配伍具有养血活血、益气通脉止痛之功。红花辛温，功能通瘀活血；赤芍苦平无毒，疏通血脉，助川芎行血中之滞，与红花共为使药。所选主药同时具有益气、活血、通脉、止痛的作用，而辅药则起协同作用，提高活血化瘀能力，共同达到疏通血脉、理气止痛的目的。

这七味药集活血止痛、益气化瘀通于一体，成为翁维良活血化瘀的经典方剂，称为"冠心 5 号方"。

主治病证：血瘀胸痛重证。症见心前区疼痛，固定不移，夜间尤甚，烦躁、狂躁、心悸、口燥渴、但欲漱水不欲咽，舌质紫暗，舌上瘀斑点，舌下静脉曲张，面色、目眶、口唇、指甲黯黑，脉弦涩无力。

临床应用及加减化裁

（1）适应证：可用于冠心病表现为血瘀证胸痛重症者。

（2）加减化裁：血瘀重者，重用三七粉，增大丹参、红花用量；气虚甚者，加生黄芪用量，酌加党参、太子参、西洋参、北沙参、茯苓、炙甘草、白术等补气药；兼气滞者，减生黄芪用量，加柴胡、银柴胡、香附、郁金等理气药；胸闷痛甚，兼有痰浊痹阻胸阳者，配伍瓜蒌薤白半夏汤加减。

4. 冠心 6 号方

组成：丹参 15g，川芎 12g，红花 12g，赤芍 12g，郁金 12g，三棱 10g，莪术 10g。日 1 剂，水煎 2 次，分 2 次，每次 200mL，饭后半小时温服。

功用：破血逐瘀。

方解：冠心 6 号方由治疗冠心病心绞痛的基本方冠心 3 号方加减演变而来，为翁维良治疗冠心病心绞痛血瘀重症验方，疗效非常显著。其功能特点为破血行气、化瘀止痛，适用于治疗血瘀较重、体质较强的患者。

本方以丹参为君药，苦、微寒，归肝经，且与红花并入心经，并有养血活血、除烦安神之功。且丹参活血之余亦有补益气血之效，有"一味丹参，功同四物，能补血活血""破宿血，补新血"之说，为活血补血代表药物之一。翁维良临证对安全合理使用药物最为注重，丹参药性平和，药效显著，故对于冠心病及其他以血瘀为主要病机的心血管疾病应用率较高。

川芎为本方臣药，辛、温，归肝、胆、心包经，为活血化瘀、理气止痛之要药。《本草纲目》中便记载有以大川芎治疗心痛的条文。其气香味辛，通行十二经，为血中之气药，以此药为臣药，有血府逐瘀汤行气活血、"气为血帅"之意。

郁金性味辛、苦、寒，归心、肝、胆经。其活血化瘀、理气解郁的功能较为突出。在冠心2号方中，郁金本为降香，但降香为进口药，药物来源较为稀少，质量难以控制，故翁维良结合患者特点，在辨证的基础上于冠心3号方中将其改为郁金。郁金理气疏肝之力更佳，而冠心病患者多见气滞血瘀之证，故使用郁金可以更有效地缓解心绞痛。其次，郁金药物来源更为充足，且价格低廉，更有利于本方的广泛应用。

红花辛、微温，归肝、心经，活血化瘀通经之功显著，并可"破血、和血、调血""通利血脉"。另外，红花素为妇科要药，临床上广泛用于各种以血瘀为病机的病症。翁维良以其治疗冠心病心绞痛患者疗效显著。与赤芍、丹参合用，活血又可防温燥伤阴。

赤芍苦、微寒，与川芎、红花同归肝经，有活血化瘀、清热凉血的功能。由于气滞血瘀日久极易化热，赤芍活血化瘀作用虽然较弱，但可清热凉血，柔肝缓急，其微寒质润之性可以制约其他活血药物之温燥，刚柔相济。其次，赤芍善入肝经，对肝郁气滞血瘀或气郁化热伤阴之证均有疗效。对常见的更年期妇女，或因久病情绪抑郁、焦躁不安兼有血瘀的患者，极为合适。

三棱辛、苦，平，归肝、脾经，可破血行气、消积止痛。莪术辛、苦，温，归肝、脾经，可行气止痛、破血消积。若细分二药之间的区别，三棱破血之力胜于莪术，而莪术则有较强的理气作用。二药相须为用，能破血行气、消积止痛，起到其他活血化瘀药所不及的功效，加强本方破血逐瘀之功。且相较于同属破血药的动物药，三棱、莪术更为安全，更适于长期服用。

本方以破血逐瘀为主，故活血力量较强，可达到疏通血脉的目的。由于西医不能从根本上治疗本证，患者病情容易反复。翁维良认为此类患者多为瘀血阻滞心脉，不通则痛，故治疗上可加强活血化瘀力量，以减少病情的反复。

主治病证：瘀血阻滞证。症见胸部疼痛明显，疼痛剧烈，位置固定，痛彻肩背，夜间加重。舌暗红或紫红，舌下络脉粗大，瘀滞明显，舌苔薄黄，脉涩或弦紧。客观检查有冠状动脉狭窄、血液流变学异常、血液黏度增高等。

临床应用及加减化裁

（1）适应证：冠心病、冠状动脉支架置入术后、高血压等心血管疾病有明显瘀血表现者。

（2）特殊使用情况：该方对于冠心病心绞痛发作频繁、程度较重，多次置入支架、置入数枚支架，或置入支架后反复狭窄，但体质较好的患者，符合血瘀较重证候诊断，可根据辨证及个体情况，在此方基础上加减化裁使用。

（3）加减规律

①瘀血阻络：本方加络石藤、路路通加减。兼寒可加高良姜、桂枝等温通之品，

散寒化瘀；兼气虚者，可加生黄芪、党参、炒白术等益气健脾。若胸痛剧烈，可加延胡索、三七粉等进一步加强活血理气止痛之功。

②血瘀兼肝郁气滞：本方合柴胡疏肝散加减。兼有腹胀、纳差、嗳气等脾虚气滞表现者，可加炒神曲、焦三仙等理气健脾；若久病，气机不利，郁而化热，兼烦躁易怒，舌红苔黄，脉数者，加牡丹皮、栀子清肝泻火；若夜寐不安，可加酸枣仁、合欢皮、首乌藤（夜交藤）、珍珠母等养心安神之品。

③气虚血瘀：本方合补中益气汤加减。高血压眩晕、头部不适加天麻、钩藤；眠差加酸枣仁、合欢皮、夜交藤、珍珠母等。

④阴虚血瘀：本方加麦冬、玉竹、沙参等。若夜寐不安，眠差加酸枣仁、合欢皮、夜交藤、柏子仁等养心安神；若兼有耳鸣，腰膝酸软，可加黄精、枸杞子养阴清热益肾；若阴虚阳亢，风阳上扰，可加石决明、天麻、钩藤等滋阴潜阳；若兼乏力、气短等气虚表现，可加生黄芪、党参等益气之品；若瘀久化热，内热较重者，可加黄芩、黄连、黄柏、栀子等清热解毒。

⑤痰浊阻络：本方加陈皮、法半夏、苍术等理气祛痰。血瘀兼心肾阳虚，本方加高良姜、黑顺片、桂枝等。心肾阳虚，水气凌心，见水肿、心悸，喘憋不能平卧，加葶苈子、泽泻、车前草等利水。

六、大医精诚

一个患者背后可能就有一个困难的家庭，每个患者都有自己的苦涩辛酸。驻扎黄土高原、与老百姓同吃同住的那段经历涵养了翁维良"誓愿普救含灵之苦"的大医情怀，用他的话说："当医生就是要为老百姓服务，要做'人民的医生'！"往后几十年的行医历程中，翁维良将这份情怀落实到工作、生活的点点滴滴，无论多晚，都要看完最后一位患者；他把患者当亲人、当朋友，很多患者与他保持长期通信；他多次跟随医疗队到贫苦农村巡回义诊，再苦再难也从不喊累，因为他是"人民的医生"。

1963年，西苑医院正式成立心血管病研究室，同时还配备了30多张病床。翁维良作为住院医师（初级职称），管着几乎一半病床，随叫随到，24小时责任制，每天2～3次查房，如此高强度的工作，翁维良一干就是18年。18年不晋升职称，在现代人看来非常不可思议，但对于经历了"文革"动荡的翁维良来说，"不算什么，就是那个时代耽误下了，把手里的事干好就行"。不怨不忿、不急不躁，翁维良身上始终带有浙东书生的温润。在那个特殊的年代，他专心致志地投入中医临床科研实践中，逐步成为中医活血化瘀研究风潮的重要引领者之一。"心肌缺血、冠心病、心绞痛，用点活血化瘀中药"，如今，这已是深入人心的医学常识，可在当年，活血化瘀治心脑血管疾病是一条人迹罕至的路，翁维良那一批中医人以"滴水穿石"的精神将这条路拓宽、踩实，以中医药的独特优势改变了心脑血管疾病"唯西医"的治疗格局。多年的跟师学习与工作经历，不仅使翁维良积累了丰富的临床实践经验，同时也为其养成良好的科研习惯创造了条件。

作为中医研究院的第一附属医院，西苑医院强调临床与科研并重，心血管研究室的医师既是临床医生，又是科研人员，在临床工作中经常需要轮流到科研的第一线，包括当时清华大学、北京大学、中国人民大学设立的科研门诊，以及与北医三院协作的每周一次的联合大查房和合作科研项目。当时信息技术尚不发达，没有电脑，查阅文献资料需要人工一本本地翻找，费时费力；统计只能使用手摇计算机完成，烦琐复杂，工作量大。但是研究室里学术气氛浓厚，工作积极性很高。研究室每周都会开一次临床与科研会议，讨论临床与科研进展及遇到的问题，探讨解决问题的方法及下一步工作计划，科研态度都十分认真严谨。正是这种不断的坚持与积累，为翁维良今后在临床和科研工作中养成的良好习惯打下了坚实的基础。

七、养生智慧

从意气风发的年轻大夫到妙手回春的国医大师，翁维良与心脑血管疾病打交道已有 60 余年。步入耄耋之年，翁维良常常思考并得出结论，心脏病不能仅靠治，还得靠养，尤其对于身体各器官功能都在走下坡路的老年人来说，养心尤为重要。那么老年人该如何养心呢？根据多年临床实践和生活经验，翁维良提出了"三不过"养心经。

（一）不过劳，避免"半健康血瘀证"

过劳就是超过身体能承受的负荷，俗称"累过劲儿"。在现代快节奏的社会环境下，过劳并不罕见，但很多人认识不到其危害，简单地以为"累过劲儿了，休息休息就能好"。实际上，过劳会对身体造成很多不可逆的伤害，甚至引发"过劳死"，冠心病、心瓣膜病、心肌病和脑出血等心脑血管疾病就是直接促成"过劳死"的最常见疾病。

早在 20 世纪 80 年代初，翁维良就注意到了这一社会问题，他通过研究当时在日本出现的"过劳死"病例，提出了"半健康血瘀证"的概念。

"查不出原因的疲劳、抑郁、失眠，很可能是瘀血作祟"，翁维良认为，在精力、脑力、体力过分透支的情况下，如果再饮食不当——摄入较多高脂食品，就很容易内生瘀血。抑郁、失眠等亚健康表现都与瘀血有关，即"半健康血瘀证"，这时虽检查不出器质性病变，但其实已经是冠心病、心肌病等重大疾病的前奏了。

原来，累是能累出瘀血的，如何改善"半健康瘀血证"呢。翁维良提出，首先必须改变过劳的生活方式；如果有严重化趋势，则应找专业医生从活血化瘀的角度给予对证治疗。

翁维良兢兢业业从医60余年，耄耋之年还坚持在临床、科研一线，一直忙忙碌碌的他为何精力充沛、从未过劳？他的秘诀有以下两点。

第一，保持有规律、有节奏的工作和生活，让身体定时"开关"。

每天早上6点起身，7点多到岗，工作一整天，下班后读书，至10点左右就寝，这是翁维良保持了几十年的习惯。在常人看来，他每天出诊、带学生、查资料、做科研，工作量非常大，节奏也很紧凑，但翁维良从不觉得累，因为他的身体已经适应了这种节奏，仿佛能定时"开关"。白天，他的头脑习惯性地保持高调动状态，全身心地投入工作；晚上10点左右，他像电池需要充电一样，身心自然而然地静下来，睡得特别香，一觉到天亮。第二天早晨，他又能精力充沛地开始新一天的工作。

忙碌而不过劳，这种身心和谐状态需要稳固的习惯做支撑。翁维良认为，这并不难，只要日复一日地坚持，自然而然就能做到。

第二，不强求、不执拗，看淡得失，避免精神内耗。

过劳，很多时候不在于劳力，而在于劳心，也就是所谓的精神内耗。很多老年人会沉湎于对过往的遗憾、对儿女的牵挂或对衰老的担忧，长此以往，劳心过度也会引发"半健康血瘀证"，各种慢性病随之上身。

翁维良性情豁达，拿得起，放得下，既不遗憾过去，也不忧虑未来，永远活在当下，关注手里正在干的事。在学生们眼中，他是最慈祥的老师，从不批评，也不严厉地提要求，他只是以身作则，把各项工作都精益求精地做到极致。学生们都"不好意思偷懒"，跟着老师的步伐，也养成了精益求精的习惯。

"简简单单做学问，不把名利放心上"，正是这份澄澈的心境让翁维良始终不觉劳累，干劲十足。

（二）不过胖，别给心脏太重的负担

"我40岁以后，体重就长得很快，这是年龄大了，代谢减慢的缘故，从那时起我就有意控制饮食，每天走一万步。"将体重维持在健康范围内，是翁维良养心的另一秘诀。

为何如此关注体重？因为翁维良在多年临床实践中发现，在心脏病患者中，有70%都是肥胖者。为了探究其中的原因与规律，他专门研究肥胖病，编写了以中西

医结合视角介绍肥胖病形成、诊断、治疗的专著——《实用中西医结合肥胖病学》。

"心脏负责向全身泵血，体重超重，心脏负担不了就出现功能障碍，心脏得病后，体重还居高不下，心脏吃不消，就会病得更重。"翁维良认为，肥胖与瘀血是互相促进的关系。他在临床诊疗中常常用活血化瘀法来治疗肥胖症，同时也反复叮嘱心脏病患者一定要调整饮食、合理运动，平稳地将体重降到正常范围。

对于老年人来说，维持健康体重不是一件容易事。翁维良自 70 岁以后，就停止了每天一万步的锻炼，因为"走得太多，膝关节磨损严重，腿受不了"。

现在，他每天以缓步慢行的方式锻炼，还特别注重平衡饮食，"营养要全面，爱吃的、不爱吃的都要吃一点，七八分饱刚刚好，不要给心脏太重的负担"。

（三）不过懒，莫忽略心脏病的预警信号

得了心脏病是一种怎样的体验？时不时地心慌、气短、胸闷，是很多人给出的答案。然而，有些心脏病没有明显症状，比如有一类房颤患者，平时心率不快，也很少难受，但如果心脏里的血栓掉下来堵塞脑血管，人就会突发中风，有生命危险。

翁维良认为，比较隐性的患者虽没有明显的临床症状，但以中医"思外揣内"的视角看，心脏病的预警信号一般都会在身体上有所体现，具体如下。

鼻子——鼻梁根部出现明显的"山根横纹"。

耳朵——耳轮无光泽、有焦黑点，耳垂有褶皱甚至出现冠状沟。

脉搏——脉搏存在停顿、漏跳等节律不均匀表现。

面色——晦暗或发灰青色、赤红色。

眼眶——发黑、肿胀，有重浊的眼袋。

舌——有齿痕，舌质紫暗，舌尖红、周围有点刺。

翁维良谈到，很多老年人有惰性心理，不按时体检，身体不舒服也习惯拖着，其实这样非常危险。老年人应特别关注身体的变化，如果出现以上症状，就预示心脏可能存在问题，要及时到医院检查、就医、对证治疗，千万别因为犯懒而贻误最佳治疗时机。

翁维良是个很勤快的老人，不但勤于临床科研，也勤于观察自己的身体，有时他自己给自己把脉，摸着脉搏跳动有些不均匀了，就知道该调整了，散散步、活动活动筋骨，或是静静养神，以养精蓄锐。

为了护心保健康，翁维良从来不喝酒、咖啡、浓茶等可能通过兴奋交感神经而刺激心脏的饮品。根据多年经验，他推荐了一款护心凉茶、一款护心粥来辅助养心。

（1）护心茶

组成：薄荷 3g，藿香 10g，佩兰 10g，荷叶 12g，金银花 10g。

用法：代茶饮，薄荷后下，有祛暑护心、利肾清热之效，适合夏季服用。

（2）护心粥

组成：莲子 15g，百合 15g，枸杞子 10g，山药 20g，红小豆 15g，薏苡仁 15g，粳米 150g。

用法：以荷叶煮水，再以荷叶水将其余诸品纳入煮粥，可辅助用于心脏病初期患者的调养，如伴有高血糖则去掉枸杞子，如伴有高尿酸则去掉红小豆。

八、传道之法

（一）人才培养方法

"老师每天 7 点多就到医院，一忙一整天，周末也不休息，日日如此，年年如此"，翁维良的亲传弟子李秋艳笑称，老师的勤勉让学生很有"压力"。在她的记忆中，老师从来不苛责，甚至很少提要求，但出门诊，他永远来得最早；做课题，他永远查资料查得最全。这份"不待扬鞭自奋蹄"的精神既令人感动，也是强大的鞭策力量，"做翁老的学生，就不好意思偷懒"。

"家门有一代代传承的家风，师门也有一代代传承的学术之风。"翁维良的亲传弟子、中国中医科学院西苑医院临床药理研究所张菀桐谈到，看到老师于耄耋之年仍亲手整理郭士魁先生留下的手札，心里很感动，也意识到自己肩负着传承的艰巨使命。如何才能做好传承？翁维良曾带领学生反复研究这个问题。在他的指导下，张菀桐曾专门以"探究传承方法"为主题作博士论文。经过长期研讨与尝试，他们针对名老中医医案病情错综复杂、治疗周期长的特点，形成长时动态诊疗方案的图文分析策略，强调通过个案分析积累，形成群体诊疗规律的医学范式，系统性地建立基于个体化医疗的中医药经验传承方法。运用现代科学方法，为中医药经验找到可复制、可推广的传承方式，是翁维良倾注心血努力探索并会一直做下去的重要事业。实际上，从名老中医身上传承的不仅是经验方法，更是大医精诚的精神。

中国中医科学院在读博士王旭杰是李秋艳的研究生，他长期参与翁维良的课题研究，在挖掘学习名老中医经验的过程中，常常被老一辈中医人孜孜不倦、甘于奉献的精神所感染。还没毕业的他已然立下了成为大医的志向，"翁老教老师，老师再教我们，每一代人都要成长为优秀的中医人"。

学生们为之而努力的，正是翁维良所希望的。86 岁高龄的他每天坚持在临床、科研一线，以身作则，亲身传承，为的就是让年轻人领悟到中医药的精华所在，让中医药临证经验和为医者的精神内涵一代代传承下去，造福更多人民群众。

（二）人才培养成果

翁维良为第二、四、五、六批全国老中医药专家学术经验继承工作指导老师，中国中医科学院硕士、博士研究生导师，中国中医科学院著名中医药专家学术经验传承博士后合作导师。国家中医药管理局岐黄工程——第四批全国中医优秀人才研修项目授课专家，北京首届西学中高级研究班临床师承导师，上海中医药大学附属龙华医院名誉教授，天津中医药大学第二附属医院青年博士联合会导师，河南中医药大学第一附属医院临床人才培养工作指导老师，中国中医科学院西苑医院第一批优秀青年学者中医传承导师，首都医科大学中西医结合学系学术委员会委员。国家中医药管理局、中华中医药学会全国名老中医药专家传承工作室，国家中医药管理局京津冀中医药协同发展项目——翁维良学术传承推广课题及北京中医药管理局学术继承工作站指导老师。

迄今翁维良已培养全国老中医药专家学术经验继承师带徒9人，全国优秀中医临床人才12人，博士后6人，传承博士后4人，博士13人，硕士14人，京津冀地区中医药骨干人才10人。

代表性学术继承人情况如下。

谢雁鸣：第二批全国老中医药专家学术经验继承人，中国中医科学院首席研究员，中国中医科学院中医临床基础医学研究所原常务副所长，博士研究生导师，获"全国三八红旗手"称号。享受国务院政府特殊津贴专家，卫生部中青年突出贡献专家，全国第六批全国老中医药专家学术经验继承工作指导老师，首都名中医。先后主持国家级、省部级科研项目18项，获国家科学技术进步奖一等奖1项、二等奖2项。发表科研论文700余篇，获国内外发明专利10余项，主编著作10余部。

李秋艳：第四批全国老中医药专家学术经验继承人，医学博士，主任医师，教授，博士研究生导师，中国中医科学院西苑医院院长，中国中医科学院中青年名中医，享受国务院政府特殊津贴专家。主持或参与国家级、省部级课题多项，发表科研论文数十篇，出版学术专著10余部，获中国中医科学院科学技术奖2项。

苏庆民：医学博士，中国中医科学院研究员，主任医师，中国中医科学院中医药发展研究中心主任。编著《伤寒论阐释》等著作多部，是《中医药法》、"十四五"规划起草组成员。获教育部、中华中医药学会、北京市、中国中医科学院科学技术奖励多项。

高蕊：全国中医临床优秀人才，主任医师，医学博士，博士研究生导师，中国中医科学院首席研究员，享受国务院政府特殊津贴，国家中医药管理局中药临床药理重点学科带头人，中国中医科学院中青年名中医。曾任中国中医科学院临床药理研究所副所长，国家药监局中药临床研究与评价重点实验室主任，中药临床疗效和安全性评价国家工程实验室副主任，海淀区政协委员。

黄世敬：中国中医科学院博士后，主任医师，教授，博士研究生导师，中国中医科学院广安门医院中药研发中心主任。主持或参与国家攻关及支撑计划课题、国家自然科学基金课题、国家重大科技专项等课题多项。

田元祥：中国中医科学院博士后，主任医师。教育部高等学校青年骨干教师国内访问学者，全国首届百名中医药科普专家。曾任世界中医药学会联合会老年医学专业委员会理事。

张菀桐：翁维良国医大师传承工作室学术秘书，医学博士，北京市科技新星，中国中医科学院优秀科技青年人才，哈佛大学医学院访问学者。近5年主持国家自然科学基金青年项目、国家心血管中心专项、中国中医科学院科创工程专项等课题6项，获得国家发明专利1项。以第一/通讯作者发表学术论文18篇，其中包括SCI论文13篇。参与出版专著3部。

翁维良学术传承谱

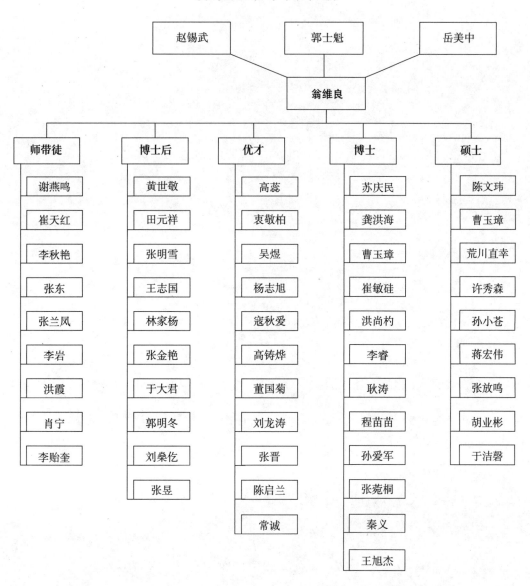

赵锡武　郭士魁　岳美中

翁维良

师带徒	博士后	优才	博士	硕士
谢燕鸣	黄世敬	高蕊	苏庆民	陈文玮
崔天红	田元祥	衷敬柏	龚洪海	曹玉璋
李秋艳	张明雪	吴煜	曹玉璋	荒川直幸
张东	王志国	杨志旭	崔敏硅	许秀森
张兰凤	林家杨	寇秋爱	洪尚杓	孙小苍
李岩	张金艳	高铸烨	李睿	蒋宏伟
洪霞	于大君	董国菊	耿涛	张放鸣
肖宁	郭明冬	刘龙涛	程苗苗	胡业彬
李贻奎	刘燊仡	张晋	孙爱军	于洁磐
	张昱	陈启兰	张菀桐	
		常诚	秦义	
			王旭杰	

（李秋艳、张菀桐整理）

（王秋华编辑）

黄瑾明

　　黄瑾明（1937—　　），男，壮族，广西贵港人，中共党员，广西中医药大学第一附属医院教授、硕士研究生导师。历任广西中医药大学教务处处长、广西中医药大学壮医药研究所所长等职务。享受国务院政府特殊津贴。被评为首届全国名中医、桂派中医大师，担任第二、六、七批全国老中医药专家学术经验继承工作指导老师。2018年获评国家卫生健康委员会和中央精神文明建设指导委员会办公室举办的"中国好医生"月度人物，2019年获"全国中医药杰出贡献奖"。同年被评为"自治区民族团结进步模范个人"。2022年被授予"国医大师"荣誉称号。

　　黄瑾明首先全面挖掘整理壮医药线点灸疗法，把壮医药线点灸疗法作为一门课程引入医学殿堂，开创壮医药教育的先河，奠定广西中医药大学办学特色基础，逐渐形成独特的学术思想和临床经验，被誉为"壮医临床第一人"，为广西黄氏壮医针灸流派代表性传承人，该流派被列入国家中医药管理局第一批中医学术流派。1992年主持完成的"壮医药线点灸疗法的发掘整理及疗效验证研究"是壮医领域首次获得的省部级科技进步奖二等奖；1995年主持完成的"壮医药线点灸治疗脾虚证作用规律及疗效原理的研究"是壮医领域获得的首个国家自然科学基金项目，指导的"壮医针灸学的理论与临床研究"获广西科技进步奖二等奖。出版专著20部。

一、学医之路

　　黄瑾明幼年生长在广西贵港县的小乡村，旧中国乡村贫穷落后，医疗资源匮乏，很多患病的村民得不到救治而落下残疾甚至失去生命。由于至亲罹患重疾而离开人世，促使他走上从医的道路。1961 年，黄瑾明经过高考进入广西中医专科学校（即广西中医学院、广西中医药大学前身），系统学习了中西医基础理论知识，熟读《黄帝内经》《伤寒论》《金匮要略》《千金要方》《本草纲目》等中医经典名著，进入临床实习得到黄荣活、李士贵、田秀英、凌朝坤、高超义等著名中医专家的悉心教导，练就了扎实的专业基本功和临床经验。1965 年，黄瑾明毕业留校任教，先后被派往苍梧县、北流县等地参加下乡运动并开展基层卫生防疫防控工作，在造福多方百姓的同时，黄瑾明接触到了大量的民间壮医诊疗病例，对壮医药的独特治疗方法与显著效果有了深刻的印象。1968 年，黄瑾明回到广西中医学院附属医院针灸科工作后，即着手开展对壮民族医学的调研、整理、论证、实践及推广等工作。这期间，黄瑾明结识了龙玉乾、罗家安、农大丰等闻名一方的民间壮医，挖掘学习到了壮医药线点灸、壮医针挑、火攻、灯花灸、鲜花叶透穴、滚蛋、佩药等壮医特色疗法，并运用于临床，为壮医学科的建立、推广打下了坚实的基础。

二、成才之道

（一）志存高远，心系百姓

　　"只要我还能工作一天，我就要为医学事业服务一天。"黄瑾明在医学道路上成长并取得成绩，缘于他始终将党和国家、人民的利益放在第一位，将救死扶伤、救苦救难、造福于民作为自己从医的远大志向，誓要为人民服务，让患者尽早康复、让百姓不受病痛折磨、让人民都拥有健康的体魄。他几十年如一日，在杏林深处默默耕耘，在茫茫人海中悬壶济世，持之以恒地探索，不知疲惫，永葆雄心壮志，就是将苍生大医的使命担当作为自己前进的动力。

（二）固本强元，学无止境

　　从医者身系病患生死，必须练就过硬的本领。几十年来，黄瑾明虽成大医，但一直强调对中医学基础的学习和巩固，他认为中医学是门系统的学科，必须对中医理论体系、辨证论治的方法、中医药的配伍等知识进行系统学习，熟读中医经典，夯实基础，才能成为一名合格的中医师。《黄帝内经》《伤寒杂病论》《脉经》《本草纲目》《医宗金鉴》《医学衷中参西录》等经典是黄瑾明的案头书，也是他经常温习和巩固的基础书。哪怕年岁已高，他仍要继续学习，秉持终生学习、学无止境的治学观念，执着地将基础学习贯穿于事业生命的始终。他始终根植于基础，不断地重温、领悟，从基础中汲取养料、融会贯通，结合现代科技的发展推陈出新，不断发现并取得新成就。多年来，黄瑾明常常强调在挖掘、整理壮医药学知识和发展壮医药医学流派的过程中，要特别注意对壮医药的基础理论进行归纳和总结，他认为只有把基础理论的规律弄清楚了，才能更好地指导学科的发展和壮医药的使用、验证。

（三）海纳百川，善于思辨

中医学博大精深，是几千年来华夏儿女在长期的生产、生活实践，以及同疾病作斗争，不断适应和改造自然环境，摆脱蒙昧、走向文明与现代的过程中，逐步创造、积累出来的医药学知识和规律，它代表了中华儿女对自然、对健康认识的现有水平。黄瑾明从接受中医科班教育到结缘壮医，痴迷壮医，传承、挖掘、发展壮医，直到形成壮医针灸流派，就是其秉承的"博极医源，海纳百川，传承发展"的理念所缔结的成果。他认为作为中医人，既要继承传统中医的精华，也要善于思辨，对现有中医学知识及各家医学观点中，可能受当时生产力、思想观念和医疗水平局限，而存在的不合理或虚妄的成分要敢于批评和摒弃；对未解释清楚或无法解释的医学经验规律，要敢于深入挖掘和揭示。另外，中医人还应有广博的胸襟，敢于从民间、从田间地头、从各少数民族的医疗经验中汲取养料，真正体现中医是中华医学的代名词。黄瑾明知道，随着人类社会的发展，人们对中医学的认知会越来越深入，对它还未涵盖和揭露的规律也会有更多新的认知，而这一过程就需要中医人拥有一颗谦卑和敢于探索攀登的心。他儿时接触民间偏方，多年来向基层民众学习，挖掘整理出壮族医学典籍和民间疗法，并最终形成壮医药学流派，就在于他敢于思辨，敢于不耻下问，拥有海纳百川的气度。

（四）坚持临床，循证求验

"学医重在临床"。黄瑾明认为，中医学也好，壮医药也罢，都是实践性极强的应用学科。他行医近六十载，在做理论研究的同时，耄耋之年仍坚持坐诊。他认为一个好的中医，不能只做理论上的巨人，更应有充分的临床实践经验。随着现代医学的不断进步，不仅要重视对书本知识的学习，更应重视临床的实践。只有在接触患者的过程中，才能实际观察了解疾病的临床表现和诊治方法；只有亲自动手操作，才能提高我们的独立思维及临床综合判断能力。不仅要学用"一元化"的观点来解释疾病的表现，而且要学会从多角度、多层面、多方位来分析病情，养成科学的临床思维习惯。

临床一线，能让医生随时了解掌握患者情况，验证理论是否有效。但在医学理论研究中，必须认识到，现代的中医学还应吸纳现代医学科技技术和思维方法的成果。如运用循证论证方法去验证理论，使中医在阐明病理等方面跟上现代医学科技的发展。

另外，在挖掘壮医药学的过程中要注意思辨，要了解民间医药在发展过程中受人们思想的局限，夹杂有虚妄之说，必须摒弃这些虚妄和封建迷信。要知道人生无常，在于道。没有什么事情是虚幻的，缺少的只是去探索，了解其中的奥秘。

三、学术之精

黄瑾明丰富了壮医学理论体系，推崇阴阳互生、三气同步、三道两路、毒虚致病等壮医理论，创新提出气血均衡学说；强调调气、解毒、补虚、祛瘀四大治则；梳理验证壮医针灸特定穴，形成壮医药线点灸、壮医针刺疗法、壮医莲花针拔罐逐瘀疗法三大核心技术，规范壮医针灸操作。其中壮医药线点灸疗法入选国家非物质文化遗产名录，黄瑾明为代表性传承人。

（一）从毒虚论治病因

黄瑾明认为，对因治疗，才是治本之道。对于疾病的成因，大致可归纳为"毒"和"虚"两类，毒和虚是疾病发病的两大因素。"毒"是疾病之外因，其种类包括痧毒、瘴毒、蛊毒、风毒、湿毒、热毒等，其内涵极广，既指蛇毒、虫毒、刺毒、菌毒等具体有形的有害、有毒之物，又指痧毒、瘴毒、风毒、湿毒、热毒等一切无形之毒，泛指一切能对人体构成伤害的致病因素。黄瑾明强调临证要善于辨毒，正所谓"百病皆因毒而起"，在诊治具体疾病时要辨清是哪一种毒，不同的毒邪致病，其治疗方法及方药各异。

"正气存内，邪不可干""邪之所凑，其气必虚"。黄瑾明认为，虚也是导致疾病发生的重要因素，包括气虚、血虚、阴虚、阳虚等，虚则三道两路及其调节中枢脏腑运化能力和防卫能力相对减弱，不足以抗毒。因此，正气虚损不足是发病的内在基础，是外毒得以侵入人体的前提。黄瑾明在诊治疾病时尤其强调须辨清是哪一种虚。

毒是外因，虚为内因，毒和虚相因而为病。毒进入人体后与人体正气相抗争，若正胜毒，则毒退而正安，可不发病或虽发病而速愈；若毒邪亢盛，正气奋勇抗毒，但终因毒邪过盛则毒进，滞留机体，阻塞道路，损其功能，耗伤正气，导致气血平衡关系失调，终致人体天部（即上部）、地部（即下部）、人部（即中部）三部之气不能同步运行，发而为病，此为因毒致虚；若正气明显虚损，则抗病能力低下，正不敌邪，虚不胜毒，毒可乘虚而入，此为因虚致毒，发病常较深重，预后多属不良。临床诊断疾病时，应辨清毒和虚的辩证关系，毒盛则以祛毒为主，虚甚则以补虚为要。

（二）从气血失衡论治病机

黄瑾明认为，毒和虚虽为起病二因，然其能否致病，得看毒、虚两者抗争是否引起气血关系失衡。早在1986年，黄瑾明等人整理出版的《壮医药线点灸疗法》就已明确提出"疾患并非无中生，乃系气血不均衡"的病机理论，黄瑾明在临床中以此指导壮医临床治疗，取得满意的疗效。"疾患并非无中生，乃系气血不均衡"，意即疾病的产生，是由于气血平衡关系失调所致。气和血是构成人体和维系人体生机的两种最基本物质，气血必须保持相对的平衡状态，才能保持人体功能正常，人体健康；若气血失衡，超出了机体的自我协调和恢复的能力，不能正常化生和排泄，不能正常输布、充养机体和维持机体的正常生理功能，则疾病丛生。

黄瑾明在大量的临床实践中体会到，不管何种疾病，均会引起人体气血关系的失衡。一般来说，外因在人体正气虚损、气血偏衰的基础上，通过三道与体表相通的部位或其他部位侵入三道两路，滞留道路内，使三道两路不通畅或功能失调，使天气（上部之气）、地气（下部之气）、人气（中部之气）不能同步运行化生，进而使气血运行流通不畅或不通而失去平衡协调，从而产生疾病。气血失衡的病机大体上又可分为气血瘀滞、气血偏衰、气血偏亢三种。但无论是哪一种，均可导致人体内三部之气即天气、地气、人气不相协调通应，若超出了机体的自我调节能力，就会产生各种疾病。

基于气血失衡的病机理论，黄瑾明又总结出具体病机七条，以此指导临床治疗，每获效验。①诸病瘀滞，皆属于气；②诸病肿瘤，皆属于瘀；③诸病瘫痪，皆属于瘀；④诸病瘙痒，皆属于瘀；⑤诸病疼痛，皆属于瘀；⑥诸病疮疖，皆属于瘀；⑦诸病痿痹，皆属于瘀。

（三）从三道两路进行辨证

黄瑾明临证诊治疾病时，除了遵循传统中医学的辨证论治，还创造性地提出"道路辨证"，即"三道两路辨证"。按照壮医三道两路理论，将临床疾病种类归纳为谷道病、气道病、水道病、龙路病、火路病五大类。

五谷进入人体并得以消化吸收和排泄的通道称为"谷道"，主要包括口腔、咽喉、食管、胃肠，其化生和调节的枢纽脏腑是"咪叠"（肝）、"咪背"（胆）、"咪曼"（胰）。谷道病主要表现为呕吐、腹胀、腹痛、腹泻、屙痢、呃逆、嗳气、厌食等消化、吸收方面的症状。

水道与谷道同源而分流，主要包括口腔、咽喉、肾、膀胱、尿道、毛孔，其化生和调节的枢纽脏腑是"咪腰"（肾）和"咪小肚"（膀胱）。水道病主要表现为水肿、尿频、尿急、尿闭、尿痛、遗尿、小便失禁或滴尿全无等症状。

气道是人体与大自然之气相互交换的通道，主要包括口鼻、咽喉、气管、肺，其化生和调节的枢纽脏腑是"咪钵"（肺）。气道病主要表现为感冒、头痛身疼、鼻塞、流涕、咳嗽、咳痰、咳血、胸痛、气喘、胸闷等症状。

龙路是人体内血液的通道，其化生和调节的枢纽脏腑是"咪心头"（心脏）。龙路病主要表现为肌肉萎缩、偏枯不用、口唇指甲青紫，目诊"勒答"黑斑等血液运行不畅、内脏骨肉失养的症状，以及衄血、咳血、咯血、便血、皮下瘀斑瘀点等血液运行不循常道、孔窍出血的症状。

火路是人体内传感的通道，即"信息通道"，其化生和调节的枢纽脏腑是"巧坞"（头脑）。火路病主要表现为局部或肢体不知冷热、不知痛痒等，甚者肢体与"巧坞"失去联系而不能行动自如或完全不能行动的症状。

在临证诊治疾病时，黄瑾明将壮医的道路辨证、毒虚理论与中医学之辨证论治体系融为一体，师古而不泥，强调要先根据壮医道路辨证辨别为哪一道路的病变，再根据壮医毒虚理论及辨证论治思想辨别具体的致病因素及证型，进而确立治疗原则和选方用药。

（四）据平衡气血确立八字治则

根据"疾患并非无中生，乃系气血不均衡"的壮医病机理论，黄瑾明特别推崇平衡气血的治疗原则，并多有发挥。他认为不管是气血瘀滞、气血偏衰还是气血偏亢，在治疗时都必须平衡气血，只要气血调畅均衡，就可以达到阴平阳秘，体内的谷道、水道、气道、龙路、火路就能保持通畅协调，发挥正常功能，人体的天、地、人三部之气就能同步和谐运行。据此，黄瑾明在前人基础上总结出调气、解毒、补虚、祛瘀四大平衡气血治则，称为"八字"治则，并广泛指导临床各科疾病的治疗。运用"八字"治则可调整人体气血阴阳平衡，使人体内三部之气、人体之气与自然界天地之气恢复同步运行，从而使气血流通，疾病可愈，健康可复。

气是构成人体的本原，是维持人体生命活动的最基本物质，气又生血，是各内脏骨肉的物质基础，只要人体一身之气调畅，则血行可通，道路可畅，天、地、人三气可复，疾病可愈。因此，黄瑾明治疗疾病时十分强调调气治则。调气一方面可以疏通道路之阻滞，利于各种邪毒从三道两路排出体外；二则通畅人体之气，使之与自然界之天气、地气保持三同步，从而使气血化生，泉源不竭，运行畅达，排泄有常。很多疾病，都可以应用调气治则。

"百病皆因毒而起"，阳性邪毒可引起气血相对亢盛，此时急需祛除邪毒，使毒去正安。阴性邪毒则多引起气血瘀滞不畅，亦需解毒。当毒虚致病病因中毒的方面明显时，亦需要解毒。如风毒盛实，气血不足，则风毒乘虚而入，阻滞于龙路和火路，引起气血运行瘀滞，此时需兼顾祛除病因，当祛毒，使风毒去而正气安。黄瑾明在临证中喜用壮医针灸的综合疗法来解除体内邪毒，若病情较重者，还常常配合中药内服或外洗。总之，用综合疗法来解毒，其效果最为理想。

补虚要义有二：一是扶助正气，以增强抗病能力；二是可以促进解毒排毒。补虚可以通过药物或非药物、外用或内服等多种方法进行。黄瑾明补虚擅用外用的方法，如壮医针刺补法和壮医药线点灸补法以扶助正气。对气血虚损明显者，黄瑾明又主张针灸补联合食补和药补，三补相结合，则其补力更胜一筹，可调补一身之气，提高机体抗病能力，促进道路通畅和三气同步运行。

祛瘀有三要义：一是指祛除和畅通人体气血之瘀滞，使气血运行通畅，机体得到气血的正常充养。二是指疏通"三道""两路"，恢复"三道""两路"的畅通和正常功能，使气血运行畅达。黄瑾明常采用针刺、壮医药线点灸、拔罐、药物内服等方法来祛瘀。三是祛瘀生新，所谓祛瘀生新，是指祛除瘀滞之气血，使气血畅通均衡，阴阳平衡，从而使人体之气与大自然天地之气能保持三同步，则气血化生泉源不竭，机体脏腑组织充养有源。黄瑾明运用祛瘀治则治疗疾病时擅长采用针刺和拔罐相结合的方法来达到祛瘀的目的，最具代表性的是壮医莲花针拔罐逐瘀疗法，其祛瘀效果显著。

（五）擅长针药结合，注重壮族民间用药特色

1. 首创壮医天阴阳针法

黄瑾明在临床中应用壮医针灸治疗疾病时，十分重视运用壮医天阴阳针法。《灵枢》指出："人有六气，在天之阴阳，应天之常数；在人之阴阳，应人之常数。故以人合于天。"该针法是黄瑾明近年通过民间调研，将百色地区壮族民间流传的朴素的天阴阳观念进行系统整理，结合广西地区独特的喀斯特地貌及亚热带湿润季风气候特点，形成壮医天阴阳理论并指导针灸临床实践而逐渐总结形成的针刺方法。2020年，在《中国针灸》杂志正式提出广西黄氏壮医针灸流派天阴阳针法。

该针法是以壮医天阴阳理论为指导思想，以三道两路和毒虚致病理论为针刺基

本原理和辨证依据，以三气同步和气血均衡理论为评价标准，以"调气"治疗原则为根基，以"调神"求本，以患者在调息静息后采用微针浅刺手法平刺主穴脐内环穴、采用壮医针法针刺其他辅穴的综合性针刺疗法。

该针法着重调整、调节、调动人体的天人地三部气机，通过三道两路运转，制毒疗虚，恢复三道两路气机畅通，从而使人体气血阴阳均衡。黄瑾明在临床针刺脐环穴辨治各科疾病时，均采用壮医针灸天阴阳针法，取得了显著的临床疗效。

2. 擅长运用黄氏壮医针灸三大疗法

黄瑾明主张应用以壮医针灸为主的综合疗法辨治各种具体病证。自20世纪80年代开始，黄瑾明率领团队深入壮乡挖掘整理出壮医药线点灸疗法、壮医脐环针疗法、壮医莲花针拔罐逐瘀疗法三大疗法并应用于临床，效如桴鼓，形成了"既讲究内治，更重视外治，推崇黄氏壮医针灸三大疗法"的学术特色。

壮医药线点灸疗法采用经过多种壮药制备液浸泡的直径约0.7mm的苎麻线，将一端点燃，形成圆珠状炭火星，然后以炭火星直接灼灸体表一定穴位或部位以治疗各科疾病。

壮医脐环针疗法来源于壮族民间的壮医鸡屁股肚脐疗法。该疗法针刺脐内环穴和脐外环穴，具有调气、解毒、补虚、祛瘀等治疗作用，可疏通三道两路、调节气血均衡、促进三气同步，临床可治疗失眠、不孕证、不育证、痤疮、雀斑、荨麻疹，以及各科痛证等多种疾病。

壮医莲花针拔罐逐瘀疗法是黄瑾明团队从壮族民间挖掘整理出来的一种独特的治疗方法，该疗法先用莲花针刺破龙路、火路分支，再施拔罐以吸出瘀滞之气血，"逐瘀"效果极好，黄瑾明誉其为"祛瘀第一法"。

在具体运用壮医针灸治疗疾病时，黄瑾明认为，病轻者单用壮医脐环针、壮医药线点灸疗法或壮医莲花针拔罐逐瘀疗法即可手到病除，重者可三法联用，则祛瘀解毒之力更强，疾病可速愈，每获良效。

3. 重视壮药临床应用

在内治方面，黄瑾明强调三道两路辨证，依据壮医三道两路理论，将疾病分为龙路病、火路病、谷道病、气道病和水道病。依据毒虚治病、气血均衡等壮医理论确定了"调气""解毒""补虚""祛瘀"四大治则。黄瑾明首重调气，重视在壮药治疗中以调气为先，在临床治疗中"以通为用、以衡为治、以动促衡"，从而达到天、人、地三气的同步运行，进而促进气血的均衡。他在临床中擅于运用黄氏壮医调气汤调畅天、人、地三部之气机。运用五指毛桃、牛大力、沉香、白术、陈皮、苏梗、香附、红参、炙甘草、当归、桔梗、炒枳壳，调气兼以补气，用于三气阻滞及谷道气虚证。

在解毒方面，因为广西地处西南，热毒较盛，因此黄瑾明擅于运用解毒之剂治疗临床各科疾病，尤其在皮肤病方面应用更为广泛。常用黄氏解毒理肤汤（生地、金银花、佩兰、防风、钩藤、牛蒡子、黄芪、白术、茯神、鸡血藤、紫草、茜根、白鲜皮、白蒺藜、白花蛇舌草），临床应用于各类热毒型皮肤疾病，疗效显著。

在补虚方面，黄瑾明重视补益水道，将水道虚证分为水道阳虚和水道阴虚证，分别使用黄氏滋水补阳汤和黄氏滋水补阴汤，可广泛应用于水道虚证各类疾病。

在祛瘀方面，黄瑾明重视壮医莲花针拔罐逐瘀疗法配合壮药方剂，临床应用于各类疾病的重症和久病阶段，亦有很好的疗效。

黄瑾明指出，对于病情复杂且症情较重者，单一疗法往往难以奏效，往往多法并用，常需壮医针灸配合壮药外用治疗，才能取得更好的疗效。

四、专病之治

黄瑾明临床擅用壮医针灸和壮药内服外用治疗内科、妇儿科、皮肤科等疑难病症，疗效确切，兹介绍如下。

（一）带状疱疹及后遗神经痛的辨治

【临床特点】

带状疱疹是由水痘–带状疱疹病毒（VZV）引起的一种急性感染性皮肤病。感染后，就会发生水痘，部分患者为隐性感染而不发生症状。病毒具有亲神经性，故沿神经纤维移至皮肤，被侵犯的神经和皮肤呈强烈的炎症，而发为本病。皮疹由单侧、集簇性分布的疱疹组成，多伴有疼痛；年龄越大，疼痛越重。发病率随年龄增大而呈显著上升。

带状疱疹，壮医称之为"培额"，根据病变部位，本病属壮医龙路病、火路病范畴。黄瑾明认为，培额（带状疱疹）是因为各种毒邪阻滞蕴积肌肤通道，使气血失衡，天气、地气、人气三部之气不能同步协调运行而发病。治疗培额（带状疱疹），当以"治早、治小、治了"为要。在刚刚发病的时候进行综合治疗，尽力避免带状疱疹后遗神经痛的发生。若出现带状疱疹后遗神经痛，则迁延难愈，多疼痛难忍。"诸病疼痛，皆属于瘀"，"诸病瘙痒，皆属于瘀"，故黄瑾明认为气血瘀滞是培额（带状疱疹）的主要病机。治疗时，多以解毒、祛瘀为主，毒邪化解，瘀滞得通，则道路畅通，疾病易于痊愈。兼有气血虚损者，辅以补虚；气机不利者，配以调气。培额（带状疱疹）病愈后可获终身免疫，很少复发。

【主要症状】

培额（带状疱疹）的主要症状是皮肤出现集簇疱疹，累累如串珠状，局部刺痛，甚则剧烈疼痛。可伴有不同程度的瘙痒。

疱疹多发于一侧胸背、腰部或头面部。好发于老年人、青壮年及体质虚弱者，发病前常伴有一些全身症状，如倦怠、食少、发热、头痛等，其潜伏期为 7 ～ 12 天。初起均为发病部位灼痛，渐起为炎性红斑、红疹，并迅速转变为水疱，状似珍珠，疱液透亮，周围绕以红晕，数个或更多的水疱呈簇集状，排列成带状，伴有灼痛、瘙痒等症状。经 1 周左右，疱液浑浊，或部分溃破、糜烂和渗液，最后干燥结痂，待皮痂脱落后，遗留瘢痕，部分患者有后遗神经痛症状，达数月、数年甚或数十年之久。

培额（带状疱疹）病程长达数月或数年之久，顽固难除，疼痛多较剧烈，且常伴随瘙痒等其他症状，患者苦不堪言。

【治疗】

（1）壮药内服：培额急性期多为毒滞皮肤，道路不通，故黄瑾明常用黄氏解毒理肤汤加减以解毒祛瘀，通路止痛。

处方：生地黄 25g，金银花 15g，佩兰 10g，牛蒡子 10g，防风 10g，黄芪 20g，茯神 15g，白术 15g，紫草 10g，红花 5g，茜根 15g，鸡血藤 15g，白鲜皮 10g，白蒺藜 10g，白花蛇舌草 15g。

用法：每日 1 剂，水煎服。

若疼痛剧烈，加三姐妹 5g，蜂房 5g，两面针 10g；若水疱较多，加重楼 5g，蒲公英 20g。后遗症期，余邪渐衰，而以气血瘀滞为主，黄瑾明仍用黄氏解毒理肤汤加减治疗，减其清热解毒之品，增加活血化瘀之药，如丹参、赤芍、桃仁，使其方以活血化瘀为主，兼以清热解毒。

（2）壮药外洗：壮药外洗是黄瑾明治疗皮肤类疾病的常用治疗方法，针对带状疱疹，黄瑾明提倡使用解毒汤外洗。

处方：茵陈 30g，蒲公英 30g，三角泡 15g，生姜 15g，红糖 500g。

用法：先煮上四味，待香气大出，去渣，加红糖煮至溶化，倒入大盆中，加温水 10L，外洗患处或湿毛巾外敷患处。

黄瑾明指出，本方有止痛、止痒、促进疱疹消退的作用，还可用于荨麻疹、湿疹等疾病的治疗。

（3）壮医针刺：壮医针刺为治疗带状疱疹的基础方法，可单独使用，也可配合其他壮医外治方法同用，以增加疗效。

在急性期时，取脐内环穴、长子穴、莲花穴。瘙痒较甚者加曲池、血海。疼痛较甚者加合谷、太冲。夜寐欠安者加发旋穴、安眠三穴、神门、内关。

带状疱疹后遗神经痛时，取脐内环穴、莲花穴、合谷、太冲、发旋穴、安眠三穴、内关、三阴交。

手法1：针脐内环穴，采用壮医天阴阳调气针法。

进针前先嘱患者做腹式吐纳运动，调整呼吸，稳定情绪，消除杂念。然后采用无痛进针法进针，进针后不提插、不捻转，不强求酸麻胀针感，针毕，医者右手掌心对准患者肚脐（距离15～30cm），做顺时针缓慢旋转运动3～5分钟。在整个进针过程中，患者不要停止吐纳运动，进针完毕后仍坚持3～5分钟，留针30分钟，以脐部出现温暖感，并有冷气从手或脚排出为佳。

手法2：其他穴位进针后直接留针，其中长子穴为患者最早出现皮疹或视诊所见最大的几颗皮疹或皮疹最严重之区域。壮医龙氏取穴法曰"唯有痒疾抓长子"，带状疱疹急性期取长子穴尤为重要，为重点针刺部位，常采用多针围刺之法。莲花穴亦在皮损区域，在皮损处取穴，先沿其周边向中心平刺，每针间距2～3cm，然后再在其中向外平刺数针，形似莲花或者葵花状。每次留针30分钟。每天针刺1次，10次为1个疗程。

（4）壮医药线点灸疗法：黄瑾明认为壮医药线点灸疗法运用于带状疱疹急性期，主要以在疱疹局部取穴为主。

取穴：长子穴、莲花穴。

首先取长子穴，采用重手法，可以灸5～6壮；其次取莲花穴，先围绕皮损部位点灸，然后在皮损处散在点灸，每处点灸1～2壮。每天可点灸1～2次，严重时可以点灸3～4次，直至疱疹结痂或者消退则疗程结束。

（5）壮医莲花针拔罐逐瘀疗法：主要运用于带状疱疹后遗神经痛患者的治疗，在带状疱疹急性期疱疹消退或者疱疹结痂脱落后亦可使用。

取穴：背廊穴、莲花穴。

黄瑾明重视背廊穴的运用。带状疱疹后遗症主要为气滞血瘀，龙路、火路不通。故首先取背廊穴通调三道两路，再取局部莲花穴疏通龙路、火路。龙路、火路为气血运行的通道，龙路、火路通畅则三气同步而不滞，血行无碍而顺通，气血易于恢复均衡。

（二）失眠的辨治

【临床特点】

失眠是一种最常见的神经系统疾病，具有入睡困难、睡眠维持障碍、睡眠质量下降、睡眠时间减少，以及记忆力、注意力下降等症状，长期的失眠严重损害患者的身心健康，影响患者的生活质量。

失眠，壮医称之为"嫩卟叻"，根据病变部位，本病属壮医龙路病范畴。黄瑾明认为龙路功能失调是导致失眠的主要因素。嫩卟叻（失眠）的病因很多，凡三道功能失调，使气血化生乏源；两路功能失职，使"咪心头"（心脏）、"巧坞"（大脑）等脏腑失养，均可引起龙路阻滞不畅，功能失调而发为本病。其病情轻重不一，轻者入睡困难，或睡眠不稳，睡中易醒，或时寐时醒，或醒后不能再入睡；重者彻夜难眠，常伴神疲乏力、头晕头痛、健忘或心神不宁等症。若嫩卟叻（失眠）久治不愈，龙路长期瘀滞，可影响三道两路功能，变生他病。

【主要症状】

久久不能入睡，或睡而不稳，反复醒来，时寐时醒，或早醒不能再睡，重者彻夜难眠。常伴神疲乏力、头晕头痛、健忘、心神不宁等症。或急躁易怒、不思饮食、口渴喜饮、眼红口苦、小便黄、大便难解，或头重头痛、痰多胸闷、嗳气、反酸欲呕、心烦口苦，或心悸不安、头晕耳鸣、健忘、手足心热、口干津少，或多梦易醒、头晕眼花、肢倦神疲、饮食无味、面色少华，或多梦易惊、胆怯心悸、遇事易惊、气短倦怠、小便清长。

【治疗】

黄瑾明认为嫩卟叻（失眠）以阴证、气血偏衰为多见，其调治应以补虚、调气为要，多采用壮医针刺治疗。

取穴：脐内环穴、安眠三穴、发旋穴、神门穴、复溜穴。随症加减。

随症配穴如下。

体质虚弱者：加下关元穴、足三里穴、三阴交穴。

心烦易怒者：加太冲穴、期门穴、内关穴。

头晕脑胀者：加眉心穴、风池穴。

顽固失眠者：加涌泉穴、近夹脊穴。

手法1：针脐内环穴，采用壮医天阴阳调气针法。

进针前先嘱患者做腹式吐纳运动，调整呼吸，稳定情绪，消除杂念。然后采用无痛进针法进针，进针后不提插、不捻转，不强求酸麻胀针感，针毕医者右手掌心对准患者肚脐（距离15～30cm），做顺时针缓慢旋转运动3～5分钟。在整个进针过程中，患者不要停止吐纳运动，进针完毕后仍坚持3～5分钟，留针30分钟，以脐部出现温暖感并有冷气从手或脚排出为佳。

手法2：其他穴位进针后直接留针。黄瑾明善用安眠三穴、发旋穴和旋环穴。

安眠三穴、发旋穴和旋环穴均来源于药线点灸疗法。安眠三穴在眉毛内侧端边缘上、中、下各取1穴，在药线点灸之时，每穴分别点灸1～3壮。采用针刺时，从上穴平刺，一针透三穴，有显著的安神定志的作用。

发旋穴和旋环穴在头顶头发旋涡处，发旋穴位于旋涡的中心，旋环穴围绕发旋穴一周，旁开 1 寸处，两穴具有醒脑开窍、安神、止痛的作用。针刺时，在发旋穴平刺，在旋环穴多顺旋涡方向平刺，前后左右各取 1 针。

针对顽固性失眠，黄瑾明喜用近夹脊穴。近夹脊穴位于后正中线旁开 1.5 寸处，左右各一行，每个椎体棘突下旁开 1.5 寸为一穴，临床使用时，多用胸近夹脊穴和腰近夹脊穴，采用平刺进针，隔一椎体进一针。

黄瑾明认为治疗失眠的关键是调气以调神，其核心是壮医天阴阳针法，采用壮医天阴阳针法针刺脐内环穴后，还需嘱患者调整呼吸，稳定情绪，消除杂念，方可取得更好疗效。

（三）不孕的辨治

【临床特点】

不孕是指女子结婚后夫妇同居 2 年以上，配偶生殖功能正常，未避孕而不受孕；或曾生育或流产后 2 年以上，同居未避孕而不再受孕为主要表现的一种疾病。主要分为原发不孕及继发不孕。原发不孕为从未受孕；继发不孕为曾经怀孕以后又不孕。根据这种严格的定义，不孕是一种常见的问题，影响 10% ～ 15% 的育龄夫妇。因其病因复杂，病程长，疗效不确切，从而成为妇科疑难杂症。

不孕，壮医称之为"不很裆"。壮医认为，女精为阴精，产于"咪花肠"（子宫），与男精相搏，形成胚胎，然后在"咪花肠"（子宫）内发育成人，故多把不很裆（不孕症）归结于"咪花肠"（子宫）气血瘀滞，功能失调，可分为虚、实两类。本病属壮医龙路病、"咪花肠"（子宫）病范畴。黄瑾明认为本病是由于气血偏衰或气血瘀滞，使龙路阻塞，"咪花肠"（子宫）失养或功能失调所致。

【主要症状】

不很裆（不孕）临床以女子结婚后夫妇同居 2 年以上，配偶生殖功能正常，未避孕而不受孕；或曾生育或流产后 2 年以上，同居未避孕而不再受孕为主要表现。

由于病因不同，临床兼症各异。可伴腰膝酸软、月经不调、潮热盗汗、手足心发热、夜尿频多、白带异常、畏寒肢冷等，部分患者也可没有兼症。

【治疗】

由于不孕症病因复杂，症状各异，因此黄瑾明主张诊治不孕症首要辨证。不同于中医脏腑辨证法，壮医辨证采用三道两路辨证法。三道者，气道、谷道、水道。两路者，龙路、火路。黄瑾明将不孕症分为水道阳虚证、水道阴虚证、谷道气虚证和三道不畅证。治疗上采用壮医针灸配合壮药治疗。

（1）水道阴虚证：水道阴虚证主要表现为盗汗、手足心热、腰膝酸软、虚烦失眠、舌红少苔、脉细数等，治宜通调水道、滋阴补水，以壮医针灸为主，配合药物内服。

①壮医针刺

取穴：脐内环穴、下关元、复溜、太溪。

手法：在脐内环穴采用壮医天阴阳调气针法，其余穴位无痛进针后直接留针。

每周2次，4周为1个疗程。

②内服黄氏滋水补阴汤加味

组成：紫河车、山茱萸、女贞子、墨旱莲各10g，何首乌、枸杞子、菟丝子、当归、熟地黄各15g。

水煎服，每日1剂，4周为1个疗程。

（2）水道阳虚证：水道阳虚证主要表现为精神萎靡、体倦乏力、畏寒肢冷、小便清长、大便溏烂、排卵期体温偏低等。治宜温通水道、滋补阳气，以壮医针灸为主，配合药物内服。

①壮医针刺

取穴：脐内环穴、下关元、足三里、三阴交、太溪、百会。

手法：在脐内环穴采用壮医天阴阳调气针法，其余穴位无痛进针后直接留针。

每周2次，4周为1个疗程。

②内服黄氏滋水补阳汤加味

组成：紫河车10g，淫羊藿、补骨脂、鹿角胶、巴戟天、菟丝子、枸杞子、当归、熟地黄各15g，花椒、艾叶各5g。

水煎服，每日1剂，4周为1个疗程。

（3）三气不畅证：三气不畅证即天、地、人三部之气均不通畅，易导致气血失衡，主要表现为心情抑郁、胸胁乳房胀痛、脘腹痞闷、情绪易激动、脉弦甚或有乳腺增生等。治宜调气解毒散结，以壮医针灸为主，配合药物内服。

①壮医针刺

取穴：脐内环穴、太冲、合谷、三阴交、内关、血海、膻中。

手法：在脐内环穴采用壮医天阴阳调气针法，其余穴位无痛进针后直接留针。

每周2次，4周为1个疗程。

②内服黄氏调气解毒散结汤

组成：金耳环、柴胡各5g，甘草6g，白芷、金银花、三姐妹、青皮、赤芍、桔梗、浙贝母、杏仁各10g，麦冬、天花粉、玄参各15g。

水煎服，每日1剂，4周为1个疗程。

（4）谷道气虚证：谷道气虚证即辨病为水道病，辨证为谷道虚证，气血偏衰多见水道、谷道同病。

壮医认为谷道为气血生化之源，故对于不孕之谷道虚证，黄瑾明从谷道入手，水道、谷道同调，每获良效。其主要表现为脘腹胀满、食欲不振、大便溏薄、肢体倦怠、少气懒言、面色萎黄或白、舌淡苔白、脉缓软无力等。治宜补谷健胃，水道、谷道同调，以壮医针灸为主，配合药物内服。

①壮医针刺

取穴：脐内环穴、中脘、关元、足三里、太溪、三阴交、膻中、百会。

手法：在脐内环穴采用壮医天阴阳调气针法，其余穴位无痛进针后直接留针。

每周2次，4周为1个疗程。

②内服黄氏健脾汤

组成：黄芪30g，党参15g，白术15g，陈皮6g，广西蜜枣1个，猪排骨500g。加水适量，武火煮沸后，改文火炖3小时，加入盐少许调味，佐餐饮汤。

每3日1剂，连服1个月为1个疗程。

黄瑾明还强调艾灸下关元穴的重要性。方法是用艾条温灸，每次30分钟，每日1次。

也可选择壮医脐环灸疗法进行治疗。方法：首先采用壮医天阴阳调气针法针刺脐内环穴，然后在其上铺上垫巾，在垫巾上铺上厚约5cm的姜蓉，姜蓉之上再加艾绒，进行灸疗，每次3~4壮，每周1次，5次为1个疗程。

在诊治不孕症时，黄瑾明还主张壮医与西医有机结合，即壮西医结合。因不孕与排卵功能障碍、输卵管堵塞、盆腔炎症、盆腔肿瘤、生殖器官畸形及激素代谢异常等疾病密切相关，在确定治疗方案前，须进行相关现代医学检查，依据检查结果辨清具体的西医疾病，明确病因，对因治疗，以图治本，这是黄瑾明治疗不孕的特色所在。

若为盆腔恶性肿瘤和生殖器官畸形及先天性缺陷所致之"石女"，不属壮医治疗范围；若为排卵功能障碍、输卵管堵塞、抗精子抗体及抗子宫内膜抗体异常、盆腔炎症、盆腔良性肿瘤等导致者，则当根据具体情况针对性地用药。如输卵管阻塞用路路通、穿破石、红花以疏导道路，畅通输卵管；兼卵巢囊肿可加麦冬、白芷、青皮、浙贝母、金耳环、三姐妹以软坚散结；泌乳素升高可加炒麦芽、山楂、神曲，且须重用，量轻则不效，以调节激素分泌。

在辨证时还须注意观测患者排卵期体温，根据黄瑾明的经验，排卵期体温是判断是否水道阳虚的客观指标，偏低则多为水道阳虚。

此外，黄瑾明还重视了解男方情况，因阴精须与男精相搏才能形成胚胎。故凡不孕患者，他都建议男方做相关检查，必要时夫妻同治。

五、针药之长

（一）常用处方

1. 黄氏调气汤

【组成】五指毛桃60g，牛大力30g，沉香3g，白术10g，陈皮6g，紫苏梗10g，香附10g，红参10g，炙甘草10g，当归15g，桔梗10g，炒枳壳25g。

【用法】水煎服。或作丸剂，每服10～15g，每日2～3次，温开水或姜汤下。

【功效】调气补虚，健运谷道。

【主治】谷道气虚证。谷道气虚、气滞兼有湿滞毒邪引起的形瘦乏力、精神不振、萎靡声低、腹胀腹痛、胸闷气短、肤黯发枯等症状。

【方解】主要以五指毛桃健脾胃、补气血；红参大补元气、补脾益肺为主，通谷道、气道及水道而调气补虚。牛大力除热毒、舒筋活络、补虚润肺，调火路、龙路，通气道水道。白术益气健脾、燥湿利水、固表止汗；沉香行气止痛、温逆止呕、温肾纳气；陈皮理气健脾、燥湿化痰，均通调气道、谷道。香附疏肝理气，紫苏梗宽胸利膈、顺气，炙甘草补脾益气、润肺止咳，均调气道。当归补血活血、调经止痛、温通经络，通龙路、火路；桔梗开宣肺气，祛痰排脓，利咽；炒枳壳理气宽胸、消胀除痞共调气道。诸药合用，通调三道两路，共起调气补虚之功。

【临床心得】五指毛桃又称土黄芪，本方重用五指毛桃60g，取其量大力宏，健脾胃，补气血，通谷道、气道及水道而调气补虚。方中红参另煎，具有大补元气、复脉固脱、益气摄血之功，常用于体虚欲脱，肢体冷、脉微，气不摄血等，与五指毛桃配伍，增强了调气补虚之力量。血为气之母，血能养气、血能载气。故本方配伍当归15g，取其补血活血而养气、载气。壮医认为气道是人体之气与大自然之气相互联系交换的场所和进出的通道，位于人体的天部，主要包括口鼻、咽喉、气管和"咪钵"（肺），而其化生和调节的枢纽脏腑是"咪钵"（肺），故取牛大力、桔梗补虚润肺、开宣肺气。方中沉香、陈皮、紫苏梗、香附及炒枳壳配伍，共起疏肝理气、健脾宽胸之功，通调气道。意在补气药中配伍适当的行气药，从而使补气而不滞气。本方不仅结构严谨，而且在药物的选择和剂量的比例方面都别具匠心。君药五指毛桃重用至60g，当归作为补血药为臣，方中君药与臣药的剂量之比设计为4∶1，调补气血，补虚。

黄瑾明临床应用本方特别广泛，是治疗所有气虚病症的基础方。

例如，黄瑾明常用本方加减治疗各种癌症。癌症患者多为久病，久病必虚，如乳腺癌并肺转移患者，用黄氏调气汤调气补虚，加入重楼（七叶一枝花）、半枝莲、猫爪草、蜂房清热解毒，散瘀止血，散结，消肿；加入沙参、海浮石、紫菀养阴润肺，止咳，祛顽痰。加入瓜蒌、薤白清热涤痰、宽胸散结。

用本方加减治疗谷道气虚出汗的患者，在黄氏调气汤调气补虚基础上，加入浮小麦、红枣，即取甘麦大枣汤之寓意，养心安神、止汗。加入山楂、神曲及麦芽即焦三仙，健脾开胃、消食导滞。

用本方加减治疗水道气虚的消渴病患者，用黄氏调气汤调气补虚，加入葛根、天花粉生津止渴，知母、麦冬滋养肺阴，山茱萸、生地黄补肾养阴。

黄瑾明临床应用黄氏调气汤，常与壮医脐内环穴天阴阳针法相配合，共同调气补虚。例如治疗一位胆汁反流性胃窦炎的患者经过如下。

主诉：胃脘胀满，反酸嗳气30年。

症见：胃脘部胀满不适，反酸嗳气，恶风寒，舌淡苔薄白，脉细。

治疗：①黄氏调气汤〔五指毛桃60g，牛大力30g，沉香3g，白术10g，陈皮6g，苏梗10g，香附10g，红参（另煎）10g，炙甘草10g，当归15g，桔梗10g，炒枳壳25g〕加浙贝母10g，海螵蛸10g，紫苏梗10g，香附10g，延胡索15g，厚朴10g，郁金15g，大腹皮10g。日一剂，水煎200mL，分早晚饭后温服。②壮医脐内环穴，天阴阳针法，取穴脐内环八穴、足三里、三阴交、复溜、太冲。10次为1个疗程，每3日针1次，留针30分钟。

经治疗1周后，患者症状明显减轻。方中加入浙贝母配海螵蛸，取乌贝散之意，为黄瑾明治疗胃炎的经验方，方中海螵蛸制酸止痛，浙贝母清热散结，可用于因肝胃不和所致的泛吐酸水、胃脘疼痛等症。紫苏梗、香附宽胸行气，延胡索行气止痛，厚朴、郁金、大腹皮行气除满。

2. 黄氏解毒理肤汤

【组成】生地黄25g，金银花15g，佩兰10g，防风10g，钩藤10g，牛蒡子10g，黄芪20g，白术10g，茯神15g，鸡血藤15g，紫草10g，茜根15g，白鲜皮10g，白蒺藜10g，白花蛇舌草15g。

【用法】水煎服。或作丸剂，每服6～9g，每日2次，温开水送下。

【功效】散瘀解毒，理肤止痛。

【主治】两路湿热瘀毒证：龙、火两路感染湿热瘀诸般毒邪，引起的皮肤红斑、灼痛或瘙痒难忍等症状。

【方解】本方依据壮医"毒虚致病"理论而设，方中生地黄，性味甘苦寒，具有清热凉血、养阴生津之效；金银花，为广西道地药材，具有清热解毒的作用。该方重用此二药，以取此二药之补虚解毒之用，达到清热解毒、养阴补虚之功。佩兰、白鲜皮、白花蛇舌草三药合用祛湿毒，共奏清热利湿解毒之功。防风、白蒺藜、钩藤、牛蒡子合用祛风毒，以行气祛风、退疹止痒。紫草、茜根清血热之毒，具有清热凉血之功。诸解毒之药合用共祛热毒、湿毒、风毒。黄芪、白术、茯神三药合用，起健脾益气、调气补虚的功效，再配合鸡血藤行血补血，气血同调，使可气血调和，以尽补虚之功。全方合用，正合毒虚致病之病机。

【临床心得】

黄瑾明认为皮肤疾病的病因主要责之"毒"与"虚"，毒是外因，虚是内因。外因为感受热毒、湿毒、风毒之邪，而毒是在机体虚弱的基础上才能侵袭人体。在毒虚相因之下，使气血失衡，天、地、人三气不能同步协调运行，毒邪阻滞、滞留于皮肤龙路、火路，故而发病。

黄瑾明擅用黄氏解毒理肤汤治疗皮肤疾病，既能清湿、热、风毒之邪，又能益气养血，调和气血，从而达到补虚解毒的作用。同时该方的使用也注重加减，灵活化裁。

黄瑾明认为，"诸病疼痛，皆属于瘀""诸病瘙痒，皆属于瘀"，皮肤类疾病多伴瘀血阻滞，常加赤芍、红花、桃仁、丹参，以加强活血化瘀之功效，可活血退疹止痛。

若皮肤疼痛剧烈者，加金耳环、三姐妹、两面针、露蜂房。金耳环、三姐妹、两面针均为广西道地药材，具有清热解毒、散结止痛的作用；而露蜂房亦有祛风止痒、止痛之效。三药合用，可加强止痛的效果。

皮肤皮疹或疱疹较多者，加重楼（七叶一枝花）、蒲公英、土茯苓。重楼、蒲公英、土茯苓能清热解毒祛湿，还有消散疔疮、消肿散结的作用，故三者合用能较好地消除皮疹症状。

若为肿瘤伴发皮肤类疾病，黄瑾明喜用重楼、半枝莲、露蜂房、猫爪草等，既能清热解毒，又具有抗肿瘤之作用。

3. 黄氏滋水补阳汤

【组成】淫羊藿15g，补骨脂15g，紫河车10g，鹿角胶12g，花椒5g，艾叶5g。

【用法】水煎服，或作膏方、蜜丸，饭前服。

【功效】补阳温通，滋养水道。

【主治】水道阳虚证。水道阳虚引起的四肢冰冷，大便溏烂，神疲乏力、难娠难孕等症状。

【方解】方中用淫羊藿、补骨脂补肾助阳；鹿角胶、紫河车血肉有情之品，温肾阳，益精血，四药合用，培补肾中元阳。配合少量花椒、艾叶，一可助力温阳，二可引药下行，三可调气行气，既增温阳之效，又使补而不滞。诸药合用，温补兼施，纯补无泻，共奏补阳温通、滋养水道之功。

【临床心得】

黄瑾明指出，本方临床用于壮医的水道阳虚证，特点之一是善用鹿角胶、紫河车等血肉有情之品，温肾精，益元阳。特点之二是善用调气之法，配伍少量花椒、艾叶，调气行气，能使全方既增温阳之效，又使补而不滞。

黄瑾明临床常用本方治疗不孕不育症、阳痿、闭经、痛经等，效如桴鼓，具体运用时，强调应抓住以下三点。

①着眼水道阳虚之核心病机：凡不孕不育、阳痿、痛经等患者，多表现为精神萎靡、体倦乏力、面色苍白、畏寒肢冷、小便清长、大便溏烂，舌苔薄白，脉沉细，证属水道阳虚证，均可适用。若伴有水道阴虚，可加菟丝子、枸杞子以益肾阴，阴中求阳；如伴有水道血虚，可加生地黄、熟地黄、当归滋阴补血；若谷道气虚，可加五指毛桃、红参、党参调气补虚。如阳虚较甚，可加巴戟天以助温阳；若病情虚实夹杂，兼龙路闭塞不畅，水道不通，可加路路通、穿破石、红花以疏导水道。黄瑾明指出，临床中病情复杂者，则以从水道阳虚主症为着眼点，视其证候，四诊合参，随症灵活用药，切病效优。

②紧扣病机，随证治之：本方用于壮医的水道阳虚证，凡属水道阳虚之痛证、水肿、瘰疬、耳鸣及不孕不育等，证属阳虚者，投之本方补阳温通、滋养水道等皆可获效。例如水道阳虚之耳鸣者，精神萎靡、体倦乏力、面色苍白、畏寒肢冷、小便清长，耳窍失养至龙路、火路气血失充，水道不通，使用本方加减可收卓效。

③执方加减，活法圆通：仲景撰写《伤寒杂病论》一书，传承千年，以六经为脉络，以阳气在人体中变化所表现出的不同症状为抓手；其中在三阳病中以宣通阳气、顾护津液为主，在三阴病中，则以四逆类方补益阳气；明代张景岳重视阴阳双调，强调善补阳者必于阴中求阳。黄瑾明传承经典，推崇阴阳互生互用，以此理论将经方理念与壮医特色理论融合圆通，并认为临床治疗中应谨守病机，知常达变，汇通古今，灵活多变，将黄氏滋水补阳方应用于多种复杂病症中，临床收效显著。

4. 黄氏止咳汤

【组成】党参 15g，沙参 15g，茯苓 15g，海浮石 6g，枳壳 6g，山茱萸 10g，紫菀 15g，法半夏 10g，玉竹 15g，百合 30g。

【用法】每日 1 剂，水煎，分 3 次饭后温服。

【功效】调气补虚，固摄止咳。

【主治】气道气阴两虚证：气道气阴两虚引起的反复咳嗽、久治不愈等症状。

【方解】方中以党参、沙参配伍，益气养阴；玉竹养阴润燥，生津止渴；沙参配玉竹，以养阴液；百合，滋阴清热，润肺止渴。茯苓健脾渗湿以消痰，且杜绝生痰之源；枳壳主降气，理肺化痰，"治痰先治气"，化痰与理气同用；紫菀味苦，入气道，温而不燥，性润而不腻，止咳化痰；法半夏燥湿化痰，理气行滞，和胃降逆；海浮石清肺火，化老痰，软坚，止渴，解久治不愈之咳嗽；山茱萸味酸，补养肝肾，固涩元气，收敛止咳；全方益气养阴为主，配以祛湿痰、消顽痰，收敛止咳，扶正祛邪，补气养阴而不敛邪。主要用于久咳而气虚者。

【临床心得】

本方专为反复咳嗽，久治不愈而设。黄瑾明认为反复咳嗽，久治不愈，是因邪毒阻滞气道，或内伤损及气道，使气道气阴两伤。因本病虚实夹杂，以虚为主，治疗当益气养阴，补益气道，配以祛痰止咳。

本病虚实夹杂，变证较多，故本方加减变化亦较多。若痰多色黄者，可加黄芩、瓜蒌皮以清热化痰；若咳喘较甚者，可加五味子、杏仁、款冬花以止渴平喘；若咽痛咽痒者，可加桔梗、枇杷叶、木蝴蝶、马勃、胖大海，引药达患处；若久咳不愈，或入夜咳甚者，多为阴虚之象，可加麦冬、地黄；若久咳至胃部灼热疼痛，饥不欲食，口干舌燥，则加冰糖及玉竹、地黄以养胃阴；若咳嗽咯血，加牡丹皮、白茅根、茜草根凉血止血。

①小儿及老年咳嗽，注重固护脾胃：黄教授认为小儿及老年人多气血不足，形气不充，三道两路功能不强，易发病，易于传病，气道是气血化生的重要场所，故使道路通畅，三气同步，则疾病可愈。若小儿及老年咳嗽兼见汗多、气紧、胃口差、腹胀、大便稀烂的患者，加浮小麦、大枣、炒麦芽、焦神曲、净山楂等

②慢性患者（如慢性支气管炎），注重"补虚"："聚于胃，关于肺"理论出自《素问·咳论》，脾胃运化失司，脾湿胃浊，胃失和降，邪气夹痰上逆而累及于肺，故生肺病。黄瑾明认为慢性气道疾病"久病必虚"，常见气道气阴两虚证兼见谷道气虚者，黄氏止咳汤与黄氏调气汤共用，取合方，以通调谷道、气道，使道路通畅。

（二）活用药穴

1. 活用药物

黄瑾明临床注重发挥壮药特色，常用五指毛桃、牛大力、黄花倒水莲等补虚药，以及半枝莲、重楼（七叶一枝花）、猫爪草、金耳环、三姐妹等解毒药，兹介绍如下。

（1）五指毛桃

[来源] 为桑科植物粗叶榕 *Ficus simplicissima* Lour. 的根。

[性能主治] 温，辣、甜。健脾胃，补气血，下乳汁，通水道。用于嘘内（气虚乏力），勒内（贫血），嘻馁（产后无乳），埃病（咳嗽），钵痨（肺痨），隆白呆（带

下），笨浮（水肿）。

[用量]内服：煎汤，15～60g。

[临床应用]

①治急性黄疸型肝炎，较重慢性肝炎：穿破石二市斤，五指毛桃半市斤，葫芦茶三两，加水浸煮两次，浓缩至1500mL，加白糖300g，入防腐剂，静置，过滤。较重者每天服90mL，分2次服；轻者，每天服45mL，一次服完。以1个月为1个疗程。

②治产后无乳：五指毛桃（五指牛奶）2两，炖猪脚服。

③治白带：五指毛桃1两，一匹绸2两，水煎服。

（2）牛大力

[来源]为蝶形花科植物美丽崖豆藤 *Millettia speciosa* Champ. 的根。

[性能主治]平，甜。调火路、龙路，通气道、水道，除热毒，舒筋活络，补虚润肺。用于核尹（腰痛），发旺（风湿性关节炎），慢性肝炎，漏精（遗精），隆白呆（带下），埃病（咳嗽），肺结核。

[用量]内服：煎汤，10～20g；或浸酒。

[临床应用]

①治风湿性关节炎，腰肌劳损：牛大力、南五加皮各1000g，宽筋藤、海风藤各750g，牛膝90g，山胡椒根250g，榕树须（气根）500g。加水6000mL，煎至1000mL。每次服50mL，每日2次。

②治胸膜炎：牛大力藤15g，一见喜3g。水煎服。

③治病后体虚，肺虚咳嗽，风湿痹痛，腰腿痛，慢性肝炎：用牛大力1～2两，水煎服。

（3）黄花倒水莲

[来源]为远志科植物黄花倒水莲 *Polygala fallax* Hemsl. 的根或全株。

[性能主治]平，甜。补气血，壮筋骨，祛湿毒，通龙路。用于病后或产后虚弱，急慢性肝炎，约京乱（月经不调），勒内（产后血虚），京尹（痛经），奔寸（子宫脱垂），笨浮（脾虚水肿），肉扭（淋证），肾虚核尹（腰痛），发旺（风湿骨痛），林得叮相（跌打损伤）。

[用量]内服：煎汤，15～30g。外用：适量，捣敷或磨水涂。

[临床应用]

①治贫血：黄花倒水莲、土党参、鸡血藤各1两，水煎服。

②治病后、产后虚弱：①黄花倒水莲30～60g，气虚加党参，血虚加当归。水煎服或炖猪脚服。(《湖南药物志》)②用根1～2两，水煎或炖猪脚服。

③治风湿关节炎，肾虚腰痛：用根1～2两，水煎或浸酒服。

（4）半枝莲

[来源] 本品为唇形科植物半枝莲 *Scutellaria barbata* Don［*S. rivularis* Wall］的干燥全草。

[性能主治] 清热解毒，散瘀止血，利尿消肿。

[用量] 内服：煎汤，15～30g，鲜品加倍，或入丸、散。外用：适量，鲜品捣敷。

[临床应用]

①热毒痈肿，毒蛇咬伤：有清热解毒、凉血消痈之功。

②跌打损伤，瘀滞肿痛：能化瘀消肿止痛。

③血热吐血、衄血、血淋：不仅清热解毒，而且能凉血止血。

④小便不利，水肿，腹水：能清热利湿。

⑤胃癌、食管癌、直肠癌、宫颈癌等。

（5）重楼

[来源] 为百合科植物重楼 *Paris polyphylla* Smith P. 、华重楼 *Paris polyphylla* Smith var. *chinensis*（Franch.）Hara 的根茎。

[性能主治] 微寒，苦；有小毒。解热毒，消瘀肿，祛风毒，通龙路，止痉挛，通气道，止咳喘。用于东笃哈（虫蛇咬伤），热疖呗疔（疔疮），温毒腮肿，货烟妈（咽喉肿痛），隆白带（湿热黄带），肝热惊风，埃病（咳嗽）痰多，墨病（气喘）。

[用量] 内服：煎汤，5～10g。外用：适量研末，用水、酒或醋调敷患处。

[临床应用]

①治蛇咬伤：重楼根 10g，研末开水送服，每日 2～3 次；另以重楼鲜根捣烂，或加甜酒酿捣烂敷患处。

②治新旧跌打内伤，止痛散瘀：重楼，童便浸四五十天，洗净晒干用，研末。每服 1.5g，酒或开水送下。

③治肺痨久咳及哮喘：重楼（蚤休）25g。加水适量，同鸡肉或猪肺煲服。

（6）猫爪草

[来源] 本品为毛茛科植物小毛茛 *Ranunculus ternatus* Thunb. 的干燥块根。

[性能主治] 散结，消肿。用于瘰疬未溃、淋巴结结核、肺结核、疟疾。

[用量] 内服：煎汤，9～15g。外用：适量，研末敷。

[临床应用]

①治瘰疬：猫爪草 100g，水煎半小时，过滤取汁服。

②肺结核：猫爪草 120g，水煎半小时，过滤取汁服。

（7）金耳环

[来源] 为马兜铃科细辛属植物纤梗细辛 *Asarum gracilipes* C. S. Yang, mss., 以

全草入药。

[性能主治] 温经散寒，祛痰止咳，散瘀消肿。用于风寒咳嗽，慢性支气管炎，哮喘，慢性胃炎，风寒痹痛；外用治跌打损伤，毒蛇咬伤。

[用量] 内服：2.5～5g；外用适量，捣烂敷患处。

[临床应用]

①理跌打，治毒蛇伤，又能生肌去腐。

②祛风散寒，平喘止咳，行气止痛，解毒消肿。

③息风开窍。治小儿抽搐。

（8）三姐妹

[来源] 为唇形科植物牛尾草 *Rabdosia ternifolia*（D.Don）Hara 的全草。

[性能主治] 苦、微辛，温。清热解毒，化痰止咳。用于黄疸型肝炎、扁桃体炎、牙痛、尿道感染、膀胱炎、急性肾炎、流感、支气管炎、蛇咬伤、蜂蜇伤等。

[用量] 内服：15～30g；外用适量，捣烂敷患处。

[临床应用]

①流感、扁桃体炎：三姐妹 30g，紫苏叶 30g，水煎服。

②肾炎：三姐妹 30g，刺五加皮、生姜皮、茯苓皮各 25g，水煎服。

③尿道感染/膀胱炎：三姐妹 30g，大蒜头 10g，茯苓 15g，水煎服。

④黄疸型肝炎：三姐妹 30g，金钱草、怀山药、茯苓、泽泻各 20g，水煎服。

2. 活用穴位

（1）脐内环穴

定位：以脐窝的外侧缘旁开 0.5 寸作一圆环，称脐内环，环线上均是穴位，统称脐内环穴，临床习惯取 8 个穴位。若把脐内环当作一钟表，以脐中央（神阙穴）为钟表表盘的中心，分别在 12 时、1:30 时、3 时、4:30 时、6 时、7:30 时、9 时、10:30 时 8 个点上取穴，习称脐内环八穴。

功能：调气安神，调和气血，通三道两路。

主治：脏腑诸疾皆可应用，尤以失眠、耳鸣、月经不调、荨麻疹及各科痛证为主。

临床应用：针灸脐环穴可疏通三道两路、调节气血均衡、促进三气同步，具有调气、解毒、补虚、祛瘀等治疗作用，其中调气是最基本的作用。

黄瑾明认为，脐是天、地、人三部之气的枢纽，故其调气作用尤为突出。调气还是解毒、补虚、祛瘀作用的基础，只要一身之气调畅，则血行亦畅，三道两路通畅，天、地、人三气恢复同步运行，则疾病可愈，即"气调则道路自通""路通则气血自畅"。壮医脐环穴的治疗作用主要取决于人体的功能状态，人体处在不同的病理状态下，则治疗可以产生不同的作用。即同一个穴位，用于虚弱者有调补作用，用于气郁者有舒郁作用，用于肿块者有祛瘀散结作用，用于热毒壅盛者有清热解毒作用，用于便秘者可以通便，用于泄泻者可以止泻。

壮医脐环穴的适应病症范围甚广，脏腑诸疾皆可应用，尤以失眠、耳鸣、月经不调、荨麻疹及各科痛证效果较好。临床上把脐内环圆周平分为8等份，两个等份的交接处为一穴，共8穴。居上者主天部疾病，居下者主地部疾病，居中者主人部疾病。12时位最高，所属脏腑为脑、心，主膻中以上天部疾病，包括心血管疾病、颅脑疾病等，通龙路、火路。6时位最低，所属脏腑为肾、膀胱、胞宫，主神阙以下地部疾病，包括泌尿系统疾病、生殖系统疾病等，通水道。1时30分时位、3时位、4时30分时位、7时30分时位、9时位、10时30分时位均居中部，分别主膻中以下及神阙以上人部疾病。其中，3时位所属脏腑为脾、胃，主消化系统疾病，通谷道。9时位所属脏腑为肝、胆，主消化系统疾病，通谷道。1时30分时位和10时30分时位所属脏腑为肺，主呼吸系统疾病，通气道。4时30分时位和7时30分时位所属脏腑为大肠及小肠，亦主消化系统疾病，也通谷道。

八个穴位分别调节不同脏腑，临床上可以灵活运用，一般来说，黄瑾明倡议五脏同调，更容易使气血均衡，天地人三气归于同步，达到更好的效果。故黄瑾明在临床上也是同时应用脐内环八穴，再进行壮医天阴阳调气针法，往往更容易使患者达到肚脐温热感的理想状态，大大提高临床疗效。

（2）耳环穴

定位：在耳周；环绕耳根旁开0.5寸圆环上均是穴位。一般于环线上等距离10份各取一穴，共10穴。

作用：调气活血，消肿止痛。通龙路、火路。

主治：耳部疾病，痄腮。

临床应用：耳环穴是壮医针灸治疗耳部疾病的最主要穴位，属于壮医近治取穴。具体治疗分为壮医针刺治疗和药线点灸治疗。黄瑾明认为对于药线点灸治疗，往往采用定位中的平均取穴法，围绕耳根一周共取10穴，每穴点灸1～3壮，可以每日或者隔1～2日进行一次治疗，主要用于热毒炽盛之耳鸣、耳聋急性发作期，以及痄腮的急性期，以清热解毒、消肿止痛，通龙路、火路。在进行壮医针刺之时，一般在环耳一周进行穴位探查，寻找压痛、结节、血络等阳性体征，一般在耳前取3穴，相当于中医耳门、听宫、听会。在耳后大筋上下之凹陷中各取一针，加上耳上发际线处角孙、耳下之翳风、耳后一共7穴。由于耳周穴位针刺时刺激性较大，故一般根据患者对疼痛的耐受程度及患者疾病的严重程度，选取4～7针进行针刺。一般每周针刺2～3次。相对于药线点灸治疗，壮医针刺对耳环穴的刺激量更大，主要是活血调气，具有更强的疏通龙路、火路的作用，常应用于顽固性耳聋、耳鸣的治疗。

（3）骶鞍环穴

定位：在地部，骶骨和髋骨背部。在骶骨上缘、两侧髂嵴后外部、骶骨尖的环线上，呈横鞍状环，环线上均是穴位。

作用：通路散结，止痛。调水道，通龙路、火路。

主治：下肢麻痹、腰腿痛及骶部诸疾。

临床应用：骶鞍环穴是壮医调通水道的常用穴位。水道相当于现代医学的泌尿和生殖系统，因此骶鞍环穴常用来治疗泌尿生殖系统疾病，如月经不调、痛经、前列腺炎、不孕不育症、尿潴留等。另外还可以治疗腰腿部疼痛及下肢麻木，属于该穴位的近治作用。黄瑾明应用此穴时，一般取髂后上嵴、髂棘最高点、骶骨（尾骨）尖、髂骨外下缘反应点共7穴，紧贴髂骨进针。

临床上需要注意的是，本组穴位为一环线，具体取穴部位为可变动穴位，需要医师仔细探查，找到穴位环线上压痛、结节或者血络之处，再进行针刺，会取得更好的疗效。对于瘀血阻滞较甚或病程较长者，可以予壮医莲花针拔罐逐瘀疗法，以加强活血祛瘀、通龙路、火路的作用。也可给予药线点灸治疗以通路止痛。

（4）食魁穴、中魁穴、无魁穴

定位：均在天部，手掌背部。

食魁穴：于食指背侧近端指骨间关节中点上近心端0.2寸处取穴。

中魁穴：于中指背侧近端指骨间关节中点上近心端0.2寸处取穴。

无魁穴：于无名指背侧近端指骨间关节中点上近心端0.2寸处取穴。

作用：通路止痛。通火路。中魁穴通谷道、火路。

主治：头痛。

临床应用：三魁穴是壮医治疗头痛的常用经验穴，其中食魁穴主治前额头痛；无魁穴主治后头痛；中魁穴主治颠顶头痛，还能够通谷道，以治疗呕吐、食欲不振、胃脘疼痛等。在临床上常用点刺放血之法，故其治疗的头痛应属于外感之证或者急性疼痛者；也可以应用壮医药线点灸疗法，每天点灸1～2次，每次点灸1～3壮。

（5）燕口穴

定位：在天部，两手拇指端。两手拇指指腹相对时指尖是穴。

作用：宁心安神，镇惊。通调龙路、火路，主"咪心头"（心脏）病变。

主治：癫痫，精神分裂症。

临床应用：壮医之燕口穴与中医燕口穴有类似主治作用，临床上均可用于癫狂等精神疾患，具有镇惊安神之功效。中医燕口穴位于口角旁赤白肉际之处。而壮医燕口穴在拇指尖端，两手拇指指腹相对，形似燕口而得名，在相对之指尖处取穴。临床应用之时，一般采用点刺出血或者运用壮医药线点灸疗法，每天点灸1～2次，每次点灸1～3壮；不针。

六、读书之法

中医典籍浩如烟海，黄瑾明感悟于中医药学的博大精深，沉浸在中医经典的渊博之中，始终将《黄帝内经》《脉经》《伤寒杂病论》《千金要方》《本草纲目》等经典置于案头，反复研读，时时有新发现，对经典的体悟也越来越深。

黄瑾明最喜读《黄帝内经》（以下简称《内经》），他认为《内经》强调整体观，结合黄老学说确立"阴阳五行学说""脉象学说""藏象学说""经络学说""病因学说""病机学说""病症""诊法""论治"及"养生学""运气学"等学说，从整体观上来论述医学，呈现了自然、生物、心理、社会"整体医学模式"。这对壮医的天地阴阳理论，以及整体观的确立，也起到了积极的作用。

而《内经》中关于"九针"的论述，也使黄瑾明深受启发。壮族针灸学科的创立和发展，都能从相关论述中汲取养料。而《脉经》中关于人体穴位的确定、人体穴位的整体系统论述，也都让黄瑾明越读越有滋味。

《伤寒杂病论》确立了六经辨证论治体系。六经即三阴三阳经，包括太阳经、少阳经、阳明经、太阴经、少阴经、厥阴经。对六经的认识使中医确立了辨证论治理论体系。而黄瑾明从此得到启发，充分考虑三阴三阳经的对立和相互依存关系，区分了谷道病、水道病、气道病、龙路病、火路病等，创立了三道两路辨证论治体系。因此，读经典往往能推陈出新，有所发现。

此外，《千金要方》记载的医论、医方较系统地总结了唐代以前的医学成就，是一部科学价值较高的著作。对其进行品读也时时令黄瑾明深受启发。

《本草纲目》记载了琳琅满目的中医药材、药性，黄瑾明折服于李时珍品尝百草的奉献精神，也常对照着熟悉其中的中药材。而在搜集壮医药材的过程中，黄瑾明也常比照《本草纲目》描写其品相和药性。

黄瑾明常说："经典之所以经典，就在于它精深，可百读不厌。"

七、大医之情

（一）思想境界

黄瑾明常言："医为仁术，赖人心传承；凡为医者，对病患当一视同仁；对长者有儿女情怀，对幼者有父母心肠。""仁术"，是他大医风范的精神内核。

"仁术"乃是中国传统医学伦理的轴心观念，"仁"即古代医家的伦理生活也是职业生活的观念轴心，同时也是一种价值境界。"仁"的伦理思想源于儒家先师孔子，是儒家文化的最高道德标准。在政治主张上它高度浓缩为希望统治阶级施"仁政"；在道德修养上则教人做"仁爱之人"，遵守亲亲、爱人、泛爱众，"恭、宽、信、敏、惠"的道德准则，讲究仁智一体的理想人格、学思结合的道德修养方法等。而医学伦理生活中的"仁术"观念显然汲取了儒家伦理思想中的"仁学"理论，它以追求人类健康为其出发点及终极目标，以人为研究对象，因此也是一种注重伦理的中国传统文化。中国医学史上，唐代孙思邈是对仁术做系统论述的职业医生之先驱，他的医学伦理思想以儒为主，兼及佛、道，其纲领可概括为"精诚"两字。"精"其术，方能全智、全能；"诚"其德，方能至善。孙思邈指出，为医者当爱人惜命，应具有"人命至重，有贵千金，一方济之，德逾于此"的人道主义精神；而医者治病则应不分贫富贵贱，"普同一等"，因"凡大医治病，必当安神定志，无欲无求，先发大慈恻隐之心，誓愿普救含灵之苦"。这套医学伦理道德在中国医学史上产生了重要影响，也是黄瑾明的座右铭。

的确，医者既要博学多才，更要重视医德。作为一代名医，黄瑾明正是如此要求自己的。他还经常用《大医精诚》中孙思邈的话勉励自己，并告诫学生"若有疾厄来求救者，不得问其贵贱、贫富、长幼、妍媸，怨亲善友，华夷、愚智，普同一等，皆如至亲之想"。他始终保持着平民本色，不摆架子，没有所谓的名医派头。在他眼里，病有疾缓，人无轻重，因此无论什么患者，他都一视同仁，亲切对待。而同样功效的药，能开更便宜的他绝不选择贵的，对待穷苦百姓更是如此。面对络绎不绝的患者，他总是尽量看完才下班。而遇到风烛残年、行动不便的老者，有时候他还亲自上门义诊。正如他常讲的，"医为仁术，赖人心传承；凡为医者，对病患当一视同仁；对长者有儿女情怀，对幼者有父母心肠"，他总是希望能用自己的行动，实践大医精诚的诺言。

此外，黄瑾明还一直用实际行动践行着医者救死扶伤、济世苍生的宿愿。因此，他在行医生涯中始终能淡泊名利，平和地看待身外之物，因为他认为"欲救人而学医则可，欲谋利而学医则不可"。一个医生必须正确处理"德与得""义与利"间的关系，才能"上知天文，下知地理，中知人事，可以长久，以教众庶，亦不疑殆。医道论篇，可传后世，可以为宝"（《素问·著至教论》）。

黄瑾明行医近六十载，耄耋之年仍坚持坐诊。他始终以患者为中心，风雨无阻，出诊不辍，时时关心患者疾苦，精练针法，无痛进针，强调"让患者在享受中接受治疗"，体现一代壮医大家的医德风范。他治学严谨，虚怀若谷，勤求古训，博采壮方，尊重壮医前辈，虚心好学，得到龙玉乾等壮医名家的好评。他善于创新，毫无保留地把毕生所得传给弟子，制作发行壮医针灸技术操作规范教学DVD，使壮医技法得以传承和发展，确立了壮医在我国民族医药中的地位，为民族医药事业做出了杰出的贡献，为当代壮医做出了表率。

（二）文化修养

黄瑾明一生生活积极向上，充满阳光。在学习上，除了精研中医典籍以外，还抓紧一切时间，博览群书。对《周易》、二十四史、儒家及佛家著作都经常阅读。他还喜欢书法，常收集名家名言作自己的座右铭。例如，为了不虚度年华，从小自觉按照"博学、审问、慎思、明辨、笃行"的儒家思想要求自己，毫不放松。

又如在开展壮瑶医药的发掘、整理研究提高、推广应用过程中，黄瑾明反复研读《易经》《道德经》等，书中有"见素抱朴"和"含章继武"等掷地有声的语言，指导人们要保持自然本色，以及继承传统中美好的东西。为此，黄瑾明对壮医的发掘研究、推广应用，几乎达到了废寝忘食的程度。对传统壮医爱不释手，对壮医疗法的来龙去脉穷追不舍，坚持做到最好。

佛家有四无量心：慈（慈爱）、悲（怜悯）、喜（喜欢）、舍（舍得），黄瑾明把"生欢喜心"写成书法作品，挂在墙上，以为人民解除疾苦为最欢喜之事。

黄瑾明遵循《论语》教导："君子成人之美，不成人之恶。"生活中秉持低调，处处注意成人之美，团结同志，共同奋力，绝不居功自傲。

《尚书》中有"人心惟危，道心惟微，惟精惟一，允执厥中"的警句，黄瑾明一生都秉此念，精纯一心地修身养性，去除一切杂念。

黄瑾明喜欢书法、音乐，用书法和音乐陶冶情操，在工作、学习和为人民服务中保持旺盛斗志，虽80余岁高龄，仍坚持在临床一线工作。

八、养生之智

（一）作息规律、心态平和、内外兼修

黄瑾明认为无论中医还是壮医的观念，都注重天人合一，讲究天地人三气同步，取法自然。他认为人立于天地之间，与自然相和谐，因此应该按照自然规律休养生息，方能保有健康。四季之时、一天之内，自然皆有变化，顺应自然，贴近四季时令饮食，早睡早起，中午小憩，能帮助人们收获健康体魄。

而生态平和也是养生之道。遇事冷静、沉着，不动怒、不动气，以平常心态看待万物万事，就能使身体血脉趋于自然平缓的稳定状态，则保养有方。

此外，还需多学习，充实内心，并且开展适当的运动，使内外协调，则能阴阳

相通，达到平衡。

秉持如此养生之道，黄瑾明练就了温和的性格、儒雅的风度，待人接物皆和蔼可亲，耄耋之年还能保持良好的体魄。

（二）重视气血、扶养正气，推崇血肉之品及食疗

对于健康，黄瑾明十分重视气血的充盛，注意扶养正气。他认为，疾病的成因多归结为毒虚两端，虚是发病的根本原因。虚常常为气血虚或正气不足，抗病能力低下，本身可以表现出软弱无力、神色疲劳、形体消瘦、声低息微等。而且因为虚，体内的运化能力和防卫能力相应减弱，特别容易招致外界邪毒的侵袭，出现毒虚并存的复杂症状。

在补虚时，黄瑾明又擅长使用血肉之品。广西壮族地区气候温和潮湿，动物资源十分丰富，这是应用血肉之品的有利条件。黄瑾明认为，动物与人相通应，同气相求，其补力最好，故用血肉有情之动物药来补虚常常能获良效。如对于花肠（子宫）虚冷无子者，黄瑾明主张用山羊肉、麻雀肉，与鲜嫩益母草、黑豆一起炖熟食用；对阴伤干咳者，黄瑾明喜用猪肉或老母鸭、鹧鸪肉煲莲藕予其食用；对老人打呃，黄瑾明认为可用去内脏麻雀 2 个，大米 50g，白胡椒 10 粒，煮粥食用，也常能获效。

黄瑾明还开发了丰富多彩的饮食疗法，疗效显著。如咽喉干燥，饮不止渴者，用乌梅、黑枣和大米煮粥代茶；用干红薯叶煎汤代茶喝，治疗吐泻轻证；在治疗妇女产后缺乳方面，常主张食用木瓜黄豆猪脚汤，可补气补血通经络；妇女生小孩后第一餐，服食小公鸡（刚会啼者），可以活血祛瘀，防止产后腹痛；在治疗泄泻时，又主张以番桃叶 30g、大米 60g 同炒至大米焦黄，加水适量煎沸，一天分 2 次内服，即可解决问题。

九、传道之术

（一）人才培养方法

1. 开创壮医教育，奠定办学特色基础

1985 年，黄瑾明首次将壮医药线点灸疗法列入本科选修课，亲自授课，培养了大量既掌握中医基础理论又掌握一定壮医药理论技能的本科人才。主持完成的《壮医药线点灸疗法的研究与教学实践》成果，获广西优秀教学成果奖二等奖，使"挖掘整理壮医药学术，拓展中医高等教育"成为广西中医药大学的办学特色，并在

2003 年本科教学水平评估和 2016 年本科教学审核性评估中获得专家的认可。

1985 年，黄瑾明开始招收广西中医药大学中国医学史（壮医方向）硕士研究生，先后培养了周红海、林辰、莫清莲、周金花等 16 名硕士研究生，他们都成为了广西壮医医疗、教学和科研骨干，其中林辰教授曾任广西中医药大学壮医药学院院长，被评为广西名中医、广西优秀青年中医；周红海教授为广西中医药大学骨伤学院院长，被评为广西名中医。

2. 推广壮医技法，培养大量实用人才

1985 年开始，十年间黄瑾明面向全国开办了 30 多期壮医药线点灸疗法培训班，培训了 1500 多名学员，治疗 20 万余人次，使该疗法在全国范围内得到广泛运用。1988 年制作成中英文双语解说的《壮医药线点灸疗法》教学录像片，由中华医学电子音像出版社发行，向国内外传播壮医药治疗技法。

2009 年以来，以黄瑾明为首席专家教授的广西中医药大学第一附属医院壮医科，指导 20 多家县级中医院建立壮医科，为 50 多家基层中医院培养壮医人才 1500 多人，其中武鸣县中医院壮医科成为国家中医药管理局重点专科培育单位。

3. 传承壮医学术，形成壮医学术流派

1997 年，黄瑾明被评为全国老中医药专家学术经验继承工作指导老师。2010 年获广西卫生厅颁发的全国老中医药专家学术经验继承工作优秀指导老师奖。2011 年，黄瑾明获国家中医药管理局资助，建设全国名老中医传承工作室。

2012 年，黄瑾明为代表性传承人的广西黄氏壮医针灸流派成为国家中医药管理局第一批全国中医学术流派，全面开展学术传承工作。正式接收黄贵华教授、李美康主任医师、麦月瑶医师（香港）等 34 人为工作室成员，传承队伍中有博士 4 人、硕士 19 人，其中流派主要传承人黄贵华教授为广西名中医，主持的"壮医学科构建与人才培养"获广西教学成果奖一等奖，"壮医针灸学的基础与临床研究"获广西科技进步奖二等奖；李美康主任医师对壮医莲花针拔罐逐瘀疗法进行机制探讨，获国家自然基金课题 2 项，其中 1 项已结题。流派传承工作室与广东、湖南、辽宁 3 家中医药大学附属医院互建二级传承站，与区内外中医院建立 13 个二级传承站。流派于 2017 年顺利通过验收，于 2019 年再次获批国家第二期项目建设，至今流派传承队伍增至 162 人，分别来自广东、湖南、辽宁、青海、贵州、广西及香港特别行政区，其中广西名中医 6 人，博士 17 人，高级职称 69 人，形成了良好的人才梯队。2017 年组建了"广西黄氏壮医针灸流派联盟"，有 55 家医院加入流派联盟；2018 年率先开设壮医针灸科独立病区（设病床 36 张），开启了壮医学临床专科的新时代；2020 年，广州中医药大学第一附属医院特聘黄瑾明教授为专家，强强联合，共建"华南区域中医（针灸）诊疗中心专科联盟"，同年其创建的壮医学科获批广西壮族自治区中医药管理局重点学科，进一步推广壮医针灸技法，开创了流派发展的新篇章！

（二）人才培养成果

1. 黄贵华

教授，博士研究生导师，桂派中医大师，广西名中医，曾任广西中医药大学第一附属医院院长，现任广西中医药大学研究生院党委书记、广西黄氏壮医针灸流派传承工作室项目负责人，20 世纪 80 年代师从黄瑾明教授。作为黄瑾明教授代表性传承人，是黄瑾明教授学术思想传承与推广应用的领军人物，精炼了壮医理论体系，提出壮医谷道学说，优化了壮医特色疗法，遵循道路辨证，擅用壮医药、壮医针灸及经方治疗疑难杂症。

黄贵华带领的广西黄氏壮医针灸流派传承团队进行多方向科研，承担了各级科研项目 6 项，主持项目"广西黄氏壮医针灸流派的传承与推广"荣获中国民族医药学会科学技术奖一等奖；"壮医针灸的理论与临床研究"获广西科学技术进步奖二等奖，并获广西医药卫生适宜技术推广一等奖；"壮医学科构建与人才培养"获广西壮族自治区教学成果奖一等奖。先后出版壮医专著《壮医药学科构建与人才培养》等 4 部。作为第一作者或通讯作者发表学术论文 40 余篇，其中 SCI 论文 3 篇。在黄贵华教授的带领下，流派快速发展壮大。

2. 李美康

主任医师，广西名中医，中华中医药学会学术流派传承分会常务委员、中国民族医药学会壮医药分会副会长；中国针灸学会学术流派研究与传承专业委员会委员；2020 年中国非物质文化遗产保护协会中医药委员会常委和广西民族医药协会壮医针灸专业委员会主任委员。2009 年师从黄瑾明教授，作为全国名中医传承工作室负责人，负责整理、总结和推广黄瑾明教授学术思想。

临床应用壮医药心得体会颇丰。①推崇壮医"毒虚治病"理论，认为人体疾病皆由体内外的邪气（毒）太过或脏腑功能不足（虚）所致。②重视壮医针灸"调气"法的临床应用。③善用壮医"脐环穴"调理亚健康人群体质。主持国家自然科学基金课题 2 项、区级民族医药传承创新专项课题 1 项，参与多项课题研究，作为第一作者或通讯作者在省级学术期刊发表学术论文 18 篇，作为主编和副主编出版壮瑶医药专著 4 部。2017 年获中国民族医药协会科学技术进步奖二等奖，2017、2019、2021 年分别获中国民族医药学会民族医药科学技术奖一等奖 1 项和三等奖 2 项。

黄瑾明学术传承谱

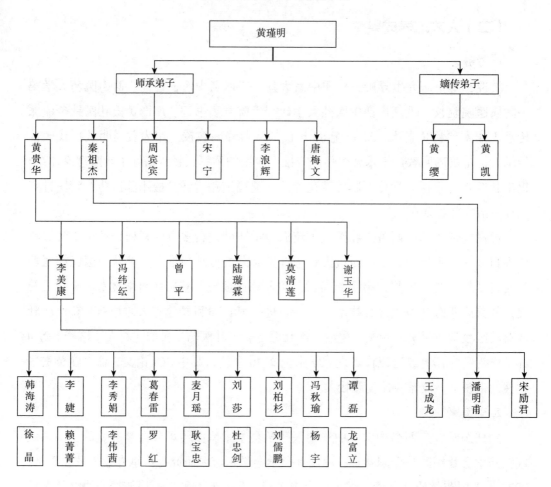

（韩海涛、李婕整理）

（朱江编辑）

韩明向

韩明向（1940—　　），男，安徽合肥人，中共党员，大学本科。首届全国名中医，首届安徽省国医名师，中国中医科学院学部委员，"中国好医生"月度人物。安徽中医药大学第一附属医院名誉院长，主任医师、教授，北京中医药大学博士研究生导师，香港大学荣誉教授、专业进修学院中医药学部专科顾问。曾任中华中医药学会内科延缓衰老专业委员会首任主任委员，中华中医药学会肺病专业委员会副主任委员，中华中医药学会第三、四届理事，第二届中医药学名词审定委员会委员，中国药理学会抗衰老与痴呆专业委员会委员，世界中医药学会联合会第一届老年医学专业委员会常务理事，中国老年学会衰老与抗衰老科学技术委员会资深理事。享受国务院政府特殊津贴。担任第二、四、五、六、七批全国老中医药专家学术经验继承工作指导老师，国家级重点学科带头人。2022年被授予"国医大师"荣誉称号。

韩明向宗《内经》，兼及各家，提出扶正祛瘀法治疗内科慢性疾病；提出"虚-瘀-衰老"理论模式，采用扶正祛瘀法治疗内科慢性疾病；建立肺气虚临床分度，提出慢性肺系疾病的形成以痰饮为病理因素，阳虚阴盛为病机，采用温阳化饮之法辨治；提出充血性心衰的病机特点为气虚血瘀水停，并据此创制了心功能不全益气、活血、利水三治法。韩明向所带领的团队获得发明专利2项，研制国家三类中药新药2种，获国家科技成果1项，省级科技成果15项，省部级科技进步奖及自然科学奖二等奖各1项，三等奖10余项。

一、学医之路

韩明向出生于安徽省合肥市肥东县磨店乡一户佃中农家庭，自幼家境贫困，物质生活匮乏。其父曾为私塾先生，乐善好施，对其影响颇深。在父亲的言传身教下，韩明向从小学习儒家思想，熏陶于传统文化之下。家人在日常生活中常用中医"偏方"治病，比如用中药川芎、白芷、细辛煎水漱口止牙痛，这使幼年的韩明向感受到了医学的神奇之处，萌发了学医的念头。1956年，年仅16岁的他被保送至合肥医科专科学校读书，在校系统地学习西医基础理论和临床知识，因学校为西医院校，仅学到一些简单的中医及针灸知识。1958年9月，韩明向调至安徽淮北袁庄煤矿负责诊所医疗及管理工作，由于当时的药物限制及居民的经济困难，针灸是其最常用的治疗手段。韩明向在工作期间针刺足三里、内关、中脘等穴位治疗了一位胆道蛔虫症患者，仅强刺激并留针3分钟就缓解了患者的症状，这使韩明向迫切希望系统地学习中医。1959年春，皖北发生浮肿病，韩明向作为区医疗队长，见证了乡村医生在没有西药利尿药的情况下使用中药方剂五皮饮、五苓散治疗高度浮肿患者，效果斐然，这使韩明向立志要学贯中西，为患者排忧解难。1959年，韩明向终于如愿以偿地进入安徽中医学院学习，在学校浓郁的中医文化氛围的熏陶下，韩明向励志笃学，求知若渴，努力地汲取中医知识，夯实基础，日日夜夜的奋斗不仅带来了名列前茅的学习成绩，还为其临床执简驭繁奠定了基础。1964年，韩明向赴上海实习，得上海名医史济柱、针灸专家顾坤一、骨伤科专家石幼山的悉心指导。十年后又赴上海进修，得当代名医黄文东、徐嵩年等的倾囊相授，受益匪浅。

1970年，韩明向因成绩优异留校工作。数十年来，韩明向始终坚守在安徽中医药大学第一附属医院中医及中西医结合临床一线，并在安徽中医药大学从事教学、临床、科研工作至今。

二、成才之道

韩明向认为，仁心仁术是成才的必备条件，而读经典、跟名师、做临床、善思考、勤总结、勇创新是成才的最基本路径。

（一）重视经典，夯实基础

所谓经者乃编织之纵线，无经则难以成缯帛，经典为传世之精华，无经典则难以成章。韩明向少习西医，后才有机会步入杏林，因此格外珍惜学习中医经典的时光。在浩如烟海、汗牛充栋的中医书林中，韩明向首推中医四大经典，在反复诵读中熟练掌握《黄帝内经》《难经》《伤寒杂病论》《神农本草经》并多有心得与发挥。例如，其根据《素问·生气通天论》"阴平阳秘，精神乃治"的理论，提出"生命在于平衡"的观点；在老年证候调查中发现，人体衰老是一种随着年龄增长而表现的全身性、渐进性、衰退性的综合变化，验证了《灵枢·天年》记载的"五十岁，肝气始衰，肝叶始薄，胆汁始减，目始不明……百岁，五脏皆虚，神气皆去，形骸独居而终矣"的临床价值。韩明向认为，不读透经典则理不明，而临证无源也。学习经典虽然是一个漫长的过程，但进行经典储备是为了日后更好地厚积薄发。现如今，韩明向仍以阅读经典为每日例行之功课，常读而有常新之感。

（二）拓宽基础，追踪前沿

韩明向认为，新时代的中医人不仅需要注重经典的学习，更要拓宽基础，追踪前沿。中医学不是一门封闭的科学，而是随着时代的发展积极与现代技术相结合的。中医学与西医学虽然是两种完全不同的医疗理论体系，但这两种理论体系并非对立或水火不容，如果能够取长补短、中西兼容，则能相得益彰、有所裨益。因此韩明向强调，当代中医需要中西兼容，与时俱进，及时掌握与中医学相关的现代研究成果与发展动态。无论医疗、教学、管理和科研工作再怎么忙碌，韩明向都不忘关注中医发展动态，他通过自学英语、日语确保能够更及时地阅读前沿中医外文资料，并在阅读中记录总结，在不断积累中，各种读书笔记已有20多本，这都为他始终保持学术领先提供了可能。如今韩明向虽已步入耄耋之年，但仍精神矍铄，经常和学生们一起探讨学科发展、中医热点问题。

（三）拜求名师，学无止境

自古以来师承就是中医传承的重要模式，历代名医大家的成长都离不开师父的谆谆教诲。张仲景师承同乡张伯祖，磨炼医术，终成一代医圣；李东垣师从易水张元素，而罗知悌又拜李东垣为师，易水学派形成于薪火相传；叶天士跟随十七位老师学习医术，求知若渴，终成旷世奇才。韩明向认为，新时代的师承应包括家传、师承及院校教育。古代中医常成才于家传师授，而现代学生大多通过学校教学学习中医。院校教学虽系统完整，但缺乏一定的临床思维培养，因此跟名师、学习导师的临床经验与学术思想，仍是当代中医学习的佳径。韩明向在校期间虽刻苦钻研，但仍常感困惑扰心，因此在实习、进修期间跟随顾坤一、石幼山、史济柱、黄文东、徐嵩年等多位大家学习，在老师们的教导下中医理论水平和临床技术大大提升，并在反复揣摩、不断总结中形成了自己的诊治思路。

（四）仁心仁术，至精至诚

韩明向认为，"大医精诚"乃医者魅力所在，为医者需具仁心、仁术。仁心即诚，要求医者拥有高尚的医德；仁术，则要求医者在医术上追求"至精"。"夫医者，非仁爱之士，不可托也；非聪明理达，不可任也；非廉洁纯良，不可信也。"一个人品德再高，不专研技艺，也无异于谋财害命；技艺再高，而不为民，也难为良医。韩明向出身贫寒，对贫苦百姓深感同情，因此一直将"以天下生民为己任"作为自己行医生涯的行为准则。韩明向仁心济世，常教导学生"夫以利济存心，则其学业必能日造乎高明，若仅为衣食计，则其知识自必终囿于庸俗"。医者仁心，为医者当以仁心待患者，以仁术解病痛，而不应利欲熏心、被金钱蒙蔽双眼，这是每个医者的良心所在。

（五）扎根临床，以人为本

韩明向认为，中医学是一门实践医学，"熟读王叔和，不如临症多"，有再多的理论知识而不扎根于临床，无异于纸上谈兵。韩明向认为，做好临床工作要求医生多看、多听、多问，看病始终围绕人，而不是单纯机械地头痛医头、脚痛医脚。中医学重视患者的整体状况，因此对于一名医生来说，全面的知识储备非常重要。韩明向在就任安徽中医学院第一附属医院院长时，医院只有中医内科，内科各个系统疾病相互混杂，韩明向在中医全科中不断磨砺，对老年病、内分泌疾病、心肺疾病等内科疾病诊治均有心得，成就一代名医。历代名医多为全科医生，即便是某一科的专家，也并不意味只会这一科，只不过是在该学科上的成就更为突出罢了。因此，韩明向强调实习、规培的重要性，轮转过程虽不及自己临床，但确是将来成为医生的必要过程，是打牢基础的重要途径，是培养临床思维的主要方式。初出茅庐的年轻医生很容易只专研某一学科，这样虽然可以全面把握某一科疾病的细节，保证学习深度，但对其整体思维的形成会造成阻碍，容易一叶障目、只见树木不见森林，这样诊病于患者或医生自己都是极为不负责任的。

（六）不断开拓，传承不息

针对中医药在产业化、市场化方面进展缓慢的现状，韩明向以兼容并蓄的态度、卓越的洞察力，积极开发临床疗效可靠的中成药。20世纪90年代，他研制了四安胶囊，主持的"四安胶囊改善高血压胰岛素抵抗研究"项目获得国家自然科学基金资助；创制了寿星宝颗粒，主持的"老年证候学调查及寿星宝延缓衰老的临床和实验研究"获安徽省科技进步奖二等奖，并获中华人民共和国科学技术委员会颁发的国家科技成果完成者证书，主持了国家中医药管理局重大科研课题"寿星宝抗衰老作用的临床和实验研究"。20世纪初，韩明向研制了骨疏灵，主持的"骨疏灵治疗老年性骨质疏松临床与实验研究"获安徽省高校科技进步奖三等奖。韩明向深深地热爱中医药事业，强调中医药传承的重要性，桃李满天下，培养了众多中医药人才。

三、学术之精

韩明向弘扬新安医学"固本培元"思想，提出"虚－瘀－衰老"理论，建立肺气虚分度分级，验之临床效果确切。

（一）创立"虚－瘀－衰老"模式

生长壮老已是生命的自然规律，衰老是人类生理变化的必然归宿。韩明向根据《灵枢·天年》及老年证候学调查创立了"虚－瘀－衰老"学术模式。他带领团队历经近10年，对大样本老年人群进行中医证候学调查及中医衰老病机的前瞻性研究，调查结果表明：人体衰老是一种随年龄增长而表现的全身性、渐进性、衰退性变化，而不是单一的肾虚、脾虚或脾肾两虚，且老年人证候性质以气虚阴亏血瘀为基本，首次比较充分地收集了有关老年证候研究的本底资料，为深化研究老年病奠定了基础，且调查结果完全符合《灵枢·天年》记载的"五十岁，肝气始衰，肝叶始薄，胆汁始减，目始不明；六十岁，心气始衰，苦忧悲，血气懈惰，故好卧；七十岁，脾气虚，皮肤枯；八十岁，肺气衰，魄离，故言善误；九十岁，肾气焦，四脏经脉空虚；百岁，五脏皆虚，神气皆去，形骸独居而终矣"。

韩明向指出，气旺、阴充、血液流畅是生命活动的生理基础。维持人体正常生命活动及健康，主要依赖于人体各个脏腑功能的正常运转，而维持正常功能活动的基础是气旺、阴充、血液流畅。气决定人之夭寿，有先天之气和后天之气。先天之气即元气，禀受于父母，后天之气则是人体正常功能的总称。虽说元气决定人的"天年"，但大多数人都未能尽终天年，这是受到了脏腑之气的影响。肾为元气之根，为"先天之本"；脾胃为气血化生之源，为"后天之本"；心主神明，心气充沛则气血周流不息；肝主疏泄，是维持气机正常的基础；肺为气之主，司呼吸。因此，维持生命、健康长寿需要各个脏腑功能的正常运转。年事已高者，本就不如年轻者气足，阴精又亏虚，而阴精是维持生命活动的物质基础。《灵枢·经脉》云"人始生，先成精"，说明人出生之后，脏腑功能的维持依赖于阴精的濡养。此外，气血流畅是健康长寿的主要保证和必要条件。《素问·六微旨大论》曰："出入废则神机化灭，升降息则气立孤危。故非出入，则无以生长壮老已；非升降，则无以生长化收藏。是以升降出入，无器不有。"这一表述揭示了生命活动中升降出入的重要作用。只有人体升降出入正常，气血通畅，才能长寿。气血不畅则气滞血瘀，多种老年病都是因此而产生的。韩明向以衰老相关理论，观察符合健康老年人标准的研究对象的症状，以及其动作反应能力、平衡能力及各种与老化相关的生化指标，重点分析证候学特征，抓住"气虚阴亏－脉络瘀阻－老化指数增高"的病机模式，以益气、养阴、活血、通络为主要治法，对观察对象进行了前瞻性、有对照的、系统的临床研究，体现了中医临床医学以辨证论治为主体的优势与特色，取得了显著疗效。"虚－瘀－衰老"模式在中医药防治老年病和延缓衰老的临床和实验领域成为一种重要的途径和方法，丰富了中医老年病学的内涵，具有较大的应用价值和理论意义。

（二）首创肺气虚分度

韩明向基于《素问·方盛衰论》及对肺系病证候演变的临床观察，提出了肺气虚的分度诊断标准，认为肺气虚证又称肺气不足证、肺虚气乏证，是对肺脏功能减退，治节无权，宣降失职而致宗气虚弱、肺气上逆、开合失司、卫外不固等临床表现的概称，具有渐进性、阶段性、全身多脏器性变化的特征。韩明向认为，肺的卫外功能减退贯穿肺气虚证的全过程，是肺气虚证的常见表现；肺主气之失常见于肺气虚证的中期，与治节功能障碍并见而出现于肺气虚证的晚期，是肺气虚证的主要表现之一；而治节功能障碍主要见于肺气虚证的晚期。

肺气虚证的肺功能分级与症状分级产生的结果一致，证明肺功能分级方法作为肺气虚证患者的诊断参考指标是可行的，因而韩明向据此又提出了肺气虚证的分度诊断标准：轻度肺气虚——肺的卫外功能或部分主气功能减退；中度肺气虚——肺卫外及主气功能障碍；重度肺气虚——肺的卫外、主气及治节功能全面减退或紊乱。

这种分度方法既有病机病证上的不同，又有发生、发展、演变间的相互联系，符合临床实际情况，有利于临床把握肺气虚证的变化从而指导临床治疗。

四、专病之治

韩明向临床善于治疗肺系疾病、脑病及老年病等，疗效确切，医名远播，兹介绍如下。

（一）慢性阻塞性肺疾病的辨治

慢性阻塞性肺疾病（简称"慢阻肺"）为临床最常见的慢性呼吸系统疾病之一，由于其病程长，迁延难愈，病死率高，社会经济负担重，已成为一个重要的公共卫生问题。慢性阻塞性肺疾病多属于中医"肺胀"的范畴，即肺气胀满，不能敛降的一种病证。临床表现为咳嗽咳痰，喘息气促，胸部膨满，憋闷如塞，病久可见唇甲发绀、心悸怔忡、脘腹胀满、肢体浮肿等症，甚者可出现神昏惊厥、出血喘脱等危重证候。韩明向根据肺胀的病因病机特点结合多年临床经验，从虚瘀论治慢性阻塞性肺疾病，潜心用药，独具匠心。

1. 病机阐释，精当详明

韩明向结合多年的临床经验及对肺胀证候学基础研究，指出肺胀为本虚标实之证，本虚初期责之于肺气亏虚，日久则病转至肾，导致肺肾两虚；而标实是由痰浊潴留，或痰瘀互结，瘀血阻滞，导致肺不敛降，肺气胀满而成。中医学认为，肺主气，司呼吸，虽言肺主宣发肃降，但肾主纳气，肺主气的功能仍需肾纳气功能的协助，才能使肺吸入的清气下归于肾而为人体所用，维持人体呼吸深度。正如张景岳《景岳全书·杂证谟》所言"肺为气之主，肾为气之根"，《医碥·气》所言"气根于肾，亦归于肾，故曰肾纳气，其息深深"，肺肾相互影响，久病肺气亏虚，肃降失司，则伤及根本而致肾失摄纳；而肾的精气不足，摄纳失权，则气浮于上，也可影响肺主气、司呼吸的功能。《灵枢·本输》中"少阴属肾，肾上连肺，故将两脏"一说进一步反映了肺肾相关理论。因此，肺胀之本虚当责肺肾两脏之亏虚。中医学认为，"气为血之帅，血为气之母"，《医学真传·气血》指出："人之一身，皆气血之所循行，气非血不和，血非气不运……"气是血液生成和运行的动力，血液环周不休有赖于气的推动、温煦功能，气虚、气滞、温煦失职等均可导致血行瘀滞。肺胀患者大多年岁已高，肾气自半，正气渐虚，且肺胀常反复发作，迁延不愈，更易耗伤正气，正气亏虚则血液运行不利，易致血瘀；心为君主之官，心主血脉，然肺主治节而朝百脉，治理调节心血的运行，外邪闭肺，或痰郁阻肺，皆可致肺失宣发肃降，失却治节，血运不畅滞而为瘀；且久病脾肾阳虚，累及心阳，不能温煦经脉或鼓动血脉，则血液凝滞形成瘀血。血瘀络滞，则五脏六腑功能受累，可致正气亏虚，易感受外邪，故见肺胀反复发作。

2. 分型论治，辨证翔实

韩明向根据肺胀久病肺虚的特点，提出根据肺气虚证，即肺主气的功能失调情况分型。肺气虚证早期主要指肺的卫外功能减退，表现为恶风自汗，易感冒，咳嗽声低，久咳痰白，气短乏力，自汗，舌淡胖，脉虚无力；中期主要是肺主气、司呼吸功能的减退，可见气短喘促，动则尤甚；后期表现为肺的治节功能减退，上不能助心以行血而致心悸、发绀，下不能通调水道，以输膀胱而尿少、浮肿。

韩明向又根据肺胀的病因病机将肺胀分为外感风寒型、痰热郁肺型、痰蒙神窍型、痰瘀阻肺型、肺肾两虚型及阳虚水泛型。

（1）外感风寒型：本型多见于肺胀早期，肺胀初期常受外邪侵袭，其中以风寒之邪最为多见。肺本为娇脏，受风寒之邪侵袭而肺之卫外功能减轻，即表现为肺气虚轻度。肺卫性收敛，感受发泄之风邪，则肺气不启，收敛不得，患者可表现为咳喘、咳吐清稀白痰，呈泡沫状，恶寒，周身酸楚，胸部膨满，舌质暗淡，舌苔白滑，脉浮滑或浮紧等。风性疏泄，寒主凝滞，若感风寒之邪，宜尽早使用温散之法，否则邪气由表入里，易引发变证。韩明向临床常用小青龙汤加黄荆子、麻黄、细辛等温肺散寒之品，其中麻黄是韩明向临床治疗肺疾最常用的中药。麻黄性温热而清扬，具发汗、平喘、利水之功效，《证类本草》言其"发表出汗，去邪热气，止咳逆上气，除寒热"，是治疗肺病之要药。若内饮较盛，表寒不著，症见咳而上气，喉中如有鸡鸣声，可用射干麻黄汤；若表寒轻，而内饮郁而化热，烦躁而喘，脉浮，需加石膏清热平喘、瓜蒌皮祛痰化饮。

（2）痰热郁肺型：本型也多见于肺胀的早期，多为感受外邪之后，外邪入里，痰郁化热所致，是外感风寒型的进一步发展。症见咳逆甚，喘息气粗，痰多且色黄或白，黏稠难咳，胸满烦躁，目胀睛突，或发热汗出，或微恶寒，溲黄便干，口渴欲饮，舌质暗红，苔黄或黄腻，脉滑数。治宜清肺泄热，降逆平喘。韩明向临床常用越婢加半夏汤或桑白皮汤等加减，药用麻黄、石膏、半夏、黄芩、桑白皮、紫苏子、贝母、杏仁等。若痰热内盛，痰胶黏不易咳出，可加重黄芩、瓜蒌皮、贝母的用量，以清化痰热；若痰热壅结，腹胀便秘，可加入大黄、玄明粉通腑泄热；痰鸣喘息重，甚至不能平卧者，加射干、葶苈子泻肺平喘；若痰热伤津，口干舌燥，加天花粉、石斛、麦冬以生津润燥。

（3）痰蒙神窍型：本型多见于肺胀的中晚期，常为慢阻肺的急性加重期。由于肺为储痰之器，一旦感受外邪则易使痰浊停聚于肺，影响肺脏的功能和气机升降，而随着病情的进一步发展，可出现蒙蔽心窍的表现。症见咳逆喘促日重，咳痰不爽，表情淡漠，嗜睡，甚或睡眠颠倒，昼夜不分，意识模糊，谵妄，烦躁不安，入夜尤甚，昏迷，撮空理线，或肢体困动，抽搐，舌质暗红或淡紫，或紫绛，苔白腻或黄腻，脉细滑数。此时病情急重，一般采用西医治疗，但若病势危急，可用涤痰开窍之法，如安宫牛黄丸或至宝丹。病势较轻者，可用涤痰汤。若舌苔白腻而有寒象，可用苏合香丸。

（4）痰瘀阻肺型：本型多见于肺胀的中晚期。一般肺胀迁延日久，久病及脏，肺受损失其治节，因百脉之血气朝于肺，治节失调，气血在脉道中行运常易受阻，导致瘀血的形成。瘀血与痰浊同为病理产物，相互影响，古人言"血不行则为水，水不行则为瘀"，新的病理产物的产生，往往意味着新的临床症状的出现，以及病情的更加复杂化。此类患者除了胸满、喘咳等表现外，还可见面部、唇甲发绀，舌苔浊腻，可伴有瘀斑，以及脉滑涩等痰瘀互结之象。韩明向治疗痰瘀互结型慢性阻塞性肺疾病时多在"温"的基础上配合"消"，只有温消并举，方能痰消瘀除。痰瘀阻滞，而碍气生病，消瘀的同时应注重养血，使血液得养，气机通畅。韩明向常使用导痰汤合桃红四物汤加减，药用半夏、枳实、陈皮、竹茹、苍术、桂枝、茯苓、沉香、砂仁、赤芍、当归、熟地黄、川芎、桃仁等，其中韩明向喜用当归，认为其甘温，具有良好的活血化瘀作用，且可以治疗咳逆上气，正如《证类本草》中所载，当归"主咳逆上气……温中止痛，除客血内塞……"此外，痰多者可配合三子养亲汤化痰下气；瘀重者可再加入丹参、三七等化痰祛瘀；腑气不利，大便不畅者，加大黄、厚朴以通腑除壅。

（5）肺肾两虚型：对于久病或高龄患者，韩明向认为，久病多虚，高龄患者脏气衰竭，肺脾肾功能减退，气血生化乏源，更易生痰成饮。一般症见呼吸浅短难续，咳声低怯，胸满短气，甚则张口抬肩，倚息不能平卧，咳嗽，痰如白沫，咳吐不利，心慌，形寒汗出，面色晦暗，舌淡或紫暗，苔白润，脉沉细无力。此类患者当温、补相结合，补肺纳肾，降气平喘，温补脏腑，使得脏气得养，腑气得充，则人体功能健运，血液循其道，津液居其所，痰饮无所化生。韩明向喜温补肺肾及脾胃，以绝生痰之源，清储痰之器，助化痰之本。临床上常使用补虚汤合参蛤散加减，常用黄芪、肉桂、白术、菟丝子等药。其中，韩明向临床治疗久病虚型肺胀时，以菟丝子最为常用。菟丝子能滋养肝肾，又可益精明目，归肝、肾经，正如《本草汇言》所载，菟丝子"补肾养肝"，为"温脾助胃之药也"。肝肾得补，气机通利，纳气有权，则咳喘不易发作。若肺虚有寒，怕冷，舌质淡，加桂枝、细辛温阳散寒；兼阴伤，低热，舌红苔少者，加麦冬、玉竹、知母养阴清热；兼阳虚，面色苍白，脉微者等，可加参附汤补气回阳。

（6）阳虚水泛型：本型常见于肺胀的晚期，是肺胀常见的并发症。症见面浮，下肢肿，甚或一身悉肿，脘痞腹胀，或腹满有水，尿少，心悸，喘咳不能平卧，咳痰清稀，怕冷，面唇青紫，舌胖质暗，苔白滑，脉沉虚数或结代。韩明向临床常用温阳化饮利水法治疗，采用真武汤合五苓散加减，药用附子、桂枝、茯苓、白术、猪苓、泽泻、生姜、白芍等。若兼见瘀证，可加红花、赤芍、泽兰、益母草、北五加皮等行瘀利水；若水肿势剧，上凌心肺，心悸喘满，倚息不得卧，咳吐白色泡沫痰涎者，可加沉香、桑白皮、五加皮、葶苈子行气逐水。

3. 灵活施治，独具特色

（1）温法论治肺胀：韩明向认为，本病的重要病理因素是寒痰水饮，另外本病常因外感寒邪而加重，故在冬春寒冷季节最易复发。患者常见咳痰清稀、胸满气喘、面色青暗、畏寒肢冷、口唇爪甲发绀诸症，表明肺胀患者存在阳气不足、痰瘀内阻之证。韩明向勤究医理、深入临床，遵仲景之古训，认为肺胀患者多于冬春寒冷季节发作，又虑痰饮属于阴证，非阳不运，且肺为娇脏，不耐寒热，喜温而恶寒，故在肺胀病的诊疗中善用温法，或以干姜、细辛、五味子温肺散寒、化饮降逆，或用苓桂术甘汤合二陈汤加减以温阳散瘀、化痰逐饮，或以补骨脂、附片、干姜、茯苓、陈皮、葶苈子温肾健脾、蠲饮利水，临床每多效验。

（2）补肺纳肾，金水相生：韩明向认为，慢阻肺急性加重期多由感染诱发，以痰热壅肺最为多见，治疗缓解后容易出现耗气伤阴、气阴两虚的表现。稳定期表现为不同程度的胸闷气喘，动则尤甚，肺肾出纳失常。韩明向治疗时紧扣肺胀本虚标实的病机特点，发时以解表散寒、化痰止咳之法治标，缓解期以补肺汤、异功散及玉屏风散加减方固本。然肺为气之主，肾为气之根，肺五行属金，肾五行属水，内因以肺肾亏虚为本，治疗时既要补肺纳肾、降气平喘，又要固护肺肾之津，金能生水，水能润金，从而调畅气机，益气养阴，纳气平喘。

（3）标本同治，补虚祛瘀：肺主气，朝百脉，肾主纳气，久病肺肾两虚，气虚肺失治节，虚久必瘀。巢元方云："肺主于气，邪乘于肺则肺胀，胀则肺管不利，不利则气道涩……"《丹溪心法》言："肺胀而嗽，或左或右，不得眠，此痰夹瘀血，碍气而病……"肺胀多是本虚标实之证，常以肺肾等脏虚损为本，以痰瘀水饮潴留为标，辨治之法，则当以扶正祛瘀为主，正如《血证论》所言："须知痰水之壅，由瘀血使然，但去瘀血，则痰水自消……"韩明向在重用补益肺肾之剂时，佐活血化瘀之品以治标，诸药合用，配伍合理，标本同治，补虚不留瘀。

（4）研制新方，针对虚瘀：韩明向针对肺胀"虚瘀"的特点创制了补肺化瘀方，该方主要针对肺系疾病见肺肾亏虚、气阴不足、瘀血阻肺等证而设，方由熟地黄、五味子、紫河车、当归、三七、丹参等组成，可补益肺肾、活血祛瘀，兼用参、芪以固本培元。熟地黄甘温质润，补阴益精以生血，可"大补血虚不足"，《本草从新》言其"（治）阴亏发热，干咳痰嗽，气短喘促……一切肝肾阴亏，虚损百病，为壮水之主药"。当归辛燥苦温，归心、肝、脾经，为血中之圣药，具有补血调血的双重功效，《神农本草经》又云其"主咳逆上气"，二者合用，益肾纳气，金水相生，《景岳全书》中的金水六君煎就以熟地黄、当归合二陈汤，治疗肺肾两虚、湿痰内盛之喘逆。五味子味酸收敛，甘温而润，入肺、肾经，能上敛肺气，下滋肾阴，为治疗久咳虚喘之要药，《药性论》言其"治中下气，止呕逆，补诸虚劳……病人虚而有气兼嗽加用之"，加入五味子可使补中有收，增强补益效果。紫河车入肺、肾经，能补肺气，益肾精，纳气平喘，《本草再新》言其可"大补元气，理血分"。三七味甘、微苦，性温，可止血散瘀，治咳血、便血等。丹参味苦，性微寒，具有活血化瘀，养血安神之能，《本草汇言》云："丹参一物，而有四物之功。补血生血，功过归、地；调血敛血，力堪芍药；逐瘀生新，性倍芎䒷（即川芎）。"诸药合用，标本同治，补虚不留邪，祛邪不伤正，遣药精当，立意深明，全方切中"本虚标实"的基本病机，既补益肺肾，又活血祛瘀，标本同治，充分体现了中医标本兼治及辨证与辨病相结合的特点。故用之于临床，常有效验。

（二）从痰、瘀论治老年性痴呆

随着当今世界人口老龄化的加剧，老年性痴呆的发病率日益增高，是老年人群中继心脏病、脑血管病、肿瘤之后的第四大杀手。我国老年性痴呆人数达600万以上，位于全球之首。老年性痴呆即阿尔茨海默病（Alzheimer's disease，AD），是以记忆力下降、认知功能障碍、意识障碍、生活自理能力及社会活动能力下降甚至丧失为特征的老年常发疾病。然而迄今为止，该病的病因仍不明，西医学尚无满意的治疗措施。中医药在恢复和提高患者智力水平方面具有显著优势，已成为防治老年性痴呆的重要手段。韩明向辨治本病的学术经验如下。

1. 病机阐释，精当详明

中医古籍中虽无老年性痴呆的病名，但因其具有善忘、呆、傻、愚、笨等临床特征，故可归属于中医学"呆病"的范畴。韩明向认为，老年性痴呆是年龄相关性疾病，其病因当责于"虚－瘀－痰"。"虚"是指患者年老肾精亏虚或气血衰少，髓海失养；而"瘀"常由气滞、血停内阻而致，气血难以上荣，髓海不充；所谓"痰"多由脾虚湿盛，痰浊内生而蒙蔽清窍，可见神志模糊。中医古籍中对于痴呆的论述较少，与本病有关的病因病机、症状、治疗预后等认识多散在分布于历代医籍的其他篇章中。例如，《灵枢·天年》指出"六十岁，心气始衰，苦忧悲，血气懈惰，故好卧……八十岁，肺气衰，魄离，故言善误"，认为痴呆是年龄相关性疾病，系由于老年人脏腑功能衰退，从而出现言语混乱、善忘等痴呆症状。《类证治裁·健忘论治》对于痴呆病因的认识较为详细，"或精血亏损，或思虑过度……或精神短乏……或上虚下盛，或心火不降，肾水不开，神明不定，或素有痰饮，或痰迷心窍，或劳心诵读，精神恍惚，或心气不足，怔忡健忘，或禀赋不足，神志虚扰，或年老神衰……"指出痴呆与脏腑、阴阳、气血虚衰等"虚"证相关，又与痰饮内停，蒙蔽清窍之"痰"关系密切。中医学素有"久病必瘀""老人多瘀"的说法，如《外台秘要》中多次强调"凡有瘀血者，其人喜忘"等。随着生活水平的提高，大鱼大肉几乎成为每家每户每日餐桌上必不可少的菜肴，越来越多的人因为过食肥甘厚腻而出现痰湿内蕴现象；脑力工作者过度劳累、平素缺乏锻炼，常导致气血流通不畅，衰老加速，这些都是导致痴呆的不利因素。韩明向系统总结中医古籍中的论述，并结合临床患者的整体情况，指出老年性痴呆病位在脑，与心、肝、肾、脾等脏腑关系密切，多见虚实夹杂、本虚标实之象，本虚为脏腑功能失调，气血不足，尤以肾精亏虚为主，标实多为痰阻血瘀。病机主要为肝肾亏虚，心脾两虚，肾精不足，气血不充，渐使脑髓空虚，失于濡养，再兼痰瘀互结，蒙蔽清窍。

2. 分型论治，辨证翔实

老年性痴呆临床上一般根据症状及其严重程度分为早期、中期和晚期。早期又称初始期，老年性痴呆早期主要表现为记忆力明显下降，影响日常生活，甚至随着病情发展出现反应迟钝、言语障碍、行为紊乱等症状，但生活基本可自理。中期又称进展期，除记忆力及智能下降外，还可出现幻觉、时空错乱、失语失用等表现，生活不能自理。晚期为恶化期，此时病情严重，不识亲友，大小便失禁，甚至完全卧床。韩明向强调，老年性痴呆除判断症状的轻重外，还当仔细辨证，随证施治。老年性痴呆患者或因肾虚精亏、髓海空虚，或因心肾不交、阴阳失调，或因心脾两虚、气血不足，或因痰阻心窍、蒙蔽心神，或因瘀血内停、阻滞清窍而起病，故韩明向将老年性痴呆分为五种证型，具体分述如下。

（1）肾虚精亏型：本型是老年性痴呆早期最常见的证型，其他阶段也可见该型。临床症见表情淡漠，少言寡语，记忆力减退，口齿不清，词不达意，伴见少气懒言，食欲不振，腹痛喜按，小便清长，腰膝酸软，舌质淡白，舌体胖大，苔少，脉沉细弱。治疗当以滋补肾脏、填精生髓为主。韩明向临床常用金匮肾气丸、七福饮、龟鹿二仙膏等加减，药用桂枝、炮附子、熟地黄、山药、山茱萸、茯苓、白术、枸杞子、党参、炙甘草、远志、酸枣仁、当归、龟甲、鹿角等。偏肾阴虚者，可酌加知母、黄精、石斛、女贞子、墨旱莲等；偏肾阳虚者，可酌加淫羊藿、仙茅、巴戟天、肉苁蓉、补骨脂等。韩明向在临证中发现，即使治疗肾虚精亏型老年性痴呆的重症患者，如若一味使用补药而不兼加通药则难以得到满意的疗效，正如李时珍所言"古人用补药，必兼泻邪，邪去则补药得力，一辟一阖，此乃玄妙"，因此韩明向在治疗时常寓补于泻，加入茯苓、泽泻、木通等药以通补之。

（2）心肾不交型：本型多见于老年性痴呆的早期，症见记忆力下降，表情呆滞，沉默寡言，或心烦急躁，哭笑失常，心悸不安，失眠焦虑，头晕耳鸣，腰膝酸软，咽干舌燥，五心烦热，舌红苔少，脉细数。治宜交通心肾，滋阴潜阳。韩明向临床常用黄连阿胶汤、桂枝加龙骨牡蛎汤、二至丸、交泰丸等化裁，药用黄连、黄芩、阿胶、白芍、桂枝、龙骨、牡蛎、甘草、大枣、茯苓、茯神、知母、女贞子、墨旱莲、肉桂等。《慎斋遗书》指出"心肾相交，全凭升降，而心气之降，由于肾气之升"，心肾不交型老年性痴呆，或因心火亢盛，心火上亢不降于肾，或因肾水亏虚，肾阴不足，肾水不能上济于心，因此临床上患者发病常有偏向。若心火亢盛较甚，可酌加栀子、竹叶等清心火；若肾阴虚较甚，可酌加枸杞子、麦冬、南沙参等滋阴润燥。韩明向强调，心肾不交型老年性痴呆主要由阴阳不平衡所致，因此治疗时应阴阳兼备，以调和阴阳为要。此外，茯苓、茯神是韩明向常用的交通心肾药对，他认为二者同入心、脾二经，在宁心安神之余尚可健脾利湿化痰，且茯苓入肾经，可下通心气于肾，利小便而使热去，利水而不伤正。二者相须为用，宁心滋肾，共奏通补中焦之效。

（3）心脾两虚型：本型多见于老年性痴呆的早期，但常贯穿老年性痴呆的所有阶段。症见表情呆滞，沉默寡言，眩晕健忘，口齿含糊，词不达意，伴面色萎黄，气短懒言，食少纳呆，口涎外溢，肌肉萎缩，腰膝酸软，舌质淡嫩，脉细弱。治宜益气补血，健脾养心。韩明向临床常用归脾汤、四君子汤等加减，药用白术、茯神、黄芪、川芎、白芍、酸枣仁、人参、木香、甘草、当归、远志等。脾虚偏重者多加山药、大枣等健脾益气；心虚偏重者多加龙眼肉、地黄等补血养心。韩明向治疗此型常遵从新安固本培元派学术经验，重用参芪，气血阴阳同补，诸症得愈。

（4）痰阻心窍型：本型多见于老年性痴呆的中晚期，一般起病较急。症见神志痴呆，智力衰退，意识模糊，语言不清，或精神抑郁，神情淡漠，终日无语，或哭笑无常，喃喃自语，举止失常，甚至不省人事，常伴见不思饮食，腹胀痞满，口吐痰涎，口多涎沫，头重如裹，舌苔白腻，脉滑。治宜健脾化浊，豁痰开窍。韩明向临床常用洗心汤、转呆丹等加减，药用人参、茯神、半夏、陈皮、神曲、甘草、附子、石菖蒲、生酸枣仁等。若脾气亏虚明显，可加党参、黄芪、白术、山药、麦芽、砂仁等健脾益气之品，以截生痰之源；若痰浊壅塞较著，重用陈皮、半夏，配伍胆南星、瓜蒌、贝母等豁痰理气之品；若痰郁久化火，蒙蔽清窍，扰动心神，宜用涤痰汤涤痰开窍，并加黄芩、黄连、竹沥以增强清化热痰之力。

（5）瘀血阻窍型：本型亦多见于老年性痴呆的中晚期。症见神情呆滞，言语不利，善忘，易惊恐，或思维异常，行为古怪，伴唇甲色暗，肌肤甲错，口干不欲饮，双目暗晦，舌质暗或有瘀点瘀斑，脉细涩。治宜活血化瘀，通络开窍。韩明向常用通心络、通窍活血汤加减，药用人参、水蛭、全蝎、蜈蚣、蝉蜕、桃仁、红花、赤芍、麝香、石菖蒲、郁金等。瘀血不去，新血不生，血虚明显者，可加当归、鸡血藤、三七以养血活血；瘀血日久，郁而化热者，可加丹参、牡丹皮、夏枯草、竹茹等清热凉血之品。韩明向认为，对于该型痴呆的治疗应果断使用辛香通络、辛润通络和虫蚁通络之品，意在尽快恢复络脉气血流通，其中血瘀日久已成干血死血，即所谓干硬顽结，络脉管壁增厚，难以速除，必须同时配伍软坚搜剔之品，如三棱、莪术、牡蛎、夏枯草等。

3. 灵活施治，独具特色

（1）创制新方，辨证施治：韩明向指出，老年患者很少见单纯一种证型者，多为混杂出现，气虚、阴亏、血瘀是最常见的病理因素，故据此创制了智脑胶囊及寿星宝颗粒剂。智脑胶囊系由党参、黄精、石菖蒲、川芎等组成，具有益气养阴、化瘀祛痰、开窍健脑之功。寿星宝颗粒剂系由人参、黄芪、黄精、白芍、丹参、三七、水蛭、枸杞子、何首乌等组成，其中人参、黄芪大补元气，补养五脏六腑之气，黄精、枸杞子、何首乌滋补肝肾，填精生髓，气血双补，丹参、三七、水蛭活血祛瘀，诸药合用，共奏气血双补、滋补肝肾、活血化瘀之功。韩明向及其学生经过临床与实验研究证明智脑胶囊及寿星宝颗粒剂能够明显改善气虚、阴亏、血瘀症状和体征，改善记忆广度、瞬时记忆，增强和恢复记忆力，改善全身血流，增加脑供血量，调节人体免疫功能，延缓衰老。同时，韩明向指出老年性痴呆一般病程较长，患者需要长期坚持服用药物，故将两方制成胶囊及颗粒剂，以便于储存及服用。

（2）善用膏方，直达病所：中医膏方既可治疗疾病，也可用于保健，该剂型便于服用、储存和携带，适应现代人饮食和用药习惯，故韩明向临床治疗处于稳定期的老年性痴呆患者常使用膏方。膏方药味数量一般较多且剂量较大，服用时间也相对较长，在临床处方时难以把握方剂的整体性，难以完全遵从君臣佐使的配伍方式。故韩明向指出，对于老年性痴呆患者，仍要把握其气虚阴亏血瘀的基本病机，有针对性地选择益气、养阴、活血的基础方剂合并使用，并进行加减配伍调整。益气基础方一般选用益气聪明汤，其由人参、黄芪、葛根、白芍、蔓荆子、黄柏、升麻、炙甘草组成，具有补益肝肾、聪耳明目之功；养阴基础方一般选择左归丸，其由鹿角胶、龟甲胶、熟地黄、山药、枸杞子、菟丝子、山茱萸、牛膝组成，具有滋阴补肾、填精益髓之功；而活血基本方一般以通心络为主，系由人参、水蛭、全蝎、蜈蚣、赤芍、蝉蜕、冰片等组成，具有益气活血、通络止痛之功。三方合用，斟酌加减，熬成膏剂，直达病所，具有祛邪扶正、补虚强体、抗老延寿的功效。

韩明向强调，老年性痴呆的膏方治疗调整当重视恢复人体的精、气、神。精、气、神者，人身之三宝也，乃人体生命存亡之关键。在膏方中应该特别注意精、气、神的调补，故常以厚味药物如熟地黄、山茱萸、菟丝子之类养精填髓，以人参、党参、黄芪等补中益气，以远志、茯神、酸枣仁等养心安神。临证处方虽有侧重，但应兼顾精、气、神，使患者得以聚精、养气、存神。此外，韩明向强调膏方的配伍应注意补气而不燥，滋阴而不腻，理气而不破气，活血而不动血，既要考虑"形不足者，温之以气，精不足者，补之以味"，又要注意保护脾胃的运化与吸收功能。在药物剂量的使用上，以轻为主，力避偏胜。还应根据患者的症状，针对原有宿疾，做到"损有余而补不足"，调补兼施，寓治于补。总体而言，在处方的布局中要讲究补中有泻，补中有通，以使补虚不恋邪、补虚不碍胃。

（3）虫类搜剔，通瘀开窍：叶天士《叶氏医案存真》云"久发频发之恙，必伤及络，络乃聚血之所，久病血必瘀闭"，认为病深入络，草木不能见效，当以虫蚁攻通散结，方能效起沉疴。中医学认为，虫类药多具有搜风祛邪、透达攻窜、逐瘀通络、攻毒化痰等功效，其活血化瘀之力较草本药物更强，可深入络脉，剔邪外出。老年性痴呆患者多痰瘀阻滞日久，尤为难治，必须借助虫类药如地龙、蜈蚣、水蛭、僵蚕等搜剔之品以活血通瘀。韩明向治疗老年性痴呆瘀血重者常用通心络，其组成中就含有全蝎、水蛭、蜈蚣、蝉蜕等虫类药，通络止痛、活血开窍之力强。韩明向临床运用虫类药种类丰富，但贵精不贵多，以适合患者病情为宜。

（4）通督调神，引经为治：通督调神是指采用针刺或药物作用于脑－心－肾－督轴为主，可达通调经络、神志，调和营卫，平衡阴阳目的的方法。韩明向认为，老年性痴呆与"神"密切相关，神是人的精神、意识、思维等生命活动的统帅，与脑密切相关，正如《本草纲目》所言"脑为元神之府"，《本草备要》所载"人之记性皆在脑中"。而督脉上行属脑，可以贯通脑、脊髓、肾，如《难经》所云"督脉者，起于下极之俞，并于脊里，上至风府，入属于脑"。故若督脉之海空虚不能上荣充脑，髓海不足，则易出现健忘、失语等老年性痴呆症状。治当通督调神，生髓解郁，以恢复大脑主神功能为要。

五、方药之长

韩明向临床擅用经方，不薄时方，且创制诸多新方，以治疗呼吸系统疾病、心脑血管疾病、老年病见长，发明健脾补肺汤、化痰降气胶囊、寿星宝颗粒、温肺止嗽散、疏肝化结汤、四安胶囊、养胃舒等方，常于平淡中见神奇，治愈众多疑难杂症，临床心得颇多。兹介绍如下。

（一）常用方剂

1. 健脾补肺汤

【组成】生晒参、炙黄芪、熟地黄、五味子、炒白术、茯苓、陈皮、炙甘草、紫河车、补骨脂。

【用法】清水熬煮，收汁300mL，1剂/天，分早、晚2次服用。

【功效】健脾益肺，补肾纳气。

【主治】肺肾两虚型慢性阻塞性肺疾病。

【方解】《医宗金鉴·杂病心法要诀》谓"黄芪补表气，人参补里气，炙草补中气"，本方重用黄芪、人参及甘草，肺脾俱补，且健中气，固表气，升阳举陷，可大补一身之气。白术补气健脾，助脾运化，以资气血生化之源；茯苓甘平，入心、肺、脾、肾经，可健脾渗湿，养心安神，交通心肾，《得配本草》谓其"性上行而下降，通心气以交肾，开腠理，益脾肾……"熟地黄味甘微温，专善补血益肾精，为填补精血之佳品；紫河车甘咸温，入肝、肾经，大补真元，益精血，安心神；补骨脂辛苦温，入肾、脾经，具有温肾暖脾之功，三药共奏补益先天之用。五味子酸温，入肺、肾经，专于敛肺滋肾，止汗涩津，纳气平喘。陈皮理气和胃，使诸药补而不滞。诸药合用，上敛肺金，下固肾元，标本共治。

【临床心得】本方为韩明向为治疗肺肾两虚型慢性阻塞性肺疾病而创制的自拟方，临床运用须抓住以下三点。

①抓住肺脾肾俱虚的核心病机：韩明向认为，慢性阻塞性肺疾病稳定期病机变化与五脏六腑皆有关联，但与肺、脾、肾三脏关系最为密切，如《杂病源流犀烛》所言："盖肺不伤不咳，脾不伤不久咳，肾不伤火不炽，咳不甚。"慢性阻塞性肺疾病初期先见肺气虚，卫外功能减退，宣降失司，气不布津，可聚为痰饮。而久咳肺虚，迁延不愈，又可延及脾肾，脾虚则气血生成不足，而"肾为气之根"，肺吸入之清气须肾纳气功能的协助才能下归于肾，方可为人体所用，正如《类证治裁·喘症》所言："肺为气之主，肾为气之根，肺主出气，肾主纳气，阴阳相交，呼吸乃和，若出纳升降失常，斯喘作焉。"此外，肺气宣发肃降，通调水道；脾气运化水饮，布散周身；肾气蒸腾气化水液，肺、脾、肾之气是人体水液运行之动力。肺脾肾俱虚，则痰浊水饮内生，故本方重用茯苓以祛湿化痰。

②紧扣病机，扩大应用：韩明向创制健脾补肺汤以补肺益肾健脾，治疗肺肾两虚型慢性阻塞性肺疾病，然在临床中，该方也可用于其他以气喘、乏力、腰酸等肺脾肾俱虚症状为主要临床表现的疾病。

③机圆法活，辨证加减：临床加减应用时须辨证施治，补虚应分清脏腑、气血、阴阳亏虚之不同。若兼有纳少、便溏之脾虚不运表现，合异功散补土生金；咳痰多汗者加浮小麦、桑叶、麻黄根；尿频者加益智仁、桑螵蛸、乌药、山药；若兼有咳嗽、咳稀薄白痰、鼻塞、流清涕等，可合用温肺止嗽散（炙百部、紫菀、款冬花、白前、前胡、干姜、细辛、五味子、紫苏叶、炙麻黄、苦杏仁、炙甘草、苍耳子、辛夷）。韩明向曾诊治一名患有慢性阻塞性肺疾病30余年的患者，该患者症见偶有夜间咳嗽，痰多，呈泡沫状，气喘明显，动则喘甚，尿频，神疲，乏力，纳可，大便基本正常，夜尿多，舌淡暗，苔薄，脉沉。辨证为喘证的肺脾肾三脏亏虚证，

采用健脾补肺汤合温肺止嗽散加减治疗，四诊后症状明显减轻。此外，韩明向认为患慢性阻塞性肺疾病日久必会耗伤正气，久病入络，邪气伏于经络之间，难以外达，故常加入地龙，既可咸寒入肾，清热平喘，又可开宣肺肾，通达经络。

2. 化痰降气胶囊

【组成】炒紫苏子、炒白芥子、白前、当归、金沸草、蜜麻黄。辅料为糊精。

【用法】制成硬胶囊，口服，一次4～5粒，一日3次；或遵医嘱。

【功效】化痰降气，止咳平喘。

【主治】慢性支气管炎、肺气肿、哮喘等发作期属寒痰壅肺型。

【方解】方中紫苏子辛温，归肺经，可降肺中逆气，为降气平喘之要药，相对于紫苏叶，紫苏子的降逆作用更强，正如《本草纲目》所言："治风顺气，利膈宽肠……""苏子与叶同功。发散风气，宜用叶；清利上下，则宜用子也。"白芥子辛热，归肺经，具有温肺祛痰之功。紫苏子与白芥子均能祛痰降气，其中白芥子温燥之性较强，宜于祛寒痰，而紫苏子温而润肺，宜于止咳喘，二药伍用，一燥一润，一峻一缓，相互协调，痰祛肺安，为祛痰的重要药对。现代研究也显示，紫苏子和白芥子具有抗炎杀菌作用。金沸草、紫苏子、白前三味，皆具"温而不燥，润而不腻"之性，功擅温润肺气，止咳化痰，为治疗久咳久喘之良药；麻黄味辛、微苦，性温，归肺、膀胱经，生麻黄发汗平喘、利水消肿之力强，此处使用蜜麻黄，可加强止咳平喘之功，而减轻峻烈发汗之性；当归味辛、甘，性温，具有良好的活血化瘀作用，且可以治疗咳逆上气，正如《医学衷中参西录》所载："当归味甘微辛，气香，液浓，性温，为生血活血之主药，而又能宣通气分，使气血各有所归，故名当归。其力能升（因其气厚而温）能降（因其味厚而辛），内润脏腑（因其液浓而甘），外达肌表（因其味辛而温）。能润肺金之燥，故《本经》谓其主咳逆上气……"诸药合用，收化痰降气、宣肺止咳平喘、抗炎之效。

【临床心得】本方是韩明向针对肺系疾病寒痰壅肺证候而创制，方小力专。

①寒痰壅肺，温法行之：肺系疾病初期多由外感风寒之邪所致，风性疏泄，寒主凝滞，风寒之邪，宜早温散，否则邪气由表入里，易引发变证。肺系疾病多有痰饮，《金匮要略》云"病痰饮者，当以温药和之"，痰饮属阴，常导致病情缠绵，轻则碍气，重则伤阳，唯有温振阳气，饮得温自散，因此临床治疗肺系疾病时应重视温化痰饮的重要性。本方六味药均为辛温之品，功专温肺散寒，化痰平喘，痰饮消散，水循道行，纳气得权，咳喘自平。

②异病同治，灵活运用：本方是韩明向采用温法治疗肺系疾病的经验总结，可异病同治，临床治疗各类肺病早期均取得较好疗效。

其一如咳嗽，有声无痰为咳，有痰无声为嗽，有痰有声谓之咳嗽，临床一般痰声并见，咳嗽同生，治疗时应将祛痰作为主要治法之一，比如韩明向指出《黄帝内经》提出的"秋伤于湿，冬生咳嗽"就是化痰降气胶囊的适应证。秋季感湿，伏而未发，湿蕴化痰，郁而化热，上逆引咳，冬发咳嗽，此时外寒内饮，可采用化痰降气胶囊治疗。

其二如支气管哮喘，韩明向认为其多因痰伏于肺，又遇外邪侵袭、饮食失调、情志刺激、体虚劳倦等诱因引动而触发，以致痰壅气道，肺之宣降功能失常。发时喉中有哮鸣音，呼吸气促困难，甚则喘息不能平卧为其主要临床特征。韩明向认为，支气管哮喘属寒哮者，其病机多有寒、痰交阻，故可用化痰降气胶囊化痰降气，止咳平喘。

其三如慢性阻塞性肺疾病早期，感受风寒之邪，郁而生痰，正如《诸病源候论》所言"肺主于气，邪乘于肺则肺胀，胀则肺管不利……故气上喘逆，鸣息不通"，故采用化痰降气胶囊化痰降气，止咳平喘。韩明向团队通过大量的临床研究发现，化痰降气胶囊确能降低慢性阻塞性肺疾病模型大鼠支气管肺泡灌洗液中的肿瘤坏死因子 - α（TNF- α）和白三烯 B_4（LTB_4），从而减少中性粒细胞向气道中趋化，减轻气道炎症及其所造成的支气管肺组织损伤。

③机圆法活，辨证加减：尽管本方已制成中成药用作医院常规制剂，但临床使用时仍须辨证论治，针对各种情况可灵活加入其他中药颗粒，如痰多难以咳出者可加百合、南沙参、百部等润肺止咳；肺气虚证，症见汗多者，可加黄芪、防风、白术等固表止汗，若病程较久，有多年哮喘病史者可少佐川芎、丹参之类活血化瘀，以通肺络；饮食不振、纳呆者，可加谷芽、麦芽、六神曲健脾和胃消食。

3. 寿星宝颗粒

【组成】生晒参、生黄芪、制黄精、丹参、三七、何首乌、蛇床子、肉桂、南沙参。

【用法】口服，一次1袋，一日3次；或遵医嘱。

【功效】益气养阴，活血化瘀。

【主治】老年病。

【方解】人参、黄芪是新安固本培元派医家最常使用的对药，新安医家汪机认为人参、黄芪"（二药）补气亦补营之气。补营之气，即补营也，补营即补阴也。可见人身之虚，皆阴虚也。经曰：阴不足者补之以味，参芪味甘，甘能生血，非补阴而何？又曰：阳不足者温之以气，参芪气温，又能补阳。故仲景曰：气虚血弱，以人参补之。可见参、芪不唯补阳，而亦补阴"，是补气血阴阳之佳品。南沙参味甘、微苦，性凉，入肺、胃经，具润肺止咳、养胃生津之能；黄精甘平，入肺、脾经，具补脾润肺、气阴两补之功；蛇床子味辛、苦，性温，入肾经，以温肾助阳为长；何首乌味苦、涩，性微温，入肝、肾经，以补肝肾、益精血、解毒通便为长；肉桂味辛、甘，性热，入肝、脾、肾经，具温中散寒、补火助阳、活血止痛之功，五药相合，属相须为用，养肺健脾益肾，先后天共治。三七味甘、微苦，性温，入肝、肾经，专走血分，善化瘀血、消肿痛、止血，为血家要药，理血之佳品；丹参味苦，性微寒，入心、肝、心包经，以活血化瘀、凉血清热、养血安神为长，二者配伍，属相须为用，相辅相成，且因三七具有止血、活血双向作用，故活血化瘀而无出血之虞。诸药合用，共奏益气养阴活血之功，对于老年人的防病保健及疾病治疗大有裨益。

【临床心得】本方由韩明向针对老年人特有的病机特点——气虚、阴亏、血瘀而创制，是针对老年人衰老特有的证候特点而确立的益气养阴活血治法的经验总结，老年人多气血不足，功能减退，体质虚弱，证同治同，对临床上治疗各类老年病大有裨益。

①把握特征，辨证施治：韩明向总结老年病的临床主要表现为气虚者，出现心悸、气短、脉沉细迟或结代（心气虚），腰酸、耳鸣、尿频或尿失禁（肾气虚），少气懒言、语声低微、易感冒（肺气虚），腹胀、纳少、乏力、食后易倦（脾气虚）；阴精亏虚，气血同源，老年人气常不足，故其阴精亦多亏虚，出现心悸不宁、虚烦失眠（心阴不足），肢体麻木、视物模糊（肝阴不足），耳鸣、健忘、消瘦、肤干、关节不利（肾阴不足）；血液流行障碍，气虚不足以行血，阴亏不足以润脉，致使血脉运行障碍，血液瘀滞形成瘀血，出现胸闷疼痛、肢体偏瘫、麻木疼痛、久病不愈、面色紫暗、舌下脉络粗长扭曲、脉结代等。韩明向认为，老年患者出现以上症状即可使用该方，异病同治，老年性痴呆、老年代谢综合征、老年性高血压等出现以上症状的均可使用该方。

②探索药理，指下详明：韩明向认为，元气充足与否决定人的寿夭，阴精是维持生命活动的物质基础，而气血流畅是健康长寿的主要保证和必要条件。气足、阴盛、血畅则髓海充盈，脑发育健全，即能充分发挥其"精明之府"的生理功能。韩明向团队通过实验发现以益气养阴法组方的寿星宝颗粒有明显的益智、改善老化症状之效，可明显改善辐射大鼠的气虚血瘀症状和体征，具有抗氧化作用，可提高红细胞的超氧化物歧化酶（SOD）活性，增强谷胱甘肽过氧化物酶（GSH-Px）、过氧化氢酶（CAT）活力，降低脂质过氧化物（LPO）含量，改善全身血液流变情况，增加脑供血量，能明显提高人体的记忆广度，增强瞬时记忆及视觉记忆。

③调养身体，防治疾病：韩明向指出，寿星宝颗粒亦可作为老年人的保健药品，有助于调节人体气血阴阳，尤其适用于体质属气阴两虚或兼有血瘀的患者，通过提前干预潜在的紊乱，达到治未病、延缓衰老的目的。

（二）活用药物

1. 一专多能的麻黄

麻黄为临床常用之品，除发汗散寒、宣肺平喘、利水消肿之功效外，韩明向常将其用于以下五个方面。

（1）辛开发散治风痹冷痛：韩明向认为，风痹病变之初，多为正气不足，邪气偏盛，风寒湿邪壅遏经脉，气血郁滞，不通则痛，故常表现为关节肿胀疼痛，因此临床常以汗法发之。正如《儒门事亲》所言："诸风寒之邪，结搏皮肤之间，藏于经络之内，留而不去，或发疼痛走注，麻痹不仁及四肢肿痒拘挛，可汗而出之。"明代缪希雍《神农本草经疏》载麻黄"可治风痹冷痛"，《药性论》云麻黄"能治身上毒风顽痹，皮肉不仁"。麻黄作为发汗之峻剂，早在张仲景时期就大量运用于痹证的治疗，《金匮要略》中的麻黄加术汤、麻杏苡甘汤、乌头汤、桂枝芍药知母汤等均含有麻黄。麻黄性温，温经散寒以消阴翳，味辛发散，破其邪壅，并可使诸药力发散周流全身。临床每以麻黄为君，配以桂枝、秦艽、威灵仙、薏苡仁等药为伍，用于风湿痹证，治疗类风湿关节炎及坐骨神经痛等，常获汗出痛减之效。然而由于麻黄之性峻烈，目前大多数医家恐其发汗力强、辛温助热，惧于使用。《本草正义》言麻黄"虽曰解表，实为开肺，虽曰散寒，实为泄邪，风寒固得之而外散，即温热亦无不赖之以宣通"。韩明向认为，麻黄之性虽峻烈，但可通过调整剂量及配伍减其发汗之力，根据发汗量的需求调整剂量，如需轻度发汗则用小剂量即可。配伍寒凉药物也可缓麻黄之温性，而用其辛开之性以透邪，比如麻杏石甘汤以麻黄宣肺解表以散邪，配伍辛凉清肺之石膏，透邪于外，治疗邪热壅肺。

（2）开宣肺气以治皮肤疾病：皮肤病的产生一般与肺有关，正如《素问·五脏生成》所言"肺之合皮也，其荣毛也"，以及《素问·咳论》所言"皮毛者，肺之合也，皮毛先受邪气，邪气以从其合也"。《本草通玄》载："麻黄轻可去实，为发表第一药。"麻黄入肺经，其味辛发散，性温散寒，浮散轻飘，专走皮毛。麻黄的功效与"肺主皮毛"理论一脉相承，故可作为治疗皮肤病的要药。例如，荨麻疹一病症见皮色正常或微红，痒无定时，或起丘疹、风团，遇风遇冷加重，慢性反复发作，且多冬重夏轻。韩明向认为，麻黄疏散风寒，可透邪于外，从表、从汗而解，配伍桂枝可用于治疗风寒外束、营卫失和之瘾疹。若症状较轻，可使用少量麻桂，以麻黄桂枝各半汤、桂枝二麻黄一汤小汗发之；若症状较为深重，可用麻黄汤、葛根汤峻而发之。

（3）活血通窍治中风：《神农本草经》谓麻黄"主中风伤寒头痛……破癥坚积聚"，《日华子本草》记载麻黄"通九窍，活血脉"，均已明确提出麻黄有活血通窍的功效。中风之病位在头部，与脑窍关系密切。"以颠顶之上，唯风可到也"，风为阳邪，其性轻扬升散，风之伤人，常先病阳位，头乃诸阳之会，故头部的病症多与风邪有关，正如《素问·太阴阳明论》所云"故伤于风者，上先受之"，风为百病之长也，常与他邪合而袭人，阳虚之体再遇风寒邪气侵犯，更易导致脉道内津液气血的凝结阻滞，进一步增加中风的风险。韩明向指出，麻黄长于祛风，正如柯琴所言，麻黄"长于治风，而非治寒之主剂"，故可从祛除风邪的角度治疗中风；麻黄"能从至阴而达阳气于上"，温窜之力较强，具有温阳助气化、推动阳气的作用，可令阳气从少阴达于太阳，上行于脑，不但能使瘀血痰湿无再变生之理，还能使瘀血痰湿借气化而消散，再配以少量活血除湿之药，使病得愈，故而在治疗脑梗死、痴呆、头痛、眩晕等脑窍疾病时少佐麻黄，疗效显著。

（4）提壶揭盖治少尿：肺主气，通调一身之气机，肺气不宣通则一身之气皆滞，肺气宣降疏利则可调一身气机以疏泄气滞。《素问·经脉别论》指出："饮入于胃……上归于肺，通调水道，下输膀胱。"中医学认为，肺与膀胱相别通，肺为水之上源，膀胱为水之下源，肺"通调水道，下输膀胱"，膀胱"津液藏焉，气化则能出矣"。肺将浊液下输膀胱，膀胱气化将浊者以尿排出。肺能肃降则膀胱亦利，膀胱气化正常则肺能宣降，二者相互配合、制约，以调节人体水液代谢。正如朱丹溪所言"肺为上焦，而膀胱为下焦，上焦闭则下焦塞"，治宜用"启上闸，化肺气，宣上即利下"的"提壶揭盖法"。韩明向指出，麻黄具有开宣肺气之功，起提壶揭盖之用，上焦通利，下窍自通，可用于以水肿、小便不利为主要表现的下窍不利诸病的治疗。

（5）宣通心阳治病窦：病态窦房结综合征（常简称"病窦"）属缓慢性心律失常，是主要表现为心中悸动，惊惕不安，不能自主的一种病症，常因劳累、情绪激动等诱发，可归于中医学"迟脉症""心悸""怔忡"等范畴。韩明向认为，心悸多以虚证为主，其中年老者多心阳不足，或伴水饮凌心，心病日久多气阴两伤，年轻之人多肝气郁结，体质虚弱者甚至可出现张锡纯所讲"大气下陷"的气短难以接续的情况。心为阳脏，以阳气为用，心阳是心气中具有温运血脉、振奋精神作用的部分，若六淫七情、气血痰湿等损伤心阳，可使心脉痹阻，失其温运、振奋之功，而见心悸、心痛等症。韩明向认为，麻黄辛可宣散，苦以发泄，性能温通，疏表里，达上下，通内外，故可解阳气之郁遏，而"通心阳，散烦满"，振奋心阳，宣通瘀阻。现代研究也显示麻黄具有兴奋心脏、加快心率的作用，能增强窦房结自律性，改善窦房传导，加快心率。故韩明向临床治疗病态窦房结综合征喜用麻黄，常用麻黄附子细辛汤宣通心阳。

韩明向曾治一青年男性患者，25岁，心悸、胸闷，伴气短乏力1个月，反复晕厥1天。急查心电图示：窦性心动过缓（心率40次/分）；出现窦性停搏与窦房传导阻滞。阿托品试验"阳性"。症见心悸、胸闷气短时作时休，伴有疲劳乏力，形寒肢冷、倦怠嗜卧，舌质暗淡，脉沉迟，经中西医治疗不效。结合病史及体征诊断为病态窦房结综合征。辨证为心肾阳虚，瘀血内停之证。方用麻黄附子细辛汤合生脉散，每日 1 剂，水煎，分 2 次服。药服 7 剂，头已不昏，手足觉温，心悸、胸闷、乏力亦明显缓解，心率增至 55 次 / 分，继服上方加减月余，诸症消失，心率维持在 60 次 / 分左右，随访未有反复。

此外，韩明向认为临床应用麻黄时需要注意以下事项：麻黄辛温发汗之力较强，表虚自汗、阴虚盗汗及年老体弱者慎用；其中所含的麻黄碱能升高血压，且升压作用缓慢而持久，收缩压比舒张压升高明显，脉压增大，故患有高血压者慎用；麻黄有拟肾上腺能神经作用，其水提取物不仅能升高血压，而且能引起心搏数增加，故心动过速者慎用；麻黄碱能兴奋中枢神经系统，且作用远较肾上腺素为强，治疗量即可兴奋大脑皮质，引起精神兴奋、失眠等症状，较大剂量可引起不安、震颤；研究发现，用麻黄的水溶性提取物给小鼠灌胃，小鼠表现为剂量依赖性自发运动亢进，海马回和皮质还会出现持续低振幅快波的觉醒脑波，缩短使用环己巴比妥后的睡眠时间，故烦躁、失眠、震颤者慎用；麻黄过量使用可引起震颤，故甲亢及帕金森病患者慎用；麻黄碱有兴奋尿道内括约肌的作用，过服、久服可引起尿少、尿闭，因此前列腺增生、尿潴留者慎用；实验研究证实麻黄碱有散瞳作用，青光眼患者慎用；麻黄易产生快速耐受性，用于治疗慢性咳喘时应间歇性给药，以免减低疗效；另外，麻黄不宜与洋地黄类强心苷药物合用，以免引起室性心律失常。

2. 固本和中、通达三焦之黄芪

黄芪味甘，性微温，入肺、脾经，生用可发挥益气固表、排脓托毒、利水消肿等效用，炙用可补中益气。《汤液本草》言黄芪"治气虚盗汗并自汗，即皮表之药，又治肤痛，则表药可知。又治咯血，柔脾胃，是为中州药也。又治伤寒尺脉不至，又补肾脏元气，为里药。是上中下内外三焦之药"。现代常将黄芪用于治疗脱肛、便血崩漏、痈疽难溃或久溃不敛、慢性肾炎蛋白尿、糖尿病等。韩明向临证喜用黄芪，认为黄芪具有抗衰老、调节免疫功能、保护脑心肾等作用，是中医药治疗呼吸系统、消化系统、心血管系统疾病的代表药物。

（1）治疗感冒：感冒为常见多发病，一般轻型感冒可不药而愈，但重症感冒往往会影响工作和生活，甚至可危及小儿、年老体弱者的生命，尤其是时行感冒暴发时，迅速流行，感染者众多，症状严重，甚至导致死亡，造成严重后果，故而感冒的防治仍需重视。韩明向认为，感冒发生与否取决于正邪二气的强弱，正气较虚者不能御邪，"邪之所凑，其气必虚"，故而出现感冒，邪能胜正者亦可发生感冒。其中，所感外邪多为风邪，在不同季节会夹杂不同邪气，皮毛受邪，可内合于肺，产生一系列肺卫症状；从口鼻而入，可出现鼻塞流涕等诸多肺系病症。故而韩明向认为，感冒的病位在肺卫，其基本病机是外邪引起肺卫功能失调，导致卫表不和，肺失宣肃，尤以卫表不和为主要方面。韩明向指出，治疗虚人感冒应扶正祛邪，不可专事发散，以免过汗伤正，故临证多补脾肺之气，固本培元，常以玉屏风散或补肺汤加减，以黄芪为主药。

（2）治疗过敏性鼻炎：变应性鼻炎又称过敏性鼻炎，是一种由 IgE 介导的鼻黏膜慢性变态反应性疾病，主要表现为鼻塞、鼻痒、打喷嚏、流清涕，属于中医学"鼻鼽""鼽嚏"的范畴。韩明向认为，本病的病因主要是禀赋不足或气阳亏虚，感受风寒异气，肺、脾脏虚损。治当标本兼顾，在辨证论治的过程中着眼于风、寒、痰、瘀等病理因素，主以温肺益气固表、升阳健脾，"正气存内，邪不可干"，常以玉屏风散为基础方，重用黄芪为君药，既可增强固表补气、健脾益肺之功，使正气充足，病邪自解，又取其肺脾同调之效，以期从源头上杜绝痰饮，提高临床远期疗效。故而在过敏性鼻炎的治疗全过程中，韩明向均喜用黄芪之类以温补肺脾、益气固表。现代研究也发现玉屏风散具有增强人体免疫功能、抗变态反应等药理作用，可以更好地缓解过敏性鼻炎患者的哮喘和鼻炎症状，提高患者的肺功能。

（3）治疗冠心病：冠心病是指冠状动脉发生粥样硬化引起管腔狭窄或闭塞，导致心肌缺血缺氧或坏死而引起的心脏病，属于中医学"胸痹心痛"范畴。韩明向强调，胸痹心痛发作时虽表现为邪实之象，比如血瘀、阴寒、痰浊等，但需明晰其病机之本为气阴两虚、心肾阳虚。韩明向认为，胸痹心痛乃本虚标实之证，以虚实夹杂、气阴两虚为本，瘀血阻脉为标，故采用益气养阴、祛瘀通络之法，以创制的新方补心活络胶囊为基础方进行治疗。该方主要由黄芪、麦冬、水蛭、三七及延胡索等组成，具有益气养阴、活血通络的功效。其中，黄芪的主要功效是益气扶正以治本，正如《本草求真》所言"（黄芪）为补气诸药之最"，其补脾、肺气之效力非凡。此外，韩明向指出本方运用黄芪亦可通调血脉、逐瘀破癥，使气血流通而达通则不痛之效，正如《本经逢原》中所载，黄芪"能补五脏诸虚……而能通调血脉，流行经络……"韩明向对黄芪的认识源于新安医家汪机的营卫论，认为黄芪"不唯补气，亦能补血"，具有补气、补营又补阴等多重实际疗效，故其可在胸痹心痛的治疗中发挥较强的作用。

（4）治疗眩晕：眩晕是临床常见病症之一，以目眩、头晕为主要特征，可见于高血压、贫血、脑动脉硬化症等疾病。韩明向治疗眩晕多遵从"诸风掉眩，皆属于肝""无痰不作眩""无虚不作眩"三原则。其中，气虚型眩晕系由宗气不足所致，宗气不足，心肺不能鼓动气血使其运行至脑部，故而出现"上气不足，脑为之不满，耳为之苦鸣，头为之苦倾，目为之眩"，发为眩晕之症。韩明向遵从张锡纯《医学衷中参西录》中的"大气下陷"学说，临床常用升陷汤治疗各类眩晕，尤其是直立性眩晕，采用黄芪、知母、柴胡、桔梗、升麻等以补气固表，其中重用黄芪加强补气升气的作用，疗效显著。韩明向指出，尽管升陷汤治疗大气下陷之眩晕确有良效，但不可随意施用，临证见风、火、痰、热、虚等因素所致的眩晕时仍应细细辨证施治。

（5）治疗自汗：叶天士《临证指南医案》谓："阳虚自汗，治宜补气以卫外……"据《本草备要》记载，丹溪云："黄芪大补阳虚自汗。若表虚有邪，发汗不出者，服此又能自汗。"韩明向认为，自汗患者肺气已虚，肌肉疏松，腠理不固，故症见动则气促，自汗乏力，治疗时需使用大剂量黄芪以扶助肺气，固表止汗，常用桂枝加黄芪汤及玉屏风散等方调和营卫，固表止汗。可与牡蛎、浮小麦等收敛止汗药同用，以增强止汗作用；若气虚兼见阳弱，可加入附子、生姜以补气温阳。

（6）治疗慢性肾炎：慢性肾炎即慢性肾小球肾炎，可表现为蛋白尿、血尿、高血压和水肿，且伴有肾功能下降，属于中医学"水肿""虚劳""腰痛"等范畴。韩明向认为，治疗慢性肾炎以补气为主，强调肺脾肾三脏并调，以恢复肺之通调水道、脾之运化水液、肾之气化水液功能为目标。韩明向认为，黄芪具利水消肿之功，适用于脾虚失运，水湿内停而致的肢体面目浮肿、小便不利，多与防己、白术等同用，如《金匮要略》之防己黄芪汤。现代研究显示，黄芪具有良好的减少尿蛋白和改善肾功能作用，韩明向临证常与益智仁、桑螵蛸、鹿角霜、补骨脂等同用以治疗肾系疾病。

此外，韩明向强调，黄芪在临床运用时需要注意鉴别生品与炮制品的区别，生品长于固表止汗、托疮生肌、利水退肿，适用于自汗、慢性肾炎等患者；炙品长于补脾益气，多用于食少便溏、脾虚泄泻等患者；而对于肺虚气短，气虚血弱，气虚便秘者，可选用质偏润的蜜黄芪。

六、读书之法

（一）广泛、系统阅读古籍，开阔思维

中医学是一门开放的学科，历史悠久，医家辈出，历代医家通过理论研究、临床经验的积累与总结，从不同的角度、不同的方面进行探索与研究，形成了多个学派，呈现百家争鸣之势。例如，面对同种疾病，张从正可能从攻邪的角度治疗，李东垣可能从脾胃论治，刘完素可能从火热论治，等等，不同学派的学术思想及治疗方药可能完全不同，但他们都确有疗效。韩明向认为，广泛涉猎各个学派的学术思想，开阔思路，培养发散思维，可以提高分析、解决问题的能力，在临床面对疑难杂症时不致手忙脚乱。

（二）反复咀嚼中医经典，常读常新

经典之所以为经典，就是因为它历久弥新，常读常新。"读书百遍，其义自见"，苏轼也说"故书不厌百回读，熟读深思子自知"。经典之书，不同年龄读有不同年龄的体会，不同境遇读有不同境遇的领悟。正所谓"熟读而后能悟，悟而后能用，用而后生巧，巧而后出新"，韩明向认为，中医学是一门实践医学，只草草阅读文字很难全面掌握其中的要义，而同时由于医者的阅历、文化水平、临床经验等种种因素的限制，对书籍记载的学术思想及临床经验很难完全读透，因此就需要反复咀嚼中医经典，不断精读、反复阅读，直至读懂、读通、读透，乃至于背诵，再到临床上去进行反复揣摩，从临证实践中悟出真谛。韩明向初学《素问·平人气象论》之时尚不能理解何谓"乍疏乍数曰死"，但随着临床经验的积累，他发现这与西医学所称心动过缓–心动过速综合征相近，在经典的指引下，韩明向用温补心肾法治疗该病常常取得佳效。韩明向强调经典之所以成为经典，是因为它是从无数临床实践中总结出来的具有规律性的东西，熟练掌握则能在临床上触发思绪，触类旁通，从熟生巧，别出心裁。

（三）深入阅读专科论著，提升精度

韩明向认为，想要提高某一类疾病的诊治水平，需要阅读大量专著。中医专著并不像西医专著那样只针对某种疾病，而往往是内、外、妇、儿的专著，因此在书籍的选择上也较为讲究。韩明向指出，欲了解疫病，一定要读《伤寒论》《温热论》，妇科一定要读《金匮要略》妇人三篇、《傅青主女科》，外科一定要读《外科全生集》，儿科一定要读《小儿药证直诀》，针灸一定要读《灵枢经》《针灸甲乙经》。此外，韩明向认为，《医学衷中参西录》当为中西医临床医生必读书目。张锡纯是中西医汇通代表人物，他以中医为体，西医为用，反对崇古泥古、故步自封，并崇尚实验，重视药物研究，成就颇丰。例如，其在中西医汇通思想基础上充分发挥生石膏治疗热病的功效，创"升陷汤"治大气下陷，在治疗急症、防治霍乱等方面也颇有建树，因此他的书值得用心感悟，反复专研，对于临床中西医的融合具有很大帮助。

（四）阅读当地经典著作，挖掘特色

韩明向认为，不同地域的药材资源、人文地理、文化习俗等均有所差异，因此因地制宜，了解不同的地域医学尤为重要。例如，四川地区喜用川芎、川贝母、附子、巴戟天、蜀椒等；浙江地区以白术、白芍、杭白菊、温郁金、浙贝母为道地药安徽是中华文明的重要发祥地之一，这片广袤富饶的土地孕育了众多博大精深的徽文化和门类众多的文学艺术流派。韩明向认为，新安医学是中医学中独树一帜的著名流派，内容丰富，理论系统，其中他首推新安"固本培元"学术流派，在临床上常遵固本培元的思想，喜用人参、黄芪治疗各类疾病。

（五）细致品味医案医论，实践验之

韩明向认为，学习中医的"捷径"是从医案医论入手。医案医论不仅包含着一个医生的临证经验，还包括望闻问切之诊断流程、深刻的病因病机之分析、君臣佐使配伍得当之方药、详细入微之用方分析等，是中医学问之精华。他山之石，可以攻玉，通过阅读医案医论可直接获取临床心得，对于弄清诊疗疾病的思路很有帮助。

（六）翻阅文化历史哲学，富有经纶

文化历史、哲学等是中华优秀传统文化的重要组成部分，也是中医学的重要组成部分。儒家、道家、兵家思想，无一不是中医学术扎根的土壤，如新安医学固本培元派的出现就受到了徽派朴学注意训诂考据、从中医经典中阐发新学说的影响。唐代医学大师孙思邈也提倡医生"涉猎群书""读五经""读三史""读诸子""读庄老"及"五行休王，七耀天文"。

七、大医之情

（一）思想境界

我国素以礼仪之邦著称，自古以来就有"孝悌为仁之本"的说法。韩明向出生于1940年，家境虽不富裕，但家风淳朴，推崇仁、义、礼，使韩明向沐浴在我国优良传统文化的氛围里。他的父亲曾是一位私塾教师，常常在家向儿女们传授儒家思想和佛道文化。在"精忠报国""孔融让梨""己所不欲勿施于人"等优秀传统思想的熏陶下，韩明向从小就严于律己、诚信待人，良好的家风是韩明向心中的一把尺。韩明向为国为党，鞠躬尽瘁，曾主动请缨，参与SARS患者的会诊；在家，他是敬老孝亲的好儿子，他对父母极尽孝敬之道，少时出必禀、归必告，及长离家工作，只要有空即回家探视；父母生病期间，他推掉手头的工作，通宵达旦地在床前照料服侍；与兄弟姐妹互相扶持，其乐融融。

人命至重，有贵千金。多年来，韩明向一直将医圣张仲景"上以疗君亲之疾，下以救贫贱之厄"的远大理想作为自己的不懈追求，精研医术，心怀仁爱，志存救济。他不辞辛劳，高龄之下仍然坚持每周出诊，还经常受邀到外地出诊，为基层百姓服务。临床上，他善用经方治疗呼吸系统疾病、老年病、心血管疾病，兼及妇科、儿科、皮科疾病等。他不断探索，开发新方，发明了寿星宝颗粒、温肺止嗽汤、化痰降气胶囊等药，疗效满意，广受好评。韩明向处方精当，用药灵活，随机应变，疗效确实，获得众多患者的爱戴，造福了一方百姓。韩明向曾经面诊过一位患者，反复咳嗽二十余载，咳痰伴胸闷气喘，经缜密诊断后，他认为该患者脾肾阳虚，建议以温补脾肾、散寒化饮、降逆平喘立法，患者服药三次后，多年咳喘立刻缓解，不久后症状显著改善。韩明向热爱弘扬中医文化，常为同行剖析经意、释难解惑，向学生传授经验。他在安徽省中医院坐诊，常有不少外省或国外患者慕名而来，多次解决疑难杂症，妙手回春，令人称赞。

（二）文化修养

中医学根植于博大精深的中华传统文化，二者有着密不可分的联系。如欲成为好中医，不仅需要具备精深的专业理论知识，还应具有广博的人文知识，举凡文、史、哲、天文、地理、人事等，都应在涉猎之列。韩明向自小便热爱阅读，又得益于父亲为教师而有许多藏书，在童年时期就阅读了大量文学名著，《水浒传》《三国演义》《红楼梦》等古代名著是他的常读书目。虽然开始阅读此类高深的书籍时不免觉得乏味，但随着阅读水平与日俱增，从此博览群书，便如鱼得水。坚持阅读的习惯大大提高了他品读中医古籍的能力，为将来成就中医药事业提供了理论基础。韩明向坚信，"书不熟则理不明，理不明则识不精"。广泛阅读后具有的深厚人文修养与理解能力，对于一位医者的重要性自不待言。饱览群书，方能在诊断时以症状为根，用药方为诊，如此往往能达到药到病除的目的。另外，韩明向广泛涉猎语言学，求学时医学英语与日语考试成绩均排名第一。他曾引用道"近取诸身，远取诸物""以通神明之德，以类万物之情"，这样就能把人与社会、自然、精神的大系统结合起来，在"天人相应"的理性思维指导下，把握疾病的蛛丝马迹，做到诊断无误，药到病除。

851

八、养生之智

韩明向虽已步入耄耋之年，却仍精力旺盛，体力充沛，坚持上门诊，为患者解除病痛；思维敏捷，紧跟时代，坚持阅读中西医书刊，关注中医学的现代研究成果与发展动态。韩明向认为，"生命在于平衡"，正如《素问·生气通天论》所言"阴平阳秘，精神乃治"，人身若能阴阳和调，以此养生则寿。韩明向认为，养生智慧无外乎"平衡"二字，把握住动静平衡、饮食平衡、心态平衡，就掌握了保持健康的金钥匙。

一要动静平衡。韩明向平素注重体力劳动与脑力劳动并进，除每日坚持打太极拳、散步等养生活动外，还坚持阅读，认为长期缺乏体力或脑力活动，必然会引起体力或脑力衰退，而若过度运动，无静养恢复，会加速身体的消耗。动静平衡是帮助身体维持最佳状态的重要保障。

二要饮食平衡。韩明向平素注重粗细粮搭配、三餐均衡、少食肥甘厚腻，良好的饮食习惯是健康之基。

三要心态平衡。韩明向平素遇事泰然处之，凡事不过分苛求，得意之时淡然略之，失意之时坦然笑之，真正达到了"甘其食，美其服，安其居，乐其俗"的心境。

九、传道之术

（一）人才培养方法

韩明向是中医内科学专业硕士生导师，内科教研室主任，北京中医药大学博士研究生导师，第二、四、五、六、七批全国老中医药专家学术经验继承工作指导老师，香港大学荣誉教授，他认为传道、授业、解惑是一个教学相长的过程，作为中医学教师，要传岐黄之道，授仲景之术，解临证之惑。韩明向认为，基础不牢，则临床无基，因此在监督学生背诵经典方面尤为严格，认为只有将基础打牢才不会出现临证时手忙脚乱的情况。他还注重对学生临床能力的培养，认为中医人才的培养需要特别注重经典与医案的教学，因为学生几乎没有上临床的机会，从医案中专研临床经验是一条行之有效的途径，所以通过中医大家及自己临床的见闻，将医案医话生动形象、立体化地呈现给学生是他的教学特点。韩明向还提出中医学是一门发展中的学科，需要与时俱进，认为中医人应及时地掌握与中医学相关的现代研究成果与发展动态，中西兼容，治疗上推崇辨证与辨病相结合，用中医思维包容并蓄，用辨证论治的思维使用西药，以提高疗效。

韩明向在任院长期间特别重视医院人才的培养，他常说医院的发展要寄希望于年轻人，不论是业务人员还是管理人员，都需要注入新鲜的血液，多给年轻人实践的机会。事实证明，韩明向培养的这一代中医人很多都已成为带头人和骨干，他们正在为中医药事业的发展奉献自己的火热青春。

此外，韩明向格外注重对学生品德的教育，他始终要求学生：先做人，后做事。要踏踏实实做人，要在掌握实在本领上下功夫，而不可无意义地夸夸其谈。"博学而后成医，厚德而后为医，谨慎而后行医！"韩明向推崇医圣孙思邈的《大医精诚》，并始终以其中论述的医德医风作为行医准则，"凡大医治病，必当安神定志，无欲无求，先发大慈恻隐之心，誓愿普救含灵之苦。若有疾厄来求救者，不得问其贵贱贫富……唯当审谛覃思，不得于性命之上，率尔自逞俊快，邀射名誉，甚不仁矣。"韩明向从医几十年间，既这样为人师表，也这样要求学生们。

（二）人才培养成果

韩明向深深热爱中医药事业，他强调中医药传承的重要性，注重团队建设和学科领军人才的培养。他婉拒国内外优厚待遇，在教学中不遗余力地把自己所学传授给学生及好学求知之才。在多年的悉心培养下，韩明向培养的弟子、学术经验继承人大多已成为中医药事业发展的骨干力量。韩明向共培养博士、硕士、全国中医临床优秀人才及全国老中医药专家学术经验继承人、香港传承人等各类传承人才72人，他们中有国家级和省级重点学科或专科带头人、全国老中医药专家学术经验继承工作指导老师、岐黄学者、青年岐黄学者、省级中医药领军人才等各类中医药领军人物。韩明向率领的中医内科传承团队现已形成四级梯队，团队成员达数百人，在临床诊治、学科建设、人才培养、中医科研和疫情防控等方面做出了突出贡献。

韩明向率领中医内科团队成功获批首个安徽省中医重点学科，任首任学科带头人；率领中医肺病学科团队获批国家中医药管理局中医药重点学科并任学术带头人；率领中医内科学五个三级学科团队成功获批国家卫生健康委员会或国家中医药管理局重点学科、专科。在担任医院院长和学科带头人期间，率领中医心、肾、脑、肺病学科团队获批国家中药新药药理基地，为中医临床科研搭建平台。主持、参与多项省部级以上课题并获多项省部级以上科技奖励。主编论著10部，发表论文242篇。

韩明向学术传承谱

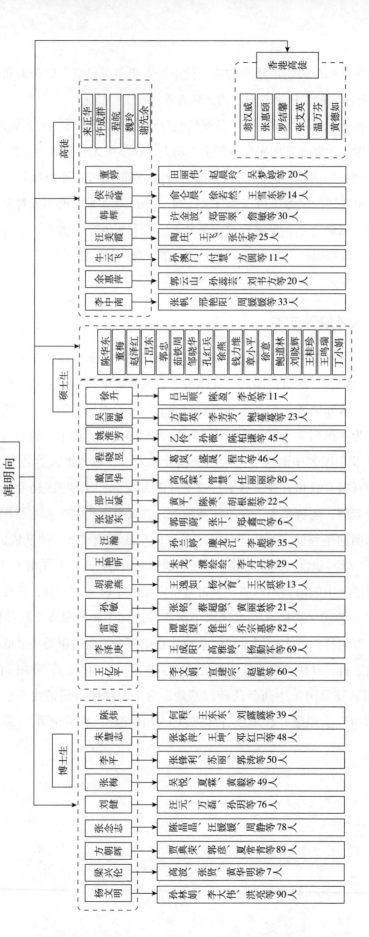

（韩辉、何蕾整理）
（衣艳、李梦缘编辑）

潘敏求

潘敏求（1941—   ），男，湖南浏阳人，汉族，中共党员，一级主任医师，博士研究生导师，全国名中医，全国中医药杰出贡献奖获得者，全国老中医药专家学术经验继承工作优秀指导老师，国家有突出贡献专家，享受国务院政府特殊津贴，中国中医科学院学部委员，北京中医药大学王琦书院特聘教授，国家中医及中西医结合肿瘤领域学术带头人之一。现任湖南省中西医结合医院（湖南省中医药研究院附属医院）名誉院长，肿瘤研究所名誉所长、终身研究员，曾任中国中西医结合学会肿瘤专业委员会、中华中医药学会肿瘤分会、中国癌症研究基金会中医肿瘤专业委员会副主任委员，世界中医药学会联合会肿瘤专业委员会副会长，中国中医药研究促进会肿瘤分会、湖南省中医药学会肿瘤专业委员会名誉主任委员，中国老年学学会老年肿瘤专业委员会指导委员会委员。2022年被授予"国医大师"荣誉称号。

20世纪70年代，潘敏求率先在国内提出"瘀、毒、虚"是肝癌及其他肿瘤的基本病机，创立了"健脾理气、化瘀软坚、清热解毒"这一治疗肝癌及其他肿瘤的基本法则，被录入第六版普通高等教育中医药类规划教材《中医内科学》。潘敏求临床治疗肿瘤突出中医、中西医结合特色，形成了"理、法、方、药"完善的中医药防治肿瘤理论体系。他带领团队进行的"肝复方治疗Ⅱ、Ⅲ期原发性肝癌的临床和实验研究"，获得1992年国家中医药科技进步奖一等奖；他研制的中药新药"肝复乐"，获得1993年国家第一个治疗肝癌中药新药发明专利，1994年获批成为我国第一个治疗肝癌的三类中药新药。他编著的《中华肿瘤治疗大成》获2004年中华中医药学会科学技术奖之学术著作优秀奖，是我国第一部系统论述和归纳中医药治疗肿瘤的巨著。

一、学医之路

潘敏求出生于湖南浏阳的一个中医世家。从小感受家庭中浓厚的医学、文学氛围，对其成长有着深远的影响。年幼时，他常给爷爷捕捉在水缸边上爬的"蚜泥婆"（方言，学名"蚰蜒"）。潘敏求笑着回忆道："我看到他把'蚜泥婆'焙干碾成粉，加冰片、麝香制成给人治咽喉病的药，神奇极了。"耳濡目染，学习中医的种子逐渐在他心中发芽，这也为他后继学医，特别是涉足中医药防治肿瘤领域，打下了基础。

（一）漫漫中医求学路

1963 年 9 月，潘敏求如愿被湖南中医学院（现湖南中医药大学）医疗系录取。入校后，他勤学苦读《黄帝内经》《伤寒杂病论》等古籍。潘敏求非常重视方剂，一有闲时就背诵，将名家遣方熟记于心，为今后探究中医药防治肿瘤的方向奠定了基础。大学五年，潘敏求对于恶性肿瘤的中医用药组方暗下功夫，多方搜集资料，了解国内外中医治疗癌症的前沿动态，还特别注意搜集民间的偏方、验方、单方，以便毕业之后深入基层，结合临床，探索治癌之道。通过孜孜不倦的学习与临床经验的积累，潘敏求在中医治疗肿瘤方面取得了显著成就。出生于中医世家，又经过在中医院校的系统学习，还积极向全国各地有名望的医学专家求教，正是这种家传与学校培养相结合的模式，加之孜孜不倦的严谨治学态度，为潘敏求成为大师打下了坚实的基础。

（二）赤诚仁德医者心

潘敏求 1968 年 9 月从湖南中医学院毕业后，任职于芷江县人民医院。走进临床，他对待患者耐心、细心，对待肿瘤防治始终保持初心，坚持深入临床研究。为了探索中医及中西医结合治疗肿瘤的知识及方法，潘敏求于 1973—1975 年到湘雅进修。在单位工作时，他自愿诊治被拒收的重症肝炎、肝硬化、晚期恶性肿瘤等严重疾病的患者，悉心救治，认真观察患者病情的点滴变化，不断积累中医药组方经验，其仁心仁术让家属非常感动，为晚期患者带去了一丝慰藉。潘敏求为研制中医抗癌新药，数十年如一日亲自观察患者情况，制订治疗方案，并为患者提供心理疏导，给予患者战胜病魔的信心。20 世纪，肝癌及其他肿瘤的中医治疗和科学研究都处在瓶颈阶段，患者生存期短、病死率高，潘敏求不畏艰难、敢于突破的研究创举，为处在绝望深渊蹒跚前行的肿瘤患者带去了获得第二次生命的希望。

（三）湖湘肿瘤开新篇

1977 年 12 月，湖南省肿瘤医院成立第一批中医病房，潘敏求及夫人黎月恒作为中青年骨干医师，从地方医院抽调上来，一起创建湖南省内首个中医肿瘤专科。然而，当时人们对中医药是否能够治疗恶性肿瘤持怀疑态度。潘敏求看到肝癌临床难治的情况，向院长主动请缨，迎难而上。"腹胀→腹水→死亡"是中晚期肝癌的"恶变三部曲"，潘敏求心里憋着一股劲，苦思探索中医治疗之法。经过无数次加班、熬夜，临床配方、实验，调整、再调整，他暗下决心，默下功夫，誓要从我国中医古籍和中药宝库中寻找出答案。为了探索中医及中西医结合治疗恶性肿瘤的方药，1978年，潘敏求夫妇跑遍了全省 80 多个县区，从海拔 1000 多米的山区到一望无际的湖区，深入乡村民屋，共收集了上千个治疗肿瘤等疾病的秘方、偏方，又北上长春、北京，南下广州，东赴上海，西抵重庆等地，登门拜访求教我国各地有名望的医学专家。1986 年，潘敏求于湖南省中医药研究院附属医院创建中医肿瘤科，潜心研究中医防治肿瘤及肝病。经过经验整合，数易处方，经历多次临床和实验研究，潘敏求率先提出了肝癌及其他肿瘤的病因病机——瘀、毒、虚，研制出了我国第一个治疗肝癌的中药新药，其机制及系列研究成果均达到国内先进水平，事迹收录于国家中医药管理局组织编写的《建国 40 年中医药科技成就》，高度认可中医药治疗肝癌的疗效。

（四）学术远洋成功名

潘敏求致力于中医药文化的传播。1990 年 8 月 10 日，第 15 届世界抗癌大会在德国汉堡举行，时任湖南省中医药研究院临床研究所所长的潘敏求应邀在大会上交流了他的论文《肝复方（肝复乐）治疗原发性肝癌的临床和实验研究》，向来自世界各国的肿瘤专家阐述中医认为的肿瘤病因、致病机理，以及用中西医进行诊断及治疗的方法，赢得了大会组织者和国际专家的高度称赞。后续，潘敏求又多次应邀赴美国、德国、韩国、泰国、菲律宾、澳大利亚、南非、坦桑尼亚等国参加国际学术会议、讲学和义诊，得到了国内外学者的高度重视和广泛关注，英国剑桥世界名人中心将他的名字和事迹收入《世界名人辞典》。

虽年过八旬，潘敏求仍精勤不倦，坚持阅读中医古籍，不断学习新知识、了解新技术，关注国内外癌症治疗的前沿动态，他认为，治疗癌症，中西医要有机结合。在湖南省中西医结合医院（湖南省中医药研究院附属医院）的大院里有条"扁鹊路"，这是潘敏求从家到门诊大楼的必经之路，也是他一辈子坚守的专业之路。潘敏求总说："中医看上去简单，常用药就那么几十味，可如何配伍开方，就像作曲家谱曲一样，只有成功了才是经典好歌。"

二、成才之道

（一）尚德为先勤实践

1. 崇尚仁德仁术

"医乃仁术，德者居之"，这是潘敏求最崇尚的一句话，在五十余年的从医生涯中一直践行着这句话。潘敏求自少年时便崇尚中医，并从此踏上岐黄之路，遵循大医精诚之训，以大医精诚为行为准则，在临床实践中尽医之天职，解苍黎之疾苦，始终坚持不忘初心、不为名利，一切以患者为中心，心无杂念，一心只为把病看好。潘敏求常教导学生们要热爱中医、相信中医，最重要的一点是要有医德。医德最能体现医生的个人素质与修养，如果不能为患者着想，这样的传承是没有意义的。品德高尚，热爱中医药事业，这才是成为一名合格医者的首要条件。潘敏求一生都在诠释"大医精诚"的内涵，行医五十余载始终坚守在临床一线，始终保持着探索中医药防治恶性肿瘤的执着与热情。

2. 以临床为中心

"早临床、多临床、反复临床"，这是潘敏求认为当好一名医者，学好中医、领悟中医的必由之路。虽已年过八旬，潘敏求仍坚持定期到病房查看患者，在坐诊日总是第一个到达诊室，工作到很晚才离开，办公室里摆满了各种实验科研方案、医学经典书籍，以及各种疑难杂症医案。他认为，要经过"读书—实践—再读书—再实践"的过程反复，要通过临床实践不断领悟从书中学习到的基本理论，这样不仅可以提高对中医药理论的理解和掌握，灵活而准确地用理论指导临床实践，而且可以萌发新的思路和方法。

（二）慎思笃行，科研创新

1. 学思共进，钻研齐行

潘敏求胸襟博大，视野开阔，治学兼收并蓄，在学术上有颇多建树。他在斟酌古今、融会贯通的基础上，敢于提出自己的医学见解。他认为，学术上若刻板僵化，死抱教条，人云亦云，就谈不上创新与进步；没有学术思维的提升，就谈不上中医学的繁荣。他治学严谨，学术造诣深厚，将中西医学融会贯通，与时俱进，在临床观察、研发肝复方治疗肝癌的同时，还拟定了一系列协定方治疗常见恶性肿瘤，如肺复方治疗肺癌、益气调腑汤治疗大肠癌、金石颗粒剂治疗鼻咽癌、四物消瘰汤治疗淋巴瘤、乳癌复方治疗乳腺癌、活血化瘀与疏风通络法治疗脑肿瘤、解毒散结法治疗妇科肿瘤、癌复康减轻肿瘤放化疗所致的毒副反应、阳和汤加减治疗肿瘤骨转移等。潘敏求不仅是临床中医肿瘤学专家，也是中医肿瘤临床实验研究的开拓者。

2. 熟读经典，融会贯通

潘敏求认为，熟读经典医籍对于学好中医的意义非凡，对于以后临证的作用很大。学好中医，非要打好熟读经典这一基础不可。经典是中医学的根，仲景之后的各代医家汲取营养，结合实践，创立、撰写了大量学说与著作，是中医学的枝和叶。正因其根正，才得以枝繁叶茂，才可赋予中医学两千多年不竭的生命力。因此，持之以恒地熟读，甚至背诵医籍经典及后世医书，是提高中医临床思维能力的一条"捷径"，是中医成才的必由之路。潘敏求从小就熟背《汤头歌诀》，考入中医学院后不断勤学苦读，反复背诵、下苦功夫钻研《黄帝内经》《伤寒论》《金匮要略》《神农本草经》等中医经典。他结合《金匮要略》中"见肝之病，知肝传脾，当先实脾"的理论指导，认为肝癌患者的腹胀与脾虚、气滞密切相关，自拟"肝复方"，加上健脾理气之中草药，临床效果显著改善。20 世纪 70 年代末，潘敏求在国内率先提出"瘀、毒、虚"是肝癌的基本病因病机，应采用"健脾理气、化瘀软坚、清热解毒法"进行治疗。"瘀、毒、虚"贯穿着肝癌的整个病程，实为其特殊本质变化。这一理论的提出是潘敏求大胆将中医经典与临床结合、融会贯通的完美印证。虽已年过八旬，潘敏求仍精勤不倦，读古方、习经典，同时不断学习新知识，了解国内外治疗恶性肿瘤的前沿动态，将中西医融会、结合。

3. 临床为本，科研为魂

在肝复乐的研究过程中，为精准观察药物使用剂量、用药疗效、临床不良反应及毒副作用等，潘敏求住进了肿瘤科病房的值班室，坚守在患者身边。不论寒冬腊月还是烈日炎炎，只要患者有需要，潘敏求总会在第一时间出现在科室。在研究进展到药物临床研究阶段时，潘敏求曾因身体抱恙，数日发热不退，但仍坚持到病房查看用药患者的情况。正是他对患者高度负责的职业态度和对中医药事业的执着追求，其主持的"肝复方治疗肝癌的临床和实验研究"终获 1992 年国家中医药科技进步奖一等奖。此外，在潘敏求带领下进行的"原发性肝癌中医药诊疗方案规范化研究"获湖南省中医药科技进步奖一等奖。潘敏求勤于治学、传道授业，为其传承人树立了"临床为本，科研为魂"的典范。

三、学术之精

潘敏求从医50余年，善治肿瘤和肝病，在中医药防治肿瘤、减低放化疗毒副反应、抗术后复发转移等方面卓有成效，尤在肝癌防治方面成绩斐然，集数十载临床成功病例编成《湖湘当代名医医案精华——潘敏求、黎月恒医案精华》。

他作为"大医精诚"的践行者，在国内外率先提出"瘀、毒、虚"之病机理论；首创"健脾理气、化瘀软坚、清热解毒"之治法，对肝癌从临床、基础理论、治则治法、制剂方药等方面进行了系列研究，临床疗效达国内先进水平；其关于"病因病机"与"基本治则"的学术思想，被录入第六版普通高等教育中医药类规划教材《中医内科学》。他重视"正气存内，邪不可干""邪之所凑，其气必虚"的发病机制，注重把握扶正与祛邪的尺度，将中医基础、四大经典、前人经验与个人实践相结合，创新发展，形成独有体系。

四、专病之治

（一）原发性肝癌

原发性肝癌是指发生于肝细胞或肝内胆管上皮细胞的恶性肿瘤。在古医籍中，并无"肝癌"之病名，结合临床特点可将其归属于"肝积""癥瘕""积聚""鼓胀""黄疸""痞气""癖黄"等病证范畴，并予以相应论述。针对其病因病机，古代医家多认为癌病为人体正气虚损，加之感受邪毒、七情内伤、饮食失调、素有旧疾等导致脏腑功能失调、气血津液运行失常，气滞、血瘀、痰凝、湿浊、热毒等病理产物相互搏结，终成有形之物。肝癌具有起病隐匿、恶性程度高、进展快、侵袭性强、预后差、病死率高等特点，其发病率逐年上升。

1. 诊疗思路

20世纪70年代，潘敏求在国内首次提出"瘀、毒、虚"是肝癌的基本病机，创立"健脾理气、化瘀软坚、清热解毒"的肝癌中医基本治则，在此基础上研究开发了我国第一个治疗肝癌的中药新药——肝复乐。他认为，肝癌的主要病因是感染肝炎病毒、摄入黄曲霉素和饮水污染等，统称为"癌毒"。当人体处于"虚"的状态时，如遭受"癌毒"侵袭，必致气滞血瘀，瘀毒互结，即《素问·评热病论》所说"邪之所凑，其气必虚"。潘敏求认为我国肝癌患者大多具有肝硬化背景，经历了

"肝炎→肝硬化→肝癌"这一发展过程，因而阻断肝炎向肝硬化或肝癌方向发展是预防肝癌发生的重要环节。

2.诊疗方法

潘敏求率先在国内把循证医学引入肝癌诊疗规范化研究，制订了一套在临床上行之有效、易于推广应用的肝癌中医诊疗方案，包括中药内服、中药静脉注射或滴注、中药介入、中医外治等的综合运用，疗效主要体现在稳定瘤体，改善临床证候，提高生活质量和机体免疫功能，延长生存时间，减轻放疗、化疗、靶向治疗的药物毒性，提高疗效，缓解癌痛等方面。

（1）病证结合：潘敏求临证时更注重辨病与辨证结合。潘敏求认为，肝癌的辨证首先当辨标本虚实，标实以瘀毒为主，兼有气滞、痰饮、水湿、火热等，本虚以脾虚为主，兼肝肾阴虚、气阴两虚，临床应根据本虚标实之轻重缓急采用不同的治则治法。"见肝之病，知肝传脾，当先实脾"，潘敏求认为，肝郁脾虚、瘀毒内结是肝癌最常见的证型，但常兼夹湿热、肝肾阴虚等证，故治疗以疏肝健脾、化瘀解毒为法，配合清热利湿、滋补肝肾等法。注重肝、脾、肾同治，既要健脾补肾，又要疏肝、清肝、柔肝，顾肝肾之阴，护脾胃之气。

（2）分期治疗：临床必须针对肝癌不同阶段和不同分期，分步骤实施治疗。肝癌早期，正盛邪实之时，应抓住时机及早进行手术治疗，手术之后，余邪未尽，余毒未清，易于复发、转移，此仍为脾虚、血瘀、毒聚所致，故继治以健脾理气、化瘀软坚、清热解毒之法，以延缓病情进展。肝癌中期，脾虚瘀毒明显，癌毒扩散，肿块增大，加之部分患者经化疗、介入、射频消融、高强度聚集超声、伽马刀等的治疗，正气进一步损伤，此时的重点在于益气养血、化瘀解毒、清热利湿。肝癌晚期，瘀毒弥漫与脾气衰败均加重，癌毒向远处扩散，患者出现兼证及并发症，甚至恶病质，此时当辨证候之轻重危急，严密观察病情演变，紧扣病机，审证求因，舌脉参合，灵活使用健脾理气、化瘀软坚、清热解毒之法。

3.临床运用

（1）治疗原则：应遵循"早期治疗""分期治疗""综合治疗"三个原则。早期（Ⅰa–Ⅱa期）应争取手术切除，术后予以中医药治疗。因故不能切除者，则采用西医联合中医药治疗等综合治疗。术后应积极予以中医药抗复发和转移治疗。中期（Ⅱb–Ⅲa期）应手术切除或予以上述非手术的局部治疗联合中医药治疗等综合治疗，争取二期手术切除。晚期（Ⅲb期）应以中医药治疗及生物靶向治疗为主，配合最佳支持治疗。

（2）辨证分型论治：适用于各期。肝郁脾虚证为最常见的证型，治以健脾理气，化瘀软坚，清热解毒，拟方用肝复方加减；属脾虚湿困者，治以健脾理气、化瘀软坚、利湿解毒，拟方用四君子汤合五皮饮加减；属湿热毒结者，治以清热利湿、化瘀解毒，拟方用茵陈蒿汤加减；属肝肾阴虚者，治以滋养肝肾、解毒化瘀，拟方用一贯煎加减。

（3）辨病用药：常用中成药包括肝复乐片、肝喜片（院内制剂）、肝喜合剂（院内制剂）。常用中药注射剂包括华蟾素注射液、复方苦参注射液、康艾注射液。

（4）中药介入治疗：主要适用于Ⅱ期和部分Ⅲ期患者，常用灌注药物及栓塞剂包括鸦胆子油乳注射液、榄香烯注射液、华蟾素注射液、碘油、明胶海绵等。

（5）手术、介入、放疗后治疗：手术后（术后1个月）宜气血双补，兼以健脾和胃、化瘀解毒，方用八珍汤加减；介入后（介入术后15天）宜补益肝肾、理气和胃、化瘀解毒，方用柴芍六君子汤加减；放疗、热疗后宜养阴和胃、疏肝理气、清热解毒，方用沙参麦冬汤加减。

（6）其他疗法：肝癌疼痛者多采用三王止痛膏（由蟾酥、麝香、冰片、马钱子等13味中药组成）外敷治疗；肝癌并发腹水者多采用针灸、穴位敷贴（甘遂敷脐方）等治疗。

（二）原发性支气管肺癌

原发性支气管肺癌，简称肺癌，系指原发于支气管黏膜或腺体的恶性肿瘤，是最常见的恶性肿瘤之一，发病率和病死率均居首位。本病相当于国家标准中医疾病名"肺癌"，也属于中医学"咳嗽""咯血""胸痛""痰饮""肺积""息贲"等范畴。潘敏求长期从事肺癌的临床及科研工作，主张中医综合治疗、分期治疗、辅助西医治疗减毒增效。

1. 诊疗思路

潘敏求临床治疗肺癌注重辨病、辨证与辨症相结合，故提倡肺脾肾三脏同治。潘敏求认为，肺癌患者多有"气阴两虚，邪毒蕴郁"的病机特点，其充分实践"补益攻伐，相间而进"的治疗思想，提出"肺气阴虚，邪毒蕴郁"是肺癌的主要病因病机，采用"益气养阴、清热解毒法"（养阴清解法）治疗，并以该法组成肺复方用于临床治疗，已积累几十年的临床经验，此法能改善肺癌患者症状、稳定瘤体、提高生活质量、延长生存期，甚至可令肿瘤消失，达到完全治愈，还可用于术后康复治疗和防转移复发治疗。潘敏求认为，肺癌的病理过程及病情演变极为复杂，在临床实践中必须恪守病机，审证求因，结合临床分期、病理类型，病证结合。

2. 诊疗方法

潘敏求带领团队完成了"原发性支气管肺癌中医诊疗规范化方案研究"，制定了一套操作性强、疗效确切的肺癌中医诊疗方案。临床从三个方面论治。

（1）辨证与辨病结合：临诊时分三步。第一步，在疾病早期，应抓住时机，实施手术、放疗、化疗及中医攻邪为主的积极治疗；第二步，在疾病中期，人体正气逐渐衰退，脏腑功能受损，重点在于扶植正气，保护脏腑功能，寓攻于补，即攻补兼施；第三步，当疾病进入晚期，患者正气极虚，病邪遂逐渐向肺内蔓延，向肺外传变，遍及全身，皮下、胸膜、心包、肝、肾、骨、脑等组织多处转移，均系临床疑难重症或急症，必须采用中医"急则治其标"的原则，以求减轻症状。

（2）需重视脏腑关系：重视肺脏功能及五脏之间生克关系，注重舌象、脉象与预后之间的联系，注重中医学整体观念。

3. 临床运用

（1）中西结合：潘敏求认为，对于非小细胞肺癌Ⅰ、Ⅱ期患者可积极行手术治疗，术后需予中医药治疗，酌情行术后化疗；Ⅲ期可手术者行手术前、后中医药治疗及辅助化疗、放疗，不能手术、化疗或放疗者，行单纯中医药治疗；Ⅲ期不可手术者与Ⅳ期以中医药治疗为主，酌情化疗、放疗、靶向治疗、免疫治疗等。小细胞肺癌患者以中医药治疗和化疗为主，酌情手术、放疗。

（2）辨证论治：适用于各期。气阴两虚、瘀毒内结者，治以益气养阴、化瘀解毒，方用生脉散合沙参麦冬汤加减；阴虚内热、瘀毒内结者，治以滋阴清热、化瘀解毒，方用百合固金汤加减；脾虚痰湿、瘀毒内结者，治以健脾祛痰、化瘀解毒，方用六君子汤加减；气滞血瘀、瘀毒内结者，治以理气行滞、化瘀解毒，方用桃红四物汤加减；肾阳亏虚、瘀毒内结者，治以补肾纳气、化瘀解毒，方用金匮肾气丸加减。

（3）辨病用药：常用中成药包括肝喜片（院内制剂）、癌复康（院内制剂）、复方斑蝥胶囊等；常用中药注射剂包括康艾注射液、艾迪注射液、鸦胆子油乳注射液、榄香烯注射液等。

（4）中药介入治疗：主要适用于不能耐受手术、放疗、全身化疗等的局部晚期肺癌患者。常用的灌注药物包括鸦胆子油乳注射液、榄香烯注射液等，可联合化疗药物灌注，如吉西他滨、顺铂等。

（5）特色中药辨证治疗：出现恶性胸腔积液者可辨证使用葶苈大枣泻肺汤合五皮饮加减，可行特色中药热灌注疗法，若出现毒副反应可行常规止呕等对症支持治疗。出现骨转移者可辨证使用阳和汤加减，出现脑转移者可辨证使用桃红四物汤加减。

（6）手术、放疗、化疗后治疗：手术、放疗、化疗后治以气血双补、益肺健脾，方用八珍汤加减，配合癌复康口服治疗；放疗期间治以养阴清热、健脾和胃，方用沙参麦冬汤加减；化疗期间治以健脾益肾、养血和胃，方用六君子汤加减，配合癌复康口服治疗。

（7）外治疗法：三王止痛膏外敷，适用于癌性疼痛。

五、方药之长

（一）核心方剂

1. 肝复方

来源：四君子汤，出自《太平惠民和剂局方》。

组成：党参 12g，黄芪 20g，白术 12g，茯苓 15g，柴胡 10g，香附 10g，陈皮 10g，醋鳖甲 12g（先煎），桃仁 10g，大黄 5g，三七 3g（冲服），生牡蛎 15g（先煎），土鳖虫 3g，全蝎 5g（冲服），重楼 20g，半枝莲 20g，甘草 5g。

功效主治：健脾理气，化瘀软坚，清热解毒。

方解：党参健脾益气，《本草正义》言党参"力能补脾养胃""健运中气"；醋鳖甲入肝，化瘀软坚，《本草药性》云其"主治癥块，下瘀血"；重楼入肝经，清热解毒，消滞止痛。三者共为君药。臣以白术、黄芪补脾益胃，助党参益脾胃之气；土鳖虫、大黄、桃仁功擅活血化瘀，助鳖甲化瘀散结；半枝莲清热解毒，散瘀止痛，助重楼解毒。佐以茯苓健脾利湿，以增强脾胃运化之力；三七、生牡蛎活血散结，化瘀软坚；《重订灵兰要览》云"治积之法，理气为先"，香附、陈皮疏肝理气，和胃降逆，助诸药健运脾胃，活血通络。柴胡为使，其作用有二：一为疏肝解郁，以佐上药；二为引经，使他药直达病所。

诸药合用，共奏健脾理气、化瘀软坚、清热解毒之功。

加减应用：纳呆者，加鸡内金、山楂、炒谷芽、炒麦芽；便秘者，加大黄、厚朴、枳实；便稀者，加吴茱萸、黄连、炒扁豆；腹大胀满、尿少者，加枳壳、大腹皮、桑白皮；疼痛甚者，加延胡索、川楝子、郁金；恶心欲呕者，加法半夏、竹茹、砂仁；肾虚者，加枸杞子、女贞子、菟丝子。

用法用量：文火煎熬，日一剂，分两次口服。

注意事项：潘敏求认为使用破血药物治疗肝癌需谨慎，可用红花、桃仁、莪术、丹参等活血之品与健脾药配伍；使用祛邪化积法时主张宜活血不宜破血，故以祛瘀止血之品为主；使用蜈蚣、全蝎、土鳖虫、水蛭等虫类药物治疗肝癌的同时运用护肝、健脾、补肾类药物以顾护正气，可祛邪不伤正，降低虫类药物毒性，注意要严格掌握用量，遵守使用方法；祛邪时，攻伐不可太过，宜衰其大半即止，不可过度治疗。

现代研究：经研究表明，肝复方能提高吞噬细胞的吞噬功能，提高 E- 玫瑰花结形成率，提高自然杀伤（NK）细胞活性，诱导干扰素作用尤其明显。实验室研究表明肝复乐对小鼠实体型肝癌有显著的抑制作用，抑制率为 35.21% ～ 43.62%，对乳腺癌的抑制率为 56.2%，对艾氏腹水瘤小鼠的生命延长率为 74.0%。

2. 肺复方

来源：百合固金汤，出自《医方集解》。

组成：百合 30g，熟地黄 10g，生地黄 10g，玄参 10g，当归 10g，麦冬 10g，白芍 10g，沙参 10g，桑白皮 10g，黄芩 10g，重楼 10g，臭牡丹 30g，白花蛇舌草 30g。

功效主治：益气养阴，清热解毒。

方解：方中百合、麦冬益气养阴、润肺止咳，重楼清热解毒、化瘀止痛，共为君药。生地黄、熟地黄配伍白芍养阴凉血、滋阴壮水，共奏养阴之效；沙参助百合、麦冬滋阴生津，润肺止咳；臭牡丹、白花蛇舌草清热解毒、散结止痛，助重楼解毒化瘀，共为臣药；佐以桑白皮、黄芩、玄参泻肺清热、止咳化痰、清咽利膈。当归为方中使药，使他药达病所。

加减应用：晚期肺癌或放、化疗后的患者，其正气更虚，症见气短、全身疲乏等，或素体阳虚者，可加黄芪、党参等补脾气以扶正；症见胸痛、舌质紫暗有瘀斑者，加红花、桃仁、赤芍等活血化瘀；症见痰中带血者，可加蒲黄炭、藕节炭、仙鹤草凉血止血；服药日久，症见腹胀、纳差、不思饮食者，可加陈皮、砂仁、鸡内金、麦芽、谷芽、神曲等健脾消食、化生气血；肺癌合并脑转移者，加全蝎、蜈蚣、红花等搜风通络、化瘀利水；合并胸腔积液、心包积液者，加全蝎、车前子、白芷、菊花搜风通络、化瘀利水；合并肝转移者，加鳖甲、柴胡、香附、白芍、陈皮软坚散结、健脾理气；合并骨转移者，加鹿角胶、肉桂、补骨脂、桂枝、牛膝温阳补肾、强筋键骨。

用法用量：文火煎熬，日一剂，分两次口服。

注意事项：潘敏求认为肺癌是全身性疾病的一个局部表现，需注重整体调节，辨证候虚实，早中期肺癌患者多虚实夹杂，晚期患者多属虚证，病因多以瘀、毒、虚、痰为主，病位在肺，辨证以气阴两虚、邪毒蕴郁为多见，晚期多累及其他脏腑，进一步耗伤人体气血阴阳。潘敏求认为，治疗肺癌应注重辨病、辨证与辨症相结合，病位在肺，与脾肾关系密切，故在临床治疗中提倡肺脾肾三脏同治，结合培土生金、金水相生的五行相生关系，调和阴阳以达到正邪相持。

现代研究：经研究表明，肺复方对抑制和稳定瘤体、提高机体免疫力、延缓疾病发展、延长生存期的作用得到了临床证实，并且老年非小细胞型肺癌患者各器官功能衰退，各种应激反应及耐受性相对较差，服用肺复方可延缓疾病的发展、延长生存期，其机制可能与抑制血管生成的正性调控因子 VEGF（血管内皮生长因子）、VEGFR2（血管内皮细胞生长因子受体 2）、Ang-2（血管生成素 -2）、bFGF（碱性成纤维细胞生长因子）的表达，以及 SDF-1/CXCR4 生物轴调控 PI3K-Akt 通路有关。

3. 脾肾复方

来源：六君子汤，出自《医学正传》。

组成：白参 10g，黄芪 15g，白术 10g，茯苓 10g，陈皮 10g，枸杞子 10g，菟丝子 10g，女贞子 10g，淫羊藿 10g，灵芝 10g，甘草 5g。

功效主治：益气养阴，补脾益肾。

方解：方中白参、黄芪大补元气，白术、茯苓、陈皮补脾益胃，消积化滞，增进纳食，化生营血。枸杞子、女贞子、灵芝补肝肾之阴，资生肾精。菟丝子、淫羊藿补命门真火，鼓动肾中元阴元阳，化生精血，充填骨髓，可改善各类肿瘤患者化疗后的骨髓抑制状态，促进血细胞上升。甘草调和诸药。

加减用药：症见脾肾阳虚腹泻者，可加补骨脂、吴茱萸温肾暖脾；症见化疗导致恶心、呕吐者，可加法半夏、竹茹、陈皮清热止呕；症见疼痛、舌质紫暗有瘀斑者，可加红花、桃仁、赤芍、川芎等活血化瘀；症见口腔黏膜损伤者，可加麦冬、西洋参、生地黄、石斛益气生津；症见小便短少疼痛者，可加生地黄、淡竹叶、车前子清热泻火，利水通淋；症见干咳无痰者，可加北沙参、百合、川贝母、麦冬润肺止咳；症见肢体麻木、感觉异常者，可加姜黄、鸡血藤、桑枝、郁金活血通络；化疗后出现肝功能损害者，可加白芍柔肝养肝，虎杖、郁金、田基黄清肝利胆。

用法用量：文火煎煮，日一剂，分两次口服。

注意事项：若患者宫颈癌合并阴道分泌物多，可加黄连、地榆、槐花、白头翁清热利湿；若患者为乳腺癌骨转移，可加鹿角胶、骨碎补、续断、牛膝、制附片、杜仲填精生髓，强筋健骨；若患者化疗已完成，为防肿瘤的复发与转移，可加蒲公英、全蝎、莪术、重楼、半枝莲、白花蛇舌草祛瘀解毒，抗癌散结。

现代研究：在临床研究中，将脾肾方配合化疗（治疗组）与单行化疗（对照组）治疗宫颈癌脾肾亏虚证患者进行对比，其研究结果显示，治疗组血液检查、免疫功能情况均优于对照组，中医临床证候改善情况优于对照组。脾肾方可以改善大肠癌化疗术后及放、化疗后脾肾亏虚证患者的免疫功能，并能改善大肠癌患者化疗期间的临床证候和生活质量。

4. 扶正抑瘤方

来源：四君子汤，出自《太平惠民和剂局方》。

组成：西洋参 15g，黄芪 15g，山药 10g，茯苓 10g，灵芝 10g，女贞子 10g，枸杞子 10g，菟丝子 10g，夏枯草 10g，白花蛇舌草 30g，山楂 10g，甘草 5g。

功效主治：益气养阴，清热解毒。

方解：西洋参属凉性，味甘微苦，归于肺、肾、脾经，善于补气养阴和清热生津，本方取其补气养阴之功效；黄芪属微温之性，味甘，归脾、肺经，善于补脾肺之气，且补而不腻。方中取西洋参、黄芪为君药，两药相结合，大补脾气，滋阴生津。山药属平性，味甘，归脾、肺、肾经，能够补脾益气、生津润肺；茯苓属淡平之性，味甘，入心、肺、脾经，可渗湿利水、健脾和胃、宁心安神；灵芝扶正培本，助黄芪补运化气，使五脏气之不足得以纠正；女贞子属于凉性，味甘苦，入肝、肾经，可补肝肾阴、补血行气、益精填髓，补而不腻。上四药在方中共为臣药，共奏益气养阴、健脾补肾之效。枸杞子、菟丝子属平性，味辛甘，归肾、肝、脾经，可补益脾肾；山楂属微温之性，味酸甘，归脾、胃、肝经，可行气散瘀；夏枯草性微寒，味甘苦咸，归肝、大肠经，可软坚散结消癥；白花蛇舌草属寒性，味微苦甘，归胃、大肠、小肠经，具有清热解毒利湿之功效。枸杞子、菟丝子、山楂、夏枯草、白花蛇舌草共为佐药，既可治脾肾亏虚，又可消结抗癌。山楂与茯苓、山药相结合，既健脾，又理气，在本方中配合君药补而不滞，有防止壅遏作胀的作用。而甘草性平味甘，不仅可补脾益气、清热解毒，还可调和诸药，为引经之使药。

加减用药：腹泻者，可加吴茱萸、黄连温肾燥湿止泻；化疗导致胃脘不适，可加紫苏、生姜止呕；放、化疗期间口腔黏膜损伤，可加麦冬、生地黄、石斛益气养阴生津；症见口干少津，可加百合、麦冬、参须益气养阴；化疗引起手足麻木，可加三七、桑枝、桂枝活血通络；使用化疗药物后引起便秘的，可加熟大黄、火麻仁、当归润肠通便。

用法用量：文火煎煮，日一剂，分两次口服。

（二）经典用药

潘敏求临床上常用的中医治法主要有平衡阴阳、补益气血、调理脏腑等扶正培本法，亦有以毒攻毒、活血化瘀、化痰软坚、清热解毒、清热利湿、理气消滞、宣肺平喘、利水消肿、通利二便等法，多法有机结合，攻补兼施。潘敏求临床遣方特色配伍较多，择三类常用药物，列举部分如下。

1.健脾行气类

潘敏求认为，肿瘤发病，以虚为本，因癌致虚，虚实夹杂，强调治疗当针对全身之虚（脏腑功能失调、抗癌力低下），"虚则补之""损则益之"，扶正与抗癌应根据具体病情进行，或补中有泄，或攻中寓补，或攻补兼施，因人、因时、因地而异。

（1）陈皮、半夏：二药配伍，相须为用，燥湿化痰，降逆和胃。潘敏求指出陈皮、半夏是二陈汤的重要药组，是治疗湿痰的要方。半夏燥湿化痰，和胃止呕；陈皮理气化痰，使气顺则痰降，气行则痰化。用于宫颈癌及癌前病变、食管癌、鼻咽癌、皮肤癌、脑瘤、甲状腺瘤、肺癌导致的咳嗽痰多、胸脘胀满、呕吐反胃、食少吐泻者。

（2）藿香、佩兰：二药配伍，相须为用，有醒脾化湿之功效。藿香气味芳香，功能醒脾化湿，为芳香化湿浊的要药，善于化湿浊、止呕吐；佩兰气味清香，性平不燥，善祛中焦秽浊陈腐之气。临床可用于治疗慢性胃病，癌症放、化疗及术后阴津耗损，食欲不振等；湿浊蕴结，阻滞脾胃之急、慢性肝炎；湿阻中焦，蕴于皮肤、清窍所致的湿疹、鼻渊等。

（3）沉香、香附：二者均有行气止痛之效。潘敏求认为，沉香主入气分，香附偏于宣畅十二经气分，兼入血分。二药配伍，可增强行气止痛的作用。用于食管癌、贲门癌、胃癌、肠癌及肝癌等消化系统癌症；肺恶性肿瘤所致的胸腔积液；胸胁胀痛，乳房胀痛，脾胃气滞，脘腹痞闷，经闭痛经。

（4）香附、郁金、陈皮：三药配伍可健脾行气，活血化瘀。用于肝郁脾虚型功能性消化不良；气滞血瘀型原发性肝癌；气滞血瘀型甲状腺癌；肝郁气滞型乳腺癌兼脾虚纳差等。

（5）炒谷芽、炒麦芽、炒山楂、鸡内金：炒谷芽长于消食和中；炒麦芽长于消食行气，回乳消胀，疏肝行气；炒山楂长于行气散瘀，化浊降脂；鸡内金消食健胃。潘敏求在临床运用中，常在方中加入此组健胃消食化滞之品，以健脾养胃，顾护正气。用于饮食积滞、脘腹胀痛；泻痢腹痛、大便秘结；小儿疳积；恶性肿瘤后期脾胃不适、纳差者。

2. 化瘀软坚类

潘敏求认为，针对肿瘤局部之实（痰瘀毒结而成瘤），当"留者攻之""坚者消之""客者除之""结者散之""逸者行之"，主张攻毒抗癌。只有将扶正与抗癌有机地结合，才能做到有的放矢。

（1）桃仁、红花：潘敏求认为，桃仁破血化瘀、润肠通便，红花活血痛经、通脉止痛，配伍相须为用，活血化瘀止痛效果更佳。临床用于脑肿瘤及脑转移瘤、肝癌、骨肿瘤、胸痹。

（2）全蝎、蜈蚣：潘敏求认为，全蝎、蜈蚣皆为虫药，均有息风止痉、解毒散结、通络止痛的作用。全蝎息风力强，蜈蚣搜风力胜，二药合用，可增强平肝息风、解毒散结、通络止痛之效。临床多用于脑瘤、脑转移瘤；鼻腔恶性肿瘤、食管癌、肺癌、胃癌；癌性疼痛。

（3）土贝母、夏枯草、生牡蛎：夏枯草为清热泻火药，生牡蛎属平抑肝阳药，潘敏求认为，生牡蛎性平无毒，可久用无弊，夏枯草苦中蕴甘，泻中兼补，性寒而不伤阳气，味苦而不碍脾胃，善清肝热，尤其是散结之力甚宏，两者配伍，一辛一咸，软坚散结、清热化痰之力倍增。土贝母味苦，性微寒，功能散结、消肿、解毒。临床用于肺癌伴有淋巴结转移、鼻咽癌、乳腺癌、淋巴肉瘤、白血病、胃癌、肝癌、神经瘤、甲状腺肿瘤、喉癌。

（4）鳖甲、全蝎：潘敏求临床常使用鳖甲与全蝎，两者同属血肉有情之品，均能散结、通络止痛、息风止痉。两者作为虫类药，取其蠕动之性，以松动病根，加强攻毒散结之力。用于脑瘤及脑转移瘤、鼻腔及鼻旁窦恶性肿瘤、上颌窦恶性肿瘤、喉癌、食管癌、肺癌、胃癌、乳腺癌、卵巢癌、宫颈癌、皮肤癌、绒毛膜癌；晚期癌性疼痛、偏头痛、风湿痹痛；高热惊风抽搐；癌症患者阴虚内热，盗汗，慢性粒细胞白血病阴虚发热。

（5）醋鳖甲、莪术：潘敏求认为，莪术辛散苦泄温通，既入血分，又入气分；鳖甲归肝经，软坚散结，滋阴潜阳。二药配伍，相须为用，散瘀消癥、软坚散结。临床可用于宫颈癌、卵巢癌、淋巴肉瘤、黑色素瘤、白血病、肝癌、胃癌、肠癌、子宫肌瘤等。适用于气滞血瘀、食积日久所形成的癥瘕积聚；积滞不化，脘腹胀满、疼痛；癌症患者阴虚内热，盗汗；贫血，血小板减少；疟母，肝脾肿大。

3. 清热解毒类

潘敏求认为，部分癌肿与热毒有关，特别是各种肿瘤并发感染者。现代药理学研究证实，许多清热解毒药均具有抗肿瘤的作用。清热解毒类药物久服易损伤脾胃，故应与扶正补气药同用以攻补兼施，常用于痈肿疮毒、咽喉疼痛，以及各种癌症。

（1）重楼、白花蛇舌草、石见穿：白花蛇舌草性寒，味苦、甘，可清热解毒消痈，主治蛇伤、癌肿等症；重楼性寒，味苦，具有清热解毒、散结止痛的作用，现代药理学研究证明重楼中含有的甾体总皂苷能抗肿瘤和镇痛；石见穿味辛、苦，主治噎膈、痰喘，对肺癌、食管癌具有明显的治疗作用。

（2）黄连、吴茱萸：潘敏求组方用药注重寒热并用。黄连、吴茱萸清热，方名为左金丸，临床二药配伍，相使为用，清泻肝火，降逆和胃，调气散结。用于肿瘤患者湿热痞满，胁痛口苦，呕吐吞酸；急慢性肠炎，大便下血；肝硬化、肝癌属肝胃不和者。

（3）虎杖、田基黄：潘敏求认为，两药均能入肝胆，功能清热利湿，用治湿热黄疸具有良好的效果，还可配伍茵陈、金钱草等。临床用于肝癌术后黄疸属湿热毒蕴者，黄疸型肝炎、肝硬化之黄疸属湿热蕴结者。

（4）茵陈、栀仁、大黄：潘敏求临床三药同用，清热除湿，利胆退黄。用于各种急慢性肝病、肝硬化、胆汁淤积性肝病、胆道系统疾病属肝胆湿热者；乳腺癌术后化疗导致的肝功能损害；原发性肝癌栓塞化疗后发热。

（5）金银花、野菊花、紫花地丁、蒲公英：潘敏求临床四药合用，气血同清，

869

三焦同治，兼能开三焦热结，利湿消肿。用于各类急性炎症等具有热毒证候者；胃癌、鼻咽癌、乳腺癌、肝癌之热毒瘀结证；肺癌之痰热蕴肺者；皮肤癌属血热湿毒证者。

六、读书之法

潘敏求认为，将经典理论运用于临床实践，可加强对经典医籍的认识与理解，并更进一步指导临床。潘敏求推崇运用《黄帝内经》和《金匮要略》里的学术思想对肿瘤进行论治。

（一）《黄帝内经》

《黄帝内经》是中医学四大经典之一，其中有"昔瘤""肠覃""息肉""膈塞"等类似癌症的早期描述，对肿瘤的临床表现、病因病机、治疗、预后及预防皆有相关论述，其部分理论是潘敏求学术思想建立的重要来源。

"癌症的发病与正气虚弱、脏腑功能失调有关"，潘敏求将理论付诸临床实践，高度重视用药中的扶正与祛邪。

1. 本虚标实

《素问·刺法论》言"正气存内，邪不可干"，《素问·评热病论》言"邪之所凑，其气必虚"，《黄帝内经》中这两句话被潘敏求视为正确认识恶性肿瘤发生的主要病因。潘敏求认为癌肿的本质是本虚标实，以正气亏虚为本，"痰""瘀""毒"为标。因此，运用祛邪与扶正需根据机体状态、脏腑功能，以及肿瘤的病程、病势、病位来判断对比情况，既不可因"留者攻之"而妄施祛邪之法，也不可因"邪之所凑，其气必虚"而滥用扶正之道，需把握平衡。

恶性肿瘤多发于中年及以上人群，元气衰败，阴阳气血亏损，是形成癌症的基础。脾肾亏虚，在癌症的发病机制中尤为重要。在正虚的基础上，六淫、七情、饮食等因素长期作用于人体，使机体阴阳失调，正气衰退，邪毒不易祛除，为癌症的发展创造了条件，后续进一步耗伤正气，互为因果，病深难愈。

2. 整体把握

《黄帝内经》强调天人相应，强调人与自然事物的统一，关系失调则病。潘敏求强调，肿瘤是全身性疾病在局部的表现，临床所看到的肿瘤只不过是局部表面现象，要从中医的整体观对其进行调治，故在治疗用药方面注重调畅周身气机、固护正气、调和阴阳等。

3. 情绪调节

《灵枢·百病始生》载:"若内伤于忧怒,则气上逆,气上逆则六输不通……"因此,潘敏求临证尤其注重情绪对人体的影响,比如治疗女性恶性肿瘤患者时多注重疏肝理气药物的配伍,治疗肝癌患者时多注重疏肝健脾药物的配伍等。

4. 注重传变

《黄帝内经》提出"未病先防"和"既病防变"观念。"治未病"提示要保养身体、增强防御抵抗疾病的能力,肿瘤要"早发现、早诊断、早治疗";"治未病"可用于肿瘤治疗的多个方面和各个阶段,既病防变为"先安未受邪之地",防止远处转移。

5. 调和阴阳

"阴平阳秘,精神乃治",恶性肿瘤疾病辨证属阴阳偏盛有余者,应"盛则泻之",阴阳偏衰不足者,应"虚则补之"。潘敏求认为在临床实践中,以辨证论治为基础,调整机体阴阳,不偏颇,可达到治疗疾病的目的。

6. 药食同源

潘敏求认为很多恶性肿瘤的发生与生活方式、饮食习惯有关,食饮有节方能"尽终其天年,度百岁乃去"。《黄帝内经》中的养生观,如饮食有节(饮食适量、适寒温、适度饮酒、防食复、洁净等)、全面均衡、谨和五味、辨证饮食(辨证择食,因人、因时、因地制宜)等理论,对肿瘤的预防均具有重要的指导意义。

(二)《金匮要略》

张仲景的《金匮要略》是一部将辨证论治的理论与治法方药的实践紧密融合的经典医著。青年潘敏求对《金匮要略·脏腑经络先后病脉证第一》中"夫治未病者,见肝之病,知肝传脾,当先实脾"一句印象深刻。本句原意为告诫后世要动态观察病情,预见病势。仲景从脏腑相关的整体观念出发,依据五行生克制化的原理,一者阐述肝病传脾的基本规律,二者提示临证时要注意已病防变,是肝病防治的重要原则。

潘敏求结合临床肝病患者中医四诊情况,认为"知肝传脾"是根据阴阳五行相生相克的规律表现出来的,而"当先实脾"则以肝脾的关系为例,揭示了先安未受邪之地的预防思维。各种外因可导致脾失健运,肝失所养,气机不畅,血液、水液无以正常运行,则气、血、痰、湿积聚,邪气交结,化火成毒,形成瘀毒,耗损正气,发为癌肿。正气不足为肝癌的主要病机,瘀毒为其致病关键。瘀、毒、虚贯穿肝癌发病的全程,在肝癌发展的不同阶段各有轻重缓急,互为因果,相互兼夹,是推动疾病进展的主要因素。运用于临床,即强调在治疗肝病时,注意调补未病之脾,目的是使脾脏正气充实,防止肝病蔓延,如果脾脏本气旺盛,则可不必实脾。反之,见肝之病，不解实脾，只知见肝治肝，导致肝病未愈，脾病又起，这是缺乏整体观的治疗方法。潘敏求认为，肝脾两脏在生理、病理上均有密切关系，治疗上亦常相互为用，临床上肝、脾、胃同治，治疗常可事半功倍。

1. 肝脾互调

中医学认为肝属木，脾属土，肝藏血而主疏泄，脾统血而主运化，为气血生化之源、气机升降之枢。二者生理上相互协调、促进。

2. 肝脾互制

肝之疏泄功能正常，气机条畅，则可促进脾胃受纳、运化，使脾升胃降，协调平衡，从而使脾运健旺，生化有源，统摄有权，体现了"制则生化"的深层意义。

3. 肝脾相用，首则"实脾"

脾气健旺，气机升降有常，脾气上行携肝气上升，胃气下降使胆亦从之，从而有利于肝气的疏泄，对气郁者有利于解，气滞者有利于行，肝病自然易愈。若肝病已经传脾，在治疗肝病时就必须实脾，如此既可使脾病得治，又可使肝病早愈。正如仲景在本条中又云"四季脾旺不受邪，即勿补之"，直接指明当脾气虚时，易受肝实证的传变，而若脾气健旺则不易受其传变。张锡纯的《医学衷中参西录》亦谓："欲治肝者，原当升脾降胃，培养中宫，俾中宫气化敦厚，以听肝木之自理，即有时少用理肝之药，亦不过为调理脾胃剂中辅佐之品。"

因此，潘敏求将"见肝之病，知肝传脾"作为指导肝癌防治的重要理论，临床中灵活运用，显著提高了中医药防治中晚期肝癌的临床疗效。他将肝癌的发病进程分为三个阶段：早期（亚临床期）、中期、晚期。肝癌早期正气尚充足，临床上可无瘀毒和脾虚证候。中期出现瘀毒扩散，肿块增大，临床表现为瘀毒脾虚的证候。晚期瘀毒加重，正气衰败，临床可见黄疸、臌胀（腹水）、恶病质和远处转移。由此可见，瘀毒与脾虚贯穿肝癌全病程，两者互为因果，恶性循环。临床上肝病传脾，并不意味着肝病已消失，只剩下脾病，而是肝脾同病，脾虚证候的出现与发展提示瘀毒已经存在并在进一步加重，与非恶性肿瘤性消化道疾病所表现的脾虚证候有本质的区别，肝癌的治疗必须配合化瘀软坚、清热解毒药，才能达到扶正治病的目的。

七、大医之情

（一）思想境界

1. 人生观——传承医家心怀仁慈

潘敏求出生于中医世家，从小热爱、崇尚中医，为人勤奋踏实，求知若渴，中医基础扎实，有一份中医情怀。受祖辈言传身教，他心地善良，立志成为治病救人的医者。从医五十余载，潘敏求在运用中医药防治恶性肿瘤的这条道路上一直艰苦耕耘，攻坚克难，传承世家的精湛医术，青出于蓝，用慈悲、仁爱之心践行着属于他的"大医精诚"。

2. 世界观——中医人当修心济世

潘敏求认为工作即是一种修行，中医药文化也是中国传统文化的一部分，蕴含大智慧，博览众生之规律，细细品读，可以促使中医人积极进取，增强社会责任感和使命感。"地势坤，君子以厚德载物"，他全心全意地投入临床，耕耘自己的精神心田，努力造就自己、成就他人。遵循"以德为本"，达到身心的和谐。他认为中医人不仅要学习医术，还必须提高精神修养，中医传统文化中有许多美德，如"诚""慎独""自察"等，可促进心性修为的不断提升，道与术的结合，如此才可称为一个真正的中医人。

3. 职业观——临床科研迎难而上

年少勤学奠定医学基础，青年苦读成就盛誉名家。潘敏求在五十余年的临床科研工作中积累了丰富的经验，艰难困苦，勇挑重担，迎难而上，攻克肿瘤。在那个医疗条件有限、诊疗水平偏低的年代，人们饱受癌症的侵蚀，忍受癌痛的折磨。潘敏求勇于挑战，脚踏实地，专研中医药抗肿瘤的理论和方药，不惧困难，经过几十年的中医药临床经验积累、千百次的科研实验，取得了中医药防治恶性肿瘤的良效，扛起了我国中医药抗肿瘤的先锋旗帜。经过无数个日夜的奋斗，他撰写出了中医药抗恶性肿瘤的中医病因病机理论、有效临床方药和其他相关学术著作，用毕生心血开创了湖湘中医肿瘤临床和科研的先河，创造了无数个生命的奇迹。

4. 医德医风

（1）大医精诚钻学术，妙手仁心救疾苦：潘敏求推崇中医，更坚持中西医结合防治肿瘤的理念。他日常教诲中青年医师要认真做学问，有创新精神，才能把学问做精、做深；教导中青年医师以治病救人为首要，仁术需有仁心，无论贫富亲疏，必须平等对待、尽职尽责。

（2）坚守临床一线，大医践行终身：潘敏求潜心中医药防治肿瘤研究五十余年，虽已年过八十岁，但始终坚守在临床一线。多年积劳成疾，即便在身体不适的情况下，他仍坚持出诊，不忍远道而来的患者看不上病。潘敏求终身践行着临床与科研并行，在临床与科研上都做出了卓越贡献。

（3）救治医德为先，仁术医者之本：1986年春节期间，正在家里过年的潘敏求接到一个求助电话，一名在邵阳的患者因患重度肝炎，吐血、便血不止，家里人都已开始准备后事。他立即搭车赶往邵阳，不料途中发生车祸。潘敏求从车子里钻出来，在路上拦下了一辆货车，终于赶到了患者家。通过把脉，潘敏求发现，患者已呈"一派虚象"。他用"灶心土"加上几味药开了方子，让患者家属去抓药。家属拿到方子后觉得不可思议，直到给患者服下后仍有些怀疑方子的疗效。但这位亚急性重症肝炎患者服用1剂药后，不吐血了；服用3剂后，大便已成形；继续服用中药，黄疸慢慢褪去。面对患者和家属的感谢，潘敏求说："医生就是要把患者放在心上，摆在第一位，这是医者该有的品德。"从医五十余载，潘敏求诊治的病患数不胜数，深知患者疾苦的他，秉持对中医的热爱，一心为患者祛病痛、谋健康。

潘敏求深知患者疾苦，一心只为患者。"治病永远是最重要、最紧急的事情，"潘敏求怀着对中医药的无比敬畏之心说道："我即使能辨证施治，其背后的实质仍然需要不停探索，需要更多热爱中医的年轻人不断传承创新下去。"在用中医药对抗肿瘤的这条艰难道路上，潘敏求攻克了一个又一个堡垒，为湖南省及我国中医药防治肿瘤事业的发展做出了积极的贡献。

（二）文化修养

潘敏求从小受家庭的文学氛围熏陶，对中国传统文化感受颇深。中国传统文化以儒释道三家为主干，各家思想相互依存，相互影响。他工作中尊崇儒家文化，"积极进取，建功立业"，在医学探索中激流勇进；对待患者遵循佛家之道，"慈爱众生，无私奉献"；生活中沿袭道家思想，主张"顺其自然，自我完善"。潘敏求常读《黄帝内经》，以清晰思路，修养身心。《灵枢·邪客》曰："心者，五脏六腑之大主，精神之所舍也。"心为一身之主，具一理而应万机，脏腑百骸，唯所是命，聪明智慧，莫不由是。"心境平，则五脏安"为潘敏求养生心得的一部分。就传统文化地位而言，《黄帝内经》是汇集了汉代以前中国古代文化、科学知识研究成就的巨著，其理论成就与方法揭示了生命奥秘，探索了生命规律。

潘敏求阅古籍、读经典，将中国传统哲学思想与中医传统文化相比类，求同其中的知识内涵，并使之趋于系统，方便理解，最终指导临床，付诸实践。例如，道家思想中的"辩证思维"，儒家的"以和为贵""过犹不及"等观念，都与中医学的遣方用药、养生等观点相契合；法家以"法"治事及灵活处世的原则，可应用于临床行医处事；墨家提出"是非利害之辨，不可得而明知也，故言必有三表"，"表"即"仪"，法、准则之义，"有本之者""有原之者""有用之者"，与医学科研中的有理可循、实验研究、佐证假说疗效有异曲同工之妙；《庄子·秋水》中所用的取象比类思维，与中医基础理论中的"整体观"及"同病异治、异病同治"治疗原则相似。潘敏求将中国传统文化杂家思想兼收并蓄，取其精华，对其医学知识体系的形成有深刻的影响。

八、养生之智

恶性肿瘤发病率逐年升高，人们渴望通过养生来预防、治疗疾病。潘敏求八十多岁高龄，仍思维清晰、精神矍铄。他认为，养生中的"养"含滋养、保养、调养之义，除保持正常作息、戒烟戒酒之外，还可从膳食、运动、心神三方面着手。

（一）合理膳食

食物具有辛、酸、甘、苦、咸五味，在中医学里五味与五脏有着相应的关系，比如心欲苦、肺欲辛、肝欲酸、脾欲甘、肾欲咸，相应性味的食物对脏腑有促进和维护作用。此外，《礼记》指出五味的应用当"春多酸，夏多苦，秋多辛，冬多咸"，食物的调配需与四时相应，医圣张仲景言"若得宜则益体，害则成疾"。因此，合理膳食即为"滋养"脾胃，是人体五脏调和的基础。

潘敏求认为，人是一个复杂的生物体，从中医整体观理解，做到"天人合一"就是遵循不同地域的人群有自己独特的饮食习惯和居住习性，应时、应域选择合适的食物长期食用是非常重要的。日常生活中进行食物选择时可考虑以下四点。

1. 广食

广食就是酸、甜、苦、辣、咸味的食物均应食用，不偏嗜。现代营养学要求博取食物，做到营养均衡。如果生活中长期对食物有所偏嗜，就会使人体营养失衡，进而导致疾病的发生。

2. 协食

生活中依据食物性味，食用讲究搭配，可防病治病，增强体质。潘敏求认为，药食同源，合理搭配食物与中药处方组成一样，需遵循协同原则，方可有益身心。例如，对于有保持体形和改善胃肠功能需求的人群来说，尤应关注细粮搭配杂粮、荤食搭配素食、寒性食物搭配热性食物等。

3. 熟食

很多地域有生食的习惯，但潘敏求认为生活中多数食物仍需经高温杀菌消毒，这样既利于人体消化吸收，又可减少寄生虫病等疾病的发生。

4. 节食

《素问》提出了"食饮有节""无使过之"的观点。现代人多食、暴饮暴食的情况较多，不懂得节制饮食的重要性，容易导致消化道疾病频发，甚者危及生命。潘敏求认为，生活中对三餐进食量应有所节制，以七八分饱为宜，这样不仅对脾胃有益，还能减轻肠胃负担，保持正常体重。

以上同样适用于恶性肿瘤患者的日常饮食养生，可适当采用药膳以达到治疗和调补的目的，但需注意服药期间的忌口等问题。

（二）适量运动

在生活中保持运动的习惯，可保持脑力和体力协调，预防、消除疲劳，是防止亚健康、延年益寿的一个重要因素。早在春秋战国时期，医家就已经将运动视为中医养生、防病的重要手段，认为动则身健，不动则体衰。《黄帝内经》也很重视运动养生，提倡"形劳而不倦"，反对"久坐""久卧"，强调应"和于术数"。

潘敏求认为，适量运动不过度即为"保养"。通过全身肌肉骨骼的共同协作，可以达到升发人体阳气的目的，有利于正气存内，逐邪外出。阳气升发，则生命力旺盛，五脏六腑功能正常，但是需注意两点——"不及"与"太过"，不及则力度不够，太过则耗伤阳气，恰当把握才能达到良好效果，"贵在坚持，贵在适度"，最适宜的程度为每周 3 ～ 5 次定时运动并持之以恒。对于中老年人群和肿瘤患者而言，长时间运动会导致骨关节的损伤和高消耗，适得其反，这类人群可选择中医传统运动方法，比如太极拳、八段锦等，用开阖升降指导运动的屈伸、俯仰，实现运动中"形、神、气、血、表、里"的协调统一，有利于人体之气运行，调和气血，平衡阴阳。同时，运动与节气有关，夏则人气在外，可以多运动；冬则人气内藏，运动则需适量。

（三）调养心神

情志活动本由五脏精气化生，《素问·阴阳应象大论》载"人有五脏化五气，以生喜怒悲忧恐"，故情志活动分别由五脏所司，而若情志过激，则反伤五脏精气。潘敏求认为"调养心神"为养生中的一个重要因素。生活中，可将心神理解为情绪意志。中医学认为，气为血之帅，神为气之帅，心为君主之官，神明之主，"主明则下安，以此养生则寿，殁世不殆"。养生先养心，调形先调神，保持心平气和，是健康长寿的诀窍之一。

社会的进步带来了生活方式的快速转变，快节奏生活使得人们精神压力增大，心理障碍、心身疾病增多，已不是药物所能完全疗愈的。潘敏求认为，心理状态与疾病的发生发展关系很大，如抑郁可引发癌症、冠心病、高血压、糖尿病等多种慢性疾患。他常言"调整心态，改善情绪，保持乐观"是秘诀，正确看待自己，宽容对待他人，学会从乐观积极的角度看世界，可以避免很多悲观消极的情绪。例如，女性群体当少生闷气，及时宣泄坏情绪，可预防气郁、气滞对身体的损伤，减少乳腺疾病、甲状腺疾病及精神疾病等的发生。潘敏求主张，保持一个良好的心态，对人体抵抗力的增强有不可估量的作用，生命力旺盛，则气血畅通，百病不生！

九、传道之术

（一）人才培养方法

1. 以德立身，以德立学

《大医精诚》载："凡大医治病，必当安神定志，无欲无求，先发大慈恻隐之心，誓愿普救含灵之苦。若有疾厄来求救者，不得问其贵贱贫富，长幼妍蚩，怨亲善友，华夷愚智，普同一等，皆如至亲之想。亦不得瞻前顾后，自虑吉凶，护惜身命。"潘敏求对待患者充满悲悯关怀之心，对癌症的中西医研究始终保持着极高的热情，孜孜不倦地坚持。

潘敏求桃李满天下，德高望重，常教导学生们成为一名优秀医生的首要要求是循"医德"，有"仁爱"。潘敏求认为医德最能体现医生的为人，若不去为患者着想，这样的学术传承是无意义的。他常说："医学研究生不能只做理论和实验研究，还要有高尚的医德医风。"

潘敏求以身作则，在临床一线坚持了五十余年，五十余年如一日，救治了无数处在绝望边缘的患者。不少已进入晚期的肿瘤患者，曾被告知生存期仅剩几个月，但在潘敏求的用药调理下，延长了几年甚至十几年的寿命。潘敏求看诊，无论贫富老少，均精心救治，前来求医者众多，无不对其仁心仁术赞誉有加。

2. 扎根临床，刻苦钻研

潘敏求勤于授业，甘为人梯。身为一名导师，潘敏求对于学生的教导从来都不是靠说教，而是用自己的实际行动为学生树立榜样。"勤奋"是潘敏求为每一位学生上的第一课。作为老师，他总是第一个到门诊，工作到很晚才离开。他的办公室里总是摆满了各种实验科研方案，医学经典书籍，以及各种疑难杂症医案。学生们在老师的带领下一起学习经典，一起思考科研，一起成长。打动学生们的不仅是他渊博的学识，还有他刻苦钻研的精神。在学生们的心目中，潘老师是自己一辈子学习的楷模和榜样！

3. 重视科研，传承创新

潘敏求始终潜心学术研究，从医五十六载，在中医药临床和科研工作中积累了丰富的经验。对于学生发展的方向，潘敏求坚持临床与科研并重，他常说科研的观点源于临床的积累，临床是科研的起点和基础，只有临床多观察、多思考、多提问，才能主动去发现、去尝试、去调查；失败是科学研究中的常态，不要害怕试错，也不要急于求成，脚踏实地地做研究，才能逐步积累经验，获得成功。

作为一位中医、中西医结合肿瘤专业的导师，潘敏求注重中医传承，鼓励创新。他认为，中医学是需要被尊重和良好继承的，有众多的经典名方有待中青年医者们潜心研究和探索，与现代医学结合并融合发展；实现现代中医药的发展，除学习经典之外，还需结合时代的需求进一步发掘中医中药，更好地发挥中医药的特色，从多元化的角度去理解，进行大胆的思维创新和形式转化、科普宣传、成果推广，在国家大力支持的环境下，现代中医药发展迎来了良好时机。潘敏求对待临床科研态度的言传身教，为其传承人树立了"临床为本，科研为魂"的典范。

（二）人才培养成果

在学术钻研的道路上，潘敏求注重学术的传承与创新，建立了一支优秀的临床科研团队。从1989年起，潘敏求教授开始招收湖南省第一届中医肿瘤专业研究生，至今已培养了博士、硕士研究生多名，学术经验继承人6名，其中有多名弟子在省级医院和科研机构担任中医或肿瘤科室负责人，挑起了临床攻关的重担。在上级有关部门的大力支持下，他先后创办了国家级及省级中医、中西医结合治疗肿瘤重点专科、学科、研究所。

潘敏求勤于传道授业，培养的部分研究生成为享受国务院政府特殊津贴专家、省级名中医、岐黄学者、学科（术）带头人、海外行医教学者，如蒋益兰、潘博、殷东风、曾普华、田晖等，获评全国老中医药专家学术经验继承工作优秀指导老师。在潘敏求的带领下，湖南省中西医结合医院（湖南省中医药研究院附属医院）中医肿瘤研究所发展成为国家中医药管理局"十三五""十四五"高水平中医药重点学科，下设7个肿瘤科室，开放床位400张，2022年获批国家中西医结合旗舰医院、湖南省中西医结合防治肿瘤临床研究中心、湖南省中医肿瘤专科诊疗中心，中医肿瘤湖南省临床医学研究中心、湖南省肝癌证治研究室成功通过验收，设有国医大师潘敏求工作室，肿瘤专科人员队伍强大，技术力量雄厚，在省内学术影响力较大。

多年来，潘敏求不断将实施培养与引进相结合，创建了汇聚国内外高层次人才的中西医结合肿瘤多学科临床协作团队（MDT），开展"医教产学研用"一体化运转模式，逐步实现高质量、整合学科优势资源、国内外双循环、开放性传承与创新研究。

曾普华：青年岐黄学者，主任医师，教授，医学博士，首批全国中医药传承博士后，博士研究生导师，博士后合作导师，享受国务院政府特殊津贴，湖南省"121"第二层次创新人才，湖南省"225"高层次卫生人才（学科带头人），国家中医临床研究基地主管副院长，中医肿瘤国家重点学科、湖南省中医肿瘤诊疗中心、湖南省肝癌证治重点研究室副主任，抗肿瘤中药创制技术湖南省工程研究中心委员兼秘书长、中国老年学和老年医学学会肿瘤康复分会副主任委员兼肝癌临床康复专委会主任，世界中医药学会联合会肿瘤精准医学专业委员会副会长，中国医师协会中西医结合肿瘤病学专家委员会副主任委员等。先后主持省部级以上项目 16 项（国家自然科学基金 2 项），发表学术论文 110 余篇（SCI 10 篇），专著 11 部，获湖南省科技进步奖 5 项。

潘博：主任医师，教授，硕士生研究导师，第四批全国老中医药专家学术经验继承工作优秀继承人，湖南省中西医结合医院（湖南省中医药研究院附属医院）肿瘤一科主任，全国老中医药专家及全国名中医潘敏求传承工作室主任，现任湖南省中医药和中西医结合学会肿瘤专业委员会副主任委员，中国抗癌协会肿瘤传统医学专业委员会委员，中国中医药研究促进会肿瘤分会常委，中国老年学和老年医学学会肿瘤康复分会常委等。先后主持省部级课题 3 项，发表学术论文 30 余篇，专著 3 部，获湖南省科技进步奖 3 项。

蒋益兰：主任医师，二级教授，博士研究生导师，享受国务院政府特殊津贴，湖南省名中医，全国老中医药专家学术经验继承工作指导老师，肿瘤科学科带头人，中医肿瘤国家重点学科、国家临床重点专科、湖南省医学研究中心、湖南省中医肿瘤诊疗中心、湖南省肝癌证治重点研究室主任。现任中华中医药学会肿瘤分会副主任委员，中国抗癌协会肿瘤传统医学专业委员会副主任委员，湖南省中医药和中西医结合学会肿瘤专业委员会主任委员等。先后主持国家级、省厅级科研课题 10 余项（国家自然科学基金面上项目 2 项），发表学术论文 70 余篇，医学专著 8 部，获省级科研成果奖 5 项，带教博士后、博士及硕士研究生 50 余名。

吴玉华：主任医师，教授，硕士研究生导师，湖南省保健委员会保健专家，第四批湖南省老中医药专家学术经验继承工作指导老师，湖南省直劳模与创新工作室——吴玉华乳腺病中西医结合防治创新工作室主任，湖南省中医药和中西医结合学会内科专业委员会主任委员，中国临床肿瘤学会（CSCO）中西医结合肿瘤专家委员会常务委员，中国中医药研究促进会肿瘤专业委员会副主任委员，中华中医药学会血液病分会常务委员，北京乳腺病防治学会中西医结合专业委员会副主任委员，湖南省女医师协会副会长，湖南省中医药和中西医结合学会医养结合专业委员会、血液病专业委员会副主任委员，湖南省医院协会老年病及康复医疗管理专业委员会副主任委员，湖南省抗癌协会中西医整合肿瘤专业委员会副主任委员，湖南省中医药和中西医结合学会肿瘤专业委员会常务委员。先后主持、参与各级各类科研课题20 余项，主持课题 8 项，在研课题 3 项，参加课题获得国家级发明专利 1 项、国家级新药开发 1 项，课题成果获国家级科技进步奖一等奖、省级中医药科技奖一等奖、湖南省科学技术进步奖等奖项。发表论文 30 余篇，参编《中华肿瘤治疗大成》等 10

部医学专著。

杨宇飞：主任医师，博士，博士研究生导师，博士后合作导师，中国中医科学院首席研究员，西苑医院肿瘤诊疗部主任，享受国务院政府特殊津贴，政协第十三届全国委员会委员、教科卫体委员会委员，政协北京市第十二届常委，九三学社北京市委医药卫生委员会主任，国家中医药管理局第一批全国优秀中医临床人才，中国老年学和老年医学学会理事、肿瘤康复分会主任委员，中国药膳研究会理事，世界中医药学会联合会肿瘤专业委员会常委，中西医结合学会肿瘤专业委员会常委，美国整合肿瘤医学学会（SIO）理事。在国内首创ITP病证结合动物模型。1996年创建西苑医院肿瘤科，使之成为国家中医药管理局"十一五"结直肠癌专病组长单位和"十二五"专科建设单位。率先在国内开展多中心队列研究、RCT试验、疗效评价标准研究和临床注册平台研究。擅长组织全国多中心临床研究并率先引入第三方监察团队机制，最早与国内外高水平方法学团队合作。在研国家级及省部级课题20余项，其中包括国家科技部"十一五""十二五"国际合作项目，为"十三五"重点研发专项中医药现代化研究项目的总负责人，在国内外核心期刊发表学术论文170余篇，其中SCI论文6篇，主编出版肿瘤专著6部，科普系列丛书23部等。

杜小艳：主任医师，硕士研究生导师，第四批全国老中医药专家学术经验继承人之一，湖南省中医药和中西医结合学会肿瘤专业委员会委员，擅长恶性肿瘤的中医、中西医结合治疗。参与完成"原发性肝癌中医药诊疗方案规范化研究"课题，获湖南省科学技术进步奖二等奖，参与完成"原发性肝癌中医药诊疗方案规范化研究"课题，获湖南省中医药科学技术奖一等奖，参与完成"三王止痛膏治疗癌性疼痛的临床和实验研究"课题，获湖南省中医药科学技术奖三等奖，主持"潘敏求治疗肝癌学术思想研究"课题。担任《中华肿瘤治疗大成》《中医内科治疗大成》《肿瘤特色方药》《中西医临床用药手册：肿瘤科分册》编委，《潘敏求黎月恒医案精华》副主编，发表论文10余篇。

唐蔚：副主任医师，硕士，硕士研究生导师，第七批全国老中医药专家潘敏求教授学术经验继承人，湖南省中西医结合医院（湖南省中医药研究院附属医院）肿瘤中心肿瘤四科科室负责人、国医大师工作室副主任。现任世界中医药学会联合会肿瘤经方治疗研究专委会理事，中华中医药学会肿瘤专业委员会青年委员，中国老年学和老年医学学会肿瘤康复分会委员，中国中西医结合学会肿瘤专业委员会青年委员，国医名师学术经验传承工作委员会常务委员，湖南省中医药和中西医结合学会肿瘤专业委员会委员兼秘书、心身医学专业委员会委员，湖南省抗癌协会中西医整合肿瘤专业委员会委员，湖南省中医药信息研究会肿瘤防治专业委员会常务委员等。获省级科技进步奖1项、湖南省中医药科学技术奖2项，先后主持省级、厅局级、院级课题 20 余项，参与国家级、厅局级课题 16 项，发表论文 20 余篇，参编专著 8 部。

邓天好：副主任医师，医学博士，硕士研究生导师，现为湖南省中西医结合医院（湖南省中医药研究院附属医院）肿瘤二科主任，湖南省"121"创新人才，全国中医药创新骨干人才，第七批全国老中医药专家潘敏求教授学术经验继承人。任世界中医药学会联合会肿瘤精准医学专业委员会理事会常务理事，中国临床肿瘤学会（CSCO）委员，中国老年学和老年医学学会肿瘤康复分会委员、肝癌专家委员会常务委员兼秘书长，中国抗癌协会肿瘤传统医学专业委员会委员，中华中医药学会心身医学分会委员会委员，湖南省中医药和中西医结合学会慢病管理专业委员会副主任委员等。获湖南省中医药科学技术奖 1 项，主持、参与国家级及省部级科研课题 10 余项，主编、参编学术专著 10 部，发表专业学术论文多篇。

傅剑锋：副主任医师，湖南省中西医结合医院（湖南省中医药研究院附属医院）肿瘤一科副主任，第六批全国老中医药专家潘敏求教授学术经验继承人之一，现任湖南省中医药和中西医结合学会肿瘤专业委员会委员、湖南中医药信息研究会肿瘤防治专业委员会委员，对常见恶性肿瘤的诊疗积累了较丰富的临床经验。

宁鹤丽：副主任医师，硕士，毕业于中国中医科学院中医内科学专业（肿瘤方向），为第六批全国老中医药专家潘敏求教授学术经验继承人之一，跟师学习十余年。参编《潘敏求黎月恒医案精华》和《恶性肿瘤中医诊疗指南》两部中医肿瘤著作，发表文章 10 余篇，参与多项临床科研课题研究。承担大学本科中医内科学教学和临床带教工作，以及肿瘤内科研究生专业课程的教学工作。擅长运用中医辨证调治常见恶性肿瘤，预防术后复发及转移，减轻中晚期恶性肿瘤患者症状，稳定瘤体，延长生存期。

潘敏求学术传承谱

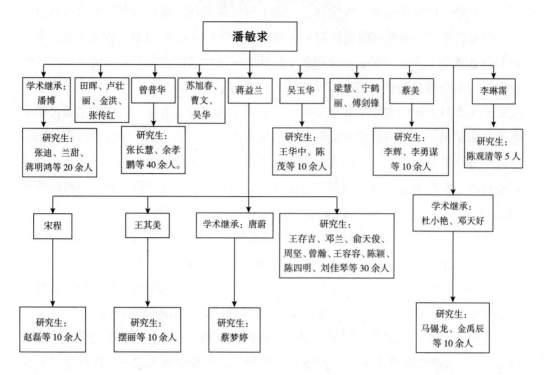

（潘博、唐蔚整理）

（农艳、李梦缘编辑）

旺 堆

旺堆，男，1951 年 5 月生，西藏昌都人，大专学历，西藏藏医药大学教授，主任医师，博士研究生导师，享受国务院政府特殊津贴专家。现任中国藏学研究中心大藏经对勘局和藏医药学学术顾问、世界中医药学会联合会藏医药专业委员会学术顾问、西藏自治区藏医院学术顾问、青海大学藏医学院客座教授、四川省甘孜州藏医院学术顾问等职。曾荣获"全国优秀教师""全国名中医"和"振兴中华职工读书活动积极分子"等称号，获"全国优秀科技图书奖二等奖"。担任中国西藏文化保护与发展协会第二届、第三届理事和青海省藏医药学会第八届理事会顾问等。2022 年被授予"国医大师"荣誉称号。

一、学医之路

旺堆出生于西藏昌都，10岁开始拜当地著名藏医其美多吉老先生为师，学习藏医理论和临床技能，后又到拉萨市藏医院跟随康珠·央嘎、贡嘎平措等名家大师继续研习《四部医典》等典籍。在各位鸿儒硕学的师德典范影响下，旺堆继承了各派医家特长和技能，立下了"不到生命尽头不止行医治病"的伟大誓言。

旺堆从医后，针对当时藏医药文献资料匮乏的情况，历经8年时间，编著藏医史上第一部现代综合性辞典——《玉妥心要》，由于其特殊价值，得到时任全国人大常委会副委员长、十世班禅额尔德尼的高度评价并亲笔作序。旺堆经过多年研究和实地调研，论证提出了"藏医文化源于古象雄医学文明"的观点，确定了目前学术界公认的3800多年的起源学说，将藏医发展史提前1000多年。为了促进藏医药文化传承和发展，自2002年开始，旺堆主动请缨，着手开展"藏医药天文历算博物馆"筹建工作。目前"博物馆"颇具规模，承担着藏医药文化传承和人才教育的双重功能。在旺堆教授的主导下，区内外各级藏医医疗科研机构掀起一股藏医药文化保护和建设热潮，践行着"传承精华、守正创新"的号召和宗旨。

二、成才之道

旺堆曾先后在昌都贡觉县藏医院、拉萨市藏医院、西藏藏医药大学附属医院潜心从事临床医疗工作60余年，他悬壶济世，以仁心仁术医治患者不计其数。旺堆坚持运用最本真的藏医经典理念和最纯粹的诊疗措施从事临床工作，对高原性心血管疾病、关节炎、癫痫等的诊疗独具特色，寒暑交替，岁月更迭，他先后研发了"那熙所久""多杰曲登"等特效药。在非典、新冠肺炎等疫情期间，他挖掘研究古籍资源，潜心攻坚克难，为西藏藏医药大学附属医院、西藏自治区藏医院、四川省甘孜藏族自治州藏医院等医疗一线献方献策，展现了藏医药服务疫情防控的特殊价值。为有效解决当前传承正统医理、搭建发展平台的问题，他先后撰写出版《贡珠临床纪要注释》等古籍新解，为新时代藏医药医疗、教育、科研工作者提供了医理指南。如今，旺堆年逾七旬，仍然每天坚持临床工作10小时以上。

三、学术之精

60余年来，旺堆始终坚持运用朴实无华的藏医医理和精湛有效的诊疗措施从事临床医疗工作。在临床实践中，他关爱生命，遵循规律，坚持运用"散、盛、积、瘀"的病机认知和"敛、消、引、泻"的治疗方法，在防治高原性心血管疾病、肝硬化疾病等方面取得了卓著成效，自主研发的"那熙所久""多杰曲登""九味麝香丸"等特效药疗效非凡。

四、专病之治

旺堆临床善于治疗高原性心血管疾病、癫痫、过敏性紫癜、疫病等，疗效显著，医名远播，兹介绍旺堆治疗高原性心血管疾病经验如下。

高原性心血管疾病是一种慢性高原病，主要指的是患者在移居到海拔 3000 米以上高原后，由于身体条件不佳，再加上地方环境处于低压低氧情况的影响，肺部血流量异常，出现了急性或慢性缺氧的情况，进而引起了一系列的病理、生理改变问题。常见的症状有患者的右心室堵塞进而损伤，导致患者的心肌遭受较大的损害，同时对患者自身的循环功能造成了障碍。其发病机理尚不清楚，临床呈慢性经过，早期以缺氧性肺动脉高压、右室扩大为特征，晚期出现左心室肥厚扩大、心力衰竭等，属于藏医学"木布""宁隆""索隆"等病症范畴。

1. 病机

旺堆认为，"坏血（ངན་ཁྲག）"淤积，"遍行隆"病变后"隆血"不通是引起高原性心血管疾病的主要病机。根据病症特点，旺堆认为高原性心血管疾病大致可分为两类：隆型和血型高原性疾病。同时，针对高原地区空气稀薄缺氧，人体组织缺盐，引起红细胞生成素生成增多的情况，旺堆撰写了论文《中藏药治疗高原红细胞增多症的多靶点筛选评估系统研究》，选择治疗高原红细胞增多症（HAPC）临床疗效确切的中藏药为研究对象，以期构建一种体现多途径、多层次、多靶点的药物筛选方法平台和体系，极大推动具有自主知识产权的治疗 HAPC 药物的研究与开发。

2. 方药与治法

（1）专病专方：根据本病的病机特点，旺堆创立了血清养肝、调隆补心、表里兼治为法的专病专治方。

（2）药方：旺堆善用七十味珍珠丸、二十五味珊瑚丸、二十五味余甘丸、八味沉香丸、十五味沉香丸等血清调隆的药方。经过多年实践，旺堆从古方中挖掘优化，研制了"那熙所久丸"，已成为了治疗心悸、心慌等心脏疾病的特效药。

（3）外治：旺堆善于运用放血和火灸等外治疗法。对隆型心血管疾病实施火灸疗法，常用穴位有"吉卒""达堆""常胸盖纳""此巴主顿"等。对血型心血管疾病实施放血疗法，常用穴位有"入通""岗杂""络宁懂杂""怒嘎"等。

五、读书之法

每逢夜深人静之时，旺堆床前的灯仍然亮着。如今，年过古稀的旺堆仍然坚持每天睡前翻阅古籍文献，在藏医药学术界享有"活典籍""活辞典"的美誉。

旺堆先后研究撰写并出版了由 17 世纪藏医药名家帝玛尔旦增彭措所著的藏医外治学经典《帝玛放血疗法》和《帝玛尔火灸疗法》的注释本《帝玛外治关键技术疑难解析》（中国藏学出版社）；对 19 世纪著名藏医药学家贡珠云丹加措所著的《贡珠临床纪要》做了详细的注释，并出版了《贡珠临床纪要注释》（中国藏学出版社）。

《四部医典》作为集藏医药医疗实践和理论精华于一体的藏医药学术权威著作，被誉为藏医药百科全书。旺堆历经 60 多年的研读和实践，为了传承和弘扬《四部医典》的学术思想及临床技能，正在编著《四部医典疑难注释》。此外，他还负责设计、绘制了《藏医药历代师承大全》《藏天文历算历代师承大全》《藏医历史典故系列唐卡》（65 副）、《藏医人体解剖系列壁画》等藏医唐卡挂图、壁画及注释内容。

六、大医之情

（一）思想境界

旺堆政治素质高，理想信念坚定，在大是大非面前立场坚定，旗帜鲜明，始终同党中央保持高度一致。旺堆有很强的组织观念和大局意识，自参加工作以来，一直坚持在教学工作一线。他为人正直，做事干练，工作中不计较个人得失，为藏医药学高等教育事业做出了较大贡献，得到了学校、上级主管部门和业内学者的高度评价和肯定。

时至今日，旺堆编撰的《玉妥心要》仍然是藏医药教学、医疗、科研和生产工作者研习参考的必备工具书。鉴于他的成就卓著，1981 年，团中央向他颁发了"自学成才奖"；1983 年，国家民族事务委员会、劳动人事部、共青团中央、中国科学技术协会等部委向其颁发"少数民族地区科学技术事业发展成绩显著奖"；1984 年，中华全国总工会授予其"振兴中华职工读书活动积极分子优秀奖"和西藏自治区"新长征突击手"称号；1985 年，中华全国总工会向其颁发"职工自学成才奖"，共青团中央颁发"中华边陲优秀儿女"金质奖。

（二）文化修养

随着国内外对藏医药学及其文化的日益重视，秉承"一个民族进步的标志是昌盛的文化，藏医学作为融藏民族自然医学科学与人文科学于一体的先进文化代表，必须加强其文化建设"和"一个城市的文明程度，首先要看这个城市有几所大学、有几所图书馆和博物馆"的理念，旺堆从藏医药文化宣传和教育双重价值考虑，自2002年开始，克服各种困难，从个人向博物馆捐款捐物（部分物品为珍贵历史文物）开始，着手开展了"西藏藏医学院藏医药天文历算博物馆"筹建工作。他不顾年事已高，亲自带领几个研究生到西藏自治区七地市、五省区藏族地区，研究、收集和整理以藏医药、天文星算为主要内涵的古籍文献（含100多部手抄孤本典籍）、历史文物（1000多件）、木刻板典籍（2万多部），各类具有历史信息和研究价值的馆藏物品5000余件。同时，联系国内外知名专家学者，追踪文物信息，搜集原物或复制以文献为主的部分历史文物近百件。此外，作为博物馆特藏品，亲自设计制作了规格不一的历代著名藏医药学家、天文历算学家鎏金铜像40多尊，以藏医始祖——老玉妥·云丹贡布藏医药传系大唐卡、藏传普派天文历算创始人——普巴·伦珠嘉措天文星算传系大唐卡为主的藏医药发展历史传系唐卡（均为西藏传统唐卡画派工艺绘制）等60多部丰富的馆藏珍品。此外还有部分国家领导人、各界名人和著名专家学者参观博物馆的珍贵题词等。

总之，目前"西藏藏医学院藏医药天文历算博物馆"已颇具规模，作为学校特色亮点之一，承担着藏医药、天文星算文化的宣传和教育双重功能。

2014年，旺堆荣获西藏自治区"文物保护特殊贡献奖"。在旺堆的倡导、鼓舞和指导下，目前西藏自治区藏医院、西藏山南市藏医院等各级藏医院、五省区部分藏医医疗科研机构和祖国内地藏学机构均掀起了一股前所未有的藏医药文化建设和保护的热潮。

七、养生之智

古往今来，无病无灾、长寿健康是世人对生命的渴望与尊重，上至帝王将相、下到布衣百姓都在为这个平凡而伟大的愿望付诸行动。生活在世界屋脊的藏族人认为，上医治未病从而保持健康才是最好的医学。《四部医典·起居篇》中延年益寿、保持健康的治未病理念贯穿着整部医典，指导世人保持机体和心理的健康，其核心要义是：在将身、语、意三者保持平和的前提下，正确认识时令气候、饮食起居等外因对机体内的隆、赤巴、培根三因素和七精华、三秽物的盛、衰、乱的影响，使之保持平衡，进而达到延年益寿的目的。年过古稀的旺堆，在悬壶济世、传道授业的60余年间，始终践行这一理念，迄今为止依然坚持工作每天10小时以上，体力充沛，精力旺盛，也许这就是祛病延年、精神抖擞的不传之秘吧。

旺堆不饮酒、不吸烟，无不良嗜好；喜净、喜静，一生淡泊养心机，每日临睡前必闭目思过；经常教导学生要一日三省，才能保持淡泊名利、宁静致远，始终要保持宽容、善良、平和的心态，应对生命中的七情六欲；适量饮食，按时睡眠，有意识地避免一切可能引发疾病的饮食起居等外因来保持健康。

总之，旺堆一生以"无病保持健康、有病及时治疗"和"身体、疾病、药物是一体"的三因、五元等核心的生命观、健康观为准则，身体力行，践行了藏医的养生保健理念，至今保持着睿智慈悲、健康豁达的精神和身体状况。

八、传道之术

（一）教学水平精湛，热衷教书育人

"师者，所以传道、授业、解惑也"。旺堆任教以来，先后承担藏医药本专科生，硕博士研究生等各类课程的教学任务及临床诊疗、科研等工作任务，超额完成规定的工作量。先后讲授藏医伦理学、藏医人体学、藏医保健学、藏医诊断学、藏医三大基因学、藏医内科学、藏医外科学、藏医临床纪要学等20余门专业基础和主干课程，直至退休仍未间断。在具体工作中，能够做到把好教学环节中的每一关，工作态度端正，备课详尽细致，精心设计教案，他以知识传授为根本，注意与学生的沟通与交流，征求学生对自己教学方面的建议和要求，针对学生的思想、学习和生活上的困难，正确教育和疏导，积极帮助，取得非常好的教学效果，深受每一位学生的尊崇。经他授课的学生无不肯定地说：听了旺堆老师的课是我一生中最荣耀的事，既学到了知识，又学到了很多做人做事的道理。

他主讲的藏医三大基因学、藏医内科学被评为校级、自治区精品课程，藏医保健学被评为国家重点学科。他还非常重视教学改革，不断探索和尝试新的教学方法，积极参加藏医药学高等教育本科和研究生教学改革。每年承担本科生实习工作，硕士、博士研究生的指导工作，以及毕业生论文的开题报告、中期检查、答辩工作。他非常重视研究生的学位论文细节，对自己和其他老师的学生都仔细过问，悉心指导，培养其良好的心理素质，教会其正确的学习方法，指导其阅读优秀书刊，让学生能够很快认识到自己的问题所在，使论文写作得以顺利完成。目前担任西藏藏医药大学教授、博士研究生导师，为西藏自治区"名藏医"，国家药品监督管理局药品审评专家库专家、中国西藏文化保护与发展协会理事、中国藏学研究中心《大藏经》对勘局顾问、中国人民政治协商会议西藏自治区委员会委员、西藏自治区非物质文化遗产保护工作专家委员会委员、西藏自治区药品审评委员会委员、西藏自治区学位委员会委员、西藏中华职业教育社社务委员会委员、西藏自治区藏医院（藏医药研究院）藏医药历史与古籍文献整理总顾问、青海省藏医院客座教授、青海省宗喀文化研究中心顾问、青海省塔尔寺藏医院藏药标本鉴定组鉴定专家。

（二）践行了教书育人、传承文明的历史使命

从 1968 年在昌都地区贡觉县哈加区卫生所从医，同时承担乡村藏医师培训工作开始，旺堆就承担了学术传承和教书育人的伟大使命。1985 年至今，他先后担任西藏大学藏医系主任（副教授）、西藏藏医学院大学部主任（教授）、西藏藏医学院藏医药系主任（教授）、西藏藏医学院教务处处长、西藏藏医学院研究生导师（硕士、博士）、西藏藏医学院藏医药天文历算博物馆馆长等职，先后应邀到中国藏学研究中心、青海、甘肃、四川等祖国内地各级藏医院和藏医药研究机构讲学，应邀到俄罗斯、意大利等国出访讲学。其授课内容除了藏医药典籍——《四部医典》的系统讲授外，还以传系明确的藏医药典籍《月王药诊》《八支集要》《千万舍利》《晶珠本草》《帝玛秘诀精选》《帝斯临床补遗》《贡珠临床纪要》《医集·额》《药集·旺》《临床常用藏药功效集》等藏医药重要典籍要点讲解为主。由于旺堆博学多才、乐施善教，授课内容引经据典、贯通古今，所以，在藏医药学术界素有"活典籍""活辞典"的美称。

考虑到现行教育模式下，初入临床工作的藏医临床医师缺乏学习途径和有效资料的问题，旺堆在多次承担研究生和高年级本科生《贡珠临床纪要》（为著名藏医大师贡珠云丹嘉措编写的藏医临床医师实用临床诊疗技能）授课任务的基础上，于 2008 年开始撰写《贡珠临床纪要注释》。该著作为了清晰地说明相关病种诊疗原则及措施，引用了 400 多部藏医药古籍文献资料原文注解，对 1500 余条词目作了详细的出处介绍及内容诠释，对 200 多个常用藏药配方明确了研制者，解析了功效机理，同时首次整理陈述了 30 余件鲜为人知的藏医药古代历史大事记。其间，旺堆身患重病，但他每天仍坚持工作超过 10 小时，此情此景，令人动容。2014 年，《贡珠临床纪要注释》（上、下册）由中国藏学出版社正式出版。同年，旺堆主持完成的"藏医药古籍整理与信息化平台建设"项目获"民族医药科学技术奖一等奖"，参与编写的《全国藏医药古籍名录》获"首届中国民族医药学会学术著作奖一等奖"。

（三）谆谆教诲，培育优质人才

斗转星移，寒暑交替。旺堆在教学岗位上 30 余年如一日，认真负责，任劳任怨，严格要求，孜孜不倦地培养了数以千计的藏医药专业人才，为藏医药文明传承做出了突出贡献。如今旺堆人虽老，但桃李满天下。据不完全统计，师从旺堆学医的研究生、本科、大专、中专和无学历等不同层次的藏医药专业人才超过 1 万名，其中直接师承培养的博士研究生 8 名，硕士研究生 22 名。旺堆培养的学生中有的已成为全国各大藏医院、藏医学院的医疗、教学及科研骨干，其中博士研究生导师 6

名、青年岐黄学者3人、西藏自治区名藏医3人、藏医学科带头人5人、西藏自治区学术技术带头人4人、"西部之光"访问学者3人。全国优秀科技工作者1人，全国优秀教师2人，自治区优秀科技工作者1人，自治区级四有好老师1人等，桃李满天下。

根据工作业绩，旺堆于1995年获得西藏自治区"优秀教师"称号，1996年获得西藏自治区人民政府颁发的"全区藏医药先进工作者"荣誉称号；1998年被评为西藏自治区"教学能手"，同年获得西藏自治区"优秀教师"称号；2001年，旺堆指导的大学生作品在全区首届"成才杯"大学生科技作品竞赛中荣获1个一等奖和1个二等奖；2004年被评为"全国师德先进个人"，同年获得全国"优秀教师"荣誉称号。

总之，在近60年的医学生涯中，旺堆始终怀着一颗为公利众之心，将藏医药学的传承与发展作为自己毕生奋斗的目标，勤奋苦学，著书立说，医德高尚，医行天下，几十年如一日坚守在藏医药医疗、教育和科研一线，在平凡中孕育伟大，在平凡中执著追求，在充分实现和升华个人生命价值的同时，给这个时代新的藏医药传承者铺垫着前行的道路，树立了人生的楷模。

旺堆学术传承谱

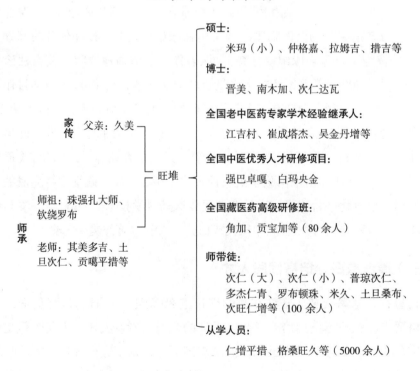

家传　父亲：久美

师承　师祖：珠强扎大师、钦绕罗布

老师：其美多吉、土旦次仁、贡嘎平措等

旺堆

硕士：
米玛（小）、仲格嘉、拉姆吉、措吉等

博士：
晋美、南木加、次仁达瓦

全国老中医药专家学术经验继承人：
江吉村、崔成塔杰、吴金丹增等

全国中医优秀人才研修项目：
强巴卓嘎、白玛央金

全国藏医药高级研修班：
角加、贡宝加等（80余人）

师带徒：
次仁（大）、次仁（小）、普琼次仁、多杰仁青、罗布顿珠、米久、土旦桑布、次旺仁增等（100余人）

从学人员：
仁增平措、格桑旺久等（5000余人）

（多杰仁青、罗布顿珠整理）

（李昆编辑）